U0479329

拿破仑传

[英]约翰·霍兰罗斯 著　姚 军 译

The Life of Napoleon I

John Holland Rose

文化发展出版社
Cultural Development Press

·北京·

图书在版编目（CIP）数据

拿破仑传 /（英）约翰·霍兰罗斯著；姚军译 . ——北京：文化发展出版社，2024.1（2024.12重印）
　ISBN 978-7-5142-3668-2

　Ⅰ . ①拿… Ⅱ . ①约… ②姚… Ⅲ . ①拿破仑（Napoleon，Bonaparte 1769-1821）－传记 Ⅳ . ① K835.655.2

中国国家版本馆 CIP 数据核字 (2023) 第 037161 号

地图审图号：GS（2023）2176 号

拿破仑传

著　者：[英] 约翰·霍兰罗斯
译　者：姚　军

出 版 人：宋　娜			
责任编辑：尚　蕾		责任校对：岳智勇　侯　娜	
封面设计：孙　靓		图　　片：视觉中国	
责任印制：杨　骏		营销编辑：张　宁　崔　烨　王旭凤	

出版发行：文化发展出版社（北京市翠微路 2 号 邮编：100036）
发行电话：010-88275993　010-88275711
网　　址：www.wenhuafazhan.com
经　　销：全国新华书店
印　　刷：固安兰星球彩色印刷有限公司

开　本：710mm×1000mm　1/16
字　数：740 千字
印　张：57
版　次：2024 年 1 月第 1 版
印　次：2024 年 12 月第 3 次印刷

定　价：218.00 元
ＩＳＢＮ：978-7-5142-3668-2

◆ 如有印装质量问题，请与我社印制部联系　电话：010-88275720

让我的儿子经常阅读和回顾历史：这是唯一真正的哲学。

——拿破仑对罗马王的最后教导

前言

任何一本新的拿破仑传记问世，作者似乎都有必要自圆其说。我的理由只能是，多年以来，我一直试图根据英国档案馆以及欧洲各国历史学家最近发表的许多有价值素材，修订对拿破仑生涯的传统论述。如果我要解释自己处理这些资料的方式，就需要煞费苦心地写出一篇详尽的前言来；但因为篇幅所限，我只能简单地提及最为重要的方面。

首先谈一谈已经发表的材料，我认为最重要的是以下诸位先生的作品：法国的奥拉尔、许凯、乌赛、索雷尔和旺达尔，德国和奥地利的贝尔、德尔布吕克、富尼耶、莱曼、翁肯和韦特海默，以及意大利的伦布罗索男爵。我还从如下组织与个人的学术专著或文集中获益颇丰：法国的"现代历史学会"、陆军总参谋部、布维耶先生、科德里耶先生、"J.G."莱维上尉、马德兰先生、萨尼亚克先生、西乌先生、齐维先生等，德国的拜洛、德梅里齐、汉辛、克林科夫斯特罗姆、卢克瓦尔特、乌尔曼等诸位先生。最近出版的同时代法国回忆录不乏价值，但此类文献需谨慎引用。莱昂·勒塞特先生和莱昂斯·德布罗托纳先生新近发表的拿破仑信件也为这位巨人生平的研究开启了新视野。万事俱备，我们也许可以放心地修正对他一生许多片段的评判了。

但是，如果我不能对拿破仑的文献有新贡献，就不应该投身于这样一项伟大的事业中。此前，我曾为"剑桥历史丛书"中的一本著作而对这一时期进行了研究，确定了1795—1815年英国档案记录的巨大价值。除了海军档案学会、奥斯卡·布朗宁和赫里福德·乔治先生以及多伦多的鲍曼先生取得的丰硕成果之外，几乎没有其他以这一时期官方档案为基础的英语著作，这对于我们的历史研究来说无疑是种耻辱。这些官方档案非常有趣，也极具价值。当年，我们的外交官擅长在许多外国首都获取国家机密，即便这些国家正在与我们交战；此外，在英国陆军部与海军部的档案中，我也得到了一些有趣的"发现"。莱维先生在其《拿破仑秘传》（1893年）序言中说道："拿破仑帝国战争的历史纪实尚无人编撰。若想准确地书写这段历史，全面了解外国档案比法国档案更为重要。"俄国、奥地利和普鲁士的档案多数已经做了研究；我想，我也许可以夸口，自己已经搜集了英国外交部档案中关于战争时期的所有重要资料，以及圣赫勒拿岛时期的部分资料。我竭尽全力，希望在相对有限的篇幅之下，以叙事的方式体现这些研究成果，在我看来，讲述历史始终应该以叙事为主。

总体来讲，英国的政策效果越好，人们对其了解就越全面。英国常常显得虚弱和犹豫，但最终会变得坚定并赢得尊严；内阁大臣们以对法国人民宽宏大量的举动结束了这场漫长的战争，而那些要求我们为圣赫勒拿的殉道者流泪的人却故意视而不见。但是，即便最终取得了辉煌胜利，我们也不能忽视英国在1801—1803年、1806—1807年以及1809年表现出来的软弱，那使这个国家成为欧洲的笑柄。确实，1803年英国与拿破仑重启战端，究竟是出于后者内心的强大，还是对阿丁顿内阁的轻蔑，是值得怀疑的。再回想我们在第三次反法同盟战争中犯下的大错，面对一位决心发动致命一击的超人，大英帝国能在这场生死较量中幸存下来似乎是一个奇迹。我要特别提请读者注意，拿破仑在印度、埃及、南非和澳大利亚建立法国殖民帝国的计划规模多么宏大，决心又有多坚定。毫无疑问，1803—1813年发生的历史事件，不仅决定了欧洲和拿破仑的命运，也决定了世界殖民化的总体趋势。

由于必须对拿破仑生平故事的某些部分加以压缩，我选择对1809—1811年（可以称作他生涯中的巅峰时期）仅做简略介绍，以便用更多篇幅讲述随后的决定性事件。但即便是对于风平浪静的这几年，我也将展示他的"大陆封锁体系"如何激发那些导致其垮台的经济力量，在1812年的溃退之后，正是这些力量使拿破仑和法国成为全世界的公敌。

我并没有忽视这位巨人个人生活中的细节，但主要详述的是他的职业生涯。在私人生活中，拿破仑除了谈话中流露的才气之外，并没有太多始终令人感兴趣的特征，这也许是因为他早就厌倦了约瑟芬的浅薄，以及兄弟姐妹们那科西嘉人特有的生硬个性。不过，根源也在他本人的性情之中。拿破仑曾对加卢瓦先生说："我不太喜欢女人，也不喜欢赌博——我什么都不喜欢，就是一个彻头彻尾的政治人物。"我将他当作一位军人和政治家，至于他吃饭时狼吞虎咽、在音乐会上睡觉以及完全称不上浪漫的风流事，我就不对读者详述了。我的重点是讲述他最感兴趣的东西——简言之，我描绘的是他最好的一面。

现在这部作品虽有种种不足之处，但若无各方人士的慷慨相助，我也无法完成。我要衷心感谢剑桥大学现代史钦定教授阿克顿勋爵给予的最为重要的建议；感谢公共档案馆的休伯特·霍尔先生对我的研究提供的指导；感谢罗马的伦布罗索男爵，身为《拿破仑时代的书目索引》主编，他提供了有关意大利和其他事务的线索；感谢波恩大学编外讲师、《奥地利与解放战争的开端》作者卢克瓦尔德博士对有关德国事务的章节做出了极富学术性的修订；感谢牛津大学万灵学院研究员、文学硕士坎利夫先生对1800、1805和1806年战役提出的宝贵建议；感谢《皮舍格吕》一书的作者、格勒诺布尔的科德里耶教授提供的有关保王派图谋的信息；感谢文学硕士J.E.莫里斯先生、文学学士E.L.S.霍斯伯勒先生提供的关于滑铁卢的详尽来往函件，已故牛津大学教授韦斯特伍德的子侄们慷慨地允许我复印新发现的拿破仑信件，并在上卷中呈现；此外，蒙洛小姐不弃，请我处理她父亲1813—1815年及圣赫勒拿岛时期的文稿。在此，我希望向所有提供盛情帮助的人士表达谢意，他们不仅使我免于坠入这类主题中存在的千百个陷阱，更为本书增添了价值。我不敢想象自己能完全避免这些错误，但可以真诚地引用已故伦敦主教的一句话："我已尽一切努力撰写真实的历史"。

约翰·霍兰罗斯

（注：本书注解中引用的拿破仑《书信集》是在拿破仑三世赞助下出版的法国官方版本。《新编拿破仑书信集》是由莱昂·勒塞特编辑，玛丽·劳埃德女士翻译为英文的，只有少数情况下引用了莱昂斯·德布罗托纳先生的更新版本，书中将予以说明。"《外交部档案》，法国"和"《外交部档案》，普鲁士"指的是英国外交部档案中关于法国和普鲁士的卷号。为简洁起见，我用名字称呼拿破仑的元帅和高级官员，没有使用他们的头衔；不过，在全书的最后附上了带有头衔的名单。）

第三版前言

对本书的要求远远超出了我的预料，以至于我在1902年3月出版的第二版中没能进行任何明显的修改；目前的情况也不允许我按照自己的设想进行彻底的修订。不过，我已经认真考虑了评论家们提出的种种建议，并在某些地方采用。维也纳的富尼耶教授大方地向我提供了著名的奥斯特里茨冰灾的一些细节，此事看来应归入野史范畴，我已在书中为此加了注解。另一方面，我可以有把握地说，巴尔曼伯爵圣赫勒拿岛报告的出版，证实了我对拿破仑被囚禁期间所有重要细节的叙述。

最后要补充说明的是，我对序言第二节中漏掉奥曼先生的名字而感到万分抱歉，今年春季，他的《半岛战争史》第1卷出版，使这一疏忽更加显眼。

约翰·霍兰罗斯
1902年10月

第3、22、23、28、29、35章末增加了注释；加入了关于滑铁卢战役的附录。

关于共和历的说明

共和历每年12个月，每月30天，分为3个各为10天的"旬"。年底增加5天（闰年为6天），以便和太阳年保持一致。

共和元年始于1792年9月22日

共和二年始于1793年9月22日

共和三年始于1794年9月22日

共和四年（闰年）始于1795年9月22日

……

共和八年始于1799年9月22日

共和九年始于1800年9月23日

共和十年始于1801年9月23日

……

共和十四年始于1805年9月23日

这种新算法1792年9月22日即得到承认，但直到1793年（共和二年）才真正实施，1805年12月31日废止。

共和历的各个月份如下：

葡月　　9月22日至10月21日

雾月　　10月22日至11月20日

霜月　　11月21日至12月20日

雪月　　12月21日至1月19日

雨月　　1月20日至2月18日

风月　　2月19日至3月20日

芽月　　3月21日至4月19日

花月　　4月20日至5月19日

牧月　　5月20日至6月18日

收月　　6月19日至7月18日

热月　　7月19日至8月17日

果月　　8月18日至9月16日

增加的5天（闰年为6天）称为"无套裤汉日"[1]或者"补充日"。

1796年是闰年，月份表中2月28日到9月22日的所有日期都必须相应减去一天，因为闰年多出来的2月29日在共和历中到年底才补足。

更为复杂的是，共和派将共和八年算成闰年，而在公历中当年并不是闰年。因此，那一年于公历9月22日结束，共和九年和随后的年份始于9月23日。所以，从共和九年葡月1日（1800年9月23日）到共和十四年雪月10日（1805年12月31日），上表中所有日期必须加上一天，唯一的例外是下一个闰年（共和十二年）的风月9日到共和十三年的葡月1日（1804年2月28日—9月23日），革命历法引起的偏差恰好相互抵消。

---

[1] 无套裤汉是大革命时期对法国平民的称呼。——译注

目录

前言 _____ 001

第三版前言 _____ 005

关于共和历的说明 _____ 006

第1章　拿破仑的出身与少年时代 _____ 001

第2章　法国革命与科西嘉 _____ 019

第3章　土伦 _____ 035

第4章　葡月 _____ 046

第5章　意大利战役（1796年）_____ 062

第6章　曼托瓦争夺战 _____ 084

第7章　从《莱奥本协定》到《坎波福米奥和约》_____ 112

第8章　埃及之战 _____ 139

第9章　叙利亚 _____ 161

第10章　雾月政变 _____ 174

第11章　从马伦戈到吕内维尔 _____ 194

第12章　法国的新体制 _____ 214

第13章　终身执政 _____ 242

第14章　《亚眠和约》_____ 265

第15章　法兰西殖民帝国（圣多明各—路易斯安那—印度—澳大利亚）　284

第16章　拿破仑的对外干涉　308

第17章　战端重开　320

第18章　欧洲和波拿巴家族　343

第19章　保王党人的阴谋　356

第20章　帝国的曙光　371

第21章　布洛涅舰队　385

第22章　乌尔姆和特拉法尔加　406

第23章　奥斯特里茨　429

第24章　普鲁士与新查理大帝　448

第25章　普鲁士的覆灭　471

第26章　大陆封锁体系：弗里德兰之战　491

第27章　蒂尔西特　509

第28章　西班牙起义　536

第29章　埃尔富特　549

第30章　拿破仑与奥地利　562

第31章　帝国的巅峰　579

第32章　俄国战役　599

第33章　第一次萨克森战役　629

第34章　维多利亚与停战　_____ 656

第35章　德累斯顿与莱比锡　_____ 680

第36章　从莱茵河到塞纳河　_____ 714

第37章　首度退位　_____ 739

第38章　厄尔巴岛和巴黎　_____ 768

第39章　利尼和四臂村　_____ 783

第40章　兵败滑铁卢　_____ 813

第41章　从爱丽舍宫到圣赫勒拿岛　_____ 834

第42章　暮年岁月　_____ 857

附录一　两份未发表过的公文　_____ 887

附录二　拿破仑任命与封赏的主要官员及爵位　_____ 891

附录三　滑铁卢战役　_____ 894

第1章　拿破仑的出身与少年时代

"我出生在国破家亡之时。3万名法国士兵涌上我们的海岸，自由女神的宝座淹没在血泊之中，令我触目惊心。"拿破仑·波拿巴在法国大革命开始时写下了这段饱含激情的话，描绘了出生时科西嘉岛的情景，言语之间青春洋溢，反映了那个时代喷薄欲出的强烈情绪，也奏响了他一生的主旋律。从摇篮之中直到坟墓，他始终负重前行。

无论从性情还是所处时代背景来看，年轻的波拿巴都注定会有不同凡响的经历。在摇摇欲坠的文明中，他如同阿拉里克[①]一般，迸发出了强大的力量。但是，他是南方的阿拉里克，完美结合了科西嘉岛上难以驯服的野性与意大利祖先的心智。在个性上，他是魄力与优雅、激情与理智、北方人冷静判断与东方人丰富想象力的复杂融合体。这种矛盾统一的特质能够解释他一生留下的许多谜团。对于传奇故事爱好者来说，幸运的是，即便是最敏锐的历史哲学家或者最为精确的遗传学家，也无法全面地分析天才。但就人们所能估量的拿破仑权力来源而言，可以追溯到革命时代人类空前的需求，以及他自己的天赋异禀。显然，想要理解拿破仑以及他对现代欧洲造成的影响，就必须留意他的家族特性。

拿破仑家族的沿革问题，自始至终都存在争议。有些作家竭力将他的家谱与罗马皇帝联系起来，另一些人则将其归入拜占庭皇族；有

[①] 阿拉里克一世（约395—410在位）是西哥特人首领，曾率军攻陷罗马，建立的王国疆域远及法国、西班牙、西西里岛和北非。——译注

一位宗谱研究家将拿破仑家族溯源到马略卡岛，并将其名字改为"邦帕尔"，发现他是"铁面人"①的后裔；而阿布朗泰斯公爵夫人则向东航行寻找其祖先，言之凿凿地称拿破仑家族出身于希腊。经过辛勤的研究，历史学家们终于排除了历史发现者们的杜撰，将这个迷雾重重的家族与一位叫作威廉的佛罗伦萨人联系起来。威廉于1261年开始采用波拿巴（Bonaparte或Buonaparte）这个姓氏，那个时代佛罗伦萨市民的生活中充斥着古埃尔夫派和吉伯林派的争斗，他使用这个姓氏似乎是因为所在的吉伯林派短暂地居于上风。但佛罗伦萨的政治局面一直动荡不安；很快他就不得不逃亡到托斯卡纳地区的萨尔扎纳村，躲避取胜的古埃尔夫派的迫害。这个家族在这里住了将近三个世纪，以惊人的韧性保持着吉伯林派和贵族的行为准则。要知道，坚贞或者任何其他美德都不是那个时代的特征。无休止的阴谋诡计败坏了政治和个人生活；教皇与皇帝、大公国与共和国、城市与独裁者之间纷争不止，形成了马基雅维利笔下描绘的意大利特质。在那个利己主义时代，波拿巴家族能免于堕落，缘于他们的贫穷和萨尔扎纳与世隔绝的生活。可是，家族中不时有能干者出任外交使节，说明他们不乏钩心斗角的天赋，只是深藏不露罢了。而这些特质无疑都传给了他们最为伟大的子孙。

1529年，不知是为生活所迫，还是对当时意大利无处不在的苦难感到绝望，弗朗西斯·波拿巴移居科西嘉岛。在那里，波拿巴家族与意大利民族更为强悍的一个分支攀上了关系，在深受美第奇影响而养成的狡猾特质之外，这个家族又增添了一份阳刚之气。科西嘉岛经历了地中海各代霸主的统治，迦太基人、罗马人、汪达尔人、比萨人和最后的热那亚共和国都曾染指此地，但岛民们却保留着突出的个性。岩石环抱的海岸和多山的内陆地区有助于保留原始生活的精髓。

---

① "铁面人"是法国历史传说中的人物，见于大仲马的小说《三个火枪手》，传说他是路易十四的孪生兄弟，争夺王位失败之后被戴上铁面具秘密关押。——译注

外国势力也许对沿海市镇造成了影响，但内陆宗族相对置身事外。他们的生活以家庭为中心，政府无关紧要，甚至没有存在的必要——那不就是令人憎恶的外国统治的象征吗？因此，如果与至高无上的家族荣誉不成文法相悖，政府的法律也就只是一张废纸。对邻居稍有不敬，就可能招来这样的警告——"小心性命：我盯着你呢！"随之而来的就是一场血腥杀戮——"族间仇杀"，这往往演变成历经几代人的阴谋与暗杀，即便主要当事人销声匿迹，家族旁支仍卷入其中。科西嘉人最为厌恶的便是在为家族荣誉而发起的报复中畏首畏尾的人，即便对首恶的远亲也毫不留情。1804年，拿破仑谋杀了当甘公爵，令整个欧洲大陆骇然。而对科西嘉人来说，这不过是一位专制君主在践行"以血还血"的准则而已。[1]

直到近代，族间仇杀仍是科西嘉人的主要社会法则；其影响在强悍的岛民生活中仍清晰可见。普罗斯佩·梅里美在其迷人的小说《高龙巴》中描写了典型的科西嘉人：即使身居城中，他们也心事重重、阴郁多疑甚至警觉；在住所附近徘徊时，他们宛如鹰隼盘旋于巢穴之上，时刻准备着进攻或者防御。街上罕有笑声、歌声和舞蹈；妇女辛劳于家务之后，便被满怀猜疑的丈夫留在家中，一家之主此时一边抽烟，一边看守。即便有人参加了危险的赌博，一切也都在寂静中进行，当然这种寂静常常会被一声枪响或者出鞘的刀剑打破——对有人暗箱操作的最初警告。科西嘉人总是行动先于语言。

在这种生活中，商业和农业受人轻视，女人是主要的劳力，男人都是阴谋家，由此产生了典型的科西嘉性格：喜怒无常、待人苛刻，

---

[1] 我在法文著作《科西嘉人的习俗和传统》(Moeurs et Coûtumes des Corses，巴黎，1802年版) 中看到了这样一件事：一位教士肩负为亲戚报仇的重托14年，在阿雅克肖市城门遇到了他的仇敌，于是在一位官员的眼皮底下将其射杀，而这位官员什么都没做。被杀者的一位亲戚恰好在附近，拔枪杀死了教士。两位受害者很快入土为安，教士"因其崇高品格"而得以埋葬在教堂的祭坛之下。另外，米奥·德·米利托《回忆录》(第1卷，第13章) 中记载，由于科西嘉人都不会"拒绝同党的要求，或者舍弃他的亲属"，陪审团制度于1800—1801年彻底垮台。

但又敏锐、勇敢和忠诚,他们将世界看作家庭和宗族争取荣耀的竞技场。① 这方面拿破仑是一个无与伦比的榜样;而命运给他的竞技场,就是混乱的法国和动荡的欧洲。

波拿巴家族以冷酷的科西嘉生活方式度过了17和18世纪。他们以代讼人和律师为业,精通所有重要的法律细节,因而必然卷入许多家庭纷争,以及科西嘉与宗主国热那亚之间时常发生的争端。多名波拿巴家族成员在阿雅克肖当局身居高位,因此支持热那亚;1652年的热那亚元老院文件曾如此称呼其中一员热罗姆:"尊贵的检察官热罗姆·波拿巴阁下"。波拿巴家族对这些虚名似乎并不看重,科西嘉岛的贵族家庭少之又少,他们的采邑也不值一提。正如瑞士的森林诸州和苏格兰高地,人们并不像彻底进入封建社会的地区那样追求阶级提升。波拿巴家族对自己在阿雅克肖的崇高地位和庄园中的佃户都十分满意,很少使用代表贵族的头衔。他们的生活与旧时代的苏格兰领主并无二致,那些人原先可能出身中等阶层,但被佃农们奉为首领,乡下人也总将其当作贵族,也许正因为他们拒绝使用来自境外的贵族头衔,人们更愿意这么称呼他们。

但是,一种新的影响很快就将调动起波拿巴家族血统的全部力量。我们看到,18世纪中叶,家族长老夏尔·马里·波拿巴的胸中燃烧着科西嘉人的爱国主义烈火,那正源于保利从事的崇高事业。保利是一位才华横溢的爱国者,先后率领科西嘉岛人民反抗热那亚和法国,他渴望通过教育巩固科西嘉联邦的框架,创立了一所大学。未来法国皇帝的父亲正是在这里接受了法律训练,并在精神上

---

① 关于科西嘉人的坚忍不拔和忠诚奉献,我可以引用《赫德森·洛爵士回忆录》(Memoirs of Sir Hudson Lowe)中没有发表的一部分。他曾任英国占领科西嘉期间成立的皇家科西嘉游骑兵团团长,在埃及和其他地方征战多年,深受士兵们的爱戴。1808年驻扎于卡普里岛时,他只能依靠手下的科西嘉新兵抵抗缪拉的攻击,事实证明这种信任并没有错。尽管在停战期间,他们认可自己的同胞,但即便面对法军的一个科西嘉团,他们也仍然忠于职守。正是这种忠于所处派别的本能,帮助他们经受住了缪拉特使的诱惑,甚至在朋友和亲属临阵喊话时也不为所动。

得到激励，使他的家族打破几个世纪以来的保民官和律师形象，提升到更高的水平。从如下的事迹中可以看到夏尔的雄心：通过他的叔叔、阿雅克肖副主教吕西安，托斯卡纳的波拿巴家族——大公册封的贵族——承认与夏尔所在家族血脉相连。他的爱国主义精神体现在对保利的热情支持，凭借后者的勇敢与活力，热那亚人最终被逐出科西嘉岛。在这些不断取得胜利的爱国主义斗争中，夏尔迎来了天赐良缘——莱蒂齐娅·拉莫利诺，她是一位出身于佛罗伦萨望族的漂亮姑娘，这个家族已在科西嘉岛上居住了数百年。两人的婚礼于1764年举行，新郎那一年18岁，新娘则年方15。尽管因为内乱而显得仓促，但两人的结合堪称门当户对。双方即便没有贵族血统，也称得上是名门之后，所在的家庭都兼具托斯卡纳的智慧天赋和科西嘉岛的充沛精力。[①]从出身彼得拉·桑塔家族的母亲那里，莱蒂齐娅熟知科西嘉人最落后、野蛮的风俗——族间仇杀猖獗，几乎无人在意教育。虽然早年蒙昧，但她习惯于艰苦的生活，并常常显露出这样历练出来的种种特质。因此，结婚的时候，她表现出远超其年龄的坚强意志；她的坚韧与刚毅帮助她渡过了早年可怕的逆境，也使她在成为法国皇帝的母亲之后，以庄重、高贵的形象去面对那超凡的荣耀。她生活简朴，在儿子的个人品位上也得到了体现。实际上，即便在流光溢彩的法国宫廷里，她也仍然保持着极度节俭的旧习，以至于被斥为贪婪。但这一切却有着令人感动的另一面，她似乎总是感觉到，辉煌过后，旧日的逆境仍会重来，这种直觉在某种程度上是正确的。莱蒂齐娅活到86岁的高寿，去世时她的儿子已逊位21年——这足以证明她的生命力和韧性。

好心的上天似乎不想让这对年轻夫妻预见到未来。很快，麻烦

---

① 关于拿破仑母亲的家族源流，马松（Masson）先生的《不为人知的拿破仑》（*Napoléon Inconnu*）第1章中给出了详细的事实。这些事实纠正了她"出身低微""出身农家"的常见说法。马松还证明，拿破仑出生地阿雅克肖展览的房子尽管地址相同，却是后来修建的。

就降临到他们的私人和社会生活中。他们的两个孩子都在出生后不久夭亡。第三个孩子约瑟夫生于1768年,当时科西嘉爱国者正在最后一次成功地反对新的法国压迫者;第四个孩子便是大名鼎鼎的拿破仑,他出生于1769年8月15日,正值科西嘉的自由之火最终熄灭之际。法国大革命重新引发内乱之前,波拿巴夫妇又有了其他9个孩子,在这场动乱期间,夏尔·波拿巴去世,留下孤儿寡母颠沛流离,最终背井离乡到了法国。

命运之神已将年轻的拿破仑·波拿巴同法国的未来联系在一起。热那亚对科西嘉的统治垮台之后,法国取而代之,凭借几张空头支票,从处境艰难的意大利共和国手中得到了这个令后者烦恼的岛屿。当时法国波旁王朝声望日衰,为了挽回颜面(至少在地中海沿岸),此举堪称经济实惠。过去,法国在干预科西嘉事务时一直站在热那亚一边,但在1764年,保利呼吁路易十五保护该岛。路易十五答应了请求,他的做法是以友好保证为名,悄悄出兵占领了岛上沿海的市镇。1768年正式停火期限未到,法国军队指挥官马尔伯夫便着手对付爱国者。[①]卢梭和许多其他民众自由权支持者对这种出卖岛民自由的行径提出抗议,但徒劳无功;保利激励同胞进行一次又一次力量悬殊的斗争,试图守住内陆山区,也归于失败。保利的追随者们出身贫寒、装备不佳,且因家庭纷争和宗族对立而难以同仇敌忾,根本无法与法军抗衡;队伍被彻底击溃后,保利带着340名最为坚定的爱国者流亡英国。夏尔·波拿巴并没有与这些坚定分子为伍,而是承认了法国的统治以换取赦免。他带着妻子和幼小的儿子约瑟夫返回阿雅克肖;不久之后,拿破仑在那里出生。正如爱国历史学家雅各比的精妙评论:"就在科西嘉人为培养解放事业的殉道者而竭尽全力的时候,

---

① 参见雅各比(Jacobi)的《科西嘉历史》(*Hist. de la Corse*)第2卷、第8章。法国历史学家都以审慎的态度简述这整件事,就连马松和许凯(Chuquet)也是如此。梯也尔仅以几句话带过这一话题,则完全是种误导。

拿破仑·波拿巴出生了。"①

夏尔·波拿巴一直是保利的热情支持者，立场的突然改变使他饱受指责。他确实没有成为英雄的勇气，个性上似乎不够稳定，容易为一时的热情冲昏头脑，过后又很快陷入消沉；他饱读诗书，足以效法伏尔泰，也能写些平庸的诗文；他具备成为阴谋家的天分，但这总令从不富裕的他愈加窘迫。拿破仑令世人瞩目的特质自然不是来自父亲：在这些方面，他更应该感谢母亲血液中流淌的狂野之气。父亲无疑将在法国的人脉视为提高世俗地位、摆脱经济困境的机会，因为新的统治者此时正努力拉拢岛上的显要家族。在这些人中，许多都憎恨保利的独断专行，愉快地接受与法国的联系，这预示着家乡的富足，并在法国军队中开启一段辉煌的职业生涯——当时只有贵族后裔才能在军中服役。

夏尔·波拿巴的决定不乏说辞，也没有人能否认科西嘉最终从与法国的联系中收获甚丰。但人们指责他改变阵营是出于自身利益，而非哲人般的远见。至少，他的次子在整个童年时代里都对父亲背弃爱国事业满怀憎恨。这位年轻人同情农民，后者不会因小利而放弃忠诚，坚定、勇敢地在一场无望的游击战中反抗法国人。当拿破仑从出身更为低微的同胞那里听到压迫和屈辱的故事时，他那科西嘉人的热血沸腾了。11岁时，他在布列讷堡军事学院看到了舒瓦瑟尔（力主征服科西嘉的法国大臣）的画像，按捺不住的激烈情绪转化成了对变节者的怒骂；即便在父亲1785年去世之后，他仍声称永远无法原谅前者没有跟随保利流亡的行为。

---

① 有很多著作试图证明拿破仑生于1768年，且确实是存活下来的孩子中年龄最长的。究其原因，简述如下：(1) 约瑟夫·波拿巴的第一个洗礼名是"拿布里昂"（"拿破仑"的意大利语读音），"约瑟夫"是1768年1月7日在柯尔特进行洗礼登记时加到名字上的；(2) 有人说约瑟夫生于阿雅克肖；(3) 拿破仑在结婚时自称生于1768年。对此可以做如下回复：(a) 其他更有决定意义的书信和说法都证明，约瑟夫于1768年生于科尔特，拿破仑1769年生于阿雅克肖；(b) 拿破仑结婚登记时使用的出生年月，显然是为了减少与新娘的年龄差距，后者也将年龄写小了4岁。参见许凯《拿破仑的青年时代》（*La Jeunesse de Napoléon*），第65页。

看来，生活中的琐事往往能够改变人类历史的进程！倘若父亲这么做了，年轻的拿破仑就很有可能进入大英帝国海军；他可能和保利一样，对生养自己的土地饱含深情，追随这位科西嘉英雄从事反对法国大革命的事业，那么，他在历史上的成就只能略胜马尔伯勒公爵一筹：粉碎民主法国的军事努力，诱使英国征服欧洲大陆。除了法国的"自然疆域"之外，君主制和贵族社会将不会受到挑战；而根基从未动摇的其他国家，则将把毫无生气的旧统治延续下去。

夏尔·波拿巴的决定改变了欧洲的命运。他决定，长子约瑟夫应该进入教会，拿破仑则应成为一名军人，这说明，他对儿子们的个性有着正确的认识。约瑟夫讲述的一则逸闻是兄弟两人性情的极好写照。有一次，他们所在学校的校长安排学生模拟罗马人与迦太基人的战斗。年纪较大的约瑟夫分到罗马军队的旗下，拿破仑则扮演迦太基人；可是，拿破仑因选到失败一方而愤怒，先是烦躁不安，接着不断恳求甚至大吵大闹，直到不像他那么好斗的约瑟夫同意与较真的弟弟更换位置才算罢休。这件事情预示了家族后来的历史。

夏尔·波拿巴在这段时间表现出来的顺从，开辟了未来帝国的道路。向法国屈服后不久，他就得到了回报。法军驻科西嘉司令官利用其影响力，保送年轻的拿破仑进入香槟地区的布列讷堡军事学校；由于父亲满足当局规定的条件——不仅没有财产，而且这个家族四代都是贵族——拿破仑在学校接受教育的费用由法国国王支付（1779年4月）。现在，年仅9岁的他来到了一个陌生的国度，与令他厌恶、在同胞面前作威作福的法国人为伍。最糟糕的是，由于他来自一个被征服的民族，不得不忍受周围的白眼。对于一个骄傲、好强的孩子，这是什么样的处境啊！校方的正式报告称他沉默、倔强，这本不为奇，但奇怪的是，又加上了"傲慢"的描述。在此种环境下，不因压制而沉沦，正说明拿破仑的坚韧性格。至于他的学习，就无须多说了。法国历史课上，他读到了远古的荣耀（当时"德意志是法兰西帝国的一部分"），路易十四治下的辉煌，法国在七年战争中的惨败，以及"英国征服印度的奇迹"。但是，他的想象力之源并不在此。个性突出的男孩总是会从私下阅读的书籍中得到远多于既定课程的收获；年轻的波拿巴对拉丁语和法语文法的学习意兴阑珊，更愿用普鲁塔克《传记集》的法语译本滋养心灵。这本书巧妙地将史实与传奇、历史背景与个人事迹结合起来，生动地描述了远古时期的杰出人物和英雄，曾令多少人不忍释卷。卢梭熟读此书而受益终生；罗兰夫人称其是"伟大灵魂生长的沃土"。孤独的科西嘉少年也有同感，远离家乡和同胞使他阴郁孤苦，从希腊与罗马的丰功伟绩中，他听到了挚爱的岛国故土悲剧故事的遥远回响。学校的图书馆馆长断言，就在那个时候，这位年轻的战士已将古代英雄当成未来生涯的典范；我们也可确信，阅读莱昂尼达斯、库尔提乌斯和辛辛纳图斯等杰出人物的事迹时，他看到了心目中古代共和派英雄保利的身影。与保利并肩作战、反抗法国，是他永恒的梦想。他曾大声疾呼："保利终将回来，一旦我有了力量，就会帮助他；也许我们能一起卸下套在科西嘉脖子上那可恨的枷锁。"

但是，还有另一部著作给拿破仑年轻的心灵带来了巨大的影响，那就是恺撒的《高卢战记》。对这位意大利青年来说，同族人征服高卢是直击人心的话题，在恺撒身上，未来的征服者也隐隐约约地有种志趣相投的感觉。那位古罗马人具有充沛的精力和睥睨天下的壮志、看透问题核心的敏锐洞察力、宽阔的胸怀，罗马元老院的阴谋诡计、政治派系的风云变幻以及大军和各大行省管理上的琐碎细节都逃不过他的掌握——这些特质，都被年轻的士官生作为训练心智的主要内容。的确，恺撒的生涯注定会给拿破仑王朝注入非凡的魔力，不仅对其缔造者是如此，还影响到了拿破仑三世；在拿破仑的心中，恺撒和亚历山大的形象取代了莱昂尼达斯和保利，这也许是他个性和生涯改变的精神基础。后来，当1790年他在阿雅克肖短暂逗留时，首次对此前一直爱戴的保利产生了怀疑，我们听说，这时的他连续几个晚上研读恺撒的历史，怀着对那些非凡功业的钦佩之情，铭记了其中的许多段落。他热切地站在恺撒一边反对庞培，也同样热情地为阴谋破坏罗马共和国自由的指责辩护。①对于一位共和派青年来说，这种学习是危险的，因为在他身上，军事天赋和统治才能都是与生俱来的。

青年波拿巴在布列讷堡的生活真实记录甚少，却不乏值得怀疑的逸事。对于后者，最为可信和发人深省的，是1783—1784年的盛夏，他向同学们提议用雪修建堡垒。据他的同学布列纳回忆，拿破仑设计了这些模拟工事，还指导攻防之法；其他人则说，他根据现代战争的需要重新修建了城墙。不管哪种说法正确，这一事件都预示着拿破仑强大的组织与指挥能力。不过，总的来说，他的独创性和活力并无太多表现。他似乎厌恶布列纳之外的所有同学，而这些人也同样讨厌他喜怒无常的性情和暴烈的脾气。甚至有人报告，拿破仑曾发誓要尽其所能地伤害法国人，但此类说法更像是杜撰的。同样值得怀疑的还有，他在两封信中祈愿，能够摆脱在布列讷堡遭受的侮辱。②而在其他真实性无疑的信中，他对未来的生涯充满热情，因忠诚于科西嘉而受人欺凌的事只字未提。特别值得注意的是，他写信给舅舅，恳求后者阻止约瑟夫·波拿巴从军。他在信中写道，约瑟夫仪表堂堂，且善于说些轻佻的恭维话，当个驻防官还是不错的——"因此，社交上是好手，可打仗呢？"

拿破仑的坚定引起了教师们的注意。他们无法让拿破仑屈服，至少在重要的事情上是如此。在不那么重要的细节上，他那意大利式的机敏似乎起了作用；因为视察过该校的官员在报告中提到他时是这么说的："体质与健康：很好；性情：服从、亲切、诚实、懂得感恩；行为：很守规则；一直因善于运用数学知识而闻名；历史与地理成绩

---

① 纳西卡（Nassica）的《回忆录》，第192页。
② 荣格认为这两封信都是真的，见其《波拿巴和他的时代》（*Bonaparte et son Temps*）第1卷，第84和92页；但马松在《不为人知的拿破仑》（第1卷，第55页）中追根溯源，不予采信，从信中也能看出这一点。

尚可；才艺方面十分薄弱。他将成为一名出色的海员：值得送到巴黎军校学习。"因此，他被适时送往巴黎军校，1784年10月入学。对于一个15岁的少年，离开布列讷堡的半修道院生活，来到战神校场前的宏伟建筑，其效果不及预期。他在感情上还没有成为法国人，对科西嘉的热爱和对法国君主制的痛恨，使他更坚决地抵制周围的奢华环境。为拿破仑的教育出资的，正是征服他亲朋好友的法国国王，这或许是更大的痛苦。然而，他仍然全力投入自己喜欢的课程，尤其是数学。语言上的缺陷依然存在，并将一直保留下去；因为对于文学作品，他总能敏锐地抓住主题，而非写作的风格。终其一生，拿破仑都无法准确地用意大利文写作，法文就更差得远了；巴黎的老师将他孩子气的作文比作熔化的花岗岩，也不算不实之词。当他努力地想掌握舞步时，率直、急躁的个性也成了致命的弱点。尽管在巴黎上了课，后来又在瓦朗斯请了私人舞蹈老师，但他从来都没有成为一名合格的舞者：显然，他的个性更适合要求精确的科学，而不是艺术，更擅长几何学，而非韵律；他的所思所行都是直线，绝不拐弯抹角。

拿破仑在巴黎的那一年，父亲去世了，这使他更加强烈地感受到对7个弟弟妹妹的责任。自身的贫困使他对周围所见的奢华生活感到厌恶；传闻他曾给布列讷堡军校副校长写过有关这一主题的信件，但有充分的理由怀疑此事是否属实。巴黎学界的信件受到严密的监控；而且，如果他确实不厌其烦地罗列出对现有训练内容的批评，那这封信也肯定已经被毁掉了。不过，曾有一位不知名的批评家指出，对注定要在军营里艰苦生活的年轻人来说，太好的伙食并不合宜，拿破仑想来定有同感。在布列讷堡，他有着"斯巴达勇士"的绰号，这个例子说明，学生们有一种神秘的能力，可以仅用绰号就点明一个人的突出特征。对拿破仑的这种描述十分正确，几乎可以贯穿他的一生。无论如何，巴黎的浮华使年轻的拿破仑更加深爱科西嘉的岩礁。

1785年9月，16岁的拿破仑晋升少尉，进入拉费尔炮兵团服役，驻地在罗纳河上的瓦朗斯。这是他第一次近距离接触现实生活。根据部队的规章，他必须进行三个月的严格训练，才能正式入列。这项工作要求严苛，收入微薄，年薪只有1120法郎（约合不到45英镑）；但是，所有报告一致认为，他十分热爱这个职业，长官们也欣赏他超人一等的能力。[①]拿破仑在瓦朗斯掌握了战争的基础知识，许多出身贵族的将军正因为缺乏这种知识，看似大有前途的军事生涯很快以惨败告终。也正是在那里，他还学会了最难但也最重要的功课：毫不迟疑地服从。卡莱尔[②]说过："学会服从，是统治艺术的根本。"拿破仑就是这样做的，他在瓦朗斯受到了征服艺术和统治艺术的训练。

从许多方面看，拿破仑的这段青春岁月都是有趣而重要的。他展现出了许多令人喜爱的品质，在此之前，由于现实际遇和富裕同学们的蔑视，这些特征都被掩盖了。而在瓦朗斯，尽管他仍然回避其他军官，但却努力地与更适合自己简朴品味及克制举止的人们交往。他在当地几个最好的资产阶级家庭里找到了快乐。也正是在瓦朗斯，他度过了一生中最富有柔情、最恬静愉快的日子。孤独中的拿破仑结识了一位有教养的夫人，就在后者的乡间别墅里，他遇见了自己的初恋——卡罗琳·德科隆比耶。这段恋情虽然转瞬即逝，但他将南方人特有的热情全都倾注在爱人的身上。看起来，德科隆比耶小姐也曾以真爱相报，因为拿破仑在圣赫勒拿岛上度过动荡不安的晚年时，曾忆起与卡罗琳清晨漫步、共尝樱桃的美好时光。人们总是难以忘记在他冷峻的一生中曾有过这些甜蜜的插曲，那是因为它们充分说明，若非命运捉弄，他同样有能力在交往中获得快乐，也有着深切、温柔的感情。假如法国从未征服科西嘉，假如大革命从未爆发，他的一生该有多大的不同！可是，科西嘉仍是最牵动他内心的。当他奉命离开瓦朗斯，前往镇压里昂暴动，他那一度被卡罗琳扰动的感情又回到了岛国

---

① 沙普塔尔，《我记忆中的拿破仑》（*Mes Souvenirs sur Napoléon*），第177页。
② 托马斯·卡莱尔（1795—1881），苏格兰哲学家、史学家。——译注

故土。1786年9月，他愉快地重温了儿时的情景。离家8年的他探望了母亲和弟妹，但最令他快乐的，是再次见到岩石林立的海岸、苍翠欲滴的谷地与科西嘉岛上的崇山峻岭。森林的清香、"如入无垠之怀"的海上日落景象以及山地人宁静超然的自豪之情，无不令他着迷。他的喜悦表现得就像少年维特的"敏感"，即便是家庭遇到的麻烦也不会令他扫兴。父亲生前就开始了前途未卜的投机，除非法国政府宽容大度，否则波拿巴家族此时将受到破产的威胁。作为家中的次子，拿破仑希望向法国财政部索要家庭应得的一笔款项，因此延长假期赶往巴黎。1787年底，他在巴黎停留了几周，期望着从同样破产的政府手中拿回一些钱。从几种意义上讲，那都是幻想破灭的一个时期。他目睹了巴黎人生活中的阴暗面，并在令人头晕目眩的王室漩涡中摸爬滚打了一小段时间。与浊浪滔天、如临深渊的这种生活相比，科西嘉岛显得是那么澄清透明、无忧无虑！

　　21个月的假期之后，拿破仑回到了拉费尔炮兵团，此时驻地改到了欧索讷。在欧索讷，他的健康受到了很大损害，一方面是缘于索恩河沼泽地的瘴气，另一方面则是因为对家庭事务的焦虑，以及文学上的刻苦研读。在上述原因中，最后一条确实值得一提。如果说拿破仑早年生活中的外部事件有价值的话，那也只是因为它们揭示了他性格中的多面性，以及智力上的成长。

　　拿破仑是如何从早年狭隘的爱国主义思想中实现蜕变的？上文叙述的事实已经说明了一个显而易见的原因。上天慷慨地赐予他多种多样的天赋，其中最主要的便是傲视天下的气势，因此，他不会将自己的行动范围仅限于科西嘉。尽管他深深地热爱故乡的小岛，但那里不能提供与其雄才大略相称的环境。他的父亲临终前曾说过，他的拿破仑总有一天将会推翻旧君王，征服整个欧洲，这绝非虚词。[①]而拿破

[①] 约瑟夫·波拿巴，《回忆录》第1卷，第29页。另见米奥·德·梅利托《回忆录》第1卷，第10章。

仑本人也承认，他的本能总是告诉自己：他的意志必将压倒一切，而他所喜欢的东西，最终也一定会属于自己。作为一位伟大的军事指挥官，他对自身个性的这种描述也算不上浮夸。大多数被宠坏的小孩也常有同样的幻想，只不过为时不长。可是，不管命运如何肆虐，都无法从青年波拿巴心中赶走这种想法。也许，对未来的绝望曾令他那本能中的霸气有所折损，但在空谈哲理的卢梭影响下，拿破仑的意志又重新变得坚定了。

拿破仑受到这位异想天开的思想家的吸引，是有充分理由的。在著名的《社会契约论》一书中，卢梭呼吁大家注意科西嘉人在捍卫自由时表现出来的源远流长的活力，并语出惊人地预言，这个小岛有朝一日将震惊欧洲。卢梭对科西嘉多有偏爱，其原因显而易见。他出生和成长于日内瓦，和一般的瑞士人一样，都热爱"既不富有也不贫穷，但自力更生"的民族；从坚强的岛民们简朴的生活和对自由的挚爱中，他看到了社会契约的痕迹，而那正是他引为社会根基的东西。据卢梭说，一切社会和政治制度最初都是通过人与人之间的共识或者契约建立起来的。由此，人们建立了氏族、部落和国家。国家可能将许多权力赋予一位统治者；但如果此人滥用权力，他和人民之间的契约关系就走到了尽头，民众就会回到原始状态，也就是人与人之间存在平等协议关系的状态。对所有不满周围环境的人来说，这正是卢梭的学说吸引人之处。他似乎正确地指出，暴政是荒谬的，必须回到社会契约那种原始的幸福状态。至于他所说的契约完全不符合历史事实，论据也漏洞百出，就没有那么重要了。他激励了一整代人，使他们痛恨现实，向往黄金时代。诗人们只能歌颂这种时代，而卢梭似乎将它带到了饱受苦难的普通人触手可及之处。

现存最早的拿破仑手稿（1786年4月写于瓦朗斯）表明，为了阐述科西嘉人反抗法国的"权利"，他从卢梭的武器库中寻找符合逻辑的论据。这位年轻的英雄崇拜者首先写道，那一天是保利的生日。

接着，是一大段科西嘉爱国者的颂歌，此时的他想到的全是许多人对这种反抗的指责："上帝的律法是禁止反叛的。然而，上帝的律法与纯粹的人类事务何干？想想就觉得荒唐——上帝的律法不分青红皂白地禁止摆脱强加的枷锁……至于人间的法律，只要王子犯法，它们也就形同虚设了。"接着，他指出了政府仅有的两种可能起源：要么人民制定法律，将其交给君主来实施；要么由君主制定法律。在第一种情况下，君主统治的实质就是执行契约。而在第二种情况下，法律也许保护人民的福利，也许不顾这种福利，但人民的福利是一切政府的目标，否则人民与君主的契约就将废止，人民将再次回到原始状态。波拿巴就此证明了人民有着至高无上的权力，再以这一信条阐明了科西嘉人反抗法国的合法性，这篇有趣的杂文最后写道："遵循一切正义的法则，科西嘉人已经摆脱了热那亚人强加的枷锁，也同样可以摆脱法国的统治。阿门。"

5天以后，忧愁再一次笼罩着他，他甚至想到了自杀："人群之中，我却总是感到孤独。"凭借着与生俱来的能力，他对各种想法和感觉做了一番概括和权衡，列举了自杀的正反论据。他正值青春年华，不到4个月，他又能见到童年之后未曾谋面的"祖国"了。那是何等的喜悦！然而，人们为何背弃他们的天性：他的同胞们对征服者曲意逢迎，不再与暴君、奢侈享乐和卑鄙的佞臣为敌；法国人腐蚀了他们的道德，当"祖国"不复存在，忠诚的爱国者理应慷慨赴死。法国人的生活令人厌恶，与拿破仑的生活方式大相径庭，如同月光不同于日光——在多菲内的明媚春光下，17岁的少年流露出这样的情绪，确实与众不同。距离樱桃成熟只有几周的时间了，究竟是与德科隆比耶小姐同品樱桃的甜蜜让他回到尘世，还是为科西嘉发动绝地反击的希望让他放弃了自杀的念头？可能是后者，因为我们发现，他在不久之后就与一位日内瓦新教牧师发生了冲突，缘由是那位牧师胆敢批评卢梭提倡的一个信条。

同样出生于日内瓦的哲学家卢梭断言，基督教在信徒心中灌输了世外天国的观念，破坏了文明社会的团结，因为这使信徒们背弃国家，如同他们脱离一切世俗事物。对于这种论调，日内瓦牧师引用了相关的教义，有力地予以回击。可是，波拿巴猛烈抨击牧师不理解《社会契约论》，甚至根本没有读过；他向着对手大声背诵《圣经》中要求遵循律法的文字，指责基督教将人们变成屈从反社会暴政的奴隶，因为教士们建立了与民法相悖的权威；至于新教，则在教徒之间散布不和谐的情绪，从而破坏了公民的团结。他辩称，基督教是世俗政府的敌人，它的目标是让人们向往来生从而得到今世的满足；而世俗政府的目标是"扶弱锄强，让每个人都能享有安宁，这才是真正的幸福之路"。他由此得出结论，基督教与世俗政府有着根本的对立。

从上述长篇大论中，我们可以看出，青年拿破仑身上的反抗精神不仅使他藐视法国的法律，也反对与之沆瀣一气的宗教。即便是卢梭都承认基督教福音之美，他也不屑一顾。比起师长，他的观点更为偏执。他几乎无法想象，宗教和政府能够同时互不干扰地影响人类天性的不同部分。在他的想象中，人类社会是密不可分的一个整体，而时不时带上些许宗教情绪与个人荣誉感色彩的唯物主义，是其中唯一值得注意的影响。企图从内心深处或外部转变人们的性格，从而改造世界的宗教，对他来说是毫无价值的。拿破仑急于得到切实的成果，他急躁的性格根本看不上缓慢的方法。他打算"强迫人们幸福"，要实现这种结果只有一种可行的办法，就是社会契约，也就是国家。一切有损社会契约统一性的事物都应该被粉碎，这样国家才能在一块净土上试验其"仁慈的专政"。这就是波拿巴在17岁便已树立并坚持终生（只不过因为思想的成熟和利己的念头而有所保留）的政治和宗教信条。在关于1802年《政教协约》的政策中，他再次表现出了这种信念，宗教沦为国家的仆从；他还曾多次宣称，自己从没有获得和沙皇及苏丹一样的权力，原因是他从没有统治民众思想的能力。①在上文中那篇充满孩子气的文章中，我们也许能觉察出他后来遭到失败的根本原因。他从未完全理解宗教，或者宗教所能激发的热情；他也没有完全意识到人类天性的复杂、社会生活的多面性，以及最具智慧的立法者都难以逾越的局限。②

拿破仑阅读卢梭的著作，为研究人类社会与政府做好了准备，第一次在欧索讷逗留期间（1788年6月—1789年9月），他遍寻古代与现代世界的记录。尽管健康状况不佳、家庭出现问题，法国大革命又在此时爆发，他仍努力完成这项对未来有着重大意义的工作。古波斯、西徐亚、色雷斯、雅典、斯巴达、埃及和迦太基的历史、地理、宗教和社会习惯，都成了他那如同百科全书般的笔记本中的素材。什么都无法阻碍他发挥归纳总结的天才。这段时间里，他得到的历史知识足以令同辈人震惊。在这本笔记本里，我们既能看到关于炮兵团训练和火炮改进的建议，又能找到阅读柏拉图《理想国》开篇的笔记，以及从建国之初到1688年革命整个英国历史的系统总结。那场革命特别引起他的兴趣，因为辉格党人和他们的哲学领袖洛克坚称，詹姆斯二世违反了君王与人民的原始契约。拿破仑在日记中始终强调导致各王朝之间冲突，或导致对立原则分歧的事件。实际上，在这些如饥似渴的研究中，有迹象表明，他决心书写科西嘉的历史；他通过回忆过去的辉煌激励同胞，与此同时，又试图创作一部《王权论》来削弱法国君主制。他对这部著作的第一篇梗概如下：

"1788年10月23日，欧索讷

---

① 沙普塔尔，《我记忆中的拿破仑》，第237页。另见马松《不为人知的拿破仑》第1卷，第158页注释。
② 在1803年1月11日与勒德雷尔的餐后交谈中，波拿巴以下面这段意味深长的话赞颂伏尔泰，贬低卢梭："读着伏尔泰的书，越来越喜欢他：他总是那么通情达理，从不自吹自擂，也不狂热盲信；他的书是为成熟的内心所写。16岁之前，我一直都为卢梭而战，对抗所有伏尔泰的朋友。现在正相反。自我见识了东方以来，就特别厌恶卢梭了，野蛮人还不如一条狗。"[《勒德雷尔作品集》(Oeuvres de Roederer)，第3卷，第461页]

第1章 拿破仑的出身与少年时代　017

"这部作品的开头将概述国王这一头衔的由来及其日益显赫的声望。军事统治对它是很有利的：此后，本书将详细介绍欧洲12个王国君主所篡夺并享有的权威。

"在这些国王中，没有几位是不应被废黜的。"[1]

除了上述简略的宣言，这部计划中的作品就没留下什么了。但是，拿破仑苦心研读的目标已表现得很充分。这一切都是为了武装自己，投身到唤醒科西嘉人精神、动摇法国君主制基础的伟大事业中去。

不过，拿破仑在这个时代留下的大量手稿和粗糙的创作引起了人们更广泛的兴趣。它们展现了他在人生观上的偏狭。一切行动，都是为了以他设想的方法实现科西嘉的重生。因此，我们就可以理解，为什么在拯救科西嘉的方法遭到拒绝时，他会依依不舍地离开，将全部精力投入到大革命中去。

然而，从拿破仑早年生活的记录中，可以看到他的性格中有一种纯真的情感。上天造就了他磐石般的坚定性格，并用绚丽如鲜花的人道和缠绵如青藤的亲情加以装点。与胞兄约瑟夫在欧坦首次分别时，面对痛哭失声的兄长，小拿破仑却只流下一滴眼泪，可正如导师所言，那与约瑟夫的泪雨同样令人动容。对亲属们的挚爱，在拿破仑晚年的政策中成了一个强有力的因素；诽谤永远无法抹黑拿破仑的品格，他热爱、尊重母亲，声称母亲的建议对自己来说往往最有帮助，母亲的正义精神和坚定，使她天生就是男人的统治者。但是，即便人们都承认他的这些说法，现实中他的性情仍然是坚定而严酷的；他的个人优越感，使他从小就苛刻且盛气凌人；从后来的结果看，即使是年少时最强烈的感情，从法国手中解放科西嘉的决心，在条件需要的时候也可以放弃，随后，他会将天性中所有的力量集中到更大的冒险上。

---

[1] 马松，《不为人知的拿破仑》，第2卷，第53页。

第2章　法国革命与科西嘉

"他们试图攻击我个人，以此来摧毁革命：我将捍卫它，因为我就是革命。"这是波拿巴在1804年保王党阴谋失败后的宣言。这是路易十四名言"朕即国家"充满气魄的翻版。即便在人们习惯于专制君主任性妄言的时代里，路易十四的话也算得上大胆了，而年轻的科西嘉人更富胆略，将自己等同于一场革命，那可是影响遍及全人类、如同真理一般深远的革命。可是，当他口出此言，却没有被人嘲笑为狂妄的蠢话：对于大部分法国人来说，这些话听起来就像严肃的真理，也像是合乎现实的想法。人们也许会好奇地问道，为何短短十五年，波及全球的法国大革命运动就要系于一人之身？1789年的革命波澜壮阔，孕育了无穷无尽的可能性，却又为何要凭借第一执政的形式和好恶存在下去？毫无疑问，这是人类历史上独一无二的政治人格化，重重的谜团无法仅靠历史解开。这个问题部分属于心理学的范畴，在科学研究中，不仅涉及人，还要涉及社会与国家的愿望、情绪和种种奇思怪想。而我们的任务则要平庸得多了，那就是指出波拿巴与大革命的关系，并说明他如何运用强大的意志力量，将大革命拖回到现实中来。

显然，我们首先要面对以下的问题：大革命的崇高理想是否能够实现？如果答案是肯定的，1789年的人是否采取了切实可行的方法，来追求这些目标？对于前者，本章至少能提供一部分答案。至于后者，下几章中叙述的事件将带来一些启示，我们可以从中看出，这场伟大的人民运动释放出巨大的力量，将波拿巴推上了命运的巅峰。

在此，我们要提请读者注意，法国大革命不是一场简单、一致的运动。错综复杂的局面下，革命秉承的多面性斗争信条中，潜藏着不和谐的种子。大革命精神领袖们提出的理论多种多样，而刺激追随者攻击当时腐朽暴政的动机也各不相同。

不满与信念是革命的终极动机。信念是革命的准备，而不满则成就了革命。理想主义者从不同的思想层面宣扬人类可以达到完美之境的信条，经过长时间的努力，成功地将希望带到了法国劳苦大众的心中。在此，我们不去评论哲学方面的推论，但可以简略地谈谈三位著书立说者所起的教化作用，他们对革命政治学起到了明确、实际的影响。这三位伟人便是孟德斯鸠、伏尔泰和卢梭。孟德斯鸠绝不是革命者，因为他支持英国那样的混合政体，这种政体可以保证国家不会受到独裁专制、寡头政治和暴民统治的威胁。他对法国君主制的批判不过是出于无心。但是，他唤醒了人们批判性质疑的情绪；任何的质询都将动摇法国旧政权的根基。孟德斯鸠的教导激励着温和改革派群体，他们在1789年渴望按照英国的模式改造法国的政权体系。然而，民众的情绪迅速将这些亲英派甩到脑后，追逐伏尔泰更具吸引力的目标。

伏尔泰是一位敏锐的思想家，他以深入人心的哲理和极具讽刺的连珠妙语，令特权阶层（尤其是高级神职人员）无言以对。论到对腐朽政权的口诛笔伐，从来没有人能像他那样，取得一连串耀眼的胜利。受到讽刺的阶级只能讪笑着退缩，而法国知识分子则深深折服，向往革命。从此以后，名义上自由的农民不可能为了国家的苛捐杂税而辛苦劳作，也不可能养活那些在凡尔赛宫里围着君王寻欢作乐的贵族了。年轻的国王路易十六确实进行了多次改革，但他没有足够的意志力去废除荒唐的税务豁免政策，让贵族和高级神职人员承担对国家的义务。因此，在1789年之前，中等阶层和农民几乎负担了全部税收，后者还要缴纳封建制度下的各种税费。这些弊政导致民怨沸腾，将思想家和实干家紧密团结起来，极大地推动了卢梭平等学说的传播。

在卢梭的政治学说中，我们关心的只有两项：社会平等和国家至高无上的地位。因为在这些思想似乎注定破产时，拿破仑·波拿巴却传承了卢梭的政治遗产。根据卢梭的理论，社会和政府起源于某种社会契约，按照契约的规定，全体社会成员拥有平等的权利。即便契约精神在奢靡之风中烟消云散，也没有关系，因为那是对文明社会的背叛，社会成员有理由立即恢复原始的理想。如果国家的生存濒临危险，就可以动用武力："若有人拒绝服从公意，全体将迫使其服从；这也意味着，他将被迫自由。"卢梭关于公意不可分割的学说同样貌似合理却很危险。他认为一切公众权力源于社会契约，这也就不难证明，归于全体公民名下的主权，必然是不可动摇、不可剥夺、不可代行、不可分割和不可毁灭的。英国人现在恐怕很难理解，这种以否定为精髓的说法当时能够唤起那么大的热情。但对刚刚脱离特权时代、正与君主同盟对抗的法国人来说，"共和国不可分割"的口号就是战斗的号角，激励人们为了胜利而不惜牺牲。只要能够拯救社会平等，任何改变都是可以忍受的，即便迎来专制统治也在所不惜。卢梭声称，罗马共和国曾为了拯救早期的自由，授予一位暂时的独裁者无限的权力，因此，年轻的共和国必须效法"保存自我"的大自然第一法则，采取类似的手段。独裁者可以通过暂时取消自由的手段拯救自由本身；暂时收回议会的立法权，为的也是让它真正地直言不讳。

法国大革命期间发生的事件，为卢梭的这些理论加上了悲剧性的注脚。这场伟大运动的第一阶段中，我们看到孟德斯鸠、伏尔泰和卢梭的追随者们团结一致，猛攻特权阶层的堡垒。就连巴士底狱的高墙也在他们的军号声中轰然倒塌。国民议会第一次开会，便取消了令人憎恨的封建特权；各省的高等法院均被关闭。旧的行省被废除，1790年初，法国通过新的政区划分，各省在地方事务上享有充分自由，但在所有全国性问题上，整个法国与巴黎成立的平民政府更紧密地联系在一起。可是，改革者之间很快就出现了分歧：对神职人员特权的憎恨，以及填补空虚国库的渴望，导致了首次废除教会的行动。什一税被取消，教会的土地收归国有；修道会遭到镇压；主教和神父的薪俸改由政府支付。而且，1790年7月的《宗教人员民事组织法案》明确规定了神职人员隶属于国家，否认了他们对教皇的臣属关系。大部分教士拒绝这一法令，他们被称为"拒绝效忠派"或者"正统派"教士，较为顺从的派系则被称为"宪政派"教士。教会因此发生了严重的分裂，干扰了法国的宗教生活，原本应当是自由之友的教士与卢梭宣扬的绝对平权论分道扬镳。

1791年的新宪法也是不和谐之源。出于对王权的猜忌，国民议会夺取了政府的许多行政职能，其结果是灾难性的。法律不起效力，税款无人征收，军队因哗变而分心，这个原本的君主国缓缓滑向破产和混乱的深渊。就这样，在三年中，革命者将神职人员逼入绝境，准备推翻君主制，而每个月的情况都证明，他们的地方自治政府根本不能运转，革命者本身也分裂成不同的派系，将法国推向战争，有组织的大屠杀使这片土地成了一片血海。

年轻的波拿巴对大革命开始时的事件究竟作何感想，我们知之甚少。从他的笔记中似乎可以看出，他将这些事件视为对其科西嘉计划的干扰。但是，大革命逐渐激起了他的兴趣。我们发现，1789年9月，当拿破仑在科西嘉休假，他和岛上的同胞们一样，希望法国国民议会中的科西嘉代表能赢得独立的恩惠。他劝诫同胞们支持民主事业，认为这将加速摆脱法国暴政的进程。他敦促同胞们佩戴三色徽章，因为那是巴黎人战胜旧王朝的象征；他劝说人们组建社团，最重要的是组织一支国民卫队。这位年轻的军官知道，军事实力将从此时心怀不满的保王派军队一边转向国民卫队。后者肯定将成为拯救科西嘉的根本。然而，法国驻科西嘉总督出手干预，社团被取缔，国民卫队也解散了。波拿巴立即发动了一场声势浩大的抗议活动，反对总督的暴政，向法国国民议会请愿，要求维护公民的自由权利。他的名字出现在了请愿书的开头，对于一位休假中的少尉军官来说，这真是英勇之举，但他的爱国精神和胆魄绝不止于此。他前往科西嘉岛首府巴斯蒂亚，卷入了1789年11月5日民众与王家军队的一场纷争之中。幸运的是，法国当局此时已有心无力，只能要求他回到阿雅克肖；他在那里重新组织了一支民间武装，并通过在一位个人对手的住宅之外设立岗哨，为岛上的异见分子树立了纪律严明的榜样。

此时发生的其他事件开始缓和他对法国的敌意。从1768年起流亡在外的科西嘉人得到准许返回故土，享有全部公民权，这要归功于米拉博的雄辩。不管是巴黎的自由之友还是这位政治家本人，都没有预见到这一举措的所有后果：此举使许多科西嘉人对其征服者的态度软化；最重要的是，拿破仑的心第一次与法兰西民族和谐地联系在一起，他对保利的感情也开始变得冷淡。作为著名的流亡者，保利的所作所为遭到了对法国忘恩负义的指责。法国国民议会的法令恢复了保利的科西嘉公民身份，随后的礼遇更令此举增色不少，出于法国人的慷慨天性，这种做法更能赢得人心。路易十六和国民议会热情地向保利致敬，承认他是科西嘉岛国民卫队的首领。可是，在一片祝贺之声中，保利看到了无政府状态的苗头，因此表现得有所保留。不错，从外表看来，一切似乎很和谐，1790年7月14日，他登上了科西嘉的土地；但山地居民与渔民对法国人的仇恨由来已久，绝不是几个姿态就能平息的。事实上，岛上已经暗潮涌动。教士们鼓动民众反对新颁布的《宗教人员民事组织法案》；其中一次骚乱甚至危及了拿破仑的生命。当时，一群教士和教徒列队游行，激起民众的同情和愤慨，他和哥哥约瑟夫恰好路过。人们都知道，这兄弟俩是大革命的拥护者，便以暴力相威胁，幸好他们举止沉稳，且有和事佬相劝，才得以脱险。

而且，法国承认科西嘉岛为地方自治的省份，也带来了意料之外的困难。巴斯蒂亚和阿雅克肖为了正式首府的荣耀而争斗不休。保利支持巴斯蒂亚，因而惹恼了阿雅克肖的支持者，波拿巴是其中的重要人物。保利专横的做派令裂痕进一步扩大，这也使他不适合作为民间武装的首领。实际上，人们很快就能明显看出，科西嘉这样的小地方并不适合保利和拿破仑·波拿巴这种专断的大人物施展才华。

两人第一次会面的情景想必非常有趣。地点在蓬特诺沃的杀戮战场。毋庸置疑，拿破仑是带着崇拜英雄的情绪前往的。但对英雄的崇拜很少能在真正谈话的紧张交锋后保存下来，更何况，期待见面的信徒有着敏锐的洞察力，惯于犀利的言语表达。我们可以用一句话概括这次面谈的结果，不过所包含的意义却十分深远。保利解释了他的部队在蓬特诺沃对抗法军时的部署，然后波拿巴对哥哥约瑟夫冷冷地说了一句："如此用兵，必然得到那样的结果。"①

当时，波拿巴和其他科西嘉民主派人士都密切关注布塔福科伯爵的不端行为，后者是科西嘉12位贵族在法国国民议会的代表。在1791年1月23日的一封信中，波拿巴激烈的批评令此人手足无措——1768年，伯爵将自己的祖国出卖给了法国。他在当时的行为完全出于私利，而且一贯如此。布塔福科以法国统治为幌子，企图将科西嘉置于贵族们"荒唐的封建制度"之下。出于自私的保王主义思想，他一直反对法国的新宪法，认为它不适合科西嘉，"但这部宪法与过去那部给我们带来许多益处的旧宪法完全相同；后者是在一片血海之中被夺走的"。值得注意的是，这封信充满着南方人的激情，而且对保利的语气也更加强硬了。波拿巴写道，保利过去一直"被包围在狂热分子之中，不能理解一个人除了对自由与独立的痴迷之外，还有其他的感情"，在1768年受到了布塔福科的欺

---

① 约瑟夫·波拿巴《回忆录》，第1卷，第44页。

骗。①这段话明显针对1791年的保利,此时他被与其一同长期流亡的人所包围,他们都以英国宪法为榜样。与此相反,波拿巴是法国民主制度的公认拥护者,阿雅克肖的雅各宾俱乐部印发了他言辞激烈的书信。

发出这篇战斗檄文之后,波拿巴于1791年2月返回欧索讷的驻地。他的回归正是时候,尽管他以健康原因延长了假期,但在前一年的10月也已经到期,因此面临着6个月的禁闭。但这位年轻的军官正确地估计到垂死王朝的软弱;而他所在的团几乎到了哗变的边缘,无论何时,军官们都乐于看到他回来。波拿巴一路经过普罗旺斯和多菲内,到处可见革命原则取得的胜利。他注意到,农民支持革命,团里的普通士兵也是如此。而军官们和四分之三的"上流社会"都支持贵族统治;妇女们也都是如此,因为"自由比她们更美,令其黯然失色"。显然,革命思想正在左右他的内心,一定程度上淡化了他对科西嘉的感情,此时保利的冷落更削弱了他与这座海岛的联系。波拿巴曾将关于科西嘉的著作题献给保利,并将手稿寄给他审阅。可这位老人将稿件束之高阁,过了很久才冷淡地回复道,他无意接受波拿巴的赞颂,不过仍衷心地表示感谢;保利表示,他已经完成了自己的职责,这足以让他在晚年心满意足;而且,历史也不应该在年轻时书写。后来,约瑟夫·波拿巴请求归还这部无足轻重的手稿,保利却回复说没有时间找出拿破仑的文章。经此变故,还有什么英雄崇拜能够维持下去?

波拿巴在欧索讷度过的4个月,确实是一个令人失望的艰难时期。他从微薄的薪水中拿出一部分,供同住的弟弟路易上学,这也让

---

① 许凯在其《拿破仑的青年时代》(巴黎,1898年)中提出了不同的看法。但我认为这一段文字说明了他对保利潜藏的敌意。我们或许可以引用拿破仑在圣赫勒拿岛上对马尔科姆夫人讲述的这一时期的一件事(《日记》,第88页),即保利曾敦促他接受英国陆军中的一项职务:"但我更喜欢法国人,因为我讲法语,信奉他们的宗教,理解和喜欢他们的风俗习惯,而且认为大革命对有进取心的年轻人是个好机会。保利很生气——此后我们就没有再说话了。"这些说法自相矛盾,难以调和。
吕西安·波拿巴说,他的哥哥就在英国东印度公司部队中服役之事考虑了一段时间;但是英国官员向我保证,没有任何现存的申请记录。

他少了些孤寂之苦。除了一张没有帷幔的床、一张堆满书籍和手稿的桌子以及两张椅子之外,屋里几乎一无所有——这就是1791年春季拿破仑少尉所处的环境。他只吃面包,为的是省下钱,将弟弟培养成军人,也为了能买下一些书籍。攒够钱买下垂涎已久的典籍,是最令他狂喜的时刻。

拿破仑在欧索讷困苦的生活条件,也许能够解释他在一篇论文中的辛辣笔触,该文是为参加里昂学院的有奖征文而写,标题为《为了人们的幸福,该向他们传授何种真理和情绪》。这篇文章没能获奖,现代读者一定会同意其中一位评委的裁决——文章组织混乱,文笔也不流畅。拿破仑以急促、激烈的言辞表达自己的想法,全无早年文章中表露出来的感情,反倒让人嗅到一丝物质主义的冰冷气息。他认为,理想的人类社会是基于某种明确假设的几何结构。所有人都应该能够满足其天性的某些基本需求;超出这一界限的任何事物都是可疑或者有害的。理想的立法者将剥夺财富,促使富人恢复本性,凡此种种。文中几乎找不到对人类生活广泛可能性的旷达展望。他以削足适履的方式,强迫人类回到斯巴达人那种沉闷的状态,熠熠生辉的雅典式生活不在他的视野范围之内。但是,最令人好奇的或许是他宣扬反对罪孽和荒唐野心的那一段。他将野心刻画成一个人,他脸色苍白,眼神狂乱,脚步匆忙急促,笑中带刺,对这个人来说,犯罪是一种娱乐,谎言与诽谤只不过是演说中的论据与花样。接下来的文字让人想起了朱文诺[①]对汉尼拔军事生涯的讽刺:"亚历山大从底比斯赶往波斯,又从那里杀到印度,究竟是想干什么?他总是焦躁不安,失去了智慧,自以为是天神下凡。克伦威尔是什么下场?他统治了英国,可是,最后不还是要忍受被复仇女神利刃剜心的痛苦吗?"即便在波拿巴的年轻时代,这些话语也是透着虚假;人们很容易理解,他晚年

[①] 朱文诺(Juvenal):古罗马诗人,讽刺作家。——译注

时渴望着烧掉年轻时的每一篇文章。然而，这些文章几乎都保留了下来；对野心的这番抨击成了一根羽毛，历史女神将其做成利箭的翅膀，射向高飞的帝国之鹰。①

这一年的仲夏，拿破仑被调到另一个团任中尉，驻地恰好在瓦朗斯；但他第二次逗留此地时唯一值得注意的就是，他越来越热爱革命事业了。1791年秋季，他再次回科西嘉休假，直到次年5月。他发现这个小岛已被纷争撕裂了，这些无趣的细节我们按下不表，只要说明一点就够了：由于保利对所有法国大革命支持者都怀有疑心，这位独裁者与波拿巴家族之间的裂痕逐渐扩大。年轻的军官确实也无意去弥合裂痕，他决心确保自己能当选新科西嘉国民卫队的中校，花了大量时间招募愿意为他投票的国民卫队新兵。为了进一步确保成功，他将一位代表保利利益的专员从朋友那里带走，关押在阿雅克肖的波拿巴住宅中——这是他发动的第一次政变。②更奇怪的事还在后头。复活节来临，民众因迫害教士和关闭修道院的法令而愤怒，与波拿巴兄弟的国民卫队连发生冲突。这件事的起因是一次小小的口角，却被狂热的党派分子利用，以致席卷全城，也让拿破仑这位年轻的雅各宾派得到了推翻政敌的机会。他的计划甚至扩大到夺取要塞，引诱法国驻军团的士兵离开被其称为贵族的军官。这一图谋失败了，由于很快就有一整套谎言掩盖了事实，整件事的真相也许难以辨明；不过毋庸置疑的是，纷争的第二天，波拿巴的国民卫队开始战斗，随后威胁要塞里的正规军。这场冲突最终被保利派来的专员阻止了；国民卫队也离开了这座城市。

---

① 整篇论文显然都受到了民主派人士雷纳尔（Raynal）著作的影响，波拿巴曾将自己的《关于科西嘉的书信集》（*Lettres sur la Corse*）题献给雷纳尔。在《里昂言论集》（*Discours de Lyons*）扉页，他写上了"政府自由，道德就会存在"的格言，这也是仿效雷纳尔的类似言论。下面几句话也值得注意："我们在生理上有一些不可或缺的需求：吃饭、睡觉、生儿育女。因此，食物、房屋、衣服、妻子是幸福的必要条件。在精神上也有同样迫切的需求，满足这些愿望更为重要。只有它们得到充分的发展，才能得到真正的幸福。人的真正意义，就在于感受和推理。"

② 纳西卡，《回忆录》；许凯，《拿破仑的青年时代》，第 248 页。

此时，波拿巴似乎处于绝境。他的行为很可能引发多数同胞的憎恨，也可能招致法国战争部的训斥。实际上，他有双重罪过：他实际上已经超假4个月，从技术上说，他首先犯了擅自离队的过错，其次则是叛国罪。如果在平常时，他应该已经被枪毙了，但在这非常时期，他正确地判断出，一场欧陆大战正在酝酿中，到巴黎去是最为大胆、同时也最为审慎的道路。保利准许他前去，毫无疑问是秉承着这样的原则：给这个年轻人一条绳子，让他自己上吊去。

拿破仑刚抵达马赛，就听说法国已对奥地利宣战，因为路易十六最近刚刚被迫接受的共和派政府认为，反对绝对王权的战争将点燃法国的革命热情，加速共和国的建立。他们的猜测没有错，波拿巴到达巴黎时就目睹了路易十六统治完结的情景。6月20日，他看到群众闯入杜伊勒里宫，侮辱国王和王后数个小时之久。尽管拿破仑热情地支持大革命的原则，但看到这种粗鲁的暴行，他体内那出身显贵家族的血液沸腾了，他高喊道："为什么他们不用大炮干掉四五百名暴民？那样其他人就会作鸟兽散的。"这句话意味深长，虽然他在思想上支持雅各宾派的信条，但本能上始终同情君王。他的事业就是要将理智与本能协调一致，在疲惫的法国实现一个古怪的折中产物——革命性的帝制。

8月10日，拿破仑从杜伊勒里宫附近一家商店的窗户，看到了给垂死的君主制致命一击的奇怪事件。他的心又一次站到了这群贪婪暴民的对立面，同情好心的君王，因为后者只让自己的军队驯良地防御。他在给哥哥约瑟夫的信中写道："如果路易十六骑上马，胜利就将属于他——这是我从当天早晨普遍存在的精神状态得出的判断。"当一切都结束时，当路易十六刀剑入鞘，前往国民议会避难时，当凶猛的马赛人屠杀瑞士近卫队和国王卫队的士兵时，波拿巴冲上前去，从南方人的刀下救出了其中一个不幸的人。波拿巴喊道："南方的同志们，让我们放过这个可怜的人吧——你是南方人？——对。——好的，我们会饶了他。"

对于这位年轻的军官，这真是一个幻想完全破灭的时刻。巴黎暴民的残酷和污秽被揭露得何等深刻！路易十六表现出了基督徒的克制，可用这样的态度去对待那些人，是多么荒唐的事情！此情此景，葡萄弹不是远胜过《圣经》的箴言吗？拿破仑铭记这一教训，为的是将来在同一地点发生类似危机时派上用场。

巴黎人取胜之后，还让路易十六顶着有名无实的国王头衔，就在那几天里，波拿巴接到了上尉的委任状，这是由战争部长塞尔旺代表国王签字的。革命政府就这样放过了他在阿雅克肖的两次违纪。"唯才是举"这句大革命的格言，在这件事上最能得到体现，他的行为不仅轻而易举地逃过了处罚，还迅速得到了晋升。对于所有共和派或雅各宾派军官，那确实是一个充满机遇的时期。他们的保王派同僚源源不断地开往边境，加入奥地利和普鲁士侵略者的行列。而国民自卫军招募了成千上万名新兵，就是为了将这些侵略者赶出法国。当时，整个欧洲都在注视着法国，等待它万劫不复的结局，可是这个国家却如同被施了魔法，奇迹般地恢复了力量。后来，人们才知道，那是巨人安泰的力量，是牢牢根植于祖国土地之上的农民的力量。只需要加以组织和好的领导，就能将这些内心炽热的群众转变为最难以战胜的士兵；军事生涯的光明前途，使波拿巴的感情与法国的视野更紧密地交织在一起。因此，9月21日，当新的国民议会（称为"国民公会"）宣布共和国成立时，我们可以确信，促使拿破仑为新的民主共和国付出一切的，不仅有精明的算计，也有着真诚的信念。[1]

不过，当时有一项家庭义务促使拿破仑回到科西嘉。他得到批准，

---

[1] 拿破仑彻底放弃雅各宾主义，以至于有些人怀疑他是否曾经真正信奉过。这种怀疑是一种奇特的天真想法，已遭到如下事实的驳斥：波拿巴曾写过支持雅各宾主义的文章，后来又急于否认或者销毁它们，了解他早期经历的人们都提供了证词，他自己也曾坦陈："雅各宾派中也有一些好人。有段时间，任何有志气的人都必定会成为雅各宾分子，我本人就是其中之一。"[蒂博多，《执政府的记忆》（*Mémoires sur le Consulat*），第59页]

第2章 法国革命与科西嘉

陪同妹妹埃莉斯回家，这是他第三次在科西嘉休假了。在这样的危急时刻，军队的纪律却如此松弛，唯一合理的解释就是：革命首领们知道拿破仑忠于他们的事业，并相信以他在科西嘉岛的影响力，这项非正式任务产生的价值将会大于他在陆军中的贡献——当时他所在团正攻打萨伏依。因为点燃拿破仑理想的"共和国"一词，是对保利和大部分科西嘉岛民的一种冒犯；法国人总是挂在嘴边的"共和国不可分割"这句口号，似乎预示着这个小岛必然成为法国的一个无足轻重的翻版——现在的法国，正由那些导演了邪恶的"9月大屠杀"的人统治着。正因如此，岛上的亲法力量迅速衰退，保利正准备与法国断绝关系。由于这件事，他曾被人痛斥为叛国者。但是，从保利的角度出发，法国获得科西嘉本身就是卑鄙的背叛；而且从技术上说，当国王被迫下台，共和国成立之时，他对法国的效忠也就结束了。在这种情况下，"叛国者"的称呼只不过是一种孩子气的谩骂，无论从法律、公义还是当时的民众情绪，都无法证明是合理的。种种事实表明，岛民非常反对当时统治法国的政党。科西嘉人排外、虔诚且保守，对在法国作威作福、嗜血残暴的无神论改革家们十分敌视。这种敌视并没有因六千多名法国志愿军的行为而缓解，来自南方港口的这群社会渣滓从阿雅克肖登岸，准备远征撒丁岛。头戴红帽的志愿军号称热爱自由、平等和友爱，却与阿雅克肖人大打出手，并绞死了三个人。暴行激起了当地人的愤怒，联合远征、从君主制暴政下解放撒丁岛的计划也不得不修改；再次担任科西嘉卫队营长的波拿巴提议，科西嘉人应该独自进攻马达莱纳群岛。

这些岛屿位于科西嘉和撒丁岛之间，对历史学家来说有着双重的意义。其中的卡普雷拉岛注定将成为另一位意大利英雄——高尚、勇于献身的加里波第——晚年的隐居之所。马达莱纳群岛的主岛，也是波拿巴在正规战争中首次尝试的攻击目标。多次推迟之后，这支小部队在保利的侄儿切萨里·科隆纳的率领下扬帆出征。根据波拿巴事件结束后的正式声明，他的士兵成功地在所要攻击的市镇附近登陆，打乱了撒丁岛上的防御，此时他的长官却发出了诡异的命令，让他停止射击回到船上。也有人说，这次撤退是因为保利和切萨里·科隆纳之间达成了某种密约，故意让远征胎死腹中。后一种说法很可能是对的，切萨里·科隆纳将撤退命令归因于舰队旗舰上发生的一次兵变，可是，此类兵变一再发生，这一次也许是保利的支持者发动的，目的是破坏拿破仑的计划，令其被俘。无论如何，年轻的波拿巴匆忙撤回船上，并将一门臼炮和四门大炮扔进海里，总算保住了自己和手下的性命。这位了不起的上尉就此结束了第一次军事冒险。

一返回阿雅克肖（1793年3月3日），波拿巴就发现事态极度混乱。法兰西共和国对英国和荷兰宣战的消息刚刚传来。而且，拿破仑的弟弟吕西安向土伦的法国当局秘密告发保利；从巴黎派来的3名特派员奉命解散科西嘉国民卫队，将这位科西嘉独裁者置于法国意大利军团司令的麾下。①

此时，一场真正不择手段的政治斗争开始了。法国特派员中最有才干的是科西嘉代表萨利切蒂，他邀请保利前往土伦，协调科西嘉防务。保利看穿了这一诡计，嗅到了断头台的气味，表示因年事已高而无法成行，并和朋友们暗地里准备抵抗，坚守阿雅克肖堡垒。与此同时，特派员们向这位老首领提出了友好的建议，拿破仑参与其中，他对吕西安在土伦的所作所为一无所知。拿破仑对过去的偶像说话时仍饱含感情，但这些建议的诚意确实令人怀疑。即便他出于真心，而狂热的巴黎执政者也让达成妥协的一切希望化为泡影。4月2日，他们命令法国特派员以一切手段控制保利，将其带往首都。科西嘉各地顿时一片愤慨之声，波拿巴草拟了一份宣言，证明保利并无不端举动，请求法国国民公会收回成命。②同样，人们仍然不得不怀疑，这份宣言

---

① 我用"特派员"一词对应法语"représentant en mission"，这一职务的权力几乎是无限的。
② 在荣格的《波拿巴和他的时代》第2卷第249页上可以看到这份奇怪的文件。马松对此未予留意，但承认保利派和亲法派都试图欺骗对方。

主要是（即便不全是）写给当地人看的。不管怎么说，宣言并没能平息公众的憎恨，亲法派很快就与保利的支持者交上了火。

此时，萨利切蒂和波拿巴计划以种种手段从保利支持者手中夺取阿雅克肖要塞，但三次都被同样狡猾的保利挫败了。年轻的上尉并不甘心失败，而是寻求和巴斯蒂亚的法国特派员联系。他找了一位可信任的牧师作伴，打算横跨科西嘉，却在波科尼亚诺村被保利的党羽发现并关了起来。不过，波拿巴家族在这个村子里有一座古老的庄园，一些村民对他们怀有旧日的感情，偷偷地放走了拿破仑。他返回阿雅克肖，却发现科西嘉爱国者发布了对自己的逮捕令。这一次，他及时躲在朋友家花园里的洞穴中，逃过一劫，随后，他从另一位亲戚家的庭院溜到一艘船上，前往某个安全地点，又从那里去了巴斯蒂亚。尽管身处逃亡之中，他的内心仍然坚信阿雅克肖属于法国，呼吁派一支军队去解放那里。法国特派员同意了，这支远征军也得以起航，但只换来一次彻头彻尾的失败。阿雅克肖人同仇敌忾，击退了亲法派的进攻；而且，一场狂风袭来，波拿巴和手下费尽九牛二虎之力才重新夺回船只。他在近处找到了母亲、叔叔和兄弟姐妹们。波拿巴夫人有着非凡的坚韧意志，并将这一特质传给了名闻天下的儿子。她曾希望守卫阿雅克肖的家，抵御满怀敌意的民众，但在朋友的警告下，最终逃往最近的安全地点；愤怒的民众几乎将波拿巴家毁坏殆尽。

在一段短暂的时间内，波拿巴仍抱着为共和国夺回科西嘉的希望，可现在只能靠法国军队帮助了。法国国民公会要求保利前往巴黎，这刺痛了岛民，使他们团结到这位独裁者的身边；年事已高的保利则向英国示好，请求结盟。在英国海军的威胁下，亲法派已经难以为继，连波拿巴钢铁般的意志都被打垮。他在科西嘉的生涯暂时结束了，只能带着亲友们扬帆前往法国。

上述的事件之所以有趣，并不是因为它们的重要性，而是因为它们清楚地证明了波拿巴天赋的非凡心智和意志。尽管参与的是一项失败的事业，环境又是如此狭小，他仍展现出所有特质，一旦条件有利，这些特质就将驱使他统治欧洲大陆。拿破仑寸土必争，每个紧要关头都表现出真正意大利式的足智多谋，以过人的胆魄避开或者碾碎前进道路上的障碍；他能看穿人心，以旁敲侧击的巧言笼络他们，或以更胜一筹的智谋震慑他们。即使面对喜怒无常的命运之神，他也决心全力抗争，直到最后一刻才考虑后退。在这种浓缩了力量的特性之中，唯一可见的弱点便是过分依赖意志，而忽视了审慎的才能。他本有着生动的想象力，但却只用来点燃全部自信，让他觉得自己能够跨越所有障碍。

可是，拿破仑在此之前遇到的尽是失败和挫折，如果他能停下来权衡这些教训，肯定已经发现自己与时代的力量抗争时是多么无力。这时，他和科西嘉爱国者断绝了关系，而仅仅两年之前，他还是爱国事业最热情的支持者。显然，波拿巴和保利的最终分裂源于对法国大革命的不同看法。保利接受法国革命原则的唯一前提，就是革命者承诺将自由建立在阶级利益的合适平衡上。他是孟德斯鸠的追随者，渴望科西嘉实现和英国或者1791年的法国类似的制度。君主制垮台之后，对于法国和科西嘉来说，这种希望都不存在了。至于驱逐正统派教士、斩杀温和的路易十六的雅各宾派共和国，保利觉得不仅毫无价值，而且令人厌恶，他曾对约瑟夫·波拿巴说："我们一直是国王的敌人，但绝不做处决他们的人。"从那时起，他与英国的结盟成为必然结果。

相反，波拿巴是卢梭的信徒，后者的思想是在君主制垮台后跃上政治舞台的。尽管他一直对第二次革命的过度做法深表遗憾，但在他看来，这代表着新理性时代的黎明。新政治信条的清晰定义与拿破仑死板的人生观相得益彰，他认为，应该用法治拯救人类，社会则应劫富济贫，直到实现来库古①的理想。因此，他将共和国当成实现社会

---

① 来库古，古希腊政治改革家，传说他于公元前9世纪创立了斯巴达政治、教育及军事制度，主旨是贵族政治、土地国有化、限制工商业及奢侈享受、全民军事教育等。——译注

复兴的有力机构，不仅对法国有效，也面向全人类。他的海岛情结逐渐融入更为远大的理想中。利己主义和党派之争的分化效应无疑有助于这种心理变化；但对"社会契约"的研究明显是他早期思想成长的试金石。拜读卢梭的著作，曾使他的科西嘉爱国主义思想得以加深；可从中吸收的信条，又令他无法抗拒地卷入法国大革命的洪流，以及由此引发的宣传和征服之战。

第3章 土伦

波拿巴离开科西嘉前往普罗旺斯海岸时,他生涯中唯一引人瞩目的,便是这位天纵奇才竟然在所有事业中都遭到了惨败。他的亲法态度似乎已经毁掉了自己和家人。人们只知道这位24岁的年轻人是一个倒霉的首领,不仅事业无望,更被曾魂牵梦绕的家乡小岛所遗弃。在法国登陆好像不能给他带来更好的前途,因为当时的普罗旺斯正处于反对革命政府的叛乱边缘。马赛和土伦等城市曾在一年前表示过对共和制的热烈拥护,但如今也充斥着对巴黎事态发展的厌恶。1793年6月2日,革命迎来了第三次高潮,两个共和派系中较为开明的吉伦特派被对手山岳派推翻,后者在巴黎暴民的支持下夺取了政权。法国大部分省份厌恶这种暴力政变,纷纷拿起武器。但山岳派采取了极其有力的行动,宣布吉伦特派是侵略者的盟友,阴谋分裂法国,使之成为多个共和国组成的联邦——此举彻底打垮了对手。执掌巴黎大权的公共安全委员会发布动员令,号召身强力壮的爱国者保卫神圣的共和国领土,而"胜利组织者"卡诺很快就将来自这块土地的大批民众训练成效率惊人的部队。相反,吉伦特派没有任何组织,许多保王派的追随更令其难堪。因此,这些摇摆不定的群体很快就在稳固的新中央政权面前分崩离析了。

吉伦特派没有明确的主张,注定成为山岳派的绝对敌人,也避免不了成为保王派的命运。拿破仑当然不会追随这个派系。他的政治倾向可以从1793年8月发表的小册子《博凯尔的晚餐》中看出,这本小册子是他在军旅工作的闲暇中写下的。他曾经过一个名为博凯尔的小镇，看来那里成为了这本小对话集的背景。作者称，书中记录了一位军官（波拿巴本人）和两位马赛商人、几位尼姆和蒙彼利埃市民的谈话。《博凯尔的晚餐》呼吁，必须在雅各宾派领导下统一行动。作为主人公的军官提醒马赛商人，他们的城市曾为自由事业做出了伟大的贡献。马赛人绝不能要求西班牙舰队对抗法国人，那只能让这座城市蒙羞。马赛应该牢记，这场国内冲突是法国爱国者与欧洲专制君主之间生死战的一部分。这句话确实讲出了问题的实质，事实的严峻逻辑，使所有决心不让外国侵略者扑灭革命火焰的清醒人士都站到了雅各宾派一边。仅从权宜之计出发，人们也必须团结到雅各宾派共和国事业的周围。只要巴黎的掌权者可以拯救这个国家，他们所犯的一切罪过都可以得到宽恕。他们的暴政也比外逃贵族的报复更容易忍受。这是大部分法国人的本能，也正是这种本能拯救了法国。

《博凯尔的晚餐》揭示了敏锐的策略和无处不在的机会主义思想，令人钦佩。它的论点就是：面对民族危机，任何能够拯救国家的举动都是有理的。山岳派比吉伦特派更强悍能干，因此如果马赛人不对山岳派俯首称臣，那就是傻瓜。作者对宽宏大量的年轻吉伦特派分子没有任何同情，这些人尽管用刀剑改变了欧洲的君主政体，却在罗兰夫人的激励下，试图建立一个以德服人的共和国。很少有人能清醒地看待他们悲剧性的失败。但1793年的情景将拿破仑这位科西嘉青年转变为铁石心肠的机会主义者，他对吉伦特派弃之如敝屣，指责后者是"最大的罪魁祸首"。[1]

尽管如此，波拿巴还是意识到了局势的严重。他厌倦了内乱，认

---

[1] 波拿巴担任第一执政时，出版《博凯尔的晚餐》的阿维尼翁书商的遗孀曾向他索债。为了销毁留存的该书，他支付了很大一笔钱。但庞库克在1818年买到了一本，其中保留了波拿巴早期的雅各宾主义印迹。

为从中不可能赢得任何荣耀。哪怕仅仅是为了支撑家庭，他也必须开辟自己的命运之路。他的家人此时正在普罗旺斯的乡村之间流浪，依靠共和国给科西嘉流亡者的微薄救济金勉强度日。

为此，拿破仑申请调到莱茵军团，但没有成功。在普罗旺斯忙于行政事务时，他因公务来到土伦附近，共和国军队正在那里与步步紧逼的保王派军队面对面交锋。时机到来，扭转危局的人物出场了。

1793年7月，土伦加入南方其他城镇的行列，宣布反对雅各宾暴政；城里的保王派对阻止国民公会军队前进完全失去希望，迎接英国和西班牙部队进入港口，帮助路易十七守住该城（8月28日）。这是一长串灾难性事件的高潮，里昂升起了波旁王朝的白旗，全力以赴地抵御国民公会军队；旺代河的保王派农民多次彻底击溃国民自卫军；西班牙人越过比利牛斯山东部；皮埃蒙特①人的部队直抵格雷诺布尔城下；北方战场和莱茵河上的激战也胜负未卜。

当波拿巴接近扎营于土伦西北方奥利乌勒附近的共和国部队时，法国的局势就是如此。他发现这支部队一片混乱：指挥官卡尔托原来是个画家，对作战一窍不通，甚至不知道仅有的几门大炮射程多远；炮兵指挥官多马尔丁已因伤致残；国民公会的特派员负责为作战部队鼓劲，但兵力与弹药不足也令其江郎才尽。其中一位特派员就是萨利切蒂，他将拿破仑的到来视为天赐良机，请求他代行多马尔丁的职务。于是，这位身材瘦小、面色蜡黄且衣衫褴褛的年轻军官接过了炮兵的指挥权。

共和国军从两面威胁土伦。卡尔托率领大约8000名官兵把守土伦和奥利乌勒之间的几个高地，而拉普瓦佩带领一支3000人的部队，从拉瓦莱特监视着这个要塞。虽然指挥混乱，但这支部队还是从联军前哨部队手中夺取了法龙山以北的谷地，几乎组成了完整的包围

---

① 意大利西北阿尔卑斯山山麓地区。——译注

圈（9月18日）。实际上，土伦城里只有2000人的英国部队、4000人的西班牙部队、1500人的法国保王派部队，以及一些那不勒斯和皮埃蒙特人，不足以守住该城安危攸关的许多阵地。确实，格雷将军曾写信给皮特首相说，需要50000名士兵才能守住这里；可这个数字是当时英国常备陆军的两倍，首相只能告诉格雷，奥地利的一个军和几百名英军有望赶来。①

波拿巴到来之前，那里的雅各宾派部队没有任何炮兵：他们确实有几门野战炮、4门重炮和两门臼炮，由一名无助的中士照看着；可是，这些炮没有弹药，也没有维护的工具，更重要的是，士兵们不知道如何使用，也没有经过任何训练。那正是拿破仑一直渴望的机会，他立刻摆出了行家的派头，对多管闲事的步兵喊道："管好你们的事，这里的事情让我来，拿下要塞靠的是炮兵，步兵帮忙就行了。"最近几周的辛苦得到了丰硕的成果：面对眼前的混乱局面，他条理清楚的头脑中闪现出某个海岸要塞或者军火库中的情景，他的充沛精力推动着悠闲的普罗旺斯人，几天之内，他就拥有了一个实力可观的炮阵地——14门加农炮、4门臼炮和必要的储备。短短的时间里，特派员就对他的工作大加赞赏，将其提升为营长。

此时，局面开始转而对共和军有利。10月9日，雅各宾派部队攻陷里昂。这一消息令雅各宾派重振士气（他们在10月1日遭到法龙山上的联军重创）。最重要的是，波拿巴的炮兵可以得到进一步加强。他写信给战争部长："我已派出一位能干的军官前往里昂、

---

① 我的主要根据是科坦（Cottin）在《1793年的土伦与英国人》(Toulon et les Anglais en 1793，巴黎，1898年）中对这次围攻战的认真描述。
下列官方数字说明了英国陆军兵力的薄弱。1792年12月，国会投票通过的"卫队与驻防部队"人数为17344人，此外在直布罗陀和悉尼还有少数驻军。1793年2月，又通过议案增加9945人和100个"独立连"，包括汉诺威部队。1792年12月，有2万名水兵和5000名陆战队员；1793年2月，增加了2万名水兵；1794年时，共有73000名水兵和12000名陆战队员（《年鉴》）。

布里扬松和格雷诺布尔，采购对我们有用的东西。我一直请求意大利军团提供加农炮，现在昂蒂布和摩纳哥的防御已经用不着他们了……我已在奥利乌勒建立了一个有80名工人的军火库。我征用了从尼斯到瓦朗斯和蒙彼利埃的马匹……我每天将在马赛制作5000个堡篮①。"

　　拿破仑不仅是一个组织者，他还身先士卒，以热情打动部下。接替卡尔托的多佩写道："我总能看到他在岗位上，需要休息时，他裹着大衣躺在地上，从没离开过炮台。"秋雨连绵之中，他发烧了，这场病导致他在随后的几年里脸色更加苍白，眼圈也长出了皱纹，使他的容貌显得高深莫测、几近鬼魅，第一次见到他的人都难免心生寒意，难以察觉他内心的炽热火焰。也是在那片战场上，他的热忱、多谋善断、超人勇气和有别于一般才能的天赋特质，迅速征服了法国士兵的心。只需举一个例子，便可明白他摄人心魄的魔力。他曾下令在马尔格雷夫要塞附近建立一个炮兵阵地，按照萨利切蒂的描述，那个阵地与英国人距离之近，已经到了手枪的射程之内。假若此举成功，就能取得决定性的胜利。可是，谁能做到呢？第一天，阵地上的所有炮手非死即伤，面对如同冰雹一样射来的炮弹，就连无畏生死的雅各宾分子都退缩了。年轻的上尉下令："将那里命名为'无畏炮台'。"法国人豪放天性中最敏感的部分——个人和民族荣誉感——被触动了，从此以后，阵地上的炮手前赴后继，一直保持满员。

　　马尔格雷夫要塞的这个阵地（被称为"小直布罗陀"）确实意义重大，只要共和军占据了这个制高点，就可能在火力上压倒联军部队，或者至少迫使其撤退——那就意味着土伦的陷落。

　　这里，我们谈论的是人们一直争论不休的问题。攻击的计划是出自波拿巴吗？还是其他人设计了计划，但他也从中出力、施加了影

---

① 内盛石头、泥块等的圆筐，用于修筑防御工事。——译注

响？或者他只是作为下属，执行了上级的命令？从特派员巴拉斯的话中可以看出，最后一种才是实情。不过，巴拉斯与东翼的围攻部队在一起，与波拿巴战斗的拉塞讷和勒吉耶特相距数英里①。此外，巴拉斯的《回忆录》中关于波拿巴的描述很不可信，至少在这些方面不值得重视。②历史学家荣格先生同样将波拿巴放在从属的位置上。③但他的叙述忽略了一些官方文件，从这些文件中可以看出，波拿巴在土伦围攻战中起到了非常重要的作用。其他作家声称，波拿巴对整个作战行动的影响超出了其他人，具有决定性。因此，迪吕伊先生引用了特派员们写给国民公会的信："我们要注意，如果有更可靠的方法来攻打土伦时，就不要用常规的方法围攻它，这种方法就是烧毁敌人的舰队……我们只有等来攻城炮，才能占领一个阵地，从那里用炽热的弹丸射向敌舰；到时，瞧我们是不是土伦的主人。"不过，正是这封信反驳了波拿巴支持者的主张，它写于9月13日，也就是说，在波拿巴到来之前三天，特派员们已决定攻打"小直布罗陀"；要证明波拿巴制订了攻击计划，只能将他抵达土伦的时间倒推了。④实际上，不管是围攻一方还是被围一方，每位有经验的军官都能看出防御的弱点，9月初，胡德和马尔格雷夫就开始在勒吉耶特后的高地上修建工事。在这些事实面前，断言波拿巴首先设计了确保攻陷土伦的行动，只能归于英雄崇拜的范畴。（参见44页的第三版增注）

多佩已接替了卡尔托，将更多精力投入作战。不过，波拿巴对两位统帅都不以为然。11月15日，马尔格雷夫附近哨所发生的一件事，暴露了多佩的弱点。双方士兵展开激战，法军一排接一排地冲向

---

① 1英里≈1.61千米。——译注
② 巴拉斯的《回忆录》并不都是本人所作，而是鲁斯兰·德·圣阿尔班（Rousselin de Saint-Albin）根据他的文件汇编而成的。
③ 荣格，《波拿巴和他的时代》，第2卷。
④ G. 迪吕伊煞费苦心的说法（巴拉斯《回忆录》，前言，第69—79页）是建立在他的英雄于9月7日抵达土伦的假设上的。但许凯已经表明［《国际都市》(Cosmopolis)，1897年1月］，他到达的时间不早于9月16日。科坦的说法也是如此（《1793年的土伦与英国人》，第11章）。

那座险要的堡垒，联军指挥官奥哈拉激励英军出击，击退了法军。接着，波拿巴率领重新集结的部队，火速赶往堡垒背面入口，多佩却下令撤退。年轻的科西嘉人怒不可遏，前额轻伤滴下的鲜血迷住了双眼，他赶回多佩的营地，用兵营里的粗话辱骂道："就因为一个白痴下令撤退，我们错失了拿下土伦的良机。"士兵们为他桀骜不驯的革命举动喝彩，也用类似的言语指责他们的首领。

几天以后，身材高大、英气逼人的迪戈米耶接任指挥官，增援部队也源源不断地开来，最终将围攻部队的兵力增加到37000人。最重要的是，新任指挥官全权委托波拿巴指挥炮兵。新的炮兵阵地从向陆地的一面打击"小直布罗陀"，奥哈拉勇敢地出击，被共和军俘虏，守军的士气逐渐涣散。最令他们失望的是，奥地利宫廷拒绝履行9月份的庄严承诺——派5000名正规军助防土伦。

最后一战在12月16日夜间到17日凌晨进行，当时大雨滂沱，狂风大作，一道道闪电给这场战斗增添了恐怖的气氛。攻击部队刚刚离开拉塞讷的掩体，波拿巴的坐骑便中枪倒地而死，整连整连的法军迷失在黑暗之中，但维克托率领的第一支纵队2000名士兵冲到马尔格雷夫要塞的栅栏前，将其掀翻，杀入堡垒之中，却在敌人的第二道防线面前纷纷倒下。在第二支纵队支援下，他们重新聚集起来，但又一次遭到敌人猛烈火力的压制。绝望中，迪戈米耶匆忙派上预备队，波拿巴就在其中，等待着挽回当晚的危局。在年轻英勇的米尔隆率领下，预备队涌入那座死亡之门。米尔隆、波拿巴和迪戈米耶从同一个门洞杀开血路，士兵们蜂拥而入，压垮了英军和西班牙军，将他们砍倒在自己的枪炮脚下，夺取了这座堡垒。

这是决定性的事件。守卫邻近堡垒的那不勒斯人不顾一切地逃往海上，由于波拿巴的大炮很快就向他们的舰队和城里同时倾泻火力，海上的舰艇也拔锚离去。但是，即便身处绝境，联军仍凶猛地做着困

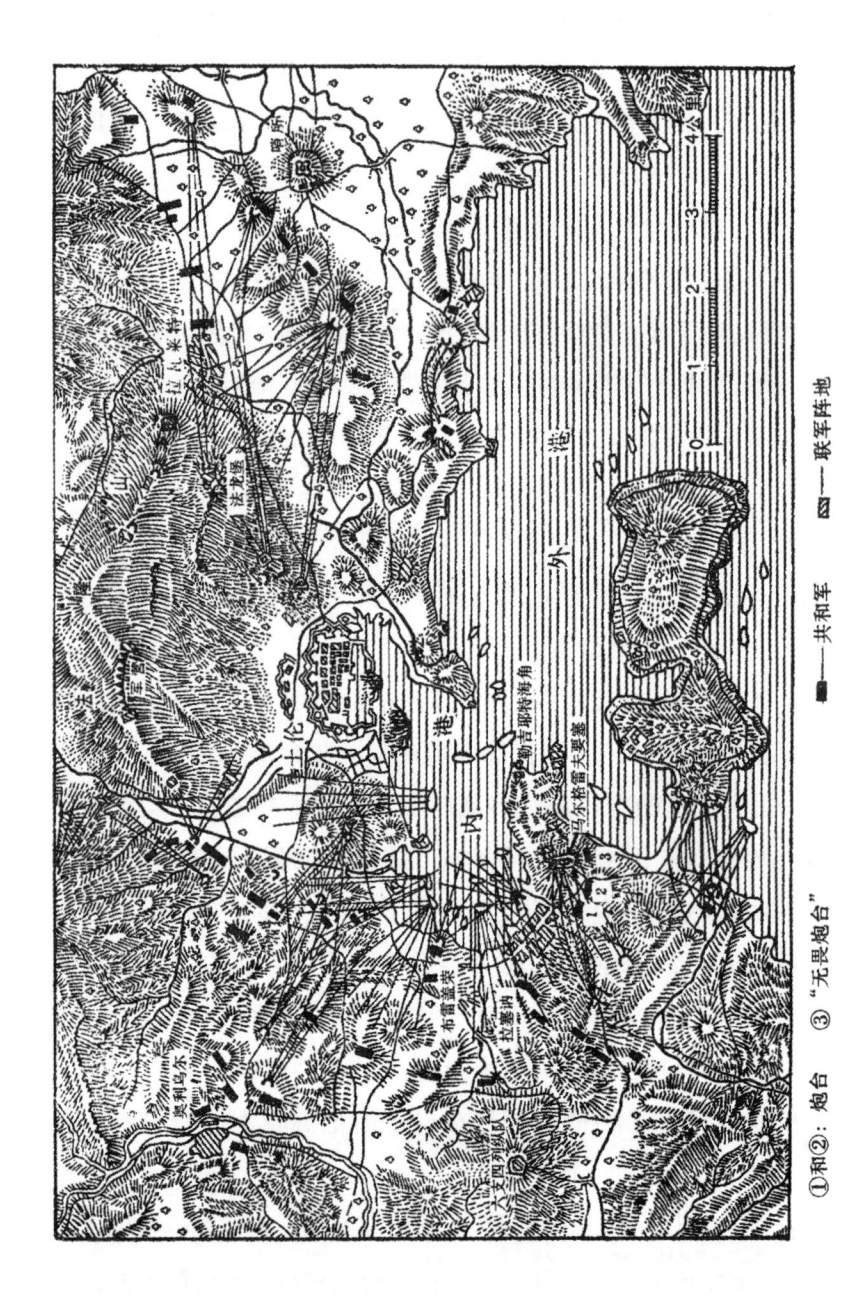

土伦围攻战（1793年，地图来自埃马纽埃尔·图洛翁《1789年革命以来的法国史》）

兽之斗。12月17日晚上，一名年轻军官注定要再次挫败拿破仑的计谋，他率领精心挑选的小队人马，冲进海边的船坞，从雅各宾派救援队手中抢走了来不及运走的法国军舰。随后出现了不可思议的一幕。战舰上划桨的囚犯身上的锁链被解开了，可他们却三五成群、满怀愤怒地威胁入侵者。不过，英国水兵四处安放可燃物，在大火中放出了毁灭一切的恶魔。火焰立刻吞没了船上的桅杆，席卷了仓库里的大麻、柏油和木料。同时，西班牙人又炸掉了两艘装有火药的船，数英里之内都感受到了爆炸的震撼。这一幕一直铭刻在拿破仑的脑海中，当他在圣赫勒拿岛上过着令人生厌的平静生活时，曾这样描述当时的情景："从军火库喷薄而出的火苗与浓烟就像火山爆发，锚地中熊熊燃烧的13艘船正如一场又一场的烟火表演，桅杆和船体在火焰之中显得格外清晰，就这样持续了几个小时，真是空前的奇观。"[1]大火令土伦保王党人胆战心惊，他们认为那是联军抛弃该城的信号。这些惊惶万状的倒霉蛋冲破恐怖的夜幕，蜂拥到码头上，带着哭腔哀求将其带离注定灭亡的城市。眼前耀眼的火光、远处敌军炮弹的轰鸣以及两艘军火船的爆炸声，让许多人魂飞魄散。他们当中有很多人无法上船，只能纵身跳入海中，以此逃避雅各宾派的刺刀和断头台。他们的恐惧有充分的理由，就在两周之前，国民公会特派员弗雷龙曾扬言，每天都将有200名保王党人死去。

下面，我们简短地探讨一个英国读者特别感兴趣的问题。皮特政府是否打算背弃法国保王党人的信任，将土伦归入英国治下？某些法国作家曾经指责道，英国人进入土伦时承诺将为路易十七守住这座城，却对其他盟友颐指气使，并透露出保有这个据点的意图。这些作家断言，海军上将胡德进城时与西班牙海军上将兰加拉级别相同，却

---

[1] 曾有人称法国舰艇和物资被焚毁一事完全是英国人所为，我们必须指出，早在10月3日，西班牙外交大臣阿尔库迪亚公爵（Duc d'Alcuida）就向英国大使圣海伦斯勋爵建议："如果有必要放弃这个港口，应该凿沉或者烧毁这些船只，使敌人无法利用；为此必须事先做好准备"。

以全部地面部队的指挥官自居，为了管理土伦城，英国派来了特派员，该国政府还拒绝普罗旺斯伯爵入城，而这位伯爵是路易十六两位幸存的兄弟中较年长的一位，有权代路易十七行事。①法国作家阐述的主要事实都很准确，但所做的诠释值得商榷。胡德对待西班牙人的态度确实过于傲慢，但当更有礼貌的奥哈拉前来指挥英军、那不勒斯部队和撒丁岛部队时，这位新指挥官同意搁置最高指挥权的问题。11月30日之前，英国政府并没有发出任何有关这个问题的公文，与此同时，奥哈拉以胡德一直缺乏的老练手腕解决了问题，总体来说，这只是个人关系问题，并不牵扯到国事。

英国政府不准普罗旺斯伯爵入城的行为，更不能成为图谋占据土伦的证据。英国外交部的记录显示，代表路易十七占据这个据点之前，英国就已经拒绝承认他叔叔摄政的要求。人所共知，除了老派的保王党人，法国人都不欢迎普罗旺斯伯爵和弟弟阿图瓦伯爵，他们出现在土伦只会给未来的政府带来令人难堪的问题。直到这时，西班牙的所作所为也与此相似。②但在占领土伦之后，马德里宫廷断定普罗旺斯伯爵出现在要塞里是可取的，而皮特政府坚持原来的想法——如果这位亲王担任摄政，就会给防御带来困难，并指示驻热那亚公使德雷克先生，用尽一切理由阻止伯爵前往土伦。皮特还密令在土伦的英军军官，在不得已的时候采取措施不让伯爵上岸。10月18日发给土伦皇家特派员的指令表明，乔治三世国王和他的大臣们认为，承认一位摄政将有损法国保王党的事业，而联军有损未来安定的任何举措都将使公众团结到保王党周围的所有希望立

---

① 梯也尔的著作，第30章；科坦，《英国和各国君主》(L'Angleterre et les Princes)。
② 参见格伦维尔勋爵1793年8月9日给圣海伦斯勋爵的信（英国外交部档案，西班牙部分，第28号），科坦先生的著作中选入（第428页）。不过，科坦没有选入10月22日更为重要的一份公文，其中格伦维尔断言，如果允许法国亲王进入土伦，可能使法国1791年宪法失效，而同盟国正致力于维护该宪法。

刻化为泡影。[1]

除此之外，如果英国打算将土伦据为己有，为什么只派出2200名官兵？为什么不仅允许6900名西班牙军人入城，还接纳了4900人的那不勒斯部队和1600人的皮埃蒙特部队？为什么英军接受了1600名法国保王党人的武装支援？为什么英国急切地请求奥地利从米兰派出5000名"白衫军"？最后，为什么英国政府的公文中对最终占据土伦不置一词，却数次提到赔偿问题？——乔治三世要求以科西嘉或者法属西印度群岛的一部分补偿参加战争的费用。从那些公文中可以得出结论，英国并不希望占据土伦，因为这个要塞需要一支相当于和平时期英国陆军半数兵力的卫戍部队。不过，英国确实认为土伦是推翻雅各宾派统治、恢复君主制的良好作战基地，它派遣部队出征那里，必须有合适的补偿，也许是法属西印度群岛中的一个岛屿，或者是科西嘉。波拿巴的作战才能和迪戈米耶麾下战士的英勇打破了这些计划，但目前没有发现任何记录表明皮特政府背信弃义，而波拿巴和几乎所有法国人却都认定这一点。

---

[1] 马尔格雷夫勋爵给都灵的特雷沃（Trevor）先生写了一封信（英国外交部档案，撒丁部分，第13号），说他与法国保王派人士的接洽遇到了最大的困难："你一定不要给我们送来任何流亡者——他们只能带来麻烦；无论对专制主义、宪法还是共和制度，他们都是那么各执己见、态度激烈，以至于我们经常要为他们的争吵而分心；而且，他们傲慢、鲁莽、专横又牢骚满腹，跟他们谈不成任何事。胡德勋爵不愿接受他们中的任何一个。"
第三版注释：从斯潘塞·威尔金森（Spenser Wilkinson）先生最近在《欧文斯学院历史论文集》（1902）上发表的文章中看来，波拿巴在决定土伦命运中所起的作用比人们一贯认为的更大；因为尽管特派员认识到了攻击反法同盟舰队是极端必要的，但据我们所知，他们似乎没有意识到，勒吉耶蒂堡后面的高地是关键的阵地。正是凭借波拿巴能力和韧性，法军才夺取了这个高地。

第4章 葡月

波拿巴的下一段生涯没有多少令人感兴趣的特征。他奉命监督意大利军团的枪炮和储备，并检查沿岸的工事及炮兵。在马赛，他的热情掩盖了谨慎。他命令重建革命期间被摧毁的堡垒，但当市民们听到消息时，他们强烈反对，以至于重建工作不得不停止，上级还下令逮捕波拿巴。幸亏拿破仑与国民公会特派员小罗伯斯庇尔和萨利切蒂有旧，才逃过了这一难局。不过，这件事说明，他在土伦的功绩并没有那么卓著，还没能将他提升到比一般功臣更高的位置上，像他这样的军官成功时人人嘉许，但任何严重的错误都可能将其送上断头台。

1794年2月，拿破仑在尼斯被任命为意大利军团的炮兵指挥官，这个军团将撒丁部队赶出了文蒂米利亚和奥内利亚之间的多个阵地，从那里穿越滨海阿尔卑斯山脉的关隘，由侧翼包抄滕达隘口的奥地利-撒丁联军，这个隘口曾顶住了所有正面进攻。波拿巴在这次迂回作战中的贡献似乎仅限于有效地发挥炮兵的作用，整个战役主要归功于马塞纳。马塞纳在故国赢得了生平以来的第一顶桂冠，他出身寒门，但身材挺拔、目光如炬，说话一针见血，应答机敏。这一切都说明，他既积极主动而又不失谨慎机警，深谋远虑之中透着过人的自信。就是这样的一个人物，于百战中赢来不朽声名，直到面对更伟大的天才威灵顿，他才显得黯然失色。

意大利军团此前战绩欠佳，将它组织起来的大部分功劳应该属于小罗伯斯庇尔，他以国民公会特派员的身份，将自己的活力注入军队里的各个部门。在一段时间里，他和波拿巴关系亲密，但政见上是否完全相符值得怀疑。小罗伯斯庇尔对革命思想充满热情，不过他在从奥内利亚发出的一封信中曾表示，革命过程带来的恐怖印象对斗争的前景有害。信中说道，附近地区的居民都在法国军队到来前逃走了，他们都以为法军是摧毁宗教、专吃婴儿的恶魔。这种情况非常不利，使法军无法取得给养，也不能强制借款。从这封信可以看出，小罗伯斯庇尔是个行动派，而不是理想派，或许正是这种实干的特质使波拿巴和他成为了朋友。但是，波拿巴对肆虐巴黎、引发血腥事件的革命专政看法如何，就难以揣测了。表面上看，他似乎赞成这种做法，至少从当时与波拿巴的姐妹们过从甚密的玛丽·罗伯斯庇尔话中可以得到证明。玛丽曾说过："波拿巴是共和派，我甚至可以说，他站在山岳派一边。至少，我在尼斯时，他的言论给我留下的是这种印象……他对我哥哥的钦佩，以及和我弟弟的友谊，也许还有对我遭逢不幸的关怀，使我在执政府时代得到了3600法郎的养老金。"[1]同样值得注意的是，拿破仑后来宣称罗伯斯庇尔是"革命的替罪羊"。[2]也许在当时，他也有着雅各宾派的信念，即恐怖时期是国家净化过程中痛苦的阶段，但却是必不可少的。他对来库古严刑峻法的欣赏、对过度浮华的厌恶，也都与这一主张相合。而且，拿破仑一贯敢于坚持信念，很难想象他会只为了将来得宠而依附于恐怖主义者。但那只是对他与小罗伯斯庇尔亲密关系的另一种解释。有些浅薄的拿破仑崇拜者试图撇清他与恐怖主义者的关系，反而使自己陷入了进退两难的境地。他们努力帮助拿破仑洗脱恐怖主义罪名，却用向恐怖主义献媚的罪名玷污了他。就这样，他们将拿破仑从圣茹斯特[3]那样的革命领袖下降到

---

[1] 荣格，《波拿巴和他的时代》，第2卷，第430页。
[2] 《回忆录》，第2卷，1815年11月。另见，蒂博多《执政府的记忆》第1卷，第59页。
[3] 路易·安托万·莱昂·德·圣茹斯特（1767—1794），法国大革命中雅各宾派领袖之一，曾带头处决路易十六，有"恐怖大天使"之称。——译注

了巴雷尔①之流的水平。

小罗伯斯庇尔信中的一句话表明，对于拿破仑这位年轻军官，他从没有过完全的信心。向哥哥列举了波拿巴的长处之后，他补充道："他是科西嘉人，我只能肯定，他是一个挣脱保利怀抱，家业尽为那个叛徒所毁的科西嘉人。"很显然，罗伯斯庇尔对波拿巴有几分猜疑，认为他是一个善变的海岛人，不管在心理上还是金钱上，都无法保证能够控制住他，使他像狗一样忠诚。

尽管波拿巴沿着斜坡小心翼翼地爬上革命的火山，但依然躲不过火焰中心的灼烧。此时，他奉命前往处境艰难的热那亚共和国执行一项使命。这个共和国受到了三个方面的压力：英国军舰在热那亚海域袭击了法国巡防舰谦逊号，法国从西、奥地利从北入侵该国。虽然这项任务困难重重，年轻的公使还是迫使心旌摇曳的总督和参议院服从了他的意志。因此，他也许期待着第二祖国的奖赏；可是回到尼斯不久，他就遭到逮捕，关押于昂蒂布附近的一个堡垒中。

拿破仑命运的这番突变，原因出奇地复杂。罗伯斯庇尔兄弟此时已在巴黎被送上断头台（7月28日，也就是热月10日）；光是此次"热月政变"，就足以危及波拿巴的生命。而且，他不久前提出的一些战略建议降低了法国阿尔卑斯军团的地位，更令他的处境雪上加霜。这支部队在最近的作战行动中莫名其妙地连连失利，指挥官追查原因时发现，症结就在于波拿巴的建议。他们在写给公共安全委员会的密信中表明了对拿破仑的怀疑，信中还说，正是小罗伯斯庇尔和里科尔②的阴谋诡计，使阿尔卑斯军团作战不力。许多人都因为比这轻得多的指控而掉了脑袋，但波拿巴有一道可靠的护身符：他是不可或缺的人物。特派员萨利切蒂和阿尔比特认真地研究了他的文章之后，

---

① 贝特朗·巴雷尔（1755—1841），热月党主要人物之一，原先支持罗伯斯庇尔等人的恐怖专政，后又改变阵营，成为热月政变领导之一。——译注
② 让·弗朗索瓦·里科尔（1759—1818），法国革命者。——译注

恢复了他的自由，但过了几周才恢复了军阶（1794年8月20日）。拿破仑重获自由的主要原因是他的知识和才能可为共和国所用，这里所说的知识，指的是他在热那亚执行任务期间对意大利海岸线的了解。

管理海岸炮兵的一段时间里，拿破仑相对没有什么作为，这也令他的勇敢精神有所挫伤。但很快人们就忘记了他的错误，因为更需要的是他非凡的作战才能。法国准备发动一场远征，将科西嘉岛从"英国人的暴政"下解救出来，波拿巴也作为炮兵统帅出航。同时出征的有拿破仑的两位朋友——朱诺和马尔蒙，他们在最近的麻烦中都全力支持拿破仑；两人此后都名利双收，朱诺靠的是波拿巴的友谊，马尔蒙则凭借自己非凡的天赋。①不错，这次远征中他们的才能没有起到作用。法军在与英国舰队的交锋中失利，溃逃到法国沿岸。波拿巴的科西嘉事业又一次被无所不在的海上霸王挫败，与此同时，他的岸炮部队督察之职被老乡卡萨比安卡取代，令他对英国人的恨意倍增。

波拿巴又一次发现，科西嘉流亡者的命运在多股错综复杂的激流中飘摇不定。当时盛行着一种抱怨，在南方军队中的科西嘉人太多了；从法国意大利军团时任司令谢雷将军对这位年轻军官的评语来看，波拿巴引起的猜疑不少于欣赏。评语中写道："这位军官统领炮兵，对该兵种有着透彻的了解，但野心过大，惯于权谋，不宜提升。"经过综合考虑，上级认为将他调到镇压旺代暴动的部队比较明智。而那项任务正是他十分厌恶、决心逃避的。在忠实的朋友马尔蒙和朱诺以及弟弟路易的陪伴下，他动身前往巴黎（1795年5月）。

实际上，命运之神对拿破仑最大的帮助，就是让他摆脱普罗旺斯沿岸那些钩心斗角的科西嘉人，来到法国的影响力中心。在巴黎，

---

① 马尔蒙（1774—1852）于1789年成为少尉，与波拿巴一同在意大利、埃及等地服役；1808年受封为拉古萨公爵，1809年获元帅军衔；1812年，他在萨拉曼卡为威灵顿所败，1814年倒戈投奔反法同盟。朱诺（1771—1813）于1791年进入法国陆军，1796—1807年的历次战役中都是骑兵名将；1808年征服葡萄牙，并受封阿布朗泰斯公爵，死于精神失常。

第4章 葡月

一位能干的阴谋家便能决定党派和政府的命运。而在前线，军人只能听命于至高无上的首都。而且，如同火山喷发一般的大革命已经开始冷却，这对工于心计的政治家是重要的机遇。1795年的春季见证了新兴狂热思想与旧传统的奇特融合。一度被罗伯斯庇尔斯巴达式苛政控制的社会，此时回到了惯常的轨道。街上出现了招摇的车辆；在恐怖时期都繁荣如初的剧院更是人头攒动；赌博之风弥漫在社会的各个阶层，有赌钱的、玩股票的，也有赌指券①的。有些人靠囤积政府没收的土地致富，与银行家、股票投机商和粮食寡头一样露出庸俗的嘴脸，炫耀手中的财富。至于穷人们，却常常要遇见巴黎的纨绔子弟，这些花花大少以手杖打人取乐，将其看成富人的特权。如果"无套裤汉"试图恢复恐怖统治，巴黎的国民自卫军已经做好准备将他们赶回贫民窟。波拿巴兄弟于5月20日抵达巴黎后不久，他们的命运正是如此。拿破仑也许梦想过雅各宾派重新掌权的情景，但这时这个梦想已经破灭，因为巴黎此刻已沉浸在旧政府时代的纸醉金迷中。在人们的记忆中，恐怖时期只是一个可怕的噩梦，让他们更纵情于及时行乐。在有些社交圈子中，人们只接纳在断头台上失去亲友的人。人们还以同时代令人毛骨悚然的娱乐精神，组织了"牺牲品舞会"，只有出示某个家人的死刑执行令才能入场，这样的舞会保证人们可以一些奇怪的方式取乐：穿着让人想起绞刑架的服装；时不时以模仿人头落地的方式向舞伴示意。和蔼可亲的路易十六、雍容华贵的玛丽·安托瓦内特王后、有女神般智慧的罗兰夫人、誓言追求自由的吉伦特派人士、推翻暴君的丹东以及清正廉明的罗伯斯庇尔走上断头台，迎向致命的利斧，难道就是为了这一切？人们靠模仿他们死前的痛苦刺激疲倦的胃口，重新编织旧时的喀耳刻魔咒②。对于少数能认真回想过去可怕牺牲，并与当时无药可救的堕落相比较的人来说，情况正是如此。

---

① 1789至1796年法国革命政府发行的纸币。——译注
② 喀耳刻，希腊神话中的女神，可用魔咒将人变成怪物。——译注

在被迫赋闲的那几个月中，波拿巴的心中似乎也曾出现上述想法。这是一个梦想幻灭的时期。从那时起，我们就很难在他的书信中看到关于人类更高理想的信念之光。年轻时的美好愿望已连同"红帽子"[①]和恐怖时期的黑话一起，消失得无影无踪。他一贯有着实用主义的倾向，此时对雅各宾派思想的信心更是消失殆尽，比以往更渴望将那些飘忽不定的理想系于实实在在的当下。显然，政府最近没收的教会和流亡贵族领地很多都成为了自耕农的财产，革命必然要依靠他们。如果说其他的一切都是枉然、转瞬即逝，那么大部分法国人当然会紧紧抓住物质利益的坚实基础，抵抗反动派的阴谋和欧洲君主们的部队。波拿巴决心捍卫这些利益，在后来的许多颇具远见的政策中，他从未在捍卫新自耕农利益上有所犹豫。他永远都是自耕农的将军、自耕农的执政，也是他们的皇帝。

法国取得了一系列空前的军事胜利，也促使革命中的它转型为一个普通的国家。除了科西嘉和普罗旺斯，波拿巴的名号还不为人知，法国实际上就已经得到了它的"自然疆界"——莱茵河和阿尔卑斯山。在1793—1794年的几次战役中，皮舍格吕、克莱贝尔、奥什和莫罗的大军席卷低地国家，将日耳曼人赶过了莱茵河；皮埃蒙特人被迫退到阿尔卑斯山之后；西班牙人也龟缩于比利牛斯山以南。很快，各国纷纷向法国求和；托斯卡纳于1795年2月；普鲁士于4月；汉诺威、威斯特伐利亚和萨克森于5月；西班牙和黑森-卡塞尔于7月；瑞士和丹麦于8月。

当波拿巴来到谜一般的首都寻找机遇时，法国的状态就是如此。他的炮兵指挥官一职已被换成了同级的步兵职务，这令他深感愤怒。他将职务的变动归咎于恶毒的阴谋，但为官复原职所做的一切努力都是徒劳。他既没有钱，也没有后台，人们只知道他是一个能干的军

[①] 法国大革命时期激进分子戴的红色自由帽。——译注

第 4 章 葡月 051

官，与破产了的雅各宾党有瓜葛，看来已经毫无希望。此时的拿破仑几乎孤立无援，马尔蒙已经去了莱茵军团，不过朱诺仍然和他在一起，或许是因为爱上了佩尔蒙夫人的女儿（两人后来结了婚）。佩尔蒙夫人是一位亲切的女主人，也是波拿巴家族的老朋友，在她家里，波拿巴偶尔能够摆脱生活的苦闷。根据未来的朱诺夫人描述，那时的拿破仑衣冠不整、蓬头垢面、体弱多病，人们一下子就能注意到他出奇瘦弱的身材和枯黄的脸色。可是，"透着敏锐与意志力的炯炯目光"照亮了他的容颜，就像是一只待机而动的科西嘉雄鹰，正在索然无味的小城生活中消磨着翱翔九霄的意气。波拿巴可以有所作为，只是那些事情都是他所厌恶的。他可以带兵去镇压旺代那些勇敢的保王派农民，但是，不只是出于对此趁火打劫之举的厌恶，还是本能地感觉到在巴黎有更高尚的事业，他拒绝到西路军去，以健康状况不佳为借口留在首都。他将时间都花在了对政治和战略的深入思考中，勾画了最近两年的历史脉络，并草拟了一份意大利军团的作战计划，他后来正因此而发迹。也许这份计划表现出他对地理条件的深入了解，使他得以在1795年8月20日到公共安全委员会测绘局任职。听到这一重要晋升的消息时，他首先想到的是，这带来了前往土耳其、为苏丹组织炮兵的机会。几天之内，他就发出了正式的申请——这是他毕生对东方魂牵梦萦的第一个明证。不过，凝望东方的他遭遇了一次重挫。就在公共安全委员会打算批准申请之时，一次对他最近行为的调查证明，他没有前往旺代指挥部是违纪行为。委员会下属的一个部门授权他前往君士坦丁堡的同一天，中央委员会将他从将官名册上除名了（9月15日）。

　　这次的打击看起来是致命的。但命运之神让他坠下深渊，为的是指引他将来站在更辉煌的巅峰。三周之内，他就被称为新共和政体的救星。这一如同魔法般的命运转折，原因只能从法国的政治动荡中找寻，下面我们将做个简单的介绍。

1795年的整个夏季充斥着雅各宾派和保王派之间的冲突。在法国南部,保王派显然已经为过去数年遭受的痛苦出了一口气,法国人热情四射的性格,似乎要将倒霉的群众从"红色恐怖"赶向名副其实的"白色恐怖",但就在这时,两场惨败逆转了复辟的潮流。在英国的金钱和舰艇支持下,一支流亡法国贵族组成的大军企图鼓动布列塔尼人反对国民公会,结果被年轻强干的奥什彻底粉碎;随后,将近700名战俘遭到无情的枪杀(7月)。这次打击后不久,由于狱卒的野蛮对待,小王子路易十七死于巴黎圣殿塔。保王党此时只能将希望寄托在不受欢迎的普罗旺斯伯爵身上。然而,1795年的政治局势并不能令共和派安心;得到国民公会授权、负责草拟新基本法的"十一人委员会"已经制定了《政府约法》,虽然从形式上确定了共和政体,但根深蒂固的寡头政治似乎得以维持下去。此类妥协或许是必要的,因为法兰西共和国面临三大威胁:其一,暴民的压力造成了无政府状态;其二,权力过分集中于两个委员会手中;其三,一些垂涎权位者和投机分子有可能发动政变。确实,研究法国历史的学者定能看出,这是法国人民一直以来面临的问题。1797、1799、1814、1830、1848、1851和1871年,它都以不同的形式出现过,每每都显得非常尖锐。谁敢说已经找到了万全之策?

在某些方面,国民公会于1795年8月投票通过的宪法巧妙地适应了时代的需要。虽然这部宪法体现了民主精神,但它只将投票权授予在某个寓所居住满一年并缴纳过税款的公民,因此将对任何稳定政府都有危险的下层民众排除在外。宪法还遏制了草率立法现象,这种现象在连续数届的国民议会上都曾出现过,引发了民众的嘲笑。过去,政府每月颁发的法令往往超出百部,为了缓解这种过热现象,现在将根据年龄组建第二议院,对法令进行修订。因为人们发现,议员越年轻,法令就越容易如同过江之鲫般涌现,收获的也只能是百姓的唾骂。此时有人提议，建立一个元老院式的机构，将不成熟的法令截留下来，不让它们颁发出去。法国有750名议员，其中最为年长的250人将组成元老院，这个机构有权修订或者驳回"五百人委员会"的提案。后者是由较年轻的议员组成的，是唯一的立法机构。这样，年轻议员制定法律，而年长的议员修订或驳回它们；对青年和老年特质的这种巧妙调整恰当地融合了热情与审慎，使国家机关既朝气蓬勃，又能保障其根本利益。最后，为了让两个委员会能够始终代表法国人的意志，每年都必须改选三分之一的议员，这种机制可以避免议会构成的剧变，例如三年任期届满时所有议员同时辞职的情况。

但直至这时，宪法制定者面对的真正难题是立法机构与行政机关的关系。政权的"大脑"是立法机关，而"双手"则是行政机关，两者如何联系？很显然，所有法国政治思想家都认为，两个职能截然不同，必须保持独立。这种分权理论的结果可以从大革命的进程中清晰地溯源。当政权的"双手"软弱无力（如1791—1792年）时，由于民主派对王家内阁的猜疑，造成了无政府状态。在1793年的痛苦岁月中，国家至高无上的需要使"双手"拥有了无限的权力，而作为"大脑"的国民公会在自己的工具（两个秘密委员会）面前无能为力。此前的经验表明，"大脑"必须全面控制"双手"，但又不能过度阻碍它们的行动。显而易见，法国的议员们必须将行政的细节托付给负责的部长，但似乎还需要某种指导机构，鞭策各部门全力以赴地工作，并遏制保王派的阴谋。简而言之，公共安全委员会较为危险的权力被剥夺，为一个新的五人委员会提供了模板，这个委员会称为督政府。1795—1799年，督政府的名称一直沿用，它并不是内阁，当时法国并不存在我们现在所称的内阁。政府部门设有部长，各司其职，但从不开会审议，也不与立法机构交流；他们只是各部门的长官，直接对督政官负责。5名督政官组成一个强力委员会，秘密审议整个国家的政策，以及部长们的所有工作。督政府确实没有立法或者任意逮捕人的权力，而在恐怖时期，两个秘密委员会都曾自由行使这些特权。督政官由负责立法的两个议院任命，这似乎也保证了他们与立法机构的隶属关系；同时，每年都将改选5名督政官中的一人。不过，在其他方面，督政府的权力几乎和过去的两个秘密委员会一样大，或者说，和波拿巴1799年从督政府继承下来的权力一样大。他们全面控制和平时期和战争时期的政策，有条约谈判的权力（但需要立法机构的批准），可以发布经议院投票表决的法案并监督其执行，还可以任命或罢免政府部长。

这就是1795年9月22日（共和四年葡月1日）颁布的宪法内容。对宪法原文的一条重要附言激起了强烈的反对，遭受命运重挫的拿破仑因此得以东山再起。国民公会对普选心怀恐惧，担忧此举可能使反对派或保王派夺得议会多数席位，决定至少在两年内继续独揽法国大权。它颁布了一条法令，宪法中每年改选三分之一议员的要求适用于国民公会本身，因此公会的其余议员将自动成为即将成立的两个委员会成员。这成为法国议会史上空前的无耻丑闻。许多人对国民公会及其所作所为素怀不满，对此立即报以一片憎恶和愤怒之声。巴黎的大街小巷里，回荡着"打倒那三分之二！"的怒吼声。这场运动的发起者难以确定，究竟是保王党所为，还是不满者推波助澜，都不得而知。人们的愤怒源于眼下的饥荒，以及革命连廉价面包都无法确保的失败结局。毫无疑问，保王党竭力将不满情绪导向他们渴望的目标，在很多方面都给这场运动抹上了波旁王朝的色彩。可以肯定地说，仅凭他们无法在巴黎煽动起如此普遍的不满情绪，同样也可以肯定，他们将从国民公会的失败中得益。法国大革命的历史证明，很多人最初只反对雅各宾派的过分之举，但他们都逐渐滑向保王党一边。国民公会此时发现，它竟然在这座曾选择支持自由、平等的城市里遭受攻击。有三万之众的巴黎国民自卫军下定决心，迅速解决这个寡廉鲜耻地把持大权的机构；由于军队远在外地，巴黎的不满分子似乎控制了局势。毋庸置疑，如若不是他们的轻率和波拿巴的能量，也许局面就如他们所愿了。

但是，拿破仑又是如何得到兵权，从而有力地影响事件进程的？我们知道，他在果月遭到贬谪，可到了葡月中旬，他已经成了国民公会部分军队的统帅了。这种令人目眩的变化是出于共和国的急迫需要，是因为他卓越的才能，以及巴拉斯识人的慧眼。下面，我们将简略介绍巴拉斯的生平。

保罗·巴拉斯出身于普罗旺斯的一个家族，曾在陆地和大海的远征中度过一段冒险的时光。他有着与生俱来的强健体魄、充满自信且伶牙俐齿，在情场和政坛都无往而不利，革命的爆发给他的思想带来了更大的转变。虽然支持极端民主派，但他在派系斗争中毫发无损，而多少不那么长袖善舞的人都因此粉身碎骨。他曾参与过土伦围攻战，并在回忆录中极力贬损波拿巴的表现，抬高自己。热月政变中，国民公会委派他指挥"内防军"，当时他表现得活力十足，因此在葡月中同样紧要的关头，他再次担任同样的官职。尽管巴拉斯后来对波拿巴的行为吹毛求疵，但事实证明，他完全信任这位年轻军官的能力：就任之后，他立刻将最重要的任务交给了拿破仑。巴拉斯由此迎来了一个名垂青史的机会：他曾是一名恐怖主义者，在土伦屠杀保王党人；他曾是热月党军事首领，正是这个党派因为担心项上人头而结束了罗伯斯庇尔的统治；他甚至以玩世不恭的态度，重演了旧政府最恶劣的罪行，从而败坏了新政府的名誉。可这一切都不值得大书特书，真正让历史铭记的是他有幸为拿破仑这位伟大的军事领袖牵马执镫，送其走上青云路。

眼前的危机确实只有才能卓著、杀伐果断的人才能应付。梅努将军奉命前往弹压骚乱，但他怯懦的行为令不满者更加肆无忌惮。这位将军避免流血的愿望本来值得赞许，但将时间浪费在与巴黎最桀骜不驯的"派别"谈判上了。国民公会命令巴拉斯担任司令官，帐下有波拿巴、布吕内、卡尔托、杜邦、卢瓦宗、瓦绍和韦祖等人。[1]当时国民公会的命令就是如此,这就否定了拿破仑后来自称指挥官的说法,以及崇拜者称他为副司令的说法。

不过,巴拉斯一开始就对拿破仑委以重任,后者也就无可争议地成为了这次保卫战的灵魂,蒂埃博说:"从一开始,他的举措就令人吃惊:他似乎无所不在,简洁、清晰和迅速的命令往往出人意表。每个人都被他充满活力的指挥打动了,从钦佩到信任,又从信任变成了热爱。"这时,一切都取决于能力和热情。国民公会的卫队由大约4000—5000名步兵、1000—2000名爱国者、宪兵和残废军人组成,面对的是有将近三万之众的国民自卫军。因此,他们和被推翻前的路易十六一样,面临着严峻的局势。不过,与甘于屈服的国王不同,他们内心坚定,深知形势的需要。大革命初期,波拿巴就深思过炮兵在巷战中的效力——这个问题正适合发挥他的几何天才。他知道,只要几门大炮,就能扫清进入王宫的所有道路;得到巴拉斯的命令后,他派遣冲劲十足的骑兵军官缪拉前往附近的萨布隆军营运送火炮(后来,缪拉从马德里到莫斯科一路成就了威名)。缪拉抢在巴黎的不满分子之前拿到了这批火炮,由于巴黎各派叛乱分子在5月骚乱中放弃了自己的火炮,他们也就失去了巷战中最大的利器。由于意见分歧,叛乱分子的行动陷入瘫痪:指挥官是一位名叫达尼康的老将,他在调动人马时犹豫不决,将宝贵的时间浪费在谈判上,使巴拉斯短小精悍的部队有机会将其各个击破。波拿巴娴熟地调配火炮,猛烈打击保王派的队伍,威胁杜伊勒里宫以北的街道。双方对峙了一段时间,都试图哄骗对方出击,或者将其吓跑。初秋的傍晚将至之时,靠近圣洛克教堂的一些房子里响起枪声,那正是不满分子的总部所在

---

[1] 齐维(Zivy)的著作[《葡月13日》(*Le treize Vendémiaire*),第60—62页]中引用了任命不同指挥官的敕令。现存于法国战争部档案馆的一份波拿巴手稿也证明,是巴拉斯下令从萨布隆军营调来大炮。

地。①各个街道上立刻发生了激战，战斗虽然激烈，但并不是旗鼓相当的，因为波拿巴的大炮撕裂了不满分子的先头部队。保王党分子徒劳地从街垒或附近的房子里射出子弹，最终都不得不退回后面的教堂，或者沿圣奥诺雷大道溃逃。与此同时，5000人的叛军沿多处桥梁渡河，从另一面威胁杜伊勒里宫，但也在正面和侧翼雨点般的葡萄弹和火枪子弹打击下溃散了。晚上6时，这场战斗结束了，没有留下多少真实可考的细节。埃尔曼的著名雕刻作品描绘了波拿巴指挥攻击圣洛克教堂的情景，可惜与事实并不相符。他没有在那里作战，而是在东面的街上；教堂也没有遭到攻击，那里的不满分子坚守了整个晚上，次日早晨悄悄地投降了。

这是葡月中的一个重要日子，双方都有约二百人阵亡；至少，这是通常的估计，但与近距离枪炮齐射的情景似乎有些不相符。但当我们想起，回忆录作者和报纸的编辑惯于掩饰战斗细节，对内战则尽可能减少伤亡人数时，就不会觉得奇怪了。国民公会胜利后确实宽宏大量，只有两名叛乱领袖被处以死刑；当梅努被控以叛国罪时，波拿巴利用自己的影响力帮助他重获自由，这也成了一段愉快的回忆。

布列纳说，拿破仑虽是当时的胜利者，但晚年却对这一天的行为深深抱憾。这一断言似乎并不可靠。他射出的"几发葡萄弹"粉碎了一项运动，这项运动只给当时的社会带来混乱，而且可能将法国带回到令人厌恶的君主制。此举严厉地教训了当时浮躁多变的法国民众，按照斯塔埃尔夫人的说法，这些人对瓜分权力的渴望一点都不亚于对任何政治目标的追求。离开科西嘉后所经历的所有事件中，波拿巴最不需要觉得内疚的就是葡月里的作为。②

经过生涯中的四次逆境之后，拿破仑走上了一条荣耀之路。他

---

① 波拿巴后来声称，是他下令开火，拖延当然对他的对手有利。
② 我要提请读者注意，不要听信卡莱尔的如下说法（《法国革命》，第3卷）："我们口中的法国革命，被几发葡萄弹炸飞了。"相反，革命延续了下去，只不过是以一种更有机、更有序的政府形式存在。

为共和国立下汗马功劳，得到的第一件奖赏便是被任命为内防军副司令，当巴拉斯辞任司令时，他取而代之。但更辉煌的荣誉随之而来，先是社会地位，然后是纯粹的军事胜利。

过去，波拿巴曾参加巴拉斯举办的沙龙，在声色犬马之前，他显得羞怯和笨拙。在那次聚会上，貌美轻浮的塔利安夫人（人称"热月圣母"）以其倾国容颜和优雅着装征服了巴黎社交界。现在，他又出现了，这一次穿的不再是引来众人嘲笑的破旧军装。力挽狂澜的才华，使他成了社交界的王者。以前，他多次想要与女士们牵手，但都没能如愿。最先拒绝他的是克拉里小姐（哥哥约瑟夫的小姨子），不久之前，佩尔蒙夫人又让他碰了钉子。的确，这位衣衫不整的年轻军官一直不是光彩照人的对象。可是，这一次他在沙龙上看到了迷人的孀妇约瑟芬·德·博阿尔内，她的丈夫死于恐怖时期。长久以来，拿破仑身上那南方人特有的热情一直被穷困所压抑，但由于约瑟芬的出现，这股热情很快又被点燃了。他生硬、笨拙的举止，都融化在她的一颦一笑之中。当约瑟芬称赞他的军事才能，他变得不再沉默寡言。拿破仑钦慕于她的机智、同情心和美貌，决心要与她结婚。约瑟芬似乎对这位神秘的求爱者有几分恐惧；她怀疑拿破仑"近于疯狂的强烈感情"，不安于他"神秘、锐利的眼神，连我们的督政官们都不敢直视"。这种强烈的天性、主宰一切的力量，该如何与她自己"克里奥尔人①的悠闲"相合？约瑟芬聪明地自问，这位将军如同火山一般的热情会不会很快地自然熄灭，并因她容颜老去而转向与之同龄的女子？此外，当她诚实地面对内心，发现自己并不爱他，只有一种崇拜。最能让她感到安慰的是，如果两人成婚，她的朋友巴拉斯将出手相助，让波拿巴当上意大利军团的司令。巴拉斯的建议无疑平息了约瑟芬的疑虑，1796年3月9日，两人以世俗的方式成婚。新娘在结婚

---

① 克里奥尔人指西印度群岛或拉丁美洲的欧洲人后裔。约瑟芬生于加勒比海的马提尼克。——译注

登记时将年龄写少了四岁（她已经过了34岁），当然这种扮俏的举动也是可以原谅的；而她的丈夫也配合地将出生时间写成了1768年。

结婚前的两周，拿破仑被任命为意大利军团司令，在巴黎度了两天蜜月，他就离开新娘，接受新的军事任务。很显然，他之所以红运当头，与和约瑟芬的婚事有着某种联系。但断言这一职务是巴拉斯送给有些不情愿的新娘的"嫁妆"，只是一种并不准确的讽刺说法。我们也许应该承认，波拿巴的远大前程最终打消了约瑟芬的疑虑。可是，巴拉斯并不能任命一位法国军团司令，他只是此时决定主要政府事务的五位督政官之一，与勒图尔纳、勒贝尔、拉勒维里-勒波和伟大的卡诺共事。实际上，决定这项任命的是卡诺。他曾阅读并仔细考虑了波拿巴为意大利军团制订的战役计划。从这份计划中可以看出，拿破仑的构想充满活力，对地形细节的理解细致入微，风格犀利且气势宏大，这些都令卡诺确信他是一位战略上的天才。波拿巴得到指挥权，并不像当时军中认为的那样是出于阴谋，而完全得益于他的指挥能力。1794年在意大利军团服役时，他认真地研究了海岸线以及进入内陆的关口；据著名学者沃尔内说，这位年轻军官获释后不久，就向他和国民公会特派员概述了意大利战役计划的细节，该计划能够帮助他顺利地从热那亚里维埃拉挺进奥地利心脏地带。[1]沃尔内说，波拿巴描述这一战略杰作时神采飞扬。我们能够想象到，当他在地图上指出皮埃蒙特和伦巴第的地理特征，说明这些将有利于勇敢的进攻者、带着他敲开维也纳大门时，权力在手的感觉令他膨胀，瘦削的脸颊上洋溢着热情，想到奥地利帝国将成为无助的待宰猎物，他如雄鹰般锐利的眼中闪烁着光芒。与拿破仑身上灿烂的智慧之光相比，壮丽的杜伊勒里宫都显得俗气和平淡，这种光芒曾照亮了尼斯的陋室，也预示着意大利解放的黎明即将到来。

---

[1] 沙普塔尔，《我记忆中的拿破仑》，第198页。

1796年1月,拿破仑凭借新近得到的更全面知识,精心推敲他的作战计划,并立即赢得了卡诺的欣赏。督政官们将其转给时任意大利军团司令谢雷将军,但立刻接到了"粗鲁"的回答:谁草拟了这份计划,就请他来亲自实施好了。谢雷此前无所作为且牢骚满腹,督政府对此早已感到不满,趁机以这番话为由,用波拿巴取而代之。这就是拿破仑被任命为意大利军团司令的真相。

　　年轻的将军于3月21日出发前往尼斯,与之同行(或者迅速跟随而来)的是他忠实的朋友马尔蒙和朱诺,以及贝尔蒂埃、缪拉和迪罗克等军官,拿破仑对这些人的干劲深信不疑。从1795年初夏以来,发生了多少大事!想当初,他几乎拿不出前往巴黎的路费!准确无误的直觉将他带到了那个阴谋的温床,这是一场孤注一掷的赌博,他宁愿冒失去军职的危险,也要保持与中央当局的密切接触。对自身能力的超凡信心给他带来了极大的回报,尽管此时除了书本知识之外,他对骑兵和步兵的运用一无所知,但仍决心带领意大利军团,进行一系列堪比恺撒的征服之战。拿破仑有着坚强的意志和狂热的精神,无怪乎他的一位朋友预言:他的终点不是王座,便是绞刑架!

第5章　意大利战役（1796年）

在拿破仑的个性中，最引人注目的便是他结合了各种各样的天赋，而在大部分人当中，这些天赋是相互排斥的；他的天性既与政治相合，也适合于军事；他对一个国家的考察不仅在于地理环境，还考虑了人民的物质生活。对手忽略的事实，为他实现意志的"杠杆"提供了坚实的"支点"；当他以无懈可击的技巧策划攻击，并毫不留情地实施时，对手苦心经营的政治体系或军事政策便随之毁于一旦。

要让这一切才能得以发挥，没有什么地方比由形形色色城邦组成、尊名"意大利"的国家更合适了。

长久以来，意大利都是波旁王朝和哈布斯堡王朝争雄之地；两个王朝的敌对，加上公民之间的纠纷，使一度统治欧洲的这个民族处于孱弱的境地。罗马人曾在欧洲东征西伐，可是现在，他们的家乡意大利却成了欧洲的战场。哈布斯堡统治着北方，控制着富庶的米兰公国、坚固的曼托瓦要塞，以及散布在各地的一些王室采邑。奥地利王室的一支坐镇佛罗伦萨，统治着繁华的托斯卡纳公国。摩德纳和卢卡也在维也纳宫廷的控制之下。统治亚平宁半岛南部和西西里岛的是西班牙波旁王室后代费迪南多四世，他以中世纪的方式，使人民处于无知和被奴役的状态；这个王朝还控制着帕尔马公国。教皇国也和中世纪时一般死气沉沉，但北部被称为"北部辖地"的博洛尼亚和费拉拉地区，人们仍然牢记着独立的年代，为教皇的苛刻限制而感到愤怒。当法国大革命的思想在意大利城镇中开始生根发芽，这一点就显露出来了。两位博洛尼亚年轻人迷恋于这些新思想，升起意大利的绿、白、红三色国旗，号召市民们反抗教皇使节的统治（1794年11月）。这次起义遭到镇压，首要分子被绞死，但民主的力量在其他地方崭露头角，特别是在意大利北部更具阳刚之气的人民当中。伦巴第和皮埃蒙特地区暗流涌动，即使在撒丁国王维克托·阿玛迪乌斯三世与法兰西共和国开战时，为阻止都灵人的起义也花费了很大的气力；正如我们前面已经看到的，奥地利与撒丁王国的联盟无力从解放战士手中夺回萨伏依和尼斯，也无法在法军攻势下守住意大利的里维埃拉。

实际上，波拿巴（从此时起，他的姓氏拼写为Bonaparte）发现了哈布斯堡王朝在意大利的政治地位存在弱点。作为阿尔卑斯山以北11个不同民族的君主，他们怎能希望永久地统治大山屏障以南毫无共同点的一个民族？面对任何一次深深触动意大利民族天性的群众运动，过去的吉伯林党（或称"皇党"）都无能为力，暴露出这种统治的勉强之处。这种运动难道不会受到法国大革命的影响吗？对民族自由、摆脱封建领主的向往，难道不会点燃人民对法国革命事业的热情吗？显而易见，在这片土地上，民主宣传大有可为。从一开始，解放意大利的伟大事业，就唤醒了波拿巴心中的民族感情；虽然野心影响了他的判断力，但他从来没有失去对所属民族福祉的关心。在《圣赫勒拿时期所写的回忆录》中，他以政治家特有的方式总结了对亚平宁半岛的信念："意大利因其自然环境而与世隔绝，浩瀚大海和巍峨高山阻断了它与欧洲其他地区的联系，它似乎应该成为一个伟大、强盛的国家……由于习俗、语言和文学的统一，它的居民或早或迟终将团结在一个政府之下……毫无疑问，意大利人有朝一日将选择罗马作为首都。"这番预言来自一位征服者和组织者，他将人民从数个世纪的麻木中唤醒，感受到自己那不屈不挠的精神。

此外，纯粹从军事上讲，奥地利在阿尔卑斯山以南的这些领地也很难守住。它们与维也纳相隔崇山峻岭，军队在这种地形下作战十分艰苦。诚然，曼托瓦是一个坚固的据点，但任何要塞都不可能改变这样的事实：米兰是一块脆弱、离散的领地，维也纳保留它违背了自然规律——卢梭曾预示了这一点，而波拿巴则要以武力来证明。

奥地利与撒丁王国的联军此时占据着萨沃纳镇以北的关隘，这个关口将亚平宁山脉与滨海阿尔卑斯山脉分割开来。因此，他们处于波河两条主要支流（博尔米达河与塔纳罗河）上游，沿着这两条河的河谷，有两条路，一条通往东北方的米兰，另一条则通往西北面的撒丁王国首都都灵。这两条路在蒙特诺特①附近分岔，那里有一片楔形的山地，显然是奥地利-撒丁联军阵地的弱点。因此，波拿巴打算从那里发动第一次进攻，他预见到，如果能够切断联军部队，就可以取得政治与地形的双重优势。

对于一位指挥官来说，只要能够克服最初的困难，这一切都是可能实现的。但这些困难是巨大的。1796年3月，法国意大利军团的阵地岌岌可危。它的部队有些分梯次部署于从萨沃纳到洛阿诺，再到尼斯的海岸上，另一些则部署于直到滕德山口的内陆地区，总人数仅有42000人，而奥地利-撒丁联军有52000人。②而且，联军占据了滨海阿尔卑斯山脉和亚平宁山脉北坡的坚固阵地，由于阵地处于内环、弧长更短，便于迅速调动，将更加分散的对手赶向海岸，从而遭到英军巡洋舰炮火的骚扰。最后，波拿巴的部队装备和人员素质较差，而且完全得不到军饷。3月底抵达尼斯时，这位年轻的指挥官不得不因为哗变而解散了一个营。③短时间里，这个军团能否接受这个身材瘦小、外表柔弱的年轻人，实在值得怀疑。毕竟，人们只知道他是一位在土伦和巴黎街头表现出色的炮兵军官。但他很快就得到了普通士兵

---

① 今西迪阿卡沙。——译注。
② 科克（Koch）的《马塞纳回忆录》（第2卷，第13页）指出，法国军队只有37775人，奥地利军队有32000人，撒丁军队有2万人。这些数字都不包括驻防部队或者守卫交通线的部队。
③ 拿破仑的《书信集》，1796年3月28日。

的尊重和信任,不仅是因为他严惩了哗变者,还因为他从一位当地银行家那里筹到了钱,补发了一部分长期拖欠的军饷。他还立刻整顿军需相关部门,平息了其他方面的不满情绪。最重要的是,他热情洋溢的讲话打动了士兵们:"战士们,你们食不果腹、衣不蔽体,政府亏欠你们太多,却无法做出任何补偿。你们的忍耐力和勇气值得自豪,但并没有给你们带来好处或者荣耀。我将带领你们进入世界上最富饶的河谷,在那里,你们将看到繁华的都市和富庶的省份。你们将在那里收获尊敬、荣耀和财富。意大利军团的战士们,你们缺不缺勇气?"两年之前,任何一位法国指挥官以这种公然的方式博取士兵们的忠诚,马上就会被推上断头台。但与罗伯斯庇尔统治的时期相比,一切都有了很大的变化。斯巴达式的严刑峻法已荡然无存。过去,人们对超乎寻常的个人地位怀有近乎疯狂的戒备心;而今,这种戒备心却产生了一种令人吃惊的反作用,很快会将一位才干过人的将军推上法国绝对主宰的宝座。

波拿巴的行为给士兵和军官都留下了深刻的印象。他充沛的精力和严明的命令赢得了马塞纳的钦佩;他高傲而智慧的目光,连身材高大、神气活现的奥热罗也气为之夺。此外,月初法军迎来了增援部队,使其总兵力增加到49300人,在力量上占据了上风:虽然联军人数达到52000人,但由于兵力分散,在任何一个区域都处于劣势。加上奥地利指挥官博利厄已71岁高龄,刚被派往意大利的他对这块土地并不熟悉,却发现手下的官兵有三分之一病倒了。[1]

此时,波拿巴开始将部队集中到萨沃纳附近。战役还没开始,命运之神就青睐于他。虽然南坡上的雪已开始融化,但山上仍然有冬天的积雪,使敌人的哨所没有发觉他的人马调动。法军先头部队沿着海岸线一直推进到沃尔特里。此举是为了强迫热那亚参议院

---

[1] 参见我在1899年1月和4月的《英国历史评论》上发表的关于格雷厄姆上校自意大利发回公文的文章。

意大利北部战役地图

缴纳罚金，理由是他们默许英国巡洋舰扣押中立锚地上的一艘法国船。但是，博利厄被惊动了，他从帐下调动一支强大的部队前往该城。这个情况让波拿巴大为懊恼，他本想趁奥地利帝国军队在冬季的兵营里酣睡之际发动奇袭。不过，奥军匆忙将左翼部队调往沃尔特里，为波拿巴辉煌的首战做出了很大的贡献，但崇拜者们通常只愿意将此归功于他的天才。① 当博利厄调动的部队迅速插入热那亚和沃尔特里之间曲折的海岸线时，这支部队因为远离中路部队而处于危险之中，后者此时正沿博尔米达河东部支流的河谷行军，准备占据萨沃纳以北的亚平宁山口。而奥军中路部队的调动也没有和撒丁王国军队密切配合，撒丁军扎营于更靠西边的切瓦城内和城西。博利厄后来写信给大本营的英国武官格雷厄姆上校，将第一次惨败归咎于他在蒙特诺特的副官阿根陶，因为阿根陶只投入了手下兵力的三分之一。但分兵作战是奥军所有行动的特征之一，任何有谋略的对手都会抓住这一次他们给出的好机会，摧垮薄弱且失去支撑的中路部队。博利厄遵照维也纳的命令发动了攻势；但他的主力面对的却是沃尔特里的法军先头部队，付出一些伤亡之后，奥军开进了沃尔特里城。与此同时，隆隆的炮声越过高山，警示着博利厄的各个哨所，真正的战役是在萨沃纳以北的险峻之地打响的。② 奥军薄弱的

---

① 萨金特（Sargent）先生在他的著作《波拿巴的第一次战役》（*Bonaparte's First Campaign*）中说，波拿巴预料到博利厄向热那亚运动，由此发现了击溃奥军中路部队的机会。但波拿巴在4月6日写给督政府的报告中提到法军向热那亚推进："我对进军热那亚的举动感到非常愤怒、十分不满，这迫使共和国采取敌对态度，并惊动了我本想攻其不备的敌人，导致我们付出更大代价。"关于拿破仑的总体部署在多大程度上受惠于马耶布瓦元帅1745年的战役，可参见皮埃龙先生的小册子。布维耶（Bouvier）先生［《波拿巴在意大利》（*Bonaparte en Italie*），第197页］和威尔金森先生（《欧文斯学院历史论文集》）已证明他得益于马耶布瓦元帅。
② 纳尔逊当时正竭力拦截从土伦向法国军队运送物资的船只。下文摘录他的一些报告，很值得注意。1796年1月6日："如果法国人打算继续作战，必然突入意大利。他们已经将荷兰、佛兰德斯和本国洗劫一空。意大利是座金矿，一旦他们攻进去，那里也没有任何抵抗的能力。"4月28日，皮埃蒙特被法军攻占后，他写道："我们英国人不得不为总是无法在海上决定各帝国命运而感到遗憾。"5月16日，他又写道："我坚信，开战时整个欧洲都是英国的盟友，但战争结束时，几乎所有欧洲国家都会与它为敌。"

中路部队占领了蒙特诺特村上方的一个山脊或高地，那里有一条路通往亚历山德里亚和米兰。阿根陶的攻击取得了部分胜利，但英勇顽强的法军据守一个堡垒，控制了莱吉诺山向南延伸的部分，阻止了他的推进。[1]

这就是波拿巴率军赶来时战场的形势。次日（4月12日），拿破仑集结法军攻击部队，在晨雾掩护下转移到各个阵地上，当第一缕阳光投向大地，奥地利士兵就吃惊地看到：一支大军已准备就绪，将要粉碎其正面防线，同时从两翼包抄。最初的一段时间，奥军在正面勇敢地对抗优势兵力的法军，但当马塞纳绕过右翼防线施加压力时，奥军便放弃抵抗，迅速撤退以避免被全歼。波拿巴并没有积极参与这次战斗，而是非常恰当地致力于更大的问题：切断奥军与其盟军的联系，首先是马塞纳的迂回进攻，随后其他部队涌进他们撕开的缺口。波拿巴的谋略取得了全面成功，奥地利军队布防存在严重缺陷，无法承受他发动的猛烈打击。西面的撒丁军队距离太远，难以在需要的时候援助阿根陶，在切瓦城内和城西的他们本意是掩护通往都灵的大路，然而正如拿破仑后来写下的，他们应该靠近盟军以组成一个强大的军团，如果能集中部署在代戈或者蒙特诺特，就能同时保护都灵和米兰。"合兵一处，这两支部队的实力优于法军；一旦分开，它们就注定要失败。"

战场的地形也有利于波拿巴的计划——将奥地利军队赶向东北方的博尔米达河谷，败军之将自然地会撤往补给基地，因此博利厄和阿根陶将向米兰逃窜。但这一举动将使他们与撒丁军队失去联系，因为后者的补给基地都灵在战场的西北方。

---

[1] 史学家没完没了地复述那个指挥官［不是朗蓬（Rampon），而是福尔内希（Fornésy）］绘声绘色的故事：他将中央堡垒的守军集合起来，在军旗和大炮前发誓将坚守到死。但是，唯一能提供真实细节的文件显示，堡垒中既无大炮也无军旗。福尔内希只说了这样的话："战友们，在这里我们要么取胜，要么战死！"——这话实际上比戏剧化的誓言更了不起（参见《马塞纳回忆录》第2卷；《证明文件》第3号；以及布维耶的著作）。

因此，波拿巴立刻挥师猛攻退却中的奥军，以及米莱西莫村的一支撒丁部队，将其击溃，奥热罗率领的部队则切断了由普罗韦拉率领的1200名官兵。奥撒联军在第二次打击下更加衰落，只能退守修筑了工事的代戈。代戈阵地的坚固程度与其战略重要性相称，如果此处失守，除了后方距离颇远的偏远小路，奥撒两国主力部队间的一切联系都将中断。所以，联军竭尽全力坚守六个小丘和一些碉堡，这些阵地阻断了河谷，并控制着附近的几个高地。可是，法军兵力上的优势明显，马塞纳很快又包抄了联军阵地，波拿巴又一次将在敌军侧翼和后方运动的任务交给了他。随后发生了一件奇怪的事情。获胜的法军正在大肆劫掠村庄以获得补给（波拿巴曾下达了最严厉的命令，但仍无法从海滨地区的军火库和其他仓库中获得充足的给养），奥军的5个营在夜深人静时向他们发动了攻击，这些部队奉命前来支援代戈的兄弟部队，在山区迷了路，却迎面碰上了正在抢掠的法军。奥军轻松地驱散了法军，夺占代戈。得知这次失败后，拿破仑急忙从后方调来更多部队，于15日重夺代戈这个几乎被抢走的战利品。如果博利厄此时集中所有兵力打击法军，也许就能挽回败局了，可是奥军司令部里没有人有这样的远见和魄力，对代戈发动突袭的是奥军的一位上校；此后若干年里，年老昏庸的奥军指挥官们使"白衫军"的战斗素质无从发挥，在三次战斗中，他们都在机变和兵力上处于劣势，只能带着残兵败卒回到阿奎。

此时，拿破仑统帅各部西进打击撒丁军队，撒军已撤到塔纳罗河上游河谷的切瓦，凭借深沟高垒的营地坚守。他们打退了法军的一次进攻。止步于坚固阵地之前是个严重的情况，如果奥地利军队能够援助其盟军，有可能给法军带来一场灾难。波拿巴甚至召开了一次军事会议，研讨当前的局面。一般来说，军事会议都会给出谨慎的建议，但这次会议却强烈建议对撒丁军营地发动第二次进攻，充分说明了法军将领中洋溢的热情。他们还没有成为依靠刀剑捞取财富的雇佣军，也不是独裁者帐下养尊处优的弄臣，只想守住主人赐予的财产。相反，他们的对手却十分谨慎。当法军打算恢复对切瓦的攻势时，发现撒丁军队已整队西撤。他们的将军天真地希望，在行军路上的几处天险能让法军徒呼奈何。但他很快就为自己的错误追悔莫及，塞吕里耶和多马尔丁各带领法军的一个师追上了撒丁军队，将其驱离蒙多维，迫使他们逃往都灵。

波拿巴已大获全胜。敌军的各支部队相距甚远，他可以充分利用中心位置，有力打击联军的自然结合部蒙特诺特。法军连续取得三次胜利（敌军主动撤出切瓦不能算是法军的胜利），迫使联军节节败退，都灵几乎已成了波拿巴的掌中之物。

现在，拿破仑所要做的就是将这些军事大捷推向其自然的结局，并将和平的条件强加于秘密求和的萨伏依王室。督政府已命令波拿巴，他应该努力使撒丁王国退出与奥地利的联盟，方法就是让撒丁人知道，他们虽然在米兰地区失去了富饶的萨伏依和尼斯，但有可能得到不菲的补偿。[①]督政官们推测，只要联军感受到法军的势头，这种丰厚回报的承诺将能拆散奥撒联盟。参加这些谈判的并不是波拿巴本人，他只是向督政府转达所有求和的提议。而且，他甚至没有得到签订停战协议的授权。他的职责就是压迫对手，并用征服的领土供养贫困的士兵们。他只是一个将军，绝不是谈判专家。

督政官在这个问题上的表现，可能是强烈的戒备心理所致，也可能是出于对军务的懵懂无知。当外交使节来往于都灵和巴黎之间时，波拿巴要如何让奥地利人保持沉默？从常识就可以知道，他应该在奥地利人从最近的惨败中复原之前，让都灵宫廷接受一纸停战协议。但撒丁国王命令科利前来示好，要求以停战作为和谈的准备，解决了波拿巴的难题。法军司令官立即回复道，和谈的权力属于督政府；至于

---

① 若米尼的著作，第8卷，第340页；《证明文件》。

停战,只有满足如下条件才可能实现:都灵宫廷将三个要塞(科尼、托尔托纳和亚历山德里亚)交给他,并保证法国军队穿越皮埃蒙特,在瓦伦扎渡过波河。接着,波拿巴怀着对既成事实的坚定信念,将部队推进到凯拉斯科。

拿破仑在凯拉斯科附近接见了皮埃蒙特使节,在其中一位使节的笔下,我们看到了对这位将军首次外交尝试的叙述。他的举止严肃、冷淡而又不失礼节,与皮埃蒙特人的习惯相合。对于使节们提出的一些对法国并无价值的条件,他回应道:"共和国将一个军团的指挥权交给我,就代表相信我有足够的洞察力,判断这个军团的需要,无须借助敌人的建议。"除了这段反讽显得无情和辛辣之外,他的其余话语虽然算不上友好,但也还算礼貌。直到会谈的最后,他才发出了致命的一击。正午过去许久,持续的会谈仍没有得出确切的结果,拿破仑看了看表,大声说道:"先生们,我要警告大家,两点钟发动总攻的命令已经下达,如果不能保证在傍晚之前将科尼交到我的手中,这次总攻绝不会推迟。我也许会打败仗,但没有人会看到我因为过分自信或者怠慢而浪费时间。"此话一出,凯拉斯科停战协定立刻就签署了(4月28日);具体条款大体上与拿破仑最初提出的相同。随后的午宴中,他的冷静自信与犀利谈吐给使节们留下了更加深刻的印象:拿破仑告诉他们,意大利战役与他1794年的计划完全一致;在他的口中,军事会议只是掩盖指挥官怯懦或缺乏决断的方便手段;他还断言,曼托瓦壁垒之前,没有什么能阻挡他。[1]

事实上,法国军队当时因忙于劫掠而混乱不堪,几乎不可能抵挡博利厄和科利的全力猛攻。长期忍受饥饿和贫困的官兵们此时正在富饶的皮埃蒙特平原上恣意狂欢。大批掠夺者横行于邻近的乡村,每个团往往只剩下几个连在执勤。胆小如鼠的都灵宫廷将波拿巴从严重

---

[1] 科斯塔·德·博勒加尔(Costa de Beauregard),《一位过去的伟人》(*Un Homme d'autrefois*)。

的危局中救了出来，他们在战役开始18天就签下了凯拉斯科停战协定。两周后，法国与撒丁王国签署了和约的初步条款，后者承诺割让萨伏依和尼斯两省，并宣布退出与奥地利的联盟。这一消息在奥地利军队大营中引起了极大的愤慨，有人坦率地说，皮埃蒙特人为了在1月份就已默许的和约而故意战败。①

在停战这一有利进展之前，波拿巴发给督政官的报告措辞就近乎傲慢了，说明他自信已掌控了局势。他在对撒丁政策的建议中指出，由于维克托·阿玛迪乌斯已交出了三个要塞，他实际上已是法国人的囊中之物："如果你们不接受他的求和，如果你们的计划是废黜他，就必须让他再愉快地度上几旬②；而且一定要提醒我，我将夺取瓦伦扎，然后进军都灵。"这位年轻的将军表明了自己的态度：在军事上，他绝不接受巴黎的任何干预。他请求督政府，从克勒曼的阿尔卑斯军团抽调15000人增援他："那将使我的军团兵力达到45000人，可以派出一部分前往罗马。如果你们继续信任我、批准这些计划，我保证能够成功：意大利将是你们的。"过后，督政官提出可以提供他所需要的增援，但又规定将军队的一部分留在米兰，归克勒曼指挥。波拿巴对此回复道（5月14日），由于奥地利军队已得到增援，法军分散指挥是不明智的。每位将军都有自己的作战之道，克勒曼经验更丰富，无疑能更好地指挥部队，但如果一支部队有两个指挥官，那是很糟糕的事情。

督政官们再一次犯下大错。从1793年迪穆里埃叛国案③以来，他们一直将某些规则强加于所有法国将军，这次又试图迫使波拿巴接受相同的规则，这当然是为共和国的关键利益考虑。但是，他们一心避免恺撒主义的重现，却违背了战略上的基本原则，即军事行

---

① 这是博利厄将军在5月22日对格雷纳姆上校所说的话。
② "旬"（10天）在大革命后使用的日历里代替了"周"。
③ 夏尔-弗朗索瓦·迪穆里埃（1739—1823），法国将军，1793年尼尔温登战役失利后，他试图推翻革命政府，失败后流亡国外。——译注。

动应该统一计划。波拿巴的反驳令他们无言以对，对于分兵这一不幸的提案，也就再没有人提起。

与此同时，与萨伏依王室媾和使米兰暴露在波拿巴的攻击之下。手握三个撒丁要塞，他的作战就有了极好的基础：法军将继续征用将要归还给撒丁国王的土地，直到实现全面和平。相反，奥地利军队因为意大利臣民的敌意而遭到削弱，最糟糕的是，他们极端依赖从阿尔卑斯山那一边经曼托瓦调来的增援部队。

不过，在富饶的伦巴第平原上，奥地利军队却有一项优势，这是在亚平宁山脉的岩石上所不具备的。他们的将军们可以展现足以自豪的战术技能，优秀的骑兵有机会再现过去击败匈牙利和克罗地亚铁骑的辉煌。因此，他们严阵以待，并不为最近的惨败而过分沮丧，奥地利人坚信，不谙常规战争的对手在平原上将一触即溃，凭借峡谷地形得来的虚名也将化作泡影。但是，对于波拿巴这种举世罕有的天才，战役第二部分的地形并不比首战告捷时的地形差。在亚平宁山区中，只能调动小股部队，即便对骑兵和步兵战术缺乏经验的将军，也能小试牛刀，有公平的获胜机会。速度、气势和迅速夺取居高临下的中心位置，是山区作战的重中之重，因为那里根本不可能调动大批士兵。伦巴第平原有利于更大规模的调动，但即便是在那里，阿尔卑斯山的积雪也汇成了多条宽阔、湍急的溪流，加上灌溉用的水渠网络，都有利于这位年轻、大胆的统帅运筹帷幄，他深知如何利用自然屏障，挫败和诱骗对手。波拿巴此时表现得胜人一筹，不仅在于敏锐的眼光和灵活的头脑，还在于战术细节和决定国家命运的重大战略构想。首先，拥有优势兵力的他可以发动进攻，这在什么时候都是一个优势，因为攻方通常可以利用一系列佯攻误导对手，直到雷霆万钧的真正打击来到。从伊巴密浓达和亚历山大大帝的时代起，到汉尼拔和恺撒，再到卢森堡、马尔伯勒和腓特烈大帝，所有伟大军事领袖都将此当成目标。咄咄逼人的战术特别适合于法国军队，他们总是充满渴望、积极和智慧，此时更是对其事业和领袖怀有无穷的热情。

而且，拿破仑对奥地利军队形势的不利之处也有着充分了解。它就像是一只笨重的动物，从阿尔卑斯山伸出脆弱的肢体，暴露在一个更强健身体的攻击之下。敌人无疑也要利用一些较小的地理特征，波拿巴现在要做的便是将这些转变成打击对手的手段。博利厄的部队已经退过波河和提契诺河，他预计法军对米兰的进攻将通过常规路线，从帕维亚渡过提契诺河。奥军以26000人之众在帕维亚城附近占据了一个坚固的阵地，其他部队则沿更北面的提契诺河岸，以及瓦伦扎方向的波河两岸巡逻，只有5000人前往皮亚琴察。然而，波拿巴并没有打算走常规路线。他决定不从波河北岸进兵，因为阿尔卑斯山积雪融化使那里的溪流水位高涨，而法军取道的南岸从亚平宁山上来的溪流较少，水量也较小。从托尔托纳要塞，他可以直冲皮亚琴察，在那里渡过波河，几乎不需要猛烈的进攻就能拿下米兰。为了实现这个目标，拿破仑在最近的和约条款中写明，他可以在瓦伦扎渡过波河；而此时却对那个方向发动佯攻，同时主力部队沿波河南岸推进，搜集所有可用船只。勇猛的拉纳率领法军前锋，在奥地利骑兵抵达之前抢占皮亚琴察渡口，并击溃了试图将他们赶回河里的一两个奥军中队（5月7日）。

这样，法军争取到了可观的时间，可以乘船或从渡口渡过波河。在统帅的眼前，法军克服了所有困难，很快就用小船建起了一座跨越溪流的浮桥，并有一个桥头堡守卫。随后，法军以和利普泰的奥军相当的兵力北进，经过激战，将对手赶出了丰比奥村。这次胜利在利普泰和博利厄的部队之间打进了一个坚实的楔子，博利厄后来痛斥了利普泰，一是因为他的退却，二是因为撤退时没有向司令部报告。可是，利普泰手下只有5000人（而不是拿破仑和法国历史学家曾引用的8000人），博利厄将他派往皮亚琴察时又太晚，无法阻挡法国人渡河，次日的战斗结束时，他与上级已完全失去联系。博利厄率领主力部队向丰比奥进军，想要在那里与利普泰会合，却遇上了法军，一场混战之后，他好不容易脱离战团，撤往洛迪，通往曼托瓦的大路正是从那里穿越阿达河的。博利厄命令残部退往阿达河，这样一来，米兰就失去了掩护（除了城堡的守军之外），奥军也放弃了大半个伦巴第；不过，从军事的角度看，他向阿达河撤退是完全合理的。只是这次战略正确的行动又被战术错误给毁了。如果他将所有部队集中在法军最近的渡河地点皮齐盖托内，法军向北的任何侧翼进兵都将变得极其危险；可是，他仍然没有从惨败中充分吸取教训，懂得集中兵力的重要性；而且，他至少有三条通道需要把守，战线拉得过长，根本不能抵御任何一处的猛攻。果然，他对守住阿达河防线失去了信心，率领大部分部队向东撤退。

因此，波拿巴占领皮亚琴察仅三天后，统帅全军攻打洛迪镇时，阻挡他们的只有奥军的断后部队，这支部队急于掩护落在后面的友军撤离，并无决心守卫阿达河上的桥梁。阿达河桥很窄，长度也只有大约80英寻（约144米），高高地耸立在水浅流急的河上。如果以重兵和大炮据守，法军必经苦战才能通过，可奥军指挥不力，将一些部队驻扎在河流与法军之间的洛迪城内和四周，勇猛的法军很快就越过薄弱的洛迪城墙。奥军指挥官塞博腾多夫此时才匆忙将麾下部队部署到阿达河东岸，试图守住那座桥，阻止法军乘船或者从洛迪城上方的浅滩渡河。奥军的人数仅有9627人，连遭惨败后士气低落，也知道抵达曼托瓦附近之前无险可守。他们企图破坏桥梁，但法军驻扎在洛迪城墙后较高的河岸，以炮兵纵深火力打击敌军阵地，挫败了他们的行动。敌方军心已经动摇，在洛迪短暂休息后的法国步兵则恢复了元气，波拿巴于傍晚6时挑选精兵强将，组成一支纵队，直扑阿达河桥。敌军葡萄弹和步枪子弹的猛烈火力撕裂了法军正面，他们一度陷入枪林弹雨中无法自拔。但是，在年轻统帅的言语激励之下，法军将领、士官和掷弹兵们决心冲锋到底。这一次，在涉水到河中小洲的神枪手协助下，攻击部队肃清了桥上的敌军，用刺刀杀死奥军炮手，猛攻其第一线和第二线的支援步兵，得到增援后，更是迫使奥军骑兵和步兵向曼托瓦溃逃。①

这就是5月10日洛迪之战的情况。对于这次战斗所有细节的描述都带着传奇的光环，使人们对其重要性产生了虚假的臆测。博利厄的主力距此甚远，除了断后的部队之外，法军也不可能困住更多的奥军部队。而且，如果拿破仑的目标是消灭奥军主力，为什么洛迪以北的法国骑兵不在战斗初期便从侧翼包抄？只要得到步兵的支援，在阿达河桥上危险冲锋的同时，法军可能已经迂回到敌军侧翼，这样不仅从正面打垮奥军，还能将其包围起来。战略家克劳塞维茨对洛迪遭遇战的看法正是如此。可是，此役在法国士兵和民众中产生的印象却与此大相径庭。与推理能力和缜密安排相比，他们更看重的是指挥官身上不屈的斗志与勇敢的精神。拿破仑确实已经展现出了这些特质。现在，他以直接而猛烈的攻势征服了士兵们，这些表现给他们的心理带来了奇妙的影响。当天晚上，法军士兵们满怀旧日共和派的同袍之情，称呼他们的指挥官为"小个子下士"，称颂他个人在战斗中的勇敢表现，这一亲切的称呼帮助洛迪桥之战成就了不朽之名。②胜利令法国上下为之狂喜，人们传说他冲锋在前，与拉纳一起率先到达河对岸，这种说法虽然夸张，但也是可以理解的。后人还曾描述道，他冲在了高大的掷弹兵前面——这一壮举确实出现过，只不过主角是拉纳、贝尔蒂埃、马塞纳、塞沃尼和达勒马涅等人。不管怎么说，人们

---

① 我所根据的是如下来源中的叙述：若米尼的书（第8卷，第120—130页）、舍尔斯（Schels）在《奥地利军事杂志》1825年第2卷上的文章；布维耶的《波拿巴在意大利》第13章；J.G. 的《1796—1797年战役研究》。大多数法国人的叙述都基于拿破仑《回忆录》第3卷，第212页及以后的内容，有诸多不准确之处。波拿巴佯装相信在洛迪击败了一支16000人的敌军。梯也尔说，法军骑兵于蒙塔纳索涉水渡河后，影响了战局；但1796年5月11日的官方报告明确表示，法军骑兵在战斗结束后才在该处渡河。另见德韦尔努瓦（Desvernois）《回忆录》第7章。
② 布维耶的著作（第533页）追溯了这一故事的来源——拉斯卡斯，因此认为不可信。

都只认为波拿巴是那天的唯一英雄。他在士兵心中赢得了至高无上的威望，也认识到了征服人心的重要性。在圣赫勒拿岛上，波拿巴向蒙托隆坦承，正是洛迪的胜利，令他胸中燃烧的壮志经久不息。

年轻的胜利者渴望着激发全意大利的民众热情，这使他避开了真正的目标——曼托瓦要塞，转向伦巴第的政治首都。米兰人满怀热情，向他们的法国解放者致敬：他们以鲜花之海迎接古铜色皮肤的解放战士，将破旧的军服和磨穿的鞋子视为全力争胜的象征。最重要的是，他们怀着钦佩之情、不无敬畏地凝视着瘦弱、面容苍白的年轻指挥官，他朴素的着装展现出了一种斯巴达人的气质，炽热的目光和果断的手势就像是一位天生的领袖。拿破仑立刻调动兵力，围困由18000名奥军坚守的城堡，随后便以意大利人那种悠闲从容的优雅气度，接见了这座城市的大人物。晚上，他举办了一场盛大的舞会，伦巴第旧都所有的显贵、富商及名媛齐聚一堂。在短暂的一段时间里，伦巴第人和他们的解放者相处融洽。拿破仑以恭敬的态度接见了著名艺术家和文人，并努力地加速恢复帕维亚大学的活动。伦巴第的政治团体和报纸增加了好几倍，演员、作家和编辑也都或礼貌或奉承地称赞拿破仑，将其称为当世的西庇阿、恺撒、汉尼拔和朱庇特。

伦巴第人对这位年轻胜利者产生崇拜还有其他原因。作为一个有天赋的民族，他们一贯赞赏拿破仑这样年轻有为、文武全才的人，此外，他们还认为这位具有意大利血统的英雄将号召人民参加政治活动，甚至可能走向民族独立。在被奥地利占领的83年里，伦巴第最富热血的人物都曾为这一目标而叹息、共谋和战斗。从但丁所处的乱世以来，一直都有些远见卓识者憧憬着新生的意大利，那是一个愈合了长年分裂创伤、清除了社会堕落现象的国家，能将这片土地旧时的威名与更为精致的现代艺术结合起来，不仅使自身的能力日臻完美，还能为全人类谋取福利。即便在法国大革命的雷鸣声中，这一远景也熠熠生辉，现在风暴已经席卷了伦巴第平原，陶醉的年轻人们似乎从波拿巴身上看到了实现的希望。他在洛迪取胜的消息刚刚传来，人们就将代表意大利的三色旗做成帽徽戴上，或者在阳台和尖塔上挥舞这面旗帜，表示对奥地利守军的蔑视。所有真正的意大利人都相信，法国的胜利预示着政治自由的黎明将至，不仅在伦巴第，整个亚平宁半岛莫不如是。

波拿巴最初的举动令人们更增添了希望。他废除了奥地利的政府机构，只留下了国务会议，并批准组建临时市政委员会和国民自卫军。与此同时，他谨慎地写信给巴黎的督政官们，询问他们是否有意将伦巴第组建成一个共和国，因为它采用这种政府形式的条件比皮埃蒙特成熟。当时，他能做的只有这么多，但后来他又推出了许多举措，兑现了最初对意大利北部人民的承诺。

可是，美好的前景很快就蒙上了阴影，巴黎方面要求年轻的指挥官采取一些财政措施，这些措施对伦巴第人来说是灾难性的，也使解放者本身丢尽了脸面。督政官要求拿破仑压榨米兰人，征收大量金钱、补给品和艺术品，因为他们并不打算长久占领这个国家。[①]波拿巴据此发布公告（5月19日），勒令伦巴第缴纳2000万法郎的税款，并称这对于一个富饶的国家来说只是很轻的税负。但就在两天前，他还曾在信中告诉督政官，伦巴第已经在5年的战争中消耗殆尽。至于陆军需要这一款项的说法，也可与他在公告后三天写给督政府的报告作比较。他在报告中说道，督政府可以指望从伦巴第那里征收到600—800万法郎的税款，"这超过了陆军的需要"。这是波拿巴第一次明确建议，从被征服的领地榨取财富，以充实法国国库，这种做法使他很快获得了比督政官更大的权力。此后，督政府开始纵容他在外交上的自作主张，甚至有意敦促他远征富裕地区，条件是将战利品运往巴黎。而这

---

① 参见1796年5月7日的督政府公文。从日期上就可以推翻拉维斯（Lavisse）近作［《法国革命》（*La Révolution Française*），第45页］中奥拉尔先生的说法：波拿巴建议督政府掠夺伦巴第。

位征服者则心照不宣地摆出了行贿者对受贿人的那种威势。①

勒索巨款、榨取各种军需物品，以及"抽取"艺术品送往法国博物馆，这些行为立即激起了极大的反感。或许，人们对法国抢夺一些无价珍宝（如彼特拉克收藏的维吉尔手稿、拉斐尔和达·芬奇的杰作）还能容忍，那毕竟只涉及少数有文化的人士，他们的不满很快就因法国骑兵的巡逻而平息了。米兰和帕维亚一带的农民就完全不同了。他们早已受够了奥地利军队的压榨，拒绝再接受法国人的敲诈。农民们拿起了武器，帕维亚城坚决抵御法军的进攻，直到大炮轰塌城门。法军一拥而入，在几个小时内屠杀了所有武装的男人，并在城里大肆奸淫掳掠。波拿巴下令处决了市政委员会成员，但这一凶残的命令执行时出现了延误，后来才得以减轻。不过，法军将200名人质送往法国，以保证这座不幸的城市驯服。波拿巴告诉督政府，这些举措对意大利人民是很好的教训。

从某种意义上说，拿破仑此言不虚。意大利人真正了解了法国人的行事方式，当他们意识到解放的代价时，整个半岛都沉浸在痛苦之中。然而，将伦巴第遭到劫掠的主要责任归咎于波拿巴有失公允。他的行为只是法国大革命原有习惯做法的发展，只是这些道德败坏的措施，从未像解放和勒索伦巴第时实施得那么彻底。对伦巴第的劫掠，堪与野蛮的汪达尔人相比。波拿巴并没有想为自己抢点什么，他的目标是权力而非财富，后者对他而言，只不过是取得政治霸权的手段而已。但他小心翼翼地让督政官和每个具有影响力的手下都深受恩惠。他给五位自命为法国统治者的督政官送去了100匹马，那都是从伦巴第搜罗的好马，用于替代"为诸位拉车的那些驽马"；②对于手下的军官，他则抱持纵容的态度，这种态度看似消极，但通常很有效。马尔蒙说，波拿巴曾责备他，不应该谨慎地将授权他去收取的一笔款项交公。"那个时候，"马尔蒙说，"我们仍如鲜花般高洁。"可是，阿尔

---

① 《书信集》，1797年6月6日。
② 《书信集》，1796年6月1日。

卑斯山的龙胆花很快就在平原的热浪中枯萎了。一些将军发了大财，最明显的是马塞纳，他在夺取战利品时和作战时一样冲锋在前。拿破仑对麾下将领十分宽容，但在写给督政府的信中却满是抱怨，称一大群法国特派员、掮客和其他贪婪的文职官员以伦巴第的战利品中饱私囊。他对官兵们百般纵容，对文职官员却十分严苛，人们难免会得出这样的结论：他决心将自己的命运与将领和普通士兵们紧密地联系在一起。他的行为往往会有令人震惊的反差：他将一些文职人员投入监狱，甚至想要枪毙其他一些人；可是，最厉害的盗贼通常和军队里那些邪恶的"财神爷"称兄道弟，只需要付一点罚金便逍遥法外，与他们的实际所得相比，那点罚金少得荒唐。[①]

帕尔马和摩德纳公爵也都付了罚金。前者因为与西班牙波旁王室的关系（督政府希望能与波旁王朝保持友好关系），只交出200万法郎和20件艺术珍品（由法国特派员在公爵的画廊里挑选）；而摩德纳公爵曾帮助奥地利军队，为了求得宽恕，不得不支付1000万法郎，交出20幅名画——那是他的公国最主要的艺术珍宝。正如波拿巴率真地对督政官们所言，公爵没有要塞或者大炮，当然也就没法向他要这两种东西了。

此时，波拿巴竭力想让他的士兵们从毫无廉耻的劫掠中摆脱出来，重新回到继续解放意大利的崇高事业上来。5月20日的公告中（这一公告至今仍如号角般令人热血沸腾），他命令士兵们牢记，尽管取得了很大的成就，但仍有更伟大的使命有待完成，决不能让子孙后代责备他们，占领伦巴第就以为到了卡普亚[②]。罗马还没有解放，这座不朽的城市应该恢复青春，再现布鲁图斯和西庇阿等古代杰出人物的美德。到那时，法国给予欧洲的是辉煌的和平时代，参加自由之

[①] 加法雷尔（Gaffarel），《波拿巴与意大利诸共和国》（*Bonaparte et les Républiques Italiennes*），第22页。
[②] 卡普亚是那不勒斯以北不远的一个城市，在古罗马时代是重要的工商业城市，以富庶闻名天下。——译注

战的每位英雄回到家乡时,同胞们都会赞许地说:"他是意大利军团的一员。"波拿巴以激动人心的话语,将对自由的热爱和获得军事荣耀的渴望交织在一起,这种情感注定将扼杀共和制。

与此同时,奥地利军队已撤到明乔河对岸和曼托瓦要塞的城墙之后。他们的阵地非常坚固,明乔河携加尔达湖过剩的湖水,流经三十多英里后汇入波河。这条河与加尔达湖所在的舌状地带形成了意大利阻挡所有入侵者的主要屏障。从远古时代到两位拿破仑皇帝在位时期,明乔河两岸见证了许多决定亚平宁半岛命运的决战。下游河道变宽,形成了一个半圆形的小湖,两侧是沼泽地和死水潭。具有历史意义的曼托瓦城就坐落在那里。我们姑且相信曼托瓦最高贵的后人写下的美妙诗句,[①]在他们的描述中,这是意大利北方最早的三个民族纷争之地;当罗马帝国衰败之时,凶猛的匈奴王阿提拉曾在明乔河两岸扎营,并在此接见了教皇利奥,正是后者的恳求和高贵气度,才使这个国家免遭西徐亚铁骑的威胁。

就在这条战争史和诗歌中都得到赞颂的河流旁边,奥地利军队收拢残兵败卒,等待着来自提洛尔的援军。增援部队将沿阿迪杰河谷南下,最后一段将穿越威尼斯共和国的领土。为了这一行动,奥军在很久之前就取得了通过权,并不涉及破坏威尼斯中立地位的问题。但是,由于一些掉队的奥地利士兵误入布雷西亚以南的威尼斯领土,法国指挥官毫不犹豫地占领了这个市镇,从而侵犯了威尼斯这个中立国(5月26日)。奥热罗指挥的一个师也奉命向加尔达湖西岸挺进,收集船只,做出打算渡河的姿态。有鉴于此,奥地利军队夺取了威尼斯的渔村要塞,那里控制着加尔达湖汇入明乔河的缺口,这样,威尼斯的中立地位已经完全瓦解。

此时,波拿巴凭借在加尔达湖周边的敏捷调动,尽力使博利厄担

---

① 维吉尔,《埃涅伊德》,X.200。

忧通过阿迪杰河与提洛尔的交通线,在这方面他取得了全面的成功:为了保护里沃利和罗韦雷多之间的河岸阵地,博利厄削弱了在明乔河上的兵力,在博尔盖托和瓦莱焦,他只有两个营和10个骑兵中队,兵力大约只有2000人。因此,拉纳的掷弹兵在5月30日轻松地打开一条通道,博利厄只得向阿迪杰河上游撤退。不过,奥军统帅已为曼托瓦要塞准备了充足的粮草,可以经受长时间的围困,他对此颇为满意。这实际上也是他在这一战役中的唯一成就。博利厄这时兵力上处于劣势、指挥也不如对方,加之健康状况与声望都已不复从前,很快就辞去了司令官的职位,但没等他辞职,就表现出了"年老昏聩"的迹象。① 然而,他总算名垂青史:他的无能凸显出年轻对手的杰出才能,因而给意大利和欧洲的命运带来了显著的影响。

波拿巴派遣马塞纳师北进,困住阿迪杰河上游狭窄谷地的奥地利军队,其他部队同时向曼托瓦逼近。独特的地形也有利于法军的封锁作战。拱卫曼托瓦北面的半圆形小湖,以及南面的沼泽地,都使攻击变得非常困难,但也限制了守军出击的范围,从而减轻了围困者的负担;围城期间,拿破仑有时只留下不到5000人封锁敌军。不过,攻克曼托瓦显然是一件冗长乏味的任务,像波拿巴这样胆略过人的天才难以容忍,而且,他最为珍视的作战方案——北上与莫罗会师于多瑙河——已经不可能实现。仲夏时节,他的手下只有40400名官兵,只够守住阿迪杰河一线,封锁曼托瓦,并保证与法国的顺畅联系。

根据督政府的命令,拿破仑改道向南,打击较弱的对手。自从1793年初法国公使巴瑟维尔在罗马遇刺以来,教宗国与法兰西共和国一直处于敌对关系;但教皇庇护六世的行为仅限于诅咒法国革命派,为第一次反法同盟祈祷。

这种行为招来了猛烈的打击。法国军队越过波河,占领博洛尼

---

① 格雷厄姆上校的公文。

亚,红衣主教们大为惊骇,与法军指挥官签下停火协定,同意向英国关闭他们的辖境,并接受法军在安科纳港驻扎一支守备部队。教皇也同意交出"由法国特派员挑选的一百件名画、半身塑像、花瓶或雕像,其中包括尤尼厄斯·布鲁图斯的青铜半身像和马库斯·布鲁图斯的大理石半身像,以及500件手稿"。他还被迫支付1550万法郎,加上法国代表为军队征收的牲畜和货物,这还不包括从博洛尼亚和费拉拉地区索取的钱财和物资。据波拿巴本人估计,对教宗国的这次劫掠获利丰厚,所得现金与货物总值3470万法郎,[①]约合140万英镑——对于一位使节的性命和梵蒂冈的虚张声势而言,这种补偿可谓慷慨了。

对托斯卡纳地区的进攻同样有利可图。由于这个富裕地区的大公曾允许英国巡洋舰和商船在来航(现里窝那)享有某些特权,违背了自1795年与法国签订和约以来表面维持的中立。一支法国部队迅速逼近来航,从英国商船掳获许多高价值货物。但是,这些入侵者没能抓住最富有的一批猎物,大约40名英国商人在法军靠近海港时便已逃之夭夭,一艘英国巡防舰则发动突袭,几乎在波拿巴眼皮底下劫走了两艘法国船。这最后的暴行确实给波拿巴对来航及周边课以重罚留下了借口;不过,根据回忆录作家米奥·德·梅利托的说法,这种无原则的做法不能完全归咎于波拿巴,而是为了满足法国财政部的急迫需要,以及一些督政官的个人贪欲。勒索和挑选名画的法国特派员和代表在督政府的决策上可能也起到了一定作用:至少,他们当中的某些人(尤其是萨利切蒂)通过对来航的掠夺聚集了巨大财富。为了平息大公的怨恨,波拿巴短暂访问了佛罗伦萨,当他骑马经过街头(他的祖先曾在这里为吉伯林党出谋划策)时,得到的是尊敬而肃穆的接待。这位新的征服者巧妙地结合了礼节和坚定的态度,将其意志强加于佛罗伦萨政府,随后回师北方,继续围困曼托瓦。

---

① 《书信集》,1796年6月26日。

第6章 曼托瓦争夺战

波拿巴之所以返回明乔河沿岸，是因为形势确实危急。奥地利皇帝弗朗茨决心不惜一切代价解除对曼托瓦要塞的围困，保持对意大利的控制；除非法国指挥官能够迅速攻陷此处，否则就可能腹背受敌：正面有兵力占优的奥地利援军，背后则受到曼托瓦守军的威胁。奥地利正投入空前的力量，试图将这位不可一世的年轻将军逐出这块被它视为政治储备的土地。军事历史学家一直难以解释，1796—1797年，奥地利为何在重夺伦巴第上如此执着？事实上，其原因在于外交而非军事，我们无须在此详述。只要明白，尽管哈布斯堡王朝在施瓦本（英国称斯瓦比亚）的领土遭到莫罗所率莱茵军团的威胁，弗朗茨仍决心不惜一切代价收复意大利领地，就足够了。

为了达到目的，奥皇用几次莱茵战役中赢得声誉的维尔姆泽将军取代了倒霉的博利厄，并从他的北方军团抽调25000人，加强阿迪杰的兵力。他命令维尔姆泽务必取得胜利，将奥地利的双头鹰旗插到意大利平原上。虽然解救米兰城堡已为时太晚，但他将竭尽全力拯救曼托瓦。而且，由于最新的报告称，法军为了劫掠而分散到意大利中部很广的区域，皇帝对维尔姆泽取胜抱有极大的希望。[1]拿破仑此前的胜利已经证明，集中兵力是战争中最为关键的因素，如果奥皇和他的高参能够理解这一要务，也许他们的目的就能达到。但是，穿行于

---

[1] 弗朗茨给维尔姆泽的公函，1796年7月14日。

提洛尔阿尔卑斯山区中的阿迪杰河谷十分狭窄，47000人的队伍在那里行军十分困难；加之法军掩护的战线很宽，因此奥军采用了牺牲安全、有利于快速行动的计划。在从提洛尔南下意大利的艰难旅程中，维尔姆泽将兵分几路。对这一策略，可以找到很多辩护的理由。如果步兵、骑兵、炮兵和无数随军人员、牲畜和车辆堵塞了阿迪杰河两岸从特里安通往曼托瓦的道路，不管是对于行军的速度还是山地作战的胜负，都有着致命的影响。即便在1866年的战役中，当时最伟大的指挥官毛奇也践行着自己的格言："分兵行进，合兵作战。"可是，维尔姆泽和维也纳的宫廷议会忽略了确保合并进攻的重要性，[①]而这正是毛奇在波希米亚战役中强调的要素。1796年的奥地利军队被难以快速逾越的障碍分隔，这些障碍便是加尔达湖和阿迪杰河谷两旁耸立的高山。显然，奥军并没有强到可以冒任何风险的地步。该国的官方记载显示，在提洛尔集结、准备进攻意大利的总兵力为46937人，而不是梯也尔和其他法国历史学家描绘的6万人。波拿巴在伦巴第-威尼西亚共有45000人（包括此时围攻曼托瓦的1万人），分散在从米兰到布雷西亚，再到莱尼亚戈50英里的战线上，如果维尔姆泽的部队能通过侧翼攻击，将法军困在各自的阵地上，那么奥军的这次进攻将取得决定性的胜利。但是他们又犯了分散兵力的错误，无法在任何地方给予法军致命一击。科斯达诺维奇率领17600人的部队，将占领加尔达湖西侧，夺取布雷西亚的法国军火库，切断它们与米兰和法国的联系；同时，维尔姆泽的主力部队24300人分两路沿阿迪杰河两岸前进，将法军逐出里沃利，直逼曼托瓦，第三支部队由达维多维奇指挥，从东面的弗留利地区出发，奉命向维琴察和莱尼亚戈前进，将法

---

① 若米尼的著作（第8卷，第305页）将这一计划归咎于维尔姆泽的参谋长魏洛特尔。若米尼给出了7月25日法军的准确人数：马塞纳在阿迪杰河上游有15000人；奥热罗的5000人在莱尼亚戈附近；索雷在萨洛有4000人；塞吕里耶在曼托瓦附近有10500人；加上其他在加尔达渔村附近的部队，作战兵力共为45000人。J.G.著作的第103页中也有相同的说法。

第6章　曼托瓦争夺战

军吸引到这一方向,如果其他两路部队没能成功,他们也许能解曼托瓦之围。

尽管这些部署漏洞百出,仍令波拿巴极为不安。他此时身在布雷西亚到曼托瓦路上的蒙特基亚罗村,7月29日,他听说奥军已在里沃利以北的阿迪杰河沿岸击退了马塞纳的先头部队,威胁法军在维罗纳和莱尼亚戈附近的其他阵地,并向布雷西亚挺进。全面了解所处的危局之后,他立刻向手下的将领们发出了10封急件,命令各部队向加尔达湖南端集中——当然,他们也必须阻击尾追的敌人,减缓对手的脚步。或许正是这一明智的措施挽救了他的几支孤军,使他们免遭惨败。也就在那个时候,奥地利人提出了联合两个主力纵队,各个击破法国各路部队的方案。但是,波拿巴将马塞纳和奥热罗统帅的两个师调往明乔河,迅速组成了强大的阵容,占据了东西两路奥军之间的中心位置。他确实放弃了重要的阿迪杰河防线,但立刻就在明乔河一带集结了兵力,占据了北面以渔村小要塞和加尔达湖为屏障的一个防御基地。只要守住明乔河上的几座桥梁,不管敌军从哪里进攻,他都能予以迎头痛击;最重要的是,他仍然掩护着围攻曼托瓦的部队。这就是他在7月29日和30日的部署。30日,他听到布雷西亚失守的消息,接着他与米兰的联系也被切断了。此时,他立即命令围攻曼托瓦的塞吕里耶,最后一次猛攻曼托瓦以期攻下这个要塞,但同时也向后者保证,如果运气不在法国人一边,可以向西撤退。当天晚些时候,拿破仑命令塞吕里耶送走攻城用的重武器,将可能落入进攻的奥军手中的一切东西扔进湖里,或者埋藏起来。

这显然是绝望之举,似乎预示着法军不仅将放弃对曼托瓦的围攻,还将丢掉整个伦巴第,可实际上却是一着好棋。拿破仑已经认识到了一条真理:与野战中的决定性胜利相比,占据堡垒和围攻城池都是次要的。1813年和1870年的数次战役都充分证明了这一点。当奥军以优势兵力扑向加尔达湖南岸、威胁法军安全,拿破仑知道,他必须牺牲攻城设施甚至武器，争取宝贵的几天时间，趁奥军几路部队尚未会合之机获得战场上的优势。

发生这些事情的日期值得认真考究，因为它们足以反驳奥热罗将军后来夸大其词的吹嘘，他声称都是因为自己的坚定不移，波拿巴才被迫改变部署，转守为攻，从而扭转了整个局面。这种离奇的说法是奥热罗1814年背叛拿破仑后发表的，他还详述了7月30日到8月5日发生的事件，将波拿巴描绘成一个茫然无措、灰心丧志的指挥官，周围的将领也都胆小如鼠，只因奥热罗满怀信心，才促使他战斗下去。可以肯定的是，在随后混乱而绝望的行动中，这位将军的魄力对法军士气的恢复起到了巨大作用。但他声称在那些令人焦虑的日子里，法军行动都是由他主导的，就值得略做一番调查了。奥热罗断言，波拿巴在7月30日深夜与他会面于罗韦尔贝拉时"深陷焦虑"，提出要撤往波河对岸。官方信件往来驳斥了这种说法，波拿巴已命令塞吕里耶带着攻城武器撤往波河对岸，但此举明显是为了使其避开进攻的奥军；随后，他命令法军北路围城部队与奥热罗在罗韦尔贝拉和戈伊托之间会合。奥热罗还称，在他提醒波拿巴必须用一次冲锋夺回布雷西亚时，总司令对贝尔蒂埃说："那样，我们就必须放弃对曼托瓦的围攻。"这再次遭到他（奥热罗）的强烈反对。这一陈述既不能说明奥热罗的说法可靠，也表现不出他的睿智。撤围的命令已经发出，集中兵力是完全有必要的，这是波拿巴对抗占据数量优势的对手的唯一希望。如果波拿巴听从奥热罗的建议，仍然坚持围攻曼托瓦，兵力分散的法军必然被各个击破。奥热罗只是一位普通的将领，而非战略家；心胸狭窄的他指称波拿巴胆怯，却不知那正是后者才智更高的表现，因为波拿巴已经洞悉，如此谨慎从事才是取胜的必要前奏。

我们可以坦率地承认，在随后几天的战斗中，奥热罗居功至伟。曼托瓦北路围城部队的加入增强了他的兵力，他迅速从明乔河西进布雷西亚，从科斯达诺维奇部前锋手中夺回该城（8月1日）。前一天，其他各路奥军也在激战后受挫于萨洛和洛纳托。局面仍然十分混乱,虽然从阿迪杰开来的马塞纳师开始与波拿巴的主力部队取得联系,维尔姆泽的正面部队还在从那一侧威胁法军,而科斯达诺维奇所部在洛纳托和萨洛徘徊,不顾一切地向明乔河的友军靠近。

此时,维尔姆泽意识到了自己的错误。他本应迅速驰援在布雷西亚饱受压力的副手,却听信了法军仍在掩护围城部队的虚假报告而向正南进军。进入曼托瓦后,他享受了片刻胜利的喜悦,并向弗朗茨皇帝发出了喜讯:在壕沟中缴获了40门法军的大炮,在波河两岸又缴获了139门。但是,当他沉湎于法军将全面撤出意大利的天真幻想中,令人震惊的消息传来了:法军在布雷西亚和萨洛阻挡住了科斯达诺维奇。维尔姆泽情知中计,决心在全面失败之前扭转战局,他立刻命令前锋部队向斯蒂维耶雷堡急进,并轻松地从瓦莱特将军率领的法军手中夺取了这个村庄及其堡垒。

对如此重要的阵地防守不力,令波拿巴暴跳如雷,这种情绪有时会使他无法做出更好的判断。他在蒙特基亚罗见到瓦莱特,立即将其降为普通士兵,并对其已收到书面撤退命令的辩解充耳不闻。朗德里厄将军的一份报告断言,总司令当时气愤至极,甚至影响到了他的决心。前景看起来十分不妙。法军似乎将被困在斯蒂维耶雷、布雷西亚和萨洛之间的山谷中。向奥军发动一次突然袭击显然是唯一安全且不失尊严的做法。可是,没有人确知对手的兵力或者阵地位置。拿破仑丰富的想象力始终受到不确定性的困扰,在清晰可见的危险面前,他从不会畏缩不前,然而,尽管他具备果断行动的一切能力,但也在很大程度上保留着科西嘉人独有的谨慎,以至于在情况不明时烦躁不安,[①]暂时失去了做出有力决断的能力。正如蟒蛇用尾巴紧紧缠住石头来得到全部收缩力一

---

① 波拿巴对无法提供确切情报的军官的蔑视,以及他的勤务兵利用这一弱点的种种花招,参见蒂埃博有趣的叙述(《回忆录》,第1卷,第16章)。另见布列纳对波拿巴讨厌新面孔的叙述。

样，波拿巴总是需要以事实为基础，才能正确地发挥精神力量。

拿破仑把一群将领召集到蒙特基亚罗附近，其中一位将军提议，他们应该爬上俯瞰平原的山坡，瞭望一番。可是到了山脊上，还是没能见到奥军的踪影。这位司令官又爆发出一阵怒骂，甚至说到要撤往阿达河。按照朗德里厄将军的回忆录（如果我们可以相信他的话），此时奥热罗反对撤退，并保证一次有力的冲锋能够取胜。波拿巴回答道："这跟我没关系了，我打算离开。"奥热罗追问道："你走了谁来指挥？""你。"波拿巴一边回答，一边离开了目瞪口呆的手下。

不管上述情节是否真实，对斯蒂维耶雷堡的第一次攻击确实是由奥热罗这位果敢的斗士来完成的，他在次日表现出了过人的胆略，不仅率法军夺回了这个村庄，还将险峻岩壁上的堡垒也拿下了。不过，格拉厄姆上校（当时身在维尔姆泽元帅大营里）的报告使奥热罗的功绩略有失色；这位英国军官断言，奥军阵地被攻破很大程度上出于偶然，他们参加斯蒂维耶雷堡首战的只有不到15000人。而且，奥热罗本人和另两位对波拿巴心怀不满的将军（朗德里厄和韦迪耶）关于这场混战的叙述，自然也不应尽信。然而，奥热罗以不屈不挠的精神恢复了士兵们的信心，并为法兰西共和国赢得了胜利，拿破仑皇帝对这一点也大方地承认了；后来，当他听到对奥热罗的投诉时，曾宽容地说道："啊，我们不能忘记，他在斯蒂维耶雷拯救了大家。"[①]

奥热罗收复这个重要阵地的同时，向北数英里处的洛纳托也正在混战之中。起初，马塞纳被进攻的奥军逐回，但就在后者努力想包围法军时，波拿巴赶到了，与马塞纳合力发动一次中路进攻，这种攻势往往能从敌人那里夺走胜利。溃退的奥军有的逃往加瓦尔多，另一些则向湖边逃去，法军在后苦苦追赶。向加瓦尔多追击时，波拿巴的老朋友朱诺表现特别英勇。根据波拿巴本人的叙述，他击伤一名上校，

---

① 马尔博《回忆录》第16章。J.G.近作《1796—1797年战役研究》（第115页）也为奥热罗辩解。

杀死六名士兵，最后多处负伤摔进一条水沟中。幸好他所受的伤并不重，不至于长期无法行动。确实，对这次交战的许多叙述都带有传奇色彩，仔细研究整个事件，似乎可以怀疑这场胜利是否如历史学家所说的那么具有决定性。如果奥军"向加尔达湖和代森扎诺败退"，[①]就很难理解法军为何不将他们赶进湖里。事实上，几乎所有败军都逃往加瓦尔多，其他人则加入正在封锁加尔达渔村的友军。

一件奇怪的事就能说明战争的危险，以及战役这一阶段的混乱。败退的奥军中一支大约4000人的部队没能与加瓦尔多或渔村的友军会合，但也没有遭到得胜的法军的打击，他们在山里迷失了方向，次日偶然地在洛纳托附近碰上了人数少得多的一支法军部队。虽然没有充分意识到自己的好运气，但奥军仍然大胆地派出一名使者，前去要求法军指挥官投降。当蒙在使者眼睛上的布条被撤下时，他吃惊地发现面前的正是波拿巴，周围则是参谋部里的将军们。年轻的法军司令似乎受到了侮辱，眼中燃烧着怒火，他装腔作势地厉声威胁使者，对敢于到军中向司令下招降书的人将给予严惩。他还命令这位使者，让他的人都放下武器。这一要求令奥军不知所措，根本没有注意到波拿巴手中只有一支小部队，于是4000名奥军向1200名法军投降了，更确切地说，是向一位优秀指挥官的胆略投降。

这个预示着更大胜利的事件令法军大喜过望，他们准备着发动决定性的一击。维尔姆泽尽管在8月3日受挫，但此时已从曼托瓦得到增援，仍满怀希望地要将法军从斯蒂维耶雷赶走，杀开一条血路救出科斯达诺维奇。从道义上讲，他必须做这番尝试，因为一贯无益的奥地利军事会议已做出决定，命令两路奥军于8月7日会合，与法军决战。维尔姆泽的战线从梅多莱村向东北延伸，穿过布雷西亚到曼托瓦的主干道，他的右翼部队驻扎在索尔费里诺周围的山地。

[①] 若米尼的著作（第8卷，第321页）。

实际上，他最右端的部队就驻扎在索尔费里诺几个顶端筑有堡垒的高地上，两代人之后，奥地利军队就在那里殊死抵抗拿破仑三世及其解放大军的进攻。

由于从莱尼亚戈开来的梅扎罗军尚未抵达，维尔姆泽在漫长的战线上只集结了25000人，而塞吕里耶师一部在菲奥雷拉率领下，由南面及时逼近，使法军在人数上都占据了优势。而且，菲奥雷拉在梅多莱附近对维尔姆泽较弱的南部侧翼发动进攻，有可能对其形成包抄，危及奥军与曼托瓦的联系。奥地利军队似乎没有意识到这个危险，他们对这里的侦察和其他地方一样糟糕，是造成当日危局的主要原因。维尔姆泽渴望向洛纳托附近的科斯达诺维奇伸出援手，以及对己方右翼兵力的信心，使他轻率地犯下了致命错误。他试探性地向北方饱受压力的友军派出援军，这危险地拉长了战线，波拿巴巧妙地命令法军左翼部队按兵不动，促成了对手的错误。与此同时，大批法军从奥军战线的另一端发动进攻。马尔蒙率领骑炮兵发动冲锋，从侧面突破敌军左翼，打哑了对方的许多大炮。在这一攻击的掩护下，菲奥雷拉的部队得以悄悄进入攻击距离；法国骑兵突然绕到奥军受到挤压的阵地后方，差一点俘虏了维尔姆泽和他的参谋部。要想击退这一漂亮的进攻，奥军就必须以预备队发动一次有力的反攻，或者立即掉转整条防线；可是，奥军的预备队已经用在了战线的北部；而改变战线从来都是困难的行动，马塞纳和奥热罗率领的两个师从中路发动猛攻，粉碎了这一企图。面对连番攻击，奥军战线全面崩溃。据格拉厄姆说，正是"未得到命令"的这一退却，使整个奥军免遭被切断的命运。英国军官的这些批评揭示了奥军惨败的根源。维尔姆泽软弱无能，没有一位能担当重任的副手，奥军一路向斯蒂维耶雷进攻，并在那里等待科斯达诺维奇，直到5月7日两军才会合与法军交战，在斯蒂维耶雷-梅多莱一线上建立阵地几乎没有任何计划，又未能发现菲奥雷拉部逼近，犯下这一系列大错，即便面前是三流的对手，恐怕也难逃一败。①

这场战役绝对算不上血腥,它只是一系列的机动而不是持续的交战。因此,对于所有偏爱战争中的智力问题而非战斗细节的人来说,这一仗是饶有兴味的。波拿巴此前已表现出,他能够有效地打击对手。在第二次斯蒂维耶雷堡战役中,他以行云流水般的用兵,挽回了前四天因优柔寡断而受损的声誉。

对于这一周的混战,从未有人写过完整可靠的报道。维也纳的档案至今没有完全解密;许多法国军官的名声都因这场旷日持久的战斗而受到影响,以至于连胜利者的叙述也变得含糊和不一致。各国历史学家的目标是给出清晰生动的叙述,而拿破仑的狂热支持者则渴望将他们的英雄描绘成始终思路清晰、行动果决的人,这样就难免鱼目混珠,难辨真假了。但是,仅仅研究拿破仑的书信录、马尔蒙的回忆录,以及奥热罗、老仲马、朗德里厄、韦迪耶、德斯皮努阿等人的叙述,根本不可能完全解开这场在连绵数十里山区几乎持续不断进行的战斗中的诸多谜团。不管读者多么渴望激动人心的描述,战争并不总是富于戏剧性的。就意大利战役的第三幕而言,可以肯定地说,波拿巴放弃对曼托瓦的围攻以便各个击破解围的奥军,堪称天才之作。但是,这一艰难行动的实施并不顺利,有些时候甚至停滞不前;挽救法国军团危局的是普通士兵优秀的战斗素质,以及奥地利人所犯的一系列错误,在这方面他们"胜过"了法国将军。

斯蒂维耶雷堡周围战役的结果也并不像描述的那么辉煌。维尔姆泽和科斯达诺维奇共损失了17000人不假,但前者重新部署和补充了曼托瓦防御,并缴获了法军的所有攻城武器。波拿巴的主要目标一直是攻克曼托瓦,那样他便可以无拘无束地横扫提洛尔,与莫罗合兵一处,压倒巴伐利亚的奥军。而奥地利宫廷会议和维尔姆泽的目标则是

---

① 《英国历史研究》,1899年1月。

解曼托瓦之围，恢复哈布斯堡王朝对伦巴第的统治。双方都没能取得成功，但奥军至少可以说出一些成功之处，最重要的是，曼托瓦的防御形势好于法军第一次兵临城下之时；曼托瓦仍然完好无损，而波拿巴被挡在明乔河谷，无法对因河和多瑙河发动闪电战，那一直是他视为战役高潮的目标。从现实的一面考虑，他的处境并不比维尔姆泽杀入威尼西亚平原之前更好。[①]

弗朗茨秉承哈布斯堡王室的韧劲，决心继续努力为曼托瓦解围。除了王朝的自尊心驱使之外，他顽固地对抗阿尔卑斯山的险峻峡谷、意大利人的反抗情绪和波拿巴的天才，实在让人难以理解；军事作家们通常认为，如果将浪费在布伦塔的这些资源用于对抗莱茵河上的法军，就可以迫使波拿巴撤出意大利，回防洛林。但是弗朗茨皇帝的自尊心不容许拱手让出意大利领地，维尔姆泽再次得到维也纳的严令，对威尼西亚发动又一次进攻。维尔姆泽的第二次尝试十分乏味，我们在此不做详述，因为它属于政治昏庸的范畴，不配列入军事史中。格拉厄姆上校称，奥地利普通士兵嘲笑他们的将军，对自己被带往屠宰场深怀怨恨，而军官们公开呼吁："我们必须求和，因为我们不知道如何作战。"这一点是显而易见的，波拿巴先发制人，阻止了奥军的攻击。兵力分散的奥军成为马塞纳的囊中之物，他在巴萨诺将维尔姆泽的部队打得七零八落，只能沿着布伦塔河谷溃逃。奥军损失了大部分火炮，而且分散为两支，似乎难逃投降的命运，但维尔姆泽骗过了追击部队，向西疾奔，最终杀出一条血路，回到曼托瓦。他想在那里站住脚，但没能成功，被从圣乔治和拉法沃里塔的阵地逐出之后，受困于曼托瓦城内。这增加了守军的人数，但并没有增强其实力，因为要塞虽然为常规守军提供了充足的给养，却无法在长时间的封锁下支

[①] 这是克劳塞维茨（《作品集》，第 4 卷）的判断，J.G. 在其《1796—1797 年战役研究》中也部分支持这一观点。圣西尔在关于莱茵战役的回忆录中，也指责波拿巴没有更早地将其攻城武器转移到安全地点。由于损失了这些武器，曼托瓦的第二次围攻战只能采用封锁战术。

撑，长途行军的官兵们疲劳不堪，又要忍受明乔河沼地的瘴气，初秋流行的热病令他们大量减员。

在9月的酷热中用兵，同样令法军感到疲劳。队列和饭桌上都有人悄悄议论，波拿巴在报功时徇私舞弊，对那些运气不佳的有功人员过分严厉。这些误解中有一件颇为重要。马塞纳在巴萨诺表现优异，但渡过阿迪杰河后不那么走运，他指责波拿巴拒绝表彰最值得称赞的人，对那些凭借运气攫取别人功劳的人却十分慷慨。他的抗议书带着老共和派的直率，只能使两人从洛纳托以来就不亲密的关系雪上加霜。① 在生涯初期，波拿巴就赢得了渴望辉煌全胜的名声，对于没能得到命运女神青睐的人，不管出自什么原因，他都不会满意。那正是他对待变化无常的命运的心态。进入米兰之后，他以讽刺的口吻对马尔蒙说道："命运就像一个女人，她为我做的越多，我对她的要求就越高。"这些话发人深省，既能解释他的辉煌崛起，也能说明他的迅速衰败。

随后的几周相对平静，拿破仑更多地关注意大利事务。奥地利重新统治该国的前景令半岛上的自由之友担忧，也令旧君主的反动小团体高兴。在罗马和那不勒斯，有人悄悄谈论，甚至公然叫嚣挑战法国人。和约的签署被推迟，梵蒂冈也准备了对亵渎神灵者的严厉谴责。当从奥地利吹来的战云散去，惩罚这些邪恶预言家的时机到了。摩德纳公爵遭到指控，原因是他允许一支运输队经过该国前往曼托瓦，而且疏于向波拿巴支付罚金，当然那笔罚金他根本不可能付得起。法军还鼓励雷焦和摩德纳人摆脱公爵的束缚，信赖法国人。雷焦人取得了成功，但公爵的部队镇压了摩德纳城的起义者。波拿巴就此事请求督政府的建议，但他的决心已下。向议会请示后两天，他采取决定性步骤，宣布将摩德纳和雷焦置于法国的保护之下。这成了法国和意大利

---

① 科克，《马塞纳回忆录》，第1卷，第199页。

历史上的一个重要转折点。此前，督政府一直都成功地阻止波拿巴对重要政治事务的积极干预，特别是命令他在解放的意大利领土上要尽可能审慎，不要让法国卷入对亚平宁半岛的长期干预，也不要与哈布斯堡王朝爆发生死之战。现在，由于法军在德意志遭遇惨败的消息传到巴黎，督政府更加强调这一点。但就在督政官们劝告波拿巴保持谨慎时，后者却宣布摩德纳公国受法国保护，迫使他们采取行动；当他们告诫拿破仑谨慎的公文送达时，拿破仑表达了遗憾之情，这封信来得太晚了。当时（10月24日），他实际上已经创立了一个新国家，以法国的荣誉为名保证其安全。这意味着法国将继续占领意大利北部，波拿巴的军权也将延续下去。

受到民主与民族主义思想鼓舞的地方并不只有摩德纳公国。教皇国中的博洛尼亚和费拉拉等城市脱离了教皇的统治，派出代表与摩德纳的自由倡导者会面，打算创立一个自由的共和国。在热烈的气氛中，数代人以来第一次真正代表意大利的议会召开了，并颁布了一项法令，以意大利军团之名征召2800名志愿者。波拿巴访问了这些城镇，激励了人们的精神，并警告捣乱分子小心，他的报复将像"毁灭天使"一般。在很短的时间内，意大利的这些地区组成了奇斯帕达纳共和国，很快，它注定又会加入到一个更大的国家中。新生活的气息从摩德纳和博洛尼亚传到了意大利中部。这个年轻的共和国立刻废除了所有封建法律，颁布民权平等法令，并下令在圣诞节前于博洛尼亚召开一次民选的议会。这些事件标志着伟大的意大利统一运动的第一阶段，这场运动经过长期的延误，最终于1870年取得成功。

对于更重视波拿巴对意大利人生活的鼓舞而非军事胜利的人们而言，这一段时间是更加难忘的。此时，他仍是大革命最重要原则的支持者，他推翻了奥地利在亚平宁半岛的统治，动摇了比哈布斯堡王朝更恶劣的国内暴政的根基。他的胜利至此尚未蒙上阴影，如果我们排除对被解放与征服地区的掠夺（这应由督政府负主要责任），那么他当时的显赫声名堪称完美无瑕。一位使者给波拿巴带来了好消息：英国人厌倦了桀骜不驯的科西嘉人，已经撤出了生养他的这个岛屿。于是，他安排许多一直忠实于法兰西共和国的流亡者返乡，萨利切蒂就在其中，他暂时回到了过去与世隔绝的小圈子里，而过去受他保护的拿破仑却正在成为天下闻名的人物。接着，年轻的司令官转而处理意大利中部事务，他所表现出来的外交才能一点也不亚于军事上的天才。这里仅举一例就足以说明问题。教皇曾中断了与法国迁延日久的谈判，拿破仑恳求他，不要给子民带来恐怖的战争。① 可是，这一请求的美妙之处，正如此前向维也纳的弗朗茨皇帝发出的请求一样，却因波拿巴引人深思的书信集中披露的其他事项而大为减色。他曾向督政官们要求派出25000人的增援部队，但听说法军在德意志受挫之后，他知道自己只能得到其中的很小一部分。他也意识到，教皇对最近在金钱和土地上的损失感到非常愤怒，正在寻求重组第一次反法同盟。因此，对于这位年轻科西嘉人向教皇发出的和平宣言，我们必须从纯粹世俗的角度来看待，并考虑他给法国驻罗马代表的秘密建议："重要的是争取时间……最终，这场游戏实际上就是我们将球扔来扔去，以骗过这只老狐狸。"②

拿破仑最终不得不从轻松愉快的外交事务上回到艰难的战争中，弗朗茨皇帝判断出了波拿巴公函的真意，决心重新征服意大利，他似乎有能力实现这一目标。奥军在德意志的行动以10月的胜利而告终。查理大公在维尔茨堡大败茹尔当，将他和莫罗的军团都赶回莱茵河上。重燃希望的奥军此时集结了6万人的部队，年已六旬的老将阿尔文齐以勇敢著称，但不善谋略，他指挥35000人的部队在的里雅斯特港以北的弗留利，掩护这个海港免遭法军攻击。他率领这支大军向

---

① 《书信集》，1796年10月21日。
② 《书信集》，1796年10月24日。对热那亚也采用了同样的策略。拿破仑首先诱使这个共和国产生虚假的安全感，直到可以轻松地推翻或吞并它为止。

正西的布伦塔河推进，而达维多维奇经阿迪杰河谷穿越提洛尔，两军准备在维罗纳附近会师。正如若米尼所言，奥地利人为了两路部队的会合自找了无穷无尽的麻烦，遇到了重重的风险，而这本来从一开始就可以悄悄完成。波拿巴给了奥军许多教训，可宫廷会议仍然坚持旧计划——包围敌军，从不同方向发动进攻以使其不知所措。也许是波拿巴的兵力不足，使他们大胆地重复这种危险的调动。法军只能集结不到4万人，其中至少有8000人需要面对曼托瓦。

最初，奥军取得了重大进展，尽管法军守住了布伦塔河上的阵地，但他们在提洛尔的部队已被赶下阿迪杰河谷，损失惨重，波拿巴不得不命令全线退到维罗纳。他觉察到，从这个中央阵地，他可以阻止阿尔文齐的部队从维琴察西进，阻止他们与达维多维奇部会师，后者此时正全力以赴地要将沃布瓦师逐出里沃利。

但是，在维罗纳城外约战阿尔文齐之前，波拿巴短暂地视察了驻扎在高地上的部队，申斥了信心动摇者，并以自己的勇敢精神激发全体官兵的斗志。他命令两个团的士兵在身边列队，然后以悲愤的语调发表了讲话。他痛斥官兵们在慌乱之中放弃了坚固的阵地，命令参谋长在他们的旗帜上写下了不祥的文字："他们不再属于意大利军团。"①士兵们被这种耻辱深深刺痛，哭着请求将军考验他们的勇气，不要让他们终生背上骂名。年轻的司令官肯定早就料到，对法国士兵说出这番话必然得到此种结果，于是答应了他们的请求；这两个团在随后的战斗中表现英勇，洗刷了团旗上的一切污点。正是依靠这样的举动，拿破仑让手下的士兵鼓起勇气，对抗人数占优的敌人和不利的局势。

无论在哪个方面，法国人的坚韧都面临着严峻的考验。阿尔文齐在维罗纳以东几英里的卡尔迪耶罗丘陵地带建立了一个坚固的阵

---

① 《日程安排》，1796年11月7日。

地。他的右翼得到了提洛尔阿尔卑斯山几条支脉的掩护，左翼则是阿尔蓬河和阿迪杰河之间的沼泽地；他还巧妙地沿山部署大炮，以保护正面阵地。马塞纳的部队奋力拼杀，仍无法突破奥军右翼；而法军的中路却被奥军的大炮和步枪撕裂了。无情的大雨夹着雪片，阻碍了法军火炮的推进，令炮手无法瞄准；最终，法军不得不撤进维罗纳，付出了2000人伤亡、750人被俘的代价（11月12日）。卡尔迪耶罗之败（仅仅将其说成是"受阻"毫无意义）让法军隐约看到了惨败的前景。波拿巴虽然在手下面前隐藏了心中的恐惧，但立刻写信给督政官们说，军团上下都觉得被抛弃在意大利的另一端，这个美妙的战利品行将失去。他使出了贬抑己方、夸大敌方实力的惯用手法，称法军在维罗纳和里沃利一共只有18000人，而奥军总计超过5万人。他当然知道，现在所要对付的敌人不过是这个数字的一半。奥军提洛尔部队有一大半还没有来到罗韦雷多之下的阿迪杰河谷，考虑分派出去的部队和战损，阿尔文齐在卡尔迪耶罗的部队也就略多于2万人。

此时，波拿巴决心冒险实施一次史上最为大胆的迂回作战。在奥军提洛尔部队压倒里沃利的沃布瓦分遣队、涌入维罗纳以西平原之前，他必须不惜一切代价，将阿尔文齐逐出卡尔迪耶罗丘陵。但是，正面进攻难以拿下卡尔迪耶罗，必须实施侧翼包抄。对其他将军来说，这似乎毫无希望，但就在其他人只看到困难的时候，波拿巴能够明辨安全之道。丘陵的南面和东南面是一片广阔的洼地，阿尔蓬河和阿迪杰河的洪水使其变成了泥沼。沼泽地延伸数英里到阿科拉村以西，那里有一条道路通往阿尔蓬河东岸，这条路在村子里穿越溪流，直达龙科村对面的阿迪杰河岸；另一条堤道从上述道路岔开，从龙科偏北处通往西北方向的波尔齐尔。波拿巴打算从龙科沿这些堤道进兵，占领阿科拉，对奥军形成侧翼包抄之势，诱使其进入适合法军老兵充分发挥个人战斗素质的战场，到时人数优势就没有那么重要了。只有先头部队能够正面交锋，令人生畏的奥地利骑兵无法展现平时的威力。波拿巴算定,这些事实能够弥补数量上的少许劣势。

夜深人静之时,奥热罗和马塞纳统帅的两个师经维罗纳后撤。将士们都为这一行动而灰心丧志,因为此举似乎预示着向明乔河方向退却,放弃伦巴第。令他们吃惊的是,刚出城门就接到命令,左转沿阿迪杰河西岸而下。谜团在龙科解开了,那里已经用小船搭好了渡过阿迪杰河的浮桥,而且,渡河期间没有遇到任何抵抗,奥热罗部迅速沿通往阿科拉的堤道前进,威胁奥军后方,马塞纳部则挡住西北方向的道路,直接威胁卡尔迪耶罗的侧翼。然而,这并不能完全称得上奇袭,因为阿尔文齐本人也打算在泽维奥渡过阿迪杰河,向曼托瓦发起冲锋,为了保护侧翼,他已派一支克罗地亚分遣队把守阿科拉。这支部队顽强抗击奥热罗的进攻,从设有射孔的村舍里发出一轮轮齐射,将每次进攻的队伍都打散了。奥热罗手擎军旗,率领先锋团冲到阿科拉桥边,但没能取得成功,在猛烈的步枪火力下,他的手下不得不溃退。连波拿巴本人都跳下战马,举旗聚集法国老兵们,亲率他们冲向桥边,也没能奏效。克罗地亚人不断得到增援,以致命的火力阻止了法军的进攻。米尔隆、马尔蒙和少数勇敢的士兵仍然死战不退,挡住了射向主帅的子弹,米尔隆中弹身亡,另一位军官抓住波拿巴,试图将他从死神那里拉回来。法军在枪林弹雨中挣扎着退往堤道另一侧,混乱之中,他们的司令官掉进了堤边的深沟里。见此情景,部队重新聚集了起来,马尔蒙和路易·波拿巴则救出了他们深爱的主帅,使其免遭俘虏或死于污泥之中,他回到了龙科,筋疲力尽的部队也很快撤退了。[1]

---

[1] 马尔蒙,《回忆录》第 1 卷,第 237 页。本书根据马尔蒙的叙述,因为他是这个奇怪场景的主角。他的叙述不像一般人(如梯也尔)那样富有戏剧性,因此更可信。这一事件说明,指挥官去做下级军官的工作,是很愚蠢的。马尔蒙指出,最好的战术是派一个师从阿尔巴雷多渡过阿迪杰河,从后方攻取阿科拉。梯也尔对此的评论是,这样会使法军战线过于分散,但事实驳斥了他的看法:第三天,法军向该方向运动,诱使奥军撤出了阿科拉。

令人难忘的阿科拉之战首日（11月15日）以两军扎营于堤坝之上的奇怪景象告终，这几乎算得上是一场两栖战，就像荷兰"乞丐军团"在反抗西班牙的自由战争中那样，令双方都疲惫不堪。虽然法军在阿科拉遭到痛击，但西边的马塞纳守住了自己的阵地，法军的整个行动也迫使阿尔文齐暂停向维罗纳或曼托瓦进军，走下卡尔迪耶罗高地，在优势兵力不起作用的战场上作战。第二天在阿科拉对面堤坝上的战斗中就可以看出，整体来说，形势有利于规模较小、经验丰富的部队。第三天，波拿巴巧妙用计，再次令对手感到气馁。他在靠近奥军侧翼的小树林里埋伏了小股骑兵，命令他们吹响号角，好像骑兵大部队要发起冲锋一样。号角声中，法军从莱尼亚戈侧面和阿科拉后面杀出，士气低落的奥军惊恐万状，突然向维琴察溃退。

胜利又一次属于经得起长久考验的军队，属于在任何危险面前都不会惊慌失措的统帅。两军在殊死战斗中都遭受了很大的损失，[①]可是，当奥军因功亏一篑而慨叹时，法军官兵却为主帅的卓越用兵而目眩神迷。他们颂扬波拿巴的勇敢，堪与古罗马英雄贺雷修斯·科克莱斯的丰功伟绩匹敌。他们钦佩波拿巴的天才，能够为在沼泽地和堤坝中失意的部队指明安全和胜利之路。波拿巴本人的性格是务实和迷信的奇特组合，这也是他的魅力所在，后来他一直认为，自己一生的全部荣耀，都是在阿科拉沼泽的巨大危机中孕育的。不过，我们完全有理由怀疑，将胜利归于命运馈赠的这种姿态，可能是因为他深知市井之徒容易轻信，他们崇拜天才和勇士，对于总有好运气的人更是卑躬屈膝。

对于法国统帅和麾下官兵的巧妙用兵和英勇精神，如何夸大都不为过，但对手的失败只能用如下事实解释：大部分奥军部队不

---

① 科克，《马塞纳回忆录》第1卷，第255页。马塞纳对这场战役的叙述非常完整，指出敌军的损失至少为2000人伤亡，4000人被俘，另外还损失了11门火炮。梯也尔称阿尔文齐战前的兵力为4万人，这是不可能的。参见前注。

能在开阔地上灵活机动,阿尔文齐担任总司令的经验也不足,且一直受制于糟糕的战役计划。与此同时,由达维多维奇率领的另一路奥军已将沃布瓦驱离里沃利的阵地,如果奥地利将军们能够知晓彼此的行动,或者阿尔文齐无视法军的号角和在奥军侧翼及后方的威吓,再坚守阿科拉两天,法军就将遭到优势敌军的两路夹击。但实际的情况是,由于奥军的行动缺乏协调,几乎毁掉了提洛尔一翼,当他们向维罗纳胜利进军时,阿尔文齐却向东退却。及时得到消息的达维多维奇慌忙向罗韦雷多撤退,将一整个营留给了法军。最严重的错误是,维尔姆泽从卡尔迪耶罗之后出击本来最有可能奏效,可是他却等到两位同僚撤退时才开始缓慢地突破包围圈。这些毫无配合的行动与波拿巴有天壤之别。在这次战役期间和整个军事生涯中,他的格言都是:(1)分兵采集粮草,集中兵力作战;(2)统一指挥是成功之本;(3)时间决定一切。他深通现代战争的精髓,与那些以过时战法守护旧政体的敌人交战时自然无往而不利。①

阿科拉战役对意大利和欧洲的命运有重大影响。半岛上的所有对法国怀有敌意的分支都准备在后方发动暴乱,以验证"意大利是法国人的坟墓"这一古谚。那不勒斯确实与法国签订了和平条约,但梵蒂冈对法国劫掠者怀恨在心,很容易使意大利南部和其他密谋驱逐法国人的国家结成联盟。当奥军一路高歌猛进时,这些目标几乎昭然若揭,1796年底,波拿巴前往南部的博洛尼亚,为的便是与意大利爱国者协商,并以入侵罗马诸邦威胁教皇。从这一点上讲,是奥地利的新举措暂时挽救了教皇。不过,在描述哈布斯堡王朝从强敌手中夺回意大利的最后尝试之前,我们应该注意拿破仑在外交事务上日益提高的地位。

---

① 对阿科拉三天战斗中的损失,奥地利官方数字是2046人伤亡,4090人被俘,另损失11门火炮。拿破仑的计算是共计13000人!参见舍尔斯在1829年《奥地利军事杂志》上的文章。

第6章 曼托瓦争夺战

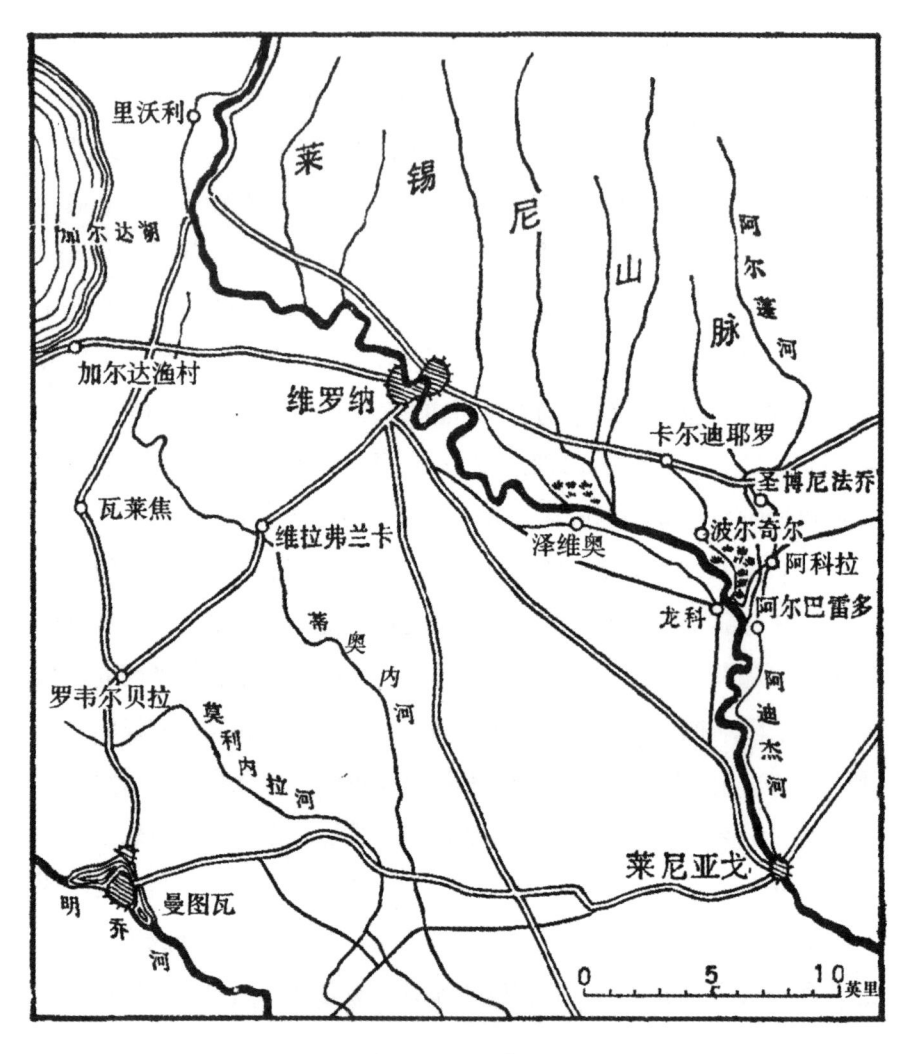

阿科拉大捷示意图

波拿巴在阿科拉沼泽地苦战之际，督政府正要向维也纳派出公使克拉克将军，提议停战，以准备同奥地利的和平谈判。采取这一措施是因为法国已陷入四面楚歌的境地：南部发生了公开叛乱，西部民众普遍不满，莱茵军团又被奥地利大公查理赶回法国境内。由于空虚的国库无法支撑法国东部的大军，督政府渴望了解维也纳的想法，因此让克拉克带着上述建议出使。这样，他可以观察敌方首都的政治军事形势，看看能不能以波拿巴的某些战利品为代价，与奥地利媾和。克拉克是一位优雅而又极具野心的年轻人，出身于一个久居法国的爱尔兰家族。他刚刚得到卡诺的宠幸，渴望迫使波拿巴屈从于督政府的当前目标，以展现自己的外交才能。

督政官的秘密指令表明，他们此时对欧洲大陆的重建有自己的计划。安排好持续到次年春末的停战之后，克拉克将提出可能令哈布斯堡王室满意的和平条件。他也许会讨论归还占领的所有意大利领土，并取得萨尔茨堡主教辖区和其他较小的德意志与施瓦本领地；或者，如果奥地利不能收回米兰，可以得到教宗国北部作为补偿；托斯卡纳公爵（他是哈布斯堡王室的一员）可以统治罗马，而将他的公国交给帕尔马公爵；同时，由于帕尔马公爵是西班牙波旁王室成员，法国可以因对这个王室的善意而从西班牙美洲殖民地得到很大的好处。[①]在这些提议以及其他的一些提议中，都能看到两种讨价还价的方法。大国每次都从牺牲弱小邻国中获益。奥地利自然需要安抚，而法国最终以德意志或意大利小邦为代价取得巨大的利益。我们应当清楚地讲明这些事实，拿破仑后来因为实施这些不道德的方法而受到了应得的责难，但他最多不过是发展了督政官的做法罢了。这些高官满嘴自由、平等和友爱，却凭借掠夺被解放领土中饱私囊，更讽刺的是，他们还向自己公开斥为暴君的各国统治者提议，一起宰割弱小国家。

---

① 1801—1802 年实现的计划的预演，波拿巴曾根据这一计划得到了路易斯安那。

克拉克已经明确，这些谈判的主要目标是说服维也纳宫廷，如果直接与法国单独谈判，而不参加英国最近在巴黎开启的谈判，奥地利就能得到更好的条件。但维也纳的大臣们不允许克拉克进入他们的都城，而是指定维琴察作为协商地点。

协商很短暂。波拿巴毫不犹豫地以战士披坚执锐之手，刺破了文官们错综复杂的阴谋之网。他从容地向克拉克证明，阿科拉之役已从本质上改变了形势，曼托瓦只需要几周便可攻陷。任何一位成功的将军，都不会容忍曼托瓦利用停战期得到补给。整个战役就是为了攻克这个要塞而发动的，三路奥军也已被击退到提洛尔和弗留利。为了让督政府出卖奇斯帕达纳共和国，就要让这支败军得到喘息之机吗？波拿巴很快便使克拉克明白，督政官们的提议是愚蠢的，他自己对夺走胜利果实的停战协议的轻蔑态度也感染了克拉克。而且，维也纳宫廷仍然对意大利战役的胜利抱有希望，克拉克在维琴察的谈判很快就结束了。

督政府在另一重要事项上也失败了。他们担心波拿巴的野心，秘密命令克拉克监视他的一举一动，私下向巴黎报告。不知是得到政府中的朋友提醒，还是得益于自己的睿智，波拿巴得知了这一情况，与克拉克交流时巧妙地透露自己对此早已了然。他迅速判断出了克拉克的能力和使命。此后不久，他对米奥说道："他（克拉克）是个间谍，督政府派他来监视我；他是个无能之辈，只不过自命不凡罢了。"波拿巴的辉煌战绩和兼具优雅与威严的举止令克拉克钦服，他很快就被自己的监视对象所左右，成为了波拿巴的狂热支持者。

波拿巴在博洛尼亚指导奇斯帕达纳共和国事务时，听闻奥军将为解曼托瓦之围做最后一次努力。维也纳宫廷会议又提出了一个计划。阿尔文齐在巴萨诺重整残部后，迅速与提洛尔部队在罗韦雷多会合，组成了一个28000人的军团，准备攻击里沃利的法军阵地，将其赶往曼托瓦；普罗韦拉也率领9000名奥军从布伦塔进逼莱尼亚戈，以转移法军注意力，使其不能专心防范经过阿迪杰河谷发动的真正攻击。与此同时，巴萨诺和其他阵地上的另外1万名奥军从不同地点攻击法军战线，阻碍他们集中兵力。从这些举措可以看出，与1796年7月、11月一样，奥地利人又要犯相同的错误了：仅仅担负牵制任务的部队得到了很大的加强，不再只是转移法军注意力的小股部队了，而阿尔文齐的主力部队却大为削弱，缺乏取胜所需的冲击力。

尽管如此，奥军在初战中击退了对手，并给法军造成了一定的损失；波拿巴匆忙北上维罗纳，有几个小时都因不确定来袭之敌的行动与兵力而焦躁。1月13日深夜，他知道普罗韦拉的进攻不过是虚张声势，真正的打击将落在茹贝尔部署于巴尔多山和里沃利的1万名法军身上。他立刻骑马赶往里沃利，告诉驻守那里的法军，有13000名援军正开来守卫里沃利的坚固阵地。这个消息使本已灰心丧志、萌生退意的法军士气大振，转入勇猛的反攻之中。

里沃利高原利于防御的优势从一开始就引起了波拿巴的注意。阿迪杰河在那里向西急转，注入距离不到6英里的加尔达湖。环抱河谷右岸的群山也从那里转向加尔达湖，留下了一片宽阔的圆形天然战场。靠近战场中央，隆起了一片参差不齐的高原，扼守提洛尔南部出口。巴尔多山耸立于高原之北，它在邻近河谷之处向南伸出一道倾斜的山脊（称为圣马可），与高原相接。如果一位旅人从特伦特前往维罗纳，走过的道路最高点便在山脊脚下；停在这条之字路的顶端，可以俯瞰曲折蜿蜒的河谷，向北远眺则可看到巍峨的巴尔多山，村庄西面则可以看到一个天然的洼地，是由湍急的河流冲刷而成的。最缺乏军事经验的人也能看出，这是最有利的阵地。它就是一个群山之中的练兵场，奔流不息的河水几乎将其与群山隔开，它的命运注定要与意大利平原的防御紧密相连。只要在蜿蜒的道路顶端驻扎一支小分队，就能阻挡从山谷里艰难攀爬的大军；但是，正如希腊的温泉关，有胆识的敌人很容易包抄这个阵地，他们可以沿着巴尔多山西部支脉的小

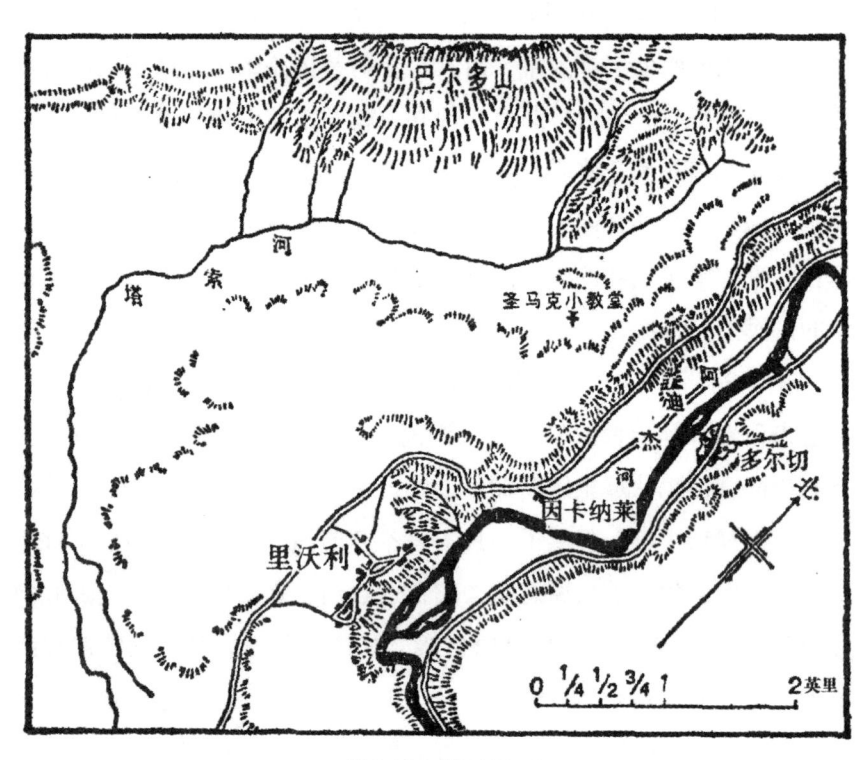

里沃利及附近地区

径上山，徒步涉过溪流，然后向东攻击这个村庄。那正是阿尔文齐计划的一部分，手握28000人的大军，[1]他毫不怀疑这一包围战术能够擒获茹贝尔师的1万名法军官兵。面对敌人的优势兵力，连茹贝尔这样的猛将都畏缩了，就在他下令向南撤退之际，一名副官带着命令狂奔而至，要求他不惜一切代价守住里沃利。凌晨4时，波拿巴前来解释这道命令，法军趁着夜色发动一次进攻，从奥军手中夺回了位于之字路上方圣马可山脊的教堂。奥军营房的火光照亮了冬季的天空，使波拿巴看清了他们的总体布置。对于没有经验的人，连绵不绝的火光似乎预示着法军的毁灭。但在波拿巴的眼中，这一情景带来了希望，证明敌人仍然决心继续包围法军的旧计划：他从阿尔文齐的参谋那里得到了情报，肯定已经知道这位奥军司令官的兵力远不及他在法军公报中写的45000人。

但是，1月的那天天明之时，奥军仍因胜利而信心倍增，他们的六路部队各自突入了法军前哨站，向里沃利移动。其中一路在阿迪杰河东侧，只能用大炮轰击河谷对岸的法军；另一路则带着大部分炮兵和骑兵，沿着东岸费力地迂回前进，开向因卡纳莱村和通往里沃利的盘山路脚下；其他三路部队沿着大炮无法通过的崎岖小路翻越巴尔多山；最西端的第六路部队沿加尔达湖附近的山脊蜿蜒而行，同样缺乏有助于这项重要包抄行动的野战炮和骑兵。天然障碍从未像里沃利之战一样，有力地影响了战争的命运。在最需要火炮和马匹的那一侧，攻方却无法利用这些资源；而在断断续续的战线东侧边缘上，奥军的大炮和马匹挤在阿迪杰河谷中，不得不在法国步兵及炮兵的俯射火力下攀爬曲折的山路。不过，由于奥军一心进攻，最初的战事对他们非

---

[1] 对奥军兵力的估计相差很大。波拿巴猜测为45000人，梯也尔接受他的看法；阿利松的说法是4万人；蒂埃博的意见是75000人；马尔蒙提出的总数为26217人。奥地利的官方数字是，巴尔多山以北的战斗开始之前，奥军兵力为28022人。参见我在1899年4月《英国历史评论》上的文章。我大致上根据参加过这场战役的格雷厄姆上校的报告。J.G.指出（《1796—1797年战役研究》，第237页），法军有1500名骑兵和大约40门火炮，这使他们比不能有效利用这些武器的对手有很大的优势。

常有利。他们将法军驱离圣马可山脊，对巴尔多山与里沃利之间的法军中路施加了很大压力，使河谷中的奥军部队得以向盘山路的低端奋力前行；而西边的右翼奥军已开始威胁到法军的后方。9时许，马塞纳的部队从维罗纳赶到，但法军的阵地已有动摇的迹象。镇守阿迪杰河谷上方阵地的茹贝尔、中路的贝尔蒂埃以及左翼的马塞纳最终都被迫后撤。奥军的一个纵队从巴尔多山侧面的狭窄山涧挺进，悄悄地绕到马塞纳师前方一个法国团的侧翼，发动了有力的冲锋，法军惊慌失措，四处逃窜，这种情绪看上去也将蔓延到因此失去掩护的另一个团。对身经百战、有"胜利宠儿"之称的马塞纳来说，此情此景难以忍受。他冲到前线指挥官的面前，痛骂了他和其他军官，并用佩刀的刀面抽打他们。随后，他策马奔往所在师的两个久经考验的团，命令他们挡住敌人的进攻；这些不可战胜的英雄们立即打退了来犯的敌人。即便如此，最为精锐的法军部队英勇奋战，加上马塞纳、贝尔蒂埃、茹贝尔等优秀将领的娴熟指挥，也只能勉强挡住奥军对里沃利潮水般的猛攻。

  然而，即便在这一危机中，身为司令官的拿破仑仍对中央阵地信心满满，也知道自己有能力抵挡奥地利之鹰四面八方的猛扑，他一如既往地镇定自若，令胸怀不如者诧异不已。对于久经沙场的部下，拿破仑的信任没有白费。长途行军后的奥军不堪重负，此时又因缺乏食物而气力不佳，无法保住最初的优势。最前头的部队占领圣马可教堂前崎岖不平的阵地后，突然遭到了法国骑兵的冲击，在一片"法国骑兵来了！"的惊呼中，奥军四散奔逃，很快将夺取的阵地丢给了敌人。这一突如其来的挫折使他们断送了所有取胜的希望，因为在当天的危急时刻，将近8000人的奥军主力正沿着阿迪杰河谷到高原的盘山道路艰苦攀爬，天真地希望对手此时已被赶出顶峰阵地。法军的猛烈火力撕裂了奥军侧翼，但后者仍不顾一切地向高原冲击，就在这时，波拿巴动用了全部打击力量。现在，大势已去的奥军挤成一团，他可以从正面和两侧发动攻击了。勒克莱尔的骑兵和茹贝尔的步兵发起一轮冲锋，粉碎了奥军的先头部队，高原上的法军大炮和步枪齐射，又打散了两侧的部队；一辆弹药车在奥军队伍中间爆炸，整个纵队如同受伤的巨蟒，扭动着带血的身躯滚回河谷之中，在随后的战斗中，溃散的奥军一直困在那里，只能束手待毙。

主帅发动的雷霆一击令法军深受鼓舞，他们转而向巴尔多山猛攻，将敌人赶到了山脚下的洼地里。但是，后方传来的喊声预示着新的危险。西路奥军此时正向法军后方包抄，他们并不知道友军遭逢的命运，认为波拿巴的部队已掉入陷阱。所有法军参谋的眼睛都焦急地盯着拿破仑，可司令官却平静地说道："这下我们抓住他们了。"他知道，从维罗纳开来的其他法国部队将从后面打击这些新敌人，尽管朱诺和他的骑兵没能杀出一条血路迅速接敌，但法军的一个团很快突破包围圈，加入了最后的进攻，打退了刚从里沃利以南高地冲过来的奥军，随后迫使他们投降。

里沃利决战（1月14日）就这样结束了。奥军阵地的缺陷和法军增援部队的及时赶到，使奥地利人初期的胜利变成一场彻头彻尾的溃败。有些情况在普通人看来似乎微不足道，但却足以扭转战争的胜败，阿尔文齐军团此时艰难无助地逃进提洛尔，共损失了15000人，并丢掉了几乎全部火炮和军用物资。波拿巴留下茹贝尔继续向特伦特追击，自己则向南奔往曼托瓦，奥军将领普罗韦拉已进驻那里。波拿巴以其不知疲倦的精神，对所有可能发生的紧急情况都做了充足的准备，再一次夺取胜利，而无知者可能将此归结为运气。奥热罗师得到轻装部队的增援，在曼托瓦城下的拉法沃里塔全歼了普罗韦拉的部队（1月16日）。这两次辉煌的胜利自然导致了曼托瓦要塞的陷落，为了它，弗朗茨皇帝冒了很大的风险，损失了五个军团。2月2日，维尔姆泽献出了曼托瓦城，与18000名部下一同投降，大量武器和补给物资也落入了法军手中。拿破仑以仁慈之举为这一惊人战役的结局增添了光彩,身经百战的奥军元帅得到了宽厚的待遇。维尔姆泽对愚蠢的奥地利宫廷议会成员言听计从,更凸显了年轻战神拿破仑的审慎、大胆和足智多谋。

此时,惩罚教皇的时机到了,因为他支持了法国的敌人。事实证明,教皇的军队根本不堪一击,在法军攻势面前望风披靡。法军轻而易举地打到了安科纳,随后进攻内陆的托伦蒂诺,庇护六世在那里求和。2月19日于托伦蒂诺签署的和约规定,罗马教廷向其盟国(尤其是英国)关闭港口;承认法国兼并阿维尼翁;承认博洛尼亚、费拉拉和周围地区建立的奇斯帕达纳共和国;向法国政府交纳3000万法郎;向取胜的法军交出100件艺术品。

波拿巴对奥战役的其余几个阶段无须赘述。在此之前,尽管与他对阵的部队心怀不满、士气低落,指挥也很糟糕,与真正的作战基地之间又有高山屏障分隔,但还可称得上是不错的部队。而在战争的最后阶段,与波拿巴交锋的部队都因一连串的惨败而全无斗志。此时的奥军统帅是有勇有谋的查理大公,可他却处处受制:维也纳死板的命令,老迈无能的将领,年轻军官因高层徇私而默默无闻引发的愤慨或绝望,以及无心战事的士兵们的冷漠。无论是查理的指挥艺术,还是弗留利和卡林西亚阵地的天然优势,都难以抵挡一支由深谋远虑者指挥的得胜之师。剩下的战斗只不过证明了拿破仑后来所言不虚:军队的战斗力有四分之三来自士气。在势不可挡的法军面前,塔利亚门托河、卡尔尼克和诺里克阿尔卑斯山天险都无济于事。从扼守施蒂利亚省的高地上,拿破仑的天才如同闪电一般,震撼了维也纳宫廷和中欧各国的统治者。法军兵锋直指莱奥本城之际,弗朗茨皇帝派出使者求和;[①]初步的和约就在距离奥地利首都不到100英里的这座小城签订,

---

[①] 女沙皇卡捷琳娜二世于1796年11月去世,无疑促进了这次和谈。她几乎已经要加入反法同盟了。新沙皇保罗此时希望和平。奥地利大臣图古特听到女沙皇去世的消息后大喊道:"这是我们一连串灾难的顶峰。"

结束了这场战役。而在一年前战役开始时，法军驻扎于滨海阿尔卑斯山脉与萨沃纳小城之间的狭长地带，似乎没有多大的取胜希望。

　　这些辉煌战果主要归功于波拿巴的完美指挥。他凭借地理方面的天赋，认识到利用天然屏障的手段，并在地形不利时避开对手。他总是一眼看穿对方的计划，并以大胆的部署迷惑之，每当他似乎注定要失败之时，都能以优势兵力压服敌人。连腓特烈大帝和马尔伯勒公爵都没有展现出这样的天才。不过，法军的兵力很少超过45000人，如果没有奥热罗、马塞纳和茹贝尔等将领的英勇善战，以及在许多胜负难料的战斗中表现优异的军官们，是不可能取得如此大捷的。拉纳是洛迪和阿科拉的英雄；马尔蒙以斯蒂维耶雷堡英勇的炮兵突击而闻名；维克托在拉法沃里塔的恶战证明他不负"征服者"①之名；"美剑客"缪拉和朱诺都是冲劲十足的骑兵将领；还有许多军官为了法国的荣耀和意大利的自由，像真正的勇士一样牺牲在战场上。我们也绝不应该忘记法国士兵：他们因无休止的艰苦作战而衣衫褴褛，也常因吃不上面包而抱怨，但正如马塞纳所说，大战当前，他们从不后退，也不怀疑统帅的天才，每当看到渴望已久的战斗命令，他们就会勇猛向前。不难发现，这股不可思议的力量来自何方。他们的勇敢来自希望之泉，这种希望使法兰西成为一个崇尚自由的国家，并使他们决心解放边境之外的千百万人。法国军队正在进行的是"平等的进军"；士兵们在这种伟大热情的鼓舞下，认为即将解放意大利和中欧的这位伟大统帅就是战斗精神的化身。

---

① 维克托的名字 Victor 在拉丁语中是"征服者"的意思。——译注

第7章 从《莱奥本协定》到《坎波福米奥和约》

在莱奥本签订和约初步条款之时（这些条款成为了坎波福米奥和约的基础），波拿巴表现出了一流外交家的风范。他曾与都灵宫廷和梵蒂冈签署过类似的条款。但与奥皇的交涉，自然远非那些亚平宁半岛三流国家可比。这是他登上国际外交最高层次的首次尝试。事实上，与许多伟大的将军一样，他的精神禀赋足以在谈判桌上取得不亚于战场上的成功；因为，在外交和战争中，思考的过程与行动的方法没有多大的差异。避开对手仰仗的屏障，反过来使其前进的道路上障碍倍增，先以佯攻迷惑对手再发动猛攻打垮他们，都是谈判专家和指挥官取得成功的艺术。

1797年4月18日，拿破仑在莱奥本迫使奥皇接受和平条款，这就使督政府及其公使克拉克（因身在意大利而缺席）成为了配角。作为司令，他只有签订短期停战协定的权力，可现在，他签下的却是初步和平条款。他向督政府提出了巧妙的借口，虽然承认自己的行为不合常规，但接着辩解道，法军所处位置偏远，克拉克又不在其位，这种情况下，他的行为只不过是"一次军事行动"。拿破仑还可以说，他的背后有不忠的威尼西亚，相信莱茵河上的法国军团也仍原地踏步无法渡河。但由于克拉克姗姗来迟，使人们更有理由相信，波拿巴当时绝非不愿扮演欧洲大陆调解人的角色。如果他知道全部实情，也就是说，《莱奥本协定》签订之时，法军正在莱茵河东岸战役中取得胜利，那么他几乎肯定会中断谈判，直逼维也纳城下，向奥地利人提出更严苛的条件。三年前，当他在尼斯向朋友们概述战役计划，描绘从萨沃纳开始到奥地利首都结束的辉煌进程之时，眼前闪过的正是这种情景。因此，4月20日听到莫罗取胜的消息，他大为懊恼。这个消息是在拿破仑从莱奥本返回意大利的路上得到的，当时他被塔利亚门托河突发的洪水阻挡了几个小时。他立即决定乘马返回，为与奥地利决裂寻找借口。贝尔蒂埃一再规劝，才使他改变了这个疯狂的决定，否则，全世界都会看到，他更愿意接受命运对年轻人的诱惑，而全然不顾法国谈判代表的声誉。

拿破仑给予奥皇的条件十分宽大。对法国来说，唯一明确的利益就是取得了奥属尼德兰（比利时），那本就是令奥地利棘手的领地，还可以从其他地方得到补偿。至于莱茵河西（左）岸，并没有具备绝对约束力的条款，只规定奥地利承认法国"宪法规定的疆界"，且重申了"帝国"的完整。[①]这些说法自相矛盾，因为法国已经宣布莱茵河是其自然边界，而旧"帝国"包含比利时、特雷沃和卢森堡。不过，为了解释这些模糊的规定，协定中加入了如下至关重要的秘密条款。奥皇宣布放弃奥廖河以西的意大利领地，但同时得到该河以东的所有威尼斯大陆领地，包括达尔马提亚和伊斯特里亚。威尼斯也将奥廖河以西的领土割让给法国政府，这些牺牲换来了罗马涅、费拉拉和博洛尼亚这三个教宗国北部辖地——恰好是波拿巴刚刚纳入奇斯帕达纳共和国的地方！另外，奥皇不得不承认提议中的米兰共和国，以及已经成立的摩德纳共和国，遭到废黜的公爵将在某个地方得到"补偿"。

从奥地利大臣图古特的函件中，人们可以肯定，奥地利一直期望瓜分威尼斯大陆领土，波拿巴在莱奥本也确实提出了这个计划。更离奇的是，他提议牺牲奇斯帕达纳共和国的大部分领土，表面上

---

① 许弗（Hüffer），《奥地利与普鲁士》（*Oesterreich und Preussen*），第263页。

是交给威尼斯，但最终落入了奥地利手中。这一举动令人费解，唯一能解释的理由便是：莱奥本谈判时，他所处的军事形势看上去很好，实际上却并不牢靠。在4月22日写给督政官们的信中，他对初步条款的不安之情昭然若揭，信中解释道，对于这些初步条款无须过分在意。然而，最为奇怪的是他对年轻的伦巴第共和国的处置方式。他似乎很镇定地讨论了将其交还给奥地利的事宜，而这发生在他鼓励米兰人建立一个共和国，并宣称法国的每次胜利都是"为宪章增添一行"之后。① 对此最合理的解释是：波拿巴过高估计了奥地利的军事实力，低估了米兰、摩德纳和博洛尼亚人的活力，每当提到这些地方的军队，他总是带着最为轻蔑的态度。很显然，他渴望着摆脱与他们的瓜葛，自由地去追求心中念念不忘的宏伟目标——征服东方。不管他在莱奥本签署初步条款的动机是什么，随着可供讨价还价的地盘不断扩大，他很快就找到了修改它们的手段。

现在是回到威尼斯事务上的时候了。7个月里，这个共和国的城镇和乡村一直都是残酷战争和系统性掠夺的受害者，软弱的寡头统治者既无力避免此种命运，也不可能报复。在西部城市贝加莫和布雷西亚，民众的利益与情感更多地与米兰联系在一起而疏远威尼斯，人们渴望着与西边的新生共和国结盟，摆脱"亚得里亚海女王"（威尼斯的别称）的黑暗专制。尽管威尼斯共和国的全盛时期灿烂夺目，但现在却因为对弱点显露的恐惧而采取愚民政策；而波拿巴撕下掩盖其腐朽昏庸一面的伪装，使其受到了臣民中进步人士的鄙视。在首次进入威尼斯领土之前，他就已经向督政府陈述了掠夺和分割该国的手段。他于1796年6月6日写给督政府的信中，提到了威尼斯对普罗旺斯伯爵（未来的路易十八）和奥地利军队占领加尔达渔村的感受：

"如果您们的计划是从威尼斯得到500万或者600万法郎，我已

---

① 《环球箴言报》，共和5年花月20日；肖特（Sciout），《督政府》（Le Directoire），第2卷，第7章。

专门为此准备了与其决裂的手段……如果有更明确的打算,我认为您们应该继续这一争端,请明示您们的愿望并静待良机,我将根据事态抓住这样的机会,因为我们不能同时对付所有人。"

此时,威尼西亚发生的事件为波拿巴提供了借口,使他得以实施分割威尼斯领土的计划。米兰的雅各宾派人士和法国将军基尔迈纳及朗德里厄巧妙地利用了布雷西亚人和贝加莫人对威尼斯统治的厌倦情绪。威尼斯官员企图镇压日益不满的民众,造成了骚乱,"伦巴第军团"的一些成员因此丧生。米兰报刊的报道,以及朗德里厄立刻接受贝加莫和布雷西亚起义指挥权的事实,都清楚地证明法国人是叛乱的共谋者。[①]可是,尽管这些城市支持雅各宾派的事业,但大部分威尼斯城镇和所有农民仍忠于旧政府。显然,即便波拿巴和他的一些将领没有成为秘密的推手,一场冲突也必然随之而来。何况,他们确实这么做了,这一点现在已无可辩驳,可以充分地证明了。布雷西亚和贝加莫发生的事件是与威尼斯决裂计划的一部分,这些计划的成功很有把握,因此波拿巴在莱奥本秘密地将几乎整个威尼斯领土作为讨价还价的筹码。而且,初步条款签订前的两周,他已经收买了一个名叫萨尔瓦托里的卑鄙小人,发布了一份声称来自威尼斯当局的宣言,怂恿各地民众起来屠杀法国人。这一宣言发布于4月5日,但上面的日期却是3月20日。威尼斯总督立即告诫民众,这份文件是捏造出来的,可危害已经形成。复活节星期一(4月17日),维罗纳偶然发生了一场斗殴,人们过去几个月不断升级的情绪爆发了出来:民众愤怒地反抗驻扎在那里的法军部队,渴望为过去7个月遭受的羞辱和压迫复仇,没在堡垒中找到藏身之地的所有士兵,包括因病住院者,都成了

[①] 参见科克《马塞纳回忆录》第2卷中朗德里厄关于这一主题的信件;《证明材料》最后一部分;以及波拿巴《书信集》,1797年3月24日的信。梯也尔忽视了这封信以及4月9日、19日信件中的证据,他对威尼斯事件的叙述是误导性的。很显然,波拿巴在布雷西亚叛乱之前很久就考虑过瓜分这个共和国了。

受害者。①这就是所谓的"维罗纳复活节"事件,令人回想起因南方人的暴怒而引发的巴勒莫"西西里晚祷"事件②。

事件的结局超出了波拿巴的预期,不过他对此肯定暗自庆幸。他得到了一个很好的借口,可以彻底消灭威尼斯这个独立国家。按照在莱奥本签订的秘密条款,威尼斯城将保留独立地位,并得到教宗国北部辖地。但因为它拒不服从,现在就可以名正言顺地将其消灭了。实际上,威尼斯成了给哈布斯堡王朝的补偿,法国可以进一步地从其他地方索取奥地利领土;在此过程中,波拿巴也将摆脱匆忙签订莱奥本协定的罪责。③现在,他决心为法国保住莱茵河边境,不仅要为伦巴第共和国,还要为摩德纳和北部辖地取得法国保护下的独立。这些都是他在谈判期间的目标,1979年春夏两季,他为此殚精竭虑。

第一件事是将法军开进意大利,以争取更好的条件;接下来则是向威尼斯宣战。现在,这样做的理由很充分,因为除了维罗纳发生的屠杀事件外,还发生了另一件暴行。一艘法国海盗船坚持要停泊于威尼斯港的一处禁区,结果让海防炮台打得千疮百孔后被擒获了。对于这一行为和维罗纳事件,威尼斯总督和元老院提出了丰厚的赔偿条件,但波拿巴拒绝听这些"沾满法国人鲜血"的使节讲话,傲慢地命令威尼斯撤出其大陆领土。④由于种种原因,他决定使用诡计而非武力。他找到了法国驻威尼斯使馆秘书维尔塔,相信他能巧妙地破坏寡头政治的脆弱组织。⑤此人让惊骇的民众相信,只有推翻现有的寡头统治、建立一个民主政权,才能平息这位法国将军的愤怒。老百姓和

---

① 博塔(Botta),《意大利的故事》(Storia d'Italia),第 2 卷,第 10 章等;达吕,《威尼斯历史》(Hist. de Venise),第 5 卷;加法雷尔《波拿巴与意大利诸共和国》,第 137—139 页;肖特,《督政府》,第 2 卷,第 5 章和第 7 章。
② 西西里晚祷事件发生于 1282 年的复活节,起因是法国军人调戏巴勒莫当地妇女,愤怒的西西里人屠杀法国人,发动起义,该事件直接导致西西里的统治转到西班牙阿拉贡王朝手中。——译注
③ 索雷尔(Sorel),《波拿巴与奥什在 1797 年》(Bonaparte et Hoche en 1797),第 65 页。
④ 1797 年 4 月 30 日的信。
⑤ 1797 年 5 月 13 日的信。

贵族都上当了，不可一世的元老院恭顺地宣布了自己的终结。古老的寡头统治垮台之后，尤其是新政权命令将威尼斯军舰交给法国人、由威尼斯船只运送法军入城时，骚乱自然而然地发生了。当威尼斯小舰队将5000名法军士兵送入城内时，就连民主派人士也为那愁云惨雾、死气沉沉的景象而扼腕。这个著名的城邦统治黎凡特海域数个世纪，凶猛的土耳其人都难以撼动其根基，有着300万居民和900万达克特的税收收入，此时在伪装成解放者的征服者面前却毫无反抗。

同日，波拿巴在米兰与威尼斯新政府的公使签订了同盟条约。他的友谊要价不菲，除了充斥于公开文件中暧昧的亲善声明之外，更重要的是秘密条款，它们规定法国与威尼斯共和国应该就某些领土的交换条件达成谅解，威尼斯应该为此捐出现金和军事物资，为法国海军提供三艘战列舰和两艘巡防舰，还要以20幅名画和500份手稿充实其"恩主"的博物馆。就在他签署这些和平条款时，巴黎的督政官们却向威尼斯宣战了。他们的决定已经过时：那是根据拿破仑4月30日的急件做出的；可是在此期间，他们的"钦差大臣"完全改变了局势，推翻了总督和元老院的统治、建立一个民主政府，并通过后者攫取这块土地上的财富。因此，督政官的宣战命令止于米兰，再无下文。这件事有力地提醒了督政官们，拿破仑以前的警告是正确无误的：除非督政官就所有重要细节与他磋商，否则肯定要出问题。[①]

《米兰条约》是这位将军签订的第四份重要协议了，可是他在1796年战役开始时，就被禁止在未请示萨利切蒂的情况下，签订哪怕一份停战协议！

很快，拿破仑又签订了一份条约，这在许多方面提高了年轻征服者的声望。如果说他对威尼斯的所作所为引发了不满，那他对热那

---

① 从波拿巴1797年7月12日的信件看来，似乎直到那一天，他才不情愿地将与威尼斯的条约送往巴黎。他还附上了一个具有讽刺意味的建议：督政府可以随意处理这个条约，甚至取消它。

亚的处理肯定会令人惊讶和赞赏。他一直将热那亚视为邪恶专制的化身，可是除了一次自然而然的发怒之外，人们却从未从他身上看到预期的严苛态度。1796年夏季之前，波拿巴似乎保持着旧日对这个共和国的痛恨之情，因为仲夏之时，他曾写信给法国驻热那亚公使费伊普尔特，催促对方继续处理存在争议的几件事，三周之后，他又写信说处理热那亚的时机未到。的确，在战役期间对这个富庶的城市采取任何明确的行动都是不可取的，因为热那亚的银行家们通过秘密贷款向法军提供军费，而该城的商人在军队给养方面也是有求必应。波拿巴对他们提供的服务十分赞赏，作为对手的英国海军上将纳尔逊自然大为憎恨；也许，热那亚人的金钱和船只暗中帮助了法军收复科西嘉的远征行动，可能有助于波拿巴抹去与名噪一时的保利之间纠葛的记忆。对于热那亚，他从毫不掩饰的敌意逐渐变得宽容，只要它能成为一个民主国家，这种宽容终将转化成友好。如果新政权的体制与法国趋同，它就可能是一个有价值的中介或是盟友。

摧毁热那亚的寡头统治并不困难。威尼斯和热那亚早已失去了往日的势力，中立地位屡遭侵犯，也剥夺了它们最后的支柱——脆弱的自尊心。费伊普尔特和萨利切蒂的阴谋削弱了总督与元老院的影响力，当威尼斯寡头统治垮台的消息传来，受到鼓舞的亲法派采取行动，但总督和元老院武装了敌视改革的山区居民和渔民，一场漫长的殊死战斗在狭窄的热那亚街头爆发了，民主派遭到彻底的失败（5月23日）。胜利者全面搜查了反对派的住宅，找到了他们打算惩罚的人员名单，此外还搜出了证明法国间谍参与起义图谋的文件。热那亚民主派的愚蠢之举打乱了波拿巴的计划，令他怒不可遏。正如他在写给督政府的信中所言，如果这些人静待两周，本已虚弱不堪的寡头统治就将垮台。现在，他可以几名法国人和米兰人被杀为借口，干预热那亚局势。他派副官拉瓦莱特前去，严厉声讨总督和元老院，在这些威严的老爷面前，拉瓦莱特大声宣读了这份檄文。最后，有几位元老大叫："让我们起来战斗吧！"可是，多利亚[①]的精神随着这些抗议消逝了；纵有威震四海的先辈，也无法阻挡不肖子孙屈服于一位副官的辱骂，以及他的主人的命令。

波拿巴在米兰附近的蒙泰贝洛城堡决定了这个古老共和国的命运，他已在那里拟定了未来的热那亚宪法。与热那亚公使短暂会谈后，他签订了秘密协定，将他们的共和国——很快改名为利古里亚共和国——置于法国的保护之下，以温和的民主制度取代了贵族统治。这一事实意义非凡。军人天性使他放弃了青年时代信奉的刻板的雅各宾主义，与费伊普尔特和公使们一起做出了如下安排：立法权由民选议会的两个议院（分别有300名和150名成员）掌握，而行政职能则由12名元老在总督监督下行使，这些官员由议会任命，此外，宪法承认宗教自由和平等民权，地方也得到了充分的自治权力。当然，愤世嫉俗者会反对说，这部堂皇的宪法只不过是保证法国霸权、让波拿巴的部队和平进驻重要城市的手段；但是，由于他的正确判断，结束干预之举产生了对热那亚有益的结果，这是值得赞扬的。他甚至指责了城中一些煽动分子的行径：他们砸碎安德烈·多利亚的塑像，将碎片挂在最近种下的"自由之树"上。

拿破仑写道："安德烈·多利亚是一位伟大的航海家和政治家。在他的时代里，贵族统治就意味着自由。整个欧洲都因你们的城市出了这样一位名人而羡慕不已。我毫不怀疑，你们将努力重塑他的雕像：我请求你们让我承担一部分由此产生的费用，我渴望着与那些对你们国家的荣耀与福祉至为热心的人们分担责任。"

将这种明智、高贵的举动与大部分科西嘉人对热那亚仍念念不忘的仇恨做一对照，波拿巴胸怀之宽广更为明显，人们因此衷心祝愿：愿他永远如此！

[①] 安德烈·多利亚（1466—1560），热那亚政治家、杰出的海军将领。——译注

1797年5月—7月，拿破仑于蒙泰贝洛城堡逗留的这段时间里完成了许多大事，在他一生中也不多见。除了彻底毁灭威尼斯并重塑热那亚的生活之外，他还深切地关心着伦巴第（阿尔卑斯山南共和国，又称西沙尔平共和国）事务、他的家务事、自己在法国政治中权力的巩固，以及与奥地利的谈判。我们将按照上述的顺序一一道来。

长期以来，波拿巴一直关心着伦巴第的未来。他知道，在整个意大利中，那里的人民最能从实施宪政中得益，但他们必须依赖法国，如果由伦巴第人自主执政，他觉得没有多大信心，这从他在蒙泰贝洛城堡中与梅尔齐和米奥·德·梅利托的谈话中可以看出。他当时初露锋芒，常因对天才的自负而忘形，出言不逊。提及督政府后，他突然转向伦巴第贵族梅尔齐：

"至于您的国家，梅尔齐先生，它的共和政治元素仍然少于法国，也比其他任何国家更容易管理。您比谁都清楚，我们可以对意大利为所欲为，但时机还没有来临。我们必须迁就于当下的狂热，在这里建立一两个像法国那样的共和国。蒙热将为我们安排。"

拿破仑对意大利民主派人士的实力并不信任，这是有原因的。1796年底，他曾写道，伦巴第有三个政党，一个接受法国人的指导，另一个则渴望自由甚至有些急躁，第三个党派对奥地利友好。他鼓励第一个政党，限制第二个，对最后一个则加以压制。此时，他抱怨奇斯帕达纳共和国和阿尔卑斯山南（西沙尔平）共和国选民在他缺席时举行的第一次选举中表现糟糕，因为他们在教士的影响下，推翻了所有法国偏爱的候选人。不久以后，他还写信给塔列朗说，意大利人并不真的热爱自由，只要法国的影响力消除，意大利的雅各宾派人士就会被民众杀害。结果证实了他的疑虑，也驳斥了一些人对他的如下指责：他对阿尔卑斯山南共和国表示尊敬的行为只不过是出于利己主义的谋划。解放惯于抓紧锁链不放的民众是非常困难的，他新建立的共和国能取得暂时、部分的成功，已足以证明他的政治智慧。

波拿巴在米兰设立了四个专门草拟法律的委员会，经过它们的长期准备，阿尔卑斯山南共和国的宪法制定完成。这是法国宪法的缩略版本，为了防止在选举中出现更多错误，波拿巴不仅亲自任命了5名督政官和他们下辖的部长，甚至还指派了180名元老院与平民院议员。民主就这样以奇怪的方式降临意大利，它不是人民斗争的成果，而是在一位伟大组织天才命令下实现的。为公平起见，还应该补充一点：波拿巴召集了许多意大利一流的人才，参与国家政治的重建。他任命贵族塞尔贝洛尼为阿尔卑斯山南共和国首任总统，声名显赫的维斯孔蒂家族的一位成员就任驻巴黎大使。许多奥地利人占领期间离开伦巴第的人才受到波拿巴仁政的吸引，纷纷回国。7月9日举行的新政府就职仪式成了一个欢快的节日，这个饱受战乱的小邦终于迎来了多年未见的万民欢腾景象。人们手持总统就任誓词，齐集于大广场上。米兰大主教举行弥撒，并为国民自卫军的旗帜祝福；节日的最后是竞技和舞蹈，人们还为那些为新生的自由而战死的意大利人举行了纪念祈祷。在一片"万岁"的欢呼声和教堂的钟声之中，波拿巴却有意发出了严厉的声音。当天，他命令镇压一个沉迷于雅各宾派过激行为的米兰俱乐部，并号召人民"以他们的智慧、活力以及军队的良好组织告诉全世界，现代意大利并没有衰退，仍然配得上自由"。

米兰人的狂热迅速传播。大陆上的一些威尼斯城镇请求与阿尔卑斯山南共和国结盟；出席节庆的奇斯帕达纳共和国代表急切地恳求，他们的小邦也能享受同样的特权。在此之前，波拿巴一直拒绝这些请求，唯恐阻碍了与奥地利仍在持续的谈判；不过在一个月内，意大利人的愿望就得到了满足，奇斯帕达纳与波河以北那个更大、更有活力的国家统一，同时加入的还有科莫、贝加莫、布雷西亚、克雷马和加尔达渔村等重要地区。瓦尔泰利纳瑞士人区发生动乱，使波拿巴很快就能代表被压迫的农民出手干预，将这一领土也并入阿尔卑斯山南共和国。经此一役，该国疆域从高耸的阿尔卑斯山向南延伸到里米尼，东西则分别以提契诺和明乔河为界。①

在蒙泰贝洛短暂逗留期间，波拿巴俨然已是法兰西共和国的全权总督。确实，顺从的将军们随侍左右，接待室里挤满了请求觐见的公使和代表，这种情景更适合苏拉或华伦斯坦之类的人物，而不是一个曾杀害国王的共和国的将军。300名波兰士兵守卫着通往城堡的道路，宽敞的廊道与大厅也颇有几分帝王气派。

在那里可以看到意大利贵族、文人和艺术家，他们将拜谒这位祖国的解放者视为最高荣誉；波拿巴对他们既表现出亲切的态度，又保持着内心的矜持，他以迷人的魅力和敏锐的诘问，向所有人展示了他在各个方面的天赋：才思敏捷而又决心跻身上流社会，甚至谋取军事与政治霸权。不过，他偶然的唐突举动，以及潜藏在温和语气下的命令口吻，时不时地提醒着在座的人，这里是军营而非宫廷。波拿巴对手下的将领十分冷漠，即便是最受宠爱的军官，一旦出错也将感受到他的雷霆之怒；副官们很少受邀与他一同进餐。的确，他时常按照旧日法国国王的习惯，在随从陪侍下进餐。

波拿巴的母亲和兄弟（约瑟夫与路易）当时都和他在一起，他也迅速地帮助兄弟们成就富贵。他的妹妹们也在那里；骄傲而独立的埃莉斯在这一阶段嫁给了粗野的科西嘉贵族巴乔基；波利娜是个16岁的可爱女孩，哥哥曾想将她许配给马尔蒙，却不知为何遭到拒绝，也许是他此时已心有所属。不过，这位活泼、爱享受的年轻姑娘并没有单身太久。副官长勒克莱尔向她求婚，尽管出身低微、才能平平，仍然很快地得到了她的芳心。波拿巴给了波利娜40000法郎的嫁妆，值得注意的是，婚礼是由一位神父主持，在蒙泰贝洛宫廷教堂里秘密举行的。

---

① 波拿巴拒绝了"意大利"这个名称，认为它的民族主义色彩太浓；但 Cis-（意为"南边"）这个前缀——用在一个向南延伸至卢比孔河的国家——是对意大利民族主义者的让步。它暗示佛罗伦萨或罗马是这个新国家理所当然的首都。

约瑟芬当时也在蒙泰贝洛。

波拿巴夫妇的夫妻生活确实并不幸福。在这场辉煌的战役中，这位年轻征服者生活中唯一的阴暗面便是新婚妻子的残酷对待。1796年3月，他忍痛离开妻子，挣扎于对她的疯狂爱恋以及粉碎法国头号敌人的决心之间。即便在战役中最为劳神费心的时期，他仍然给妻子写去饱含温情的长信。每天10封紧急公函，也不能阻止他以同样篇幅的情书向约瑟芬吐露衷肠，恳求她真心对待自己。此后，信件中难免有些抱怨之词，有时带着恳求的口吻，有时则满含苦涩，指称她来信太少且内容贫乏，对自己太过残忍。约瑟芬很在乎丈夫的名声，却并不关心他本人，迟迟不肯前来意大利，这些悲伤的事实和其他痛苦的琐事令波拿巴心如刀绞。最终，约瑟芬来到了米兰，此前还为离开深爱的巴黎而痛哭了一场。在意大利，她对百依百顺的丈夫也没有表现出特别的恩爱。布伦海姆战役期间，英国马尔伯勒公爵曾写信给脾气暴躁的公爵夫人，满纸自怜之词，如今这位奥地利人的灾星面对他狠心的美人时也不遑多让。波拿巴以苦闷的语调，恳求约瑟芬别那么可爱、别那么优雅、别那么美好——如果那样，他也就不用爱她爱得那么疯狂。但是，她永远不要嫉妒，最重要的是，不要落泪——因为她的眼泪会灼伤他的心。在信的最后，他送上千百个吻，甚至亲吻她的狗！在外人看来，波拿巴是个如钢铁般冷酷的人，谁能想到，他会有如此疯狂的感情宣泄！他的天性中有狂热、激情的一面，正如月亮，迎向虚空的一面坚冰千里；而在令人目眩的烈日之前，却是炽热的岩浆。

毫无疑问，正是在这种炽热感情的驱使下，拿破仑展现出了惊人的活力，使意大利战役在波澜壮阔的拿破仑战争中显得独一无二。博利厄、维尔姆泽和阿尔文齐不是战场上的对手，只是他急切的爱情面前令人讨厌的障碍。在取得最大胜利的前夜，他给约瑟芬写下了一封狂放的信：

"远离你，我就像置身最漆黑的夜晚之中；我需要闪电的寒光，将它降到敌人的头上,才能驱散你不在身边时的黑暗。约瑟芬,我们分别时你哭了!想起那一刻,我的全身都在颤抖。但请你放心!维尔姆泽将付出沉重的代价,来偿还你在我面前流下的泪水。"

这是何等的痴心!为了抚慰他想象中妇人的悲伤,他愿意让明乔河平原上尸横遍野,毫不在乎成千上万个家庭的痛苦。这是只顾私情而无视社会的典型案例。然而,波拿巴头脑中道德观念模糊,却能以独特的视角做出无误的判断,这必然需要难以匹敌的能力,爱的火焰并未让这种能力枯竭,它仍然一丝不差地应对着战争中的诸多难题,更清晰地审视它们,或许,这正是自身热情激发出来的光芒。

蒙泰贝洛终于迎来了收获的季节,但这种收获并非舒适和完全的满足,因为他不仅每天平均要处理8封急件,这几个小时里他只能独守孤寂,而且,约瑟芬的行为也让他的激情逐渐消退。不在波拿巴身边时,她对他每日一封信的恳求轻忽怠慢;而在蒙泰贝洛时,她又显露出了本质上的浅薄与轻浮。宴会、舞会和招待会,只要能得到仰慕者们的恭维,她就会感到快活,胜过了一位天才对她的全心付出。约瑟芬在婚前就曾承认,她有着"克里奥尔人的冷漠",对波拿巴那敏感、热烈的天性避之犹恐不及。而此时,不得已远离巴黎沙龙的她,似乎只能从娱乐活动和宠物狗求得庇护了。[①]毫无疑问,即便在这一时期,约瑟芬也表现出了某种程度的温情,这种感情随着岁月流转而加深,给她晚年的不幸生活带来了一丝微光;但是,她新近与塔利安及一群轻浮之徒的交往,更使她养成了如同猫一般的脾性,在所有人当中都能左右逢源。她总是轻率地与人亲近,由于涉及面太广,致使她再也无法挖掘出一条爱的通道,汇入波拿巴早年激情的洪流中。就这样,他的感情逐渐转移到了许多其他的方面;甚至可以看出,在意大利生活的后期,他的行为已经有些不当了。

---

① 参见阿尔诺(Arnault),《一位六旬老人的回忆》(Souvenirs d'un sexagénaire)第3卷,第31页;莱维(Levy)《拿破仑的内心世界》(Napoléon intime),第131页。

对此，约瑟芬应负主要责任。最后，她终于意识到了爱情的真正价值和伟大，而她的轻忽已使之黯淡无光，可一切为时已晚，两颗心再也不能复合；科西嘉雄鹰已高飞九霄，任她如何振翅也无法企及。①

不管是在蒙泰贝洛，还是不久后为和奥地利人谈判而迁往的帕萨利亚诺，波拿巴虽然严格维持着总督府的礼仪，但也表现出了对社交的热情。在白天的接待会和半公开宴会后，他喜欢在晚上放松一下。有时候，当约瑟芬与贵妇们相聚玩纸牌时，他会躲到角落里玩赛鹅图②。饶有兴趣的旁观者注意到，对取胜的执着使他不惜使出各种花招和骗术，避免"落入陷阱"。其他一些时候，如果谈话中出现了冷场，他会提议每个人讲个故事；假如没有人能像薄伽丘那样引人入胜，他有时会开始一个怪诞惊悚的故事，这些故事想必是从家乡的即兴表演中听来的。布列纳说过，秉承现实主义思想的波拿巴只有在黑暗中手持匕首，才能充分展现天赋，他的独角戏演到高潮处，往往能引来女士们的尖叫，令这位成功的演员心满意足，丝毫不会有所不安。

纵观波拿巴在意大利的各种活动，读者就会了解到他的成就引发了何等的惊叹与敬畏。正如雅典娜一般，他从大革命中脱颖而出，为

---

① 就如下所附的一封新发现的波拿巴信件（我已在序言中提及），我要感谢 H.A.L. 费希尔（H.A.L. Fisher）先生。该信刊登于 1900 年 7 月的《英国历史评论》：
米兰，热月 29 日【共和 4 年】
塔利安女公民：
  美丽的女公民，感谢您还记得我，也感谢您在信中表达的关切。我知道，如果说我对不能像从前那样与您共度时光而感到遗憾，那只不过是重复别人说过的话而已。自从认识了您，我就再也无法忘怀，一旦感受到您的魅力，只要分离，就会渴望着重逢；可是听说您要去西班牙，真是太遗憾了！除非您能在三个月之内回来，那样我们就能在巴黎见面了。去西班牙的话，就去参观一下吉尔·布拉斯洞穴吧。我认为，您还应该尽可能地参观所有古迹，这样 11 月到明年 2 月，我们就可以畅谈一番了。请接受我的问候，我原来想说的是"敬意"，但我知道漂亮的女士通常都不大喜欢这个词。

波拿巴
请向塔利安致意

② 在绘有鹅图案的棋盘移动棋子的游戏，最先到达第 63 格的玩家获胜。——译注

第 7 章 从《莱奥本协定》到《坎波福米奥和约》

各种各样的竞争做好了充分准备。他以绝妙的战略打败了奥地利帝国的将军们，过人的智慧也同样令外交官们印象深刻；现在，他就要通过干预法国内政，进一步证明自己的机敏了。

　　为了理解波拿巴在果月政变中所起的作用，我们必须简单回顾一下巴黎政治事件的进程。督政府成立时，人们普遍抱有希望：大革命现在彻底过去了。但时局仍动荡不安，保王党人重新在法国西部发动叛乱，而巴贝夫以共产主义为名，图谋推翻现有的整个私有财产体系。这些亡命之徒的企图被一位同伙泄露了，罪魁祸首遭到逮捕，经过漫长的审判，巴贝夫被斩首，同谋者则遭流放（1797年5月）。这些极端革命的目标一经披露，不仅令资产阶级震惊，就连定居于从贵族和教士手中没收的土地上的农民也深感不安。曾以不可抗拒的力量推动1789年事件的这个阶级，此时也想过上宁静平安的生活；民众感情的剧变，也令保王党人有了立足之地。他们在改选三分之一议员的选举中觅得良机，并通过推举君主立宪派人士巴泰勒米，影响了督政府的构成。不过，以他一己之力还不能撼动其他四位曾参与杀害国王的督政官，尽管其中的卡诺也越来越支持温和派的观点。因此，仍然由雅各宾派掌控的督政府和行使立法职能的议会两院之间发生了危机，在这两个议院中，保王派或温和派都占据了上风。多数派的目标是废止多部革命期间制定的法律，强化保王派的地位。皮舍格吕是他们当中的实干家，这位荷兰征服者放弃了雅各宾主义，与一个保王派俱乐部合谋，他们在巴黎外围的克里希集会，事实很快就证明，他们的目标是恢复波旁王朝。驻扎在威尼斯的法国特工抓获了昂特莱居厄伯爵，此人是自称的"路易十八"的亲信，波拿巴、克拉克和贝尔蒂埃在蒙泰贝洛翻看了他身上的文件，证明法国有人阴谋复辟波旁王朝。波拿巴以惯有的手段扣押了这些文件，直至控制这一困难局面后才让督政府知晓。伯爵则被释放，这对于当时的流亡者来说是不寻常的宽大之举，可得到的回报却是，此人不久就对波拿巴大肆毁谤。

这场政治危机在7月份愈演愈烈，两院的多数派议员试图迫使督政府接受支持温和派或保王派事业的人担任部长。巴拉斯、拉勒维里-勒波和勒贝尔等三位督政官拒绝听从这些要求，不顾多数议员的反对，坚持任命雅各宾派部长。这种罔顾法国议员意见的做法令大部分文官厌恶，却受到军队的热烈欢迎，因为远离首都党派纷争的军人们仍然保留着强烈的共和派观点。当他们听说，自己在威尼斯的作为遭到巴黎温和派的尖锐批评，更是群情汹涌，也激发了军人的自豪感和对民主的热情。

尽管如此，波拿巴的举动却异常谨慎小心。5月，他将最信任的副官拉瓦莱特派往巴黎，盼咐他试探各方意图、远离一切纷争，并以冷静客观的态度报告公众舆论的走向。[1]拉瓦莱特判断，督政府（更确切地说是统治它的三巨头）处境非常危险，因此警告他的长官，不要明确表现出对督政府的拥护；1797年6月到7月，除了意大利事务之外，波拿巴几乎停止了与督政官的信函来往，可能是因为他期待着后者的垮台，并将其视为实现自身统治地位的重要步骤。然而，当时存在着一种可能：保王党的复辟活动席卷整个法国，导致军队与文官政权对抗。他深知在不明朗的局势中，拒绝摊牌的局外人显得格外重要，因此要以静观动。

无须波拿巴那么敏锐的眼光，也能看出督政府与议院之间的本质冲突是不可能和平解决的。宪法的制定者设计缓慢改变的督政府，是为了制衡每年改选三分之一的议院；可是，他们虽然以弑君者作为国会这辆马车上的"刹车"，却没能提供避免彻底倾覆的机制。议院无法用合法的手段推翻督政府，督政府也不能否决议院的法令，更不能解散议院，强制全国重新选举。内克尔曾清晰地指出了宪法中的这一缺陷，现在巴拉斯也为此发出了哀叹：

---

[1] 拉瓦莱特，《回忆录》，第13章；巴拉斯，《回忆录》，第2卷，第511—512页；阿布朗泰斯公爵夫人，《回忆录》，第1卷，第28章。

"唉，共和三年的宪法中有这么多贤明的防范措施，却忽略了最重要的一个；如果它能预测到，当国家最大的两个权力机构陷入激烈的辩论时，若没有最高上诉法庭解决争端，就必然以公开的冲突告终；如果它能给予督政府充足的权力解散议院，该有多好！"①

事实上，这个结只有动用刀剑方能解开，但直至当时，波拿巴还没有亮出他锋利的刀刃：他小心翼翼地躲在后面，可就在他不敢措手的地方，奥什却急急忙忙地赶了进来。这位充满激情的共和派将军满怀忘我的爱国主义精神，在棘手的任务面前毫不退缩。波拿巴在意大利北部声望日隆之际，奥什却承担着最为紧急的任务——镇压旺代起义，随后，他又勇敢地面对大西洋的迷雾和风暴，鼓舞全爱尔兰起来反抗。1796年12月，班特里湾远征失败，他也被派到了莱茵兰地区。波拿巴在莱奥本缔结的和约再次燃起了他的希望，因此，得到督政府让他将大部分兵力调往布雷斯特，准备二次爱尔兰远征的命令时，他大喜过望。然而，督政府打算在更靠近本土的地方使用这些部队，并任命奥什为战争部长（7月16日）。这是个很好的选择，奥什积极、能干且很受士兵们的欢迎，可是他还没到宪法规定的部长最低年龄——30岁。议会多数派立刻抓住了这个技术缺陷，当奥什的大队人马逼近首都，越过了法律规定禁止军队进入的界线，他们的抱怨声浪更高了。温和派借此指责三巨头与奥什合谋对抗法律，后者很快辞去部长职务（7月22日），并将部队撤到香槟地区，最后回到莱茵兰。

现在，波拿巴出场的时机到了，他可以接替奥什，扮演后者演砸了的克伦威尔一角。这位意大利征服者的演技非常娴熟，充分利用了下属。他还精通政治手腕，绝不在大庭广众之下随意亮剑。此时，他已决定采取行动，毫无疑问，士兵中狂热的雅各宾主义思想是决定

---

① 巴拉斯，《回忆录》，第2卷，第31章；斯塔埃尔夫人，《督政府》（*Directoire*），第8章。

其行动的主要因素。在7月14日的国庆节活动中，他让这种狂热自由发泄，然后写信给督政府，强烈谴责他们面对保王党图谋时的软弱："我发现，克里希俱乐部打算跨过我的尸体，摧毁这个共和国。"这封信的最后是他惯用的策略，每当他渴望提醒政府注意自己的必要性时，总会这么说：如果督政官们拒绝采取有力措施镇压不满分子，他就提出辞职。不过，即便到了这个时候，他的行动也是秘密和间接的。7月27日，他给督政官们写了一张便条，表明奥热罗已因"私事"而请假前往巴黎，他已委托这位将军带去军队请愿书的正本，以表对宪法的忠诚。没有人能因此举而怀疑奥热罗是接受波拿巴密令前来发动政变的，这个秘密确实保守得很好。拉瓦莱特是波拿巴的正式代表；他也根据长官的一张便条上的盼咐保持中立，便条的内容是："奥热罗将前往巴黎；不要受制于他。他在军队里制造混乱，是个捣乱分子。"

但是，当拉瓦莱特尽其所能地见风使舵时，奥热罗肯定会全力大干一场。波拿巴深知，这位雅各宾派的副将以当时的第一剑手著称，又是战斗部队的主官，定会将想做的事做到底，也总会吹嘘自己的英勇，诽谤他的司令官。事实确实如此，奥热罗赶往巴黎，威胁屠杀保王党人。有段时间，他受到深谋远虑的三巨头牵制，但他准备一举解决问题；当时机到来，他占领首都的各个战略要地，派兵围住两院所在的杜伊勒里宫，闯入其中将保王党和温和派议员关押在圣殿塔，包括他们当时的领导人皮舍格吕。巴泰勒米也被抓获，但卡诺在朋友警告下，于这个多事之日（9月4日，果月18日）清晨逃亡。被肢解后的两院立刻撤销了49个地区最近选举的结果，并通过严厉的法令，镇压正统派教士和冒险返回法国、未受赦免的流亡者。督政府还获得了压制报纸、关闭政治俱乐部、宣布任何市镇戒严的全部权力。此时，它的职权几乎与过去的公共安全委员会一样广泛和绝对，只受两个因素的限制：一是督政官的无能；二是他们因仅受军队支持辖制而麻木的意识。他们拿起刀剑，解决了一个政治问题，可两年之后，也因同样的刀剑而垮台。①

奥热罗很希望当选代替卡诺和巴泰勒米两位督政官之一；但议院对他执政能力的评价并不比对波拿巴的评价高；更令他气恼的是，议院选择的是杜埃的梅兰和讷沙泰勒的弗朗索瓦。这场政变的最后几个场景围绕着已定罪议员的流放。未来的布罗伊公爵在回忆早年经历时曾说，他看见"果月的议员们坐在钉上围栏、就像鸟笼一样的密闭马车中"，他们被送往海港，从那里起航前往法属圭亚那，长年忍受热带监狱的折磨。

这是令人痛苦的景象，激起了极大的民愤，同时引发了更大的恐慌。每个人都预见到了又一个恐怖时期，顺从地做着准备。

这样的情绪如此普遍，就连斯塔埃尔夫人和她的朋友本杰明·康斯坦特这样的人都不例外，须知他们可是在政变前便宣称不如此无以拯救共和国的人。这位成功女性几乎具备天才的一切特性，唯独缺乏政治预见性和自制力。政变后不久，她就开始谴责其结果，而这种结果连四流的头脑也能预见到。后来，她对果月政变的判断是："唯一被真正打倒的权力，就是自由。"既然自由已惊慌逃跑，这位天才女作家飘忽不定的热情短暂地停在了波拿巴身上。拉瓦莱特说，在塔列朗家的一次晚宴上，他听到斯塔埃尔夫人颂扬波拿巴的功业，措辞杂乱而夸张；宴会结束后，这位女信徒竟然拒绝在波拿巴的一位副官之前离开！这件事既表现了斯塔埃尔夫人的情绪，也代表着当时民众的想法。在那理想幻灭的时期，追求自由似乎是一件徒劳的事情，当保王党成了国会制度的拥护者、共和派却依靠军队，所有人的眼光都从巴黎的政权之争转向意大利征服者展现的辉煌景象。没有几个人知道，他们的新偶像对果月事件负有多大责任，每个人都铭记着他所取

---

① 《戈耶回忆录》(*Mémoires de Gohier*)；勒德雷尔，《作品全集》，第 3 卷，第 294 页。

得的每一场胜利；当他再次越过阿尔卑斯山，带来获利丰厚的法奥和约，他的声誉直上九霄。

与奥地利的谈判进展缓慢，从夏天一直拖延到深秋，主要原因是弗朗茨皇帝希望，可以趁法国发生混乱之际窃取一些胜利成果。如果不是波拿巴运筹帷幄，情况无疑会是如此。但他一方面让副将在巴黎镇压保王党，同时将得胜之师放在威尼西亚，准备在出现状况时再次入侵奥地利。

在某些方面，果月政变推进了谈判。这一事件即便没能完全消除法国内战的可能性，至少推迟了它的到来；而且，就像英国内乱中的普赖德大清洗一样，果月政变建立了一个代表军队及其首长意志的政府。加之，波拿巴借机摆脱了谈判中的原同僚克拉克，后者与卡诺的关系引起了巴拉斯的怀疑，将其召回。现在，波拿巴成了法国唯一的全权大使，因此，与奥地利的最终谈判和签订的《坎波福米奥和约》几乎全是他的杰作。

然而，在这一关键时刻，巴黎的外交部长是一位注定要获得同时代最高声誉的外交官。夏尔·莫里斯·德·塔列朗似乎是为将旧制度社会与法国革命统一起来而生的。回顾他的生活，就一定要回顾大革命。满怀着改革的热忱，他于1789年领导了对贵族和神职人员特权的前几次攻击，尽管他的命运与后者息息相关。而这种热忱正来自他的睿智和对家庭的怨恨（仅仅因为跛足，他就被剥夺了继承权）。他成为"宪政派"教士的首领，于1790年以主教身份主持了长矛节的祷告活动；但是，由于他的温和派作风，很快就失去了掌握政权的极端派的宠爱。在英国和美国逗留了一段时间后，他回到法国，因斯塔埃尔夫人的引荐而就任外交部长（1797年7月）。他在这个岗位上展现出了最高的天赋：与米拉博的交往使他掌握了明智政策与外交的精髓；国外的经历拓宽了他的视野，并使他对英国的制度和英国人的温和稳重心生钦佩。不过，他对法国的爱深切而热烈，为此不惜大展马基维雅利的权术，背弃友情、打击对手。在拿破仑帝国耀眼的光环之中，他察觉到威胁法国的危险，并向主人提出了警告，但收效甚微——就像过去警告鲁莽的贵族、顽固的教士和狂热的雅各宾派人士，以及后来警告试图复辟君主制的狂热分子那样。如果不过多关注那些肮脏的细节，仅抓住主要的指导原则，他的一生就是与法国人的冲动和党派顽疾斗争的漫长战役；在遗嘱中，他以一段古怪的宣言作为盖棺定论：回顾整个职业生涯，他发现自己从未抛弃任何一个政党，除非它自寻死路。塔列朗多才多艺：他的目光总是充满着睿智与沉着，即使发表尖锐的批判或者说出外交谎言时也依然坚定；他低沉而极具穿透力的嗓音使说出来的话更添力量，有些时候，他翘起嘴唇或因轻蔑而扬起眉毛，甚至比辛辣的批判更令对手不安。简而言之，这位被剥夺继承权的贵族、脱去法衣的教士、幻想破灭的自由主义者，全面体现了旧制度下那个无与伦比的社会——社会思想在伏尔泰的鼓舞下变得活跃，却在恐怖时期的压制下重归沉闷。塔列朗曾在摧毁旧社会的运动中出力颇多，此时又要为在现代化基础上重建它而做出重要贡献。①

　　塔列朗就是要指引拿破仑的那个人，这也成为他毕生的主要工作。"仅仅是波拿巴的名字，就能帮助我克服一切困难"——这就是他与这位伟大将军首次通信时的奉承之词。实际上，他并不信任波拿巴；但是，不知是出于缺乏自信，还是因为所处地位不利（他这时只能算得上外交部的"首席办事员"），在此时进行的谈判中，他并没有采取任何行动来维护文官政府对军队的支配地位。

　　塔列朗就任前两个月，波拿巴已扩大了对奥地利最初的要求，为法国主张莱茵河左岸（西岸）的全部领土，为阿尔卑斯山南共和国主张北至阿迪杰河的所有领土。维也纳宫廷对这些要求极力抵

---

① 布鲁厄姆（Brougham），《政治家素描》（*Sketches of Statesmen*）；圣伯夫，《塔列朗》；布伦纳哈塞特夫人（Lady Blennerhasset），《塔列朗》。

制，令波拿巴大为恼怒，他叫嚷道："这些家伙太迟钝了，他们以为这样的和平条件应该先商量上三年。"

法奥两国谈判的同时，法国和英国之间的一项和平提议也在里尔协商中。对此我们不可能加以详述，需要注意的是，皮特和其他英国大臣（除了格伦维尔之外）真诚地渴望和平，谈判的破裂缘于督政府的傲慢态度。英国选择马姆斯伯里勋爵作为谈判代表或许是令人遗憾的，因为法国人认为，他在前一年表现得行动迟缓且不真诚。但更多证据表明，督政府企图推迟问题的解决，直到他们能够打倒法国内部的敌人。波拿巴在这段时间里的信件表明，他希望与英国签订和约，无疑是为了加大对奥地利的压力。在这方面，他十分失望。果月政变后，督政府变得更加自负，指示塔列朗要求法国全权代表采取更高调的态度。参加里尔谈判的法国公使马雷一直站在温和派一边，因此突然被一位"果月分子"取代；英国提出保留从西班牙手中夺取的特立尼达岛和从巴达维亚共和国那里得到的好望角，均被法国断然拒绝。督政府试图迫使英国将海峡群岛让给法国，将直布罗陀归还给西班牙，这些要求竟是在英国海军取得多次大胜后提出来的。[①]

新的督政府对撒丁国王也同样蛮横。此时坐在都灵王位上的是查理·伊曼纽四世。他继承了一个动荡不安的国家。在米兰和热那亚两个民主共和国威胁之下，更兼臣民鼓噪不休，他努力地想与法

---

① 塔列朗给法国代表们的指示（9月11日）；另见埃尔努夫（Ernouf）《巴萨诺公爵马雷》，第27章和第28章，其中说明了皮特在这些谈判中表现的诚意。

奇怪的是，迪卡斯男爵对英国的观点通常都算公平，但在他的《关于〈吕内维尔条约〉和〈亚眠和约〉的谈判》中，却从一开始就引用了据他说是马姆斯伯里勋爵写的信件，从而给读者造成了先入为主的偏见。这封信没有日期、没有署名，据说是"马姆斯伯里勋爵遗忘在里尔的一封信"。下面的句子怎么可能是这位勋爵写给格伦维尔勋爵的呢？——"总之，除了对梅奥和歌剧院的舞者表示真挚的惋惜之外，我感到欣慰的是，离开巴黎时，看到一些法国人和众多刚皈依天主教的人，以他们的祝福和祈祷，几乎是泪眼婆娑地送别我……果月事件使法国所有善良的敌人都深感惆怅。就我而言，我感到很沮丧，完全没有预料到这样的结果。"显然，这是果月分子拙劣地编造出来给巴黎人看的。一位辉格党人将其翻译成英文，做成题为《真理的声音》的小册子——这是为了党派斗争而歪曲同时代大部分英国政治文献的恰当例子。

第7章 从《莱奥本协定》到《坎波福米奥和约》

国结成攻守同盟，作为压制革命的唯一保证。为此，他为波拿巴的部队提供了一万名皮埃蒙特人，甚至秘密将撒丁岛割让给法国。但这些条件并没有使巴拉斯和同僚们放弃革命政策。他们对与萨伏依王室的盟约不屑一顾，也无视波拿巴的抗议，煽动皮埃蒙特内乱，甚至危及他与法国的交通线。果月政变之后，督政府确实深深忌惮他们在意大利的司令官，给他增加困难成了当务之急。他们以扩大意大利的自由为借口，命令塔列朗坚持将威尼斯和弗留利纳入阿尔卑斯山南共和国。奥地利必须满足于的里雅斯特、伊斯特里亚和达尔马蒂亚，放弃对爱奥尼亚群岛命运的影响力，只能在德意志寻找对意大利损失的补偿。这就是督政府在9月16日所下的最后通牒。不过，这份通牒给波拿巴留下了一个可乘之机：谈判由他独立实施。他也已经决定了谈判的主旨：暂时同意让奥地利保留阿迪杰河东岸和威尼斯城。他不想再改变这些条件了。他厌倦了"这个老欧洲"，已将目光投向科孚岛、马耳他和埃及；当他接到正式的最后通牒时，知道督政府渴望着通过让他极其尴尬的条件重启战端。他对副官拉瓦莱特喊道："是的，我清楚地知道，他们准备让我吃败仗！"更令他愤怒的是，奥什死后，督政府立即将12万人的莱茵军团交给奥热罗指挥，并派出一名军官到意大利军团，带去奥热罗关于果月事件的声明，这表明了督政官对波拿巴政治观点的担忧。波拿巴为此暴跳如雷，再次提出辞职（9月25日）：

"在政府行此可怕、不可思议的忘恩负义之举后，世界上再也没有力量能让我继续为它服务。我的健康情况急需静养……我得到的报偿是良心的满足和后世的评说。相信我，在任何危险时刻，我都将第一个捍卫三年宪法。"

这次辞职当然被拒绝了，督政府以最谄媚的态度挽留了波拿巴；督政官们也准备批准与撒丁的和约。

确实，一时的狂怒过后，波拿巴又坚定了主宰一切的决心，他决定达成和平，尽管督政府刚刚指示，任何将威尼斯出卖给奥地利的和平都是不光彩的。有理由相信，此时他已对这种牺牲感到悔恨。"维罗纳复活节"事件后，他对威尼斯的怒气爆发了出来，谴责其为"凶残、血腥的统治"，可如今，威尼斯在他的巧妙操弄下灭亡，这种情绪就被对人民的怜悯取代了；而且，在马宁总督的帕瑟利亚诺城堡中，他与威尼斯人多有交往，对这座将被他交易给奥地利的城市产生了某种敬意。然而，只有牺牲这座城市，他才能和平地终止与奥国皇帝那令人疲劳的谈判。奥地利公使科本兹伯爵竭力想得到整个威尼西亚、教皇国北部辖地以及伦巴第的一半。[①]波拿巴不懈地迎头痛击，迫使他放弃这些过分的要求。这位小个子科西嘉人擅长各种外交诡计，引诱奥地利人露出破绽，时而爆发出处心积虑的"义愤"，时而又虚张声势地恐吓对手。经过几天的斗智之后，讨论的焦点集中到美因茨、曼托瓦、威尼斯和爱奥尼亚群岛。围绕爱奥尼亚群岛的命运，双方发生了激烈的争论，科本兹坚持要它们完全独立，而波拿巴则力主将其划入法国版图。在一次交手中，他表现得十分激动，以至于掀翻了展示名贵花瓶的橱柜。不过，说他砸碎这只花瓶象征着压垮奥地利宫廷的力量，那是后人对该事件的美化了，关于此事，科本兹在写给维也纳的报告中只说"他表现得像个傻瓜"。也许他巧妙地披露督政府命令中的严苛条款，要比这种暴烈的夸张举动有效得多。最终做出立即攻击奥军阵地的威胁之后，他在上述三个问题上都取得了胜利，不过还是将威尼斯让给了奥地利。

10月17日，和约在坎波福米奥村签订。公布的条款总结如下：奥地利割让比利时诸省给法兰西共和国。在一度十分广阔的威尼斯领土中，法国得到了爱奥尼亚群岛，奥地利得到了伊斯特里亚、达尔马蒂亚、卡塔罗河口地区、威尼斯城，以及西至加尔达湖、阿迪杰河、

---

① 波拿巴9月28日和10月7日写给塔列朗的信。

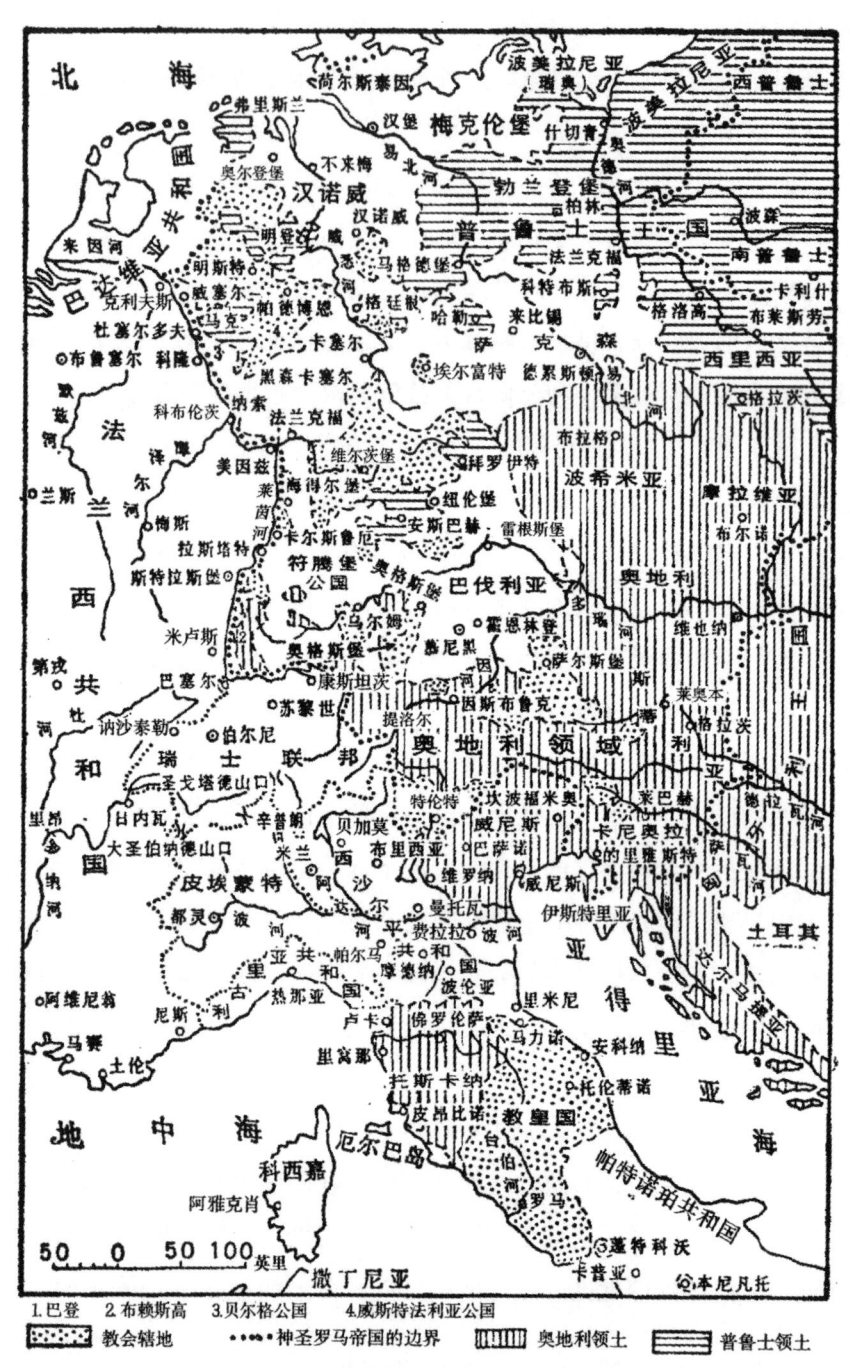

1797年《坎波福米奥和约》后的中欧

1. 巴登 2. 布赖斯高 3. 贝尔格公国 4. 威斯特法利亚公国

教会辖地　　神圣罗马帝国的边界　　奥地利领土　　普鲁士领土

波河下游的威尼斯内陆地区。哈布斯堡王朝承认现已扩大的阿尔卑斯山南共和国独立。法国与奥地利同意在"最惠国"基础上订立贸易条约。奥地利皇帝将莱茵河东岸的布赖斯高地区割让给失去领地的摩德纳公爵。此外,还将在拉斯塔特举行一次大会,由法国和神圣罗马帝国的全权代表管理两国间事务。

条约的秘密条款规定,奥地利皇帝运用其在神圣罗马帝国中的影响力,为法国谋取莱茵河左岸地区;而法国将极力斡旋,为皇帝取得萨尔茨堡大主教辖区,以及该地区与因河之间的巴伐利亚地区。其他秘密条款则规定,一些因为条约公开条款中宣布的变化而遭受损失的君主可在德意志取得补偿。

以威尼斯作为交易筹码激起了极大的愤慨。在独立一千多年之后,该城被承诺解放意大利的将军让给了皇帝。波拿巴试图通过一位威尼斯犹太人的影响力安抚该城的临时政府,但没有成功。这位犹太人皈依之后取了一个响当当的名字——丹多洛。波拿巴将他召到帕瑟利亚诺,向他解释了将威尼斯交给奥地利的必要性:现在,法国再也不能仅为了"道义"而牺牲最好的将士了,因此,威尼斯人必须暂时顺从,保持对未来的希望。这种劝告全无用处。威尼斯民主主义者决心铤而走险,冒死一搏。他们秘密派出三名代表(包括丹多洛),携带大量金钱贿赂督政官,让他们拒绝《坎波福米奥和约》。如果波拿巴不知道他们的使命,这也许是个行得通的办法。波拿巴得知后既惊且怒,因为这事一旦成功,他就将声名狼藉,于是他派遣迪罗克追赶,在三位代表越过滨海阿尔卑斯山之前抓住了他们,将其带到他所在的米兰。在他的怒斥和威胁下,代表们保持着自己的尊严,沉默不语。直到丹多洛请求波拿巴宽大为怀,才唤醒了他常怀的高贵品质。随后,他静静地示意三人退下,去见证他们深爱的城市覆灭。

"虎头蛇尾"这个词常常被罗马帝国的历史学家用于讽刺同时代的各种运动,而今却几乎成了波拿巴早期热情的墓志铭。他在意大利战役的开始便宣称要解放意大利，可这一屡战屡胜的征程，却以一场连颂扬者都难以原谅的投降画上句号。不过，当这位意大利的征服者返抵巴黎，威尼斯的命运在人们狂热的赞扬声中被淡忘了。对英雄的赞颂响彻整个法国，人们争相议论，他在整个意大利中北部播撒自由的种子，以无价的艺术珍宝充实巴黎的各个博物馆，他的军队俘虏了15万敌军并取得了18场重要战役——此时卡尔迪耶罗也被算成了法军的胜仗——和47场较小规模交锋的胜利。督政官心神不宁，将对这位专横的地方总督的仇恨与恐惧藏在宽大的罗马式长袍下，装出热情洋溢的样子迎候他。这一官场戏剧的高潮时，巴拉斯在接待波拿巴时手指北方喊道："到那里去，抓住骚扰四海的大海盗！到伦敦去，惩罚那些长期逍遥法外的恶行！"接着，他仿佛控制不住自己的感情，与将军紧紧拥抱。其他督政官也同样大献殷勤，波拿巴英雄生涯的第一幕——意大利战役——在喧嚣中结束了。很快，大幕又会重新拉开，他将到东方历险，重现亚历山大的功业。

第8章　埃及之战

法国革命者有许多错误的想法，其中最为有害的，便是认为英国人民的财富和力量建立在虚假的基础上。这种对英国弱点的错误认识源于19世纪后半叶经济学派和重农主义的信条：商业本身不能产生财富，因为它只是促进了地球上出产的商品的分配；而农业才是真正财富和繁荣的唯一源泉。因此，他们尊崇农业，牺牲商业与制造业，法国大革命的进程主要围绕农业问题，也与这一方向相合。罗伯斯庇尔和圣茹斯特总是不厌其烦地将简朴美好的田园生活与外贸带来的腐败与软弱做比较；当1793年初雅各宾派的热情使年轻的共和国与英国陷入纷争之时，国民大会的演说家自信预言了"现代迦太基"的衰落。凯尔桑宣称："英国的信誉建立在虚假的财富基础上；……受限于其领土，英国的未来几乎全靠银行，而银行又完全靠海上贸易支撑。削弱这种商业易如反掌，尤其是像法国这种自力更生的国家。"[①]

在英法的斗争中，商业利益始终起到最重要的作用。塔列朗1797年的官方信函证明，除了要求英国将直布罗陀归还给西班牙，督政府还打算声索海峡群岛、纽芬兰北部和英国自1754年以来在东

[①] 另见马尔什（Marsh）的《大不列颠与法国的政治》（*Politicks of Great Britain and France*），第13章；《W.A.迈尔斯关于法国革命的书信集》，1793年1月7日和1月18日的信；以及济贝尔（Sybel）的《法国革命时期的欧洲》（*Europe during the French Revolution*），第2卷。

印度群岛取得的所有领土。①这些要求看上去似乎并不过分。伦敦金融危机和挪威发生的兵变似乎证明了英国的衰弱,而波拿巴的胜利将法国的国力提升到前所未有的高度。邓肯在坎帕当打败荷兰人之前(1797年10月11日),英国好像连海上霸权都丧失了。

此前不久,巴黎宣布国家破产,三分之二的现有债务实际上被一笔勾销,使督政府更急切地图谋打垮英国,这项计划可能恢复法国的声望,也将肯定能吸收波拿巴那巨大的活力,避免他在巴黎生事。至于波拿巴本人,他也乐意接受"英国军团"的指挥权。

"巴黎人记不住任何事,"他对布列纳说,"如果我长时间待在这里无所事事,那就完了。在这个繁华的大都市,一切都是过眼云烟,我的荣耀已经消失了。这个'小欧洲'不能给我足够的荣耀,我必须到东方去寻找:所有不朽的生命都来自那个方向。可是,我希望先沿着(北部)海岸,去看看自己有什么能做的。如果像我所怀疑的那样,进攻英国难以得手,那么英国军团就将变成东方军团,我会带着他们去埃及。"②

1798年2月,波拿巴短暂视察了敦刻尔克和佛莱芒海岸,并做出了结论:入侵英国的行动过于复杂,除非是孤注一掷的最后冒险,否则这样做太危险了。在给政府的一份报告中(2月23日),他对整个局势做了如下总结:

"不管我们怎么做,几年内都不可能夺得制海权,在这种情况下入侵英国是最大胆和艰难的任务……考虑到我们海军的现有组织情况,如果不可能迅速执行这项任务,就必须放弃对英国的远征,满足于伪装的进攻态势,然后将所有注意力和资源投向莱茵河,以

---

① 帕兰,《督政府时期塔列朗执掌的外交部》(*Le Ministère de Talleyrand sous le Directoire*),第42页。
② 布列纳,《回忆录》,第1卷,第12章。另见桑多-罗兰(Sandoz-Rollin)1798年2月28日发往柏林的公文,见于巴约(Bailleu)的《普鲁士和法国》(*Preussen und Frankreich*)第1卷,第150号。

便从英国手中夺取汉诺威和汉堡;①……或者,我们可以进行一次东方远征,威胁英国与东印度群岛之间的贸易。倘若这三种方案都不可行,除了与英国媾和,我想不出其他的办法。"

拿破仑一生中的大半时间,都在诠释着这些计划。为了征服这个最可怕的对手,他不停地选用上述三个计划中的某一个。此时,他判断第一个计划不现实;第二个计划后来以成熟的形式出现在其大陆封锁体系中,但当时也不可行,因为法国打算在拉施塔德会议上解决德意志问题;因此,他将全部的精力投入到第三个计划中去。

征服埃及、恢复法国对印度的霸权,吸引着波拿巴天性中的两个方面。法国三色旗飘扬在开罗清真寺尖塔和德里莫卧儿大皇宫之上的情景,都令他着迷,在他的思想中,南方民族的神秘主义思想与北方民族讲求实际、热衷细节的特性奇妙地融合在一起。纵观世界历史,很少有人像他一样,胸怀宏大的梦想且又几乎都能将其实现。研究政治时,他既高瞻远瞩又见微知著;而在军事上,他既能协调千军万马的大规模行动,又能抓住每一个细节予以调整。论到想象力与实操的平衡,在古代世界里或许只有恺撒可与波拿巴匹敌,但我们对恺撒所知相对较少,而对于这位现代世界最具智慧的人,我们则可从《拿破仑书信集》这一集事实与幻想之大全的宝库中,窥见他头脑中错综复杂的盘算。关于东征的动机,我们就可以从中看到答案。《坎波福米奥和约》签订后不久,他写给塔列朗的信中就出现了如下具有启发性的段落:

"我们的民族特性是,身处繁华之中时往往忘形。我们一切行动的基础不过是对力量组合和机会的估算,如果将其当成真正的政策,我们将在很长的一段时间里成为伟大的国家和欧洲的仲

---

① 粗体字是我所加。我希望读者注意这段话,因为关于1804—1805年拿破仑是否只在获得制海权后才打算入侵英国,是一个颇有争论的问题。参见德布里埃的《不列颠群岛登陆计划》(*Projets de Débarquement aux Iles Britanniques*)第1卷最后部分。

第 8 章 埃及之战　　141

裁者。我再多说一句：我们控制着欧洲的力量平衡，可以按照自己的意志偏向任何一方；如果命运安排若此，我想在几年之内实现这一辉煌成果也并非不可能。此种成果靠的不仅是热情和想象力的灵光一现，只有极度冷静、坚韧和深谋远虑的人才能取得成功。"

这封信是在波拿巴将威尼斯出卖给奥地利皇帝，以换取法国对爱奥尼亚群岛主权的时候写下的。信中提到法国人的忘形无疑是有感而发，因为他当时接到了督政府"彻底改变意大利"的命令。在督政府进一步要求英国交出直布罗陀、海峡群岛和东方领地的同时，又提出此种要求，正是极端的轻忽任性所致。督政府缺乏务实精神，不会在每个时期选择一个伟大的目标，并集中所需的一切精力实现它。简而言之，他选择打击英国在东方商贸的战争，作为下一个行动范围，因为它提供了比法奥战争"更广阔、更迫切和更辉煌的竞技场"；"如果我们迫使（英国）政府求和，就能在东西两个半球得到商业上的好处，这就为巩固自由和公共福利迈出了一大步。"①

波拿巴已为这次东征做好了准备。1797年5月，他曾建议从圣约翰骑士团手中夺取马耳他；9月27日得到督政府批准时，他派出特派员普西耶尔格去执行一项"商业使命"——检视岛上的港口，毫无疑问，还要借机暗中破坏骑士团的纪律。既然英国已从科西嘉撤出，法国可以自由支配意大利北部、西班牙和荷兰的海上资源，那么对那些"关于阴谋和冒险的岛民"关闭地中海，将他们困在了无生气的北海，因时刻准备对其南岸、爱尔兰甚至苏格兰的猛攻而疲于奔命，是完全可行的办法，与此同时，波拿巴征服东方，将使英国的财富来源枯竭："让我们把一切活动都集中在海军上，摧毁英国。那样，欧洲

---

① 1797年10月10日的信；另见8月16日和9月13日的信。

就被我们踩在了脚下。"①

可是，他遇到了督政府的反对。他们仍然坚持彻底改变意大利的计划；波拿巴利用了他们对军队的恐惧，才让这些文官将35000名士兵和他们最好的将军放出国境。这位年轻的指挥官以娴熟的技巧掩盖了绝妙的讽刺，说服了拉勒维里-勒波。这位督政官是新创宗教团体"敬神博爱"的大祭司，该团体已气息奄奄，但他仍竭尽全力想使其死灰复燃。波拿巴向这位自称的"先知"建言，征服东方将为这一新信仰的传播带来辉煌的前景；拉勒维里立刻放弃了彻底变革欧洲的计划，转向更有可能传播其信仰的东方，可万万没想到，向他提出建议的军事首领却在登陆埃及后，马上宣称信仰伊斯兰教教义。

在得到督政府并不明确的同意后，波拿巴不得不面对迫在眉睫的财政困难。不过，资金匮乏的问题适时地因为两个事件的发生而得以解决。第一件事发生在罗马。这座城市前一年动乱不休，高潮出现在圣诞节，迪福将军在一场暴乱中遭到暗杀；这一暴行为督政府提供了渴望的借口，可以名正言顺地在意大利中部发动革命。贝尔蒂埃立即奉命率领法国军队攻打这座不朽之城。1798年2月15日，他没有遇到抵抗就开进了城里，宣布结束教皇的统治，恢复罗马共和国。这种"解放"政策的实质很快就暴露了。罗马的艺术珍宝和财富又一次遭到洗劫，正如吕西安·波拿巴在回忆录中的尖刻评论，新任执政官和财政官的主要职责就是监督挑选送往巴黎的画作和雕塑。贝尔蒂埃不仅为私人财富打下了基础，还向土伦的舰队送去了大量装备，以表示他对远征目标的理解。贝尔蒂埃写信给波拿巴："你派我到罗马，就等于任命我为远征英国的财政官，我会努力地把金库装满的。"

---

① 直到1798年4月13日，波拿巴都坚持威胁英国沿海各地的计划。在当天的信件中，他仍然提到入侵英格兰和苏格兰，并承诺在三或四个月内从埃及返回，以推进入侵英国的计划。布莱·德·拉·默尔特在其《督政府与埃及远征》（*Le Directoire et l'Expédition d'Egypte*）第1章中似乎很重视这一承诺。无论如何，督政府入侵爱尔兰的希望都因为1798年5月爱尔兰不满分子过早起义而破灭。普西耶尔格到马耳他的使命参见拉瓦莱特《回忆录》第14章。

督政府对瑞士事务的干预同样有利可图。沃州地区的居民反抗伯尔尼寡头政权的压迫，为法国政府提供了干涉的借口，他们派出一支军队入侵该地区，击败了瑞士中部地区征募的部队。① 以法国为模板强加一个集权政府，并从这个古老的联邦中夺走日内瓦加入法国，并不是瑞士遭遇的唯一厄运。尽管布吕内将军发布公告，称法国人是威廉·退尔后代的朋友，将尊重他们的独立与财产，但法国特派员们立即开始抢夺伯尔尼、苏黎世、索洛图恩、弗里堡和卢塞恩的金库，总计得到850万法郎；除了130门大炮和6万支步枪，"解放者"们还从强制捐款和掠夺中得到了1500万法郎的战利品。② 这些珍宝中一部分的去向已经预先定下，4月13日，波拿巴给拉纳将军发去一封急件，指示他尽快将战利品送往土伦，立即有300万法郎投入到完成舰队建设的工作中。

这封信以及斯塔埃尔夫人、巴拉斯、布列纳和马利特·杜潘的证词都说明，波拿巴肯定参与了对瑞士事务的干涉，这不仅是波拿巴品格的一个瑕疵，也是法国军队与人民的耻辱。英国诗人柯勒律治过去曾将法国大革命视为更高尚时代的曙光，此时却认为1789年的革命理想已被出卖，他愤然写道：

啊！法兰西，你欺弄天宫，你捣鬼，你盲目无知？

人类的骄子，你吹嘘的难道是：

为霸权而争逐，与各国君王结伴，

捕猎时摇旗呐喊，只为分一杯羹？

邪欲与蒙昧难以抗拒，奴役的只是自己。

在一场疯狂的游戏中，

他们挣脱了镣铐，却将自由之神的名号

---

① 马莱·杜·潘（Mallet du Pan）说，3000名沃州人来到伯尔尼参加抗法斗争："实行民主制度的各州反法情绪最为狂热。"——这是很有启发性的评论。

② 丹德里克（Dändliker），《瑞士史》（Geschichte der Schweiz），第3卷，第350页（1895年版）；另见拉维斯，《法国革命》（La Rév. Franç.），第821页。

镌刻在更重的锁链之上。

法国军队占领了欧洲体系的中心堡垒，这不仅对于理想主义者是个挑战，对德意志各邦统治者也是如此。此举几乎导致与奥地利的决裂，愤怒的维也纳群众已将法国三色旗扯得粉碎。不过，波拿巴尽力避免重启战端，破坏他的东征；他成功了，只是还留下了最后一个麻烦。当他最后一次进见督政官们时，由于一些细节上的不同看法，他激动地表示要交出指挥权。于是，素以言语尖锐著称的勒贝尔草拟了辞职书，交给波拿巴并坚定地说道："请签字吧，公民将军。"将军没有签字，一脸沮丧地离席而去，但心里实际上在盘算着一场政变。这种说法得到了马蒂厄·迪马的佐证，他是从波拿巴的密友德塞将军那里听到此事的。从布列纳、巴拉斯和朱诺夫人的叙述中明显可以看出，在巴黎的最后几天里，波拿巴郁郁寡欢、心事重重，很担心被人下毒。

出发的准备终于完成，悬着的心也放了下来。4月12日秘密发布的官方远征目标包括占领埃及，将英国赶出"将军所能抵达的所有东方领地"；波拿巴还将打通苏伊士地峡，"确保红海成为法兰西共和国自由通行的专有海域"；改善埃及当地人的生活条件，并与土耳其苏丹建立良好关系。另一道密令授权波拿巴夺取马耳他。除了这些谋划之外，他还增加了另一项真正的宏大计划：征服东方后，他将鼓动希腊人和其他东方基督徒，推翻土耳其人的统治，占领君士坦丁堡，并"从后方占领欧洲"。

对渴望探索埃及和美索不达米亚艺术与文学珍宝的学者，波拿巴给予了慷慨的支持。《蒙热传》的作者证实，是这位著名物理学家的热情最先唤醒了波拿巴对东征的愿望，不过，沃尔内在这方面似乎捷足先登，他在1791年多次面见波拿巴。事实上，探索东方奥秘的渴求始终激发着他强烈的好奇心。1797年冬季，他聆听了著名化学家贝托莱的演讲。卡诺流亡之后，著名的法兰西科学院无人执掌，选择波拿巴代替他并非轻率之举。此时，在他的命令和公告上，签名的方式是"法兰西科学院院士、东方军团总司令"，说明他决心将粗鲁无知的做派从法国人的生活中驱逐出去，而那种做派正是恐怖分子们令人憎恶的特征。

因逆风而耽搁多日之后，法国舰队终于从土伦起航。加上来自马赛、热那亚和奇维塔韦基亚等地的船队，舰队最后共有13艘战列舰、7艘巡防舰、多艘炮艇和将近300艘各型运输船，运载官兵35000人。海军上将布吕埃斯担任舰队司令，但归属波拿巴指挥。随总司令一同出征的将军中，军阶最高的是几位步兵师长：克莱贝尔、德塞、邦、梅努和雷尼耶。在他们帐下还有14位将官，其中有几位（包括马尔蒙）已颇有名声。骑兵由忠诚的混血将军亚历山大·仲马①指挥，他的部下除了波利娜·波拿巴的丈夫勒克莱尔，还有两位将来扬名天下的人物：缪拉和达武。炮兵司令是多马尔丁，工兵部队司令为卡法雷利；英勇的拉纳担任总军需官。

舰队平安驶抵马耳他沿海，守卫这个岛的是圣约翰骑士团，他们是与巴勒斯坦异教徒交战的最后一批基督教战士。奢华舒适的生活已消磨了他们的勇气，内部分裂和法籍骑士的阴谋更令军纪败坏。3月，一支法国舰队出现在瓦莱塔港外，希望发动一次奇袭，但舰队司令布吕埃斯判断此举过于冒险，派人前去做了一番拙劣的解释，结果导致骑士团加入了俄国军队。通过与这个骑士团签订条约，将影响力传播到地中海，正是沙皇保罗的豪侠美梦之一。骑士团满足了他对于圣战的狂热，并承诺为俄罗斯提供一个海军基地，以便实现正与奥地利讨论的瓜分土耳其计划。为了确保对马耳他岛的控制，俄国打算花费40万卢布，就在这时，波拿巴预料到莫斯科的图谋，立即出兵夺取该岛。②他轻而易举地找到了一个与骑士团决裂的借口，几个连的

---

① 即法国文豪大仲马的父亲，又被称为"老仲马"。——译注
② 《书信集》，第2676号。

士兵登上海岸，战斗打响了。

如果不是发生内讧，骑士团本可以躲在坚固的城墙里，令入侵者无所措手。但法籍骑士拒绝与同胞交战，而马耳他当地人不堪骑士团的奴役发动起义，迫使大统领投降。英国领事威廉姆斯先生提供的证据表明，在促成这一结果的因素中，当地人的不满比法国金元的影响更大。[①] 无论如何，欧洲最坚固的要塞居然只进行了如此微弱的抵抗，便迎来了一支法国守军，难怪卡法雷利将军视察工事后对波拿巴说道："将军，依我之见，城里有人为我们打开城门，真是一件幸事。"

在马耳他停留的7天中，波拿巴展现了超强的组织能力，人们很快就会发现，半个欧洲都不足以充分发挥他的这种能力。他解散了圣约翰骑士团，曾出过力的法籍骑士得到了退休金；宗教机构被取缔，土地充公归新政府使用；他还建立了一个委员会，在军事总督管辖下施政；暂时维持现有税收，并征收关税、消费税和货物入市税；准备修缮街道、修建喷泉、重组医院和邮局。波拿巴特别关注大学，按照比较先进的法国大学模式，重新安排了课程，但在学习上偏向于精密科学和实用技术。岛上处处都留下了他实用主义思想的烙印，他将生活看成一局国际象棋，其中的"象"（主教）和"马"（骑士）都被认真地驱逐了出去，只留下必不可少的"重子"（国际象棋中的"王"、"后"）和顺从的"卒"。

将马耳他从中世纪的宁静中拖出、投入现代进步的激流漩涡之后，波拿巴扬帆前往埃及。从马耳他或圣约翰教堂中搜寻到的所有金银（不管是金块还是金银器皿）大大充实了他的金库。幸运的是，这座教堂的银质大门已涂上了颜色，逃过了和其他珍宝一同被劫走

---

① 英国外交部档案，马耳他部分（第1号）。威廉姆斯先生在1798年1月30日的公文中称，波拿巴知道有4000名马耳他人支持他，大部分法国骑士也公开表示了支持；但他又说："我确实相信，马耳他人将这个岛交给法国人，是为了摆脱骑士团的统治。"

的命运。①开往亚历山大港的航程中,他研读了请布列纳买来的大量书籍。这些书的构成很有趣,表现了他思想上对历史的强烈偏向,不过,在他后来创办的大学和其他学校中,却小心地限制了对历史的研究。他携带125卷历史著作,其中有修昔底德、普鲁塔克、塔西佗和李维表现古代世界生活的著作译本,而对于现代生活,他将注意力主要放在各民族习俗与社会制度,以及伟大将军的回忆录上——如蒂雷纳、孔代、卢森堡、萨克斯、马尔伯勒、欧根和查理十二②。在诗人中,他选择的是所谓的莪相③、塔索、阿廖斯托④、荷马、维吉尔以及法国戏剧杰作;但他特别喜爱莪相夸张而又雄辩的风格。传奇文学方面,英国文学占有相当大的比重,有40卷之多,当然都是译作。除了少数艺术与科学著作,他还带上了12卷的《巴克利地理学》和3卷的《库克航行记》,这说明他的思想已经飞到了世界的另一端;他打上"政治"标签的书籍包括《圣经》、《古兰经》、《吠陀经》、一部神话集和孟德斯鸠的《论法的精神》!图书的构成和分类同样带来启示。波拿巴认真地寻找攻击对象的弱点——在眼下的战役中,对象是埃及和大英帝国。对这些国家的气候和出产、作家的才能以及宗教精神——他如饥似渴的大脑都不会放过,它能吸收最为多样化的素材,尽归主人使用。希腊神话为他提供了装点公告的典故,《古兰经》约束着他对穆斯林的作为,《圣经》则是他对付德鲁兹人和亚美尼亚人时的指导书。因此,这三本书都归入了政治的门类。

总的来说,这也很好地表现了他对宗教的心态:至少,这是他平素的态度。的确,有那么几个时刻,一种宇宙之王的威压感使

---

① 这一事实来自圣约翰骑士团修道院图书馆馆长克拉肯韦尔(Clerkenwell),我对此深表感谢。
② 蒂雷纳、孔代均为三十年战争中的法国名将;卢森堡是路易十四时代的法国元帅;萨克斯伯爵,萨克森人,路易十五时代的法国名将;查理十二是大北方战争时期的瑞典国王。——译注
③ 莪相是凯尔特神话传说中的诗人,18世纪苏格兰诗人迈克菲森自称发现了他的诗篇,实际皆为伪作。——译注
④ 卢多维科·阿廖斯托是一位意大利诗人。——译注

他的整个身心都超脱了微不足道的投机行为，从宣示性格的角度来说，那几个瞬间绝对比得上他在运筹帷幄和施展外交诡计上花费的几个月，他可以升华到难以想象的崇高境地。在他前往埃及的航程中，就有这样一个插曲，让我们窥见他内心的深处。东方号船上的学者们正在讨论一个问题，波拿巴经常以智力竞赛裁判员的身份提出这样的问题，以判断他们的才学。学者们竞争的目标并非苏格拉底式的追求真理，而是表现自己的才思敏捷。可是，有一次讨论宗教时，波拿巴提出了更为深刻的话题，他仰望着午夜的苍穹，对正在探讨哲学的无神论者们说："各位先生，你们都各有巧思，但是，世间万物是谁创造的呢？"对于这些舌辩之士，还有更巧妙的反驳吗？让人们收起如簧巧舌，将目光投向星光璀璨的夜空，有着不可抗拒的魅力：卡莱尔曾细致入微地称波拿巴有着"对大自然的本能"和"根深蒂固的现实感"，在这件事就能找到例证。或许，这才是真正的波拿巴，只是隐藏在了穆斯林皈依的谎言，以及缔结《政教协约》时的讨价还价等表面现象之下。

不能否认的是，波拿巴的天性中有一丝迷信色彩，久居海边的家族中有天赋的后裔通常都有这种特质，[①]但他平素对宗教采取的是政治"机械师"而不是信徒的态度，甚至在承认相信宿命论时，他实际上也将其纳入自己的谋划之中。他常自比星宿，我们也许可以将此视为对人类轻信的深刻理解。当今的作家几乎肯定地认为，他的所谓星宿，就是为了迷住凡夫俗子。确实，如果我们可以信任米奥·德·梅利托的话，第一执政曾对一大群朋友们承认了上述的大部分情况。他说道："恺撒引述自己的好运气，似乎也对此坚信不疑，他是对的。那是在不冒犯他人自尊的情况下影响其想象的一种手段。"如此坦白有些奇怪，这也正说明，他该有多么强烈的自信，才

[①] 沙普塔尔的著作中有一个有趣的例子（《我记忆中的拿破仑》，第243页）。

能公然承认欺骗。仅凭这件事就可以证明，他觉得自己远比世间的一切凡人高明得多，即便昭告天下，他也仍能主宰命运。除此之外，人们难道真的相信，这位擅长分析的天才会真的相信占星术吗？在他早期的笔记或者后来的通信中，有没有什么证明呢？他在公告和演讲中提到星宿之说，不都是说给老百姓听的吗？

在东方的冒险中，波拿巴的好运气确实无所不在，其中最大的幸运，便是逃脱了纳尔逊的追击。这位英国海军上将预言了他的目标。他扬起满帆，全速前进，到达克里特岛附近时，法军几乎就在他视线之内，并比对手早两天抵达亚历山大港。由于在那里没有找到敌军，他原路折返，在克里特、西西里和伯罗奔尼撒半岛之间的海面上搜索，直至收到土耳其官方消息才又再次东行。帝国的命运往往取决于此类小事。

与此同时，波拿巴诸事缠身。法军在埃及沿岸遭受严重威胁，为了摆脱这种巨大的风险，他以最快的速度，让35000人的部队在亚历山大港附近的马拉波特登岸，并指挥各纵队攻城，于7月2日一鼓而定。

对于夺取中立国领土的行为，波拿巴只有一个借口：实际统治埃及的土耳其总督（亦称贝伊）优待英国商行，并对法国商人犯下了一些罪行。不过，他尽力让土耳其苏丹相信，法国入侵埃及是友好行为，因为这将推翻马穆鲁克政权，该政权已使土耳其在埃及威风扫地。波拿巴对土耳其官员的说辞就是这样，但事实证明，即便对善于巧思的东方人，这一论据也过于微妙，难以理解。波拿巴最为关心的是争取曾臣服于苏丹的各族百姓。表面上，强大的马穆鲁克军事集团拥有一支强大的骑兵部队，在两位总督率领下，几乎不承认土耳其宫廷主张的宗主权。穆拉德和易卜拉欣两位总督相互对立，在统治阶层里制造了重重矛盾，他们之间的不和也使得被统治的阿拉伯和科普特两个民族长期遭受掠夺与压榨。所以，只要尊重所有人都信奉的伊斯兰教教规,就有可能鼓舞他们起来反对统治阶级。为此,波拿巴警示部下,要像对待"犹太人和意大利人"那样对待穆斯林,像尊重"拉比和主教"那样尊重穆夫提和伊玛目。他还向埃及人宣布他虽然决心推翻马穆鲁克暴政,但一定会遵守穆斯林信仰:"号召人们向穆斯林开战的教皇,不就是被我们打倒的吗?马耳他那些愚蠢的骑士相信,攻击穆斯林是上帝的旨意,不也被我们消灭了吗?"法国士兵被这些滑稽的言语逗笑了,被解放的人民也完全理解波拿巴公告最后的威胁,那是由不可抗拒的力量做后盾的。①

安排好亚历山大港的事情后,波拿巴留下英勇的克莱贝尔指挥当地驻军,命令其他部队挺进内陆。或许,他从没有像这次越过沙漠、直取达曼胡尔的进军那样,更明确地展示迅速进攻的价值了。取道罗塞塔的路线较为平坦,但他因为路途较长而拒绝了,并让梅努将军占领该城,支援一支小船队沿尼罗河而上,与挺进开罗的大军会合。7月4日,主力部队第一师趁着夜色进入亚历山大港以南的沙漠。一切情况都是陌生、可怕的,烈日当头,士兵们腰酸背痛,抱怨之声渐高。这就是"比伦巴第还要肥沃"的地方,是他们漂泊的终点!当他们第一次从船上看到亚历山大港东面的沙漠时,一位爱开玩笑的士兵对同伴喊道:"看,那就是应许给你的6亩地!"抵达那座城市之前,参谋们耳边就不断传来这样那样的嘲讽,一切的纪律性规定都无法阻止。更糟糕的是,此时部队身处沙漠中的流沙之处,贝都因人又不断地前来骚扰,士兵们还要忍受毒蝎蜇咬和难熬的干渴。阿拉伯人用石头填塞本已不多的水井,工兵们经过长时间的挖掘才能得到珍贵的饮水。为了几滴泥浆,士兵们狂奔而来、大打出手。法军就这样挣扎前行,后续各师更是苦不堪言。按参谋长贝尔蒂埃的话说,当时水贵如

---

① 阿拉伯人对这些事件的叙述很有趣味,作者是纳库拉(Nakoula)和阿卜杜勒－拉赫曼(Abdul Rahman)。德韦尔努瓦《回忆录》的编辑迪富克(Dufourcq)先生充分利用了这些叙述,做了许多有启发性的脚注。

金。就连最为勇敢的军官，也在愤怒和绝望中一蹶不振。[①]

但是，波拿巴并没有畏缩。他以坚定和沉着的态度，给这些幼稚的闲话以最有力的回击；当窃窃私语的士兵中有人大胆地提问："将军，您就要这样把我们带到印度吗？"他敏锐的反驳令说话者和同伴们羞愧难当："不，我不会带上你这样的士兵。"这句话正中要害，法国人的荣誉感帮助士兵们经受住了干渴的折磨；士兵们步履蹒跚地抵达尼罗河畔，饱饮甘泉之后，他们才认识到，波拿巴有着超人的意志，并对部下的忍耐力有着很强的信心。即使在艰苦的沙漠行军中，法国人的乐天精神也没有完全销蚀。为了让精神萎靡的战士们振作起来，总司令派出一些最忠诚的将领与他们同行，其中就有天赋异禀的卡法雷利，他曾在莱茵河战役中失去了一条腿。他鼓舞士气的话语在队列中引发了妙不可言的回答："呀！他当然不在乎了，他还有一条腿在法国呢。"说到周围潜行的贝都因人，士兵们同样妙语连珠，他们把这些袭击掉队士兵和盗贼的人称作"公路骑警"。

在舍布雷斯轻松打退800名马穆鲁克士兵的冲锋之后，法军从尼罗河两岸一路开往开罗对面的伊姆巴巴。马穆鲁克军在好战的总督穆拉德率领下，于该地扎下了坚固的营盘；这支实力超群的骑兵正在那里严阵以待，准备以旋风般的冲击压倒入侵者（1798年7月21日）。形势与周围环境都激发了双方殊死一战的决心。自圣路易时代以来，这是东方骑士精神和西方开拓图谋的第一次猛烈碰撞；法国共和派战士的热情，也不亚于当年的十字军战士。两支军队的身旁，神秘的尼罗河奔涌翻腾；远处的开罗尖塔闪着微光；雄伟的金字塔则在南面若隐若现。面对四千年来的岁月印迹，波拿巴以富有想象力的语调，鼓励士兵们发扬法国人天性中的勇敢精神，坚持战斗。他们以紧密的队形向马穆鲁克人深沟高垒的军营挺进，左侧几个师突破防御工事，消

[①] 德热内特（Desgenettes），《法国东方军团医学史》（巴黎，1802年版）；贝利亚尔，《回忆录》，第1卷。

灭了火力微弱的炮兵，屠杀营里的敌军。

可是，正当其他几个师排成方阵、目睹战友建功立业之时，马穆鲁克人向他们冲杀过来。从海市蜃楼的薄雾中，从沙丘的背后，或从平原上星罗棋布的西瓜架后面，大约一万名精壮骑兵突然出现，扑向德塞和雷尼耶指挥的方阵。他们骑乘披挂华美的马匹，头上插着的羽毛迎风飘扬，发出阵阵狂野的喊杀声，加上精妙的射术与刀法，都让冲锋的情景摄人心魄。法军的步枪子弹和葡萄弹如同割草一般地杀伤前排的快马，但活着的大群骑兵继续席卷而来，几乎压垮了方阵的正面，随后又向侧面发动冲击，像浪涛一般涌过方阵之间的死亡通道。在这里，他们也遭到法军侧翼持续火力和后方纵队齐射的大批杀伤，只能在筋疲力尽之下败退，在方阵前面留下成堆的尸体，二十多名最优秀的骑手也在其中，这些人的勇敢和娴熟骑术使其深陷刺刀丛中。此时，法军发动了攻势，德塞师威胁着穆拉德骑兵的撤退路线，这位机警的总督撤回了溃散的队伍；其他埃及部队尽管伤亡惨重，仍尽力渡过尼罗河，投入易卜拉欣帐下。易卜拉欣并未参加这场战斗，正匆匆逃往叙利亚。法军在这场"金字塔战役"中付出了约30人阵亡、另有约十倍伤者的代价，夺得了一块殖民地。在阵亡者当中，有20人死于两个法军方阵的交叉火力。①

波拿巴在开罗停留两周，让疲惫的官兵们得以休整并安排占领区事务，然后向东追击易卜拉欣，将其赶入叙利亚，德塞则同时在上埃及猛攻穆拉德的部队，此役历尽艰辛但取得了大胜。不过，胜利者很快发现，在埃及仅取得军事上的胜利是没有用的。当波拿巴返回新殖民地完成组织工作的时候，听说纳尔逊已经消灭了他的舰队。

7月3日从亚历山大港出发之前，法国总司令向他的舰队司令下达命令，但必须加以说明的是，这事的真实性存疑：

---

① 我主要根据罗维戈公爵萨瓦里《回忆录》第4章中的叙述。另见德韦尔努瓦《回忆录》第4章。

"舰队司令应于明日向总司令报告，舰队能否进入亚历山大港或阿布基尔锚地，集中侧舷火力，抵御敌军的优势兵力；若这两个计划均不可行，他必须起航前往科孚岛……将轻型船只和小舰队留在亚历山大。"

布吕埃尔很快发现，第一个计划充满了严重的危险：深度测量证明，亚历山大港入口对大型舰船最为困难——维尔纳夫和卡萨比安卡的判断也是如此——而一艘英国战列舰便能封锁出口。至于阿布基尔或科孚岛这两个备选港口，布吕埃尔继续说明："我渴望着能尽一切力量帮助您；正如我已经说过的，只要您乐意将我派到那里去，任何岗位都适合我。"这是相当含糊的措辞，意思好像是说，选择科孚岛只能无所作为，对他来说有辱人格；而在阿布基尔，他坚称自己能积极地保护大军的后方。因此，他将最大的战舰停泊在那个海湾里，相信险要的进港航线能保护他免遭突然袭击，但却没有为被迫在锚地作战进行任何特殊准备。[①]他的决定可能不如波拿巴的决定合理。在向开罗进军和在那里停留时，波拿巴两次命令布吕埃尔开往科孚岛或者土伦，因为将军明显看出，如果法国舰队停泊在防护严密的锚地，会比在开阔的阿布基尔海湾更有利于控制地中海。但这些命令是在英军发动攻击之后才送达舰队司令那里的，所以，谴责布吕埃尔决定留在阿布基尔冒险作战，而没有采纳审慎但有损荣誉的战略，也有失公允。

英国海军上将纳尔逊搜遍地中海东部，终于在距罗塞塔尼罗河口约10英里处发现了阿布基尔湾的法国舰队。它停泊在一个浅滩的背

---

① 参见他的命令，载于《拿破仑·波拿巴公私函件，埃及部分》（Correspondance officielle et confid. de Nap. Bonaparte, Egypte）第1卷（巴黎，1819年版，第270页）。这些记录可以驳斥马汉上校关于布吕埃斯在阿布基尔"幻想和麻痹"的说法（《海权对法国大革命和帝国的影响》，第1卷，第263页）。相反，尽管他因为痢疾而身体虚弱，因为缺乏补给和陆战队不服管束而忧心忡忡，但他在这种情况下确实尽力而为了。参见朱里安·德·拉·格拉维埃（Jurien de la Graviere）《海战史》（Guerres Maritimes）第1卷附录中他的几封信。

风处，一般的海军将领无法攻击这种锚地，尤其是在太阳下山之后。然而，纳尔逊知道，法国人的首舰在锚地可以自由转向，他由此得出一个正确的结论：英国舰队可以在布吕埃尔的停泊线和浅滩之间航行。英国舰长们将5艘战舰插进法国军舰和浅滩之间，其他舰艇则从向海一面开过敌军停泊线，将其逐一击毁；经过一夜的大屠杀，8月2日黎明，阿布基尔展现了海军史上空前的破败景象。只有两艘法国战列舰和两艘巡防舰逃脱，巨舰东方号连同船上的马耳他战利品一起被炸毁，其余11艘战舰或被缴获，或被焚毁。

对波拿巴而言，这次惨败简直是晴天霹雳。就在两天之前，他从开罗写信给布吕埃尔说，英国人的一切行为使他坚信，敌人在数量上处于下风，完全满足于封锁马耳他。可是，为了恢复大军因此次败仗而低落的士气，尽管他已丧失了信心，仍然装出一副自信的样子说："好了，我们要么留在这里，要么就像古人那样创出一番伟业。"[①]他最近曾向密友们保证，击溃土耳其总督的部队之后，他将返回法国，给英国沉重一击。不管他曾经有何图谋，此时都已成为所征服土地上的一个囚徒。波拿巴的手下都对这悲惨的状况口出怨言，连贝尔蒂埃、贝西埃、拉纳、缪拉、老仲马等最高级的军官也莫不如是。可这位司令官身处逆境，精神却愈加振奋，采取有效的手段平息不满。他对具有黑白混血儿血统、身材强壮的老仲马喊道："你对别人发表了煽动性的言论，当心，我只是不想行使权力，六英尺（约1.8米）高的身躯并不能让你免于枪毙。"他给几位最为不满的军官发放了回法国的通行证，因为他深知，纳尔逊取胜后，这东西几乎没有什么用处。其他军官则表现得更加过火，建议将亚历山大港的巡防舰和运输船拆毁，放在骆驼背上送到苏伊士，用来入侵印度。[②]

---

① 德韦尔努瓦，《回忆录》，第5章。
② 同上，第6章。

在这种沮丧的时刻，波拿巴的天才之光比任何时候都更加明亮。他的敌人估计，他和筋疲力尽的部队肯定徒劳地想方设法逃出这不毛之地。纳尔逊还将法国战俘放回岸上，以便增加他们在食物上的困难。波拿巴和他的学者们发挥了第一流的创造力，使这支大军不用依赖欧洲。这是一个规模宏大的项目。舰队的覆亡夺去了他们的珍宝和许多机械装置，学者和工程师们实际上只能从头做起。其中一些人努力扩大玉米和水稻种植，或者建造大型烘炉和面包房、风车磨坊，解决食品供应问题。其他人则全力培植葡萄园以供未来之用，或者制造某种当地啤酒，以解士兵们的饥渴之苦。他们开建铸造厂和车间，尽管进度缓慢，但已有工具和机器出产；地下的珍宝自然也不能放过，他们制炼纯碱、建立硝石厂，为军队造出了火药，这种活力不禁让人想起了1793年的奇迹。

波拿巴仍保持着往常的学习热情，一周数次出现在化学实验室中，或者关注贝托莱和蒙热所做的实验。他渴望着凝聚学者们努力的成果，并对实用技术和深入的理论研究同样尊重，为此，他联合这些科学先驱，组建了埃及科学院。1798年8月23日，科学院在一所原土耳其总督的府邸里举行成立仪式，蒙热出任院长，波拿巴任副院长，还加入了数学部。他也确实想尽办法协助学者们工作，过去，这座宫殿里回荡的是鲁特琴声、令人厌烦的闲话和无聊的笑声，而今听到的却是他们宣读科学论文的声音。学者们的工作并不限于开罗和尼罗河三角洲，德塞在上埃及连战连胜之后，尼罗河中游的和平研究立刻开启，西方学者被孟菲斯的瑰宝惊得目瞪口呆。许多容易搬运的遗迹送回开罗，再从那里送到罗塞塔或亚历山大港，以便装点巴黎的博物馆。可是，学者们的谋划能否成功，最终还要靠海军力量，现在，除了少数例外，这些文物都在英国的博物馆里。

除了考古之外，学术工作还做了许多拓展。天文学从卡法雷利将军的观测中得益颇多。为了精确勘测埃及，法国人开始了一系列测量工作：地质学家和工程师检视了尼罗河河道，记录河口或两岸冲积物的发展情况，由此计算出三角洲各部分的地质年龄。在这位伟大征服者的一生当中，从没有一个时期像此时一样，证明了他对利古里亚共和国官员说出的崇高话语："真正的征服是对无知的征服，这也是唯一没有遗憾的征服。"

以上就是对埃及"文艺复兴"的简略概述。埃及曾是科学与学术的故乡，在遥远的过去，它曾以璀璨的文化丰富了野蛮的欧洲人的生活，但在被阿拉伯人征服的1100年里，这里几乎成了一片荒野，而今，正是凭借着诞生于此的文化的应用，它重见天日，再次发达起来。欧洲人终于偿还了这笔难以估量的债务，主要靠的是波拿巴强烈的进取心，这也是他名闻天下、深受后代敬仰的许多原因之一。与这位无所不通的天才相比，即便是最卓越的对手也只能自惭形秽！与此同时，奥地利的查理大公正在庄园里无所事事。至于博利厄和维尔姆泽，更是无人问津。纳尔逊刚刚取得一场大胜，对自己说"拿破仑已经见鬼去了"，便拜倒在一位美人的石榴裙下，屈从于欧洲最可憎的专制宫廷。当这位海军上将在那不勒斯的锡伦海岸败坏自己的名声时，他伟大的对手却竭尽巧思，力挽狂澜，尽管笼罩在失败的阴影之下，仍给这片黑暗的大陆带来了曙光。波拿巴的对手只是陆军或者海军上将，深受愚蠢教育和狭隘民族意识的阻碍；而他热切地学习当时的新知识，发现这些知识对重组社会可能起到的影响。他不仅仅是一位将军。即使在他将骄傲的东方骑士打得七零八落、为布吕埃尔指出最安全的行动路线时，他也能挤出时间，大大扩展了人类的知识领域。

波拿巴也没有忽视埃及的政治。他利用当地人组成的一个理事会听取建议、宣传自己的主张。进入开罗后，他立即指派9位教长，组成一个议事机构，每天商讨公共秩序和城市食品供应的问题。接着，他为埃及组建了一个全体国民议会，并为各省建立较小的地方议会，要求它们就司法和税收问题提出建议。[①]这些机构使用了东方术语，无疑是一种聪明的策略，但不管是法国人、阿拉伯人还是土耳其人，都知道真正的大权都在波拿巴手中；他重新分配税收的技巧对当地的繁荣发挥了一定作用，使埃及能够承受法国军队不断的征用。他建立的造币厂和一家埃及贸易公司也促进了这个新殖民地的福利。

各种各样的辛劳工作并没有令波拿巴的创造力枯竭，前往苏伊士的旅途中，他遇到了沙漠中的一支驼队，注意到这种动物的奔跑速度，于是决心组建一支骆驼骑兵部队。1799年1月的实验取得了巨大成功，以至于法军士兵以进入这支部队为荣。每只骆驼可以驮载两名士兵以及他们的武器和行装；骑兵身穿天蓝色军服、裹白色头巾；骆驼脚步轻快、行动准确无误，即便对遥远的贝都因部落，也能实施可怕的打击，面对在常年居住的沙漠中也能智胜自己的天才，贝都因人只能拜服。

数个蒂沃利式花园的开放，满足了官兵们娱乐的需求；在雄伟的金字塔下，罗亚尔宫的奢华生活生根发芽：觥筹交错、骰子滚动，人们被东方的艳舞迷得神魂颠倒；波拿巴本人也曾迷恋上了一位手下军官的妻子，并因此遭到他的继子欧仁·博阿尔内的指责。但是，约瑟芬在巴黎不忠的消息传来，已令他变得不顾一切了；他为此给哥哥约瑟夫写了一封感伤的信，这也成了他逐渐消退的理想主义思想垂死的悲鸣：

"我的私生活里有太多的烦恼，因为面纱已完全撕下。我只剩下你了，你的感情是我最珍贵的财产；只有失去她和看到你背叛我，才会让我变成一个厌世者……帮我在巴黎附近或者勃艮第买一座乡间别墅，等我回国后就住在那里。我需要一个离群索居的地方：我已厌倦了繁华，感情的源泉正在枯竭，荣耀也了无趣味。我才29岁，就已

[①] 1798年7月27日的命令。

看破红尘，只能做一个彻头彻尾的利己主义者。"①

关于波拿巴身着东方服装出现在公众场合，以及参加清真寺宗教活动的传言很多。梯也尔甚至说过，在一个重要节日里，波拿巴到大清真寺去，像真正的穆斯林一样盘着腿、左右摇晃身体，反复祷告，"以真正虔诚的态度感染信徒们"。但是，无论这段叙述多么引人入胜甚或幽默，整件事都和这位史学家所希望的宗教成果一样缺乏证据。真相似乎是波拿巴前往教长艾尔·贝克里家中，饶有兴趣地以旁观者身份出席了先知的诞辰纪念仪式。在场的有数百名教长，他们在讲述穆罕默德生平事迹时身体左右摇摆；波拿巴随后参加了一次东方宴会。但他从未忘记自己的尊严，绝不至于身着头巾和宽松长裤出现在公众面前，他只有一次如此打扮，还是为了和手下开个玩笑。②他致力于打扮成穆斯林的模样，倒是毋庸置疑的，他竭尽全力让开罗的伊玛目们相信自己渴望皈依他们的宗教，便是一个证明。《圣赫勒拿岛之声》是由存疑的材料汇编而成的，根据其中的记载，波拿巴曾召集伊玛目们商讨，是否有可能接纳一个未行割礼、也没有戒酒的人入教。对于后一个条件，他的解释是法国地处北方，在寒冷的冬季里，可怜的居民们没有酒就无法生存。在很长一段时间里，伊玛目们都反对这一要求，因为这比割礼的问题还要难以解决；不过，长时间的磋商之后，他们决定，考虑到波拿巴做了大量好事，这两个入教的条件都可以豁免。这一答复与波拿巴的要求同样有着微妙的讽刺意味，双方在这场斗智中都没有上当。

很快，法国人就挨了当头一棒。连续几天都有流言称，正在上埃及与马穆鲁克人交锋的德塞师被困在沙漠之中；这一消息激起了埃及人对异教徒潜藏的敌对情绪。从开罗的许多尖塔里传出的不再是日常的祷告，而是拿起武器的号召。10月21日，驻守开罗的守军遭到猛

---

① 杜卡斯（Ducasse），《列王纪——拿破仑的兄弟们》(*Les Rois, Frères de Napoléon*)，第8页。
② 《拿破仑回忆录》，第2卷；布列纳，《回忆录》，第1卷，第17章。

第8章 埃及之战　159

烈而突然的袭击，形势令人难以预料。法国人的纪律性和葡萄弹最终占据了上风，随后的一场东方风格的残暴镇压打垮了城市和附近乡村居民的勇气。开罗和尼罗河下游所有战略要地都建起了堡垒，埃及看起来被征服了。

年底，波拿巴确信已控制了埃及民众，于是前往苏伊士和西奈半岛旅行。这次旅行既有实效又不乏浪漫，正是他一贯喜欢的。他努力重振商贸，为此降低了关税，创办埃及贸易公司的分支机构，并亲切会见了前来示好的一个托尔地区阿拉伯代表团。① 随后，他游览了摩西泉，但据朗弗雷所说，他曾前往西奈山，在修道院登记册上穆罕默德名字的旁边签上自己的大名，这并非事实。还有人说，返回苏伊士地峡时，他遇上红海涨潮，险遭不测。如果我们可以信任萨瓦里（他并非同行者）的说法，一行人平安归来多亏了总司令的一席话，夜幕降临时，大家都手足无措，波拿巴将随行的骑兵排成纵队，直到再次发现地势较高的堤道。在苏伊士北部，他凭借久经考验的观察力，发现了塞索斯特里斯②开凿运河的痕迹。手下工程师的观测证实了他的猜想，但重建运河工程浩大，只得放弃了修建一条通海运河的想法。返回开罗后，他立刻写信给马斯喀特的伊玛目，请后者相信自己的友谊，并恳求其转致一封信给蒂普阁下，提出与印度联盟，将其从"英国的枷锁中"解救出来，并说明法国已在红海沿岸部署了"人数众多、不可战胜的军队"。这封信被一艘英国巡洋舰拦截，波拿巴宏大的计划引起了英国的恐慌，促使英军付出努力，蒂普因此丧命，法国则丢掉了在印度的大部分殖民地。

---

① 《贝尔蒂埃回忆录》。
② 塞索斯特里斯是古埃及法老，曾征服了下努比亚地区。——译注

第9章　叙利亚

在这个时候，土耳其已向法国宣战，并派出一支大军取道叙利亚，企图收复埃及，另一支远征军也正在罗得岛集结。和所有伟大的军事统帅一样，波拿巴从不满足于防御，信念与好斗的天性都促使他向对手发出致命一击，而不是被动挨打；他认为，自己可以在冬季的大风停止之前出击，消灭从叙利亚来的部队，因为打算从阿布基尔上岸的另一支土耳其远征军需要借助风势。如果在埃及等待，他就将两面受敌，相反，向雅法和阿卡发动进攻，可以摆脱敌人的主力部队。除此之外，他在1799年2月10日写给督政官们的信中解释道，占领那两个城镇可以洗劫英国舰队的补给基地，从而削弱它在埃及沿岸的活动能力。对叙利亚战役的上述论证都很容易理解，也很合理。但他还透露，会将德塞和编外的埃塞俄比亚雇佣军留下来防御埃及，他本人则将完成对叙利亚和东方的征服。他将煽动黎巴嫩和亚美尼亚的基督徒造反，推翻亚洲的土耳其政权，然后向君士坦丁堡或德里进军。

考虑到波拿巴在这些冒险行动中只有12000名官兵可用，人们很难认真地看待这一宏大构思。如果这个计划是其他人提出的，定然会被斥为完全堂吉诃德式的空想。可对于波拿巴，我们就必须寻找一些实际的目的，因为他的构想从来不会脱离现实，在他的巅峰时期，想象力只是政治与战略的"侍女"而非"情妇"。或许，这些远大的愿景只是为了鼓舞官兵们，令法兰西为之着迷。他已经证明，想象对那个容易感动的民族有着巨大的力量。从某种意义上讲，他的整个远征就是一出生动别致的戏剧,而气势恢宏的高潮部分,就在东方帝国的计划之中,这一计划揭示了令人眼花缭乱的远景,将他的形象隐藏在壮观的海市蜃楼之中,而那几位文职出身的督政官只不过是可笑的傀儡罢了。

如果认真地看待这些宏伟计划,也是可能提出另一种解释的,也就是说,他以亚历山大大帝为榜样,后者曾以一支人数虽少却训练有素的军队,打败了东方那些不可一世的帝王。不过,如果波拿巴真想重复这一先例,那他就错了。亚历山大大帝刚崛起时兵力确实相对较少,但他至少有一个可靠的作战基地,驻扎在色萨利的军团十分强大,足以威慑雅典人,使其不敢将敌意转化成危及马其顿海上交通线的攻击。因此,雅典舰队从来没有给马其顿带来真正的威胁,而此时的纳尔逊和西德尼·史密斯正对波拿巴虎视眈眈。法国舰队从土伦起航以来,英国的地位已有了极大提高。纳尔逊是地中海的王者,爱尔兰起义已彻底失败,反法同盟逐渐成形,因此,在埃及的法军部队不可能得到实质性的加强。波拿巴还没有完全了解祖国所面临的危险,但仅仅是必须承受英国在叙利亚沿岸制海权带来的压力这一事实,就足以打消他与亚历山大相提并论、成为东方皇帝的任何想法了。[1]

现在,让我们从对波拿巴动机的猜测回到事实中来。2月初出发后,法军在阿里什堡擒获了大部分土耳其前锋部队,但又将他们全都放走了,条件是至少一年不许拿起武器对抗法国。接着,得胜之师挺进雅法,尽管守军坚决抵抗,法军仍于3月7日猛攻得手。对野蛮可憎的对手取得大胜使法军兴奋异常,在城里大肆抢掠和屠杀,此时波拿巴的两位副官答应放过一大群藏身于商队旅馆的守军,得胜的将士

---

[1] 1798年11月4日,法国政府向波拿巴发出了一式三份的公文,说明了他们对爱尔兰的图谋已经失败,然后敦促他在如下几项计划中选择:(1)留在埃及,这是政府方面明显不赞成的,(2)进军印度,与蒂普合作;(3)向君士坦丁堡推进,以便法国能参加对土耳其的瓜分,当时彼得堡与维也纳宫廷正在商讨此事。在波拿巴出发前往叙利亚(2月10日)之前,似乎没有收到这一公文。布莱·德·拉·默尔特的《督政府与埃及远征》全文收录了这份有趣又或许暗含诡计的公文(附录,第5号)。

们才很不情愿地饶了他们。为此，波拿巴对副官不合时宜的仁慈大加申斥。此时，该怎么处理这2500—3000名俘虏？不可能信任他们，让其加入法军的队列，而且，波拿巴自己的官兵给养并不充足，他们对与土耳其和阿尔巴尼亚战俘分享食物已颇有微词。把战俘送到埃及又怕散布不满情绪，只有300名埃及人这样被送走。[①]最后，在将士们的要求下，剩下的俘虏都在海边遭到射杀。不过，有人心怀恶意地断言，波拿巴乐于下达这种残酷的命令，那就没有什么根据了。相反，他推迟了三天，直到补给的困难增大，士兵们怨言不断，才采取了这个最后手段。

况且，在法军处死的俘虏中，有许多人曾参加过阿里什堡的战斗，违反了不再在该战役中对抗法军的承诺。朗弗雷先生断言没有证据说明这些人的身份，但根据我在英国海军部档案中找到的一份文件，他的说法站不住脚。这份文件是西德尼·史密斯爵士报告的附件，是土耳其总督格扎尔的秘书1799年3月1日从阿卡发来的，总督在信中急切地恳求英国将军前去援助，因为他的部队没有守住阿里什堡，而就是这支部队放弃了加沙，在雅法恐惧地等待法军的来临。从军事角度看，雅法的这场屠杀或许情有可原；波拿巴不情愿地同意处决战俘，与许多指挥官在类似情况下的所作所为形成了鲜明的对比。雅法这样的插曲也许并非全无益处，它帮助人们睁开双眼，深刻理解"一将功成万骨枯"的道理。不处决这些战俘，法军就需要派出一个营，将他们押往埃及，那将严重削弱这支本就不大的军团，所以，只能出此下策。

现在，波拿巴将要面对更可怕的对手。在阿里什堡，克莱贝尔率领的师就已出现了几起鼠疫病例，这个师是从罗塞塔和杜姆亚特开来

[①] 贝尔蒂埃，《回忆录》；贝利亚尔所著《布列纳及其错误》(*Bourrienne et ses Erreurs*)也纠正了布列纳的说法。至于朗弗雷否认的食物匮乏问题，参见克雷特利（Krettly）舰长的《历史记忆》(*Souvenirs historiques*)。

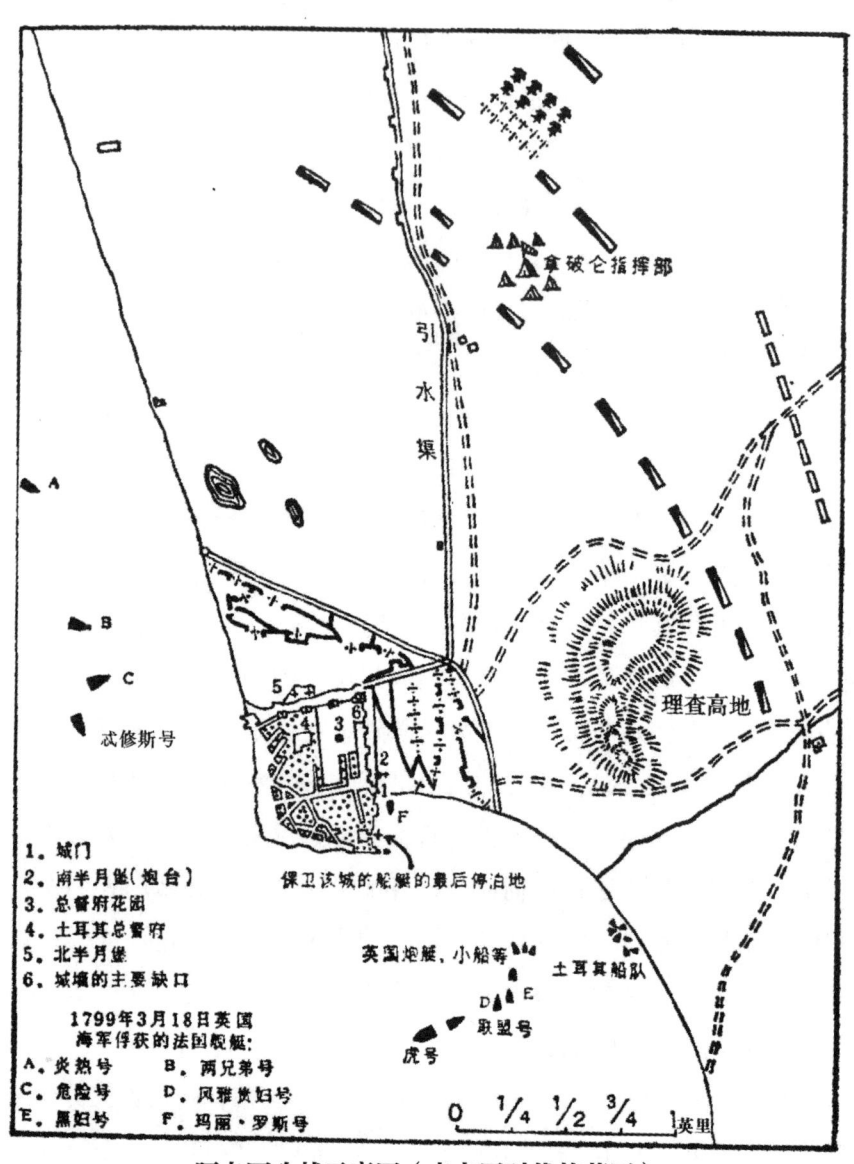

阿卡围攻战示意图（来自同时代的草图）

的；撤退的马穆鲁克和土耳其部队留下许多尸骸，可能也将这种疾病当成致命的"遗产"赠予追击者们。雅法之战后，军团中的各营都遭到了这种瘟疫的侵袭，因此也可能加快了波拿巴向阿卡进军的脚步。可以肯定的是，他拒绝了克莱贝尔的建议：向内陆的纳布卢斯（古称示剑）进军，并从那个核心区域控制巴勒斯坦，对抗格扎尔势力。[①]

波拿巴一贯喜欢迅速直插敌人心脏，他决心直接进军阿卡，在那里，臭名昭著的土耳其帕夏固守的不过是薄弱的城墙，以及他处心积虑以残暴建立起来的恐怖气氛。从十字军时代以来，这个海港一直是巴勒斯坦军队的主要集结地；不过，此时港口已几乎淤积，连紧邻的海法锚地都荒废了，只有东方人才认为这座要塞坚不可摧。沃尔内在他的著作《废墟》中这样评论阿卡："在亚洲的这一地区，人们对有关现代城防的一切——棱堡、防线、廊道、壁垒等等——都全然不知，只要派出一艘30门炮的巡防舰，就可以轻松地将整个海岸炸成废墟。"旧友的这番评论无疑使波拿巴产生了错误的自信，雅法大捷之后，士兵们也期待着在阿卡取得一场轻松的胜利。

若不是英国人出手相助，法军取胜应该是毫无疑问的。对于西德尼·史密斯爵士到来之前阿卡的情况，忒修斯号舰长米勒是这样报告的：

"我发现除了面向大海的之外，所有炮眼都是空的。城里的垃圾随处乱丢，堆积如山，封死了从城门到侧翼炮群和大海的通道……他们的炮兵阵地上都没有炮塔、转动装置或防弹片装置。他们有许多炮，但通常很小且有故障——炮架一般也是如此。"[②]

米勒舰长花费了许多精力，弥补了其中一些缺陷，但在3月15日西德尼·史密斯爵士抵达时，阿卡的防御仍极度薄弱。英国地中海东部分舰队已交由这位激情四射的年轻军官指挥，这令纳尔逊十

[①] 埃尔努夫，《克莱贝尔将军》（*Le General Kléber*），第201页。
[②] 英国海军部档案，地中海部分，第19号。

第9章 叙利亚　165

分气愤。史密斯的运气很好，在芒特卡梅尔海角抓获了7艘运送波拿巴攻城辎重的法国船只。这一事件对阿卡围攻战和整个战役都有决定性的影响，这些法国大炮本应用来轰塌阿卡的城墙，现在却匆匆安装在那些城墙之上，两艘英国巡防舰也得到了炮舰的增援，准备向堑壕里或冲向城墙的法军攻击部队猛烈射击。在法国保王党军官菲利波的指挥下，阿卡城防也很快得到加强。菲利波是波拿巴的老同学，后来却和西德尼·史密斯成了战友，两人一起被法国革命者监禁，又一起越狱成功。菲利波与这位喜欢冒险的年轻海员休戚与共，一同航行到黎凡特，此时又将身为出色工程师的科学知识用于阿卡城防。在勇敢的英军军官与水兵的帮助下，他全力修补法军野战炮炸开的裂缝，在最薄弱的位置修建了内层防御工事，挫败了法军最为猛烈的攻势。连战连捷使法国士兵信心十足，伟大的司令官亲临指挥更使之士气大振，他们九次冲击城墙的这些缺口，但都被英国水兵和土耳其士兵顽强击退。

屡攻不克的单调局面被一件离奇的事情打破了。西德尼·史密斯爵士在写给波拿巴的一封信中提出与之决斗，表明了他对这种局面的厌烦。波拿巴的回复也很得体：如果英国人派出一个像马尔伯勒那样的重量级人物，他可以一战。

就在这些殊死搏斗期间，波拿巴还派出了不少部队到内陆地区，去击退试图为阿克雷解围和入侵埃及的土耳其和马穆鲁克大军。第一次遭遇战发生在拿撒勒附近，朱诺表现得有勇有谋，这正是他在意大利赖以成名的特质；不过，决定性的战役是在他泊山麓不远处的厄斯垂伊伦平原打响的。克莱贝尔师的2000名士兵在那里经受了几个小时的严峻考验，对手是从土耳其苏丹各领地调来的杂牌军，既有骑兵也有步兵。克莱贝尔身材壮硕，充满着阿尔萨斯人的英雄气概，手下士兵也都韧性十足，但也几乎难以抵挡穆斯林骑兵与步兵的猛烈冲击。后来，他们终于听到了波拿巴的炮声。这位统帅率领排成三个方阵的部队飞驰而来，很快就驱散了如乌云般笼罩四周的东方军团；最后，法军两路并进，将敌军逼退到数个关隘之后，其中一些关口已预先被波拿巴派兵夺占。这难忘的一天（4月15日）即将过去时，将近3万人的敌军已溃不成军、四散逃窜，与之交战的法军两个师加起来兵力仅及前者七分之一，取胜靠的是勇气和巧妙的部署。这次战役中拿破仑以精湛的指挥艺术集中力量、打败强敌，比现代战争中的任何一场战役更接近于亚历山大的彪炳战绩。也许正是想起了这一点，克莱贝尔与总司令在战场上相见拥抱时情不自禁地说道："将军！您是多么伟大啊！"波拿巴和部下在拿撒勒修道院过夜，听到院长讲述天使加百列报喜时折断柱子的故事，军官们放声大笑，他们的总司令皱起了眉头，制止了这种不合时宜的轻浮举动。

这场大捷似乎使黎巴嫩的基督徒下定决心与波拿巴结盟，他们秘密提供12000名士兵，军费则由波拿巴负责；但这个问题最终还是取决于阿卡围攻战的结果。重新与阿卡城前的战友会合后，这位胜利者发现围攻几无进展，攻击部队一度依靠地雷战，收效不大；虽然菲利波因中暑而病倒（5月1日），但道格拉斯顶上了他的位置，挫败了法国工兵的努力，使这座城市等到了盼望已久的土耳其援兵。5月7日，遥望平静的海面，已经可以看到他们船上的风帆。波拿巴立即孤注一掷发动突击，企图攻下这个"泥坑"。士兵们在勇猛无畏的拉纳带领下，夺取了部分城墙，将三色旗插到了东北方的塔楼上；可是，史密斯准将派来了大批英国水兵，遏制了法军的进一步攻势。土耳其援兵趁着顺风上岸，及时从攻击部队手中夺回了失守的堡垒。次日，法军再度发动突袭，从英国战舰上可以清楚地看到，波拿巴在狮心王理查高地上督战，尽管拉纳率领法军攻入格扎尔宫殿的花园，他们却成堆地倒在守军的子弹、长矛和弯刀之下，只有少数人活着回到营地。拉纳本人也受了重伤，多亏一位军官舍命相救才逃出生天。

此时，双方都因这场不平凡的围攻战而筋疲力尽。5月9日，西德尼爵士在给纳尔逊的信中写道："按照兵法，这座城市过去是，现在也是，不可能守住的；但从其他任何规则出发，我们都必须，也应该守住它。"但是，一股邪恶的力量正向围城部队袭来；随着夏天的到来，越来越多的法军士兵因鼠疫而倒下；而且，5月10日攻击再次失败后，许多营的士兵拒绝再踩着战友腐烂的尸体冲向城墙缺口了。波拿巴不顾一切地坚持进攻仍无法取胜，最终于5月20日夜间下达了撤兵的命令。

这场为时9周的围攻战使波拿巴遭受了沉重的损失，其中包括卡法雷利将军和邦将军，但最大的损失是，他失去了此前一直享有的战无不胜的美誉。他虽然在1796年维罗纳附近的卡尔迪耶罗落败，但官方记载已将其说成胜仗，而阿卡只能称为失败。这位总司令和手下都声称在他泊山击溃土军之后，夺取阿卡是多余的了，可这种说辞是徒劳的。5月初他竭尽全力发动进攻，就说明上述说法并非出于真心。当然，他撤兵也有充分的理由。他刚刚听说第二次反法同盟战争已经爆发，埃及发生的叛乱也要求他亲自处理。[①]但是，最后发生的这些事件使他征伐叙利亚的整个行动遭到了严厉的批评，因为此战分散了法军兵力，十分危险。为什么要这么做呢？是为了征服君士坦丁堡还是印度？即便到了阿卡围攻战的最后几天，那些梦想也似乎仍在波拿巴脑海中萦绕。围城期间和之后，人们都曾听到他痛骂"可恶的小泥坑"，那个泥坑横亘在他与命运之神中间，使他没能实现东方帝国的梦想；他最初提出那些梦想，也许只是想令同袍们着迷，没料到反倒无法自拔。上文引用的这些话当然表现了一种颇为反常的固执，以及特别主观的宿命论思想。他的"命运"是自己预先筹划的，取决于他本人的意志，并凭借他的力量将其紧紧掌握。这种宿命论与东方的严肃信条毫无共同之处，只是个人主义的过度表现，是他个性特征

[①] 《书信集》，第4124号；拉瓦莱特，《回忆录》，第21章。

的成熟表现，有趣的是，这种个性在他童年时便已占据主导地位，那就是：他想要的，就必须要得到。奇怪的是，这种不可救药的专横性格，这种西方意志力的升华，面对东方压倒一切的自然力量，竟一直未被驯服！

至于东方帝国，纳布卢斯一带各部落公然的敌对情绪已经说明，波拿巴争取穆斯林的努力是徒劳的，而且，西德尼·史密斯爵士巧妙地在叙利亚基督徒中散播他早先皈依伊斯兰教的宣言，在一定程度上抵消了波拿巴争取这一群体的努力。① 在埃及极力安抚穆斯林，而在叙利亚又鼓动基督徒反对伊斯兰教派首领，这种做法的确是白费心机。波拿巴在宗教上采取的这种机会主义态度，颇有巴黎市井之徒的味道，全然忽视了东方人对信仰的虔诚，在那个地方，教义重于生命。在阿卡围攻战的最后几天和向雅法撤退期间，都能看到波拿巴的这些策略得到了什么样的结果：黎巴嫩和纳布卢斯地区的部落像秃鹰一样在山上警戒着，随时扑向撤退的法军队伍。幻想破灭的痛苦，加上对伤病员的同情，一度令波拿巴神经崩溃。他下令所有骑兵下马，以便有足够的马匹供病残人员乘用。这时，有一名侍卫官前来问司令官，将哪匹马留给他本人使用。波拿巴用鞭子抽打这名侍卫，怒斥道："你没有听到命令吗？所有人都要步行。"这位伟人很少以对士兵的严苛对待玷污高尚的行为，这一事件充分说明了他的紧张情绪，他的感情始终是强烈的，此时更因为身体上的痛苦和精神上的失望而变得过分激动。

让他恼怒的事情确实也太多了。法军在阿卡阵亡、受伤和染上瘟疫者有将近5000人，但他向督政府谎报说整个远征期间的损失不超过1500人，向雅法撤退的可怕情景也令他震惊：不仅时有士兵在他面前自杀，官兵们对求助的伤病员也极度麻木。他下令全军步行，正

---

① 西德尼·史密斯1799年5月30日写给纳尔逊的公文。

是为了惩罚这种毫无人性的态度。更有甚者，有些人企图毒杀染上瘟疫的士兵，似乎也是动用了他的权威才得以制止。军粮官J.米奥的叙述说明，这些建议最初是士兵们在阿卡提出的，当时他们得知要将倒霉的伤病员辛苦送回埃及，大为恐慌。而且，由于米奥的证词通常都对波拿巴不利，谈到雅法的医院时又提起这件可怕的事情，称其是军营的传言，我们可以认为他的话不值得相信。①

雅法的情景无疑是令人心碎的，人们一直普遍相信，染上瘟疫的士兵们当场服用大剂量鸦片以摆脱痛苦。各个医院确实都挤满了伤员和感染者，但在该城停留的7天中，为了将他们转运到埃及，德热内特和拉雷两位主任军医采取了恰当的措施。有一千多名伤病员是乘船离开的，当时雅法有7艘船真是种幸运；另外800人则乘坐马车或者担架穿越沙漠前往埃及。②还有一个事实可以反驳上文中的诽谤。从1799年5月30日西德尼·史密斯爵士写给纳尔逊的公函中可以看出，这位英国准将抵达雅法时，发现被遗弃的法军士兵中有几个仍然活着："我们在医院找到了7个可怜的家伙，将予以照顾。"他还为运送伤员的法国船只供应了急需的水、食物和备用品，允许它们继续前往目的地。朗弗雷曾急切地引用了拉斯卡斯在圣赫勒拿岛上提出的证据，似乎说明雅法医院中曾使用鸦片"摆脱"了一些病情最为严重的病例。拿破仑确实曾经承认，在这种情况下使用鸦片是正当合理的，不过这番话是在一次诡辩式的讨论中讲的，讨论的主题是动机而非事实。这些谈话都发生在事件之后16年（或者更久），从中得出的结论无论如何都要让位于同时代的证据，它们可以证明：伤病员都得到了很好的照顾，下毒的建议最初来自士兵；拿破仑在雅法前后都以徒步行军树立了高尚的榜样，充实了运输工具；几乎所有伤病员都安全抵

---

① J.米奥的原话是："但是，这家报纸对任何真相都发表得很晚，而且还徒劳地希望掩盖它。如果该报可信，那么事实就是，芒特卡梅尔的一些伤员和雅法医院的大部分病员，是在服用了别人给的药之后死亡的。"这能算是证据吗？

② 拉雷，《历史故事》（*Relation historique*）；拉瓦莱特，《回忆录》，第21章。

达埃及，身体状况正常；英国军官还在雅法找到了7名幸存者。①

拿破仑东征的其余情节无须详述。艰苦的沙漠行军后，法军于6月返回埃及，7月25日，他们在缪拉和拉纳率领下，将从阿布基尔湾登陆的一支土耳其大军赶下了海。波拿巴此时对打败他和士兵们蔑视的对手已毫无兴趣。正因为这种心态，当他收到西德尼·史密斯爵士寄来的一捆英国和德意志报纸，看到6月6日之前的新闻，很快做出了决定。强大的反法联盟成立之后，法国失去了意大利，在莱茵河上多次失利，国内笼罩着对立、怨恨和失望的阴云——这一切都把他的想象力从虚幻的东方拉回西方；他决心将部队留给克莱贝尔指挥，起航返回法国。

这一行动是否道德引起了激烈的争论。士兵们似乎认为此举等同于临阵脱逃，②在这样重大的决定中，个人动机占据主导地位是不可否认的。他发动东征的个人目标——激发法国人民的想象力，证明督政府的无能——完全实现了。他对东方帝国的勃勃雄心此时已沦落为现实、平凡的考量，仅仅是巩固法国在埃及的势力。不过，正如后面几章所述，他并没有放弃东方计划；虽然在圣赫勒拿岛曾奇怪地将埃及远征称为"劳民伤财之举"，但他显然竭尽全力想保住自己的殖民地。亚历山大大帝的一生对他有着独特的吸引力，就连恺撒的征伐都无法与之匹敌；当他在欧洲攀上胜利的巅峰，有人听到这位奥斯特里茨的英雄低声说道："我在阿卡遭逢厄运。"③

有人也许会为他的突然回国辩护：他曾不止一次向督政府保证，在埃及不会停留超过5个月。毫无疑问，和往常一样，他已经有了另

---

① 参见比利亚尔，《布列纳及其错误》；另见埃及军团原后勤总监道尔（d'Aure）回复布列纳的信，见于1829年4月16日，《辩论日报》。
② 根据吉特里（Guitry）的《埃及军团》（L'Armée en Egypte），梅尔姆说："人们大声说道，他像个懦夫一样逃走了。"但波拿巴对这种沮丧情绪以及可能发生的更坏情况有所准备，在1799年8月22日的信中警告克莱贝尔，如果他因为疫情而损失了1500人，就可以自由决定是否撤出埃及。
③ 吕西安·波拿巴，《回忆录》，第2卷，第14章。

第9章 叙利亚

一个计划,在东方遭到失败或无法取得全胜时使用。此时,他行动敏捷、足智多谋的特性在这一备选计划的执行中表露无遗,在无数战役和许多政治危机中,他正是以这种特性震慑敌人、赢得朋友惊叹的。

朗弗雷曾论述,波拿巴指定克莱贝尔接掌指挥权,是出于政治上和私人的恶意;但人们可能更自然地想到,这是对克莱贝尔的将才和在士兵中影响力的一种褒奖,论到后者,他仅次于波拿巴和德塞。波拿巴还承诺,很快就会派来援兵,由于当时布吕克斯率领的法国舰队与西班牙舰队已经联合,看起来有可能恢复地中海的霸权,所以有很大的希望派出充足的援兵。但他可能不知道实际的情况,布吕克斯在7月顺从地跟随西班牙舰队前往加的斯,督政府已下令他从埃及撤回法国军队。不过,从波拿巴已知的情况推测,他完全相信法国的困难将在自己回国后得到解决,守住埃及也是很轻松的。伟大统帅的职责是出现在最危险的岗位上,现在,这个岗位是莱茵河两岸或者明乔河上。

埃及沿海刮起了当季罕见的东南风,波拿巴只得匆忙地于8月22日子夜时分在亚历山大港登船。两艘巡防舰运送着他和一些法国最杰出的人物出发了:参谋长贝尔蒂埃勉强压抑住对维斯孔蒂夫人的炽热感情,决心与统帅共命运;拉纳和缪拉新近都受了伤,但在叙利亚和阿布基尔的功勋掩盖了这一切;其他同行者还有波拿巴的朋友马尔蒙、迪罗克、安德烈奥西、贝西埃、拉瓦莱特、海军上将冈托姆、贝托莱,他的秘书布列纳以及旅行家德农。波拿巴还留下命令,负责上埃及军务的德塞应该尽快返回法国,以免他和克莱贝尔之间的对立影响埃及的法国议事机构。有人断言,他选择喜欢的人或者政治上对己有利的人回国,但看不出有什么根据。他将狂热的共和派人士留在埃及,同时也留下了老朋友朱诺;他带走了贝尔蒂埃和马尔蒙,却命令几乎算得上雅各宾派分子的德塞回国。西德尼·史密斯已前往塞浦路斯整修舰队,因此波拿巴悄然出行,没有受到骚扰。他的巡防舰幸运地避开了在马耳他和邦角之间巡航的英国军舰,在阿雅克肖短暂停留后,他和同伴们于弗雷瑞斯靠岸(10月9日)。当地的法国人十分热情,不顾一切检疫规定,陪伴他们走上海岸。人们喊道:"我们宁可要瘟疫,也不要奥地利人。"这还远不能表达法国人对这位东方征服者归来的激动之情。

可是,波拿巴在家里却没有找到幸福。约瑟芬与年轻军官夏尔私通,由于夏尔长期住在约瑟芬乡间的马尔迈松别墅,这件事传得满城风雨。听说丈夫回来,约瑟芬惊恐万状,赶忙前去迎接,却又在路上错过了;波拿巴发现巴黎的家中空无一人,因约瑟芬的不忠而怒火万丈,在她回来后拒绝见面,宣布将与之离婚。欧仁·博阿尔内和奥尔唐斯·博阿尔内百般规劝,约瑟芬本人也痛哭流涕,波拿巴才回心转意。夫妻俩达成了和解,但两颗心再也无法复合。雷纳尔夫人写道,他本应该立刻和约瑟芬离婚的。这反映了上流社会的态度。从此之后,波拿巴只为荣耀而活。

第10章　雾月政变

1799年夏季，法国陷入了罕见的混乱状态。西部和南部的保王派叛乱撕裂了国民生活。宗教分裂还没有弥合；教育完全停滞；海上商贸遭到英国舰队的扫荡；与意大利和德意志的贸易也因为第二次反法同盟战争而切断了。

俄国、奥地利、英国、那不勒斯、葡萄牙和土耳其组成的这个同盟，主要是督政府鲁莽举动造成的警觉和愤慨所致，后者推翻了那不勒斯的波旁王室，建立了帕特诺珀共和国，并强迫撒丁国王在都灵退位，回到自己的岛上去。俄国和奥地利在同盟的建立中起到了主要作用。英国一直受制于陆军组织不力的问题，无法装备一支部队参战，因此提出以军费代替。

但是，这些君主制国家披着维护正义的外衣，实际上都各有图谋。第一次反法同盟正是穿上了这件"内萨斯外衣"①，很快就伤及手脚，不能发起持续的有力行动。不过，在对付法国新兵时，他们也取得了辉煌的战绩。1799年7月，俄奥联军夺取曼托瓦和亚历山德里亚；次月，苏沃洛夫在诺维取得决定性胜利，将法军残余部队赶往热那亚。接下来的几个月里，形势对法国就要有利得多了，因为俄国与奥地利相互猜疑，马塞纳在苏黎世取得重大胜利，击败了一支俄国部队。北路的法军也取得了最后的胜利。波拿巴抵达弗雷瑞斯后10

---

① 内萨斯是希腊神话中的怪物，临死前欺骗希腊英雄赫拉克利斯的妻子，将自己的毒血涂在赫拉克利斯的衣服上，使其中毒身亡。——译注

天，他们迫使在荷兰作战的英俄联军于阿尔克马尔投降，约克公爵同意从那里的海岸撤走所有部队。沙皇保罗对盟友的行为厌恶至极，命令部队退出陆地上的一切行动，转而集中力量夺取科西嘉、马耳他和亚得里亚海中有利可图的前哨站。沙皇的这些谋划是为了束缚英国在那些海域的海军力量，限制奥地利军队在意大利北部的行动，这一点英国政府也洞若观火。①

不过，虽然盟国之间的纷争最终将1799年各次战役的胜利拱手让给法国，法兰西共和国的形势仍岌岌可危。这种危险更多来自内部而非外部，源于捉襟见肘的财政、西北部爆发的新一轮激烈内战，最重要的是，实现真正意义上的稳定，以及自由与秩序的平衡，都是极端困难的。果月政变以粗暴的方式，暂时平息了行政机构与立法机关之间的斗争，但矛盾并未得到解决。政变过后，雅各宾派的暴力行动很快激起了公众舆论的不满。新闻自由受到压制，集会权利也被剥夺，这只能给选举产生的议会中的反对派增添新的力量，也削弱了依赖威尼斯统治方式的共和派政府的根基。回顾那段岁月发生的事件时，斯塔埃尔夫人精妙地评论道，只有人民自愿支持，政治制度才有生命力；用专制手段来保证自由的荒谬制度，只能产生不定时上发条就会戛然而止的"钟摆"政府。②这样的嘲讽竟出自一位曾帮助和鼓吹过果月政变的才女，足以说明这些事件的发生远不是大革命最真诚的朋友们所希望的。因此，事态的发展有利于从卢梭的施政方法回归到黎塞留那时的统治方式，而能够巧妙地使共和主义适应专制统治的天才就在眼前。尽管波拿巴一度渴望在意大利北部向奥地利人发动进攻，但强烈的直觉驱使他留在巴黎，正如他对马尔蒙所说的："房屋就要塌了，还是忙于收拾花园的时候吗？这里必须要有所改变了。"

---

① 在英国海军部档案（地中海部分，第21号）中，有能够证明俄国对科西嘉图谋真实性的文件。
② 《关于法国大革命的思考》(*Consid. sur la Rév. Française*) 第3册，第13章。另见肖特，《督政府》，第4卷，第13—14章。

要理解波拿巴是如何异军突起、夺取政权的，就必须提到他回国后几个月内的法国政治形态。由于督政官们不得人心，各党派的立场也变得错综复杂。尽管督政官使用了非法的手段，但1798年和1799年为改选三分之一议员而进行的选举仍明显增强了反对派的实力。反对派中有一些保王派分子、大批宪政派分子（既有斐扬派也有吉伦特派），其他许多代表则自称雅各宾派，或者借助"爱国者"这一便利的伪装掩盖自己的激进言论。在这些代表中，相当一部分都是年轻人，非常敏感，只要有一位能干的领导人承诺平息国内纷争，他们就很有可能追随其后。事实上，旧的党派界线已逐渐消失，1795年（共和三年）宪法的支持者除了侵犯选举自由，想不出捍卫它的方法，而这种行为往往还奉着"自由"的圣名；督政府虽表示要在极端派系之间保持平衡，却极力对它们进行轮番的镇压，这只会使人民更加欢迎那些派系，憎恨政府的"节制"措施。

在这种普遍混乱和麻木不仁的状况下，人们痛感政治家的缺乏。在幻想破坏的时代中，人们颓废消沉，只有真正伟大的人才能对抗这种影响，法国人一度不得不依赖西哀士。也许从没有人能像西哀士神父那样，凭借政治能力上微不足道的表现赢得了如此之高的声誉。在1789年的三级会议上，他因"神谕般的智慧"而声名鹊起，这归功于他简洁机智的发言，那恰恰是议会中少见的优点。可是，大革命的进程很快就说明，他思想贫乏，性格怯懦。因此，他没能对当时的事件施加持续的影响。在恐怖时期，无足轻重的地位反倒帮助他逃过了劫难。有人问起他是如何度过那段时光的，他机智地回答道："活着。"这一回答足以代表他的个性。督政府时代，他表现得较为积极，出任法国驻柏林大使，自诩曾说服普鲁士宫廷保持对法国有利的中立。但很明显，普鲁士保持中立是出于私心。当奥地利冒险发动战争的时候，它的北方竞争者却省下资源，加强德意志北部保护者的地位，并巧妙谋划，将德意志中部的小邦纳入其势力范围中。西哀士不过是在已经倾斜的天平上添上最后一个砝码，1799年5月，他听到自己将要接替勒贝尔升任督政官的消息，便离任返回巴黎。其他督政官一直想方设法不让他当选，但没有成功，他们深知，这位不切实际的理论家很快就会使政府瘫痪，因为1795年西哀士曾当选督政官，他以宪法"糟糕透顶"为由拒绝就任。现在，西哀士又宣称对督政府怀有敌意，四处寻找一些顺从的军队长官，希望将他们变成自己的工具，用完后一丢了之。他的首选茹贝尔在诺维战役中阵亡了。莫罗似乎也一直受到西哀士的青睐，他是一位共和派人士，长于作战，但对政治事务一窍不通，也缺乏野心。西哀士依靠莫罗继续策划阴谋，经过一番初步较量，将督政官巴拉斯拉到了自己一边。但如果保王党人海德·德纳维尔的话可信，保王党当时也在接触巴拉斯，希望借助他恢复路易十八的王位，这一事件在当时还是有可能发生的。不过，巴拉斯眼下更支持西哀士的谋划，并帮助他除掉了坚定的共和派督政官拉勒维里-勒波和梅兰，两人在牧月30日遭到罢免。[①]

新上任的督政官是戈耶、罗歇·迪科和穆兰。戈耶是受人尊敬的年长律师；迪科早年曾加入吉伦特派阵营，但本质上是个机会主义者，因此很容易就被西哀士争取过去；而穆兰受到推举似乎是因为他在政治上没有任何建树，只在旺代战争中参加过一些三流的军事工作。不过，牧月的督政府也有过一时的活力，在他们的指挥下，法国打退了入侵者。时任战争部长贝纳多特是性情火爆的加斯科涅人，以炽热的目光、浓密的黑发以及令波拿巴敬畏的一点点摩尔人血统而闻名，他迅速组建了一支10万人的新军；兰代则通过累进税重整了法国财政。法国政府通过了一项将扣押人质合法化的法案，镇压了北部和西部的舒昂运动[②]。看上去，法国有希望抵御入侵浪潮，保住"自

---

① 拉勒维里-勒波，《回忆录》，第2卷，第44章；伊德·德纳维尔（Hyde de Neuville）的著作，第1卷，第6—7章；拉维斯，《法国革命》，第394页。
② 反对共和政府干预当地经济和社会生活的起义。"舒昂"在布列塔尼语中意为"尖啸的猫头鹰"。——译注

第10章 雾月政变

然疆界"，恢复常规的施政方法。

这就是波拿巴抵达法国时的形势，他的归来令举国上下一片欢腾，督政府对此则怀着不加掩饰的恐惧。正如4年前那样，他在1799年现身巴黎时，正值法国政治生活的变迁阶段。如果说拿破仑曾有过吉星高照的时期，那就是他穿梭于纳尔逊的巡洋舰之间，随后又踏破西哀士以阴谋布下的迷阵的那几个月。对这位哲学家"活着"的妙语，他以"战而胜之"做出了有力的回击。

在戈耶家中遇见西哀士这位思想家时，波拿巴故意装作不理不睬。实际上，他最初倾向于将西哀士和巴拉斯两人都赶出督政府。他对巴拉斯的厌恶有公私两方面的原因。过去，他一直有充分的理由怀疑约瑟芬与这位骄奢淫逸的督政官的关系，因为他正是在此人府上认识约瑟芬的。埃及战役期间，他的嫉妒则是来源于另一方面的刺激，我们在前文已经看到，这导致他几乎与妻子公开决裂。可是，他对巴拉斯仍有强烈的疑心，从埃及回国后，他频频前往这位督政官的府邸拜访，无疑是想了解巴拉斯在公私两方面的无德行径到底有多严重。如果我们能够相信巴拉斯那堪称"谎言大全"的回忆录，约瑟芬有一次曾潜入他家中，扑倒在他的膝盖上，恳求他将自己从丈夫身边带走；但是，叙述者在故事后面笨拙地加上了一段道德说教，称自己给了约瑟芬一个"好建议"，从而戳穿了真相。[①]就这一方面，波拿巴似乎没有任何理由怀疑巴拉斯，但他发现了后者与许多异见者私下来往；他还发现，巴拉斯关系着督政府内对立派系的力量平衡，正密谋背叛督政府和1795年宪法，以得到最高的回报。

波拿巴并不喜欢西哀士，但却尊重他。他很快发现，西哀士是个博学的思想家、工于心计的阴谋家，同时也是个十分软弱的人，与这样的人结盟好处颇多。这的确是必要之举，因为波拿巴曾向戈耶示

---

① 巴拉斯，《回忆录》，第4卷，第2章。

好，希望修改40岁以下者不能出任督政官的法律，但没有成功，所以将军需要和西哀士结盟以推翻宪法。短短的一段时间内，他就纠结了一群被频繁的政治危机夺去权力的不满分子，包括勒德雷尔、海军上将布吕克斯、雷亚尔、康巴塞雷斯，还有最重要的塔列朗。塔列朗已因外交技巧名闻天下，他支持波拿巴和西哀士的联盟有一些特殊原因：前一个月（7月），他被解除了外交部的职务，理由是这个职务在他手中有利可图，但对法国来说却代价太高。此前不久，美国特使抵达巴黎协商两国之间的各种争端，却发现只有缴纳25万美元，谈判才能取得进展，这已成为了公开的秘密。结果是，两国的敌对局面继续下去，塔列朗很快就被解职，直到革命的万花筒再次转动，他才回到那个令人垂涎的位子上。[①]他觉察到，既然莫罗放弃了政治，波拿巴-西哀士两人就能合力扭转局面。

军队和大部分将军也做好了变革的准备，只有贝纳多特和茹尔当拒绝听取新的提议；前者在行动时"很勉强地"加入了波拿巴的阵营。警察是通过"弑君者"富歇控制的，他是一个精明的机会主义者，此时转而对付最近刚任命他的人。确保了对军队和警察的控制后，政变的主谋们将起事日期定在雾月18日。同谋者的家中举行了很多次会议，塔列朗回忆录上少有的几处生动描写中就有一处提到，这些人意识到自己是叛乱阴谋的共犯。后来，在雾月中旬的一个晚上，波拿巴来到塔列朗家中安排政变的细节，此时几辆马车在屋外停下的声音传来，两人脸色煞白，唯恐计划泄漏。这位外交家吹灭灯火，匆匆来到阳台上，发现惊动他们的不过是一帮从罗亚尔宫狂欢归来的酒徒和赌棍，他们乘坐的马车由宪兵护送，路上出了事故。这一插曲以欢笑和俏皮话结束，但说明了政治赌徒神经的紧张程度，也说明波拿巴面对未知危险时心理上的脆弱。这也许是他坚强内心中的唯

---

① H. 亚当斯，《美国史》(1801—1813)，第1卷，第14章；以及圣伯夫的《塔列朗》。

一弱点,但在他一生中的某些危机里都表现了出来。

与此同时,立法机构的两院都隐约地感觉到不安。元老院整体上对督政府怀有敌意,但在五百人院中,年轻一些的代表怀有民主激情,预示着他们对政变会有激烈的反对。不过,政变策划者在那里也找到了许多支持者,他们此时在吕西安·波拿巴谨慎的领导之下。这位年轻人时任五百人院议长,他以充满激情的演讲,树立了无可指摘的爱国者形象。对图谋政变的人来说,没有什么事情能比这更有利于成功。有了督政府里西哀士、巴拉斯和迪科这几个内线、元老院的支持以及吕西安辖下的年轻代表,这一预谋似乎肯定能成功。

元老院采取的第一个重要步骤是颁布法令,将该院的会址迁移到圣克卢。雅各宾派阴谋的危险是提出这项议案的理由之一,通过这项法案时,督政府并不全知道,五百人院也对此一无所知,否则他们定会强烈反对。随后,元老院指派波拿巴指挥巴黎及附近地区的武装部队。下一步是确保让戈耶和穆兰下台。戈耶当时是督政府主席,为了诱使他落入圈套,约瑟芬邀请他于雾月18日共进早餐;但戈耶怀疑有诈,留在了卢森堡宫的官邸中。不过,督政府已注定灭亡,因为该机构的两位捍卫者没有使其法令生效所需的绝对多数票。于是,穆兰逃亡,戈耶则被莫罗的士兵看押起来了![1]

此时,波拿巴身边将星云集,他们一同来到了元老院所在的杜伊勒里宫;他并没有按照将军就任新职务的要求,宣誓效忠宪法,而是发表了一番冗长的演说。在五百人院,吕西安·波拿巴阻止了议员们急切的提问和抱怨,他的借口是,在圣克卢举行的会议才具有法律效力。

第二天(雾月19日,即11月10日),圣克卢将迎来更大的打击。督政府的倒台已经是不可避免的了。但立法机构的情况大不相

---

[1] 戈耶,《回忆录》,第1卷;拉瓦莱特,《回忆录》,第22章;勒德雷尔,《作品全集》,第3卷,第301页;马德兰(Madelin),《富歇传》(Fouché),第267页。

同，它仍然生机勃勃。然而，政变策划者砍掉了这个国家的一条残肢，对瘫痪其大脑也就不会再踌躇了。

虽然元老院的多数代表都支持波拿巴的计划，波拿巴在他们面前却只能讲出一连串短促、不流畅的词句，多少夹杂着兵营的味道，而不像是议院里的风格。他有些慌乱地离开元老院，到外面的士兵中间才恢复了镇定，然后，他走进五百人院的会堂，打算以言语和武力对代表们施加威胁。看到门口的士兵们，年轻代表们的共和主义激情燃烧了起来。他们向波拿巴发出了"打倒暴君！打倒独裁者！把他绳之以法！"的怒吼。吕西安·波拿巴极力维护秩序，但毫无作用。几名代表冲向将军，抓住他的衣领猛烈摇晃。波拿巴气急败坏，几乎昏了过去，勒菲弗和几名掷弹兵赶忙将他扶出了大厅。据一位旁观者说，他离开大厅时就像在梦游，身后还不断传来"不法之徒！"的可怕喊声。如果这些呼声变成一份法令，世界历史可能就要改写了。奥热罗将军当时也是五百人院的代表之一，他强烈要求就宣布波拿巴违法的动议进行投票。吕西安·波拿巴拒绝这一要求，流着泪发表了反对意见，最终被愤怒的代表们脱掉了官袍，多亏早有预料的政变策划者派来掷弹兵，才将他救了出来。波拿巴听到这个消息后面无血色，但这些文官的争吵并没有让西哀士失去冷静，他叫道："他们要宣布你为非法，正说明他们才是非法的。"这一革命性的逻辑使波拿巴找回了自我。他喊道："集合部队！"吕西安也骑上马，号召士兵们将议院从一些手持匕首、被英国收买、威胁多数派的代表手中解救出来。军令已下，加上巧妙地提到匕首和英国人的金钱，使士兵们对自己的职责产生了动摇；而吕西安最大限度地利用了他的有利条件，拔出一柄剑指向他哥哥，大声宣称如果波拿巴企图破坏自由，他就会用这柄剑刺死波拿巴。缪拉、勒克莱尔和其他将领也为波拿巴呐喊助威，士兵们群情激愤，纷纷响应。进军的鼓声之中，士兵们冲入大厅，代表们徒劳地举手高呼"共和国万岁！"，并援引宪法据理力争。对法律的呼吁被军鼓声和支持波拿巴的口号声压倒了，法国的立法者们从大厅中夺门破窗，四散而逃。①

8年之前，伯克在关于法国大革命的不朽著作中曾做的预言，就这样实现了。这位伟大的思想家预测，当法兰西出现第一位吸引众人目光的伟大将军之时，它的自由将成为牺牲品。"这件事一旦发生，真正指挥军队的人将成为你们的主人、国王的主人、议会的主人，也就是整个共和国的主人。"

关于"雾月政变"的讨论通常忽视推翻督政府与立法机构之间的差别，从而混淆了这个关键问题。督政府的垮台是肯定无疑的，但很少有人预计到法国立法机构也将同样消失。然而，它真的消失了，在接下来的将近半个世纪中，法国就没有再出现一个自由和真正民主的议会。许多曾图谋推翻不得民心的督政官，希望阻止雅各宾派或保王党阴谋的人都没有预料到雾月政变的这一结果。确实，法国历史上没有比共和派议员被遣散更为令人震惊的事件了，在这些议员中，大多数都希望政府发生人事变动，而不想改变政府的施政方法。就在几天前，民众和军队还效忠于两院；受到吕西安的蒙骗之前，驻扎在圣克卢的部队也是忠于宪法、尊重代表们的。几分钟内，法兰西就变得前途未卜，政变策划者们对此了如指掌。②波拿巴那番语无伦次的演讲证明了这一点；西哀士准备好了六驾马车，随时准备逃命；"不法之徒"这一反对波拿巴的可怕呼声如果响彻巴黎市中心，肯定会激起民众的愤怒，使他们起而捍卫自由，将阴谋家送上断头台。可事实是，这件事却在圣克卢的偏僻角落里，由吕西安和一个营的士兵决定了。

---

① 关于阿雷纳举起匕首要刺杀波拿巴的故事，参见肖特《督政府》第4卷，第652页。此事似乎是因吕西安·波拿巴而起。波拿巴突然脸色苍白一事，我是从勒德雷尔（《作品全集》第3卷，第302页）那里得来的，他是从塔列朗的秘书蒙隆（Montrond）那里得知此事的。奥拉尔《法国革命史》第699页也有此记载。

② 1812年，拿破仑向梅特涅解释了他希望立法院噤声的原因。"在法国，每个人都追逐掌声：他们希望得到别人的注意，听到喝彩声……议会要起作用，就必须审议提案，只要不让它说话，它也就威信扫地了。"——梅特涅，《回忆录》，第1卷，第151页。

常有人试图将雾月的事件说成是不可避免的，并将其与某种虚假的历史哲学吻合在一起。但只要认真研究就不可能不发现，这个阴谋的成败只在一线之间，而空谈哲学的人力图找到的完美解释，与其中的事实有着许多不符之处。实际上，影响全球的重大事件中，还没有任何一件像雾月政变那样，是由如此微不足道的一些细节决定的。"胜利与败亡只有一步之遥。我曾看到，在一些极为重大的事件中，决定大局的往往是某个细节。"波拿巴在三年前曾写下这样的话，也许可以为他在圣克卢的胜利做个注脚。雾月政变是否将法国从无政府状态中拯救出来，也同样值得怀疑。确实，波拿巴的崇拜者一直坚称，法国当时处于侵略者的铁蹄之下，因内部的混乱而分崩离析，只有雾月政变的有力一击，才能拯救它于危难之中。然而，当时法国已战胜了外敌，很有可能用和平手段克服施政上的困难，它所面临的危机并不比1797年及之后几年更严重。富歇已关闭了雅各宾派俱乐部，两院恢复了正常的影响力，如果不是雾月政变的预谋者从中作梗，它们或许能使政府回归到1795—1797年的常规状态。法兰西受到的真正打击是，立法机构如同一棵大树中生机勃勃的主干，却和督政府那样的枯枝败叶一起被砍倒了。

看到法国顺从地接受了这一惊人的打击，自由之友也许深为失望。首先要考虑到的自然是民众的漠不关心。雅各宾派已因过去的镇压而灰心丧志，突如其来的打击令其目瞪口呆，也无法知道发动政变的人目标何在；就在他们等待事态发展的时候，权力已迅速转交到了波拿巴和同谋者的手中了。这至少能从一定程度上解释，仍然自称忠诚于民主共和国的民众，会表现出奇怪的顺从。不过，另一种解释更为深刻。一再发生的革命斗争已使法国人身心俱疲，他们倾向于接受既成事实。民众中较为轻信的一部分人被保王党与雅各宾派阴谋的传闻搅得心神不宁，又因白色食人魔和红色幽灵的传说而惊慌失措，他们宁愿躲在一名伟大战士的羽翼之下，后者至少还能保证社会秩序。

各种条件都有利于波拿巴如同士兵操练般的施政理论。过去十年的革命,并没有将因千年君主制产生的本能完全根除。现在,法国人就在这种本能的驱使下,团结在一群最为能干的人才周围;他们放弃了对政治自由的无望追求,转而听从于专制的号令,因为后者承诺,以法国新生命的热血,去换取旧日的秩序与辉煌。

现在,法国宪法将要重新修订,这项任务由一个自封的委员会秘密进行。由于吕西安·波拿巴的机敏之举,历经十年的制宪过程迎来了这一奇特的结局。雾月19日这个重大日子即将过去的时候,他将二十多名被驱散的议员召集到圣克卢那荒废了的大厅里,他早已经知道这些人是哥哥的支持者。吕西安以慷慨激昂的语调,捕风捉影地批判雅各宾派的所谓"阴谋",事实证明,这样的做法对真正的阴谋家很有好处。他还提出,由这些议会的"残余分子"组成一个委员会,就必要的公共安全措施提交报告。这些措施包括:废黜督政府,开除61名议员,提名西哀士、罗歇·迪科和波拿巴为临时执政,议会休会四个月。于是,这三位执政住进了原督政官们刚刚腾出来的卢森堡宫,宪法草案将提交给他们和一个50人组成的过渡委员会,这50个人来自元老院和五百人院,两院人数各半。

这些非法的勾当披上了政治宽大的外衣。执政们,或者说就是波拿巴——因为他的意志很快就压倒了西哀士——向过渡委员会提出了两项最有益处的改革措施。首先,他渴望结束在有保王嫌疑的村庄扣押人质的做法;其次,他也想停止征收累进税,这种税制令富人疲于应付,但并不能给国库带来相应的好处。上述两项措施都是督政府于1799年夏季采用的权宜之计,旨在遏制外敌入侵的势头,粉碎叛乱;但它们也被看成是长期采用恐怖主义政策的信号,将其废除可以大大加强新执政的统治。几乎所有革命政府都曾犯下这样的错误,就是在过去的严苛法律已不再有迫切需要的情况下,仍然继续推行它们。波拿巴敏锐地察觉到这一事实,很快我们就会看到，他决定以广大中立民众的支持作为政府的基石，这些民众既不是保王党人，也不是雅各宾分子，对于革命政府的严刑峻法和旧政权的暴行，他们都同样痛恨。

当波拿巴极力争取多数民众支持时，西哀士却在努力地制定多年以来一直模糊地浮现在脑海中的那部宪法。而苏格拉底所说的"助产士"的工作，则由布莱·德·拉·默尔特负责，他排除万难，将西哀士的想法归纳为具体形式。新宪法基于如下原则："信任自下而上，权力自上而下"。这意味着人民（指所有成年男性）只能参加议会选举的初步阶段，而最终的遴选将由更高阶层或权力机关实施。人民的"信任"不仅表现在他们提名的代表身上，还表现在负责最终、最重要的选择工作的人身上。选举代表的过程采用十进制。成年投票者在各自地区中开会选举十分之一的人数，称为"市镇名流"。然后，这些人（共计五六十万人）在各个省里集会，再选出十分之一的人。选出的这五六万人称作"省区名流"，由其中再选出十分之一的"全国名流"。不过，这时最重要的选举工作还没开始，那是由更高级的机构进行的。掌握国家权力的人将从最后这些全国名流中选拔立法机构成员，以及政府高级官员。

现在，我们来简单地介绍一下行政机构。西哀士的计划中仍然保持了老生常谈的"分权"理论，也就是立法权与行政权分开。在政府的最高层，这位哲学家渴望着为一位威严的大人物留出宝座，这个大人物称为"大选长"，由元老院选出。大选长将提名两位执政，一位负责国内秩序，另一位负责对外战争；执政提名各部部长，后者再从"全国名流"名单中选拔官员。两位执政和部长负责政府行政事务。元老院气氛庄严、从容，他们的任务只是捍卫宪法，选举大选长，选拔立法院和保民院的成员。

过去的立法实践中，总有几近"超人"的人物在起作用，引起了人们的不信任，这表现在新宪法中就是相当精密、复杂的分权、制约

第 10 章 雾月政变

与平衡机制。立法机构分成三院：立法院名副其实，安静地听取参政院提出并由保民院评判或口头批准的法案。①这三个机构不仅分立，而且处于对立的地位，尤其是两个发表意见的机构，就像是站在闭口不言的法官面前的原告与被告。不过，即便有了这样的机构，也不足以防范雅各宾派或保王党人。如果这些互不信任的机构强行通过了危险的提案，元老院有责任否决它，如果大选长或任何高官意图获得永久的独裁权力，元老院还可以立即将他吸收到该院成员的行列中。

而且，唯恐选民选出的雅各宾派或保王党人比例过高，立法机构诸院议员和地方主事官员的第一次选拔由执政负责，也就是说，执政不仅要行使"自上而下的权力"，还要将本应自下而上的"信任"也一起控制了。为了启动西哀士这一套错综复杂的制度体系，上述措施也许是必要的；因为元老院在某种程度上是"自给自足"的：执政提名元老院的第一批成员，随后增选的新成员则由他们选出。元老院的职责是选出大选长，再由大选长间接选出行政官员。宪法的诞生也需要一些外部动力，这种动力此时也将要来临。西哀士只是精心设计了车轮、控制器、调节器、制动器和安全阀，可现在却有个不可一世的人物横空出世，不仅简化了他设计的部件，还提供了无法抗拒的强大动力。

这一体制在多个方面上的复杂性，尤其是与普选和立法机构相关的部分，都完全符合波拿巴的愿望。但是，他虽然同意西哀士对男性公民选举结果进行三重筛选的制度，也赞成立法权从属于行政权，②却完全不同意对大选长权力的各种限制。他认为，这个职务名称与共和精神相悖，应该改为"第一执政"。西哀士将这个重要职务贬斥为"甩手国王"的虚衔，而波拿巴却将西哀士赋予两位执政的几乎所有

---

① 新制度下的首次选举推迟到 1801 年，使此事得到了进一步的保障。执政们选拔的官员被放在全国名流的名单中，不需要参选。这部宪法于 1799 年 12 月 25 日生效。
② 勒德雷尔，《作品全集》，第 3 卷，第 303 页。他是波拿巴和西哀士的中间人。

权力都给了第一执政。最后，波拿巴反对将大选长吸收到元老院的权力交给该院。这方面他也取得了成功，一个保持微妙平衡的官僚制度就这样变成了权力几乎不受限制的独裁制度。

这样的蜕变肯定会令人大吃一惊。但事实上，西哀士和同僚们已筋疲力尽，对自己能否对抗一位"极度务实的家伙"也心存怀疑。对于波拿巴一针见血的论证和果断有力的语调，这位理论家只能应以轻蔑的沉默，间或发出一两声尖刻的反驳。他只能用学者的缜密应对将军那难以抵挡的威势。而且，当奥地利人的大炮正在尼斯轰鸣，英国巡防舰不断侵扰法国海岸之际，谁能想象波拿巴这位同时代最伟大的名将，会将所有与战争相关的事务交给一位"军事执政"？因此，四平八稳的"大选长"当然应该由无所不能的"第一执政"代替，而这些权力自然也都只能归于波拿巴本人。①

联合委员会最终确定的第一执政权力范围如下：他可以直接单独提名政府成员、省市议会成员，以及后来所称的地方行政长官。他还任命所有陆海军军官、大使和派往国外的代表，以及民事与刑事法官（除了行政法官）和后来的上诉法院成员。因此，第一执政控制陆军、海军、外交事务以及一般行政机关（后称为省长、县长等）。他还可以签署条约，只是需要立法机构讨论和批准。三位执政住在杜伊勒里宫，但除了享有15万法郎的年薪，偶尔与第一执政商讨之外，这些官员的地位十分尴尬。波拿巴曾坦率地告诉勒德雷尔，称他们为"高级顾问"更为合适。事实上，他们在国家元首旁边显得多余，只是为了体现平等精神，掩盖新独裁制度的现实情况而已。这三位执政任期十年，可以连选连任。

这就是1799年（共和八年）宪法的大致情况。它于1799年12月15日颁布，以公告形式要求人民接受，公告的结束语是："公民

---

① 关于波拿巴如何巧妙地争取君主立宪派，并任用马蒂厄·迪马招募一支志愿骑兵部队，参见后者的《回忆录》。

们，革命的限度就是导致其发生的原则。它已经结束了。"这一最终事实使人民热情地接纳新宪法。1800年初举行的一次全民公决中，这部宪法以压倒优势获得通过——3011007票赞成，反对票仅有1562票。这个事实最有力地证明了绝对民主制在法国的失败；而且，无论对波拿巴得到举国称赞的手段有何评论，这个结果当时是，也将永远是波拿巴大权独揽的最充足理由。有位迂腐的学人曾询问波拿巴的出身，他意味深长地回答道："我的家族是从雾月而起的。"

全民公决前不久，西哀士和迪科辞去了临时执政的职务，得到的回报是元老院的席位。西哀士还因为制定宪法的功劳，而得到了国家奖赏的克罗讷庄园。

"西哀士把王位当成礼物，献给波拿巴，
以为能把他埋在一堆浮华的废墟之下。
波拿巴把克罗讷庄园当成礼物，送给西哀士，
这是报答，也是贬斥。"

勒布伦这首讽刺短诗的最后一句正中要害。西哀士接受了克罗讷庄园，实际上就是接受了退出公共事务的通知，过去，他对政治一直带着哲学家的清高态度。此后，他过着尊严、舒适的生活，直到1836年去世，其间他如同奥林匹斯山上的宙斯，平静地审视着法国和欧洲大陆的政治风暴。

两位新执政是康巴塞雷斯和勒布伦。前者是学识渊博的法学家，老于世故，曾投票支持处死路易十六，可后来的行动却一直很温和，他精通法律事务，在这方面对波拿巴最可能有助益，因此，波拿巴委托他全面监督立法。康巴塞雷斯的精明从他拒绝杜伊勒里宫就可见一斑，正如他对勒布伦所说，他怕的是可能很快就又要搬出来。第三执政勒布伦是倾向于君主立宪制的温和派人士。事实证明，他是波拿巴的另一位得力助手，波拿巴命其全面监督财政事务，将他看作与温和派保王党人的纽带。执政府秘书长马雷是值得信赖的政治代理人，他

在1793年和1797年都曾努力与英国媾和。

政府部长方面也得到了加强,塔列朗负责外交事务,贝尔蒂埃则全力以赴地管理军务,直到暂时被卡诺代替。吕西安·波拿巴(后为沙普塔尔)任内政部长,戈丹管理财政,福尔费担任海军部长,富歇则任警务部长。参政院分为如下几个小组:战争(陆军)小组组长是布吕内将军;海军小组组长是海军上将冈托姆;财政小组组长是德费尔蒙;立法小组组长是布莱·德·拉·默尔特;内政小组组长是勒德雷尔。

第一执政很快表明,他打算采用一种超越党派的全国性政策。诚然,督政官们一直对极左与极右党派都采用平衡和压制政策,目标就在于此。因为前文所述的原因,他们失败了;不过,现在掌权的是一位更加强大、更有谋略的人,随着革命时代的激情退去,成就这项壮举也就一年比一年容易了。人们不可能永无休止地空谈、煽动和策划阴谋。总有一天,会有一位能干的领导人,可以成功地召唤人们本性中理智的一面,现在,这个时候到了。波拿巴打动了许多人的心,这些人不关心政治,只希望拥有安全和舒适。他不动声色、坚持不懈地推进着这项工作,并且以其极高的声望和压倒一切的军事力量作为后盾。在整个执政府时代,当时最强有力的人物、最伟大的军人执行的竟是一项温和的政策,而这种政策恰恰常被看成是软弱的。

从许多方面都可以看出,波拿巴的统治真是全国性的。他将声名狼藉的弑君者排除出高官队伍,只有少数如富歇这样工于心计的人是例外。1791年的立宪派,甚至公开身份的保王党人都被迎回法国,许多果月政变中流亡国外的人也回来了。[①]流亡者名单的制作工作停止了,这样不管是出于政治仇恨还是个人的贪婪,都不能将一段旅程

---

① 《未发表的拿破仑书信》(*Lettres inédites de Napoléon*),1800年2月21日;《丹迪涅将军回忆录》(*Mémoires du Général d'Andigné*),第15章;马德兰,《富歇传》,第306页。

歪曲为政治流亡行为。罗马天主教徒也得到了同样宽大、谨慎的对待。此时，宽大政策已延伸到正统派（即拒绝宣誓的）教士，他们只需要承诺效忠于新宪法就可以了。由于这一适时的仁政，正统派教士获准返回法国，甚至可以在不会引起反对的地方主持宗教仪式。

诺曼、布列塔尼和旺代农民起来造反的原因，一半是因为宗教，另一半则是为了他们的国王，波拿巴一方面平息了他们在宗教方面的怨恨，另一方面则决心粉碎他们的叛乱。法国西北部和南部的一些地区仍然叛乱不止、盗匪横行。诺曼底有一个勇敢、能干的首领，名叫弗罗泰，手下有一大群不满分子，而追随农民领袖乔治·卡杜达尔的布列塔尼"舒昂"分子实力更为强劲。卡杜达尔是个天生的领袖，年仅三十岁便以过人的胆魄成为同族同教的第一勇士。他的容貌透出了英勇、饱满的精神，魁梧的身材使他不惧疲劳与艰苦。他继续斗争下去，1799年秋季，这些"白党"①分子的运气似乎要来了：叛乱正在蔓延，如果在波拿巴从埃及回国之前，有一位波旁王朝的亲王登陆布列塔尼，保王党人就很有可能已经推翻了督政府。可是，波拿巴的大胆行动改变了整个局面。雾月政变的消息使保王党人停下了脚步。起初，他们认为第一执政将很快请回国王，波拿巴也巧妙地支持这种想法；他提出和解，有些厌倦动乱的农民利用了这个机会。乔治本人一度也建议与政府讲和，于是保王党领袖们开会投票确定，他们想要的是"国王和您"（波拿巴）。其中一位参会者海德·德纳维尔到巴黎面见第一执政，他在会面的记录材料中写道：当他看到这位名动法国的男人如此瘦弱时，十分惊讶。初见面时，德纳维尔将波拿巴看成了衣着寒酸的侍从，但当将军抬起双眼，以如炬的目光仔细打量他时，这位保王党人知道自己错了，那种任谁都难以无动于衷的眼神，让他一下子就着了迷。这次会面没有取得具体的成果。

---

① 即保王党，波旁王朝旗帜为白色。——译注

波拿巴的其他示好举动更为有效。他按照瓦解敌人的计划，呼吁神职人员结束内战。这深深打动了贝尼耶神父的心，或者说激起了他的野心。此人只是旺代的一位乡村教士，但他因天赋过人而在叛乱组织里得到了很高的地位，这正是现在的第一执政所要利用的。不管贝尼耶的动机是什么，他的举动确实颇具两面派的风格。在没有预先告知卡杜达尔、布尔蒙、弗罗泰及其他保王党领袖的情况下，他秘密说服不那么好战的领袖接受第一执政的条件；1月18日，双方安排了一次和谈，这种背叛行为令卡杜达尔愤怒异常、试图破坏停战协定，但都徒劳无功。诺曼底的弗罗泰最后一个投降，也成了最先遭到波拿巴报复的人。他受到叛国罪的构陷，由一个军事法庭匆忙宣判后枪决。巴黎政府曾下达了赦免的命令，但波拿巴在执行当日写给布吕内的信中有一句不祥之言：到这个时候，弗罗泰应该已被枪决。最近公开的波拿巴致埃杜维尔信件表达了这样的信念：处决那个穷凶极恶的领袖人物，无疑对彻底平定西部大有裨益。①

为了争取舒昂分子，波拿巴要求他们的首领来到巴黎，并以最隆重的礼节接待。他从贝尼耶神父的身上看到了第一流外交家的天赋，这一点很快就在更加重要的谈判中得到了印证。同行的贵族们也得到了悉心款待，这满足了他们的自尊心，也确定了他们将来无足轻重的地位。滑铁卢之战中的叛徒布尔蒙伯爵就在其中。

与神父和贵族们形成鲜明对照的，是屹立如磐石的乔治·卡杜达尔。波拿巴以温和的语气对他谈起名望、光荣和祖国，他不为所动，因为他知道正是这个人下令处死了弗罗泰。两位斗士独自面对，一个是北方豪强，一个是南方英杰；一个代表着过去，一个代表着现在；他们都是最凶猛、最坚强的男人，以顽强的意志搏斗了两个小时。但是，南方人的细密心思最终在布列塔尼人的坚定不移面前败下阵来，

---

① 《乔治·卡杜达尔传》，由其侄子 G. 德·卡杜达尔执笔；伊德·德纳维尔的著作，第 1 卷，第 305 页。

乔治无愧于自己的声名,昂首离去。走出杜伊勒里宫之后,他只对朋友海德·德纳维尔说了一句话:"我真想用手掐死他!"波拿巴派出探子跟踪乔治,可他听到自己将要被捕的消息,便逃到了英国。诺曼底和布列塔尼实现了表面的和平。①

将法国分裂成两部分的内战历经七年,就这样结束了。对于波拿巴的所作所为,细节上也许有不同的评论,但很少有人能否认,这一结果给法国人的生活带来了好处。在一生的这个阶段,他对某些个人确实像大自然一般严酷无情,却促进了人民的安定与富裕。对在一场血腥革命结束时上台的统治者,还能有更多褒扬之词吗?

与此同时,第一执政继续推动西哀士的宪法朝专制方向发展。参政院本身不过是一个扩大的政府部门,一直负责按照执政们的要求"培养法律意识"这个模糊而又危险的职能,人们很快就发现,参政院仅仅是一个方便的幌子,用来隐藏波拿巴施加自己意志的行动。另一方面,作为唯一有权辩论和批评的公共机构,保民院受到了打击。1800年1月提出的一个议案要求严格限制允许保民院辩论的时间。对自由讨论权利的这一约束并没有遇到很大的反对。本杰明·康斯坦特是新任保民院议员中最有才华的,也是斯塔埃尔夫人的朋友,他曾雄辩地反对这项不信任保民院的政策,认为这将使该院缄口不语,而反常的沉默只会引来全欧洲的关注。可是,他的抗议毫无作用。大革命时期的偏激言辞使法国人对一切自由辩论产生了荒谬的恐惧。保民院签署了这项法案,也就等于给自己判了死刑;议员们微不足道的反对企图只得到了一个结果,那就是斯塔埃尔夫人的沙龙立刻就被曾到那里寻找灵感的自由主义者遗弃了,这位才华横溢的女作家也在当局的要求下隐居乡间。

中央政权的下一步是打击出版自由。由于几家报刊大胆地以俏皮

---

① 塔列朗,《回忆录》,第 1 卷,第 2 部分;马尔蒙,《回忆录》,第 5 卷。

的口吻评论新政府，执政们下令查封巴黎的所有政治报刊，只有十三家例外，就连这些得以幸免的报刊也在4月7日被停刊了。这一专横行为的理由是，战争期间必须明智地引导公共舆论，避免任何"有悖于对社会契约、人民主权和军队荣誉应有尊重"的文章出现。极具讽刺意味的是，这句话援引卢梭"人民主权论"的信条，实际上却认可违反这一理论的行为。这一事件表现出了当时的总体趋势，说明个人统治的时代即将来临。实际上，波拿巴已经迈出了大胆的一步：前往杜伊勒里宫，而且还是在他下令公众为华盛顿的去世哀悼的那一天（2月7日）。这一巧合自然引发了很多评论，也只有这位伟大的科西嘉人敢于面对。但所有人都知道，法国少不了他。临时执政们第一次开会时，迪科曾对波拿巴说："没必要投票决定谁主持会议，当然是你了。"尽管西哀士面有不悦，将军还是立刻坐到了主位上。当时的政治家缺乏活力，大众思想也十分混乱，这都是不同寻常的现象。雾月政变之后，雷纳尔夫人告诉我们，人民相信他们已经回到了自由的开端。这也就难怪，一位能干且意志坚强的人带领着许多无助的人，重新塑造了西哀士的宪法，下面的诗句以戏谑的手法，描绘了这种改造的方式：

"为那群疯子，我留下了保民院，

不过是为了做做样子；

为那群傻瓜，我留下了元老院，

也不过是墙上的一幅画；

至于愚蠢的司法官，

我的意志就可以支配；

还有那参政院，

不都在我的军刀之下。"

第11章　从马伦戈到吕内维尔

法国的新内政体系，我们将留到下一章再做介绍，现在先谈谈外交事务。最紧急的国内问题得以解决之后，第一执政做好准备，与第二次反法同盟的军队打一场遭遇战。由于他致力于以和平手段拆散这个同盟，在法国赢得了极好的名声。1799年12月25日，他寄出了两封谦恭有礼的信件，一封写给英王乔治三世，另一封则寄给了奥地利皇帝弗朗茨，信中提议立即结束战争。写给乔治三世的信以值得敬佩的话语结束："法国和英国滥用国力，虽尚未枯竭，已给所有国家带来不幸；我敢断言，结束一场可能蔓延全球的战争，事关所有文明国家的命运。"这种崇高的感情打动了法国人，也打动了全世界所有爱好和平的人。

尽管细读这封信给人留下了愉快的第一印象，但如果考虑到当时的形势，定然会对此疑虑重重。第一执政刚刚以非法的强制手段夺取政权，还没有多少迹象能使外国相信，他在位的时间能比被他废黜的人更长。而且，法国处境艰难，它的国库空虚，驻扎在意大利的军队正被挤压到热那亚附近狭窄的海岸线上；东方的部队也被困在新征服地区内。向奥地利和英国发出和平的呼吁，莫不是争取时间的巧计？他过去在意大利和埃及威名远扬，如何让人相信他会放弃亚平宁半岛和新的殖民地？这个曾出卖威尼西亚、窃据马耳他和埃及的男人，人们能将他看成神圣的和平使者吗？外交辞令是通过以往的行为和当前的形势来解释的，这两方面都不可能让人相信波拿巴的和平宣言；弗朗茨和乔治三世也都认为,他的这两封信不过是削弱反法同盟的手段而已。

的确,由于种种原因,这个同盟几乎在内部纷争中瓦解。奥地利决心占有整个皮埃蒙特东部和热那亚共和国的大部分领土。乔治三世的大臣们对奥国要求的后半部分持欢迎态度,但反对兼并皮埃蒙特的大块领土,认为这是对撒丁国王不公的野蛮行为。奥地利对英国的抗议十分恼怒,对沙皇俄国在科西嘉的图谋更是愤慨。因此,对波拿巴来说这是寻求破坏同盟的最佳时机,他当然希望这两封信能够起到作用。英国对正统王朝派主张的坚定支持,成了避免反法同盟沦为意大利领土之争的唯一因素。[①]如果我们可以相信同时代人的结论,以及波拿巴在圣赫勒拿的自白,他只希望这些信件能够提高自己在法国的支持率,并不期待有更多的成果。英国人的回复也确实有助于此,他们宣布,国王陛下不能信赖"和平意图的一般宣示":法国一直在发动侵略战争,横征暴敛,颠覆邻国政府;英国政府还没有发现该国有放弃这一体系的迹象。因此,实现持久和平需要更多的条件:"就和平的现实性与长久性而言,最好、最自然的保障便是恢复法国王室,这个家族在很多个世纪中保持着国内的繁荣,在海外也广受尊重。"这一答复遭到了尖锐的批评,如果仅考虑对公共舆论的影响,此类批评是恰如其分的。不过,细读英国外交部档案记录,就会发现为何要利用这些僵化的正统王权主张。只有恢复正统,才能保证法国、奥地利或俄国不再无休止地转动政治的万花筒。英国驻维也纳大使得到指示,将英国的回复一字不差地通知维也纳政府:

"我们的答复证明,英王陛下坚持同盟原则,他也坚信,奥地利皇帝陛下将做出类似的答复,毫无疑问,法国也向奥地利提出了性质

[①] 英国外交部档案,奥地利部分,第58号;《卡斯尔雷公文集》,第5卷,卷首。鲍曼(Bowman)在他的优秀专著《〈亚眠和约〉的初步阶段》(*Preliminary Stages of the Peace of Amiens*,多伦多,1899年版)中没有提到这一点。

相近的提议。"

不过，英国这个正确的行为虽然能够支撑摇摇欲坠的反法同盟，却也同样有利于波拿巴政权的巩固。这一答复使法国人民团结起来，抵抗外部力量强加流亡王室的行径。连乔治三世都认为答复"过于强硬"，但他没有建议更改。波拿巴立刻以一则精辟的照会加以反驳。他语带讥讽地推测，英国国王陛下应该承认各国有选择政府形式的权利，因为只有通过这个权利，他才能戴上英国的王冠；因此，他请国王陛下不要将一项可能使斯图亚特王朝复辟的原则强加到其他民族身上。

1800年1月底，英国议会就国王威斯敏斯特讲话进行辩论期间，波拿巴的外交博弈取得了胜利。在辩论中，格伦维尔勋爵极力证明，与法国媾和是不可能的，因为后者为挑战一切秩序、宗教和道德而战。他引用了法国从荷兰、瑞士到马耳他和埃及的一系列不法行动作为例证。皮特宣称，法国大革命是有史以来上天对地上诸国最严峻的考验；他还声称，由于法国国内局势不稳定，与之谈判没有保障，最后，他以西塞罗式的措辞总结了自己的看法：我也不要那样的和平。英国内阁以260票对64票通过了不与法国媾和的议案，但他们的这一举动几乎将全部法国人都推到了第一执政一边。对波拿巴来说，战场上的胜利也比不上英国的这些猛烈抨击，他们似乎是在质疑法国能否组建一个强大的政府，以便圣詹姆斯宫能为未来的谈判找到些坚实的基础。

奥地利外交家就要圆滑得多了。他们假装相信第一执政和平提议的诚意，在照会中据此措辞，试图诱使他回答说，他已经做好准备，在《坎波福米奥和约》基础上讨论和平的条件。[①]由于上述条约签署以来，奥地利已征服了意大利的大部分领土，波拿巴的回复立

---

① 《拿破仑书信集》，1800年2月27日；图古特，《书信集》，第2卷，第444—446页；翁肯（Oncken），《时代》（*Zeitalter*），第2卷，第45页。

即表现出他恢复法国在意大利和莱茵兰霸权的决心。奥地利和英国宫廷的做法正如"太阳与北风"的寓言所示，维也纳人以柔和的手法诱使波拿巴脱去外衣，展现真实的一面；而格伦维尔和皮特出自本心的咆哮却让第一执政扣紧大衣，伪装成备受打击的和平使者。

同盟各国有充分的理由自信，虽然俄国已退出第二次反法同盟，但奥军仍继续在意大利乘胜前进。1800年4月，他们在萨沃纳附近切断法军部队，将絮歇的部队赶向尼斯，同时逐步将其他法军部队困于热那亚的堡垒之中。就在那里，奥军的进攻遭到了顽强阻击。主将马塞纳得到了乌迪诺和苏尔特的有力辅佐，这两人是刚刚立下新功的将军。他们坚持以最顽强的方式抵抗，无论是奥军的突击、英国军舰的炮轰，还是饥荒与疾病的侵袭，都没能让法军后退一步。守军逐渐减员到不足1万人，但他们牵制了两倍于己的奥军，与此同时，波拿巴即将对那里的奥军后方以及西面的梅拉斯部发动雷霆一击。为此，第一执政要求马塞纳即便面对绝境也要死守热那亚，后者也出色地完成了任务。

此时，絮歇坚守瓦尔河方向，与梅拉斯对峙。在德意志，莫罗率领更大的一支部队，逐渐迫使克赖将军的奥军主力从黑森林的狭窄小道撤出，退到乌尔姆深沟高垒的营寨里。

奥军方面则力图迫使马塞纳迅速投降，然后以一支大军攻入尼斯、普罗旺斯（可能还有萨伏依），包围絮歇的部队，并鼓动法国南部的保王党人发动全面叛乱。他们还得到了英国出兵相助的承诺，英军将在海岸上的某处登陆，从侧翼或后方包抄絮歇的部队。［英国外交部发到维也纳的一份公文（唐宁街发出，日期为1800年2月8日）承诺提供贷款，并在地中海部署15000或20000人的英国部队，与奥地利军队协调行动，"支援法国南部各省的保王派暴动"。但英国政府没有履行承诺，这是马伦戈惨败的原因之一，关于皮埃蒙特的意见分歧也不足以成为借口。］这就是反法同盟的计划，只要一切顺利，这个大胆的计划很有希望成就奇功。如果马塞纳投降，如果英国战争部和海军部及时行动，如果风向有利，如果法国保王党再次发动叛乱，法国就将跛足难行，或许将被征服。至于法军占领瑞士、莫罗挺进施瓦本，都不能阻止奥军实施原定计划，进攻普罗旺斯并从法国手中夺取尼斯和萨伏依。这一计划一直遭到批评，人们认为它仅从军事方面考虑问题；但这是奥国的政治扩张图谋所决定的。征服尼斯和萨伏依是完成哈布斯堡王朝野心的必要之举，他们试图夺取皮埃蒙特的大部分领土，以打击撒丁国王，并在征服萨伏依和尼斯后将这位倒霉的国王赶到亚平宁半岛一隅，但正是这位国王勇敢的后代最终统一了亚平宁，升起意大利三色国旗。

反法同盟的计划违背了一条基本的战略原则，将一支大部队暴露在可从后方打击的位置上。这个后方便是瑞士，波拿巴早就注意到了它极其稳固的中心位置。3月17日，他召来秘书布列纳（后者是这么说的），两人一同埋头于皮埃蒙特地图。波拿巴在大头针上沾上红色或黑色的蜡，插在地图上表示部队位置，要求布列纳猜出法军将在哪里痛击对手。

布列纳说道："我怎么会知道？""看看这里，你这个笨蛋，"第一执政说道，"梅拉斯的大本营在亚历山德里亚。他将在那里待到热那亚失陷。亚历山德里亚有他的军火库、医院、炮兵和预备队。从这里（大圣伯纳德山口）越过阿尔卑斯山，我就可以直扑梅拉斯的老巢，切断他与奥地利的交通线，在斯克里维亚河流域平原上的圣朱利亚诺与他交战。"

我引用这段话，只是为了说明波拿巴成竹在胸的传说有多么容易让人相信，直到他们看到《拿破仑书信集》，才能验证事实并非如此。在这些书信中我们找不到任何战略预言，只有对事态发展日复一日的严密监视。3月和4月，他一直敦促莫罗早日进兵，同时考虑圣哥达山口、辛普朗山口和大圣伯纳德山口为自己的部队带来的好处，4月

27日,他决定放弃圣哥达山口(只留下一个小分队),因为莫罗推进速度太慢,不能保护这条路的后方安全。他现在更偏向大圣伯纳德山口,但仍然游移不定,越过山口之后,该开往米兰,还是打击围攻马塞纳的部队,以免这位将军受到太大压力。和所有伟大的指挥官一样,他先制订一个总体计划,根据情况决定细节。在5月19日的信中,他以轻蔑的口吻驳斥了巴黎报纸编辑们关于他预言一个月内就能打到米兰的说法。"我的性格不是那样的。我往往连自己知道的都不会说出来,更不可能说将来会怎样。"

为了更好地掩盖意图,他选择第戎城为第一个行动基地,似乎要从那里威胁对手的施瓦本或者意大利军团。但这还不够。他在这个勃艮第旧都召集参谋和新招募的几个团,以误导英国和奥地利间谍;作战部队则从不同路径调往日内瓦或洛桑。这些准备工作十分精巧,5月初,他的大部分官兵和物资已经逼近日内瓦湖,可以轻易地转移到罗讷河上游的峡谷。为了有一位条理性强、工作勤勉的副手,他从战争部调来了贝尔蒂埃(他在战争部的表现不如贝纳多特),担任"后备军"总司令。实际上,贝尔蒂埃与过去在意大利和埃及时一样,担任的是总参谋长的职务;但名义上却有着总司令的尊贵头衔,这是因为1800年的宪法禁止第一执政兼任总司令。

5月6日,波拿巴离开巴黎前往日内瓦,他在那里感受到了两场战役的每一次脉搏。在该城听取工兵总监的报告后,他决定取道大圣伯纳德山口进入意大利,放弃了辛普朗。现在,他投入加倍的精力,监督着成千上万个确保成功的细节,因为他不仅沉湎于宏图伟业,对牢牢把握成功所需的细致工作也同样着迷;正如威灵顿公爵曾经说过的,"无论物事大小,尽皆难逃他的巨喙"。派遣一支大军越过大圣伯纳德山口确实困难重重。选择那个隘口的原因是只有5里格[①]的路途

---

① 里格是欧洲古时的距离单位,定义为陆路的3英里(4.83千米)或海路的3海里(5.56千米)。——译注

马车不能通行。可是，那5里格的道路令部队和长官们都饱受考验。炮兵司令马尔蒙想出了一条妙计，将大炮从炮架上拆下，放进挖空的松树树干里，这样炮耳就嵌在树干里的大凹槽，不管是在积雪的上坡路和更难走的下坡路上都能保持稳定。①牵引大炮的工作使周围的农民筋疲力尽，随后招来了士兵——每次100人——轮流拉动绳索，并动用了军乐队以战歌鼓劲，在最难攀爬的位置更是军号军鼓齐鸣，以壮士气。

这条道路有时会沿着狭窄的崖壁延伸，一脚踩空就会粉身碎骨，有些地方则有雪崩的危险。可是各方面的因素都十分有利，损失也就微乎其微。这有很多原因：士兵们因参加了一项激发法国人想象力的事业而热情勃发，积极性很高；山区居民的友好；波拿巴与手下的组织能力。这一切都可以说是成功的要素。此次征途与汉尼拔率领大军翻越阿尔卑斯山西部隘口的行动形成了鲜明对比。当年汉尼拔率领的是一支拼凑起来的杂牌军，在昼长夜短的10月里，从完全陌生的道路长途翻山越岭，有些地方因崖体塌方而无法行走，还常常遭到不怀好意的高卢人的袭击。这位伟大的迦太基名将在抵达阿尔卑斯山之前很久就遇到困难，携带的战象阻碍了前进的脚步，部队是由多个民族的士兵组成的，凝聚力的唯一来源是对统帅非凡才能的信任，有鉴于此，汉尼拔的壮举要比波拿巴的更值得赞颂，而后者的这次行动更接近于弗朗索瓦一世1515年翻越大圣伯纳德山口之役。汉尼拔与波拿巴作战条件的差别，从花费的时间上就可见一斑，汉尼拔的行动持续了15天，其中三天困在雪中动弹不得，而第一执政的部队只花了7天。迦太基军队因饥饿而减弱了实力，而法军携带着充足的干粮；到达隘口山顶时，圣伯纳德救济院的修道士给法军官兵提供了第一执政预先运来的面包、奶酪和红酒，救济院还慷慨地捐赠了同样多的食

---

① 梯也尔将这种巧妙方法归功于波拿巴；但第一执政在5月24日的公告中却将其归功于马尔蒙和伽桑狄（Gassendi）。

物。热情好客的神父们设席于救济院门前,亲自招待官兵们。

确保部队和物资源源不断地通过隘口后,波拿巴本人于5月20日开始上山。他身穿已闻名于世的灰色大衣,一脸泰然自若的神情,一直以来,即便面对困难,他也都是如此平静。当然,大卫不朽名画中拿破仑身骑骏马势欲登天的戏剧性一幕,只不过象征着这位激进民主制度的天才领袖克服大自然设置的障碍,挟常胜之威飞奔向前。而在现实中,波拿巴引人注目之处只是严格的自制和强压的兴奋;他并没有像大卫的画中那样骑着战马,而是乘坐一匹由农民牵着的骡子。此时他听到的并不是胜利的消息,而是拉纳所率的前锋部队在进入意大利之前遇到了意外的阻碍。狭窄的多拉巴尔泰阿河谷是他们的必经之路,却几乎被巴德堡挡得严严实实,一支小规模的奥地利守军坚守那里,挫败了拉纳和贝尔蒂埃的所有努力。第一执政在上山时就听到了这个消息,到救济院后又得到了相同的报告。领受修道士们的热情招待并在图书馆和礼拜堂里逗留片刻后,他继续旅程;南边的山坡已因成千上万名官兵通过而变得很滑,他和参谋们多次沿山路滑下取乐。在奥斯塔停留后,他继续沿峡谷而下,前往巴德堡。

与此同时,他手下的一些步兵已沿着山羊在崇山峻岭中踏出的小径绕过了巴德堡,抵达下游河谷里的伊夫雷亚。可是,巴德堡仍在法军的炮击中屹立不倒,由于它的位置居高临下,法国炮兵似乎毫无希望越过,而如果没有炮兵,第一执政根本不可能在皮埃蒙特平原上取得胜利。波拿巴看到夺取这个堡垒无望,想出了在夜色和村庄房屋掩护下,将火炮重新驮在马背上快速运走的方法。为此,他在村里的主路上撒上稻草和马粪,并将炮架的轮子包裹起来,减小噪声。然后,大炮几乎就在堡垒的手枪射程内被拖过村庄。然而,守军还是被惊动了,他们开枪并投掷手榴弹,炸掉了一些弹药车并造成其他损失;不过40门大炮和100辆弹药车得以越过巴德堡。

这种始终不懈的奇思妙想与敌人的轻忽之举形成了多么鲜明的

对照！如果奥军迅速增援驻扎在巴德堡的小分队，波拿巴的行动毫无疑问将受到严重阻碍。但直到5月21日，梅拉斯对他遥远的后方将遭到袭击一无所知，3000名守卫多拉巴尔泰阿河谷的奥军分成两个部分，一部分在巴德堡，另一部分在伊夫雷亚。5月22日，伊夫雷亚在拉纳所部猛攻下失守，巴德堡则被法军殿后部队封锁。波拿巴的部队（包括殿后部队）共有41000人。与此同时，蒙塞率领一支15000人的法军（部分从莫罗军团抽调）从东面越过圣哥达山口，开始迫使提契诺河上游峡谷的奥军前哨部队后撤。另外5000名法军越过塞尼山隘口，从西面威胁都灵。第一执政此时的目标是集中两支主力部队，夺取敌军军火库，迫使其全部投降。这一大胆决策是24日于奥斯塔做出的，当时波拿巴听说梅拉斯19日仍在尼斯，浑然不知自己已注定失败。一击制胜的机会不容错过，即使让马塞纳独撑危局也在所不惜。

不过，梅拉斯的凯旋之梦已成泡影。21日，他听到了一支大军越过圣伯纳德的消息，便留下18000人在瓦尔河对抗絮歇，率其余部队急忙赶回都灵。在皮埃蒙特的首府，他得到了必须与第一执政交锋的消息；但直到5月的最后一天，他才知道蒙塞正在进逼圣哥达山口，威胁米兰。随后，他完全意识到了面临的危险，匆忙召集所能动用的所有部队，以便杀开血路前往曼托瓦。他甚至向围攻热那亚的部队发出紧急命令，要求他们撤往亚历山德里亚；但这支部队已经开始与马塞纳谈判，要后者交出那个据点，而英国舰队司令基思勋爵的意见是，让那里的奥地利指挥官继续围攻到底。这座城市已陷入最可怕的困境中，马匹、狗、猫和老鼠最终都成为了人们的食物，法军每次出动，城中的大批饥民都紧随其后，割下野草、荨麻和树叶，与盐同煮糊口。[1]可怜的居民

---

[1] 马尔博，《回忆录》，第9章；阿勒代斯（Allardyce），《基思勋爵回忆录》（*Memoir of Lord Keith*），第13章；蒂埃博的《热那亚围城记》（*Journal of the Blockade of Genoa*）。

们眼看要起来造反了，马塞纳下令部队，如有四人以上聚集便可开枪射杀，才避免了一场动乱。6月4日，马塞纳最终率领8000名饥肠辘辘的官兵走过奥军哨所，保持了军人的荣誉。这位冷峻的斗士根本不理会投降或者屈服之类的话，他仅对英奥联军的指挥官说，6月4日，他的部队将撤出热那亚，如果遇到阻拦，就用刺刀开道。

波拿巴曾因为没有立即驰援马塞纳而遭到责难：马塞纳和蒂埃博指控他抛弃战友，朗弗雷也以惯有的技巧让人们相信了这一点。但是，此种说法经不起推敲。奥地利人听到法军进入皮埃蒙特和伦巴第的可靠消息之后，肯定会立即将兵力集中于都灵或亚历山德里亚。确实，梅拉斯已靠近都灵，如果第一执政向正南方的热那亚进军，就将遭到他的迎头痛击。①以区区4万人的兵力如此进兵，是非常危险的，而此举最多也就能救回现已实力大减、饥饿不堪的守军。此外，波拿巴很自然可以预计到，围攻热那亚的部队后方受到威胁后定会撤退。

明智的策略和发动有力一击的渴望，促使第一执政制定了更大胆、更有效的计划：肃清伦巴第奥军并夺取他们的物资；随后，与蒙塞15000人的部队会合，切断米兰以西所有奥军部队的退路。

波拿巴于6月2日进入米兰，亲法分子为之狂热欢呼，他们颂扬第一执政以特有的魄力与远见，率领两路大军从天而降，令压迫他们的奥地利人不知所措。许多与阿尔卑斯山南共和国有联系的人被奥地利人定罪、流放或囚禁，他们的朋友现在都将波拿巴当成了共和国的救星。第一执政花了七天时间，选择阿尔卑斯山南共和国的重建者，将东路奥军逼退到阿达河后，重整自己和蒙塞的部队，准备最后一击。军事问题确实需要非常仔细的研究和判断力。有趣的是，他现在的处境与1796年正相反。当年，法军占领托尔托纳、亚历山德里亚和瓦伦

---

① 我在英国海军部档案（地中海部分，第22号）中找到了梅拉斯5月23日从萨维兰写给基思勋爵的一封信，清楚地说明了梅拉斯期待着这样的进军，信中说："敌军已经包围了巴德堡，并推进到伊夫雷亚城下，目的显然是为了拯救马塞纳。"

扎，试图将奥军赶回曼托瓦壁垒。而现在奥军占领的阵地几乎相同，正竭力突破将其与曼托瓦"避难所"隔断的法军战线。波拿巴手中的兵力略少于对手，他感觉很难阻止奥军逃走。

梅拉斯有三条道路可选。最直接的路线是沿波河南岸取道托尔托纳和皮亚琴察，穿越斯特拉代拉艰险的狭谷；他也可以撤往热那亚，越过亚平宁山脉，迅速穿过摩德纳，收复曼托瓦；第三条路是在瓦伦扎渡过波河，然后在帕维亚渡过提契诺河。法军在小心翼翼搜索猎物的过程中，必须监视全部三条路径。波拿巴的第一步行动是派遣缪拉率领一支规模不小的部队占领皮亚琴察和斯特拉代拉狭谷。经过一番激战，法军从奥军先锋部队手中夺取了这些重要的前哨站。6月9日，拉纳将军在蒙泰贝洛迎击一支兵力超过自身的奥军部队，将这支正从热那亚开往皮亚琴察的敌军赶往亚历山德里亚，这场辉煌胜利也成为了法军该方向行动的高潮。与此同时，法军还派出几支较小的部队监视提契诺河方向，其他部队则夺取了克雷莫纳的敌军武器库。

从截获的奥军文件中得到关于梅拉斯行动的宝贵情报后，波拿巴于6月9日离开米兰前往斯特拉代拉。他在那里等待着絮歇和马塞纳从萨沃纳和切瓦传来的消息，因为他们两人的部队如果能够会合，就可以完成对奥军的包围。①他希望马塞纳能在萨沃纳附近与絮歇会合，但由于各种马塞纳不能控制的因素，他们的会师推迟了；絮歇虽然继续向阿奎进攻，却无法切断奥军向热那亚撤退的路线。不过，他的骚扰给从尼斯撤退的奥军带来了很大影响，只有约8000名奥军从这一方向与梅拉斯会合。②

① 波拿巴到6月9日才离开米兰：参见《书信集》和6月10日的公报。若米尼将其出发的日期说成了7日，因此他对这两天的描述显得很混乱。梯也尔所说的日期是6月8日。
② W.本廷克(Bentinck)勋爵6月15日从亚历山德里亚向英国海军部报告（档案地中海部分，第22号）："我很遗憾地报告，埃尔斯尼茨(Elsnitz)将军的部队本由（奥地利）陆军中最精锐的几个掷弹兵团组成，抵达这里时的情况却糟透了。他的士兵已因补给匮乏和其他困难而吃尽了苦头，撤退时遭到了絮歇将军所率7000人的阻击。纳瓦桥上曾发生了一场战斗，法军失利；我这么说，阁下肯定也不相信吧？奥军在撤退中仅因疲惫就损失了差不多5000人；我毫不怀疑，絮歇将军会昭告天下，他取得了一场大捷。"

毫无疑问，梅拉斯的最佳路线仍然是迅速赶往热那亚，依靠英国军舰的力量。但这一计划刺伤了这位将军的自尊心，他在意大利曾取得了众多胜绩，可如今波拿巴眼看着要从他头上夺走这些荣誉。他和参谋试图对四周的敌军包围圈来一次大胆的突击，以摆脱困境。这一努力几乎得手却又功败垂成，实属世间仅见。

第一执政认为奥军一心只想逃跑，于是从斯特拉代拉进兵托尔托纳平原，从那里可以阻止对手任何南下热那亚的企图，此举应该肯定能取得成功。可是现在他兵力过于分散，削弱了战线上的每一点；而他的对手则握有中心战场之利。波拿巴也被迫采用包抄战术，四年前，奥军常常因为这种战术而导致大败，他一反惯用的战术确实有些古怪，这或许是他在向马伦戈进军时流露出焦虑情绪的原因。不过，德塞刚从埃及回到巴黎，就来到了前线，给了波拿巴很大的鼓舞。对于这位风度翩翩、品格高尚的军官，波拿巴怀有真挚的情感，这从德塞一到两人便长谈三个小时就可以看出，他还对布列纳说："他（德塞）真有先贤之风。"德塞率领5300名士兵于6月13日夜间出发，前往热那亚，阻止奥军从那个方向逃脱。这个古怪的举动曾受到严厉的批评，但根据波拿巴当时掌握的事实，梅拉斯似乎打算向热那亚进军。加尔达纳率领的法国先头部队在当天下午轻松地将敌军前部赶出马伦戈村，他甚至报告说，博尔米达河上没有任何桥梁，敌人无法从那里进入马伦戈平原。随后，马尔蒙于晚上挥军向前时，却发现至少有一座防御严密的桥梁；次日早上，第一执政知道了加尔达纳所犯的错误，对其大发雷霆，同时派遣一名传令兵火速将德塞召回。但没等他抵达，马伦戈战役早已开始，在6月14日这个关键的日子里，法军大部分时候只有18000人，面对的是31000名奥军的进攻。[①]

[①] 马尔博《回忆录》的错误中，最为明显的就是他说：马伦戈战役中，如果奥特在热那亚的 25000 名奥军与其友军会合，法军就肯定会失利。实际上，奥特的 16000 人已在蒙泰贝洛与拉纳交手，在马伦戈战役中起到了很大的作用。

第 11 章　从马伦戈到吕内维尔　　205

正如下页的地图所示，马伦戈村位于一个平原之中，这个平原从博尔米达河两岸向东面的斯特拉代拉山区延伸。

马伦戈村有一条从亚历山德里亚要塞向东延伸的大路，亚历山德里亚是意大利西北部主要的据点。平原散布着许多障碍，一条名叫丰塔诺内的小河穿过村里。弯弯曲曲的博尔米达河、陡峭的丰塔诺内河岸，以及平原上散落的村庄、农场和葡萄园，都使得突破顽敌的防线极其困难；这些自然地貌对当天的战果也起了不小的决定作用。

曙光初现，梅拉斯便命令大军渡过博尔米达河，突入马伦戈的法军前哨阵地，但他们遇到了维克托师将士的顽强抵抗，瓦尔米战役中的名将之后克勒曼初建功勋，将一些冒进的奥地利骑兵赶下了丰塔诺内河深深的河床之中。拉纳借机调动所在师的5000人，进驻马伦戈和切廖洛城堡之间的战线。不过，当奥军于10时许全面发动攻势时，他们不仅夺取了马伦戈，还以由奥特将军率领的一支重兵痛击拉纳，后者寸土不让，但仍不得不且战且退。因此，当波拿巴一个小时之后从遥远的后方率领执政卫队疾驰而来时，发现他的部队正面受挫，两翼也遭到包抄。他立刻出动1000人的执政卫队，迎战乘胜前进的奥特。法军在切廖洛城堡附近排成方阵，短暂地阻挡了奥军的攻势，不过在敌军的炮击和骑兵冲锋面前，这支精悍的部队也开始气力不支。紧急关头，莫尼耶师的3600名将士赶到，立即投入战斗，在里波吉小村周围挡住了潮水般涌来的奥军，而卡拉·圣西尔则紧紧守住了切廖洛城堡。这两支部队的到来令人振奋，在他们的掩护下，维克托和拉纳整顿部队，暂时顶住了敌军的攻势。然而，随着奥军主力部队沿大路推进，法军仍然缓慢而无法阻挡地向圣朱利亚诺退却。

到下午2时，法军似乎败局已定，除了北部之外，他们已全线后撤，大炮也只有5门还在射击。梅拉斯年事已高，不堪炎热的气候，加上又受了两处轻伤，只得返回亚历山德里亚，留下参谋长察赫指挥追击。但不幸的是，梅拉斯调回2200名骑兵，监视亚历山德里亚与

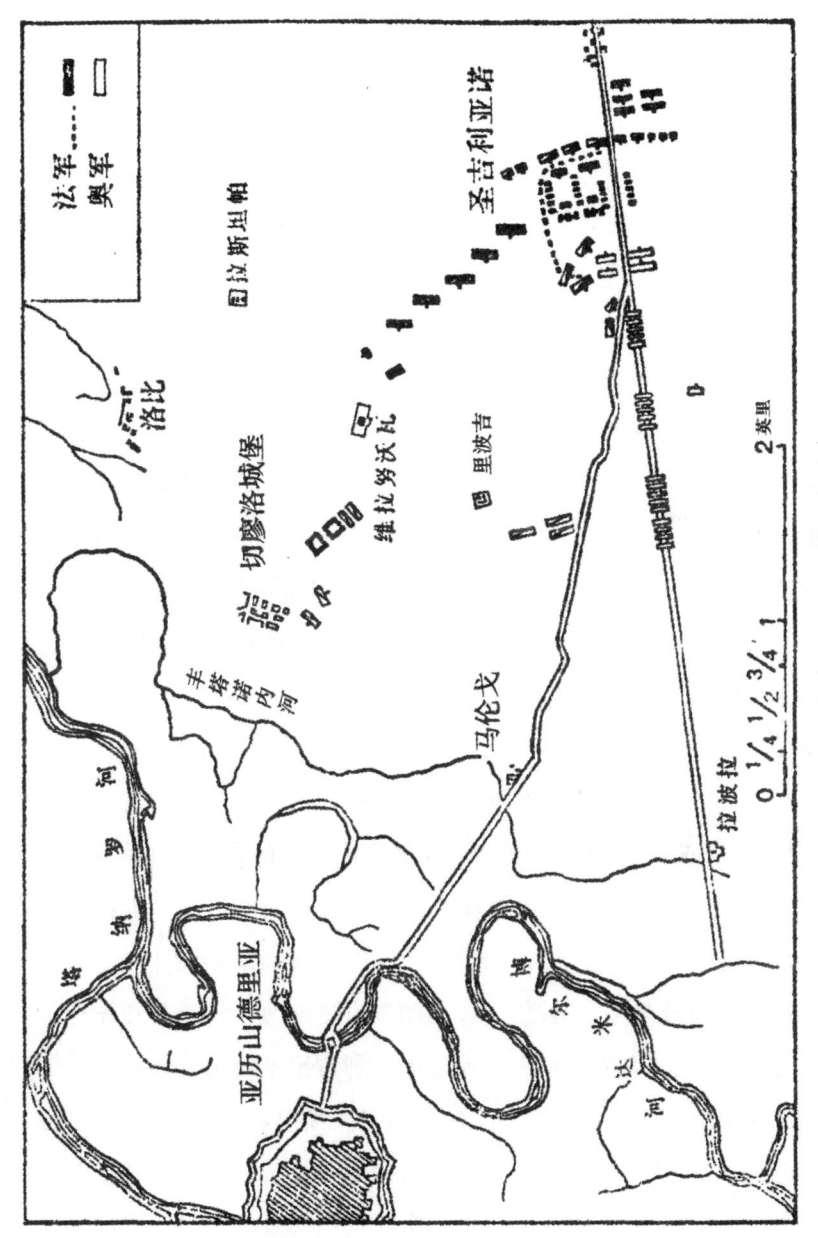

马伦戈之战（展示克勒曼的进攻）

第 11 章 从马伦戈到吕内维尔

阿奎之间地区，因为絮歇的部队正向阿奎逼近。为了抵御距离尚远的这个威胁，梅拉斯在关键时刻、关键地点削弱了自己的攻击力量，此时，当奥军奏响军乐、挥舞战旗逼近圣朱利亚诺山丘时，他们的骑兵实力不足以全面击溃法军。不过，他们的攻击力仍然使法军的一切抵抗似乎无济于事，直到下午5时，德塞率领部队接近战场，才给法军的防线带来一线生机和希望。他立刻策马奔向第一执政；根据一些模糊的传闻，波拿巴急切地问道："你是怎么想的？"德塞回答道："这一仗输了，但我们还有机会赢回另一仗。"在场的马尔蒙否认两人说过这样的话，说明即便是德塞，也不可能如此胆大妄为，对长官无礼。不过可以肯定的是，他确实建议立即动用炮兵遏制奥军攻势，马尔蒙急忙用新到的13门炮补充原有的5门，占据一个坚固的阵地，猛烈炮击在硝烟尘雾中盲目前进的敌军密集队列。第一执政将德塞的部队部署在村庄和附近的一个山坡之后；法军左侧不远处，克勒曼的重骑兵已做好准备，伺机出击。

这个时机来得很快。马尔蒙的大炮使察赫的掷弹兵阵脚大乱；德塞的手下则以步枪不停地射杀他们；就在他们准备最后一搏时，克勒曼的重骑兵向其侧翼全力猛扑。这真是一次空前绝后的奇袭，奥军的阵型被一分为二，刚刚还显得不可阻挡的老兵们死伤枕藉，或被葡萄弹炸倒，或被马刀砍翻，或无助地奔走于葡萄园中，或成群结队投降。惊慌的情绪在奥军中弥漫，面对重振士气、杀气腾腾的法军，他们节节败退。靠近博尔米达河桥梁时，奥地利人已溃不成军，夜幕下一片混乱景象，败军在马伦戈村中无处躲藏，慌忙渡河逃入亚历山德里亚据点。

这就是马伦戈大捷。法军为这场胜利付出了巨大的代价，除了双方参战部队三分之一伤亡的沉重损失之外，胜利者还遭受了一个不可弥补的损失：就在德塞以自己的才能和活力使法军反败为胜之时，他却不幸阵亡。这次战役取胜的直接原因是克勒曼那次出色的冲锋；尽管萨瓦里有不同意见，但毫无疑问，这位年轻军官是主动出击的。不过，如果不是德塞动摇了敌人的士气，使其与里沃利之败时一样易于陷入恐慌，克勒曼的进攻就没有多大效果了。波拿巴危急时刻的处置无疑十分老练，可在战斗初期，他的指挥就难副盛名了。当部队陷入混乱时，他并没有以比肩恺撒的方式振奋士气，而后者手持盾牌，与将士们一同参加战斗，击退汹涌来袭的内尔维人。战斗达到高潮时，波拿巴曾说出"士兵们请牢记，我的习惯是露宿于战场之上"——考虑到当时形势危急，这些话显得乏味而傲慢。

在这个伟大日子的晚上，波拿巴以夸张的语调赞扬了贝西埃和执政卫队的骑兵，却只对克勒曼说道："你发起了一次很好的冲锋。"据说，这位军官回答道："我很高兴您对此感到满意，将军。因为这次冲锋将王冠戴到了您的头上。"波拿巴确是一位伟大的主帅，他设计与实施的马伦戈战役也堪称不朽，但此等小气之举实在与其身份不相称。虽说此役的高潮部分与开端不可同日而语，但就整体而言，马伦戈战役仍肯定算得上一个杰作。自汉尼拔以来，从没有一个战役能像此役一样，以其大胆且独特的谋划震惊世界。一支战无不胜的奥地利大军停下了脚步，被迫转头沿着撕得粉碎的交通线逃跑，在远离眼看就要征服的地区120英里处苦苦求生。实际上，反法同盟军队在过去一年里取得的所有胜利，都被波拿巴的这次出征抹杀了，登上阿尔卑斯山后不到一个月，法军就重夺尼斯、皮埃蒙特和伦巴第，使奥军陷入万劫不复的困境。

经此可怕打击，梅拉斯已难以立足，他和手下已经准备接受任何不过于羞耻的条件；而波拿巴也乐于在荣耀中结束这场战役。他同意奥军撤到明乔河以东，但仍可在加尔达渔村和曼托瓦驻扎。这些条件受到了多方面的批评，有人责备梅拉斯怯懦，交出了许多据点，包括奥军将士仍在坚守的热那亚。但必须记住的是，他此时在亚历山德里亚只有2万人，而在萨沃纳和布雷西亚之间的3万名奥军将士被隔成数段，实际上已在法军掌握之中。现在，他们全都能够退到明乔河畔，在那里恢复帝国领土的防御。当然，维也纳宫廷对皮埃蒙特的政治图谋彻底失败了，但也挽回了因为对领土的贪婪而牺牲的军队。波拿巴也因提出的条件过于宽大而受到指责。毫无疑问，他当然可以提出更苛刻的条件，可此时的他已不仅是个军人，还是位政治家了。他渴望和平，既是为了法国，也是为了自己。在这次辉煌的大胜之后，和平对人民的意义将加倍重要，他们不仅渴望胜利的荣耀，也期待着治愈八年战争带来的创伤。身为第一执政，波拿巴的地位并不稳固，他期盼着返回巴黎，控制桀骜不驯的保民院，威慑雅各宾派和保王党人，并重建法国政体。

在这些动机驱使下，波拿巴写信给弗朗茨皇帝，发出了具有说服力的和平呼吁，重申在《坎波福米奥和约》基础上和谈的条件。①但此时的奥地利败局未定，尚不到接受此等条件的地步；直到莫罗在霍恩林登大战中的神来之笔，以及麦克唐纳于隆冬漂亮地越过施普吕根山口，绕过奥军在明乔河上的要塞——这一壮举远超波拿巴在圣伯纳德山口的成就——才迫使它接受和平。对这些事件的描述超出了本书的范围，下面我们将继续讨论波拿巴的政治生涯。

第一执政在米兰和都灵短暂停留，以意大利解放者的身份受到了隆重的接待，此后，他从塞尼山隘口越过阿尔卑斯山，在里昂和巴黎受到了狂热的欢迎。不到两个月，他又回到了法国首都。

这时，波拿巴写信给沙皇保罗，提出如果法国在马耳他的驻军因饥荒而撤出该岛，他将把该岛交给沙皇，由其以圣约翰骑士团大统领的身份管理。这个"别有用心的礼物"真是巧妙至极。首先，瓦莱塔被纳尔逊的巡洋舰严密封锁，并陷入马耳他当地人的包围，几周之内就可能投降；其次，第一执政深知，沙皇一直谋求马耳他的立足点，以便从东南面威胁土耳其。为了彻底将俄国争取过来，波拿巴还送回了1799年俘虏的俄国军人，并让他们穿戴整齐、全副武装，这一做法更令彼得堡满意，因为俄国部队曾与约克公爵在荷兰并肩作战，于海峡群岛过冬时，受到了英国政府的不公正对待。因此，沙皇派卡里切夫到巴黎建立

---

① 《书信集》，第6卷，第365页。富尼耶在其《历史研究论文与述略》（*Hist. Studien und Skizzen*，第189页）上辩称，这封信写于米兰，只是为了强化效果才注明写自马伦戈。

法俄同盟。卡里切夫受到了热烈欢迎，波拿巴大体上同意恢复撒丁国王原有领地和教皇辖境，沙皇则向波拿巴提出了非常诱人的建议——创立一个王朝，从而终结导致欧洲各国与法国对抗的革命原则。他还提出承认法国的自然疆界——莱茵河和海滨阿尔卑斯山脉，并声称德意志事务应由他斡旋解决。双方一拍即合，轻易地达成了交易。就这样，法国和俄国携手控制中欧和南欧事务，对抗英国的海上霸权。

之所以与俄国联手，是因为瓦解第二次反法同盟、收复意大利北部还远远不够。波拿巴的策略不仅着眼于欧洲，还面向海洋。他必须在海上打败英国，只有那样，这位年轻的斗士才能确保对埃及的控制，回归他的东方宏图。从马伦戈战役前后的信件往来可以看出，他急切地想与奥地利媾和，与俄国结盟。他的思绪总是飘向埃及。他与英国讨价还价，要求为那里的法军提供补给，这也意味着可以轻松地向那里派出军队。格伦维尔勋爵拒绝了这一要求（9月10日）；因此，波拿巴更全心全意地制订消灭英国人的计划。他试图激起沙皇对英国海商法的愤怒，这在当时取得了全面的成功。1800年底，沙皇纠集波罗的海诸国，意图打败英国海军，并提议法俄联合入侵印度，"给敌人以致命一击"，这远远超出了波拿巴的期望。按照1800年底制订的计划，俄国将在阿斯特拉罕集结35000人的部队，法国则出动同样多的部队一路杀到多瑙河口，从那里乘坐俄国舰船前往亚速海，与盟军在里海会师。航行到里海南端后，以掠夺为饵诱使波斯人和阿富汗人将英国人赶出印度。波拿巴认真地阅读了这份计划，提出了几点批评意见，脾气暴躁的沙皇对此予以激烈的反驳。尽管如此，保罗仍然将他的部队开向伏尔加河下游，一些哥萨克骑兵已从冰上渡河，此时沙皇遇刺的消息传来，这项计划也就中断了。[①]

---

① 参见恰尔托雷斯基《回忆录》，第11章，以及德里奥（Driault）的《东方问题》（*La Question d'Orient*），第3章。英国外交部得知了这个计划。在该部档案（第614号）中有一个勒克莱尔先生写给弗林特先生的备忘录（背面用铅笔写着日期1801年1月31日），将当前的提案追溯到圣热尼（St. Génie）先生向叶卡捷琳娜二世提出的建议，并建议法国人首先占领索科特拉岛和丕林岛。

保罗的宏伟计划与这位空想家一起消失了，但事实证明，俄国与革命的法国和解终究是意义深远的重大事件，因为东方势力从此开始对西欧民主制度施加半亚洲风格的微妙影响，有力地改变了它的原有特性。

19世纪刚刚到来，政治版图上就出现了一些惊人的重整。波拿巴使俄法两国突然和睦起来，而英国坚定的海洋政策却使波罗的海诸国联合起来，对抗这位"海洋女王"。1800年秋季，沙皇保罗听说英国占领马耳他之后，立即恢复了1780年的武装中立联盟，以俄国、普鲁士、瑞典和丹麦的军队对抗英国海军的强权。但纳尔逊在哥本哈根的辉煌胜利，以及沙皇在宫廷阴谋中遇害，粉碎了这个仅组建四个月的联盟，新沙皇亚历山大一度恢复了与英国的友好关系。[①]第一次法俄同盟的突然结束激怒了波拿巴，他在官方的《环球箴言报》中插入一段文字，指责英国政府买凶刺杀保罗，这种含沙射影的攻击，只不过是发泄对迄今为止的成功外交突然受挫的愤怒。尽管遭受一时的失败，他从未对这个期望中的联盟弃之不顾，七年后，他巧妙地结合了武力和劝说，在弗里德兰的毁灭性打击后重新与俄国结盟。

对法俄联盟的恐惧无疑有助于迫使奥地利求和。莫罗在霍恩林登大战中轻松战胜奥军，弗朗茨皇帝只得在洛林的吕内维尔开启和谈。在那里，狡猾顽固的科本茨遇上了对手——坚定而又极具外交手腕的约瑟夫·波拿巴。两人的交锋使科本茨疲惫不堪，直到莫罗向维也纳进军，弗朗茨才不得不接受以阿迪杰河作为两国在意大利边界的条件。除了哈布斯堡王室托斯卡纳大公被迫将其公国让与波旁王室帕尔马公爵之子外，条约的其他条件（1801年2月9日）实际上与《坎波

[①] 加登（Garden），《条约集》（*Traités*），第6卷，第30章；马汉上校的《纳尔逊传》，第2卷，第16章；梯也尔，《执政府》，第9卷。沙皇保罗遇刺事件可参见冯·R.R.的《沙皇保罗的结局》（*Kaiser Paul's Ende*，斯图加特，1897年版）；另见恰尔托雷斯基《回忆录》，第13—14章。波拿巴向英国提出海上休战，以及1800年12月的和平建议，参见前面引述的鲍曼著作。

福米奥和约》相同。托斯卡纳大公在德意志得到了"补偿",倒霉的摩德纳大公也在莱茵河上游的布赖斯高地区找到了安慰。古老的神圣罗马帝国之衰败无助已暴露无遗,因为弗朗茨承认法国有权干预帝国内不同小邦的重新安置。他还承认了阿尔卑斯山南、利古里亚、赫尔维蒂和巴达维亚等共和国的现状;而且,条约中明确规定了这些国家的独立地位,以及人民选择合适政体的自由。

1801年3月,那不勒斯王国也与法国通过《佛罗伦萨条约》达成和平,该国将撤出教皇辖国中的军队,不允许英国和土耳其船只进入其港口;它还放弃对托斯卡纳滨海地区普雷西迪、小封邑皮翁比诺和厄尔巴岛上一个港口的所有权利主张,将其让给法国。这些退让与拿破仑的图谋相得益彰,他打算将帕尔马公爵的继承人提升为托斯卡纳或伊特鲁里亚国王。那不勒斯国王还承诺,他本人允许并支持法国在其领土驻军。随后,苏尔特率领1万人的部队占据奥特朗托、塔兰托和布林迪西,确保那不勒斯政府遵守条约,并有利于法国与埃及的往来。

在与新世界的关系方面,波拿巴也取得了进展。法国与美国之间的一些争端导致了1798年的敌对状态。和平谈判于1800年3月开始,双方签订了《茉芳丹条约》,波拿巴得以迫使马德里宫廷接受帕尔马-路易斯安那交换计划,该计划实施之后,他有望在密西西比河两岸建立一个宏伟的殖民帝国。

关于上述计划和其他一些宏图伟业,波拿巴只向塔列朗和其他关系亲密的幕僚谈起过。但即便对普罗大众而言,19世纪呈现的变迁景象也是令人眼花缭乱的。法国控制了从阿尔卑斯山到"亚平宁之踵"的意大利领土;奥地利被迫放弃了在意大利的所有图谋;瑞士和荷兰成为第一执政的势力范围;西班牙也对他俯首帖耳;英国尽管在海上取得胜利,在陆地上却无所作为;在新制度下,法国迅速地恢复元气,比往日更具声望和稳定性,这也是对第一执政丰功伟绩最经久不衰的颂歌。

第12章　法国的新体制

"我们已经结束了革命的传奇，现在必须开始书写它的历史了。运用革命原则的时候，我们只能着眼于现实、可行的方法，而不是推测和臆想。"这就是波拿巴在参政院初期的一次会议中说出的不朽名言，奏响了执政府时代的主旋律。这是一段充斥着务实活动的时期，整个法国都全力以赴，革命初期的事件淡出人们的视线，似乎已成了遥远的过去。当时的法国人怀着一种期待和接受的情绪，文官统治的失败和波拿巴的军事胜利给他们的个性带来了一种有趣的影响。1800年，一切都处于过渡阶段，这正是建构大师的用武之地；而这位大师就在眼前，与其超人的军事天才相比，他在民政事务上的创造力并不逊色。

在此，我要简略概述一些最为重要的重建工作，它们使执政府时代和法兰西帝国初期名垂青史。波拿巴在这一领域所做的工作广泛而复杂，无法按照时间顺序描述，只能逐个门类介绍。不过，读者一定要牢记，大部分工作都是同时进行的，甚至与战争、外交、殖民实业和千头万绪的行政事务交织在一起。本文呈现的好像是一系列人工开凿的运河，实则是一条不曾分流、滚滚奔腾的事业长河，而滋养它的则是第一执政超人般的活力。他以不知疲倦的求知欲，驱使公务员们说出办公室的秘密；他以过人的智慧抓住每个问题的要点，发现解决方案；他以激情和韧性保证每位部长和各个委员会勤勉工作，有时候甚至一天20个小时监督工作成果；总之，正是他追求完美的激情、对法国的雄心壮志，鼓舞着每位官员克服万难，最终正如一位官员所说,"我们都已习惯了思考大事"①。

政治重建中急需处理的第一个问题是地方政府的问题。确定全国接受新宪法的当天,第一执政就向立法机构提交了管理各省区事务的法律草案。必须承认,根据1789年省区体系设立的地方自治政府已经失败。当时的人们充满希望,以为普选的魔法就可以扫清一切困难和弊端,将最先进的地方自治政府交到了毫无经验的大众手中。公社(教区)要选举,区县要选举,地区要选举,省要选举,国民大会也要选举;兴奋的眩晕过后,淳朴的群众很快就陷入困惑,继而漠不关心,将一切事务交给最近的雅各宾派俱乐部去处理了。随之而来的是一个大混乱的时期。在"恐怖统治"时期,这种不严密的体系被专制的秘密委员会所取代,为回归有组织的中央集权(就像督政府所做的那样)铺平了道路。

因此,作为督政府继承者的第一执政发现,采取严厉集权措施的条件已经成熟,有趣的是,1789年的革命者竟在无意之中为他扫清了障碍。为了给"公意至上"让路,他们废除了高等法院,因为这个机构维护旧法律、旧风俗和多个省份的特权,而且经常干预纯政治事务。1789年废除法院和其他特权机关的做法统一了法国,也清除了所有阻挡民主洪流或反动回潮的障碍。于是,一切都有利于第一执政将所有地方权力控制在手中的行动。此时的法国已厌倦了选举产生的机构,因为那些机构除了浪费国家税收之外并没有什么作用;虽然对新提案也有一些反对之声,但它仍在1800年2月16日(共和8年雨月28日)得以通过。

新法律以中央政府取代了地方自治政府。地方行政区划保持不变,只是恢复了被国民公会废除的"地区",规模比原来稍大,使用

---

① 帕基耶,《回忆录》,第1卷,第2章,第299页。另见莫利安《回忆录》:"他对细节的追求永无止境,对新问题的思考一刻也不曾停息。他不仅统治和管理国家,也不仅像总理那样执掌政务,而是比每一位部长都更周密地处理实际问题。"

了"区"这一名称，而较小的市镇从1795年起合并为县，现在也恢复了。值得注意的是，在1789—1990年立宪会议划定的政区中，只有省和县继续存在——这一事实似乎说明了篡改既有边界，人为切分大量行政区的危险，这也很快成了其他改革试验者的"小白鼠"。确实，法国似乎没有有效的自治，以至于波拿巴设置省长以维持秩序时，举国上下都松了一口气。这个重要官职是第一执政的缩影，是各省事务的管理者，新划分的区和市镇也都有类似的行政长官。人口超过5000的市镇，行政长官由第一执政任命，较小的市镇长官则由省长任命；所有地方长官都对中央政府负责。

按照以前的选举制度，所有地方权力最终都属于选举人，宪法第75条强调取消这一制度，这实际上使官员免遭起诉。具体的规定是："除非参政院已有决定，对政府官员（部长除外）不得以与其职务相关事实提起诉讼；若经参政院决定，诉讼应于常设法院进行。"现在，诉讼的决定是由一个几乎完全由高官组成的机构做出的，因此对官员提起公诉的可能性极小。就这样，在1800年的前几个月里，法国被一个官僚阶层接管了，这个阶层是由利益和"团队精神"紧密联系在一起的；而地方政府历经十年的民主试验，几乎回到了旧王朝时的状态。实际上，省长的权力整体上远超过旧王朝的地方长官，因为后者还要受到各行省高等法院的制约，而第一执政提名的省长只需要对付几无实权的省议会。地方事务的真正权力掌握在省长手中，选举产生的旧机构的确存活了下来，但它们主要起顾问职能；而且，唯恐他们的建议过多，省县两级议会的会期限制在每年两周。除了在评定税收中起到一点作用之外，它们的存在不过是为了掩盖新的中央集权制度。①这种制度也许有一定的好处，省长的选拔当然也证明波拿巴

---

① 篇幅所限，不能叙述法国的财政状况和法兰西银行的建立。但我们在此可以略作说明，当时法国的税收是由一位国家任命的总监以及他在各省的下属征收——这一计划比以前那种潦草的方法更有效。省议会评估较小地区的直接税，参见加埃特公爵戈丹的《回忆录》。

能够从不同论调的人当中辨识出真正的人才；尽管如此，这就是一种专制政治，与整个法国的生活密不可分。①

这个提案没有引发强烈反对，似乎有些奇怪，因为它恰恰在民主制度最合适、最成功的领域——地方自治政府——对其实施压制，使普选变得名存实亡，只不过是选择治安法官的一项活动而已。保民院的自由派人士预见到了这一点，但由于1月份通过的法规，他们的权力很小，多努以"报告人"的身份尖锐批评了这项措施，最后却胆怯地建议，否决这项提案是很危险的。保民院以71票对25票通过了提案，立法院也以217票对68票通过。

人们常常认为，新的地方政府成效显著，足以证明法国的民族精神需要中央控制，而不是自治。还应该注意的是，1790—1800年的法国局势完全不利于自由制度的发展。国内激烈的党派纷争、财产充公引发的贪婪和阶级猜忌、战争的破坏和财源的枯竭，即便对最为稳固的地方机构都是严峻的考验，而绝对民主制需要和平、繁荣和无穷的耐心才能发展壮大，在这种打击面前当然脆弱不堪。法国当时对地方自治已经绝望，但并不代表在波拿巴归来恢复法国的威望和繁荣之后，这种制度仍然会失败。不过，法兰西民族的锐气不允许任何延迟或妥协，这个国家立刻就接受了一个有才干的官僚阶层的统治，以此来代替地方上好事之徒杂乱无章的行动。许多能人贤士颂扬这种改革，认为它证明了波拿巴对民族性格的非凡洞察力，他们断言，法兰西民族渴望辉煌的成就、稳定的秩序和强有力的政府，而不是陡峭难行、荆棘丛生的自由之路。在法国现代史上，自然有很多事例可以佐证这种说法。可是，这些特性也许很大程度上归功于那位鬼斧神工的巨匠，他抓住人们愿意接受一切的机会，使法国焕然一新，从而迫使民主制度屈从于唯一能将其驯服的力量——军国主义的强大力量。

---

① 埃德蒙·布朗（Edmond Blanc），《拿破仑一世的制度》（*Napoléon I; ses Institutions*），第27页。

为了协调教会与国家的关系，双方进行了极其重要的谈判，成果就是《政教协约》，也就是与罗马天主教会的和平条约，这也最能证明法国君主专制的复辟。不过，我们必须首先回顾使罗马天主教会在法国沦落到如此地步的那些事件。

革命者对法国教会的所作所为，一方面是为了充实国库的迫切需求，另一方面则是出于对强大宗教联盟的恐惧。因此，新学派的理想主义者和担心破产的实用主义者都加入了对教会财产与特权的攻击：什一税被充公，修道院及其财产同样被没收，教会的土地也收归国有。国家确实编列了公共崇拜的预算，以支援主教和神父的生活，但这一庄重义务很快就被更激进的革命者废除了。然而，掠夺还不是最大的罪过。1790年7月，革命政府通过了《宗教人员民事组织法案》，其目标是让教会臣服于国家。法案强制主教和神父必须由多个省份和郊区的成年男子选出，并强迫他们严格宣誓服从新秩序。只有四名主教服从了这项法案，其余主教均拒绝在没有教皇许可的情况下宣誓，5万多名教士也同样拒绝宣誓，这些人也因此被逐出了宗教生活：他们被称为"正统派"或"拒绝宣誓派"教士，根据1792年8月的法律驱逐出法国，而较为圆滑、趋炎附势的神职人员接受了新法令，被称作"宪政派"教士。大约12000名宪政派教士结了婚，其中一些对恐怖时期雅各宾派的极端措施大加赞扬。有位教士的行为令信徒震惊，他在圣餐礼上头戴红帽，手持长矛，他的妻子则端坐在祭坛之侧。[①]这类恶劣行径并不多见，但败坏了宪政派教会的名声，也更显出了正统派教士为了良心面对流放与死亡的可贵勇气。而且，宪政派的趋炎附势给他们带来的好处并不多，在恐怖时期，他们的薪俸没有发放，大部分教堂也都关闭了。1795—1796年的局部缓解之后，1797年的果月政变再次掀起了长达两年的迫害，不过，1799

---

① 泰讷（Theiner），《两个政教协约的历史》（*Hist. des deux Concordats*），第1卷，第21页。

年初夏，宪政派教士又一次得到允许主持主日礼拜，波拿巴从埃及返回时，他们举行的宗教仪式比十天一次参加礼拜的敬神博爱教徒更频繁。很明显，当时的反宗教狂热已经消退，法国正回归旧日的信仰。的确，除了巴黎和几个较大的城镇之外，公众舆论对新教派冷嘲热讽，乡村地区的农民对过去的正统派教士充满感情，常常跟随他们到森林里去参加宗教仪式，而排挤他们的新派教士则无人问津。

这就是1799年法国宗教的状况，神职人员严重分裂，正统派教士尽可能地依附于所在教区的居民，或者在国外过着穷困潦倒的生活；宪政派教士尽管仍不受督政府欢迎，却从敬神博爱教的衰败中获益，后者徒劳的努力只引来了嘲笑。总之，法国厌倦了宗教改革的各种试验，正在退潮后留下的泥潭和死水中寻找稳固的锚地。①

尽管缺乏任何虔诚的宗教信仰，波拿巴仍然感到，需要以宗教作为道德的堡垒和社会的黏合剂。年轻时代，他在科西嘉感受到了天主教教义的力量，意大利战役中，他又见识了法国正统派教士的热忱，他们为了良知甘愿承受流放和贫苦，令人钦佩。对于这些遭到放逐的人，他给予了更多的保护，超出了共和主义者的容忍范围，教士们也由衷地感谢他。雾月政变后，他取消了教士宣誓的要求，代之以忠于宪法的承诺。这一行为的原因很多，但他的内心无疑为罗马教廷森严的等级制度所触动，尽管世俗权力已被剥夺，教廷的精神力量仍然旺盛，并缓慢而坚定地夺回大革命中失去的阵地。这种无形却不可抗拒的影响力源自罗马帝国历代皇帝的组织天才和维持纪律的能力，而这些显然是法国大革命中缺少的。如今，这种力量也可以成为拉丁语族统治者的盟友。波拿巴以恺撒为师，当然不会忽略宗教统治的帮助，这也是罗马帝国旧日荣光仅有的余晖。

---

① 蒂博多估计，法国的3500万人口可做如下划分：新教徒、犹太教徒和敬神博爱教徒，300万人；天主教徒，1500万人，正统派与宪政派各半；此外还有多达1700万人没有任何信仰。

此外，波拿巴还有着强烈的务实本性，这使他蔑视那些煽动性的信条，诸如罗伯斯庇尔的"至高存在"，以及"理智女神"与拉勒维里-勒波怪异的混血儿——"敬神博爱教"。见证它们的产生、崛起和衰亡后，他更加尊重自己年轻时代的信仰，那满足了他天性中最为迫切的需要——对确定性的渴求。听听他对马蒂厄先生的这一有力反驳吧："你们的敬神博爱教是什么东西？别对我说，它只管今世，而不告诉我从哪里来、往哪里去。"当然，这并不能证明拿破仑的真实宗教信仰，但可以说明他并不缺乏宗教本能。

马伦戈之战的胜利，使波拿巴能够推进与梵蒂冈和解的计划，他通知伦巴第的一位主教，他渴望与教皇庇护七世建立友好关系，后者当时正准备进入罗马。这位教皇在罗马得到了第一执政的保护，很快恢复了教皇国（北部辖地除外）的主权。

巴黎与梵蒂冈的谈判主要由贝尼耶从中斡旋，这位神父十分能干，在平定布列塔尼期间赢得了第一执政的信任，此次谈判中，他又极力劝说教皇特使满足法国的一切合理要求。梵蒂冈的谈判代表是红衣主教孔萨尔维和卡普拉拉，以及斯皮纳主教——他们都是才能卓越的神职人员，善于以柔中带刚的手法维护教廷的主张，即便是强势的专制君主，在他们面前也往往无法施展威势与权谋。谈判中遇到的第一个困难是高卢派教会①各主教辞职的问题。波拿巴要求，无论归属正统派还是宪政派，这些主教都必须向教皇辞职，否则将由教皇免去其教职。这一提案看上去似乎彻底解决了问题，但波拿巴声称，两个派系的主教必须辞职，才能进行令人满意的选拔。更专横的要求则是，教会应该放弃对被充公领地的一切权利主张。波拿巴指出，所有社会阶层在大革命期间都做出了巨大牺牲，现在，农民们安居于过去的教会领地，驱逐他们将破坏社会的基础。

---

① 高卢派教会指的是奉行高卢主义的法国教会，其宗旨是强调法国教会组织相对罗马教皇的独立性。——译注

对于这两项提案，罗马教廷都坚决抵制。第一项提案强迫长期遭受迫害的主教们辞职，第二项则默许亵渎神明的掠夺行为，两者都同样令人反感。斯皮纳主教提出，至少要恢复什一税。第一执政对这个请求不屑一顾，确实，除了断然拒绝，还能有什么别的回复呢？在各种捐税中，很少有像什一税这么令人痛恨的，况且，恢复这种税收将伤害农民阶级，而那正是第一执政权威的基础。只要有了农民的支持，他就可以蔑视哲学家们的嘲笑，甚至不用担心官员们的反对；如果在什一税和教会土地问题上稍有踌躇，马伦戈的胜利也无法保住他的王座。①

实际上，达成任何妥协都面临巨大的困难。为了让卢梭和罗伯斯庇尔的法国适应梵蒂冈一成不变的政策，"革命的继承人"正在完成一项比任何军事行动更难的任务。杀死一个人，永远都比改造他的思想更容易；波拿巴此时不仅要重塑法国人的思想，还要更新"永恒之城"的观念。他很快就察觉到，后一项事业比前者更难。教皇和顾问们因他"悔改"的迹象而欢呼雀跃，但还想看到具体的成果。然而，他们并没有看到初步的成果，却接到了几个前所未闻的要求——放弃博洛尼亚、费拉拉和罗马涅三个北方辖地，放弃法国的所有什一税和教会土地，与教会分立主义者达成妥协。难怪罗马的回复中用了"万难照办"的字眼，这是梵蒂冈最后的托辞。波拿巴发现谈判毫无进展，便委托贝尔蒂埃和缪拉访问罗马，暗中对其施加压力，具体的方式就是在教皇国内征收法国军费。

与奥地利签订和约，使波拿巴在罗马谈判中有了更重的砝码，他竭力推动《政教协约》的签署，这样就能同时宣布平定欧洲大陆和治愈法国宗教的大分裂，从而震惊整个世界。但是，教廷机构办事太慢，他预想的这场"戏剧表演"没能成功。波拿巴1801年2月25

---

① 参见勒德雷尔，《作品全集》，第3卷，第475页。关于军官们的不满情绪，参见帕基耶的《回忆录》，第1卷，第7章；以及马尔蒙《回忆录》，第6卷。

日的提案中，有多项要求都是梵蒂冈不能接受的；[1]谈判陷入相持之中，直到教皇授予斯皮纳更大的权力，到巴黎进行谈判，僵局才得以打破。孔萨尔维也前往巴黎，与其他大使一起在杜伊勒里宫受到了隆重接待，他身披红袍出场，引起了不小的轰动。第一执政与他进行了长时间的交谈，最初还有些严肃，但逐渐变得和蔼可亲。不过，他的态度虽然软化了，要求却更强硬了；会见结束时，他对孔萨尔维步步紧逼，要求在五天之内签署一份颇为不利的协定，否则谈判就将结束，法国将另设一种国教——从种种预兆看，这是有希望完全成功的事业。在后来的一次会见中，波拿巴以随意的措辞表达了同样的决心，当孔萨尔维要求他采取坚定的立场，打击鸠占鹊巢的"宪政派"教士时，他笑着说，在他了解如何与罗马打交道之前，是无法采取进一步行动的，因为"你知道，如果无法与上帝达成协议，人们就会和魔鬼去谈条件了"。[2]

孔萨尔维当然知道，波拿巴与宪政派教士暗送秋波的这种姿态不过是一种诡计。如果能建立一个国家教会，第一执政不仅能激起教士与世俗间仍然强烈的高卢主义情感，还能激发法兰西民族的强大力量。只要妥加管理，这一尝试不会冒犯任何人，除非是那些最严格的天主教徒，但即便他们反对，也不如自由思想者那么可怕。孔萨尔维在描绘巴黎官场时写道，只有波拿巴真正渴望签署《政教协约》，这一点倒也算不得大错特错。

第一执政寻求与罗马结盟，他的动机自然遭到了尖锐的批评，为了迫使法国和罗马接受《政教协约》，他确实经历了一生中最艰难的谈判。[3]可是，他倾向于与罗马建立友好关系，是意义深远的治国之道。他认为，国家教会不过是罗马天主教与新教之间的一种折中；

---

[1] 参见布莱・德・拉・默尔特伯爵，《政教协约的谈判》（*Négociation du Concordat*）第 2 卷第 58 页和第 268 页中的各项草案。
[2] 泰讷，《两个政教协约的历史》第 1 卷，第 193 和 196 页。
[3] 梅纳瓦尔，《备忘录》，第 1 卷，第 81 页。

他不喜欢新教，是因为它更容易滋生出不同的教派，从而损害公意的有效性。他的头脑中仍然有很多卢梭的信条，渴望着公意能够保持一致，只要这种公意在他的意志控制之下。除非得到教皇的支持，否则这种一致性在宗教氛围下是不可能出现的。只有和罗马讨价还价，他才能得到宗教阵线的稳固支持。最终，如果建立一个法国国家教会，他不仅会在本土造成无休止的分裂，也使自己失去了在中欧和南欧扮演查理大帝角色的资格。为了按照世界主义的模式去重塑欧洲，他需要一支超出法国范围的宗教警察部队。这位恺撒的继承人若想实现如此宏图，就需要圣彼得继承人的帮助，而这种帮助只会给予在法国恢复罗马天主教的人，而不会授予维持长久分裂局面的人。

这似乎是他勇敢面对巴黎的公共舆论，坚持与罗马联系的主要原因，推进高卢派教会的计划只不过是对抗教廷的一种威胁性举动而已。当梵蒂冈顽固不化时，他与"宪政派"主教们眉来眼去，允许他们在1801年6月底于巴黎举办的会议上畅所欲言。他将会议主席、著名的格雷古瓦召到杜伊勒里宫，表示自己的尊重。但是，格雷古瓦和他的同僚们肯定很快就会认为"别相信那些王公们"，因为两周以后，波拿巴就与罗马达成协议，将国会和"宪政派"教会抛诸脑后。

这一复杂谈判的细节无须赘述，但最后的进程值得一提。塔列朗对教廷一贯敬而远之，强烈反对后者的一切权利要求，就在条约最后定稿期间，他打算到遥远的温泉去度假，将谈判的线索留给了同样决心阻止条约签署的两个人：国务部长马雷和后来成为法国国家档案局局长的奥特里夫。这两个人决定提交给孔萨尔维一份与已达成协议内容大不相同的条约草案，并且是在宣布条约将立即签署的时候。最后时刻，教廷谈判代表才发现面对的是一些意料之外的条件，其中的许多条都曾被他们成功驳回。这一圈套令孔萨尔维错愕，迫使他要么签署一份"投降书"，要么接受公开决裂，但他仍在一场持续24小时的会议上据理力争；他甚至现身第一执政于7月14

日举办的国宴，波拿巴当着其他宾客的面通知他，"除了接受我的条约草案外别无他途"。可是，这位红衣主教并没有放弃他的耐心和韧劲，最终在约瑟夫·波拿巴的调解之下，最后时刻强推的引发异议的要求都被删除或修改了。

第一执政是否参与这一诡计尚存争议。泰讷断言他一无所知；是那些反教廷官员在最后时刻的阴谋，目的是导致谈判破裂。为了支持这种看法，他引用了马雷和奥特里夫的信件，以证明这些人应担负罪责，排除波拿巴串谋的嫌疑。但这些信件并不能消除所有怀疑。第一执政一直亲自主持此次谈判，肯定没有一位官员胆敢秘密地在重要条约中加入自己的版本，如果真有人这么做，那么他们的职业生涯也就到头了。但是，波拿巴并没有羞辱他们；相反，他继续信任他们。而且，当哥哥约瑟夫报告说孔萨尔维不能签署此时提供给他的文件时，第一执政勃然大怒，将约瑟夫与红衣主教最终达成的条款撕得粉碎。恢复平素的冷静后，波拿巴终于接受了这些让步，只有两条除外；不过，在审视波拿巴的动机时，我们最应该重视的并不是后来较为审慎的想法，而是最初的情绪爆发，这似乎毫无疑问地证明，他对奥特里夫的谋划是知情且同意的。因此，我们可以肯定，他让《政教协约》的反对者去发动这种背信弃义的攻击，意图就是使红衣主教目瞪口呆、茫然无措，从而驳回他们可能的所有要求。[1]

经过一再的拖延，《政教协约》于1802年复活节期间得到批准。它的内容可以简述如下：法国政府承认罗马天主教是绝大多数法国人的宗教，"特别是执政们的宗教"，但拒绝和旧政府一样宣布它为法国的国教。只要遵守政府认为对公众安全有必要的规定，罗马天主教可

---

[1] 梯也尔根本不注意这一奇怪的做法。朗弗雷谈到了这件事，但遗憾的是，他根据的是孔萨尔维《回忆录》中的夸张描述，这本回忆录写于多年之后，远不如当时红衣主教的信件那么可信。布莱·德·拉·默尔特伯爵认真研究了所有文件证据，得出如下结论（《政教协约的谈判》，第3卷，第201页注释）：奥特里夫草拟的新政教协约（第8号）"立即提交给第一执政批准"，从而成为7月14日教皇与法国全权代表之间漫长、激烈讨论的基础。默尔特著作的最后附上了这份有趣的文件，包括所有删除的痕迹。

以自由、公开地活动。为了这一巨大的好处，教廷也做出了许多让步。现任主教（不管是正统派还是宪政派）都将应教皇的要求而辞去教职，否则将做出新的任命，如同这些教职空缺。这一条款很有必要，因为在该决定涉及的81名主教中，有13名正统派和2名"宪政派"主教持久地反对教皇与第一执政的行动，但无济于事。

大主教与主教的辖区做了重新划分，法国共分为60个教区。第一执政享有大主教与主教的提名权，由教皇授予教职。大主教和主教都必须宣誓效忠法国宪法。主教提名更低级的教士，但须经政府批准。所有教士都有义务关心政府的利益。另一个条款则给予教会被没收土地占有者全面、永久的安全保障，进一步确保了法国的稳定，这是有益于治愈创伤的妥协，为每个村庄恢复了平静，也使许多不安的良心得到了安慰。另一方面，国家承诺为教士提供适当的薪俸，但在履行时相当吝啬。此外，第一执政在所有教会事务上享有与法国国王相同的地位；尽管波拿巴宣称没有必要，但协约中加入了一个条款，规定如果继任的第一执政不是罗马天主教信徒，他在宗教事务上的特权应通过一个协定加以修正。为了平定阿尔卑斯山南共和国，不久后通过了一项类似的政教协约。

《政教协约》遭到了雅各宾派（尤其是军队首长）的猛烈抨击，如果不是这些异教徒将军相互猜忌，他们也许就推翻波拿巴了。可是，他们对内政显然无能为力，除了说几句粗俗的俏皮话和不得体的示威之外，也没有更多的作为了。在为庆祝《政教协约》批准而于巴黎圣母院举办的复活节庆典上，其中一位名叫戴尔马的将军大胆地说出了明显带有讽刺意味的话："是啊，这确实是修道士的美妙演出，只是少了那一百万人，他们付出生命，就是为了摧毁您今天努力恢复的东西。"但面对所有抗议，波拿巴表现得镇定自若，含蓄地遮掩着坚定的决心，令教士和军人们都无可奈何。

在后续的所谓"组织"条款中，波拿巴没有与教皇磋商，便制定了激怒正统派教士的多条法律。以公共崇拜管理法规为借口，他重申了一直无法纳入《政教协约》的一些原则。这些组织条款坚持旧日高卢派教会的主张，禁止教皇诏书或者"外国"宗教会议敕令适用于法国，还进一步禁止法国主教未经政府允许参加集会或宗教会议，对于离开辖区的主教也有同样的要求，即便他奉召前往罗马。以上就是组织条款的主要内容。事实证明，尽管这些条款是以保障公共安全的借口通过的，但却造成了许多纷争，在法兰西帝国时期愈演愈烈，从而削弱了拿破仑的权威。在宗教和政治事务上，他都早早地显露出了主要的道德与思维缺陷，即为达目的不择手段的决心，每次讨价还价的时候都提出极致的要求。拒绝完全确立罗马天主教国教地位的同时，他强迫教会放弃地产，接受国家法规管理，并保护国家利益。如果诚如夏多布里昂所言，他是"恢复圣坛的人"，那他也是在榨干最后一个铜板以后才恢复的。

在一件事上，波拿巴清醒的头脑与罗马主教们的偏狭迂腐形成了鲜明对照。在一个正统派与"宪政派"和解的时期，他们却要求后者全面、公开地悔改最近的错误。波拿巴立即出手干预，取得了显著的效果。他认为，这种令人当众蒙羞的做法将完全打破刚刚重新建立起来的和谐局面。"过去的已经过去了：主教和地方长官应该只要求教士宣布支持《政教协约》，遵守由第一执政提名、教皇任命主教的规定。"在不可抗拒的力量支持下，这个开明的建议获得了成效，约一万名宪政派教士悄悄地被罗马教廷重新接纳，已结婚者被迫抛弃妻子。波拿巴对重建教区、命名教堂和类似的一些琐事兴趣浓厚，他无疑完全意识到，在法国复兴罗马天主教的纪律，比取得任何战功都要重要。

他是对的：在弥合法国大分裂的过程中，他沉重地打击了革命情绪，而分裂正是这种情绪的显著反映。按他的一位部长的话说，"在与革命精神的斗争中，《政教协约》是最辉煌的胜利，后续的所有成功无一例外都来源于它。"①有了这一证词，人们就无须再问，波拿巴为何不与新教打交道。确实，他在圣赫勒拿时声称，1801年选择天主教还是新教完全由他决定，无论他选择什么方向，这个国家都会跟随。不过，如果仔细研究，他的宗教政策并没有在这方面表现出任何动摇，只有一两次因罗马过于顽固而战略性地转向日内瓦。正如他对约瑟夫所言，对于一个有条不紊地致力于建立王朝的人来说，怎么能在选择政府信条时犹豫不决？又怎么能想象一位外力控制和国法的极力倡导者，会是宗教信仰自由和个人主张权利的捍卫者？

管理法国新教就容易得多了。但波拿巴的目标是使所有宗教信仰依附于国家，因此决定承认法国的两个主要新教团体（加尔文宗和路德宗教会），允许它们选拔自己的牧师，在宗教法院中管理各自的事务。这些牧师将由国家提供薪俸，作为回报，政府不仅保留每项任命的批准权，还要求新教团体不能与任何外国势力或权威机构有任何关系。1802年的组织条款定义了新教团体的地位，成为了路德与加尔文教派历史上非常重要的一个里程碑。这两个教派受到路易十四和路易十五的迫害，在路易十六时代得到宽大的待遇，1789年得到全面的宗教平等地位，经过几年的信仰混乱，它们突然间发现，波拿巴的组织天才使之严格地与国家联系在一起。

1806到1808年这一时期，犹太人的地位同样确定了下来，至少对于那些承认法国为祖国、履行各种公民义务、承认所有国家法律的人是这样。考虑到他们全额缴税且服兵役，他们得到了官方的保护，犹太拉比们也得到了政府的支持。

这就是波拿巴的宗教政策。毫无疑问，这些政策主要出于政治动

---

① 帕基耶，《回忆录》，第1卷，第7章。有两个组织条款预示着将要废除革命历法。第一条是恢复每周各天的旧名；第二条则命令周日为所有公职人员的休息天。从此，每旬休息一天的规定废止。但是，革命历法中的月份名称一直保留到1805年底。对敬神博爱教也采取类似的态度。它的信徒们申请一所房子时遭到拒绝，理由是他们的信仰属于哲学领域，而不是真正的宗教！少数教士和他们的教民拒绝承认《政教协约》；时至今日，仍有少数这样的反《政教协约》分子。

第12章 法国的新体制

机。他是一位办事有条不紊的天才,将人类的信念与激情、欲望与野心视为帮助他攀登高峰的动力,他已经满足了法国人对军事荣耀与物质繁荣的渴望,通过与罗马讨价还价,他赢得了有组织教会的支持,此外还争取了较小的新教与犹太教团体。他也许确实为法国赢得了和平与安宁,只是付出了削弱敏锐与独立思想的代价,而那正是法国一直以来引以为傲的特质;不过,亲近他的人都从不怀疑,他的宗教信仰只是一种模糊的情绪,他参加弥撒仪式,仅仅是为了取悦他的"神圣宪兵"。①

在一个对宗教半信半疑的社会中,第一执政大胆地实现了组织宗教的功绩,并做好准备承担一项几乎同样危险的任务:建立一个社会地位等级制度。而就是在这块土地上,过去七年多中,每个头衔的拥有者都可能被送上断头台。在过去十二年的法案中,他也只能为荣誉军团这一新试验找到一个先例。整个国家的趋势是消除一切不平等现象。1790年,所有贵族头衔都被废除了,虽然国民公会颁发"荣誉纹章"表彰勇敢的军人,但它向受奖人员表现出来的慷慨,远不如将失败者推上断头台的行为那么引人注目。然而,波拿巴引用国民公会偶尔适量授奖作为他的计划的先例,但他的计划规模比以前要大得多,也更具野心。

1802年5月,他提议组建荣誉军团,该军团组织为15个大队,每个大队包含将军、指挥官、军官和军团团员。军团事务由波拿巴本人主持的一个委员会管理。每个大队接受"国家封地",每年租金20万法郎,这些基金按照级别比例支付给军团成员。曾获"荣誉纹章"者自然成为军团团员;"在自由之战中为国家做出突出贡献"的军人,以及"通过学识、才能和美德为建立或捍卫共和原则做出贡

---

① 沙普塔尔,《回忆录》,第237—239页。吕西安·波拿巴的《回忆录》(第2卷,第201页)中引用了他哥哥约瑟夫对《政教协约》的看法:"法国屈从于这份协约,是倒退和轻率的一步。"

献"的平民，有希望得到现在设立的荣誉和奖励。不仅奖励军人（在此之前，他们几乎囊括了所有这类荣誉），也奖励平民，无疑是一种开明的想法，著名学者拉普拉斯、蒙热、贝托莱、拉格朗日、沙普塔尔以及法学家特雷亚尔和特龙谢，都为荣誉军团增添了光彩，否则，它只能是一个平庸的机构。波拿巴渴望调动这个国家的所有人才，当老仲马提出勋章应该只授与军人时，第一执政的回答精彩而又具有说服力：

"如今，要做一番大事业，只有5英尺10英寸（约1.78米）的身高是不够的。如果力量和勇气就能造就将军，那么每个士兵都可以当司令了。能成大器的将军，也必有文官的特质。军人不懂法理，只知武力，除此之外什么都不相信，并以武力衡量一切。相反，文官关心的只有大众的福利。军人的特征是希望以专制的方式做所有的事情，而文官则对每件事诉诸讨论、求真和推理。因此，毫无疑问，文官更胜一筹。"

从这些高贵的言辞中，我们可以窥见波拿巴在政治和军事上都睥睨天下的秘密。他兼具第一流政治家和军事家的特质，当然渴望新勋位的设立能在各个方向上激发法国的活力，也深知军队很快就能感受到这种变化。在接受勋位时，军团新成员宣誓：

"为共和国而献身，维护国家领土完整，捍卫政府、法律和神圣不可侵犯的财产；采取公正、合理、合法的一切手段，挫败复辟封建制度或恢复所属爵位及地位的企图；最后，竭尽全力维护自由与平等。"

果然，保民院尽管已清洗了最有独立见解的成员，但仍判断现在提出的所谓"捍卫"自由平等的方法，实际上正使后者处于危险之中。议员们猛烈抨击该计划为反革命图谋；可是胆怯和相互间的矛盾削弱了他们的阳刚之气，他们以56票对38票通过了这项自己确知后果的措施。新制度的确很适合巩固波拿巴的权力。它以没收的土地作为财政来源，确保旧王朝和封建贵族无法复辟；同时，它激发了每个天赋异禀的民族对荣誉与才华固有的热爱，悄悄地开始社会等级的划分，并以一种新高卢骑士制度下的圣骑士作为核心。法兰西民族刚刚摆脱了旧法兰克贵族的霸权，但即便在罗伯斯庇尔时代，人们对功勋的敬仰（所有身份头衔的终极来源）也潜藏在心；恐怖时代的疯狂镇压此时反倒相应地激起了人们对所有超人天赋的热情。波拿巴巧妙地利用了这种不可避免的反应。当法国一流法学家贝利埃反对新的等级制度，宣称它将法国带回贵族政治的老路，并轻蔑地说十字勋章和绶带只是君主制的玩物而已时，波拿巴回答道：

"是啊，人就是跟着玩物走的。我不会在讲坛上这么说，但在一个智者和政治家的委员会里，人们应该说出真心话。我不认为法国人热爱自由和平等，经历十年的革命，法国人一点也没有变，他们仍然是暴躁多变的高卢人。他们都有荣誉感，我们必须培养这种感情，他们必须有不同的地位层次。瞧瞧他们在陌生人的荣誉勋章面前是如何卑躬屈膝的。"[①]

在参政院上如此坦率地阐明动机之后，波拿巴已经不需要再多说什么了。当他和保民院的演说家们预见到这样的等级制度是为更显赫的头衔做准备时，我们无须赞叹他们超人的洞察力。至少从最高等级来看，荣誉军团是帝国贵族阶层的准备阶段。毕竟，这位新的查理大帝可能辩称，他的新创造满足了法兰西民族与生俱来的渴望，它的长盛不衰就是对批评意见的最好回击。即便在1814年，他的元老院议员将法兰西皇冠献给波旁王朝的继承人时，他们也明确规定，荣誉军团不应该被废除。这一制度经受住了法国历史上的一切冲击，就连第二帝国将其庸俗化的举措也没能破坏它。

拿破仑时期的另一项伟大事业也有着金字塔一般坚不可摧的特

---

① 蒂博多，《执政府的记忆》，第26章。

质,那就是法国法典的编纂。

这项工作的难度主要在于,历届国民议会发布了大量关于政治、民事和刑事的法令。许多法令源于一时的狂热,但已在当时汇编的法典中占有一席之地;可睿智的观察家们知道,其中很多有违高卢民族的天性。新法典的编纂者以犀利的言辞概括了这一信念,他们呼吁从卢梭的思想回到过去的惯例上来:"新理论不过是某些个人的格言,而旧的格言代表着很多个世纪的思想。"法学家们的这些意见很有分量。推翻封建制和旧王朝,并没有永久地改变法兰西民族的天性。他们仍然是拉丁历史学家描述的那一群喜气洋洋、爱好艺术、重视家族的人。和恺撒时代一样,他们的民族或家族自豪感,与对国家与家族利益坚强捍卫者的尊重紧密相连。拿破仑将调和这种罗马式或准高卢式的反应,筛选日后以他名字命名的伟大法典中的新旧事物,他在这个过程中表现出来的政治智慧,远比其他领域更为深邃。

旧的法国法律一直都是难觅头绪的迷宫。其中的法律与惯例主要起源于罗马和法兰克,不可救药地与封建习俗、省份特权、教会权利和后来不健全的王家敕令纠缠在一起;革命者的立法将这一蔓生枝节的丛林连根拔起,并没有遇到太多阻力。直到他们致力于将《人权论》的原则应用到政治、民事与刑事时,才遇到了困难。这些原则中与刑法相关的主要是,法律只禁止对社会有害的行为,只有在绝对必要时才加以处罚。对于这些划时代的声明,议会又在1790年补充道:刑罚只加诸犯罪者,与家人无关;罪与罚必须相当。最后两条原则此前一直被公然违反;但法国此时总体上已经平定,可以冷静地考虑整个刑法的问题,以及它在正常情况下的执行。

民法受到了《人权论》的极大影响,但随后的内乱在很大程度上与那些著名的宣言相抵触,由于人们的批判能力远胜于建设能力,破坏了革命者中那些巴别塔建造者们的努力,使民法原则在现实生活中更难以得到应用。确实,那些狂热的家伙激情似火,根本无视任何困难。因此，国民公会于1793年只给其立法委员会一个月的时间制定民法典。六周之后，该委员会报告人康巴塞雷斯真的宣布这部法典准备就绪。人们发现，它过于复杂了，于是另一个委员会奉命重新修订，这一次国民公会又发现，修订后的版本过于精简。督政府下令拟定了其他两个草案，但都不能令人满意。就这样，革命者刚刚开始的事业留给第一执政去完成，他可以将过去十年苦心准备的材料作为基础。

波拿巴在这方面还有许多优势。第二执政康巴塞雷斯站在他一边，他丰富的法律经验和柔和的性情都极有价值。当时，个人自由和社会平等的原则越来越让位于罗马法中更专制的准则，占据主导地位的是战士的人生观，而不是哲学家的那一套。波拿巴指派特龙谢、比戈·德普雷阿梅纳和雄辩多识的波塔利斯修订民法典。他们日以继夜地工作，在四个月里完成了初稿。随后，这一草案接受了最高法院和上诉法院的批评意见，并呈送参政院，由其特别立法委员会做出决定。在那个委员会中，草案经过了多名专家的审查，但最重要的是波拿巴本人的意见。在召开的102次审查会议中，他主持的超过半数；即便长达八九个小时的会议，也难以满足他强烈的求知欲、经久不息的活力以及坚定的务实态度。

从修订委员会成员之一蒂博多的笔记中，我们可以管窥第一执政所起的作用。我们看到，他心无旁骛地听取法学家们的讨论，在出现争执时厘清思绪，并以令人耳目一新的方式提出结论。他将繁琐冗长的法律文件锤炼成清晰、流畅的语言，处处可见其条理分明的性格。我们能感觉到，他以精准的洞察力，成为了政治与社会的试金石，验证、接受或者抛弃旧法国法律或革命时期惯例的各种细节；最终，民法典的2281个条款几乎无懈可击，令人不得不赞叹他的构建才能。当然，这一成果很大程度上归功于三位主要修订者的能力与耐心，但这部法典集力量、简洁和均衡为一体，我们能从中看出，拿破仑的天才对结束此前法律的混乱局面起到了多大的作用。

法典正如一座金字塔,其中一些部分几乎全是凭借波拿巴的一己之力砌成的。他扩大了法国公民权的范围,最重要的是,他通过提高父亲的权威,强化了家庭结构。在这方面,出于科西嘉人的本能和治理国家的需要,他废除了许多革命者制定的法律。后者试图在自由与平等原则上,使家庭成为一个小的"共和国";而在新法典中,父亲的权威重现,尽管在某些细节上没有旧制度那么苛刻,但严格的程度未曾稍减。从此,家庭以这个国家中占据支配地位的思想为模板,权力与责任都系于一人之身。父亲管控子女的举止,儿子在25岁之前、女儿在21岁之前结婚,须征得父亲的同意;其他规定也都遵循同样的精神。[①]于是,法国几乎完全根据罗马法,重建了家庭制度;这些成规与盎格鲁-撒克逊民族内部的无政府状态形成了鲜明的对照,强烈地影响了法兰西和其他拉丁民族性格的形成,造就了一种驯良的品质,随时随地服从地方官员、军队教官和中央政府。

在其他方面上,波拿巴对法典的影响同样巨大。他将法定的结婚年龄提高到男性18岁、女性15岁,并规定新娘必须在婚礼上向丈夫复述表示服从的规定用语;后者则必须保护和支持妻子。[②]

然而,在离婚的问题上,波拿巴的行为十分含糊,重新引发了约瑟芬的恐惧;这位伟人的批评者们有理由宣称,他的行为出于私人的考虑。另一派则同样可以指出,法国国民议会曾多次宣布,法律认为婚姻只不过是一项民间契约,离婚是个人自由合乎逻辑的结果,"牢

---

① 《拿破仑法典》,第148条。
② 在其他方面,波拿巴的影响也被用来压制妇女的法律地位,而这正是1789年的革命者曾努力提高的。1807年5月15日,拿破仑给埃库昂学校写了一封有趣的信,我们可以从中看出,他对女子所受健全、有用教育是怎么看的:"……我们首先必须实施最为严格的宗教教育。这一条绝不容许改变。宗教在公立女子学校中非常重要,它是母亲们和丈夫们最为可靠的保障。我们应该培养信徒,而不是善于论证的人。妇女的思想中存在弱点,也缺乏坚定的信念,加上她们在社会秩序中的作用,都要求她们保持顺从、宽容和仁慈的态度——这都只能通过宗教获得。"女性应该学习一点地理和历史,但没有必要学习外语;最重要的是,要多做针线活。

不可破的纽带意味着这种自由失效"。不可否认的是，1792年的法律导致人们在婚姻上极其随便，只要宣布性格不合，便可提出离婚。① 波拿巴坚决反对这种丑恶现象。但是，他不同意新法典起草者提出的完全禁止离婚的建议，尽管这一主张似乎更符合他对罗马天主教习俗的热情。经过长时间的辩论，决定将可以离婚的情形从9种减少到4种——通奸、虐待、被判处有失体面的刑罚和双方同意——最后一种情况在结婚两年之后方可提出，且应持续不断地主张，结婚二十年后就不能以此理由离婚了。②

我们可能注意到，波拿巴试图为收养行为加上庄严的色彩，宣称这是可以想象到的最伟大行为之一。可是，为了避免人们因此而不愿结婚，明确取消了独身主义者收养后代的权利。这一预防措施说明，这位能干的统治者已敏锐地看到了将来。毋庸置疑，他推测由于法律迫使财产在家庭里的所有孩子间公平分割，未来法国人口将停止以正常速度增加。他当然反对这样的法律。对革命时期的法学家而言，平均分配遗产是神圣的格言之一，他们将可以自由处置的遗产限制在十分之一，其余的十分之九必须在直系继承人中平均分配。但支持罗马法父权原则的反应如此强烈，以至于波拿巴和大多数新法典起草者都毫不犹豫地抨击这句格言，主张在财产分配上给予父亲更大的自由。他们要求，可任意处理的比例应该根据立遗嘱人的财富而有所不同，这是一个引人注目的提案，证明他绝不像流行的法国历史通常描述的那样，是革命法律思想的坚定支持者。

这项提议将以最有害的形式，重新确立遗赠自由，给予富人几乎毫无限制的自由决定权，同时限制或者剥夺了穷人的该项权利。③ 幸运的是，这一建议遭到了拒绝，保住了波拿巴在法国的声誉；最

---

① 萨尼亚克（Sagnac），《法国革命时期的民事立法》（*Législation civile de la Rév. Fr.*），第293页。
② 离婚于1816年遭到禁止，但1884年重获准许。
③ 萨尼亚克，《法国革命时期的民事立法》，第352页。

终采纳的法律规定，如果只有一名继承人，可自由分配的财产比例为50%，如果有两名继承人，这一比例则为三分之一，三名继承人时为四分之一，以此类推，随家庭规模增大而减少。这种与家庭规模成反比的滑动比例明显会遭遇如下的反对意见：它只给予小家庭自由分配权，当家庭达到父权社会的规模时，这种自由实际上就消失了。实施这项法律的自然结果便是法国的出生率将长期遭到严重影响。看起来第一执政早已预见到这种结果。对农民生活的经验肯定已使他警觉，这项法律即便经过当下的修正，也将阻碍法国人口的正常增长，最终破坏一切伟大的军事成就。这位伟大的军事统帅竭尽全力，试图阻止法国人满足于一种自给自足的生活；他努力鼓舞人民起而参与全球范围内的伟大事业，为了未来帝国计划的成功，充足的人口是绝对必要的。

《民法典》于1804年正式成为法律，经过一些小改动与增补之后，1807年更名为《拿破仑法典》。1806年，法典的条款便已被意大利采纳。1810年，荷兰和新兼并的远至汉堡的北海沿岸地区，甚至波罗的海的吕贝克，都以它作为本国法律的基础，1811年，贝尔格大公国也这么做了。《拿破仑法典》还间接地对德意志中南部邦国、普鲁士、瑞士和西班牙的立法产生了巨大的影响，许多中南美国家也借鉴了它的突出特征。

1806年，法国颁布了《民事诉讼法典》，1807年颁布《商法典》，1808年颁布《刑事诉讼法典》，1810年颁布《刑法典》。这些法典除了在精神上比《民法典》更反动之外，没有什么值得详述的，尤其是《刑法典》，与法国的旧法律相比，它并没有显示出更多的智慧和仁慈。即使在1802年，经历前些年的混乱之后，官员们也倾向于严刑峻法。当福克斯和罗米利到巴黎会见塔列朗时，后者的秘书告诉他们：

"在塔列朗看来，除了'老祖宗的车裂和宗教'之外，没有什么能恢复道德与秩序。塔列朗说,他知道英国人不这么想,但英国人对这个民族一无所知。福克斯对在法国恢复车裂刑罚这一想法深感震惊。"[1]

这种恐怖的刑罚并没有真的恢复,但罗米利日记中的这一段说明了巴黎官僚圈子的想法,以及对旧思想的强烈反应。波拿巴的影响无疑强化了这种反应,值得注意的是,《刑法典》和其他法典是在法兰西帝国时期通过的,比执政府时代的法律更为反动。但即便在担任第一执政的时候,波拿巴就已经施加影响,废除革命时期的习俗与传统,只留下了追逐物质利益的氛围;他对农民热爱土地与金钱十分满意,这样他就可以确保打败革命理想,不知不觉地将法国拖回路易十四的时代。

立法者必然始终将惩罚作为对不法者的最终手段,但他更愿意以教育作为更强有力的感化措施;教育自然也就急需波拿巴的关注。要将孔塞多及其在国民公会的助手们制定的宏伟教育目标付诸实现,一个人即便有大力神般的精力也远远不够。那些热心的改革家们只是为将来的行动清除了道路:他们废除了旧时代的修道院和教士训练,宣布了一个包括小学、中学和高等学校的全民教育体系。但在动乱与破产的年代中,他们的目标一直未能实现。1799年,巴黎只有24所小学,入学者总共不到一千人;在乡村地区,情况同样糟糕。吕西安·波拿巴确实曾经断言,法国几乎没有任何教育。就中学和高校而言,此言有些夸大,但在小学上确实如此。革命者只勾画了一项计划的轮廓,究竟是充实其细节还是留白,就留给第一执政去决定了。

实际的结果也几乎无法证明波拿巴对教育的热情。小学交由市镇和当地的行政长官去管理和监督,民众对此漠不关心,官员们也不愿意推进一项昂贵的事业,自然不会有多大进展。不过,1802

---

[1] 《S. 罗米利爵士传》(The Life of Sir S. Romilly),第 1 卷,第 408 页。

年4月30日通过的法案旨在改善中等教育，国民公会曾试图在其中央理工学院中进行这种教育。现在，此类学校重组为中学或国立中学。前者是地方兴办，甚至由私人开办的学校，面向一个或多个市镇中最有前途的学生；而国立中学数量要少得多，由政府直接管理。在这两种学校中，精密科学和应用科学都得到了极大重视。教育的目标不是为了启迪思想、发展能力，而是为了造就能够自食其力、遵纪守法的公民，以及热情的战士。训练几乎是军事化的，学生定期演练，课程开始和结束时都要擂鼓。国立中学和学生的数量迅速增加，但不具备这种吸引力的中学和小学发展非常缓慢。1806年，只有25000名儿童进入公办小学。但两年以后，法兰西大学的建立显著地推动了小学和高等教育。

没有什么机构比法兰西大学更能揭示这位法国皇帝的性格了，那是一种伟大与渺小、包罗万象的目标与官样文章的独特组合。第一帝国时的这所大学是控制公众意志的狂热情绪的惊人例证，哲学家们曾以动人的方式传授过这种手段，拿破仑则在践行中获益匪浅。他渴望着以大规模的军事化方法支配教育和学习，用国家机器的铁犁去打破旧世界的文化乐园，法兰西大学只是这一企图的首个明确成果。他是这样表达自己的目标的：

"我想要一个教育机构，因为这样的机构永远不会消亡，只会改变组织结构和精神。我想要的是这样的机构：它的教育远远超乎一时的时尚，即便政府沉睡不醒时仍一往无前，它的管理制度与章程将是全国性的，让任何人都不敢妄加改动……如果没有坚持原则的教育机构，政治就永远不会稳定。如果人们不能从婴儿时期起就了解，他们应该是共和主义者还是保王派，是天主教徒还是怀疑论者，就不可能建立一个真正的国家：它依靠的将是易于动摇的根基，始终容易陷入变化与混乱。"

以上就是拿破仑的设想，新的法兰西大学非常符合他的意图。这不是一所地方大学，而是汇总了法兰西帝国的所有公共教育机构，编制成为一个庞大的教育阵列。小学、中学、国立中学以及更高级的学院都被这个大型教育集团吸收并管理，它将反复灌输天主教的戒律、忠于皇帝和政府的思想，作为民族福祉和法国统一的保障。为了教育的目的，法国被分为17个学院，它们组成了新机构的地方中心。这样，教育由巴黎和16个各省学院严格组织管理，建校（1808年3月）后的短时间内，各类教育（包括小学教育）都表现出了一些进步。但对那些以发展智力与道德为教育主要目标的人来说，裴斯塔洛奇朴素的试验远比法国皇帝的军营式方法更有启发意义，更能观察到重要的领域。这位瑞士改革家试图锻炼人们的心灵，让他们去观察、内省和思考，帮助有才能的人最全面、最自由地表达自我，从而使人类的思想更丰富、更多样化。法兰西帝国的体制则力图消灭所有的独立思想，以整齐划一、实用的"架修绿篱"方法训练年轻一代：一切有抱负的幼苗，特别是道德与政治科学领域中的，都被直接砍断了。因此，曾在欧洲最善于推断思考的法国思想界很快变得了无生气、机械呆板。

对第一帝国的文学生活，上述评论也基本上是正确的。文学界很快就开始感受到这位皇帝的严厉手法。诗歌和其他表达崇高思想和喜悦心情的表达方式不仅需要自由的出口，还需要自然、不受约束的环境。真正的诗人在森林或高山上才能畅叙情怀，而不是在平整的花坛旁。只有在才能不受政治原则和警察规章的限制时，哲学家才最能明辨是非，做出最具启发性的推断。而历史学家如果仅限于调查和复述事实，不能阐述其意义，那他们不过是一群病禽，只能无奈地拍打失去翱翔能力的双翅。

然而，法国文学界就是在这样的条件下苦苦挣扎，逐渐凋零的。法国已在断头台上损失了许多诗人，剩下的也只能唱着空洞的调子，直到帝国重建，才重新听到贝朗热那振奋人心的诗句；法国哲学家沉默无语，拿破仑时代的史学界在官方支持下跛行，直到一代人之后，梯也尔才写下了不朽的著作。而在精密与应用科学上，正如人们可以意料的那样，杰出的新发现粉饰着皇帝的统治，但是，如果我们想要找到这个时期文学的生命力所在，就必须走到普通人的行列中，不与唱颂歌者为伍，而要站到对立面去。在斯塔埃尔夫人和夏多布里昂的笔下，我们能够感觉到生命的脉动。天才会以与生俱来的力量喷薄而出，即便是拿破仑的命令也无法阻止。他重组法兰西学院，并为十年间的主要作品和发现授奖，以此来刺激文学的发展，但一切都是徒劳的。尽管科学界兴旺发达，法国文学却失去了活力，拿破仑本人曾有一段评论，认为对一些伟大文学著作进行公开、半官方的评论是可取的，这似乎说明了知识界萎靡不振的一个原因：

"公众将会对这种评论感兴趣，他们或许会偏袒一方，但这不重要，因为他们的注意力都在这些有趣的辩论上了。他们会谈论文法与诗歌，品味也会提高，这样我们就实现了目标：这里将走出诗人和文法学家。"

于是，当他从混乱中拯救国家，军旗在那不勒斯、里斯本和莫斯科高高飘扬之时，却找不到任何有独创思想的人来为他书写战歌，在他的统治下，最主要的文学成就来自因他而赤贫的夏多布里昂，以及被他赶到国外的斯塔埃尔夫人。

上面谈到的，就是与拿破仑·波拿巴的名字永远联系在一起的主要法律与惯例。在某些方面，它们可以被称作是进步。这些制度的确立给予法国大革命一种过去不曾有过的稳定性。在法兰西这样"容易激动"（圣伯夫语）的民族中，如果不是第一执政"扔进一些花岗岩块"（这里借用了他本人表现力极强的措辞），过去十年国内取得的某些成果很可能就丧失了。我们可以强化他的这个隐喻，断言他用法国生活中松散的鹅卵石建成一座混凝土堤坝，用他的意志作为黏合这一切的水泥，抵挡住了因革命与保王主义而掀起的风暴。这些风暴曾席卷如一盘散沙的法国，连法国内地都几乎成了一片废墟。拿破仑挽狂澜于既倒，法国从此可以在他建立的制度庇护下迈向未来，这些制度有一个至高无上的优点——持久性。可是，大革命在民权与物质上取得的主要成就虽然得以永久存续，这场伟大运动的精神与生命力却因拿破仑的个性和行为而失去了。《人权论》点燃的热情消失了，对公民平等权利的狂热，只是1790年留下的一个含糊不清的影子，巩固革命的法国，就像是一个将活生生的人变成化石的过程。

然而，这一时期的法国在政治和知识上的倒退，却标志着最伟大现代制度的兴起。那个时代的主要矛盾体现在，文学活动和民权发展几乎完全停滞，而体制的建立完善则堪称无与伦比。这通常是某种时代的特征，这些时代中，人们长期受到束缚的才能突然冲破藩篱，在希望的春潮中奔腾涌动。随之而来的通常是幻灭或绝望的时期，堪与肃杀严冬相比，在人类经济的发展中，这种时期无疑是不可避免的，但与蓬勃发展的阶段相比，它就显得缺乏魅力、索然无味了。事实上，幻灭时期往往因如下的特征而蒙羞：一味盲从的民众，普遍的自私自利，疯狂的轻浮举止，对施以恩惠的统治者阿谀奉承。从堕落的雅典到罗马帝国，再到美蒂奇时代佛罗伦萨的衰败以及斯图亚特王朝复辟时的纵情声色，许多政治倒退的进程都是如此。

法国君主制复辟主要有总体和个人两方面的原因，前者与法国大革命有关，后者则源于波拿巴的超人天赋。革命者曾努力建立持久的制度，但失败了，他们尝试的东西太多了：推翻旧秩序，发动对欧洲君主国的讨伐，致力于制定宪法和重塑一个极度动荡的社会。他们只不过描绘了未来社会结构的轮廓。这座宏伟的建筑本应由督政府完成，却因为法国新统治者的极端无能而几无进展。不过，天才就在眼前。波拿巴恢复了秩序，将不同阶层团结在自己身边，他有条不紊地治理地方政府，恢复财政与信用，平息了宗教纷争并确保农民保有没收的土地，他还使杰出人士得到了社会荣誉，最终通过一部全面的法典稳定了政体，使他成为此时法国生活的基石。

他在这项浩大工程中使用的方法值得注意：这些方法与革命者在1789年最美好的日子过去后所采用的截然不同。卢梭的追随者们采用严格的先验方法。如果制度与公众情绪与主人的原则相悖，它们将被清除，或者被迫与新"福音"保持一致。对"社会契约"的正确认识和敏锐的批判能力，是雅各宾派政治家的先决条件。对法国历史的认识、评估大众情绪真实强度的能力、协调重要利益的圆滑手法，都遭到轻视。与堂皇的抽象概念"公意"相比，制度与阶级利益都不值一提。哲学家仅凭这一概念便能立法，各个派系也可以合谋。

波拿巴很快就放弃了这些崇高的目标和令人厌烦的方法。如果结果是胜利的分析所致，如果只能推翻而无法重建，如果雅各宾派为公意而立法，却令一个又一个阶级陷入困顿并造成内战，那么就抛开他们的迂腐做法，采取实用的治国之道，一次只完成一项任务，将目标放在挽回疏远的各个阶层。这样，也只有这样，重新确立国内局势平静之后，他才能以同样的试验性方法重建社会秩序，每次只解决线头的一端，相信时间、技巧和耐心能够将缠结的线团整理得有条不紊。于是，就在斐扬派、吉伦特派和雅各宾派制造混乱的地方，这个务实的男人和能干的助手们成功地编织出一个不朽的框架。奇怪的是，对于波拿巴的思想何时从雅各宾主义转变为可称为保守的目标与方法，我们竟一无所知。但这种思路转换的结果，将会在许多代人的时间里，从他的第二祖国的习俗、法律和制度中清楚、一致地显现出来。从理性上考虑，如果说法国革命始于分析，终于分析，那么拿破仑提供的就是必需的综合能力。两者共同造就了现代的法国。

第13章　终身执政

为了清晰地概述拿破仑法国的主要制度，上一章的描述将其与政治环境脱离。现在，我们将重新回到有利于波拿巴巩固政权的事件。

波拿巴实际上从雾月政变时才开始涉足政坛，但即便是善于权谋的政治家，也没有人能像他那样坚定地处理公共事务。他不费吹灰之力就爬上了权力的顶峰，而五位执政官却可耻地从那里摔了下来。随后，他立刻选择了能够让法国休养生息，且又平衡各方利益的政策。他的政治观点还未为人所知，掩盖在卓著战功带来的巨大光环之下，这使他可以竞争各派的调停人身份出场。雅各宾派看到参与弑君的康巴塞雷斯成为第二执政时心满意足，而君主立宪派记得，第三执政勒布伦倾向于1791年的斐扬派。警务部长富歇和参政院的梅兰、贝利埃、雷亚尔及布莱·德·拉·默尔特似乎是所有君主制复辟图谋的障碍。因此，雅各宾派保持沉默，甚至对天主教礼拜再次公开举行、旺代叛乱者得到赦免以及流亡国外的阴谋家就任公职也没有提出意见。

波拿巴在法国各地增加了数倍于前的官职，确实有许多恐怖时代的突出人物因此获益，他们自然也就默不作声了，但没有得到那么多好处的一些人因为专政体制的暗中发展感到愤怒，密谋推翻第一执政。其中最主要的人物是一个名叫德默维尔的吹牛大王、画家托皮诺·勒布伦、雕塑家切拉基和阿雷纳。阿雷纳的兄弟就是雾月政变中曾揪住波拿巴衣领摇晃的科西嘉代表。这些人想出一条计策，只要有个实干家，就能除掉"新暴君"。他们向被军队开除后一文不名的前军官阿雷尔敞开心扉,可是后者却直接将消息告诉了波拿巴的私人秘书布列纳。第一执政得知后,立即吩咐布列纳给阿雷尔买武器的钱,不过没有将这个秘密告诉富歇,因为他已经知道富歇与雅各宾派眉来眼去。不过,当局此时既然已小心翼翼地推动这个阴谋,还是有必要告诉富歇的。逮捕行动计划将于10月10日在歌剧院实施,演出开始后大约一个半小时,波拿巴命令秘书到大堂打听消息。布列纳立刻听到多人被捕引起的嘈杂声,他返回报告主人,后者立即返回杜伊勒里宫,这场阴谋就这样结束了。①

随后又有一次更严重的图谋。雪月3日(1800年12月24日),当第一执政乘车前往歌剧院,观看海顿的清唱剧《创世纪》的演出时,剧烈的爆炸震动了他的车驾。一枚炸弹在他的马车和跟随其后的约瑟芬的马车之间爆炸,两人都没有受伤,但旁观者中有多人死伤。进入包厢后,波拿巴平静地说道:"约瑟芬,那些恶棍想把我炸死,派人去拿一份乐谱来。"可是,这个冷静的举动包藏着他对政治对手——雅各宾派——的复仇决心。次日,他和警察部长富歇、内政部长沙普塔尔一起参加了参政院的会议。阿雷纳阴谋和近期发生的其他事件似乎表明,狂热的雅各宾分子和无政府主义者是这一暴行的始作俑者,但富歇却投机地将之归罪于保王派和英国。

波拿巴立即评论道:"参与者中没有贵族,没有舒昂分子,也没有教士。这是一帮9月②分子,手上沾满血污的卑鄙小人,他们始终纠集在一起,图谋反对历届政府。我们必须找到迅速拨乱反正的办法。"

---

① 马德兰在其《富歇传》第11章中说明了波拿巴的秘密警察对这件事的处理方式。阿雷尔后来被提拔为万塞讷城堡的长官;被他和警察诱捕的四位交谈家在雪月事件后遭到处决。那个善于溜须拍马的诗人丰塔纳为了庆祝"破获"阿雷纳阴谋,匿名发行了一本小册子,题为《恺撒、克伦威尔、蒙克和波拿巴之间的对比》。在这本书中,他断定除了恺撒,无人可与波拿巴相提并论,而命运之神正在召唤他,让他去获得更高的尊号。这本小册子似乎是在吕西安·波拿巴的资助下出版的,他的哥哥为此十分恼怒,很快将他派去马德里执行外交使命,作为对他提出不合时宜建议的惩罚。

② 1792年9月发生了对巴黎监狱内保皇党人和其他囚犯的屠杀。——译注

参政院议员们立即接受了这个意见，勒德雷尔激动地公开表示对富歇的敌意，因为人们普遍认为后者与恐怖分子串谋；如果我们可以相信帕基耶记录的传闻，塔列朗呼吁在24小时内处决富歇。不过，波拿巴更愿意留下那个时代最能干、最不可靠的阴谋家，以便相互牵制。一天以后，当参政院就要提出特别诉讼时，波拿巴再次干预，他说法院的行动太过迟缓，也太受限制，对如此肮脏的罪行，应该以闪电般的速度复仇：

"血必须流，必须枪决和无辜死者一样多的罪犯——15或20个——并放逐200人，这样共和国才能受益，实现自我净化。"

这就是当时公开执行的政策了。参政院虽然平常都惟命是从，但也有几位议员徒劳地反对这种简单的做法。勒德雷尔、布莱，甚至第二执政康巴塞雷斯本人此时都发现，当他们企图修改波拿巴的计划时是多么力不从心，参政院两派决定，应该设立一个军事委员会，以审判嫌疑人和"驱逐"危险分子，政府应该将情况报告给元老院、立法院和保民院。与此同时，官方的《环球箴言报》详细描述了各种所谓无政府主义者的图谋，精心制造公共舆论，但官员圈子里越来越多人转而相信富歇的说法，即这些暴行是保王党人在英国唆使下所为。事件后六天，第一执政本人也倾向于这个版本。不过，1801年元旦举行的参政院全体会议上，他提出了"扰乱公共安全的130名恶棍名单"，打算即刻惩处他们。蒂博多、布莱和勒德雷尔吞吞吐吐地表示了忧虑，认为这130人并不都与近期的暴行有关，参政院无权决定流放人犯。波拿巴马上让他们知道，他并不是与参政院商议这些人的命运，只是想知道他们是否认为有必要采取非常手段。政府"对于恐怖分子是此次暴行的策划者一事，只有强有力的推定，但并没有证据。舒昂分子和流亡者不过是癣疥小疾，恐怖主义才是心腹大患。对这件事应该单独采取措施，它仅仅是一根导火索。我们驱逐他们（恐怖分子），是因为9月2日和5月31日的大屠杀、巴贝夫阴谋以及后续的所有图谋。"①

参政院随即一致同意，有必要采取非常措施，并采纳了塔列朗的建议（可能得到波拿巴的授意），应报请元老院宣布一项特殊决定（称为"元老院法令"），宣布该措施是为了"保护宪法"。这一策略避免了由两个不那么顺从的机构——元老院和立法院——通过一项法案的必要，立即得到宪法捍卫者元老院的批准。此举取得了意义深远的成果。恭顺的元老院从宪法执行监督者沦为执政府的工具，这就为进一步的"创新"打开方便之门，而元老院原本正是为了堵住这些捷径而设立的。

这一招的直接效果十分惊人。按照1801年1月4日的法案，多达130名雅各宾派著名人士将被"置于共和国欧洲外领土实施特殊监视"——这句冠冕堂皇的话指的就是到法属圭亚那或者塞舌尔的荒野之中去过生不如死的日子。或许是因为富歇的纵容，名单上的一些人逃之夭夭，有些人则被送到了奥莱龙岛；但其他人立刻被发配到热带地区，过着悲惨的囚禁生活。被流放的人当中有各种各样的人物，比如曾率领巴黎刽子手们为祸法国的罗西尼奥尔，以及因在圣克卢猛烈谴责波拿巴而获罪的德特朗。非常措施生效后，法庭调查发现雅各宾派与暴行没有任何联系，刺杀是保王党人圣雷让和卡尔邦所为。两人被抓获后于1801年1月31日处决，可是他们的命运对雅各宾派人士的流放判决毫无影响。被送到圭亚那和塞舌尔的人当中，只有不到20人能再次踏上法国国土。②

波拿巴对叛乱阴谋的处理值得特别注意。自博尔贾时代起，从没

---

① 蒂博多，《执政府》，第2卷，第55页。米奥·德·梅利托，《回忆录》，第12章。
② 从卡杜达尔1804年受审时坦率的供词，以及他听说雪月事件后的表达来看，这位舒昂英雄没有参与炸弹事件。他当时已经返回法国，并授权圣雷让购买"我以后要用的"武器与马匹；似乎可以肯定，他打算组织一群亡命之徒，伏击、绑架或在公开的战斗中杀死第一执政。这一计划因炸弹事件而拖延了三年。听到这一事件时，他大叫道："我敢打赌，这事是圣雷让干的。他破坏了我的全盘计划。"（参见G.德·卡杜达尔的《乔治·卡杜达尔传》）

第13章 终身执政 245

有人如此巧妙地将计就计，以高超的手法利用阴谋。而且，他对阿雷纳和雪月事件的处理有更广泛的意义，因为他现在不动声色且坚定地改变了平衡各方的政策，代之以粉碎共和派极端分子，提升所有可能赞成或容忍独裁统治的人物的地位。

现在，我们可以研究一下波拿巴的外交政策对他在法地位的影响。《亚眠和约》将留待后文讨论，在此我们要说明的是波拿巴外交上的成功与荣任终身执政之间的紧密联系。所有深入研究历史的人肯定都观察过战争与外交对民主制度的不利影响。亚西比德[①]时代、罗马共和国的灭亡以及许多其他例子，都说明自由制度难以在大规模军事组织的压力下生存，也无法承受艰巨外交任务造成的险恶结果。但从来没有人像波拿巴这样，以举世无双的天才迅速跨越民主制与独裁之间的鸿沟。

令英法都厌恶战争的事件已在前文描述过。两个对手都避免彼此攻击。波拿巴以东征打击英国贸易的行动已经失败；一支规模不小的法国部队被困在了埃及。他计划缔结海上停战协议，援救弹尽粮绝的马耳他守军，也被英国识破了；两年的封锁之后，瓦莱塔陷落（1800年9月）。虽然英国恢复并扩张了在地中海的旧势力，但却没能对法国的陆上霸权产生任何影响。第一执政在1801年迫使那不勒斯和葡萄牙放弃与英国的盟约，拒绝英国船只与货物入港。北方战争的结果有利于英国，它的国旗再一次飘扬在波罗的海上空，法国鼓动和支持爱尔兰叛乱的所有企图明显已经失败。不过，法国准备入侵英国，耗尽了英国国库的资源以及人民的耐心。这场令人厌倦的斗争明显就要陷入僵局。

出于政治和财政的原因，两个大国都需要休养生息。波拿巴的权力还不够稳固，不能无视法国对和平的无声渴望；他的制度也还没有

---

① 亚西比德（前450—前404），雅典政治家、将军。——译注

扎实的根基；他需要资金，去完成市政工程和殖民事业。在他看来，此时和平对法国比对英国更为可取，这一点在他1800年底与勒德雷尔的密谈中表现得很明显。波拿巴常常向这位聪明的思想家吐露心迹，但这一次勒德雷尔却不同意他关于英国不可能希望和平的看法，于是，第一执政说出了如下这段令人难忘的话：

"亲爱的伙计，英国不应该希望和平，因为我们是世界的主人。西班牙是我们的，我们在意大利有立足点，而在埃及，我们夺取了他们占有的土地。瑞士、荷兰、比利时的问题已彻底解决、不可逆转，我们已就此向普鲁士、俄国和（神圣罗马帝国）皇帝宣布，如果有必要，我们可以独自向所有国家开战，也就是说，荷兰各省不再有执政长官，我们将保有比利时和莱茵河左岸。荷兰如果还有执政长官在，就如同圣安托万区还有波旁王朝余孽一样糟糕。"①

这段话很值得注意，不仅是因为波拿巴坦率地陈述了英国与欧洲大陆实现和平的条件，还因为从中可以看出，波拿巴在不知不觉中滋长的骄傲和野心已开始压倒他的理性判断。尽管还没有听到莫罗于霍恩林登取得大胜的消息，他已认为法国的军事实力足以抗衡欧洲其余国家组成的联盟，而且毫不迟疑地宣誓了主宰世界的雄心：如果有必要，他将两面作战，一边与英国争夺殖民帝国，另一边则从欧陆各国手中夺取荷兰和莱茵河的主导权。他从不认为，这样的双线作战会像路易十四和路易十五统治下那样耗尽法国的资源。荷兰、瑞士、意大利都应该是法国的行省，埃及和西印度群岛将由法国总督发号施令，这个"伟大国家"将凭借胜利的荣耀傲立世界之林。

如果这些目标为英国政府所知，大臣们会认为，和平远比战争有害。可就在拿破仑的勃勃雄心主宰巴黎的时候，英国的政策却受到迟钝决断的拖累。英国人民需要休整，这个国家还在工业革命的初期阶

---

① 勒德雷尔，《作品全集》，第3卷，第352页。这些谈判的情况参见鲍曼《〈亚眠和约〉的初步阶段》（多伦多，1899年版）。

段，它的棉花和羊毛业正在从农舍向工厂转移，大部分居民开始挤入肮脏、混乱的城镇。人口与财富的飞跃性增长，伴随着19世纪阶级差别扩大、就业前景不确定的问题。食品供应经常不足，1801年，伦敦市场的小麦价格为6—8英镑／夸脱不等；四磅大面包有时卖到一先令又十个半便士。①

爱尔兰岛的状况更为糟糕。1798年起义遭到残酷镇压后，爱尔兰人的不满情绪受到了压制，1800年的《联合法案》强行拉紧了联系两国的纽带。但是如果想强化这种政治结合，就急需平静和改革，然而，这两者同样可望而不可即。英国内阁的地位也岌岌可危。乔治三世反对解放天主教徒的提案，而才能卓著的皮特首相认为该提案事关自己的荣誉，遂于1801年2月辞职。次月，生性愚钝的下院议长阿丁顿志得意满地取而代之。最初，由于这位新首相温文尔雅，内阁得到了人们的宽容对待，然而，阿丁顿面对国家受到的威胁时软弱无力，逐渐使人们的这种宽容转变为轻视。

1800年，法国人奥托先生曾在和平进程中做过一些非官方的努力，他曾出使伦敦，与英国政府商讨交换战俘事宜。出于各种原因，他关于两个交战国之间达成和解的试探性提案没有取得成果，但他继续留在伦敦，暗地里努力以达成谅解。阿丁顿内阁的成立有利于开启谈判，新任外交部长霍克斯伯里勋爵宣布，英王陛下渴望和平。确实，新内阁和国王的唯一希望就是和平，而国王支持这个内阁，是因为后者是唯一能避开天主教解放提案的选择。这真是一种奇怪的政治局面：一个病态地坚持英国国教的国王宁可依靠软弱的阿丁顿，甚至不惜损失国家利益，也不愿意接受一个强有力的首相和一项维护宗教平等的措施。

对于霍克斯伯里1801年3月21日的初步建议，拿破仑表现出了

---

① 波特，《国家的进步》（*Progress of the Nation*），第14章。

毫不掩饰的轻蔑；但纳尔逊在哥本哈根取得的胜利，以及沙皇保罗的遇刺（这件事令他大发雷霆），使他对战胜英国失去了希望，谈判终于正式开始。4月14日，英国要求法国从埃及撤军，而它将放弃米洛卡，但仍保留如下占领区：马耳他、多巴哥、马提尼克、特立尼达、埃塞奎博、德梅拉拉、伯比斯、锡兰和库拉索（不久之后增加）；同时，如果好望角归还给荷兰，它将成为一个自由港；奥兰治亲王失去了荷兰，也应该得到补偿。波拿巴宣称，这些要求是不能接受的。他本人则提出了更加不切实际的要求：在东印度和西印度群岛以及地中海恢复战前状态。这意味着不仅要交出英国海军的许多战利品，还包括从已故的蒂普·沙希布统治下夺取的印度斯坦领土。随后的五个月中，英国政府在外交和战争中取得了显著的成功。它解决了武装中立联盟引发的争端；英国军队很有希望打败埃及的法军；英国海军还夺取了西印度群岛的圣尤斯特斯和沙巴。

为了抵消英国在海上的努力，波拿巴挑动了西班牙和葡萄牙之间的战争，以便使后者成为"整体和平的保障"。可是，西班牙只发动了一场"橘子战争"，并在1801年6月6日与邻国签订了《巴达霍斯条约》，得到了边境上面积不大的奥利文萨地区，这远没有满足第一执政的意图。他对马德里宫廷的所作所为，以及驻该国大使、他的弟弟吕西安·波拿巴的迁就态度极为不满，决心让西班牙承受英国要求的很大一部分。1801年6月22日，他写信给身在马德里的弟弟：

"我已经通知英国人，在葡萄牙问题上，我绝不违背给达劳霍先生的最后通牒的立场。如果要恢复葡萄牙的战前状态，就必须将特立尼达归还西班牙，将马提尼克和多巴哥交还法国，将库拉索和其他美洲小岛还给巴达维亚（荷兰）。"①

换言之，如果葡萄牙想在这场人为挑动的战争中保住现有的领

---

① 《新编拿破仑书信集》。另见他6月17日的信。

第 13 章　终身执政　249

地，英国就必须放弃对特立尼达、马提尼克、多巴哥、库拉索等地的主张。波拿巴用一句话总结了他的论点："查理四世签署这个条约，就等于同意放弃特立尼达了。"法国对葡萄牙进一步施压，迫使它将巴西北部地区割让给法国，并赔款2000万法郎。

6月15日，波拿巴向霍克斯伯里勋爵提出了如下问题，更清楚地说明了波拿巴的外交手法：

"假如法国政府同意英国提出的东印度群岛方案，并接受葡萄牙的战前状态，英国国王就应该同意保持地中海和美洲的战前状态。"

英国外交大臣在6月25日的回信中解释了地中海"战前状态"的真正含义。也就是说，不仅法国要撤出埃及，还必须撤出撒丁王国（包括尼斯）、托斯卡纳大公国，并承认亚平宁半岛其余地区独立。他曾提出英国撤出米诺卡岛，但现在改口道，如果法国保持在意大利的势力，英国将对马耳他提出领土主张，以抵消法国的大规模领土扩张，保护英国在那些海域的贸易。至于其他方面，英国政府不认为保持葡萄牙的领土完整，可以与英国放弃西印度占领区画上等号，尤其是因为法国已经占领了圣多明各的更多地区。不过，霍克斯伯里提出，如果西班牙将奥利文萨这个边境地带交还给葡萄牙，英国可以将特立尼达归还给西班牙。8月5日，他告诉奥托，如果马耳他独立，英国将放弃该岛。

此时，事态总体上对英国有利。它与俄国媾和并得到了优厚的条件；在地中海，尽管法国海军上将利努瓦在阿尔赫西拉斯初战告捷，但第二次战役的胜利属于英国。纳尔逊对布洛涅的法国分舰队发动进攻，遭到了失败（8月15日），不过到了8月底，驻埃及法军司令梅努将军被迫同意从埃及撤走他的部队，他们将乘坐英国船只返回法国。波拿巴早已预料到这一结果，从他发给伦敦的奥托的秘密指示可以看出，他精确地计算出，法国先于英国得到这些消息能得到多大的好处。他命令奥托将谈判结束日期定在10月2日：

"考虑到梅努可能无法坚守亚历山大港到葡月1日（9月22日）之后，你应该能理解这件事的重要性；在这个季节里，从埃及出发的船只是顺风，几天就可以抵达意大利和的里雅斯特。因此，有必要让它们的（谈判）在葡月10日前结束。"

不负责任的专制君主与依赖国会的内阁谈判时所占的优势在此昭然若揭。阿丁顿和霍克斯伯里急于赢得民心，无法压制大众的和平运动，只能在这种规定时间的要求面前屈服；1801年10月1日，初步和约在伦敦草签，这正好是埃及法军投降的消息传来的前一天，英国的一项要求因此而失去了作用。①

初步和约的主要条件如下：英国将近期占领的所有领地和殖民地（特立尼达和锡兰除外）交还给法国、西班牙和巴达维亚共和国。好望角归还给荷兰，但向英国和法国开放通商。马耳他将还给圣约翰骑士团，并置于正式和约中一致同意的第三国保护之下。埃及重新由土耳其控制。葡萄牙现有领地（除了奥利文萨）保持不变。法国同意放松对那不勒斯王国和罗马教廷领地的控制，英国也将撤出费拉约港（埃尔巴岛）和在地中海及亚得里亚海上占领的其他港口和岛屿。法国承认年轻的七岛（爱奥尼亚群岛）共和国，纽芬兰沿岸和邻近岛屿的渔业仍和过去一样，但可能做"显得公正、互惠的安排"。

人们认为，这一和约标志着乔治三世近来变得温顺了。他和先辈们曾顶着"法兰西之王"的空头衔，现在已经正式摘下，鸢尾花不再出现在英国皇家纹章上了。

这样，除了三处例外，英国从第一次宣布主张以来，在每个重要方面上都做出了让步，这三处例外是从法国盟友那里夺取的特立尼达

---

① 《康华里书信集》，第3卷，第380—382页。霍克斯伯里勋爵与奥托先生在伦敦谈判的现存记录不多。我在外交部档案中遍寻不见。一般的事实来源于加登，《条约集》第7卷第31章；只有少数几次谈判有书面记录。这一点在亚眠会谈中严重损害了英国的利益。

和锡兰,以及已从法国手中收复(只是伦敦还不知情)的埃及。波拿巴在其他每一个细节上都取得了外交上的重大胜利。他以自己的外交技巧和韧性,使法国有希望收回当时在英国手中的马提尼克、多巴哥和圣卢西亚,以及印度的法国据点。英国经过九年的战争,增加了两亿九千万英镑的国债,取得了一系列海战胜利,最终却只得到了特立尼达岛和荷兰领地锡兰。可是,在谈判进行的6个月中,总体事态一直对英国有利,它缺少的是什么呢?英国肯定不缺勇敢的战士,作战中的运气也不能算差,它缺乏的只是统治者的智慧。英国领导层缺乏预见性、外交手腕和胆略,没有了这些,即便是纳尔逊的盖世武功也不会有长久的影响。

这些初步条款产生的问题,以及后来签订的《亚眠和约》,我们将留待下一章中说明,现在,我们要探讨的是它们对波拿巴第一执政地位的影响。令人疲惫的战争之后,回归和平总是受欢迎的,但当英国人看到国债翻了一番,却在土地或势力范围上没有任何相当的收获,不可能不对英法两国的不同际遇做一番对比。法国现在得到了莱茵河边境地区;它的部队据守荷兰和意大利北部的要塞;它的领袖可以对德意志诸邦和曾经自由的瑞士人颐指气使;而马德里宫廷和罗马这座"不朽之城"都对他俯首帖耳。法国没有付出多大代价,便成就了惊人的扩张,因为胜利者所耗费的军费很大一部分来自于被征服领土的资源。法国贵族和教士确实在土地和财宝上遭受了可怕的损失,商人们也感受到了纸币大幅贬值的残酷打击,不过在这个土地肥沃、气候宜人的国家里,那些损失很快都得到了弥补,与英国签订和约使法国保持着相对的繁荣。10月,第一执政与俄国也签订了和平条约,与沙皇在意大利事务和德意志各邦国领土损失的补偿问题上达成了友好的谅解。[①]

[①] 勒菲弗,《欧洲各国的内阁》(*Cabinets de l'Europe*),第4章。

此时的波拿巴执着地扩大法国的殖民地和商贸（我们将在后面回到这个主题上），并开发其国内资源。主要道路得到了修缮，不再像1789年废除徭役时的情况那么糟糕了；开凿或大幅改善连接法国主要河流系统的运河；巴黎很快就从斯海尔德和瓦兹运河的修建中得益，这条运河将比利时的资源送到了法国的中心。港口进行了疏浚和扩大，马赛港迎来了繁荣的黄金时代，只可惜好景不长，英法间战端重开导致该港关闭。马赛与热那亚之间的公路，以及越过齐普朗山口、塞尼山口和蒙热内夫尔山口的道路都有了改善，与意大利的交通更加便利。通往莱茵河的道路和沿该河左岸的道路，也都表明第一执政不仅要扩大商贸，还要保护东面的自然边境。这些道路修建工程的成果在乌尔姆战役中得以显现，法国军队以无可匹敌的速度从布洛涅开往黑森林。

巴黎最能感受到波拿巴的革新。有一天，他以生硬、坚决的语调——在他获得绝对权力的过程中，这种语调越来越常见——在马尔梅松对沙普塔尔说道：

"我要将巴黎建成世界上最美丽的首都，希望十年内这里有200万居民。"他的内政部长回答道："可是，人口不是说有就有的；……实际上，巴黎只能支撑100万人口的生活"；沙普塔尔接着举了缺乏高质量饮用水的例子。"你计划如何为巴黎提供饮水？"沙普塔尔给出了两个选择——凿自流井，或者从乌尔克河引水到巴黎。"我选择第二个计划，回去后传达我的命令，明天出动500人到拉维莱特开凿运河。"

一项耗资超过50万英镑的大型公共工程就这样开始了。巴黎的粮食供应也得到了重视，小麦储备始终保持充足，以满足"只有在饥饿时才危险的民众"。因此，波拿巴坚持大量储存粮食并以低价出售，甚至因此遭受了可观的损失。[①]除了粮食之外，他还向民众提供

---

① 沙普塔尔，《我记忆中的拿破仑》，第287、291和359页。

娱乐活动，其规模就连路易十五时期都闻所未闻。大多数国家补助都给了主要的剧院，波拿巴自己也经常前往观看表演，并被名伶乔治小姐迷得神魂颠倒。

然而，美化巴黎的工作是波拿巴为了使民众忘却政治而采取的主要手段。他在这方面的努力很快就取得了彻底的成功。法国革命再一次为大规模的重建工作扫清了道路，如果旧巴黎的许多修道院没有被关闭，这些工程根本不可能实现。在著名的斐扬派和雅各宾派俱乐部原址上或者附近，他修建了多条壮观的大道，十年前宪政派或赤色分子侃侃而谈和交战的地方，而今成了巴黎时尚界人士乘坐金边马车兜风的场所，街道的名称也让人想起第一执政在意大利和埃及取得的胜利。对于一位下令翻修卢浮宫的统治者，艺术与文化也只能俯首称臣，这座宫殿现在成了绘画与雕塑的宝库，从意大利美术馆掠夺而来的名作丰富了它的藏品。在确保巴黎世界文化之都地位的举措中，没有一项能与波拿巴将该国文化珍宝集中在一座宏伟建筑中相提并论。加冕皇帝后的第一年中，拿破仑下令修建巨大的画廊，将杜伊勒里宫北面建筑与卢浮宫连接起来，组成了面向新里沃利大道的华丽建筑群。尽管耗资巨大，但这项工作仍一直推进，直到帝国垮台才戛然而止，留给这位伟人的子侄们去完成。沙普塔尔曾断言，这些建筑的原始设计目标是组成一个中央要塞，这种说法可能是真的，但对于所有艺术爱好者，特别是崇拜英雄的海涅而言，新的卢浮宫确实是拿破仑永垂不朽的一种保证。

集美观与功用于一身的其他工程包括沿塞纳河左岸延伸的码头群，河上的三座桥梁，巴黎植物园与其他公园和开放空间的修缮改建，以及工艺技术学院的落成。在后来的日子里，法国皇帝的尚武精神突出地表现在旺多姆圆柱、凯旋门以及由玛德莱娜教堂改建的"伟大军队光荣堂"（这一改建可以说是奉献，也可以说是种亵渎）。

这些工程中，很多都是在此后的时期内建成的，但第一执政所描绘的，正是拿破仑称帝后实现的宏图大业；这段时间制定的巴黎改造计划足以激起巴黎人的感激之情，使他们不再思索政治问题，而是将眼光投向浮华享乐的景象，仿佛回到了路易十四的时代。罗米利于1802年访问巴黎，如果他的证言属实，这项新政策甚至在当时就达到了目的。

"这种平静的专制统治，让每个不希望涉足政治的人（现在已经没有多少人有这种希望了）充分而安全地享受财产和欢乐，与伴随虚假的法国自由而来的骚乱、无休无止的惊恐、遍地恶行和血腥的场面相比，简直是天堂了。"

这位自由之友虽然承认波拿巴统治在物质上的好处，却也表达了忧虑：

"如果他（波拿巴）性情急躁、缺乏耐心的传闻是真的，那么毫无疑问，他计划从战争中取得新的荣誉。"

不管普罗大众有多么喜欢这个新制度，许多曾在追求自由的神圣事业上勇敢前行、建功立业的热血人士却忍不住抗议这种恢复独裁统治的新花招。虽然报刊受到压制，虽然多达32个省遭到特别法庭的严密审查（这些特别法庭以打击盗匪为由，经常查处反对政府的人），但批评之声并没有完全消失。《政教协约》在保民院引起了强烈反对，该院还宣称《民法典》的前几部分不符合1789年的原则，与提交给国民公会的法典初稿也不相容。从此，政府不再向保民院报告任何重大举措，而是扔给他们一些鸡毛蒜皮的琐事，让议员们"啃硬骨头"，直到下一次改选五分之一议员。在参政院的一次讨论中，第一执政相当坦率地明示，应该用什么方法去压制保民院里那些喜欢闹事的反对派：

"人们无法和一个制造混乱的机构共事。宪法设置了由三个议院组成的立法机构，其中任何一个议院都无权决定自己的组织方式，只能依照法律办事。因此，我们必须组成一个机构，来决定这三个议院的议事方式。保民院应该分成五个小组。关于法律的讨论应该在每个小组中秘密进行,甚至可以在这些小组和参政院的小组之间展开讨论。只有议长可以公开发言。那样,一切工作就能够合理地进行了。"

发表这番权威意见之后,波拿巴于1802年1月7日前往里昂,在那里得到了重建阿尔卑斯山南共和国的最高权力,现在,这个国家改名为意大利共和国。①

波拿巴于月底返回,头顶新尊位的光环,终于迫使保民院和立法院顺从他的意志。他抓住五分之一议员改选的机会,将它们置于更听话的元老院控制之下。这个表面庄严的机构由薪水丰厚、终身任职的议员组成,他们有权力提名新的议员;不过在此之前,退休的议员是通过抽签选定的。勒德雷尔在趋炎附势的第二执政暗示下,于参政院提议今后各院的退休议员应由元老院指定,而不是通过抽签,他的理由倒也有趣——抽签与选择权属于元老院的原则相悖。对于这种有意的诡辩,即便用尽所有逻辑的利箭也难以将其射伤。这个问题悬而未决,这样元老院就可以立即宣称维护自己的权利,不仅每年决定保民院和立法院的选举,还可以决定两院离职的议员。3月份颁布的元老院决议案将这个荒谬的新花招变成法律,导致本杰明·康斯坦特、伊斯纳尔、冈尼尔、多努和谢尼埃等热情的共和派人士都被排除出保民院。元老院提名的议员加入,使这两个议事机构完全失去了效用;保民院本是令人敬畏的国民公会的后继者,却在丹东雄辩有力的声音消失八年后遭到了压制和束缚。

在以公民的热情代表法兰西共和国力量的时代里,仅仅提出这种违反自由原则的建议,就能要了提议者的命。可自从波拿巴崛起之后,公众的情绪让位于尚武精神,以及对国家荣耀的无限自豪。

---

① 参见本书第14章。

每当共和精神遭到践踏，就会有充足的娱乐消遣来驱散令波拿巴极为不快的阴沉积怨，此时，又有一件国际大事发生，平息了政治批评的声音。

1802年3月25日，英法签订了正式的和平条约，举国上下一片欢腾，足以淹没老共和派那微弱的不满呼声。人民的喜悦是很自然的。当伦敦人都对阿丁顿的胆怯造成的牺牲牢骚满腹时，全法国都在颂扬波拿巴的外交手腕，他不仅从英国手中挽救了几个岛屿，而且确保了法国在欧洲大陆的霸主地位。对于这一事件，法国人民似乎有必要对和平与繁荣的恢复者心存感激。老谋深算的康巴塞雷斯对一些保民院议员做出暗示，这个此时已变得温驯的机构提出，希望用某种醒目的标志来表达全国人民的感激之情；于是元老院向立法院和政府提出了相关的议案。

全国性的纪念标志应该采用什么形式，元老院没有留下任何线索。在通常情况下，这应该是纪念柱或者雕像，而对拿破仑则是君王的宝座。

元老院对合适的行动方案疑虑重重。大部分人希望将执政的第二个任期延长到10年，并于5月7日提出了正式动议。少数人反对这一提案，其中一些人要求延长任期到终身。在富歇和其他共和派人士的鼓动下，元老院主席特龙谢坚持认为，元老院只讨论第二任期延长为十年的问题，这一提案以60票对1票获得通过，唯一的反对票来自吉伦特派议员朗瑞奈。这次投票的消息令第一执政不安，但他还是以克制的态度回复道，既然人民已授予他至高无上的权力，除非他们也投票支持目前的提案，否则他不敢确认已经得到了他们的信任："你们认为我应该再次为人民做出牺牲。如果人民要求我去做你们投票授权的事情，我一定会这么做的。"不过，在人民投票之前，提案本身做了一项重要的修改。众所周知，波拿巴对元老院的提议是不满意的，在部长们出现的一个参政院特别会议中，第二执政敦促他们立即做出

第 13 章 终身执政

决定，何时、以何种方式、就哪个问题征求人民的意见。就这样，元老院刚刚解决的问题又重新提了出来，这说明增加议事机构并将其置于官方指导之下有多么大的好处。与会的部长们断定，人民不会同意元老院强加的时间限制，经过一番讨论后，康巴塞雷斯做出决定，应该就第一执政是否应该终身掌权、是否可以提名继任者的问题进行全民投票。

对这个提议的后半部分，第一执政英明地予以拒绝。就恢复君主制征求人民的意见既不合时宜，也毫无必要。获得全部权力之后，波拿巴对建立世袭制度已胸有成竹。提议的前半部分不那么惹人反感，因此可以提交给人民；在和平带来的繁荣气氛之下，加上地方长官与《政教协约》后心存感激的神职人员密切监视，这个问题的结果只能有一个——终身执政得到了压倒多数的支持——赞成票有350万张之多，而反对票只有8374张。不过，在持异议者中却有一些显赫的名字：卡诺、德鲁奥、穆顿和贝尔纳等军人反对这一新政；拉斐特公开声明，除非政治自由得到保障，否则他不能投票赞成这种任期制度。8月1日的元老院决议案宣布，拿破仑·波拿巴成为终身执政，同时下令建立一座和平之神塑像，一手持胜利者的桂冠，另一手则拿着元老院的敕令。

次日，拿破仑——从这时起，他通常和其他君主一样，使用自己的基督教名字——向参政院提出了制定基本法的方案，这部法律实际上就是新宪法。仅就他如此之快地提出方案，就足以证明他对最新的变化已做了多么全面的准备，对自己的成功又有着多么大的把握。这一重要方案在元老院仓促通过，没有提交给保民院或立法院便宣布成为国家的基本法，更不用说他最近佯装很关心的人民了。

法国革命后的第五部宪法内容概述如下：它首先更改了选举办法，波拿巴提出了更简单的方案来代替西哀士的"名流名单"。从此以后，每个县的成年公民召开选举会议，提名"治安法官"（即地方行政长官）和镇议员候选人，并选出地区和省的"选举人团"成员。只有省内600位最富有的人才有资格进入选举人团。第一执政从荣誉军团成员中选出一些人加入选举人团，使之带上了一点官方或贵族的色彩。选举人终身任职，确保了意见的一致，而且，由于他们是在《亚眠和约》激起的热情气氛下选出的，因此肯定都是些波拿巴主义者。

选举人团有如下权力：当各自所在地区仅起顾问作用的议会出现空缺时，他们可为每个席位提名两位候选人，并可以为保民院提名两位候选人（这同样是个空洞的荣誉）——最后的选择由行政长官（也就是第一执政）做出。各省选举人团也有对应的特权，但这些由富豪组成的机构有权提名元老院议员候选人。立法院议员候选人名单由省和地区两级选举人团共同决定。不过，由于选出的立法与议事机构都没有实权，整套机制空有浮华外表，所能做的尽是鸡毛蒜皮的小事。

除了君主行使的赦免权之外，第一执政并没有得到太多额外的特权。不过，他的权力实际上已经很大，没有增加的余地了。三位执政都终身任职，而且是元老院的当然成员。第二执政和第三执政由第一执政提名，元老院任命；对于这两个职务，元老院可以拒绝他提出的两个人选，但必须接受第三个提名。第一执政将继承人提名存放在国家档案馆里，如果元老院拒绝这个提名，第二和第三执政将提出建议；如果这些建议也被拒绝，他们将继续提名两人，元老院必须选择其中之一。三个立法机构实际上失去了所有权力，立法院的权力都给了元老院，参政院的权力则给了以其为基础组成的枢密委员会，保民院被迫分为5个小组秘密辩论，正如波拿巴所说，他们在那里可以想怎么闹就怎么闹。

另一方面，元老院的地位显著加强了。从此，它不仅负责维护共和国宪法，还负责对其争论的解释，以及发现欠缺时的增补。而且，通过关于组织的元老院决议案，它有权为法国殖民地制定宪法，或者在任何省份停止陪审制度五年，甚至可以宣布该省不受宪法限制。此时，元老院还获得了原来立法院享有的条约批准权。最后，它可以解散立法院和保民院。不过，这一强大机构受到总设计师的严格控制：所有这些权力都是在政府倡议下行使的；至于它所提出的法案（即元老院决议案），将由第一执政指定的参政院枢密委员会讨论。对于不像拿破仑那么在意细节的统治者来说，这一预防措施纯属多余：元老院的构成本身已经确保它顺从第一执政；尽管它继续通过选举来更新成员，但这种特权以如下方式加以限制：在各省选举人团送来的元老院候选人名单中，拿破仑为每个空缺的席位选择三人，元老院必须从中选择一人。而且，除1799年宪法规定的80名元老院成员之外，第一执政还有权提名40名成员。因此，拿破仑通过直接或间接的手段，很快就牢牢地控制了元老院，只有对他最为忠诚的人才可能进入。然而世事无常，正是这个机构，在12年后将会投票废黜他。[1]

实干对空谈的胜利，行政对立法的胜利，一个才能卓著的人对许多无可奈何的异见者的胜利，就这样彻底实现了。这一过程惊人地迅速，但其主要阶段并不难追溯。毁灭了旧日的王权之后，法国前两届国民议会的演说家们迫于时局压力，不得不将监督行政权的任务委托给一些重要的委员会，后者的职能随着民族危机的加重而扩张。1793年，当法国处于第一次反法同盟威胁之下的痛苦时期，公共安全委员会跃上前台，成为了双手沾满血腥的"民主捍卫者"；而当危机加剧时，这个可怕的机构和一般安全委员会实际上统治了法国。

打败入侵者和罗伯斯庇尔倒台之后，督政府的建立标志着回归正常的统治方法，由立法院选出的五名督政官控制着行政权和共和国的一般政策。雾月政变以武力结束了这种妥协。此时，法国政权由三名执政控制，可是两年之后，法国的命运又只由一人掌握了。事实上，

---

[1] 蒂博多，《执政府》，第26章；拉维斯，《拿破仑传》，第1章。

他的权力最终是从恐怖时代的那些秘密委员会继承的。不过，与罗伯斯庇尔不同的是，拿破仑的权威是无可争辩的，因为这位将军捍卫了大革命带来的物质利益，同时又在前者粗暴践踏民权的地方调和了各方利益，安抚不同阶级。所以，新的专政体制拥有恐怖主义者从没有过的雄厚实力。确实，这是比卢梭所说的更加绝对的独裁。这位哲学家曾断言，独裁者既要压制立法机构的声音，又要让它真正地说话，而独裁者除了立法之外，什么都能做。可是拿破仑在1802年之后做的远不止这些，他压制争议，却从屈服于他的立法机构制定出法律。那么，不管我们考虑的是对法国和欧洲的重要作用，还是仅仅考虑实现这些目标所需的睿智和不屈不挠的坚强意志，拿破仑从埃及回国后三年内取得的胜利，都堪称世界文明史上仅见的奇迹。

民众失去了政治自由，只能从8月15日宣布终身第一执政称号的浮华庆典中得到安慰；这一天值得铭记，还因为那同时是第一执政的33岁生日、圣母升天节和《政教协约》批准周年纪念日。节日的装饰和烟花配得上如此隆重的气氛。巴黎圣母院的一座塔楼上高悬着一颗闪亮的巨星，星星的中央闪耀着表示拿破仑出生时刻的黄道十二宫标志。成千上万的群众前来观礼，他们凝视着那伟人诞生的标志，可能认为拿破仑的命运之星已升到了顶点。没有几个人敢于想象，它还会越飞越高、直入未知的深邃太空，成为各国君主与人民的凶兆；更不可能有人能够预言，它最终将一头坠入茫茫大海之中。所有人都为他的伟大生涯而喜悦欢庆，他的功绩甚至在此时便已超越了古代的英雄，兼具东方勇者的浪漫情怀、立法者的慈悲辛劳，在战争与和平时都无往不利。

然而，阴郁的忧虑给这个欢庆的节日投下了一道阴影。第一执政的生活中有个缺憾，而在数百万视他为救星的农民中，没有多少会为此神伤。妻子没有为他留下任何子嗣，看来由孩子继承他辉煌的事业是没有指望了。家庭的欢乐似乎不是为他所设，猜疑与争吵才是他的命运。他的兄弟们狂热地希望建立一个波拿巴王朝，无休无止地怂恿

第 13 章 终身执政

他采取措施为自己留下一位合法继承人，最终的办法就是与约瑟芬离婚。拿破仑的作法值得称道，他考虑到约瑟芬的感受，拒绝了这一提议。但可以肯定的是，从这个时候起，他总是从政治原因出发，考虑是否应该与约瑟芬离婚，并以此为借口纵情声色，约瑟芬的眼泪和责备都只能是徒劳。

个人统治的巩固、荣誉军团的建立和许多流亡贵族在最近的大赦后归国，都助长了首都生活的奢华，使杜伊勒里宫和圣克卢宫的宫廷礼节更臻完善。这些宫殿里煞费苦心地复制了旧政权的浮华气派。迪罗克将军是一位强硬的共和派人士，却得到了宫廷总管的任命；在他之下的是宫廷内侍和管事，他们实行着一种竭力向君主制看齐的礼仪。很快，路易十五统治时期制作精美的制服，以及奢华别致的各种服装，取代了战时共和国连文官都穿着的军服。长筒靴、马刀和军帽让位于带扣鞋、丝袜、轻巧的宫廷佩剑以及通常夹在腋下的便帽。三色帽徽和革命时代对每个人都称"你"和"公民"的习惯一同被抛弃了；男人们也开始注意自己的言谈，不再说俱乐部和军营中惯用的下流词语了。

然而，人们注意到，第一执政仍坚持使用"公民"一词，在宫廷五颜六色的奇异服装之中，他通常只穿掷弹兵或执政卫队轻步兵上校的制服。这种行为部分源于他早年对奢华的厌恶，另一部分原因是他有一种信念：对于像罗马皇帝维斯帕先那样，抛弃以勇武赢来的荣华富贵、以极度的简朴面目出现的人，共和派也会谅解的。对于这些细节，拿破仑始终非常重视，正如他在圣赫勒拿岛上对海军上将马尔科姆所说："在法国，细节就是大事，理性一钱不值。"[①]此外，像他这样不世出的天才，本无须依靠外表装饰，那只是凡夫俗子用以掩盖其无能的手段。他衣着简朴，反而更能衬托出生动的面部表情和丰富多彩、滔滔不绝的言谈。《亚眠和约》签署后不久，约翰·莱斯利·福

---

① 马尔科姆夫人,《圣赫勒拿日记》,第97页。

斯特访问巴黎，他描绘了这位伟人心情平和时的形象。在拿破仑招待会上外表举止的叙述中，也许没有比这更清晰和令人愉快的了：

"他身高大约5英尺7英寸（约1.7米），身材纤细优雅；深棕色的头发稀疏柔软，皮肤光滑、苍白而略显蜡黄；他的眼睛是灰色的，不过仍显得炯炯有神；浅褐色的眉毛稀疏而突出。他的五官，尤其是嘴巴和鼻子，都精致且轮廓分明，表情之丰富难以用语言表达。那是种什么表情呢？不是版画里描绘的那种洞察一切的模样，更没有任何凶狠之气，也看不到那令世界敬畏的眼神。他脸上真实的表情是一种惹人爱怜的忧郁，每当他开口说话，那种愁思便无影无踪，化作人们所能想象的最为愉悦、优雅的微笑。人们肯定也能从他的外表上感受到其深邃的内心，但超乎这些表情的，是冷静果断的神情和任何人都无法撼动的无畏气概。他的不凡谈吐是我平生仅见，那些曾来访过的人都说，他不仅超越了在世的每一位亲王和君主，甚至超过了所有曾留在我们记忆中的人。他有一种毫不做作的威严，在我的想象中无人可及。他的言谈是人们设想中最为温和，也最富魅力的，我也从未见过一位君主，在接见时能有如此内容丰富的讲话。他说话时从容不迫而又非常流畅，重点突出、嗓音低沉。每当此时，他的表情所传达的，甚至比言辞更丰富。"①

在这种智慧的力量和质朴的衣着面前，那群没有灵魂的妇人和野性未脱的军人显得多么愚蠢和俗气！那些令男人们拘泥刻板，令他们的夫人们焦虑不安的繁文缛节和尊卑之序，又是多么索然无味！然而，第一执政在轻松优雅地超脱这些规则的同时，却将其强加于热衷逢迎的朝臣们。关于这些引人热议的问题，他通常采纳雷米萨先生的建议，因为后者机敏圆滑、熟悉宫廷规矩，这一点对他很有用处；而

---

① 维尔·福斯特编辑的《两位公爵夫人》（The Two Duchesses）第172页。马姆斯伯里勋爵的说法不那么委婉（《日记》，第4卷，第257页）："当波拿巴不注意礼节时，他的言辞往往很粗俗。"

雷米萨年轻的妻子活泼聪慧，深深吸引了约瑟芬，就像她那辛辣刻薄的回忆录吸引所有读者那样。从她的笔下，我们可以一瞥无趣的宫廷生活：试图模仿旧制度下的独特举止；华而不实的第二和第三执政；奢华俗气的服装；刻意避免任何带有学究气或者与政治带上一点关系的词语；对拿破仑情绪与兴致的过分关注；约瑟芬的优雅举止总能平复他的情绪，除非她自己因为某些过去的风流韵事而遭到残酷的冷落。最重要的是，沉闷的谈话气氛，令沙普塔尔都不得不承认，这种生活如同苦役。一位有着过人天赋、思想新颖的统治者，竟能忍受如此矫揉造作的假面舞会，个中原因可从雷米萨夫人惊人的坦率直言中得出：幸运的是，法国人是可以通过虚荣心来统治的。

第14章 《亚眠和约》

前一章大体介绍了法国国内事务和拿破仑政权的全面建立，在外交方面仅略作叙述，只是为了说明第一执政对英国的外交胜利与推翻法兰西共和国宪法之间的密切联系。现在，我们将回顾促成《亚眠和约》的谈判过程。

为了了解法国当时对英国占据的优势，有必要简略介绍一下当时英国国内的情况。英国的人口远少于法兰西共和国。法国和新近在比利时、莱茵兰、萨伏依、尼斯和皮埃蒙特获得的土地共有近4000万居民；而1801年英国人口普查表明，该国总人口只有10942000人，而爱尔兰人口根据1813年的不可靠数据推测，大约为650万人。无论在英国本土、美国还是加拿大与澳大利亚争斗不休的定居点，以英语为母语的人口都还没有大规模增长。确保这个国家未来扩张的是工业和社会变革，以及这一章和后面几章介绍的事件。正是这个人口并不多的小国，在几个月里毫不畏惧地与波拿巴和武装中立同盟的强大军事力量对抗。

在不到1800万的人口中，将近三分之一的爱尔兰人对最近强加于己的《合并法案》公开表示不满，这个国家更是背上了5.37亿英镑的国债，每年需要支付的利息就超过2000万英镑。在与革命后的法国交战期间，英国每年的开支从1792年的19859000英镑激增到62329000英镑，为此，必须对所有年收入为200镑以上的国民课以10%的收入税。然而，尽管党派纷争不断，这个国家却前所未有地强大，它的舰队也取得了历史上最辉煌、最坚实的胜利。法国主要海军史学家承认，英国缴获了不少于50艘战列舰，而损失仅为5艘，从而将其战列舰总数提高到189艘，与此同时法国战列舰数量却下降到47艘。[①]亚瑟·韦尔斯利爵士也正以其英勇善战，恢复英国旧日在印度的荣耀。可是，1802—1803年发生的事件将会说明，英国的工业实力和海陆军的显赫战绩，还不足以在外交中匹敌法国的丰富资源和拿破仑的强大力量。

每个地方的人民和制度都留下了拿破仑意志的烙印，他以自己的天才，将法国如同一团蜡般玩弄于股掌之间。西班牙、意大利和德意志诸邦的君主都听从他的号令，就连顽强的荷兰人也不得不俯首称臣。他以挫败奥兰治家族阴谋为借口，将一部新宪法强加于巴达维亚共和国，而他曾同意尊重这个国家的独立。该国的督政府此时被摄政府取代，解除了人民代表的一切职能。全民公决结果显示。52000人反对新制度，只有16000人同意；但因为有35万人没有参加投票，他们的沉默被视为同意，波拿巴的意志也就成了法律（1801年9月）。

现在，读者可以理解法国和英国所处的地位了。1801年10月1日于伦敦签署和约初步条款时，英国政府已经放弃了对开普、马耳他、多巴哥、马提尼克、埃塞奎博、德梅拉拉、伯比斯和库拉索的领土主张，只保留占领地中的特立尼达和锡兰。

英国确实为保住多巴哥而做出了努力，但为时过晚。首相兼外交大臣霍克斯伯里勋爵在法国驻伦敦政治代表奥托先生的劝说下，相信在随后的亚眠和谈中，法国政府将为交还多巴哥提供各种方便，以此补偿英国为维持数千名法国和荷兰战俘而付出的巨大开支。英国内阁以为这是正人君子之间的承诺，于是竭力让乔治三世同意初步条款的

---

① 朱里安·德·拉·格拉维埃《海战史》，第2卷，第7章。

最终形式，国王之所以同意，也仅仅是因为有可能收复多巴哥。等到国王和大臣们意识到自己的错误，不应该相信口头承诺而没有得到书面声明，一切都来不及了。①

英国大臣们放弃之前对马耳他的主张也同样奇怪。纳尔逊坚持认为马耳他对监视土伦的英国舰队毫无用处，但他说了一句令人难忘的话："我认为马耳他是印度最重要的外围屏障。"可是，来自圣彼得堡的报告称，新沙皇已决定与在俄国落脚的圣约翰骑士团正式结盟，这可能使阿丁顿和同僚们相信，放弃对马耳他的一切主张，更有利于巩固与俄国刚刚建立的友好关系。不管动机如何，英国内阁同意将该岛让给某个第三国保护下的圣约翰骑士团。

更引人注目的是，和约初步条款中有三处很奇怪的遗漏。条款中没有规定，恢复交战国之间过去的和平条约。战争被认为是对过去所有条约的破坏，如今，新和约中没有要求恢复1713年、1763年和1783年的条约，西班牙和法国就可以巩固（但是采取新形式）它们之间的"家族盟约"，而英国外交长期以来的目标便是瓦解这一盟约。未能恢复过去的条约，使马德里宫廷有可能将任何殖民地让给法国，就像当时对路易斯安那所做的安排那样。

第二处遗漏同样很值得注意。条约未提及恢复英法之间的商业往来。毫无疑问，彻底解决这个问题很困难。英国商人一直盼望恢复1786—1787年那个开明的商贸条约，该条约曾激起法国制造商的强烈反对。但这个问题可能在伦敦谈判时提出过，在初步条款中没有提及就成为了在正式条约中搁置的理由——这一愚蠢举动受到了英国制造商们最为猛烈的抨击，他们因此失去了法国及其臣属邦国（荷兰、西班牙、瑞典、热那亚和伊特鲁里亚）的市场。

---

① 这些事实后来都得到了奥托的承认；参见他于1802年1月6日写给塔列朗的公函，发表在杜卡斯的《〈亚眠和约〉的相关谈判》（*Négociations relatives au Traité d'Amiens*），第3卷。

最后，和平条款中没有为法国王室和遭到废黜的奥兰治王室提供任何补偿。同样，要找到能让波旁王室不失体面地接受的补偿条件，也是非常困难的；一位流亡的保王派人士向霍克斯伯里勋爵提出建议，英国可以占领克里特并将其交给王室，由此就可以看出他们的处境多么绝望。①尽管如此，英国政府既然经常宣称支持正统主义事业，就应该做出一些努力。更令人瞠目的是，条款还忽略了对被逐出巴达维亚共和国的奥兰治王室的补偿。这一要求从谈判一开始就提出了，但在初步条款中没有体现，巴黎的各大沙龙对英国政府的行为既惊诧又鄙视，这从当时英国间谍发回的半官方报告就可以看出：

"我无法想象，英国政府是带着善意签署和平条约初步条款的，考虑到各方所处的地位，这些条款对英国人民是有害的……在法国，人们相信英国的克制只是放在波拿巴前进道路上的一个陷阱，而我们的报刊奉命大肆宣传英国从保留的占领区得到的好处，就是为了打消这种看法，可没有人相信。法国人公开说，如果他们在欧洲占领的地方能够通过全面和平得到巩固，那么十年之内法国将征服整个欧洲，包括英国，尽管它有着幅员辽阔的印度领地。直到最近几天，这里的人才相信英国提出的初步和平条款的诚意，他们到处说，英国政府漂亮地绕过了波拿巴巧妙地放置在其航道上的礁石，却在入港时沉没了。人们指责道，在有关国王尊严与利益的各个方面，和约都表现出软弱的迹象……我们无法原谅对保王党人的忽视，在初步条款中，他们的利益被抛在一边。特别令人震惊的是，英国归还马提尼克，却对那里的殖民者没有任何安排，让他们任由一个贪婪且反复无常的政府摆布。所有殖民地财产所有者都非常不安，也毫不掩饰在这件事上对英国的不满。"②

这个有趣的报告让我们一窥巴黎的真正想法，而驯良或者唯利是图

---

① 英国外交部档案，法国部分，第 59 号。这份备忘录的日期是 1801 年 10 月 19 日。
② 英国外交部档案，法国部分，第 59 号。

的报刊很少提供这类报道。由于波拿巴的间谍使他能够感觉到法国脉搏的每次跳动，他肯定立刻看到了第一次外交成功为自己带来的声望，受到引诱而让步的英国大臣们则立于滑坡之上岌岌可危。阿丁顿确实应该牢记，只有强者才能从一开始便安全地退却，让步的行为如果出自伟人之手，会被诠释为宽宏大量的高贵之举，如果出自弱者之手，则只会被轻蔑地视为胆小恭顺的表现。可是，英国领导人在公开声明和私下交谈中都表示，既然法国已回归正常政治局面，雅各宾主义受到了波拿巴的遏制，他们希望"进行和平试验"。卡斯尔雷写道："也许法国满足于当前所得，认识到它的利益在于内部体制改善，而这种改善必然与和平联系在一起。"①没有理由怀疑这句话的诚意。英国的政策显然一直是宽容的，法国重新获得了殖民地，也没有必要从瑞典和荷兰撤出。从当时人们对波拿巴性格的了解，谁又能想到，如此荣耀而又有利的和约竟不能满足法国人的荣誉感和他自己的野心？

和平在当时只是一项"试验"。英国政府希望了解，法国是否从革命和战争转向农商社会，年轻的统治者是否满足于比肩路易十四的崇高地位和稳固权力。唉！早在伦敦的初步条款变成正式的《亚眠和约》之前，除了最温和乐观的人之外，所有人都知道这次试验已经失败了。现在，波拿巴的目标是将英国政府牢牢地困在轻率签署的临时和约条款上。甚至在亚眠谈判开始之前，他就命令约瑟夫·波拿巴不要听取任何有关撒丁国王和前荷兰总督的提案，声称"巴达维亚共和国、德意志诸国、赫尔维蒂和意大利各共和国的内政"是"绝对不在对英谈判范围之内的"。这意味着，英国将被排除在欧洲大陆政治格局之外，而由法国管理中欧和南欧事务。不过，在关于法国殖民地和海上利益的问题上，就不那么严格遵守条款的规定了。法国谈判代表对海洋问题做出了巧妙的试探，只有在遭到反驳时，才回到初步条款上来。

---

① 卡斯尔雷，《书信与公文集》，第 2 集，第 1 卷，第 62 页；以及 1801 年 11 月 3 日英国大臣们的演讲。

英国方面将条款转化为正式条约的任务交给了康华里侯爵，这是一位罹患痛风、厌倦人生的老军人，人们对他的记忆主要是向华盛顿投降，从而结束美国独立战争。尽管如此，他仍因主持印度事务时清正廉洁而赢得了所有人的尊敬，拿破仑在圣赫勒拿岛所说的这番话，也说明他肯定有某些令人信服的特质："我不相信康华里是个能力一流的人，但他富有才华，一身正气，为人诚实，从不食言……他是一个高尚的人——一个真正的英国人。"

康华里勋爵的秘书梅里先生比他要能干得多，他们两人的对手是约瑟夫·波拿巴及其秘书团。波拿巴的这位大哥的才能一直都被大大低估了。虽然约瑟夫没有二弟那种睥睨天下的威势与权力，但他在吕内维尔证明了自己的外交才能，后来又在那不勒斯和马德里任职时展示了毫不逊色的管理天赋。而且，他机敏精明、和蔼可亲，令所有熟悉的人都感受到友情的温暖，而这正是性格更为严峻的波拿巴很少做到的。人们对约瑟夫的喜爱之情与常人无异，而对于波拿巴，即便是较早的熟人感受到的也是崇拜和忠诚，且始终混杂着某种对半神的敬畏，不知他何时会突然发怒。正是这种令人恐惧的性格驱使塔列朗和约瑟夫·波拿巴殚精竭虑，在亚眠谈判中不做任何特殊的让步。

选择康华里这样正直的人作为代表，足以证明英国政府的诚意，即便翻遍当时的公文，这种诚意也经得起考验。本书作者研究了所有参加谈判的人，可以确定的是，官方谈判原则绝没有因为政府密令而做任何更改，这些密令仅仅涉及一些微妙和个人的问题，比如普鲁士军队撤出汉诺威，以及为奥兰治和萨伏依王室寻求补偿。密令解释了这两个被推翻王朝的情况，以说明原荷兰总督对英国、法国和巴达维亚共和国都有权提出要求；而沙皇对萨伏依王室的支持，使得这个古老家族对乔治三世干预的要求不像奥兰治亲王的要求那样直接，也不那么与乔治三世个人相关。事实上，如果不是在柏林的其他安排有可能给这位倒霉的亲王一些补偿，英国一定会坚持在初步条款中加入有关此事的条文。毋庸置疑，英国大臣们是出于好意，但他们没能加入这样的条款，严重危害到了他们在亚眠谈判中的处境。

英国关于马耳他的官方声明清晰且务实。该岛将归还给圣约翰骑士团，并置于英法之外的第三国保护之下。但是，重建骑士团的工作一点都不比选择强大且没有利害关系的保护国容易。霍克斯伯里勋爵提议由俄国担任保护国，没有比这更合理的了。沙皇作为骑士团庇护者的主张，最近以通过与骑士团签订的一项条约确定，似乎没有其他更可行的方案。而且，为了平息岛上居民的怨恨，加强骑士团的统治，英国内阁希望马耳他当地人能在新制度下获得一个立脚点。马耳他当地人没有公民权和政治权利，是骑士团的统治被推翻的重要因素之一，因此，如果在重建这个支离破碎的机构时不能将其利益与当地人的利益联系起来，那就是不明智，甚至是不可靠的。可是，第一执政立即对两个提议表示了反对。在巴黎与康华里的长谈中，[①]他提到了引进俄国海上力量给地中海问题带来的危险，尤其是该国君主"最近已表明是不稳定的政治人物"。这指的当然是亚历山大一世的亲英倾向，很明显，波拿巴对亚历山大的不满是阻碍马耳他问题解决的首要因素。第一执政还向康华里坦承，那不勒斯国王尽管宣称自古以来就对马耳他拥有宗主权，但也不能将其视为两个大国之间令人满意的保护国，随后，他提议炸毁瓦莱塔的工事，以此来斩断这团乱麻。

仅仅这样一个建议，就雄辩地证明了解决整个马耳他问题有多么困难。摧毁基督徒用于对抗巴巴里海盗的大规模工事，实际上就等于把瓦莱塔交给地中海的这群害虫；他们可以将马耳他当成新的行动基地，给西西里和意大利沿岸造成毁灭性的破坏。这就是康华

---

① 康华里，《书信集》第3卷，1801年12月3日的公函。马耳他当地人强烈支持并入英国，反对骑士团归来。他们派了一个代表团到伦敦（1802年2月），英国政府为了避免触怒波拿巴，对其十分怠慢。（参见《W.A.迈尔斯书信集》，第2卷，第323—329页，他为马耳他人起草了备忘录。）

第14章 《亚眠和约》　271

里听到波拿巴其他方面都貌似有理的建议时立刻提出的反对理由，他刚刚收到驻马耳他的皮戈特少将的报告，其中详细探讨了同一个方案。这位英国军官指出，完全拆毁防御工事，将使该岛以及意大利沿岸暴露在掠夺者的枪口下；不过他建议拆掉部分工事，这似乎证明英国驻马耳他司令官没有考虑过占据该岛、破坏和平。

然而，英国政府不同意拆毁瓦莱塔的工事，认为这会伤害沙皇脆弱的感情，而且也绝无可能阻止未来的入侵者占据该岛并重建那些工事。实际上，由于英国内阁此时最重要的目标是与沙皇保持良好关系，波拿巴的提议只会被视为破坏英俄谅解的诡计。法国驻圣彼得堡公使正在竭尽全力阻止沙皇与英国恢复正常邦交，并努力挽救气息奄奄的武装中立同盟。后者已经"遭到断然拒绝，而且语带讥诮"。不过，人们仍然有理由相信，英俄关于马耳他的争端可能再起，从而导致波拿巴与亚历山大达成某种谅解。年轻的沙皇是个情绪化的自由主义者，这使他倾向于与法国结盟，他的整个性情也更容易偏向善于投机的巴黎，而不是正统刻板的英国政府。马耳他事务和重提东方问题的可能性是法俄同盟鼓吹者的两大希望所在，因为它们都能迎合亚历山大的口味——他的天性中奇妙地融合了热爱冒险的骑士精神和深谋远虑的野心。因此，这无疑是波拿巴提出关于瓦莱塔建议的动机；也是英国必然拒绝的理由。

在巴黎与第一执政会晤，以及后续在亚眠与约瑟夫·波拿巴的谈判中，多巴哥问题和英国维持法国战俘生活所需费用问题的棘手程度，一点都不亚于马耳他。波拿巴兄弟都坚决拒绝了英国保留多巴哥以补偿战俘费用的提议。在伦敦的初步条款中，英国政府没有列入对多巴哥的领土主张，此时当然也就不可能指望重新得到该岛，以交换一项颇有争议的让步。而且，波拿巴兄弟和塔列朗的立场完全从初步条款出发，委婉地将奥托先生之前的承诺放在一边，称那是未经授权和无效的。他们也仔细审视了英国对补偿法国战俘维持费用的主张。

波拿巴和塔列朗以温和而又尖锐的口吻表示，这一主张虽然理论上没有问题，但他们仍然不会接受。他们认为，这一主张必须与巴黎不久之后提出的相反要求一同考虑，那就是法国也从多支由英国资助的部队中抓获了战俘，维持他们也需要费用，两相权衡，"也许不会如英国政府所希望的那样，给（英国）国王陛下剩下很多钱"。这一反驳并不像看上去那么可怕，因为证明法国反要求所需的大部分文件已经在革命中遗失或损毁了。可是，这一威胁却在康华里身上起到了很大作用，他此后称英国的这项要求是"不可能收回的债权"。[①]唐宁街的官员们将战俘分为两类：一是仅受到英国资助的军队人员；二是在英国指挥下的外国军队人员。但很明显，康华里已不再坚持这一主张。实际上，英方的谈判工作自始至终都管理不善，首先，维持法国与荷兰战俘的账目出现了错误；对于法方反要求的严重性，英国方面也不太了解，甚至完全不知。这如同隐蔽的炮兵部队发动的一次齐射，对英国的外交声誉和保留多巴哥的希望都造成了同样的毁灭性影响。

在此不可能介绍亚眠谈判的所有主题。法国政府决心采取一种激进的殖民与海洋策略，这从1801年底的提议就能明显看出。这些提议是：(1) 废除在公海上向英国国旗敬礼的做法；(2) 法国提议将圣皮埃尔岛和密克隆岛让给英国，以此换取纽芬兰东西海岸的绝对所有权。这实际上是将该岛最适合从事渔业的所有海岸的全部主权让给法国，使之有可能在内陆建立定居点，而与之交换的不过是两个当时已被英国占领、毁于战火的小岛；(3) 法国可分享在上述海域捕鲸的权利；(4) 在马尔维纳斯群岛建立一个法国捕鱼站；(5) 扩大印度亚南和马埃周围的法国占领区。[②]康华里勋爵对这些要求都坚决提出反对意见。英国在其他事务上的政策十分软弱，但在所有海上与印度问题上的立场却坚如磐石。实际上，若不是法国人的这些要求引发了忧

---

① 康华里在1802年1月10日和23日所写的公文。
② 康华里1801年12月27日转发给伦敦的条约草案（英国国家档案馆，第615号）。

第 14 章 《亚眠和约》 273

虑，下一章所描述的导致英国在印度斯坦势力巩固的事件可能永远不会发生；如果不是第一执政的计划正中加尔各答军人的下怀，削弱了东印度公司股东们的抗议声浪，专横的孟加拉总督韦尔斯利侯爵也不可能追逐大胆且代价极高的一系列计划，在那里发动征服、兼并和强制结盟行动。

法国不断要求在纽芬兰和东西印度群岛加强影响力，对圣多明各发动大规模远征，并不加掩饰地谋划对澳大利亚的考察（我们将在下一章中介绍），都引起了英国政府的怀疑。因此，谈判进展缓慢。从一开始，双方都怀疑对手奸诈多变，阻碍了谈判的顺利进行。和约将所有荣耀归于法国，而它的盟友却要承担一切损失，这使西班牙和荷兰感到痛心，推迟了两国公使前往亚眠参加会谈的时间，并最终决心抵制特立尼达和锡兰的移交。事实上，巴黎和伦敦都不得不施加压力，迫使这两个国家最终屈服。这只是多项困难之一：是根据英国的要求，让葡萄牙和土耳其加入和约，还是单独与法国签订和约，仍然是一个问题。第一执政顽固地坚持排除那些国家，尽管它们的利益受到当前和谈的严重影响，但他知道，与土耳其政府单独签署和约，不仅能在黑海贸易问题上得到土耳其方面极有价值的让步，还可以和俄国在东方问题上达成很好的谅解，那正是法国外交部机敏地重新提出的。英国坚定地反对将土耳其排除在亚眠谈判之外，但徒劳无益。实际上，塔列朗已迫使土耳其接受一份单独的和约，答应法国的所有条件，而土耳其方面只能两手空空，他们似乎注定要接受某种屈辱的命运，甚至可能遭到肢解。[1]

乔治三世提出的为奥兰治和萨伏依王室提供补偿的要求，也是棘手的问题。与康华里会晤时，波拿巴热情洋溢地承诺，尽其所能帮助

---

[1] 参见《佩吉特文件汇编》第2卷。法国得到了进入黑海的权利；梅里先生1802年5月从巴黎发出的公文表明，法国和俄国正计划瓜分土耳其（英国外交部档案，法国部分，第62号）。

原荷兰总督，但拒绝考虑撒丁国王的问题，因为他断定此人曾求助于沙皇，这种行为冒犯了他。法国在意大利的领土利益无疑为第一执政提供了更有力的论据：他实际上已经吞并了皮埃蒙特，成为亚平宁半岛的主宰，无法容忍一位已成为他机敏精妙计策牺牲品的国王出现在这个大陆上。奥兰治亲王的情况则有所不同，他是法国及民主势力在荷兰取得胜利的牺牲品。乔治三世十分关心这位倒霉的亲王，为他向波拿巴发出强烈的呼吁，希望唤醒他的恻隐之心。确实，英国可能已经默许了法国巩固在海牙的势力，希望这一示好行为能够使第一执政保证给这个古老家族相称的地位。然而，尽管康华里代表流亡的亲王向巴达维亚共和国施压，这个问题最终还是在正式的《亚眠和约》第18条中被搁置了；这位名门之后不得不在后续的德意志教会领地争夺中去分一杯羹。①

萨伏依王室的问题更难解决，英国政府做出了真正的努力，坚决拒绝在波拿巴补偿萨伏依王室之前，承认他在意大利新建立的伊特鲁里亚王国和利古里亚共和国，但没有取得成效。英国政府之所以不承认这两个国家，是因为每个谈判者都不会在对手做出相应让步之前，让其得到满意的结果。两个强国在亚眠都玩这一套，除了激怒对方之外没有得到什么结果。不过相较之下，自然是波拿巴所得更多，因为他要求英国内阁承认的，是伊特鲁里亚和利古里亚的既成事实，而康华里不得不支持流亡者的奋斗目标，维护那似乎将要永远消失的旧秩序。以不存在的事物去对抗现实存在，是一项远远超出英国政治家能力的任务，可在接下来的十年里，这就是英国的使命，而强大的对手利用的，却是现实存在的力量。这就是英国遭到失败，而拿破仑获得非凡成功的奥妙所在。

---

① 1802年3月14日和22日的公文说明，英国政府对奥兰治亲王所受冷遇有多么愤慨；康华里签署这些条款显然超出了授权范围（参见加登《条约集》第7卷，第142页）。根据与普鲁士的密约（1802年5月），法国为奥兰治王室取得了富尔达。

现在让我们暂且搁下亚眠的谈判，介绍一下1802年前几周在里昂发生的事件，这些事件不仅影响到了意大利的未来，也影响了波拿巴的命运。

大家应该还记得，法军在马伦戈和霍恩林登取得胜利之后，根据奥地利方面同意的和平条款，它将正式承认阿尔卑斯山南、利古里亚、赫尔维蒂和巴达维亚等共和国，但其中一个条款明确规定，这些国家独立于法国。这真是个妄想！它们继续处于法国的"监护"之下，各个要塞也都在法国军队的手里。

现在，剩下的工作就是将法国在阿尔卑斯山南共和国的霸权合法化，这个国家的领土东起提契诺河，西至阿迪杰河，南北界则分别是阿尔卑斯山和卢比孔河。马伦戈之战后，这个新国家建立了一个临时政府，首都米兰则指定了一个小型委员会管理民政事务。波拿巴和这个委员会，以及阿尔卑斯山南共和国驻巴黎公使马雷斯卡尔基，协商制定了一部宪法，或者可以说他利用这些人，掩盖了该宪法出自一人之手的事实。他先敷衍了事地征求了自己任命的那些官员的意见，然后建议共和国的首要公民们与他就新宪法展开商谈。于是，他派驻米兰的公使提议，这些人应该翻过阿尔卑斯山，聚集在一起开会，但是地点不在巴黎，而在里昂，否则他们对第一执政的依赖可能引起太多议论。就这样，里昂聚集了大约450名意大利北部的显赫人物，他们冒着12月的严冬大雪，希望为长期离散的祖国巩固自由成果。人们看到了一个奇怪的情景，伦巴第、摩德纳和教皇北部辖地的组织工作在法国的一个省级中心进行，而在另一个城市，欧洲的和平和两个殖民帝国的命运同样处于紧要关头。法国同时进行着两件大事，既要让意志顽强的北方岛民屈服，又要让意大利贵族们彻底顺从，这足以令人们印象深刻。然而，刚刚萌芽的意大利民族主义思想却有着强大的力量，塔列朗在里昂的协商会议上巧妙地阐述了波拿巴（他本人并不在场）的提议，却遭到代表们的断然拒绝。

与会者强烈反对宣布罗马天主教为阿尔卑斯山南共和国的国教,且教会开支必须由国家预算加以维持。这一提议只有第一部分得以通过,而第二部分因为反对之声太过强烈,只好提出一个更可取的方案,拨出一些财物支持神职人员;类似法国的《政教协约》,教会纪律从属于国家。[1]

世俗事务上的麻烦少一些。法国宪法显而易见的成功,使与会者有强烈的动机为这个意大利国家采用类似性质的法典;而且,由于提议中的制度已在米兰获得批准,这次规模庞大、人员混杂的会议接受它们是预料之中的。塔列朗还不择手段地促使总统职位问题得到妥善解决。1801年12月31日,他从里昂写信给波拿巴:

"阿尔卑斯山南共和国代表似乎对所做选择并没有确定的意见,他们将乐于接受您所提名的人,多数人同意选择一位法国人当总统,米兰人担任副总统。"

四天之后,他自信地向第一执政保证:

"他们将按照您的意愿做,甚至不需要您明示。他们只要认定是您的意愿,就会立即将其写入法律。"[2]

彻底铺平道路之后,波拿巴和约瑟芬在一群名人陪同下,于1月11日抵达里昂,受到了热烈的欢迎。尽管天气很冷,冰雪又突然融化,但当地仍然举行了一系列丰富多彩的节庆、游行和招待会。法国埃及军团的几个营最近刚乘坐英国船只回国,在长官面前接受了检阅。敏感的意大利人当然不会不知道这些示威的目的,政要们安排好总体事务之后,最后的具体措施交由一个30人的委员会处理。这一步明显是合理的,因为协商会议上已经出现了反对任命外国人为总统的抗议声浪。当这个争议话题引发骚动时,"里昂卫戍部队

---

[1] 帕索里尼(Pasolini)《回忆录》卷首。
[2] 《未发表的塔列朗致拿破仑书信》(*Lettres inédites de Talleyrand à Napoléon*,巴黎,1889年版)。

的一些军官出现在大厅里，强迫各方保持安静。尽管如此，30人委员会中多数人都选择梅尔齐为总统人选；不过他拒绝了这一荣誉，以意味深长的语调建议，要让他为这个国家服务，委员会最好是选定波拿巴将军作为最高行政长官。决议通过后，波拿巴立即任命梅尔齐伯爵为副总统。"[1]

波拿巴担任这一重要职务的决心从他的信函中就可以清楚地看到。雨月2日和4日（1月22日和24日），他在里昂写道：

"协商会议的所有主要议题都已解决。我希望在十天内返回巴黎。"

"明天，我将检阅埃及军团。（雨月）6日，协商会议的所有工作都将完成，我可能于7日动身。"

次日（雨月5日），他的愿望实现了：

"今天，我在白莱果广场检阅了部队；阳光普照，如同花月。协商会议指定了由30人组成的委员会，该委员会报告道，鉴于阿尔卑斯山南共和国的国内外情况，让我担任第一执政，直到情况允许且我判断适合任命继承者为止，是必不可少的做法。"

上文摘录的信件证明，协商会议的行动可以预先计划，其准确性一点不比军队调动差；即便是投票决定宪法和选举元首这样复杂的事情，也都在这位条理清晰的天才安排之中。从法国人民在迷雾中苦苦摸索、涉过血腥之海以追求完美政体的艰苦岁月以来，文明确实进步了。现在，法国人又将这一珍贵的恩惠给予了邻国人民，采取的手段是如此可靠，以至于施恩者可以精确无误地按时返回巴黎。

波拿巴对意大利名流的最后一次讲话简短而尖锐，令人想起了阅兵场上的气氛。他以自己的母语，迅速地回顾了最近发生的事件：

---

[1] 杰克逊先生1802年2月17日发自巴黎的公函。根据米奥·德·梅利托（《回忆录》，第14章）的说法，波拿巴建议由其兄长约瑟夫担任总统，但强加了太多限制，因此约瑟夫拒绝接受。

"……曾有人想尽办法肢解你们,法国的保护最终取得了成功,你们在吕内维尔得到了承认。现在,你们的国土比过去大了五分之一,变得更强大、更团结也更有希望。你们由六个不同的民族组成,现在要根据一部最适合于你们的社会与物质条件的宪法统一起来……我为你们选择主要官员时,对一切党派意见或乡土情绪都不做考虑。至于总统,我在你们当中没有找到任何一位,能在公共舆论中有足够的威望、能不受乡土情绪的影响并曾为他的国家做出巨大的贡献……你们的人民只有乡土情绪,现在必须将其提升为对国家的感情。"

根据最后这句气魄宏大且富有预见性的话,"意大利"这个名字代替了阿尔卑斯山南共和国,这样,自中世纪以来,欧洲地图上重新出现了这个名字,它曾引起外交家们的嘲笑,但却激发了19世纪最为崇高的爱国主义精神。即便波拿巴在其他方面一无所成,单以将亚平宁半岛上相互离散的各个民族统一起来、共同生活这件事,就足以不朽了。

新宪法以法国宪法作为模板,但抛弃了民主选举的虚伪之词。有三个阶级享有投票权:大地主、教士与学者、商人。这些人分为多个"选举人团"开会,投票选出立法机构成员,另设立一个保民院,负责维护宪法。波拿巴力图通过这些手段,既限制反动派的势力,又限制意大利雅各宾派的反宗教狂热。此时开始的新旧融合,展示了波拿巴作为架构大师的手段,他不会仅因为材料老旧而弃之不用,也不拒绝来自新建构方法的长处,我们也许可以怀疑他启动这一伟大事业的动机,但对于他表现出来的高超手法和给意大利带来的益处,却只能交口称赞。[1]

意大利统一进程的第一步在里昂就已开始,第二步随之而来。

---

[1] 勒德雷尔告诉我们(《作品全集》,第3卷,第428页),他已为阿尔卑斯山南共和国草拟了两份宪法草案;其中一个很简短,将大部分事项留给总统决定,另一个则比较详尽。他要塔列朗向波拿巴建议,采用前者,因为它"简短且"——他打算说的是"清晰",但这位外交家打断了他的话:"是的,简短而又模糊!"

利古里亚共和国的局面有些混乱，热那亚有人恳求第一执政解决他们之间的分歧。这一请求是否自发很值得怀疑，因为在1802年2月18日的一封信中，波拿巴认为有必要向利古里亚当局保证，他们不需要为该共和国的独立地位感到忧虑。他还承诺为该国修改宪法，提名总督。

里昂的消息传到伦敦后，激起了极大的愤慨，这从霍克斯伯里1802年2月12日写给康华里的公函中可以看出：

"里昂会议已在我国造成极大恐慌，许多倾向和平的人因此而渴望重新开战。考虑到第一执政毫无节制的野心、背信弃义的恶行以及对欧洲显而易见的侮辱，这完全不令人吃惊。但我国政府仍希望不去留意这些事件，诚心诚意地达成和平，只要和约的条款无损我们的荣誉。"

英国政府为何落后于公众舆论更为可靠的看法，这很难说。霍克斯伯里对这种公然违背《吕内维尔条约》的行径熟视无睹，四天之后，他的一份公函为自己的可耻行为提供了借口。对于里昂发生的事件，他写道：

"尽管这些事情本身很过分，也不公平，但也令我们可以相信，第一执政比以往更急于解决与我国的争端。"

毫无疑问，情况确实如此，只是当法国将霸权延伸到所有邻国时，英国却保持消极态度。如果英国大臣们相信波拿巴会担心奥地利的不满，那他们就大错特错了。由于欧洲体系无法克制的弱点，以及奥地利和普鲁士的对立，波拿巴现在可以将日益增长的势力与声望集中在亚眠的谈判上，接着，我们将再一次回到这个主题。

在里昂获得的声望远不能让波拿巴满足，他似乎因这一胜利而变得更加贪得无厌。而且，他被一位名叫佩尔蒂埃的法国流亡者在伦敦报纸上发表的几篇愚蠢文章刺痛了，对此本可以一笑了之，他却将失望流亡者的这些疯话当成涉及重大政策的事件，因英国政府允许此类文章发表而大发雷霆。康华里反驳道，阿丁顿内阁不可能冒险采取不受欢迎的措施，限制英国的新闻自由，但他的辩解没有产生效果。第一执政在法国从未经历这种困难，在此时——和一年之后一样——将对他不恭的言论全部当成半官方的间接攻击。

法国方面在2月4日提出的要求，原因可能就在于此。波拿巴推翻了早先提出的在马耳他驻扎一支那不勒斯临时卫戍部队的提案，断然拒绝为羸弱的圣约翰骑士团提供任何必要的保护，也绝对不与英国平摊守军的费用——每年2万英镑。唐宁街对此感到震惊和愤慨，几乎导致谈判直接破裂，幸亏康华里耐心十足、约瑟夫·波拿巴态度温和，拿破仑直接干预引发的困难才得以克服。只要对第一执政的思维和表达方式稍有了解，就会从2月4日的和约草案中发现，这位独裁者因权力新近得到巩固而变得更加自负，加之被佩尔蒂埃的嘲笑激怒，所以措辞十分尖锐。[①]

由于两位全权代表的理智表现，不久之后，两国就达成了和解。霍克斯伯里从唐宁街写信警告康华里，如果谈判破裂，决不能是因为"我方缺少耐心"。于是，康华里以亲切的口吻询问约瑟夫·波拿巴，有没有比他原来提出的那不勒斯卫戍部队更务实的方案。除了驻扎一支由1000名瑞士雇佣兵组成的守军之外，没有任何新的方案，由于该方案遭到强烈反对，最终恢复了原先的提案。英国政府仍然拒绝炸毁瓦莱塔的工事，另外提出了由列强——英国、法国、奥地利、俄国、西班牙和普鲁士——保证马耳他独立的方案，法国很快同意了这一安排。随后，英国要求，那不勒斯卫戍部队在英军撤出马耳他后留守该岛三年，但法国希望将这一期限缩短到一年。康华里最终同意了法国的要求，附带条件为"如果圣约翰骑士团没有招募到足够人数的士兵，那不勒斯部队应该留守，直到

---

① 拿破仑1802年2月2日写给约瑟夫·波拿巴的信；另见康华里2月18日的备忘录。

有一支得到各保证国同意、力量充足的部队代替"。卫戍部队的问题妥善解决之后，其他细节就没有带来那么多麻烦了，马耳他问题根据正式和约第10条中增加的13个条件，得到了解决。

这个复杂的问题到3月17日得到了解决，但其他事情又延误了和约的签订。霍克斯伯里仍要求为奥兰治亲王做出明确补偿，而康华里最终同意了和约的第18条，该条模棱两可地承诺"恰当的补偿"。康华里还说服上级放弃了土耳其直接参与和约的要求。英国对供养法国战俘费用的补偿要求交由一些特派员处理，可他们从未开会研究。英国政府在这个问题上采取了轻率的做法，这也许是体面地摆脱不利地位的唯一办法。

从康华里最后的几份公函可以看出，他在约瑟夫·波拿巴的哄骗之下所做出的让步，超出了英国政府给他的授权；尽管3月22日的"绝密"公函警告他，如果谈判仍然可能破裂，无须过分防范，可是三天以后，已经收到这份公函的他仍与约瑟夫·波拿巴签订了和平条款，两天后又与其他缔约国签署条约。①如果不是约瑟夫·波拿巴擅长花言巧语，康华里又下定决心达成谅解，和平条约是否能签署就很值得怀疑了。无论如何，最终签署和约的并不是英国政府，而是它的全权代表。

康华里于3月28日承认，他在奉命保持强硬的地方做出了让步，这就证明了上述事实。拿破仑在圣赫勒拿岛上也证实，康华里明确承诺将按照3月24日夜间商定的条件签署条约之后，收到了唐宁街的相反指令；但是他坚守承诺，于次日签署条约，并表示如果他的政府对

---

① 为了公允起见，我们必须引用康华里在奉命坚持立场的同时收到的、霍克斯伯里写来的密信：
"唐宁街，1802年3月22日
我认为应该通知你，我已秘密与奥托进行了交流，他将尽其所能促使他的政府同意与奥兰治亲王及战俘相关的条款，按照目前提议的形式办理。我对他的成功毫不怀疑，因此希望你很快就能得到解脱。我想无须提醒你，在这个决定我国命运的紧要关头，你必须派出最快的信使。国库几乎枯竭，在目前这种不确定的形势下，阿丁顿先生也不可能得到贷款。"

此不满意，可以拒绝批准，但他必须信守诺言。这种说法似乎与康华里的一贯行事风格相符，作为男子汉，他的做法值得称道，可从外交家的角度看，就有损其名誉了。唐宁街对谈判后期发生的事件十分恼怒，康华里的行为也遭到了严厉批评。

相反，第一执政以不同寻常的温情举动，表达了对哥哥精妙外交手腕的欣赏，当他们两人一起出现在巴黎歌剧院时，他饱含深情地将哥哥推到国宾包厢的前面，接受观众们对和平正式来临的欢呼。这无疑是兄弟二人品尝过的最纯粹、最高贵的欢乐。

倘若拿破仑兄弟俩回顾自己的一生，想必在自豪之余掺杂着一丝惶恐。不到9年之前，他们一家逃离科西嘉在普罗旺斯上岸时，无论在政治前景还是物质财富上，明显都已经破产。在新生活的前两年，反复无常的命运女神三次将拿破仑掀翻在地，但这只能让他奇妙的天才和极端的自信浮现得更清晰，无论是巴黎的异见者、旧帝国的将军们、黎凡特人民还是英国的政治家，无不为之目眩神迷。在所有这些胜利中，最近的这一次肯定不是最无足轻重的。《亚眠和约》使法国成为欧洲的仲裁者，并收复了失去的所有殖民地，使之有希望重归海洋殖民帝国的行列。

第15章　法兰西殖民帝国（圣多明各–路易斯安那–印度–澳大利亚）

> 从海军力量、商业规模及范围、巨额债务、国防建设、经济资源以及巨大财富所依赖基础的脆弱性看——英国在世界历史上都是无与伦比的。
>
> ——马卢埃男爵，《关于海洋帝国的历史思考》

我们有充分的理由认为，拿破仑珍视《亚眠和约》，将其看作恢复法国殖民帝国的必要前奏。对比他着手远洋计划的日期就可以看出，这些计划都发端于1801年的最后几个月和次年。仅有的重要例外是对澳大利亚的政治－科学考察，以及稳固法国在埃及霸权的各项计划。前者表面上出于和平目的，因此即便在1800年，也没有遭到英国巡洋舰的袭击；而后者在1801年遭到挫败，从表面上看，第一执政已按照《亚眠和约》的条款将其放弃。他是否真的放弃对埃及的图谋这个问题，与《亚眠和约》遭到破坏有密切的联系，因此更适合在下一章讨论。然而，在此提供一些证据证明波拿巴对尼罗河谷及苏伊士地峡的重视程度，也没有什么不合适的。英国外交部档案中保存着驻巴黎间谍于1801年7月10日寄来的一封信，其中对波拿巴有如下这一意味深长的评论："法国人认为已经失去了埃及，但这是唯一能够激起他个人野心和报复心的目标。"即便到了晚年，他仍对法老的领地垂涎三尺。第一次面见圣赫勒拿总督时，这位著名的流放犯就曾强调说：“埃及是世界上最重要的国家。”这句话揭示了他对推动商业繁荣与帝国伟大地位的因素有着敏锐的洞察力。实际上，在他的想象中，埃及和苏伊士运河始终是一个必要的附属品，将成为他疆域遍及四海的帝国的重要门户，把遥远的西部草原与物产丰富的印度及南太平洋诸岛连接在一起。

驱使拿破仑考虑本章所介绍事业的动机，如同海上冒险本身一样，都是多方面的。归根到底，它们无疑来自对宏大事业的热爱，这可以直接满足拿破仑的扩张野心，以及他在思想最活跃时期对艰苦行政工作的渴求。这些事业既能迎合他永无休止、病态般的精神力量，也能满足和抚慰他潜意识中的傲慢本能，正是这种本能，促使每一个有才干的人费尽心机，开拓所有未知或混沌的领域。由于埃及至少在眼下已脱离了他的掌握，他很自然地转向其他可能被迫向探索者交出秘密，或者给造福人类者带来慰藉的领地。拿破仑是第一个打开埃及文明大门的人，只有愚钝、玩世不恭的人才能否定他的这种动机；而对于密西西比平原和新荷兰沿海地区的定居点，否认他为人谋福的目标同样是徒劳无益的。

法国的特殊情况也为殖民化提供了又一个强大动力。过去十年，由于思想活动过度活跃，法国人民饱受其苦，神经高度紧张。他们亟需从哲学与政治投机回归平淡的实际生活，有什么比开垦新土地和满足人类原始本能的其他过程更能带来健康的影响呢？当然，其中一些本能已因法国国内农民所拥有的土地增加而得到满足。但这种内部开发尽管有益，却无法迎合城镇居民的浮躁情绪，以及军人的野心。只有到国外探险和远洋商贸才能够满足巴黎人，为第一执政真正忌惮的禁卫军首领们开创新的职业机会。

并不只是波拿巴一人有这种情绪。在塔列朗1797年7月于法兰西学院宣读的一篇文章中，这位富有远见的政治家详述了对一个过于内向的民族，外贸和殖民能够带来多大的安抚作用。从他的言辞中可以看出，不管是对自身民族的痼疾，还是对最近刚去过的美国所享有的社会与政治优势之来源，他都具有敏锐的洞察力。谈到美国从革命的骚动中迅速恢复，他说道："经过一场革命之后，真正的忘川①在于为人们开启所有希望之路——革命留下的是一种普遍的不安情绪，一种对变化的需求。"在美国，这种需求通过人们与森林、洪水和大草原的斗争得以满足。因此，法国必须拥有殖民地，作为思想与政治的安全阀；塔列朗以优雅、轻快的风格，谈到了埃及、路易斯安那和西非带来的好处，除了固有价值，它们还为疯狂的一代人打开了工作与希望之门。

此后，波拿巴沿着这一线索，指出法国人民在革命斗争过去之后，有一种满足于在自己的一亩三分地上安居乐业的倾向，并强调需要一种殖民政策，以开拓国民生活的领域。后来发生的事件大体上证明了这种说法，毫无疑问，波拿巴发现大革命中的土地改革对种族扩散有不利影响，而这种扩散在明智的引导下，有助于建设一个远洋帝国。旧制度造成的怨恨，曾经在圣劳伦斯河沿岸撒下了可能成为新法兰西的种子。长子继承制一直驱使着英国家庭中的幼子开发新英格兰，扩张祖国的商贸。现在，不能让法国安于现状，满足于完美的法律和"自然疆域"，而应该努力夺回殖民活动中的首要地位，由于路易十五的愚蠢行为和英国长期存在的嫉妒心，这一地位被窃取了。在这一努力中，法国将扩大文明世界的范围，赶走雅各宾主义的幽灵，满足军事与海上冒险的欲望，并在不知不觉中回归"伟大君主"时代的思想意识和统治方法。

与英国最近一次战争末期，法国海外领地缩小到前所未有的地步。第一执政在1801年10月7日给海军和殖民部长德克雷的信中承认了这一点："我们的海外领地中，目前尚在掌握中的仅限于圣多

---

① 忘川，古希腊故事中的遗忘河，人死后喝下这条河的水便忘记前生。——译注

明各、瓜德罗普、法兰西岛（毛里求斯）、波旁岛、塞内加尔和圭亚那。"不情愿地向勇猛的英国海军致敬之后，波拿巴继续描述组织这些殖民地的初步措施，因为在1802年3月25日正式和约签署之后，法国才能收回其他殖民地。

最重要的是在物产丰饶的大岛海地（或称圣多明各）上重新确立法国的统治。现代读者如果要理解西印度群岛在18世纪初的重要性，需要发挥想象力，因为当时它们已处于萧条和半破产状态。早先，澳大利亚还不为人知，悉尼内外处于半饥饿状态的定居点是这个大陆上唯一的财富了；当时，好望角被看成唯一的停靠港；美国的人口只有不到550万人，密西西比河滚滚而来，一路不染尘埃，所经过的也不过是几个不起眼的西班牙人居住点；在这种时候，西印度群岛的种植园看起来是殖民地工商业的可靠来源。根据报道，在旧制度下，法属圣多明各的贸易额占到了法国远洋贸易的一半。可是在大革命期间，这块殖民地的繁荣遭到沉重打击，举步维艰。

法国革命者轻率地宣布白人与黑人平等，种植园主们拒绝承认该法令的约束力，导致了一场可怕的奴隶起义，整个殖民地一片荒芜。可是，在一个人的组织下，那些无情的纷争得到了缓解，黑人的政治才能在他的身上得到体现。他就是杜桑·卢维杜尔，凭借超人的睿智和坚强的性格挺立潮头。他机敏地恩威并施，使成群结队鼓噪不已的黑人恢复了秩序，该岛属于法国的一部分回归相对的秩序和繁荣之后，他又率领两万大军占领了属于西班牙的另一部分。这件事和其他一些事上，他似乎都是按照法国的命令采取行动的，但期待着法国在欧洲战争的困扰下，会默许他的独立。1801年5月，他为该岛制定了一部宪法，宣布自己为终身总督，有权指定继承人。这种模仿督政府的举动，以及卢维杜尔公开自称"安德烈斯群岛的波拿巴"，都惹恼了波拿巴；在伦敦签订初步和平条款次日，他就决定推翻这个可鄙的对手，这本身就说明了问题。

第15章　法兰西殖民帝国（圣多明各-路易斯安那-印度-澳大利亚）　287

但是，波拿巴那科西嘉人的仇恨情绪还掺杂着科西嘉式的狡诈。杜桑曾请求将海地置于原宗主国的保护之下，这是波拿巴最不愿意看到的，但他认为明智的做法是向这位黑人首领表达自己的敬意，感谢他"为法国人民做出的巨大贡献。如果法国国旗能够飘扬在圣多明各上空，那都是您和您手下那些勇敢的黑人们的功劳"——这一句话指的是杜桑成功地挫败了英军登陆的企图。新的海地宪法中确有几点与法国的主权相抵触，但考虑到杜桑的艰难处境，这完全是可以原谅的，不过，现在要请他修改这几点，承认法国的全部主权和波拿巴派往该岛的总督勒克莱尔将军的权威。勒克莱尔是波利娜·波拿巴的丈夫，第一执政在同一天给他写信说，有报告称岛上对杜桑的不满情绪正在发酵，只要积极、坚定地采取行动，所要克服的困难并没有一直担心的那么可怕。提到存在激烈争议的奴隶问题，第一执政的看法也同样有所保留。法兰西共和国已经废除了奴隶制，他还不能公开恢复这种悍然反对人权的制度。因此，他表面上自称支持奴隶解放，在1801年11月8日的公告中向海地人保证，在上帝和法兰西共和国眼中，他们都是自由、平等的："如果有人告诉你们，这些军队是去夺走你们的自由的，你们可以这样回答，'共和国已经给予我们自由，就不会允许它被夺走。'"两周之后，他以类似的语气公开宣布，在圣多明各和瓜德罗普，每个人都是自由的，也将一直自由。可是，他私下发出的指令则大相径庭。10月31日，他命令塔列朗致信英国政府，要求他们从牙买加向前去"消灭美洲水域正在组织起来的新阿尔及尔①"的远征军提供补给；两周以后，他又命令塔列朗向英国政府表明消灭圣多明各黑人政权的决心，如果他不得不将这次远征推迟一年，就"必须承认那些黑人是法国人"，"黑人的自由一旦得到英国政府的承认，这种权利就将始终成为新世界中对法兰西共和国的支

---

① 阿尔及尔是地中海上私掠者、海盗和奥斯曼海军四出劫掠的中心。——译注

持"。由于他竭力引诱英国政府支持这次远征，在如同哑谜一般的最后一段话中，他明显是在暗示，将在圣多明各恢复奴隶制，希望得到支持。将波拿巴的公开发言和私下的言论加以对比，英国大臣们肯定会产生有趣的看法，亚眠谈判期间遇到的许多困难，无疑是源于他们对西印度群岛问题上波拿巴两面派手法的认识。

第一执政所能动用的力量十分充足，完全不需要使用这些卑鄙的手段，当布雷斯特、洛里昂、罗什福尔和土伦等分舰队会合之后，它们共有32艘战列舰和31艘巡防舰，舰上官兵超过2万人。如此庞大的舰队引发了英国政府的强烈抗议，警告将派出同样强大的舰队，以监控英属西印度的安全。[1]法国舰队的规模以及从欧洲传来的预警信息，迫使杜桑这位老谋深算的独裁者采取谨慎的防范措施。他让岛上的黑人相信，法国人将再次奴役他们，并以反抗奴隶制复辟为幌子平息了暴乱，掠夺沿海城镇，在内陆静待法军。他自信地认为，黄热病将在法军中肆虐，使其兵力下降到与自己差不多的水平。

杜桑的希望最终实现了，可在此之前，他就已屈服于法军的猛烈进攻。勒克莱尔的部队席卷了荒芜的海滨地带，当将士们看到黑人军营中散落着残缺的白人尸体，战斗的热情更加高涨，向杜桑的主要据点克-里特阿-皮埃罗发动猛攻。杜桑和内讧不断的副手们于1802年5月8日提出投降，条件是他们的军官职衔得到尊重——双方想必都认为这一约定根本不现实。随后，法军加强进攻，以确保在杜桑渴望的瘟疫流行季节来到之前拿下全岛。这一季节的凶险程度确实不同寻常，几天之内，法军部队兵力就下降到12000人。勒克莱尔怀疑杜桑图谋不轨，将他逮捕，这是根据波拿巴1802年3月6日下达的命令：

"严格按照命令执行，解决杜桑、克里斯托弗、德萨利纳和其他

---

[1] 参见英方1801年11月6日—16日的几封照会，收录于《康华里书信集》第3卷。在1802年5月13日的上院演讲中，格伦维尔勋爵抱怨道，英国不得不在和平时期向西印度群岛派出一支舰队，规模几乎是上次战争中的两倍。

匪首并解除大部分黑人武装之后,立刻将所有黑人和曾参与内乱的混血儿送到欧洲来。"

杜桑被匆忙送往法国,一年以后,他在朱拉山中的茹堡受尽折磨后死去。

在法国冬季的严寒夺走杜桑生命之前很久,他的对手就成了热带地区酷暑的受害者。1802年11月2日,勒克莱尔在这种恶劣天气和无休止的焦虑心情中去世。在圣赫勒拿岛上口述的笔记中,拿破仑忆起勒克莱尔,对他在恢复奴隶制问题上的轻率举动颇有苛责。但从这位军官的公函中可以看出,拿破仑的指责并不公平。事实是,圣多明各表面上屈服之后,第一执政于1802年5月20日在巴黎促成了一项秘密通过的法令,准备在西印度群岛恢复奴隶制;但德克雷警告勒克莱尔,该法令当时并不适合于圣多明各,除非时机成熟;勒克莱尔深知,宣布这样的法令会带来多么致命的后果,因此引而不发;可是,时任瓜德罗普岛总督里什庞斯将军不仅颁布了这项法令,还严格执行。正是此举导致黑人们最后一次,也是最不顾一切的暴动,这次暴动对法国的统治和勒克莱尔都是致命的。他的继任者罗尚博尽管得到了强大的法国援军和最为严厉的政策,也没能取得更好的战果。瓜德罗普的起义者公开表示对法国统治的蔑视,加上英法之间战端重启,法国远征军余部多数不得不向英军或者黑人起义军投降。该岛恢复了所谓的独立,拿破仑在这一带得到的唯一结果就是损失了二十多名将军和大约三万名士兵。

人们曾一再断言,第一执政派遣莱茵军团官兵远征,目的是让法国军队中最具共和思想的一部分人到热带冒险。无可否认,远征部队中确有一部分来自该军团,但如果波拿巴的图谋是摆脱政治对手,那么很难想象,为何他不选择莫罗、马塞纳或奥热罗,而是选择勒克莱尔。有些人认为,拿破仑对波利娜·波拿巴有超出兄妹的珍爱之情,可他的妹夫与妹妹同行,足以反驳上述诽谤之词。最后要说的是，波拿巴曾毫不犹豫地派遣意大利军团中最精锐的部队，以及自己最好的朋友，冒着同样的危险前往埃及和叙利亚。每当紧要关头，他都毫不犹豫地牺牲成千上万的生命，收复法属西印度群岛看起来值得牺牲一个军团，尤其是圣多明各，它不仅在甜菜制糖不为人知的时代对法国有真正的价值，对于第一执政打算在密西西比河流域重建的广阔殖民帝国来说，还是一个战略意义重大的军事基地。

对于法国在北美大陆殖民地的历史，热情的爱国者们回忆起来总不免感到痛心。路易斯安那这个名字指的是沿密西西比河和密苏里河两岸延伸而上的广阔地域，它总让人回想起路易十四的辉煌时代，当时那些强壮的"船夫"高举法国国旗，沿着波涛起伏的加拿大河流和"百川之父"密西西比河的平静水路逆流而上。蒙特卡姆常怀雄心，希望将伊利湖上的法国人定居点与路易斯安那的要塞连成一线，可是，这位在西方扬威的名将和政治家与东方的同道杜布雷都在路易十五执政的邪恶时代倒下了，在那个时期，法国殖民地浴血奋战建立的功业，都成了凡尔赛宫廷里骄奢淫逸的生活和寄生虫们的牺牲品。结果是必然的，路易斯安那于1763年让给了西班牙，换取后者根据同一纸《巴黎和约》的要求割让土地。20年以后，西班牙从英国手中收复了东佛罗里达和西佛罗里达两省；这样，在19世纪来到之际，从加利福尼亚到新奥尔良，再到佛罗里达南端，所有土地上飘扬的都是西班牙的红黄两色国旗。①

法国为夺回旧日的密西西比省做出了许多努力，1795年第一次反法同盟瓦解时，获胜的法兰西共和国要求西班牙割让这块领地，因为那里的定居者仍然以法国人为核心。软弱的西班牙国王当然只能屈

---

① 对于这些和随后的谈判，参见吕西安·波拿巴的《回忆录》第2卷，以及加登的《和约集》，第3卷，第34章。H.泰勒先生在1898年11月的《北美评论》中计算出了1801年新世界的分配份额（单位：平方英里）：西班牙，7028000；英国，3719000；葡萄牙，3209000；美国，827000；俄国，577000；法国，29000；

服，但他的首席部长戈多伊坚决不肯放弃路易斯安那，只同意割让圣多明各岛上属于西班牙的那部分——这一外交胜利为他赢得了"和平王子"的称号。直到塔列朗就任法国外交部长，情况才有所改变，他力图在路易斯安那落入盎格鲁-撒克逊人手中之前，从西班牙手中取得这块领地。

不仅华盛顿的政治家们认为，美国很有希望得到路易斯安那，俄亥俄州的每个铁匠和田纳西州的每个种植园主也都这么认为。不断增加的新定居点对西班牙强加于密西西比河下游贸易的限制十分不满——当时阿勒格尼山脉只有两条小径可以通行，内河贸易是他们输出货品的唯一手段。1795年，他们得到了通往墨西哥湾的自由口岸，并有权将货物存在新奥尔良的一座专用仓库。此后，美国平静地等待时机，期盼着本民族的活力和商业上的迫切需求，能将西部大草原和小城堪萨斯与新奥尔良交到它的手中。美国人没有考虑到法国人对前殖民地的热切渴望，也忽略了拿破仑实现这一崇高情感的决心。

1800年7月，第一执政在与美国的谈判顺利进行的同时，向法国驻马德里公使发出指令，让他安排一项条约，规定法国将托斯卡纳割让给帕尔马公爵的继承人，以换取路易斯安那。这位年轻的继承人已成为西班牙国王查理四世的乘龙快婿，为了巩固女婿的地位，那个"甩手国王"已经做好准备，甚至是急于将北美大陆的四分之一廉价脱手；1800年10月7日，他在圣伊尔德丰索签署了一项秘密协议，实现了这个"目标"。

尽管查理为上述交换而欢欣鼓舞，富有远见的戈多伊却决心挫败它。当时发生了许多事件，使这位狡猾的部长先是推迟了可憎的卖国行为，随后又几乎将其阻止。这些因素中最主要的便是，美国对路易斯安那从弱国手中转到强国手中必然强烈反对；而在确保与英国实现和平和杜桑政权垮台之前，第一执政如果敢于与美国发生冲突，那将是愚蠢的。显而易见，美国人宁可战斗，也不会眼看着西部草原落入第一执政之手,许多爱国主义宣传小册子都证明了这一点。最为重要的小册子是1802年费城出版的《关于向法国割让路易斯安那问题致美国政府》,其中多处引用了一位法国参政院议员所写的宣传册。这位法国作者称,他的同胞们可以沿着密西西比河找到广阔无垠的富饶草原,至于美国这个"由小商小贩组成的国家"的反抗,可通过与印第安部落结盟来粉碎。于是,美国小册子的作者强烈号召同胞们阻止这一转让:"法国只是,或者说主要是因为占据了密西西比河,才显得可怕。政府必须在路易斯安那转让给法国之前夺取之。现在铁已经烧红:我们应该团结一致,趁热打铁!"此类的抗议此起彼伏,最终触动了原本态度温和的华盛顿政府,命令美国驻巴黎公使紧急提出抗议,但此举的唯一效果只是收获了塔列朗毫无意义的保证:对转让之事尚未认真考虑。①

到1802年6月,所有情况似乎都有利于拿破仑的大业:英国批准了《亚眠和约》,杜桑为勒克莱尔所擒,法国的部队牢牢驻扎在托斯卡纳和帕尔马,必要时可以迫使马德里打消残存的疑虑;而美国陆军实力薄弱,海军装备也陈旧不堪,总统又是最热爱和平、亲近法国的托马斯·杰斐逊。因此,第一执政命令远征部队做好准备,表面上似乎要增援圣多明各的勒克莱尔,实际目的地却是新奥尔良;他还指示塔列朗软硬兼施,让西班牙政府最终交出路易斯安那。于是,后者在6月19日以第一执政的名义提出,在任何情况下,路易斯安那都不能交给第三国。此事再度延迟时,波拿巴故技重施,继续提高要价,要求西班牙将东西佛罗里达出让给法国,条件是年轻的伊特鲁里亚(托斯卡纳此时的名称)国王重新得到父亲的帕尔马大公国。②

在此,我们有必要对这个奇怪的提议做出解释。帕尔马长期在法国控制之下,1801年3月,按照秘密签订的《马德里条约》,这个

---

① H. 亚当斯,《美国史,1801—1813 年》第 1 卷,第 409 页。
② 拿破仑 1802 年 11 月 2 日的信。

第 15 章 法兰西殖民帝国(圣多明各–路易斯安那–印度–澳大利亚) 293

大公国的统治者在临死之前放弃了所有要求，条件是他的儿子能根据圣伊尔德丰索和吕内维尔条约的规定，得到伊特鲁里亚。不过，在1802年10月9日去世之前，帕尔马公爵可以保有自己的公国；据英国驻巴黎公使说，那桩肮脏的交易加速了公爵的死亡。[1]他的去世为波拿巴提供了良机，以一个小小的意大利公国为代价，换得新世界的一块广袤土地，而他的军队任何时候都能轻松夺取这个公国。查理四世似乎也想到了这一点，拒绝以佛罗里达换取帕尔马。他的女婿在父亲的领地上重建国家当然是称心如意的事，但不能付出东西佛罗里达土地那样巨大的代价。

在这桩肮脏阴谋的谜团中，有两三个事实值得我们注意。波拿巴和查理四世彼时都认为，以最肥沃的待垦荒地与五十万托斯卡纳人交换是公平合理的；但前者担心引起美国的愤怒，试图推迟与之决裂的时间，直到可用压倒优势的兵力解决问题。同样显而易见的是，如果他能成就这番大业，法国可以在北美建立一个庞大的殖民帝国，并以圣多明各作为海陆军基地加以保护，该岛也将同时因从密西西比河沿岸涌入的大量货物而加倍繁荣。然而，为了这一成功，他将付出使英美重建友好邦交的代价，只是因为命运的捉弄，两国的友好关系一直推迟到19世纪末才恢复。

英美结盟的可能性令拿破仑也大为踌躇。但是，他决心完成这一宏图伟业，一旦成功，就能对新世界造成深远的影响，也将改变法国与英国的力量对比。新奥尔良的西班牙官员遵照马德里的命令，于1802年10月对美国船只关闭了密西西比河下游口岸。这立刻在美国人当中激起了愤怒，因为此举不仅侵犯了他们的条约权利，还预示着第一执政即将染指美洲。为此，他已经做好了准备：维克托将军率领5个营的官兵、携带16门野战炮抵达敦刻尔克，准备横渡大西洋，表

---

[1] 梅里1802年10月21日的公文。

面上是增援勒克莱尔，实则为了占据新奥尔良。①然而，美国人民本能的必然反应、圣多明各远征军的惨败和英国对法国的各种挑衅表现出的不安，阻止了他的计划。杰斐逊尽管偏向法国，也不得不制止对路易斯安那的占领，他派遣门罗前往巴黎，指示后者与法国达成妥协，或者干脆买下法国所主张的权利。当时的种种情况都有利于门罗的使命。1803年的第一周，拿破仑就接到了勒克莱尔的死讯，得知法军在圣多明各的悲惨状况；而且，他从埃及、叙利亚、科孚岛和整个东方得到的消息都更加诱人，因此心照不宣地放弃了密西西比大业，转向更合心意的东方计划。1月，他似乎将眼光从西半球收回，投向土耳其、埃及和印度。当然，他仍然尽其所能占据路易斯安那，但那只是维持西部草原要价的策略罢了。

当这一策略转变的消息传到约瑟夫和吕西安·波拿巴的耳中时，激起了他们的强烈反对。吕西安曾因以一位奥地利大公的领地与西班牙换取那片广袤的沃土而洋洋得意；约瑟夫则深知，拿破仑从西面腾出手来，是为了在欧洲和东方发动猛烈的一击，《亚眠和约》即将遭到破坏令他深受打击，因为那是他最引以为豪的成就。如果一定要进行殖民冒险，那就到新世界去，那里只有西班牙和美国微弱的抵抗，而如果在欧洲和亚洲实施侵略政策，结果只能是无休止的战争。

两兄弟立即要求面见拿破仑。他碰巧正在洒满香水的浴室当中洗热水澡，那是他认为最容易从疲劳中得到复原的地方。他让两人进来，结果发生了一场有趣的家庭讨论。拿破仑提起拟议中的路易斯安那出售方案，吕西安立即反驳说，立法机构绝不会同意这样的牺牲。就拿破仑的天性而言，他的这番话大错特错，如果他求助于伟大君主和蒙特卡姆的回忆，也许能动摇拿破仑的钢铁意志，可是提到法国议员们的赞成，这

---

① 他给维克托的指示是对法国殖民政策的有趣评论："与我们其他所有殖民地一样，这个殖民地的制度应该专注于将当地商业纳入到本国商业之中；尤其应该与法属安德烈斯群岛确立关系，以取代美国在这些岛屿上的商业地位。……将军应该摒弃一切有利于外来者的新制度，与外来者的交往应该仅限于对路易斯安那的繁荣必不可少的范围内。"

第15章　法兰西殖民帝国（圣多明各–路易斯安那–印度–澳大利亚）　　295

位独裁者怒气顿生，他在澡盆里带着嘲笑的口吻对弟弟说，即便他们为这件事如丧考妣，他也会独自一人做下去。听到这番嘲讽，约瑟夫威胁道，他将登上议院讲台，带头反对这种丧权辱国的举动。澡盆里又一次传来轻蔑的话语，第一执政最终结束了兄弟俩的猛烈反驳，他有如痉挛般地站起身来，又突然向后倒下，水花溅了约瑟夫一身。他发出了一阵阵嘲讽的笑声，中断了这场争论，两旁的仆人还没有完全习惯这种家庭气氛，吓得晕了过去；但是，吕西安很快回过神来，宣称如果拿破仑不是他的哥哥，他早就与之为敌了。拿破仑喝道："与我为敌！听起来很强啊，你要与我为敌！我将把你打烂，就像这只盒子！"说着，他将鼻烟盒狠狠地摔在地毯上。鼻烟盒没有碎，可是镶嵌在上面的约瑟芬肖像却掉出来摔碎了。吕西安捡起碎片交给哥哥，说道："真是可惜，你还没有打烂我，你妻子的肖像就先被打烂了。"①

对塔列朗，拿破仑同样不妥协。4月11日，他召见塔列朗时说：

"优柔寡断、思前想后都是不合时宜的。我宣布放弃路易斯安那，不仅是新奥尔良，而是整个殖民地，毫无保留；我知道放弃的代价，也已经证明了对这个省的重视，从我与西班牙的第一次外交行动以来，目标就是收复它。我是以最遗憾的心情放弃那里的，顽固坚持保留它将是愚蠢之举。我命令你去协商此事。"②

与门罗一番讨价还价之后，双方同意这块领地的价格为6000万法郎，美国还同意代付许多该国公民对法国政府的索赔款。仅凭微不足道的这笔钱，美国就得到了伊利湖以西争议领土，以及密西西比河以西大片土地的所有权。第一执政发出威胁，将否决法国议员对这一交易的任何反对意见，与英国的战争也足以转移他们的注意力了。就

---

① 吕西安·波拿巴，《回忆录》，第2卷，第9章。他描述了约瑟芬在离婚谣言甚嚣尘上时，对这一不祥之兆表现出的惊恐。
② 阿贝－马布瓦（Harbé-Marbois），《路易斯安那史》（*Hist. de Louisiana*），亚当斯的《美国史》第2卷第27页中曾引用；罗洛夫（Roloff），《拿破仑的殖民政治》（*Napoleon's Colonial Politik*）。

这样，法国满怀伤感地离开其勇敢子孙们最先开拓的西部大草原，而将眼光投向别处，先是东方，然后是欧洲的占领区。路易斯安那音讯渐阙，法国国内也不允许提起圣多明各的惨败，因为拿破仑憎恶人们说到"败着"，努力地想让法国人不再做跨大西洋帝国的美梦，而这正是一直吸引着他的目标，六十年以后又将他的侄儿带到了与新世界崛起的共和国交战的边缘。从某个方面说，叔叔比侄儿更幸运，与美国签订条约之后，第一执政可以将他的行为看成是施惠于美国、打击英国，而不是从无法取胜的局面中灵巧地退出。他说："此次出让领土，永久性地增强了美国的实力，而我只是给英国人找到了一个海上的对手，这个对手早晚会让英国威风扫地。"①

看起来，东方几乎没有和西半球一样可供扩张的领地。但是，由于东方一直都是拿破仑心之所向，他渴望着扩张法国在印度洋的势力范围。1801年10月，这个势力范围只包括波旁岛和法兰西岛；因为法国此前在印度的领地——本地治里、马埃、加里加尔和金德讷格尔——连同亚南、苏拉特及两个小地方的代理商行，都被英国占领，直到正式条约签订后六个月才归还。从这么几个破败的地方，似乎不可能建立稳固的统治，但第一执政承担了这项任务。停止敌对行动后，他命令海军上将冈托姆率领四艘战舰在那些海域炫耀武力，准备在合适的时机接管印度的法国定居点。与此同时，他在亚眠谈判中竭尽全力以求扩大本地治里的辖境，以便将其作为一个军事基地。谈判开始之前，他就向康华里勋爵表示，渴望扩大这些法国属地，当英国全权代表敦促他将多巴哥让给英国时，他提出用其交换印度的设施或领土。②在这方面，第一执政犯了严重的战术错误，他抓住这个议题不放，且公开宣称希望与印度地方长官直

---

① 加登，《条约集》，第8卷，第34章。另见勒德雷尔《作品全集》，第3卷，第461页，他叙述了拿破仑1803年1月11日餐后的表达："该死的糖，该死的咖啡，该死的殖民地！"
② 康华里，《书信集》，第3卷，1801年12月3日的公函。

接谈判，当然引起了英国政府的怀疑。

当英国人发现德康将军奉命接收法国在印度的领地时，更加深了疑虑；因为这位将军在1800年曾向波拿巴表示，他痛恨英国人，恳求将他派到能与之交战的地方去，尤其是印度，哪怕等上十年也在所不惜。波拿巴照例不予置评，但在考验了德康的军事才能之后，于1802年仲夏将其召到身边，突然问他是否仍然想去印度。得到热切的肯定之后，波拿巴说："好吧，你可以去了。"德康问道："以何种身份去？""以司令的身份去，你到海军与殖民地部长那里，向他索要与这次远征有关的文件。"就这样，波拿巴得到了一位忠诚的部下。很显然，在《亚眠和约》签订仅仅三个月后就选择了这样的司令官，证明第一执政只想在对其激进殖民策略有利的时候，遵守这份和约。①

与此同时，英国总督韦尔斯利侯爵所开展的一些活动，似乎也是因为察觉到波拿巴的图谋。这种时候的确很需要魄力。在世界各地，法国和英国的利益都不像在印度那样始终充满着冲突。1798年，法国与塞林伽巴丹的蒂普·沙希布合谋，签署了一份旨在将英国逐出印度的条约。1799年，亚瑟·韦尔斯利攻克了这座城市，蒂普苏丹战死，法国的希望化为泡影，但联合印度北部和中部躁动不休的马拉塔统治者，尤其是辛迪亚和霍尔卡，组成强大联盟，仍有可能推翻英国的霸权。这些王公的军队一度有6万人之众，由法国探险家提供训练和装备，其中最能干、势力最强的是佩龙先生。1800年，俄国沙皇保罗和波拿巴制定了取道波斯入侵印度的计划，无疑是希望得到他们的支持。这一美梦破灭之后，加强马拉塔王公的实力，挑战英国的领土主张，仍有成功的可能。才能卓越、雄心勃勃的英国总督事先从本国政府得知了波拿巴的东方计划，此时已经做好准备，孤立马拉塔各部头领，切断他们与法国的一切联系，并在必要的时候粉碎辛迪亚的

---

① 参见1879年和1881年《历史评论》杂志上关于德康将军文件的宝贵文章。

军队，因为那是唯一按照欧洲方法训练的强大本土武装。

这就是德康将军领命重振法国在印势力时的局面。

1803年1月15日，德康得到了第一执政的密令：

"与最不甘屈服于英国东印度公司枷锁下的民族或王公取得联系……他（德康）抵达印度后六个月，必须向国内发回一份报告，说明他收集到的所有情报，包括印度不同民族的实力、立场和情绪，以及不同英国军事设施的兵力与位置；……他对战争爆发时，为了在印度半岛支撑下去而寻求支持的看法与希望……最后，必须想到我们没有制海权，不能指望得到救援的情况。"

德康必须在法国领地或其他地方找到一个"支点"，这样到了最后关头，他可以投降，从那里将武器和行装运回法国。对于这个支点，他应该：

"在前几个月夺取之……不管它属于葡萄牙、荷兰还是英国……如果在共和13年葡月1日（1804年9月22日）之前，英法就爆发战争，司令官在接到政府的命令前得到消息，他完全有权决定撤往法兰西岛和好望角，或者留在印度……目前看来，如果与英国开战，荷兰不可能不卷入。司令官首先要考虑的事情之一就是控制荷兰、葡萄牙和西班牙在印度的设施，以及它们的资源。司令官所率部队不多，他的首要任务是观察政治与军事局势，并占据一些有利于我国商业的地盘。不过，第一执政如果能从他那里得到充足的情报，也许就能在某一时刻让他得到巨大的荣耀，成为人们千秋万代铭记的不朽人物。"[①]

假如英国政治家了解这些指令，他们肯定会停止执行和约，因为第一执政正背信弃义地利用它来摧毁英国在印度的殖民帝国。可是，尽管德康远征军出动和法国特工在印度的活动引起了他们的猜疑，真相毕竟还没有完全揭露，直到后日，德康的文件公开，才使拿破仑的

---

① 迪马，《军事事件概略》（*Précis des Événements Militaires*），第11卷，第189页。梯也尔在其著作第16卷中关于这些指示的说法完全是误导性的。

政策大白于天下。

由于种种原因，法国远征军直到1803年3月初才从布雷斯特启程。这个日期值得注意，它证明此时拿破仑判断和平局面不会很快打破，当他发现这是个误算时，便尽力延迟与英国开战的时间，以便让德康至少能够抵达当时在荷兰人手中的好望角。这支法国舰队实力太弱，只有四艘战舰、两艘运输船和几艘较小的船只，运送士兵大约1800人，因此不敢冒险与英国舰队交战。①法国战舰由海军上将利努瓦指挥，他日后将成为令东方海域上的英国商人胆寒的人物。德康的第一站是好望角，英国已于1803年2月21日将此地交还给荷兰东印度公司。这位法国将军发现，荷兰官员和往日一样无精打采，工事一直没有维修，按照德康的说法，许多居民甚至官员本身都忠于英国。德康考察了这个地方，毫无疑问是将其看成命令中指示的"支点"，随后，他于5月27日起航，7月11日抵达本地治里海域。②

与此同时发生的重要事件，不仅破坏了德康的出征，也毁掉了法国在印度的势力。欧洲的战火已经燃起，德康和英国官员对此都一无所知；但圣乔治堡（马德拉斯）行政长官在6月15日之前"接到情报，似乎表明国王陛下与法国之间肯定将会提前重新开战"，他宣布必须延迟将本地治里归还法国，直到得到印度总督的授权。③

韦尔斯利侯爵更不愿意归还领土。法国对瑞士事务的干预（将在后面介绍）使英法关系严重恶化，1802年10月7日，英国战争与殖

---

① 英国驻巴黎大使惠特沃思勋爵说（1803年3月24日的公文），德康将悄悄地得到法国雇佣军的增援，这些部队由前往印度的每一艘法国、西班牙或荷兰船只运送，以避免引起注意。[奥斯卡·布朗宁（Oscar Browning）编辑的《英国与拿破仑》，第137页。]
② 参见我在1900年1月《英国历史评论》上的文章《好望角的法国东印度远征军》，以及该月刊上过去未经发布的文件。法国对好望角的图谋加强了英国取得该地的决心，1805年夏季，英国就已经为此做了准备。
③ 韦尔斯利《公文集》，第3卷附录，1803年8月1日的公文。另见卡斯尔雷《书信与公文集》（第2集，第1卷，第166—176页），可看到埃尔金勋爵和其他人1802年的文件，他们都论述了土耳其的极端软弱，埃及因外国入侵而崩溃、高加索和波斯受到俄国威胁的可能性，以及占领亚丁遏制法国从苏伊士入侵印度图谋的必要性。

民地大臣霍巴特勋爵发出"绝密"公函,表明由于最近的事件,有必要推迟这次领土归还行动。此后,韦尔斯利收到了相互矛盾的几条命令,指示他归还法国和荷兰领地;但考虑到印度北方事件的严重性,他判断这种做法不合时宜。法国人积极游说马拉塔王公,这些王公所做的战备也极具威胁性,韦尔斯利不得不加倍努力,巩固英国的霸权。他决心对辛迪亚发动打击,除非后者将其南方的军队撤回自己的领地;这位王公的回复闪烁其词,他希望拖延时间,从法国得到武装支援,韦尔斯利接到这一答复后立刻率领英军向其发动进攻。对阵东方最精锐的部队,正是亚瑟·韦尔斯利展示其非凡才能的机会,这位年轻的将军表现极其出色。他于9月在阿塞耶、11月在阿加冈两次取得胜利,击溃了马拉塔南路部队,但这些胜利都是通过殊死的战斗赢得的,这说明如果德康有几个营的部队到场,就可能扭转战局。

同时,北路的莱克将军猛攻阿里格尔,将辛迪亚的部队赶回德里。佩龙对身边将领的无能与背信弃义感到厌烦,辞去了指挥官的职务;英军在德里附近又取得胜绩,这个古老的帝都落入了东印度公司之手。三个月内,辛迪亚苦心经营的成果、霍尔卡的万丈雄心和欧洲军官的训练,连同拿破仑的密谋,都在风中消散。

韦尔斯利此时除了占领沿岸地区,将马拉塔诸邦与大海隔开之外,还吞并了德里和阿格拉周围的土地,规定所有法国代理人离开这些土邦。佩龙得到准许返回法国,从波拿巴对他的无礼接待就可以看出,第一执政曾经怀着多么大的希望,此时又是多么失望,也可以看出他对因一次失败而畏缩的人有多么憎恶。[1]

德康眼睁睁地看着所有的希望破灭,却只能屈辱地毫无作为。确实,他险些无法逃过韦尔斯利为整个法国远征军设下的圈

---

[1] 韦尔斯利1804年7月13日的公文,他附上了一份截获的法国公文,该公文日期为1803年8月6日,发自本地治里,是"关于印度当前重要性,以及如何种手段最有效地在印度恢复法国势力的备忘录"。公文起草者勒菲弗中尉论述道,英国人在印度不得人心,法国征服那里将获得巨大财富。

套,一旦后者听到欧洲战争爆发的消息,就会实施这一计策;不过,凭借秘密而灵巧的措施,除一艘运输船之外,所有法国舰艇都逃到了指定的会合点——法兰西岛。近期发生的事件令德康和利努瓦怒不可遏,他们决心尽一切可能打击对手。利努瓦很快就在东部海域劫掠英国商船,收缴了价值上百万英镑的货物,而德康不断地向印度派出使者,鼓励数以百万计的当地人摆脱"几千英国人"的束缚。

这些使者收效甚微,其中一些被此时变得奴颜婢膝的印度统治者交给英国当局。德康还努力实施第一执政的计划,占领印度洋上的战略要地。1803年秋季,他派出一艘装备精良的巡洋舰到马斯喀特进见伊玛目,劝说他出让马斯喀特港的一个停靠点,作为商业之用。但韦尔斯利预先得到英国驻巴格达特工的报告,与伊玛目建立了牢固的同盟,后者自然拒绝了法国船长的要求。不过,这件事成为证据链中的一环,证明拿破仑的东方策略是完整的,也证明了英国驻加尔各答总督的卓越才能,由于他的远见,印度帝国才得以保全和增强。[1]

波拿巴的殖民大业绝不仅限于人所共知的地域。南太平洋那块未知的大陆也吸引着他,期盼着以法国人的热情,将这块偏远的土地转变成第二祖国。澳大利亚(当时也称为新荷兰)很早以前就引起了法国探险家的注意,但在19世纪初期,这个南方大岛上唯一由欧洲人建立的设施是悉尼附近的英国流放者居住地。

波拿巴早就将眼光转向了这个大陆。前往埃及的旅途中,他携带了库克船长描写其著名发现的书籍,就任第一执政后,他立刻同法兰西学院一起,制订了前往"新荷兰"的大规模远征计划。计划全文从未公开,也许遭到禁止或已被销毁,与此相关的唯一公开记录是

---

[1] 伊玛目的报告见于卡斯尔雷《书信与公文集》第2集,第1卷,第203页。

1807年法兰西帝国出版社发行的此次远征的官方报道。[1]根据这一报道，远征的目标仅仅是地理勘测和科学研究。第一执政和法兰西学院希望法国船只能够前往范迪门地区（现塔斯马尼亚）探索那里的河流，然后完成对这块大陆南岸的勘测，了解纽茨群岛背后是否有一个海峡与卡奔塔利亚湾相连，将新荷兰一分为二。接着，他们将扬帆向西，前往"卢因角"，然后沿斯旺河而上，完成对沙克湾和西北岸的考察，并到帝汶岛或安汶岛过冬。最后，他们将沿新几内亚沿岸和卡奔塔利亚湾航行，于1803年返回法国。

1800年9月，这些船只在海军准将博丹指挥下，从勒阿弗尔起航，船上有23名科学家。他们没有受到英国巡洋舰的骚扰，因为英国海军部一贯的规则是允许所有真正进行科研和地理考察的人员通过。然而，即便在科学方面，这支装备精良的远征队也没有得到堪与巴斯上尉或弗林德斯上校比肩的成果。法国船只在法兰西岛停靠后，从那里开往范迪门地区。对那里的海岸进行长时间的考察、收集科学情报之后，他们前往悉尼维修船只，让船上的许多病号得到休养机会。在发生了一些下文将要提及的事件之后，他们于1802年11月起航前往巴士海峡和更远的海岸。他们似乎忽略了菲利普港的入口——1801年默里发现了此地，但三年后才公开——也没有注意到澳大利亚主要河流的入海口，因为河流被一个浅湖遮挡住了。

他们在那里遇到了弗林德斯上校，后者已经乘坐英国军舰调查者号考察了卢因角和两个大海湾之间的海岸线，他将之命名为圣文森特湾和斯潘塞湾。弗林德斯正在返回悉尼，在一条漫长、荒芜的弧形海湾遇到了法国船只，为此，他将这个海湾命名为"因康特湾"（英语"邂逅"之

---

[1] M.F. 佩龙所著《乘坐巡防舰赴澳大利亚探索其地理及自然环境之旅》（*Voyage de Découverte aux Terres Australes sur les Corvettes, le Géographe et le Naturaliste*，巴黎，1807—1815年）。附图是从地图册上复制的。

意）。探险家们怀着戒备心理短暂交谈后分手，法国人继续考察调查者号刚刚经过的海湾，而弗林德斯在悉尼略作停留并考察北部沿海和托雷斯海峡后，动身返回欧洲。①

除了汇编当时最为精确的澳大利亚地图，并命名沿岸的多处地貌——如现在仍然保留的名称贝鲁利角、冈托姆角、里沃利湾、拉塞佩德湾和弗雷西内半岛——这支法国远征队没有取得任何重要的地理成果。

现在，我们要关注的是这次考察的政治目标。只要看一眼报道所附的地图就会发现，博丹准将伪装成文明使者，实际上是准备将半个大陆划归法国。的确，他最后在悉尼向英国驻澳总督金问起英国对太平洋沿岸的领土主张时，用意十分明显，以至于金只能回答，整个范迪门地区，以及澳洲大陆沿岸南起豪角、北到约克角，都是英国领土。金还向英国政府报告了法国指挥官的可疑行为，当法国人离开悉尼考察澳大利亚南部和中部沿海时，他派遣一艘船监视他们的举动。因此，当博丹准将在金岛上登陆时，英方迅速升起国旗，英国船上的水手向国旗敬礼；这是因为有流言称，法国军官们曾说金岛是很好的基地，可以控制巴士海峡、扣押英国船只。此类说法也许只是笑谈，博丹在悉尼会见金总督时否认有占领范迪门地区的意图，但他后来说，他并不知道法国政府对该岛有何计划。②

---

① 在此可以简略复述一下他后来的不幸经历。为了维修船只，他不得不在法兰西岛靠岸，结果被德康将军当成间谍抓起来，直到法国探险家布干维尔仗义相助，他才最终于1810年获释。法国船员1802年秋季在悉尼逗留期间，《亚眠和约》签订的消息尚不为人知，但他们在那里不仅修理船只时得到大力帮助，人员也得到最为慷慨的照顾，悉尼的官员和百姓同意在缺粮季节让出自己的定量，使这些探险家得到食物，相较之下，德康的行径就很可憎了。尽管博丹准将的兄弟曾将这一事实告诉德康，他依然拒绝承认弗林德斯以地理探险家名义从法国当局得到的通行证，将其关押了七年之久。详见弗林德斯上校所著的《澳大利亚诸岛发现之旅》（*A Voyage of Discovery to the Australian Isles*，伦敦，1814年版）第2卷，第7—9章。弗林德斯对澳大利亚西部和南部沿海的命名一直保留，因为那是他最先进行调查的，出于同样的原因，法国人对默里河口与巴斯海峡之间一些地区的命名也保留了下来。

② 参见博丹于1803年12月23日写给金的信，见于《新南威尔士州历史档案》第5卷（附录）；另见该档案第133和376页中的其他重要信件和公文。

早在英国政府听到这种模糊言论之前,他们就已经开始产生怀疑,1803年2月13日,霍巴特勋爵写信给金总督,命令他采取一切措施,预防法国兼并澳洲土地,并在范迪门地区和菲利普港建立定居点。为此,英国在德文特河口、现霍巴特镇附近建立了里斯登定居点,而从英国国内派出的一支考察队则在菲利普港沿岸寻找合适的地点,但当时没有收获。这样,正如英法两国在殖民竞争中经常出现的情况一样,法国人的远航影响了两国人民的命运,使英国比以往更加努力,也导致了它的大陆对手——法国——的失败。拿破仑取得范迪门地区和澳大利亚中部的计划,其效果正如蒙特卡姆、杜布雷、拉利和佩龙等人的野心一样,使一大块广袤、肥沃的土地最终落入英国人之手。

尽管拿破仑的舰队在特拉法尔加之战中被消灭,但他仍坚持澳大利亚计划。他命令佩龙和弗雷西内通过巴黎的帝国出版社出版澳大利亚之行的详细报道,并附上主张半个大陆为法国领土的地图,这一事实或许最能说明他顽强的意志。这份报道发表于1807年,也就是《蒂尔西特和约》签署、法国与西班牙瓜分葡萄牙及其殖民地的那一年。法俄结盟稳固了法国在欧洲的霸主地位,在其他大陆上建立霸权的时机似乎已经来到。假如没有发生西班牙起义,没有天才的威灵顿横空出世,拿破仑便能将精力从他觉得厌倦的"旧欧洲"转到其他大陆上去,那么谁又能说,法国就不可能建立辽阔的殖民帝国呢?

拿破仑对欧洲和殖民政治的整个态度,说明他对决定19世纪各国命运的力量有着政治家一般的深刻理解。他知道,对欧洲各民族的任何重整都不是永恒不变的。这些民族都太顽强、太具有民族性,无法忍受新查理大帝的枷锁。他有一次对马尔蒙嚷道:"我来得太晚了,人们都已太过开化,没有留下大事可以成就了。"这些话表明,他觉得在欧洲所取得的胜利都是虚妄的。只有温顺驯良、听天由命的亚洲民族,才能满足他的帝王本能,让他一人扮演亚历山大和穆罕默德两个角色。如果无法在亚洲成就霸业，他将在广袤的南太平洋岛屿上建立帝国，以永不疲倦的力量组织这些岛屿，然后以开拓者和专制君主的身份加以统治。这项事业将像人类战胜大自然的那些事迹一样永垂青史，而打败兄弟民族就很难享有这样的荣誉。重建欧洲政治秩序至多是无穷变化中的一个，这种变化一直在进行、永远不会完结；而在新大陆上殖民并创立国家，则属于最高层的政治成就，在这种活动中，造福社会的计划与无穷无尽的野心可以在热切的竞争中永无休止地持续下去。制定一项严格的欧洲政策，其效果不过是耙松一片栽种已久的花圃，而建立新的殖民帝国，则是在一望无际的大草原上开垦处女地。

如果我们从历史的角度追问这些宏伟计划为何失败，答案肯定是，与一项野心勃勃的欧洲政策同时进行，它们就显得过于庞大了。拿破仑手下最有能力的谋士注意到，在《亚眠和约》签订之后，这一根本缺陷迅速发展，"他开始播撒新战争的种子，当战争席卷欧洲和法国，就将导致他的毁灭"。塔列朗所批评的人比他本人伟大得多，但这一批评与所有历史的经验教训相合，拿破仑缺乏的正是这位外交家温和节制的长处。古代雅典与迦太基殖民帝国、意大利沿岸各个共和国、葡萄牙和西班牙的命运，最重要的是路易十四和路易十五殖民计划的失败，都证明了只有国内和边境足够安定，一个国家才能源源不断地输送人员与财富，而这正是新体系的生命线。如果不是其他需要使法国的人力与财富转移到有弊无利的欧洲战争中去，拿破仑的殖民帝国本可以不断地得到这些资源。七年战争也出现了相同的结局，德意志和跨越大洋的大规模战役消耗了法国的实力，杜布雷和蒙特卡姆在海外取得的成果也因国力的削弱而丧失了。

拿破仑是否预见到类似的结局？对路易斯安那和德康远征军的安排证明，他确实做到了，但一切为时已晚。他发现，自己的政策将会在远没有做好准备的情况下挑起另一场与英国的战争，于是立刻决定放弃海外殖民计划，集中兵力于欧洲战线。这一决定真的是出于帝国战略，但我们能对他的帝国外交观念说点什么呢？前面的叙述和下一章描述的事件都证明，他的错误在于过分相信自己的能力，认为敌人软弱可欺，这是他取得最为辉煌的胜利，却又遭到史无前例失败的原因。

第16章　拿破仑的对外干涉

圣奥古斯丁说过，战争是从低级和平到高级和平的过渡。对于捍卫某些正义事业伟大原则的战争来说，这种说法是正确的。这句话也可能适用于法国大革命初期的革命者保卫民主政府、抵御君主制国家干涉的正义斗争。但是，那个狂暴时代的斗争最清楚地表明，用武装力量维护自由事业是非常危险的。当民主制度在欧洲体系中得到牢固的立足点时，获得胜利的共和派仍然继续发动战争，侵害邻国的利益，因此，即便在波拿巴崛起之前，他们的政体就因为军事统治方法的影响而偏离航道。年轻战士们赢得的辉煌胜利很快成了法兰西共和国的危险根源，在新发生的事件激发下，法国人民得到了超凡的力量，将孱弱的邻国打翻在地，整个欧洲都臣服于日益强大的法国。在民主制度成立后的斗争中，法国人最终转向军事统治，符合该民族珍视的许多性格特征，拿破仑的身上体现出了军事与民主的妥协，赋予法兰西民族两种力量：一是民族自豪感，二是由新制度产生的自觉性。

在法国人的心中，还夹杂着对邻国人民的轻视，认为他们不可能或者不愿意获得与法国相似的独立和声望。当时发生的一切，都有助于产生这样的自信和对其他人的蔑视。神圣罗马帝国的庄严体系在世俗王公对教会属地的掠夺中风雨飘摇，其中哈布斯堡和霍亨索伦家族最为苛求无度。1801年10月，俄国沙皇与法国就这种"世俗化"举措达成了有利于己的谅解。不久之后，法国和俄国开始在"东方问题"上相互靠近，威胁到土耳其和英国在黎凡特的势力范围。[1]实际上，法国的外交手段正是利用德意志教会土地遭到瓜分、奥斯曼帝国濒临瓦解的有利形势，迫使欧洲大陆各国忙于应付，孤立英国。而且，英国正在经历内阁改组、财政困难的危机，这一危机剥夺了该国在海上斗争中的胜利成果，并使其在亚眠谈判中的外交失败成为了世界的笑柄。当君主制思想名誉扫地之时，期待和平毫无意义。上升到更高层次的斗争确实开始了，民主制度在西欧已扎稳脚跟，而旧秩序经过迷茫的摸索，虽然找到了一些可靠的基础，但仍未触及民族主义这一巨石的底部，它将成为君主制在19世纪的纷争中立足的新根基。只有在各国君主得到痛恨法国的臣民们的支持时，力量与热情的均衡才能为人们带来久已盼望的实现持续和平的机会。[2]

亚眠谈判清楚地证明，欧洲事务的重新调整困难重重。如果英国大臣们表露对拿破仑出任意大利共和国总统的真实感受，战争肯定已经爆发了。但我们已经看到，他们宁愿采用鸵鸟战术，那是对欧洲的安宁和英国的利益都最为不利的做法，因为它使拿破仑相信，他可以放心地发动其他干涉行动，他也确实在意大利、荷兰和瑞士这么做了。

1802年9月21日，法国元老院颁布法令，将皮埃蒙特并入法国。这一重要的地区因东部并入意大利共和国而有所减小，在过去的五个月里一直由一位法国将军临时管理，作为法国的一个军事区。现

---

[1] 1802年5月7日梅里先生从巴黎发出的加密公文。
[2] 在此不可能详述1802—1803年重建德意志的复杂问题。在拉施塔德达成了一个总体协定，由于法国占领莱茵兰而受到损失的德意志诸邦，应该得到旧神圣罗马帝国的教会领地作为补偿。帝国议会委派一个代表团来研究整个问题，但这一机构组成（1802年8月24日）之前，在俄国的支持下，各国已在巴黎秘密签订了一系列条约，这些条约有利于普鲁士，压制奥地利。奥地利得到特伦特和布里克森的大主教领地，而该国的大公（原在托斯卡纳和摩德纳）则被安置于萨尔茨堡和布赖斯高。普鲁士作为法国的受保护国，得到了希尔德斯海姆、帕德博恩、埃尔富特、明斯特市等地。巴伐利亚接收了维尔茨堡、班贝格、奥格斯堡、帕绍等地。参见加登的《条约集》，第7卷，第32章；1802年《年鉴》，第648—665页；翁肯，《执政府与帝国》（*Consulat und Kaiserthum*），第2卷；以及比尔的《奥地利十年政治史》（*Zehn Jahre Oesterreichischer Politik*）。

在，它明确地并入法兰西共和国，萨伏依王室复辟就没有任何希望了。英国政府在亚眠谈判中曾为逃回撒丁岛的撒丁国王做了一些努力，但得知俄国沙皇和第一执政已同意为国王提供合适的补偿，人们都对新王维克托·埃马努埃尔一世重新统治其大陆领土抱有希望。如今，这个希望落空了。英国驻巴黎大使惠特沃思勋爵试图帮助俄国使节获得合适的赔偿，但没有得到任何结果。锡耶纳及其属地被提了出来，简直是一种嘲弄；尽管乔治三世和沙皇不停地为萨伏依王室提出索赔，巴黎方面没有提出任何更具吸引力的方案，只是暗示可以在土耳其欧洲部分为他找一块地盘。出于尊严，年轻的埃马努埃尔拒绝接受微不足道的锡耶纳，或者土耳其帕夏的领地，而放弃他对大陆领土与生俱来的权利——这块土地后来在一位更幸运的撒丁国王（也名叫维克托·埃马努埃尔）领导下，成为了统一的意大利的一部分。（英国政府于1803年4月28日和5月8日发出的照会，再一次要求给撒丁国王合适的补偿。）皮埃蒙特被兼并一个月后，帕尔马也遭到兼并。这个公国的继承人——西班牙国王的女婿——得到了伊特鲁里亚国王的尊号。西班牙国王查理四世为了欧洲大陆上的这块领土，将整个路易斯安那让给了法国。不过，第一执政在帕尔马驻扎军队，老公爵于1802年10月去世后，帕尔马及其属地并入法兰西共和国。

法国还兼并了厄尔巴岛，凭借岛上的良港费拉约进一步强化了它在地中海的海上霸权。三位厄尔巴代表来到巴黎，向他们的新统治者致敬。战争部长奉命对他们以礼相待，不仅大摆宴席，还每人给了3000法郎礼金，并暗示他们进见波拿巴时发表简短讲话，表达该岛人民加入法国的喜悦心情。经过此番巧妙的安排，这位"表演艺术大师"将厄尔巴、法国和他本人融为一体。

波拿巴对瑞士事务的干预更为重要。对这个国家的情况，需要做些解释。将近三个世纪以来，瑞士分为十三个特性与制度均大不相同的州。中央诸州（也称为森林诸州）保留着条顿人的旧习俗，在全民大会上决定各自的事务，参会的户主们各个全副武装。而在这个邦联的其他地方，就没有那么令人钦羡的习俗了，较为富有的低地各州更是处于富裕市民家族的世袭控制之下。没有任何制度能够约束这些州，将其组成一个有效的同盟。每个州都宣称有政府主权，几乎不受联邦议会决议的左右。除了这些有主权的州之外，还有一些地位并不明确的加盟地区，如日内瓦、巴塞尔、比尔、圣加尔、阿尔萨斯的老皇城米尔豪森、格劳宾登三地、讷沙泰勒公国和罗讷河上游的瓦莱。最后一类是从属地区，如阿尔高、图尔高、提契诺、沃州等，它们都不同程度地受到领主的控制。这就是古老的瑞士邦联，它有些像由山地氏族、平原居民和城市混杂的马其顿联盟，深受希腊思想渗透和腓力二世绝世天才的影响。这片土地同样将被新的政治势力撼动，并被同时代最伟大的政治家所控制。

法国大革命对这个由各州和地区混杂而成的邦联影响甚巨，1798年，当沃州人民努力摆脱伯尔尼的控制时，法国军队应起义者之邀进入瑞士，平息了中央各州的顽强抵抗，并洗劫了瑞士的主要金库。跟在掠夺者身后的是宪政的吹鼓手，他们立刻迫使瑞士采用与几何学相符的法国式民主制度：彻底取消主权州、加盟州和从属地区的区分，组成不可分割的赫尔维蒂共和国——独立的瓦莱和被法国吞并的日内瓦和米尔豪森除外。从属地区和非特权阶层在法国影响下进行的社会改革中获利颇丰，但轻率地将一部宪法从巴黎搬到伯尔尼，只会在一个从未臣服于外国统治的民族中激起厌恨。而且，新秩序违背了瑞士的最根本需求，由于这个国家的民族与宗教特性，每个地区或者州都需要有行动的自由。

此时，平原地区的寡头统治者成了这些根深蒂固的感情的捍卫者，其决心一点也不亚于森林诸州的民主派；而新式民主的拥趸反倒被斥为强力极权统治的支持者。人们很快就看清，1798年的想法只能靠驻扎在这块不幸土地上的法国军队维持，1800年到1801年，瑞士的政局一直处于拉锯之中，每过几个月就发生变化，最初有利于寡头统治（联邦党），接着又倒向他们的对手——统一派。《吕内维尔和约》签订之后，该和约承认瑞士采用适合自己的政府形式的权利，一些瑞士议员带着伯尔尼议会最新拟定的宪法草案前往巴黎，希望第一执政同意其条款，并撤出法国军队。他们对此充满希望是有理由的，伯尔尼掌权的是支持集中民主制度的派系，驻巴黎的全权代表施塔普费尔是个彻头彻尾的共和派，他希望瑞士从此可以决定自己的命运。令他惊讶的是，第一执政越来越迷恋封建制度。施塔普费尔当时写给瑞士政府的信对我们很有启发。①

1801年3月10日，他写道：

"最折磨我们的是，法国政府的真正目的令人难以捉摸。它到底是希望我们采用联邦制，以此来削弱我们、更有把握地分而治之；抑或它希望我们实现独立、走向幸福，迟疑只是因为对赫尔维蒂民族的真正期望持有怀疑？"

施塔普费尔很快发现，拖延的真正原因是瓦莱的割让没有完成，波拿巴急切地盼望在那里修建一条越过辛普朗隘口的军事公路，由于瑞士拒绝这一要求，所有的事情就停滞不前了。4月10日，施塔普费尔写道："整个欧洲都没办法促使他放弃一项喜欢的计划，占有瓦莱是他心中最挂记的事情。"

事实证明，像瑞士这样一个已经很贫穷的国家，是无法抵抗法国军队占领的持续压力的；第一执政坚持要对瑞士宪法所做的一些重要更改，于1801年5月写入新的联邦条约中。此时的瑞士分为17个州，尽管瑞士全权公使希望建立一个强有力的中央集权政府，波拿巴还是给予各州当局很大的权力。对他这么做的动机有不同的评判。在给予多个州更大行动自由这件事上，他的确采取了唯一有政治家风范

---

① 参见他在1801年1月28日、2月27日、3月10日、3月25日、4月10日和5月16日的信件，发表于《波拿巴、塔列朗与施塔普费尔》一书（1869年，苏黎世版）。

的做法，但他在谈判期间的行为、兼并瓦莱和继续在瑞士驻军（尽管人数有所减少），都让许多人怀疑他对最终解决问题的诚意。

伯尔尼议会中占据多数的统一派很快继续修改他的提议，指责这些提议充满缺陷和矛盾；而联邦派则竭尽全力保持提议的原貌。10月，由于法国大使和军队的支持，后者的努力得到了进展。他们解散了议会，废除最近的修正案，并借助势力的扩大使寡头党头子雷丁当上了联邦最高长官（德语称Landamman）。可是，联邦派的行为太过反动，以至于第一执政召回法国将军，表示对他近期帮助联邦派的不悦。联邦派的胜利很短暂，1802年，当他们的头子出外欢度复活节时，统一派发动了又一次政变——这已经是第四次了——并颁布了一部新宪法。这一变化似乎也得到了法国当局的默许，[①]他们拒绝听取施塔普费尔明确解决问题的要求，并不断暗示瑞士不可能自己决定自己的事务，这说明他们希望持续这种每个季度都发生政变的局面。

所谓的民主派在伯尔尼取得胜利，使整件事变得十分棘手。他们呼吁人民参加瑞士首次全民公决，这就是著名的"全民复决"的先声。通过这种手段，瑞士人可以在没有法国军队干预的情况下做出决定，因为第一执政已经私下向新的最高长官多尔德宣称，他的政府可以决定外国军队是留下来支援，还是撤出瑞士。[②]经过激烈的思想斗争，新当局决定自己碰碰运气——巴黎肯定已经意料到这种反应，施塔普费尔几个月里都在敦促撤出法国部队。就这样，从1798年以来，瑞士人第一次可以自由表达自己的意志。全民公决

---

① 丹德里克，《瑞士史》，第3卷，第418页；穆拉尔特（Muralt），《雷纳尔传》，第55页；施塔普费尔在4月28日的信中写道："尽管法国政府宣称希望暂时保持这种表面上的中立，但种种情况告诉我，它乐见大权从（瑞士）参议院的多数派转到少数派手中。"
② 加登，《条约集》，第8卷，第10页。英国驻巴黎代办梅里先生于7月21日报告："施塔普费尔先生夸口说已得到第一执政的同意，从瑞士撤出全部法军。我从此间的瑞士友人中也获悉此事。但他们认为这一措施只是为了加剧瑞士的动荡，为法军再次进入寻找借口。"

第16章 拿破仑的对外干涉 313

的结果极具决定性。72453票支持最新版宪法,反对的则有92423票。伯尔尼的领导人们并没有在这种不利局面下畏缩,他们采用了第一执政为支持荷兰自由而发明的手法,宣布167172名根本没有投票的男性选举人肯定赞成新秩序。这一脆弱的借口很快就被揭穿,瑞士人已经受够了竞选中的伎俩、遮遮掩掩的革命和纸上谈兵的盟约。他们旋即拿起了武器,卡莱尔曾呼吁远离投票箱和国会中舌辩之士,回到远古时代以武力解决的老路,如果他说的是对的,那指的一定是1802年初秋发生在瑞士的这场尖锐而具有决定性的冲突。中央政府的军队从伯尔尼出发,前往镇压骚乱,却在皮拉图斯山麓和苏黎世城墙下被击退,而后,联邦派叛乱力量日益加强,赫尔维蒂政府从伯尔尼被赶到了洛桑。他们计划从那里越过日内瓦湖逃往萨伏依,此时,拿破仑的副手拉普将军抵达,带来了一份傲慢的宣言,向处境窘迫的统一派承诺,应其谦恭请求,第一执政将出面调停,这令联邦派心灰意冷。①

  看到瑞士新近发生的事情,拿破仑显然既感到恼怒,又觉得可笑。复活节不久后的一次外交招待会上,他草率地对施塔普费尔说道:"好了,你们又在闹革命了!对这一切你们就不厌烦吗?"然而,很难相信在拿破仑这样敏锐的政治家眼中,瑞士正背负着一部不切实际的宪法,控制局面的法军又在危机关头撤出,那里除了发生动乱,还能有什么别的可能。他当然为9月的事件做好了准备:他曾经多次以挖苦的口吻询问施塔普费尔宪法的进展。当施塔普费尔一脸严肃地回答"那毫无疑问是一次辉煌的胜利"时,他肯定暗自发笑。真相令施塔普费尔目瞪口呆,特别是塔列朗最初语带讥讽地驳斥了需要法国调停的任何建议,接着又向他保证,拿破仑从没有建议或批准最新的这部宪法,动乱的蔓延正说明它不适合于瑞

---

① 雷丁在此后不久出版的一本小册子中披露了他与波拿巴在巴黎会晤的细节,并称后者完全同意他的联邦计划。波拿巴和塔列朗都从未否认这一点。

士。可是两天以后，拿破仑改变了口气，指示塔列朗向取得胜利的联邦派发出强烈抗议，称他们的行为和宣言是"对法国声誉的粗暴践踏"。9月30日，他向瑞士人发表公告，声称他撤回不卷入瑞士政局的决定，命令解散联邦派政府与军队，各州派代表到巴黎，在他的协调下管理自身事务。与此同时，他又一次给了瑞士人希望：他们的国家已到了悬崖边上，但很快就将得救！拉普带着相似的命令前往洛桑和伯尔尼，而奈伊率领已在边境附近集结的法国大军开进瑞士。

如此公然侵犯瑞士独立地位、违背《吕内维尔条约》保证的行径激起了整个欧洲的愤慨。但奥地利过于担心普鲁士在德意志的扩张举动，没有提出任何抗议，它也确实因为放任法国在瑞士为所欲为而得到了微不足道的好处。[①]而当时的柏林宫廷满足于担当法国雄狮身边的豺狼，将瑞士联邦私下向普鲁士求助的事情透露给了第一执政。[②]俄国沙皇无疑受到了与法国有关德意志事务条约的影响，加上之前的老师瑞士人拉阿尔普的建议，没有对联邦派表示任何支持。只有英国独自为瑞士独立事业做出了努力。在过去的一段时间内，瑞士各州曾向英国政府求助，对此，英国政府派穆尔作为代表与各州首脑进行协商，如果他判断抵抗有可能成功，英国将为之提供资金并承诺积极支持。[③]毫无疑问，英国政府已经准备就此问题与法国公开决裂。伦敦立刻发出命令，不再向法国或荷兰交还殖民地，正如前文所述，前往好望角和印度法国定居点要求归还的荷兰和法国官员都吃了闭门羹。

---

① 参见《佩吉特文件汇编》第 2 卷，1802 年 10 月 29 日和 1803 年 1 月 28 日的公文。
② 拿破仑在 1802 年 12 月 12 日于圣克卢宫对瑞士代表们讲话时公开承认了这一点。
③ 霍克斯伯里勋爵 1802 年 10 月 10 日的照会、瑞士人的呼吁和穆尔先生从康斯坦茨发来的回信都全文刊登于 1803 年 5 月 18 日提交英国国会的文件中。
奥尔良公爵 1802 年 10 月 18 日从特威克纳姆给皮特的信值得注意，他自告奋勇地要作为领袖前往瑞士，参与该国和欧洲的独立运动："我是波拿巴和一切类似政府的天敌……英国和奥地利可以从我身上找到法国亲王的一切优点。请阁下任用我，并为我指明道路，我将谨遵指示！"参见斯坦诺普的《皮特传》，第 3 卷，第 33 章。

不过，敌对局面暂时得以避免。面对奈伊手握的优势兵力，中央诸州首脑畏缩了，不敢做出任何积极的反抗；穆尔一抵达康斯坦茨就发现他们决定屈服，便迅速返回了英国。英国大臣们愤怒而无奈地看着法国在这片土地上的霸权持续下去，但他们缺乏公开对抗第一执政行动的勇气，下令按照条约规定，交还法国和荷兰殖民地。

瑞士的屈服与列强的软弱激励了第一执政，将其意志强加于各州的代表，他们于1802年底在巴黎聚集。他首先在法国-瑞士委员会上试探代表们的目标和领导人的能力，然后在12月12日召集他们到圣克卢宫开会。他滔滔不绝地训诫代表们，露骨地暗示他们：从民族的规模来看，瑞士现在的地位比法国被分为60个采邑的时候还要低得多，只有与法国联盟，才能在世界事务中起到重大作用；不过，既然他们坚持要独立，他将承担起调停人的责任，结束他们的麻烦并保持其自由。瑞士的统一不过是玄学家的美梦，他们必须依靠州的组织形式，条件就是沃州与上提契诺的法语和意大利语区不能臣属于说德语的中央诸州，为了避免出现这种耻辱的局面，他将不惜牺牲5万名法国士兵。伯尔尼还必须打开特权家族的金字名册，增添四倍的名字。至于其他，欧洲列强不可能帮助他们，英国则"无权染指瑞士事务"。1月29日，他又以更严厉的口吻重复了相同的威胁：

"我告诉你们，哪怕牺牲10万名将士的性命，我也不会允许英国干涉你们的事务：如果英国政府敢于为你们说一个字，那你们就完了，我将把瑞士并入法国。只要那个政府有小小的暗示，担心我成为你们的联邦最高长官，我就会这么做的。"

这反映了拿破仑的内心，无论是孩提时还是青年时代，无论身为中尉、将军、执政还是皇帝，他都喜欢压制反对意见。[1]

---

[1] 拿破仑下令在发表这些讲话时做一些有趣的改动，参见勒德雷尔，《作品全集》，第3卷，第454页；另见施塔普费尔1803年2月3日的公文，这比拿破仑《书信集》中的官方说法更可靠。不过，《书信集》中也有一句威胁的话："整个欧洲公认，意大利、荷兰和瑞士，都在法国的支配之下。"

在那些如超人般活跃的日子里,他勾画了新世界的殖民帝国,并准备在印度再建立一个帝国;他以巧计压倒了红衣主教们,重新安排了德意志版图,为法国商业注入新的活力,并竭力束缚英国。如此忙碌之下,他竟然还能抽出时间,针对瑞士各州全然不同的要求发表一番至为贤明的箴言。他向代表们保证,作为一个科西嘉人和山地人,他了解并热爱氏族体系。他用言语证明了这一点,绘声绘色地描述了法国与瑞士人民的特性。瑞士需要按照不同的州给予局部自由,而法国需要统一;瑞士需要联邦制,法国人却拒绝这一理论,因为这会损害他们的实力与荣耀;不过,瑞士人需要的不是荣耀,而是"政治稳定和与世无争"。而且,简朴的农村居民必须有广泛的本地权利,这是他们摆脱单调生活的主要手段,对于森林诸州,民主是必需品,但城镇里的贵族们用不着担心广泛的公民权会终结他们的影响力,因为依赖于农业的民族始终依附于大家族,而不是选举产生的议会,尽可以在更广泛的基础上进行这些选举。随后,当一位代表反对伯尔尼的奥伯兰归属伯尔尼州时,他的反驳闪烁着睿智的光芒:

"你们的牲畜和奶酪拿到哪里去卖?"

"伯尔尼。"

"你们从哪里买到谷物、衣服和铁?"

"伯尔尼。"

"很好,'卖到伯尔尼,从伯尔尼买'——所以你们属于伯尔尼。"

这一回答是狡黠的实利主义的极好例子。拿破仑正是凭借这种思想,成功地反对了混乱的封建割据和愚蠢的君主制度。

的确,无论大事小事,拿破仑总能天才地看透问题的本质:他发现奉行民主的统一派因僵化的集权制度而失败,而联邦派所犯的错误则是没能充分认识社会平等的新热潮。[①] 此时,他准备在适度民主的

---

① 公平地说,联邦派此时已意识到自己的错误,不久之前承诺给予以前的从属地区和各阶层平等的权力。参见穆拉尔特的《雷纳尔传》,第113页。

基础上,将瑞士联邦化,因为他处于拉锯局面之中,采用平衡策略显然很明智,也很符合他的自身利益。他对勒德雷尔所说的话就证明了这一点:

"如果我满足大众的利益,就会使贵族们惶恐不安。给予贵族表面上的权力,是为了让他们站到我这边寻求庇护。而让人民威胁贵族,他们就会需要我的帮助。我会给他们地位和荣誉,但他们得知道这是从我那里得来的。我的这一套在法国已经取得了成功。看看那些教士,他们对我的政府一天比一天忠诚,完全是不由自主的,也是他们从未预见到的。"

这种施政手法多么简单,多么巧妙!他成功的秘诀就在于:简化目标,精心挑选手段。

法国特派员和瑞士代表们完成了大量初步工作之后,第一执政将他们的成果总结为1803年2月19日的《调停法案》,该法案将瑞士联邦分为19个州,原来的从属地区得到了州的地位与特权。森林诸州保留其古来有之的全民大会,而伯尔尼、苏黎世和巴塞尔等城镇组成的州则不得不融合旧制度与民主制度,统一派对此极为恼怒,因为正是他们请求波拿巴出手调停的。

联邦条约也是新旧制度之间的一个妥协。19个州将在旧条约的庇护下享有主权。波拿巴看到,1798年冒进地将法国行政体制强加于瑞士,造成了无穷的害处,因此只给予联邦当局自卫所需的权力,瑞士联邦军队有15200人——少于瑞士根据旧条约提供给法国的军队人数。中央权力由联邦最高长官和其他官员掌握,这些官员由六个主要州之一任命,每年轮换;联邦议会由25名议员组成——每个小州一人,六个较大的州各两人——讨论全国事务,但各州的权力保持平衡。条约的另一些条款规定了赫尔维蒂的债务,并宣布瑞士独立——一个国家为外国提供的军队比用于维护自身防务的还多,竟然还能称为独立!另外,这个条约对宗教自由、新闻自由或者集会自由只字未提，总的看来，自由之友有理由和施塔普费尔一样，埋怨"第一执政的目标是从政治上消灭瑞士，却保证瑞士国内会得到最大的幸福"。

由于法瑞关系有趣且重要，我认为花相应的篇幅加以叙述是合理的。这不仅表现出了法国督政府的卑劣与愚蠢，也凸显了拿破仑的伟大天才，他巧妙地将新旧制度融为一体，摒弃了法国理论家的迂腐教条，以及瑞士政治寡头的极度偏见。如果不是他的明智方案中掺杂着确保对瑞士绝对霸权的微妙图谋，调停法案完全可以跻身最辉煌、最有益的成就之列。就其本身而言，该法案肯定可以看成是某种卓越而又自私的治国方略杰作，与1815年盟国做出的公正安排形成了鲜明的对照。

第17章　战端重开

1802年10月法国重新占领瑞士后,很快又发生了其他严重事件,这使英国政府坚信,战争已难以避免。事实上,在《亚眠和约》批准之前,巴黎和伦敦之间已龃龉不断,实非吉兆。

双方的一些争论无伤大雅,其他则更为重要,比如商贸往来的问题。由于英国政府的疏忽,没有取得两国恢复贸易关系的书面保证;而第一执政或许是受到雅各宾派保护主义理论的驱使,或许是希望对英国施加压力以使其进一步退让,决心将英法贸易限制在最低限度。对英国的这种态度不同寻常,因为在与俄国、葡萄牙和土耳其签订的和约中,拿破仑都力求加入促进法国与这些国家贸易的条款。不久之后,英国政府就对"严格限制英国商品及制造业进入法国,对进入法国港口的英国船只实施极其严苛的限制"提出了抗议,尽管发表了这些声明,英国仍然只能屈辱地看着,伯明翰的五金器具以及越来越多的棉毛制品无法进入法国及其属地,以及刚刚交还的法国殖民地。

英国政府拒绝驱逐波旁王室成员,更坚定了拿破仑实施这项商贸禁令的决心。他拒绝接受英国人的解释——波旁王室并没有得到英国政府的官方承认,而且,如果将其驱逐出英国,就必然有损英国招待外宾的权利。他还强烈指责法国流亡者在伦敦报纸上发表对自己的个人攻击。其中最为辛辣的是佩尔蒂埃的文章《歧义》,已受到英国政府的谴责;不过,正如在亚眠时所解释的那样,阿丁顿内阁决定不冒险限制新闻自由,尤其是因为对英国非官方刊物上的妄言,法国人竟然在官方的《环球箴言报》上大加挞伐。对于后者，英国国王并没有屈尊做出任何正式抗议，但他表示，法国政府机关报都刊登了这类文章，拿破仑就不应该再提出抗议了。

这场口水战余势未衰，在英吉利海峡两岸激烈地持续下去，英国报刊指责拿破仑在欧洲事务上独断专行，而《环球箴言报》则应以只可能出自第一执政之手的简短、尖刻之词。在此之前，官方报刊一直都墨守成规、沉闷无趣，当法国官方报刊将英国的政策比作巴巴里海盗的手法，以及弥尔顿笔下的撒旦时，欧洲各国政府无不感到震惊。[1]然而，英国政府却以诽谤罪起诉佩尔蒂埃，这一行为给巴黎人留下了极好的印象。[2]

报纸的文章和商业限制大大激怒了两国人民，但并不至于引发战争。可是，更严重的事件就要发生了。

惠特沃斯勋爵将要就任巴黎大使时得到的政府训令，很好地说明了1802年秋季英法事务的总体情况。对于这个艰难的使命，他具备很多有利的条件。担任驻圣彼得堡大使期间，他以老练、坚定的表现赢得了尊敬，当沙皇保罗大发雷霆之时，他镇定自若，这无疑是走上巴黎那同样艰巨的岗位的原因之一，在这个职位上，他的沉着冷静已名标青史。也许更温和的人能够缓解杜伊勒里宫里的一些麻烦，但阿丁顿内阁已尝试过温厚的康华里，并没有得到好的结果，自然会选择以冷静、坚定著称的人。

惠特沃斯在1802年9月10日得到的前几个训令，是任何进入长期和平状态的大国都会做出的。但上述的一系列不幸事件给政治前景蒙上了阴影；11月14日的秘密训令就明显地体现了这一变化。现在，惠特沃斯奉命表达乔治三世的决心："只要他认为事关英国利益

---

[1] 特别值得参阅的是1802年8月8日、10月9日、11月6日，1803年1月9日、2月19日的《环球箴言报》。
[2] 惠特沃思勋爵1803年2月28日和3月3日的公文，见于布朗宁的《英国与拿破仑》。

或欧洲总体利益的场合，就绝不放弃干预欧洲大陆事务的权利。"接着，训令中引用了一份法国公函，表明法国承认，它在欧洲大陆上每一次可观的收获，英国都有权利得到补偿。这也就暗示着，法国兼并皮埃蒙特和帕尔马之后，英国就可以提出这种要求了。对于法国军队继续占领荷兰和入侵瑞士，惠特沃斯应该温和而坚定地提出抗议，但不能承担最终引发冲突的责任。对于马耳他事务，他也应该谨慎从事。由于俄国和普鲁士此时仍然拒绝为该岛的独立地位做出保证，英国军队显然还不能撤退。训令的内容是：

"英王陛下当然有理由要求占有马耳他，作为法国自签订正式合约以来所得的抵偿。但是，陛下是否将提出这方面的要求，现在尚无必要决定。"

就这样，9月10日到11月14日，英国的态度从温和转变为好战，几乎做出了要求以马耳他作为法国近期扩张抵偿的决定。以这些理由宣战，当然更有尊严，但由于英国内阁已在许多议题上让步，突然以瑞士和意大利事务为由宣战，就会使它在更重要事项上的温顺举动显得荒谬可笑。而且，18世纪外交的总体趋势使英国有希望以"补偿"的方式得到马耳他，这一点连波拿巴本人也认可。这位讨价还价的老手此时正在出售德意志教会的土地，通过帕尔马-托斯卡纳的交易得到路易斯安那，也仍然向沙皇表示"补偿"撒丁国王的善意，因此，在法国的扩张危及英法关系时，他当然应该认可这种补偿原则了。不久就会看到，第一执政一边声称支持国际法，反对英国的背信弃义，一边私下承认英国有权得到补偿，只是实施时损害到他的东方计划，他才提出异议。

惠特沃斯前往巴黎之前，英法政府已激烈地相互指责。英国政府抗议拿破仑干涉邻国事务，他则以要求"履行整个《亚眠和约》，别无他求"作为反驳。对此，霍克斯伯里的回答是："恢复《亚眠和约》时欧洲大陆的状态，别无他求"。拿破仑的下一步是发出强烈抗议，声称法国军队已经撤出塔兰托，是瑞士请求他进行调停的，至于德意志事务没有任何新鲜的变化，而英国在六个月前就放弃了对欧陆事务的兴趣，不能出尔反尔。这句话虽令梯也尔先生感到敬佩，但似是而非，没有什么说服力。霍克斯伯里并不想诉诸武力，只想按法律办事；他针对的也不是法国通过违反《吕内维尔条约》的军事占领获得的势力，而是为了国际的公平。

诚然，阿丁顿内阁没有在《亚眠和约》中加入规定巴达维亚和赫尔维蒂共和国独立的条款，是一个严重的错误。毫无疑问，他们想要依靠《吕内维尔条约》和1801年8月的法荷公约，该公约规定法国军队在巴达维亚共和国里只能停留到全面和平达成。但是，依靠国际法是一回事，在一个暴力与欺诈的时代，为了遵守国际法而危及最重大的实际利益，就是另外一回事了。而这正是阿丁顿内阁的作为："国王陛下同意将多处最为重要的殖民地交还给巴达维亚政府，是考虑到该政府独立自主，不受任何外国控制。"①事实证明，仅仅指望拿破仑和塔列朗会遵守国际法，就将好望角和其他殖民地交还给荷兰，真是极端轻信的行为。不过，从公平的角度讲，必须承认，拿破仑的回复避开了英方抗议的主旨，只是一种人身攻击，这证明了阿丁顿内阁的软弱和目光短浅。就公道而言，他的回复是无效的，而在实际政治中就预示着战争。

由于拿破仑拒绝从荷兰撤军，继续统治着这个不幸的国家，好望角显然很快就会对英国船只关闭——这一前景极大地增加了到印度的陆上通道以及马耳他和埃及等东方门户的价值。现在，我们将谈一谈马耳他问题，然后再转向东方问题，因为这两者是紧密联系的。

英国政府对马耳他的命运感到不安有许多原因。尽管他们努力避免伤害沙皇的脆弱感情，但这位身为圣约翰骑士团保护人的年轻统

---

① 给惠特沃思勋爵的秘密指示，1802年11月14日。

治者十分敏感，对与该岛相关的条款大为不快。现在，他看起来只代表着保证该岛独立的六个强国之一，而不是唯一的保护人和担保人，更伤害自尊的是，他的名字竟然出现在奥地利皇帝弗朗茨之后！[①]这些安排的主要责任在第一执政，可是沙皇却将不满发泄在英国头上。1802年4月28日，英国驻巴黎公使梅里先生报告道：

"无论是俄国政府，还是马尔科夫伯爵本人，都对我们非常生气，因为我们在商谈正式的（亚眠）和约时，没有与俄国政府或者他紧密协调，保持一致。我发现他煞费苦心地将和约说成一个笑柄，特别是指称我们对马耳他的安排不切实际，因此完全无效。"

英国驻圣彼得堡大使圣海伦斯勋爵及其继任者海军上将沃伦的公函大意也相同。他们报告道，沙皇对英国在马耳他事务上的举动十分恼怒，甚至拒绝听取英法于1802年11月18日联合提出的由他担任《亚眠和约》担保人的提议。[②]一周后，亚历山大宣布，他愿意保证马耳他的独立，条件是圣约翰骑士团的主权得到承认——也就是说，马耳他当地人不能参与骑士团的事务——该岛应该由那不勒斯军队守卫，由英法提供经费，直到骑士团有能力维护独立。这个令人作呕的问题已在亚眠讨论过，如今重新提出，证明马耳他问题将长时间地困扰整个世界。法国政府于1802年春季废除了圣约翰骑士团的修道院、属地和财产，更令这一问题复杂化，次年秋季，马德里宫廷也效仿了这一做法；由于骑士团在意大利法国占领区的财产也被剥夺，难以想象如同一盘散沙而又一贫如洗的骑士们能够组成稳定的政府，特别是在马耳他当地人不被允许参与公共事务的情况下。法国、西班

---

① 英国外交部档案，俄国部分，第50号。
② 布儒瓦先生在其通常准确可靠的《外交政策史纲》（*Manuel historique de Politique Etrangère*，第2卷，第238页）中写道，1802年5月，圣海伦斯勋爵成功地说服沙皇，不要为关于马耳他的条款作保。我看过的所有报告都与这一说法相悖。事实是，沙皇对这个条约十分不满，拒绝听从英国方面一再提出的作保要求。梯也尔的说法很正确：英国政府催促沙皇作出保证，但法国却长期没有向沙皇提出请求。如果法国想要解决问题，为何如此疏忽？

牙和俄国的行为使英国政府有了充分的口实,可以不让1802年秋季抵达的2000名那不勒斯官兵进入。英国撤出马耳他有多个条件,其中有五条没能满足。①重建气息奄奄的骑士团统治自然是困难重重,但与远比此范围更广、更复杂的问题——"永恒"的东方问题——相比,就是小巫见大巫了。

19世纪初,土耳其帝国前所未见地迅速衰退。贪污腐化与徇私舞弊使君士坦丁堡政府陷于瘫痪,专横的帕夏们效仿阿尔巴尼亚事实统治者阿里帕夏,开始在叙利亚、小亚细亚、瓦拉吉亚甚至鲁米利亚本土建立势力范围。就在这种状况下,土耳其苏丹和他的顾问们于1801年10月听到了令人甚为忧虑的消息:他们唯一可以依赖的强国将要放弃马耳他。他立刻向乔治三世发出呼吁,恳求他不要撤出马耳他。英国外交部档案中找不到这封公文,但驻君士坦丁堡大使埃尔金勋爵回国途中从马耳他写来的信充分说明,苏丹深知自身的弱点,也知道巴黎正在制订瓜分土耳其的计划。波拿巴已经开始就此问题征求奥地利和俄国的意见,并巧妙地暗示,没有及早加入该计划的国家将会一无所获。目前,两位统治者都拒绝了他的提议,但他仍然希望土耳其的无政府状态,以及瓜分计划在邻国引起的猜忌,终将把这两个国家和其他国家吸引到他的事业中来。②

那个时期,年轻沙皇的性情暴躁易变,他不像命运多舛的父亲那样狂热而反复无常,在瑞士民主派人士拉阿尔普的循循善诱之下,对1789年法国大革命的崇高理想心生向往。然而,身为保罗一世的儿子,他不可能摆脱历代沙皇东征西杀的本性;他清澈的蓝眼睛、优雅而魁梧的体形、宽广饱满的前额和紧密的双唇都表现出了强大的精神力量;他体魄强健,喜欢炫耀武力,这一切似乎都促使他去完成叶卡

---

① 卡斯尔雷的《书信与公文集》,第2集,第1卷,第56和69页;迪马《军事事件概略》第9卷,第91页。
② 弗朗茨二世致科本兹的备忘录(1801年3月31日),见于比尔(Beer)《奥地利的东方政策》(*Die Orientalische Politik Oesterreichs*)附录。

捷琳娜女皇未竟的霸业——征服土耳其，并在多瑙河的波涛中洗去无意中参与弑父阴谋的悔恨。他热爱自由，也希望扬威海外，此刻正在两者之间摇摆不定。他本性优柔寡断，有损其高尚的品格，也使他不止一次屈服于强大的意志或有诱惑力的计划。他是俄国历史上的两面神，一方面，他面对社会与政治改革的巨大难题，另一方面又贪婪地暗自遥望圣索菲亚大教堂的圆顶。他性格中的这种两面性遭到了好友恰尔托雷斯基亲王的批评：[1]

"皇帝的心中真的满怀普遍福祉的崇高理想、慷慨大方的雅量，也渴望着为这一切牺牲部分皇权，但那不过是年轻人的幻想，而不是成年人的明确意志。他喜欢表面上的自由，正如喜欢喜剧，这能给他带来愉悦，满足他在帝国中看到自由政府表象的虚荣心。可是在这方面，他想要的只是形式和外表，并不希望它们成真。他很乐意承认每个人应该是自由的，条件是人们要自愿地做皇帝希望做的事情。"

这位著名的波兰民族主义者后来做出这番评论，可能是因为在沙皇那里的经历令他失望而产生怨恨，但也表达了大部分观察家对亚历山大早期生涯的感想，拿破仑最宠爱的副官迪罗克得出的结论也与此相符。迪罗克曾在年轻沙皇即位时前往道贺，怂恿他加入东方计划，他最后说：对这位沙皇不能抱什么希望，但也无须畏惧。这真是一语中的。[2]

当时，年轻的沙皇正醉心于社会改革这条更高尚的道路，东方计划只能被放在一边。在这方面能够影响他的只有过去的老师拉阿尔普。这位瑞士前督政官轻而易举地使沙皇相信，俄国非常需要政治与社会改革。他的影响力还得到了一群才华横溢的年轻人的有力帮助，沃龙佐夫兄弟、斯特罗格诺夫兄弟、诺沃希尔佐夫和恰尔托雷斯基等人赞赏西方（尤其是柏林）思想与制度，促使亚历山大走上进步的道

---

[1] 《回忆录》，第 1 卷，第 13 章。
[2] 乌尔曼（Ulmann），《1801—1806 年的俄国－普鲁士政治》，第 10—12 页。

路。因此，当拿破仑以关于土耳其的话题挑逗沙皇时，这位年轻统治者正要开始为其政府建立制度，解放农奴，并提供少许大众教育。

亚历山大全身心地投入了这些造福大众的事业，却听到了皮埃蒙特与帕尔马被兼并、拿破仑拒绝让撒丁国王得到比锡耶纳更大的领地等令他深为愤怒的消息。这种背信弃义之举使沙皇痛心。而拿破仑此时还试图引诱他加入土耳其的冒险计划，称法国应该占有摩里亚半岛，土耳其在欧洲的其他领土则可以分给维克托·埃马努埃尔一世和法国波旁王族，这种想法显然不切实际。根据这一冷酷的提议，那两个古老的王室家族将从出生地被赶到遥远的希腊，或者穆斯林的土地上，身为帝王，沙皇的感情受到了深深的伤害。他绝不会和法国同流合污，也不想看到法国人占据摩里亚半岛，进而从那里祸乱整个土耳其，趁机占领君士坦丁堡。他知道拿破仑想把自己带往何处，态度也突然转变，甚至告诉英国大使、海军上将沃伦，英国最好是留住马耳他。①

俄历1803年1月19日，亚历山大还责成俄国驻巴黎大使宣布，欧洲的现有体系决不能进一步受到侵扰，各国政府都应该致力于和平与人民福祉，圣彼得堡不能接受拿破仑频繁提到的瓜分土耳其的企图，他们认为这是英国感到焦虑、拒绝裁军的主要原因。他还建议第一执政发表公开讲话，消除英国对奥斯曼帝国遭到瓜分的担忧，从而确保世界和平。②

没等听到这个绝妙的建议，拿破仑就以一个大胆的举动震惊了世界。1月30日，《环球箴言报》全文刊载了塞巴斯蒂亚尼上校充满好战情绪的报告，讲述了他对阿尔及尔、埃及和爱奥尼亚群岛的访问。由于这次访问后来又被说成仅仅是商业活动，我们不妨引用1802年9

---

① 1802年12月10日，沃伦报告道，沃龙佐夫提醒他在放弃马耳他的问题上要非常谨慎；1月19日，恰尔托雷斯基告诉他，"皇帝希望英国保留马耳他"。波拿巴曾要求以摩里亚半岛补偿波旁和萨伏依王室。（英国外交部档案，俄国部分，第51卷）
② 布朗宁，《英国与拿破仑》，第88—91页。

月5日第一执政向其使节下达的秘密指令：

"他（塞巴斯蒂亚尼）将继续前往亚历山大港，注意海港里的情况，英国和土耳其驻扎在那里的舰艇与部队，工事与城堡的状况，描述我们撤离后亚历山大港和整个埃及的一切情况。最后是埃及人目前的状态……然后，他将前往阿科，将拿撒勒修道院托付给吉扎尔，通知他（法兰西）共和国的代表将前往阿科，了解吉扎尔修建的工事，在没有危险的情况下亲自步行查看它们一下。"

工事、部队、战舰、当地人的情绪以及对基督徒的保护——塞巴斯蒂亚尼只应该关心这些，指令中一次都没有提及商业。这名军官动身时就已惊动了英国政府。英国驻巴黎代办梅里先生在如下的"秘密公函"中提醒政府注意此行的真正目的：

"巴黎，1802年9月25日

……我已从权威人士处得知，他（塞巴斯蒂亚尼）由一个叫若贝尔的人（此人是波拿巴将军在埃及指挥作战时的翻译和与当地人接触的秘密代表）陪同，若贝尔携带塔列朗先生签发的委任状和命令与易卜拉欣总督洽谈，目的是在埃及发动一场反对土耳其统治的成功叛乱，使该国再次处于法国的直接或间接控制之下，为此，他得到授权向叛乱者提供人员和资金援助。向我透露这一信息的人知道，与易卜拉欣总督接洽的任务只交给若贝尔先生一人，他与塞巴斯蒂亚尼上校同行，是为了掩盖此行的真实目的，确保他安全抵达埃及，另外也是为了协助上校与阿尔及尔、突尼斯和的黎波里摄政们会谈。"[①]

梅里的情报很准确，与拿破仑给塞巴斯蒂亚尼的秘密指令相符，英国政府预先接到通知后，立刻在所有地中海与东方问题上采取强硬态度。驻埃及英军司令官斯图尔特将军以极度冷淡的态度接待了塞巴斯蒂亚尼，并告诉他没有接到伦敦关于撤出该国的任何命令。抵达开

---

① 英国外交部档案，法国部分，第72号。

罗后，这位商务特使提议在土耳其帕夏和马穆鲁克叛军之间调停，也遭到断然拒绝。[①]塞巴斯蒂亚尼软硬兼施也无济于事，帕夏不允许他前往叛乱总督的总部阿斯旺，处境困窘的公使只得返回海边，乘船前往阿科。他从那里启程前往科孚岛，向岛上居民表示拿破仑希望他们停止内乱。回到热那亚后，他日夜兼程，于1803年1月25日抵达巴黎。五天以后，他关于此行的报告在《环球箴言报》上全文发表，震动了浮华的首都。报告描述了土耳其人在埃及的悲惨状况——开罗的帕夏实际上已无实权，与斯图尔特将军关系恶劣，各处的防御工事多已破败，亚历山大港内外驻扎着4430名英军，土耳其军队无力与之抗衡。"目前，6000名法军就足以征服埃及"，至于爱奥尼亚群岛，"我可以毫不夸张地向你们保证，这些岛屿一有机会就将宣布自己属于法国"。[②]

以上就是这份报告的主要内容。关于发表该报告的动机，有各种各样的说法。有些人的著作将其看成是对英国报纸文章的猛烈反驳，另一些人（如梯也尔先生）则左右摇摆，有时候说这份报告的发表是"不幸的突发事件"，有时又说是对英国"随意决定"《亚眠和约》执行范围的抗议。

考虑一下1803年1月底的实际情况，也许能帮助我们解释上述哪一种说法更符合拿破仑的宏伟计划。当时，他在旧世界叱咤

[①] 英国当时正在进行这一调停。埃尔金勋爵1803年1月15日从君士坦丁堡发来的公文称，他已诱使土耳其政府同意马穆鲁克人占有阿斯旺省（英国外交部档案，土耳其部分，第38号）。

[②] 1803年5月18日递交国会的文件。我略去了对斯图尔特将军的无礼之词，因为塞巴斯蒂亚尼于2月2日对惠特沃思勋爵收回了他在这方面所说（或者被迫说）的一切，并以"大加尊崇"的口气提到了斯图尔特。根据梅纳瓦尔（《回忆录》，第1卷，第3章）的说法，与塞巴斯蒂亚尼一起出访的若贝乐看到了《环球箴言报》报告的校样，建议删除最容易激怒人的段落，但马雷不敢对这一行为负责。吕西安·波拿巴（《回忆录》，第2卷，第9章）有另一种说法——我认为不那么可信——拿破仑亲自向塞巴斯蒂亚尼口述了报告的终稿；当后者表现出犹豫的态度时，第一执政念着那些最为刺激的段落，一边喃喃自语："当然，我们会看到，这一段，或者那一段，都不会激怒约翰牛，让他们发动战争的。"约瑟夫对此感到十分痛苦，他惊呼："啊，我可怜的《亚眠和约》，它命悬一线了！"

风云。作为终身第一执政，他是4000万法国人的主人，是意大利共和国的总统，在瑞士和荷兰，他的话就是法律。对法国违反《吕内维尔条约》的行为，奥地利敢怒而不敢言。俄国沙皇全神贯注于国内事务，对拿破仑东方计划的拒绝还没有传达到巴黎。至于英国内阁，一方面遭到格伦维尔和温德姆的抨击，另一方面要面对福克斯同样猛烈的批评，已处于风雨飘摇之中。当政府提出扩军时，福克斯提出了大规模常备军"是君王手中施加影响力的危险工具"这一陈词滥调。这位英国最伟大的演说家就这样破坏了国民思想上的统一，而英国唯一的政治家皮特却仍隐居修习、不问政事，第一执政当然可以确认这个岛国已无力挑战他的权威，以轻蔑的态度静观英国政客之间的争吵，就如同当年腓力大帝看待德摩斯梯尼的雅典一样。

尽管拿破仑在欧洲和东方的前景颇为乐观，但西方的局面却笼罩着危险的阴云。圣多明各惨败的消息于1803年第一周传到了巴黎，不久之后，又传来了美国人民群情激愤、决心抵制法国占据路易斯安那的消息。如果他维持最新的计划，就可能挑起与美国的战争，使其倒向英国一边。敏锐的政治嗅觉使他避开了这一大错，他决心将路易斯安那卖给美国。

从新大陆的大草原退却显得如此胆怯，必须通过对尼罗河两岸和印度的示威来掩盖。每当他计划从一个方向上撤退时，总是会以另一个方向的漂亮牵制战作为掩护，只有这样，才能令法国人着迷，牢牢控制住焦躁不安的巴黎。塞巴斯蒂亚尼发表的报告热情洋溢地描述了穆斯林、叙利亚基督徒和科孚岛上的希腊人对法国的喜爱，雄辩地揭露了斯图尔特将军的背信弃义，煽动对黎凡特的征服，这些都为他提供了动力，帮助他生动地转换场景，驱散人们对西方损失的记忆。[①]

[①] 亚当斯，《美国史》，第2卷，第12—21页。

塞巴斯蒂亚尼报告的正式发表，甚至在法国造成了轰动，而绝不像梯也尔先生竭力表明的只是一桩小事。①但在唐宁街引发更大震动的，并不是报告揭露的事实——因为梅里的信件已经使英国大臣们有所准备——而是法国公开宣示与英国的敌对图谋。英国政府立刻通知惠特沃思，要求他必须坚持保留马耳他。他还将抗议发表此种文件，宣称乔治三世不会"在听到满意的解释之前，进一步讨论与马耳他相关的事项"。但是，拿破仑不仅没有做出解释，还马上对英国没有撤出亚历山大港和马耳他表示不满：

"（亚历山大港）的那些守军并不是保护埃及的手段，而只是为入侵提供借口。不管他多么渴望将埃及变成殖民地，都不应该这么做，因为他不认为值得为此冒战争的风险。在这场战争中，他会被看成侵略者，也必然得不偿失。埃及迟早将属于法国，也许是因为土耳其帝国土崩瓦解，也可能是该国政府的某种安排……最后，海洋的主人和陆地上的霸王为何不能协商一致，统治世界呢？"

比惠特沃思更敏锐的外交家也许能听出英法瓜分世界的暗示，但这个英国人在当时争吵与谩骂的激流中难以发声，只能抓住第一个机会明确地告诉拿破仑，塞巴斯蒂亚尼关于埃及的言论在英国引起了恐慌。这错误地触怒了第一执政，他坚称是否撤离马耳他的问题关系到战与和。英国大使指出法国势力在欧洲大陆上的扩张，但也无济于事。拿破仑打断了他的话："我想你指的是皮埃蒙特和瑞士：那是另一回事——在目前的情况下，你无权讨论这件事。"惠特沃思看到对

---

① 米奥·德·梅利托，《回忆录》第1卷第15章引用了约瑟夫·波拿巴对他说的话："让他（拿破仑）再一次把欧洲投入战争的血海吧，这场战争本可以避免，而且，如果不是他派塞巴斯蒂亚尼进行这次令人难以容忍的访问，战争根本不会发生。"
塔列朗费尽心机，说服惠特沃思勋爵相信塞巴斯蒂亚尼的访问"纯粹是商业性的"；拿破仑在与英国大使的长谈中，"并没有装腔作势地将其纯粹归于商业动机"，而是将其说成对英国违反《亚眠和约》的必要反应。这一借口和塔列朗的说法同样虚伪。给塞巴斯蒂亚尼的指示是1802年9月5日做出的，当时英国政府正打算履行与马耳他相关的条款，并徒劳地催促俄国和普鲁士保证该岛的独立。

第17章 战端重开　331

方已经失去了耐性，只得转移话题。①

这一番冗长的激烈攻击，清楚地说明了第一执政的目标。他希望和平能够持续到东方计划成熟之时。法国对意大利、瑞士和荷兰保持着影响力，使其可以准备瓜分土耳其帝国，与马拉塔人共谋进取，在如此丰硕的成果之前，哪位统治者不渴望着维持和平呢？英国要享有和平，必须满足如下条件：承认法国在邻国事务上的仲裁权；不能在地中海上谋得补偿；它还必须忍受其他人的正式通知：只凭它是无法与法国长期对抗的。②

但是，乔治三世并不想堕落到查理二世的地步。无论这位"农夫国王"有多少弱点，他都十分重视国家荣誉与利益。此时，两者都受到了深深的伤害，就连在英国本土也是如此。拿破仑积极地向英国派出"商业特派员"，事实证明其中许多人都是军人，塔列朗向都柏林的一位特派员发出的秘密指令偶然地落入英国政府之手，说明这些人负责绘制港口详图，标明水深和泊位。③

另外，法国人几乎肯定正在帮助爱尔兰叛乱分子。埃米特便是其中之一，他曾是旨在威胁英国国王生命的"德斯帕德阴谋"嫌疑人之一，阴谋失败后在法国寻求庇护。1802年底，他返回家乡，开始在拉斯法纳姆附近的一所房屋里囤积武器。当局是否知晓他的计划值得怀疑，更有可能的是听之任之。直到第二年的7月（战端已经重开），埃米特才发起行动，他和同伙以及阿尔斯特暴动分子拉塞尔一起，为荒唐的举动付出生命的代价。这些人都否认与法国有任何关系，但他们肯定将成功的希望寄托在法国承诺的英国沿海入侵行动上。④

法国商业特派员的行径与埃米特阴谋的启动，都加剧了拿破仑傲

---

① 2月21日的公文。
② 1803年2月21日向立法院宣读的《关于共和国国情的看法》。
③ 1803年5月18日提交给国会的文件。另见皮特1803年5月23日的演讲。
④ 参见拉塞尔7月22日对安特里姆人发布的公告："他毫不怀疑，此时此刻法国人正在苏格兰作战。"（1803年《年鉴》，第246页）

慢外交政策所导致的紧张局势，这一结果从1803年3月8日英国国王向国会传达的信息就可以看出。鉴于法国已在做战争准备，第一执政最近在立法院又发表了有意挑衅的言论，大臣们要求建立民兵，并为海军增加1万名水兵。拿破仑向英国大使宣布法国现役部队将扩张到48万人之后，英国的上述扩军之举似乎是合理的自卫措施。然而，第一执政对此勃然大怒，在3月13日公开接待各国使节时，他对惠特沃思勋爵说道：

"'这么说，你们是决心要打仗了。''不，第一执政，'我回答道，'我们太知道和平的好处了。''那么，为什么要有这些军备措施？针对谁？我在法国港口里一艘战列舰都没有，但如果你们希望战备，我也会这么做：如果你们想打仗，我一定奉陪到底。你们或许能够灭亡法国，但永远不能吓倒它。'我说道：'我们两样都不想做，希望与法国和平共处。'他应声道：'那你们就必须遵守条约，不遵守条约的人只能自取其祸，他们要对整个欧洲负责。'他太激动了，继续谈话显然不明智，于是我不做任何回答，他一边重复着最后一句话，一边走回房间。"[①]

这一奇怪的场景暴露出了拿破仑暴躁性格的弱点，旁观者尴尬之余，留下的印象并不是尊严受损时的义愤，而是独裁者的专横和自以为是，他可以为敌对行动做准备，却对采取合理预防手段的他国使节冷嘲热讽。对惠特沃思勋爵的轻慢虽在英国国内引发了强烈的不满，但没有给谈判带来直接的影响，因为第一执政很快抓住机会悄悄地为这件事道歉；但此举却有着非常重要的间接意义。从他的讲话可以看出，对英国撤出马耳他的要求是不能更改的。凭借对法国人天性的深刻理解，他知道"荣誉"是这个民族的主要动力，他的政治命运寄托在对这一本能的满足上。此时，他如果后退，只会损害法国的威望，

---

① 1803年3月14日的公文。可将其与拿破仑《书信集》第6636号中非常温和的版本做一对比。

削弱自己的地位。虽然英国政府提醒他，他已承认"英王陛下应该为法国在欧洲大陆上取得重大领土扩张而得到补偿"，[①]但根本无济于事，这一承诺尽管正式，却是秘而不宣的，背弃它至多也只会冒犯白厅的官员。而一旦同意英国的要求，将马耳他作为补偿，犯下的就是法国政治家最严重的罪行，使自己变得荒唐可笑。从这个方面看，3月13日发生在杜伊勒里宫的这一幕，间接导致了令欧洲万民凋敝的血腥战争。

拿破仑认为，战争的爆发即便不是必然，也是非常有可能的了。事实往往比外交保证更为雄辩有力，而当时并不乏这样的事实。3月6日，德康的远征军已从布雷斯特出发前往东印度，对即将开始的战争全无预见。3月16日，一艘双桅快速横帆船被派去追赶他，命令他从本地治里全速返回毛里求斯。拿破仑的通信往来也表明，早在3月11日，也就是听说乔治三世对国会传达的意见之后，他预计战争将会爆发：当天，他命令在敦刻尔克和瑟堡集结分舰队，并紧急致函俄国、普鲁士和西班牙君主，抨击英国背信弃义。特别是派往彼得堡的使节，将与沙皇探讨哲学问题，敦促他将海洋从英国"暴政"下解放出来。

阿丁顿和他的同僚们尽管热爱和平，现在也相信和平比开战更危险了。马耳他是阻止法国占领埃及或从科孚岛一侧入侵土耳其的唯一有效屏障。一旦土耳其遭到瓜分、埃及落入法国之手，就难以抵御拿破仑对印度的图谋了。1803年2月21日，英国军队撤出了好望角，次月17日从亚历山大港起航。前者向法国让出了印度的海上通道——因为好望角的荷兰人只不过是第一执政的工具，而后者则使马耳他成为对英国东方领地发动地面进攻的唯一障碍。英属东印度已危在旦夕，而法国却让欧洲相信，问题只是英国是否撤出马耳他。这是

[①] 霍克斯伯里勋爵3月10日致安德烈奥西将军的信。

法国方面的陈述，英国则辩解道，法国已经宣布接受了对英补偿的原则，没有任何理由反对它保留对其利益如此重要的岛屿。

尽管阿丁顿内阁确信马耳他极为重要，但如果法国政府"提出其他建议，能够实现与国王陛下永久占有该岛的要求同等的安全保障，并使该岛的独立符合《亚眠和约》第10条的精神"，他们并不坚持保留这个岛屿。①这样就给第一执政留下了主动权，可以提出其他保障英国在黎凡特利益的计划。有了这个合理解释后，英国大使奉命向他提出了如下新条约提案：马耳他仍留在英国手中，骑士团因此遭受的任何财产损失都将得到赔偿；法军撤出荷兰和瑞士；厄尔巴岛确认归属法国，伊特鲁里亚国王得到英国承认；如果"在意大利为撒丁国王做出令他满意的安排"，意大利和利古里亚共和国也将得到承认。

惠特沃思勋爵认为，最好不要直截了当地提出这些要求，而是逐步揭示其实质。他判断这样做对杜伊勒里宫里的主和派的损害较小，也比较不会触犯拿破仑。但不管怎么做，结果都是一样的。第一执政此时处于高度紧张的状态中，实际上忽略了"同等安全"的建议，他慷慨激昂地批判英国公然违反条约，却不反对沙皇关于马耳他的提议，这一提议削弱了骑士团的稳定性，明显篡改了同一条约。

塔列朗的态度较为温和，几乎没有疑问的是，如果第一执政给予哥哥约瑟夫和他的外交部长更大的权力，这次危机可能已经平静地渡过了。约瑟夫·波拿巴迫不及待地催促惠特沃思，希望他能满足于用科孚岛或克里特岛代替马耳他；但他承认，这一建议并没有得到授权，马耳他问题极大地触怒了第一执政，约瑟夫根本不敢与他讨论上述方案。②确实，在关键的这几周里，拿破仑与他的兄弟们关系非常紧张，约瑟夫和吕西安渴望着欧洲和平，这样法国甚至还有可能挽回路易斯安那，而第一执政坚持他的东方计划。此时的他似乎全神贯注

---

① 霍克斯伯里勋爵1803年4月4日致惠特沃思勋爵的信。
② 1803年4月11日和18日的公文。

于将决裂推迟到一个方便的时刻，并将发动战争这一引起公愤的罪行归咎于对手。他没有提出任何能够保证英国陆上通道安全的建议，也没有指明其他作为马耳他等价筹码的岛屿。

对许多人来说，拿破仑的立场似乎符合逻辑、无可置疑；但这种看法很难站住脚。从技术上说，欧陆强国的行为已两次使《亚眠和约》完全失效。俄国和普鲁士不肯为条约规定的马耳他事项作保；法国和西班牙没收各自领土上的骑士团财产，极大地削弱了骑士团的实力，它再也不可能支撑瓦莱塔周围防线所需的大规模守军了。

从军事意义上说，这是问题的症结所在，因为没有人会相信，在瓦莱塔驻扎那不勒斯国王的2000名士兵就能保证马耳他的安全，要知道，缪拉的部队在一周内就占领了国王的全部领地。这一明显的难点导致霍克斯伯里勋爵于4月13日的报告中敦促英军守卫瓦莱塔的主要工事，将民事权力交给骑士团。如果此举不可行，英国应该继续全面占据该岛十年，条件是英国可以自由地与那不勒斯国王谈判割让马耳他以西的小岛兰佩杜萨。第一执政对最后这个提议没有表示反对，但他仍然坚决反对英国保留马耳他，即便是十年为限也不行，并竭力将荒凉的兰佩杜萨岛当成马耳他的等价物。不过，塔列朗轻率的坦白之词打破了这一荒谬的争竞："谈判的重点与其说是圣约翰骑士团的重建，不如说是让英国在地中海占有一块地盘的问题。"①

这确实是整个问题的核心与精髓，英国是被赶出这片大海——除了直布罗陀和兰佩杜萨——眼睁睁地看着法国占领科孚岛、摩里亚半岛、埃及和马耳他，将地中海变成其内湖；还是前往东方的陆上通道上保留某个立足点。惠特沃思勋爵坦率地指出了这一难题，约瑟夫·波拿巴也坦率地承认，塔列朗的看法也是如此。拿破仑对于持久和平肯定没有很深的渴望，因为他拒绝承认英国有权为其在黎凡特的利益提供有效保

---

① 惠特沃思4月23日写给霍克斯伯里的信。

障，他自己的蓄意行为已使《亚眠和约》失去了效力，却总是要求按照和约条文一字不差地执行。

事态迅速发展，达到了高潮。4月23日，英国政府通知其大使，如果在他收到现行谈判条件七天之内得不到满足，他就应该离开巴黎。拿破仑对局面的最新转折感到又惊又怒。他本以为阿丁顿会胆怯、迁就，没想到却遇到了公然的蔑视；此时，他又心生一计，提议沙皇在两国之间斡旋。这一建议极其巧妙，满足了年轻专制君主的自尊心，而且让他感到有希望得到很大的好处，正如一年前俄国的斡旋，使法国从心怀恐惧的苏丹那里得到的好处一样；这一招还有助于遏制当时正在圣彼得堡讨论的英俄联盟计划，最重要的是，能够争取时间。

上述的好处很大程度上都实现了。沙皇是最早建议英国保留马耳他的人，现在却开始踌躇了。塔列朗的照会清晰准确，对英国背信弃义的指控也十分有力，给沙皇留下了深刻的印象，任凭霍克斯伯里勋爵费尽口舌反驳和海军上将沃伦展开水手外交也无法消除。[①] 就连对英国友好、希望其在马耳他站稳脚跟的俄国驻英大使沃龙佐夫，此时也开始抱怨英国的政策不明确。沙皇强调了这一点，并提出建议：由于马耳他可能不是争端的真实原因，英国政府应该明确表示其不满之处，回到解决问题的轨道上来。英国并没有遵照这个建议，如果它将所有的不满一一列出，有些消息来源是保密的，有些会暴露第一执政的图谋而进一步激怒他；沙皇的建议只能被看成对自己突然改变立场的巧妙解释。

与此同时，巴黎的事态也迅速发展。4月26日，约瑟夫·波拿巴尽了最后一次努力，试图让他的弟弟回心转意，但拿破仑只是不情愿

---

① 恰尔托雷斯基（《回忆录》，第1卷，第13章）称他为"一位杰出的海军上将，却是平庸的外交家——是任命他的阿丁顿内阁昏聩无能的完美代表。英国政府对其大使很少感到满意。"另见明托伯爵的《书信集》，第3卷，第279页。

地做出让步：绝不同意英国保留马耳他超过三年或四年。这样，拿破仑就可以将英美关系破裂的时间推迟，足以等待东方计划的成熟，因此，惠特沃思拒绝了这一条件，坚持至少要保留马耳他十年。英国政府显然决心不管结果如何都迅速结束谈判，这使拿破仑怒不可遏；在5月1日的外交招待会上，他痛斥英国政府的行为，谨慎的惠特沃思勋爵缺席了此次会议。大使的缺席使拿破仑的怒气无从发泄，焦躁的他回到圣克卢宫后，给塔列朗写了一封有趣的信：

"我盼望你们（与惠特沃思勋爵）的会议不会沦为一次闲聊。表现出你们的冷静、矜持甚至某种骄傲。如果（英国人的）照会包含'最后通牒'的字眼，就要让他知道，那意味着战争；如果没有这个词，想办法让他加进去，告诉他，我们必须知道自己的处境，我们已经厌烦了这种焦虑的状态……会议结束时可以稍微缓和一下，邀请他在向政府汇报前再谈一次。"

但这样认真的排练并没有任何作用；冷漠的英国大使没有被甜言蜜语所动。5月2日，也就是提交政府最后通牒之后七天，他派人去取他的护照，不过没有马上动身。应一项紧急请求，他推迟了动身日期，以听取法方对英国最后通牒的回复。[①]法国人以讥讽的口气告诉他，第一执政没有权力将兰佩杜萨让给英国，英国必须向列强陈述关于马耳他的任何变化，求得它们的赞同，一旦《亚眠和约》的条件得到满足，法国将立刻撤出荷兰。另一项提议是，马耳他应该交给俄国——这正是在亚眠提出后遭到沙皇拒绝的建议。因此，惠特沃思勋爵认为这只是拖延时间的策略，拒绝了上述建议。由于护照耽搁了，他又接到了唐宁街的一封公函，允许将英国保留马耳他十年作为一个秘密条款——这是为了给第一执政保留颜面而想出的办法。然而，即便如此，拿破仑也拒绝考虑超过两三年的期限。圣彼得堡刚发来的公

---

① 惠特沃思推迟行程造成的恶劣后果，参见马姆斯伯里勋爵的《日记》（第4卷，第253页）。

函无疑激励了他,沙皇在信中承诺进行有利于法国的调停。这一不幸的事件使执政府内的主和派遭到彻底的失败,5月11日在圣克卢宫举行的会议上,经过一番漫长、激烈的讨论,除了约瑟夫·波拿巴和塔列朗之外,所有与会者都投票赞成拒绝英方要求。

次日,惠特沃思勋爵离开巴黎。前往加莱的路上,他又收到一个提议:如果英国保留马耳他十年,法国也应该保留奥特朗托半岛十年。即便这一建议出于善意(这点很值得怀疑),塔列朗不久就按照主人的命令发出了语无伦次的猛烈指责,使其效果荡然无存。①无论如何,英国大使都将这当成争取时间、集结法国海军部队的最后尝试。他于5月17日渡过多佛尔海峡,次日,英国对法宣战。

1803年5月22日,巴黎颁布了一项令人震惊的法令:由于英国巡防舰在布列塔尼沿岸扣押了两艘法国商船,在法国的所有18—60岁英国人都将被当成战俘拘押。这一闻所未闻的行动导致大约一万名英国人被长期关押,其借口是两艘法国船只在宣战之前遭到扣押。实际情况并非如此:这两艘船被扣押的时间是5月18日,也就是英国政府宣战的当天,三天之前,法国港口便已禁止英国船只进入,七天之前,第一执政就指示驻佛罗伦萨公使禁止英国船只进入托斯卡纳港口。②因此,拿破仑颁布如此野蛮的敕令,只说明他对自己争取时间、先发制人地发起打击的努力失败非常失望。从阿布朗泰斯公爵夫人的叙述,就能看出他当时的心情有多么烦躁。公爵夫人说,她的丈夫接受扣押英国居民的命令时,发现第一执政怒气冲冲、目露凶光;当朱诺表示不愿意执行这项命令时,拿破仑怒喝道:"不要太把我的友情当回事:一旦我怀疑你们对我的忠诚,友谊也就没了。"

此时,英国人几乎都不会怀疑,第一执政因为这个国家阻碍了他的东方计划而心生仇恨。虽然那些计划的细节只有大臣们才知道,但

---

① 1803年5月12日的照会;参见《英国与拿破仑》,第249页。
② 《书信集》,第8卷,第6743号。

就连农家的孩子都能感觉到，以毫无道理的借口扣押无辜的旅游者，这种行为是出于多么大的怨恨。民族的激情被鼓动了起来，不幸的是，同时还有民族仇恨。[1]曾对拿破仑的"仁政"大加宣扬的辉格党立刻陷入绝望的状态，在将近一代人的时间里萎靡不振；而倡导民族主义政策的保守党则大权在握，直到1793年和1803年被战争所阻挡的民主潮流在后来的改革运动中充分发挥作用。

然而，经常见诸宣传小册子的观点——1803年的战争是为了迫使法国放弃其共和原则——是毫无根据的。1802年之后，根本没有任何可供反对的法兰西共和原则了，这些原则已经被抛弃；而且，由于波拿巴粉碎了雅各宾派，白厅对他的个人主张表示赞许，阿丁顿甚至向法国公使保证，他欢迎第一执政家族建立世袭制度。[2]不过，尽管波拿巴自己的行为反驳了1803年战争是"原则之战"的观点，他在欧洲和黎凡特的霸道政策使所有消息灵通人士都知道，和平是不可能的；当英法两国关系破裂时，随之而来的是对这个"店主之国"的各种行动与侮辱，只有血流成河方能洗雪。法国报刊上充斥着对"背信的英国"的谩骂，这些恶言恶语也涌入了杀气腾腾的宣传册子中，其中一本小册子上说道，可憎的英国，就让它在对奸诈行为的愧疚和对很快到来的应有惩罚的恐惧中瑟瑟发抖吧。在这样的精神驱使下，两个国家匆匆地拿起了武器；连续不断的冲突几乎持续到拿破仑被幽禁在南大西洋的孤岛之上。

如果我们稍微审视一下波拿巴在《亚眠和约》签订后的地位，就能意识到这一和约破裂的重要性了。他已经为第二祖国赢回了殖民帝国，没有放弃任何一个法国岛屿。法国地位的上升得到雄厚实力的保

---

[1] 参见罗米利1803年5月31日写给迪蒙的信（《回忆录》，第1卷）。
[2] 《未发表的塔列朗致拿破仑书信》，1802年11月3日。在1803年5月3日写给惠特沃思勋爵的信中，于贝（Huber）先生报告了富歇在元老院上对波拿巴的坦率警告："您和我们一样，都是革命的产物，而战争使这一切陷入危险之中。人们让您依赖其他国家的革命原则，那不过是一种奉承，我们革命的结果就是毁了这些原则。"

证，远不像后来在蒂尔西特攀上顶峰时那般岌岌可危。在澳大利亚，法国的三色旗有希望飘扬在和新南威尔士一样大、像新兴的悉尼镇那么繁荣的土地上。从法兰西岛、好望角这些便利的作战基地，很容易攻击英属印度；法国与马拉塔王公联手，也很有可能打败东印度公司的军队。而在欧洲方面，土耳其帝国崩溃在即，列强的瓜分势所难免，法国有希望因此得到埃及和摩里亚半岛。爱奥尼亚群岛已经接受了法国的兼并，如果英国从马耳他撤出军队，孱弱的圣约翰骑士团会面临什么样的命运，几乎毫无疑问。

要实现这些美好的愿望，只需要维护和平和发展海军的政策。此时，拿破仑的海军相对较弱。1803年3月，他只有43艘战列舰，其中10艘在偏远的锚地；但他已命令再建造23艘——其中10艘在荷兰，由于掌握了法国、荷兰、佛兰德斯和意大利北部的海港，他希望在1804年底可以优势兵力对抗英国海军。这就是他给德康的密令中提到的战争爆发时间，到那时，全世界都将屈服于法国的霸权。

这些计划之所以流产，是因为策划者过于性急。英国被排除在欧洲政治版图之外，并在其他大陆上受到法国霸权的威胁，当然毫不犹豫地亮剑；它的行动打破了拿破仑通过阴谋织就的天罗地网，迫使法国放弃了远洋计划，集中兵力于多佛尔海峡，从而在路易斯安那、印度和澳大利亚争霸战中输给了英国，同时将埃及的命运留到以后去决定。从种族扩张的角度看，1803年战端重开是19世纪最重要的事件。

（自本章付印以来，菲利普森先生关于同一主题的多篇文章刊登在《历史杂志》（1901年3月—6月）上，他的看法与本书几乎完全相同。不过，我不同意这位学识渊博的作家关于拿破仑希望开战的观点。我认为他并不想在海军尚未准备就绪之前开战，但他不愿意屈服。）

第五版注释

科凯勒先生在一部由戈登·D.诺克斯先生译成英语的著作（G.贝尔父子公司出版）中清楚地表明，拿破仑的军队没有撤出荷兰，并将该共和国归入法国势力范围之中，是战争的主因。请读者参见这部著作中详细介绍的谈判最后阶段。

第18章　欧洲和波拿巴家族

拿破仑因计划被英国打断而感到失望，其程度之深可从他在推迟英法关系破裂和此后在战争中投入的巨大精力看出。如前所述，对英国内阁来说，沙皇回应第一执政调停要求的照会似乎并不公正，他显然偏袒法国一方。此时，拿破仑承认沙皇在争端问题上的仲裁权，并建议同时将马耳他交给俄国为质；而在他这方面，如果英国暂缓敌对行动，法国愿意撤出汉诺威、瑞士和荷兰，为撒丁国王做出补偿，允许英国占据兰佩杜萨，只要法国能保留现有的边境，将充分保证"欧洲的独立"。可是当俄国公使马尔科夫敦促他为这些提议加上重要的一条，允许英国暂时保留马耳他，具体期限日后商定时，他坚决拒绝主动提出这一点，因为这样有伤其尊严；不过，如果亚历山大真的如此决定，他将无奈地看着该岛割让给英国。于是，马尔科夫写信给伦敦的同僚，向他保证第一执政的高尚行为再一次确保了世界的和平。①

这些建议是出于维护持久和平的真诚愿望，还是为了争取时间完成法国海军战备的策略？很明显，英国政府对此完全不相信是有一定道理的。建议中的条件与被拿破仑拒绝的英国最后通牒几乎一模一样，而且，英国外交部此时已开始怀疑亚历山大。6月23日，霍克斯伯里勋爵写道，将马耳他置于"沙皇仲裁的危险之下"，是对英国利益的最大伤害；他还通知俄国大使沃龙佐夫伯爵，法国人的目的明显

---

① 这封信的一份副本及详细的提案，保存在英国外交部档案中（俄国部分，第52号）。

只是为了争取时间，他们的解释模糊且不能令人满意，他们的要求也难以接受，英国不能在马耳他处于仲裁的情况下，承认法兰西共和国现有领土是永久的。实际上，英国政府担心，如果马耳他在亚历山大手中，拿破仑就会引诱他加入东方冒险，重启进攻印度的计划。他们的担心很有根据。

拿破仑对东方始终非常着迷：1803年2月21日，他命令海军部长给反抗土耳其苏丹的苏里沃特人和马尼奥特人运送武器弹药；仲夏时分，法国特工到达拉古萨，为在卡塔罗河口登陆做准备。① 当土耳其因叛乱而分裂，马耳他又作为抵押置于俄国之手，如果亚历山大被拉进拿破仑阴谋的漩涡中，他们还有什么事做不成？很显然，第一执政由此得到的益处，比与纳尔逊的战舰在多佛尔海峡进行有弊无利的战斗要大得多。对英国来说，这种和平远比战争更危险。可是，如果过于生硬地拒绝沙皇的条件，就会引发各国公众舆论的不满，而英国政策多半仰仗的便是舆论之力。② 因此，英国政府宣布，他们不能无条件接受俄国的仲裁，但如果俄国的调停能考虑到目前这场战争的所有起因，那英国就可以接受。沙皇接受了这一合理的提议，而拿破仑却坚决拒绝。他立刻于1803年8月23日写信给塔列朗，指示他将沙皇的提议告知普鲁士外交大臣豪格维茨：

"让他看到所有这些荒唐事，告诉他除了《亚眠和约》，英国绝不可能从我这里得到其他条约；我绝不容忍它在地中海拥有任何权利；我不会就欧洲大陆与它磋商；我决心撤出荷兰和瑞士，但绝不将其写入某个条款中。"

至于俄国，拿破仑继续写道，它总是奢谈土耳其的完整，实际上却在搞破坏：占据爱奥尼亚群岛、不断在瓦拉吉亚策划阴谋。这些

---

① 布儒瓦，《外交政策史纲》，第2卷，第243页。
② 参见卡斯尔雷的《书信与公文集》，第2集，第1卷，第75—82页。其中论及必须安抚公众舆论，只要能保证持久和平，甚至可以接受科孚岛补偿马耳他的损失。

事实很准确，但他的陈述方式明显揭露了对沙皇没有全心全意支持法国事业的不满。塔列朗对这个问题的看法可以在写给波拿巴的信中看出来，他请后者放心，他现在已得到了向俄国皇帝提出高尚建议所可能得到的唯一好处——"通过真诚的高尚举动向欧洲证明，您热爱和平，将战争的罪责全部推给了英国"。外交家通常不会如此明确地揭露上级政策中的秘密。①

亚历山大的动机并没有太多可疑之处。他当时的主要愿望是改善人民的生活。战争将扰乱这些崇高计划：法国必然会占领较为弱小的欧洲国家，英国将会以实施严格的海上管制作为报复，整个世界将被这场狂暴的战争撕成两半。

这些不祥的预感很快都变成现实。荷兰首先遭受苦难。不过，为了使其免遭战祸，英国政府还是做出了一番努力。他们对荷兰过去的遭遇深表同情，提出如果法国军队撤出该国的要塞，不向该国勒索船只、人员或金钱，英国将尊重荷兰的中立地位。②但是，拿破仑不仅在该国驻扎着一个师的部队，由荷兰提供军费，还依靠其海上资源，怎么能指望他保持克制？③英国的提议立刻就被巴黎撇在一边。然而，拿破仑决定将巴达维亚共和国拖入战争，并不是出于战争狂热；这一点在1月下达给德康将军的密令中就已平静地陈述了。"就目前而言，如果我们与英国开战，不可能不将荷兰拖进来。"于是，荷兰又一次成了海上强权和陆地霸主之间的夹心饼干，既要为拿破仑提供大量人力和金钱，又要将船只、外贸和殖民地丢给英国。

那不勒斯也遭遇了同样的苦难。尽管沙皇呼吁尊重该国的中立地位，这个王国仍然立刻被圣西尔率军占领，他的军队把守着意大利"脚后跟"上的主要阵地。此举有违《佛罗伦萨条约》，但法方为寻

---

① 《未发表的塔列朗致拿破仑书信》，1803年8月21日。
② 加登，《条约集》，第8卷，第191页。
③ 荷兰必须提供16000名士兵，维持18000名法军的开销，并提供10艘战舰和350艘炮艇。

找借口，发表公告称由于英国占据马耳他，为确保力量平衡，英国保留马耳他多久，法国就应该坚守这些阵地多久。[1]法国人认为，那不勒斯国王与王后顺从于英国政策，因此这一举动也可看作对他们的惩罚；而且，这能减轻法国的财政压力，同时迫使英国在地中海保留大舰队以保护埃及，从而削弱在多佛尔海峡的防御力量。无论在陆地上还是海上，分散敌方力量，迫使他们拉长战线，都是拿破仑的目标；占领塔兰托，以及法国海军在土伦和热那亚的活动，令人难以确定这位伟大的统帅到底是决心对伦敦发动打击，还是恢复东方冒险。他的前几项举措似乎指向埃及和印度，1803年5月18日英国海军部向纳尔逊下达的命令表明，英国政府预计真正的打击将针对摩里亚半岛和埃及。六周以后，纳尔逊报告了法国在摩里亚的阴谋活动，那里无疑是前往埃及的中转站——"或早或晚，英国就要告别印度"[2]。拿破仑对摩里亚有所图谋的证据，是皇家海军壮丽号战舰舰长基茨在俘获的一艘法国船只上发现的，一位法国下士携带着科孚岛间谍的密信，日期是1803年5月23日。信的最后写道：

"我有充分理由相信，摩里亚很快就会像我们希望的那样，发生一场革命。我与克雷帕奇关系密切，每天都和摩里亚的所有长官通信，甚至向他们提供军需物资。"[3]

不过总的来说，拿破仑此时的主要目标可能是伦敦而非埃及；但他巧妙地保持着东面的示威行动，以便使英国政府和纳尔逊相信其真正目标是埃及或马耳他。为此，驻扎在意大利"脚后跟"处的法国军团把守着一个险要阵地。唯一的不足就是法军缺乏船只，拿破仑试图强迫那不勒斯国王提供。早在1803年4月20日，英国驻那不勒斯代办阿考特先生就曾报告，拿破仑正向那不勒斯政府施加压力，要求其

---

[1] 《书信集》，1803年5月23日。
[2] 纳尔逊7月2日的信。另见马汉的《纳尔逊传》第2卷，第180—188页，以及拿破仑1803年11月24日鼓励马穆鲁克人寄希望于法国的信件。
[3] 英国外交部档案，西西里和那不勒斯部分，第55号，7月25日。

与法国结盟,理由是:

"两国有着共同的利益,法国打算向英国关闭从荷兰到土耳其领土的所有港口,以阻止其商品出口,严重打击对其最有价值的贸易。我们的联合部队可以从英国手中夺回马耳他岛。西西里海军可以为执行这项计划的法国军队护航,只要他们齐心协力,想必可以得到最令人高兴的结果。"

那不勒斯国王和他那热情洋溢却反复无常的王后夏洛特也许会屈服于如此诱人的条件以及随之而来的威胁,但掌管那不勒斯行政事务的却是英国人阿克顿将军,他的才能和意志力赢得了国王与王后的尊敬与信任。面对法国大使的威胁,他的回复是:法国强大而那不勒斯弱小,用武力能推翻这个王朝,但没有什么能够诱使它违反对英国的中立态度。如此不同寻常的藐视态度激起了拿破仑特有的报复心。当他的军队驻扎在意大利南部,消耗着那不勒斯的资源时,那不勒斯王后代表不堪重负的人民,写信恳求他慈悲为怀。拿破仑在回信中向她保证,他很希望能满足她的请求,可是现在那不勒斯的首席部长是个英国人,他怎么能将这个国家看成是中立国呢?这就是"对那不勒斯采取各种措施的真实原因"[①]。冷酷、虚伪的回答只能使夏洛特王后对这位世界命运的仲裁者心生痛恨,她和丈夫都拒绝在拿破仑面前低头,即便是三年后被迫在茫茫大海之后寻求庇护也绝不屈服。

汉诺威也落入拿破仑之手。莫尔捷率领25000名法军迅速占领这个邦国,迫使剑桥公爵投降。占领这片选帝侯领地,不仅使法国国库节省了维持一支大军的开支,还可以遏制始终对汉诺威虎视眈眈的普鲁士;而且,英国船只无法进入易北河与威悉河口,这是拿破仑长期重视的目标。英国对此的反击措施是封锁两个河口,这一招已在拿破仑意料之中,他趁机抨击英国的"海上暴政"。实际上,大陆封锁

[①] 1803年7月28日的信。

政策此时已初见端倪。从意大利南部到易北河口的海岸实际上已向英国船只关闭，根据7月15日的一项法令，来自英国港口的任何船只都不能进入法兰西共和国的所有港口。因此，所有商业国家都慢慢地、不可避免地被迫选择站在陆上霸主或海洋之王一边。

普鲁士国王徒劳地向拿破仑表示，汉诺威不是英国领土，法国占领汉诺威和库克斯港，侵犯了德意志诸邦的中立地位和普鲁士的利益。对于他的抗议，拿破仑的答复是，只有英国"撤出马耳他和地中海"，他才会撤出汉诺威、塔兰托和奥特朗托；虽然普鲁士特使隆巴德向他的主人报告，拿破仑是"真理、忠诚和友谊的化身"，但他没有从拿破仑那里听到一句真正考虑到腓特烈·威廉三世情感或普鲁士人民商业利益的话。①眼下，普鲁士国王和沙皇都不再尝试进一步的抗议了；但第一执政已播下了不和的种子，最终在第三次反法同盟中结出了果实。

在那不勒斯和汉诺威驻扎6万人的法国部队之后，拿破仑可以泰然自若地面对战争的代价。军费开支固然庞大，但可以从如下款项中列支：出售路易斯安那所得款项、法国属地的税收和捐献、意大利和利古里亚共和国的补贴以及向西班牙索取的贡金。

战争开始之前，拿破仑就曾意味深长地提醒查理四世，西班牙海军日薄西山，军械库和船厂都闲置着："可是英国并没有沉睡；它一直保持警惕，永不停歇地夺取世界上的殖民地和商业利益。"②可是，特立尼达的丢失和路易斯安那的出售令西班牙极为痛心，眼下不可能像以前那样，再参加一场牺牲自身领土、为拿破仑赢取荣誉的战争了。西班牙首相戈多伊尽管寡廉鲜耻地与王后私通，但并不缺乏爱国心；他竭力回避1796年条约规定的西班牙在英法冲突中的义务。他在西班牙北部组织民兵，如果俄国和普鲁士表现出抵抗法国侵略的

---

① 《拿破仑书信集》，1803年8月23日，以及翁肯的著作第5章。
② 《书信集》，第8卷，第6627号。

意愿，他无疑将藐视波拿巴的要求。然而，那两个强国完全从私利出发；当拿破仑威胁查理四世和戈多伊，如果西班牙不解散民兵、每年向法国支付7200万法郎，就将动用8万法军进攻该国时，马德里宫廷很快屈服了。法国人还露骨地威胁，如果进一步抵抗，将曝光戈多伊与王后的私情，这样一来西班牙的态度就更明确了。于是，西班牙同意支付法国要求的款项——超出了1796年条约规定金额的两倍——以促进法国贸易，对葡萄牙施加压力。年底，里斯本宫廷迫于法国和西班牙的威胁，同意每月向欧陆之王支付100万法郎，以购买该国的中立地位。[①]

与此同时，第一执政以不息的活力投入了摧垮强硬对手的事业中。他催促法国、荷兰和意大利北部所有船厂加强海军战备；保护瑟堡锚地的大型防波堤匆忙开工；从塞纳河口到莱茵河口的海岸线成了"铁与铜的海岸"（马尔蒙语），每个港口都挤满了用于进攻的船只。从莱茵河边境抽调的部队驻扎在皮卡第沿岸；其他部队则作为预备队，驻扎在圣奥梅尔、蒙特勒伊、布鲁日和乌德勒支；在根特、贡比涅和圣马洛也建立了较小的营地。易北河、威悉河、斯海尔德河和塞纳河两岸——甚至远至巴黎本身——到处都传来造船工人劳作的声音，他们不辞辛劳地建造为入侵英国而设计的平底船。至于部队，驻扎在布洛涅的5万人由苏尔特指挥；在埃塔普勒和布鲁日各有3万人，分别由奈伊和达武指挥；他们重新改编之后，不断地进行训练，经受各种恶劣条件的考验，以便打造未来"伟大军团"的坚强核心，在这支部队面前，即便是沙皇和奥地利皇帝的精锐部队也只能四散溃逃。无论是部队的组织训练、港口与岸防工事的改造，还是舰船建造、测试、登船与上岸，第一执政都亲自监督；因为虽然他煽动了对"背信的英国"发动战争的狂热，已经实现了许

[①] 勒菲弗,《欧洲各国的内阁》,第8章；《拿破仑书信集》,第8卷,第6979、6985、7007、7098、7113号。

多奇迹,但这位伟大领袖亲自到场,更能令人们奋发工作,勇创佳绩。因此,他频繁造访北部海岸,以挑剔的眼光审视布洛涅、加莱、敦刻尔克、奥斯滕德和安特卫普等地的工作。安特卫普港特别引起他的注意。它位于可通航的斯海尔德河口前端,与泰晤士河遥遥相对,使其成为伦敦的自然竞争对手;拿破仑鼓励该港发展商贸,命令建造一个可容纳25艘战列舰、相应数量巡防舰和单桅帆船的码头。安特卫普将成为北海的大型商业中心与海军基地。这一策略看来恰逢其时:汉堡与不来梅遭到封锁,伦敦在一段时间内也受到第一执政日益增强的实力的威胁。阿尔瓦的野蛮掠夺曾经使这个佛莱芒海港繁华不再,而由伊丽莎白时代的伦敦港接替其地位,拿破仑似乎注定要恢复它的荣光。然而,拿破仑对安特卫普的建设虽然规模宏大,仍远不及他将来的计划。他在圣赫勒拿岛告诉拉斯·卡斯,斯海尔德河对岸将兴建巨大的堡垒,来保护这些码头和军火库,安特卫普将成为"子弹上膛、直指英国头颅的手枪"。

两国的战争狂热都达到了高潮。法国城镇和各省慷慨地捐赠炮艇和战舰。英国公众则争相为志愿团提供装备和军费。过去曾为法国大革命唱响赞歌的诗人华兹华斯,此时也为举国上下共御外侮而写下诗篇:

"再不会谈判了。不列颠齐心协力,

全境,全民,都是你们的后援;

肯特的士兵呵!为胜利宁愿捐躯!"

英国在一个方面上占有明显优势。由于在拿破仑计划成熟之前宣战,即便与法国、荷兰和意大利北方的海军资源对抗,英国仍拥有制海权。战争的第一个月,圣卢西亚和多巴哥便向英国舰队投降;年底之前,伯比斯、德梅拉拉、埃塞奎博和几乎整个法属圣多明各部队也都向英军投降。英国在英吉利海峡的优势完全发挥了作用,巡防舰始终在海峡警戒,捕捉任何离港的法国船只。但是,英国所做的主要努力是封锁敌方船只。纳尔逊健康状况一直不佳，但仍冒着海上频起的狂风开往土伦。海军上将康华里率领一支舰队在布雷斯特沿岸巡航，手下的兵力通常有超过15艘战列舰和多艘较小的舰艇；6艘巡防舰和小艇守卫爱尔兰沿岸；6艘战列舰和23艘小型舰艇在基斯勋爵指挥下，留在唐斯作为中央预备队，敌方海岸上发生的所有事件都通过通信船迅速传达给这支部队；怀特岛和迪尔之间还系统性地使用了新发明的通信旗语，向沿海地区和伦敦传递消息。从哈里奇到佩文西湾沿岸，容易登陆的位置都建起了圆形炮塔。许多发明家提出了消灭法国舰队的计划，但除了康格里夫上校的火箭之外，其他都无法使用，这种火箭在布洛涅和其他地方造成了一些破坏。当时英国的海军主力包括469艘战舰和700多艘大小各异的武装船只。[①]

英国调集和征募了18万常备军与民兵；而义勇军则达到了41万人，其中有12万人装备的是长矛之类的冷兵器。当然，最后这一类部队与经验丰富的法国老兵作战毫无胜望；即便是常备军，由于缺乏伟大的将军——韦尔斯利当时在印度——也不可能对抗拿破仑的军事机器。不过，英国已经做好了殊死抵抗的准备，悄悄地制订了将女王与王室成员迁往伍斯特的计划，他们将与公共财产一起被安置在大教堂里；与此同时，伍尔维奇军火库的火炮和军火将通过大运河运往中部各郡。[②]

邓达斯将军于1796年制订的岸防计划再次启用。该计划不仅包括军队部署，还包括系统地从受到入侵者威胁的地区运走所有补给、库存、牲畜和草料。显然，尽管法国历史著作不愿意承认，英国的准备确实远优于法国。这些防御计划的确耗资巨大，以至于当纳尔逊从西印度群岛归来，打乱了敌军的计划时，福克斯这位政治家完全变

---

① 法国和荷兰现役舰艇数量：主力舰48艘；巡防舰37艘；护卫舰22艘；双桅炮艇等124艘；轻型船只2115艘（参见《圣文森特伯爵回忆录》，第2卷，第218页）。
② 珀柳（Pellew），《西德默斯勋爵传》，第2卷，第239页。

第18章 欧洲和波拿巴家族 351

成了党争之徒，他发表了奇怪的言论，称法国入侵的恐慌情绪是皮特内阁为了党派利益而鼓动的。[1]没有几个人同意这种观点。英国举国上下都洋溢着爱国主义热情，这是精神萎靡的乔治时代从未有过的景象。邓达斯在1796年曾哀叹雅各宾主义夺走了这个国家的活力，如今这种思潮已消失得无影无踪；而紧随拿破仑身后的厄运已清晰可见。他在法国之外激起的仇恨与恐惧交织的情绪，如今正在加强全民族的抵抗，不管是穷人还是富人、英格兰人还是苏格兰人，都团结在联合王国的旗帜下；此后，这种民族原则又给西班牙、俄国和德意志带来了生气，使拿破仑最终走向灭亡。

我们将把随后海战的发展留在另一个章节中介绍，现在不妨谈谈波拿巴家族史上的重要事件。

波拿巴家族的爱恨情仇，足以写上好几卷的八卦文章，这也是很自然的事。这个野心勃勃的家族，被胸襟狭窄者斥为暴发户，他们如同维苏威火山的烈焰般射向天际，灼热如火山中心的火焰，又顽固得如同冷却的岩浆。这个家族中还有一位专横的兄长，决意要插手弟妹的婚姻，只凭自己的意愿而不顾及他人。考虑到以上这些因素，这个家族的故事素材足以写出十几部叫座的戏剧了。

这里需要对波利娜·波拿巴略作叙述。在第一次婚姻之前，她狂野的天性就已经表露无遗；丈夫勒克莱尔将军在圣多明各亡故之后，她不等法定服丧期满便私自嫁给博尔盖塞王子，这种轻率的举动令拿破仑十分气恼（1803年8月）。这位美貌而轻浮的公主最终住在一所豪宅（现为英国驻巴黎大使馆）里。路易·波拿巴的情况有所不同。他从小是拿破仑带大的，作为报答，他顺从兄长的意愿，与奥尔唐斯·博阿尔内成婚（1802年1月）；但这位年轻的丈夫很快就对位高权重的哥哥产生了一种怪诞可怕的妒意，进而毁了这桩婚姻。

---

[1] 斯坦诺普，《皮特传》，第4卷，第213页。

不过，眼下的主要麻烦是吕西安造成的，他的出众口才曾在雾月的几个关键时刻挽救危局。他天生文采过人，能言善辩，且集波拿巴家族的固执己见、诗人的任性冲动和科西嘉共和主义者崇尚教条的特质于一身。他放肆的举动早已引起第一执政的不满，因此被免去了部长职务，送到马德里担任大使。① 但他犯了更大的错误，先是匆忙与葡萄牙媾和——据说是因为里斯本送来了大礼——后来又拒绝迎娶伊特鲁里亚国王的遗孀。尽管拿破仑和约瑟夫几番催逼，他仍坚持不同意：“你们很清楚，我是一个共和主义者，王后不适合我，更别说是个丑陋的王后了！”约瑟夫冷笑着对曾号称"雅各宾俱乐部的布鲁特斯"的弟弟说道：“可惜你的回答太长了，如果只有前半句，还像个罗马人的样子。”可是，王室联姻的盛大场景并不能打动吕西安，他疯狂地爱上了茹贝尔东夫人——一位巴黎股票经纪人遗弃的妻子。为了挫败拿破仑强迫他进行一次可恨联姻的所有企图，他在自己的乡间别墅附近的普莱斯-沙芒村秘密迎娶了心上人（1803年10月26日）。

透露吕西安婚讯的信件在一个有趣的场合送到了圣克卢宫第一执政的手上。② 那是一场所谓的家庭音乐会，只有精挑细选的几个人受到了邀请，令约瑟芬难过的是，拿破仑将塔利安夫人和其他一些老朋友排除在外，因为他们的恶名会玷污此时弥漫在执政府的崇尚宗教与美德的气氛。就在这些人欣赏美妙的室内乐，只有拿破仑在打盹的时候，忠实但有失谨慎的迪罗克呈上了吕西安的信件。场面随之一变，拿破仑立刻起身叫道，"停下音乐，停下！"并神经质地在大厅里来回踱步，激动地打着手势，高喊："背叛，这是背叛！"惊慌失措的乐师们目瞪口呆，宾客们也站起身来，一片混乱，约瑟芬跟在丈夫身后，

---

① 勒德雷尔，《作品全集》，第3卷，第348页；梅纳瓦尔，《回忆录》，第1卷，第4章。
② 吕西安（《回忆录》，第3卷，第315—320页）在马尔梅松所说；但拿破仑的《书信集》说明，这件事发生在圣克卢。马松［《拿破仑及其家族》（*Nap. et sa Famille*），第12章］对此事表示怀疑。

恳求他说出发生的事情。"发生了什么事——谁知道为什么——吕西安娶了他的——情妇。"①

这出摩登戏剧的高潮，起因应该从国家的状况中去寻找。建立世袭权力的问题此时正在秘密而焦急地讨论之中。拿破仑没有子嗣；约瑟芬的孩子都是女儿；吕西安的第一次婚姻留下的也都是女儿；因此，继承权只能留给吕西安第二次婚姻所生的孩子。但是，茹贝尔东夫人已经给他生下了一个私生子，现在，他的婚姻使这个杂种有希望成为未来法国皇位的继承人。这就是拿破仑在圣克卢宫的大厅里来回踱步，"挥动双臂，如同打旗语一般"，并大叫"背叛"的原因。假如两位兄长没有生下儿子，吕西安的婚姻就将严重危及拿破仑王朝的根基；另外，这整件事情将成为圣日耳曼大道上的保王党人、小巷中咆哮的雅各宾分子和满怀仇恨的英国报纸写手们的绝佳笑料。

迫使吕西安与妻子离婚的协商立刻进行，但没有成效。这一企图带来的只有愤怒，约瑟夫最后也指责拿破仑在这件事中不守信用。第二年春天，吕西安毅然决定离开法国，在写给约瑟夫的最后一封信中宣布，他离开是因为痛恨拿破仑。约瑟夫·波拿巴对这件事的寓意有很好的解释："命运似乎蒙蔽了我们的双眼，并利用我们自己的错误，在某一天将法国还给过去的统治者。"②

就在圣克卢宫发生这一幕的同时，命运正准备给第一执政带来又一次婚姻上的麻烦。他最小的弟弟热罗姆当时年仅19岁，就已展现出海军方面的卓越才能，服役于美洲的海军基地时，因与舰队司令发生争吵，愤而离船登岸。他在巴尔的摩爱上了富商的女儿帕特森小姐，并向其求婚。法国领事提醒他，即便他再长大五岁，婚事仍然需要母亲的同意，但热罗姆不予理睬。家族特有的固执使他不顾任何反

---

① 吕西安《回忆录》，第318页。缪拉描述了这一幕，拿破仑实际上用的是coquine（淫妇）一词，但缪拉用了委婉的maîtresse（情妇）。
② 米奥·德·梅利托，《回忆录》，第1卷，第15章。吕西安在教皇辖境住了下来，这位昔日的雅各宾分子、公认的浪荡公子，后来从教皇那里得到了卡尼诺亲王的头衔。

354　拿破仑传

对,与帕特森小姐在其父亲的住处秘密成婚。

拿破仑的怒气如同狂风一般向这小两口扑来;但他们等待了一段时间,希望这场风暴平息,再启程前往欧洲。此时,拿破仑写信给妈妈:

"热罗姆带着和他一起生活的女人抵达里斯本……我已命令将帕特森小姐送回美国……他为了一个可鄙的女人玷污我的清名,在陆上和海上背叛了国家,如果他没有表现出任何改悔的意思,我将永远不许他踏入家门。"[1]

结果表明,热罗姆的性格比吕西安温和;说来奇怪,他对拿破仑王朝计划的顺从为这个家族提供了仅有的合法男性继承人,注定将这个王朝渺茫的希望延续到19世纪末。

---

[1] 《未发表的拿破仑书信》,1805年4月22日。

第19章　保王党人的阴谋

1804年初,法国人的注意力迅速从拿破仑家族的滑稽剧转到一场阴郁的悲剧——乔治·卡杜达尔阴谋和处决当甘公爵。

流亡的法国波旁王室成员图谋推翻拿破仑,有着各种各样的原因。他们的行动每推迟一个月,成功的希望就更加渺茫。长久以来,他们都抱着这样的希望:拿破仑与教皇签订的《政教协约》和其他反革命措施预示着,他会复辟波旁王朝。但在1803年2月,普罗旺斯伯爵收到了一些提议,说明波拿巴从没有想过扮演蒙克将军[①]的角色。这位流亡的亲王当时住在华沙,第一执政以礼貌而坚定的口气敦促他,放弃自己和其他家族成员对法国君权的一切主张,以换取每年200万法郎的津贴。沦为法兰西共和国养老金领取人的建议刺伤了波旁亲王的自尊心,他的回复措辞强硬:

"身为圣路易的后代,我将竭力效仿他的榜样,即便被俘也不失自尊。我也是弗朗索瓦一世的后人,我渴望至少能和他一样说:'我们已失去一切,但尊严犹存。'"

对这一宣言,阿图瓦伯爵、他的儿子贝里公爵、奥尔良的路易·菲利普及两个儿子,以及两位孔代亲王都热情地予以支持;1803年3月22日,年轻的孔代亲王当甘公爵也从埃滕海姆发出同样忠诚的回复。当人们读到这些反抗拿破仑的最后信件时不会想到,不

[①] 乔治·蒙克,英国将军,曾率军推翻小克伦威尔,主导了"王政复辟",迎回流亡国外的查理二世国王。——译注

到一年，它的作者就将葬身于万塞讷城堡的城壕中。

波旁王子的反抗之声刚刚消退，英法战争的爆发就给流亡伦敦的法国保王党人带来了希望；敏感的他们立刻想象着法国军队和整个国家匍匐于路易十八脚下的情景。但这位未来的君主并不抱同样的幻想，他独自一人居住在寒冷的华沙，对时局洞若观火，准备等待着拿破仑的万丈雄心使整个欧洲联合起来与之对抗。事实上，当人们向他解释伦敦激进分子的计划、争取他的支持时，他巧妙地引用了如下这句话，避开这个令人尴尬的话题：

"这样的计划只有完成了，才会有人赞成。"

如此小心谨慎的回答，令他当时住在爱丁堡的弟弟轻蔑地认为，他为人软弱，不值得信任。[1]的确，注定有朝一日会成为法国查理十世国王的阿图瓦伯爵生来不喜欢拖延，即便不幸流亡国外，他那冥顽不化的头脑里也存不下一点审慎的想法。然而，也许是气味相投，这位王子的周围聚集了流亡英国的法国保王党人中最大胆的亡命之徒，他们的希望、仇恨、谋划和对英国资金的无休止索取，都可以在他们的秘书皮赛伯爵赠予大英博物馆的30卷信件中看到。遗憾的是，这些信件并没有提及所谓乔治·卡杜达尔阴谋的细节。

完成这样的阴谋，需要一位头脑冷静、手段高明且冷酷无情的人，实际上，波旁王子们所能仰仗的唯一实干家，便是卡杜达尔这个勇敢的布列塔尼人了。皮舍格吕确实住在伦敦附近，但除了德高望重的孔代亲王之外，他没有与多少流亡者见过面。迪穆里埃也在伦敦，不过1793年的叛国行为使他在法国已身败名裂，难堪大用。然而，胆大妄为者大有人在，他们可以在法国做些准备，如果时机有利，也可以自己发起行动；一小撮法国保王党人在狂热的保王分子、英国议

---

[1] 帕基耶，《回忆录》，第1卷，第167页；布莱·德·拉·默尔特，《当甘公爵的最后岁月》（Les dernières Années du duc d'Enghien），第299页。在讷沙泰勒阴谋叛乱的保王党人福什-博雷尔（Fauche-Borel）曾于1802年到英国请求阿丁顿政府的帮助，但没有成功。参见科德里耶（Caudrillier）在1900年11月—1901年3月《历史评论》上刊登的文章。

第19章 保王党人的阴谋

员温德姆先生的支持下，在1802年底之前便开始讨论"除掉"波拿巴的计划。他们的两个手下皮科和勒布儒瓦盲目地卷入一项阴谋，刚在法国落脚即遭逮捕。法国当局从两人的幼稚轻信看出，派遣一位特工到英国，不仅有可能抓住法国流亡者，甚至可以骗过英国官员和雅各宾派将领。

卧底特工一贯是欧洲各国政府最喜欢采用的手段，但很少有人能像梅埃·德拉图什那么完美。他曾是1792年"9月屠杀"中的一名杀手，恐怖时期担任雅各宾派的间谍，后来被波拿巴列入舒昂分子雪月暴行的替罪羊名单。正当他厌倦了流亡生活的时候，从妻子那里听说如果为执政府服务，就可以得到赦免。他立刻答应了这一条件，同意假装成一名保王党人打入伦敦的法国流亡者内部探听秘密，并作为他们和巴黎共和派不满分子之间的中介。

策划这件事的人似乎是原警务部长富歇。他刚刚被波拿巴剥夺了以前一贯滥用的刑讯权力，这些权力分给了大法官和司法部长雷尼耶，以及负责法国国内安全事务的参政院议员雷亚尔。这些人不具备富歇的那些能力，从一开始就不知道梅埃在伦敦的所作所为。因此可以认为，梅埃是富歇的人，富歇利用他来败坏继任者的名声。而波拿巴也欢迎这种鼓舞警察工作热情的手段，他也正在给密谋叛乱的流亡者、英国官员和法国将军布下陷阱。①

在很长一个时期里，法国将军当中常有不满情绪，波拿巴曾声称发现了一项阴谋，12位将军打算将法国分成许多个部分，只留给他巴黎和周边地区。如果真有此事，他从未利用过这一发现。实际上，在这群不满者——莫罗、贝纳多特、奥热罗、麦克唐纳等——之中，他唯一担心的只有莫罗的敌意。这位霍恩林登战役的胜利者郁郁寡欢地住在巴黎附近的僻静角落，拒绝拜谒执政府，对身穿朝服者表现轻

---

① 马德兰在《富歇传》（第1卷，第368页）中极度轻视富歇在这件事上的作用。

蔑。他公开嘲笑《政教协约》；当荣誉军团组成时，他给自己的狗戴上了一个"荣誉"项圈。拿破仑对这种嘲弄的举动十分愤怒，甚至打算与他在布洛涅森林决斗。①挑战书当然没有寄出；两位斗士表面上取得了和解；但拿破仑私下里仍然对莫罗不满，因为这位直率的共和主义者得到军队中大多数人和巴黎反对派的支持。

现在，鼓动雅各宾和保王党分子发动一项阴谋，并将英国官员牵连其中，就很有把握毁掉莫罗，搞乱法国保王党和英国政府。人所共知，莫罗在政治阴谋上的能力低下，而伦敦的保王党圈子是卧底特工最喜欢的工作对象；毫无疑问，一些英国官员同样容易掉进圈套中。梅埃·德拉图什添油加醋地叙述了自己的冒险经历，但肯定不可全信。②

他首先来到根西岛，取得了总督多伊尔将军的信任。有了多伊尔的推荐，他顺利地接触到了伦敦的流亡者，并面见霍克斯伯里勋爵及副国务大臣哈蒙德先生和约克先生。他发现，让法国流亡者胡思乱想非常容易，对于将极端保王派和极端共和派两个不可调和的群体联合起来的提议，这些人居然引为救命稻草。他们毫不犹豫地认为，由于拿破仑政权依靠的是法国主体——农民——的支持，因此应该以左右两翼的联合行动加以消灭。

梅埃的叙述中细节与日期甚少，难以验证他的说法。但笔者曾研究过皮塞的文件③、外交部和内政部档案，发现英国政府参与其中的证据，将在下文中连贯地展示。从单一证据中，我们不能得出结论，但整体来看，这些证据很重要。在英国外交部记录（法国部分，第70号）中有一封1803年8月30日从伦敦寄出的信，是流亡的波旁王室秘书罗尔男爵寄给外交部常务次官哈蒙德先生的，请求他前往阿图瓦伯

---

① 德马雷（Desmarest），《历史见证》（*Témoignages historiques*），第78—82页。
② 《法国雅各宾派与英国政府的联盟》（*Alliance des Jacobins de France avec le Ministère Anglais*）。
③ 大英博物馆，《手稿续辑》，第7976号及以后。

爵府邸（贝克街46号）与其会谈。从1803年10月24日的一份冗长的秘密备忘录看来，在那座房子进行的磋商气氛并不平静，阿图瓦伯爵回顾了"那个卑鄙冒险家（波拿巴）"的一生，以证明波拿巴目前的地位岌岌可危。最后，他列出了渴望推翻拿破仑的人——莫罗、雷尼耶、贝纳多特、西蒙、马塞纳、拉纳和费里诺；西哀士、卡诺、谢尼埃、富歇、巴拉斯、塔利安、勒贝尔、拉马克和让·德布里。其他人不会"面对面"地攻击他，但不喜欢他的霸道。这两份文件证明，英国政府知道波旁王室的阴谋。另一份地点为伦敦、日期为1803年11月18日的文件则证明，英国政府积极地参与谋划。这是一份"已经出发或做好出发准备的"法国保王派军官的名单。这些军官都领取英国政府的津贴，其中两人每天6先令，5人每天4先令，9人每天2先令。透露这些人的姓名或许有失礼貌，但约阿基姆·P.J.卡杜达尔的确在名单之中。名单由弗里丁拟定，这是皮舍格吕常用的化名。"我要求预支一年津贴的保王派军官"名单也出自同一人之手，名单上有5名将军、13名上校、17名少校和19名上尉，所要求的津贴总额为3110英镑又15先令。[①]E.N（内皮恩）于1803年7月31日从海军部发给驻唐斯的海军上将蒙塔古的一封"绝密"信件证明，我们的海军部官员也为卡杜达尔提供了帮助，信中要求蒙塔古帮助送信人海军上校赖特执行"非常重要的任务"，为他提供"你手下租用的最好的独桅纵帆船或斜桁四角帆船"。另一封海军部"绝密"信件日期为1804年1月9日，命令一艘巡防舰或者大型单桅帆船做好准备，秘密运送"一名有地位的高级军官"（可能是皮舍格吕）到法国海岸。赖特运送了好几批阴谋家，直到他偶然地落入拿破仑之手，以很不光彩的方式（可能是自杀）死去。

---

① 英国外交部档案（法国部分，第71号）中有一封德卡尔伯爵1805年3月25日从伦敦写给英国战争大臣马尔格雷夫勋爵的信，列出了英国政府为保王派"军队"预支的各种款项。

最后是外交部政务次官阿巴思诺特先生给亚瑟·佩吉特爵士的信（1804年3月12日），他在信中提到"我们重建波旁王朝的所有美好计划结果都很遗憾：……我们当然很担忧可怜的莫罗的安全"。①

面对如此确凿的证据，英国政府对合谋的否认就必须撇在一边了。②不过，这一图谋可能是在头脑发热的年轻官员纵容下进行的，而非更值得尊敬的长官。在1803年夏季，英国内阁就已在辉格党和皮特追随者的攻击下摇摇欲坠。温和可敬、带着"空洞笑容"③的阿丁顿和霍克斯伯里显然不是拿破仑的对手；阿巴思诺特本人也把阿丁顿称为"被众人轻视和嘲笑的可怜虫"，并断言这届内阁是"有史以来最没有效率的"。因此，根据笔者的判断，英国对阴谋者的官方协助仅限于外交部、战争部和海军部的次官。而且，保王党人对英国官员透露的计划，主要涉及诺曼底和布列塔尼的叛乱。如果只是为了刺杀拿破仑的问题，英国政府也不会支付54名保王派军官（其中许多人都出身于古老的法国名门）的薪俸。那些军官的名单是1803年11月草拟的，也就是乔治·卡杜达尔动身前往诺曼底和巴黎招募亡命之徒之后三个月；期望这些"保王军"军官做的，很可能只是在法国北部和西部重燃叛乱之火，确保卡杜达尔的计划取得成功。法国特工也正尝试在爱尔兰这么做，据信，法国当局一直支持刺杀乔治三世的阴谋。不过总的来说，英国政府必须为犯下一桩弥天大罪而遭到谴责。巴黎并不知道整件事情的真相，但可以进行推测；这种推测足以使英国与拿破仑之间的整个斗争进程都充满了仇恨。

确定了英国官员在19世纪最著名阴谋中的责任之后，我们回头

---

① 《佩吉特文件汇编》第2卷，第96页。
② 《英国国会辩论记录》，1804年4月，特别是4月16日。当然，阿利松的著作（第38章）遭到了官方的否认。
③ 这是乔治三世的说法，他还说所有大使都鄙视霍克斯伯里。（罗斯，《日记》，第2卷，第157页）温德姆1803年8月16日从比肯斯菲尔德发出的信（收录于皮塞文件集）警告法国流亡者，他们不能指望从英国政府得到任何援助，后者"在任何时候都显得软弱无能，甚至不敢抬起头来看一眼你们所指的目标"（《手稿续辑》第7976号）。

第19章 保王党人的阴谋 361

叙述一下这场阴谋的进展，以及拿破仑如何运用智谋将其挫败。拿破仑派到英国的卧底梅埃·德拉图什在伦敦给法国保王派分子和一些英国官员设下圈套之后，又前往欧洲大陆诱骗英国驻外使节。他取得了辉煌的成功。正如他曾似是而非地声称的那样，他访问了慕尼黑，与英国大使一起安排保王党阴谋的准备工作。这位英国使节有着一个耀眼的名字：弗朗西斯·德雷克[①]，是一个热心的阴谋家，与法国流亡者有着密切的接触。梅埃花招百出，彻底赢得了德雷克的支持，德雷克给了这个间谍钱，为他提供了化名密码，甚至交给他一份隐显墨水的配方。得到这一切后，梅埃前往巴黎，给出钱贿赂他的德雷克送去一些无关痛痒的消息，并将有关情报交给了警察，根据拿破仑的指示，他向大使提供了严重误导英国政府和纳尔逊的情报。[②]

英国驻维也纳大使斯图尔特也遇到了同样的骗局，一位法国特工提出了诱人的条件：向他提供所有法国与维也纳的来往公函。斯图尔特刚接受建议，此人便在法国大使要求下遭到逮捕，身上的文件也被搜查。[③]这个案子没有连累斯图尔特，他的职业生涯也不像德雷克那样以可耻的方式告终，塔列朗曾警告有抱负的年轻人"切勿过分热心"，这句话可以作为德雷克的墓志铭。

就这样，当保王党人密谋推翻拿破仑时，他却通过间谍给笨拙地逼近堡垒的敌人布下了"反地雷陷阱"，准备在他们携带地雷挤在一起发动最后冲刺时，将他们炸上天。由于我们这里不必提及的一些变化，保王党人的计划经过很长时间才发展成熟。乔治·卡杜达尔离开伦敦，于1803年8月23日在距离迪耶普不远的走私者出没之地比维尔上岸。他从那里前往巴黎，花了几个月时间，努力招募可信任的新

[①] 与这位外交官同名的英国海军中将弗朗西斯·德雷克是麦哲伦后第二位完成环球航行壮举的人物，并曾率军击败过西班牙无敌舰队。——译注
[②] 参见本书第21章。英国驻斯图加特公使斯潘塞·史密斯也被法国间谍罗塞上尉所骗，后者是奉拿破仑之命采取行动的。参见拿破仑的信件（第7669号）。
[③] 英国外交部档案，奥地利部分，第68号（1803年10月31日）。

成员。曾有人说，卡杜达尔的谋划从未针对刺杀，他的目标是在第一执政外出时制服其侍卫，捉住拿破仑本人。随后，保王党人将用马匹分段将拿破仑押送到北部海岸，迅速运往英国。[1]不过，尽管策划者为此阴谋遮上了正派的面纱，称其为绑架，但这种行为毫无疑问就意味着谋杀。在德雷克的文件中有一个线索：保王派的密使最初只说要扣押和放逐第一执政。

不管保王派的真正目标是什么，拿破仑和警察都肯定已经掌握了情况。1803年11月1日，他写信给雷尼耶：

"你不必急着逮捕他们：等策划者（梅埃）提供了所有情报，我们将和他一起拟定计划，看看需要做些什么。我希望他给德雷克写信，为了取得德雷克的信任，可以在信中告诉他，梅埃认为在发动重大打击之前，自己能从第一执政密室的桌上拿到他有关大规模远征的亲笔手稿，以及其他一切重要文件。"

拿破仑陶醉于将计就计、让阴谋者自食其果的计划细节。[2]但他完全知道，一旦计划成熟，其成果远不止抓住几个舒昂分子。他必须等到将莫罗牵连进来。流亡者选择皮舍格吕去试探莫罗，这是他们做的唯一一件符合常识的事情。正是皮舍格吕在1793年的战役中为莫罗指明了未来的道路，他也似乎成了这位将军在雾月政变中忘恩负义之举的受害者。那么，还有谁比他更适合去与霍恩林登的胜利者接洽呢？通过一名名叫大卫的教士和拉若莱将军，两人安排了一次面谈；皮舍格吕抵达法国后不久，两位军人就在曾常为他们大唱赞歌的首都偷偷地握手了（1804年1月）。他们见面了三四次，打消了过去的一些误解。可是，莫罗和乔治没有打过任何交道，当皮舍格吕提出推翻波拿巴、复辟波旁王朝时，莫罗坚定地警告他："你想怎么对付

---

[1] 拉瓦莱特，《回忆录》，第23章；乔治·德·卡杜达尔的《乔治·卡杜达尔传》（巴黎，1887年版）。
[2] 参见他在1804年1月24日写给雷亚尔的信。信中指示雷亚尔告诉梅埃，下次给德雷克写简报时要撒什么样的谎！"不断继续谈我的公文包的情况。"

波拿巴都可以，但别要求我用波旁王室取而代之。"

莫罗的这一决心从未动摇过。但是他处心积虑的保留意见并没能挽救他。已有多名嫌疑犯在诺曼底遭到囚禁。根据拿破仑的建议，其中五人被判处死刑，希望以此迫使其招供；最后一个叫作克雷勒的人满足了看守们的要求（2月14日），不仅透露了乔治在巴黎的住处，还供出了其他同谋者的意图，其中包括在比维尔登岸的一位法国亲王。现在，保王派的图谋到了紧要关头，对此的应对计划也已准备停当。次日，拿破仑下令逮捕莫罗，看到霍恩林登的胜利者和英国人雇用的保王派刺客混在一起，他佯装出了极度的悲伤和惊讶。①

拿破仑为这次胜利而洋洋得意，希望抓住阿图瓦伯爵本人，他立即派最狡猾、最忠心的手下萨瓦里前往海滨。萨瓦里是精锐宪兵部队的指挥官，他乔装改扮，从走私犯那里了解了保王派分子的信号，急切地等待着猎物，当赖特上校的船出现在视野之中时，他极力模仿请船只靠岸的信号。可是，船员们并没有被引诱到岸边，努力无果后，他返回巴黎——正好来得及参加杀害当甘公爵的行动。

与此同时，警察正在寻找皮舍格吕和乔治的踪迹。2月的最后一天，因为朋友的出卖，他在这个朋友家中的床上被捕；而乔治则是在巴黎城门关闭，警察全城搜捕并经过一番殊死搏斗后才被捕的（3月9日）。很快，波利尼亚克兄弟和里维埃侯爵也锒铛入狱。

至此，拿破仑在智谋上彻底打败了对手。他非常清楚，自己已没有任何危险了。

"我没有冒任何真正的风险，"他写信给梅尔齐，"警察一直监视着所有这些阴谋诡计，令我欣慰的是，在这么大的政府机关里，我对

---

① 米奥·德·梅利托，《回忆录》，第1卷，第14章；帕基耶，《回忆录》，第1卷，第7章。另见德马雷，《在高级警署的15年》（*Quinze ans de la haute police*）。他声称警察事先对这一图谋一无所知，这点已为拿破仑的信件所驳斥（例如，1803年11月1日的信）；吉列尔梅（Guilhermy）的《一名流亡者的文件》（*Papiers d'un Emigré*）第122页也驳斥了这种说法。

安排的所有人都没有理由埋怨，莫罗找不到一个同伙。"[1]

然而，在这个胜利的时刻，法国上下都对保王派的暗杀图谋、英国人的收买和莫罗的背叛感到愤慨，第一执政却匆忙地投入到一项事业中，他因此得到了皇冠，但这顶皇冠却被无辜者的血染红了。

巴登选侯国的埃滕海姆距离莱茵河不远，年轻的孔代亲王当甘公爵就住在那里。自孔代军团解散以后，他一直与秘密迎娶的夏洛特·德·罗昂公主一起平静地生活着。公主的魅力、狩猎的乐趣、法国流亡者的小圈子，以及偶尔偷偷到斯特拉斯堡观看戏剧，是他单调生活中的主要亮点，直到他对奥地利和俄国对拿破仑宣战燃起希望。有报告指称他曾轻率地乔装潜入法国，但他愤怒地否认了。他的其他书信也证明，他并非卡杜达尔－皮舍格吕阴谋的共犯，但拿破仑的间谍提供的情报似乎暗示他卷入了这件案子。梅埃就是这些间谍中的主要人物，2月底在埃滕海姆盘桓之时，他听说公爵经常一次数日不在府内。

拿破仑于3月1日收到这一消息，命令进行最为周密的调查。一位间谍报告，年轻的公爵与迪穆里埃将军有联系。将军实际上身在伦敦，间谍张冠李戴，将一位名叫图默里的无辜老人当成了他。拿破仑看到迪穆里埃将军和年轻公爵的名字排列在一起，顿时火冒三丈："我难道要像一条狗那样被当街打死吗？为什么不提前告诉我，他们在埃滕海姆相聚？想要谋害我的是圣人吗？他们要对我下手，我必须以牙还牙。"他痛斥雷亚尔和塔列朗玩忽职守，没有事先告诉他这些叛徒和刺客在莱茵河两岸集会。逮捕乔治·卡杜达尔和对他的一个仆人的审问，证实了拿破仑的猜测：公爵和迪穆里埃是针对他的阴谋的策划者，乔治不过是他们的工具。卡杜达尔的仆人供称，有一个神秘人物经常到主人的家中，进门时不仅乔治，波利亚尼克兄弟和里维埃也常常起身迎接。这使拿破仑

---

[1] 《未发表的拿破仑书信》，1805年2月20日。

坚信,当甘公爵是这一阴谋的指挥者,决心将他和迪穆里埃擒住。两人在德意志邦国的领土上,对拿破仑来说无关紧要。塔列朗承诺,他很快就可以说服选帝侯无视对其领土的侵犯,随后,这一问题在一次非正式会议上进行了讨论。塔列朗、雷亚尔和富歇建议采取最严厉的措施。勒布伦认为这种侵犯中立国领土的行为可能引起强烈抗议,但在第一执政的决心面前屈服了;只有曾犯下过弑君罪行的康巴塞雷斯一人坚决反对必然引发法国与德意志诸邦和俄国冲突的暴行。拿破仑不顾他的反对下达了命令,随后到马尔梅松去休养,在这个幽静宜人的地方度过了几乎与世隔绝的一段时间。命令由奥德内和科兰古两位将军执行,他们负责部署对巴登的突袭;此时担任巴黎行政长官的缪拉和忠诚于拿破仑的萨瓦里和雷亚尔也接到了命令。

对公爵的抓捕进行得很巧妙。军队和宪兵悄悄在斯特拉斯堡集结,派出间谍调查情况,3月15日东方露出鱼肚白时,30名法国士兵包围了当甘公爵的住处。血气方刚的公爵意欲战斗,但在一位朋友的劝说下,他默默地投降并被带到了斯特拉斯堡,从那里被押往巴黎东南方的万塞讷城堡。3月20日晚上,那里已经做好了接收他的准备。准备工作高度保密,犯人得到了一个化名"普莱斯",城堡的指挥官阿雷尔都不知道他的身份。[①]

首先,他的案子将由军官组成的军事法庭审理,这是一种即判即决的方式,不能上诉;而常规法庭的审理过程缓慢,且暴露在众目睽睽之下。元老院确实刚刚取消了在企图危及第一执政生命的案子中使用陪审团的制度——这是为起诉莫罗而采取的一种策略。但是,仅仅确保定罪还不够,拿破仑决心令敌人胆寒,只有迅速、出其不意的打击才能做到这一点。当他决定由军事法庭审判时,他仍然相信当甘公爵是迪穆里埃的同谋;3月17日晚间,这一误会已经

---

① 赛居尔,《回忆录》,第 10 章。波拿巴 3 月 20 日给缪拉和阿雷尔的信。

澄清，但他依然不肯动摇。甚至在3月18日（复活节星期日）于杜伊勒里宫教堂里聆听的大弥撒，也没能让他改变。在返回马尔梅松的路上，约瑟芬向雷米萨夫人坦言，她担心波拿巴的决定已无法改变："我做了能做的一切，但我担心他已下定了决心。"她和约瑟夫又一次在公园里走近拿破仑，此时他和塔列朗在一起。两人走近时，约瑟芬说道："我害怕那个瘸子。"于是约瑟夫把外交部长拉到一边。约瑟芬的努力全是徒劳，拿破仑最后驳斥道："走吧；你是个幼稚的人，不懂得公共义务。"

　　3月20日，拿破仑拟定了要向因犯提出的问题。此时，他改变了起诉的理由，在11个问题中，只有最后三个提到了公爵与卡杜达尔阴谋的联系。① 因为在此期间，拿破仑发现公爵的文件证明，他曾向英国政府提出为眼下的战争服务，② 希望参与未来的欧洲战争，但没有任何证据表明他与卡杜达尔阴谋有牵连。这些文件确实令拿破仑失望，正因如此，3月19日审阅之后，他责成雷亚尔"与德马雷一同秘密审查这些文件，不许谈论这些文件中的罪证多寡"。这些文件和军事法庭审理期间的卷宗都从档案库中被抽走，无疑也是出于相同的原因。③

　　召集军官组成军事法庭的任务交给了缪拉，但当这位直率、真诚的军人接到命令时，他大叫道："什么！他们想玷污我的军服吗？我不允许这样的事情发生！既然他想这么做，就自己去指派人员就是了。"可是，拿破仑又下了一道更为专横的命令，迫使他执行这项可憎的任务。巴黎卫戍部队的7名高级军官奉命集合在一起，直到做出判决。④ 他们的首领是曾在攻打巴士底狱时有英勇表现的于兰将军，

---

① 致雷亚尔的信，《书信集》，第7639号。
② 原件存于外交部档案（奥地利部分，第68号）。
③ 帕基耶，《回忆录》，第1卷，第187页。
④ 缪拉伯爵的《缪拉传》（巴黎，1897年版）第437—445页中引用的莫斯堡伯爵笔记证明，萨瓦里并不是只从缪拉那里得到了处决公爵的指示，还从波拿巴本人那里得到了命令。因此，波拿巴必须为军事法庭的组织和行为负全部责任。马松牵连缪拉的企图（《拿破仑及其家族》，第14章）是没有多少根据的。

第19章　保王党人的阴谋　367

这样一位大革命初期的英雄，却在晚年笼罩在一场午夜谋杀的恐怖之中。最终，第一执政命令萨瓦里率领手下的一队宪兵去执行判决，后者刚从比维尔回到巴黎，因错失猎物而暴怒不已。

这七位军官对任务的性质和军事法律都一无所知。于兰在很久之后写道："我们对审讯毫无认识，最糟糕的是，书记员和办事员也都没有什么经验。"①对囚犯的审问极其草率，询问了他的姓名、出生日期和地点、是否参加过对法战争，以及是否接受英国的金钱。对最后几个问题，当甘公爵做出了肯定的回答，并补充说他希望参加对法国的新战争。

他的回答与初审时一样，在初审的最后，他紧急提出书面请求，希望与拿破仑面谈。法庭准备同意这一请求，但站在于兰背后的萨瓦里立刻宣称那样做是不合时宜的。法官们摆脱窘境的唯一途径就是说服公爵撤销自己的证词，可他坚决拒绝这么做，当于兰警告说他处境危险时，他回答说他知道，因此希望面见第一执政。

法庭随即做出判决："根据（）法第（）条的如下规定（），判处罪犯死刑。"于兰看起来对这一拙劣的判决感到羞耻，打算上书波拿巴，请求满足死刑犯的要求，和他见上一面，此时萨瓦里从他的手中拿走了笔，说道："你的工作完成了，剩下的是我的事了。"②于是，公爵被领到城堡的城壕中，在几支火炬的映照下结束了这场悲剧的最后一幕：他要求请来一位神父，但遭到了拒绝，只好低下头祈祷，然后抬起高贵的头颅面向行刑的士兵们，恳求他们不要射偏，最后胸口中枪倒下。行刑的前一天，城堡指挥官便接到了命令，在近处挖好了一个墓穴，公爵的尸体被随意地扔了进去，战功赫赫的孔代家族最后一位嫡系子孙的遗骸就这样埋在了黄土之下。

十二年后，公爵的亲友们挖出他的遗骨，置于城堡的教堂之中。

---

① 《当甘公爵的惨祸》（*Catastrophe du duc d'Enghien*）第 118 页中于兰所说的话。
② 《当甘公爵的惨祸》第 101、123 页中迪潘（Dupin）的话。

但即便到了那个时候,外界对这一暴行的内情并不知晓。正是萨瓦里等人笨拙的辩护,才激起人们的追问和进一步调查。法国皇帝被废黜后留下的遗嘱,足以撇清塔列朗和主谋之外任何人的罪责。在这份文件中,拿破仑澄清了过去归罪于朝臣的轻信或恶意的借口,承担了处死当甘公爵的责任:

"阿图瓦伯爵自己承认为巴黎的60名刺客提供支持,在这种情况下,我授意逮捕和审判当甘公爵,这是为了法兰西民族的安全、利益和荣誉。如果出现类似的情况,我还会这么做。"[1]

即便在大事频发的这一时期,处决当甘公爵也称得上最重要的事件之一。从雷米萨夫人和其他一直视波拿巴为时代英雄和国家救星的人遭受的心理折磨,就能估量出这件事造成的恐怖之深。连母亲也言辞激烈地训斥他,称这是一项残暴的罪行,是无法抹去的污点,他所听从的建议,恰恰是最急于玷污他名誉的敌人提出的。[2] 拿破仑一言不发,将自己关在密室中,思索着这些可怕的话语,后来,他因塔列朗参与这场悲剧而在一封信中连篇累牍地加以痛斥,

---

[1] 这里唯一值得注意的理由是,当约瑟夫敦促其宽大为怀,拿破仑在最后一刻让步了,于深夜派遣雷亚尔前往万塞讷。雷亚尔所奉命令的确切内容不为人知,而且当时夜色已深,他推迟到次日才出发。途中,他遇到了带着公爵已被处决的消息前往巴黎的萨瓦里。听到这个意料之外的消息,雷亚尔的第一句话是:"这怎么可能?我还有好多问题要问公爵,审问他还可以得到更多信息。又出了一次差错,第一执政准会大怒。"后来,萨瓦里和雷亚尔都向帕基耶复述了这段话;除非帕基耶说了谎,否则雷亚尔接到的这道迟来的命令就不是赦免令(拿破仑在最后的旅途上也曾对科伯恩说过不是),而只是一道从公爵那里问出情况,以便牵连其他法国人的命令。此外,如果拿破仑真的下了赦免公爵的命令,为何不以此自证清白,而将公爵之死归罪于雷亚尔的错误呢?为何3月20日他将自己关在密室里,以至于连约瑟芬都难以进入?倘若他真的渴望赦免公爵,为何在3月21日中午,当雷亚尔说明自己到达万塞讷为时已晚,拿破仑只说了一句"那好吧"?(参见梅纳瓦尔,《回忆录》,第1卷,第296页)为何只有他一个人脸色如常,没有表现出任何悔恨或悲伤?科兰古听说他进入巴登逮捕造成如此结果,惊骇之下竟昏了过去,被波拿巴唤醒之后,他立刻言辞激烈地痛斥对方。还有,为什么要事先挖好坟墓?最后,为何萨瓦里和雷亚尔没有遭到贬谪?这些问题从来没有令人满意的答案。《当甘公爵的惨祸》、布莱·德·拉·默尔特伯爵的《当甘公爵的最后岁月》以及拿破仑的《书信集》提供了判断这一案件所需的所有文件。费伊先生在1898年7月和10月的《美国历史评论》杂志上对这些证据进行了研究。至于杀人凶手所得到的奖赏,参见马松《拿破仑及其家族》第13章。

[2] 杜卡斯,《列王纪——拿破仑的兄弟们》,第9页。

根源无疑就在于此。许多已开始团结到拿破仑身边的保王党人也对此事表示愤慨。夏多布里昂正打算走马上任，成为法国驻瓦莱共和国公使，闻听此事立刻递交辞呈，并采取了暗中反抗的态度。所有不受远大前程诱惑，也不为拿破仑的恩惠蒙骗的保王党人都是这么做的。就连拿破仑的许多朋友也不顾危险，对这种科西嘉式的族间仇杀行径表示震惊；据说富歇（这种推断看似有理，但可能是错的）曾说过这么一句妙语，总结了那个冷酷无情的社会中的普遍观点："这比犯罪还要糟糕——这是个大错。"

巴黎还没有从震惊中复原，4月6日，皮舍格吕又在监狱中被人勒死了；人们对此沉默不语，但几乎一致认为这是拿破仑的爪牙们干的。尽管当甘事件后人们这样想是很自然的，但这种判断似乎并不正确。尸体上确实有和自杀不相吻合的痕迹，但关在附近牢房的乔治·卡杜达尔并没有听到挣扎的声音；像皮舍格吕这样强壮的人，是不太可能轻易被刺客制服的。因此，更有可能的是这位荷兰的征服者因自己的悲惨命运而心碎，强烈的自尊心使他不愿意经受公开审判，提前结束了注定要毁灭的生命。阴谋者从未如此可耻地失败，如此彻底地落入敌人的圈套之中。巴黎市井中流传的一句妙语生动地总结了这些人微不足道的努力："他们来到法国，想给它带来一位国王，结果带来了一位皇帝。"

第20章　帝国的曙光

拿破仑王朝已经在一段时间里成为人们随意谈论的话题，第一执政本人后来也向约瑟夫承认自己的意图，话语中表现出超人的自信和谨慎："我一直打算结束革命，建立世袭制：但我认为要走到这一步，非得过五六年不可。"可是，事态的发展对他很有利。对英国的仇恨、对雅各宾派无度行为的忧虑、对保王党人针对拿破仑阴谋的愤慨，甚至最后处决当甘，都有助于帝国的建立。虽然各个党派的温和人士都谴责杀害当甘的行为，雅各宾党的余孽却对此欢欣鼓舞。在此之前，他们一直担心第一执政会扮演蒙克将军的角色。在他们扭曲的思想中，杜伊勒里宫的浮华景象和可恨的《政教协约》只不过是复辟波旁王朝的前奏，一旦复辟成功，神职人员、什一税和封建制度都将大行其道。现在，万塞讷的悲剧终于揭露了拿破仑深层的可怕野心，他们大叫道："他和我们是一伙的！"从此，波旁王室与波拿巴之间将有一场针锋相对的斗争，因此他的统治就是对永久占有大革命时期没收的土地的最好保障。[①]

对于一个追求物质的社会来说，法国大革命这一伟大事件不过是一个庞大的土地投资辛迪加，波拿巴现在是这个企业的唯一终身董事。这就是对世袭统治的请愿书中奇怪地引用《社会契约论》的内在原因。除了少数有良心的忠实信徒之外，雅各宾分子都特别擅

[①] 米奥·德·梅利托，《回忆录》，第2卷，第1章；帕基耶，《回忆录》，第1卷，第9章。

长于将两个极端结合起来。富歇玩弄各种伎俩，此时已重新得宠、大权在握，当甘公爵被处决后仅七天，他就向元老院提议建立世袭政权，作为终止针对拿破仑阴谋的唯一手段。这位雅各宾投机分子的理由是：如果采用世袭制度，密谋杀害拿破仑就毫无意义了，即使杀死了一个人，也无法粉碎保障大革命成果的这一制度。

如此巧妙的暗示之后，要求世袭统治的呼吁和请愿从法国各地涌来。重组法国的宏伟工程当然值得举国上下的感激。刚颁发的《民法典》和物质繁荣的恢复提高了拿破仑的声誉；由于他恢复了许多方面的利益，而又不曾让任何人因此流离失所，凭借这些事实和他的才智，完全可以要求以王权作为恰当的回报。从这些评论和功绩看来，他简直是天生的统治者。但元老院向他致敬时，超越了所有正派人应有的界限："您开创了一个新时代，应该让它持续到永远；若不能持续，任何光彩都毫无意义。"当年对波斯总督谄媚逢迎的希腊人，都没有这些拿着国家津贴的溜须拍马者那般没有气概，他们经历了1789年的风云变幻，却对革命的意义一无所知。这种令人生厌的吹捧本不值一提，但它最有力地证明，当人们看不到生活的更高目标，沉迷于肮脏的利益之中，会给共和国带来多大的危险！①

经过前四年的严格"训练"，议会各院几乎全票支持建立拿破仑王朝。立法院正在休会期，没有召开。元老院听到富歇显而易见的暗示后，指定一个委员会草拟关于世袭统治的报告，然后静观事态的发展。这些事项主要是在参政院的秘密会议上决定的，康巴塞雷斯、梅兰和蒂博多在会上提出了一些反对意见。然而，在公开会议上反对者沉默无语，支持者争相逢迎，这种私下的抗议又有何意义？4月23日，寂寂无闻的议员屈雷在保民院提议采用世袭制度。只有伟大的卡

---

① 我不能赞同朗弗雷先生的著作（第2卷，第11章）中"法兰西民族不希望建立帝国"的观点。在我看来，这位作者将自己无与伦比的敏锐洞察力和对民主的满腔热情加诸麻木不仁的民众。拉斐特很好地总结了当时的情况：相比于一个人的篡权，更令他震惊的是所有人的臣服（《回忆录》，第5卷，第239页）。

诺敢于公开挑战这一提议；屈雷与卡诺的对阵，也许能让那些卑鄙的所谓大众自由卫士回想起在罗马帝国文学垃圾堆中闪烁光芒的诗句：

"胜利者令众神欢悦，卡托①却与失败者同在。"

保民院指定一个委员会草拟报告，这对波拿巴家族很有利。元老院投票的情况相同，只有三名成员投了反对票，其中包括布卢瓦主教格雷古瓦。西哀士和朗瑞奈缺席会议，但薪俸丰厚的克罗讷庄园主人读到元老院决议时肯定会报以轻蔑的冷笑，因为他当初设计这个机构，是为了捍卫共和国宪法：

"法国人民赢得了自由；他们希望保住胜利果实；他们希望在胜利后休养生息。他们将这种光荣的休养生息归功于一个人的世袭统治，将此人置于至高无上的地位，是为了捍卫公众的自由、维护平等，让他在尊他为王的人民主权面前放下权杖。"

卢梭曾经提出，人类社会偶尔需要一个临时的独裁者。法国就这样成为了上述教条的践行者。②

当平民百姓都是如此奴颜媚骨，那么唯一不可或缺的人物就可以拥有任何头衔了。拿破仑起先故作姿态，对"执政官"和皇帝的称号哪一个合适大费踌躇，为此举行了多次会议，米奥·德·梅利托主张保留"执政"的称号，因为它既不失堂皇，又有着共和主义的纯朴简单。但人们很快就发现，只有皇帝这个称号能够满足拿破仑的野心和法国人对显赫头衔的热爱。于是1804年5月18日的元老院决议正式宣告授予他法国皇帝的尊号。至于他此前的同僚康巴塞雷斯和勒布伦，则分别得到了帝国首席大法官和财政大臣的虚职；拿破仑的哥哥约瑟夫得到了大选帝侯的封号，这一头衔是从神圣罗马帝国借鉴而来，如今却奇怪地用于一个首任皇帝已经确定的世袭帝国；路易得到了王室总管的头衔；另两个尊贵的头衔——首席国务大臣和海军大

---

① 卡托，古罗马政治家，为人正直，因长期与恺撒的政治冲突而闻名。——译注
② 反对派方面的情况，参见奥拉尔的《法国革命史》，第772页。

第20章　帝国的曙光　　373

臣——此时并未授予，但留给了拿破仑的姻亲欧仁·博阿尔内和缪拉。新帝国的这六位显要人物不需要对任何人负责，也不能撤换，他们和皇帝一起组成了帝国大议会。

帝国之光也微弱地照在次要人物的身上。拿破仑的舅舅费施主教任大司祭；贝尔蒂埃任狩猎总管；塔列朗任御前大臣；迪罗克任宫廷总管；科兰古成为御马官，所有人都认为，他得到这个官职，证明他是杀害当甘公爵阴谋的共犯。另外，皇帝的母亲被尊称为"太后"，他的妹妹们被称作"公主殿下"，配备了多名侍从女官；整个巴黎的人都兴奋地盯着那些满怀期待的贵族、弑君者、将军和股票投机商们，一步一步地靠近这个科西嘉家族的权力中心，而就在十年之前，这个家族还只能依靠"不可分割的共和国"的救济生活。

剩下的工作就是争取军队的支持了。为了这项艰巨的任务，拿破仑可谓是无所不用其极。下列将军得到了"帝国元帅"的军衔（5月19日）：贝尔蒂埃、缪拉、马塞纳、奥热罗、拉纳、茹尔当、奈伊、苏尔特、布吕内、达武、贝西埃、蒙塞、莫尔捷和贝纳多特；还有两个元帅军衔留待未来授予，四位年长的将军——勒菲弗、塞吕里耶、佩里尼翁和克勒曼（瓦尔米之战的英雄）得到了荣誉元帅的称号。在与勒德雷尔的一次谈话中，皇帝坦承，他为大批军队首长授予荣誉称号的原因是为了确保帝王的尊位；既然他们对自己享受的荣誉甘之如饴，又怎能反对皇帝呢？[①]这一自白是个有趣的例证，说明拿破仑对人类行为的最基本动机（即便说不上是最卑鄙的动机）有着无穷的信心。第二级的军官也得到了恰当的奖赏。但是人们立刻就发现，絮歇、古维翁·圣西尔和麦克唐纳等人的才华与功绩远胜过许多元帅，却不在此列，因为他们是坚定、直言不讳的共和主义者。驻扎在塔兰托的圣西尔、被迫出使哥本哈根的麦克唐纳，都在回国后受到冷

[①] 勒德雷尔，《作品全集》，第3卷，第513页。

遇。①其他曾对杜伊勒里宫表示不满的将军都被一个阶段的"外交放逐"有效地折损了锐气。拉纳在里斯本、布吕内在君士坦丁堡都学会了一些外交手腕，也懂得向国家元首低头，因此重新得到了拿破仑的宠信。贝纳多特尽管一直被怀疑有雅各宾主义思想，并因加斯科涅人与摩尔人混血所带来的强烈野心而令人担忧，却因为与约瑟夫·波拿巴成为连襟而受到礼遇；他从拿破仑手中得到了过去属于莫罗的一座巴黎豪宅。流亡者在巴黎附近格罗布瓦的房产曾用来奖励一贯忠诚的贝尔蒂埃。奥热罗的雅各宾主义思想因在督政府失宠已消除大半，此时在布雷斯特训练一支小规模的法国与爱尔兰志愿部队。不过，由精挑细选的法国部队组成的"大军团"托付给了拿破仑绝对信任的达武、苏尔特和奈伊；此时，在这支精锐部队中，对英国的仇恨和对拿破仑超凡才能的自豪感压倒了所有政治考虑。

这些安排证明了拿破仑处理一切事务的卓越前瞻性与细致用心，即使心怀不满的将军和士兵反对实行帝制和起诉莫罗，他们也很容易遭到压制。在某些地方（如梅斯），军队和百姓对帝国的建立及其浮夸的做派极其不满，但指挥官很快就采取行动恢复了秩序。因此，虽然法兰西帝国建立了，莫罗也被以叛国罪起诉，但即便是仍珍爱共和国的士兵也没有人举起步枪反抗。

法国大革命中的将军们大多数命运悲惨。如果1795年有人预言所有高举三色旗走向胜利的将军们都将销声匿迹，或者在一个科西嘉人面前低下头颅，这个预言者肯定很快就不得不永远噤声。可是，事实比这个预言更糟糕。马尔梭和奥什死于莱茵兰；克莱贝尔和德塞同一天离世，一个死于刺客之手，另一个战死疆场；里什庞斯、勒克莱尔和其他许多英勇的军官长眠于圣多明各；皮舍格吕惨死狱中；卡诺

---

① 麦克唐纳，《回忆录》，第12章；赛居尔，《回忆录》，第7章。当蒂埃博祝贺马塞纳获得新头衔时，这位老兵冷笑着答道："咳，我们有14个人呢。"（蒂埃博，《回忆录》，第7章，英文版）。另见马尔蒙《回忆录》，第2卷，第227页，其中叙述了他被排除在外，贝西埃却成为元帅的情况。

第20章 帝国的曙光　　375

自甘退隐；马塞纳和麦克唐纳不光彩地过着无所事事的生活；其他人都很快地加入了谄媚者的行列；莫罗则面对叛国罪的审判。

即便是在盛大排场和轰动新闻面前目眩神迷的普罗大众，看到霍恩林登战役的胜利者站在被告席上也会深感痛心；极少数莱茵军团幸存者表现出来的悲痛，预示着如果司法形式有欠公允，将出现很大的麻烦。此时，对关乎拿破仑生命的案子刚刚取消了陪审团制度。这样，莫罗和乔治及其同伙，就可以很有把握地交给法官公开审理了；在这方面，此次审判与万塞讷城堡的午夜军事法庭形成了鲜明的对比。然而，在政治犯的审判中，法官从未承受过如此之大的压力，一切都是为了确保定罪。[1]对多位证人的盘问证明，莫罗一直拒绝帮助阴谋者，最严厉的指控便是他渴望推翻拿破仑，三次与皮舍格吕见面并且没有向当局举报这场阴谋。也就是说，他的罪过便是没有像一位"好公民"那样揭发阴谋，而是坐观其成。

根据这些理由，法官判处莫罗两年监禁。这一判决令拿破仑极度不快，他期盼着动用皇帝的特权，赦免莫罗的死罪，而不仅仅是有期徒刑；现在，他只能按捺住心中的恼怒，尽力表现自己的仁慈，宣布释放莫罗，条件是让他到美国隐居。[2]霍恩林登的胜利者有尊严地归隐那块自由之地，也几乎掩盖了他过去的无能与愚蠢；而且，至少在当时，人们可能会说他的政治生涯结束得比庞培更体面，而拿破仑对政敌的所作所为，就有失恺撒取胜之后的那种宽容气度了。

在真正的阴谋者中，有20人于6月10日被判处死刑，其中包括波利亚尼克兄弟中的哥哥、里维埃侯爵和乔治·卡杜达尔。约瑟芬和"太后"都竭力为死刑犯中的贵族说情，拿破仑勉强同意减刑为监

---

[1] 沙普塔尔，《回忆录》，第262页。关于莫罗的深得人心，参见马德兰《富歇传》，第1卷，第422页。
[2] 在下一次公开接见中，拿破仑斥责了曾坚持判莫罗无罪的法官之一勒古布（Lecourbe），此后还撤掉了他的法官职务。另外，拿破仑还贬谪这位法官的兄弟勒古布将军，禁止他进入巴黎40里格范围内。（《未发表的拿破仑书信》，1805年8月22日和29日）

禁。但是，平民出身的乔治·卡杜达尔却为他自青年时代起便投入全部精力的事业付出了生命。这位最勇敢的布列塔尼人、保王派的最后一员干将就这样灰飞烟灭。从此，拿破仑不再担心波旁阴谋家了；毫无疑问，他的特工巧妙地促进这一愚蠢的阴谋，将所有左右摇摆的人一网打尽的做法，远比断头台更能保证他未来的安全。在这位权倾天下且又谋略高妙的皇帝面前，人们只能在战栗中回想起罗马皇帝提比略的时代。

此时，拿破仑几乎可以说，他的主要对手是自己的家人。世袭继承权的问题唤醒并激化了皇帝亲属间的强烈情绪。约瑟芬从中看到，她光芒四射的新生活就要因离婚而黯然失色，据说拿破仑曾三度做出这样的决定。她已经没有希望再生一个孩子了，富歇回忆录的编纂者说，她想出了用一个孩子冒名顶替的荒唐招数，富歇早就准备嘲笑这一举动。无论传言的真相如何，约瑟芬的确竭尽全力说服拿破仑和她的女儿奥尔唐斯（路易·波拿巴之妻），让奥尔唐斯与路易的儿子成为第一顺位继承人。可是，这个提议将约瑟夫和路易置之不顾，不仅引起自诩为当然继承人的长兄约瑟夫的强烈反对，还使路易本人妒火中烧。他对拿破仑与奥尔唐斯有私情的怀疑尽人皆知，并心怀敌意地将拿破仑对小查理的钟爱视为证据；当约瑟芬用颤抖的声音急切地说出这个提议时，路易粗暴地拒绝了。由于路易和约瑟夫的坚决反对，皇帝和约瑟芬勉强地屈服了。

于是，新的安排提了出来。至少在眼下，吕西安和热罗姆都因为令人不满的婚姻而被排除在宫廷之外，拿破仑似乎与约瑟夫和路易达成了和解，根据元老院的建议将他们放进继承人的序列中。但他仍然保留了收养路易之子，使其在继承中占有先机的可能性。必须承认，皇帝在面临如此困境时展现了对妻子的体贴和关爱，但没能得到约瑟芬支持者们的公正对待。他曾对勒德雷尔说道："我怎么能仅仅因为自己身居高位，就和这样一位贤妻离婚？"然而，尽管他毅然将兄弟的劝说抛在一边，命运似乎注定了这场婚姻的破灭；因为皇后寄予毕生希望的小男孩在1807年便过早地离世了。

当时，拿破仑和约瑟夫之间也龃龉不断。两人都有着科西嘉人重视长子的天性，在此之前，拿破仑在许多方面都遵从长兄的意见。可是，他现在却明确地表示，不能容忍长兄对国事的一丁点干预。的确，除了外交事务，约瑟夫并没有表现出任何超人的才干，能够使其随着拿破仑令人目眩的崛起而青云直上。拿破仑是一个桀骜不驯的天才；而约瑟夫则是个有修养、有能力的人，他的主要爱好是文学、爱情和无所事事的闲趣，除非自尊心被触动，他才会激情四射，甚至连睥睨天下的二弟都不得不退避三舍。吕西安、路易甚至年纪尚轻的热罗姆，都有着同样倔强、自尊的性格，即便面对拿破仑也敢于挑战。拿破仑决心让兄弟们处于从属地位，而他们却认为这个王朝很大程度是他们在雾月政变之中或之后努力的成果，因此应该得到相应的回报。然而，拿破仑知道这样是无法创立一个王朝的，他曾坦率地告诉勒德雷尔，一个王朝要在法国牢牢扎根，必须有在宫廷长大的继承人："我从不将我的兄弟们看成自然的权力继承人，只认为他们是适合抵挡少数邪恶对手的人。"

约瑟夫深深地憎恨这种行为。他是帝国的亲王，也是大选帝侯，但却很快发现除了偶尔在元老院主持会议之外，这一切都没什么意义，因此，他热衷于搞些触怒皇帝的小动作。拿破仑为了把哥哥赶出巴黎，在此之前便建议他熟悉军务，因为如果他对军事一窍不通，就不可能成为继承人，领导那些名震四方的元帅了。约瑟夫不得不接受了团长的职务，在36岁时开始于布洛涅附近学习练兵打仗。[①]有朝一日，拿破仑肯定会为这幕滑稽剧而无比痛悔。维多利亚惨败之后，他无疑希望约瑟夫一直在元老院的讲坛上自由发挥，而不是涉足军事。

[①] 米奥·德·梅利托，《回忆录》，第2卷，第1章。

但是，在1804年春夏两季，皇帝对他的每一句话都记得清清楚楚；因此，当他大胆地建议在即将到来的加冕礼上不要为约瑟芬戴上皇冠时，拿破仑怒火中烧。约瑟夫凭什么对他的权力和利益说三道四？是谁赢得的权力？谁配拥有权力？权力是拿破仑的至爱，决不许约瑟夫染指。即便元老院或参政院连续十年反对他，他也不会成为暴君："要让我成为暴君，一件事就够了——那就是我的家人轻举妄动。"①

不过，家人最终没有采取行动。与其他兄弟（除了吕西安）一样，约瑟夫在关键时刻让步了。他在参政院威胁道，如果他的妻子被迫在加冕礼上为约瑟芬托裙裾，他将辞去大选帝侯之职，退隐德意志。皇帝随后通知他，他要么作为帝国的首位臣民忠诚尽职，要么退隐山林，如若反抗，就会被粉碎。这一命令无可争辩，约瑟夫只得屈服。为了照顾他和妻子的情绪，正式典礼的措辞做了修改；他的妻子将扶着约瑟芬的斗篷，而不是为她托裙裾。

不管大事小情，拿破仑都坚持己见。勒德雷尔很久以来一直苦口婆心地请求将约瑟夫和路易纳入皇帝继承人之列，并在他受托草拟的报告中加入了一条，但这句话却被以某种巧妙的方法，从全民公决的宪政法案里删掉了；在全民公决中，法国人同意以拿破仑的家族建立帝国，其继承权将交给拿破仑的亲生儿子或养子，以及约瑟夫或路易的男性子嗣，而忽略了约瑟夫、路易、吕西安和热罗姆。因此，这些亲王没有继承权，5月18日的元老院决议确实基于他们这一项法律权利，可是并没有得到公民投票的批准。有超过350万人投票赞成新制度，这一数字超过了建立执政府和设立终身执政的得票数。和往常一样，法国人接受了既成事实。

现在，加冕的法律手续和仪式准备都已近乎完成。杜伊勒里宫和梵蒂冈之间的谈判一直在进行中，拿破仑恳求（实际上是要求）教

---

① 拿破仑致勒德雷尔的信，《作品全集》，第3卷，第514页。

皇出席加冕礼。庇护七世一想到要为谋杀当甘公爵的凶手加冕就觉得心中不安，但他做不了自己的主，拿破仑巧妙地暗示道，如果他出现在巴黎圣母院，宗教界就会得到好处，这打消了教皇的顾虑，也让他看到了收复北方辖境的希望，但他将在不止一个方面上大失所望。宗教界只能在即将到来的加冕礼上为其仪式增添声望，而得不到教皇渴望的那些实际好处。然而，对于拿破仑来说，获得圣油和教皇的祝福至关重要，只有如此，他才有希望使保王党人放弃对失去王冠、流亡国外的国王的感情。毫无疑问，这是拿破仑借《政教协约》恢复宗教的主要原因，当时拉斐特就敏锐地看到了这一点，笑着喊道："承认吧，将军，你想要的就是那个装圣油的小瓶子。"①这番俏皮话导致第一执政像个喝醉的马夫似的，发表了一番措辞下流的声明，现在，那个小瓶子就要到手了。

  为了避免教皇和皇帝见面时有任何尴尬，拿破仑将地点安排在枫丹白露和内穆尔之间的大路上，像是一天的狩猎中发生的偶遇。慈祥的老教皇在初冬的寒冷中长途跋涉后疲惫不堪，正斜靠在车驾内，突然吃惊地看到主人的随从们。双方的差异在每一方面都很明显。皇帝的身材壮硕，显得健康且充满力量，他的脸色微红，是因为狩猎的兴奋，也是因为深知自己掌控着局面，骑在马背上令他增添了一份尊严，可以掩饰徒步时腿短的不足。当他身披猎装款款走来，俨然是胜利力量的化身。相反，教皇身穿白色长袍，足登丝质白履，给人一种平和仁慈的印象，只是教宗之位带来的烦恼迁延日久，在他散发着智慧的五官上留下了深深的印记。皇帝翻身下马，近前迎接他的客人，教皇也很不情愿地走下马车，在泥泞中接受欢迎的拥抱。与此同时，拿破仑的马车也开来了，马夫打开了两边车门，一位宫廷军官礼貌地将庇护七世从左侧车门扶上车，而皇帝则从右上车，坐在首席上，一

---

① 拉斐特，《回忆录》，第5卷，第182页。

举解决了复杂的社交位次问题。①

教皇在枫丹白露逗留期间，约瑟芬向他吐露了对婚姻的担忧；婚姻不过是一纸民事契约，她害怕这份契约被解除，希望教皇的干预能够使她和丈夫建立更为坚固的关系。教皇安慰了她，并要求拿破仑举行应有的庄严婚礼，就这样，在拿破仑的舅舅费施主教主持下，婚礼于加冕前两天秘密举行。②

但是，圣彼得的继承人出席加冕礼还不够；皇帝希望让人们将他看作查理大帝的传人。在此，我们将要看到一项现代世界最有趣的试验，一旦这项试验取得成功，将深刻改变欧洲的面貌和各国的特性。即便失败了，它也能证明拿破仑生动的想象力和无穷的谋略。他的抱负不仅是当上法国的皇帝，还想打造一个威加四海的帝国，堪与千年之前的神圣罗马帝国相媲美，将许许多多的民族纳入秩序井然的伟大欧洲政体之中。

拿破仑统治的范围已包含莱茵兰的德意志人和皮埃蒙特、热那亚和尼斯的意大利人，在这百万之众外，还有萨伏依人、日内瓦人和比利时人。如果这些四分五裂的民族将他看作查理大帝光辉事业的继承者，那他对混乱中沉浮的德意志和意大利诸邦将有多么巨大的影响力！现在，他要的就是这样的荣耀。尽管将古老的半部落政体与民族意识逐渐觉醒的现代化国家相提并论是虚妄之言，但此时的拿破仑已为他的伟大试验扫清了道路。他可以依靠两种魅力：一是物质繁荣，二是引发大众想象力的天赋。前者已经悄悄地助力于他，后者则在加冕礼上首次显露出来。

---

① 《罗维戈公爵萨瓦里回忆录》。布列纳也如是说，他是从当时在场的拉普口中听到的（《回忆录》，第 2 卷，第 33 章）。《环球箴言报》（共和 13 年霜月 4 日）宣称，教皇坐在右边；但我不相信这种说法。

② 雷米萨夫人的著作（第 1 卷，第 10 章）。由于教区的神父并未在场证明，波拿巴家族认为这项新婚约并不完全有效。但可以肯定的是，费施始终认为，只有教皇的权威才能撤销这一婚约。关于拿破仑在加冕典礼当天早晨拒绝接受圣餐，以免犯下亵渎和虚伪之罪，请参见赛居尔的著作。

在布洛涅逗留之后，拿破仑就造访了亚琛，这座城市里埋葬着查理大帝的遗骸，维克多·雨果正是在那里写下最伟大的诗篇，描绘了查理五世下跪祈求这位中世纪英雄英灵再现的情景。拿破仑此来并无祈求之情；因为当约瑟芬受赠这位伟大死者的臂骨时，她也自豪地回答道：她不会夺走这座城市的珍贵遗迹，特别是在她已有如同查理般强健的手臂支撑的情况下。[1]不过，那位君主的徽章和宝剑被带到了巴黎，在加冕礼上留下历史之幽光，使其显得卓尔不凡。

为了让这件盛事有隆重、气派的排场，一切用金钱和艺术能够办到的都做了。新任典礼官赛居尔先生的建议，以及团结到新帝国的其他贵族的提醒，拿破仑都以治理法国时的那种毫不懈怠的心情认真研究。皇帝和皇后出席加冕礼所用的礼服花费了1123000法郎，皇帝身穿金丝绣花的红色天鹅绒法式上衣，披着一件有蜜蜂图案和镶钻荣誉军团领章的短斗篷；在大主教的府邸，他穿上了饰有大量貂皮的紫色天鹅绒礼服，头戴强力征服者应得的桂冠。他的剑柄上著名的皮特钻石闪烁光芒，这颗钻石曾令英国政治家的家族财富猛增，后落入法国摄政之手，如今又为法国独裁者的加冕礼增添光彩。约瑟芬皇后因婚姻变得牢不可破而喜形于色，为她光彩照人的容颜更增添了从容优雅，宛若少女的身姿令所有人为之倾倒。她的腰间和双肩都有钻石的光华，头戴镶嵌了最精美钻石与珍珠的皇冠，价值超过100万法郎。[2]好奇的人们也许记得，正因为一串价值不及其两倍的项链，安托瓦内特夫人的清名受损，波旁王朝的根基也随之动摇。

盛大的加冕游行始于一件怪事：拿破仑和约瑟芬显然被新銮驾中无处不有的华丽装饰误导了，错误地坐在了为约瑟夫和路易所设的位置上，这一错误立刻得到了纠正，引来了一场嬉笑；但迷信的人却引

---

[1] 赛居尔，《回忆录》，第 11 章。
[2] F. 马松的《约瑟芬皇后》（"Joséphine, Impératrice et Reine"），第 229 页。关于皮特的钻石，请参见尤尔的小册子，和 M. 格兰特·达夫（M. Grant Duff）爵士的《日记》，1888 年 6 月 30 日。

为不祥之兆。①现在，游行队伍沿着尼凯斯街和圣奥诺雷街——波拿巴在葡月政变中声名鹊起之所——蜿蜒行进，越过新桥后抵达庄严的大教堂，因等候多时而冷得全身发抖的教皇已准备就绪，要为这次典礼添上点睛之笔。他首先为皇帝和皇后涂上圣油；然后，在加冕弥撒进行中，他将适时为他们的皇冠、戒指和斗篷祝福，为这些物品所象征的美德与力量念出传统的祷词。可当他要为皇帝加冕之时，拿破仑却轻轻地摆手示意他走开，自己戴上了皇冠。肃穆的气氛中涌起一阵骚动，或许是对老教皇的难堪表示同情，或许钦羡伟大统帅"高贵、合理的自豪感"，因为他认为皇冠完全是凭借自己的力量赢得的。随后，皇帝一行缓缓回到了教堂中殿，那里已设好了舒适的宝座。

此时，又出现了一个足以令舍本逐末者震惊的预兆。人们注意到，皇帝与皇后走下台阶时，因为礼服和裙裾的重量而险些摔倒，不过，对约瑟芬来说，这惊魂一刻是来自"扶披风者"有意无意的疏失。可是，对于那些喜欢追根溯源的人来说，这难道不是一个应该引起注意的征兆？就在这场浮华的宗教仪式举办的十一年前，理智女神初登圣坛，也是在这座中殿，回荡着崇拜者们的欢呼，闪耀着他们手持的千万支火炬。

革命的情绪并未彻底消散，但是只能以嘲笑的方式排遣了。加冕礼前一天，巴黎的许多墙上都贴着这样的海报："法国大革命的最后表演——为了一个贫穷科西嘉家族的利益"。事后，有人问道：为什么新的王座上没有金流苏？答案是：因为王座上满是血腥。②除了这些讽刺和玩笑之外，雅各宾分子和保王党人无所作为。谄媚的立法院议长丰塔纳公开使用"您的臣下"这样的字眼，在那些曾希望新帝国仍然秉承共和主义的人当中激起了义愤，但这种情绪很快就消散了。没有一个法国人（也许卡诺是个例外）能像维也纳的一位天才那样，

---

① 德·博塞，《拿破仑的宫廷》（*Court de Napoléon*），第2章。
② 英国外交部档案，情报部分，第426号。

以男子汉的气概提出反对。这位天才创作了《英雄交响曲》,并以伟大共和主义者的简洁手法题上了"贝多芬献给波拿巴"的献词。当大师听说这位过去的英雄戴上皇冠,愤然撕碎题词,连声咒骂"变节者和暴君";后来,他将这部不朽的作品用于"纪念"一位伟人。

第21章　布洛涅舰队

如上文所述，建立帝制在曾以雅各宾主义思想著称的法国军队中激起了一些反对；但通过一两例恰逢其时的宽大处理，连最顽固的共和主义者都倒向了皇帝一边。最特别的一个例子是：一位勇敢、忠诚的上校因帝国成立时将士们首度发出欢呼而盛怒不已，大胆地发出"保持肃静"的命令。拿破仑立刻将其提升为将军，任命他为自己的副官；这位勇敢的军官名叫穆顿，后来在瓦格拉姆战役中赢得荣誉和洛博伯爵的头衔。这就是适时采取宽大措施的成果，此类举动能够照亮所有将士的内心深处，引领着他们抛洒热血。因此，当拿破仑在加冕礼后向巴黎卫戍部队颁发帝国鹰标军旗时，战神校场上一派狂热景象。将士们以雷鸣般的喊声赞颂这位新法兰克统帅的英勇无敌，气势之宏大，堪比当年卡洛林王跃上臣属们的盾牌上时所领受的欢呼。遥远的国度也都听到了这气势汹汹的鼓噪，急忙聚集部队，以备不测。

不过，只有英国与法兰西帝国处于战争状态。拿破仑现在准备投入辽阔帝国的全部力量与之对抗。北部海岸的准备工作此时基本已经完成，只有一个问题尚待解决——如何"越过鸿沟"。今天的我们可能觉得很奇怪，为何不利用19世纪的伟大动力——蒸汽动力呢？法国回忆录作者马尔蒙、布列纳、帕基耶和博塞也都感到疑惑，拿破仑这么能干的统帅，为何忽略了如此强大的盟友？

他们的批评似乎是基于后来的反思，而不是对事实的准确陈述。实际上，这种19世纪的大力神仍在摇篮之中。亨利·贝尔于1800年在克莱德河试验了蒸汽船；但正如特里维西克的首部铁路机车或者富尔顿1803年在塞纳河上建造的首艘明轮船，它只引起了人们一时的好奇。事实上，这位美国伟大发明家制造的明轮船十分脆弱，在一场大风中于锚地折为两半，丢掉了笨重的发动机。不过，富尔顿凭借一贯的充沛精力，打造了更强大的轮船，不仅携带蒸汽机，还在1803年8月小心翼翼地开动起来，震惊了法兰西科学院的成员们。

然而，富尔顿对这个结果仍然感到失望，从他一生中仅有的记录判断，他从未将这个发明呈交给拿破仑。[1]他感到需要采用更好的机器，而这种机器只能在英国买到，于是向伯明翰一家公司订购蒸汽机，建成了他的第一艘成功的明轮船克莱蒙特号，1807年于哈德逊河下水。但是要将这种船只用于战争，富尔顿也许必须继续住在巴黎，进行第三次尝试。他当然不会将不完美的蒸汽船送呈第一执政。他发明的推进装置第一次试验时导致载船沉没，第二次则只能推动船体以蜗牛般的速度前进，如果他提议在整个布洛涅舰队中配备这种机器，那么在塞纳河锚地翻船之时，就肯定会得到粗暴的对待。

此外，富尔顿的提议曾被拿破仑拒绝过。他先后向督政府和第一执政介绍了自己的发明，声称这种船能"使法国和世界摆脱英国的压迫"。

这是一种帆船，能够潜入水下，在敌船底部释放一个装满火药的"尸体"（即后来的水雷）——这是他众多发明的又一例子。督政府立即驳回了他的建议。波拿巴指示蒙热、拉普拉斯和沃尔内报告关于这种"潜艇"（也称"下沉艇"）的情况，当时它已取得了部分成功。1801年7月，富尔顿的潜艇在布雷斯特炸毁了一艘小船，但调查委员会的报告对其攻击效能评价似乎不高。实际上，由于富尔顿尚未

---

[1] 科尔登（Colden）的《富尔顿传》（1817年版）；赖加特（Reigart）也著有一本富尔顿的传记（1856年）。

为这种发明装上动力装置，"下沉艇"的名字夸大了其功用，它更适合于苦行者的冥想，而不是破坏性活动。

上面提到的回忆录作者似乎混淆了富尔顿的两个截然不同的发明。1803年下半年，他前往英国，随后回到美国，1803年之后，他看起来没有意愿也没有机会为拿破仑服务。在英国，他将水雷的专利奉献给了海军部，表达了他对法国皇帝这个"应该猎杀的野兽"的仇恨。他的水雷在英国没有起到多大作用，只为了证明其效果而在沃尔默岸边炸毁了一艘船。同样奇怪的是，当贝尔将他的明轮艇发明呈交海军部时，尽管据说纳尔逊表示支持，它还是遭到了拒绝。任何地方的官方机构都敌视新发明，马尔蒙曾暗示道，波拿巴曾经历过炮兵训练，对采用新武器时造成的不便与花费很有经验，这对他反对所有发明的做法有着不小的影响。

不过，为了继续介绍布洛涅舰队的情况，披露一些此前没有公布的平底船细节可能会很有趣，然后，我们再简短地回顾拿破仑确保暂时控制英吉利海峡的计划。

显然，他最初几乎只能依靠布洛涅舰队，1803年11月23日，他在视察布洛涅之后写信给海军上将冈托姆说，他将很快在北部海岸拥有1300艘平底船，能够运载10万名士兵，而荷兰舰队将运送6万人。"你认为这些船能把我们带到英国海岸吗？只要有8个小时的黑夜，我们就能决定世界的命运。"信中没有提到任何护航舰队：第一执政明显认为这支舰队能够击退海上的任何进攻。这封信完全可以证明，至少在那个时候，他还无法理解海战的风险。不过，尽管他思维严谨、逻辑分明的头脑不能完全理解变幻莫测、怒涛汹涌的英吉利海峡上的作战条件，但海军上将们立刻提醒他，不要寄希望于那些适合浅水作战的平底船能够在海上击败敌人；此种船只能在沿岸作战中击退敢于驶入浅水地带的英国巡洋舰，却并不意味着它们在海峡中间也能取得同样的成功，因为那里远离岸防火力的支援，起伏的波涛会令这些无龙骨船上的火炮几乎发挥不出任何作用。①

详细查阅过驻扎在唐斯的英国舰队司令的报告后，笔者相信，英国水兵在海上遇到平底船时根本不屑一顾。1803年11月23日，海军上将蒙塔古在一艘英国双桅横帆炮艇捕获一艘平底船时报告道：

"我们根本无法想象，这种糟糕透顶的工具能起到任何作用，从海上编队、作战与速度的要素来看，它们的设计都不合格。这种可怜的平底船无法逆风航行，只能向下风处漂浮，这就是它被捕获的原因；因为它向布洛涅的下风处开出一点之后，就无法返航，而必须以大舵角转向加莱。为了作战，它安装了一门18磅②的长筒炮，没有驻退索或者滑车，只能在滑座上转动，向船头方向射击。船尾安装一门8磅炮，但是固定的，也就是说，如果我们的小艇与其并排航行，船上除了滑膛枪之外，没有任何东西能够抵抗，而这些枪支还在一些因晕船而弱不禁风的可怜虫手中，我们在捕获这艘炮艇的时候已经看到了——士兵们躲到船舱里，浑身无力，没法像个男人那样战斗……简而言之，阁下，在我看来，这些船只完全不值一提、荒唐可笑，因此，我的结论是在布洛涅集结的船队不过是为了吸引我们的注意力，掩盖从其他地点发动的真正攻击。"

英国海军上将轻视的这艘船并不属于最小的级别：它长18.8米，宽4.42米，船头吃水0.91米，船尾吃水1.22米，干舷高0.9米，载重35吨。1804年和1805年的英国海军部秘密情报也表明，荷兰水手同样认为这些船不具备适航性。海军上将维尔于埃坦率地告诉法国皇帝，无论阿谀奉承者如何说服他相信这次远征的可行性，结果"除了耻辱之外，将一无所获"。同一卷宗（426号）中包含了在拉

---

① 朱里安·德·拉·格拉维埃《海战史》，第2卷，第75页；舍瓦利耶（Chevalier），《法国海军史》（*Hist. de la Marine Française*），第105页；德布里埃（Desbrière）海军上校的《不列颠群岛登陆计划》（*Projets de Débarquement aux Iles Britanniques*）第1卷。该书所附的版画说明，法军早期的登陆计划有多么异想天开。
② 1磅≈0.45千克。磅数代表弹药的重量。——译注

乌格角缴获两艘更大级别平底船的报告。俘虏中有年轻的法国保王派分子拉布尔多奈，被迫应征入伍时，他选择到这种"小艇"上服役，"因为他坚信，这些舰队不过是吓唬小孩的玩意，绝不会用来实施许多人谈论，却没人真正相信的入侵行动"。流亡英国的法国老将迪穆里埃也持相同的观点，他为英国政府草拟了一份报告，介绍了拟议中的入侵行动和挫败该行动的手段。英国间谍的报告也证明，欧洲大陆上所有有经验的海员都宣称，拿破仑的计划如果不是障眼法，那就是愚勇的冒险。

奈伊回忆录的编辑者当然熟知这位元帅的观点。奈伊当时是布洛涅部队的指挥官，他也认为这支舰队只能作为一个巨型渡轮来使用。[①]法国海军上将们更知道拥挤的船只在外海作战的巨大风险。他们也指出船只大小、吃水和速度的差异必然导致舰队分散，可能被适航性更好的敌方舰艇各个击破。实际上，渡海行动不遭到重大损失的唯一希望似乎是长时间的平静海况，这样英国的巡洋舰就难以应付成群划艇的联合进攻。而在有雾的时候，渡海风险更大，密集的船队很容易相撞、搁浅和迷失航向。如此古怪的庞大舰队即便是出发时也面临种种困难，法国人发现，整支部队无法在一次涨潮中全部离港，因此所有船只起航之前，舰队的一部分必然暴露在英军火力之下。由于这些原因，舰队司令布吕克斯和海军大臣德克雷劝说拿破仑不要在没有强大掩护舰队的情况下发动进攻。

拿破仑的书信证明，到1803年底，他已经放弃了第一个愚蠢的计划，因为这个计划，诙谐的巴黎人给他取了一个"拉芒什海峡（即英吉利海峡）堂吉诃德"的诨名。[②]12月7日，他写信给土伦海军军区司令冈托姆，敦促他加紧完成9艘战列舰和5艘巡防舰的建造，并

[①] 《奈伊元帅回忆录》（*Mémoires du Maréchal Ney*），第7卷，第1章；另见马尔蒙的《回忆录》，第2卷，第213页；马汉，《海权论》，第15章。
[②] 勒德雷尔，《作品全集》，第3卷，第494页。

简述了集结海军、确保暂时控制英吉利海峡的种种计划。我们在此仅需引用其中两种：

1. "土伦分舰队将于雪月20日（1804年1月10日）出发，抵达加的斯（或里斯本）近海，在那里与罗什福尔分舰队会合，然后在布雷斯特和锡利群岛之间不靠岸航行，停靠拉乌格角后48小时内到达布洛涅近海；从那里继续开到斯海尔德河（由此采购桅杆、绳索等一切必备物资）——或者开往瑟堡。"

2. "罗什福尔分舰队将于雪月20日动身，当天抵达土伦，两支分舰队会合后于风月起航，芽月开到布洛涅近海——这已经相当晚了。在任何情况下，埃及远征军将在土伦分舰队出发时提供掩护，一切都是为了诱使纳尔逊先开往亚历山大港。"

这些计划表现出了拿破仑的长处与弱点。他认识到法国在四条海岸线上占据的中心位置，他的一切部署，不管是海军还是政治上的，都是为了在法国舰队集结于海峡时引诱纳尔逊向东远离土伦；因此，他通知土伦的军官，他们的目标是塔兰托和摩里尔，这两个地点正是他想引诱纳尔逊前往的目标；为了这个目的，他还派遣部队前往塔兰托，在科孚岛、摩里尔和埃及不停地搞阴谋；让狡猾的间谍梅埃告诉德雷克，土伦舰队将运送4万名法国士兵前往摩里尔，而拥有200名训练有素的爱尔兰军官的布雷斯特舰队以爱尔兰为唯一目标，其意图也在于此。不过，当他部署这一完美的骗局之时，却没有考虑到海上行动的不确定性。他忽视了土伦舰队遭到纳尔逊封锁、罗什福尔舰队则面对科林伍德这些显而易见的事实，确定了出发和会合日期，仿佛指挥陆军部队在普罗旺斯调动一般；这种对确定性的渴望将毁灭他的海军计划，惨败也就如影随形。①

---

① 英国驻厄尔巴岛专员坎贝尔上校在他的日记（1814年12月5日）中记述："我在许多次谈话中察觉，拿破仑对风浪潮汐引起的困难一无所知，而对于军舰阵位变化的判断，则与陆地上的军队无二。"

用土伦舰队掩护对英国的入侵行动并非全新的计划。早在德图维尔的年代，类似的计划就曾被构思过：这位海军上将率领的法国海峡舰队与大西洋舰队在怀特岛海域与拉塞尔近距离交战，而土伦分舰队扬帆向北，到诺曼底沿岸接应入侵英国的法国运输船。假如拿破仑认真研究了法国海军史，就应该发现拉乌格惨败很大程度上是因为恶劣天气使法军无法会合，导致原计划做了匆忙和失策的修改。可是，在他以权威身份发言的所有学科中，海军战略也许是研究得最不充分的，而这方面的经验教训恰恰是最需要认真吸取的。

命运女神似乎并不赞成拿破仑的海军计划，不过她从开始阶段就挫败这个计划，或许算不上是刻薄的做法。事态的发展早早就说明，上述的联合行动需要有所改变。1803年的最后几天，拿破仑听说英国人打算进攻马提尼克，立刻写信给冈托姆，催促他派出由舰队司令拉图什-特雷维尔率领的土伦分舰队，驰援这个重要岛屿。陆军指挥官塞沃尼却被告知此次远征目标是摩里尔半岛，以便让间谍能将消息报告给纳尔逊。从英国舰队司令的公函中可以明显看出，这一诡计成功了一半。可是，法国人的目标可能在爱尔兰的想法令纳尔逊心烦意乱，他坚持留在土伦附近，这种不懈的热情将法国海军中最具胆略的将领困在了港内，特雷维尔尽管年事已高，仍比任何其他人都能鼓舞将士的斗志。

尽管特雷维尔此时遭逢厄运，拿破仑仍将1804年7月2日的一项计划的执行托付于他。他奉命迅速率领10艘战列舰和4艘巡防舰出海，与此时在加的斯的一艘法国战舰会合，解救被科林伍德堵在罗什福尔的5艘战列舰和4艘巡防舰，然后疾驰到英吉利海峡，为渡过海峡的运输舰队护航。朱里安·德拉·格拉维埃曾将这称为拿破仑所有计划中最好的一个：长期留在港内的舰艇只需要经历较短的远洋航程，也没有后来更庞大的计划那么复杂。

可是造化弄人，这位无畏的指挥官却因病在土伦去世（8月20

第 21 章 布洛涅舰队 391

日），对于一位勇敢的水手而言，被祖国的敌人困死在港中是最不幸的死法了。

维尔纳夫随即接任特雷维尔的职务，而米西埃希则担任罗什福尔的指挥官。人们一直觉得维尔纳夫是个奇怪的选择，虽然拿破仑宣称，他认为维尔纳夫在尼罗河展示了好运气，率领仅有的几艘法国舰艇逃过了一劫，但并没能解开谜团。这真是一个奇怪的理由：任命一位海军上将担任改变世界面貌的远征军司令，只是因为他凭借好运逃脱了纳尔逊！①

此时，拿破仑开始扩大他的计划。根据9月29日的计划，三支远征军现在就要出发：第一支确保法属西印度群岛的安全；第二支收复上述海域的荷兰殖民地，增援仍把守圣多明各部分地区的法军；第三支部队的目标是西非和圣赫勒拿。法国皇帝显然希望通过同时进攻非洲、美洲和亚洲水域迷惑英国人。这些舰队于1804年10月和11月起航后，现由冈托姆指挥的布雷斯特舰队将攻打爱尔兰。从康华里的指尖溜走之后，他将穿过看不见陆地的茫茫大海，运送部队在斯威利湖登岸。率领这支18000人队伍的是令人敬畏的斗士奥热罗，如果他们能够登陆，世界历史可能就将改变。冈托姆将把他们留在那里发动爱尔兰革命，自己则率舰队奔赴英吉利海峡，在瑟堡靠岸待命，并进一步前往布洛涅为渡海舰队护航；如果由于天气原因不能完成此项任务（1月份有可能出现这样的恶劣天气），他将继续开往泰瑟尔岛，与7艘荷兰战列舰及运送25000名士兵的运输船队会合，经英吉利海峡返回爱尔兰。拿破仑料定冈托姆的行动总有一项能取得全功："我能将30000—40000人的部队送到爱尔兰，或者能在英格兰和爱尔兰两地登陆，这场战争的胜利就

---

① 朱里安·德·拉·格拉维埃《海战史》（第2卷，第88页）上写道："他性情温和忧郁，举止悲戚而谦逊，与皇帝野心勃勃的计划格格不入。"

属于我们了。"①

反对9月联合行动的理由显而易见。三支舰队根本不可能按照拿破仑所希望的时间和顺序逃离英军追踪。舰员们因长期困在港内而疲乏无力,在寒冷的大西洋和英吉利海峡上也根本不可能完成困难的行动。此外,为了取得成功,法国海军资源严重分散;我们还必须看到,西印度群岛的远征既出于殖民政策,也同样出于攻占英国或爱尔兰的决心。②无论如何,如果皇帝的目标仅仅是通过大范围的攻击来分散英军的注意力,那肯定能够实现,无须派出26艘主力舰前往美洲和非洲水域,而留给冈托姆过多的任务和风险。因此,我们认为9月的联合行动计划显然不及7月的计划,后者不分散法军兵力,有希望诱使纳尔逊前往摩里尔和埃及,而土伦和罗什福尔分舰队就能够开往布洛涅。

9月计划彻底流产了。冈托姆没能避开康华里,继续被困在布雷斯特。米西埃希从罗什福尔逃脱,驶往西印度群岛,在那里造成了一些破坏,然后回国。"他吃掉了一个小兵,然后回到原位。"③维尔纳夫趁着纳尔逊在撒丁岛躲避强劲西风之际,溜出了土伦(1805年1月19日),可是,在这场本有望重拾他福将之名的风暴中,他的舰艇和水手们很快就暴露出了自己的弱点。他写信给海军部长德克雷:

"我的舰队在土伦时看起来不错,但当风暴来临,一切都改变了。水手们不习惯暴风雨,迷失在大群士兵之中;而士兵们因晕船而成堆地躺倒在甲板上,根本无法操船;就这样,桁端折断,船帆被风吹走;我们遭受的损失中,一半是因为军械库所供材料缺陷,一半则

---

① 《书信集》第8063号。拿破仑在炮船船艏安装榴弹炮以便炸毁敌舰的计划另见第7996号。他在布洛涅就已预言:"我们必须拥有能够炸毁敌舰木质船舷的炮弹。"
② 詹姆斯的《海军史》(第3卷,第213页)和舍瓦利耶(《法国海军史》,第115页)暗示,维尔纳夫的舰队从土伦出发,巡航西印度群岛之后,与罗什福尔舰队会合并掩护布洛涅舰队;但这不在拿破仑9月计划之中,该计划要求冈托姆先将部队送往爱尔兰登陆,然后在天气有利的情况下护送船队渡海,如果海况恶劣,则运送荷兰部队前往英吉利海峡。参见奥康纳·莫里斯《纳尔逊的历次战役》(*Campaigns of Nelson*),第121页。
③ 科洛姆(Colomb),《海战》(*Naval Warfare*),第18页。

是因为笨拙和缺乏经验。"①

拿破仑完全没有考虑到士兵缺乏经验和晕船这些因素，可就是这些因素迫使维尔纳夫返回土伦休整，纳尔逊顺势再次将他困住。

此时发生的一些事件似乎加强了拿破仑的海军实力，也给他的对手带来了困难。1805年1月4日，他与西班牙签署了一项条约，西班牙海军加入了法国、荷兰和意大利北方的阵营。导致英国与西班牙的关系公开破裂的原因如下：拿破仑曾秘密要求西班牙按照规定每年支付他7200万法郎（参见第22章），后者勉强同意了。这种行为当然隐含着对英国的敌意；1803年底，英国向西班牙政府提出警告，如果继续向法国支付这项补偿金，将构成"将来必要时，英国与西班牙之间发生战争的正当理由"。西班牙宫廷非但没有接受这一合理的规劝，反而服从拿破仑专横的命令，为法国维修5艘在费罗尔躲避英国巡洋舰的战舰，1804年7月又允许法国海员经陆路前往接应这些军舰。因此，在几个月的时间里，英国军舰不得不像对待敌国港口一样监视费罗尔。

显然，这样的事态不可能持续；当英国驻马德里大使的抗议一次次遭遇逃避或无视，他接到命令，除非收到满意的回复，否则将于9月离开西班牙首都。大使坚持到9月10日才离开，此前还发生了一件祸事。英国政府决定，由于来自南美的西班牙珠宝船是为法国运送军费的，不能允许它们在加的斯靠岸，并向海军舰队下令拦截这些船只。四艘巡防舰奉命前往执行上述任务，10月5日，它们发现四艘运载秘鲁金锭的西班牙小型巡防舰，便命令其投降，准备扣押为质。西班牙人做出了高贵的决定，除非寡不敌众，否则绝不投降；在随后的战斗中，其中一艘西班牙军舰爆炸，其他军舰则降下

---

① 朱里安·德·拉·格拉维埃，《海战史》，第2卷，第100页。纳尔逊知道充斥拿破仑头脑的那些荒唐想法，他说："波拿巴常常吹嘘，我们的舰队因长年航海而破旧不堪，他的舰队则留在港内，秩序井然且数量不断增多；但是我认为，如果皇帝他能够听得进真相，他现在应该发现，法国舰队一晚上遭受的损失，比我们一年的损失还大。"——纳尔逊1805年3月13日写给科林伍德的信。

旗帜，被带往英国。西班牙对此行为感到愤怒，于1804年12月12日对英宣战。

抛开法国历史学家在这一事件上的所有夸大之词，主要事实如下：拿破仑以入侵相要挟，强迫西班牙支付大笔补偿金；英国宣布这项付款以及相关行动是战争行为；西班牙深感不安，在两个交战国之间摇摆，但继续向拿破仑提供资金，并保护和维修其战舰；英国因此决心切断西班牙的南美经济来源，可是派出的部队规模太小，无法阻止海战的发生；这场海战造成了可悲的结果，将西班牙暗地里的敌视态度变成了积极的敌对行动。

然而，公共舆论和流言来源于情绪，而不是建立在证据基础之上，英国的威望因之受损。按照当时报道的事实，似乎证明英国的行为形如海盗；欧洲大陆或者英国议会中的辉格党人圈子中，没有多少人愿意费尽心力去了解西班牙是否有敌对行为，法国皇帝是不是新战争的始作俑者。毫无疑问，西班牙是在极大压力下不得不采取行动的，但这种压力一直都被外交手段掩盖了，而英国的反击行动却昭然若揭、臭名昭著。所以，对于这个事件，各种仅以新闻报道为基础的说法都谴责英国的野蛮海盗行径；只有埋头档案的人才能发现真正的事实。① 本书第22章引用了拿破仑写给西班牙国王的信，说明战前他就试图将后者拖入与英国的敌对行动中，冷酷地持续对马德里宫廷施压；英国只有两个选择，要么看着拿破仑紧紧掌握西班牙，在充分做好战争准备时动用其海军力量，要么加速两国关系的破裂。这就是1761年乔治三世和老皮特面临的选择，当时国王选择拖延，而首相

---

① 加登，《条约集》，第8卷，第276—290页；另见马汉上校《海权的影响》，第2卷，第15章之后。他引用了西班牙历史学家唐·何塞·德·科托（Don José de Couto）的话："如果正确地权衡所有情况……我们就会看到，对英国捕获这些巡防舰所做的指责可以归结为一点：对实施行动的部队兵力缺乏预见性。"——我在英国海军部机密信件（1804—1816年）中发现了给J.奥德爵士的指示，要求他率领敏捷号、波吕斐摩斯号、阿伽门农号、红宝石号、防御号、活跃号及两艘单桅战船去捕捉运送财宝的船只。英方似乎没有预见到会发生任何战斗。

第21章　布洛涅舰队　395

则支持立即开战。事实证明了老皮特的远见卓识；1804年底，小皮特可能也自认为开战比危险的和平更好。

此时，西班牙承诺提供25—29艘主力舰，于3月底做好准备，以代替财政补助。拿破仑同意保证西班牙的领土完整，并为其夺回特立尼达。结果将表明他是如何履行诺言的。

这一联盟的达成使敌对双方海军的力量几乎均等，至少纸面上是如此。不过，由于西班牙舰队的装备速度非常缓慢，拿破仑此时仍然坚持1804年9月的计划，结果也已在上文详细介绍。直到1805年3月2日，我们才发现与西班牙的联盟在他的海军计划中产生了可见的影响。当天，他向维尔纳夫和冈托姆发布命令，后者得到了最大的主动权，成为会合后的舰队总指挥。冈托姆率布雷斯特舰队避开英军的封锁后，将首先驶往费罗尔，捕获港外的英国船只后，在那里的锚地接受法国与西班牙军舰的增援，横渡大西洋前往马提尼克的指定会合点。维尔纳夫率领的土伦舰队同时开往加的斯，与西班牙军舰一起扬帆前往西印度群岛。随后，这支无敌舰队将全速返回布洛涅，拿破仑预计于6月10日到7月10日之间抵达那里。①

对于拿破仑最后也是最宏大的海军联合作战，人们的评判各不相同。一方面，人们认为由于法国舰队从未参加过实战，有必要进行一次长途航行，以便在多佛尔海峡战事开启之前积累经验、提高效率。而且，因为英法两国都视西印度群岛为最有价值的领地，向那里航行肯定会吸引英国军舰尾随。最后，那些岛屿散布在一千英里的海域上，如同迷宫，法国人很容易避开纳尔逊的巡洋舰。

另一方面，人们可能认为这项计划的成功所依赖的因素太多了。如果土伦和布雷斯特分舰队逃过封锁，他们的下一步行动最有可能被直布罗陀或费罗尔沿岸的快速巡防舰发现并上报。英国人猜测出法军计划的

---

① 拿破仑《书信集》，第8379号；马汉，《海权的影响》，第2卷，第149页。

可能性，肯定和冈托姆与维尔纳夫在西印度群岛会合，劫掠英国财产并未损一兵一卒的可能性一样大。英国舰队经过几个月令人疲劳的封锁之后，已经很善于侦察；他们的两翼可以轻松地覆盖广大的区域，巡防舰能迅速向旗舰报告消息，兵力的集结也敏捷而果断。他们能够捕捉到风力、风向的每一次变化，在追击行动开始时迅速赶上敌军，一旦战役打响，数量上的优势意义并不大：英国水兵熟稔远洋作战，相信可以其胜人一筹的经验和纪律横扫对手，而此时的法军还受到了笨重、缺陷众多的西班牙军舰的拖累。

拿破仑确实也低估了他的终极目标——控制英吉利海峡——遭到挫败的可能性。他发动远征的表面目标是殖民地，法国舰队将运载11908名士兵，其中四分之三的目的地是西印度群岛；如果冈托姆没能与维尔纳夫在马提尼克会合，后者将奉命等待40天，然后开往加那利群岛，拦截英国开往巴西和西印度群岛的船队。

1805年春季和夏季，拿破仑的通信往来提供了丰富的证据，表明他的头脑中闪过的念头和计划。建立并巩固新帝国后，他访问了皮埃蒙特，从那里去米兰参加他作为意大利国王的加冕礼，最终抵达热那亚。在离开巴黎的三个月（4—7月）中，他给德克雷写了许多封长信，证明他既怀有希望，也常常忧心忡忡。此时的他总是牢记着失败的可能性，信中也不再有1803年那种过分的自信，面对西印度群岛失败的可能性，他的思绪回到了东方：

"根据收到的所有消息，在（东）印度有5000或6000名士兵就能毁掉那个英国公司。假定我们的（西）印度远征没能取得全功，我也无法登上消灭其他所有敌人的辉煌顶点，那我认为必须在9月份安排（东）印度远征。现在，我们有比此前更多的资源可以用在这一行动上。"①

---

① 1805年4月29日的信。我不同意马汉（《海权的影响》，第2卷，第155页）的观点，即此举只是为了牵制英军。

他的意志多么顽强！信中重申了1803年3月德康远航东印度之前制订的计划。就连大陆各国缔结反法联盟的前景也没能驱散这个美梦。不过，在幻想当中我们也能看到现实的成分：假如对英国的打击不能奏效，拿破仑也为自己提供了一个打消失败阴影的绝妙备选方案。

维尔纳夫的航程和纳尔逊的追击广为人知，在此无须赘述。土伦和加的斯舰队脱身前往西印度群岛，对东方投去最后一瞥后，纳尔逊开始追击。6月4日，两支敌对舰队仅相距100海里（约185千米）；维尔纳夫在安提瓜沿岸听说纳尔逊与自己如此之近，决定立即返回欧洲。他在将大部分士兵送上岛并捕获14艘英国商船后，便执行拿破仑的命令开往费罗尔，命令要求他在那里与15艘盟国舰艇会合后赶往布雷斯特，一定要解救冈托姆出港。

令人吃惊的是，这场以大西洋为棋盘、全球帝国为赌注的庞大战事中，双方此时尚各操相同的胜算。命运之神青睐维尔纳夫，却令冈托姆裹足不前。前者成功地在西印度群岛避开了纳尔逊，但追击者最终猜出了敌人重返欧洲的计划，派出一艘双桅快速帆船向英国海军部报告，使其在7月8日得知了敌人的准确位置，比拿破仑本人了解事态早了12天。7月20日，法国皇帝通过英国报纸了解到他的舰队正在返航途中，不由得心跳加速，盼望着维尔纳夫此时已在比斯开湾集结舰队，以优势兵力出现在布洛涅港外；因为他认为，即便维尔纳夫没能开往布雷斯特，让封锁舰队与被封锁者面对面僵持，也仍然至少比任何能与之对抗的舰队多16艘战舰。

可是，拿破仑此时正在犯下他经常引以责备下级的大错。他正在为自己"描绘美景"，以为命运将垂青法国，而英国人则笼罩在阴郁与灾难之中；他认为纳尔逊已前往牙买加，英国的各个分舰队将在爱尔兰周围或东印度忙于追踪法国"幽灵"舰队。他说道："我们所要对付的，并不是一个有着远见卓识的政府，而是一个非常自负的政府。"

事实上，纳尔逊正在逼近葡萄牙海岸，康华里以极快的速度向布雷斯特海域增派了28艘战列舰，而考尔德则率领一支有16艘战列舰的舰队在菲尼斯特雷角静待维尔纳夫。因此，当维尔纳夫驶近西班牙西北部时，他的20艘战列舰碰上了一支既无法压垮也无法摆脱的舰队。7月22日的战斗在浓雾中展开，对法西联军不利，在雾气渐浓、夜幕降临使两军不得不退出战斗之前，已有两艘西班牙战列舰向考尔德投降。接下来的两天中，维尔纳夫竭力逼近对手，但考尔德都躲开了；法国舰队无法前往费罗尔，只能驶入维哥，考尔德对他们的位置浑然不知，于是在布雷斯特沿海与康华里会合。这位英国舰队司令的撤离行动使他上了军事法庭，当英国人得知维尔纳夫在西班牙海岸而不受监视时，伦敦为之震动，但这种担忧毫无必要：尽管法国舰队司令成功地与费罗尔分舰队会合，却接到命令避开费罗尔，于是他率舰队开入科伦纳（即拉科鲁尼亚），8月15日，他决定起航前往加的斯。

为了认识这一决定的重大意义，我们必须想象一下此前的事态。

纳尔逊虽受阻于逆风和暂时的坏运气，但已率舰队驶往直布罗陀，他在那里发现没有任何法国舰艇通过海峡，便日夜兼程向北疾驰，很明显，他迅速返回西班牙沿海令巴黎官方惊慌。1805年8月2日，塔列朗写信给拿破仑："英军意外会合无疑使目前的所有入侵计划都变得不可行了。"[①]在费罗尔沿海错过维尔纳夫后，纳尔逊与康华里在法国舰队司令决定开往加的斯的同一天于阿申特岛沿海会合。这位英国海上英雄来到朴次茅斯，享受来之不易的几天休假，直到国家要求他再做最后一次努力。

与此同时，拿破仑于8月3日抵达布洛涅，检阅了队列长达9英里

---

① 《未发表的塔列朗书信》，第121页。

的部队。这一情景可能唤起了他确保胜利的希望。他已对维尔纳夫很快进入英吉利海峡不抱希望了，直到8月8日，他才收到与考尔德交战的消息，煞费苦心地将其看作是对英军的一场大捷。于是，他相信维尔纳夫将根据7月26日命令的精神，前往加的斯集合法西两国舰艇，率领由60艘左右主力舰组成的强大舰队返回费罗尔和布雷斯特：

"我信赖你为我效力的热忱、信赖你对祖国的热爱，也相信你对这个四十代人以来一直压迫我们的国家的仇恨，只要你们拿出一点勇敢的精神和不屈不挠的韧劲，就能使它永远沦为小邦：15万名士兵……以及舰队中2000艘舰艇上的水手，尽管英国巡洋舰从埃塔普勒排到格里内角，但仅仅依靠你的这次出航，我们就毫无疑问能成为英国的主人。"

奥地利和俄国已集结部队，准备参加第三次反法同盟战争。尽管在这些国家的威胁下，拿破仑最近也曾对它们公然发出挑衅，可这位名动天下的人物一心只想毁灭英国，并曾在暗地里嘲笑两国的备战工作。他写信给意大利总督欧仁："你不必反驳报纸上关于战争的流言，只要取笑他们便是……奥地利的行为可能是出于恐惧。"——即便东方的地平线上已阴云密布，他仍继续漫步于布洛涅危崖，或在海边策马疾驰，向西极目眺望，期盼着他的无敌舰队出现。海面上一直没有出现维尔纳夫舰队的踪影，它们此时正在加的斯港内收帆待命。

维尔纳夫因退却到那个海港而饱受辱骂，可人们必须记住，拿破仑在7月16日和26日发给他的最后两道命令中，都要求他在某些条件下驶往加的斯。第一道命令规定了夺取英吉利海峡控制权的各种途径，只建议将前往加的斯作为情况不利时的最后选择，他得到的指示是不要进入费罗尔漫长而难以航行的内湾，而是在那里集结舰队后于加的斯下锚。7月26日的命令则指示他主动开往加的斯："我的意图是，你在加的斯与西班牙舰艇会合，将伤病员送上岸，最多在那里停留4天便再次起航，返回费罗尔。"维尔纳夫似乎没有接到最后的这些命令，不过拐弯抹角地提到了7月16日的命令。①

这可能是维尔纳夫于8月13日从科伦纳锚地起航之前从拿破仑那里收到的最后指令了。因此，对他撤退到加的斯的指责是以他收到后来的命令为基础的，可他并未收到那些命令。②他前往加的斯之举明显是根据拿破仑7月16日下达的命令。皇帝当时认为，只有在灾祸发生时才有必要采取这一举措，而在维尔纳夫看来，灾祸确实发生了。这位舰队司令将7月22日的战斗视为"不幸事件"；舰队受到了伤病员的影响，舰艇的操作状况也不佳；8月15日，一场东北大风吹走了一艘西班牙战舰的中桅；他还从一艘丹麦商船上听到消息——后来看似乎是假消息——康华里率25艘舰艇出现在北面，于是他调转方向，顺风疾驰。他没有意识到，他的行为对进攻英国的计划造成了灾难性的影响。他并不知道，他的主人当时甚至在突袭伦敦或者发动多瑙河战役之间踌躇不定，接下来几天发生的事件注定要影响世界命运的走向。毫无疑问，他应该无视皇帝关于加的斯的指示，而遵照此前更为宽泛的命令，全力开向布雷斯特。可是，皇帝的指示是在遇到不测或巨大困难时将加的斯作为会合点。实际上，拿破仑于7月26日命令罗什福尔分舰队到加的斯与维尔纳夫会合；很显然，拿破仑当时已决定在那里集结，因为那里比费罗尔更容易进出，遇到攻击时也更安全。然而，罗什福尔分舰队已经起航，在几周内都看不见敌军或友军。

这就是海战的风险，有时就连最伟大的天才都不得不在黑暗中摸索。纳尔逊并不害怕承认这一事实。可是，法国皇帝似乎从没有承认过，因为这将有损于他战略上一贯正确的美名。即便此时，事实证明西班牙舰艇是一种拖累，他还是坚持只看数量，并断言维尔纳夫仍能

---

① 朱里安·德·拉·格拉维埃，《海战史》，第2卷，第367页。
② 按照梯也尔的说法，好像是拿破仑8月13日和22日的信影响了维尔纳夫，这是最为虚伪的。

第21章 布洛涅舰队 401

与考尔德和康华里的舰队相抗衡。他满怀这些希望直到8月23日，正如下一章所述，他在此时出手与奥地利对抗。他的海军大臣更好地估计到了海战的各方面困难，不断向他提出忠告：维尔纳夫的舰队受到不堪远航的西班牙舰艇拖累，在敌人已经猜测到它的意图时，仍寄希望于这支拼凑起来的庞大舰队掩护入侵行动，是要冒极大风险的。皇帝痛斥德克雷胆怯，并当着陆军总长达吕的面，以戏剧化的语言指责维尔纳夫违反命令："这是什么样的海军！什么样的舰队司令！一切牺牲都付之东流！辜负了我的希望——达吕，坐下来写。"据说，他随后制订出了以乌尔姆和奥斯特里茨战役为辉煌顶点的作战计划。[①]

人们常常提出一个问题：拿破仑是否真的打算入侵英国？有经验的英国、法国和荷兰海员都曾宣称平底船不适合航海，如果它们在海上遇到英国军舰必然导致可怕的惨败。还要牢记，英国海岸遍布炮台和圆形炮塔，成百上千的大舢板和划艇已准备就绪，在法国船队将马匹、火炮、军火送上岸之前发动袭击，18万常备军和民兵在40万义勇军帮助下，也做好了守卫本土的准备，攻占伦敦的难度显而易见。况且，即便占领了英国首都也不能决定胜负。拿破仑似乎一直认为打下伦敦就万事大吉了，在前往圣赫勒拿岛的路上，他说道："我不顾一切地冒险，根本没有考虑如何返回，将所有希望都寄托在占领英国首都给人们造成的心理影响上。"[②]——可是，正如上文所述，英国已经秘密制定计划，将宫廷和国宝迁移到伍斯特；伍尔维奇的大炮将通过运河运送到中部各郡；英国军事当局估计，从所有受到敌军威胁的地区系统性地迁移给养和军火，将使对手在占领英国本土各郡之前

[①] 迪潘，《大不列颠游记》（*Voyages dans la Grande Bretagne*），第1卷，第244页。他从达吕那里听说了这些事实。但梅纳瓦尔的看法更为明智（《回忆录》，第1卷，第5章），提前这么多口述作战计划，根本不是拿破仑的习惯。在军事方面，他的想象力肯定是服从于事实的。在9月22日之前，他都没有就主力部队的最后行动写下任何正式的书面文件。此外，奥军也是在9月8日才渡过因河。

[②] 宾厄姆将军的日记，刊登于1896年10月的《布莱克伍德杂志》。杂志附上了奖章的图案，背面刻有"1804年铸于伦敦"的字样，这是关于拿破仑意图的又一个证据。

便消耗殆尽。此外，法国入侵计划仅仅是避开了英国海军，而非战而胜之。纳尔逊、康华里和考尔德不会一直追逐"幽灵"舰队，他们肯定会返回，从海上将拿破仑与其基地隔断。

而且，如果拿破仑只想入侵英国，为何他在1805年6月要无端地兼并利古里亚共和国，因此而极大地冒犯俄国和奥地利呢？他肯定知道，这样的行为会使两国立即开战。梯也尔认为，兼并热那亚是法国皇帝策略中的"重大错误"——但许多人怀疑：拿破仑此时是否已经对海军部署的成功产生了怀疑，而将热那亚当成通往新荣耀的大门？马尔博说出了军界的一般看法，他认为皇帝打算挑起欧陆战争，以避免布洛涅计划失败引起的嘲笑。"新的反法同盟来得正是时候，使他可以脱离这种恼人的处境。"富歇的《回忆录》虽是伪作，但大体上还可以接受，它的编纂者也持相同的看法。《回忆录》称，拿破仑曾意味深长地说道："我可能在海上失败，但绝不是在陆地上；此外，我将在反法联盟的破旧机器准备就绪前给予沉重一击。这些国王既没有活力，也缺乏决断。我不害怕腐朽的欧洲。"这位皇帝还向参政院说明，布洛涅的一切战争准备开支完全合理，因为这使他"比所有敌人早了整整二十天……我必须找一个借口征募军队，并在不惊动欧陆强国的情况下集结它们；进攻英国的计划就为我提供了这个借口。"[1]

拿破仑也很可能将爱尔兰当成和英国一样重要的目标。爱尔兰确实在1804年9月的计划中，而且毫无疑问仍在他心中占有重要的地位，只有在他想象考尔德被击败、纳尔逊在西印度巡逻的那几天里，他才将伦敦当成唯一的目标。有很多间接证据表明，爱尔兰至少是他计划中很重要的一部分。纳尔逊和科林伍德都相信，拿破仑的目标将是爱尔兰。[2]

---

[1] 马尔博,《回忆录》,第29章；富歇,《回忆录》,第1部分；米奥·德·梅利托,《回忆录》,第2卷,第1章。
[2] 参见纳尔逊1803年8月25日和1804年5月1日的信；以及科林伍德1805年7月21日的信。

不过，拿破仑往往令人莫测高深，这也正是对他的研究引人入胜之处。他是现代世界中集阿喀琉斯、墨丘利和普罗透斯①为一身的人物。他能轻而易举地掌握所有问题，突然将其力量集中于某个新计划上，这不仅令同时代的人目眩神迷，也令后代迷惑不解。如果我们讨论的不是拿破仑而是其他人，可能很有把握地认为在取得制海权之前，与攻打爱尔兰相比，入侵英国的可能性微乎其微。一支大军登陆足以使爱尔兰发生一场革命，一周之内便可让英国的统治地位荡然无存。即便纳尔逊返回荡平四海，爱尔兰也已经摆脱了联合王国的控制；而法国在布洛涅的战备也将迫使英国投入巨资防御伦敦，最终因资源枯竭而屈服。

如果拿破仑曾打算将希望全部寄托在征服英国上，那么事实证明，他逐渐放弃了这个幻想。他曾相信一场起义将推翻英国政府，可是英国人民和统治者却表现出了安妮女王②以来从不曾出现过的团结。在很短的一段时间内，他也曾认为布洛涅舰队能够在海上与远洋战舰交锋，而事实正相反。最终，他又寄希望于维尔纳夫在西班牙战舰拖后腿的情况下，仍能智胜纳尔逊！

上述的幻想破灭、一次又一次失望之后，拿破仑还剩下什么呢？显然，只有那些不以制海权为重要因素的计划才是可行的。对于征服英国来说，制海权是至关重要的。只有在爱尔兰，拿破仑才能找到有望成功的条件——对英国不满的民众将聚集在法国军旗之下，只需要2万名久经战阵的老兵登陆便能决定战役的胜负。③

然而，总体而言，拿破仑对爱尔兰的远征只不过是为了分散和瘫痪英国守军，同时对伦敦发动主攻。本能和信念都促使他以声势浩

---

① 阿喀琉斯是希腊神话中刀枪不入的英雄；墨丘利是罗马神话中的神使，以机灵敏捷见长；普罗透斯则是希腊神话中的老海神，可预知未来。——译注
② 安妮女王（1665—1714），1702年即位，在位时英格兰王国与苏格兰王国正式合并。——译注
③ 英国外交部档案（法国部分，第71号）中有一份间谍关于拿破仑与他所任命的师长奥康纳会面的报告。参见附录。

大的佯攻让敌人暴露出核心弱点——也就是伟大的英国首都。他那永不屈服的内心蔑视"不可能"这个词——"一个只有在蠢材的词典里才能找到的词";他觉得英国是其野心的唯一障碍;为了粉碎这个障碍,他已做好准备,不仅要面对英国最为强壮的水手,还要面对该国的守护天使——狂风和暴雨。拿破仑和这场战争的时机都是世界历史上独一无二的,无法用普通人眼中的可能性去评判。此战关乎他的荣誉,他坚信有了在各个北方港口所做的充分准备,只要一切复杂的部署都顺利完成,就肯定能够对伦敦发动一次猛攻;只有出现了某种恰当的借口,他才会同意放弃冒险。

现在,维尔纳夫退往加的斯就提供了这个借口;公共舆论对拿破仑关于此事的最后指示浑然不知,只知道一些显而易见的事实,就将入侵计划的失败归咎于倒霉的舰队司令。就这样,拿破仑毫无愧色地怀着必胜的信心,挥师东进,去完成另一项诱人的备选计划——通过欧陆征服英国。

第22章　乌尔姆和特拉法尔加

拿破仑是欧洲唯一知道时间价值的人。

——恰尔托雷斯基

叙述彻底粉碎旧欧洲体系的大陆战役之前，我们不妨简略地看看引发第三次反法联盟战争的事件。当拿破仑与英国决裂之时，他对待意大利共和国、荷兰、瑞典的高压政策，以及在德意志诸邦世俗化进程中采取的专横态度，就已激起了俄国、瑞典和奥地利的敌意，只是这种憎恨尚未表面化。科本兹伯爵为首的奥地利内阁重又采取了一种顺从、有失尊严的策略，瑞典驻维也纳大使称其为"一种兼具恐惧和希望的政策——既害怕法国的力量，又希望从它那里得到好处"[①]。柏林的腓特烈·威廉则提心吊胆地保持着中立，即便法国占领汉诺威、威胁到普鲁士在德意志北部的势力范围也在所不惜。此时，沙皇亚历山大忙于国内事务；唯一敢于表现出对第一执政不满的君主就是瑞典国王。1803年夏季，古斯塔夫四世轻蔑地拒绝了拿破仑提议的法瑞联盟，后者提出将挪威作为瑞典的战利品，并为每艘对抗英国的瑞典战舰提供补贴，但瑞典国王并没有上钩。他之所以拒绝，并不是出于不为金钱所动的傲骨；在德意志的时候，他就曾暗示德雷克，希

---

① 阿姆费尔特（Armfeldt）1803年12月24日致德雷克的信（英国外交部档案，巴伐利亚部分，第27号）。

望英国出钱帮助他防御波美拉尼亚省。①

但是,更为果敢的欧洲独立捍卫者很快就要出场了。当甘公爵被处决的消息传到年轻的沙皇耳中时,立刻激起了他胸中的怒火,过去对拿破仑怀有的尊敬和钦佩之情已消逝大半。他怀有保护小邦的豪侠气概,《泰申条约》又将保障日耳曼体系的重任委托给他,最重要的是,对杀害当甘公爵这一罪行的深恶痛绝,促使他提出了强烈的抗议。俄国宫廷立即举哀,亚历山大同时向德意志议会和法国政府表达了对这一暴行的愤慨。拿破仑向来的习惯便是以牙还牙,他指示塔列朗回复道,在当甘事件中,他只是行使了自卫的权利,俄国的抗议"使他不得不问:当英国图谋刺杀保罗一世,如果知道阴谋家就在(俄国)边境之外一里格的地方,难道你们不会竭尽全力抓住他们吗?"从来没有人能如此敏捷地将一支毒箭射进敌人甲胄的弱点。沙皇一直因为参与了弑父图谋而心神不宁,这种恶意的嘲讽令他深深受到了伤害,可是官方的解释是保罗死于急病,他无法对此羞辱加以反击,更是怒火中烧。②他的唯一反应就是断绝与拿破仑的一切外交关系;这一切发生在1804年的夏天。③

但是,战争在一年多的时间里都没有爆发,这种延迟出于多种原因。奥地利无法改变其胆怯的中立态度。实际上,弗朗茨二世和科本兹发现,拿破仑需要人们承认其新的皇帝称号,他们将此作为确保哈布斯堡王室领地头衔相应变化的手段。弗朗茨早已厌倦了神圣罗马帝国选帝的空号,拉蒂斯邦④和法兰克福的辉煌渐已褪色,但查理曼帝国的荣光也仅剩下这一点了,承认他为选帝的各个邦国混乱不堪,没有人关心这个幽灵王国的敕令;歌德在《浮士德》的酒窖场景中,借

---

① 德雷克1803年12月15日的公文(与上个注释在同一个案卷中)。
② 恰尔托雷斯基,《回忆录》,第2卷,第2章。
③ 沙皇抗议的事项如下:撒丁国王遭到放逐,法国重新占领意大利南部,意大利出现的各种变化,巴登中立性遭到破坏,法国占领库克斯港,以及汉萨城镇为逃脱相同的命运而缴纳赎金(英国外交部档案,俄国部分,第56号)。
④ 今雷根斯堡。——译注

第22章 乌尔姆和特拉法尔加 407

用一位快活醉鬼之口，说出了如下的话语：

"感谢上帝，每当清晨来临，罗马帝国不需要您操心！"

在那个各怀鬼胎、你争我夺的年代，打造一个更持久的住所，不比这个庄严的废墟更好吗？世袭的领地难道不是更能经受风雨？无疑是这样的想法，促使弗朗茨二世为自己加上了奥地利世袭皇帝的称号（1804年8月11日）。在宣布改变称号的公文中，引用了"上世纪的俄罗斯帝国宫廷和法国新君的例子"作为类比。这两处引用令亚历山大不快，他不认为彼得大帝称帝，与弗朗茨亦步亦趋地仿效拿破仑有任何相似之处。[1]

此时，普鲁士对法国皇帝的顺从是意料之中的事。腓特烈·威廉三世统治着超过1000万臣民，他可以调动248000名欧洲最训练有素的部队，财政收入也比腓特烈大帝的时候更丰厚。但令人遗憾的是，普鲁士的势力已经衰落；因为它此时的政策显得软弱无力、犹豫不决。不过，1804年秋季，英国驻汉堡公使乔治·朗博尔德爵士于10月24日被法国军队扣押并送往巴黎的消息，一度促使普鲁士国王采取行动。这种对腓特烈·威廉为首脑的下萨克森行政圈的侵略行为在柏林引起了强烈的愤慨；国王立刻写信给拿破仑，请求释放公使，作为其"友好与尊重的证明……对过去的肯定和未来的承诺"。

对这一请求，拿破仑做出了令人宽慰的回复：尽管英国一贯侵害中立国的权益，其代理人密谋伤害他的性命，乔治爵士仍将立刻获释。实际上，法国皇帝发现自己走错了一步，可能将普鲁士推入英国和俄国的怀抱中。为此，俄国已经（1804年5月）提出，一旦法国侵犯其他任何一处德意志领土，将为普鲁士提供武装支援。[2]但是，普鲁士国王轻易地接受了安抚；次年春季，拿破仑赠予柏林宫廷七枚荣誉军团金鹰勋章，普鲁士则以七枚著名的普鲁士骑士团

---

[1] 哈罗比勋爵致沃伦海军上将的信（英国外交部档案，俄国部分，第56号）。
[2] 加登，《条约集》，第8卷，第802页；乌尔曼，《俄国-普鲁士政治》，第117页。

黑鹰勋章回赠——这导致瑞典国王古斯塔夫四世交还了他的黑鹰勋章，称他不能承认"拿破仑及其同伙"也配得上骑士和宗教勋章。①拿破仑的目的已经达到：普鲁士与以古斯塔夫四世为主要成员的任何联盟断绝了关系。

因此，组成第三次反法同盟的主要步骤由瑞典、英国和俄国来完成。1804年初，古斯塔夫提出组建一个国家同盟；皮特内阁掌权之初，圣彼得堡和伦敦就开始商讨组成联盟的事项。皮特和英国外交大臣哈罗比伯爵在1804年6月26日的照会中提出了重要的提案，表达了将俄国、英国、奥地利、瑞典（如果可能，还有普鲁士）拉到一起的愿望。②亚历山大和恰尔托雷斯基已就与英国联盟的利弊进行了争论。他们的目标确实很高尚，国际法和与法国接壤的弱小国家权益将得到支持，恰尔托雷斯基建议，争端应该通过仲裁而不是通过武力解决。③

这些崇高的思想是由一位特别公使到伦敦陈述的，那就是诺沃希尔佐夫先生，他向皮特提出了一项欧洲政治计划，各国应该是独立的，享受"建立在神圣人权基础上的"制度。以此为目标，沙皇渴望约束拿破仑的权力，使法国退回旧疆域，确保欧洲和平基础稳固，也就是遵循力量平衡原则。皮特和哈罗比伯爵同意这些提议，细节在1804年底讨论。在任何情况下，联盟中的任何一个国家都不能单独媾和；英国（诺沃希尔佐夫先生语）不仅要动用自己的军队，还要出资补贴各个盟国，使其有效地调动部队。

最后一句话值得特别注意，因为它推翻了长期以来的陈词滥调，即第三次反法同盟是靠皮特的金钱堆起来的。正相反，俄国首先提出需要英国的补助，而皮特并不急于提供。到目前为止，法国

---

① 这封信可参见《佩吉特文件汇编》，第2卷，第170页。
② 英国外交部档案，俄国部分，第55号。
③ 恰尔托雷斯基，《回忆录》，第2卷，第2—4章。

历史学家关于英国的金钱使盟国有效地武装起来的说法无疑是正确的；但如果这句话暗示着第三次反法同盟只是靠英国的金钱取胜的，俄国、奥地利和瑞典政府就像一些自动售货机，投进硬币就会立刻向出钱的人提供军队，那就完全错了。欧洲大陆仍然盛行这种说法，显然可以从拿破仑在公报上对"皮特的金钱"所做的无休止的指责，以及他命令绘制的讽刺画上找到源头。他对警务大臣富歇有过如下的指示："制作一幅漫画——一个英国人手持钱袋，恳求列强要他的钱。这就是整件事的真正方向。"他是多么了解人类：他算准了图画可以使人们上当受骗；尽管诡计一再被揭露，他对公共舆论的操弄仍然延续了下去。①

回到反法同盟各国的计划，荷兰、瑞士和意大利将从"法国的奴役"之下被解救出来，并加强实力，成为抵挡未来侵略的壁垒；撒丁国王将恢复在大陆上的领地，另外还将得到利古里亚或热那亚共和国。②

在所有重要问题上，英国政府与沙皇的意见完全一致，皮特坚称需要一个国际化体系，以保证欧洲大陆免遭进一步的掠夺。然而，欧洲注定要经历十年战争、变得面目全非之后，才能根据这些原则实现和平。

第三次反法同盟的形成受到了各种因素的阻碍。1805年1月2日，拿破仑向乔治三世发出了和平提议；有些人没有看出，这一招是

---

① 《未发表的拿破仑书信》，1805年5月30日。
② 参见恰尔托雷斯基的《回忆录》（第2卷，第4章）中诺沃希尔佐夫的报告，加登的《条约集》（第8卷，第317—323页）中皮特补充俄国提案的照会，或者阿利松的著作（第39章附录）。对比这两份备忘录就可以看出，在欧洲大陆的问题上，并不像梯也尔所言，俄国慷慨大度的政策和皮特"冷酷利己"的态度泾渭分明。正如恰尔托雷斯基在其《回忆录》（第2卷，第10章）中所证明的，梯也尔不仅重视恰尔托雷斯基与机灵的谋士皮亚托利（Piatoli）神父之间谈话的初稿，这是错误的。从圣彼得堡送往伦敦的正式提案与之大不相同；例如，亚历山大关于法国边境的建议是这样的："第一个目标是将法国赶回其自古以来的疆界范围内，或者其他最适合于保持欧洲全面平静的疆界。"因此，把这说成是皮特"重塑"俄方提案后得出的政策是毫无意义的。

为了试探同盟谈判的进展，以为他热切地渴望和平。现在，我们知道这一提议是在他命令米西埃希蹂躏英属东印度群岛后一周发出的。[1]当乔治三世在御前演说（1月15日）上做出答复后，拿破仑无疑已经达成了目标，英王称，他不能在未知会正与英国秘密商谈的各国，特别是俄国沙皇的情况下，接受这一提议。但是，英国政府与沙皇讨论了未来欧洲和平的基础；诺沃希尔佐夫率领的代表团仲夏前往巴黎时途经柏林，就是对拿破仑新年和平呼吁的回复，尽管有些姗姗来迟。现在，我们应该已经知道，为何会发生这样的延迟，究竟是法国皇帝的哪些行为最终打破了和平的所有希望。

上述的延迟是因为俄国和英国在关于马耳他和海事法的问题上存在分歧。沙皇坚持要英国放弃马耳他，放宽严格搜捕海军逃兵的权利。皮特内阁对此提出反对，他们将马耳他视为英国保护地中海各国的唯一手段，也是抵抗法国入侵黎凡特的唯一保证，而搜查中立国船只的权利对避免英国海军削弱是必不可少的。[2]即便两个大国之间的一项条约于1805年4月11日进入最终协商阶段，谈判还是几乎破裂；不过，这个条约于7月（沙皇将对英国保留马耳他的抗议记录在案后）得以批准，成为了第三次反法同盟的基础。同盟各国的目标是将法国军队从德意志北部驱逐出去；确保荷兰和瑞士共和国的独立；恢复撒丁国王对皮埃蒙特的统治。除了英国军队之外，盟国还将调动50万士兵；为了弥补兵力不足的问题，英国同意为盟国每10万名实际参战的官兵提供每年125万英镑的补助。条约还规定，战争结束

---

[1] 《书信集》，第8231号。另见布列纳、米奥·德·米利托（《回忆录》，第2卷，第4章）以及梯也尔的著作（第21卷）。

[2] 这一拒绝曾遭到严厉的批评。但英国政府知道拿破仑仍然坚持对土耳其不利的计划，而俄国人正从科孚岛的驻地出发，试图在阿尔巴尼亚海岸获得一个立足点；因此，他们当然十分警惕（英国外交部档案，俄国部分，第55和56号，1804年6月26日和10月10日的公文）。英国政府还进一步获知，奥地利政府已向沙皇提出对土耳其采取敌对行动的计划，圣彼得堡并没有断然拒绝；从恰尔托雷斯基留下的笔记中明显可以看出，这些计划的目标是获得科孚岛、摩达维亚、阿尔巴尼亚的一部分以及宝贵的君士坦丁堡。皮特同意归还从法国手中夺取的土地（4月22日的公文）。

时召开的欧洲会议应该致力于更确实的国际法原则，建立一个联邦体系。最重要的是，各盟国保证不违反法国人民关于政府形式的愿望——这一条款使第三次反法同盟战争不以恢复君主政体为目标，而1799年的同盟弥漫着这种气氛，1793年的同盟更甚。①

拿破仑对这个同盟是什么态度呢？他当然不愿意花太多力气去与沙皇和解。实际上，他几乎公开挑衅俄国的所作所为。因此，尽管完全明白亚历山大对恢复撒丁国王统治很感兴趣，他发出的提议仍然是那个倒霉的国王应该接受爱奥尼亚群岛和马耳他作为损失的补偿，当俄国将科孚岛视为己有时，他的态度也仍是如此。对此提议，沙皇不予答复。拿破仑还派出一名公使进见波斯沙阿国王，提出联盟的建议，以遏制俄国在里海沿岸的步步进逼。②

另一方面，他竭尽全力诱惑普鲁士，早在7月底便提出将汉诺威交给后者。③在一小段时间里，他还煞费苦心地与奥地利媾和。此举确实很有必要，因为维也纳宫廷已与俄国签署秘密协定（1804年11月6日），如果拿破仑对意大利发动新的侵略或者威胁土耳其帝国的任何领土，将与之开战。④可是，这一协定实际上是防御性的。弗朗茨只希望保护自己免遭拿破仑的野心侵害，如果对方顾及他的利益，他无疑会坚持和平。

有一段时间，拿破仑对维也纳宫廷颇为迁就，即便对此时提出的意大利地位改变问题也是如此。1805年1月1日，他写信给弗朗茨，表明如果约瑟夫·波拿巴放弃对法国皇位的要求，他将宣布约瑟夫为意大利国王，这样，法国与意大利的政府将按照《吕内维尔

---

① 加登，《条约集》，第8卷，第328—333页。很显然，古斯塔夫四世坚持将复辟波旁王朝作为第三次反法同盟的主要目标。在英国外交部档案（瑞典部分，第177号）中有一份哈罗比勋爵与瑞典大使的谈话纪要（1804年8月20日）。瑞典大使称，这样的声明将"瘫痪法国的双臂"。英国外交大臣回答道，这"肯定更会使英国的双臂瘫痪；我们作战是因为法国太强大，使欧洲无法实现和平"。
② 《书信集》，第8329号。
③ 巴约伊（Bailleu），《普鲁士与法兰西》（Preussen und Frankreich），第2卷，第354页。
④ 梯也尔的著作（第21卷）提供了全文。

条约》的要求分离；这一举措将削弱拿破仑的权力，可如果弗朗茨乐于接受，也算是有所补偿了。

但人们很快就发现，如果必须牺牲继任法国皇帝的一切希望，约瑟夫绝不会接受伦巴第的王冠。他已对"邪恶的国王称号"提出了异议，并于1月27日最终宣布拒绝这一提议。随后，拿破仑提议路易为自己的儿子保留这一王位；但这个建议立刻燃起了路易一直未曾消退的妒火；一番激烈争吵之后，皇帝将弟弟赶出了房间。

拿破仑这次发怒也许只是装装样子。他曾指着下巴承认，他的怒气只有这么高；而且，兄弟们的拒绝早在预料之中。无论如何，他此时决心自己戴上王冠，任命他的继子欧仁·博阿尔内为总督。他确实曾向法国元老院宣布，法国和意大利的领土仍将分开，可不管是奉召到巴黎投票赞成主人得到这一尊号的意大利代表、卑躬屈膝的元老院还是欧洲各国的统治者，都没有受骗上当。因此，当拿破仑在初夏检阅模拟马伦戈之战的大军时；当他在极尽艺术所能的盛大浮华场面之下，于米兰大教堂为自己戴上旧日伦巴第国王的铁饰王冠，并依据传统说出"上帝所赐，凡触犯者，必逢灾祸"时；当他最终将利古里亚共和国并入法兰西帝国时，奥地利的弗朗茨皇帝不得不接受咄咄逼人的挑战，开始战备。[1]英国外交部档案确凿地表明，这位哈布斯堡统治者自觉困难重重：奥地利陆军组织混乱，查理大公一贯坚持的改革措施不为军队圈子所接受，唯一的结果是军队非但没有加强实力，反倒动荡不安，大公也为此身心俱疲。[2]然而，拿破仑将意大利当成法国一个省份的意图昭然若揭，使弗朗茨感觉到战争已无法避免，于是下定决心，在法国埋头其海军计划时发动突然一击。他深知战争的危险，急切地欢迎巴黎真正追求和平的任何迹象，可是什么也没有等

---

[1] 对利古里亚（热那亚共和国）的吞并发生在6月4日，拿破仑过去的赞助人萨利切蒂为此做了准备，他曾四处贿赂。不久以后，卢卡共和国封赏给了埃莉斯·波拿巴和她的丈夫（现称巴乔基亲王）。大约同时，此前一直由法国总督管理的帕尔马加入法兰西帝国。
[2] 佩吉特致马尔格雷夫勋爵的信（1805年3月19日）。

第22章 乌尔姆和特拉法尔加

来。实际上，法国已派遣间谍到瑞士，阴谋使其与法国结盟。哈布斯堡王室的自尊心再次受到了伤害，他们不屑于像普鲁士君主那样，将钻心般的羞辱埋藏起来。

同样，俄国沙皇也并不急于开战。他已派诺沃希尔佐夫经柏林前往巴黎，希望与拿破仑达成共识，但此时传来了热那亚被兼并的消息，和解的最后一丝希望破灭了。"这个人贪得无厌，"亚历山大叫道，"他的野心永无止境，是这个世界的灾祸之源；他想要战争，好吧，那就开战吧，越早越好。"沙皇立刻下令停止所有谈判。诺沃希尔佐夫于7月10日向普鲁士外交大臣豪格维茨的继任者哈登贝格男爵宣布，拿破仑已经超越了沙皇所能容忍的极限，并立刻交换了法国护照。将护照转交给法国驻柏林大使时，哈登贝格表达了普鲁士国王对此次最为有益的谈判破裂的深切遗憾——这一措辞说明柏林的耐心也几乎耗尽了。[①]

很明显，第三次反法同盟并不是依靠英国的金钱缔结的，而是拿破仑的挑衅所致。英国和俄国在谈判中遇到了很大的困难，奥地利抓紧备战只是出于恐惧，只要他表现出最小的善意，都可能使这一松散的联盟瓦解。但拿破仑并没有采取任何这类行动，他加冕之后在意大利北部写下的所有信件都带着不可思议的傲慢态度。除了暗示欧仁政治的基础是伪装，只需要利用人们的恐惧之外，我们发现写给巴黎诸位部长的信件中他对英俄将达成协议的看法不屑一顾，并断定兼并热那亚只需要担心英国，但如果奥地利希望为战争找一个借口，尽可以放马过来。

随后，他从都灵启程，在85个小时内赶回枫丹白露，于圣克卢宫短暂逗留后抵达布洛涅。8月22日，他在那里听说奥地利正在继续加强武装，几个小时之后听到了维尔纳夫已返回加的斯的消息。对于

[①] 比尔，《奥地利十年政治史（1801—1810）》。诺沃希尔佐夫和哈登贝格的照会见于 G. 杰克逊爵士的《日记》第 1 卷附录中。

乌尔姆战役

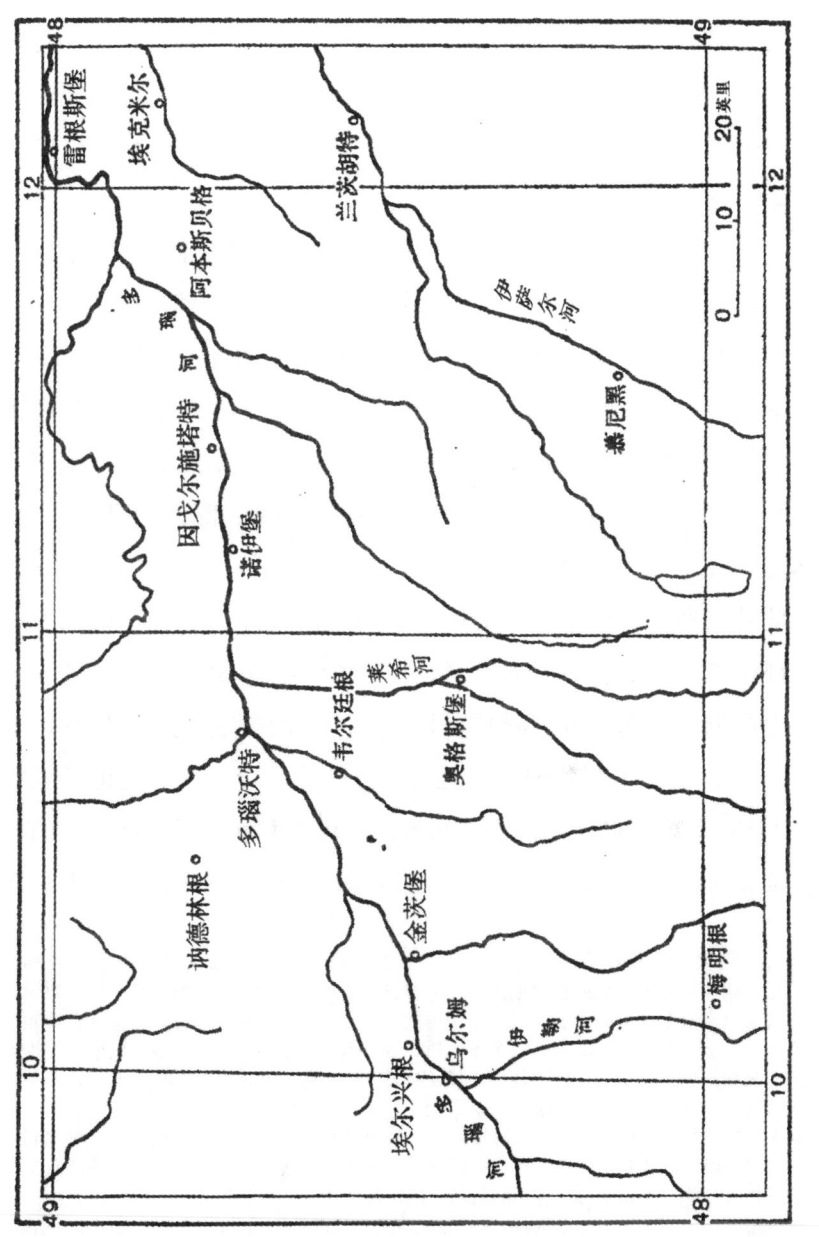

第 22 章 乌尔姆和特拉法尔加 415

这个决定命运的问题，他果敢有力地做出了决断。接着，他向塔列朗概述了新的政策。他将以最为真诚的态度，再次提出将汉诺威交给普鲁士的建议，作为后者与法国结盟对抗新反法同盟的代价。此举也许能将新同盟扼杀在摇篮中，无论如何都能瘫痪奥地利。因此，他派最宠爱的副官迪罗克将军前往柏林说服普鲁士国王，使其相信与法国结盟能让欧洲大陆免遭战祸。①

与此同时，哈布斯堡王室完全上当了。他们以为拿破仑完全沉浸于海军计划，并据此制订了一个作战计划，该计划当然足以制服软弱无能的对手，但如果对付的是盘尾待动的巨蟒，就十分危险了。事实上，拿破仑的准备比奥地利更加充足。到了7月7日，维也纳宫廷还通知盟国，它的军队无法在四个月内准备就绪；可是，哈布斯堡王室急于先发制人地打击拿破仑，这种情绪导致他们匆忙开战，8月9日，奥地利秘密加入了俄英联盟。

此外，奥军采用了一种难以理解的愚蠢布置，仅以一支59000人的部队进占巴伐利亚，而将其主力92000人开进意大利，进攻明乔河上的据点。为了守卫这些部队的侧翼，奥地利在提洛尔驻扎了34000人，而除了招募的新兵之外，这个庞大帝国的其他地区只有不到2万名士兵。实际上，他们知道秋季战役取胜必须仰仗俄军的帮助，预计后者将在10月20日抵达因河岸边，认为法军在二十天后还

---

① 参阅比尼翁（Bignon）的著作（第4卷，第271和334页）。拿破仑可能通过拉弗雷和塔列朗知道，俄国最近已敦促乔治三世将汉诺威让给普鲁士。皮特拒绝了这个建议。普鲁士对拿破仑提出的将汉诺威划归该国的建议更为重视，对恰尔托雷斯基从合法领主乔治三世那里得到汉诺威的建议则不太感兴趣。但是，迪罗克从腓特烈·威廉那里得到的只是保持中立的承诺（参见加登，《条约集》，第8卷，第339—346页）。瑞典不是反法同盟成员，但与俄国和英国签订了条约。
皮特内阁对形势十分乐观，这从对投入反法战争的如下兵力估计中可见一斑：奥地利，25万人；俄国，18万人；普鲁士，10万人（皮特当时拒绝为超过10万人的部队支付补助金）；瑞典，16000人；萨克森，16000人；黑森和不伦瑞克，16000人；梅克伦堡，3000人；撒丁国王，25000人；巴伐利亚、符腾堡和巴登，25000人；那不勒斯，20000人。在附言中，皮特还补充道，不需要撒丁国王的支援，而且英国对那不勒斯的补助有专门的安排。这份备忘录没有注明日期，但肯定是在9月初、巴伐利亚背叛之事为人所知之前。（英国外交部档案，普鲁士部分，第70号）

不可能抵达多瑙河畔。①奥军的意图是在意大利积极行动,而在多瑙河上打一场防御战。

在维也纳拼凑出来的这个计划主要是受到了查理大公的影响,他指挥意大利方面军,而多瑙河方面军则交给斐迪南大公和新任军需大臣马克。马克此前在奥地利享有盛誉,可能是因为他是唯一没有遭受过重大失败的将军。1793年的惨败中,他似乎是唯一能全身而退的人,却由于图古特对他"卓越才能"的疯狂嫉妒而失去了指挥权。②他确实是个勇敢的人,但总是受到先入为主的想法影响;他属于不伦瑞克公爵为首的"机动战略"学派,而在1805年战役的开始阶段,他的固定目标却是守住一个关键阵地。弗朗茨和马克在薄弱的乌尔姆要塞和伊勒河上发现了这样一个阵地,奥军开始向这些有利地形调动。

首先要争取的是巴伐利亚选帝侯。维也纳宫廷试图说服或逼迫这位公爵加入反法同盟,于9月3日到6日向他提出了建议,后者虚与委蛇,一两天后抓住机会逃往维尔茨堡要塞。马克随后挥师渡过因河,试图切断巴伐利亚军队与这个据点的联系,但未能如愿。因此,这位奥地利指挥官率军向乌尔姆推进,9月中旬抵达;他并不满足于守住这个前进阵地,而是将其前哨放在黑森林的主要隘口,其他部队则把守伊勒河谷,并加强梅明根要塞。如果他的兵力与拿破仑相若,这无疑是个好的策略。当时,黑森林是法国与德意志南部唯一的天堑;莱茵河实际上成了法国的河流;而且,只有守住这一带的各个关口,奥军才有希望保护施瓦本免遭来自阿尔萨斯一侧的入侵。

但是,马克忽略了两个重要的事实。在俄军抵达之前,他的兵

---

① 英国外交部档案,俄国部分,第57号;高尔1805年7月22日的照会。
② 格雷厄姆上校的报告无疑影响了皮特内阁,使其赞成任命马克为当时的司令官。佩吉特(《文件汇编》第2卷,第238页)说,伊勒河阵地是弗朗茨皇帝决定的。伯恩哈迪(Boenhardi)的《托尔伯爵回忆录》(Denkwürdigkeiten des Grafen von Toll,第1卷,第121页)对马克的性格做了透彻的分析。这些政府文件见于伯克(Burke)的《1805年战役》附录。

力太弱，无法守住深入敌方地盘的阵地，而此时巴伐利亚和其他德意志南方邦国都听从拿破仑的召唤，站到法国一边。而且，从地图上一眼可见，他的阵地北面暴露，十分危险。乌尔姆和伊勒河一线在西南方向是强有力的防御阵地，但在北面却异常薄弱，攻击一方可以从美因河、内卡河和阿尔特米尔河绕过这条防线，进入乌尔姆以东地区。奥地利宫廷会议竟能无视该阵地的危险，这一点确实令人难以置信。或许，1796年克赖坚守此地的事实，导致他们过高估计了它当前的重要性；但当年乌尔姆深沟高垒的营盘是大规模作战的中央节点，而此时不过是一个前进哨所。[①]如果弗朗茨和他的顾问们受到历史回忆的影响，那么忘记梅拉斯在皮埃蒙特的命运就很奇怪了。真正相似的先例并不是克赖，而是在马伦戈战役中被切断归路的那位将军。乌尔姆战役的轮廓确与马伦戈之战有着相似之处。面对远离基地、孤军深入的敌人，拿破仑和1800年一样，决心给予毁灭性的打击。我们从奥地利人的身上，可以注意到同样不合时宜的自负、同样缺乏及时的情报，也同样无法在拿破仑完成部署之前了解其计划；而拿破仑在1805年采用的战略战术，令人想起在皮埃蒙特平原取得大胜时娴熟简洁的构想、精妙有力的执行。

与此同时，奥地利的盟国却力量分散。以科孚岛为基地的一支俄国部队与来自马耳他的英国远征军计划联合攻击驻扎在意大利南部的圣西尔，扰乱其后方，迫使他投降。但由于拿破仑强迫那不勒斯大使签订了一项公约，上述计划化为泡影。9月21日，塔列朗说服这位使节保证那不勒斯王国居于中立，不允许所有交战国部队进入该国领土。随后，圣西尔的部队撤出该国，明乔河上的马塞纳得到了求之不得的增援。拿破仑在汉诺威的行动也同样巧妙。反法同盟各国在那里也计划了一场声势浩大的远征。一支俄瑞联军（古斯塔夫渴望指挥这

[①] 马尔蒙，《回忆录》，第2卷，第310页。

支部队）将从瑞属波美拉尼亚的施特拉尔松德要塞开进汉诺威，得到英国汉诺威兵团的增援后，把法军赶出低地国家。为了这次远征，各国进行了冗长的讨价还价——关于指挥权的争吵，对维尔纳夫可能率舰队驶入波罗的海的担忧，英国战争部的拖延，沙皇的强烈反对和消除普鲁士疑心的努力——这与拿破仑对整件事情的漠不关心形成了强烈的对比。他深知，决定这场战争胜败的并不是意大利南部或者埃姆斯河两岸的牵制作战，而是多瑙河上的大部队奇袭。他抽调了汉诺威的法国部队，只留下南部哈默尔恩要塞的驻军，以便在俄军赶到之前打垮征召而来的奥军。简而言之，当反法同盟试图像百手巨人一样从四面八方将其包围时，他已做好准备，直取这个巨人的心脏。

由于战役的第一部分几乎完全取决于时间与空间，我们最好是紧密地按照敌对双方的主要行动来讲述。奥军作战计划的主要目标是预防法军占领施瓦本，此举表面上已经取得成功，马克为此产生了无穷的信心。他在乌尔姆大规模修建外围工事，以加强那些废弃的堡垒，将他的防线延伸到远在南方的梅明根，并坚信莫斯科人会在法国军旗飘扬于多瑙河源头上空之前赶到。可此时俄军前锋还没有抵达上奥地利的林茨，10月10日之前不可能出现在因河两岸。[①]

法国皇帝在行动上绝不落人后，而且在准备速度上也胜过对手。奥地利人认为他不可能在11月10日率大军抵达多瑙河，可他的计划却是9月18日就在德意志境内集结20万人。不过，他一开始并不知道自己能有多好的运气，并没有想到奥地利人会渡过因河；8月23日，他要求塔列朗，可以在《箴言报》上发表为其赢得二十天时间，让贝特朗将军争取巴伐利亚的一切消息，与此同时，"我将率领20万人转进德意志"。8月29日，"英国集团军"改名为"大军团"，下辖7个军，分别由贝纳多特、马尔蒙、达武、苏尔特、拉纳、奈伊

[①] 参见《佩吉特文件汇编》，第2卷，第224页；另见舍恩哈尔斯（Schönhals）《1805年战争在德意志》（*Der Krieg 1805 in Deutschland*），第67页。

和奥热罗指挥。骑兵部队由缪拉指挥；贝西埃指挥的帝国卫队此时大约有1万人。

这支庞大军队的很大一部分已开始向内陆挺进；达武和苏尔特留下3万人的部队守卫舰队，马尔蒙则派出14000人留守荷兰沿岸；而9月2日开始向莱茵河进发的其他各军几乎是满员的。当天，贝纳多特从汉诺威拔营开向美因河，这很大程度上改变了局面。黑森–卡塞尔选帝侯此时支持拿破仑的行动，因此，贝纳多特的部队未遇到任何阻挡，于9月底抵达维尔茨堡；巴伐利亚选帝侯在那里欢迎这位元帅，并以自己的2万名士兵相助；贝纳多特还在那个据点与马尔蒙会合。

为了误导奥军，拿破仑在圣克卢宫或巴黎留到了9月23日；在此期间，一份"元老院法令"规定，1806年1月1日之后，法国应该放弃革命时期的历法，恢复格里高利历。此后，他动身前往斯特拉斯堡，仿佛法军的主攻方向是突破马克防线正面的黑森林关隘。而且，为了使马克对此深信不疑，缪拉接到命令，将他的骑兵派往马克前线部队把守的关隘周围，但避免任何真正的交战。这样做将使其他部队有时间潜行至敌军背后。同时，马克已听闻法军和巴伐利亚军队即将在维尔茨堡会合，但认为这是为了威胁波希米亚。[①]

因此，马克坚守自己的防线，满足于派出一个骑兵团监视贝纳多特的行动，但他和名义的统帅斐迪南大公都没有发现真相。事实上，他们太过依赖俄军的援助，以至于命令更有远见的查理大公从意大利派来的一些部队返回；但是，从提洛尔来的11000名士兵加入了施瓦本集团军。这支部队此时分散开来，守卫因戈尔施塔特和乌尔姆之间多瑙河上的各座桥梁；10月7日，奥军的部署如下：金迈尔率领

[①] 《书信集》，第9249号。关于包围行动的细节也可以参见第9254号，拿破仑当时（9月22日）已经准确地计划了包围行动的细节，此时离最后一击还有25天的时间。但9299号信件说明，即便到了9月30日，他仍坚信马克将匆忙退回因河。比尔，《奥地利十年政治史》，第145页。

18000人守卫因戈尔施塔特、诺伊堡、多瑙沃特、金茨堡和较小的据点，而马克在乌尔姆和伊勒河沿线有35000人；其他一些分遣队抵达后，奥军总兵力最多达到7万人。面对这条漫长、分散的防线，拿破仑率领的部队占据很大优势。[①]他迅速实施计划。尽管普鲁士宣布严守中立，他仍毫不犹豫地派遣贝纳多特穿越该国境内的安斯巴赫侯国。贝纳多特得到的命令是"向普鲁士提出许多有利的保证，尽一切可能表达对该国的感情和尊重——然后迅速通过它的领土，同时宣称别无他法"。将军就这样一边不断地表示遗憾和歉意，一边命令部队大摇大摆地从普鲁士军队面前通过，后者对这种恶行无力反抗。[②]

腓特烈·威廉听到普鲁士领土遭到如此践踏的消息时正值一个关键时刻，沙皇向柏林发出最后通牒，威胁即便普鲁士背弃欧洲独立事业，俄国军队也必须通过普属波兰地区。受到这封信的刺激，国王放弃了一贯的消极态度，答复称此类举动只会迫使普鲁士与法国结盟，反抗入侵者，此时消息传来，亚历山大宣布将在东部做出的恶行，拿破仑已经在安斯巴赫干过了。威廉深感愤怒，一度宣称将驱逐迪罗克，向拿破仑宣战，以报复这种羞辱，但最终召集内阁开会，并邀请沙皇前往柏林访问。[③]

普鲁士宫廷的亲法派顾问豪格维茨和隆巴德动用一切手段阻挠普俄联盟，与此同时，马克与斐迪南周围已是天罗地网。贝纳多特的部队在历史性的进军之后，被派往东南方向阻挡俄军前锋，为切断马克归路的法军部队留出了余地，此举堪与波拿巴捉住梅拉斯之前进军米兰相媲美。这两个步骤都说明，他在包围猎物之前，渴望背后有充裕

[①] 吕斯托（Rüstow），《1805年战争》（*Der Krieg 1805*）。霍迈尔（Hormayr）《霍费尔的历史》（*Geschichte Hofers*，第1卷，第96页）中说，奥地利在与俄国一起制订作战计划时，忘了考虑俄历和格里高利历之间的差别（12天），俄军当然晚到了11天。

[②] 《书信集》，第9319号；G.杰克逊爵士《日记》，第1卷，第334页。

[③] 同上；另见梅特涅的《回忆录》，第1卷，第3章。关于普鲁士对拿破仑提出的抗议（这足以粉碎法国人的借口），参见加登的《条约集》，第9卷，第69页。

的空间。

10月6日，苏尔特和拉纳两军在缪拉强大的骑兵协助下，从多瑙沃特切断了奥军的多瑙河防线，于右岸取得了一个坚实的立足点。从这个在马克后方远处的渡口，法军以密集队形蜂拥而过，向南方和西南方开往奥军阵地背后，奈伊的部队则前去夺取多瑙河上的主要桥梁。

研究此时马克的思维过程，应该是颇有趣味的。这说明，将一支军队的命运托付给无法对情报做出判断的人，是多么的危险。马克对战局发展并非一无所知，但他的消息通常都来得太晚。最要命的是，他对情报的判断出现了偏差。10月6日，他写信给维也纳宫廷，称敌军的目标看来是打击他的交通线；10月7日听说多瑙沃特失守后，他将其描述为没有人能料到的不幸事件。此时，斐迪南大公力主立即向慕尼黑撤退，并向东开往金茨堡，另一个奥地利师8000人向韦尔廷根移动，10月8日，那里遭到了缪拉和拉纳的猛攻。奥军起初还能坚守阵地，但因实力悬殊，战斗最终转变为一场溃逃，有2000名奥军士兵被法军俘虏。缪拉接着迅速穿越丛林，切断了马克向奥格斯堡撤退的路线。可是，马克仍然对自己的处境十分乐观。当天，他从金茨堡写信称，一旦敌军渡过莱希河，他将渡过多瑙河，在讷德林根切断其交通线。就在他草拟这份公文时，奈伊的部队正奋力夺取乌尔姆城下的多瑙河桥梁。如果马克打算朝东北方向进军以阻断法军交通线，最为重要的就是守住这些桥梁，但奈伊迅速夺取了其中三座桥梁，于10月9日收紧了乌尔姆周围的罗网。

此时，法国皇帝在奥格斯堡的阵地上指挥最后的行动；与马伦戈战役前一样，他判断敌军将全力突围，将注意力主要放在肯普滕和提洛尔方向。这无疑是马克最安全的路线，因为他的实力足以横扫苏尔特，夺取提洛尔，封锁那里的谷口以阻挡拿破仑，并向查理大公派去增援部队。然而，即便在多瑙河桥梁失守，使他的进军路线暴露在南岸四个法国军团攻击之下,他仍然打算实施其讷德林根计划。不过,由于拿破仑错误估计了马克的计划,或者像梯也尔极力证明的那样,缪拉误解了他的命令,奥军还有一个天赐良机。①

尽管奈伊反对,他辖下的一个师(由杜邦率领)还是单独留守多瑙河北岸,这一阵地很有可能被有胆识的对手打垮。更离奇的是,杜邦手下只有6000人,却奉命向乌尔姆进军,以求一鼓而下该城。11日,他按照命令进击城北深沟高垒的马克大营。奥军大举迎战,尽管杜邦的部队作战极其英勇,最终仍丢失了哈斯拉赫村。当天晚些时候,一支奥军骑兵部队猛扑杜邦右翼,将疲惫不堪的法军切断,俘虏1000人,战场上还留下了1500名死伤的法军官兵。在战利品中找到了一封拿破仑的公文,命令杜邦强攻夺取乌尔姆——奥地利人本应由此看出,法国皇帝以为这座城市已被废弃。②实际上,拿破仑的误算为马克开辟了一条安全路径;如果他立即离城向北,整个局势可能为之一变。俄军前锋在因河两岸,除了杜邦残部之外,所有法军都在多瑙河以南,对其交通线发动几次有力的进攻,就能极大地打击缺少火炮、弹药不足且全靠乡村提供粮草的法军。我们可以想象,在这种情况下,腓特烈大帝定会发动反包抄,迂回至敌军背后,发动疾风骤雨般的进攻。如果与拿破仑对阵的是腓特烈,莱希河和多瑙河将见证一场战争的飓风。

然而,马克不是腓特烈,他要对付的是一个能够迅速改正错误的敌人。10月13日,马克似乎打算从美因河切断法军去路,此时他从拿破仑的间谍那里听到消息:英军已从布洛涅登陆,法国爆发了一场革命。对于一个偏好令人愉快的虚假消息、不愿接受残酷事实的人来说,这种消息最能投其所好。他立刻得出结论,苏尔特、缪拉、拉纳、马尔蒙和奈伊绕到他背后的行动,不过是为了夺路逃往阿尔萨斯

---

① 舍恩哈尔斯,《1805年战争在德意志》;赛居尔在《回忆录》(第16章)中为缪拉和奈伊开脱。
② 舍恩哈尔斯,《1805年战争在德意志》,第73页。梯也尔称,杜邦率领6000人战胜了从占领乌尔姆的6万名奥军中派出的25000人!

而已。次日又传来了其他消息：梅明根已被苏尔特包围；奈伊以一次漂亮的冲锋，在埃尔兴根渡过多瑙河，击溃了那里的一个奥地利师，从东北方威胁乌尔姆；其他法军部队则从东南方逼近。但马克仍透过幻想的迷雾去看待这些事实，将它们看作是绝望的挣扎，而不是猎人正在收紧罗网。

现在，几乎只有他一个人如此看待事态发展。斐迪南大公尽管名义上是奥军总司令，但此前都遵循弗朗茨皇帝的叮嘱，尊重马克的年资和经验。不过，此时他也极力主张立即向北撤出所有部队。马克依然坚持己见，认为法军处境狼狈，严令不准撤离乌尔姆；于是，大公和施瓦岑贝格、科洛拉特、久洛伊，以及所有或因本能、或因官阶而不愿意听从这个疯子指挥的人一起，集合1500名骑兵向北逃走。这是一个关键时刻，因为奈伊已在埃尔兴根站稳脚跟，其前锋部队正赶往这座注定灭亡的城市；缪拉和拉纳得到命令，从北岸支援他，而河对岸的马尔蒙和更南面的苏尔特已切断了提洛尔的撤退路线。

马克终于恍然大悟，但即便到了这个时候，他仍拒绝提到投降。可是，他又一次失望了。奈伊猛攻乌尔姆以北的米夏埃尔斯山，那是奥军所依赖的一个阵地；10月17日，这位不走运的奥军司令官同意投降条件，如果前来解围的俄奥联军在六天内没有出现，他的部队将走出营房，放下武器。此后，法国人改变了这些条件，用几句空话哄骗他们的猎物，说服马克于20日投降，条件是奈伊和他的军团将至少在乌尔姆留守至25日。这是马克最后一次有辱他的国家和职业；由于他同意了这一狡黠的妥协，其他法军部队立刻腾出手来转入攻击行动；在这个时候，每一天对奥地利、俄国和普鲁士都是非常珍贵的。

10月20日，法国皇帝率领一群才华横溢的幕僚，在身后的卫队及两侧的8个纵队簇拥下，接受失败者的投降。走在第一个的是奥军司令，他满怀痛苦，躬身向胜利者献上佩剑，口称"不走运的马克在此"。随后，2万名步兵和3000名骑兵列队走到米夏埃尔斯山麓，在皇帝面前放下武器，有些人愤怒难平，大部分人神情沮丧，但也有些人带着不得体的欣喜之色，扔下手中的兵器。①老天仿佛有意要为拿破仑的胜利增光添彩，连日被乌云暴雨遮蔽的太阳，此刻却大放光芒，沐浴在动人秋色中的山坡成了天造地设的圆形剧场，列队其上的法军士兵精神焕发，而将深深的阴影投在了山下的败军身上。这一情景令法国人兴奋不已，过去几日在9月的烈日飞尘、泥泞沼泽和滂沱大雨中行军的疲乏全都抛在脑后，他们高声欢呼，赞颂统帅运筹帷幄取得史无前例的大胜。他们说道："我们的皇帝找到了新的战法，他不再靠我们的双臂来取胜，而是利用了我们的双腿。"②

与此同时，其他各路奥军也遭到追击。只有少数几个人从梅明根逃进提洛尔，开往韦尔廷根的那个师如果得到合适的支援，早在三天前就可能突围前往讷德林根了，可现在却被缪拉和拉纳的部队击溃，13000名奥军步兵中没有几个人逃脱。大部分骑兵都成功地与斐迪南大公会合，而此时缪拉正以永不疲倦的精力穷追不舍。这位"美剑客"在追击中横扫安斯巴赫，在纽伦堡附近赶上了斐迪南，击溃了他的部队，大公带着大约1700名骑兵以及大约500名马炮兵最终抵达波希米亚山脉的避难所。马克大军的其余部队均被消灭。

第三次反法同盟战争的第一幕就这么结束了。仓促的准备、轻率的计划，尤其是马克以自己的幻想混淆事实，铸成大错，都是这场毁掉盟国机会的惨败的成因。查理大公受阻于顽强固守的马塞纳，他随即被从意大利召回，以便守卫维也纳，最糟糕的是，柏林宫廷此时仍迟迟不肯亮剑。

但是，幸运女神在陆地上慷慨地赐福于拿破仑，却在海上给他带

---

① 马尔蒙，《回忆录》，第 2 卷，第 320 页；勒热纳，《回忆录》，第 1 卷，第 3 章。
② 梯也尔的著作（第 22 卷）。马克与拿破仑会谈期间（参见《佩吉特文件汇编》，第 2 卷，第 235 页），皇帝问他为何不杀出一条血路前往安斯巴赫，他回答道："那样普鲁士会宣布与我们为敌的。"皇帝反驳道："咳！普鲁士人不会那么快宣战的。"

来了诸多挫折。当他从乌尔姆赶往因河,准备将战火引入奥地利时,传来了法国海军遭到惨败的消息。特拉法尔加海战发生在马克军团于乌尔姆城外投降的次日。拿破仑渴望他的战舰能够向在意大利的部队运送援助物资,导致了这场19世纪最大规模的海战。法国皇帝打算由海军上将罗西里代替维尔纳夫执行这项任务,不走运的维尔纳夫猜到了这一切,希望利用一次大胆的出击挽回命运。他率领舰队出海,结果就是特拉法尔加的惨败。对纳尔逊最后、最辉煌的这次胜利有很多叙述,但关于这场伟大胜利对当时局势的影响,多说几句想必无妨。可以肯定的是,维尔纳夫在特拉法尔加的作战条件比起7月22日更为有利。他将许多伤病员留在了岸上,舰员们得到了休整和补充,最重要的是,最糟糕的西班牙舰艇已经替换成了更适合航海作战的船只。然而,他损失了33艘主力舰中的18艘,而对手的主力舰只有27艘;仅从这一事实就可以证明,7月份时他的舰艇上伤病者极多、急需休整,避免与康华里和考尔德正面交锋绝非出于懦弱。

此外,人们常常说特拉法尔加拯救了英国,使其免遭侵略。为了反驳这种错误观点,我只需提醒读者,8月底拿破仑统帅"大军团"出征奥地利时,对英国遭到入侵的直接担忧就已经消失了。在征服欧洲大陆之前,在肯特登陆是不现实的。两年后签订的《蒂尔西特和约》曾经带来了这个机遇,但那时的联合王国对此并不惊慌,因为特拉法尔加海战实际上已消灭了法国海军。对于英伦三岛,特拉法尔加战役的好处是长远的,但就整个大英帝国而言,这种好处一眼可见。此时落入英国之手的每个法国、荷兰和西班牙殖民地,在很大程度上都是纳尔逊的胜利果实,这场战役预示着帝国成长的第二个,也是前景更为广阔的阶段。

最后,此时的英国在海上占据决定性的优势,如果拿破仑想要实现心中最为挂念的全球计划,就必须采取他长久以来一直设想的另一种有效策略。早在1798年2月,他就曾经指出,进攻和毁灭英国有三种手段：直接入侵、控制德意志北部以毁灭英国商贸或者远征印度。特拉法尔加战役之后，第一种选择已不可能实现，最后一种也暂时搁置。第二种方案现在成为他盘算的最佳策略：只有禁止英国商品进入整个欧洲大陆，从而扼杀该国的工业，他才能将英国踩在脚下，成就一个全球帝国。简言之，特拉法尔加战役使"大陆封锁政策"成为必然之举，下面我们将讲述促成这一体系的诸多事件。

第三版注释

一位美国评论家曾指责我的说法前后矛盾：在第22章中，我指出第三次反法同盟是先由英国向俄国提出的，但后来又说同盟不是依靠英国的金钱建立的。我应该使用"我发现的第一份书面建议是由……提出的"这样的措辞。我曾请求读者参阅恰尔托雷斯基的《回忆录》（第2卷，第2—3章），其中详细说明亚历山大和他的顾问们发现与法国的破裂不可避免，但希望拖延三个月左右，等待某些问题澄清；因此，他们在维也纳和伦敦小心翼翼地试探对方的立场。恰尔托雷斯基书中的如下段落（第2卷，第3章）证明俄国想要与英国结盟：

"当甘公爵被处决导致外交关系破裂之后，（俄国）就必须与除俄国之外唯一自认可与法国相抗衡的强国取得谅解，尽可能透彻地了解它的倾向和计划、政策原则，以及它在某些紧急状况下可能采取的措施。与英国这样的强国达成一致观点，并和它一起努力实现同样的目标是很有好处的；但我们不仅有必要确认该国当前的倾向，还必须权衡未来乔治三世去世以及皮特内阁下台后的各种可能性。我们必须让英国理解，与拿破仑开战的愿望本身并不足以在该国政府和圣彼得堡之间建立不可分割的纽带……"

英国外交部档案俄国部分第55号中有一份驻圣彼得堡大使、海军上将沃伦1804年6月30日草拟的公文,其中报告了恰尔托雷斯基对英法谈判流言的担忧:"(恰尔托雷斯基)亲王表示,在两国政府进行磋商、沙皇(亚历山大)亲自向英国解释,以及俄国目前采取的各项措施之后,他无法设想英国会立刻与法国媾和。"

在这些早期谈判中,我没有找到任何线索,但很显然,最初的结盟建议肯定来自俄国。瑞典是最先提出组建一个君主同盟对抗拿破仑的国家(参见我在1902年6月《拿破仑研究》上的文章)。

第23章　奥斯特里茨

乌尔姆受降之后，法国皇帝挥师进击俄军，他告诉士兵们，那支军队是英国人花钱从天涯海角雇来的。与历次反法同盟一样，所有盟国都没有及时做好准备，派出协商好的全部兵力。亚历山大曾在盟约中许诺派出54000人的部队支援奥地利，但实际出动的只有46000人；其中还有8000人前往波多利亚监视土耳其的备战活动，因为法国一直煽动后者对抗俄国。

但是，亚历山大不肯全线出动还有另一个更有分量的理由，那就是普鲁士的暧昧态度。直到10月中旬，这个军事强国仍坚守中立，此种态度颇具威胁意味，与1691年的斯堪的纳维亚国家相似，后者当时对奥兰治的威廉反对路易十四、捍卫欧洲自由的请求充耳不闻，得到了"第三方"的诨名。不过，普鲁士国王的行为似乎也有些道理：他担心以恰尔托雷斯基为首的波兰人对沙皇施加影响，认为俄国要求借道普属波兰，是以占领那片领土为目的的诡计。确实，恰尔托雷斯基的信件证明他推进过这样的计划，并且得到了沙皇的支持，不过到了最后一刻，他审慎地将其束之高阁。[①]

拿破仑对安斯巴赫的侵犯，以及亚历山大在波茨坦的坦率解释，一度让普鲁士放弃了犹豫的态度；但与此同时，普鲁士的疑心导致行动推迟，破坏了奥地利人的计划。如果拿破仑宽限一周，或者俄军提

---

① 《亚历山大一世与恰尔托雷斯基》（*Alexandre I et Czartoryski*），第32—34页。

前一周抵达,都可能改变巴伐利亚的整个局势——普鲁士也许就会对法国亮剑,报复安斯巴赫之耻了。

10月10日,哈登贝格通知奥地利大使梅特涅,腓特烈·威廉即将宣布结盟。然而,在亚历山大抵达波茨坦之前,什么都没有发生,他听到的第一个消息(10月25日)就是乌尔姆的奥军投降。尽管如此,沙皇的影响还是遏制了豪格维茨和亲法派的努力,使普鲁士政府下定决心于11月3日签订了俄、奥、普三国的《波茨坦条约》。腓特烈·威廉亲口承诺,普鲁士将以武力调停,如果遭到拿破仑的拒绝,该国将加入反法同盟。普鲁士的要求如下:在伦巴第、利古里亚和帕尔玛中为撒丁国王提供补偿;那不勒斯、荷兰、德意志和瑞典独立;以明乔河作为奥地利在意大利的边界。①

普鲁士将派遣一位使者向拿破仑提出上述条件,并在出发一个月内带回明确的答复,与此同时,普鲁士的18万名官兵准备威胁法军侧翼和后方。亚历山大还秘密承诺动用自己对乔治三世的影响力,在战争结束时为腓特烈·威廉争取汉诺威,英国同时按照正常的比例向普鲁士及其萨克森盟友提供补助。随后,沙皇陪同国王及王后前往腓特烈大帝的地下墓穴,亲吻陵墓,与两人道别时,沙皇还向祭坛投去意味深长的一瞥。②

沙皇担心的到底是普鲁士国王对和平的热爱,还是豪格维茨的变节?从条约的每个细节上看,并不能说都带有善意。除了英国向普鲁士提供补助,并放弃汉诺威这种奇怪的设想之外,普鲁士的"武装调停"也留下了许多漏洞。乌尔姆的奥军投降之后,只有迅猛有力的举动才能恢复力量平衡,可是普鲁士为了讨价还价而拖延了一个月。而且,负责这项首要使命的豪格维茨也将出发日期推迟了十天,借口

---

① 这些条件与1805年4月11日英普条约的对比,可参见汉辛(Hansing)博士《哈登贝格与第三次反法同盟》(*Hardenberg und die dritte Coalition*,柏林,1899年版)的附录。
② 豪塞尔(Häusser)的著作第2卷,第617页(第4版);莱托-福贝克(Lettow-Vorbeck),《1806—1807年的战争》(*Der Krieg von* 1806—1807)第1卷卷首。

是普鲁士军队不可能在11月中旬前做好准备。这是悠闲自在的不伦瑞克公爵的说辞，可是就在一个月前，腓特烈·威廉曾威胁俄国，如果该国军队进入他的领土，就将立即与之开战。如今，国王又同意推迟，显得前后矛盾。就这样，豪格维茨在11月14日才出发，那时拿破仑已成了维也纳的主人，盟国军队正向摩拉维亚撤退。

现在，我们回头介绍一下战局。这是现代史上哈布斯堡王朝的首都第一次落入外敌之手。拿破仑端坐于美泉宫中，而弗朗茨逃往奥尔米茨，查理大公和约翰大公在阿尔卑斯山的险要道路上拼命地躲避马塞纳的前锋。法军开往维也纳，并由那里北进布吕恩[1]，其间只有一件事引起普遍的兴趣，那就是从奥军手中"偷"得维也纳以北的多瑙河桥梁。在奥地利都城附近，这条大河分成多条水道，最大的一条就在城北。更远处的木桥已被俄军断后部队焚毁，只剩下与城相对的一两座桥梁，拿破仑对此非常重视，命令缪拉和拉纳尽可能夺取它们。

缪拉此时正因皇帝对他的不满而痛心。他本应通过一支船队，与另外一条河上的莫尔捷兵团密切联系，但由于他冒失地进击维也纳，导致莫尔捷部几乎全军覆没，仅凭决死的勇气才从数量占据绝对优势的敌军中杀出一条血路。因此，缪拉渴望将功补过，他与拉纳、贝特朗和一位工兵军官走近桥头，佯装前去与奥军谈判。当时两国已就非正式停火进行了商谈，但尚未达成协议。三位法军元帅将乌迪诺将军的掷弹兵部署在遍布南岸甚至遮蔽桥边部分道路的丛林之后。这支部队及其指挥官都大名鼎鼎，有着极高的战斗素质。桥南端的木板路障已被推倒，四个法国人继续前行。一名放哨的奥地利骑兵用马枪开了一枪之后，便策马奔向主桥；缪拉四人近前招呼那里的奥地利指挥官，装出要谈判的样子，阻止他点燃藏在桥下的炸药，并向他保证停火协议将要达成。

---

[1] 现捷克布尔诺。——译注

到达桥北端时，法国人故技重施，声称要见司令官。就在守军犹豫的当口，乌迪诺的掷弹兵迅速推进。看见他们之后，奥地利人立即准备炸桥。可是几位法国元帅又请求他们停手，说和约就要签订了。掷弹兵抵达北岸之后，法国人的面具就被撕下了；法军增援部队已赶到，从他们手中夺回桥梁的机会丧失了。利用这些手段，缪拉和拉纳兵不血刃地取得了前往北岸的通道，而在四年后，法军为此则要拼死奋战。缪拉的功绩令拿破仑欣喜，此举大大有利于对同盟国军队的追击，这位元帅也重新得到了皇帝的宠信。但即便在那个时候，珍视绅士风度、不愿以骗术取胜的人也表达了对这种背信行为的不齿。①

持续向摩拉维亚败退，哈布斯堡的军队又出人意料地虚弱，加上给养不足，令亚历山大十分沮丧，这在他11月19日从奥尔米茨写给普鲁士国王的信中可以看出："我们的处境万分危急：我们几乎只能独立对抗法军，他们在我们背后穷追猛打。至于奥地利军队，它已不复存在……如果您的军队发动进攻，整个局面就会立刻改观。"②不过，几天以后，当27000名俄国援军（包括沙皇卫队）抵达，沙皇从极度消沉中恢复过来，变得无比自信，对于谨慎的总司令库图佐夫倡导的以拖延和退却为主的缓兵之计，他已感到厌烦。撤进匈牙利北部似乎是一种耻辱。尽管腓特烈·威廉不打算在12月15日之前亮剑，而且只有那时查理大公的大军才可能打到维也纳城下，这位冲动的年轻专制君主仍然不愿接受审慎从事的劝告。库图佐夫和施瓦岑贝格力陈拖延与退却的必要性，但无济于事。亚历山大听从了年轻军官们的鲁莽建议，下令进兵布吕恩，在韦绍③的小规模骑兵战中取胜后，沙

---

① 相比之下，库图佐夫在霍拉布伦对缪拉所用的计谋更情有可原了，见梯也尔的著作第23卷。
② 哈罗比勋爵当时正在柏林担负特殊使命，他报告道（11月24日），沙皇的呼吁"遭到冷遇"，在知悉拿破仑如何对待普鲁士特使豪格维茨伯爵之前，普军不会进入波希米亚。
③ 今捷克维什科夫。——译注

皇更加坚信自己从费比乌斯①式战略转向瓦罗式战略是正确的。

拿破仑此时已身在布吕恩，他猜测到对手性情上的变化，命令部队后撤，目的是迁就亚历山大当前的情绪，诱使他进行一场决战。他清楚地看到立刻交战有很大的好处。生性谨慎的弗朗茨再次发出停战的建议，仅这一点就使他相信速战速决是上策；恰逢其时的求和也给了他一个理由，足以吓住即将到达法军大本营的普鲁士特使。

豪格维茨前往维也纳后被遣回，于11月29日抵达布吕恩。②他随后与拿破仑进行了四个小时的秘密会谈，我们没有太多这方面的档案记录，至于豪格维茨本人则有充分的理由歪曲事实。他声称受到了冷遇，并立刻看出只要普鲁士稍作敌意的威胁，就能驱使拿破仑与奥地利单独媾和。但在一个小时之后，皇帝似乎变得友善了：他讨论了欧洲和平的问题，也不再为普鲁士的行为感到气恼了。最终，他基本同意了普鲁士的建议，但提出了两个条件：普鲁士不能允许此时在汉诺威的同盟国军队入侵荷兰，被普军包围的哈默尔恩要塞法国守军也应该得到补给。豪格维茨对这两个请求都表示同意，并代表国王做了保证，他的这种僭越之举后来被普鲁士国王否决了。

豪格维茨虽然越权行事，但在其主要使命上却没有任何实际进展。或许是出于自己的恐惧，也可能是拿破仑采取了软硬兼施的灵活手腕（这一招曾哄骗过许多使节），导致豪格维茨无视普鲁士的利益，他的使命是遏制拿破仑的野心，结果却适得其反。会面之后，这位特使回到住处，此时科兰古赶来警告他，说大战在即他的人身安全可能受到威胁，拿破仑请他前往维也纳，与塔列朗商讨国家大事。马匹与随从已经准备就绪，豪格维茨动身前往奥地利都城，11月30日抵达那里，却发现塔列朗受到严格的限制，只能以一些客套话敷衍了

---

① 费比乌斯是古罗马政治家、军事家，以擅长拖延战术闻名，而另一位同时代军事家瓦罗则更喜欢急战。——译注
② 梯也尔说是12月1日，作者按照拿破仑11月30日写给塔列朗的信纠正了这种说法。

事。就这样，尽管15万普鲁士和萨克森大军已准备就绪，随时可以打击法军交通线，但这个最重要的问题再一次被拖延了。

拿破仑在11月30日写给塔列朗的信中表达了此时心中隐藏的忧虑。事实上，此时的局面危机四伏。法军正面的对手实力占优，斐迪南大公和查理大公则从波希米亚和匈牙利威胁其两翼，与此同时，普鲁士的两个军团正准备攻击法军后方，拿破仑此时的处境就和汉尼拔在坎尼战役之前一样危急，而那位迦太基军事家正是凭借坎尼的雷霆一击才摆脱困境。究竟是古代名将的榜样启发了法国皇帝，还是他凭借无穷的智慧和坚强的意志想出了妙招？可以肯定的是，短暂的沮丧之后，他做好了最后一搏的准备，将所有赌注押在一次强有力的攻击上。为了速战速决，他故作灰心之态，将防线从奥斯特里茨后撤至戈尔德巴赫。他已派出萨瓦里将军，向沙皇提出了短暂停火的建议。①在这个时候，停战分明就是诡计；通过手上沾着当甘公爵鲜血的萨瓦里提出，本身就是一种羞辱，亚历山大以极度冷淡的态度接待了这位特使。作为答复，他派出了深受自己宠爱的好战派青年军官首领多尔戈鲁基亲王，后者傲慢地向法国皇帝宣称，他的主人希望实现欧洲的独立——此外，荷兰必须得到解放，并将比利时并入该国。

拿破仑被这个建议逗得大笑，他回答道，俄国现在应该考虑一下在土耳其方面的利益。这使沙皇深信，拿破仑担心自己孤军深入在危险的局面下作战。他对敌人的实力一无所知。拿破仑已经迅速调集了所有可用的部队。贝纳多特率领的一个军已从波希米亚前线被召回；弗里昂师4000人也奉命从普雷斯堡②动身，这支部队经过两天的急行军，于12月1日抵达，虽然疲劳不堪，但在次日便做好了战斗准备。③凭借及时调集部队，拿破仑的总兵力增加到至少

---

① 蒂埃博，《回忆录》，第2卷，第8章；赛居尔，《回忆录》，第18章；约克·冯·瓦滕堡（York von Wartenburg），《统帅拿破仑》（*Nap. als Feldherr*），第1卷，第230页。
② 现斯洛伐克布拉迪斯拉发。——译注
③ 达武12月2日和5日的报告收录在他的《书信集》中。

73000人，而敌方制订计划时假定他的兵力不足5万，不可能抵挡优势兵力的猛攻。

虽然拥有一支大约8万人的大军，同盟国的计划仍是轻率的。奥地利将军魏洛特尔说服沙皇，以驻扎在普拉岑山南麓的左翼部队发动一次有力进攻，就可以迫使守卫科贝尔尼茨村到索克尔尼茨村之间的拿破仑右翼部队后撤，从而使法军延伸至施拉帕尼茨的漫长战线崩塌。此举一旦成功，同盟国军队不仅占据上风，而且切断了法军南面的补给路线，将其赶进奥尔米茨周围的绝地，从而决定战役的胜负。魏洛特尔的计划令沙皇着迷，却引起了老将库图佐夫的忧虑。12月2日午夜过后，魏洛特尔向俄奥将军们详细说明了这一计划。沙皇的中路部队雄踞于巍巍普拉岑山上，山脚下又有村庄掩护，无须担忧，至于右（北）翼，他就更不留意了，因为这一路紧靠村庄，又有强大的骑兵和炮兵；而左翼集中了五分之二的同盟国军队，沙皇期望他们能够轻松击败拿破仑薄弱、分散的右翼部队，一举奠定胜局。库图佐夫看出，在那里集中如此之多的兵力将削弱中路，遗憾的是，他默不作声。

拿破仑早已猜透了他们的密计。他在战斗命令中告诉手下，当敌军迂回包抄法军右路时，就会将侧翼暴露在法军的打击之下。提前宣布这一发现，可谓是出奇地大胆，人们一直认为，他从敌方参谋部里的奸细那里得知了魏洛特尔的计划，但是，这种说法没有任何证据，拿破仑料敌机先，对于熟悉这种能力的人来说，奸细之说实属多余。在斯蒂维耶雷村和奥斯特里茨，拿破仑都采用了如下策略：将一翼部队后撤，引诱敌军在那一侧拉长战线，然后从中路将其粉碎，或者切断两翼与中路的联系。的确，独特的地形、俄军的攻击热情以及战斗范围的广阔，使此役具有斯蒂维耶雷战役所缺乏的辉煌与恐怖。但赢得两个战役的战术基本相同。

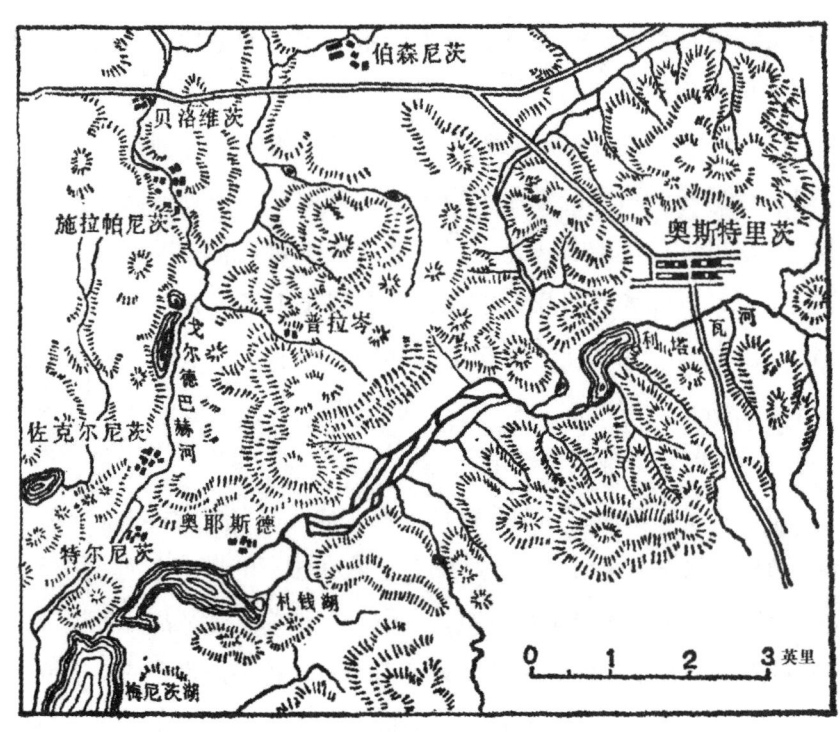

奥斯特里茨之战

拿破仑研究了奥斯特里茨正面的地形，凭借天赐的战略想象力，他知道一个鲁莽、浮夸的统帅在这块地盘上将如何作战；[①]他引诱对手那么做，并向法军官兵公布了敌人的计划，尽显同袍之谊，确保他们能在次日的战斗中英勇献身。当他午夜巡视前哨归来，士兵们以不同寻常的火炬相迎，他们不约而同地从简陋的隐蔽所上扯下秸秆，绑在长竿上点燃，手舞足蹈地对这位身披灰袍的小个子欢呼道："加冕周年快乐！皇帝万岁！"伟大的一天就这样开始了。法军以照亮苍穹的火光向他们的英雄致敬，欢呼声响彻云霄；俄军从左侧进兵，认定法军无论如何都会死守阵地，而其他人则将这火光当成拿破仑准备撤退的信号。

12月2日可能是拿破仑的日历上最著名的一天：那是他加冕的日子，是奥斯特里茨战役打响的日子，一代人之后，另一位拿破仑也选择在这一天发动政变。他的侄儿当时也欢呼着"奥斯特里茨的太阳"，希望借助这场辉煌的胜利，但看到的景象大不相同。透过层层浓雾，昏暗的阳光照在73000名决心以生命博取胜利的法国士兵脸上，也照在了以密集队形穿过戈尔德巴赫冰封沼泽、分别身穿灰色和白色战袍的俄军和奥军士兵身上，在地上留下了诡异的阴影。同盟国军队最初没有遇到多少抵抗，金迈尔的骑兵肃清了特尔尼茨和村后平地上的法军，但弗里昂师由西赶来，经过一番战斗，将首批攻击部队赶出了这个村庄。不过，敌军的其余29个营继续施压，尽管达武部下官兵顽强奋战，仍无法守住阵地。其实，法军也没有必要坚守，拿破仑的计划是让左翼的同盟军自陷险境，而他在普拉岑山麓敌方中路与左路的衔接处发动决定性的猛攻。

因此，拿破仑要求达武采取守势，直到中路法军迫使俄军离开高地，达武生性顽强，深得作战要领，这种任务特别适合他。在高地对面

[①] 赛居尔、蒂埃博和勒热纳都说，拿破仑此前北进时曾预言很快将在奥斯特里茨打一场大仗，并说明了他将要采用的战法。

和附近，拿破仑部署了苏尔特和贝纳多特的两个军，并以乌迪诺的掷弹兵和帝国卫队支援他们。与这些咄咄逼人的部队对阵的，是因抽调大量人马前往特尔尼茨而受到削弱的俄军中路部队，不过他们的阵地坚固，统帅库图佐夫用兵老练。谨慎的库图佐夫按兵不动，直到最后一刻，为了保证迂回作战的连贯性，沙皇按捺不住性子，下令他进兵。俄军刚走下普拉岑山，便遭到法军的猛烈攻击。旺达姆在当时已是法军著名的一流猛将，他率领苏尔特军中的一个师冲上高地的北坡；他的士兵从侧面切断了驻扎在村庄里的一支俄军部队，并在蒂埃博旅的帮助下蜂拥上山，迅猛的进击令守军惊慌失措。乌迪诺的掷弹兵和帝国卫队已做好了增援苏尔特的准备，但后者的部队已漂亮地完成了占领高地、击退俄军的任务。然而，俄军发动了反冲锋。很快，旺达姆和圣伊莱尔的两个师都被击退；他们手下的士兵竭尽全力，才顶住了发出震天杀声的大批俄军。拉锯战持续了两个小时，蒂埃博曾指责过拿破仑在这次作战中没有派出援军，并痛斥苏尔特对此无动于衷。

但是，法国皇帝正在等待两翼局势的发展。在北面的平原上，各个军种都投入了一场激战。同盟军最初夺取了阵地，奥地利骑兵保住了旧日的威名。然而，拉纳麾下的步兵在一座小山上的强大炮兵支持下，迅速阻挡住了他们的冲锋。缪拉和克勒曼统帅的法国骑兵采用了与滑铁卢的英国骑兵类似的战法，在支援步兵方阵的同时，从其缝隙中冲出追击逃敌，很快就有效地冲散了同盟军的密集队形，最终，拉纳和缪拉的全面进攻击溃了对手摇摇欲坠的防线，将其赶往奥斯特里茨小镇。

正午时分，战线转向了利塔瓦河沿岸，但同盟军在特尔尼茨村外打下了一个长长的楔子，表面上看，这是一种成功。但沙皇发现，这一翼几乎孤立无援，十分危险，便竭力与其保持联系；可是，同盟军计划中的各种缺陷此时暴露无遗。拿破仑占据内圈的战线，而对手则分散在一个不规则的弧线上，因此他可以向承受重压的右翼部队提供增援。就在达武被逼得步步后退的时候，迪罗克率领一部分帝国卫队赶来，恢复了那里的力量平衡。法军中路也因贝纳多特军一部及时赶到而得到加强。这位元帅派遣一个师前往高地北坡，他已经猜测到，皇帝急需一切力量来发动最后打击。[①]

亚历山大和库图佐夫确实全力以赴，想要重夺普拉岑山。俄国人四次向中路法军发起冲锋，有些时候还取得了暂时的胜利。在这条战线上发生了战争中最有名的骑兵战。俄国近卫军的战马更胜一筹，击溃了旺达姆的两个营，此时拉普率领法兰西帝国卫队的猎兵飞驰前来救援。两支精锐骑兵的碰撞火花四溅，俄军陷入混乱。当他们重整旗鼓，投入其他几个骑兵中队，就要压垮法军之际，贝西埃率领帝国卫队的重骑兵猛攻俄军骑兵侧翼，将对方骑兵和步兵的战线都逼退到山谷之中。

确保中路的安全之后，拿破仑派遣苏尔特军下到高地的西南脚，向同盟军左路的侧翼和后方发动攻击，这一出人意料的打击是决定性的，法军发出胜利的欢呼，从山坡上席卷而下，切断了戈尔德巴赫河岸上的数营敌军，逼得其余敌军向布吕恩四散奔逃，大部分都被赶到了特尔尼茨湖。同盟军在那里遇到了最大的麻烦，少数人从两湖之间的狭窄沼泽逃走，而密集成群的士兵除了从上方冰冻的湖面逃走别无他法。有些地方的冰能够承受逃亡者的重量，另外一些地方则因为人群拥挤混乱或者被高地上的法军大炮炸开，导致大批官兵沉入水中溺死。就连胜利者也被这一惨状惊呆了，出于人类的天性，许多人还努力地将溺水的敌人救出来。年轻的马尔博游向一块浮冰，帮助一位俄国军官上岸，这一侠义事迹得到了拿破仑的赞扬。皇帝视察了法军伤员最多的战场，指示对他们进行治疗或者送回后方，以恰当的方式结束了这辉煌的一天。他似乎对这场胜利非常满足，没有多想追击的事

[①] 蒂埃博误将这次救援归功于拉纳，因为这位元帅刚刚侮辱了苏尔特并向其挑战，蒂埃博显然有所偏袒。萨瓦里尽管对贝纳多特怀有敌意，但在这一行动上的说法是公正的。

情。实际上，自从马尔伯勒公爵在布伦海姆将法国-巴伐利亚联军切为两段以来，从没有一场战役像这次"三皇之战"结束得那样惨烈，结局如此具有决定性，同盟军损失了33000名官兵和186门大炮。

亚历山大和弗朗茨两位皇帝趁夜色向东逃窜。他们两人彼此心照不宣，这场战役已经结束。当晚，弗朗茨发出了求和的提议；两天之内，拿破仑就同意了一项停火协议（于12月6日签订），条件是弗朗茨送走俄军，并且彻底禁止普鲁士军队进入他的领地。哈布斯堡领地还需缴纳1亿法郎的赔款。次日，亚历山大亲口承诺立即撤出他的军队；弗朗茨继续与拿破仑展开和谈。这种做法违反了第三次反法同盟条约不能单独媾和的规定。

在这种局面下，哈布斯堡王室的行为是情有可原的，但同盟的破裂为柏林宫廷提供了充分的理由，可以拒绝独自承受负担。腓特烈·威廉并没有被奥斯特里茨战役吓倒，因为在听到这场惨败的消息后，他写信称将遵守11月3日的承诺。然而，在决定性的一天（12月15日），传来了奥地利违反盟约、亚历山大撤军和哈布斯堡王室不允许普鲁士军队进入其领地的消息。这些事实免除了腓特烈·威廉对两个大国的义务，他即便收刀入鞘也能保住诚信之名。诚然，这种转变压抑了普军的战斗热忱，殊为遗憾，但不能称之为对俄国和奥地利的背弃。[①]不过，普鲁士还是在晚些时候蒙受了羞辱。豪格维茨于圣诞节抵达柏林，向国王和诸位部长讲述了在美泉宫与拿破仑会谈的情形，以及这位胜利者当时逼迫普鲁士在刀尖下签订的条约。

对于大部分人来说，取得奥斯特里茨战役这样的伟大胜利后，肯定需要短暂的休息，尤其是经历过去两周无休止的辛劳和焦虑之后。可此时的拿破仑在摆脱了对奥地利的所有担忧之后，立刻运用其精妙

[①] 哈罗比明显认为，普鲁士的行为将取决于事态发展。就在奥斯特里茨战役的消息送达之前，他写信给唐宁街："这个政府的目光几乎只盯着摩拉维亚。那里将决定此次谈判的命运。"但是，他报告192000名普军已进入战备状态。（英国外交部档案，普鲁士部分，第70号）

的政治手腕，力图拆散初生的反法同盟。命运也已经注定，当他沉浸在胜利的自豪之中时，面对的是一个趋炎附势、苟且偷安的家伙。

在飓风中保持精妙平衡的政策，其后果便是使这种政策的实施者畏首畏尾、怯懦不前，最终调停者反倒像个骗子。十年的妥协和回避困难，已经使普鲁士的精神萎靡不振，要让它的国王采取任何无法挽回的措施，都是极度艰难的考验。他常常"虽算不上激动，却也颇为感慨地"谈起他在法国、英国和俄国之间左右支绌的窘境。① 与天性适合务农，却因命运的捉弄而陷入革命漩涡的路易十六一样，腓特烈·威廉也是一位"好家长"，缺乏远见和决断，这伤透了谋士们的心，也使他的大臣们变成了见风使舵的骑墙派。奥斯特里茨战役的消息还没有传到维也纳的塔列朗和豪格维茨耳中，为普鲁士下最后通牒的豪格维茨已经表现得像法国的朋友。在所有场合中，他都披着荣誉军团的绶带；当东西两军在普拉岑山决死一战时，他却竭力说服法国外交大臣：普鲁士军队进入汉诺威，只是为了维护北德意志的和平；因为俄军已经穿越普鲁士领土，法国军队当然也可以这么做；腓特烈·威廉反对任何英国部队进入汉诺威，那里实际上属于法国；最后，《波茨坦条约》完全称不上是一项条约，只是宣布"普鲁士将进行斡旋和调停，但不掺杂任何敌意"。无怪乎塔列朗写信给拿破仑："我对豪格维茨先生非常满意。"②

在奥斯特里茨摧垮第三次反法同盟的雷霆一击之前，拿破仑就已经赢得了对普鲁士的外交胜利。豪格维茨于12月13日在美泉宫与这位胜利者举行了会谈，代表腓特烈·威廉祝贺他在奥斯特里茨奏凯。对此，法国皇帝以讽刺的口气问道，如果此役结果有所不同，普鲁士人是否还会谈起他的国王的友谊？③ 未等这位特使摆脱不安的窘境，

---

① 杰克逊，《日记》，第1卷，第137页。
② 《未发表的塔列朗书信》，第205—208页。
③ 梅特涅，《回忆录》，第1卷，第3章。

拿破仑又以《波茨坦条约》为由申斥了他一番，然后才露出了真正的用意：将汉诺威选帝侯国交给普鲁士，而后者只需要牺牲相对微不足道的利益——将安斯巴赫割给巴伐利亚，克利夫斯和讷沙泰勒割给法国。普鲁士失去了几个外围地区，却可以得到垂涎已久的地盘。①这一诱人的条件，以及随后提出的其他条件，令豪格维茨眼花缭乱。拿破仑提出建立一个攻守同盟，法国和普鲁士相互保证彼此的领土安全，以及将来在德意志和意大利取得的更多土地；柏林宫廷也支持土耳其的独立。

这就是拿破仑蛮横地要求豪格维茨在几个小时内签订的条款。12月15日，代表普鲁士下最后通牒的这位使节签下了这份《美泉宫条约》，立志成为欧洲仲裁国的普鲁士又回到原地，沦落为法国供养的仆从国。以上就是豪格维茨带回的、令他的主上大为震惊的消息。腓特烈·威廉以最为冷淡的态度对待这位特使，因为他是一位诚实的国君，为自己的人民追求和平、繁荣和幸福，可现在却要在战争和国耻之间做选择。事实上，此时他无论如何挣扎，都只能更深地陷入耻辱和毁灭，我们将在下一章中介绍。

我们先将这位日益困窘的倒霉国王按下不表，回头看看奥地利的事态。马克的惨败就足以使该国政府感到深深的绝望，我们从英国驻彼得堡大使高尔勋爵那里了解到，他曾看到弗朗茨皇帝写给拿破仑的几封信"言辞谦恭顺从，毫无伟大君主之风"，拿破仑的回复带着高人一等的语气和佯装的怜悯，要求哈布斯堡王室交出在威尼西亚和施瓦本的领地。②

甚至在奥斯特里茨之前，普鲁士眼看要拔剑出鞘的时候，科本

---

① 汉诺威和巴伐利亚所属法兰克尼亚的几个地区将给普鲁士带来989000名居民，而它失去的人口只有375000人。讷沙泰勒1688年主动归顺腓特烈一世，现在却被拿来与法国交换，这使哈登贝格感到不安。（《回忆录》，第2卷，第421页）
② 高尔11月25日从奥尔米茨写给哈罗比勋爵的信，见于英国外交部档案，俄国部分，第59号。

兹和其他奥地利大臣就已经发出同样沮丧的哀叹；此时本应由敌方求和，他们却先人一步地提出了和谈的建议。经过奥斯特里茨战役，尤其是12月6日签订停火协议之后，他们只能听凭征服者处置了；拿破仑当然深知这一点。试探出柏林宫廷内部的弱点之后，他就可以无情地向哈布斯堡王室施加压力了。他打算夺走施瓦本和提洛尔，以及奥地利占据的威尼斯领土。奥地利全权代表竭力反对这些严苛的条件，恳求保留提洛尔和达尔马提亚，并指出从饱受战争创伤的领土上不可能筹措1亿法郎的赔款，但都无济于事。他们还提议将汉诺威纳入某位奥国大公的领地，塔列朗也认为这样有利于瓦解英国与奥地利的联盟，然而，拿破仑拒绝了这个建议，因为他当时已将那个选帝侯国许给了豪格维茨。[①]他更不可能听进有利于那不勒斯宫廷的话，后者的行为已引起了他的憎恨。奥地利特使费尽心力，才让拿破仑将战争赔款减少到4千万法郎。

《普雷斯堡条约》（1805年12月26日）的最终条款总结如下：奥地利承认拿破仑新近在意大利夺取的领土和所做的主权变更，并将它在威尼西亚、伊斯特里亚和达尔马提亚的领土割让给法国。奥地利承认拿破仑授予巴伐利亚和符腾堡选帝侯的国王称号，这一变化不会使他们在"德意志邦联"中的成员资格失效。哈布斯堡王室将散落在施瓦本的所有领地割让给上述两位国王和巴登选帝侯（此时为大公），巴伐利亚则得到提洛尔和福拉尔贝格。作为对这些重大损失的补偿，奥地利得到了萨尔茨堡，那里的选帝侯将从巴伐利亚手中得到过去的维尔茨堡公国。条顿和马耳他骑士团的领地与收入被剥夺，用于封赏其他一些哈布斯堡王公；拿破仑宣布保证巴伐利亚、符腾堡和巴登统治者的完整主权，此举是对德意志体系的又一打击。实际上，正如下一章所述，拿破仑此时已经夺取了过去哈布斯堡王室在德意志

[①] 《未发表的塔列朗书信》，第216页。

的地位，并将他的势力范围向东扩展到因河流域，向南延伸到遥远的亚得里亚海岸上的拉古萨城。

然而，在外交上赢得辉煌胜利是一回事，保证稳固持久的和平就完全是另一回事了。《普雷斯堡条约》使拿破仑登上了路易十四做梦都不敢想象的权力巅峰，但他的显赫地位并不牢靠。他本可用宽大的条件确保与奥地利的同盟，使其与英国断绝友好关系，却选择将其踩在脚下，让奥地利人恨意暗生、难以释怀。

拿破仑的选择是经过深思熟虑的。两个月以前，塔列朗曾寄给他一份有关法奥联盟问题的备忘录，其中充满了政治家的深谋远虑。塔列朗指出，欧洲有四个大国——法国、英国、俄国和奥地利；他排除了普鲁士，因为腓特烈大帝统治时期的崛起只是昙花一现。他声称，奥地利肯定仍将是个大国，尽管它曾与革命时期的法国对抗，但和法兰西帝国并没有长期的争端。相反，奥地利和俄国在多瑙河下游注定会发生冲突，奥斯曼帝国行将分裂，必然使两国相争。塔列朗建议，拿破仑诚恳地对弗朗茨皇帝说："我从不想与您开战，但我胜利了。我希望彻底恢复我们的睦邻关系；而且，为了消除一切争端的根源，您一定要放弃施瓦本、提洛尔和威尼西亚的领地，其中，提洛尔可以划归您所选择的一位王公，威尼斯（以及的里雅斯特和伊斯特里亚）应该组成一个贵族共和国，由我首先提名的一位执政官管理。作为对这些损失的补偿，您将得到摩达维亚、瓦拉几亚和保加利亚北部。如果俄国人反对这一安排并攻击您，我将是您的盟友。"[①]

上述建议的许多细节都很容易遭到批评，但拿破仑如果采取这一方案，无疑将比《普雷斯堡条约》和《蒂尔西特条约》更能为法国的霸权地位打下坚实基础。奥地利就不会像现在这样深受伤害，因为如果据此而行，它就不必将忠诚的提洛尔人交给可憎的巴伐利亚人统

---

① 在《未发表的塔列朗书信》（第156—174页）中首次全文发表。12月5日，塔列朗再次恳求拿破仑加强奥地利，将其作为"抵御俄罗斯蛮族的必要堡垒"。

治，拿破仑也不会在意大利和亚得里亚海沿岸耀武扬威。而且，将提洛尔和威尼西亚提升为独立国家，对这两个排外的社群而言也是一种明智的让步；奥地利也就不可能在四年以后起而支持义愤填膺的提洛尔人。它不能作为德意志民族的领袖，就可能因为东方问题而恶化与沙皇的关系；俄奥两国的不和将使法国能在瓜分土耳其苏丹领地的事情上指手画脚。塔列朗没有明确如何瓦解英国与奥地利的传统友谊，我们可以想象，当他在英国人的黄金正源源不断运往维也纳空虚的金库时，听到哈布斯堡王室的特使要求得到汉诺威，该有多高兴！这肯定能让英奥两国卷入持续至少一代人的纷争之中。可是，这个阻止未来反法同盟建立的机会也被拿破仑拒绝了，他处心积虑地将奥地利变成一个死敌，并增强其对手普鲁士的实力。①

拿破仑为何拒绝塔列朗的计划？我认为，毫无疑问是因为他已决心建立大陆封锁体系，该体系能"密不透风地封锁"欧洲沿岸，阻止英国商贸。年轻的时候，他就怀着宏图壮志要率领舰队夺取殖民地，建立一个东方帝国，即便在奥斯特里茨胜利的荣光照耀下，他仍认为欧洲大陆上的任何战绩都远不如那个梦想，而要实现它，就必须扩大其海岸体系，征服或者安抚沿海国家，其中最重要的就是普鲁士和俄国。奥地利的海上贸易不值一提，很容易从它在威尼西亚和达尔马提亚的属地控制。对于立志要征服英国的他来说，奥地利是敌是友似乎无关紧要，他宁愿压制这个几乎没有出海口的内陆国家，而加强与普鲁士的同盟，只要它能排除英国商品就行了。②

他希望与俄国结盟，也是出于相同的理由。只有得到俄国和普鲁士的帮助，他才能将英国关在波罗的海之外，为了得到这一帮助，他必然要将汉诺威交给普鲁士，让沙皇得到多瑙河诸国。大陆封锁体系

---

① 关于塔列朗的建议，我不同意旺达尔（Vandal）先生的看法（《拿破仑与亚历山大》，第 1 卷，第 9 页），但不很确信。
② 拿破仑致塔列朗的信（1805 年 12 月 14 日）："普鲁士已在掌握，奥地利自然会按我的意志行事，我也可以让普鲁士反对英国。"

的创立者有此选择是很自然的，但从欧洲政治的角度看，他如此对待奥地利是个严重的错误。他对奥地利施加了可怕的压力，反倒使这片民族众多的土地实现了前所未有的团结；不出十年，这位征服者就有理由后悔将哈布斯堡王室逼入绝境。人们甚至会问，奥斯特里茨的胜利对他到底是幸运还是不幸？就在战役之前，他还想过仁慈地对待奥地利，只夺走维罗纳和莱尼亚戈，并以萨尔茨堡交换威尼西亚。此举足以使奥地利脱离反法同盟，并且与这个有自然保守倾向的大国建立友好关系。

奥斯特里茨之后，他贸然走向了另一个极端，迫使哈布斯堡王朝成为了他的敌人，就连与玛丽·路易丝的婚姻也只是逼不得已、令人不安的休战。据我判断，他的动机并不仅是统治欲，而是一种理性却有所夸大的信念：他的大陆封锁体系需要普鲁士和俄国。最重要的是，此时的他渴望打败英国，以便能最终腾出手来，实现拖延已久的东方宏图。这对他的一生是个讽刺：尽管他更想成就的是亚历山大大帝的功业，而不是走恺撒的道路；尽管他认为奥斯特里茨的胜利远不及那位伟大的马其顿人在伊苏斯取得的胜利——正是那场胜利奠定了亚历山大大帝征服东方的基础；可是，他所采取的措施却将自己困在了"旧欧洲"里，并最终引发了整个大陆的反抗。

在拿破仑的判断失误中，1805年对奥地利的举动肯定不是最严重的。最近的欧洲史提供了一个具有启发性的对照。奥斯特里茨之役后，经过两代人，哈布斯堡王朝因为克尼格雷茨之战的惨败而遭粉碎，再一次失去了在德意志和意大利的所有势力。但是当时的胜利者表现出了对失败者的尊重。俾斯麦吸取了历史的教训，因为正如他所说，历史教导人们不逾矩方能保平安。于是，他说服威廉国王放弃加剧普鲁士与奥地利对立的主张。不仅如此，他重新采用了塔列朗的政策，鼓励哈布斯堡王室在巴尔干半岛寻求西线损失的补偿，在15年内打下了三国同盟的坚实基础。相反，拿破仑缺乏政治家应有的克制，没能利用这次胜利巩固千秋帝国的基础，很快就看着奥斯特里茨的战争成果在欧洲各国风起云涌的怒潮中被扫得一干二净。不到九年，奥地利人和他们的盟友就成为了巴黎的主人。

第三版注释

本章中关于奥斯特里茨战役结束时许多俄军官兵溺水而死的叙述来源于拿破仑和许多法国将军的证词；勒热纳讲述的事实看来相当可信；沙皇亚历山大1815年也在维也纳声称，有2万名俄军官兵淹死在那里。但当地的证据（承蒙维也纳的富尼耶教授慷慨提供）似乎证明，这是一个虚构的故事。战役结束后两天，拿破仑就下令抽干两个湖的水；下湖中一具尸体也没有找到；上湖有150具马匹的尸体，但只找到两具（或说三具）士兵的尸体。拿破仑也许是为了戏剧性效果才虚构了这幕惨剧，其他人也仿效他在公报中的说法。沙皇描述此事是因为这有助于为失败申辩。（参见笔者在1902年7月的《英国历史评论》上的文章）

第24章　普鲁士与新查理大帝

一位杰出的德国历史学家竭力为耶拿溃败前的腓特烈·威廉政府说几句好话，他以如下的格言开始了自己的辩护：人们应该期待一位普鲁士君主制定普鲁士的政策，而不是法国、英国或者俄国的政策。这种说法很值得质疑。毫无疑问，对于某些国家确实如此。英国和西班牙等国家的自然疆域很清晰，在人口还没有多到涌入新土地之前，采取闭关自守的政策或许是有利的，在它们成为世界强国之前，可以通过狭隘的民族主义增强自身力量。但有些国家的命运就大不相同了。它们在政治废墟之中表现出了某些生活的准则或者活力。正如神圣罗马帝国经历一系列宗教战争之后那样，一旦组成旧机体的黏合力下降，它各个部分就会分崩离析，并与此时更为亲近的小邦结合在一起。

在旧帝国的废墟中兴起的国家中，最主要的是勃兰登堡-普鲁士。它有着旧帝国所不具备的双重活力：新教的活力和民族的活力。它倡导北德意志人信奉的新教义，并隐隐约约地感受到几乎来自同一血统的力量。瓜分波兰之前，它的斯拉夫臣民已大部分被德意志民族同化；即便在18世纪末取得波森和华沙之后，普鲁士仍然可以自诩为主要的德意志邦国。一代人之前，腓特烈大帝曾将此视为普鲁士的力量之源。他的政策并不仅限于普鲁士：实际上，那是针对整个德意志的政策，即便真正的目标不在于此。他在罗斯巴赫战胜了法国与神圣罗马帝国的联军，第一次唤醒了德意志人的民族意识；而他一生中的最后一次胜利是支持德意志小邦的王公抵御哈布斯堡王朝的入侵。实际上，现在已成老生常谈的一种论断就是：当普鲁士真正实施德意志政策的时候（就像腓特烈大帝和威廉大帝在位期间），普鲁士最为繁荣；而在1795—1806年和1848—1852年，两位腓特烈·威廉国王向法国和奥地利献媚而失去其余德意志邦国的尊重和支持，此时的普鲁士最为堕落。一个国家想要吸引同一民族的其余部分，就必须具有吸引力，而这种吸引力来源于广义上的民族观念。如果施泰因和俾斯麦仅仅着眼于普鲁士，如果加富尔的政策仅狭隘地针对撒丁人，他们的国家如何能成为今日德意志和意大利民族团结的核心？

1805年困扰着腓特烈·威廉三世的问题并不全是他自己造成的。他的父亲、与他有着同一个不祥名讳的腓特烈·威廉二世国王在可耻的统治即将完结之时签下了《巴塞尔和约》（1795年），使柏林的政策开始听命于法国革命者。但是，现任统治者在剥夺教会领地使其得到爱尔福特、希尔德斯海姆、帕德博恩和混乱的明斯特主教辖区大部时，也曾保证服从于法国。即便在那无耻掠夺的时期，也有人认为，比起在波拿巴和塔列朗亵渎神明的掠夺后与之分赃所丧失的自尊，普鲁士得到的50万臣民是微不足道的回报。甚至有人怀疑，腓特烈·威廉三世倾向于法国的统治方法；一位普鲁士政治家对法国大使说：

"只有贵族们反对你们，国王和人民是公开支持法国的。你们的革命是自下而上的，而在普鲁士将慢慢地自上而下完成：国王是自成一派的民主主义者，他一贯致力于削减贵族的特权，但采取的是缓进策略。几年之内，普鲁士将不再存在封建权利。"[①]

如果国王实施了这些急需的改革，或许可以建立一个稳固的社会，与实力再度增强的法国抗衡。但他没能在暴风雨来袭之前扎紧藩

---

① 奥托先生的报告（1799年8月）。

篱；1803年，他放弃了对北德意志事务的主导权，允许法国占领汉诺威，那是他和普鲁士大臣们垂涎已久的领地。

我们在上一章中已经看到，汉诺威是拿破仑在美泉宫引诱普鲁士特使豪格维茨的钓饵，正是这个被派来向法国皇帝强加普鲁士意志的人，将耻辱的和平带回柏林。可以想象，腓特烈·威廉有多么吃惊和恼怒。他的四周危机重重，豪格维茨回到柏林后不久，在汉诺威作战的俄国军队已被置于普鲁士的保护之下，国王本人曾向英国大臣哈罗比勋爵承诺，将保护卡思卡特的英国汉诺威兵团，这支部队将在普鲁士军队帮助下，恢复乔治三世在那个选帝侯国中的权威。

而且，腓特烈·威廉也不能对英国政府的任何不公待遇提出抗议。皮特内阁知道他打算取得汉诺威，只有同样有诱惑力的条件才能将其拉进反法同盟，因此通过哈罗比提出，实现全面和平之后将克利夫斯公国西南部地区割让给普鲁士，"以安特卫普到卢森堡一线为界"，并与它的其余领土相接。①这一计划将使普鲁士牢牢地扎根于安特卫普、列日、卢森堡和科隆，另一目标则是将萨尔茨堡选帝侯安置在法国新近夺取的莱茵地区其余部分；与此同时，萨尔茨堡、教皇辖境和明乔河一线将割让给奥地利，后者则将在达尔马提亚的属地让与俄国，以此来保持力量的平衡。普鲁士将成为北德意志的保护国，将法国对"曼恩河以北，至多到拉恩河"的任何侵犯视为战争行为。英国按照通常比例向普鲁士的10万名官兵提供补助之后，承诺交还已经占领或者将在战争期间占领的所有土地，好望角除外——对于这块令人垂涎的殖民地、马耳他或者英国海商法，则不能提出任何异议。②

---

① 恰尔托雷斯基（《回忆录》，第2卷，第12章）称，英国提议将荷兰让给普鲁士。我在英国档案中没有发现任何这方面的证据。安特卫普和克利夫斯之间地区属于比利时，而不是荷兰；英国对奥兰治王室的支持也从未动摇。
② 这些建议（日期为1805年10月27日）在听到马克惨败和《波茨坦条约》的消息后都做了一些修改。哈登贝格肯定地对哈罗比说（11月24日），尽管英国慷慨资助，腓特烈·威廉仍非常难以同意对方提出的领土安排（英国外交部档案，普鲁士部分，第70号）。

1805年底，腓特烈·威廉面前既有英国提出的条件，也有豪格维茨从拿破仑那里带来的条件。他不得不在英国承诺的半个比利时和莱茵河地区，或者拿破仑"馈赠"的汉诺威之间选择。前者所得更为丰厚，风险也更大，因为那必然与法国为敌；后者似乎保证了与征服者拿破仑的友谊，但需要付出尊严和与英国在海上交锋的代价。他信任的顾问隆巴德、拜梅和豪格维茨决心取得这个选帝侯国，最好是从拿破仑手中得到；而他的外交大臣、出生于汉诺威的哈登贝格则渴望以更体面的手段确保故土与普鲁士的联盟，可能采取与乔治三世交易的方法，下文将做介绍。哈登贝格对法国势力的抵制得到了更多普鲁士爱国者的支持，他们力图捍卫普鲁士的荣誉，避免与英国发生战争。在拿破仑武力威胁下接收这个选帝侯国，其难点不仅在道德层面，威悉河两岸有英国、汉诺威和俄国的大军，普鲁士政府曾承诺保护这些部队免遭法军攻击，条件是他们不进攻荷兰，并退到普鲁士军队之后。①对最后的这一点，英国军官十分愤慨，这一点在英王德意志军团军官克里斯蒂安·奥姆普泰达写给柏林的兄弟的信中表露无遗："我亲爱的兄弟，如果这种情况继续下去，欧洲大陆很快就将丢失，无法收复。俄国和英国军队不会长期可耻地躲在普鲁士人的披风下面。我们在这里有4万名最精锐、最勇敢的士兵。要是迅速转进荷兰，我们早已开辟了成功之路……这就是隆巴德和豪格维茨的作为！"②

乔治三世的大臣们这时候在做什么？在这个危急关头，英国的政策惨遭打击。不列颠民族的命运风雨飘摇，死神却在这时击倒了它赖以支撑的"擎天柱"。很久以来，威廉·皮特的健康状况一直不断恶化，奥斯特里茨战役和奥地利背约的消息令他痛心不已。不过，关于他死因的流行说法——"奥斯特里茨害死了皮特"——过于夸张，并不正确。令这个不屈的伟人倒下的原因很多，汉诺威

---

① 哈登贝格，《回忆录》，第 2 卷，第 377、382 页。
② 奥姆普泰达的著作，第 188 页。这支军队于 1806 年 2 月返回。

远征惨败的消息是最后、最严重的打击。英国外交部档案生动地证明，即使在维也纳落入拿破仑之手以后，内阁仍然抱着希望。他们催促哈罗比尽一切力量——除了让出汉诺威之外——将普鲁士推上战场，如果成功，"下一次战役开始时，我们在北德意志就有将近30万名士兵可用，其中包括部署在那里或者参加海战的7万英国和汉诺威部队。"[①]即便在听到奥斯特里茨的消息之后，皮特也仍满怀希望，他能够承受从巴斯到普特尼荒野的最后一次旅程，没有预期的那么疲劳，也走得更快，毫无疑问是出于这个原因。1月11日（星期六）夜间，他回到家中。第二周的周三，他的朋友乔治·罗斯前来拜访，发现他的病情已严重恶化。

"星期天他好些了，直到周一下午仍在持续好转，这时卡斯尔雷勋爵坚持要见他，见面后就开始谈（霍克斯伯里勋爵也在场）最重要的公事（主要是从欧洲大陆撤回英国军队的事宜），这对他的影响在当晚和次日就能看出来了，今天早上就更加明显：……他脸色极其不好，嗓音微弱，元气几乎已经耗尽。"

从日记作者提供的医学证据也可以清楚地看出，汉诺威传来的消息是皮特的病情急转直下的原因。在前一个星期天，也就是刚结束三天疲劳旅程的时候，医生们"认为皮特先生的恢复是有希望的，可能性颇大，如果他的病情没有恶化，也许能在一个月左右的时间内恢复工作"[②]。病情的恶化发生在柏林和汉诺威传来令人沮丧的消息，使这位有着英雄气概的人物失去一切希望的时候。奥斯特里茨确实令他消沉，但那毕竟不关乎英国的荣誉和国王陛下最珍视的利益。

皮特曾对腓特烈·威廉寄予厚望，准备拨出巨款予以补助，可他却背信弃义，与拿破仑和谈并索要汉诺威，禁止英军进攻荷兰并要求他们撤往北德意志——这对乔治三世、对英军的声望和此时摇摇欲

---

① 英国外交部档案，普鲁士部分，第70号（11月23日）。
② 《乔治·罗斯阁下的日记》(Diaries of Right Hon. G. Rose)，第2卷，第223—224页。

坠的英国内阁都是一个打击。当国王的演讲以此为主要内容的时候，他又该如何去面对已因梅尔维尔的不幸事件而洋洋得意的反对派？失去了希望，他的生命也就失去了所有支撑，迅速地坠向深渊。临终之时，他的思绪飘到了柏林和哈罗比勋爵处。"刮的什么风？"他问道，然后喃喃自语道："东风，那就好了；他能快点回来。"1月23日，在他咽下最后一口气之前大约半小时，仆人听到他说："我的国家；天哪，我的国家。"[1]

就此，这位在鼎盛时期镇定自若、才华横溢的政治家，于一片可怕的黑暗之中安息了。有人认为他好战，是人民进步的大敌，那只是对他一生肤浅的认识。他的挚友们深知令他自豪的是：1784—1786年在财政上的伟大成就，1792年坚持和平，以及在1796、1797和1800年渴望和平，只求能在不损害英国盟友和英国的重大利益的情况下实现。能为他辩护的证据深藏在英国档案局的文件中，尚未重见天日。他生性内敛，因此天性中温暖的成分只留给少数几个朋友，或者像他慷慨激昂地发表关于奴隶解放演讲的那种场合。对外人来说，他比一般的英国人更为冷淡；他没有写过回忆录，留下的信件也不多，没有什么可以影响公共舆论的；法国人曾叫嚣，战争是他造成和坚持的，他对此也是不屑一顾。"我知道，"他说，"雅各宾派叫嚷得比我们起劲，好让别人听到他们的话。"[2]实际上，他是沉默寡言、冷静沉着的不列颠民族典型代表，踩着坚定的步伐走到生命的终点，根本无视那一群恼人的苍蝇。这样的民族和它的代表都不适合对付拿破仑。英国政治家缺乏拉丁人的机智和戏剧表演的天赋，而唯有这些才能洞悉拿破仑的诡计，鼓动欧洲舆论反对他，或者暴露他口是心非的那一套。

---

[1] 《乔治·罗斯阁下的日记》（*Diaries of Right Hon. G. Rose*），第2卷，233—283页；罗斯贝里（Rosebery），《皮特传》，第258页。
[2] 马姆斯伯里勋爵，《日记》，第4卷，第114页。

可是，皮特是所有政治家中最不幸的。命运让他在一个平庸的时代开始政治生涯，又在生命的最后时刻单枪匹马地对付那个巨人。他根本不是拿破仑的对手，与沙皇一同努力缔造的反法同盟只是一间纸牌屋，在征服者面前一触即溃；眼下的事实证明，与普鲁士的结盟同样不可靠。皮特的战略设想太过天真，法国皇帝绝不会被外围骚扰的小股部队击败，奥地利也有理由抱怨，英军没有从佛兰德斯攻击"大军团"的后方，使该国暴露在这支强大军队对多瑙河的全力打击下。不过，尽管在拿破仑这颗炽烈的彗星面前，他的才能显得苍白黯淡，但与同时代的欧洲政治家相比，却始终散发出醒目的光芒。那些人都是昙花一现，而皮特百折不挠的勇气和坚定不移的品质实属世间罕有。比起摇摆不定的那群人，他傲然挺立，如同《失乐园》中的押比叠：

不动摇，不受诱惑，不怕威胁，
保持他的忠贞，他的爱和热诚；
他虽然孤立，但不因多数，
不因坏榜样而改变初衷，背叛真理。

当英国政界力图组成福克斯和格伦维尔领导的联合内阁时，拿破仑正不懈地巩固他在德意志、意大利和法国的地位。在德意志，他与此时的巴伐利亚和符腾堡王室联姻。他将那不勒斯的波旁王室赶出了欧洲大陆。而在法国，他则设法缓解严重的财政危机，通过新的世袭贵族阶层稳固其帝位。简而言之，他成为了新的查理大帝。

提高南德意志诸邦国地位一直是拿破仑最重视的计划，他看出巴伐利亚王室对奥地利的敌意，认为这是将法国势力范围扩大到德意志心脏地带的可靠基础。奥斯特里茨之战后不久，巴伐利亚选帝侯在出外围猎期间收到法国信使送来的一封致"巴伐利亚和施瓦本国王陛下"的信。① 这封信发出之前六天，拿破仑通过迪罗克正式提出，请求选帝侯将其女儿奥古斯塔公主许配给欧仁·博阿尔内。这门亲事在10月就曾商讨过，奥斯特里茨的胜利使其成为定局。拿破仑于当年除夕抵达慕尼黑之后，最后的细节安排停当。新郎收到了如下言简意赅的通知："我已抵达慕尼黑，安排了你与奥古斯塔公主的婚事。这件事情已经宣布。今天早晨，公主到访，我与她谈了很长时间。她很漂亮，你将随函收到一个印有公主肖像的杯子，不过她本人比画像漂亮多了。"婚礼在新郎越过阿尔卑斯山之后立刻于慕尼黑举行，拿破仑推迟了返回法国的时间，见证了他与一个古老王室家族的联姻。与此同时，他又安排了热罗姆·波拿巴和符腾堡的卡塔琳娜公主的婚事。这一次没有那么迅速，原因之一是对于波拿巴家族的成员，拿破仑认为有必要试探他的服从程度。但热罗姆已被制服，他抛弃了帕特森小姐，并在一年半之后听从兄长的命令，加强了施瓦本和法国的纽带。为了巩固同盟，拿破仑还促成了巴登公国继承人与约瑟芬的侄女斯特凡妮·德·博阿尔内的婚事。

1806年初，拿破仑有资格自诩为一个出色的媒人。但比起婚姻之神来，他毕竟更关心战神和财神。他急切地想到巴黎去解决财政问题，也焦急地等待着将波旁王室驱逐出那不勒斯的消息。对于后一件事，他已从维也纳发出了紧急命令，在施瓦本首都短暂逗留后，他就启程前往巴黎，于1月26日午夜神不知鬼不觉地到达。离开巴黎的125天里，他俘虏或者消灭了两支大军，给了强大的反法同盟致命一击，削弱了哈布斯堡王朝的势力，在德意志体系内发动革命，建立了两个拿破仑式的王国。

可是，他就像一事无成那样，将所有的希望和想法都放诸未来，早晨8时就召集财政顾问们开会。他们祝贺皇帝凯旋，他也不理不睬。

---

① 1805年12月27日的信件；杰克逊，《日记》，第2卷，第387页。

"我们必须，"他说道，"处理更严重的问题：这个国家最大的危险看来不在奥地利；让我们听听财政大臣的报告。"当时，巴尔贝-马布瓦似乎通过一个名叫乌夫拉尔的人，涉及了西班牙宫廷中一个风险巨大的财政问题。这位大臣因此立即遭到解职，由莫利安接任。这位新任大臣在他的回忆录中写道：足以将法国军队从英吉利海峡运送到莱茵河畔的经费，是以苛刻的条件筹集来的，主要是以国有产业为抵押的贷款。实际上，胜利能否及时到来以避免巴黎的全面崩溃，一直是个悬而未决的问题。

财政状况已非常糟糕，尽管意大利和西班牙都向法国提供4000万法郎的补贴，但为了应付日常开支，已产生了1.2亿法郎的贷款。[①]拿破仑为恢复收支平衡、缓和与英国交战造成的商业危机所采取的强力手段超出了我们的讨论范围。莫利安很快就有理由相信，皇帝并不想避免大陆战争，在那以后，他看起来几乎是在挑起战争，而"以战养战"的格言远非真理。除了对英战争之外，拿破仑的战争总是带来武装和平的种种负担。从这个方面讲，他轻松战胜奥地利并因此获益良多，对法国和欧洲都是灾难。正因如此，他才会走向耶拿和蒂尔西特。

在整顿财政、压制报纸编辑的同时，这位征服者收到了他的军队在意大利南部取胜的消息。在那里，那不勒斯的波旁王室曾大大地冒犯了他。缔结了圣西尔军团和平撤出、那不勒斯王国严守中立的公约之后，费迪南多四世和王后卡罗琳欢迎一支2万人的英俄联军进驻该国首都，并将这些部队和那不勒斯军队的指挥权交给莱西将军。[②]这支军队除了削弱马塞纳北进兵力之外，确实没有起到多大作用；但波旁王室违反中立之举激怒了拿破仑。在维也纳，哈布斯堡王室曾小

[①] 1806年的预算参见莫利安《回忆录》第1卷卷末和第2卷，第80页；另见菲耶韦（Fiévée），《我与波拿巴的关系》（*Mes Relations avec Bonaparte*），第2卷，第180—203页。
[②] 那不勒斯宫廷声称，在与法国签订的公约中，该国大使加洛伯爵越权承诺保持中立。参见加登的《条约集》（第10卷，第129页）中引用的卢凯西尼与根茨的谈话。

心翼翼地为他们求情,但被拿破仑拒绝了。《普雷斯堡条约》签订之后,他立刻发布公报称,那个罪恶的女人公然侵犯人们视为神圣的一切,圣西尔将挺进那不勒斯,将她推下宝座。法国宁愿战斗三十年,也不原谅她的背信恶行,那不勒斯王后的统治已经完结,让她去伦敦,和德雷克、斯潘塞-史密斯、泰勒和威克姆建立一个用隐显墨水互通消息的秘密组织吧。

这已经不是拿破仑第一次有失绅士风度、恶语伤人了。在1805年1月2日写给卡罗琳王后的信中,他蛮横地告诉对方,如果她成了又一场战争的根源,必将带着自己的孩子们在整个欧洲乞食。诸如此类的辱骂,为1805年秋季波旁王室的所作所为提供了一些借口。他们违反了本国大使约定的中立,可是人们不会忘记,拿破仑于1803年入侵那不勒斯诸邦,是对国际法的粗暴侵犯,法国外交部为此炮制了《亚眠和约》的两个秘密条款,意图掩盖这一事实。[①]虽说即便面对不法之徒,也应该信守诺言,但收到这种恃强凌弱的来信,那不勒斯的背信之举也就情有可原了。拿破仑暂时取得了胜利。约瑟夫·波拿巴率军入侵那不勒斯,1月13日,国王、王后和宫廷成员乘船前往帕勒莫。英俄联军也重新出海,逃往马耳他和科孚岛。那不勒斯的据点之一加埃塔坚守到7月中旬。波旁军队在其他地方都没有带来什么麻烦。

征服那不勒斯是拿破仑得以继续他建立波拿巴式国王联盟的试验。1月28日,他在杜伊勒里宫会见了被任命为约瑟夫手下行政官之一的米奥·德·梅利托,通报了自己的意图。如果约瑟夫能很快接受,将成为那不勒斯国王。否则,皇帝将按照欧仁的模式,收养一个儿子让他为王——"我不需要妻子就可以有继承人,只要签下字就可以得到一个儿子。"——但约瑟夫也必须证明自己配得上这份荣耀。他要不辞劳苦,不怕受伤,哪怕断上一条腿。

[①] 参见我在1900年4月《英国历史评论》上的文章。

"看着我。最近的征战、动乱和奔波使我发胖。我相信,如果所有国王联合起来反对我,我恐怕就得有个可笑的将军肚了……你已经听到了我的话。我不能再让亲属们默默无闻了。不愿随我一同崛起的,就不再是我的家人。我要打造一个国王家族,依附于我的联邦体系。"[1]

这一威胁起到了作用,约瑟夫依据拿破仑的敕令,宣布就任那不勒斯国王。"牢牢控制住局面。我对你只有一个要求,彻底成为那里的主人。"[2]这就是拿破仑给他和蔼可亲的哥哥的建议,约瑟夫轻松惬意地率军南下之后,得到了征服西西里的使命。推翻那不勒斯的波旁王室触怒了承诺保护他们的沙皇,但无关紧要。

拿破仑仿佛要炫耀手中的权力以恫吓亚历山大,慷慨地将意大利的爵位授予他的元帅和政治家们。塔列朗成了贝内文托亲王;贝纳多特被封为蓬泰-科尔沃(那不勒斯境内原属教皇管辖的两块飞地)亲王。他们和其他一些封爵的人都得到了大片封地(死后不可分封)。这样,拿破仑的得力手下及其后代就能以浮华的排场,尽显新获得的显赫地位。尤为重要的是,他与普鲁士和巴伐利亚讨价还价得来的两个爵位。由于两位国王的迁就,缪拉得到了贝尔格和克利夫斯大公国,而精力充沛、深受信赖的贝尔蒂埃则受封讷沙泰勒公国,以及与公爵相称的财富。[3]

拿破仑的贵族阶层就这样建立了,这也印证了斯塔埃尔夫人的预言:教士和贵族将成为未来王朝的支柱。实现这些变革的手法十分高妙,它们发生在拿破仑功高盖世、豪气干云之时,当时的《法兰西公报》断言:

---

[1] 杜卡斯,《列王纪——拿破仑的兄弟们》,第 11 页。
[2] 1806 年 2 月 7 日的信。同一天,他责备当时帕尔马驻军司令官朱诺对该城附近的一些叛乱分子过于仁慈。他说,意大利人虚伪不忠,只尊敬强势的政府。因此,朱诺应该烧光两个较大的村庄,枪毙一个村庄里的教士,再送三四百名罪犯去船上服苦役。"相信我过去对付意大利人的经验吧。"
[3] 拿破仑所封的主要爵位,参见本书附录部分。

"法国从此成为欧洲的霸主……如果在那废墟中，没有站起一位令世界肃穆以待、仿佛肩负天命的人物，欧洲文明早就已经毁灭了。"①

这种阿谀之词让人想起了奥古斯都或者提比略的宫廷，法国的思想水平可想而知。事实上，拿破仑对人类的天性有着深刻的认识，他判断对贵族阶层的仇恨只不过是一时的革命狂热；当他借助法国唯一真正群众组织——军队——的首长恢复这一阶层时，也表现出了同样敏锐的判断力。此外，新的贵族头衔并非取自法国领土，这样就不会令法国的封建隶属观念死灰复燃；相反，它们是拿破仑伟大胜利的成果；他巧妙地利用了贝内文托、贝尔格、达尔马提亚这些遥远的地名，满足了"伟大民族"的自豪感。

现在，我们将回到普鲁士的话题上，指出它衰落过程的几个主要阶段。1806年1月3日，柏林举行了一次重要的国务会议，决定对与拿破仑签订的《美泉宫条约》进行某些修改。会上决定的主要修改内容如下：不像拿破仑提议的那样，领土割让立即无条件进行，而是在全面和平之前不生效。在此之前，腓特烈·威廉决心暂时占领汉诺威，同时答应法国保证北德意志的平静。②普鲁士政府借此给出强烈的暗示，英国军队在那里驻扎是令人反感的，那些部队将会撤走。③

拿破仑可没那么容易受人摆布。然而，豪格维茨向普鲁士国王和国务会议保证，他已看透了拿破仑，觉察出他希望与普鲁士交好，只是没有表达出来而已。至于对《美泉宫条约》所做的修改，豪格维茨认为拿破仑毫无疑问会接受，至少他的对手哈登贝格是这么说的。但是普鲁士大臣们此时提议，不要如拿破仑所愿与其订立攻守同盟，而

---

① 1802年1月2日；另见菲耶韦(《我与拿破仑的关系》，第2卷，第210页)，他认为，拿破仑通过建立贵族等级秩序，结束了自己的孤立状态，与强大的地主阶层形成了利益同盟。
② 哈登贝格，《回忆录》，第2卷，第390—394页。
③ 哈登贝格1月7日写给哈罗比的信，英国外交部档案，普鲁士部分，第70号。

是在法国和英国之间进行和平斡旋。他们实际上努力地想要在拿破仑和乔治三世之间走一条中间道路,并取得汉诺威。他们对折中政策的信念与妇人无异。

为确保拿破仑同意这些新条件而派出的特使,正是在美泉宫对法国皇帝卑躬屈膝的那个人。豪格维茨伯爵于1月14日动身前往慕尼黑,再由那里去巴黎;但早在从他那里得到任何确切消息之前很久,柏林宫廷就根据法国大使拉福雷几句油腔滑调的恭维话,认定拿破仑肯定会接受条件。因此,1月24日,普鲁士政府决定解除军队的战备状态,将法兰克尼亚的部队召回,这样就可以每天节约10万泰勒①。这真是前所未有的荒唐之举。普鲁士军队宣布撤退和解除动员令之后,驻巴伐利亚和法兰克尼亚的法军立即开始推进,其他地方的部队也蜂拥渡过莱茵河。面对这些咄咄逼人的举动,普鲁士宫廷佯装不知,秘密地向乔治三世提出重新安排领土的建议,试图以和平手段取得汉诺威。根据这项建议,威悉河以东的汉诺威领土以及哈默尔恩和尼恩堡以西的几个地区应该转让给普鲁士。腓特烈·威廉提出保留明登和拉芬斯堡,但将东弗里西亚和他所占有的威斯特伐利亚其他地区割让给乔治国王,后者可保留这些新领土的选帝侯身份。②对这一提议,英国统治者的唯一回答就是他相信:

"普鲁士国王陛下将遵从他心中的高尚意志行事,向全世界表明,他不会树立为求自保而牺牲第三方利益的恶劣典型,因为从感情和行为上讲,这个第三方对他和他的臣民一贯是友好、和平的。"③

可是,到了2月底,普鲁士方面对这一呼吁置若罔闻。腓特烈·威廉决定遵照拿破仑的条件,并准备正式接管汉诺威。

---

① 德意志诸邦发行的一种银元。——译注
② 我没有找到这一计划的副本;但在外交部档案(普鲁士部分,第70号,1806年1月27日由杰克逊转交)中,有一份详细的"解释备忘录",我从中提取了这些细节,相信此前没有发表过。哈登贝格、加登、杰克逊和佩吉特都没有提到过。
③ 英国外交部档案,普鲁士部分,第70号(日期为2月21日)。

拿破仑并不像豪格维茨所深信不疑的那样，简单地看待对《美泉宫条约》所做的修改。首先，塔列朗尽一切努力推迟豪格维茨与皇帝的会面，显然是希望拉弗雷在柏林的花言巧语能使普鲁士遣散军队。普鲁士自毁长城的消息在2月6日之前就传到了巴黎，法国皇帝在这一天接见了豪格维茨，他深知对手只能任由自己摆布，说话的调子也就不一样了。他先是用一番恭维之词，夸奖了豪格维茨在美泉宫谈判中表现出来的能力：

"如果不是我而是别人与你接洽过，我肯定以为他被你收买了；但我得承认，这份条约全凭你的才能和美德。在我看来，你是欧洲最高明的政治家，享有不朽的荣光。"

的确，在那次会面之前，他已经决定与普鲁士开战；只因为豪格维茨的劝说，他才愿意与之讲和，并送上汉诺威这个大礼。可为何那份条约在柏林受到如此非难？为何法国大使受到怠慢？为何哈登贝格得到宠幸？为何国王没有将这个英国的走卒革职？皇帝怒气冲冲，不断高声质问，特使竭力想打断他的话，可是根本招架不住对方如同滔天洪水的攻势。由于普鲁士没有完全批准这份条约，它与法国就处于战争状态，因为俄国和英国军队仍在它的国土上。豪格维茨一再表示，两国军队正在撤出，普鲁士大军将进入汉诺威。可是，暴风雨并没有停息。那么，普鲁士有什么权利执行它还没有批准的条约？如果普鲁士军队进入汉诺威，他的部队就可以占领安斯巴赫、克利夫斯和讷沙泰勒；如果腓特烈·威廉打算占有汉诺威，他应该为此付出高昂的代价。不过，为了避免立即开战，他还是允许豪格维茨去见塔列朗。①

法国外交大臣表现得镇定自若，但他和气势汹汹的皇帝一样危险。塔列朗不是普鲁士的朋友，他早就知道拿破仑决心引发英国和普

---

① 哈登贝格，《回忆录》，第 2 卷，第 463—469 页；听说福克斯就任英国外交大臣时拿破仑对和平的想法，可参见《拿破仑书信集》第 9742 号。

鲁士之间的战争，于是设计破坏霍亨索伦王朝的根基。豪格维茨此时才恍然大悟，发现自己的国家在一个苛刻的债主面前孤立无援，后者要求普鲁士做出进一步的牺牲，否则就要切断它的生命线。法国皇帝的威胁有些虚张声势；当豪格维茨完全被吓住，几乎准备全盘退让的时候，拿破仑才指出了问题的真正症结，要求封锁德意志诸邦在北海的整个海岸线，断绝与英国的贸易。有了这一严苛的条款，汉诺威就可以在此时交给普鲁士。从没有人像拿破仑这样，以娴熟的手法送出了包藏祸心的"礼物"。按照那些条件接受这份大礼，意味着引起俄国的反对，与英国为敌。①

这就是豪格维茨带回柏林的消息。腓特烈·威廉此时陷入了一直竭力避免的两难困境之中。他只能接受拿破仑的条件，否则只能近乎孤立无援地对抗这位征服者。他的尴尬处境已昭然若揭，令人痛苦。由于渴望和平和节俭，他疏远了本应成为盟友的国家，并让自己的士兵们一肚怨气地回到家中。而且，他还被自己之前的行为捆住了手脚。圣诞节时他还有30万人马可与胜利者一较高下，如果那时候都不得不接受拿破仑的和约，现在更不可能讨价还价了！他不仅在这一点上让了步，甚至遵从拿破仑的意愿疏远哈登贝格。他没有将其解职——意志坚定的路易莎王后与哈登贝格友情深厚，不能这么做；但哈登贝格将外交事务的主导权交给豪格维茨，无限期休假了。

对法国惟命是从的这种怯懦态度令民众深为不满。柏林卫戍部队的军官们在晚上为哈登贝格这位爱国政治家大唱颂歌，而豪格维茨家的窗户两度被砸碎。当然，公共舆论在普鲁士不起什么作用。在那个近乎封建的社会中，不同阶级壁垒森严，大众教育缺乏，报刊完全由政府控制，军人与文官之间相互猜忌，人们几乎不可能表

---

① 拿破仑对英国和普鲁士弱点的看法，参见《拿破仑书信集》，第9742、9773、9777号。1806年2月15日的条约确定将讷沙泰勒和克利夫斯割让给法国，安斯巴赫割让给巴伐利亚；但并未将法兰克尼亚的任何地区划归普鲁士的拜罗伊特疆域。条约文本参见哈登贝格《回忆录》，第2卷，第483页。

达任何意见。

但是，当安斯巴赫人可怜巴巴地恳求不要将那里交给巴伐利亚，却看到普鲁士批准割让这个公国之前，他们的土地就被法国人占领了；当北德意志人发现普鲁士获得汉诺威的代价是与英国开战，毁掉他们的商业；当人们看到腓特烈·威廉和豪格维茨剪掉普鲁士雄鹰的双翅，直至它无法与高卢公鸡一战，耻辱与愤慨的情绪顿生，这说明他们的忍耐已经到了极限。观察家们看到，旧德意志的精神终究没有死去，只是蛰伏而已；各派力量已经跃跃欲试，如果霍亨索伦家族再次玷污民族荣誉，就可能自取灭亡。①

与此同时，巴黎、伦敦和圣彼得堡开始就和平交流意见。1806年春季，人们似乎有理由希望，欧洲在十四年几乎不间断的战争之后有可能得到喘息之机——至少在大陆上是如此。法国不再由雅各宾派掌权。在拿破仑领导下，它很快站到了君主制国家一边，现在的关键问题只与国界和力量平衡有关。沙皇的战斗热忱已在奥斯特里茨消融。普鲁士夺取汉诺威对他并没有多大触动，他努力地想解决因此而起的纷争。至于其他欧洲强国，要么无可奈何，要么麻木不仁。瑞典国王正在发泄着对普鲁士的怒气。意大利、南德意志、荷兰和西班牙唯拿破仑马首是瞻；格伦维尔-福克斯领导的英国新内阁强烈倾向和平。如果那个时候英国和奥地利的要求得到合理的满足，似乎很有可能奠定法国长久霸权的基础。拿破仑看起来也希望以和平来巩固他在欧洲的强权，扩大他的殖民地和商贸。就在所有陆上战役结束的时候，他的思绪已经转到了东方，1806年1月31日，他向德克雷下达命令，非但没有表现出对法国海军的任何失望情绪，反而预示将采取有力的海上及殖民政策；而他在达尔马提亚沿岸的动作，以及派遣塞巴斯蒂亚尼

---

① 豪格维茨的态度极其反常，最为明显的表现是他因新的普法同盟条约中没有出现攻守二字而沾沾自喜（哈登贝格，《回忆录》，第2卷，第481页）。拿破仑此时并没有承诺在4月20日乔治三世向普鲁士宣战时支援后者。

率代表团访问土耳其,说明黎凡特仍然对他有着非凡的吸引力。

因此,人们对1806年的和平谈判有着特别的兴趣,尤其是这些谈判是由素有雅量的雄辩家福克斯推动的,他长期呼吁与法国达成善意的谅解。1806年2月20日,他向塔列朗透露了一桩谋杀法国皇帝阴谋的细节,这一计划是某人向他提出的,他惊骇地拒绝了,并同时命令将这个人赶出英国。很有可能这整件事都是法国警察安排的,目的就是试探福克斯一贯表示的对波拿巴的敬意。

试探的效果很好,塔列朗向福克斯保证,法国皇帝渴望和平,最近他曾向立法院表示,可以按照《亚眠和约》的条件达成和平。福克斯立刻握住了对方伸出的手,不过他声明,谈判必须与俄国协调一致,条约也必须让盟国可以体面地接受。对此,塔列朗在4月1日表示部分同意,并补充说,拿破仑相信《亚眠和约》的破裂只是因为法国拒绝签署一项贸易条约。如果英国满足于海上霸权而不干涉欧洲大陆事务,法国和英国现在可以达成满意的条件。[①]法国想要的不是停战,而是持久的和平。

福克斯对此表示同意,但反驳了法国人关于俄国参与就意味着由其进行调停的说法。只有所有实际参战的国家都能相互尊重、求得谅解,和平才能实现。塔列朗否认俄国与法国处于交战状态,因为第三次反法同盟已经瓦解;但福克斯坚持自己的立场,宣称必须与英国和俄国同时媾和,否则就不存在和谈,如果法国不同意,就说明打算"断绝我们与欧洲大陆各国之间的任何联系"[②]。

谈判以此为开端,实在令人失望,这说明拿破仑和塔列朗意图让英俄两国破坏不单独媾和的承诺,在它们之间播下不信任的种子;在一段时间内,伦敦和巴黎之间关于和平的交流停止了,直到听说俄国将派特

---

① 值得注意的是,在随后的所有谈判中,拿破仑再也没有对英国严苛的海商法提出任何问题,这证明了他对所谓"海洋暴政"的历次指责多么空洞。
② 1806年4月20日的公文,见于1806年12月22日递交国会的文件。

使前往巴黎。此前，法国外交部在瓦解同盟、令盟国之间结怨方面取得了辉煌的胜利，但现在他们的策略似乎遭到了挫败。英国和俄国这两个坚定互信的盟国仍然没有受到影响。英国外交大臣已经向恰尔托雷斯基表示，他希望过去的攻击性同盟现在应该仅采取防御的态势："如果我们不能削弱法国的强大力量，阻止它的发展总是有些意义的。"俄国大臣由衷地同意这一看法，并派出一位特使到伦敦，与英国内阁协调和平条件，而这个"可靠、谨慎、坚持原则，两个盟国政府可以完全信赖的人"被派往维也纳和巴黎。[①]

奥布利尔前往维也纳，在那里与英国和法国大使进行了长谈；福克斯还请求释放雅茅斯勋爵（他是数百名仍被法国关押的英国人之一），让他立刻去巴黎与塔列朗举行初步会谈。法国方面同意了这一请求，这名囚犯离开了凡尔登战俘营，6月初面见塔列朗，此时，法国外交大臣正因得到贝内文托亲王的新头衔而踌躇满志。巴黎也陶醉于拿破仑的荣光，法国人成了法兰克尼亚的主人，可以在那里横征暴敛；而在意大利，他们则可以无视教皇的权威。[②]尽管庇护七世反复抗议，法国人仍牢牢地驻扎在安科纳。意大利国王约瑟夫率领45000人的部队，正计划将波旁王室赶出西西里。6月初，路易·波拿巴宣布即位，成为荷兰国王。

然而，塔列朗并没有被这一辉煌胜利冲昏头脑，而轻视与英国的和谈；当雅茅斯勋爵表示，乔治三世将首先要求归还汉诺威时，他拖延了一番以了解主人的意图，然后表示这没有任何困难。至于其他问题——西西里和土耳其帝国的维持问题，他回复道："你们可以控制西西里，我们不会向你们索要，占有那里只会给我们带来很多困难。"关于土耳其，他建议英国迅速从法国得到对其领土完整的保证——"因为正在做大量准备，但还一无所成。"向唐宁街报告这些

---

① 恰尔托雷斯基，《回忆录》，第2卷，第13章。
② "我不打算让罗马教廷再涉足政治。"（拿破仑1806年2月13日对教皇所说）

观点之后,雅茅斯勋爵返回巴黎继续磋商,会谈的总体思路是,占领地保有原则将成为谈判的基础——汉诺威除外。塔列朗告诉他,与俄国的谈判将分开进行,拿破仑对西西里还有其他看法,因为征服那里对约瑟夫在大陆上的安全是很有必要的。

英国特使对这一变化感到吃惊,表示不能讨论任何从波旁王室手中夺走西西里的和平条件;塔列朗的答复是情况已经变了,英国应该满足于从普鲁士手中重新得到汉诺威,并保留马耳他和好望角。雅茅斯勋爵拒绝在法国放弃对西西里的主张之前进一步商讨,于是法国方面提出可以用汉萨城镇(吕贝克、汉堡和不来梅)补偿西西里国王陛下;这个诱饵被拒绝后,法国人又提出以达尔马提亚、拉古萨和阿尔巴尼亚为交换。

由于拿破仑已承诺保障土耳其帝国的完整,雅茅斯对一项开始瓜分它的提议表示了愤慨;如果不是预计奥布利尔将要抵达,谈判可能就中断了。7月8日,他见到了这位俄国特使,发现他就是个百无一用的"稻草人"。奥布利尔同意所有条件。他对法国将把汉诺威交还给英国感到很高兴,因为那将瓦解法普联盟,使柏林宫廷依赖俄国。他甚至认为将汉萨城镇交给那不勒斯的波旁王室是很好的事情,只要这些城镇置于沙皇的保护之下就可以了。不过,将达尔马提亚和附近地区交给波旁王室的建议就更好了,因为那样将在拿破仑和土耳其之间打进一枚楔子。这就是此次古怪会面的要点。雅茅斯想要测试一下他的叙述是否准确,于是在第二次会面时将记录读给奥布利尔听,俄国特使加上了如下书面更正:

"注意:奥布利尔先生认为,尽管他在这个问题上没有得到任何指示,但汉堡和吕贝克置于俄国的宗主权之下,对俄国是合适的,甚至对确保它们自己的独立有好处。——注意:虽然奥布利尔先生得到明确的命令,坚持为那不勒斯国王保住西西里,但他的意见是,获得威尼西亚、伊斯特里亚、达尔马提亚和阿尔巴尼亚(西西里国王陛下应该算是有了立足之地）。"①

这棵墙头草屈服于拿破仑的意志并不令人惊讶。7月20日深夜，雅茅斯勋爵听说，俄国特使刚刚与法国单独签订了和约，承认爱奥尼亚群岛独立（俄国仅在科孚岛保留4000名士兵），法军将从德意志诸邦撤出。但是，和约的最后藏着一根毒刺：一个秘密条款规定，费迪南多四世应该将西西里让给约瑟夫·波拿巴，从拿破仑的盟友西班牙手中接收巴利阿里群岛。

英国特使在奥布利尔将要赶往圣彼得堡之前闯入他的住处，听到的就是这样的消息。俄国都城已发生了重大的变故：恰尔托雷斯基退休，由不那么支持与英国缔结紧密同盟的布德贝格男爵接任；似乎可以肯定的是，如果奥布利尔不知道这一变故，是不会违反此前的指令的。令他背弃英国、西西里和西班牙的其他动机尚不清楚。他声称，鉴于德意志的新秩序，将法国军队赶出那片土地是非常重要的。这一点毫无疑问，但即便得到这样的好处，也要付出令沙皇蒙羞的惨痛代价。②

就让奥布利尔去面对他愤怒的主子吧，我们将注意力转向一个划时代的变化，其中的细节在与英国和俄国谈判期间就在巴黎决定了。7月17日悄悄签订的《莱茵邦联条约》摧毁了古老的日耳曼帝国。

这样的事件早在意料之中。神圣罗马帝国历经千年，已在奥斯

---

① 我按字面意思翻译了贴在雅茅斯7月8日备忘录最后的这些注意事项（英国外交部档案，法国部分，第73号）。我相信奥布利尔得到的指示绝不会公开，因此上述的这段话十分重要，可以证明他在交换西西里这一亏本生意上是完全越权了。奥布利尔条约的文本见德克莱尔的著作第2卷，第180页。其中的秘密条款要求俄国帮助法国，诱使马德里宫廷将巴利阿里群岛割让给那不勒斯王储；遭到废黜的国王和王后将不会居住在那里，俄国承认约瑟夫·波拿巴为两西西里国王。
② 在与英国大使斯图尔特的交谈中，布德贝格男爵为奥布利尔的行为辩解，称这么做是因为他在法国全权大使克拉克将军的威胁下紧张不安，克拉克几乎不让他说话，并且暗示如果俄国不愿媾和，随后会出现许多其他变故：瑞士将被吞并、德意志诸邦遭到蹂躏，而土耳其会被瓜分。克拉克在外交上善用恫吓手段是众所周知的，但经过私下调查，斯图尔特发现沙皇与奥布利尔秘密商谈时，似乎比恰尔托雷斯基更倾向于和平。因此当后者辞职时，奥布利尔就大可以屈服于克拉克的恐吓了。[斯图尔特1806年8月9日的公文，外交部档案，法国部分，第63号；另见恰尔托雷斯基，《回忆录》，第2卷，第14章；以及马滕斯（Martens），《条约集》，增补部分，第4卷]

第24章 普鲁士与新查理大帝   467

特里茨的重创之下死去。普鲁士夺取汉诺威，促使瑞典国王宣布，由于腐朽的拉蒂斯邦议会对此类暴行不闻不问，为了他的波美拉尼亚领地，将不再参与议会的讨论。而且，拉蒂斯邦现在只是巴伐利亚的第二大城市，该国国王可以随意拒绝这个机构驻扎于此；《普雷斯堡条约》中使用了"德意志邦联"一词，敲响了这个帝国的丧钟，伏尔泰也曾以同样机智风趣的话道出真相：它既不神圣，也不是罗马，甚至称不上是一个帝国。在新时代的生动现实面前，旧日的庄严幻象如何能再存续下去？——皇帝的选举不过是场骗局，加冕礼也不过是穿上破旧的皇袍，在一群未有寸土的旧王公面前炫耀而已。议会关注的主要是协调各国君主特使的座次：谁坐在红布座位上，谁坐在不那么尊贵的绿布座位上？还有就是分派皇家宴会上的37道传统菜肴，让一位威斯特伐利亚使臣献上最后一道菜。①

　　拿破仑挥军渡过莱茵河，已使这些在腐朽生活中苟延残喘的人们惊慌失措，如同冥府哀痛之地的希腊亡魂见到埃涅阿斯堂堂之躯时那般语无伦次。1806年8月1日，当法国大革命的继承人通知雷根斯堡议会，他和中南德意志诸邦都不再承认这个旧帝国的存在时，他们发出的抗议声之微弱，甚至还不如阿伽门农那些惊恐的战友们声嘶力竭地叫喊。议会本身缄口不语，弗朗茨二世皇帝立刻宣布摘下皇冠，免除所有选帝侯和王公们的效忠义务，退居奥地利帝国的疆域之内。

　　就这样，曾照耀中世纪基督教世界的明灯，在发出一丝微光之后，悄然熄灭了。公元800年的圣诞节，教皇利奥在圣彼得教堂祈求上帝赐福于查理大帝，由此形成了一个近乎神话的政教合一联盟。而今，出现了一个超乎法兰克王国的国家，它的领袖将这盏明灯踩在脚下，渴望着在与那位中世纪英雄的领地一样辽阔的土地上，建立不可动摇的统治。因为拿破仑身为莱茵邦联的保护者，现在已经控制了当年属于查理

---

① 《朗格骑士卡尔·海因里希回忆录》（*Memoirs of Karl Heinrich, Knight of Lang*）。

大帝的大部分德意志领土，而对意大利的控制则远胜过后者。当然，查理大帝与他的效仿者所处时代与制度大相径庭，做更多的对比就显得肤浅了；拿破仑激发德意志人想象力的企图，在我们看来也是不现实的。不过，我们必须记得，当时的德意志人是最为敏感温顺的民族，拿破仑为了实现目标也是花样百出，当他将一部宪法强加于新邦联的15位王公时，本应捍卫旧帝国的人们却没有发出任何抗议。

这些王公包括南德意志诸统治者、达尔贝格大主教（此时得到了首席诸侯的头衔）、贝尔格大公、黑森－达姆施塔特伯爵领主（此时称大公）、拿骚家族的两位王子和七位地位较低的诸侯。在一些情况下，德意志法律已经废止，代之以《拿破仑法典》。法国和这些邦国之间已组成了紧密的攻守同盟，后者要提供63000人的部队供保护国调遣。拿破仑还得到了对这些邦国财政与商业规范的一些控制权——鉴于大陆封锁体系很快就要成形，这是很重要的优势。[1]

在所有外交政策和许多国内权利上让步之后，这些统治者得到了什么补偿？在拿破仑的扩张行动中，他几乎总是达成对己极端有利的交易，而那些他所追求的支持者所得就没有那么多了，对弱者而言，这样的交易将损失惨重。与那些头戴王冠、使18世纪的政治沦为一场掠夺游戏的强盗相比，拿破仑在这方面更是不择手段、毫无道义。前者的强盗行径至少是直接、简单的。而拿破仑在签订《坎波福米奥条约》时获得了巨大的利益，主要是因为他默不作声地牺牲了弱小的第三方——威尼斯。在抢夺天主教财产时，他也采用了同样有利可图的策略，法国与较大的德意志邦国通过剥夺教会土地、侵害小邦而大发横财；此时，他又要瓜分德意志领土，以巩固新的莱茵体系。

1803年时还存在着一些帝国直属的伯爵和骑士，以及尚未被吞并的自由城市。现在，拿破仑为了莱茵邦联党羽的利益，将这些幸存

---

[1] 加登，《条约集》，第9卷，第157、189、255页。

者全部消灭了，并用"间接附庸"一词来掩盖这种掠夺行为。对这个委婉说法有必要做个解释。按照古德意志法律，摆脱地方诸侯控制、赢得局部独立的贵族和城市称作"直接附庸"，因为他们直接向皇帝宣誓效忠，不需要通过任何封建诸侯。如果他们不幸落入那种可恨的控制之中，就称作"间接附庸"。如今，这个词指的不是封建控制，而是被拿破仑分封的国王或王公吞并的骑士或城市。六个在剥夺教会领地时存活下来的帝国直属（自由）城市包括三个汉萨城镇、奥格斯堡、法兰克福和纽伦堡。北方的几个城镇仍然拥有古老的权利，而奥格斯堡和纽伦堡落入巴伐利亚国王之手，法兰克福被拿破仑授予邦联的首席诸侯达尔贝格。

德意志人的生活中，深受艺术家和诗人喜爱的奇妙多样性大部分已经丧失，但所得也不菲。林堡-斯蒂罗姆伯爵不再在鲁尔河谷炫耀他那由一位上校、六名军官和两名列兵组成的军队了，他和所拥有的一切都在缪拉的统治之下，这支小得可怜的部队消失了，但却让人隐隐约约地看到未来的民族大军。韦茨拉尔的帝国律师们也不再经年累月地翻阅诉讼案卷了，司法机关采用了拿破仑简洁的管理方法。施瓦本农民们也不像以前那么担心城堡主人养的鹿践踏庄稼了，因为法国大革命的精神广为传播，使他们不再需要害怕旧日的狩猎法了。哪怕是今天的德国爱国者也仍然必须承认，尽管动机存疑、实施起来也很粗暴，改革的最初动力的确来自这位新的查理大帝。

第四版注释

我以题为《皮特解决欧洲问题的计划》和《华兹华斯、席勒、费希特与理想主义者对拿破仑的反抗》的两篇论文，全面地讨论了皮特大陆政策、拿破仑与时代新思想的关系，收录于名为《拿破仑研究》的论文集中（乔治·贝尔父子公司，1904年）。

第25章　普鲁士的覆灭

现在，我们来探讨一下莱茵邦联的建立对正在巴黎讨论的国际问题有何影响。拿破仑已经获得这次外交胜利，看起来，他完全可以对普鲁士、沙皇甚至英国更仁慈一些。他会抓住这次机会，适时地以少数让步缓解这些国家的忧虑，还是因为德意志的三分之一此时已是囊中之物而步步进逼？他又一次走到了十字路口。

与英国达成持久和平的唯一障碍是西西里和汉诺威，因此，我们有必要讨论一下，这些问题与欧洲和平和拿破仑的未来有何关系。

从写给约瑟夫的信中可以清楚地看出，拿破仑决心征服西西里。在他的兄长抵达那不勒斯之前，他就曾提醒要为将波旁王室赶出该岛做好准备。为了这个目的，法军开进卡拉布里亚，开始进行大规模的准备——而就在此时，塔列朗还向雅茅斯勋爵声称，法国不想要西西里。但是，守卫该岛的英国军队准备发动一次进攻，阻止法军登岛。约翰·斯图尔特爵士率领一支大约5000人的部队在圣尤菲米娅湾登陆。1806年7月4日，雷尼耶指挥7000名法军士兵抱着必胜信念迎击他们，但他精心挑选的部队却在英军猛烈的刺刀冲锋下折戟沉沙，半个小时之内，法军全线溃退，伤亡过半。

这次胜利对士气的影响极大。在此之前，英国陆军除了在埃及之外，从没有机会展现其优良素质。自英军在明登凯旋以来，已有半个世纪未曾在欧洲大陆上击败过法军了；因此拿破仑当时曾对约瑟夫表达了这样的观点：他乐于看到迟钝而笨拙的英国佬终于踏上欧洲大陆。①而且，马伊达之役取胜之后，随之而来的是卡拉布里亚人的大规模起义，斯图尔特趁机占领了雷焦、科尔托内和其他一些城镇，缴获了法军用于进攻西西里的大量物资和40门大炮，浇灭了法军凭借一次奇袭夺取西西里的希望。

如果说俄英两国政府还有可能抛弃波旁王族，那么地中海传来的消息彻底打消了这种念头；拿破仑此时意识到，对那片海域的控制权——"我的政策中始终不变的主要目标"——再一次从他手中溜掉了！波旁王室则因另一场胜利而得意忘形，可是那场胜利尽管辉煌，却并不稳固。卡罗琳王后因西德尼·史密斯爵士占领卡普里岛而激动，试图鼓动沦陷的各省起义，她背着国王和阿克顿将军开始活动，而阿克顿这位中世纪游侠式的将军又成功地瘫痪了约翰·斯图尔特爵士的计划。②与此同时，马塞纳在迫使加埃塔要塞投降之后，率大军南进，英军和波旁军队重新登船返回西西里，将愤怒的农民和卡拉布里亚起义者丢给征服者处置。不过，马伊达的胜利并非一无所获。西西里从此确保了安全，英国陆军也夺回了昔日的威名，圣彼得堡和伦敦抵抗拿破仑的希望也增大了。

只有一个交战国被打败，或者双方都筋疲力尽，和平才能实现。但英国和法国的情况都不是这样。英国在海上连连取胜，而拿破仑在陆上也不断打败同盟国军队。1月，英军从荷兰人手中夺取了好望角；2月，法国军队在圣多明各向詹姆斯·达克沃思爵士投降；3月，海军上将沃伦结束了冒险家利努瓦的军事生涯；6月初，一支英军部队在布宜诺斯夺得大批财宝，不过很快就被迫撤退。这些胜利之后，福克斯自然变得强硬了。他拒绝改变"占领地保有"的立场，英国特使表示这是所有谈判的基础。劳德戴尔伯爵奉命前去支援雅茅斯

---

① 《书信集》，第10522和10544号。法国方面的叙述参见德韦尔努瓦男爵的《回忆录》，第288页。
② 英国外交部档案，那不勒斯部分，第73号。

伯爵并最终取而代之，他立刻以坚定的语气驳回了法方的条件。法方全权代表克拉克写道，如果这就是谈判的基础，那么法国将要求得到摩拉维亚、施蒂利亚、整个奥地利（本土）和汉诺威，那样的话，英国可以保留占领的几个殖民地。

8月8日的这一回复几乎使谈判当场破裂，但塔列朗一直拒绝向劳德戴尔发放护照，很明显是希望沙皇批准奥布利尔的条约，能够使英国放弃西西里。[①]他错了。9月3日，巴黎收到消息，亚历山大轻蔑地驳回了他的特使带回来的"杰作"。不过，拿破仑仍然拒绝放弃对西西里的主张；福克斯一生失意之事颇多，这次注定失败的谈判是他最后的希望，令他到临终之时仍痛彻心扉。十五年以来，他一直以杰出的口才为法国大革命及其"继承人"辩护，最后却得出了一个痛心的结论：法国的自由事业已经失败，为了更彻底地征服欧洲大陆，那片土地已在枷锁面前低下了头。9月13日，福克斯去世了。

法国历史学家根据11月26日《环球箴言报》上的一篇文章，常常断言福克斯之死和好战派上台改变了谈判的性质。[②]没有比这更不符合真相的说法了。去世前不久，福克斯就曾向侄儿表达了对和平的绝望：

"从道义上讲，那不勒斯王后和宫廷没有完全、真心地同意，我们就不能有任何举动；但即便单单考虑西西里的重要地位，我也感到沮丧，这并不是出于争论点的价值，而是法国人自食其言的做法。让我看清他们在耍花招的并不是西西里问题，而是他们搪塞敷衍、毫无诚意的行事方式。在那种情况下，做出任何让步都是非常轻率的，可能让人们认为我们不顾信义，也可能给盟国以口实，怀疑、指责或者背弃我们。"

---

① 这是根据拿破仑的建议所为。8月18日，他从朗布依埃写信给塔列朗，为拖延提供了一个借口："皇帝正在打猎，周末之前不会回来。"
② 拿破仑在圣赫勒拿岛上也对拉斯卡斯这么说："福克斯的死是我一生中最要命的事之一。"

值得一提的是，劳德戴尔在福克斯去世后三周仍留在巴黎；他没有提出任何新要求，但要塔列朗履行最初的承诺，放弃对西西里的一切主张，且应该与英国和俄国同时谈判。可这无济于事。拿破仑最后的让步就是波旁王室失去西西里之后，应该得到巴利阿里群岛，并由西班牙供养；俄国应该保留科孚岛（与现状相同）；英国将从普鲁士手中收复汉诺威，保留马耳他、好望角、多巴哥和印度的3个法占城镇；然而，除了汉诺威，其他地盘本来就在英国人掌握中。对于西西里，他毫不退让。就这样，拿破仑离开巴黎率军进攻普鲁士之后12天，谈判于10月6日破裂了。[1]这整件事说明，拿破仑决意诱骗盟国单独签订不平等条约，从而以诡计挽回马伊达公平决战中的损失。

如果说西西里是英国人和拿破仑媾和的绊脚石，那么汉诺威就是法国与普鲁士开战的主因。巴黎谈判期间，雅茅斯勋爵私下告诉普鲁士大使卢凯西尼，塔列朗不反对将汉诺威归还给乔治三世。这条消息于7月底传到柏林，令竭尽全力与法国保持友好的普鲁士大臣们惴惴不安。

即使在这些消息传来之前，维持友好关系也绝非易事。缪拉占据新的贝尔格公国时，将他的部队驻扎在埃森和韦登的原教会领地上。普鲁士将这些地区视为己有，坚定的爱国者布吕歇尔立即率军前往，撕毁缪拉的布告，在响亮的军号和军鼓声中重新升起普鲁士鹰旗。[2]全凭腓特烈·威廉的调解，才避免了一场冲突，他召回自己的部队，将问题交给律师团去解决；可是，当贝尔格大公寄来一封信抗议布吕歇尔所为，并以随意的称呼"我的兄弟"开头时，国王也被激怒了。

与此同时，布吕歇尔和士兵们看着法国人涌过莱茵河，在威悉河上建造了一座浮桥，不禁怒气填胸；倘若他们知道这个北德意志的关

---

[1] 9月26日和10月6日的公文。
[2] 巴约伊，《普鲁士与法兰西》，导言。

键据点已悄悄地成为法军防区，也许就会逼着国王动手了。[①]因为在这个时候，腓特烈·威廉和豪格维茨为莱茵邦联的成立而担忧，虽然拿破仑表示旧帝国瓦解肯定对普鲁士有利，但他们并没有完全放心。然而，对于拿破仑由普鲁士组建北德意志诸邦联盟的提议，他们却很热心，并就此与最重要的两个邦国——萨克森和黑森–卡塞尔——接洽。在这风平浪静的几天里，国王甚至提议由自己接受"普鲁士皇帝"这一称号，不过萨克森选帝侯以讽刺的口吻阻止了他。8月初，拿破仑试图以一些帝国骑士领地和富尔达公国（此时属于腓特烈·威廉的亲戚奥兰治亲王）为饵，诱使黑森–卡塞尔选帝侯加入莱茵邦联，这一消息传来，普鲁士国王的空中楼阁也就烟消云散了。此外，法国军队在图林根的调动对萨克森形成极大威胁，德累斯顿宫廷对北德意志邦联计划的态度也就开始变得轻蔑了。

普鲁士国王和豪格维茨仍然试图说服自己拿破仑对普鲁士怀有善意，英国一直无所不用其极地离间这两个盟国，而且"没有摩擦就不可能取得伟大的成果"。而曾经诱使普鲁士解散军队的法国大使又助长了两人的这种幻想。奉塔列朗之命，拉弗雷大使在柏林报告称"如果法国同意归还汉诺威，与英国和俄国的和平早已达成。我重申如下保证：皇帝（拿破仑）绝不会在这一点上让步。"

可就在这个时候，法国外交部正在起草一份条约，明确规定将汉诺威归还给乔治三世，并得到了拿破仑的同意。[②]普鲁士大使卢凯西尼从法国消息人士和雅茅斯勋爵那里约略知道此事，[③]于7月28日发出了一封公函，这对于柏林的乐观派不啻晴天霹雳。具有讽刺意味的是，柏林发出的一封公文此时正在途中，文中要求大使表现出

---

① 7月26日的敕令。
② 参见《书信集》第10064号，注释；另见塔列朗8月4日的信件（《未发表的塔列朗书信》，第245页），信中表明普鲁士失去汉诺威后可能得到的补偿：当然包括安哈尔特、利珀、瓦尔代克等小邦。
③ 根茨，《著作选集》，第5卷，第252页。与卢凯西尼的谈话。

第25章 普鲁士的覆灭

对拿破仑的无限信任。现在，轻信的普鲁士国王一下子走到了另一个极端，认为前几周的所有摩擦都是拿破仑搞的鬼。

腓特烈·威廉又错了；因为正是法国皇帝阻止缪拉和法军中的其他狂热分子挑衅普鲁士。①他的信件证明，他最关注的始终是地中海。在写给约瑟夫或欧仁的信中，他强调必须保持铁腕政策，惩罚卡布里亚叛乱分子——"在每个村庄枪毙三个男人"——最重要的是，制订征服西西里的计划。而对于德意志事务，篇幅不过是以上话题的二十分之一。因此，8月16日—18日，他从一封偷窃而来的卢凯西尼公函中得知后者怀疑他与沙皇计划瓜分普属波兰，真的大感意外。但他对此不屑一顾，似乎认为只要提出用小小的诱饵代替汉诺威，普鲁士就会温顺地接受。然而，倘若他认为对手能容忍这样的奇耻大辱，那就是误解了腓特烈·威廉的性格，也不知道普鲁士王后点燃爱国热情的能力。

路易莎王后当时三十岁，雍容华贵的美貌之下，有着纯洁高尚的内心。她是一位穷困潦倒的梅克伦堡–施特雷利茨王公之女，青少年时期生活简朴，直到以其魅力征服了普鲁士储君的心。刚到柏林，她的形象就因一个爱心之举而熠熠生辉。当一群身着白衣的孩子们向她致欢迎词时，她抱起并亲吻了领头的孩子，对于刻板的贵妇们而言，这种做法令人反感，但老百姓们却欣喜不已。此事让人回想起玛丽·安托瓦内特在凡尔赛的结婚典礼上表现出来的潇洒自如、不拘小节，实际上，两位王后除了美丽和不幸的命运之外，还有其他一些共同点。她们的丈夫都冷淡而无趣。腓特烈·威廉和路易十六都值得尊敬，但命运之神确实没有给他们激发人心的力量；所有的爱国热情都是两位王后唤醒的。

路易莎是北德意志的玛丽·安托瓦内特，但性格上比玛丽亚·特

---

① 《书信集》，第 10575、10587、10633 号。

蕾莎活泼的女儿更沉静朴实。如果不是大难临头,她也不太干预朝政,甚至在灾祸即将降临之际,她所支持的爱国政治家们恳求国王将豪格维茨革职,她也令人失望地压下了这一要求,尽管从本能上认为这是对的,但却因为妻子应有的服从而克制住了。到这个时候,她的影响力仅仅表现为一个高贵、迷人的女性,缓和了因国王狭隘、迂腐本性引发的冲突,使宫廷远离旧日的粗俗。然而,在即将到来的黑暗岁月中,她的信念和热情给一个遭受蹂躏的民族带来了新的力量;当一切都被砸得粉碎,国王和王后仍然坚守着条顿体系中至关重要的理想——纯粹的家庭生活。

哈登贝格的《回忆录》中表示,王后悄悄地支持爱国事业;[①]而在腓特烈·威廉写给沙皇的信(8月8日)中,女性化的语气中带着对法国皇帝的憎恨。历数在拿破仑那里受到的不公对待之后,他继续写道:

"如果这些消息是真的,如果他能做出如此背信弃义的事情,请陛下相信,那他和我之间就不仅是汉诺威的问题了,而是他已经决定不惜一切代价与我开战。他希望身边没有其他强国……陛下,我恳请您告诉我,您的军队能不能及时前来救援,我能不能在遭到侵略的时候依靠他们。"

亚历山大写了一封鼓舞人心的回信,建议他与英国和瑞典消除分歧,并保证会提供帮助。于是,普鲁士国王于9月6日回复,已恢复对英国船只开放汇入北海的河道,希望与伦敦媾和并得到资金援助。他在信的最后写道:

"与此同时,波拿巴没有来惊扰我;他不仅没有要求对我的军备做出任何解释,甚至禁止他的大臣给出或者接受任何解释。看起来,我应该采取主动了。我的军队正在四面出击,让这一刻

---

① 《回忆录》,第3卷,第115页及其后几页。7月的普俄会谈主要是哈登贝格的杰作,两国在会上相互保证领土完整。

快点到来。"①

最后这几句话对普鲁士旧制度而言是不祥之兆。塔列朗温和的保证，拉弗雷刻意的漠不关心，都被普鲁士人当成拿破仑没有防备的迹象，因此他们放心地继续战备；为了争取时间，腓特烈还召回了卢凯西尼，代之以一位准备进行冗长解释的特使。这种花招骗不过拿破仑，他在9月3日就已经听说俄国打算继续战争，对此颇为意外。他立刻发现了新同盟的萌芽，便尽力安抚奥地利，并在俄国和土耳其之间挑起争端。对腓特烈·威廉，他则摆出一副朋友因意外争吵而心生怨恨的样子。卢凯西尼动身之时，他对这位大使叫喊道：普鲁士国王怎么能够相信，是他怂恿卡塞尔那位刺头大使搞阴谋，纵容缪拉口出狂言？

至于汉诺威，他已打算派人前往柏林，提议如果英国仍然将归还它作为先决条件，则用一块等价的土地作为交换。"不过"，他补充道，"如果你们的年轻军官和柏林的女人想打仗，我准备满足他们。但我的雄心全在意大利，它是我绝不与人分享的宠姬。我将拥有整个亚得里亚海，教皇将成为我的家臣，我还将征服西西里。对北德意志我一无所求，我不反对汉萨城镇加入你们的邦联。关于纳入萨克森，我还没有做出决定。"②

确实，从拿破仑私信的大意看来，在9月的第一周前，他并没有预料到新反法同盟的出现。他认为英国和俄国将会对自己让步，普鲁士绝不敢惹是生非。他对柏林宫廷就像对一般的"旧同盟机器"一样，极度蔑视。他在这段时间里的行事方式与其说是渴望战争，不如说是对其他人的脆弱感情缺乏想象力。当时，拿破仑可能希望与英国媾和，实现欧洲大陆的和平；因为他在外交上的胜利与依靠刀剑赢得

---

① 巴约伊，《普鲁士与法兰西》，第540—552页。另见富尼耶，《拿破仑》，第2章，第106页。
② 巴约伊，《普鲁士与法兰西》，第556—557页。另见，拿破仑9月15日写给贝尔蒂埃的信，该信第一次透露了他对大陆战争的想法。

的战利品一样宝贵，只有海上实现和平，他才能为东方帝国打下基础，他在圣赫勒拿时曾向奥米拉保证，打败奥地利之后，那是他心中首要的目标。可是，做出必要让步不是他的本性。他对卢凯西尼说："我必须像研究几何学那样严格遵循我的政策。"只要英国将西西里交给波拿巴，它就可以拥有汉诺威和几个殖民地，至于普鲁士，它可以兼并五六个邻近的小邦。

以上就是1806年夏季拿破仑的欧洲政策要旨。当要求遭到拒绝时，他对莫利安表达的惊讶可能是真实的。他对自己受到的小小侮辱都十分敏感，却对关乎他人荣誉的事情麻木不仁，几乎可与亚里士多德那种毫无感情的人相比。正如1803年他并没有主动与英国开战那样，1806年他也没有与普鲁士开战，只是消除了一切和平的可能性。①

普鲁士此时迫切要求的条件，就是法国军队全部撤出德意志。拿破仑对此不肯让步，除非腓特烈·威廉解散其军队，但如果普鲁士国王答应这个条件，无异于再次在他的臣民面前蒙羞，甚至可能导致他被赶下王位。巴伐利亚刚刚发生了一场变故，令德意志人群情激愤。据法国官员证实，一位名叫帕尔姆的纽伦堡书商曾销售了一本名为《德意志正陷入深深的耻辱之中》的不具名小册子。这绝不是一本革命书籍，当这位受人尊敬的商人被军事当局逮捕时，他以为对方搞错了。结果，错的是帕尔姆，拿破仑已经下达命令，必须杀鸡儆猴，阻止德意志爱国宣传品的销售。于是，帕尔姆被押送到法国军队占领的奥地利城镇布劳瑙，经军事法庭审判后枪决（8月25日）。这是法国皇帝犯过的最大错误。暴行引发了整个德意志的愤慨，不仅没能起到压制的作用，反而点燃了民族情绪，使腓特烈·威廉和拿破仑之间更不可能为和平而达成妥协。拿破仑的改革措施本是为了安抚平民阶

---

① 路易莎王后对根茨说（10月9日），战争的决定不是出于自私的算计，而是出于荣誉感（加登，《条约集》，第10卷，第133页）。

第25章　普鲁士的覆灭　479

层,现在他却成了后者眼中的暴君;而腓特烈·威廉因为要求法国撤军,几乎成了德意志的捍卫者。

不幸的是,国王不愿任命受人信赖的大臣。如果以哈登贝格取代豪格维茨,人们肯定坚信普鲁士的宝剑已经出鞘,就不可能再温顺地插回去了;为此,人们做出了很大的努力,但国王的拒绝令人寒心。[①] 确实,豪格维茨和拜梅此时都表达了对拿破仑的刻骨仇恨,就像是对一个背叛他们信任的人那样。可是,国王在改变政策的时候不愿做出相应的人事变动,这是一个致命的错误。只要豪格维茨仍然掌权,圣彼得堡和伦敦对普鲁士就不会有任何的信任。此人两次将国家的航船驶向拿破仑的炮口之下,也极有可能重蹈覆辙;英国和俄国都等着普鲁士采取一些决定性的措施,否则,他们不会为这个左右摇摆的君主冒险派出军队。

格伦维尔几经拖延,才派莫佩思勋爵去商讨结盟事宜,但要求事先得到归还汉诺威的庄严承诺。这位特使快要抵达普军大本营的时候,正好遇上了从耶拿来的大批逃难者,于是在这洪流中离开了那个是非之地。至于俄国,则等待着一名普鲁士军官来到圣彼得堡协调作战计划。当这位军官到来时,并没有携带任何计划,沙皇对盟友的荒唐做法大感不解,加上与土耳其的敌对状态,因而拒绝派兵进入普鲁士。[②] 奥地利的行为同样令人失望。这个国家去年的伤口还在流血,又为俄国的猜忌而感到痛苦,不愿意在盟国取胜之前行动。就这样,由于几个旧君主国的相互猜忌,腓特烈·威廉得不到俄国或奥地利军队的任何援助,也得不到伦敦的军费支持战备,却要在图林根的高地赌上他的一切。他确实得到了萨克森和魏玛的支持,但这两个国家只能派出21000人助战。

[①] 9月2日向国王递交了一份备忘录,签名者包括国王的兄弟亨利与威廉,以及主战派领袖路易·费迪南德亲王、吕歇尔和普尔两位将军,以及未来的独裁者施泰因。国王将他们都驳斥了一番。参见佩尔茨,《施泰因》,第1卷,第347页。
[②] 英国外交部档案,俄国部分,第64号。斯图尔特9月30日和10月21日的公文。

相反，拿破仑身为莱茵邦联的保护人，得到了25000名南德意志士兵的援助，在维尔茨堡有一个坚固的基地。他的部队占据了奥地利边境的帕绍和布劳瑙要塞，令哈布斯堡王室不敢动弹；6万人的法国和荷兰部队驻守韦瑟尔，威胁汉诺威境内的普军。最重要的是，他已派驻德意志境内的部队得到了增援，到10月初，有大约20万人的部队从美因河开往魏玛公国。苏尔特和奈伊率6万名士兵从安贝格开往拜罗伊特和霍夫；贝纳多特和达武率9万人进军施莱茨；拉纳和奥热罗则率领46000人从上述两军左侧的大路向萨尔费尔德调动。

三路大军以密集的队形，从相距不远的道路上一同穿越山区，带来了很大的困难，只有仰仗军官的经验、士兵的精力与耐心以及伟大统帅的天才才能克服。与此同时，拿破仑已于9月25日悄悄离开巴黎。他一如往常地迅速行动，28日就抵达美因茨，10月2日到达维尔茨堡，在那里指挥作战。他充满信心，认为强大的法军将很快打败普鲁士人，将他们赶下萨勒河谷，从而迫使萨克森选帝侯脱离已令人生厌的同盟。

因此，法军有着大批经验丰富的战士，良好的行动基地，以及明确的攻击计划。相反，普鲁士军队只集结了128000名官兵（包括萨克森军队）；其中还有27000人在吕歇尔率领下陈兵于黑森-卡塞尔边境，确保选帝侯不脱离同盟。普军总司令是年已七旬的不伦瑞克公爵，他以1792年的瓦尔米之败和最近支持对法修好的政策而著称。对他的任命激起了愤怒和惊愕，卡尔克罗伊特将军向根茨表达了众人的意见，称这位公爵没有能力指挥普军："他的性格不够坚强，才能平庸、优柔寡断，完全不值得信任。再好的事业都将毁在他手中。"公爵本人也意识到自己的无能。那么，他为什么会接受这个职务？答案令人震惊，但有冯·米夫林将军的话为证：

"不伦瑞克公爵接受总司令的职务，是为了避免战争。我对此非常确定，因为我不止一次听他亲口这么说。他完全知道普鲁士军队的弱点，以及军官们的无能。"①

于是出现了这样奇怪的一幕：缺乏自信、爱好和平的国王随军出征，参加所有的商议；名义上主持这些会议的，是一个意志消沉的老人，他依然痴迷于和平，并将任何重要行动的责任推给国王。然而，普军阵中仍有能征惯战的将军，尽管不像吕歇尔将军浮夸的那样，"有多人可与波拿巴先生媲美"。事实终将证明，格奈泽瑙、沙恩霍斯特和布吕歇尔可与最好的法国元帅抗衡；但在这场战争中，他们的锋芒被掩盖了，只有在官方的压制粉碎之后，才得以大放光彩。沙恩霍斯特的战略与行政才能此时已尽人皆知，他也参加了许多次无所不谈却毫无决断的作战会议，但他人微言轻，无能为力。10月7日，他写道："我很清楚我们应该做什么，但我们究竟将怎么做只有上帝知道了。"②他指的显然是必须集中兵力。那个时候，普鲁士军队防线连绵85英里，十分薄弱，萨克森军队靠近格拉，不伦瑞克公爵率领的主力在埃尔富特，而吕歇尔在西部很远的地方，等他赶到耶拿时，已经迟到了一个小时，无法扭转惨败的局面。

可是，手握如此薄弱且分散的部队，霍恩洛厄亲王还是提出了向美因河进军的大胆计划。相反，不伦瑞克公爵建议采取谨慎的防御策略；但他无法（或者不想）推行自己的计划；结果是在两个极端之间摇摆不定。如果他将所有兵力集中起来，控制靠近耶拿的萨勒河谷和格拉附近的埃尔斯特河谷，这场战役也许有可能延续到俄军赶来。事实是，反法同盟朝令夕改，令部队多次往返奔波，加上冗长的军事会议，挫伤了士气。拿破仑的部队则沿山谷以每日15英里的速度穿行，迂回到同盟军左侧，切断了普鲁士与萨克森的联系。③

---

① 米夫林，《我的一生》。
② 莱托－福贝克，《1806—1807年的战争》，第163页。
③ 这次迅速进兵的效果参见霍恩洛厄的《关于战略的信件》（*Letters on Strategy*，英文版，第62页）；富卡尔（Foucart）的《普鲁士战役》（*Campagne de Prusse*）第1卷，第323—343页；另见菲茨莫里斯（Fitzmaurice）勋爵的《不伦瑞克公爵》。

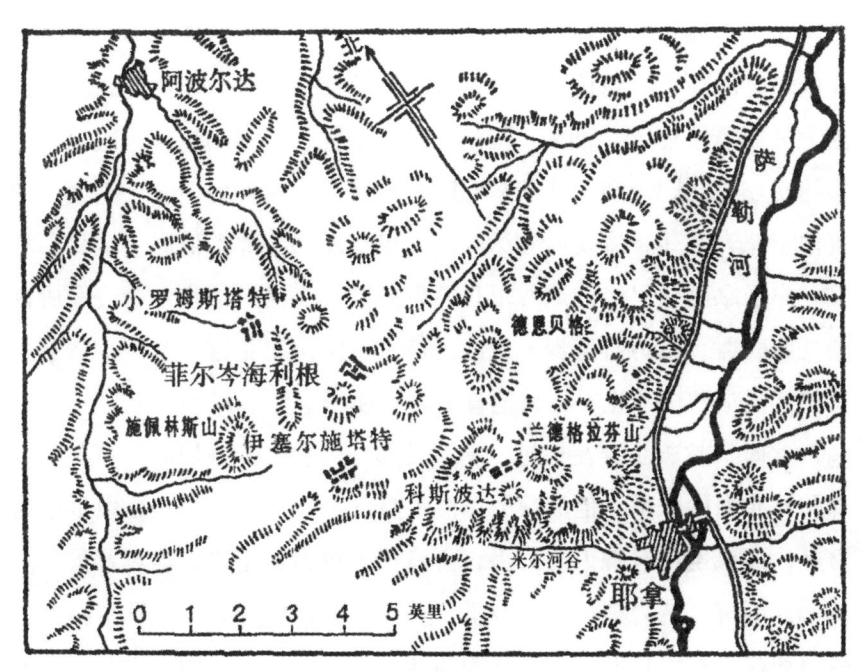

耶拿战役

第一场重要战斗发生在10月10日的萨尔菲尔德，普鲁士亲王路易·斐迪南率小股部队试图从侧翼保护向西进军耶拿的霍恩洛厄。这项任务十分艰巨，就连这位普鲁士的"骑士之花"也力有不逮。拉纳势不可挡的进攻压垮了斐迪南，他在骑兵混战中负伤，但骄傲地拒绝了一位法国军官的劝降，被后者刺死。这位英雄、普鲁士的"亚西比德"战死沙场，给全军蒙上了阴影，大本营里那一张张哀伤的面孔似乎预示着更大的惨败。或许是隐约感觉到普军的这种沮丧情绪，也可能是出于停止"一场不明智的战争"这种值得称赞的渴望，拿破仑在两天之后写了一封信给普鲁士国王，敦促他媾和，以免遭到覆灭，因为失败已经注定。可是，国王已向沙皇发誓要发动战争，因此，如果他现在与法国谈和，让俄军撤回，就将再一次受到谴责，人们会指责他宁愿为了苟且偷安而丢尽颜面，也不愿为了尊严而高贵地踏入险境。由于拿破仑已经知道普王与沙皇的联盟，这封信肯定会被看成企图瓦解联盟，玷污腓特烈·威廉的清誉。国王正是这么看的，从拿破仑的其他信件中，也看不出他真的希望和平。

此时，拿破仑身在格拉，率军进逼瑙姆堡，准备切断普军与萨克森和易北河的联系。他的兵力虽然占有优势，但这些行动分散了他的力量，如果遇上有魄力的对手，可能招来攻击；不过，他对普鲁士众将十分蔑视，认为他们都是傻瓜，并夺取和焚毁瑙姆堡的军事物资，竭力动摇普通士兵的斗志。他确实认为，普军都已北撤，因此，当他在10月13日早上接到拉纳的报告，说侦察兵在浓雾中翻过耶拿背后的山坡时遇到了普鲁士军队，不禁大吃了一惊。这条消息并不完全正确。那里只有霍恩洛厄亲王的部队，因为普军大部在不伦瑞克公爵率领下正在向北撤退，几乎在瑙姆堡城后撞上达武和贝纳多特两军。

拉纳在兰德格拉芬山也遇到了险境。这座山矗立于耶拿城北，下面是狭窄蜿蜒的萨勒河谷；西北两面的山坡俯视着崎岖不平、形状不规则的一片高原，霍恩洛厄的部队就扎营于高原之上。假如普军全力猛攻疲劳不堪的拉纳所部,可能轻易地将其赶下萨勒河。但霍恩洛厄接到命令,与魏玛附近的吕歇尔分遣部队会合之后立刻北撤,为不伦瑞克公爵断后。因此,他不愿意冒险发动这种大胆的攻势,然而,这却是现在他唯一的安全之道。法国人利用了这一喘息之机,将所有可用的部队都送上耶拿北面和西面的山坡。傍晚时分,拿破仑亲自登上兰德格拉芬山,勘测这片高原;镇上的牧师被迫指出了更北面一条通往这个高原的小径,需要穿过拉乌峡谷。①

高地南侧是较为宽阔的米尔河谷,往魏玛去的一条路穿过其间;这一侧的山顶树木茂盛,沟渠密布,其中有一条蜿蜒的小径,称为"施内克"(意为"蜗牛")。高原上有许多村庄和树林,地形复杂,妨碍了普鲁士军队所依赖的线式阵形的自由发挥,而更有利于法军以多股散兵为先导、密集纵队随后的战法,拿破仑经常以此阵形取胜。不过,他最大的优势还是对手毫不知情。霍恩洛厄以为自己面对的只是拉纳的军团,对正面发生的情况不太在意,判断只有米尔河谷能够通行,便将主力部队驻扎在这一侧。因此,兰德格拉芬山这一侧防御十分薄弱,法军在夜色掩护下不仅以重兵登上山顶,还带去了整连整连的炮兵。

运送大炮的工作很艰苦,在一条陡峭的峡谷小径中,一些大炮和牵引车难以前进;但法国皇帝在午夜里巡视,他的出现如同魔法一般,不仅帮助了疲劳的士兵们,还斥责了因为疏忽而导致道路堵塞的军官。拿破仑手持灯笼,在山路上来回指挥;萨瓦里看到了这一幕,注意到士兵们看见皇帝时惊叹不已,个个重振精神,用力凿石开路,一边小声议论:军官们都已经睡了,他竟然亲自前来。看到第一辆车穿过狭窄的陡坡时,已是深夜,他回到山顶的帝国卫队宿营地,下达了进一步的命令之后才小憩片刻。他就是凭借这种不知疲倦的精力确

---

① 赫普夫纳(Höpfner)的著作(第1卷,第383页);莱托-福贝克,《1806—1807年的战争》,第1卷,第345页。

保胜利。除了极大地鼓舞了士气之外，他的勤勉也得到了丰厚的回报。法军之所以能赢得耶拿之战的胜利，就在于迅速集结兵力，几乎在毫无进取心的敌人眼皮底下夺取制高点。苏尔特和奈伊两军从夜里到次日早晨一直在向耶拿进军，并占据了右（北）翼的阵地，而拉纳和帝国卫队坐镇中央高地，奥热罗军团在米尔河谷威胁守卫施内克的萨克森和普鲁士部队。①

次日清晨，法军的调动得到了浓雾的掩护，经过一番激烈的混战，法军不仅出敌不意地守住了耶拿城北的高地，也守住了大批敌军所在的米尔河谷上方的高地。

早上10时，晨雾散去，秋日暖阳下可以看到密集的法军队伍向高原中部挺进。霍恩洛厄此时发现自己犯下了大错，急忙派人向吕歇尔求援。中路法军在拉纳率领下，开始逼迫普军将防线后移至菲尔岑海利根村。霍恩洛厄以多个精锐骑兵中队扑向蜂拥而来的大队法军，但无济于事，法军的炮兵和步枪火力令他们乱成一团，同时法国龙骑兵已做好准备，利用他们的混乱取得战果。普鲁士军队重新集结后夺回了失去的村子，但当奈伊得到增援之后，它又得而复失了。苏尔特和奥热罗从两翼出击，法军的攻势达到了高潮，此时拿破仑出动作为预备队的帝国卫队以及缪拉的骑兵，猛攻混乱不堪的普军防线。这次攻击难以抵挡，霍恩洛厄的部队溃不成军。吕歇尔率军逼近，试图阻止这场溃败，他的部队像接受检阅时一样稳步向前，暂时顶住了法军的攻势；但不管是普鲁士骑兵还是勇敢的步兵，他们的冲锋都无法阻挡如同怒潮一般的法军，英勇的普军统帅吕歇尔战死沙场，他的部队也和其他普军部队一样全线崩溃。②

---

① 富卡尔，《普鲁士战役》，第606—623页。
② 马尔博说吕歇尔阵亡了，但他的伤势得以恢复，第二年春天在军中表现优秀。
韦尔内（Vernet）所作的一幅画作描绘了拿破仑在耶拿战役中检阅将要发起冲锋的帝国卫队的情景，似乎表现了这个著名的事件：一位士兵高喊"前进"，拿破仑猛地转过身来，对这个士兵说，等他指挥了二十场战役之后再向皇帝提出建议。

在缪拉的骑兵面前抱头鼠窜的普军残部遇上了另一群败兵，那是不伦瑞克公爵的部队。普军在耶拿遭到败绩并不丢脸，第一枪打响之时，失败就已经注定。面对危局，他们只有47400名官兵，而拿破仑手上有83600名战士。①但在奥尔施泰特的败退就是耻辱了。在那个战场上，他们人数上有着决定性的优势，35000多名最精锐的普军官兵，与之对阵的只是达武军团的27000人。

此役之前，达武令人瞩目的并不是什么军事才能，而是他像条狗一样地忠于拿破仑；功勋卓著的马尔蒙曾公开嘲笑他接受元帅的头衔。但是，在他沉静的外表和看似沉闷的行事作风下面，潜藏着各种各样的才能，只有到了大场面，才会锋芒尽显，震惊世人。②现在，这个时机到了。腓特烈·威廉和不伦瑞克公爵正从奥尔施泰特起兵，准备撤往易北河，布吕歇尔率领的骑兵当先开路，透过晨雾隐隐约约看到了法国步兵的队伍，宛如一道长城。这是达武军团的一部分，坚守在哈森豪森村内外。

布吕歇尔立即发动冲锋，但被法军逐回，损失惨重。在步兵和大炮支援下，他再次进攻，仍被击退；因为达武在大雾的掩护下，已占据了旁边俯瞰大路的高地，组织了严密的防御。不伦瑞克公爵决心驱散或是粉碎这个顽敌，率领重兵沿着隘谷中的狭窄小路前进，可是法军的密集火力击中了他和大部分军官；普军后撤之时，达武则挥军威胁其两翼。屡攻不克令腓特烈国王灰心丧志，尽管可以召集卡尔克罗伊特率领的普军预备队，利用数量优势打垮已饱受重压的法军，但他认为让部队脱离战场，向霍恩洛厄请求支援才是上策。

可是哪有什么支援！他们没有看到一支大军，只在奥尔施泰特到

---

① 富卡尔，《普鲁士战役》，第671页。
② 朗这样描述在安斯巴赫见到的四位法国元帅："贝纳多特身材很高大，皮肤黝黑，浓眉之下是一双炯炯有神的眼睛；莫尔捷比他更高大，长得像一个笨拙的哨兵；勒菲弗是个军营杂役出身的阿尔萨斯人，妻子过去也是团里的洗衣妇；达武是个头脑简单、不装腔作势的小个子，对华尔兹从不厌倦。"

魏玛的半路上遇到了一群被缪拉的马刀吓破胆的乌合之众。贝纳多特军也从左翼杀来，两支普鲁士部队汇成了一股混乱的人流，涌向埃尔富特、马格德堡的城墙下，甚至更远的森林里，才停住了脚步。

对法军而言，在耶拿和奥尔施泰特这两场战役中，后者取得的胜利无疑更加辉煌。拿破仑打败一支人数不及自己半数的敌军，算不上是了不起的功绩。奇怪的是，如此完美的统帅竟然将27000名官兵暴露在不伦瑞克公爵所部近4万人的攻击之下。[1]为了掩盖自己的错误，法国皇帝在公报和《官方通信》中竭力将霍恩洛厄部夸大为一支大军，贬损达武的杰出功绩，只在私信中热情褒扬了后者。事实是，他的所有部署都基于坚信普军主力就在耶拿。

这也就是13日下午，拿破仑匆忙派人从瑙姆堡及其周边召回缪拉的骑兵和贝纳多特军团的原因；贝纳多特也因此在战斗中没有起到很大的作用。为此，他受到了严厉的指责，理由是有人断言拿破仑曾在13日夜里下令他支援达武。这道命令从未发出过，在最新、最完整的法国官方文件集中也没有发现，不过，文件中有一些可以证明贝纳多特完全是无辜的。[2]遗憾的是，回忆录作者的飞短流长比公文中的乏味事实更有吸引力、更容易流传，贝纳多特为此蒙受了不白之冤。

命运女神在战争中起到极大的作用，她从未像1806年10月14日那样垂青于法国皇帝。运气在法国人一边，加上达武及其手下的军事技能和勇气，将一场难言胜负的战斗转变为压倒性的胜利。尽管拿破仑就像在滑铁卢忽视了布吕歇尔的侧翼行动一样，对不伦瑞克公爵的动向一无所知，但达武与拉纳以其进取心和韧劲，在图林根高地上取

---

[1] 达武，《第3军战史》（Opérations du 3'me Corps），第31—32页。在法国作家笔下，他们的部队只剩下24000人，而不伦瑞克的总兵力则被夸大为6万人。莱曼的《沙恩霍斯特》（第1卷，第433页）提供了这些细节。
[2] 富卡尔，《普鲁士战役》，第604—606、670和694—697页。书中只指责贝纳多特行动迟缓。但他是在天亮之前就从瑙姆堡出发的，尽管因道路崎岖而耽误了行程，仍然于下午4时逼近阿波尔达，并抓获了1000名俘虏。

得了一场战争史上几乎空前绝后的大捷。两位元帅以过人的力量紧紧抓住对手,在非常有利于法军的条件下展开战斗,对此怎么称赞都不为过;如果不是他们的努力,普鲁士军队绝不会在一天内就被粉碎。

此时,法军攻势如潮,从图林根山谷掠过,涌进萨克森和勃兰登堡的平原。河流和城墙都无法抵挡这吞噬一切的怒潮。10月16日,16000名普鲁士官兵在埃尔富特向缪拉投降;随后,"美剑客"挥军东进,追击霍恩洛厄残部,在不知疲倦的拉纳军团帮助下,迫使普军在普伦茨劳投降。[①]与此同时,布吕歇尔仍竭力向北撤退;但在缪拉、苏尔特和贝纳多特的穷追猛打之下,他最终躲进吕贝克,经过一番垂死挣扎,寡不敌众的他只得投降(11月7日)。

在失败的阴云之中,吕贝克总算闪烁着英雄主义的微光;但在其他普军据点的城墙下,与惨败相伴的只有耻辱。守卫这些要塞的不是胆战心惊的老人,就是了无生气的学究,只能等着法军发动猛烈的攻势。只要法军的大炮响上几声,甚至只要骑兵列队示威,他们通常就乖乖地举起了白旗。很快,施潘道、斯德丁、屈斯特林[②]、马格德堡和哈默尔恩都打开城门。哈默尔恩的长官关心的主要是,汉诺威一旦被法国占领,自己以后就可以从法国人那里领取养老金了。

在一片可耻的投降之举中,普鲁士首都落入了达武手中(10月25日)。瓦恩哈根·冯·恩泽曾描述过自己看到那些"神气活现、放肆无礼、一脸凶相的小家伙"时惊讶与敬佩混杂的心情,这些人打败了按照腓特烈大帝的方法训练出来的精兵强将。他的困惑是理所当然的,但所有透过表面看本质的人都知道,普鲁士在打响第一枪之前就已经输了。挫磨锐气的军营规矩、官僚的麻木不仁或腐败、打击民众热情的屈辱政策都是它失败的原因。

[①] 对于拉纳的表现,就像在奥斯特里茨所建功勋一样,拿破仑没有几句夸奖的话。拉纳对此颇有微词,参见图马(Thomas)的《拉纳元帅》(Le Maréchal Lannes),第169页。由于拉纳性格非常独立不羁,皇帝私下里并不喜欢他。

[②] 今波兰科斯琴——译者注

耶拿大战之后13天，拿破仑以胜利者的姿态进入了柏林。这是他第一次亲自享受胜利者的特权，最为精锐的部队列队进城，不遗余力地给人们留下深刻印象。走在前面的是帝国卫队的掷弹兵和猎兵，中央集群之后，仍是帝国卫队久经沙场的其他骑兵和步兵队伍，他们已被誉为同时代最勇敢的战士。在他们中间，簇拥着这部战争机器的灵魂——拿破仑，与之相伴的是三位元帅和才华横溢的参谋们。这群人中有一个人引起了人们的注意，那就是其貌不扬、如同普通士兵的贝尔蒂埃，他是始终令人信赖、办事有条不紊的参谋长。与之并辔而行的是达武，他的圆脸上带着沉静的表情，令人难以想象到他能青云直上，成为法国圣骑士中的佼佼者。队伍中还有高大英俊、威风凛凛的奥热罗，他在耶拿也建立了功勋，但很难保持斯蒂维耶雷堡时的威名。跟随其后的是拿破仑最宠爱的副官迪罗克，此人身材矮小、表情冷峻，身经百战的他在柏林广为人知，因为他曾两次出使这里，试图巩固普法同盟。

不过，充满敬畏的人群注目之处仍然是军中统帅。尽管经历了大多数人难以承受的艰辛，他仍显得十分健硕，脸上不再像年轻时那样因壮志未酬而憔悴，而是因为辛劳得到回报、宏图即将实现而变得精神饱满。如果不是紧锁的双眉透露出无限心事，还有那一双敏锐、忧郁而深不可测的眼睛，他看上去恐怕就像是粗俗的享乐者了。

第四版增注

科凯勒先生最近出版的著作《拿破仑与英国，1803—1813》第11章—第17章（乔治贝尔父子公司，1904年）中已提出了关于英法1806年谈判的几个相当有趣和重要的事实。

第26章　大陆封锁体系：弗里德兰之战

> 我深知伦敦只是世界的一角，巴黎才是世界的中心。
>
> ——拿破仑书信，1806年8月18日

1806年11月21日，拿破仑在柏林颁发敕令，宣布对英国工商业发动一场毫不留情的战争，这场战争将使整个文明世界陷入混乱，直到他被推翻才停止。重申对英国海商法的指责之后，他宣布不列颠群岛将处于封锁状态，禁止与它们的所有商贸往来，威胁扣押法国或盟国军队发现的英国商品及臣民，禁止买卖英国及其殖民地的一切商品，任何曾在英国靠岸的船只禁止进入法国和盟国港口，任何串谋违反《柏林敕令》的船只将被作为战利品扣留。[①]这道敕令适用于法国、意大利、瑞士、荷兰、莱茵邦联，形成了"大陆封锁体系"的基础，这一体系包括所有旨在不让英国货物进入欧洲大陆，从而毁掉英国的措施。

利用英国自身的财富来扼杀它的计划并非拿破仑的独创。这和他惯用的大多数正式手段一样，是从雅各宾党人那里学来的，后者坚称，英国的财富是虚构的，一旦它在西印度群岛的商业遭到打击且不能进入莱茵河和易北河，就会立刻崩溃。最初，巴黎议员对于英国庞大的工业除了严词斥责之外，也没有什么办法；但当年轻的波拿巴脱

---

① 《拿破仑书信集》，1807年11月21日；伦布罗索（Lumbroso）男爵的《拿破仑一世与英国》（*Napoleone I e l'Inghilterra*），第103页；加登，《条约集》，第10卷，第307页。

颖而出，商业战争就是一件严肃的事了。他在意大利的胜利扩大了法国的势力范围，督政府立刻禁止所有英国产品进入意大利，并将所有棉毛制品都视为英国货物，除非有原产地证明。①如果没有明智的君主加以控制，法国的公共舆论一直倾向于保护或禁止，因此对这种严格的措施表示欢迎；1802年有传言称拿破仑打算与这个民族仇敌签订一项贸易条约时，法国制造商的反对之声十分强烈。因此，传统和习惯站在拿破仑一边，特拉法尔加之后，他将所有精力都集中在他的"沿海封锁体系"中。②

从表面上看，《柏林敕令》是对英国1806年5月16日枢密令的反击，这道枢密令宣布布雷斯特和易北河之间的所有海岸处于封锁状态；法国历史学家曾以此为由辩解，断言拿破仑的行为是对英国侵略行径的必要回应。③但这种说法站不住脚。毫无疑问，强迫普鲁士向英国货物关闭中立的德意志北部海岸（1806年2月）的那个人才是侵略者。此外，有间接证据表明，拿破仑并不认为英国对北部沿岸的封锁是不合理的。在后续的英法谈判中，他没有对此提出任何抗议，也没有对海商法提出异议；看起来，如果英国让他取得西西里，就可以像过去一样颁布严格的海商法。但福克斯和继任者们并没有这么做，而是放松了对北德意志的封锁；根据9月25日的命令，英国宣布易北河和埃姆斯河之间的海岸可以自由通行。

这样，拿破仑对英国的不满实际上减轻了，他在《柏林敕令》绪言中对虚构的封锁行动提出了抗议，实际上只适用于英国在海尔德和布雷斯特之间海岸采取的行动，该国的巡洋舰在这些海域监视着法

---

① 共和五年雾月10日发布的这项敕令全文载于伦布罗索《拿破仑一世与英国》第49页上，并做了评论。另见索雷尔《欧洲与法国大革命》（*L'Europe et la Rév. Fr.*）第3卷，第389页；我在1893年10月《英国历史评论》上的文章，题为《拿破仑与英国商业》。
② 我相信，这一措辞最早出现在拿破仑1803年5月1日的谈话中："我们将建立更完整的海岸体系，英国将流尽血泪而灭亡。"（米奥·德·梅利托，《回忆录》，第1卷，第14章）
③ 例如，福希耶（Fauchille），《海上封锁》（*Du Blocus maritime*），第93页及下文。

国仍在进行的海军战备。他以法律受到践踏为由提出抗议,实在有些古怪;他宣布3000英里的英国海岸线处于封锁状态,不过是虚张声势,仅仅是表明他的大陆封锁体系的合法性。但是,除了这个微不足道的借口,他对法律根本不在意。封锁的确是战争行为,适用于哪个地区或者哪片海岸取决于交战国的意愿和能力。拿破仑坦率地承认这一事实,尽管他在绪言中求助于法律,但他的行为只出于利益。当他想要和平(还有西西里)时,对英国的海上权利主张只字不提,当战争继续时,他又以此作为借口,采取比对手严苛十倍的措施。

英国立刻接受了拿破仑在柏林发起的挑战。1807年1月7日的一道枢密令禁止中立国在法国及其盟国的港口间,或者遵守《柏林敕令》的港口间进行贸易,否则将扣押和没收船只及货物。拿破仑针锋相对地在华沙颁布敕令(1月27日),命令扣押汉萨城镇的所有英国货物和殖民地制品。作为报复,英国重新对北德意志沿岸实施严密封锁(3月11日);通过《蒂尔西特和约》将欧洲大陆踩在脚下后,拿破仑在枫丹白露坦率地告诉外交官们,他将不再允许欧洲大陆和英国有任何商业或政治关系。"海洋必然臣服于陆地。"拿破仑的这句话简练地总结了他的雄心;不管对他采取的手段有何看法,也无法否定这是个宏伟的构想。英国人确实统治着海洋,但他主宰着陆地;富饶多产的土地,必然压倒贫瘠荒凉的大海。当时的想法确是如此,然而后来发现这是一种谬误;不过,这种想法强烈地吸引着法国人,让他们认为有一种可靠的手段能够羞辱传统对手。加之,这还能为拿破仑提供一个强大的统治机器,不仅确保了他在法国的地位,还能将其统治延伸到北德意志和确保其政治试验成功所需的一切沿海地区。

这种想法似乎也间接地使拿破仑对权力的欲望与日俱增,难以满足。我们在此要简略地谈一下有关动机的难题;除了那些武断的人之外,人们几乎不可能确定,导致他灭亡的几次侵略行为——瓜分葡萄牙,对西班牙的占领和在莫斯科的冒险——到底是野心所致,还是因为宿命促使他觉得，这些行动是大陆封锁体系取得全胜所必需的。有一次，拿破仑那神秘的洞察力突然闪现，他对勒德雷尔说，他的野心不同于其他人，因为那些人是野心的奴隶，而他与野心浑然一体，因此野心从来不会干扰他的思考和意志。是否可能出现这样的现象是心理学家和诡辩论者的话题；但每个不带偏见的拿破仑生平研究者肯定都常常会怀疑，他所做的一切究竟是出于疯狂的野心，还是为了实现横贯全球的大陆封锁系统，理所当然地（或许是不可避免地）要这么做？

英国也从这场大战当中得到了一些不那么重要的好处。为了使强大的对手陷入困境，它继续大力夺取殖民地，以控制热带地区的资源，从而避免力量平衡倒向陆地，那正是拿破仑竭力想要实现的。命运注定，英国水手和殖民者所征服的地域，比拿破仑的军团侵占的领土更持久。当法军在维斯瓦河和埃布罗河取得一些空洞的胜利时，英国海军夺取了一个又一个法国和荷兰殖民地，该国拓荒者也开辟了通往澳大利亚和南非内陆地区的道路。

英国还利用海上霸权压制中立国的商贸。本书没有篇幅来讨论战时中立国权利的问题，那将涉及"1756年规则"和两次"武装中立同盟"之后达成的妥协。这里只需指出，英国商人一直因中立国船只享有相对豁免权而愤愤不平，强烈要求采取更加有力的措施，打击诸如在法国港口进行贸易之类的行为。①不过，英国枢密令是在商人阶层的要求下颁发的说法有些夸大了：它们是对拿破仑行为的报复，其规模几乎可以几何级数表示。对于他控制的欧洲大陆工业资源，英国只能通过制造技能、在热带地区的霸权以及对海洋的控制来抗衡。双方使用的手段同样野蛮，如果实施到年底，合乎逻辑的结论必然是，

---

① 尤其可以参阅 J. 斯蒂芬的小册子《伪装下的战争，中立国旗帜骗局》（*War in Disguise, or the Frauds of the Neutral Flags*，1805 年）。据说，这本小册子是枢密院令的导火索。以下书籍全面论述了这个问题：曼宁，《国际法评释》（1875 年版）；劳伦斯，《国际法》；马汉，《海权的影响》，第 2 卷，第 274—277 页；莫利安，第 3 卷，第 289 页（第一版）；沙普塔尔，《回忆录》，第 275 页。

它们就像两个磨盘,夹在其中的中立国将被碾得粉碎。可是,对于一个海上无所不能、陆上力量却十分薄弱的孤立国家,很难看到还有什么替代方案。英国的存亡系于海上贸易,放弃与中立国的贸易将是最软弱的投降之举,而在这个时候投降就意味着政治上的灭亡。

现在,我们跟随拿破仑此后进军的主要步伐,这些行动使他得以将他的封锁体系强加于几乎整个欧洲大陆。在普鲁士首都扎营时,他下令废黜黑森-卡塞尔选帝侯,随后法国和荷兰军队占领了那个选侯国。对萨克森的行动比较精明和仁慈,1806年12月11日,萨克森选帝侯接受了与法国结盟的建议,加入莱茵邦联,并接受了国王的封号。[①]

此时,腓特烈·威廉在悲伤满怀的王后陪伴下,正竭力在东部各省拼凑一支军队。耶拿之战后,腓特烈·威廉已提出过一些和平的建议,但拿破仑最终没有放松他的追击,除非普鲁士退到维斯瓦河后,并将整个王国西部地区及各个要塞交给他。另外,他还要求普鲁士必须与法国结成反对俄国的紧密同盟,以图遏制俄国对土耳其雄心勃勃的计划;沙皇对奥斯曼苏丹废黜多瑙河各公国大公的行为(此举是法国怂恿的)心怀怨恨,尽管土耳其政府已胆怯地撤回了令人不快的敕令,他仍派出一支大军渡过普鲁特河。[②]东方问题就这样重启了,拿破仑建议组成法国与普鲁士的同盟,避免俄国征服巴尔干半岛。但和往常一样,他给普鲁士的条件太苛刻了。国王无法接受这样的耻辱,只能决心将一切赌在军队的勇气和沙皇的诚意上。

虽然因为不信任豪格维茨和与土耳其毫无理性的争斗而推迟了行动,但俄军此时终于将73000人的部队开进了普属波兰;不过,他们来得太晚,已无法挽救西里西亚的各个要塞,它们中大部分已向法军投降。野战的形势也不利于同盟军,不过在华沙以北的普图斯克,俄军声称己方占据了上风。

---

① 豪塞尔的著作,第3卷,第61页(第4版)。萨克森为联盟提供的军队定为2万人。
② 1806年12月22日递交国会的文件。

当年年底，双方迁入了冬季营地，这是一个关键的时刻。法军身处波兰荒野，用于冬季作战的给养严重不足。雨雪风霜使本就状况不佳的道路成了一片泥沼，泥水没过了士兵的膝盖、战马的腹部和马车的车轴。塔列朗乘坐的马车整晚上都陷在泥泞中，十匹马都无法将其拉出来。最为健谈的马尔博很好地表达了士兵们对波兰和波兰人的看法："气候恶劣，食物难以下咽，没有葡萄酒，啤酒令人生厌，到处都是泥水，吃不到面包，还要与牛猪同住。我们的士兵说：'他们（波兰人）还管这叫作祖国。'"

可是，波兰人的爱国主义精神在世界上一直是强大的力量；拿破仑一贯善于观察对手的弱点，看出了利用这股力量的机会。这也是他惯用的手法：他曾挑动意大利人对抗奥地利人、科普特人对抗马穆鲁克人、德鲁兹派对抗土耳其人、爱尔兰人对抗英国人、南德意志人对抗哈布斯堡和霍亨索伦王室，大部分时候都取得了成功。不过，除了意大利人和南德意志诸王公之外，他极少论功行赏。他对爱尔兰民族主义者是否比对科普特人和德鲁兹派更为热情，是很值得怀疑的。[①]除了意大利同胞之外，他对铭刻在19世纪历史上的任何民族主义抱负都没有一丝共鸣。在这方面，如同其他国家大事，他坚持认为"真正的政策不过是纵横捭阖，随机应变"。

他就是抱着这种观念看待波兰问题的。这片不幸的土地遭到俄国、奥地利和普鲁士的瓜分，对欧洲造成的不安不亚于法国大革命；现在，这位大革命的继承人在横扫孱弱的中欧君主国之后，就要来一探这个基督教世界的痛疽了。与往常一样，没有人抢在他之前采取防范措施。恰尔托雷斯基曾恳求亚历山大宣布俄属波兰为自治王国，仅通过王室之间的纽带与俄国联合，但这一适时的提议遭到了拒绝；[②]

[①] 1801年11月28日的会见之后，康华里报告称，拿破仑"表达了我们两国各自驱逐不满分子的希望……并宣称他愿意驱逐爱尔兰统一派分子。"（英国外交部档案，第615号）

[②] 恰尔托雷斯基，《回忆录》，第2卷，第15章。

当波兰张开双臂迎接一位百战百胜的王者之时,沙皇却陷入与土耳其和波斯的战争之中,这足以说明他少谋寡断却又自大虚荣。正因如此,拿破仑轻松地使俄国陷入对手的包围之中;很快我们就会看到,他甚至采取措施挑动遥远的波斯帝国。

但他首先要做的是怂恿波兰人拿起武器,对此他采用了谨慎小心、模棱两可的言辞。的确,他支持波兰人发表各种关于民族自由的慷慨宣言;可是,他一贯将这种宣言看成是政治的风向标。他还提醒缪拉,不要向波兰人做过多承诺:"我的伟大靠的不是几千个波兰人的帮助。让他们表现出坚定的独立决心;让他们宣誓支持我们给的国王,然后我再来看看要做些什么。"

这种谨慎的态度有两个原因。他的元帅们发现,波兰人中愿意拿起武器为法国而战的并不占大多数;而且,他也不愿意触怒奥地利,因此不会鼓动加利西亚和华沙以东、以南的奥国属地革命。哈布斯堡王室正在紧张地集结部队,拿破仑完全不希望在距离国境线千里之外,冒险与三个大国交战。因此,他承诺将阻止奥属波兰的任何起义,以此来平息维也纳宫廷的恐惧,并大谈奥地利得到西里西亚的可能性。这一秘密提出的建议很有诱惑力,也是带有附加条件的;奥地利方面对此并没有表示任何感谢,反而加倍防范。不过,尽管英俄两国极尽努力,哈布斯堡统治者仍然拒绝加入同盟,他宁愿伺机而动,这毁了普鲁士。①

---

① 在英国外交部档案(普鲁士部分,第74号)中,有一份关于拿破仑答复华沙代表团的报告(1807年1月):"我提醒你们,我和任何一位法国王公都不在乎你们波兰的王位。我有很多王冠可以送人,还不知道怎么处理呢。你们首先要考虑的是为我的士兵提供面包——'面包,面包,还是面包'……我无法维持在这个国家的军队,那里除了贵族和一贫如洗的农民,就没有其他人了。你们的显贵家族都哪里去了?他们都卖身投靠俄国了。正是恰尔托雷斯基写信给柯斯丘什科,叫他别回波兰的。"当加利西亚代表问他,自己所在的省将是何种命运,他转过身来对这位代表说:"你以为我会为了一个省而再次树敌吗?"尽管如此,波兰人的热情并未完全冷却。他们的部队还是为拿破仑尽心竭力。不久之后,女性特有的奉献精神,促使一位年轻貌美的波兰贵妇成为他的情妇,她本来是希望以祖国的解放助一臂之力,后来却像所有接近拿破仑的女性一样,心甘情愿地成为他超人魅力的俘虏。他们的儿子是瓦莱夫斯卡伯爵。

第26章 大陆封锁体系:弗里德兰之战

战端在恶劣的天气中重启，本尼希森率领的俄军大胆西进，希望从法国人手中拯救但泽和格鲁登茨①。最初，一片密林为他的推进提供了掩护。但他却在帕萨尔格河②偶然撞上了贝纳多特，俄军的推进遭到遏制，本尼希森的计谋也泄露了。拿破仑立即准备北进，将俄军赶下大海，这一计划因为哥萨克骑兵截获一份法军公文而受挫。本尼希森意识到自己身处险境，立刻向柯尼斯堡撤退，不过他在埃劳向追兵发动反击，打了马尔普拉凯战役以来欧洲大陆最为血腥的一战。双方兵力相若，在75000人左右，俄军在人数上稍占上风，火炮也多一些。2月7日夜间，俄军在一场混战后被逐出埃劳，撤往由起伏不定的群山组成的坚固阵地，并将大炮部署在山顶上。

　　雪压冬云、曙光乍现之时，大炮开始向敌群开火，密集的纵队也向前推进。法军右翼的达武逼得俄军步步后退，拿破仑随之下令奥热罗的一个军压迫敌军中路，以取得全面优势。法军奋勇向前，打头阵的第14团占领了俯瞰敌军防线的一个小丘，③此时，在扑面而来的大雪中，夹杂着敌军的葡萄弹和霰弹，几乎将奥热罗军团尽数歼灭。法军阵形凌乱不堪，只能仓皇后退，留下的第14团只能听天由命。但是，一群哥萨克骑兵席卷而来，用长矛刺杀撤退的法军，能安全退回原阵地的人寥寥无几。俄军的大炮和骑兵还阻止了达武的进攻，战斗一度转为混乱、残酷的近身肉搏。仿佛是为了增加战场上的恐怖气氛，暴风雪再一次横扫战场，法军晕头转向，哥萨克人则借势发动猛烈的冲锋。然而，大军团表现出了英雄主义精神，奋不顾身地战斗；他们的统帅决心要取得胜利，派出80个骑兵中队猛攻俄军中路。他们将哥萨克冲散，迎着枪林弹雨涌向俄国步兵的第一道防线，虽然一度受阻，但他们找到了敌军的薄弱环节，

---

① 今波兰格鲁琼兹。——译注
② 今波兰帕斯文卡河。——译注
③ 马尔博，《回忆录》，第28章。

以胸甲骑兵取得突破,只是到了第二道防线又再次受阻;当哥萨克发起凶狠的冲锋,法军溃退了。法军士兵叹道:"这些俄国人打起仗来就像公牛。"这个比喻再恰当不过了,即便在缪拉冲击俄军中路的时候,4000名俄国掷弹兵组成的一支队伍还是从混乱的防线中抽出身来,直取埃劳村。他们以索姆斯师在斯坦柯尔克战役中的那种勇气,将法军轻骑兵和步兵冲散,威胁到拿破仑及其参谋部所在的公墓。

贝特朗将军后来在圣赫勒拿岛上说:"我的一生中,从未像皇帝在埃劳险些被俄军纵队踩在脚下时那么感到震撼。俄军进攻时,他一直岿然不动,只是不断地说,'多么勇敢啊'。"

但是,当周围的人都瑟瑟发抖,贝尔蒂埃下令准备马匹撤退时,拿破仑却悄悄地向他的卫队发出信号。这些强壮的士兵早就因为无所作为而怒火满腔,带着喜悦的心情冲杀上去。正如斯坦柯尔克战役中法国近卫军不屑向英军开枪那样,此时的帝国卫队也扑向俄军,用冷兵器展开肉搏。双方的碰撞十分惨烈,但法国人压抑已久的怒火压倒了一切,俄国掷弹兵几乎被全歼。这场战役本应以法军的胜利告终,因为达武已牢牢地守住了早上夺取的村子,甚至威胁到本尼希森中路部队的后方。但就在双方筋疲力尽之际,普鲁士将军莱斯托克听从沙恩霍斯特的建议,率领8000名士兵从柯尼斯堡方向赶来,与达武正面相遇,阻挡了他前进的脚步。奈伊紧随莱斯托克之后,奈何路程遥远,夜幕降临才抵达的他只能保证法军左路的安全。

就这样,夜幕降临在疲惫不堪但仍坚守阵地的十万将士身上,也遮盖了茫茫雪原上那半数已死去、垂死或伤残的士兵。奈伊也许会惊呼:"这是怎样的一场屠杀啊,可是却没有任何结果!"双方都声称取得了胜利,并和往常一样尽可能地少报己方的损失,夸大对方的伤亡。事实似乎是,双方的伤亡都在25000人左右,但由于本尼希森缺少帐篷、补给,更因拿破仑毫不退缩的勇气,迫使他迅速退却,这也使法国皇帝得以自诩取得了一场决定性的胜利。①

这场激战令双方元气大伤,只能略作休整;但当拿破仑利用这一喘息之机从广阔领地各处迅速调兵时,同盟军却没有设法改善其处境。由于普鲁士和俄国通过《巴滕施泰因条约》(1807年4月26日)结成更为紧密的同盟,如此无所作为就更让人觉得奇怪了。②

此时,俄普两国君主又重提一项宏大的欧洲和平计划,那是沙皇和威廉·皮特两年前曾努力而未获成果的计划。眼下的战争将进行到底,这并不是为了征服法国,干预它的国内事务,而是为了确保欧洲拥有以正义和民族独立为基础的稳固和平。法国的合理边界必须得到满足,普鲁士的疆域将恢复到与1805年相当的水平。德意志应从法国的控制下得到自由,成为"宪政联邦",有一条"与莱茵河平行"的边境线。奥地利将受邀加入当前的联盟,恢复提洛尔和明乔河边境线。英国和瑞士必须为了共同的目标团结起来。同盟国还将采取措施,促使丹麦也加入同盟。至于其他,土耳其的领土完整将得以维持,意大利的未来将与奥地利和英国协调决定,撒丁和那不勒斯国王将回归故土。即便奥地利、英国和瑞典不加入,俄国和普鲁士也将继续斗争,除非双方同意,否则绝不放下武器。

即便到了这个地步,如果受到拿破仑威胁的各国立刻挺身而出,积极行动,这一目标也能够实现。但奥地利只是重新提出了调停的建议,虽有善意,难有结果。英国饱受政府无能之苦,加入同盟并承诺出钱出人之后,除了向亚历山大港和达达尼尔海峡发动旨在迫使土耳其与俄国议和的远征,却无功而返之外,也没有什么其他的作为。英军在西西里顶住了约瑟夫帐下众将的进攻,但也没有多余的部队可以

---

① 莱托-福贝克估计,法军损失超过24000人;俄军的损失更大,但主要是因为粮草不济和大批士兵开小差。参见R. 威尔逊爵士的《波兰战役》,第1章。
② 拿破仑于2月13日命令贝特朗以口头而非书面方式向普鲁士国王提出单独媾和,不顾及沙皇,腓特烈·威廉可以收回易北河以东的领土。普王拒绝了这一建议,因为这将破坏他与沙皇的约定。拿破仑在2月20日再次重申这一建议,说明在这一危急时刻他希望与普鲁士媾和。参见《拿破仑书信集》,第11810号;豪塞尔的著作,第3卷,第74页。

响应亚历山大的呼吁,牵制在达尔马提亚的马尔蒙部。从英国沿岸向普鲁士派出援军的可能性就更小了。尽管两国已经达成和解,英国本应采取措施将但泽和科尔贝格从法军的包围中解救出来,可是,它的努力仅限于派出几艘巡洋舰到但泽去。瑞属波美拉尼亚的主要据点施特拉尔松德更急需援助,这样的远征显然风险更小,也可能得到更大的成果。英军可以从吕根岛攻击莫尔捷军,施特拉尔松德解围之后,对法军防御薄弱的斯德丁发动猛攻,有可能轻松得手,从而使整个北德意志起而反抗,骚扰拿破仑的后方。①

可是,格伦维尔内阁对这些意见置之不理,一味坚持百无一用却代价昂贵的旧计划。外交大臣豪伊克勋爵回复道,盟国不能期望从英国陆军得到任何有力的援助。考虑到英国征收2%的收入税(战争税)所得将近2000万英镑,而陆军人数为192000人(印度驻军除外),这一宣言实在算不上是联合内阁的闪光点。不过,1807年3月,由于拒绝搁置天主教徒解放问题,这个破产的内阁被乔治三世解散,代之以波特兰公爵为首相、坎宁为外交大臣的新内阁。很快人们就看到,皮特的衣钵有了可靠的传人,英国外交政策也出现了新的生机。然而,分散力量多处远征的恶果不可能立刻消除。实际上,英国军事专家卡思卡特勋爵报告,当时只有大约12000名官兵能到波罗的海作战;而且,派出如此之小的部队有损英国的尊严,不如将它留在本土,随时准备威胁法国沿海地区。至于施特拉尔松德,卡思卡特认为该计划更为可行,但即便在那里,同盟军也不可能痛击莫尔捷军。②

---

① 英国驻梅默尔公使哈钦森勋爵于1807年3月9日写道:"在英军部队牵制莫尔捷的问题上,我反复受到普鲁士和俄国政府的催促……斯德丁地方很大,但只有一支规模很小的守军,防御设施的情况也很糟糕。"(英国外交部档案,普鲁士部分,第74号)1805年,皮特曾承诺派一支英国部队到施特拉尔松德。(参阅本书第22章)

② 卡思卡特勋爵1807年4月22日送交战争部的秘密报告谈及了哈钦森勋爵的呼吁以及迪穆里埃的一项计划,两人都强烈建议远征施特拉尔松德。5月30日,卡斯尔雷接到了汉诺威军官库库克的报告,称在汉诺威和黑森发动叛乱的机会已经成熟,如果派出一支英国部队为北德意志人打气,哈默尔恩可能很容易被攻下。(《卡斯尔雷书信集》,第5卷,第169和211页)

第26章 大陆封锁体系:弗里德兰之战

这是典型的英国思维方式，也正因如此，它很快就受到敌友双方的鄙视。果然，这种怯懦自私的想法最终促使沙皇对英国特使说道："你们爱怎么办就怎么办，只要动手就行。"[①]最后，新内阁确实冒险行动了，它派出2万人前往援助施特拉尔松德，但是英国采取的行动总是摆脱不了如影随形的厄运，这个决定是在6月17日做出的，可是三天之前，反法同盟就因为弗里德兰的重创而被粉碎了。

拿破仑及时调动增援部队，这与同盟国瞻前顾后的迟缓行动形成了鲜明的对照。这些部队中，一部分来自波美拉尼亚的莫尔捷军，瑞典人休战之后，这支部队一直在那里监视他们；另一部分则是巴伐利亚和萨克森部队；而大部分增援部队来自已在中德意志的法军，他们的防区由意大利、西班牙、瑞士和荷兰军队接管。法国国内已颁布了新的征兵令，这是与普鲁士的战争爆发后的第三次了。法国还怂恿土耳其抓紧与俄国和英国开战，另外还派出代表团进见波斯沙阿，让他加强战备，准备对付沙皇，下面我们就来谈谈那里的情况。

拿破仑向波斯示好已经有一段时间了，沙阿派出的一位使者现已来到离维斯瓦河不远、风景如画的芬肯施泰因，那里是法国皇帝赏春之地。双方草拟了一份条约，加尔达纳将军被派去与德黑兰宫廷建立更为紧密的友好关系。这位军官得到的密令很有趣。他奉命取道君士坦丁堡前往波斯，协调奥斯曼苏丹与波斯沙阿之间的盟约，以使波斯对抗其"天敌"俄国的努力取得双倍的效果，并研究入侵印度的方法。为此，一些军官与他一起出发，考察从埃及或叙利亚前往德里的路线，并报告波斯港口的情况，希望将来能从苏伊士或好望角进行一次海上远征。加尔达纳将引诱沙阿组成一个12000人的军团，按照欧洲模式进行训练，并装备法国卖给他们的武器。这支部队将从格鲁吉亚进攻俄国，然后参加对印度的远征。考虑到将来要派2万人的法国

---

① 英国外交部档案，俄国部分，第69页。

部队前往印度,加尔达纳将与马拉塔王公联系,准备尽一切可能完成这一壮举。

这里要注意的是,加尔达纳前往波斯,鼓动沙阿对俄国采取更为积极的措施,此时传来了《蒂尔西特条约》签订的消息,他便转而致力于东方计划。年底,他向拿破仑报告道,如果从叙利亚陆路进兵恒河流域,塞浦路斯是不可或缺的补给基地,他建议采用途经比尔、马尔丁、德黑兰、赫拉特、喀布尔和白沙瓦的路线,这样将需要4—5万名法国士兵,另外还要征调3—4万名波斯士兵。这些计划都没有什么结果,但明显可以看出,拿破仑即便在维斯瓦河上面对强敌,心中仍然渴望着饮马恒河。①

拿破仑的积极行动和对手的苟且偷安很快就产生了显著的后果。但泽守军于5月24日向法军投降,西里西亚的尼斯河地区不久也告失守;直到围攻这些要塞的法军抽身增援主力部队,本尼希森才开始进攻。他很快就会因为行动迟缓而后悔,将敌人驱离帕萨尔格河的努力受挫,俄军只得匆忙撤往海尔斯贝格②深沟高垒的营地。6月10日,他在那里做困兽之斗,给法军前锋造成了惨重的损失。苏尔特军的士兵竭力想要冲上敌军工事,却不断倒在敌军的葡萄弹和步枪子弹之下,始终未能得手。拿破仑在当天下午赶到,派出了帝国卫队的燧发枪兵和拉纳军的一个师,但依旧无济于事。俄军坚守阵地,这一天以法军失利而告终。这是埃劳战役的小规模重演。

然而,本尼希森是那种奋勇作战之后就会故态复萌的指挥官。他不顾手下众将的恳求,在埃劳之战后撤退;此时,休战一天之后,他的队伍又在夜色掩护下向柯尼斯堡逃窜。有人为他的这一行为找了如下借口:他的营地里面包供应只够两天了,而且达武率领的一个军绕

---

① 《书信集》,第12563号;另见加尔达纳伯爵所著的《加尔达纳将军出使波斯》(*La Mission du Gen. Gardane en Perse*)。拿破仑在1806年12月2日的公告中告诉各部队,他们的胜利为法兰西赢得了印度属地和好望角。
② 今波兰瓦尔米亚地区利兹巴克。——译注

过他的右翼前移，威胁要切断他与补给基地柯尼斯堡之间的联系。①

第一个借口只会使他受到更大的非难。当时俄军的习惯通常是不多备余粮，但像海尔斯贝格这样精心准备的阵地没有充足给养是不可原谅的错误。接下来的两天里，双方的部队都向北行进，一方是要去夺取柯尼斯堡，另一方则是要去拯救那座要塞。两军之间相隔的是蜿蜒曲折的阿勒河谷。但是，阿勒河的流向对拿破仑有利，阻碍了本尼希森的行动。它从海尔斯贝格城下急转流向东北，然后再向北流经弗里德兰，那里距离柯尼斯堡不到40英里，但接着又折往东北，直至汇入普雷格尔河。

因此，从海尔斯贝格经曲折蜿蜒的右岸开往普鲁士旧都的军队，很容易被另一侧直线进军的对手超越。拿破仑幸运地处于这个位置上，而俄军却要冒着大雨绕过半圆形的路径东行。此时，放弃海尔斯贝格的错误已经很明显了。13日，法国皇帝在埃劳停下，等待正面的普军和右翼本尼希森部的消息。对于前者，他命令缪拉率领主力部队迎头痛击，希望一举拿下柯尼斯堡。②但是，他预见到俄军可能在弗里德兰渡过阿勒河，派遣拉纳到多姆瑙看看他们是否已大批渡河。显然，拿破仑并没有预见到第二天会遇到什么情况，他的目标是在本尼希森和柯尼斯堡之间打进一个楔子，先攻下这座城市，再转过头来对付本尼希森。因此，一些拿破仑的崇拜者声称，正如奥斯特里茨那样，他在弗里德兰为俄军设下了陷阱，这种说法与皇帝自己的命令相悖。

不过，本尼希森还是跌入了陷阱，那都是他自己的选择。他急于要插在拿破仑和普鲁士旧都之间，在弗里德兰渡河后，在河上架起三道桥梁，并在右岸的山坡上布置了强大的炮兵，试图将拉纳的先头部

---

① 威尔逊，《波兰战役》；达武，《第3军战史，1806—1807年》，第199页。
② 《书信集》，第12749和12751号。勒热纳在其《回忆录》中也表示，拿破仑的主要目标是占领柯尼斯堡。

队逐回多姆瑙,加强左岸的阵地。但他遇到的是强硬、勇敢的对手。整个冬季,拉纳的身体一直欠佳,并因皇帝真真假假的不公正待遇而心怀怨恨。夏季的热浪唤醒了他对光荣的渴望,使他恢复了旧日的气势。他调集萨克森骑兵、格鲁希的龙骑兵和乌迪诺的掷弹兵,在几个小时的短暂黑夜里坚守阵地。黎明之前,他将手下的1万名士兵部署在丛林里和弗里德兰以西的波斯堤能高地,极力抵挡4万名俄军的进攻。四个小时的战斗之后,他的部下眼看要被击退,这时韦迪耶和迪帕的两个师——后者来自莫尔捷军——加入战斗,一直酣战到烈日当空。就在胜负难分之际,奈伊和维克托的密集纵队出现了,法军前锋殊死战斗,终于在阵地上等来了盼望已久的援军。

拿破仑已接到了拉纳紧急求援的报告,正疾驰而来,疲惫不堪的官兵们看到他时欢呼雀跃,他也不断高声应道:"今天是幸运的一天,是马伦戈的周年纪念日。"法军的士气达到了巅峰,乌迪诺向这位统帅致敬道:"快来,陛下!我的掷弹兵已经坚持不住了,但只要给我援兵,我就能把俄国人赶到河里去。"[①]皇帝谨慎地让他们稍作休息:生力军向前形成第一道防线,那些已经苦战了9个小时的部队现在成为了后援。奈伊担当了驻守右翼树林的重任,那里几乎就在弗里德兰的正上方;在他之后是贝纳多特军团,自从元帅受伤以来,这支部队一直由维克托将军指挥;此外,还有拉图尔-莫布尔盖的龙骑兵,以及威风凛凛的帝国卫队。中路稍微靠后的是不屈的拉纳军团残部,现在他们暂时要度过一段相对平静的时间了;左翼的莫尔捷和格鲁希也奉命采取守势,直到奈伊和维克托能够决定第二战的命令。俄军仿佛想要配合拿破仑的计谋,继续部署在弗里德兰正面,双方发生了一些零星的战斗;此时的本尼希森担心与柯尼斯堡的交通线被切断,派6000人沿右岸前往魏劳(今俄罗斯兹纳缅斯克)。这样,弗里

---

① 《乌迪诺回忆录》,第1章。

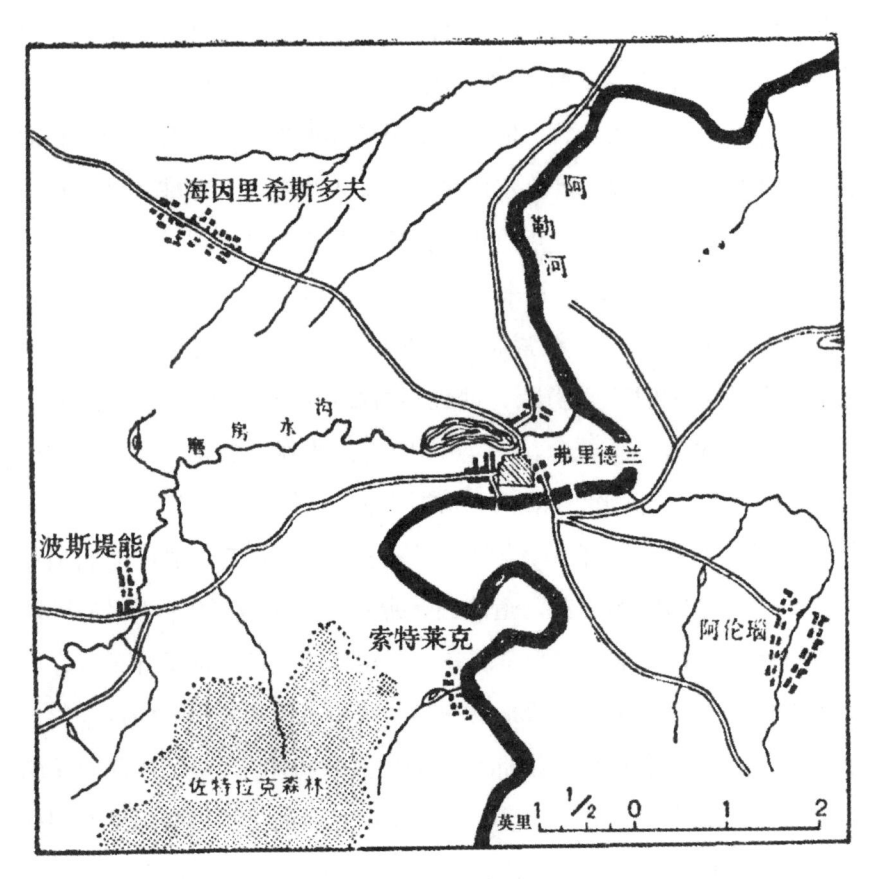

弗里德兰战役

德兰的守军只剩下46000人,而他们要对抗的法军现在已经有8万之众。然而,即便在俄军从敌方前线的欢声雷动中得知拿破仑率强大援军抵达之后,也没有对河上的桥梁采取什么防御措施。

然而,直到下午3时,拿破仑仍对是否应该等待缪拉举棋不定。根据他的指示,贝尔蒂埃命令那位元帅将苏尔特留在柯尼斯堡,迅速与达武及骑兵部队一起赶向弗里德兰:"如果我在开战时觉得敌军过于强大,今天就会先满足于炮轰,等待你们的到来。"但不久之后,皇帝就决定立即进攻。一切预兆看上去都非常有利。如果俄军被迫后退,就只能背水一战了。此外,他们的阵地被一条磨坊用的小溪一分为二,这条小溪流入沟渠,在靠近镇上的地方形成了一个小湖。小湖后面就是深水河湾中的弗里德兰了。拿破仑决心将左路俄军赶进这条死路,然后把溃散的部队赶进湖里和河里。

5时,20门大炮齐射,开启了弗里德兰战役的第二仗,也是更大的一仗。奈伊的先锋师的任务是直扑俄军前锋,将其赶出索特莱克森林,这个任务一下子就完成了;但当他们进入开阔地时,河对岸山上的俄军大炮猛烈射击,打乱了法军的阵形。趁着他们在炮火之下游移不定的当口,俄国近卫军和精锐的骑兵中队冲杀过来,取得了很大的战果。但是,奈伊的第二个师在猛将杜邦率领下,赶来扭转了战局,而拉图尔-莫布尔盖的龙骑兵也扑向敌军骑兵,迫使其向弗里德兰败退。

俄军炮兵的情况也好不了多少,拿破仑命令塞纳蒙以36门大炮从侧面对其发动打击,很快就压制了他们的火力。奈伊从俄军的葡萄弹和马刀下解脱出来,他的部队按照原定的路线,如同决堤的洪水一般奔涌而过,来到了湖的上半部,不知所措的敌军不是跌入湖水之中,就是逃进了镇里。弗里德兰成了一个死亡陷阱,俄军挤成一团,迎着不停袭来的炮弹、枪弹和刺刀,绝望地逐条街道进行巷战,但还是一点点地被赶回到桥上。在那里,他们依旧得不到任何帮助,因为塞纳蒙已率炮兵抵近,猛烈轰击这几座桥梁,当左路和中路俄军的一部分逃到河对岸时，桥上燃起大火，这也预示着他们在北岸的战友已注定毁灭。法军在北面发动总攻，迫使敌军向陡峭的河岸退却。不过，在这些开阔地上，俄国骑兵以英勇的献身精神取得了更大的战果，他们无畏地冲向高奏凯歌的法军，为冒险涉过深水的步兵争取时间，成百上千的步兵溺死河中，但其他人带着大部分火炮，趁着夜色逃到了左岸。

次日，本尼希森的部队成了一群丧家之犬，散乱不堪地向普雷尔格河逃窜，为了有机会渡过狭长的桥梁而你争我夺。过了河之后，他们也没有停下脚步，只是漫无目的地向尼曼河奔去，这已不再是一支军队，只是一群拿着武器的乌合之众。在河岸上，他们与柯尼斯堡守军会合，后者在城里坚守了一阵之后，突破苏尔特的包围圈，逃往蒂尔西特。到那里之后，依靠宽阔的尼曼河，这群败兵才得以休整。

本尼希森为何在法军援兵抵达之后能守在弗里德兰，一直是个谜；英国公使哈钦森根据两位在俄军大本营的军官提供的信息写了如下报告，表达了这种疑惑和愤怒的情绪：

"弗里德兰战役中出现的许多情况，都是战争史上没有先例的。我们在不知道对手是一个军还是整支法国军队的情况下，渡过了阿勒河。从战斗打响时起，我们就明显可能付出巨大损失而一无所获；……我认为，本尼希森将军当天早上就应该从他不应该占据的阵地上撤出；可是，对面敌军的抵抗太顽强了，尽管我们偶尔能有所进展，也绝无法将他们赶出树林或者海因里希斯多夫村。"[①]

这证明了拉纳、乌迪诺和格鲁希在那天早上的卓越表现；显然，和耶拿战役一样，如果不是因为拉纳在拿破仑赶到之前以其勇气和韧劲缠住对手，就没有后来的伟大战役了。

---

① 报告日期为1807年6月21日，发自梅默尔，见于英国外交部档案，普鲁士部分，第74号。哈钦森认为俄军参与弗里德兰战役的不超过45000人，他们的损失不超过15000人；但有"许多被打散的人"。莱托-福贝克的估计也大致相同。法军公报上的数字极尽夸张。

第27章　蒂尔西特

即便到了这个时候，同盟军也并非没有任何希望。一群又一群的残兵败将在蒂尔西特重新会合，鞑靼援兵不久也将抵达。勇敢的格奈泽瑙仍坚守科尔贝格，与布吕内的几个师对峙；两个西里西亚要塞也尚未投降。而且，奥地利似乎打算向拿破仑宣战，英国也有希望很快采取行动。但最重要的是，普鲁士此战仅仅是为了荣誉，[①]这攸关亚历山大的名声，他既然以骑士的名义做出了承诺，就不能背弃盟友，一定要战斗到获得令人满意的条件为止。

但是，亚历山大未曾经历风雨，也没有坚定的宗教信仰，因此个性还不够坚强。他有着阳光一般的热情，却往往闪烁不定，间或因东方式的狡黠而蒙上阴影，也可能因为好战的野心而变得阴沉——他的性格中既有卢梭的多愁善感，又有着沙俄贵族的狂野不羁，两者争相占据他的内心。理想主义者一旦幻想破灭，就会变得比现实主义者更为粗俗；几个月以来，年轻的沙皇眼看着自由、幸福的欧洲这一梦想，在拿破仑掀起的硝烟和英国人令人困惑的迷雾中渐渐消散。最初，他并没有退缩，即便听到弗里德兰战败的消息也仍保持坚定。在6月17日会见英国大使高尔勋爵时，他痛斥英国在波罗的海和地中海无所作为，也没有履行贷款的承诺；至于他自己，"绝不会向波拿巴

[①] 1807年6月17日，路易莎王后写信给父亲："……我们虽败犹荣。国王已经证明，他珍惜荣誉，不愿耻辱地投降。"6月23日，本尼希森声称希望继续战斗，私下里却建议投降。（哈登贝格，《回忆录》，第3卷，第469页）

低头，他将撤往喀山甚至托博尔斯克"。可是他那些灰心丧志的将军们一再施压，有的人还提醒他想想父亲的命运，仅过了五天，他就与征服者达成了一项停火协议。①普鲁士只有五天的时间，来决定到底是跟随沙皇或者继续独立作战。次日，它接受了不可避免的命运。

此时的国际形势又奇怪地与奥斯特里茨战役刚结束的时候类似了。现在的奥地利就和当时的普鲁士一样，在惨败的盟国准备投降的时候，扮演了一个谨慎小心的朋友角色。过去的一段时间里，维也纳宫廷一直表示愿意出面调停，伦敦方面很愿意接受，普鲁士公开表示失望，至于拿破仑，则掩盖不住心中的恼怒。正如豪格维茨前来提出普鲁士的条件时那样，皇帝让奥地利特使等着而不做答复，直到弗里德兰战役结束。②即便到了那个时候，奥地利似乎仍打算参战，可蒂尔西特达成停火的消息传来了。这样，奥地利不用拔剑出鞘，也不会有损名誉；但是，就像1805年底的普鲁士一样，奥地利的行为显得胆小怕事、趋炎附势；无怪乎坎宁暗地里指责它"（和往常一样）晚了十天才下定决心，否则世界也许就得救了"③。

拿破仑最近在外交上对奥地利颇多安抚之举，但奥地利是否上当很值得怀疑；因为这些手段的目的显然是让它保持安静，直到拿破仑解决了普鲁士和俄国的问题。直到最后一战前夜，他才开始这些动作，从威胁一下子转为亲善，即便塔列朗手腕高强，也不可能消除对方的怀疑。④当埃劳的血腥战斗使拿破仑身陷险境时，他又一次命令塔列朗安抚奥地利特使，并做出保证：如果奥地利皇帝急于维护土耳其的领土完整，法国会这么做的；如果他希望在最后宰割土耳其时分

---

① 英国外交部档案，俄国部分，第69号。苏尔特告诉霍兰勋爵（《外交回忆录》，第185页），本尼希森图谋刺杀沙皇，他（苏尔特）就此提醒了沙皇。
② 《未发表的塔列朗书信》，第468页；另见加登，《条约集》，第10卷，第205—210页；英国给奥地利的答复参见《年鉴》（1807年），第710—724页。
③ 坎宁致佩吉特的信（《佩吉特文件汇编》，第2卷，第324页）。另见坎宁7月21日送交高尔的公文（外交部档案，俄国部分，第69号）。
④ 施塔迪翁看穿了这些把戏。参见比尔的《奥地利十年政治史》，第243页。

一杯羹，法国也会如他的意。^①可是，当战局转为法军有利时，拿破仑的口气就变硬了。3月14日，他声称有足够的兵力吓阻奥地利，并"在一个月内干掉俄国人"。现在，他认为与哈布斯堡王朝结盟只不过是为了一时的安宁，而与俄国结盟将"非常有利"^②。他也感觉到与普鲁士结盟的价值，从他战役期间多次试探便可以得到证明；但是，腓特烈·威廉一再拒绝这个侵犯自己王家荣誉的人提出的所有条件，拿破仑最终转向亚历山大。

沙皇的性格中多了一分柔韧。而且，他此时与拿破仑有一种相同的情绪，那就是对英国的憎恨。他也确实有理由抱怨。除了派出几艘巡洋舰、送去6万支步枪之外，英国在波兰战役中对盟国没有任何帮助，而那些枪支送到瑞典和俄国港口时，战争已经结束了。当然，英国应他的请求进攻君士坦丁堡，但那次行动失败了。而且，英国对沙皇的土耳其政策抱着一种含蓄的怀疑态度，时常还夹杂着一些道德说教。^③至于沙皇要求的500万英镑贷款，英国方面百般推脱，英国特使最后还提醒他，最重要的是帮助奥地利采取行动。最糟糕的是，英国巡洋舰扣押了一些从法国港口起航的俄国商船，不顾圣彼得堡的抗议，坚称扣押是合法行为。因此，英国在一场关乎存亡的战争中，并没有给沙皇提供任何实际的帮助，反而牺牲了俄国的贸易，这也有损海商法的原则。^④

英国的政策错误百出、拖延不决，反观拿破仑则行动迅速敏捷、节节胜利。整场战争的起因就是这两个大国的冲突，拿破仑不断强调，这本质上就是英国与欧洲大陆之间的斗争。埃劳战役之后，亚历山大曾反对这些论调；可是现在的拿破仑挟取胜之威，英国又表现得迟钝麻

---

① 《拿破仑书信集》，第11918号。
② 同上，12028号。在我看来，这封非常重要的信驳斥了旺达尔先生的说法（《拿破仑与亚历山大》，第1章），即拿破仑自始至终都在寻求与奥地利、普鲁士或俄国结盟。
③ 坎宁1807年5月16日致佩吉特的信（《佩吉特文件汇编》，第2卷，第290页）。
④ 加登，《条约集》，第10卷，第214—218页；高尔1807年6月17日的公文（外交部档案，俄国部分，第69号）。

木，导致俄国的政策出现了相当令人困惑的改变。两位皇帝做了微妙的试探之后，安排在尼曼河中央系泊的浮筏上会面（6月25日）。

"我和您一样恨英国人，对于您打击他们的一切行动，我都会支持。"据说这就是走上浮筏时亚历山大对拿破仑说的第一句话。征服者答道："那样的话，一切都会安排好的，和平就要实现了。"① 由于两位皇帝首次会面时没有带随从，这一故事很难找到根据。在那种场合下，两位皇帝几乎不可能向他人透露对方所说的话，传说中亚历山大讲的话也显得太不明智。他当时的处境如何呢？面对不利的局面和才能卓越、令他心生恐惧的对手，他将努力取得最好的结果。此外，我们都很确定，他最渴望的是能够将与英国决裂的时间推迟几个月。② 最希望两国立即闹翻的肯定是拿破仑这边的人。

因此，我们只能从两人模糊的自述中猜测发生了什么。他们的性格都很鲜明。"我从未对任何人有过像对他那么多的成见，"亚历山大后来说，"但是，经过三刻钟的会谈，这些成见就像梦一样消失了。"过了一段时间，他又叹道："我要是早点见到他该多好，面纱已经揭去，那段错误的时光过去了。"拿破仑则写信给约瑟芬："我刚刚见到了亚历山大皇帝，对他十分满意。他是个英俊、善良、年轻的皇帝，有着比坊间传闻更高的智力。"③ 这些评论成为了随后所有会谈的基调。次日的会议也在浮筏上搭起的华丽帐篷里举行，普鲁士国王也到场了，但拿破仑对他的态度冷淡而咄咄逼人。拿破仑指责普王挑起战争，向他宣讲了国王对人民的责任，并要求他撤掉哈登贝格。腓特烈·威廉在大部分时间里都静静地听讲，他的个性过于死板、直率，不会耍拜占庭的那套把戏。可是，当他信任的大臣遭到攻击时，他直

---

① 对这一故事的所有引述最终都是以比尼翁《法国史》（第6卷，第316页）为依据的，但他并没有给出任何证据。因此，我不得不对此事存疑。在法兰西这样机智诙谐、善于言辞的民族中，隽言妙语几乎总会被人们相信，并流传千古。
② 塔季切夫（Tatischeff），《亚历山大一世与拿破仑》，第144—148页。
③ 萨瓦里和莱塞普的报告，引用于旺达尔，《亚历山大与拿破仑》，第61页。《拿破仑书信集》，第12825号。

言反驳说,他不知道怎么找人替换哈登贝格。拿破仑早就预料到他的这种反应,立刻说出了三个更好的谋臣,其中之一是坚定的爱国者施泰因!

后续的会议中,普鲁士国王几乎被完全排除在外。这些会议在蒂尔西特城中专门留出的中立区里举行,三个国家的卫队和外交官也都安排在那里。两位皇帝也在此安歇,交往极其密切,而大部分时候,普鲁士国王都从邻村骑马过来,在巩固法俄同盟的游猎、阅兵和宴会上充当一个凄惨沮丧的看客。然而,亚历山大虽然新发现了拿破仑的各种美德,并为此如醉如痴,高唱赞歌,但却很容易发现其中的基调仍是俄国人执着的雄心。此前发生的一件事激起了两位皇帝的希望。5月底,土耳其苏丹塞利姆被近卫军以暴力手段废黜,叛乱者呼吁对俄国采取更有力的措施。拿破仑在6月24日或者之前于蒂尔西特收到了消息,这对他再及时不过了。据说,他带着夸张的宿命论口吻,对沙皇叹道:"这是上帝在告诉我,土耳其帝国不可能再存在下去了。"①

在这位伟大的征服者向对手施加的魔咒中,最强大的当然是有所保留地邀请他未来一起瓜分土耳其帝国。从1797年凝视亚得里亚海时起,拿破仑就为这项计划着迷,尽管1806年为了鼓动土耳其对抗俄国而将其暂时搁置,但从未忘怀;现在,以对英国的共同仇恨和对瓜分奥斯曼的共同渴望为基础,法俄同盟的宏伟殿堂建立起来了。

从亚历山大这方面,他需要得到一些保证,不能以完整的版图重建波兰——这一变化将从俄国夺走延伸到里加、斯摩棱斯克和基辅附近的大片土地,而且这几个城市仍然同情波兰人。拿破仑对此至少做

---

① 旺达尔(《亚历山大与拿破仑》,第73页)说,拿破仑是在一次阅兵时接到这个消息的,亚历山大当时就在他身边。若果如此,这一场合就是精心选择的,以期达到好的效果;因为他在6月24日或者更早就收到消息了(参见《书信集》,第12819号)。高尔说,这个消息早在15日就传到了蒂尔西特;哈登贝格于6月23日秘密提出了瓜分土耳其的政策(《回忆录》,第3卷,第463页)。

了部分的保证。他将不会重建整个波兰王国,只会从普鲁士夺走大部分波兰属地。

这两个重要问题解决之后,唯一剩下的问题就是,沙皇将说服普鲁士国王承认拿破仑"西方皇帝"的统治地位,而沙皇自己将成为东方的主宰,确保俄国在西部边境上得到更大益处。最初,他极力为腓特烈·威廉争取易北河以西的几块领地。此举并不完全是无私的,此时人们已经知道,沙皇全心全意地想得到普属波兰的一大部分。

沙皇的确称得上是法国革命者的得意门生,为了"自然疆界"的主张而大声疾呼。他厌恶"旱界",必须要以河为界。实际上,他索要的是尼曼河下游的两岸,以及更南面的瓦夫尔河、纳雷夫河和布格河流域。这一主张或许得到了拿破仑一些诱惑之词的鼓励,后者称此后维斯瓦河必然成为两个帝国的分界线。然而,俄国的盟友现在决心让俄国远离波兰旧都,拿破仑以奇怪的预言者口气指出,如果沙皇的主张得逞,华沙城上就可以看见俄国人的旗帜了,这就明显预示着,华沙注定将在俄国的统治之下。[1]拿破仑还猜到,亚历山大呼吁法国归还普鲁士的一些西部领地,与俄国谋夺某些普鲁士东部地区有关系,[2]因此决定从西部向普鲁士施压。他只向沙皇交出了比亚韦斯托克周围的小片土地,同时冷酷地将普鲁士推到易北河以东。

在这一点上,沙皇的争辩和路易莎王后的恳求都无法打动拿破仑。然而,这位无助的王后仍然抱着天真的幻想,认为她可以用眼泪赢回北德意志独立的重要堡垒马格德堡,7月6日,她来到蒂尔西特,希望得到这一恩惠。这对她来说真是一次可怕的折磨,因为拿破仑过去曾反复在官方报纸上侮辱她,先是把她描绘成身披铠甲在军队前策马飞奔的悍妇,最后又捏造丑闻,去玷污她无瑕的美誉。

---

[1] 《书信集》,第12862号,7月6日的信。
[2] 塔季切夫(《亚历山大一世与拿破仑》第146—148和第163—168页)根据俄国档案证明,这些都是亚历山大的阴谋,拿破仑基本上都持反对态度。这也反驳了旺达尔的观点(《亚历山大与拿破仑》,第101页),即拿破仑促使亚历山大夺取梅默尔和波兰的几个地区。

但是，为了丈夫和人民，王后鼓起勇气，努力地将拿破仑当成一位君子，恳求他宽大为怀。如果说她还能掩饰自己的厌恶，她忠心的侍女冯·福斯伯爵夫人就不是这样了，当拿破仑到蒂尔西特磨坊主家中造访王后时，伯爵夫人留下了一番尖酸刻薄的叙述。①

"他的长相极其丑陋，灰黄的脸显得臃肿，又矮又胖，完全没有身材可言。一双大大的眼睛阴沉地转来转去，神色严峻；他看上去就像命运的化身，只有嘴巴长得不错，牙齿也很好。他很礼貌地与王后单独谈了很长时间……晚饭后，他又和王后有了一番长谈，她似乎对结果很满意。"②

路易莎王后对拿破仑的外表评论好一些，称赞他的头"就像恺撒一样"。在爱国精神的鼓舞下，楚楚动人的她以非凡的勇气要求归还马格德堡。她的美丽和直率都令拿破仑为之一惊，只好以称赞她的衣着来敷衍。王后回答道："在这样的时候，我们应该谈论时尚吗？"然后，她又一次提出要求，但拿破仑仍然以一些索然无味的话来搪塞。尽管如此，她一再请求皇帝宽宏大量，似乎挫败了他的政治手腕。可就在这时，王后那不走运的丈夫走了进来，谈话的调子顿时冷了下来。不过，这场晚宴还是很愉快的，根据法国方面的报道，拿破仑在宴会结束时还优雅地向她献上了一朵玫瑰。王后那女性的机智发挥到了极点："我可以把这看成是友谊的象征，表示您答应了我对马格德堡的请求了吗？"然而，拿破仑早有戒备，以这种礼节应该如何看待的一番评论避开了问题，随后转移了话题。事后，他似乎害怕再次会面产生不好的结果，抓紧与普鲁士谈判代表解决各项问题。③

---

① 《冯·福斯伯爵夫人回忆录》（*Erinnerungen der Gräfin von Voss*）。
② 这或许不是指拿破仑向她礼貌地提出的归还西里西亚一事（尽管此前已应沙皇的要求归还此地），而是马格德堡及其易北河以西周边地区。7月7日，拿破仑对普鲁士谈判代表戈尔茨说："如果王后把对女士所说的客气话当成确实的保证，那我感到很遗憾。"（哈登贝格，《回忆录》，第3卷，第512页）
③ 参见巴以伊在《霍亨索伦年鉴》（1899年）上公布的新事实。这个"玫瑰"的故事未见于任何德国资料。

第27章 蒂尔西特

拿破仑在写给约瑟芬的信中提到了这次会面：

"我不得不小心提防，因为她极力想让我向他丈夫做出一些让步；但我既不失风度，也坚守住了自己的政策。"

当王后次日再次与几位君主一起出席宴会时，这一点就很明显了。

冯·福斯伯爵夫人说道："拿破仑看起来恶毒刻薄，短暂的谈话显得拘束。宴会之后，王后又一次和他单独交谈。告别时，她对拿破仑说，她是带着深深受到欺骗的心情离去的。我可怜的王后：她感到很绝望。"

塔列朗和迪罗克将王后送上马车，她悲从中来，瘫倒在座位上。然而，尽管她因耻辱而落泪，但在她的一番对答中，普鲁士旧日的骄傲如同暴雨中的彩虹一闪而过。当拿破仑表达了对她胆敢在准备如此不足的情况下对自己开战的惊讶时，她立刻反驳道："陛下，我必须向您承认，腓特烈大帝的荣光使我们错判了自己的真正实力。"——就连最为挑剔的塔列朗也为这一反驳而大加赞叹，因为她提醒人们不要忘记普鲁士过去的伟大，也不要忘记，人类的一切辉煌都转瞬即逝。[1]

同一天（7月7日），《蒂尔西特条约》签订了。它的条款总结如下：出于对俄国沙皇的尊重，拿破仑同意将西里西亚省和易北河与尼曼河之间的旧普鲁士领地归还给普鲁士国王。但普鲁士在第二次和第三次肢解波兰时夺取的该国领土（除了现被俄国占领的比亚韦斯托克地区）将组建成新的华沙公国。萨克森国王将成为这个公国的统治者。曾属于波兰的但泽现在宣布成为普鲁士和萨克森国王保护下的自由城市，但在和平实现之前仍将保留法国守军，实际上也就仍是法国的要塞。萨克森-科堡、奥尔登堡、梅克伦堡-什未林将交还给原来的公爵，但后两地将由法国军队把守，直到英国与法国媾和。以此为

---

[1] 塔列朗在其《回忆录》（第1卷，第3部分）中说，他多次在杜伊勒里宫讲述这个故事，最后，拿破仑因此斥责了他。

目标，拿破仑接受亚历山大为与英国达成和平条约所做的调停，条件是英国在《蒂尔西特条约》批准一个月内接受调停。

沙皇方面承认那不勒斯、荷兰和德意志最近发生的变化。德意志的变化包括以易北河以西的普鲁士领土、不伦瑞克公国和黑森－拉塞尔选帝侯国建立威斯特伐利亚王国，由热罗姆·波拿巴担任国王。荷兰从普鲁士手中得到了东弗里西亚。至于土耳其，沙皇承诺立刻停止敌对行动，就目前的争端接受拿破仑的调停，并在与土耳其政府达成和平协议之后，立刻从多瑙河诸省撤出俄国部队。最后，两位皇帝相互保证对方的领土完整，并在礼仪上和外交关系上保持全面的平等。

这就是《蒂尔西特条约》公之于众的条款。即使全部条款就是如此，欧洲体系也遭到了三十年战争以来最严重的打击。普鲁士王国突然间被夺走了一半人口，从地图上看，它的领土支离破碎，只比萨克森王国领土略大一点，也不如热罗姆·波拿巴的威斯特伐利亚王国那么容易防御；而莱茵邦联很快就将加入梅克伦堡和奥尔登堡，霍亨索伦王室似乎将一直处于无足轻重的地位了。①

但是，公布的条约绝不是全部，还有秘密条款，其中最主要的是黑山以西的卡塔罗地区和爱奥尼亚群岛将归法国所有，沙皇承认约瑟夫·波拿巴为西西里国王，同时那不勒斯国王费迪南多将接受"巴利阿里群岛或克里特岛，或等价的领地作为补偿"。而且，如果汉诺威最终并入威斯特伐利亚王国，则将威斯特伐利亚的一个人口为30—40万的地区归还给普鲁士。最后，奥兰治-拿骚、黑森-卡塞尔和不伦瑞克王室的首领们将从夺走其土地的缪拉和热罗姆·波拿巴那里领取养老金。

最重要的是在7月7日同时签订的俄法秘密盟约，两位皇帝约定，双方中的任何一方与其他欧洲国家发生战争，另一方将共同对

---

① 《蒂尔西特条约》签订之前，普鲁士有9744000名臣民，和约之后只剩下了4938000人。普鲁士的疆域参见本书第584页所附地图。

敌，必要时动用各自的全部军队。同样，如果英国不接受沙皇的调停，或者不在1807年12月1日承认各国在海上的完全平等、归还1805年以来从法国及其盟友手中夺走的殖民地，俄国将向英国开战。在那种情况下，当前的盟国将"号召哥本哈根、斯德哥尔摩和里斯本宫廷对英国关闭港口，并对其宣战。如果任何一国拒绝，将被缔约国视为敌人，如果瑞典拒绝，丹麦将被迫对其宣战。"奥地利也受到了同样的压力。但如果英国及早媾和，它有可能收回汉诺威，条件是归还占领的法国、西班牙和荷兰殖民地。同样地，如果土耳其拒绝拿破仑的调停，他也将帮助俄国将土耳其人赶出欧洲——"君士坦丁堡和鲁米利亚省除外"。①

君士坦丁堡就在鲁米利亚，专门指出这个城市表示拿破仑对此事极度谨慎。但这也证明了拿破仑的秘书梅纳瓦尔先生的说法，那座城市的未来导致了两位皇帝之间决定性的意见分歧。在一次讨论之后，拿破仑仍然凝视着地图，最后大叫一声："君士坦丁堡！不行！那里是世界的帝国。"毫无疑问，亚历山大在这个问题上暗自苦恼。可以肯定的是，尽管他对拿破仑宣誓效忠，但在回到圣彼得堡时仍然心神不宁，怀着对这位征服者的敬畏之情。因为，他得到了什么呢？他收到了普属波兰的一小部分，有可能朝着土耳其和瑞典方向实施扩张，拿破仑为他指出了芬兰这个手到擒来的猎物。为了这些未来的收益，亚历山大将对英国关闭港口，眼睁睁地看着俄国的商业、海军和沿海地区遭受损失。这也难怪在他离开蒂尔西特时对腓特烈·威廉说道："拿破仑对俄国和普鲁士都强加了同样的严苛条件。"②

亚历山大的这段话指的是两国被迫加入了拿破仑的大陆封锁体系。7月9日与普鲁士签订的条约中，拿破仑不仅夺走了它的半壁

---

① 秘密条款和秘密条约的具体条款直到1890年才为人所知，在富尼耶、塔季切夫和旺达尔诸先生的努力下，它们才重见天日。
② 高尔7月12日的公文，英国外交部档案，俄国部分，第69号。

江山，还要求立即对英国船只关闭所有港口。我们在此还要指出，由于普鲁士谈判代表卡尔克罗伊特元帅不可思议的疏忽，随后签订的有关法国军队撤出普鲁士的协议中留下了一个漏洞，使法军可以无限期地驻扎下去。协议规定，法军将在物资征用得到满足的情况下，撤出每个省或地区。①这样，只要勒索无法满足的款项，占领军就可以合理合法地如蝗虫般徘徊于这块悲惨的土地上。这一政策延续了16个月。

拿破仑为何要用这种残酷的手段来对待此前的盟国？为什么不直接吞并普鲁士？反对吞并可能有两个原因：首先，他可以对普鲁士采取某种政策，迫使其供养法国军队，而这种政策对自己的臣民或盟国都不可能实施；其次，占领军将作为俄国守信和从普鲁士彻底排除英国商品的保证。②很久以来，这一直是他的目标，现在实现了，但依靠的是一场留下后遗症的战争，以及一份不能带来任何和平的和约。

人们（至少英国人是这样）一般认为，拿破仑在蒂尔西特的所作所为是疯狂权欲所致；至于《蒂尔西特条约》，其目标就是主宰欧洲大陆。但另一种解释虽然影响没有那么大，也没有那么有趣，看起来却更合乎事实。

拿破仑希望，在蒂尔西特缔造的如此强大的邦联面前，英国将屈膝投降，不仅放弃海上权利主张和夺取的殖民地，还将如明日黄花、只能低眉顺眼。这位征服者三度打败哈布斯堡王朝诸邦，一天之内便粉碎了普鲁士，因此他坚信唐宁街那帮家伙擅长的只是错过机会和激怒朋友，绝不敢公然反抗统一的欧洲，而会匍匐于他的威

---

① 德克莱尔（De Clercq），《条约集》，第2卷，第223—225页；加登，《条约集》，第10卷，第233和第277—290页。英国公使杰克逊7月28日从梅默尔报告："法国人傲慢无礼，敲诈勒索无所不用其极。刚满足了一个要求，马上就又提出新的要求。"
② 从拿破仑给驻俄大使科兰古的指示中可以明显看出，1807年11月，他就曾认真考虑将普鲁士已经缩小的领土再缩小一大半："普鲁士立刻彻底退居二流国家之列，难道不是更符合它的利益吗？"他准备以解释《蒂尔西特条约》为名，订立一项新条约，俄国保留多瑙河流域各省，拿破仑则得到一半以上的普鲁士领土。（旺达尔，《亚历山大与拿破仑》，第1卷，第509页）

名之下，给这个疲倦的世界带来和平。在1807年7月6日写给沙皇的信中，他建议推迟向英国发出最后通牒，因为这将"留出五个月的时间，让英国最初的愤怒平息下来，它也就有时间理解，如此鲁莽的斗争将会造成极其严重的后果"。拿破仑和亚历山大都不是胸无大志之辈。他们都渴望和平，那样才有可能扩张和巩固自己的帝国。最重要的是，法国已厌倦了战争，对于普通的法国人来说，和平指的并不是从欧洲大陆的纷争中得到喘息之机，而是与英国媾和。在大陆之战中，法国人已经赢得了无数空洞的荣耀。原普鲁士驻巴黎大使卢凯西尼的话值得一提：

"从根本上说，法国公众只对与英国的战争感兴趣，因为他们每时每刻都能感受到那场战争给法国带来的祸害；各阶层人民的话题中，没有什么比希望结束那场战争更确定无疑了；当巴黎的人们谈起和平，说的总是与英国的和平；与其他国家的和平就如波拿巴的胜利或征服一样，没有人会放在心上。"[1]

如果法国中产阶级渴望海上和平，只是想让咖啡和糖可以变得价格低廉，那么他们那心系殖民地和东方王国的统治者，这种愿望岂不更强上百倍？他在波兰的时候曾给士兵们打气，说他们能迎来法国的殖民帝国；正如我们已经看到的，他甚至在波斯做着未来入侵印度的准备。这些计划只有在和平到来、法国海军复兴之后才能实施。因此，人道主义、爱国精神甚至更大野心的驱使，都让他努力地争取全面和平，在蒂尔西特，他也似乎已经确保了这一点。

可是，他所采取的手段却注定要挫败这一目标。当他威胁恫吓其他国家时，激起的是更顽强的抵抗；而在应该缓和民族命运忧虑的地方，他却让这种恐惧成倍增长。他不理解英国人民，没有看到在行动迟缓、思维混乱的政府后面，是一个生机勃勃、不屈不挠的民族，

---

[1] 卢凯西尼1806年10月对根茨所言，见于根茨的《著作选集》，第5卷，第257页。

只要有一位天才的领导，就能够对抗全世界。如果他不与沙皇签订密约、践踏普鲁士；如果他不与土耳其苏丹和波斯沙阿合谋，因而唤醒英国对埃及和印度的忧虑；他只要召开一次会议，就当前的所有争端展开讨论，有理由相信英国将会接受他的建议。乔治三世的大臣们一直支持奥地利在春季提出的召开一次国际会议的建议；① 弗里德兰之战后，如果不是得知这些影响深远的计划使和平变得比公开战争更危险，他们毫无疑问会欢迎拿破仑的建议。实际上，拿破仑虽是一位伟大的天才，却有着一个致命的缺陷，除了强力，他几乎不相信任何东西；他对英国施加了过多的威胁，使和平的希望凋零了，而那无疑是他所珍视的。

早在亚历山大的调停建议送达伦敦之前很久，英国内阁意外地做出了孤注一掷的决定。他们决心强迫丹麦加入英国和瑞典，并将舰队留在哥本哈根，以估量丹麦人的忠诚。

这项重大决定是在7月16日或此前不久做出的，也就是在梅默尔和蒂尔西特的消息传来之后。这些消息的准确含义，以及得到消息的方式，一直是近代史上的谜团之一。但从如下的事实似乎可以得出一个结论：英国外交部档案显示，驻蒂尔西特的英国间谍麦肯齐先生与本尼希森将军关系亲密，他在法俄皇帝第一次会面之后就匆忙离开驻地前往英国，他所带来的消息和法国对荷尔斯泰因威胁性举动的报告一起，坚定了英国政府对丹麦施加强大压力、遏制法俄图谋的决心。保证波罗的海出口通畅是当务之急，否则英国将与在施特拉尔松德附近同法军作战的英瑞联军失去联系。② 而且，应该注意的是，丹麦的海军实力举足轻重。法国及其盟友此时有59艘可以出海作战的主力舰，与沙皇结盟还将增加24艘；如果拿破仑得到了丹麦的18艘和葡

---

① 参见坎宁1807年4月25日对施塔伦贝格照会的回复，见于《年鉴》，第724页。
② 麦肯齐的报告和其他我从英国档案中得到的细节，参见我在1901年10月《英国历史研究》上的文章《在蒂尔西特的一个英国间谍》。

萄牙的9艘主力舰,其战斗力就几乎与英国海军相等。①因此,坎宁在7月16日决定,逼迫丹麦与英国站在一边,或者至少保持有利于英国的中立;为了保护丹麦免遭侵犯,他提议派出一支势不可挡的海军部队。

他在7月16日写道:"在当前的世界局势下,丹麦的安全只能建立在对立双方威胁对等的基础上。因为不容掩饰的是,法国的势力在最近的北欧战事中得以增强,除非英国海军与之抗衡,否则将使丹麦别无选择,只能服从波拿巴的要求。"②

对立双方威胁对等!坎宁的这一措辞总结了他的丹麦政策。在陆上受到拿破仑威胁的丹麦,将在海上受到英国的威胁;坎宁希望这种相反的力量至少能保证丹麦的中立地位,否则,瑞典必然在对法战争中屈服。必须对丹麦施加压力,这一点是早就明确的。实际上,使用这种强力手段最先是俄国和普鲁士政府建议的,在《巴滕施泰因条约》中,就已经有英国、奥地利和瑞典共同行动,迫使丹麦站在盟国一边对抗法国的提议。③尽管沙皇已经背约,英国仍然坚持这一决定。事实上,他眼下的行为使逼迫丹麦成了当务之急。

拿破仑觊觎丹麦是毫无疑问的事。返回法国后,他从圣克卢宫写信,指示塔列朗表达他对丹麦没有履行承诺的不满:"无论我多么渴望善待丹麦,都无法阻止它因为允许波罗的海遭到(英国施特拉尔松德远征军)侵犯而受苦;如果英国拒绝俄国的调停,丹麦必须选择与英国或者与我们开战。"④由此可见,丹麦曾表现出某种态度,让拿破仑有理由希望它宣布波罗的海为该国领海。

---

① 詹姆斯,《海军史》,第4卷,第408页。
② 英国外交部档案,丹麦部分,第53号。
③ 加登,《条约集》,第10卷,第408页。
④ 《书信集》,第12962号;另见第12936号,这封信命令此时在汉堡附近效力于他的15000名西班牙士兵组成贝纳多特监视部队的核心,"一旦有事",该部队将得到同样多的荷兰部队的增援。

英国政府此时已摸透了这些图谋，看出危险迫在眉睫，因此向丹麦提议缔结秘密防御同盟，主要的条件是丹麦将其海军舰队交给英国作为"神圣的承诺"，直到达成和平，英国为此向丹麦支付10万英镑的补助，并在它遭到法国进攻时提供军事援助。这项防御同盟建议被拒绝了，即使强大的无敌舰队陈兵近海，丹麦储君仍决心抵抗。8月底，已有88艘英国军舰集结于丹麦附近海域；来自吕根、施特拉尔松德和雅茅斯的运兵船会合之后，卡思卡特勋爵麾下已经有了15400名官兵。英军在哥本哈根附近登陆后，再次提出了结盟的建议，包括接管丹麦舰队；"不过，如果丹麦现在拒绝这一建议，英方就不会再提出了。缴获的财物，无论公有还是私有，都必须归属缴获者；英军占领的城市也将与过去征服的地方同一个下场。"丹麦人同样坚决回绝了建议和威胁，于是英军炮轰这座城市，直到英勇的守军投降（9月7日）。英军指挥官匆忙提出了如下条件：英军将占领堡垒和码头六周时间，接管舰艇和海军仓库，然后撤出西兰岛。

英国人一丝不苟地根据这些条件行事；六周时间过去后，英军与丹麦舰队（包括15艘主力舰、15艘巡防舰、31艘小型船只）一同起航离开。这次远征的结局令坎宁深感遗憾。他在一份冗长的备忘录中写道，他想要的不仅是丹麦舰队，还有和丹麦的同盟。依他之见，除了与北欧国家结成稳固的同盟之外，没有什么可以拯救欧洲，这个同盟能够保证波罗的海的畅通，遏制俄法两国皇帝的各种图谋。只有通过这一同盟，瑞典才能免遭俄国和法国的入侵。坎宁的确预见到了法国陆军以西兰岛为基地进攻瑞典的危险，提议古斯塔夫占领该岛，或者在此举失败时接受英国援军在厄勒海峡瑞典一侧登陆。这两个提议都被瑞典拒绝了。将丹麦拉进同盟的最后努力也同样无果而终，在将近七年里，该国一直对英国怀有敌意。坎宁与北欧诸国结盟的计划就这么失败了。英国确实在对抗入侵方面得到了进一步的保障；但这位英国政治家仍然指责指挥官们做事鲁莽，只坚持让丹麦舰队投降，他宣布除了英丹结盟之外，这一行动是"极其有悖道义的行为"[①]。

一直以来，这就是普遍的看法。也就是说，那些不知道，或者不可能知道实际情况的人，都认为此举有悖道义。从如下的方面看，英国的行为确实不可饶恕：这不是长期斗争之后绝望的最后努力，在此之前，自私、冷漠的做法已经给英国的声誉和盟国的利益造成了致命的损害。英国大臣们一面痛陈无力帮助盟国，却又对一个小国大动干戈，正好证明了自己所说的都是谎言。国会中也出现了坊间盛行的意见，有人抗议道，宁可面对法国、俄国和丹麦三国海军的强大力量，也好过仿效那些蹂躏、掠夺瑞士的人。

而且，英国的行为非但没有给瑞典带来好处，反倒有害。卡思卡特的部队一直在帮助瑞典军队守卫波美拉尼亚省，此时却被抽调去加大对哥本哈根的压力。经此变故，英勇的古斯塔夫抵挡不住布吕内元帅手下各军的猛攻，只得寻求停火。法方同意停火，唯一的条件是将施特拉尔松德交给布吕内（8月20日）；瑞典军队甚至无法守住吕根，只好将这个岛屿一并放弃。古斯塔夫的健康每况愈下，加上本性中的骑士气概使他对这个可鄙的世界无比厌倦，将部队撤回瑞典。可即便在那里，他仍然受到了威胁。丹麦对英国和瑞典产生了敌意，使他的南部海岸暴露在攻击之下；现在，他只能选择依靠臣民的勇气，而不是靠不住的英国援助，等待着丹麦对其西部、俄国对其芬兰行省的进攻。

从哥本哈根传来的消息，也为沙皇提供了与英国为敌的合理借口。在此之前，他一直不愿意这么做。自希尔特返回圣彼得堡时，他发现贵族和商人们都反对与那个海洋大国决裂，贵族们不屑与弗里德兰征服者握手言欢，商人则预见到采用大陆封锁体系意味着毁灭；当

[①] 英国外交部档案，丹麦部分，第53号。我在1896年1月《英国历史评论》杂志上发表的题为《坎宁与丹麦》的文章中公布了这一备忘录。丹麦的投降条件似乎主要由亚瑟·韦尔斯利爵士决定，他写信给坎宁（9月8日）："我本可将条件提得更高……如果不是国内需要这些部队的话。"（《韦尔斯利公文集》，第3卷，第7页）

拿破仑派萨瓦里率特别代表团进见沙皇时，皇太后和贵族们同样表现出对"杀害当甘公爵的刽子手"的憎恨。沙皇对这位特使的礼遇根本无济于事。萨瓦里向拿破仑坦承，只有沙皇和新任外交大臣罗曼佐夫支持法国；而且，人们很快就会看清，与沙皇的友好关系确定之后不久拿破仑就采取了一种小心翼翼的平衡政策，而俄国人对瓜分土耳其的极度热心必然扰乱这一政策。

俄法同盟尽管虚情假意，但瓦解它却超出了英国政治家的能力范围。对于亚历山大在英法之间调停的建议，英国外交大臣坎宁的回复是，英方希望首先确定，"法国打算以公正、平等的条件进行谈判"，其次要明确《蒂尔西特条约》的秘密条款。这些条款显然是存在的，因为公布的条约中没有提到撒丁国王和两位西西里国王，而那是亚历山大一直深表兴趣的。但是，第二项要求令沙皇恼怒，这种情绪因为英国在哥本哈根的所作所为而强化了。不过，尽管他宣称这是"闻所未闻的野蛮行径"，俄国给英国政府的照会却令人安心。所以，卡斯尔雷勋爵在写给卡思卡特勋爵的信（9月22日）中才能这么说："俄国没有对我们在哥本哈根所为表示任何不满或抱怨……自从俄国内阁听到你们在哥本哈根的行动，他们的语气变得更加温和了。"①然而，这种口是心非的做法似乎是因为考虑到了海军的情况。沙皇希望拖延到俄国地中海舰队得到立足之地，波罗的海港口结冰之时；可是，俄历10月27日（公历11月8日），他断绝了与英国的一切来往，采用了大陆封锁政策。

与此同时，欧洲的另一端发生的事件为英国骚扰丹麦找到了最好的借口。早在英国舰队开往丹麦海域之前，拿破仑就在制定毁灭葡萄牙的计划了。显然，他打算在对丹麦采取任何行动之前先向葡萄牙下手。从蒂尔西特返回巴黎的路上，他命令塔列朗向里斯本下达命令，

---

① 卡斯尔雷，《书信集》，第4卷。高尔10月1日从圣彼得堡发回的报告也称，公众舆论"坚决反对与英国开战……在我看来，英国在俄国从未这么受欢迎过"。

于9月1日前禁止英国货物进入所有葡萄牙港口——"否则,我将对葡萄牙宣战"。他还命令在巴约讷集结2万名法国士兵,准备与西班牙军队一起威胁这个小王国。①

葡萄牙何罪之有?它近来一直异常消极,焦急地看着大规模冲突吞噬一个又一个小邦。对拿破仑,它的行为也不像丹麦对英国那样具有挑衅性。1801年,当拿破仑和西班牙威胁瓜分葡萄牙时,这个国家急切地媾和,《亚眠和约》破裂时,它宁愿向法国支付大笔补助金,以此换取中立地位,至今它仍在支付这一费用,期望能"勉强苟存"②。现在,这一希望破灭了。

早在1806年2月,拿破仑就认真听取了权倾马德里宫廷的戈多伊关于瓜分葡萄牙的建议;当年7月,塔列朗在巴黎威胁英国全权代表,除非英国迅速与法国媾和,否则拿破仑将吞并瑞士——"我们更不可能出于任何其他考虑,而改变入侵葡萄牙的计划。用于这一目的的军队已在巴约讷集结。"耶拿和弗里德兰战役为布拉甘萨王室赢得了一年的喘息时间。但法国皇帝本性固执,如今又回到这个1801年就曾尝试过、1806年再次准备的计划,以粉碎英国的忠实盟友要挟它媾和。这次他对成功很有把握,这可以从下面摘录的葡萄牙驻巴黎大使写给本国政府的公函中看出:

"周日[8月2日]下午有一场外交招待会。使节们排成了一个圆圈,法国皇帝走近队列中的我,以低沉的声音说道:'你是否已上奏国王?是否在公文中写明了我的最后决定?'我做了肯定的回答,'很好,'他说道,'这一次,你们的政府知道必须在9月1日与英国决裂了。这是加速和平的唯一途径。'由于在那个场合不能发表任何意见,我回答道:'陛下,我想英国现在肯定真诚地希望和平。''哦,'

---

① 7月19日和29日的信。
② 这是英国驻里斯本大使斯特兰福特子爵的措辞(外交部档案,葡萄牙部分,第55号)。另见鲍姆加滕(Baumgarten),《西班牙史》(*Geschichte Spaniens*),第1卷,第136页。

皇帝回答道，'我们对此非常有把握；不过，无论如何，你们必须在9月1日之前做出决定，要么与英国决裂，要么与法国决裂。'随后，他转身走开，与丹麦大使谈话去了，据我判断，他们的谈话主旨也在于此。"①

在9月7日的公开信中，拿破仑的语气同样充满自信：

"我一接到英国远征军开往哥本哈根的消息，②立刻通知葡萄牙必须向英国关闭所有港口，并在巴约讷集结了一支4万人的大军，必要时与西班牙军队一起迫使其就范。但我刚刚收到［葡萄牙］摄政王的来信，看起来没有必要采取后一措施了。看到这封信时，葡萄牙应该已对英国关闭港口并向其宣战。另一方面，我的舰队将在10月1日做好行动准备，布洛涅将有一支大军，随时可以对英国发动袭击。"

这封信最后命令将所有英国外交官赶出欧洲，瑞典必须与法国和俄国联合行动。他就打算用这些手段，迫使吓跑了的和平再一次来到这个饱受惊扰的世界。

事实上，不列颠民族的命运此时似乎系于哥本哈根和里斯本发生的事件。很大程度上，这取决于葡萄牙摄政王的行为。如果他温顺地服从拿破仑的旨意，让他的舰队和广阔的殖民帝国服务于法国，面对如此实力悬殊的局面，恐怕连品格高尚的坎宁也不得不俯身屈就。这位年轻政治家对葡萄牙的行为疑虑重重，从他写给驻里斯本公使斯特朗福德子爵的许多封冗长而字斟句酌的信中得到了证明。不过，英国很幸运，拿破仑犯下了大错，这种错误经常毁了他的计划：他欺人太甚了，要求葡萄牙摄政王没收英国商人的货物和财产，这些商人常年信任布拉甘萨王室的善意，此类行径令高尚的人不齿。摄政王接受了其他所有条件，但对最后这项要求予以严词拒绝。斯特朗福德子爵8

---

① 斯特兰福特子爵随函附上的葡萄牙大使洛伦索·德·利马（Lourenço de Lima）1807年8月7日的报告。（外交部档案，葡萄牙部分，第55号）
② 关于通知葡萄牙日期的说法是虚假的。拿破仑是在7月19日下令发出通知，这远早于哥本哈根传来的消息。

月13日的公函上说明了这一点：

"……葡萄牙内阁将躲开这可怕一击的希望全都寄托在英国肯定会被迫参加全面和平谈判上……葡萄牙王国的存亡取决于英国能否迅速接受俄国皇帝的调停。摄政王做出了最庄严的承诺，他在任何情况下都不会同意没收在其保护下的英国臣民的财产。但我认为，如果能说服法国放弃这一要求，并对禁止葡萄牙与英国通商的要求做某些限制，该国政府将会让步……"

一周以后，他表示葡萄牙恳求英国忍受暂时的决裂，并报告该国已将国库中的一些钻石送到巴黎，送给可能影响波拿巴和塔列朗想法的人物。跟踪这些钻石的去向一定很有趣。但是，拿破仑刚刚从在波兰查抄得来的财物中拿出26582000法郎奖赏手下，[①]巴黎的暴富者比比皆是，难以找出接受这些财宝的人。塔列朗一贯收受这种"甜头"。但他已于8月14日辞任外交大臣，得到了副大选侯的封号；而且，如果我们不轻信他的对头奥特里夫和帕基耶的说辞，而从他在蒂尔西特立下的决心——决不做"欧洲的刽子手"——出发，就可以判断出，他不会同意粗暴对待普鲁士，现在也不会同意打击葡萄牙的计划。[②]

如前所述，早在1806年，戈多伊就与拿破仑一起策划对葡萄牙的瓜分。这项计划承诺戈多伊分到葡萄牙的三分之一，因此他对计划被搁置感到愤怒，在拿破仑向耶拿进军时号召西班牙拿起武器，对这一冒犯，那位征服者看起来不以为意，实际上从未饶恕。可是，此时的拿破仑似乎完全同意戈多伊的计划，并在葡萄牙摄政王恳求法国

---

① 《书信集》，第12839号。
② 塔列朗在新政策中所起的作用，参见布伦纳哈塞特夫人的《塔列朗》，第2卷，第16章。由于塔列朗销毁了大部分文件，这个问题和其他许多问题都成了不解之谜。1806年6月，他建议瓜分葡萄牙；而在秋季，据说他支持推翻西班牙波旁王室。但可以肯定的是，拿破仑1807年7月19日就葡萄牙事务写给他的信，与他返回巴黎后坚持递交辞呈有某种联系。8月10日，他写信给皇帝说，这是他作为外交大臣所做的最后一件事了（《未发表的塔列朗书信》，第476页）。尚帕尼接替了他的职务。

手下留情时，(1807年9月25日)命令迪罗克在巴黎与戈多伊的密使唐·伊斯基耶多协商。"……至于葡萄牙，我不反对将该国的宗主权授予西班牙国王，甚至可以将它的一部分国土送给伊特鲁里亚王后及'和平亲王'(戈多伊)。"根据他的授意，迪罗克还要指出如下困难："整个意大利"现在都属于拿破仑，不能容忍伊特鲁里亚王国"那个怪物"损坏这个半岛的形象。这样的变化对法国皇帝有双重好处。他可以完全禁止英国商贸进入来航港(今里窝那)，尽管那里的贸易规模很小，但仍是令人担心的；而且，塔古斯河(今称塔霍河)口和杜罗河口也都在顺从的臣属手中。

计划的情况大致如此。虽然葡萄牙摄政王提出，除了扣押英国臣民及其财产的相关条件之外，将服从拿破仑的所有命令，但战争的决定仍然在10月12日无可挽回地做出了。[①]10月27日，在枫丹白露宫还签署了一项秘密协议，将"通过一项健全的政策，根据法国和西班牙的利益"，安排"葡萄牙未来的命运"。现在，葡萄牙将被分成三个大小不等的部分：最大的一部分包括埃斯特雷马杜拉、贝拉和山后地区，留待未来实现全面和平时安排，但在此之前由法国控制；阿尔加维和阿连特茹将移交给戈多伊；而较小的恩特里明霍-杜罗省则成为扔给年轻的伊特鲁里亚国王及其母亲、西班牙公主的"嗟来之食"，用于安抚失去伊特鲁里亚的他们。协议中模棱两可地承诺，只要英国归还直布罗陀、特立尼达和从西班牙或其盟国手中夺取的其他殖民地，布拉甘萨王室可以收回第一部分的领土；拿破仑向西班牙国王保证，除了巴利阿里群岛之外，他在欧洲的领地不会丢失，同时答应承认他是南北美洲的皇帝。

这个时候，朱诺正率领他的军团从巴约讷开往萨拉曼卡和罗德里戈城，准备实现这个大有益处的安排。这位将军因与波拿巴家族中一

[①] 《书信集》，第13235、13237、13243号。

位公主私通而闹得沸沸扬扬，将其调离巴黎自然是合适的安排，皇帝敦促他表现出最快的速度和最敏捷的反应来。他必须在35天内走完200里格的路程；缺乏给养不会影响这次行军，因为"2万人即便在沙漠中也能活下去"；最重要的是，由于葡萄牙摄政王再次承诺对英国宣战，他（朱诺）可以盟友的身份前往："我已经告诉你，我授权你以盟军的身份进入该国，意在让你能够控制它的舰队，但我心中的目标是占领整个葡萄牙。"①实际上，里斯本就像十年前的威尼斯，法军又要装成"披着羊皮的狼"，兵不血刃地占领之。可是，这条诡计不可能两次取得成功。摄政王的战舰已做好了逃走的准备。朱诺性情直率、刚愎自用，在军中人称"暴风雨"，根本不可能智取摄政王；但他催促将士们翻山越岭，11月30日，1500名衣衫褴褛、科头跣足、饥肠辘辘的掷弹兵陆陆续续进入里斯本，却发现葡萄牙王室已逃之夭夭。

摄政王做出这一重大决定实属万般无奈。几个月来，他一直抱着希望，认为拿破仑会放过他；虽然接受了与英国签订的一项协议，可以在其军舰护卫下渡过大西洋，并得到在南美扩张的承诺，他仍然拖延不决，即便在一支强大的英国舰队来到塔古斯河口、挫败了俄国舰队在那里阻止他离开的图谋时，他也一如既往地等待。法军距离里斯本只有两天路程时，斯特兰福德勋爵担心葡萄牙舰队将会落入其手中，发出严正声明，称进一步的拖延将被视为对大不列颠的敌意，摄政王才下定决心到大洋的那一边，寻找在自己的领土上失去的独立地位。②

布拉甘萨王室黯然离开生养自己的故国，没有什么场景比这更

---

① 《书信集》，第13314号和13327号。他的新战争大臣克拉克将军也写道："朱诺只要控制了舰队，他想说什么都行。"（《新编拿破仑书信集》，1807年10月28日）
② 斯特兰福德的公文足以驳斥梯也尔信心满满的说法，即葡萄牙人给拿破仑的答复是与英国达成一致后做出的。我没有在英国档案中找到坎宁1807年10月22日签署的英葡公约副本，但在他的公文中有许多处引用。该条约授权英国占领马德拉群岛，英国舰队也确实在当年底这么做了。第二年4月，英国用它交换亚速尔群岛和果阿。

令人哀伤了。当王室成员与朝臣们在成群决心与之共患难、悲愤交加的随行者陪伴下，鱼贯走上码头时，里斯本的百姓心中夹杂着对摄政王的敬爱之情和对精神失常的女王的同情，个个默默无语、泪眼相对。这些流亡者乘船驶向波涛起伏的河口，斩断了与欧洲的最后联系，此时沉默化成了绝望的哀号。迎着大西洋吹来的狂风，舰队缓缓开始沿河而下。英国舰队在河口以王家礼炮迎候他们，在这些战舰的保护下，他们顶着大洋上的巨浪，奔赴凶险的未来。

我们可以将英国对丹麦所为与拿破仑对待葡萄牙的做法进行简单的比较。这些小王国都是两个大国相争的牺牲品，实际或是想象中的利益，促使两个大国争夺陆上和海上的统治地位。不过，当我们比较两个大国的行为，重要的差异自然显露出来。英国对丹麦不满的理由远多于拿破仑对葡萄牙的怨恨。丹麦对新反法同盟的敌意尽人皆知，为了迫使它改变政策且不伤及民族自尊心，英国派出了迄今为止最为强大的舰队，提出结盟的建议，并要求将丹麦舰队——拿破仑谋划的主要目标——交给英方作为保证。上述建议遭到拒绝后，英国才接管了该国的舰队，这一行动当然是粗暴的，但至少是开诚布公的，英方一直小心翼翼地遵守9月7日的降约，即使在丹麦准备重开战端时也不曾违反。

相反，拿破仑对里斯本宫廷提出的要求，任何有尊严的君主都不可能接受；除了其中一条之外，摄政王满足了法方的所有要求，可他们仍然苦苦相逼；受害者的恳求也被侵略者有意利用，以推进后者贪婪的图谋；这件事情没有以一场大屠杀而告终，只是因为法军威名远扬，令脆弱的南欧人目眩神迷，以至于看到如同幽灵般的两个营便无奈地逃走。葡萄牙终于被瓜分了——或许说被拿破仑照单全收更准确一些，因为瓜分的许诺发挥作用之后，这场交易中隐姓埋名的合伙人就被悄悄地搁在了一边，此后人们就会看到，葡萄牙最后成了控制西班牙的诱饵。我们将在下一章里再次讨论这个话题。

意大利也是如此,大陆封锁体系如同毁灭之神的战车,碾过了各个小邦。拿破仑曾在1802年以伊特鲁里亚王国为筹码,轻而易举地从西班牙波旁王室手中买下了整个路易斯安那,现在,它又被从那个卑躬屈膝的王室手中夺走,于12月并入法兰西帝国。

教皇也戴上了同样的枷锁,长期以来,庇护七世与拿破仑的关系一直紧张。教宗生性温和,拒绝将所有英国货物驱离辖地,也不愿与欧仁和约瑟夫结盟。他还拒绝解除热罗姆·波拿巴与帕特森小姐的婚姻,令拿破仑颇为光火;随后,双方的来往信件很有趣,最终,欧仁奉命向梵蒂冈递交了连篇累牍的指责,这都是从拿破仑写给他的一封私信中摘录的。[①]信中说,要私下警告庇护七世,拿破仑对宗教所做的好事,比教皇对宗教的损害还要多。基督曾经说过,他的王国不属于这个世界。那么,为什么教皇要凌驾于基督之上?为什么拒绝把属于恺撒的东西交给恺撒?两周之后,皇帝建议欧仁向博洛尼亚派出部队——"如果教皇有轻率的举动,就是剥夺其罗马辖地的好机会"。

教皇并没有妄动。不过,在次年1月,拿破仑还是命令法军占领罗马,声称这座"永恒之城"是英国和前那不勒斯王后煽动阴谋的温床,那不勒斯反叛者在教皇辖境内寻求庇护,尽管他不希望剥夺教皇的领地,但必须将后者纳入自己的"体系"内。当庇护七世拒绝服从一项涉及与英国开战的政策时,拿破仑下令将亚平宁山脉以东的教皇领地并入意大利王国(1808年4月2日)。这样,拿破仑就完全控制了亚得里亚海沿岸,那里和科孚岛长期都是他最为关注的地方。[②]

拿破仑目标坚定,意欲迫使或者引诱所有沿海国家组成一个强

---

① 《书信集》,1807年7月22日。
② 1807年9月1日到1807年11月23日,他写了18封与科孚岛问题有关的信件,在他的谋划中,一旦有便于重启东方问题的时机,那里就是一个基地。1808年2月8日,他写信给约瑟夫说,科孚岛比西西里岛更重要,"按照当前欧洲的情况,失去科孚岛将是最大的灾难"。这表明他打算瓜分土耳其。

大的联盟，令英国蒙羞，他最为关注的是拥有漫长海岸线的地区。北意大利、荷兰、那不勒斯、北德意志、普鲁士、俄国、葡萄牙、西班牙、丹麦和中意大利一个接一个地采纳了他的制度。他对奥地利没有施加太大的压力，因为该国在的里雅斯特和克罗地亚的海岸线很容易从他在意大利和达尔马提亚的领地上控制，英国商船很难找到入口。不过，为了在那里也"彻底"执行他的政策，他向维也纳宫廷表明了巴黎和圣彼得堡的论调；1808年2月8日，奥地利也加入了这个可称为"大陆体系"的联盟，因为在当年春季，除了瑞典和土耳其，欧洲各国都涵盖在这个体系内了。

拿破仑此时的活动简直令人难以置信。他加强了对欧洲大陆的控制，以法国风格改造意大利和德意志的制度，几乎天天都给他的兄弟们传授成功施政的精髓，如此忙碌之下，他还有时间再一次思考东方问题，并关注着英国为了延长其生命所采取的每一个策略。他注意到英国已经撤销了对易北河和威悉河的封锁，打算通过中立国船只将英国货物送到那里，便命令财政大臣戈丹准备一道敕令，对曾停靠任何英国港口，或者运送可证明来自英国的货物的中立国船只施以重压。[①]

他的猜测完全正确，英国打算用中立国船只将大量货物运送到欧洲大陆。《蒂尔西特条约》的后果完全展现出来之后，这几乎是唯一的出路了。"从8月到10月，英国商业完全停转，直到英国政府颁布枢密令，建立一个保护和自卫体系，才有所复苏。"[②]第一道枢密令要求对拿破仑新建立的国家发动报复（11月4日）；一周后下达的第二道枢密令宣布，由于1月命令并没有使对手缓和商业上的敌对态度，反而变本加厉，任何不让英国船只进入的港口将视同已被实际封锁；也就是说，1801年放弃的名义封锁合法性原则现在又再次重

---

① 1807年10月13日的信。
② 《年鉴》（1807年），第227、747页。

第 27 章 蒂尔西特

申。中立国船只同样不得运载敌国殖民地产品，但允许某些例外。所有携带"产地证明"——区分英国与中立国货物的一种手段——的中立国船只将被视为合法的战利品。同一天颁布的第三道枢密令允许中立国船只从敌国港口运送出口到英国的货物，征收普通关税，并为这些货物重新输出到任何友好国家或中立国港口提供便利。[①]这些命令是为了吸引中立国通过英国港口进行贸易，并秘密为中立国运送英国货物提供方便，同时压制那些服从拿破仑制度的国家。

这些命令中最为严苛的是鼓励对中立国船只进行搜查，要求其出示产地证明——这一措施与拿破仑没收英国人的财物一样严厉，也正是为了挫败它而设计的。这里有必要说明的是，英国枢密令造成的摩擦，以及该国对搜查权的使用导致美国通过了一项《禁运法案》（1807年12月23日），这是后者对英国主动采取敌对态度的序幕，也导致拿破仑在1808年4月17日后扣押所有停泊在法属港口的美国船只。

英国在11月颁布的枢密令很快就引来了拿破仑的回应。他在前往意大利北部途中听到了消息，到米兰后立即给予回击，那就是著名的11月23日和12月17日《米兰敕令》。他宣布，所有服从英国枢密令的中立国船只都将失去国籍，成为合法的战利品；所有进出英国或其殖民地、属地港口的船只也将同样论处。但是，这些措施将不会影响到那些迫使英国尊重其国旗的国家。与世隔绝的前景令岛国民众灰心丧志，他们不禁想起了维吉尔的诗句：

"不列颠人，完全游离于世界之外。"

不过，他们决心用外部世界的资源对抗拿破仑的军国主义政策；将热带地区的资源输入到兰开夏郡和约克郡的新型动力织布机上，就

[①] 同上，第749—750页。另一道枢密院令（11月25日）为中立国船只进行殖民地贸易提供更多便利，普鲁士商船得到了自由（同上，第755—759页）。1809年4月，英国进一步为中立国船只运载英国货物提供优惠政策，特别是出入美国的船只。

有希望利用西西里、直布罗陀和海峡群岛等地的有利地形,将无可匹敌的商品源源不断地输入欧洲。许多英国人认为,11月枢密令除了损害英国,没有带来什么益处。他们力主,即便拿破仑颁布了《柏林敕令》,英国制造的商品仍然肯定能找到进入大陆的途径;他们还可以引用一件怪事作为论据:埃劳战役期间,拿破仑在汉堡的代理人布列纳奉命为法国陆军采购5万件外套,他不得不从英国购买。①

这件事确实证明了大陆封锁体系的愚蠢。如果只考虑英国制造业的利益,放任自由的政策无疑是最好的。可是,英国以其商船队为骄傲,那也是皇家海军的摇篮,将全世界的转口贸易让给中立国,简直是叛国行为。英国对《柏林敕令》和蒂尔西特政策的报复行动残酷而霸道。但它们是在无情的贸易战中采用的;遗憾的是,在前所未有的决死一战中,任何行动都由伤害对手的有效性来评判,而不是和平时期适用的道德标准。表面上,英国似乎注定要失败。它已经失去了盟友,也与中立国疏离。然而,它可以从海上对拿破仑的仆从国施加压力,这些压力逐渐积累、难以抵抗;未来将证明莫利安的至理名言:"英国发动了一场现代战争;而拿破仑仍然采用古代的战法。有些时间和场合下,不合潮流是致命的。"

而且,就在法国皇帝将要以征服瑞典、准备瓜分土耳其来结束他的伟大试验之时,西班牙人民奋起反抗他篡夺来的权力,给了这场试验致命一击。

---

① 布列纳《回忆录》,伦布罗索和阿利松的著作(第50章)公正地论述了反对枢密院令的理由。

第28章　西班牙起义

1808年起义前的12年里,西班牙和法国的关系中充斥着愚蠢之举和怯懦的退让,使一个曾经骄傲、敏感的民族最终沉沦。这都是年老昏庸的查理四世国王和沉迷权谋的王后,最重要的是后者的情夫、权倾朝野的戈多伊所为。此人出身于世家望族,仪表堂堂、谈吐不凡,却寡廉鲜耻、狡诈多变,巧妙地赢得了王室的信任;1795年以有利的条件与法国媾和之后,他被称为"和平亲王"。

次年的《圣伊尔德丰索条约》揭示了与法国结盟的真正含义,该条约要求西班牙为对英战争提供兵员、舰艇和补助金,这种仆从国的处境还因拿破仑的行为而变得更加艰难,其结果尽人皆知。《亚眠和约》强迫西班牙让出特立尼达,此后该国又在特拉法尔加牺牲了海军,眼看着殖民地和商业衰败,财政也因为没有了此前墨西哥和秘鲁流进的黄金而捉襟见肘。

1806年夏季,债台高筑、颜面扫地的马德里宫廷听说拿破仑图谋将巴利阿里群岛交给西班牙波旁王室,不禁义愤填膺。拿破仑已将波旁王室赶出了那不勒斯,现在又打算将他们逐出西西里。西班牙民族的自尊心顿时如烈火般熊熊燃烧,他们准备动用一切手段报复。[1]戈多伊更因与拿破仑商谈已久的葡萄牙瓜分计划被突然放弃而怒火中烧,根据这一计划,他本有希望在葡萄牙南部称王。[2]因此,当法国

---

[1] 高尔报告(9月22日),西班牙驻圣彼得堡大使一直呼吁对该国伸出援手,以求报仇雪耻。
[2] 鲍姆加滕,《西班牙史》,第1卷,第138页。

皇帝发动耶拿战役时,他以最为逼人的气势,号召西班牙人民拿起武器。普鲁士战败的消息终结了他虚张声势的行为。屈从又成了马德里的主流意见,于是,按照拿破仑的要求,西班牙派出15000名士兵到丹麦边境,而那位西欧的主宰者也完善了打击伊比利亚半岛的计划。如前一章所述,法国皇帝于1807年初秋重新提出了瓜分葡萄牙的建议;根据秘密签订的《枫丹白露条约》,朱诺军团经西班牙开进葡萄牙,并得到了一支西班牙部队的帮助。

值得注意的是,早在1807年10月17日,拿破仑就命令朱诺寄来葡萄牙和他进军路线的详细资料,并专门命令工兵军官们寄来草图,"这些图纸非常重要"。法军其他的几个师借口保障朱诺与法国的联系畅通,越过了比利牛斯山脉。拿破仑还派出密探,观察西班牙军队主要据点的状况。另一些人则奉命报告西班牙军队和公众舆论的情况;同时,他警告朱诺密切监视在葡萄牙的西班牙军队,不允许任何要塞落入他们手中,并将所有葡萄牙士兵送到法国。这样,到1808年初,拿破仑在葡萄牙有大约2万人的部队,西班牙北部有约4万人,加泰罗尼亚有12000人。他们各显神通,得到了进入潘普洛纳、蒙胡伊克、巴塞罗那、圣塞巴斯蒂安和菲格拉什等要塞的许可,3月,拿破仑已悄然接管了伊比利亚半岛北部和西部,而西班牙军队大部分都在葡萄牙或者波罗的海沿岸为他服务。①

这些行动在西班牙人民中引起了惊恐和不满,但对该国政府的影响却如同巨蟒之于猎物,将其吓得目瞪口呆。查理四世和戈多伊竭力限制以对抗虚构的英国远征军为名、大批越过比利牛斯山脉的援兵数量,但没有任何作用。他们徒劳地哀求现在可以按照《枫丹白露条约》瓜分葡萄牙。法方毫不客气地告诉西班牙国王,公布条约的时机

---

① 《拿破仑书信集》,1807年10月17日和31日、11月13日、12月23日,以及1808年2月20日;另见内皮尔,《半岛战争》,第1卷,第2章。

尚未成熟。①王室家族的仇怨早已如同满满的一杯苦酒，如今，查理四世深信自己受到了欺骗，这种想法仿佛又在杯中注入了苦胆。

王后与戈多伊私通的丑闻，已深深激怒了王位继承人、阿斯图里亚斯亲王费迪南德。他私下反对父母及其宠臣，这种态度又因新婚妻子、前那不勒斯王后的女儿的影响而更加坚定。所有希望结束西班牙王国衰退的人们，都将他们所住的宫殿当成了大本营。从后来的事件看，费迪南德不具备值得民众效忠的勇气和度量，但对他的同胞而言，他能反对政府就已经足够了。1806年，他的妻子去世；1807年10月11日，他没有征求父亲的同意，就秘密写信给拿破仑，请求与一位波拿巴家族的公主成婚，并声称这一婚约是所有西班牙人热切希望的，而与和平亲王妹妹的婚事则遭到人们的厌恶。拿破仑没有回复这封信，但查理四世对王储直接与拿破仑接洽之事有所风闻，加上他的另一件不孝之举，成为了判定其叛国罪名的借口。国王满怀恨意地苦苦相逼，直到王子低声下气地哀求，才得到赦免。

马德里上演这幕《丑闻学校》②之际，拿破仑正在安排对葡萄牙的瓜分；西班牙王室的分裂可能使他更坚定决心，结束这个令人厌恶的王朝，给西班牙一个好的政府。所谓的宫廷阴谋结束之时，查理四世向他威严的盟友通报了"那骇人听闻的企图"，恳求他"以睿智之光施以援手"。③就这样，胆小如鼠的国王为拿破仑深思良久的干涉行动打开了大门，后者也迅速决断。1808年1月，拿破仑写信给朱诺问道："如果西班牙发生意外事件，你对西班牙军队有何担忧之处？你能不能轻松解决他们？"④2月20日，他任命贝尔格大公缪拉为驻西班牙全权代表，指挥那里的法军。缪拉生性直率鲁

---

① 1808年1月10日的信。
② 英国剧作家谢里丹所作喜剧，也译作《造谣学校》，讲述一群贵族男女造谣生事，破坏他人名誉及家庭的故事。——译注
③ 查理四世1807年10月29日致拿破仑的信，发表于《皇帝在西班牙的代理人——缪拉》（*Murat, Lieutenant de l'Empereur en Espagne*）附录8。
④ 《新编拿破仑书信集》。

莽，1806年就曾多次挑衅普鲁士，选择他自然预示着进攻策略。不过，法国皇帝对西班牙宫廷仍继续笑脸相迎，并对费迪南德与吕西安·波拿巴之女联姻之事表现出暧昧的赞成态度。①实际上，他希望用这件婚事来安抚费迪南德众多的追随者，与此同时，缪拉迅速向马德里挺进。3月16日，皇帝给他的代理人写了封信："继续用温和的口气跟他们商谈。让国王、和平亲王、阿斯图里亚斯亲王和王后宽心。最重要的事情是抵达马德里，整顿部队并补充给养。跟他们说，我将前来安排一切。"

对于拿破仑的真正目标，缪拉一无所知；他总是抱怨，没有得到一个妹夫应得的信任。②可是，当贝尔格大公满脸堆笑地向西班牙人表达空洞的友好之时，戈多伊在巴黎的秘密间谍伊斯基耶多却给主人发来了令人沮丧的报告：巴黎的大臣们对他越来越防备，恐怕是一种危险的信号。有传闻称，法国可能要求西班牙割让比利牛斯山脉和埃布罗河之间的领土，甚至暗示有必要彻底废黜西班牙波旁王室。国王、王后和他们的宠臣心中各自揣测着这些迹象，想象着自己将被扔进大西洋，成为人们的笑柄；他们也准备带上必备的财宝，及早逃往新世界。

但是，拿破仑在那里也抢先了一步。2月21日，一支法国分舰队收到密令，于加的斯附近下锚，以阻止西班牙国王和王后"重现里斯本的一幕"③。如果他们逃亡美洲，对英国的益处比里斯本宫廷的逃亡更大；拿破仑曾授予西班牙国王南北美洲皇帝的头衔，因此小心翼翼，一定要将他囚禁在欧洲。然而，查理四世被缪拉的逼近和巴黎传来的消息吓坏了，仍然准备逃跑；王后急于拯救千夫所指的情夫，也渴望着出海。

---

① 《书信集》，2月25日的信。
② 1814年，缪拉告诉霍兰勋爵（《外交回忆录》，第131页），他没有得到拿破仑的任何指示。
③ 梯也尔的著作，第29卷注释。

第28章 西班牙起义 539

西班牙王室此时住在距离马德里不远的阿兰胡埃斯宫，逃到安达卢西亚，并以武力或诡计带走王储看起来轻而易举。但费迪南德希望法国人前来解救他，及时向其忠诚的卫士们示意，挫败了这一计划。他的同党立刻聚集到他身边，民众则奔赴戈多伊的住处，疯狂地洗劫一番，意欲将这个毁家灭国的始作俑者撕成碎片。戈多伊躲了36个小时才冒险溜出藏身之地，但立刻就被发现了，人们对他拳打脚踢，直到费迪南德在母亲苦苦哀求之下出手干预，戈多伊才保住了一条狗命。群众在王宫周围鼓噪不止，砸毁了王家的车驾，并决定逼国王退位；查理四世于1808年3月19日宣布，由于年事已高、体弱多病，决定让位于费迪南德。

年轻的新君进入马德里时，人们高喊着他的名字；但这种喜悦之情很快就因缪拉暧昧的举动减弱了，他率领部队进入马德里之后，巧妙地避开了对费迪南德王位的承认。实际上，缪拉在3月21日收到了查理四世的女儿写来的一封信，恳求他帮助她在阿兰胡埃斯的父母；很快，老国王和王后就对退位感到后悔，表示这一决定是在武力逼迫下做出的，因此完全无效。贝尔格大公看出，这一争端可能对拿破仑有利，便请求法国皇帝立刻来马德里，解决只有他才能决定的问题。拿破仑在3月30日的回信中称赞了缪拉的谨慎，敦促他护送查理四世以国王身份前往埃斯库里亚尔，而戈多伊也得到保护，被送到了巴约讷。

法国皇帝于4月2日动身前往巴约讷，似乎还将从那里去马德里。与此同时，费迪南德受到礼遇，使他保留着与一位法国公主成婚的希望。为了迎合这种想法，拿破仑派出了手下最谨慎的萨瓦里，后者巧妙地说服费迪南德到布尔戈斯与皇帝会面。西班牙王储抵达布尔戈斯之后，萨瓦里又诱骗他继续前往维多利亚。那里的百姓担心王储此行凶险，企图割断王家车驾的挽索，但年轻的王储轻信了法国皇帝4月16日写来的信（信中承诺将一位法国公主许配给他），继续他的旅程，越过边境，拿破仑于4月20日在巴约讷接见了他。他证明父亲的退位是自愿的，但拿破仑不予理睬，邀请他共进晚餐之后，派萨瓦里通知他必须将王冠交回给父亲。费迪南德坚定地拒绝了这一要求，他的谋士埃斯科伊基斯和拉夫拉多尔不顾危险，向法国皇帝提出警告，如果他对西班牙王位问题横加干涉，西班牙人将永远仇恨法国。拿破仑温和地倾听了他们的意见，还拉了拉埃斯科伊基斯的耳朵以表示尊重，他说道："你是个城府很深的人，但我要告诉你，波旁王室不会放过我的。"次日，他许诺将伊特鲁里亚的王位交给费迪南德，对方冷淡地拒绝了。①

查理四世、王后和戈多伊于4月底抵达巴约讷。这位下台的国王已提出将自己和对王位的主张交由拿破仑处理，那正是法国皇帝渴望的。此时，软弱无能的查理四世将怒火发泄在那个忤逆之子的身上，急切地想要恢复王位。费迪南德表示，只要父亲真正执掌朝纲、摒弃那些国人痛恨的谋臣，他可以同意；可是，老国王因他竟敢强加条件而暴跳如雷，称"万事皆为民而行，但绝不受制于民"。

此时，马德里人民并不像他们满口哲理的国王所希望的那样消极被动。他们最初欢迎缪拉，认为他前来是为了帮助西班牙人摆脱戈多伊的枷锁；然而，法国人在西班牙首都为所欲为，又将费迪南德扣押于巴约讷，激起了人们的愤慨，这种情绪终于在5月2日爆发出来，群众不顾缪拉的葡萄弹和士兵们的马刀，持续对峙了很长一段时间。这场所谓"叛乱"的消息使拿破仑得到了又一个把柄，可以向他的客人施加压力。他急冲冲地找到查理，以佯装的愤怒镇住了老国王；这个"懒王"则迁怒于儿子，其情绪之激烈，只有王后刺耳的讥讽才能略胜一筹。这奇怪的一幕将要结束之时，法国皇帝插进来讲了几句严

---

① 《纳勒托为研究西班牙革命所著的回忆录》（*Mémoires pour servir à l'histoire de la Révolution d'Espagne, par Nellerto*）；另见埃斯科伊基斯（Escoiquiz）的《费迪南德七世的巴约讷之行》（*The Journey of Ferdinand VII. to Bayonne*）。

厉的话，他威胁道，如果王子这天晚上不将王位交还给父亲，就以叛乱者论处。面对父母的奚落，费迪南德还能以沉默应对，但拿破仑的严词威胁令他胆战心惊、败下阵来。

反抗结束了。当天晚上（5月5日），法国皇帝与戈多伊达成一项协议，查理四世同意将西班牙和西印度群岛的王位交给拿破仑，条件是这些领土应该保持完整，罗马天主教仍是唯一的信仰，他本人则得到贡比涅和尚博尔庄园，每年由法国国库拨给750万法郎的养老金。西班牙诸王子也得到了类似的待遇，费迪南德签字放弃权利，换取一座城堡和津贴。在这出闹剧的最后，拿破仑命令塔列朗在瓦朗赛庄园招待西班牙王室，并以优伶和迷人的名媛取悦他们。就这样，当代最具幽默感的外交家得到的任务竟然是招待三位无趣的流亡者；法国前外交大臣对巴约讷的背信之举并不赞同，却被人看成了同谋。

拿破仑就用了这些手段，兵不血刃地得到了西班牙和西印度群岛的王冠。

当时，他为自己的行为找了如下的借口："我知道，从某个角度看，我的行为是不好的。但我的政策要求我不能在距离巴黎如此之近的后方，留下一个敌对的王朝。"从这段话和其他类似的评论中可以看出，拿破仑在进军耶拿的时候，就已经下定了废黜波旁王室的决心，但在整整一年的时间里，这种决心都深深地埋藏在他那难以揣度的意志之下，直到朱诺挺进里斯本，他才找到了征服西班牙的稳妥之策。从那时起，他就毫不动摇地追求这个目标，毫无手下留情的迹象，甚至没有犹豫过——除非我们将1808年3月29日那封几乎肯定是伪造的信件当成真品。那封信中，他指责缪拉进入马德里的举动，可事实上他曾反复催促后者这么做；信中询问缪拉的意见，可是他长期以来一直不让缪拉知道真正的目标；对于西班牙人民潜在的活力，他发表了一番充满哲理的说教，而在真实的信件中，他对此表现得不屑一顾。①

整个西班牙征服行动确实称得上是巧妙的杰作，但这件杰作却因背信弃义而留下了无法洗刷的污点。拿破仑在晚年时曾说过："我承认，在西班牙的事情上做得很不好；这件事显然有违道义，也不公正，自我垮台以来，整件事都显得非常丑陋；因为所有华丽的外衣都被剥去，完成我的意图的许多好处也再无人问津，人们只会看到它赤裸裸的丑恶面目。"

拿破仑确实希望在西班牙实施改革。在此之前，政治与社会改革巩固了征服的成果；他不久之后向西班牙人提出的改革建议，如果不是放在刀尖之下，也许真的能改变这个国家的面貌；可是，他的动机昭然若揭，干涉也显得太过粗暴无礼，在这个欧洲最为敏感的民族身上根本不可能取得成功。5月2日，他写信给缪拉说，打算让那不勒斯的约瑟夫国王到马德里称王，缪拉则可以去葡萄牙或者那不勒斯担任国王。②缪拉选择了后者。约瑟夫在这方面没有任何选择的余地，他被从那不勒斯召到巴约讷，到达波城时，他才惊讶地听说自己成了西班牙国王。

拿破仑的选择很妥当。波拿巴家族的大哥在那不勒斯已经进行了多项改革，总体上很受欢迎；但巴约讷的背信弃义之举粉碎了他在马德里取得成功的所有希望。尽管西班牙贵族依据礼节欢迎这位新君，查理四世为他祝福，费迪南德自降身份、建议过去的臣民们默默服从，民意并非如此。

每个西班牙人都怒火中烧、仇恨满胸。他们所厌恶的查理四

---

① 《书信集》，第13696号。这封信显得做作、不流畅，将其与简练风格的真实信件做一对比——尤其是《新编书信集》中的第93、94和第100号——就可以说明它是伪作。梯也尔与此相反的论点显得混乱和虚弱。缪拉伯爵最近关于其父的一篇专文断言，这封信是圣赫勒拿岛时期或之后伪造的。该信最初见于《圣赫勒拿回忆录》，这是拉斯卡斯在拿破仑死后根据在圣赫勒拿岛上所作笔记汇编的一部不值得相信的作品。
② 拿破仑起初打算将西班牙王位授予路易，于3月27日写信给他："荷兰的气候不适合你。此外，荷兰绝不可能从废墟中崛起。"路易拒绝了，理由是他前往荷兰是受到了上帝的召唤，而非拿破仑的命令！

世、王后及其宠臣得到了拿破仑丰厚的馈赠,他们热爱的年轻国王被拿破仑用奸计骗走了王位,可恨的法军粗暴践踏他国的权利,而他们热忱效忠的罗马天主教会,又刚刚被夺走了一半的辖境,这一切都刺激着西班牙人,让他们几近疯狂。最初,他们的愤慨如同处于间歇期的火山,暗流汹涌,随后猛然爆发出了冲天的怒焰。拿破仑在巴约讷递交了一部宪法,西班牙贵族们接受了,但却遭到人民的蔑视。劝告人们保持谨慎和耐心的开明人士不是被暴民杀死,就是逃到了安全的地方。这场起义自发地在全国铺开,但激烈程度则各不相同。除了北部和中部有8万法军进驻,爱国者们受到遏制之外,一个又一个省份爆发了武装起义。走在这场运动前列的,是地形崎岖的小省份阿斯图里亚斯,很久以前,那里就是基督教徒与摩尔人决死一战中的最后希望。阿斯图里亚斯人据守在群山之后,怀着对昔日英名的自豪感,以一股愚勇之气向西方世界的统治者、90万大军的统帅宣战。北部的加利西亚和莱昂也迅速响应;而在南部安达卢西亚、穆尔西亚和瓦伦西亚等富庶之地,也都在山头点亮了民族之战的明灯。人们忘记了过去对英国的厌恶,阿斯图里亚斯、加利西亚和安达卢西亚的政务会议都向英国求援,坎宁慷慨地予以响应;7月4日,英国从西班牙波旁王朝的敌国,一下子变成了西班牙人民的非正式盟友。

现在,拿破仑开始发现自己犯的错误有多大了。他并没有得到对西班牙和西印度群岛的控制权,反而将长期忍让的盟友变成了势不两立的对手。他准备征服西班牙。当约瑟夫在一支小部队护送下抵达他的新首都时,拿破仑从巴约讷指挥手下众将采取行动。他们将把守西班牙北部从巴约讷到布尔戈斯和马德里的大路,小心谨慎地派出部队与叛军进行试探性的交锋;拿破仑在7月13日写给萨瓦里的信中说明了原因:"在内战中,必须守住重要港口,而不是四处出击。"这些指示十分重要,可是他在西班牙的将领却常常置之不顾!北路的贝西埃在梅迪纳德里-塞科取得了胜利，但南路法军的一次惨败却毁掉了整个战役。杜邦击败安达卢西亚征募的新兵之后，突入这个大省的中心地带。此时，四处劫掠得来的战利品成了他们的累赘，加上兵力分散，遭到包围，补给被切断，不得不于7月19日以全军约2万人在拜伦投降。法军放下武器的消息引起了轰动，因为在那个时代里，人们都认为拿破仑的军队是不可战胜的。全国各地绝望的爱国者们都为拜伦之战喝彩，称之为新时代的黎明。事实也的确如此。如果说瓦尔米大捷宣告了富有战斗精神的民主制度诞生，那么西班牙人战胜拿破仑最为英勇的将军之一，在人们心中是更伟大事件的预兆。这意味着，各民族反抗自负的"西方皇帝"的时代将要开始。

拿破仑似乎也隐约看到了这一真相。听到杜邦投降的消息，他最初的盛怒难以言表。随后，他大发雷霆："我怎么能想象，我的爱将杜邦竟会做出这样的事情，他可是我想要提拔为元帅的人啊！他们说，他找不到其他拯救士兵生命的办法。可是，手持武器死去总比投降好得多了。他们本应该光荣赴死，我们将为之复仇。你总能补充士兵，可只有荣誉，一旦失去，就再也不可能挽回了。"

而且，此战的实际后果相当严重。西班牙人迅速威胁到马德里；根据萨瓦里的建议，约瑟夫撤出了这座仅待了一周的都城，匆忙沿埃布罗上游一线退却，法军也在那里集结，准备发动第二次进攻。

法军的厄运还没有结束。在西班牙东北部，强悍的加泰罗尼亚人起而反抗入侵者，凭借着勇气与胆识，将法军困在了他们以卑鄙手段抢夺的巴塞罗那和菲格拉什要塞内。阿拉贡人自古以来从未在捍卫自由上退缩过，他们也团结起来，保卫首府萨拉戈萨。帕拉福斯的到来更令他们群情激愤，他乔装改扮，从费迪南德在巴约讷的住处逃脱，带来了法国人在那里所犯罪恶的消息。守卫萨拉戈萨的阿拉贡人在这座古城外战败，崩塌的城墙也无法抵御法军的大炮和一个又一个纵队的进攻，但他们死守在狭窄的巷子和大修道院里，顽强抵抗。这是一场空前的战斗,逐条街道、逐间房屋,双方相持了数天,阿拉贡人对抗强大的法军,凭借的是伊比利亚半岛人民守城时一贯的顽强献身精神,以及教士们的热情鼓动和萨拉戈萨姑娘[①]英雄气概的感召。最终,这座高贵的城市于8月10日摆脱了15000名来犯者的掌握,法军退到埃布罗河上游,与约瑟夫的部队会合。

即便到了这个时候,法国皇帝还没有完全意识到刚刚开始的这场战争的性质有多么严重。虽然萨瓦里多次就在西班牙面临的危险提出警告,拿破仑仍坚持认为这只是一场普通战争,只要采取好的战略,取得几次胜利就可以结束。他责备约瑟夫和萨瓦里放弃杜罗河上游一线,又痛批他们撤出图德拉,最后总结道:"西班牙军队全部加起来,也不可能打败合理部署的25000名法军。"他还以辛辣的口吻讽刺道:"在战争中,士兵算不上什么,优秀的将领才能左右一切。"

8月底,拿破仑在圣克卢宫里写下了这些令人难忘的文字,此时他并不知道,西班牙战场上已经来了一位优秀的将领。月初,亚瑟·韦尔斯利爵士率领一支12300人的英国军队在蒙德古河口登陆,并在葡萄牙非正规部队的协助下开始进军里斯本。在本书中回顾这位英国名将的性情与生涯并不合适,实际上,一本书都不足以描述这些。在韦尔斯利爵士的悼词中,丁尼生爵士以其诗人的微妙洞察力,道出了他的种种优秀品质。正因为有了这些特质,尽管无能的英国政府和相互猜忌、苛求无度又马虎粗率的盟国造成了无与比拟的困难,他都一一克服了:

"哀悼他,有着坚忍不拔的毅力,

兼具政治家与军人的气度,

温和刚毅,常怀公义。"

不久,韦尔斯利就赢得了荣耀,但也同样遇到了烦恼。17日,

[①] 指"阿拉贡的阿古斯蒂娜",西班牙独立战争期间的著名女英雄,曾出现在戈雅的名画《战争的灾难》上。——译注

他将法军前锋逐出罗利萨；四天之后，朱诺率全军赶来，英军又在维梅鲁痛击了这位狂妄的法国统帅。朱诺的战术运用不当，如果不是比韦尔斯利军阶更高的哈利·伯拉德爵士适时到达，阻止英军追击，他的整个部队就将与托里什韦德拉什失去联系。韦尔斯利随机以讽刺的口吻对他的参谋们喊道："先生们，现在我们无事可干，只能去打红腿鹧鸪了。"英国军队的管理方式十分古怪，从伯拉德又被休·达尔林普尔爵士取代可以更加明显地看出，后者的成名作就是签订了《辛特拉公约》。

根据这一奇怪的协议，朱诺全军乘坐英国船只，从葡萄牙被送回法国，而封锁塔霍河口的俄国分舰队则被英军扣留，直到和平为止，船员也被遣送回俄国。这份公约遭到了英国公众的猛烈抨击；但内皮尔却为之辩护，他详细说明了让法军立即离开葡萄牙，从而为在西班牙的军事行动提供一个可靠基地的种种好处。然而，鉴于朱诺的部队因失利而士气低落，最近的援兵又在纳瓦拉，这些借口几乎站不住脚，除非以如下事实作为理由：有了伯拉德和达尔林普尔这样的指挥官，让法军赶紧离开当然是上策。

对朱诺接受这一公约，拿破仑表现得十分气恼，他说道："我正打算将朱诺送上军事法庭，幸好英国人抢先一步，把他们的将军送到那里去了，我才免受了惩罚一位老朋友的痛苦。"他对失败者一贯严厉，对所有葡萄牙军团的军官都十分不满，在法国登陆后，这些人都被严格禁止来到巴黎。被西班牙人释放的杜邦及其主要副手的命运更加悲惨：回国之后，他们锒铛入狱。拿破仑就是利用这样的手段，逼迫他的军队极尽所能，哪怕是在西班牙这样令人厌恶的征程中。[①]

尽管英国战争部错着连连，西班牙人抱着愚蠢的傲慢态度，各省政务会议为了得到英国补助金的先后和份额而疯狂争夺，1808年夏

---

① 蒂埃博和德布罗伊的回忆录；另见德罗卡，《西班牙之战》（*La Guerre en Espagne*）。

季，拿破仑的势力仍然遭到沉重打击，显得步履蹒跚。他不仅失去了西班牙和葡萄牙，以及两国顺从地支付的补助金，在波罗的海沿岸为他征战的15000名西班牙官兵中，大部分也都借机乘坐英国船只溜走，为西班牙北部的爱国运动送去了骨干人员。不过，最糟糕的是失去了道义的力量，就连他本人也承认，这占据了战争中全部力量的四分之三。在此之前，他总能赢得民心。作为法国大革命的继承人，他虽然使国内的民主力量陷入沉睡，但却一直试图在国外鼓动这股力量为己所用，而且不乏成功的先例。恰尔托雷斯基和施泰因都曾努力撕下他的民主面具，可人们却一直被其蒙骗，直到西班牙起义才暴露了真相；被流放到圣赫勒拿岛后，他才对巴约讷政策下了自己的结论："正是西班牙这个痈疽毁了我。"

第三版注释

《辛特拉公约》在军事和政治方面的详细论述参见奥曼先生最近出版的《半岛战争史》第1卷，第268—278页，第291—300页。不过，这位学识渊博的作者称这一公约在军事上是合理的，我对此不敢苟同，因为此前英军在维梅鲁取得了一场决定性的大捷。

第29章　埃尔富特

说到底，最大的问题是——谁将拥有君士坦丁堡。

——拿破仑，1808年5月31日

西班牙起义给拿破仑的计划造成了巨大的破坏，在伊比利亚半岛和中南美洲为英国商品打开了宝贵的市场，而这正发生在大陆封锁体系将要死死地困住英国的时候。[①]这场起义最终也打乱了他在欧洲以外的各项计划。在此，我们必须简单地回顾一下这些计划。

拿破仑在军事成功达到顶峰之时，也曾满怀期待地放眼东方；迫使被征服的国家媾和之后，他的心思马上又集中到海军、殖民地、埃及和印度上来了。《蒂尔西特条约》使他有余暇可以重启这些计划。1807年，在法国官方出版的《澳大利亚地图册》上，拿破仑将这个大陆的将近一半划入法国版图，证明他从不接受特拉法尔加对他海上和殖民宏图的致命打击。从1808年2月2日写给沙皇的信中也可以看出，他渴望着征服印度。他先是表达了帮助俄国取得荣耀、开疆拓土的愿望，建议沙皇征服芬兰，接着写道：

"由俄国人、法国人或许还有少数奥地利人组成的五万大军，经过君士坦丁堡突入亚洲，不用到幼发拉底河，英国人就会不寒而栗，

---

① 参见1809年9月27日一位英国人从布宜诺斯艾利斯发出的信，收录于1810年的《科贝特大事记》（*Cobbett's Register*）第256页。信中说，那里的新政府颇得人心，以较轻的关税向所有外国商人开放其港口，是因为缺少资金，而"不是出于对英国的好感"。

拜倒在强大的欧陆脚下。我已在达尔马提亚做好了准备。陛下在多瑙河也一切就绪。我们达成协议之后一个月,这支军队就可以抵达博斯普鲁斯海峡……5月1日,我们的军队就可以进入亚洲,陛下的军队也同时占领斯德哥尔摩。到时候英国人在印度受到威胁,又被逐出黎凡特,必将在这一连串事件造成的沉重气氛下崩溃。"①

拿破仑力促这个计划有多重原因。英国的持续抵抗令他心烦意乱,认为这些东征行动能使英国在恐惧中投降,可是反倒让英国政治家相信,必须不顾一切地战斗下去。另外,他希望与亚历山大恢复和谐的关系,因为蒂尔西特那欢天喜地的和睦景象很快就被双方的不一致破坏了。亚历山大并没有从多瑙河诸省撤出部队;于是,拿破仑也拒绝撤出西里西亚;1807年底,拿破仑从巴黎发出一项正式建议,如果俄国保留多瑙河诸省,西里西亚应该由法国处置②,双方在利益上这样锱铢必较,由此产生的摩擦也就升级了。亚历山大在蒂尔西特曾憧憬过的令人目眩神迷的美好远景,因这一番肮脏卑鄙的讨价还价而变得光彩全无,他坚决地驳回了法国人的要求。为了弥补这一错误,拿破仑才写了上述的信件;沙皇细读之下,欢快地喊道:"啊,这才像在蒂尔西特说的话。"

不过,拿破仑是否愿意立刻促成对奥斯曼帝国的瓜分,是值得怀疑的。他的信中邀请沙皇完成两件大事:征服芬兰和进攻波斯与印度。前者对俄国就已经是沉重的负担。尽管亚历山大承诺永远保障芬兰人的制度和风俗,但那个有趣的民族却顽强抵制。拿破仑肯定也知道,当时的俄军根本没有实力入侵印度;他邀请亚历山大参与两件大事,肯定能起到推迟瓜分土耳其的作用。如果他想在瓜分中占到最大的一份,推迟是很有利的。俄国军队已在多瑙河两岸整装待发,而他却还没有完全准备好,对达尔马提亚、拉古萨和科孚岛的控制还没有

---

① 旺达尔,《拿破仑与亚历山大》,第7章。这封信没有收录在《书信集》或者《新编书信集》中。
② 旺达尔,《拿破仑与亚历山大》,第4章和附录2。

完全确保。西西里和马耳他仍不愿听命于他；如果不占领西西里，他就不可能控制地中海——"我的政策中不变的目标"。只有地中海成为法国的"内湖"，他才有希望在阿尔巴尼亚、塞萨利、希腊、克里特、埃及和叙利亚站稳脚跟。

这时，沙皇为远征东方的前景而着迷；当俄军蹂躏芬兰的土地之时，拿破仑力图征服西西里，迫使西班牙沦为属国。从宏大的构想出发，他眼中的伊比利亚半岛不过是实现征服东方这一伟大事业的有用基地。这一点可以从他给海军与殖民地大臣德克雷的一封信中得到证明。这封信是1808年5月17日在巴约讷写下的，当时西班牙问题似乎已经解决："印度没有传来太多消息。英国在那里的经济状况十分困窘，（法国）远征军到达那里将彻底毁掉那个殖民地。我越考虑这一步，越觉得没有什么不便之处。"两天之后，他写信给缪拉，要求后者务必筹措资金，支持海军在西班牙港口的战备："我必须拥有战舰，因为我打算在这一季度结束时发动猛烈一击。"可是到了6月底，他告诉德克雷，西班牙的局势正在恶化，他必须推迟从欧洲水域派遣舰队远征的计划。[1]

事实已经证明，西班牙不仅没有温顺地提供舰队，反而吞噬了法国陆军，这样一来，与沙皇达成一致就更有必要了。拿破仑不仅希望确保进一步推迟对土耳其的瓜分，还希望遏制奥地利和德意志的反抗。奥地利发现拿破仑的困境之后，加快了重整军备的脚步；而德意志诸邦人民听到西班牙起义的消息，也难以压抑兴奋的心情。蛰伏已久的德意志民族意识已有了苏醒的迹象。1808年初，世界主义哲学家费希特在法国战鼓不绝于耳的柏林发表了《对德意志民族的演讲》，详述了一个决心不惜一切代价争取自由生活的民族拥有多么不

---

[1] 梅特涅经过1808年1月22日及之后与拿破仑和塔列朗的会谈，相信法国皇帝打算一有合适的时机便瓜分土耳其，这个时机将是他征服西班牙之后。拿破仑对他说："当俄国人出现在君士坦丁堡，你们就需要法国人去帮着对付他们了。"（《梅特涅回忆录》，第2卷，第188页）

第29章 埃尔富特 551

可遏制的力量。

这位哲学家演讲的主题，正是西班牙人以生命和鲜血书写的。思想家和战士们同样为拜伦和萨拉戈萨的故事所感动。瓦恩哈根·冯·恩泽叙述了古怪的哲人让·保罗·里希特当时的激动之情，他"毫不怀疑德意志人有一天像西班牙人那样，奋起反抗法国人，普鲁士人将为受到的羞辱复仇，争取德意志的自由……我向他证明了拿破仑政权有多么虚弱，而反对他的人又有多么深的根基。每次的谈话都会回到西班牙的话题上来，就像每首歌都有副歌一样。"

当时，在施泰因的安排下，普鲁士开始了一种新的市民生活。国王让这位伟大的政治家独揽民政大权，他实施了最为激进的改革。1807年10月，梅默尔颁布了解放农奴的法令，宣布废除农奴制及一切强制劳役。所有阶层人士都可以拥有土地、自由受雇，同时消除贸易上的垄断，使这个古老的封建社会平添了更多生气。地方自治为市民生活带来了新的热情与活力，军队组织者沙恩霍斯特秉持军队"应该是民族一切道德与力量的结合体"这个原则，提出了所有身体强壮的男人都应该在军中服役一段时间、然后编入预备役的构想，并在一定程度上加以实现。这项军事改革引起了拿破仑的怀疑，通过1808年9月签订的条约迫使国王同意，将普鲁士陆军限制在42000人以内，这一措施并没有阻碍该国组建一支高效的预备役部队，因此从字面上严格执行了，当然精神上未必如此。

实际上，前一个月，施泰因、沙恩霍斯特和其他爱国的大臣们曾秘密讨论过一项发动人民起义的计划。西班牙人的榜样到处有人效仿，而且，如果奥地利将军队派到多瑙河，英国又在汉诺威出手相助，摆脱拿破仑的控制似乎是有希望的。这个计划流产了，主要的原因是施泰因的一封信被截获了，信中他轻率地谈到了德意志公众情绪的激化，以及因西班牙事件和奥地利战备而引发的热切希望。拿破仑将这封信刊载于9月8日的《环球箴言报》上，并扣押了施泰因在威斯特伐利亚的财产。他还对普鲁士保持严密控制，虽然大部分法国部队已从这块财源枯竭的土地上撤出，他仍在斯德丁、格洛高（今波兰格沃古夫）和屈斯特林保留法国守备部队。只要控制住奥得河坚固防线上的这些要塞，他就可以笑对普鲁士爱国者微不足道的举动，并寄希望于迅速打垮西班牙起义军，这当然需要亚历山大在遏制奥地利方面的坚定支持。

为了获得这一支持，扫清东进路线上的大片阴云，拿破仑急切地盼望与他的盟友会面。几个月以来，他一直在提出会谈的建议，西班牙起义和奥地利重整军备使这次见面更加重要了。

会谈在埃尔富特举行（9月27日）。这座位于图林根的城市到处都是耀武扬威的军人，在雷鸣般的礼炮声中，两位君主率领随从走过古老的城墙，穿过狭窄的街道。此情此景，不禁令人回想起旧德意志的宁静气氛，这里更适合于马丁·路德的冥想，而不适合两位统治东西方的皇帝讨论征伐天下的大计。陪同他们的是两国的主要将领与大臣，在这些人面前，德意志诸邦的新国王相形见绌。出席者中还有一些地位较低的德意志王公，他们有的是为了向赐予自己土地与头衔的征服者致敬的，有的则希望再索要更多的土地和更高的头衔。事实上，国王的称号看似高不可攀，在当时却司空见惯；当时流传的一个故事如果是真的，就可以看出法国军人对这些人有多么轻蔑了：有一次，仪仗队员们被符腾堡国王华丽的车驾晃花了眼，正要向其致以仅适用于两位皇帝的三次敬礼，指挥官怒喝道："闭嘴，那只是个国王。"

在埃尔富特，两位皇帝每天上午密谈，下午处理政务，晚上则饮宴观剧。拿破仑从巴黎带来了法兰西戏剧院的演员，为两位皇帝和坐满正厅的国王们演出法国戏剧界的杰作，特别是那些有合适隐喻的剧目。伏尔泰的《俄狄浦斯》中有一句著名的台词：

"伟人的友谊，乃天赐之福。"

仿佛突然得到了灵感，亚历山大站起身来，热情地握住拿破仑的手，而后者当时正在打瞌睡。①表面看上去，一切确实都显得友好、和谐。沙皇彬彬有礼地陪同盟友到耶拿战场，聆听胜利者的生动叙述，然后在附近的森林里一同狩猎。

但在这些精彩的表演后面，潜藏着猜疑和恐惧。拿破仑在奥得河要塞上驻扎守备部队，又向普鲁士索要不可能承受的巨额补偿金，令亚历山大恼怒不已。他曾呼吁恢复普鲁士的独立，可拿破仑的这些举动目的并不在此；只要法国军旗飘扬在屈斯特林，俄国边境就不能彻底保证安全。②此外，塔列朗曾暗地里警告沙皇，不要过于迁就法国皇帝。"陛下，您来这里是为了什么？您想要拯救欧洲，只有反抗拿破仑才能成功。法国人很文明，但他们的皇帝并不是这样的。俄国的君主很文明，但它的人民却不是这样。因此，俄国的君主必须成为法国人民的盟友。"③不过，如果不是从俄国驻巴黎大使那里听到了类似的警告，塔列朗这番对仗工整的陈词能有多大效果，是值得怀疑的。一直以来，人们似乎对塔列朗在埃尔富特"变节行为"的重要性过于夸大了。④国家政策并非取决于巧妙的说辞，而取决于更为严酷的事实。从蒂尔西特谈判时开始，拿破仑一直对盟国随意许诺，但并无任何实质性举动。他在2月2日的信中所描绘的美好远景，也和以往一样虚幻；罗曼佐夫向尚帕尼表达了他的同胞的愿望："我们来到埃尔富特，是为了给这种行为设限。"很明显，如果拿破仑我行我素，那么对土耳其的瓜分就会在他希望的时间、以他希望的方式进行，这是沙皇决心要阻止的，因此，当拿破仑提议召集奥地利人前来，解释该国当前的暧昧举动，并要求真心承认约瑟夫·波拿巴为西班牙国王时，沙

---

① 苏尔特对霍兰勋爵是这么说的。（《外交回忆录》，第171页）
② 旺达尔，《拿破仑与亚历山大》，第1卷，第384页。
③ 梅特涅，《回忆录》，第2卷，第298页（英文版）。
④ 我认为，比尔对塔列朗在埃尔富特的工作评价不太准确，这是基于塔列朗自己在晚年的过高评价。参见格雷维尔，《回忆录》，第2部分，第2卷，第193页。

皇只是装聋作哑。如果奥地利停止目前的战备工作，拿破仑在中欧的霸权地位将令人恐惧。削弱与西方帝国之间仅存的缓冲国，显然不符合俄国的利益。

在维也纳宫廷特使文森特男爵的悄然影响之下，沙皇的这些忧虑更加深了。他带来了对两位皇帝极尽溢美之词的公函，并留下来感受欧洲政策的脉搏。就目前看，奥地利应该还可以享受和平。虽然拿破仑急于表明，如果奥地利不接受西班牙现状，英国绝不会媾和，亚历山大却平静而坚决地拒绝采取任何措施压制哈布斯堡王朝。争论变得越来越激烈，拿破仑发现，除非维也纳宫廷屈服，否则英国将继续帮助西班牙爱国者，可亚历山大却表现出了出人意料的执拗。拿破仑表示，只有英国、奥地利和西班牙"叛军"彻底灰心，才能确保和平，但亚历山大不为所动。实际上，他已开始质疑，一位以战争和威胁为手段的和事佬究竟有没有诚意。拿破仑见多说无益，便开始发雷霆之怒，在一次热烈的讨论结束时，他将帽子扔在地上，狠狠地踩上一脚。亚历山大停下来看着他，露出了意味深长的微笑，平静地说道："您太急躁了；我也同样固执；对我发怒得不到任何好处，我们还是谈谈吧，大家都理智一些，不然我就要走了。"说着，他向门边走去，拿破仑急忙把他叫了回来——随后两人坐而论道。

谈判终究没有结果。亚历山大任由盟友在西班牙为所欲为，但拒绝与他一同对奥地利发出外交威胁；拿破仑知道，这次重要失败的根源就是"西班牙发生的那些该死的事件"，他不得不为此付出代价——来年还要在多瑙河上作战。

为了报复沙皇的掣肘，拿破仑在与普鲁士和土耳其有关的事务上也不让亚历山大如意。他拒绝从奥得河上的要塞撤走部队，但勉强同意将普鲁士的赔款从1.4亿法郎减少到1.2亿法郎。对沙皇的土耳其计划，他也没有表现出更多的支持。多次激烈争论之后，双方最终决定，俄国将取得多瑙河流域诸省，但要等到来年。法国放弃在亚历山大和土耳其政府之间的一切调停活动，但要求沙皇维持其他土耳其属地的完整，这意味着对土耳其的瓜分将推迟到拿破仑可以真正实施东方计划的时候。在蒂尔西特描绘的宏伟蓝图又一次推迟到遥远的未来，科兰古早期从圣彼得堡寄来的一份报告中曾引用过沙皇的惊人之语，从中足以体会到他的失望之情："只要俄国能得到君士坦丁堡和达达尼尔海峡，天翻地覆也在所不惜。"[①]

埃尔富特会谈还留下了一个隐藏的创伤。拿破仑将与约瑟芬离婚的事情拿出来正式讨论，目的是与更有利于其野心的家族联姻。七年以来，关于两人离婚的流言一直没有停过，这并不是拿破仑有何暗示，而是来自他妒忌心重的妹妹、爱搞阴谋的亲戚和多管闲事的大臣。在这些人当中，最爱滋事的是富歇，他曾斗胆向约瑟芬提出建议，让她为了国家利益而做出牺牲，后来，拿破仑为此痛斥了他一顿。可是，现在拿破仑又让塔列朗和科兰古试探沙皇，看看有没有可能与他的一位姐妹联姻。亚历山大的答复同样模棱两可，小心谨慎。他表示，法方提出联姻是令人欣慰的友好之举，他也盼望能建立一个拿破仑王室。沙皇言尽于此，返回圣彼得堡后八天，他唯一适合结婚的妹妹叶卡捷琳娜就与奥尔登堡公国王储订婚。这件事确实是皇太后决定的，但实际意义无人不晓，更不用说拿破仑了。

事实上，拿破仑在埃尔富特取得的主要胜利是社交和文学方面。他努力地要在德意志诸邦王公面前炫耀一番，并使那里的两位思想家忘却自己的国籍，确实也取得了一些成功。歌德和维兰德都因他的伟大而拜服。对于前者，拿破仑与之面谈良久，首先，他用"您是个男子汉"这样的话恭维了年迈的诗人，然后谈到了一些作品，歌德认为他的评论颇为公正；他还批评诗人青年时的作品《维特》中的一段不符合情理，对此歌德表示同意。对伏尔泰的《穆罕默德》，拿破仑大加

[①] 旺达尔，《拿破仑与亚历山大》，第1卷，第307页。

指责，因为这部作品将东方的征服者描绘得一钱不值，而且表现出了消极的宿命论思想。"这些东西属于一个灰暗的时代，此外，他们所说的宿命是什么意思？政治就是宿命。"这句话的含义很快就得到了强调，因此不可能产生误解。观看伏尔泰的《恺撒之死》后，拿破仑建议歌德写一部比伏尔泰作品更为宏大的悲剧，以说明如果这位伟大的罗马人有机会完成他的雄图，世界将得到多大的益处。

最后，拿破仑邀请歌德前往巴黎，说他在那里能够找到诗歌创作的丰富素材。幸运的是，歌德以年老体衰为由婉拒了；正因如此，世人总算不会看到，一位伟大的天才屈服于皇权，按照拿破仑的想法去描绘恺撒的功绩与国策。不过，从皇帝邀请歌德的迫切性可以看出，他对法国的蹩脚诗人很不满意，同时也想剥夺德意志文学的民族性。他隐约感觉到，条顿理想主义是一个危险的敌人，因为正是这种思想，使他决心消灭的民族意识保存了下来。这种想法一点都没错。席勒最后一部也是最具爱国精神的作品《威廉·退尔》，费希特慷慨激昂的演讲，新成立的爱国组织"美德同盟"的种种努力，以及同样重要的、人们难以忘怀的帕尔姆遇害一事，都不是用刺刀或是外交手腕能够消除的影响。他或许可以征服，可以讨价还价，但面对如日初升的新时代所蕴含的无形力量，他却无从措手。费希特的谆谆教诲、施泰因的大声疾呼，还有西班牙人的彪炳战绩，令年轻一代血脉偾张，至于埃尔富特的浮华景象，人们却视而不见。歌德和维兰德在耶拿战役一周年纪念日接受了拿破仑授予的荣誉军团十字勋章，人们为此扼腕，却丝毫不改信念。

拿破仑最后的这个举动，使两位诗人的声誉受到了贬损，而在与德意志学者们道别之时，他又射出了一支利箭。他劝告人们提防那些空谈家，说这些人都是危险的梦想家和伪装的物质主义者。随后，他高声叫道："哲学家们苦苦编造所谓的体系，不过是自找苦吃，他们永远找不到比基督教更好的思想，基督教既能让人们和谐相处，又能确保公共秩序和安宁。你们的空谈家摧毁了一切幻想；可对民族和个人而言，幻想都是一件幸福的事情。我现在就要带着幻想离去，那就是你们会怀念我。"说完，他走上马车离去，回到巴黎继续征服西班牙。①

在埃尔富特完成的最后一项外交事务，就是草拟一份秘密协议，将芬兰和多瑙河诸省划归俄国；俄国则承诺，如果奥地利向拿破仑发动进攻，它将为后者提供援助。沙皇还承认约瑟夫·波拿巴为西班牙国王，并与拿破仑共同向乔治三世发出照会，要求他参加和谈。这份照会在当天（10月12日）拟定并送往伦敦。坎宁在回信中表明英国愿意和谈，条件是谈判应该包括相关各方；英国与费迪南德七世和西班牙人民虽然没有签订正式条约，但仍对他们怀有承诺，将其视为英国的盟友，因此也应该有权参加谈判。这封复信还没有送到巴黎，拿破仑已经动身前往西班牙。但在11月19日，他命令尚帕尼发表声明，西班牙反叛者不能参加谈判，正如谈判中不允许出现爱尔兰叛乱分子一样；至于争端的其他各方，"不管是统治瑞典的国王，统治西西里的国王还是统治巴西的国王"，他都不会拒绝。这一无礼的回答充分说明了他的建议毫无诚意，也说明了他对君主制度的怪异看法。西班牙人因为不愿接受他们的年轻国王被迫退位，就被称为"反叛者"；只要拿破仑还能容忍，瑞典、那不勒斯和葡萄牙的统治者就可以称为"国王"，否则就什么都不是了。英国政府当然不会答应背弃西班牙人，在给圣彼得堡方面的复信中，坎宁表示乔治三世深感遗憾，因为亚历山大竟然同意：

"世界历史上从未有过的篡位之举……如果这就是俄国皇帝认为不可侵犯的原则……国王陛下（乔治三世）只能沉痛地哀叹，欧洲的

---

① 斯克洛尔（Sklower），《拿破仑与歌德的会见》（L'Entrevue de Napoléon avec Goethe）；奥斯汀夫人的《1760—1814年的德意志》；翁肯，第2卷，第1章。拿破仑与威兰关于塔西佗的争执参见塔列朗的《回忆录》，第1卷，第5部分。当皇帝的车驾准备出发时，塔列朗小声对亚历山大说："哎！陛下要是上错车就好了。"

困难必将更加深重、持久。和平本应以公正、体面的方式达成，现在一切希望都已破灭，战争灾难将会延续下去，这绝不应当归咎于国王陛下。"①

任何一位开明人士细读这封信，都会得出这样的结论：英国的政策虽不像法国和俄国那么具有广度、力度和手腕，却有着男子汉般坦荡真诚的优秀品质。上面引用的那段话虽出自坎宁笔下，却洋溢着乔治三世的精神。这位英国国王一生命运多舛，此时已经到了精神错乱的边缘；可是，他却要身负重任，以严厉而又半带恳求的话语，去打动沙皇的善良本性。年迈的国王在这内外交困、阴云盖顶之时仍坚定不移，又有谁能说，亚历山大此后迎来了人格和生涯更为辉煌的阶段，不是在这一榜样感召下结出的硕果？

此时，拿破仑正在全力突破西班牙人的防线。爱国者被最初的成功冲昏了头脑，陶醉在入侵法国的梦想之中，各省政务会议就像争夺英国的武器和金钱一样，为未来的战利品争吵不休。梦醒的景象令人惊骇。他们手中只有不到9万人的新兵，如今遭到了同时代最精锐的25万大军的猛攻。各路起义军都被法军击溃，在索莫谢拉山关隘的最后一战中，法军的优势表现得淋漓尽致。西班牙人的葡萄弹如雨点般砸向猛扑上来的大批法军，此时法国皇帝决定派遣波兰轻骑兵奇袭山顶那致命的炮兵阵地。军令如山，波兰人迅速出击，四五十名骑兵在炮火中倒地不起，但其他人疾驰而过，用马刀劈向炮手，决定了战局。西班牙人被这闻所未闻的战术吓得目瞪口呆，拔腿就跑，再也无人能够阻挡拿破仑开进马德里（12月4日）。在西班牙首都，他竭尽全力，提出了多项合理的改革措施（如废除封建法律和异端裁判所），以求为约瑟夫的统治赢得民心。然而，这些举动毫无作用，西

---

① 英国外交部档案，俄国部分，第74号，1808年12月9日的公文。1809年1月14日，坎宁签署了与西班牙人民结盟的条约，双方同意，除非一致同意，绝不与拿破仑媾和。这项条约是在西班牙人的事业似乎已经绝望的时候签署的，但得到严格遵守。

班牙人不愿从他那里接受任何恩赐。

在马德里短暂停留之后，拿破仑兵锋一转，猛攻约翰·摩尔爵士的部队。这位勇敢的战士听信了西班牙爱国者的空洞承诺，率领一支26000人的英国部队冒险深入莱昂腹地。他以为，即便不能拯救马德里，至少可以使法军对西班牙南部的征服来得晚一些。这方面他倒是取得了成功；他义无反顾地将入侵者的大部分兵力吸引到自己这一边；眼看寡不敌众、取胜无望，他仍像雄狮一般，向科伦纳（拉科鲁尼亚）且战且退。为了争取时间，让士兵们安全上船逃离，他转身向法军发动反攻，并以这一壮举结束了自己辉煌的一生。

当英军士兵们看着白雪皑皑的加利西亚群峰消失在天际，拿破仑正赶往比利牛斯山脉。他接到了将要再与奥地利开战的消息，怀着西班牙已被征服的奇怪想法，他匆匆赶回巴黎，应对哈布斯堡王朝。可是，西班牙并没有被征服，它的军队确实四下溃散，就连英勇的萨拉戈萨城也在拉纳的持续攻击下，悲壮地成为了废墟。尽管如此，爱国者们仍聚集在群山之中，拿破仑终将发现，罗马史学家此言不虚："没有一个国家的民族性和地理条件，能像西班牙那样有利于灾后重建。"

拿破仑突然回国还有另一个原因。他听到传言，塔列朗和富歇这两个一贯相互猜忌的政敌，现已言归于好，甚至携手同行、举行秘密会谈，而且与缪拉似乎也达成了某种谅解。难道他们打算趁法国皇帝陷入西班牙起义的泥淖之中时，密谋让野心勃勃的缪拉以及他那更具野心的妻子抛弃被人鄙弃的那不勒斯王位，夺取巴黎的政权？据说，富歇在那不勒斯和巴黎之间准备了驿马，为的就是这件事。[①]不过，与富歇和塔列朗有关的事实真相至今仍是深藏的谜。

我们所确知的，就是拿破仑怒气冲冲地回到了法国，痛斥富歇之

---

① 马德兰的《富歇传》，第2卷，第80页；帕基耶，《回忆录》，第1卷，第353—360页。告密者为约瑟芬或欧仁。

后，他又对着贝内文托亲王发表了言辞激烈的长篇大论。他怒骂道，塔列朗先是建议他处决当甘公爵，反过来却用这件事诋毁皇帝的名声，现在，塔列朗又建议推翻西班牙王朝，并同样阴险地利用这件事上的失败。御前大臣岿然不动，等着这场风暴结束，随后淡然地对周围惊呆了的人们说道："多么遗憾，如此伟大的人竟然缺乏教养。"此言看似云淡风轻，但塔列朗对这一无礼之举怨恨颇深，在心中埋藏五年之后，一旦时机到来，复仇的念头便有如毒蛇般疯狂肆虐。1814年和1815年，拿破仑的西班牙政策至少造成了一个严重的后果，那就是与两位当代最聪明的法国人反目成仇。

第三版注释

在前文对索莫谢拉山战役的描述中，我遵循了人们公认的说法，将胜利仅归功于波兰骑兵。但奥曼先生已经指出（《半岛战争史》，第1卷，第459—461页），第一次冲锋失败了，直到一个法国步兵旅以小股部队冲上山顶，波兰骑兵在帝国卫队骑兵的支援下才夺取了关隘。内皮尔基于法国公报的描述（第1卷，第267页）是不正确的。

第30章　拿破仑与奥地利

"对付敌人决不能半途而废",这是能征惯战的普鲁士腓特烈大帝的圣明之言,他本能地看到,面对可怕的敌人,折中之道是愚蠢的。在政治家的眼中,办法只有两种,要么以宽宏大量赢得对手的友谊,要么将其碾得粉碎、绝不让他有东山再起的机会。

我们已经看到,拿破仑在奥斯特里茨战役之后有意地对哈布斯堡王室采取了危险的折中道路。他从奥地利的手中夺走了忠诚的提洛尔,以及所有施瓦本领地,并将奥地利在意大利的边界从明乔河推后到阿迪杰河,使其元气大伤。此后,他强迫奥地利加入大陆封锁体系,损害了该国的商业和财政;在埃尔富特会谈中,拿破仑几乎不加掩饰地威胁令奥地利神经紧张,一见他着手西班牙事务,便迫不及待地直击其要害。奥地利人的自信是有一定根据的,对哈布斯堡王朝诸邦的轮番打击已使它们更加紧密地团结在一起,在能干且充满朝气的大臣施塔迪翁领导下实施的行政改革,有望复兴整个帝国;查理大公倡导军事改革,罢黜了宫廷宠爱的无能之辈,就连普通士兵也看到了以前做梦都不敢想的前景。此外,由于慕尼黑强加给提洛尔人的自由主义制度僵化死板,扰乱了他们珍视的习俗和宗教节日,肯定会导致他们奋起反抗。

整个德意志也普遍开展了摆脱拿破仑控制的运动。采用他的法律虽有一些好处,但已被大陆封锁体系加深的经济困难所抵消;而拿破仑一直想要连根拔掉的德意志民族感情,却在柏林和维也纳生生不息。当拿破仑颁布敕令,剥夺11月24日辞职的施泰因的公民权时,全德意志又一次民怨沸腾。这道敕令是1808年12月16日从马德里发出的,内容是"这个名叫施泰因的人"试图在德意志挑起事端,应该将其视为法国和莱茵邦联的敌人,不管他身在何处,其财产都将被没收,本人也将被收押。于是,这位杰出的政治家出逃奥地利,现在,德意志民族主义者的一切希望都集中到了那里。①

4月6日,查理大公发布公告,清晰有力地表达了对改革后奥地利的新希望:"欧洲的自由将在你的旗帜下得到庇护。战士们,你们的胜利将砍断它身上的锁链;被强征入伍的德意志兄弟们正等着你们去解放。"这些希望言之过早了。奥地利的行动不是过于迟缓,就是过于急躁;它没有及时出手,趁法军群龙无首之际打垮巴伐利亚人;也没有耐心地等待军事改革取得全面的成果,以及英国承诺在北海实施的牵制行动,就过早地与法国开战。②由于篇幅所限,我们不可能详述多瑙河上的斗争以及提洛尔起义的过程。

拿破仑从巴黎赶来,发现他的部队分散在从拉蒂斯邦到奥格斯堡以南阵地长达60英里的战线上,他必须发挥全部的才智,在查理大公发动总攻之前将部队集合起来。幸亏奥地利人行动迟缓,法军才躲过了这个危险,困难重重的退却很快转变成一场漂亮的攻击战。连续五天,法军都在多处取得胜利,其中最重要的是4月22日的埃克米尔之战,此役的胜利迫使查理大公率奥军右翼部队北撤到拉蒂斯邦,次日,那里又遭到猛攻,查理只得逃往波希米亚森林,而他在多瑙河以南的左翼部队则向因河撤退。胜利者最大限度地发挥了自己的优势,入侵奥地利并迫使维也纳投降(5月13日)。

拿破仑在那座城市里颁布的一道敕令(5月17日)表现出了过度

---

① 西利,《施泰因的生平与时代》(*Life and Times of Stein*),第2章,第316页;豪塞尔,第3卷,第219页(第4版)。
② 英国外交部档案说明,英方希望援助奥地利,但乔治三世坚持要该国先与英国媾和,导致了长时间的拖延。与此同时,坎宁向的里雅斯特送去了价值25万英镑的银锭。但在4月20日的照会中,他告诉维也纳宫廷,英国国库已因为半岛战争的消耗而"几乎枯竭"。(英国外交部档案,奥地利部分,第90号)

第30章 拿破仑与奥地利

的自信。他剥夺了教皇的世俗权力，并将前一年保留的那部分教皇辖境也并入法兰西帝国。敕令的形式与内容一样引人注目：它以狂妄的口气，厚颜无耻地歪曲历史，援引了"查理大帝，我那可敬畏的先辈，法兰西皇帝"的例子，对皇权的尊贵地位吹嘘一番之后，将教皇贬低到了"罗马大主教"的地位。他命令每年拨给教皇200万法郎的年俸，以此来确保神权从属于政权。

庇护七世对占有其辖境提出了抗议，并宣布将劫掠者逐出教会，拿破仑便下令将他逮捕；仲夏之后不久，不幸的教皇被从罗马押送到了佛罗伦萨。

与此同时，拿破仑遭遇了一次意外的失败。查理大公因为在巴伐利亚屡战屡败而吓破了胆，向拿破仑发出了一封口气谦卑的求和书，胜利者不予理睬，但大公仍然坚守与都城相对的多瑙河北岸，当法国皇帝试图将其驱离阿斯佩恩-埃斯林（5月21—22日）时，却遭到奥军的痛击。如果这位奥军司令有拿破仑那种与命运抗争、最大限度夺取胜利的决心，奥军也许已将对手赶到河里了；因为在那两天的血战结束时，他们都明显占据了上风。实际上，若非拿破仑、马塞纳、拉纳和穆顿将军竭尽全力、协同作战，法军的惨败在所难免。面对巨大的损失，又听到可供法军撤走的唯一桥梁已被敌军趁洪水放下的树木和驳船冲毁时，就连这几位身经百战的名将也一时色变。然而，就像埃劳战役一样，拿破仑以他的钢铁意志战胜了对手，在夜色掩护下，法军撤到罗堡岛，此役损失了25000人。①

法军最优秀的先锋官拉纳也在败军之中。听说这位老朋友负了重伤、生命垂危，法国皇帝赶忙前来看望，并亲切地拥抱了他。马尔博

---

① 关于这场战役，参见麦克唐纳、马尔博、勒热纳、珀莱和马尔蒙的回忆录。马尔蒙的回忆录（第3卷，第216页）中说，如果奥军对阿斯佩恩的最后攻击进行到底，一场惨败将在所难免；或者，如果查理大公后来切断了法军在维也纳附近的交通线，也必将导致相同的结果。但是，军事历史学家的研究毫无疑问地证明，奥军在英勇的战斗中消耗过大，弹药几乎打光，在几天之内无法采取任何冒险的行动。而到那个时候，拿破仑已经得到了增援。另见安杰利斯（Angelis）的《查理大公传》。

当时扶着元帅的肩膀，据他说，这次会面感人至深，两位坚强的战士都是真情流露。不过，根据报道，拉纳被送到埃伯斯多夫，临终之前说了一些责备皇帝野心过大的话。但当时他已神志不清，即便真的说过那些话，也没有什么意义了；杜撰这一轶闻的人可能会说，这正是元帅最后一段时间的想法。正如一切有思想的军人那样，在拉纳的心中，法国也重于拿破仑，他厌倦了无休止的战争。耶拿战役后，他的心就已不在工作上，但泽围攻战期间，他曾写下了对拿破仑的看法："我一直忠诚于他，并甘愿为此做出牺牲。可他对其他人的爱却是若有若无的，也就是说，只有需要你的时候才表现出来。"拉纳的预感完全正确，他是一场战争的牺牲品，而这场战争完全是拿破仑的大陆封锁体系造成的，与法国的需要无关。他溘然长逝，留下了赫赫威名，以及共和战士特有的坦荡胸怀，这种精神在法兰西帝国的军营和沙龙中已越来越难觅踪影。①

不过，到那时为止，拿破仑的天才和法军的勇武精神还足以压倒奥地利及其支持者们软弱无力的抵抗。撤入罗堡岛时，拿破仑就将他非凡的组织能力发挥到了极致。法军仍然占领着维也纳，他们用船从那里送来了给养和弹药；马塞纳和达武以堂堂之阵势威胁着敌军；援军也从巴伐利亚赶来。驻守提洛尔的法国-巴伐利亚部队被征调一空，当地的农民乘机在勇敢的店主霍弗指挥下组织起一个防御体系。此时，一支法国大军最终打败了威尼西亚的奥军，正在将他们赶进匈牙利。奥军在波兰的攻势遭到遏制，法俄达成的协议也使腓特烈·威廉不敢采取任何普鲁士爱国者热切建议的反法行动。

普鲁士国王如果听从了爱国者的建议，那他就是疯了，除非英国从汉诺威派出强大的援军，可那是不能指望的。但是，德意志人的爱

---

① 图马，《拉纳元帅》，第 205、323 页及以后。德韦尔努瓦指出（《回忆录》，第 12 章），奥斯特里茨之后，拿破仑的历次战争都没有得到法国人的认可。

国热忱还是引发了两次大胆的反法行动。席尔率领一个普鲁士骑兵团试图夺取马格德堡,失败后向北转移,希望英国能出手相助。他的冒险行动被拿破仑的荷兰和北德部队阻止了,这两支部队在施特拉尔松德追上了他,5月31日,这支勇敢的部队遭到歼灭。席尔英勇战死,大部分幸存者都被送到了法国,在船上服苦役。年轻的不伦瑞克公爵并没有被席尔的失败所吓倒,试图以一次骑兵突袭(6月)鼓舞萨克森和威斯特伐利亚起而响应;然而,除了暴露热罗姆·波拿巴统治的弱点和大众对法国人的憎恨之外,他的举动收效甚微:他和2000名追随者最终被英国巡洋舰救了出来(8月)。如果英国远征军于春季在施特拉尔松德或者汉诺威登陆,而不是在随后的秋天陷于瓦尔赫伦岛,德意志人肯定已在拿破仑的后方发动起义;在那样的情况下,瓦格拉姆那场胜负难测的战斗结局可能大不相同。①

欧洲独立的所有希望都寄托在了韦尔斯利和查理大公身上。尽管英国和奥地利之间没有正式协议,但哈布斯堡王室仍对英军的牵制行动抱有很大希望。1809年的半岛战役初期,英军以辉煌的胜利满足了这些希望。韦尔斯利挥军波尔图,向苏尔特发动进攻,他巧妙地指挥部队渡过法军背后的那条河,迫使其溃逃到西班牙,损失了全部大炮和给养。这支败军到达卢戈时丢盔弃甲、狼狈不堪,遭到了奈伊军团士兵们的嘲笑与辱骂。两位元帅也发生了争吵,以至于拔刀相向,险些以一场决斗告终。②在加利西亚和阿斯图里亚斯的行动中,两人表面上取得了和解,但只要有机会,就会在暗地里给痛恨的对手造成麻烦。整个半岛战争期间,法军统帅之间的私怨给他们的军事行动带来了致命的影响。韦尔斯利发现加利西亚行动并不能决定战争的胜负,便开始准备对法国人的权力中心马德里发动致命一击。

---

① 关于瓦尔赫伦岛远征,参见阿利松的著作,第8卷;詹姆斯,《海军史》,第4卷;关于冈比耶在罗什福尔的失败也见于同书。当时在但泽沿海巡航的拜厄姆·马丁(Byam Martin)爵士的信件说明,英军军官们多么希望及时援助席尔。(英国海军档案,第12卷)
② 布思比(Boothby)上尉的《法国的囚徒》(*A Prisoner of France*),第3章。

瓦格拉姆之战

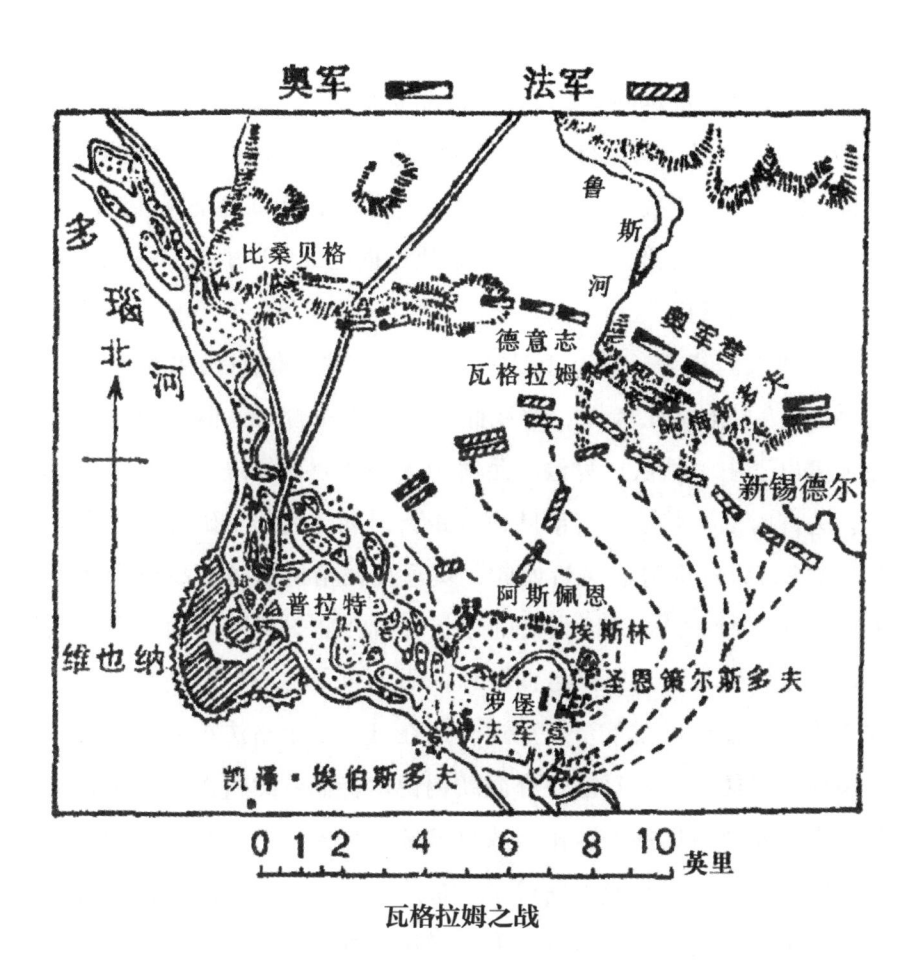

韦尔斯利在西班牙的心脏地带打进一个小小的楔子之时，查理大公已在多瑙河两岸惨遭败绩。从法国、莱茵邦联和欧仁的意大利军团抽调援兵之后，法国皇帝在罗堡岛和多瑙河右岸集结了18万名训练有素的士兵。他想尽办法迷惑奥军，使其不知道法军的渡河地点，这一招大获成功。奥地利守军在罗堡岛北面的对岸大举修筑工事，可是在7月4日那个暴风雨之夜，法军迅速在罗堡岛东面的下游修建了6座浮桥，同时在北侧猛烈炮击以误导对手。乌迪诺和马塞纳顺利渡河，没有任何损失，日出之时，全军向北快速推进，绕过了奥军修筑的工事，后者只得撤出。

查理大公棋差一着，兵力上也不及法军。他的兄弟约翰大公率领2万人驻守普雷斯堡，达武此前一直监视着他。但法国元帅巧妙地撤出了主力部队，只留下足够的人手吓阻这位缺乏进取心的统帅。关键时刻，其他奥军部队也都距离遥远，因此拿破仑在兵力上有大约5万人的优势。尽管如此，奥军在瓦格拉姆防御战中仍然十分顽强（7月6日）。查理大公驻守在鲁斯河后的高地，以右翼部队发动猛攻，意在将马塞纳赶向阿斯佩恩；可是他的中路受到削弱，在麦克唐纳持续进攻下步步后退，危在旦夕。中路法军的进展为达武争取了时间，从奥军手中夺回新锡德尔，倘若约翰大公听从兄长的命令，从普雷斯堡一侧出兵攻打拿破仑毫无防备的右翼，达武的这次行动已经被阻止或者粉碎了。最终，经过一番顽强抵抗，奥军在凶猛炮火的掩护下，有条不紊地撤出阵地。这是血腥的一天，主要的结果就是共有约5万人伤亡，其中双方大致各占一半。双方在战术上没有什么高明之处，与阿斯佩恩一样，奥军在勇气上可与对手匹敌。

这就是瓦格拉姆战役，从参战人数看，它可称史上最大规模的战役之一，但严格地从军事效果看，却是最不具备决定意义的一战。如果说奥斯特里茨战役堪比布伦海姆之战，瓦格拉姆更适合与百年前的马尔普拉凯大屠杀相提并论。法国人现在感受到了奥地利国防力量的加强，以及自身战斗力的下降。马尔蒙讲述了当天战斗将要结束时的情景：由于约翰大公的侦察兵来到战场附近，在法军中引起了恐慌，新兵拔腿就跑，原本正在劫掠的士兵们也乱作一团。这一事件证明，自乌尔姆和耶拿战役以来，"大军团"的状况已经恶化。提前征募、匆忙赶到前线的新兵破坏了这支军队的稳定性，士兵们还发现了另一个不祥的预兆：战斗中抓到的奥地利士兵中不带伤者甚少，只缴获了9门大炮和一面军旗。实际上，法军中只有麦克唐纳的威望得到了提升，他因在中路作战的优异表现而得到了独一无二的荣誉，拿破仑在战场上亲自授予他元帅的权杖。

倘若查理大公有威灵顿公爵那样的雄才大略，他本可以在这场战役中反败为胜。但奥军众将的软弱和犹豫不决一点也不亚于他们的统治者。[①]哈布斯堡军队的领导风格仍如旧日一样悠然自得、漫不经心；这个看上去衰败不堪的王朝岌岌可危，令将军们的意见也左右摇摆。弗朗茨有许多优秀品质：他是个好丈夫、好父亲，即便在失败的阴云笼罩下，他平易近人的风格也深受维也纳人的喜爱。然而，他生性多变、目光短浅；任何打破常规的事情都让他烦恼和惊恐；他对施塔迪翁的各种创新和改革能容忍如此之久，正说明了这位大臣的伟大人格和非凡勇气。此时，奥军屡战屡败，威胁到了他的王位，他就开始怀疑这位改革者了。施塔迪翁曾向时事评论家根茨坦承，除非一天24小时都和皇帝待在一起，否则不能指望他不随时改变主意。"大败之后，他就会立刻抽身，平静地将我们托付给上帝。"——这正是现在发生的情况。茨纳伊姆的又一场败仗使查理大公气馁，他提出停火（7月12日）。大公此举情有可原，他本希望争

---

① 关于多瑙河上游最初的几次战役后查理大公渴望求和的情况，参见豪塞尔的著作第3卷，第341页，瓦格拉姆战役以后求和的情况参见同书412—413页。

取时间，等待西班牙和普鲁士的重要牵制行动取得成效，可从两国传来的消息都令人失望。

我们已经看到，亚瑟·韦尔斯利爵士甫一出战，就取得了辉煌胜利，随后准备直捣法国的权力中心。令人难忘的塔拉韦拉战役便是由此而来。从西班牙政务会议和暴躁的司令官奎斯塔那里得到援助的许诺之后，他率领一支规模不大的英军部队深入塔霍河谷，准备趁法军主力在偏远省份作战之机夺取马德里。他在一定程度上实现了目标，迫使敌军放松了对其他省份的控制，集结起来驰援首都。在法军集中全部力量之前，他就与约瑟夫国王及茹尔当和维克托两位元帅在塔拉韦拉（7月28日）交锋。他巧妙地将西班牙军队部署在堑壕之后和园子之中，让这些新兵能够在有利的位置上作战，英军（仅有17000人）则排成稀疏的队列，沿着一道延伸到高地上的山脊部署，俯瞰着该镇北面崎岖不平的原野。韦尔斯利将左翼部队部署在高地上，维克托多次试图越过两军之间的沟壑发起冲锋，包抄或者突破这一侧，但都被打退，伤亡惨重。

酷热的天气令英法两军的怒火越燃越旺。最后，英国第23龙骑兵团迅猛的冲锋，以及第48步兵团不可阻挡的攻势，击溃了法军中路部队；日落之时，3万名法军败退下去，损失了17门大炮，伤亡和被俘者多达7000人。此时，如果其他西班牙部队提供韦尔斯利所希望的支援，他毫无疑问已经占领马德里了。塔拉韦拉战役前三天，他曾写道："不管有没有一战，我们应该很快就到马德里了。"但同盟军彻底打破了他的希望，他们没能守住阻挡苏尔特从萨拉曼卡进入塔霍河谷的山隘，而且让英军忍饥挨饿。"我们的处境还不如在敌国，"英军司令官写道，"从来没有见过如此糟糕的用兵，我们没有从西班牙军队那里得到任何帮助，为了运送伤病员，不得不从马车上卸下弹药和财物。"同时，苏尔特率5万大军轻松地越过群山，准备切断英军与葡萄牙的联系，不过，韦尔斯利迅速撤退，拯救了他的部队，他发誓绝不再相信西班牙人的承诺了。①

从北海传来的消息更令奥地利谈判代表沮丧。在惊动敌人、引起盟友厌恶方面，英国政府这一次做得比以往更"出色"。年初，唐宁街官员知道奥地利正准备与拿破仑开战，并将取胜的希望寄托在半岛战争和英国出兵汉诺威上，因为这时的汉诺威，起而反法可谓万事俱备。遗憾的是，英国与奥地利表面上仍处于战争状态。而和平条约的达成也在维也纳迁延日久，直到7月将尽，奥地利方面的批准文件才送到伦敦，英国舰队从多佛尔起航②，此行的结果人所共知。英国内阁任人唯亲，将4万名官兵的指挥权交给了查塔姆伯爵，他本应率军直取此时的目标安特卫普，却在弗卢辛浪费了宝贵的数天，只为了将其城墙轰塌。安特卫普借机做好了击退他的准备。最终，他的军队撤到了瓦尔赫伦岛，那座岛屿布满热病肆虐的沼泽，拿破仑一直不愿派出哪怕一名士兵前去。年终，这支大军只剩下了少数残兵败卒。军事法庭竟然宣布将这位司令官无罪开释，这才是最大的民族耻辱。要是换了拿破仑，早就将他枪毙了。

欧洲的老牌帝国面对拿破仑束手无策，但民众中间却开始燃起复仇的怒火。拿破仑在美泉宫阅兵时，一次不同寻常的行刺就说明了这一点。图林根牧师之子斯塔普斯是一位外表文弱的年轻人，但他却于10月12日手持长刀直入宫中，想在拿破仑阅读请愿书时行刺。贝尔蒂埃和拉普注意到这个小伙子执意要进见拿破仑，对其进行搜身后带

---

① 内皮尔，《半岛战争》，第8卷，第2章和第3章。在《威灵顿公文集》第3卷附录中，有拿破仑对约瑟夫和法国元帅们所采取行动的批评。他指责他们缺乏协调，对维克托在塔拉韦拉仓促发动进攻也提出了批评。他的结论是："没有进行侦察，就对英军这样占据有利阵地的精锐部队发动进攻，纯粹是让士兵们去送死。"

② 一位奥地利使节曾敦促唐宁街迅速采取行动。6月1日，他写信给坎宁："果断行动一直是敌人成功的关键。长期的经验已向全世界证明了这一点，但到现在为止，人们并未从这种认识中获益。"7月29日，坎宁宣布已收到奥地利对英奥和约的批准书，"同时收到了令人痛心的消息，奥军和法军已于12日签署停火协定"。
　拿破仑在圣赫勒拿岛上曾对蒙托隆说，如果英国远征军抵达弗卢辛当天，这6000人的部队迅速推进到斯海尔德河两岸，就可能轻松占领当时防御非常薄弱的安特卫普。在阿利松的著作（第60章）中可以看到引用的其他观点。

第30章　拿破仑与奥地利　　571

到拿破仑面前。

"你手持利刃意欲何为?"皇帝问道。"杀了你。"青年回答道。

"你要么是个傻瓜,要么就是光明会成员。""我不傻,也不知道光明会是什么。"

"那么你就是病了。""不,我身体好得很。"

"为什么你希望杀掉我?""因为你是我的祖国的灾祸之源。"

"你疯了,我将宽恕你,留下你的小命。""我不需要你的宽恕。"

"如果我饶恕你,你会感谢我吗?""不,我会再一次刺杀你的。"

斯塔普斯回答皇帝的问题和走上刑场时都镇定自若,给拿破仑留下了很深的印象,也促使他急于与这些"奇怪的德意志人"媾和,因为凭借武力和言语都无法征服他们。

此时,弗朗茨皇帝只能屈从于命运,但他拒绝考虑放弃仅存的伊斯特里亚滨海地区。在这点上,梅特涅极力想让拿破仑改变心意,可得到的最终回答是:"那么,战争就是不可避免的了。"[1]实际上,这位胜利者知道,奥地利已被他玩弄于股掌之间。查理大公交出了指挥权,奥地利军队士气低落,整个帝国的大部分领土也已落入法军之手。英国的各项努力已遭失败,德意志各地孤立的爱国运动中,只剩下提洛尔山地人仍在苦苦支撑。因此,拿破仑可以在《美泉宫条约》(10月14日签订)中写入自己满意的条件,并在弗朗茨尚未签字的情况下全文公布。[2]根据条约,奥地利承认约瑟夫为西班牙国王,将萨尔茨堡和因河地区割让给拿破仑,由其转交给巴伐利亚。除了卡尔尼奥拉、的里雅斯特城和所在地区以及萨沃河以南的克罗地亚和达尔马提亚部分地区之外,奥地利还要将其弗留利和卡林西亚属地的一部分割让给法兰西帝国。昔日从波兰得到的土地现在被用来扩大华沙公国,奥属加利西亚的一小部分将划归俄

---

[1] 比尔,《奥地利十年政治史》,第441页。
[2] 旺达尔,《拿破仑与亚历山大》,第2卷,第161页;梅特涅,《回忆录》,第1卷,第114页。

国。奥地利损失了350万臣民,还要支付340万英镑的战争赔款,并且再次接受排除一切英国商品的约束。在一项秘密条款中,该国同意将其军队限制在15万人以内。

最大的损失或许是放弃了忠心耿耿的提洛尔人。阿斯佩恩战役之后,弗朗茨皇帝承诺在他们重返帝国怀抱之前绝不放下武器,现在,正如该国最有才干的人不久前怀有的改革和捍卫德意志民族性的那些天真愿望,这一承诺也化为了泡影,奥地利帝国虽然安定了下来,但陷入了萎靡与破产的境地。在无言的愤怒与绝望中,奥地利爱国者只能眼睁睁地看着法国、巴伐利亚和意大利军队将提洛尔起义镇压下去。霍弗最终逃进山区,却因朋友的出卖而被押往曼托瓦。参加审讯的有些军官希望放他一条生路,但拿破仑发来一份特别公文,[①]命令将其处决,这位勇敢的山地人高喊着"弗朗茨皇帝万岁"倒下了。与此同时,提洛尔被巴伐利亚、伊利里亚和意大利王国瓜分;然而,子弹和瓜分丝毫不能动摇提洛尔人民顽强的爱国意志,如果那些高尚的农民常怀的坚定信仰和勇敢精神能激励欧洲各国的君主、将军和政治家,那么提洛尔战役对拿破仑就是一个凶兆。

然而,一直到这个时候,谨慎、胆小的论调仍占据上风。沙皇对华沙公国的扩张威胁颇有微词,但他表面上仍是拿破仑的盟友。瑞典厌倦了与法国、俄国和丹麦之间毫无胜望的纷争,废黜了坚持战斗的古斯塔夫四世,继任者查理十三世与上述国家媾和,保留了瑞属波美拉尼亚,唯一的代价就是服从大陆封锁体系。从官方的角度看,普鲁士似乎完全被征服了。哈布斯堡王室支持改革和德意志民族性的大胆举动已遭惨败,现在只能采取另一种政策,其特点便是小心翼翼的投机主义,一成不变地因循旧制。

[①] 1810年2月10日的信,朗弗雷引用了这封信。另见欧仁亲王的《回忆录》,第6卷,第277页。

上述变化的标志便是施塔迪翁的引退。施塔迪翁天性勇于进取，对改革怀有极大的热情，在这个妥协与屈服的年代显得不合时宜。他一直推动奥地利在进步的道路上前行，力图依靠人民保障国家安全，从这一点看，他就是奥地利的施泰因。可就在和平前夜，他恳求皇帝允许自己辞去外交大臣的职务，弗朗茨皇帝随即招来一位年轻的外交官，接任这个看起来吃力不讨好的职务。这位青年注定要在推翻拿破仑的大戏中扮演最重要的角色，随后还将凭借其机敏多变的政策，在中欧和南欧产生几乎与拿破仑一样大的影响。

梅特涅于1773年生于科布伦茨，比拿破仑小四岁。他来自莱茵兰的一个古老家族，父亲为旧帝国所做的贡献，使他早早地进入了外交官的圈子。他在拉施塔特会议中担任奥地利帝国代表的秘书，随后历任驻德累斯顿和柏林大使；1806年，他突然被任命为驻巴黎大使。他在那里表现得老练圆滑而不失礼节，能言善辩而又魅力过人，赢得了拿破仑的钦佩与尊敬。人们视其为亲法派；就像俾斯麦在后来的一次危机中那样，他运用自己的社交天赋和如簧巧舌，摸清了未来对手们的性格。

可是，除了手段巧妙、诡诈多变之外——弥尔顿笔下的比利亚尔说谎时也不如他那么优雅动人——梅特涅时不时也表现出男子汉的沉着坚定，甚至在拿破仑毫不掩饰地提出尖锐的外交问题并冷眼奚落之时，他仍不动如山。最近的战争爆发之前不久，他就证明了这一点。梅特涅以自己的举止赢得了其他各国大使的感谢，他给法国皇帝上了一节礼仪课，拿破仑却因为他的对抗而愈发对其青眼有加。不过，战后一切都变了，手腕比勇气更有用；这位开朗乐观的莱茵兰人接受了向征服者奉承谄媚这一令人生厌的任务，表面上漫不经心，内心中却潜藏着终极复仇的渴望。"从和约签订的那一天起，"1809年8月10日，他写信给弗朗茨皇帝，"我们必须采取见风使舵、阿谀逢迎的那一套。只有如此，我们才有可能保存自身，等待全欧洲解放的那天。"① 这就是接下来四年奥地利政策的总体走向。也许，唯有在狂飙面前屈身，才能使这个疮痍满目的帝国免于毁灭。新政策产生效果的机会很快就来到了。梅特涅向征服者提出了迎娶一位奥地利公主的建议。

令哈布斯堡王朝和西班牙爱国者颜面扫地之后，拿破仑似乎已大获全胜，所缺的不过是建立万世基业所需的一位子嗣。这一目标现在就要实现了。皇帝一回到巴黎，对约瑟芬就表现出了明显的冷淡。两人私宅之间的通道关闭了，小姑们饱含妒忌和得意之情的目光，让约瑟芬感受到厄运逼近。饶舌者们风传已久的离婚就在眼前了。11月30日，皇帝在杜伊勒里宫的内厅中向妻子宣布了这一消息，他以国家的迫切需要为由，努力地使这个决定听起来不那么残酷。然而，约瑟芬毫不在意这些国策。她纵有万般不是，仍是个深情款款、温柔贤惠的妻子；她首先是个女人，其次才是皇后；现在，她对拿破仑的依恋，并非只因为他给自己带来的显赫地位，还出于真正的爱情。

他们的关系发生了奇怪的变化。一开始，拿破仑发疯似的爱着约瑟芬，而她却以浅薄的冷淡和间或的不忠相报，直到他如火山岩浆般的激情冷却。此后，她变成了求爱者，但已求之不得。许多年过去，她只能为他感情的衰退和一次又一次出轨而恸哭悲叹。此时，她以为加冕之夜的宗教仪式中已经填平的那道裂缝，突然在她的脚下张开了血盆大口。无论是作为女人，还是作为皇后，黑暗、空洞的未来都让她畏缩不前；她以凄凉哀怨的责备，去对抗皇帝的命令和丈夫的抚慰。对于这样的情绪爆发，拿破仑似乎胸有成竹。约瑟芬瘫倒在他的脚下，撕心裂肺地痛哭，声称绝无法在这样的耻辱下苟活，但并没能打动丈夫。拿破仑知道无法让她平静下来，便打开房门，叫来宫廷侍卫长博塞，吩咐他将约瑟芬送回私宅。随后，皇帝抬着她的脚，博塞

---

① 《回忆录》，第2卷，第365页（英文版）。

扶着她的肩膀，两人一起将她抬下狭窄的楼梯，回到卧室后，已处半昏迷状态的她交由侍女照料，并由科维萨尔医生诊疗。可是，她的伤痛绝不是安慰或医术所能治愈的。[1]

拿破仑本人也颇为痛苦。这不仅是因为早年的余情未了，还因为他不喜欢新的伙伴和交往方式，因此对此变化极为抵触。"与我的妻子分离，"拿破仑曾对塔列朗说，"我失去了很多。我不得不研究一位年轻女子的品味和习惯。约瑟芬能够适应一切，她对我了解得很透彻。"[2]但由于他战无不胜、与沙皇结盟且彻底推翻了波旁王室和教皇，令野心的烈火烧得更旺。他渴望着威加四海，毫不犹豫地抛弃了不能帮助他建立王朝的妻子。然而，他这样做的时候还是感到极度痛苦和自责。他气喘吁吁，几乎无法连续说出的话语，让博塞感到他是真的动了感情；而且，尽管他一直是个出色的演员，我们仍然可以相信，他感受到了与早年伴侣分别时的悲伤。他那平素总是冰冷的外表下面，隐藏着神经质的本性，全凭不屈不挠的意志控制，但这种本性不时会冲破一切约束，让所爱的人沐浴在柔情之中，或者以愤怒的烈火吞噬对手。看来，约瑟芬的伤痛有一种力量，能唤醒他年轻时那更有雅量的感情。离婚仪式于12月15日举行，约瑟芬虽极度苦闷，仍不失尊严地宣布，为了法国的福祉，她同意离婚。

新婚姻的协商早已开始。即便在冷酷的皇家联姻史上，这也算得上是独一无二的了。法国大使科兰古奉命到圣彼得堡向沙皇的妹妹求亲，条件很容易谈定，宗教不成问题，但时间紧迫，皇帝需要一位继承人，公文上写道："我们争分夺秒"，希望圣彼得堡能在两天内答复。[3]这一要求弄得亚历山大不知所措。他的答复闪烁其词，但从形

---

[1] 博塞，《回忆录》，第19章。
[2] 雷米萨夫人，《回忆录》，第27章。
[3] 塔季切夫，《亚历山大一世与拿破仑》，第519页。维尔辛格（Welschinger），《拿破仑离婚记》（Le Divorce de Napoléon），第2章；他还研究了拿破仑与约瑟芬结婚时宗教仪式上所谓的不合规之处；费施和大部分公正的权威人士都认为这只是蹩脚的借口，不值一提。

式和事实上都没有问题：妹妹的婚事由皇太后决定。然而，皇太后对拿破仑的敌意众所周知。法国皇帝在埃尔富特会谈中非正式地提出这桩婚事后，她立即将大女儿许配给了奥尔登堡公爵。对小女儿不能再使用同样的手法逃避了，拖延到2月4日之后，俄国方面给出的答复是，公主年仅20岁，年龄成了不可逾越的障碍。

巴黎方面早就料到了这样的答复。梅特涅在他的《回忆录》中断言，拿破仑曾让驻维也纳的外交官之一拉博尔德向奥地利宫廷试探与玛丽·路易丝公主的婚事。但法国档案显示，第一次暗示来自梅特涅，他将这桩婚事视为削弱法俄联盟，使奥地利免遭进一步灾难的一种手段。① 不久后，梅特涅伯爵夫人来到巴黎，令她万分惊讶的是，1810年1月2日，约瑟芬告诉她，支持拿破仑与玛丽·路易丝的婚事。约瑟芬说道："昨天我和他谈起了这件事，他还没有做出选择；但他认为，如果确定奥地利会接受，那么路易丝就是他的选择。"此后，伯爵夫人在法国宫廷受到了最为隆重的接待，这证明尽管还不知道沙皇会婉言拒绝，与哈布斯堡王室联姻已经是首选了。

1月底，在杜伊勒里宫举行了一次枢密会议，决定新皇后属谁。各方的票数几乎相等：四票支持奥地利，四票支持萨克森，三票支持俄国。拿破仑静静地倾听了大家的意见，然后坚定而热烈地宣布支持奥地利。婚约于2月7日拟定，贝尔蒂埃被派往维也纳向玛丽·路易丝提亲。进城时他经过了旧堡垒的废墟，那些堡垒已按照法国人的要求拆毁了。

新郎的代表参加了在维也纳举行的婚礼，并将新娘送到了巴黎；最后的典礼于4月2日在巴黎圣母院举行，但此前两人已经同居了。这就是拿破仑第二次求婚和结婚，尽管如此，他仍然表现得像一个体

---

① 梅特涅1809年12月25日的公文，收录于他的《回忆录》，第2卷，第150节。他首次向拉博德暗示是11月29日（旺达尔，第2卷，第204、543页），这些话于12月15日左右传到拿破仑耳中。这些婚姻谈判对拿破仑准备与沙皇决裂所起的作用，参见本书第32章。

第30章 拿破仑与奥地利 577

贴甚至是宠溺的丈夫，他在圣赫勒拿岛上曾如此评论：如果约瑟芬是优雅与魅力的化身，那么玛丽·路易丝就是天真自然的代表。

　　与奥地利的联姻是头等大事。它为绝望的哈布斯堡王朝带来了数年的喘息机会，也使塔列朗极具政治家风范的法奥联盟计划得到了迟来的满足。这一联盟诠释了"保守"一词最好的含义。如果拿破仑在奥斯特里茨战役后按照塔列朗的建议采取这一步骤，欧洲也许就能形成稳定的平衡，当然，这种局面也要求他放弃心爱的瓜分土耳其计划。但是，那样的局面不会出现，当奥地利最终将玛丽·路易丝送上婚姻的祭坛，她并没能成为伊菲革涅亚[①]，只是缓和命运无情打击的绝望之举。奇怪的是，奥地利竟然取得了成功。由于亚历山大在婚姻协商中冒犯了拿破仑，法俄联盟出现了裂痕，这道裂痕又因其他的事件而进一步扩大，最终导致西欧和中欧诸国发动东征，直捣莫斯科。

[①] 伊菲革涅亚是希腊国王阿伽门农之女，由于后者出征前触怒狩猎女神阿尔忒弥斯，不得不将其当成祭品献给女神。——译注

第31章　帝国的巅峰

此时的拿破仑如日中天，与欧洲大陆最古老王朝的公主成婚之后，他的显赫地位似乎已无可动摇。他已让教皇和奥地利皇帝威风扫地，德意志诸邦俯首称臣；法国、意大利和莱茵邦联都对他强力统治带来的好处满心感激；沙皇依然按照埃尔富特指明的道路紧紧跟随；瑞典在两位皇帝的压力之下屈服了。土耳其之所以幸存下来，只因为拿破仑还不想将其撕成碎片：他必须首先从商业上毁掉英国，并将威灵顿公爵赶下海去。那样，因为西班牙起义而推迟的东方计划就可以最终实施了。

他也许有充分的理由希望英国的实力耗尽：1810年底，年息3%的统一公债已跌至原价的65%，每月有250家企业宣布破产。瓦尔赫伦岛远征的失败导致严重的人员与资金损失，也令英国领导人蒙羞。坎宁与卡斯尔雷一番相互指责之后，愤然辞职并展开了一场决斗。不久，首相波特兰公爵因病辞职，继任者是珀西瓦尔先生，此人当政的唯一理由便是谨慎的保守思想和勤恳的工作态度。在一个不称职的内阁和不可救药的疯癫国王统治下，加上大陆封锁体系不断勒紧的绞索，英国看起来已到了崩溃的边缘；而且，看到英国国会反对派频频发难，苏尔特最近又征服了安达卢西亚，拿破仑深受鼓舞，决定发动最后一击，一方面扩大沿海封锁，另一方面派出马塞纳和最精锐的部队进入西班牙，准备将英军赶下大海。

限于篇幅，本书无法叙述随后的托里什韦德拉什战役，请读者务必看看内皮尔的详尽描述,就会发现威灵顿有多么深谋远虑,在里斯本以北为这个海上强国修建了一个坚固的桥头堡,以此对抗久经战阵的马塞纳军团。在布萨库痛击这位狂妄的法国元帅之后,伟大的英军统帅率军后撤,沿途将所有物资一扫而空,运回堡垒之中,看着65000名法国官兵饿着肚子,在秋季的豪雨和瘟疫中不断消耗。11月,马塞纳终于撤到了圣塔伦的阵地,等待拿破仑命令苏尔特前来救援。可是,苏尔特被安达卢西亚的胜利冲昏了头脑,决心自行其是,攻下巴达霍斯;虽然攻下了这座城池,但他的举动却毁了整个战役;最后,马塞纳在威灵顿的巧妙战术下连吃败仗,损失了大约35000人(1811年3月)后向北撤出了葡萄牙。威灵顿的胜利带来了不可估量的成果。英国反对派毫无气概、令人厌烦的哀鸣平息了下去;沙皇对拿破仑提出的要求也做出了更坚定的回应;而伊比利亚半岛的爱国者们挺起腰杆,顽强抵抗,尽管战术笨拙,但仍使37万之众的法军未能阻挡住威灵顿、扑灭民族自卫的火焰。

事实上,拿破仑在1810年的一系列挑衅之举,不仅激怒了西班牙人,也激怒了他们名义上的国王。以西班牙必须自筹战争开支为由,他将北方的四个省份划归法国将军管辖,这些人可以独立于约瑟夫行事,征收那片广大地区的所有税款(2月)。5月29日,他又宣布,布尔戈斯和巴利亚多利德脱离约瑟夫的控制,这实际上将西班牙的大部分领土按照军事和行政目的分割为多个法国"总督"辖区,该国已名存实亡。这道敕令在两个方面都是灾难性的:法军将领之间的争斗变得更加肆无忌惮;西班牙人也将此视为迅速瓜分这个国家的预兆。他们的猜测没有错。拿破仑早就打算将比利牛斯山脉和埃布罗河之间的土地并入法国。按照他的设想,征服葡萄牙的主要好处就是为他哥哥失去北方诸省提供补偿。拿破仑曾在巴约讷誓言保持西班牙的疆域不变,约瑟夫据此提出抗议,他却置之不理;关于这一话题的信件落入西班牙游击队之手,并依据加的斯摄政府的命令公之于众。约瑟夫这个傀儡国王受到西班牙人的蔑视、拿破仑的愚弄，现在法国总督的公然对抗更令他濒临破产，他已无法忍受这种处境，于是赶回巴黎，提出辞去王位（1811年5月）。拿破仑急于掩盖这件丑事，只得做出让步，承诺将法军指挥官所征税款的四分之一拨给哥哥，半哄半逼地让他回到马德里继续当那个吃力不讨好的国王。不过，从一件事上就可以看出法国皇帝的决心：即便在即将与俄国开战的时候，他仍不顾西班牙人的民族感情，将加泰罗尼亚并入法国（1812年3月）。

拿破仑没有亲自前往西班牙直接指挥作战，以平息妨碍军务的元帅相互掣肘问题，看起来似乎很奇怪。威灵顿确实担心他的到来。事后，他曾告诉斯坦诺普伯爵，拿破仑的指挥才能远胜于任何一位法国元帅："他是独一无二的，与法国军队如此相得益彰……只要出现在战场上，就能使4万名士兵变得与众不同。"[1]如果人们不只看中战术，还着眼于整个半岛战争，那这种评价可以说是太低了。可是，法国皇帝并没有再次来到西班牙。1810年初他曾准备这么做，但很快就因为与奥地利公主的婚事放弃了这项有益的计划。

其后，他留在巴黎和附近地区有多种原因，他对年轻妻子的关怀体贴，以及为皇宫增添气派的愿望，都是很重要的原因。但更重要的是为了弹压因为教皇入狱而感到愤怒的教士，并严密监视保王党人和其他不满分子的阴谋。对于公共舆论，他也必须予以引导；不断征调男丁参战和生活必需品价格上涨，导致报界怨言颇多，这都要求他眼观六路，并采取严苛的审查制度。[2]至关重要的还是与英国的商战，这一战役最好还是在巴黎指挥，他在那里能够迅速了解

---

[1]《威灵顿公爵访谈录》（*Conversations with the Duke of Wellington*），第9页。奈伊和苏尔特抗命在很大程度上破坏了马塞纳的作战行动，他在丰特斯－德奥尼奥罗战役中败阵，则是因为贝西埃违抗命令。但是，拿破仑的格言是"唯有成功：我只以结果论人"。因此，马塞纳遭到了贬斥。

[2] 1810年2月5日的敕令。参见维尔辛格，《拿破仑第一帝国的审查制度》（*La Censure sous le premier Empire*），第31页。关于斯塔埃尔夫人的《德意志》（*Allemagne*）一书遭到查封和她本人流亡的情况，参见她在《流亡十年》（*Dix Années d'Exil*）中写的序言。

第31章 帝国的巅峰

英国向德意志、荷兰或者意大利运送商品的各种举措,以及英国海商法的任何变化。

西班牙战争当然重要,但它只是与海上霸主全球斗争的一个阶段而已;拿破仑判断,如果英国在他的大陆封锁体系下失血而亡,半岛战争将减弱为一场小规模的游击战,西班牙只不过是大一点的旺代。因此,他所试验的大规模商战在1810年达到了高潮。

在这场冒险中,第一个牺牲品是荷兰。许多个月以来,皇帝对他的弟弟路易一直不满,后者陷入了一种奇怪的执念,认为自己之所以能统治荷兰,全出于神授王权。拿破仑在圣赫勒拿岛回顾兄弟们的行为时曾伤感地说道:"我造就了一位国王,他却以为那是上帝赐予的王位。他不再是我的左膀右臂,而是需要时时小心的又一个敌人。"拿破仑曾扶持过一位又一位国王,却有着如此奇怪的命运:人们遗忘了他,只记得圣油!不过,路易或许是想用中世纪的思想作为盾牌,来抵抗哥哥的命令。他同样有着波拿巴家族的强硬本性,绝不容忍只被当成傀儡。他私下里对哥哥憎恨有加,拒绝服从其命令。他断然拒绝从海牙前往马德里,也不肯实施给荷兰带来沉重负担的大陆封锁体系。

拿破仑则指责路易的统治过于软弱,对于应该加强控制的地方却一味笼络人心。瓦尔赫伦岛远征之后,他严词责骂路易允许英国舰队进入斯海尔德河;因为在那条河上,"英国舰队只应该看到铁一般的礁石,那条河对于法国来说,就像泰晤士河之于英国"[1]。但路易最主要的罪过,是英国商品仍然能输入荷兰。皇帝禁止曾在英国港口停泊的美国船只进入荷兰港口,但没有效果,对荷兰驳船关闭斯海尔德河和莱茵河的威胁也无济于事。路易我行我素,对荷兰商人宽容以待,而对于哥哥的建议或是威胁,却充满着波拿巴家族的执拗。

---

[1] 莫利安,《回忆录》,第3卷,第183页。

1810年初，拿破仑最终派出军队占领瓦尔赫伦岛和邻近的荷兰岛屿。有一段时间，这似乎只是对英和谈的一种谋略，希望英国提出有利于法国的条件，换取法国不兼并荷兰的承诺。在乌夫拉尔和银行家巴林的女婿拉布谢尔居间斡旋下，的确曾进行过与此有关的谈判；富歇也在拿破仑不知情的情况下，冒险进行了英法结盟对抗美国的外交试探，不久以后，他就因这一行为遭到了贬谪。[①]

谈判的失败是理所应当的。法方提出了一个荒谬的建议：拿破仑放弃兼并荷兰和汉萨城镇，英国则放弃海商法。英方不仅反对这项建议，更反对拿破仑本人和他的整个政策。英国人有充分理由怀疑拿破仑的诚信，此人曾在蒂尔西特背弃土耳其，在枫丹白露出卖葡萄牙，在巴约讷牺牲西班牙。如果只为了保住荷兰和汉萨城镇名存实亡的独立地位，英国便停止斗争、放松对新殖民地的控制并背弃西班牙人，那就是愚蠢至极的行为。拿破仑似乎也对此不抱希望。1810年3月20日，他写信给法国外交大臣尚帕尼："由于没有及早媾和，英国已经失去了那不勒斯、西班牙、葡萄牙，以及的里雅斯特的市场。如果继续拖延下去，它还是将失去荷兰、汉萨城镇和西西里。"拿破仑采取这种"西比拉卖书[②]"的策略，就必须兼并这些土地和整个欧洲大陆，以便从筋疲力尽的英国人手中得到相应的价码。这就是大陆封锁体系的必然结果。

此时，路易为法国海关人员屡次前来盘问而不快，对哥哥扣押荷兰港口所有美国船只的命令更是恼怒不已。这种态度又引来了拿破仑的进一步申斥和威胁："路易，你真是无可救药……我看你是一刻都不想当这个国王了。治理国家靠的是理性和政策，而不是恶语与软弱。"他派出了2万法军逼近阿姆斯特丹，去"帮助"路易恢复理性，

---

① 富歇去职后归隐意大利，最后定居艾克斯。他在警务部的职务被罗维戈公爵萨瓦里取代。参见马德兰的《富歇传》，第20章。
② 西比拉是西方古代神话中可预知未来的女巫，传说她曾试图将预言书卖给罗马王，遭到拒绝后，她焚烧其中三卷仍索要原价，罗马王才发现该书的重要性。——译注

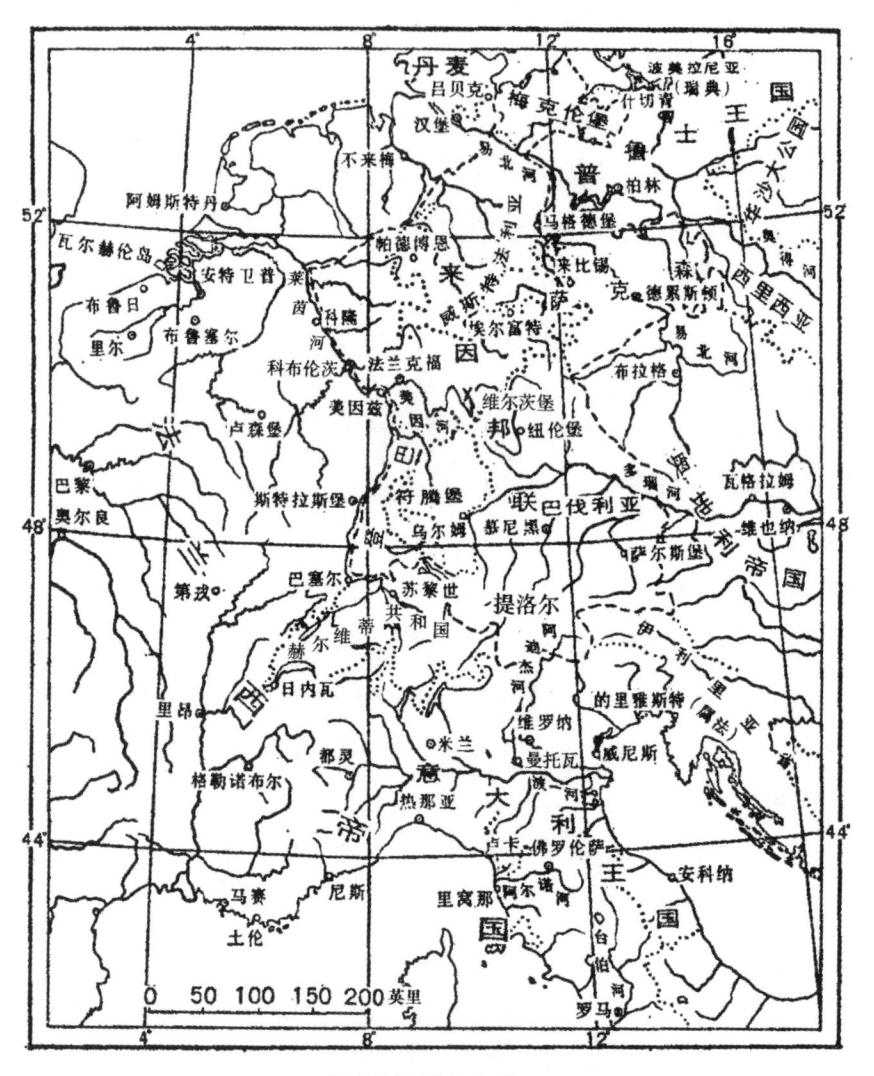

1810年后的中欧

这位年轻的统治者最终决定摆脱这幕王室里的哑剧。7月1日夜里,路易逃出哈勒姆,迅速而秘密地一路东行,直到波希米亚的特普利策。他的逃亡将耻辱留给了把王位变成笑柄的哥哥。在人们眼中,流亡的路易是个本性可爱的男子,因兄弟不和而饱受痛苦;他曾竭力保护臣民,避免他们因严格实施大陆封锁体系而遭毁灭。现在,这一命运已落在了不幸的小国头上。7月9日,荷兰被并入法兰西帝国,从鹿特丹到勒阿弗尔,所有商业禁令都不折不扣地实行。

这一年年底,拿破仑吞并了奥尔登堡、贝尔格北部、威斯特伐利亚和汉诺威,以及劳恩堡、汉萨城镇、不来梅、汉堡和吕贝克,将沿海封锁体系延伸到荷尔斯泰因边境。原属瑞士的小共和国瓦莱也并入法兰西帝国。

北德意志的这一变化将法国国旗插到了波罗的海沿岸,是拿破仑确保毁灭英国商业的最后手段。早在1798年2月,他就建议将法国的实力延伸到汉萨城镇,作为迫使最可怕的对手屈服的一种手段,现在,这一兼并行动还有两个特殊的原因。首先,奥尔登堡船只一直主要用于将英国商品运入北德意志;[1]其次,法国商业法规极其严苛,哪怕是交给只有表面独立的官员去执行,也难以信任。8月5日,拿破仑在凡尔赛附近的特里亚侬颁布了一道敕令,对各种重要的殖民地产品都强加了巨额关税。棉花——特别是来自美国的——糖、茶、咖啡、可可和其他物品无论产地在哪里,都要征税,税额通常达到货物价值的50%。

商人得到命令,申报拥有的一切殖民地商品并支付关税,违者将予以没收。这类商品如果储存在距离帝国边境四天以内路程的地方,即视为私藏违禁物品;法国派出军队进入德意志、瑞士和西班牙以扣押这些货物,此举引发了斯图加特、法兰克福和波恩几乎公开的反

---

[1] 波特,《国家的进步》,第388页。

抗。除了断定大陆封锁体系没有阻止英国进口、所有热带产品都来自英国之外,很难看出有何理由颁布这一敕令。

从拿破仑本人的通信中可以看出,他的想法就是如此。与此同时,他发布命令,在斯德丁发现的所有殖民地产品都应没收,因为它们很显然是由美国船只带来的英国财物。他还建议缪拉和欧仁严厉对待这些商品,以充实他们所在邦国的财政,筹措资金恢复其商贸。不过,欧仁必须小心翼翼,对美国和殖民地棉花收取最高的关税,同时以优惠条件让黎凡特的产品进入。

热罗姆也接到命令,在威斯特伐利亚严格执行特里亚侬关税规定;法国人还暗示普鲁士和莱茵邦联诸国,通过对殖民地商品课以重税,这些国家可以得到数百万法郎的收入,"损失的一部分由英国商业承担,另一部分则落在走私犯头上"[①]。实际上,拿破仑在这一时期的言行都说明,他不仅对政治经济学极度无知,对商业的基本事实也全然不懂。他竟然以为,官员们在漫长的边境线上艰苦工作,监视多达十万之众、机智灵活的走私犯的同时,还能够区分叙利亚和美国棉花,对后者收取每100公斤800法郎的税款,对前者则收取400法郎。或者,这些人能够分清中国茶叶和其他国家的茶叶,对前者多收五倍的税款!实行这样的关税制度需要一支训练有素、诚实可靠的税政队伍,而且他们还要像拿破仑一样活力四射、无所不晓,简直世间难觅。但是,正如沙普塔尔所说,法国皇帝从没有考虑过商业需要,他蔑视商人,认为他们是一群"没有信仰、没有祖国,唯利是图的家伙"。他对商业的想法就是"操控商业,如同指挥一个团";这种以军事眼光看待贸易的想法,导致他怀有一种天真的希望:没收和高额关税有利于充实国库,切断进口就能迅速建立"民族商业",在眼下的商战

[①] 8月6日、7日、29日的信件。美国刚刚废止了1807年的《禁运法案》。关于它们与拿破仑和英国的关系,参见钱宁的《美利坚合众国》(*The United States of America*)第6章和第7章;另见科贝特《1809和1810年大事记》中的英美来往信件。

中，损失的负担将落在英国身上，而不会影响到欧洲大陆的消费者。

拿破仑虽是一位伟人，但他蔑视一切新知识，将其斥为"理想主义"，并因此受到了惩罚。魁奈①、杜尔哥和亚当·斯密提出的原则对他来说不过是诡辩欺诈之术。他曾对莫利安说："我寻求的是实际的善，而不是理想中之至善；这个世界已非常古老，我们必须从其经验中得益；它教会我们，旧习比新理论更有价值；你并不是唯一懂得商业秘诀的人。"②这就是他对新金融或商业观点倡导者的总体态度。的确，我们很难想象，这位外力控制与国家干预的大力支持者会赞同"放任自由"的大方做法。法国真是不幸，自由的思想正是它介绍给世界的，而今它最伟大的统治者却强调，这个国家最新的商业政策是回归中世纪那一套！而法国皇帝也同样缺少运气，他渴望建立欧洲的美国，却违背了最能持久保证国际和谐的原则——自由贸易！

特里亚依税则力图阻碍英国殖民地产品进口，如果做不到，就从中取得一大笔税收。同时，拿破仑进一步恐吓欧洲大陆代理商，阻止他们接受任何英国制造的商品。1810年10月18日的《枫丹白露敕令》命令，所有此类商品应该被没收并公开焚毁；五周后，成立了实施这些谕旨的特别法庭，以审判所有违反敕令的人，不管是当场被抓住的走私犯，还是无意中销售兰开夏郡棉花或孟加拉丝绸的店主。

现在，教规圣典俱已齐备，剩下的就是让全世界都来聆听不战而屈人之兵的新福音了。商战的结果很快显现，法国、德意志和意大利全境的物价突然暴涨。原棉现在每磅卖到10—11法郎，糖卖到6—7法郎，咖啡8法郎，靛蓝染料21法郎，换言之，平均相当于伦敦同期市价的大约10倍。③英国消费者和制造商获得这种优势的原因很明

---

① 魁奈（1694—1774），法国经济学家、重农主义的领袖人物，他的学说也影响了另一位法国著名经济学家杜尔哥和著名英国经济学家亚当·斯密。——译注
② 莫利安，《回忆录》，第1卷，第316页。
③ 图克，《物价史》（*Hist. of Prices*），第1卷，第311页；莫利安，《回忆录》，第3卷，第135、289页；帕基耶，《回忆录》，第1卷，第295页；沙普塔尔，《回忆录》，第275页。

显。英国统治着热带地区并控制海洋；而且，它在殖民地产品上居于垄断地位，可以轻松地大量进口。而欧洲大陆的购买者最终必须为店主、英国商人和走私犯子所带来的风险买单。这些人从赫里戈兰岛、泽西岛或者西西里"溜进"大陆，竭尽全力在大陆封锁法令组成的铁壁上凿出缺口。驳船船员、妇女、狗和灵车，都被用来对付拿破仑。有一段时间，汉堡附近常有人利用灵车走私，屡试不爽，直到法国当局对滨河区葬礼增加的怪象感到疑惑，搜查了灵车，才发现其中装满了整捆的英国商品。这种可怕的计划失败了，人们又尝试其他的办法。大量的沙子从海边运来，直到有些好奇的官员从倒霉的家庭主妇那里发现，运的实际上是来自西印度的砂糖。

走私犯也再一次采用了迂回的方法。他们经由萨洛尼卡（此时那里几乎是唯一向英国商业开放的中立国港口），将糖从伦敦运进德意志诸邦。然后，这些货物装在驮篮里，由骡子运过巴尔干山脉送到贝尔格莱德，再用驳船送到多瑙河上。另一条非法贸易路线从荒凉的达尔马提亚海岸开始，穿越匈牙利送往其他目的地。有人写了题为《英国、爱尔兰和美国》的一本小册子，作者的商号在那条海岸线周围使用了500匹马，将英国商品运到中欧；至于将它们送到法国，价码是"大约每英担28镑，是目前到加尔各答运费的50倍。"实际上，法国皇帝经济试验的结果可以用沙普塔尔的话总结：法国的物价比1789年之前总体高了三分之一。

现在，即便是最没有经验的新手也能看出，高于正常水平的物价将由消费者承担。殖民地制造商、英国商人和承运人确实饱受困扰，贸易也陷入混乱；但正如莫利安所评论的那样，商业很快就适应了形势的变化；商人没有得到硬通货，或者采用原始的易货方式，是绝不会将商品出手的。在法国和德意志，货币也常常被熔成金属条，以便与英国交易。贸易就这样以种种方式继续下去，虽然确实有着没完没了的不适与摩擦，但即便是两国的直接贸易也从未完全停止。

实际上，拿破仑极力坚持旧的重商主义思想，疯狂地刺激出口，试图造成巨额顺差，甚至同意将农产品送往英国，只要货物中包含法国工业品即可。他不仅将这个特权授予法兰西帝国，对意大利王国也是如此。①困难在于，英国不会接受敌国的工业品；而且，因为只有一定比例的丝绸和布匹随行，谷物和奶酪才能出口英国，所以工业品便被装上船，以满足法国海关官员的要求，随后就丢入海中。拿破仑以向英国输出工业品而自豪，但毋庸赘言，这些东西除了掩人耳目毫无价值，它们唯一的用途就是喂鱼。

拿破仑在政治经济学上的这些粗浅见地是英国人的幸运，因为他的行为留下了一个漏洞，英国借此摆脱了极其严重的困难。当时，即便在风调雨顺的时候，英国本土产出的小麦也只能勉强养活迅速增长的人口，偏偏1809年和1810年天公不作美，又迎来了很差的收成。1810年，每夸脱小麦的平均价格是103先令，是除1800年和1801年之外的历史最高点；由于大陆封锁体系对商业的破坏，新型动力织机和改进的纺机在很大程度上代替了手工劳动，如果不是英国的大敌允许其进口欧洲大陆的谷物，局面恐怕已经令人绝望了。拿破仑以为这一招能够使英国贫穷，而属下诸邦则因此致富，实际上却是对英国饱受压力的社会体系的最大帮助；夏洛特·勃朗特对约克郡的卢德暴动曾有过逼真的描写，读过的人一定能想象到，工作机会缺乏、薪水微薄，再加上恐怖的饥荒，英国将会发生什么样的情况。幸运的是，英国的敌人对商业有着奇怪的思路，使它在1810年到1811年的冬季，不仅从普鲁士和波兰，还从意大利和法国得到了粮食供应。

从一定意义上讲，这一事件一直都被人们误解了。波特②和其他乐观派人士将此视为如下事实的铁证：即便粮食掌握在敌人手中，只要英国想买，就一定买得到。事实并非如此。我们很快就会介绍拿破

---

① 1810年8月6日致欧仁的信。
② 《国家的进步》，第148页。

仑的一些书信和关于出口许可的整个政策，由此可以明显地看到，他坚信以很高的价格向英国出售大量粮食有利于法国，而且可使英国人变得贫穷。在任何一封信中，都找不到他打算利用饥荒迫使英国投降的迹象。他所乐见的，是通过切断英国出口使其财源枯竭，而允许像往常一样向英国港口出口商品。只要他能阻止英国出售自己的产品，就不会在乎英国从他治下的诸邦购买多少东西：实际上，英国买得越多，破产也就越快——这就是他的想法。

拿破仑从未努力切断英国的粮食供应，这一点确实奇怪。当时，这些粮食几乎全来自波罗的海港口。到那时为止，美国和加拿大向英国出口的粮食很少，拉普拉塔港和好望角还不太发达，而当时在新南威尔士的英国殖民者还常常为饥馑所困。封锁欧洲大陆从里加到的里雅斯特的产粮区是可行的，至少在几周内是办得到的；法国军队驻守在但泽和斯德丁；俄国、普鲁士和丹麦也唯拿破仑马首是瞻；禁止法国和盟国向英国出口粮食的命令，几乎肯定能使该国在1810—1811年的危急时刻发生饥荒，从而投降。但拿破仑却越来越固执地坚持先入为主的想法，这种心智上的奇特缺陷使他在英国最为急需的时候仍然允许出口粮食，后者就这样在巨大的压力下得以存活。①

然而，拿破仑只坚持一种经济思想，如果以为他的所作所为能够决定未来与英国发生海战的大陆政治家的行为，那就是愚蠢的错误。事实上，只有研究过拿破仑时代历史的人，才能充分理解大战期间英国粮食供应问题的紧迫性。当时，英国的粮食基本上可以满足自身需求；它的舰队横扫四海；拿破仑偏好的经济政策又使它在危机最深重的时候也能获得国外粮食供应。即便在这样的形势下，4磅大面包的

---

① 莫利安《回忆录》，第3卷，第135页："人们知道，拿破仑想象力丰富，充满幻想；一旦这些幻想使他陶醉，他就会真心诚意地去增强它们的可信度，说服了自己之后，他就能很轻松地说服许多人。他勇于面对商业上的困难，就像面对战争中的危险一样。"

价格仍然飙涨到15便士，英国也到了内战的边缘。将那个时候与现在相比，除了最顽固的乐观派之外，每个人都肯定会反思一番的。

但是，拿破仑已经确信，大陆封锁体系在特殊情况下也必须秘密地放宽。虽然一些商会极尽阿谀奉承之能事，他知道法国各大海港深陷危机之中，由于关税制度使国内原棉和染料价格提高了一倍，法国棉布制造商根本不可能与兰开夏的同行竞争。因此，他想出了一种奇怪的策略：允许欧洲大陆商人购买许可证，获得秘密规避自己敕令的特权。最早发放类似秘密许可的似乎就是英国政府；可是，拿破仑才刚刚签署了封锁英国的柏林敕令，就纵容违反敕令的行为。当糖、咖啡和其他带来舒适生活的用品稀缺，它们就从"背信弃义的英国人"那里秘密进口，出现在皇帝的桌子上。这种情况在1810年7月达到了高潮，政府将进口违禁商品的许可证秘密出售给受宠的商人，许多官员——其中包括布列纳——从出售这种皇家"赎罪券"中获益甚丰。商人们渴望着规避可恨的法律，向财政部许以高价、贿赂官员，以取得这种人人垂涎的恩惠；据说，曾有人为一张许可证支付了4万英镑。

英吉利海峡两岸都痛恨这种做法，在拿破仑治下各国中更甚，因为在这些国家里，人们所要逃避的负担远比英国枢密令造成的大得多。实际上，大陆封锁体系此时已被视为有组织的虚伪之举，为了毁掉海上霸主，欧洲各国人民要比英国人承受更沉重的负担，除了最富有的商人之外，他们都成了这种苛政的牺牲品。这一切中最难忍受的是社会不公，穷人偷运糖或烟草将受到重罚，有时甚至失去生命，而拿破仑和少数能够买到许可证的宠臣却常常大量进口这类物品。在这种情况下，俄国和瑞典拒绝长期忍受这种无端造成的困境，想尽办法回避杜伊勒里宫那个"走私皇帝"的要求，又有什么奇怪的呢？

不过，任何一个有创造力的民族在不得不依靠自己的时候，都能得到一些益处，我们发现，面对这场危机，法国人表现出了一贯以来

第 31 章 帝国的巅峰

的乐观、耐心和始终不懈的创造力。在一个疆域广及汉堡、巴约讷和罗马（更不用说伊利里亚和达尔马提亚了）的庞大帝国里，发明家和农夫们很容易就能弄出多种多样的产品来。南部地区可以种植烟草、大米和棉花。人们还八仙过海，从陆路运来了亚洲产品，令英国巡洋舰大失所望；对阿拉伯咖啡收取的关税很低，这是为了打垮美国制造商。当香味芬芳的咖啡豆变得越来越少，善良的爱国者们发现菊苣美味可口，可以作为替代品，而科学家们则力劝法国制造商用菘蓝属植物代替靛蓝。国家和地方商会设立奖项，鼓励弥补热带产品和染料不足的人。

沙普塔尔和德莱塞尔有一个重要发现，他们改进了马克格拉夫从甜菜根中提取糖分的方法，成功地投入实际生产。拿破仑也希望为靛蓝找到一种化学替代品，1811年初夏在杜伊勒里宫接见一个商业代表团时，他对愁眉不展的商人们感叹道：化学很快将给商业带来一场彻底的革命，堪比指南针的发明。除此之外，法兰西帝国是世界上最富有的国家，几乎可以在不与外国贸易的情况下，至少坚持到英国让步；这一切很快就会到来；因为各方的压力将很快迫使伦敦商人将他们的糖和靛蓝丢进泰晤士河。①

实际上，拿破仑对商业的重视远不如对农业，他认为后者才是国家富强兴旺的基础，但他对制造业也有着浓厚的兴趣。里昂的丝绸工业受到了他的大力资助。他下令为那里的人提供最好的科学训练，改进制造规程；由于几乎各种丝绸都能在法国和意大利制造，里昂相对比较繁荣。当它因总体物价上升和社会购买力受损而陷入困境，他又采取了断然措施加以补救。他命令所有离开法国的船只必须运载相当于所运货物价值四分之一的丝绸制品，不过，这些商品到底是用于妇

---

① 米奥·德·梅利托，《回忆录》，第2卷，第15章。关于法国工业中出现的一些有利征兆，参见伦布罗索的《拿破仑与英国》（第165—226页）和沙普塔尔的《回忆录》（第287页）。曾经有人将这些征兆归功于大陆封锁制度，但实际上，它们是来自法国大革命之后享有的自由贸易和精明的行政管理制度。

女还是美人鱼,就不得而知了。另外,根据沙普塔尔的建议,皇帝大量购进过剩的里昂丝绸、鲁昂棉布和圣安托万的家具,避免那些工业中心发生信用破产和雅各宾主义复活的现象。正如他所说:"我担心因为缺少面包而发生暴乱;我宁可和一支20万人的军队作战也不愿看到这种情况。"[①]

这种"实其腹、虚其心"的政策在法国大体上是成功的;至少,那里保持着平静。出于民族情绪,法国人强烈支持商业禁令。1787年,亚瑟·杨发现法国北方棉纺织业工人为最近兰开夏棉布的侵入而愤怒,而加仑河流域的葡萄园主同样支持1786年较为开明的英法贸易条约。拿破仑的幸运之处在于,他赢得了顽固的贸易保护主义者的支持,同时又没有疏远吉伦特派人士,后者认为他是支持农业自由、反对封建贵族的斗士。而且,法国上下仍抱着一种可悲的信念——战争都是因英国人在马耳他问题上背信弃义而起,渴望着严惩那些不忠的岛国人。因为这些原因,法国人长期忍受着人力财力的逐渐枯竭,却很少抱怨。

法国人已经厌倦了战争。"我们已经有了足够的荣耀",他们如此说道,即便在首都的论调也是如此,一位机敏的德意志观察家描述了那里有趣的复杂情绪:巴黎人往往能从对皇帝的挖苦中找到快乐,只要说得诙谐有趣,对他的讽刺在人群当中多半都能得到宽容。法国人看起来不像德意志人那么害怕拿破仑,旧日的革命党派仍然活跃,比起圣日耳曼林荫大道上那一小撮保王党人,他们很容易变得更为危险。至于其他人,都已经习惯了政治变迁,他们将拿破仑的政府看作一时的现象,只要军队在外国高奏凯歌、拿破仑也能在本土表现出统治力,这些人就可以忍受他。以上就是瓦恩哈根·冯·恩泽对巴黎的印象。各省的公众舆论似乎更支持拿破仑;

[①] 《拿破仑书信集》,1811年5月8日。

总的来说，对军队的自豪感、对强力管理的喜爱，更重要的是对英国的仇恨和从其手中夺取全球帝国的希望，使法国人能默默地忍受严厉的新闻法规、高企的税收水平、战争引起的高物价、不公平的许可证制度以及代替咖啡的菊苣。

对德意志人来说，生活更加艰难，能聊以自慰的方式也要少得多。他们对马耳他或者海上领地没有多大兴趣；政治经济学也才刚刚引起条顿人的注意。德意志人在思想上的总体趋势倾向于否定一切，直到拿破仑出现，才开拓了他们的视野。有一段时间，他扫除了这块土地上的封建余孽，并因此赢得了德意志主要思想家们的钦佩。他似乎要召唤德意志人民积极参加公众活动，浮士德有一段著名的独白，说他摸索一条自己的道路，从语言到思想，从思想到力量，再从力量到行动。我们可以从中看到，新的查理大帝对这个梦想家的国度带来了多么大的影响，在文学上都得到了体现。①可是，拿破仑却用最严苛、实际的方法履行了这一承诺，那就是切断所有烟草和咖啡的供应；托伊费尔德洛克本人是法国大革命的崇拜者，但当他发现点了一杯最喜欢的饮料——"勾起浓浓愁思，令人浮想联翩，最令我珍爱的莱辛咖啡"——送来的却是以橡子煮就、形同泥浆的东西，他的思想可能就要一百八十度转弯，实实在在地来一场革命了。

事实上，德意志的大学正是整个民族反对这位西方皇帝的领导者。费希特呼吁的全民教育产生了效果。此时的普鲁士已在组织初等教育，思想与行动脱节，是德意志人的生活长期乏善可陈的原因，如今也因洪堡创立柏林大学而终结。因此，当1810年普鲁士陷入最深切的悲痛之中——勇敢的王后在心力交瘁中死去，法国士兵和海关官员四处扣押和焚烧殖民地商品——这个国家的思想家与行动家紧密联系，彼此都获得了有益的成果。思想家不再只会空想，

---

① 1808年初，歌德全文发表了《浮士德》第一部分。

普鲁士官员的人生观也变得更加豁达了。拿破仑本可以号召绝大多数德意志人加入这种积极有益的生活，可一切的源头却是柏林，而非巴黎。

拿破仑的势力越来越令人感到压抑。汉堡著名作家和书商佩尔特斯这样描述他关于该城贸易的敕令的最终结果："422家煮糖作坊中，仍然开着的寥寥无几；棉布印染已完全停止；香烟制造商被政府赶走了。数不胜数的赋税——门窗税、人头税和土地税，凡此种种——令居民们陷入绝望之中。"但是，这位睿智的思想家能看出其中的寓意，并向他的朋友证明，他们眼下经受的苦难源于德意志诸邦自私自利、不顾大局的做法："在这个堕落、自私的时代，某个大国乘势崛起、取得胜利是必然的，因为它不会碰到任何强劲的对手。拿破仑是历史的必然产物。"[1]

就这样，不管是在学校还是在工业中心里，人们都在摸索一个更团结、更坚实的政治组织，它将在拿破仑如洪水般肆虐过后，为新德意志打下基础。

然而，从表面上看，拿破仑的权力在第二年似乎比以往都更加稳固。1811年3月20日，他有了一个儿子。在孩子降生的危急关头，他表现出了对家人充满温情的本性。听说母亲或者胎儿可能牺牲生命时，他立刻大喊道："保住母亲。"[2]危险过去之后，他体贴地告诉约瑟芬："他的胸膛、嘴巴和眼睛都很像我。我相信他准能完成自己的使命。"这一使命从孩子得到的称号上反映了出来，拿破仑称其为"罗马王"，让人们想到了神圣罗马帝国使用的"罗马人之王"头衔。

此时，拿破仑决心在比查理大帝的领地更广阔、实行严格世袭制度的帝国里，恢复旧的选帝制度。巴黎将是这个帝国的首都，而

---

[1] 鲍尔，《施泰因与佩尔特斯》（*Stein und Perthes*），第85页。
[2] 拉瓦莱特，《回忆录》，第25章。

罗马是陪都，未来的皇帝都要在罗马二次加冕。而且，为了避免中世纪有关皇帝或罗马教皇谁才是至尊的争论再度困扰人间，罗马教廷实际上被兼并了。教皇的地位完全按照伊拉斯图学说定义，由帝国出资供养他，他还奉命维持两个教廷，"其中之一必须在巴黎，另一个在罗马"。

庇护七世与拿破仑之间的种种冲突真是一言难尽。尽管被拿破仑关押，教皇仍拒绝同意拿破仑的上述要求和其他一些法令；拿破仑曾以充满处世智慧的《政教协约》获得的声望，如今却因违反其中许多条款、野蛮对待一位手无寸铁的老人而丧失殆尽。庇护确实将拿破仑逐出了教会，但那是因为吞并教皇辖境的罪行，目睹一位叱咤风云的皇帝将过去数年内为巩固其权威而做出许多贡献的人投入狱中，公众舆论也是一片哗然。俄国战役惨败之后，拿破仑试图与教皇和解，即便在那种情况下，在枫丹白露进行的谈判仍十分艰难，以至于被囚的教皇尽管因健康状态不佳而力有不逮，也不愿为此达成可耻的妥协。于是，拿破仑命令将建议退出谈判的红衣主教抓起来，从枫丹白露带走。在拿破仑的所作所为中，很少有比这种气量狭小的迫害更有损形象的了；导致拿破仑垮台的因素很多，我们猜想，其中一定包括教皇不失尊严的反抗，他的温顺忍让与拿破仑的自负傲慢形成了鲜明的对照。教皇躬身俯首，却征服了人心。

这个时候，一切似乎都对新的查理大帝有利。世界上从未出现过像拿破仑帝国这么强大的国家，他完全可以在罗马王出生的时候高呼："我统治下最辉煌的时代开始了。"一切预兆似乎都令人满意。法国的反对派噤若寒蝉，意大利人、瑞士人甚至一些西班牙人都在帮助他弹压普鲁士。荷兰和丹麦军队对席尔穷追不舍，直至在施特拉尔松德将其擒获。波兰骑兵在索莫谢拉山隘面对西班牙人的大炮发动冲锋，在阿尔布埃拉战场上英勇作战。莱茵邦联派出15万名士兵为他作战。哈布斯堡王室已沦为他的臣属，与亚历山大之间的关系也只是略略笼罩上了一点不和的阴影。他麾下元帅之一贝纳多特已被选中,继承瑞典王位;而在欧洲的另一端,威灵顿和西班牙爱国者看起来也终将在法国的优势兵力下屈服。

毫无疑问,现在是实现那些辉煌的东方计划的时候了,在它们面前,拿破仑在欧洲的胜利显得苍白无力。1810年秋季,他派出间谍,认真地观察埃及和叙利亚的各个要塞,驻黎凡特的领事们得到命令,每六个月报告一次土耳其帝国的情况。① 最重要的是,他催促手下早日完成船厂和军舰的建造。安特卫普和瑟堡正在推进浩大的工程;炮舰则在从泰瑟尔岛到那不勒斯和的里雅斯特沿海的所有合适港口建造;法国皇帝期望通过这些工作,能够建造出104艘战列舰,掩护20万名士兵从地中海、瑟堡、布洛涅和斯海尔德河口出动威胁英国。②

1811年3月,这一计划做了修改,原因可能是,与1804年一样,他发现袭击英国沿岸的难度比最初想象的更大。他现在只打算在这一年里使英国人筋疲力尽,而在第二年或者1813年,他将派遣一支4万人的远征军从斯海尔德河出发,佯装威胁爱尔兰;然后趁英国没有防备,将这支部队分为四路,收复西印度群岛的法国和荷兰殖民地。他还期望从西班牙抽调一部分部队到其他地方作战,这些部队肯定将被派去夺取西西里或埃及。

但这并不是全部。拿破仑的思绪还飘向好望角。他准备派8000名官兵从布雷斯特出发,占领这个从1803年以来就觊觎的有利位置。在这些计划中,夺回埃及显然是他最为关注的。他命令在土伦贮存埃及远征军的一切必要物资,以及60艘吃水较浅、适合于进入尼罗河或者海岸附近湖泊的炮艇。③ 德克雷奉命送来了这些炮艇的

---

① 1810年10月10日和13日、1811年1月1日的信件。
② 1810年9月17日的信。
③ 1811年3月8日的信。英国与拿破仑之间商业斗争的更完整论述,参见我在《拿破仑研究》(贝尔父子公司,1904年版)中的文章《拿破仑与英国商业》和《英国在法兰西战争期间的食物供应》。

模型，我们可以想象，拿破仑一定急切地仔细查看这些模型。东方仍然是拿破仑全力以赴的目标。由于与奥地利、俄国、普鲁士和西班牙的战争，他无暇顾及这个计划，欧洲第一次出现和平的机会，他的眼光就立刻转向了埃及和印度，只是因为本土附近一些不幸事件，才使他收回了计划。1803年，他曾期望迅速在恒河上作战。1811年，他又打算让三色旗再次飘扬在开罗的城头，从红海沿岸威胁印度。可是上苍自有安排，他注定将被逐出俄国，在萨克森平原上为他的帝国而战。

第32章　俄国战役

两位势力强大、野心勃勃的君主绝不会相互完全信任。在所有外交亲善的表象之下，是深深的猜忌或者恐惧。出身于桀骜不驯民族的人更是如此。尽管经过了拉阿尔普的训练，亚历山大仍不时表现出沙俄贵族特有的激情与诡诈。而谁又能否认，拿破仑早年的雅各宾主义思想和后来的行为方式，只不过是一层薄如蝉翼的外皮，几乎无法掩盖他那如同文艺复兴时期意大利雇佣兵的气质？这两个人都长于变诈之术，根本不会相信蒂尔西特和埃尔富特那些浮夸的保证。德迈斯特告诉我们，拿破仑在尼曼河畔出席亚历山大的宴会时从不吃东西，对他来说，俄国人做的菜肴值得怀疑。

在埃尔富特的浮华场面中，乌迪诺元帅看到了表现沙皇内心感受的一件事情。在一次骑马出游时，两位皇帝受阻于一道沟渠，拿破仑的坐骑不愿跃过，元帅不得不将其牵过去；而以骑术自傲的沙皇则漂亮地纵马而过，但落地时的强大力量震断了佩剑的系带。乌迪诺正打算将掉落的佩剑交还给亚历山大，拿破仑急忙说道："把剑收起来，过后交给我。"随后，他转向沙皇说道："您不反对吧，陛下？"沙皇脸上闪过了惊讶和不信任的表情，但很快就恢复了轻松的神态，同意了这一提议。当天晚些时候，拿破仑将自己的佩剑送给了亚历山大，从而在一件最初对自己形象不利的事件中，得到了最理想的结果。这件事表现出了拿破仑的机智和更胜一筹的头脑，同样也说明了沙皇心中隐藏的戒备与不安。

1809年底，亚历山大向恰尔托雷斯基表露了内心的感受。他说，拿破仑是个为达目的不择手段的人，其心智之强大毋庸置疑，在最困难的情况下，仍能泰然自若；即便偶然发怒，也只是为了威胁他人；他的一举一动都经过深思熟虑；如果说繁重的工作能够使他发狂，那简直是无稽之谈；他的健康情况极佳，只要每天有八个小时的睡眠，就能胜任一切工作。这些话给前任大臣留下的印象就是，亚历山大对他的盟友了如指掌且满怀畏惧。①

几天之后，拿破仑请求沙皇将妹妹嫁给他，亚历山大婉言回绝，并多次表达了自己的善意和遗憾之情。令他惊讶的是，拿破仑还没有收到最后的回复，便与一位奥地利公主订婚。②这一次，沙皇觉得受到了侮辱。就这样，拿破仑急于寻找一位新皇后，却在两国首都均产生了愤怒的情绪：在巴黎是因为沙皇拒绝了拿破仑的请求，而在圣彼得堡是因为求婚的皇帝不等第一个对象回复，便掉头寻找下一个猎物。

拿破仑在波兰问题上的行为可疑，更增添了亚历山大的烦恼。华沙公国的疆域于最近扩大之后，沙皇曾敦促拿破仑宣布"波兰王国永远不会重建"。这件事是与联姻一起讨论的，婚事不成之后，拿破仑最终拒绝做出保证，而亚历山大认为这是必要的，可以遏制波兰人和立陶宛人日益强烈的复国愿望。法国皇帝至多愿意在秘密条款中承诺，他绝不帮助旨在重建该王国的任何国家或民众运动。③实际上，由于俄法两国日渐离心离德，他判断阻止波兰人复国是一项糟糕的政策，一旦与俄国开战，波兰人能为他出力甚多。他很快就开始认真地考虑这样的前景。1810年底，他写道，俄国人正在德维纳河和德涅

---

① 恰尔托雷斯基，《回忆录》，第2卷，第17章。这时，他已重新得到沙皇的宠幸，沙皇使他抱着希望，一旦拿破仑犯下大错，就有希望重建波兰。
② 塔季切夫，《亚历山大一世与拿破仑》，第526页；旺达尔，《拿破仑与亚历山大》，第2卷，第7章。
③ 《书信集》，第16178号；旺达尔，《拿破仑与亚历山大》，第2卷，第7章。1809年12月1日的公报已确认拿破仑不打算重建波兰。但这并没有使亚历山大满意。

斯特河畔修建工事，这"表现出了恶意"。

但是，最大的难题是俄国对大陆封锁体系并不完全遵守。拿破仑恳求沙皇对英国船只关闭港口，有600艘英国船只在波罗的海徘徊，它们被赶出南岸之后，希望进入俄国海港。如若亚历山大扣押这些船上的货物，奄奄一息的英国必然屈服。五周以后，拿破仑重申了这一要求。扣押英国船只还不够，那些可恨的货物是装在挂着美国、瑞典、西班牙、葡萄牙甚至法国国旗的船上运进来的。1810年进入波罗的海的2000艘船当中，没有一艘是真正的中立国船只：它们都满载英国货物，携带假证件和在伦敦伪造的原产地证明。① 既然拿破仑专门设计的这一套办法被人利用来对付他，那么除了他之外，世界上的千千万万人都相信整个制度是徒劳无用的。征服并以锁链束缚欧洲大陆，是不够的。每个海关官员都必须是工业品、食杂百货、文件和纸张水印方面的专家，才能识破这些新的"中立国旗帜骗局"。

但拿破仑从不知道有"不可能"这个词——"它只存在于傻瓜的字典里"。实际上，他那天生倔强的内心，此时正越来越陷入自己挖下的一道道深堑。其中最深的，就是他所挑起的商战，他步步推进，既不顾欧洲的利益，也不顾沙皇的感受。12月中旬，他吞并了德意志的北海沿岸地区，包括奥尔登堡。这个公国的王储已和亚历山大的妹妹（就是拿破仑曾在埃尔富特求亲的那位公主）成亲。拿破仑确实提出，将埃尔富特地区当成对这位公爵的补偿，但这一建议只能更加刺痛沙皇。废黜这位公爵不仅是对他个人的侮辱，也违反了恢复其公国的《蒂尔西特条约》。

两周以后，亚历山大本人就在尚不知道奥尔登堡事件的情况下破坏了这个条约。② 1810年底，他拒绝以蒂尔西特约定的优惠条件接受陆路运来的商品，而是对其课以重税，尤其是主要来自法国的奢侈

---

① 1810年10月23日和12月2日的信件。
② 旺达尔,《拿破仑与亚历山大》, 第2卷, 第529页。

品。这样的措施是不可避免的。俄国无法自由地向英国出口商品，就没有足够的钱去购买高价的法国商品，否则将使外汇市场出现混乱，毁掉俄国的信用。努力从法国产品上获得收入的同时，沙皇决心以优惠条件输入所有殖民地商品，尤其是美国商品。到这时为止，英国货物仍然被排除在外，他声称这一新举措在《蒂尔西特条约》允许的范围内。拿破仑的看法则大相径庭："有一颗大行星正在走向错误的方向。我完全不知道它的轨迹。"① 这是他看到沙皇新诏书时说的第一句话。此时，他提起俄国的政策总是带着宿命论的口吻。4月2日，他写道："如果亚历山大不迅速克制住他的冲动，到明年就会迷失方向；那样，战争就会发生，这不以我和他的意志为转移，也不会顾及法国和俄国的利益……这就像一幕歌剧，布景的是英国人。"多么疯狂的话语！仿佛俄国人渴望得到殖民地的商品和偿债能力，是邪恶的英国人的伎俩。② 仿佛他以行星暗指俄国，不是自诩为宇宙的中心，不是以为自己的意志可以指引和主宰一切。

然而，俄国依然自行其是。亚历山大向他的盟友解释了本国的经济需求，表示自己忠于大陆封锁体系，并恳求优待奥尔登堡公爵，但这一切都无济于事。西方皇帝显然不会做出任何真正的让步。实际上，他存在的意义就是统治。时任法国外交大臣马雷（巴萨诺公爵）在我们看来不过是为他撰写和签署公函的人，在写给法国驻圣彼得堡大使洛里斯东的信中，他透露了这场造成近百万人死亡的战争背后的心理过程。他写道，拿破仑对会见和谈判都毫不在意，除非他调动45万名官兵能在俄国引起严重的忧虑，使它回到蒂尔西特谈定的大陆封锁体系上来，并"让它回到当初那低人一等的地位"③。

---

① 塔季切夫，《亚历山大一世与拿破仑》，第555页。
② 旺达尔（《拿破仑与亚历山大》，第2卷，第535页）承认英国没有插手。但沙皇自然对英国更加友好，1811年底秘密地开放英国货物进口。
③ 引用于加登的《条约集》，第13卷，第171页。

这确实是整个问题的要义。拿破仑看出，亚历山大正不声不响地摆脱《蒂尔西特条约》的限制，很可能从这场意在确认西方皇帝霸主地位的交易中获得最大利益。对于两位皇帝来说，这个条约从根本上不过是一个休战协议。拿破仑将其看成迫使欧洲大陆按照他的商业政策行事的手段，以及法俄联手瓜分土耳其的准备阶段。沙皇则将其看成一个喘息的机会，可以借机重组自己的军队，征服芬兰，并大步迈向巴尔干半岛。埃尔富特会晤延长了这一休战协议，是因为拿破仑觉得扑灭西班牙起义、延迟盟友渴望开始的土耳其瓜分行动才是重中之重。到1811年底，两位君主已将从结盟中得到的利益消耗殆尽。①拿破仑志得意满，自以为征服西班牙已成定局，英国也只是垂死挣扎。而另一方面，俄国恢复了军事实力，夺取芬兰并在多瑙河下游站稳了脚跟，此时正力图摆脱拿破仑的商业禁令。总而言之，沙皇曾在蒂尔西特表现得像一团黏土，任由那位科西嘉"陶艺家"随意揉捏，但事实证明，他在狡猾与韧性方面并不亚于后者。1807年看似任人愚弄的亚历山大，现在有希望成为经纶天下的胜利者。

随后要解决的，是波兰这个疮疤。1811年8月15日，拿破仑在其生日举办的一次外交招待会上就这个问题发难。他对俄国公使朗声说道："我不会那么愚蠢，认为奥尔登堡的事情能让你们烦恼。在我看来，问题在于波兰：你们将支持波兰的策略归咎于我，这使我开始认为，你们希望占领这片土地。这绝对不行，即使你们的军队驻扎在蒙马特，我也不会让出华沙的一寸土地、一个村庄甚至一架风车。"他对俄国密谋占领波兰的担心显得牵强，亚历山大对波兰人的试探是一种防御手段，是在拿破仑拒绝压制波兰民族主义者之后才认真进行的。但对于法国皇帝而言，断言争执是因波兰而非大陆封锁体系而起，是合适的做法，这一幕也很好地说明了他的习惯：即便是偶然的

---

① 伯恩哈迪的《托尔伯爵回忆录》，第1卷，第223页。

暴跳如雷，也经过了冷静的思考。他以狂野的表演赢得了波兰人的热情支持，而含糊的表达也不会惊动奥地利和普鲁士。①

次日，拿破仑向大臣们概要介绍了对俄作战的总体计划。整个欧洲大陆都要动员起来打击俄国。与哈布斯堡王朝的盟约是可靠的，但普鲁士的行为让他有些担心。这个国家一度似乎要冒险发动一场决死之战，那正是施泰因、费希特和美德同盟那些坚定的爱国者热切盼望的。确实，拿破仑一次次威胁这个不幸的国家，有段时间甚至预示着它的灭亡。因此，国王派遣沙恩霍斯特先后到圣彼得堡和维也纳，秘密提出缔结同盟的建议，但都被拒绝了。当时在这两国首都，审慎的态度占据了上风；下文就会谈到，较有远见的普鲁士人很快就看出，将拿破仑诱入俄国中心地带的一场战争，可能给他过度扩张的帝国致命一击。普鲁士当然不可能阻挡法军的进攻。像西班牙发生的那种游击战，在这个国家开阔的平原上肯定将被粉碎；缺乏自信的国王退回了格奈泽瑙发动普鲁士人民反抗拿破仑的计划，只冷冷地评论道："这个计划很好，就像诗歌一样动人。"

就这样，当拿破仑极尽外交威胁之能事，专横地要求普鲁士在敌友之间做出选择时，腓特烈·威廉被迫接受他的条件，派出2万名士兵参加对俄作战，让拿破仑的军队自由过境，并提供大量粮草，款项的支付则在将来再做商议（1812年2月）。这些条件似乎使普鲁士沦落到"拿破仑地狱"的最底层，令爱国者极为愤慨。他们没有看到，面对西方皇帝刮起的风暴，只有卑躬屈膝才能拯救普鲁士。这个问题将在我们讨论俄国作战计划时谈及。

瑞典不像拿破仑预期的那么容易屈服。他曾希望，在他的死敌古斯塔夫四世遭到废黜、软弱的老国王查理十三世即位且选择贝纳多

---

① 恰尔托雷斯基，《回忆录》，第2卷，第17章。1812年5月在德累斯顿，拿破仑向他驻华沙公使普拉特承认，俄国背离大陆封锁体系是战争的主因；"没有俄国，大陆封锁制度就是荒唐无稽的。"

特为瑞典王位继承人之后,这个国家会恢复与法国的传统盟友关系。可是,接受新的尊号之后,贝纳多特表现出了惯有的独立思考能力,拒绝承诺永不与法国开战——此举的代价是失去了在蓬泰科尔沃的封地。他立刻采取了一种斯堪的纳维亚风格的激进政策;而且,随着法俄同盟关系逐渐恶化,他向拿破仑提出,如果后者支持斯德哥尔摩宫廷吞并挪威,就向其提供援助。

法国皇帝自己曾在1802年考虑过这个计划,但此时却坚定地拒绝了(1811年2月25日),并命令瑞典实施大陆封锁政策,否则法军将占领瑞属波美拉尼亚。即使这一威胁也没能让贝纳多特屈服,瑞典人宁愿放弃麻烦不断的德意志省份,也不愿意在外贸上受到损失。次年1月,拿破仑的威胁成为事实,从而将瑞典推到了俄国一边。根据1812年3—4月达成的条约,贝纳多特得到了亚历山大的承诺,可以在未来获得挪威,作为回报,瑞典将在对抗拿破仑的战争中援助俄国。这是亚历山大外交上取得的主要成功,因为尽管两个月后他与土耳其达成协议(俄国保留比萨拉比亚),但这一条约批准的时间太晚,以至于他没能集中所有军队,对抗如洪水般涌入普鲁士的拿破仑大军。①

沙皇与斯德哥尔摩宫廷达成的谅解,可以从他4月底递交巴黎的照会中看出。他要求拿破仑将法国军队撤出瑞属波美拉尼亚,友好协商法瑞争端,从普鲁士撤军,减少在但泽的大批守军,并承认俄国与中立国贸易的权利。如果法国同意这些条件,亚历山大准备协商解决奥尔登堡公爵的补偿问题,以及俄国对法国商品的关税问题。②拿破

---

① 俄国和瑞典向英国提出的建议,以及它们对贷款的过分要求,参见赫里福德·乔治(Hereford George)先生在其认真、系统的论著《拿破仑对俄国的入侵》第4章中的论述。直到1812年7月,英国才正式与俄国和瑞典媾和,并给予资金援助。在此我们要说明一下,拿破仑在1812年4月曾向英国提出和平建议,条件是承认约瑟夫为西班牙国王,缪拉为那不勒斯国王,并从伊比利亚半岛和西西里撤军。拿破仑也将撤出西班牙。卡斯尔雷立即拒绝了这一建议,因为这会使拿破仑腾出手来,将全部力量用于打击俄国(加登,《条约集》,第13卷,第215、254页)。

② 加登,《条约集》,第13卷,第329页。

第32章 俄国战役 605

仑对这些合理的条件毫不妥协。"您是位绅士，"他对库拉金亲王叫道，"可您竟敢交给我这样的提案？——你们的行为就像是耶拿战役前的普鲁士。"亚历山大已经放弃了和平的全部希望。一周之前，他已经离开圣彼得堡前往军中，他深知拿破仑的钢铁意志可能因强力打击而动摇，但绝不会在外交手段面前屈服。

在拿破仑这方面，则试图展示威势，使他的东方竞争者胆怯。他是法兰西帝国的统治者，这个帝国是7个王国和30个公国的宗主国，在物质资源上远胜过沙皇俄国。拿破仑将他的盟友和诸侯都召到德累斯顿，最后一次向世界展示帝国那令人目眩神迷的辉煌景象。

这是一次无谓的炫耀。拿破仑向弗朗茨皇帝保证，奥地利最终能够重新得到它的伊利里亚诸省，作为回报，弗朗茨以条约形式许诺派出3万名士兵，保护拿破仑在沃里尼亚的侧翼。不过圣彼得堡的所有人都知道，这种援助和普鲁士的援助一样，都是被迫、不真诚的。[①]西班牙的事例和威灵顿的谨慎战略已经打破了法军不可战胜的魔咒；沙皇决心信任俄罗斯民族的韧性和他治下广阔无垠的平原带来的防御能力。马克、不伦瑞克和本尼希森的时代已经过去了，威灵顿和真正全民战争的时代迎来了曙光。

但是，向亚历山大猛扑而来的大群敌军，看起来很可能压垮他忠诚的千万臣民，突破那可怕的草原幽境。这就彷如隐士彼得崛起，再一次鼓舞西欧和中欧人民进攻一成不变的东方。20万法军组成了这支大军的核心，来自莱茵邦联的147000名德意志士兵跟随着新的查理大帝，欧仁指挥的近8万名意大利士兵组成了一支侦察部队；6万名波兰士兵奔赴沙场，渴望着从俄国人手中争取民族的自由；伊利里亚人、瑞士人、荷兰人和少数西班牙及葡萄牙人，将大军团的人数扩

[①] 上文所引的赫里福德·乔治著作，第34—37页。梅特涅（《回忆录》，第2卷，英文版第517页）表明，拿破仑也曾让奥地利抱有获得塞尔维亚、瓦拉几亚和摩达维亚的希望（后者当时被俄军所占），只要它肯提供6万士兵，但梅特涅成功地抵制了这一建议。

充到60万人之众。这还不是全部。奥地利和普鲁士也派出了它们的分遣队共5万人,保护拿破仑在沃里尼亚和库尔兰的侧翼。这支强大的军队将在拿破仑的意志驱使下,以一往无前的气势把其主力送到莫斯科。

在德累斯顿检阅诸侯的阵容并匆忙安排辎重运输之后,拿破仑前往尼曼河两岸。那里到处可见大军经过的痕迹:毁坏的车辆、死去的马匹、破败的村庄,以及几乎将普鲁士一扫而空的密集队伍。可是,尽管法军正大规模备战,沙皇的大本营里并没有任何气馁的迹象。抵达尼曼河沿岸后,拿破仑向大军团发出公告,这实际上就是宣战书了,其中有如下宿命论的言辞:"俄国在命运牵引下,已经在劫难逃。"亚历山大对士兵们的讲话则展现出了不同的精神:"上帝将会打击侵略者。"

关于两位皇帝的作战计划,人们已经写下了许多高度猜测性的文章。简单地说,拿破仑的计划是找到敌军主力部队,将其分割或切断其交通线,然后各个击破。换言之,除了消灭对方的主力部队之外,他从来不制定任何作战计划。但是,就这次战役而言,他是否试图以挑衅促使普鲁士与沙皇结盟,是值得怀疑的。如果那样做,亚历山大必然为了尊严而援助其盟友。倘若俄军像拿破仑最初预想的那样冒险渡过尼曼河或者维斯瓦河,①他无疑会像弗里德兰战役那样轻松取胜。因此米夫林断言,许多普鲁士军官都认为这是1811年初秋的法国外交目标,最好的回应就是无条件投降。另一方面又有这样的事实:法国驻柏林大使圣马尔桑于10月29日向普鲁士政府保证,他的主人并不希望消灭普鲁士,但强调该国要为其提供补给——这一支持将使大军团在尼曼河上如激流般前进。

法国人使用如此不慎重的隐喻,着实有些奇怪。这几乎是要求

---

① 他在德累斯顿对梅特涅所说的话,参见梅特涅《回忆录》,第1卷,第152页;他还说过,1812年不会推进到斯摩棱斯克以远。

普鲁士打开水闸，让洪流涌过，消失在立陶宛的荒漠之中；我们可以想象，柏林的有识之士此时已经看出，诱使法军进入俄国荒原才是上策。奇怪的是，拿破仑并没有想起自己在叙利亚所说的格言："绝不要在荒漠上作战。"但他逐渐相信，与亚历山大难免一战，有了奥地利和普鲁士的帮助，他就能将俄国军队赶回东部草原。毫无疑问，他曾一度想过在进攻沙皇之前消灭普鲁士，但最终决定推迟这一行动，先利用它打败俄国。①

有了奥斯特里茨和弗里德兰两个战役的经验之后，沙皇不可能再忽视防御战的优点了。早在1811年10月，沙恩霍斯特就曾在圣彼得堡与他讨论过这些问题；这位军官为了普鲁士的独立事业而请求他的帮助，但亚历山大只愿意在法国侵犯柯尼斯堡时才提供武装援助。看到让俄国与西方皇帝决裂无望，沙恩霍斯特最后似乎曾建议俄国在随后的战争中采取缓进战略；在维也纳，他草拟了一份这方面的备忘录，供沙皇参考。②

亚历山大当然很需要合理的指导。沙恩霍斯特已经指出了避祸之道，但很快又有人以自己的战略思想诱惑他。此人就是冯·普尔将军，这个毫不妥协的理论家在制订作战计划时，总是不加质疑地坚持抽象的原则。亚历山大没有吸取过去惨败的教训，再一次醉心于理论和原则，导致他走到了深渊的边缘。普尔通过对七年战争的耐心研究，提出了真正的防御战计划，迷住了沙皇。这一计划完全

---

① 伯恩哈迪，《托尔伯爵回忆录》，第1卷，第226页；斯特恩，《论文集》，第350—366页；米夫林，《我的一生》；德普拉特神父，《华沙大使馆的历史》（L'histoire de l'Ambassade de Varsovie）。
② 《冯·博延将军回忆录》，第2卷，第254页。这个事实，以及后文提出的其他事实，推翻了普鲁士将军克内泽贝克晚年为欺骗米夫林而编造的故事。克内泽贝克声称，1812年初他去见沙皇，所负的使命是说服他与拿破仑达成妥协，但这与他所携带的腓特烈·威廉给亚历山大的密信内容相悖。他描述了与沙皇在冬宫多次午夜会面的情景，称自己说服沙皇通过与拿破仑交战、诱使其进入俄国心脏地带，就可以拯救欧洲。莱曼曾表明（《克内泽贝克与舍恩》）这个故事与所有文献证据都不相符，不过是这位老将受到虚荣心驱使的产物。

取决于对合适防御阵地的选择和合理部署守军。必须有两支守军，还要有至少一个深沟高垒的大本营。其中一支守军必须在靠近或通往营寨的防线上对抗入侵者；与此同时，另一支守军必须在敌军后方或侧翼机动。大本营的布置必须能将其防御范围延伸到一条或更多交通要道上。营寨本身不一定放在这条要道上，实际上，最好是有一定的距离；因为那样就能更好地起到最重要的"侧翼阵地"的作用。

普尔在德维纳河湾上的德里萨找到了一个这样的阵地。它与从尼曼河到圣彼得堡和莫斯科的两条大道有足够的距离，可以同时守卫这两条道路。相应地，他建议在那里准备大规模工事，俄军主力部队可以在如同托雷斯韦德拉什的要塞中等待大军团的到来，另一支部队则骚扰其侧翼或后方。①

拿破仑尚未探明这个计划最深层次的荒谬之处，但他早就发现俄军分为两支相隔甚远的部队，这一发现决定了他的行动和战役初期的进展。他知道一路俄军在维尔纳附近，另一路则在普里皮亚季沼泽前面，准备迅速冲入两军之间的空隙，将其各个击破。空想的理论从未像这次一样，受到现实主义思想的可怕威胁。这个仲夏，拿破仑在尼曼河畔集结了三十多万军队，而俄军在这条战线上的兵力只有法军的一半，而且分散在很大的一片区域中，目的是方便普尔实施他最为重视的侧翼包抄作战。②

6月23日清晨，三支庞大的法军纵队蜿蜒前行，来到科夫诺附近的尼曼河上匆忙搭建的浮桥；当先头部队踏上立陶宛的土地时，他们

---

① 《托尔伯爵回忆录》，第1卷，第256页及以后。1819年，普尔肯定地对米夫林说，德里萨计划只是他从未有机会实现的更宏大计划的一部分！
② 伯恩哈迪的《托尔伯爵回忆录》（第1卷，第231页）中说，巴克莱的主力"西路军"实际上只有127000人，另有9000名哥萨克骑兵；巴格拉季昂率领的第二支"西路军"最初只有35000人，其中有4000名哥萨克骑兵；而托尔马索夫（Tormasov）监视加利西亚的部队兵力也相仿。克劳塞维茨估计的兵力更多一些。

以胜利的呼声向伟大的统帅致敬。他们没有看到一个俄国人,只有几名轻骑兵疾驰而过,向工兵们打听搭建浮桥的原因后便匆匆离去。三天的时间里,大军团渡过尼曼河,消失在沙漠中。最初,法军没有遇到对手的挑战,但也没有看到他们想象中的一幕——饱受迫害的当地人成群结队地前来欢迎"解放者"。事实上,立陶宛的农民与波兰人没有非常亲近的民族情谊,波兰人的后裔主要是贵族和较为富裕的城里人。沉默的荒野、俄国仲夏的闷热气候以及倾盆大雨令入侵者的士气消沉。大军的通过使原就破败的小径变得更加崎岖不平,从尼曼河到维尔纳的50英里行军路程中,有一万匹战马死于疲劳或杂草引发的疫病。

运输的困难立刻显现出来,并且随着每天的行军而变得更加严重。拿破仑一贯富有远见,已命令在主要补给基地但泽集中各种物资。为了弥补漫长战役中的损耗,需要200万双军靴,其他各种物资的准备也同样规模庞大。在这方面值得注意的是,不少斗篷和皮靴来自英国,因为欧洲大陆的工业资源已完全不足以供应大陆封锁体系下的"十字军"了。

很大一部分物资根本没有送到俄国的法军手中。从但泽开往尼曼河的货船经常被英国巡洋舰劫夺,而从尼曼河继续运输物资消耗的马匹数量巨大,因此只有绝对必需的物资才能跟上迅速推进的军队。缺乏食物的士兵只能以抢掠来避免挨饿。这方面拿破仑的军队算得上行家。进军路线两侧数英里内的村庄都被洗劫一空,法国皇帝到达维尔纳后,不得不命令奈伊派出骑兵巡逻,找回掉队者,因为这些人正在实施"令人生厌的破坏活动",将"落入哥萨克之手"。

大军团在维尔纳得到了迄今为止最好的接待。拿破仑巧妙地将波兰部队放在前面,将败退的俄军逐出该城,回到立陶宛旧都之后,发现有人前来欢迎,这些老人们身着民族服装,仿佛预示着这个一度属于大波兰王国的省份将脱离沙俄统治,将拿破仑的势力范围延伸到距离斯摩棱斯克仅有几英里的地方。①刚在华沙建立的议会也支持这一计划：它将自组为一个联邦，宣布恢复波兰王国，并派出一个代表团到维尔纳面见拿破仑，恳求他说出"让波兰王国存在下去"这句兴邦宣言。法国皇帝给出了一个极具戒心的答复。他宣称自己热爱波兰人民，赞许他们的爱国主义精神，这是"公民的首要义务"，但接着说，只有共同努力，才能迫使敌人承认他们的权利；而且，由于他已保证奥地利帝国的领土完整，不能支持任何扰乱其余奥属波兰省份的运动。

这一外交辞令让听者寒心。但如果他们知道，在华沙召开议会以及上奏拿破仑所用的调子，都是这位"舞台监督"在五周之前策划的，不知做何感想？然而，事实就是如此。

为这幕大戏布景的是梅赫伦大主教德普拉特神父，拿破仑派他出任驻华沙大使，并对召开议会、鼓舞波兰人的热情、在俄属波兰发动革命以及演讲的风格都做了详细的指示。不仅如此，热衷于细节管理的拿破仑甚至告诉大使，皇帝在答复时将称赞波兰人的爱国主义精神，并警示他们，波兰的自由只能靠他们的"热忱和努力"去争取。这与埃劳战役前对波兰人使用的骗术如出一辙。实际上和当时一样，他所说的就是："先为我抛洒热血，我将来会为你们做点事的。"不过，这一次的场景更引人注目，波兰人参战的热情更为高涨，对他们的答复更巧妙地做了拖延，结局也更加悲惨。②

波兰军队仍然继续征战，但他们的献身精神已不那么可靠了。立陶宛人的情绪也因为拿破仑对波兰代表们的答复而深受影响。尽管他任命了7位显贵来管理立陶宛地区事务，也无法安抚当地人，事实证

---

① 拉鲍梅（Labaume），《1812年叙事》，以及赛居尔的著作。
② 参见1812年5月28日写给德普拉特的长信；拿破仑波兰政策的空洞无物，另见布罗伊公爵的《回忆录》（第1卷，第4章）。比尼翁的《外交回忆录》（*Souvenirs d'un Diplomate*）第20章说，拿破仑责成德普拉特"把所有人都煽动起来，形成燎原之势"，这是错误的。拿破仑在圣赫勒拿岛上曾对蒙托隆说（《囚禁》，第3卷，第3章）："波兰及其资源，在1812年的前几个月不过是个美丽的幻境。"

明,这7个人是在法国特派员的庇护下行事,后者才是真正的行政长官。最糟糕的是,拿破仑的军队四处抢掠,因为他们长期习惯了皇帝"以战养战"的格言,没有发现为了不使立陶宛人的热情消减,就必须忍受饥饿的痛苦。

与此同时,战事进展也不如他的预期。他本想神不知鬼不觉地渡过尼曼河,奇袭远隔两地的俄军主力,从而像弗里德兰之战那样,以致命一击在立陶宛的土地上结束战争。俄军的部署似乎有利于他的计划。两支俄军主力部队,一支由沙皇和巴克莱·德·托利将军率领,驻扎在维尔纳以北,兵力约125000人,另一支由巴格拉季昂亲王率领,此时大约有45000人,驻扎在沃里尼亚省,正费尽心力地实施普尔构想的战略。前者直接面对步步逼近的拿破仑主力部队,而兵力较少的那一支俄军将在其侧翼和后方作战。这种计划只有在打仗还得依照礼仪进行的古代才可能取得成功,面对拿破仑只能是自取灭亡。法国皇帝在维也纳指挥行动,准备将巴格拉季昂诱入彀中。他已催促达武迅速推进,从北面迂回,而热罗姆·波拿巴的威斯特伐利亚军队则奉命从尼曼河上游的格罗德诺城向东急进。这两支部队合兵一处,将把巴格拉季昂赶进无路可逃的普里皮亚季沼泽,即便他的部队能从那里逃出,也将无所作为。

这就是拿破仑的计划,如果不是误算了热罗姆进军所需的时间,它可能已经成功了。拿破仑低估了热罗姆进兵遇到的困难,也可能是高估了弟弟的军事才能。威斯特伐利亚国王在格罗德诺因为坏天气和其他困难而耽搁了数日;因此,巴格拉季昂接到沙皇的撤退命令之后,得以逃出周围正在布下的天罗地网,迅速撤往博布鲁伊斯克,并从那里向北转移。拿破仑为失去这个无价的机会而震怒,怒斥热罗姆行动迟缓和"目光短浅"。波拿巴家族这个最小的弟弟在快速推进中遇到了种种困难,而哥哥却视若无睹、无理指责,引起了他的怨恨。想到接下来还要听命于以军纪严明闻名的达武,他的自尊心更受到了伤害,于是交出指挥权,

俄国战役

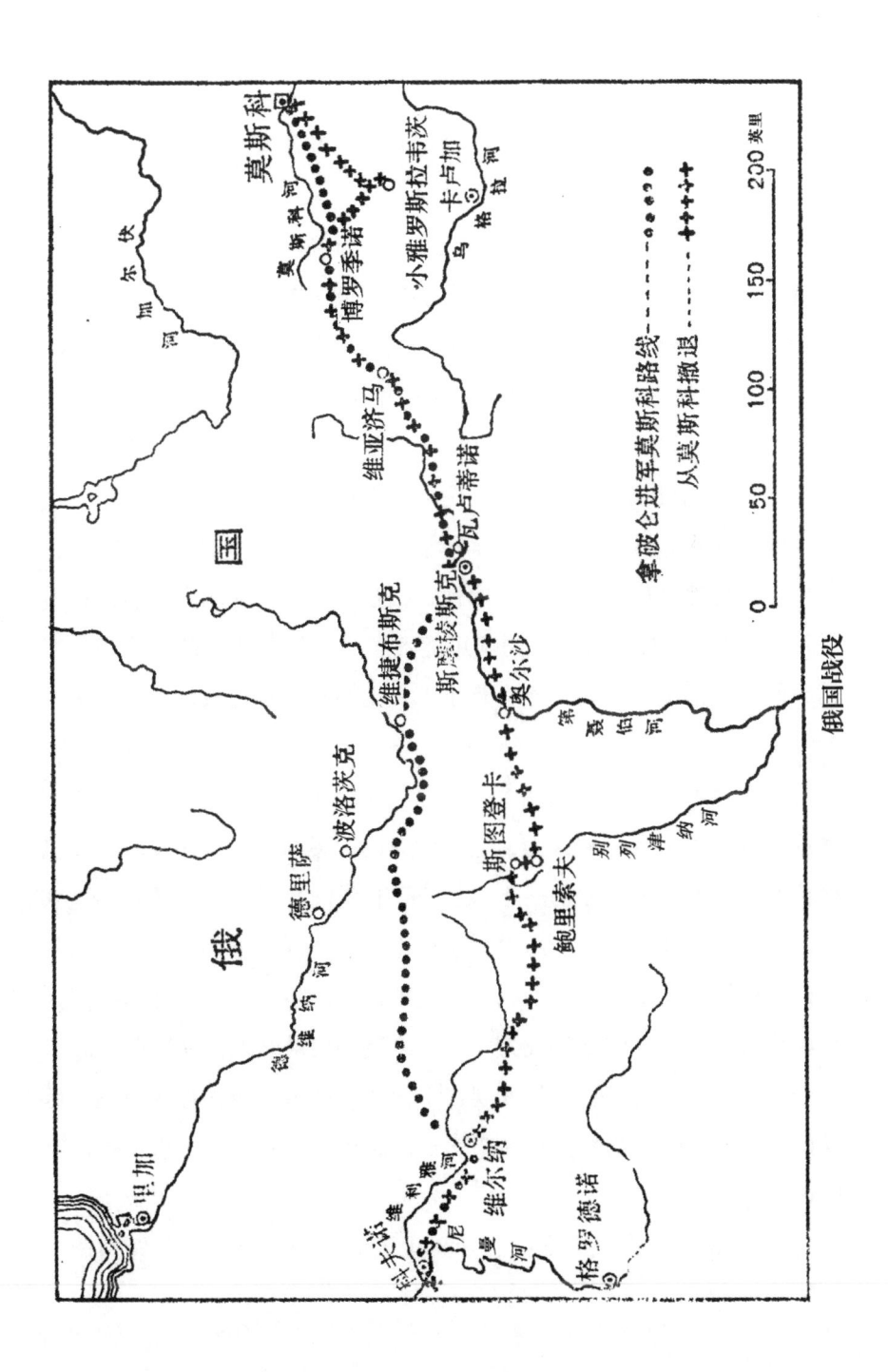

回到卡塞尔享乐去了。

巴格拉季昂福星高照，率部逃出了普尔的战略和拿破仑反制措施为他编织的罗网。反复无常的命运女神还在德里萨拯救了濒临危险的俄军主力。按照普尔的计划，沙皇和巴克莱·德·托利率军向德维纳河上坚固的大本营撤退。但他们的心中已经对普尔的计划产生了重重疑云。事实上，巴克莱天性倾向于经过证明的实用方法。他出身于一个苏格兰家族，这个家族久居里沃尼亚，在里加经营商业取得了成功，很受尊敬。因此，他的出身和早年生活环境都促使他更重视实证，而不信任模糊的理论。他在芬兰战争期间的军队组织工作上一丝不苟，加上无可置疑的正直与开明，使他最近得到了沙皇的宠信，出任战争（陆军）部长。他在战争科学方面并无渊博的知识，而且，人们一直认为他对局势并无宽阔的视野，也不具备伟大军人特有的精妙战法。[①]然而，有些时候，国家可能毁于伟大的天才，却往往为处事慎重的凡夫俗子所拯救；巴克莱出于直觉的判断对挽救俄国有着不小的贡献。

大军团渡过尼曼河前两个月，巴克莱就表示，希望上帝能让俄军撤退；我们可以肯定地认为，正是因为他的影响，沙皇才及时命令巴格拉季昂放弃侧翼包抄的战术，趁着还有时间赶紧撤退。普尔的这部分战略明显已经失败，亚历山大自然也更加怀疑德里萨计划；从维尔纳撤退期间，他命令普尔的副官对工事进行勘察，这位年轻的德国人名叫克劳塞维茨，注定将成为一位军事战略权威。他无法违背良心提出一份令人高兴的报告，他发现这个营寨在许多方面都存在缺陷。尽管如此，亚历山大仍然抱着希望，可以利用这些坚固的工事挡住法军的进攻。

7月8日到达德里萨之后，亚历山大的希望破灭了。年轻的撒丁

[①] 《托尔伯爵回忆录》，第1卷，第239页；威尔逊，《法国入侵俄国记事》（*Invasion of Russia*），第384页。

裔工兵米肖指出,这些工事的结构有多处严重缺陷。巴克莱也反对将大部分守军关在一个容易被拿破仑大军封锁的营寨里。最终,由于那里驻扎的俄军预备队在人数和作战效能上都十分薄弱,沙皇决定撤出这个营地,将指挥权交给巴克莱,回到他的北方都城。据说,在他离开军队之前,亲法派人士康斯坦丁大公做了最后的努力,怂恿他与拿破仑和谈,因为此时作战计划已经失败。如果真有此事,亚历山大肯定是拒绝了。统治者的自尊和对拿破仑的怨恨都不允许他妥协,或许他也已经看到,自身的安全和敌人的灭亡都有赖于坚定地采用且战且退的拖延战术,这本是沙恩霍斯特倡导的方法,此时巴克莱决心执行下去。

尽管康斯坦丁、本尼希森和其他一些将军仇视巴克莱这个外乡人,装腔作势地蔑称他为"懦夫",以各种阴谋诡计阻碍其行动,但他仍立即采取了长久以来一直认为必要的行动:他命令后撤,与巴格拉季昂取得联系。为此,他留下维特根施泰因和25000名士兵,将乌迪诺兵团阻挡在德维纳河中游,然后率军向东前往维捷布斯克。此举确实使圣彼得堡暴露在法军兵锋之下,但俄国的夏天转瞬即逝,拿破仑不太可能劳师北进,放弃打击敌军主力的惯常计划。一旦发现巴克莱的目标,他肯定会竭力阻挡两支俄军会合。事实正是如此。拿破仑很快看透了巴克莱的计谋,力图从维尔纳迅速前进到其侧翼的波洛茨克,挫败他的计划,但他无法突入俄军的行军路线,不得不再一次从后追击。

大军团一路疾行,穿越一个几乎不能提供任何物资的地区,因此造成了惨重的损失。但法国皇帝仍然试图发动一次大会战。他希望在维捷布斯克逮住巴克莱,7月25日,他写道:"整个俄国陆军都在维捷布斯克——我们正处于大事件的前夜。"但俄军巧妙地趁夜色从该城正面的阵地上撤出,7月28日,拿破仑进入了维捷布斯克。在失望和迷茫中,这位统帅在那里停留了两周,以组织补给物资,他的先头部队则继续推进，意欲在斯摩棱斯克包围俄军。当他听说巴克莱和巴格拉季昂将在这座城市附近会合时，希望又重新萌生了。事实上，这两位指挥官到了那里，也就完成了一次战略性后撤，如果不想被各个击破，此举就是必要的。两人对撤退的看法大不相同，对谨慎的巴克莱而言，这意味着胜利将被大大推迟，但更有把握；而更冲动的俄国人则将不断后退视为国耻。

士兵们的感情也不容许弃城而走的懦弱之举，更何况这座圣城矗立于第聂伯河上游，是俄罗斯传统领地的前哨。拿破仑所仰赖的就是这种情绪，他也没有失算。现在，他并不急于进攻，一旦出手，就必须是毁灭性的最后一击。最终，他听到了达武的消息：这位他最为信任、忠心耿耿、条理清晰且坚持不懈的将军已在城下的第聂伯河上搭好桥梁，并建起炉灶为大军供应面包。于是，他从后方调动部队和给养，准备一举结束这场战役。

巴克莱仍想撤退，但宗教情绪和爱国热忱促使俄国守军坚守于危墙之后，而巴格拉季昂则保护撤退路线的安全。法军在南面环绕该城的低矮山坡上摆开架势，等待着一场轻而易举的大胜，拿破仑似乎也对此有着过度的自信。无论如何，他的部署都远算不上巧妙。他没有努力威胁俄军与莫斯科之间的交通线，也没有等待炮兵摧垮城里的堡垒和守军。法军以缪拉的骑兵和帝国卫队作为预备队，奈伊、达武和波尼亚托夫斯基所部步兵排成密集纵队，急切地发动进攻，希望一举取得速胜。他们遭到了俄军猛烈炮火的打击。经过三个小时的殊死战斗，他们才控制了南郊，直到夜色降临，城墙上的俄军仍顽强抵抗。不过这个时候，拿破仑的大炮发挥了作用。城内各处的木质房屋燃起了大火，只有迅速撤退，守军才能免遭毁灭；在漫天烟火之中，巴克莱撤出部队，在通往莫斯科的大路上与巴格拉季昂会合（8月17日）。

俄国军队又一次从拿破仑的掌握中溜走，而且这次还让他付出了死伤12000人的代价。他面临一个重大问题,夏日将尽,他到底应该停手,还是到莫斯科城下去夺取胜利?他本有望在维尔纳、维捷布斯克和斯摩棱斯克取得决定性胜利,却一次次落空了。根据菲利普·赛居尔伯爵耸人听闻的叙述,法国皇帝在进入维捷布斯克城时高喊道:"1812年的战役结束了,1813年战役将解决其他问题。"但整部拿破仑书信录都不支持这一轶闻。此外,7月份进入冬季营地,或者在击溃敌军主力前罢手,都不是拿破仑的习惯。①

在斯摩棱斯克,这一问题又出现了变化。拿破仑曾在德累斯顿告诉梅特涅,他不会在这一年推进到比斯摩棱斯克更远的地方,而是在冬季安排好立陶宛的各种事项,于1813年春季再次进攻。他还说:"我所从事的,是需要耐心寻找解决方案的事业。"巧妙地按兵不动的策略,当然是他的元帅们所乐见的。可是,由于渴望粉碎敌军后方,奈伊和缪拉在瓦卢蒂诺(鲁比诺)卷入了一场激战,法军伤亡惨重,但最终夺取了这个阵地。拿破仑希望俄军下定决心,在多罗戈布日打一场决定性的战役,这种诱惑使他无视此前的决策,继续进攻。②另外,他的处境似乎没有奥斯特里茨战役前那么危险。相较巴克莱和巴格拉季昂会合后的联军,大军团仍然占据上风。乌迪诺牵制着德维纳河上的俄军,在他负伤之后,继任者古维翁·圣西尔展现出了过人的战术技能,轻松地击败了仅凭匹夫之勇的维特根施泰因。法军右翼的情况没有那么乐观,俄土战争的结束使普鲁特河

---

① 有些作家认为拿破仑打算进攻圣彼得堡,我们也可以在此澄清。或许他在某个阶段曾这么想过。7月9日,他在维也纳写道:他打算兵分两路,向莫斯科和圣彼得堡进军。但那是因为他当时仍希望达武能够困住巴格拉季昂,而巴克莱向德里萨撤退似乎有可能将战火引向北面。拿破仑始终以敌方的大军作为首要目标;巴克莱从德里萨撤往维捷布斯克,随后又撤往斯摩棱斯克,最终使拿破仑决定向莫斯科进军。如果他有过任何预先形成的方案——他总是根据事态发展而非僵化的计划确定行动——那么就是攻打莫斯科。在德累斯顿,他对德普拉特说:"我必须在9月底结束战争……我将进军莫斯科,一两个战役就可以解决问题。我将烧毁图拉,将俄国踩在脚下。莫斯科是这个帝国的心脏,我要利用波兰人为这场战争流血。"德普拉特的证词不完全可靠,但我相信拿破仑从未认真考虑过在夏季将尽之时,在英国、瑞典和俄国舰队时刻准备骚扰其侧翼、断绝其供应的情况下,率领20万大军深入俄国北部的广阔荒原。
② 8月24日给马雷的信;另见拉鲍梅的《1812年叙事》和加登《条约集》第13卷,第418页。乔治先生认为,拿破仑于8月21日决定打击莫斯科是出于总体策略。

一带的俄军腾出手来,开进沃里尼亚。不过,拿破仑目前还可以召集维克托指挥的强大预备队,确保后方安全。

于是,他信心满满地继续前进,力图得到命运女神的最后一次青睐。在博罗季诺,运气确实站在法国人一边。俄军在那里严阵以待,巴克莱步步后退,终于引发了举国上下对这位外族人的猜忌,导致库图佐夫取而代之。这位久经战阵的老将率领11万将士转过头来,奋力迎战。在博罗季诺村后连绵起伏的群山上,他布下了坚固的阵地。右侧是蜿蜒曲折的科洛查河(莫斯科河支流)谷,中央和左侧阵地前,地势逐渐下降,通往一条溪流。在较容易暴露的这一侧,俄军匆忙修筑了工事,中央的工事被称为"大棱堡",但后方没有任何防御设施。

拿破仑在两天内止步不前,直到集结了约125000名士兵,准备一举结束战争。勘察俄军阵地之后,他发现库图佐夫犯了个错误:战线向北延伸,拉得过长。他计划在北面发动佯攻,避免俄军集中兵力,同时打垮较为暴露的中路和左侧。达武和波尼亚托夫斯基从南面发动猛攻,奈伊所部和欧仁的意大利军团则攻打中路的各个堡垒。达武请求拿破仑同意他包抄俄军左路,但也许是因为担心俄军早早撤退,拿破仑驳回了他的意见,决定直接猛攻左路和中路。9月7日,如夏日般辉煌的曙光初现,两军的大炮便如雷鸣般打响,轰击对面山坡上密集的敌军队列,拿破仑手下的各路纵队扑向拱卫俄军战线的堡垒和树林。俄军的抵抗极尽顽强,较小的堡垒几度易手;而在法军中路靠右的地方,山坡上的战斗如同潮起潮落,大棱堡给欧仁的意大利军团造成了巨大损失,这支部队英勇作战,但要冲上那绝命小丘,似乎毫无希望。

接下来是荡气回肠的一幕。突然之间,一大群胸甲骑兵从法军队伍中杀出,飞奔上山坡,一片刀光剑影笼罩了阴冷的工事。他们被坚固的俄军防线挡住了片刻,直到格鲁希和沙斯特率领的又一群骑兵如浪涛般涌来,横扫千军,从薄弱的背面夺取了这个堡垒,彻底制服了全力抵抗的守军。①俄军骑兵企图挽救局势，但无济于事，他们挡不住缪拉的骑兵，库图佐夫最终不得不在猛烈炮火的掩护下将残部撤出，缓慢地且战且退。

19世纪最血腥的一天就这样结束了。800门大炮怒吼了数个小时，给双方造成了巨大的伤亡，俄军损失大约4万名官兵，不管拿破仑在新闻简报上如何掩饰，他的损失可能也同样惨重。一直有人指责他没有在战斗的高潮阶段派出帝国卫队打击只有招架之功的敌军，士兵们则高声斥责指挥官贝西埃劝阻皇帝采取这一措施。可是，让这些老兵牺牲在俄军炮火中实在是危险之举。②帝国卫队是法国军队的可靠核心，即便在长途行军中，其他正规部队常常分散成小股不法的抢掠之徒，拿破仑也能始终仰仗这支部队；在撤退期间，它的价值更为明显。如果指责拿破仑没有更早地包抄俄军左路，将其漫长的战线推到河上，也许更为合适。与斯摩棱斯克一样，他在此役中采取正面攻击的战术，要想获得成功，就必须付出可怕的代价。除了奈伊、缪拉和格鲁希，其他将军都没能在这一天里增添荣耀。由于在混战之中表现英勇，奈伊受封莫斯科亲王。

这场皮洛士式胜利之前一周，拿破仑收到了西班牙局势逆转、法军惨败的坏消息。他的老朋友马尔蒙在瓦格拉姆后晋升元帅，与威灵顿在莱昂平原上交手时也曾取得辉煌战绩，但在萨拉曼卡附近犯下的错误使他遭到猛烈的反击，只得率军向布尔戈斯溃逃。此时的马德里已失去掩护，被英军占领了一段时间（8月13日）。这样，当拿破仑屏息凝神、准备拿下莫斯科的时候，他的哥哥被从马德里逐出，直到从安达卢西亚召回苏尔特，使法军在西班牙中部重获优势，威灵顿才

---

① 拉鲍梅，《1812年叙事》；勒热纳，《回忆录》，第2卷，第6章。
② 马尔博，《回忆录》。拿破仑的忠实奴仆博塞驳斥了他在博罗季诺患病的常见传说，说他只不过是得了重感冒。有趣的是，每当拿破仑在作战中没有天才之作，就会流传这样的故事。这一次的传言来自赛居尔夸夸其谈的叙述，他的说法与古尔戈和珀莱的不符。克劳塞维茨认为拿破仑谨慎地让帝国卫队按兵不动是有道理的。

第32章 俄国战役

不得不撤回罗德里戈城。除了解放安达卢西亚之外，威灵顿失去了所有胜利果实，但他保存了实力，最终迎来了1813年的伟大胜利。如果拿破仑表现出和他一样的谨慎，及时从莫斯科撤退，谁能知道此后在西里西亚和萨克森的恶战中，久经沙场的法国老兵会不会又一次赢得决定性胜利？

事实是，大军团顶着炎炎夏日、漫天尘土和燃烧的村庄中那滚滚浓烟艰难前行，准备在莫斯科赢得和平与财富。可是，当拿破仑以征服者的姿态，率领先头部队进入那座城市时，看到的仍是一片死寂的景象。少数狂热分子坚持克里姆林宫牢不可破的传统想法，无谓地试图守住它；而军队、官员、贵族、商人和大批民众早已转移，军用物资也已焚毁或搬走。莫斯科行政长官罗斯托普钦释放了囚犯并破坏消防设施。城里很快就燃起大火，拿破仑的宫廷侍卫长博塞证明，他从克里姆林宫看到，几个地区连续不断地蹿起火苗；仔细检查各处的酒窖，往往发现里面藏有易燃物品，一名法国士兵竟将硫酸当成白兰地喝了下去！如果他说的都是真的，说明俄国人是决心要烧掉他们的首都。但是，俄国作家们坚称，大火是法国和波兰劫掠者引起的。[①]三天以后，狂风大作，城里的醉汉和狂徒四处肆虐，无法控制；火借风威，席卷克里姆林宫，就连拿破仑也只是堪堪逃脱，最后撤离的参谋们差点被活活烧死。一连几个小时，秋分时节的狂风都在推高火势，直到20日才慢慢熄灭，可不知是罪犯还是劫掠者的胡为，又令其死灰复燃。

不过，法军还不至于无处存身，正如布戈涅中士所说，即使所有房子都被掏空了，在地窖里也能抵御寒冬。现在，真正的问题是粮食供应。俄国人几乎将这个地区一扫而空，大军团在两周内还能酒足饭

[①] 博塞，《拿破仑的宫廷》。托尔斯泰（《战争与和平》）断言，火是喝醉的抢掠者放的。另见阿恩特，《回忆录》，第204页。策诺夫（Tzenoff）博士在一部学术专著（柏林，1900年版）中得出了相同的结论。勒热纳和布戈涅承认两种原因都有。

饱，可是面包、面粉和肉类很快就十分缺乏。法国皇帝试图诱使居民返城，但毫无效果，因为俄国人深知侵略者的习性；尽管法军多次到远处劫掠，有时还付出了很大的代价，但他们还是开始挨饿了。

在令人迷醉的阳光中，10月慢慢过去了，可和平并没有到来。莫斯科大火之后不久，拿破仑就秘密向亚历山大发出了诱人的提议，承诺让俄国放手处理土耳其问题，包括他此前一直不肯松口的君士坦丁堡，并暗示波兰事务也可以按照沙皇的意愿处置。[①]然而，亚历山大拒绝温顺地从这个人手中接受胜利果实，他坚信，正是拿破仑焚毁了神圣的莫斯科，发誓只要还有一个法国士兵在俄国的土地上，就绝不会与对手媾和。他的决心拯救了欧洲。不过，拼死反抗强大的征服者也让他付出了极大的代价，直到此时，他都在担心圣彼得堡沦陷，不得不请求将喀琅施塔得舰队托付给英国以求平安。[②]但他逐渐明白，牺牲莫斯科拯救了他的帝国，也诱使拿破仑走向灭亡。库图佐夫也正待机而动，他佯装希望和平，打算秘密与拿破仑的特使洛里斯东会谈，此时多位俄国将军和英国特派员R.威尔逊爵士出手干预，要求将此事公开。不过，库图佐夫很可能只是想引诱法国人参加一些毫无益处的谈判，他知道在严冬向北方草原袭来之前，涅瓦河畔不会传来任何答复。

拿破仑慢慢地发现了真相，莫斯科并不像他过去对德普拉特所说的那样是俄国的心脏。他逐渐看出，这个质朴的民族并没有心脏，除了莫斯科或彼得堡之外，几乎毫无组织的生活遍及无数村落，他向俄国旧都进军，不过如同利剑划过水面，引起小小涟漪。[③]倘若他以从前那样的认真态度研究这个敌对国家的本性，就绝不会在这一年冒险越过斯摩棱斯克。但是，他的才智已淹没在征服世界的野心之中，不

[①] 加登，《条约集》，第13卷，第452页；第14卷，第17—19页。
[②] 卡思卡特的著作，第41页；另见拜尔厄姆·马丁《公文集》（第2卷，第311页）中沙皇的书信。这个事实说明，俄国人在1807年对英国夺取丹麦舰队一事揪住不放，称其"贪婪且背信弃义"，只是虚张声势而已。
[③] 例如，罗斯托普钦的农奴们不愿受法国人统治，全体从莫斯科附近的村庄迁走。（威尔逊，《法国入侵俄国记事》，第179页）

再能准确地判断事实，而是按照自己的设想去重塑它们，这是灾难的预兆。

拿破仑长期以来对人和事操控自如，想当然地觉得自己永远不会出错。在这段时间里，这种恶习正在他身上迅速强化，甚至在一些琐事上也表现得非常明显。梅特涅伯爵夫人曾叙述过，1810年初，拿破仑坚持说考尼茨是她的兄弟，尽管她反复表示愧不敢当，他也绝不改口；更早之前，马尔蒙注意到皇帝对某个兵团人数的估计出现错误，任你如何纠正也不为所动，总是重复最初的数字，这令他又好笑又气恼。在更重要的事项上，这种怪癖也同样明显。他总是死守成见，不管对英国、普鲁士或奥地利多么不公平、负担多重，也不肯有所改变，这也是与这些国家开战的根本原因。现在，无数的胜利已将这种缺陷深深地刻在他的心里，使他在莫斯科待了五个星期，以为俄国已在重击之下难逃一死，他在蒂尔西特认识的那位头脑简单的沙皇将再一次屈膝投降。这纯属盲目乐观。"我现在已经了解这个人了，"沙皇说道，"天无二日，我和拿破仑不可能一同统治欧洲。"虔诚的宗教信仰和人民的英雄主义精神令亚历山大振奋，他无声地反抗着莫斯科的胜利者，斥责库图佐夫接待法国特使。

10月18日，俄军终于利刃出鞘，在莫斯科以南大约40英里的地方奇袭了缪拉的部队，使法军损失了3000人。不过，在一两天前，拿破仑已经意识到和平的希望破灭了，决心撤退。如果不撤退，就只能留在莫斯科过冬，他从法军的情况和西班牙局势判断出，这将是危险的做法。因此，他通知马雷，大军团将转移到第聂伯河和德维纳河之间的冬季营地。①

从拿破仑的信件中看不出他预见到这次撤退将成为一场惨败。

---

① 10月16日的信件；另见他未写明日期的便条（《书信集》，19237号）。博塞和许多其他人都认为，最好的计划是在莫斯科过冬。他还说，皇帝在莫斯科时最喜欢的书是伏尔泰的《查理十二传》。

在此之前，俄国的气候"就像9月的枫丹白露一样好"，他打算从尚未遭战争重创的南线撤退。19日，他率领115000名将士启程，对自己轻松抵达友好的立陶宛，并于"严冬来临之前"进入冬季营地充满信心。在小雅罗斯拉韦茨以南，他的元帅发现俄军严阵以待，任何进一步的攻击看起来都是愚蠢之举，这时他才突然看到了残酷的事实。欧仁的兵团在城内和周边的一场激战中损失惨重，贝尔蒂埃、缪拉和贝西埃都反对再次进攻。皇帝盯着地图，默默地坐了一个半小时。现在，唯一谨慎的路线是向北撤退，然后向西取道博罗季诺，也就是他进攻时走的那条破败的路线。① 于是，法军仓皇转向博罗季诺，艰苦地跋涉而去（10月26日）：

"（拉博姆说）到处都可以看到因为缺乏马匹而丢弃的车辆。那些带着莫斯科抢掠所得赃物的人为身上的财物而惶惶不安；但最令我们担忧的是目睹骑兵的悲惨状态。不久之前曾栖身过的村庄，如今已夷为平地，在燃烧的灰烬之下，是成百上千具士兵与农民的尸体……最可怕的是博罗季诺战场，我们在那里看到，四万名战死沙场的将士仍未入殓。"

库图佐夫暂时还不打算袭击这支饱受重创的军队；但早在11月，俄国骑兵就开始骚扰法军的行军路线，在维亚济马，法国人好不容易才抵挡住聚集起来的俄军，假如库图佐夫帮助他的手下，可能已经消灭了粮草不济的对手。

迄今为止，天气都异乎寻常地温暖晴朗，以至于迷信的农民将这看成是老天帮助拿破仑的预兆。但是，11月6日，冬季的第一场暴风雪终于落在了这支凌乱不堪的队伍头上，让他们彻底地陷入苦难之中。虚弱的士兵们听到寒风咆哮，如同死神的丧钟；人与人之间微不

---

① 勒热纳，《回忆录》，第2卷，第6章。恰巧，库图佐夫也已决定在拿破仑进攻的时候撤退。这可能是拿破仑仅有的一次因为过分谨慎而犯错。弗藏萨克（Fezensac）在莫斯科注意到，他不愿意看到或者听到真相。

足道的争斗，已完全淹没在与风神的可怕抗争之中。漫天大雪遮盖了山川，随波逐流的法军纵队常常迷失方向，成千上万的士兵以死解脱了苦难。除了老近卫军之外，整支军队已毫无秩序可言，各营纷纷瓦解，成为一群群的劫掠者。

即便严寒稍减，寻找食物和燃料也让人几乎发疯。帝国卫队中士布戈涅的行为或许可以说明，一个天性坚忍不拔的人是如何在尸横遍野中挣扎求生的："如果我能遇到任何一个带着条面包的人，我会要他给我一半——不，我会杀了他，把整条面包都夺过来。"他是这么想的，也是这么做的：在森林里觅食时，他看到一位勤务兵正悄悄地为将军煮土豆，便将这一整锅尚未煮熟的土豆抢走，狼吞虎咽地吃去大半，然后回到战友身边，告诉他们自己什么也没找到。他靠近战友们燃起的火堆，在雪中挖出一个睡觉的位置，铺上熊皮大衣，紧紧抱着此时最为珍贵的背包入眠，其他人却因为饥饿而痛苦呻吟。不过，从他叙述的情况来看，他并不是生性残酷无情的人，饥寒交迫之下，人往往堕落为狼一般的野兽。法国人能得到的最好食物就是马肉，每当有马倒下，饥饿的士兵们就会蜂拥而来，与成群出没在行军路线上的狗或狼争食。①

这时，斯摩棱斯克是每个人最向往的地方；满怀对休整和食物的期望，大军蹒跚西行，就像他们在夏季的酷热中，向着东方的目标莫斯科进发的时候一样。然而，斯摩棱斯克的希望只不过是个令人痛苦的海市蜃楼。残垣断壁不足以遮风挡雨，所剩的物资也已被先头部队

---

① 拿破仑和大部分法国历史学家都反复表示，这场战役的失败主要是冬季过早到来，且特别严酷。这种说法是经不起推敲的。在北纬 55 度的俄国国境内，严寒通常在 11 月 6 日之前便已袭来；在 12 月初之前，他所经受的不过是交替出现的融雪和较轻的霜冻，而在那之后的严寒是在意料之中的。而且，法军的大部分损失都发生在第一次暴风雪前。向斯摩棱斯克和莫斯科进军时，大军团的兵力估计达到 40 万人（包括增援部队）。在维亚济马，严寒尚未来临，法军人数就已减少到 55000 人。阿利松曾提到一件怪事：法国士兵比波兰人和北德意志人更耐寒。另见 N. 西尼尔（Senior）的《谈话集》，第 1 卷，第 239 页。

消耗殆尽；令欧仁手下意大利士兵骇然的是，士兵们从那幻想中的丰饶之地里蜂拥而出，扑向第聂伯河湿滑河岸上注定要跌倒死去的一匹匹战马。拿破仑和他的参谋犯下了令人难以置信的愚蠢错误，竟然没有提供任何有助马蹄铁防滑的手段。哥萨克骑兵知道此事后向威尔逊高喊道："上帝让拿破仑忘了这里也有冬天。"

大军团的灾难接踵而至。在斯摩棱斯克停留期间（11月9日—14日），拿破仑听说维克托的部队在德维纳河上被俄军打得大败，有理由担心俄国乌克兰方面军切断法军归路。法军主力在斯摩棱斯克歇脚，也使库图佐夫有时间追上来，只要他按照正常的速度行军，将一贯的好斗精神发挥哪怕十分之一，大军团及其统帅恐怕就要成为他的阶下囚了。可是事实上，他在克拉斯诺耶对法军断后部队的攻击软弱无力，反倒给了奈伊表现其毫不退缩勇气的机会。这位"勇者中的勇者"从如同阴云般压来的哥萨克骑兵中杀出一条血路，渡过第聂伯河，与主力部队会合，只是损失了所有大炮。拿破仑听说这位兰斯洛特式的帝国骑士逃脱，大为宽慰。他命令如果有好消息，就在合适的间隔里鸣响大炮报信，听到远处的轰鸣声，他向手下军官喊道："我在杜伊勒里宫的地窖里藏了4亿多法郎，我很乐意将它们全拿出来，换回我忠诚的战友。"[1]

别列津纳河的情况远比这里更危险。俄军南路部队已在鲍里索夫夺取了关乎拿破仑安危的桥梁，乌迪诺全力死战，仍无法夺回，只能看着俄军在他眼皮底下将桥焚毁。11月24日，拿破仑在博布尔听到了这一消息，十分震惊，因为平素过分自负的他已将第聂伯河两岸的浮桥摧毁，现在已没有任何办法渡河，别列津纳河算不上是一条大河，但眼下洪水暴涨，河面上的冰层也已化了一半。不过，法军尚没有到山穷水尽的地步。科比诺将军从一些农民那里得知，

---

[1] 博塞，《拿破仑的宫廷》；威尔逊，《法国入侵俄国记事》，第271—277页。

从距离鲍里索夫三里格的上游可以涉过这条河,他将这一消息带给乌迪诺,后者于是准备在那里渡河。拿破仑于26日抵达,批准了这项计划,并兴高采烈地对他的元帅说:"很好,你将是我的锁匠,为我打开那条通道。"①

为了欺骗对手,法国皇帝派出一两个团带着长长的随军人员队列南行,看上去如同一个军团。这一诡计与奥地利军队最近在明斯克方向的示威行动相互呼应,使俄军统帅以为拿破仑打算与奥军会合。②当俄军在别列津纳河南段巡逻时,法军工兵却在上游深及颈部的河水里搭建两座轻便的桥梁,他们的工作既艰辛又英勇,大部分人因此献出生命,但桥还是很快搭建完成,11月26日夜幕将要降临之时,乌迪诺的7000名士兵在归途上占据了一个牢固的立脚点。不过,俄军巡逻队发现了他们,当次日拿破仑和其他部队艰难地抵达河对岸时,敌军追了上来,擒获了法军整整一个师,并在接下来的一天里发起猛攻,力图将侵略者赶进河里。维克托率领断后部队顽强地顶住了俄军的攻势,但俄国德维纳河方面军一度取得优势,用大炮猛轰这两座桥梁和周围的道路。

成群结队、惊慌失措的伤兵和掉队者、妇女以及随行人员争先恐后地渡河,脆弱的桥板上死亡枕藉,生者则乱作一团。更可怕的是,有一座桥被大炮的重量压垮了。人们更疯狂地赶往剩下的那一座桥,日暮之时,河边的景象难以名状。身体健壮又会游泳的人跳进急流之中,却在浮冰和刺骨的寒冷中毙命。29日黎明时分,法军断后部队烧毁桥梁以掩护撤退。此时从远处的对岸传来了惊恐的哀号,许多人或因绝望,或因厌世,投身于河水或烈火之中,了却他们的苦难。

这就是渡过别列津纳河的情况。冬季的洪水退去后,这条致命河道上露出了12000具尸体,让人们又一次想起那恐怖、惨痛的情景。

---

① 乌迪诺,《回忆录》。
② 赫里福德·乔治,《拿破仑对俄国的入侵》,第349—350页。

看起来，如果拿破仑或者他的幕僚在27日夜间到28日凌晨尽快让随军人员渡河，那些可怕的场景也就不会发生了，因为那个晚上，两座桥梁完全没有使用过。简直无法想象比这更严重的疏忽了，然而，即便在犯下如此弥天大错之后，法军士兵对统帅的忠诚仍令人动容。当他在别列津纳河以西简陋的露营地忍受寒冷时，军官们四处为他寻找干柴生火；士兵们尽管冻得瑟瑟发抖，仍然交出宝贵的柴火："拿去给陛下吧。"[1]

当天，拿破仑写信给马雷说，他将离开大军，赶回巴黎。如果想要保住他的皇冠，在巴黎出现是必要的。11月6日第一场暴雪降临时，他听说法国共和派人士马莱将军发动了一场堂吉诃德式的政变，企图推翻巴黎政府。此人率领少数追随者，假造拿破仑在俄国被俘的报告，逮捕了多名官员，但因计划过于愚蠢，终于还是失败了。[2]听到这条异乎寻常的消息，皇帝叫道："要是我们待在莫斯科，现在会怎么样！"令他气恼的是，他手下的一些将军只是耸耸肩膀，什么也没说。渡过别列津纳河后，他可能希望最糟糕的情况已经过去，维尔纳和科夫诺的物资足够他的残部使用。天气暂时没有那么冷了。事实上，普鲁士人和奥地利人的行为比组织撤退更重要。除非这些国家遵守承诺，否则一个法国人都别想渡过易北河。

12月5日在斯莫尔贡，拿破仑通知他的元帅们，他将离开部队去征募30万士兵；将指挥权交给缪拉后，他匆匆离去。他最关心的，是避免这场惨败很快广为人知。"将维尔纳的所有陌生人赶走，"他写信给马雷，"军队目前的样子不太好看。"这种谨慎是非常有必要的。严寒再次袭来，这一次看来永无止境。维尔纳不是个好的避难所，物资很快就被抢掠一空，由于哥萨克骑兵步步逼近，缪拉和大军团残部慌忙拔营撤退。在日益加剧的悲惨境地中，他们苦苦挣扎，曾豪情万

---

[1] 布戈涅的著作，第8章。
[2] 帕基耶，《回忆录》，第2卷卷首。

丈地渡过尼曼河、誓言征服俄国的60万大军，到12月中旬，只剩下饥寒交迫、丢盔弃甲的2万人，如同幽灵般蹒跚走过科夫诺的桥梁。奥地利和普鲁士提供的辅助部队毫发未损，安然撤退。而这支大军剩余的部分，不是在俄国战俘营里忍受折磨，就是长眠于大自然赐予的白雪之下。①

---

① 随军撤退的德普雷上校曾向约瑟夫国王描述了最后的情景："最真实的说法就是，这支军队完了。青年近卫军离开莫斯科的时候有8000人，到维尔纳几乎不到400人了……维克托和乌迪诺两军渡过别列津纳河时有3万人，两天以后，他们和其他部队一样化为乌有。派来增援只能增加损失。"
下面是我在英国外交部档案（俄国部分，第84号）中找到的法国官方报告，从中可以看出斯摩棱斯克之后的损失有多可怕。但应该注意的是，这个团在斯摩棱斯克时只有300人，也就是说，损失了一大半，而这还是帝国卫队的一个团。
帝国卫队：第6轻步兵团
第1师　　　1812年12月19日的情况

从斯摩棱斯克出发时的人数		从斯摩棱斯克出发后的损失									
^^		阵亡		因伤被俘		冻饿而死		因受冻或患病被俘		损失总数		现有人数	
官	兵	官	兵	官	兵	官	兵	官	兵	官	兵
31	300	—	13	4	52	—	24	13	201	17	290	14	10

签名：少校团长 卡雷
其他各团情况大致相当。

第33章　第一次萨克森战役

尽管损失了有史以来最杰出的军队，拿破仑统治德意志、对俄国发号施令的决心并未减少。撤退途中，他在华沙通知德普拉特，崇高与可笑只有一步之遥，指的就是向莫斯科进军变成了败退。在德累斯顿，他号召奥地利和普鲁士这两个盟国击退俄军；而在巴黎，他耗尽心力，呼吁法兰西帝国的青年拿起武器。这一号召立刻得到了响应，当东普鲁士传来不祥的消息时，他刚一跺脚，元老院就承诺征召35万名新兵（1月10日）。

事实上，他的天才迷惑了整个法国。他的宏伟目标、战无不胜的过人精力以及欧洲霸主的魅力，唤起了法国和意大利人民的全部才能，促使他们参与到狂热的活动中。他凭借本能了解两国人民心性中一切微妙之处，并以自己的天才控制他们，就像手里拿着万能钥匙一样。俄国战役惨败引发的震惊只不过是强烈地表明，他的统治有多么彻底，而4300万臣民对他的信任是不容置疑的。

然而，他们的耐心本应已被消磨殆尽。出于军事上的需要，拿破仑早就征召比法定年龄小一岁的青年入伍，可是莫斯科战役如同强大的漩涡，又吞噬了15万名20岁以下的小伙子。在法兰西帝国的荷兰和德意志行省，逃避抓丁的人数众多。实际上，帝国全境中"不服征召者"有4万人之众。他们当中的许多人徘徊于布列塔尼和旺代地区的丛林里，直到被政府派出的机动纵队清扫到兵营之中。

但几乎在整个法国（本土），拿破仑的名字仍然是一道威力不减的符咒，吸引着凯尔特人的两种最为强烈的本能——对土地的眷恋和对英雄事业的热情。因此，农民们温顺地将儿子送去当"炮灰"，正如雪地里垂死的士兵不曾指责过自身悲惨遭遇的始作俑者。法国的官员和议员们同样表现出谄媚的态度，他们在皇帝面前俯首躬身，听他责骂自己在马莱事件中的软弱，并颇为惊讶地聆听他对共和主义理想的谴责——在我们美丽的法国，一切灾祸都归咎于这种阴暗的玄学。每个人心中肯定都有不同的意见，却没有一个人敢于出言反驳。[1]

不过，他的解释与呼吁并不能让每个法国人满意。许多人对国家实力极度消耗感到惊骇。他们私下质疑：即便拿破仑将公共资产划归国有，又怎能弥补1812年的赤字和1813年的进一步开支呢？他们指出，法国的盟国要么毁灭，要么丧失了：在西班牙，约瑟夫的统治因为萨拉曼卡之战的冲击而摇摇欲坠；波兰正在遭到俄军铁蹄的践踏；意大利因为失去最勇敢的儿子而一片凄凉；而奥地利和普鲁士君主生性胆小，宫廷上下也都各怀鬼胎，仅凭这一点，两国人民也不可能真心支持与可恨的法国结盟。这些人断言，只有改革制度，才能缓和全欧洲对法国的敌意，避免更庞大的反法同盟形成。如果拿破仑能停止强迫欧洲大陆接受他的商战手法；如果他以不伤害尊严的条件与俄国媾和——该国首席大臣罗曼佐夫已准备与之会谈；如果他能从普鲁士要塞撤出守备部队，安抚奥地利那脆弱的感情——也许形势会向可靠、有尊严的和平发展。

对一切谨慎的建议，拿破仑都置若罔闻。从他的天性以及与几位国王交往的经验出发，他都不可能在任何重要问题上让步。他决心继续这场从塔霍河到维斯瓦河的战争，支撑约瑟夫在西班牙的统治，让他的守备部队牢牢扎根于东至但泽的每个要塞中。他说，俄

---

[1] 《书信集》，1812年12月20日。在枫丹白露与被软禁的庇护七世签订的所谓1813年《政教协约》，见于《书信集》，1813年1月25日。教皇一有机会就否认这个协约。拿破仑希望他定居阿维尼翁，成为帝国的顺民。

国和普鲁士比法国更需要和平。如果他放弃一些城镇，两国就会要求他放弃几个王国，而绝不让步却能威吓它们。如果这些国家组成同盟，他们的力量也将分散到广阔的地域中；当敌人得不到气候的帮助时，他就可以轻松地对付它们的军队；只要一场胜仗，就能破坏这个蹩脚的同盟。①

事实上，如果不考虑西班牙局势，从许多方面看，拿破仑面对的军事局势还是令人安心的。英国的实力因为美国对其宣战而削弱；他在中欧仍然处于统治地位。他占据着几乎所有普鲁士要塞，尽管失去了一支大军，但是这一损失很大程度上分摊到了波兰、德意志、意大利和另一些更小的民族上。许多法军精锐以及他麾下最有才干的将军都保存了下来。因此，他可以重组帝国卫队，军队中的智囊也完好无损。从战争中可以看出，俄国人当中没有任何军事天才；过去与"古老的联盟机器"交锋的一切经验都使他坚信，这些国家如同生锈的齿轮，即便英国的资金为其注入机油，也只能摇摇晃晃地缓慢运行，一遇到较大的负担就会崩溃。马伦戈、奥斯特里茨和弗里德兰都是如此，为何历史不会再重演呢？

拿破仑全凭过去的经验来指导行动，可是中欧正在发生一些预示新时代来临的事件。12月30日，普鲁士的约克将军（此前在库尔兰归属麦克唐纳指挥的普鲁士兵团统帅）与俄国人达成了《陶罗根公约》，公约规定他的部队应该占据梅默尔和蒂尔西特一带，将其划为中立区，直到腓特烈·威廉做出决定。严格来说，这一公约严重违反国际法，是背叛拿破仑的行为。普鲁士国王最初也是这么看的，但对他的臣民来说，这似乎是高尚的爱国行为。为了拿破仑的利益继续与俄国交战，无异于政治自杀。

---

① 莫利安，《回忆录》，第 2 卷卷末。拿破仑曾提出了模糊的建议，想要放宽《蒂尔西特条约》对普鲁士的严苛规定，只要它肯为自己而战，就允许它在政治上存在。参见哈登贝格，《回忆录》，第 4 卷，第 350 页。

不过，腓特烈·威廉还是等待了数周，静观局势的发展；事态决定了他还要继续作战，但对手不是俄国，而是法国。普鲁士首相哈登贝格竭力蒙蔽在柏林的法国人，悄悄地与狂热的德意志爱国者联手。正式公开指责约克之后，他又秘密派遣蒂尔少校去加以安抚。不仅如此，为了将国王从仍统治柏林的法国势力手中救出来，他说服国王假借为拿破仑招募另一支部队的理由，前往布雷斯劳。这一妙计大获成功，骗过了法国大使圣马桑，甚至骗过了拿破仑本人。法国皇帝已经形成习惯，理所当然地认为一切都按照他的命令进行，因此认定腓特烈·威廉确实是按照自己的要求，去招募3万人的部队，他对哈茨费尔德亲王说道（1月29日）："你们的国王要去布雷斯劳，我想这很及时。"尽管听说了约克与俄国人达成公约的消息，拿破仑仍然是这样想的。他认为这件事是"所能发生的最糟糕的事情"。可是，无论是这个公约，还是普鲁士爱国主义情绪的骚动，都没能揭下蒙在他眼睛上的黑纱，他仍然坚信普鲁士听命于它的国王，而国王会服从他的意志。2月3日，他写信给马雷，抱怨2000名普鲁士骑兵进驻西里西亚城镇，"仿佛他们害怕我们，而不是帮助我们并保护他们的国家"。

一离开柏林，腓特烈·威廉就发现自己已被推进了不可阻挡的民族主义洪流之中。从内心来讲，他的爱国情绪一点都不亚于最热忱的大学生，但他远比这些人更了解与法兰西帝国开战的巨大风险。他的小王国只有470万人口，掌握在自己手中的要塞不过五六个，这块土地无论在战争还是和平年代，都饱受拿破仑军队的蹂躏，商业和信贷都只剩下模糊的记忆——这样的国家不可能反抗一个人口十倍于己、实力更在十倍以上的帝国。确实，俄军正以朋友之名涌入，但蒂尔西特的惨痛记忆使他不敢对亚历山大有半点信任。而且，即便经历这一年熔炉般的考验，他的天性中已不再有沉渣泛起，可他的军队在恐怖的冬季战役中消耗极大，更因拿破仑残部溃逃时散布的疫病而进一步削弱，就算有普鲁士年轻新兵的支持，又有什么希望与拿破仑和奥地利的联军抗衡呢？

就眼下而言，维也纳宫廷似乎打算继续与法国结盟。梅特涅大权独揽，在他的政治制度中，基本原则就是有所戒备地效忠于拿破仑，从中谋取利益。弗朗茨皇帝和他都不喜欢法国皇帝；但他们都将拿破仑视为秩序的支柱，视为一道屏障，希望借其抵御法国的雅各宾主义，普鲁士狂热分子鼓吹的极具威胁的泛德意志主义，以及俄国在土耳其和波兰的扩张行为。他们最为担心的，首先是俄土和约使俄国在多瑙河北口扎稳脚跟，更可怕的是俄国之鹰扑向华沙和波森。直到最近，他们仍然盼望着从土耳其那里有所斩获，以补偿提洛尔和伊利里亚的损失，现在这还有希望吗？如何从俄国手中挽救任何一块波兰领土？从目前看，俄国比拿破仑更令人担心。它的势力似乎是对哈布斯堡王朝保持微妙平衡政策的更大威胁。

要消除这些担忧和猜忌，绝非一日之功。英国公使沃波尔勋爵秘密前往维也纳，提出了诱人的承诺，凭借三寸不烂之舌，终于缓和了奥地利人的忧虑，使他们再一次着眼于失去的提洛尔、伊利里亚和威尼西亚等行省。不过，沃波尔的这些提议还没有得到什么成果，当法国人发现他在维也纳时，梅特涅请求他离开。[①]

于是，奥地利暂时采取中立态度。它与俄国达成停火协定，并派一名特使到巴黎向法方解释：弗朗茨皇帝渴望作为调停人，促成全面和平。对奥地利政策的最新研究表明，奥地利皇帝希望达成各方都不失尊严的和平，梅特涅也持相同的观点。可是，在谈判初期，拿破仑多次表现出对岳父诚意的怀疑，奥地利也逐渐改变了态度。这种变化对拿破仑是一场灾难。但是，这个问题是拿破仑的固执、梅特涅的背

---

① 沃波尔报告（1812年12月19日和22日），梅特涅对俄国人成功占据多瑙河左岸十分羡慕。沃波尔说，他认为亚历山大将就此给予奥地利补偿，但梅特涅似乎完全倒向波拿巴（外交部档案，俄国部分，第84号）。另见卢克瓦尔德（Luckwaldt）《奥地利与解放战争的开端》（Oesterreich und die Anfange des Befreiungskrieges，柏林，1898年版）基于文献证据的完整叙述。

信弃义引起的，还是形势所迫，我们暂且按下不表，先来看几个同样重要且更加有趣的事件。

就在奥地利忙于平衡关系，腓特烈·威廉进行谈判的时候，北德意志中更为强硬的分子闯入了曾被视为圣地的外交与国策领域。流亡国外的施泰因准备与拿破仑做斗争，而战争却是一位教授首先挑起的。

促使沙皇为解放普鲁士和欧洲而发动战争的因素多种多样，其中坚定的德意志爱国者施泰因在1812年下半年对俄国宫廷的影响不可谓小。即便在普鲁士深受屈辱的黑暗时期，他的英雄气概也从未消减；此时，他令人信服地指出，号召德意志人民起而反抗，是推翻拿破仑的唯一可靠手段。如果继续在华沙消极防御，只会招来1813年法国人的再次入侵。为了俄国的安全，必须将法军赶到易北河对岸，并团结德意志人对抗他们所憎恨的那个人。这一呼吁切中要害，既唤醒了亚历山大埋葬在蒂尔西特的渴望——解放欧洲，也与沙皇野心勃勃的治国方略相符。只有推翻拿破仑在德意志的霸主地位，沙皇才能腾出手来，为波兰问题找到一个持久的解决方案。这也使1807年转而向东的政策走到了终点，不过，在此之前，俄国已向博斯普鲁斯海峡又迈出了一步。这个巨人的一只脚已在多瑙河站稳脚跟，现在准备用另一只脚跨越中欧了。叶卡捷琳娜二世于1792年定下的目标终于要实现了。当欧洲与革命后的法国相搏之时，俄国紧紧抓住了波兰。无怪乎1月13日，亚历山大谈到了"一片光明的当前局势"，决定继续前进。对于亲法派罗曼佐夫的建议，以及憎恨德意志人的库图佐夫提出的警告，他都不屑一顾；1月18日，他授权施泰因暂时以他的名义管理俄国军队即将占领的普鲁士（本土）各地区。

只有在绝对必要的情况下，而且取得了成功，这种非常规做法才可能得到原谅。事实证明，此举不仅得到了原谅，还获得了巨大成功。四天以后，施泰因抵达柯尼斯堡，爱国主义诗人阿恩特与之同行。他们召开了东普鲁士和西普鲁士的等级会议（即省议会），代表们热烈投票，赞成组建地方防卫军（即民兵），以及作为最后一道防线的战时后备军。这一举措在普鲁士历史上堪称独一无二，几乎是在无视王权的情况下实施的；实际上，这源于施泰因的坚定意志，他已看出，民众当中蕴含着巨大的推动力，只要有这种力量，就能克服国王和官员们的惰性。而这种推动力，正是他利用亚历山大给予的权力唤醒的。柯尼斯堡掀起的浪潮不断聚集力量，在南方的威灵顿有力支持之下，最终在巴黎推翻了拿破仑。

一位富有远见的思想家发表的言论也促进了这位流亡者的行动。可敬的布雷斯劳大学教授斯特芬斯一直冥思苦想，希望找到帮助这个国家的方法。腓特烈·威廉的到来点燃了为国家效忠的热情，也令这位为人谦逊迂腐的统治者大为困惑。但他迄今为止的反应，就是让哈登贝格发出号召（2月3日），要求志愿者"加强原有国防军的力量"。这一号召模棱两可，并没有说明应征者将对抗名义上的敌人俄国，还是真正的敌人拿破仑。像所有优秀的爱国者一样，斯特芬斯思忖着这个重大问题，夜深人静之时，他听到良心之声宣告："你必须向拿破仑宣战。"次日早上，他所教授的物理课听者寥寥，他告诉学生们，他将在11时就征召志愿兵一事发表演讲。这下吸引了很多听众，面对人山人海中那一张张急切的面孔，斯特芬斯讲出了萦绕在每个人脑海里的想法——与拿破仑开战的热望。他表示，自己愿意应征入伍，布雷斯劳大学的200名学生和柏林大学的258名学生很快拥到了军旗之下，而且，这些人主要来自过去厌恶军队的班级。德意志人的思想现在已转向民族独立、反对帝国无度扩张，这要归功于费希特的教诲，以及逆境下更为深刻的教训。

心之所向，身之所往，然而仍有几分踌躇。事实上，国王和他的官员们处境艰难。他们不信任俄国人，后者看起来主要是急于迫使腓特烈·威廉加入对法战争，而将边境问题放到日后解决。但东部边境问题对普鲁士生死攸关,如果亚历山大占有整个庞大的华沙公国,霍亨索伦诸邦的东面将受到威胁,其严重程度与法国在西面马格德堡的威胁相若。而且,沙皇似乎决心要占据整个波兰。他告诉普鲁士特使克内泽贝克,向腓特烈·威廉移交整个萨克森的同时,俄国必须保留所有波兰领土,这一决定几乎将使俄国军旗插到奥得河两岸。更有甚者,克内泽贝克还从俄国官员中发现了占据维斯瓦河下游以东整块普鲁士领土的强烈欲望,只是尚未完全表现出来而已。

就腓特烈·威廉而言,他怀抱着很大的希望。他知道俄军饱受补给不济和疫病之苦,在波兰边境集结的有生力量仅有4万人,急需普鲁士的帮助。因此,他声称如果自己与俄国一起对抗拿破仑,就必须收复以前的整个普属波兰,《蒂尔西特条约》中割让的比亚韦斯托克地区除外。①看起来,波兰问题将再一次对欧洲各国的协调行动造成破坏,自瓦尔米战役以来,这种影响已削弱了中欧诸国的力量。假如拿破仑此时向布雷斯劳派出像萨瓦里那样狡猾的阴谋家,利用两国之间的不和,也许已给它们造成了致命的后果。但拿破仑此时却将帝国的命运寄托在皮埃蒙特贵族圣马桑的身上,此人异常轻信,认为普鲁士甘愿屈服。他接受了哈登贝格的所有解释(包括对斯特芬斯敷衍了事的官方指责),对俄国的外交手段也几乎没有任何反制措施。这样一来,沙皇就可以畅通无阻地直指腓特烈·威廉的内心,他也确实这么做了。克内泽贝克的意见被撇在一边,亚历山大满足了普鲁士的部分要求,在2月27日于卡利什签订的条约中承诺,普鲁士将保留目前的全部领土,并保证能得到"从统计学、财政和地理意义上"与1806年以来失去的领土相当的土地,外加一块将普鲁士本土与西里西亚省连接起来的领土。②

---

① 哈登贝格,《回忆录》,第4卷,第366页。
② 翁肯,《奥地利和普鲁士》,第2卷;加登,《条约集》,第14卷,第167页;希利,《施泰因》,第2卷,第3章。

几乎可以肯定的是,施泰因对亚历山大施加了很大的影响,才使他做出了这一最后的妥协,将容易激化矛盾的东部边界问题推后解决,并使两个大国将所有精力放到了欧洲解放战争之上。施泰因奉命前往布雷斯劳进见腓特烈·威廉,但国王不肯屈尊见他。这位最伟大的德意志爱国者饱受高烧之苦,病卧于这座城市的一个阁楼之上,可是他熬过了疾病的折磨和官方的慢待,正如他战胜了斯拉夫人的阴谋诡计;他也有着许多能人手中那些可以慰藉痛苦的灵丹妙药——他知道,即便受到轻慢,他的计划也会得以实施,并取得意义深远的成果。

俄普结盟得到了英国驻俄大使卡思卡特勋爵的坚定支持,他于2月2日抵达沙皇的大本营。目前,英国还没有明确加入同盟,但关于汉诺威问题的会谈很快证明,逆境会使人产生智慧,过去正是这个问题导致英国与普鲁士反目。霍亨索伦王室现在放弃了对汉诺威的所有主张,不过,对英国摄政王提出的这个选帝侯国应该得到更多领土的要求,他们表示了反感。

这样,拿破仑认为肯定能像过去那样阻挡反法同盟脚步的两个问题已得到解决,欧洲建立有史以来最坚固盟约的道路也扫清了。3月17日,俄国和普鲁士于布雷斯劳达成一个公约,两国同意从法国手中解放德意志,瓦解莱茵邦联,并号召德意志王公和人民提供帮助;拒绝要求的所有王公都将失去名下的邦国;公约还对盟国将要占领的土地的临时管理做出了安排。腓特烈·威廉也向他的人民和军队发出呼吁,并设立了人们渴望的荣誉——铁十字勋章。

不过,这时候已经不需要呼吁和荣誉了。人们急切地拿起武器,其踊跃程度堪比1793年集体应征入伍的法国人。不管是贵族和学生,教授和农民,还是诗人和商人,都扛起了步枪。家庭主妇和少女们拿出为数不多的积蓄或者视若珍宝的小饰物,奉献给祖国。有一件事特别值得一提。一位名叫南妮的姑娘,她身上唯一的财富就是漂亮的卷发,于是她将头发剪了下来,卖了两个泰勒,献给这项神圣的事业。整个德意志激荡着一股崇高的力量,志愿者们从远处赶来,其中许多人加入了吕措率领的非正规骑兵部队,和他一起进行了疯狂的冒险。最为引人注目的是天赋异禀的年轻诗人科尔纳,这位出生于萨克森的青年放弃了维也纳无忧无虑的生活,以及作为诗人的大好前途,追随普鲁士的鹰旗。"伟大的时代需要伟大的心灵,"他在给父亲的信中写道,"当我感受到内心的勇气和力量,可以与真实生活舞台上的演员们为伍时,又怎能去写那些不疼不痒的轻歌舞剧呢?"可叹的是,他的一生太短暂,太不幸了。在佩剑上写下一首颂歌之后不久,他就在汉堡附近的一场小规模战斗中倒下了。

德意志为科尔纳的逝去而痛惜,但更令它悲哀的是,最伟大的诗人歌德竟完全感受不到民族热情的悸动。这位不问世事的大文豪过于沉迷高不可攀的理想,不肯将太多的同情心花在苦苦挣扎的凡夫俗子身上。"如果你们愿意,就使劲甩脱身上的锁链吧;那个人(拿破仑)对你们来说太强大了,你们是挣脱不了的。"这就是他在德累斯顿对老科尔纳说的话,毫无预见性。而触摸到人民脉搏的人,绝不会这样怀疑。"啊!那是崇高的时代,"阿恩特写道,"每个人的心中都唱响了对生活与光荣的鲜活希望;这歌声响彻了每一条街道;在每一座神坛上变得更加雄浑壮丽。"目睹德意志人从四面八方拥入西里西亚,为捍卫民族荣耀的普鲁士而战,唤醒了他对德意志统一的憧憬,以《德意志人的祖国在哪里?》这首歌的形式表达了出来。[①]

面对不断高涨的民族热情,拿破仑以忠诚的法国人为满足他的要求而投入的资源相抗衡。这股力量大得惊人。损失了50万官兵后不到半年,帝国的鹰旗下就集结了一支人数几乎相等的新军。3万名久经考验的士兵从西班牙调来,也大大减轻了威灵顿的压力。意大利和帝国驻防的城镇也提供了大量兵员。但是,大部分士兵都

---

① 阿恩特,《漫游》(*Wanderungen*);斯特芬斯,《我的经历》(*Was ich erlebte*)。

很年轻，没有受过训练，有人评论道，出生于恐怖时期（1793—1794）的新兵不如此前征召的士兵那么能吃苦耐劳。这些新兵还是勇敢的，非常勇敢；法国皇帝也用尽一切手段，为他们注入自己那种不屈不挠的精神。其中一位新兵曾讲述过，拿破仑在授予他们军旗的时候，做了一番简短的演讲；最后，他从马镫上站起，伸出手向他们发问："'你们会不会誓死保护军旗？'我和战友们都能感受到，他激发了我们，让我们从内心深处发出这样的喊声：'是的，我发誓。'"这位皇帝确实能让小伙子们变成英雄，但他永远不可能弥补1812年的损失。在他的军火库里，有一千门火炮，但他没有那数千名训练有素的炮兵；他可以招兵买马，但没有许多个月的时间，就不可能训练出耶拿战役后如洪流般涌过普鲁士、在博罗季诺之战横扫大棱堡的那种所向披靡的骑兵部队。尽管如此，经历了看起来压倒一切的惨败之后，仅仅不到五个月，就组建了一支新军，即便在一个充满奇迹的年代，这种魄力也称得上是最异乎寻常的了。帕基耶说："想到在如此之短的时间里，就完成了征募、供应和装备这样一支军队所需的各种工作，调集了各类资源，即便是最有想象力的人都会感到困惑不解。"

就在法国皇帝沉浸于这项艰巨任务中之时，他听到了普鲁士加强战备、背叛法国的消息，他对此有些吃惊，但并不灰心。最初，他认为这只是一时的反复，坚定处置便可烟消云散。"尽可能长时间留在柏林，"他于3月5日写信给欧仁，"杀一儆百方能维持秩序。一旦有人敢于触犯权威，不管是来自乡村或是城镇，哪怕是柏林，都要将那里烧光。"欧仁的报告含糊其词，仍是他主要担忧的事情，他不得不从英国报纸上得到驻德意志部队的消息。3月14日，他再次写信给欧仁："不要忘记，普鲁士只有400万人口。即便在鼎盛时期，它也只有15万军队。现在，他们的军队不会超过4万人。"事实上，这一数字是《蒂尔西特条约》后他对普鲁士的限制，他并不知道，沙恩霍斯特将退役军人转入预备役的计划,能够在战场上投入三倍的兵力。[1]至于俄军,拿破仑写道,他们已因疾病而大量减员,而且必须拉长战线,以围攻维斯瓦河到易北河之间的许多要塞。确实,他向他的盟友巴伐利亚国王保证,让俄军继续推进是一个很好的策略:"他们推进得越远,就越有可能毁灭。"贝特朗已率6万部队从意大利进入巴伐利亚。[2]这些部队将和欧仁及达武的兵团一起,粉碎俄军各路部队。当反法同盟各国在萨克森忙碌之时,拿破仑提出集结一支大军,以哈茨山区为掩护,从哈弗尔贝格渡过易北河,长途奔袭以解斯德丁之围,并向困于但泽的大批法军部队伸出援手。

这是他的第一个计划,但被如同神兵天降的哥萨克骑兵和普鲁士的全面起义挫败了。奥热罗兵团被特滕博恩率领的哥萨克部队赶出柏林;随后,这位出生于汉堡、勇武过人的雇佣军人为解放家乡发起了冲锋。他一度取得了全胜,市民们反对法国高额关税的怒潮,使哥萨克和德意志爱国者在那里乃至整个汉诺威都取得了轻松的胜利。这一消息使拿破仑深为忧虑。这个汉萨大城市的丢失,给英国商品、资金和军队打开了一扇进入德意志的大门,必须不惜一切代价关上它;于是,对此时防守易北河中段方向的欧仁和洛里斯东大加斥责之后,他命令达武(3月18日)守住马格德堡到汉堡之间蜿蜒曲折的河道。这位处事果断的统帅率军推进,很快就改变了北德意志的事态。

离开巴黎去战场前不久,拿破仑接待了新任奥地利大使施瓦岑贝格亲王(4月9日)。大使以礼貌又不失风趣的话语,恭维皇帝在1812年打了个漂亮仗,实则隐藏着最深刻的讽刺。奥地利眼下提出的请求令人不安。它一方面表达了对拿破仑利益的最大关切,另一方面又更加急切地提出调停的建议。实际上,梅特涅此时的目标是让奥地利在

---

[1] 根据沙恩霍斯特的报告(英国外交部档案,俄国部分,第85号)。此时,普鲁士做好战斗准备的官兵只有61500人,但在波美拉尼亚和普鲁士本土还有28000和32000人的守备部队。
[2] 3月2日和11日的信件。

西面摆脱拿破仑的威胁，而在东面同时免遭俄国的挤压。奥地利必须确保欧洲的持续和平——"不仅像过去与拿破仑达成的条约那样，只是表面上的停战"——而是限制法国势力、"确立主要大国间力量平衡"的真正和平。① 这是奥地利调停的秘密目标。很显然，这种和平可以给该国带来许多好处。在扮演调停人的同时，它可以在随和平一起到来的领土重新分配中主张自己的权利。身为和平缔造者，它得到的回报肯定是有形、直接的。

拿破仑小心翼翼地答复大使。战争对他没有益处，那只会付出比莫斯科战役更多的鲜血。英国是达成任何解决方案的最大障碍。俄国看起来也想战斗到底；但如果沙皇想要和平，就应该由他而不是由法国采取主动："我不能采取主动，那就像我躲在堡垒中认输；应该由别人向我提出建议。"他还以引人注意的话语，表达了不接受任何不利条件的决心："如果我达成了有失尊严的和约，也就意味着我的垮台。我是个新派人物，必须更多地注意公众舆论，因为我需要舆论的支持。法国人想象力丰富，他们喜欢名誉与刺激，而且有些神经质。您知道波旁王朝倒台的主因吗？这可以追溯到罗斯巴赫战役。"施瓦岑贝格所能得到的，就是拿破仑渴望和平、召开欧洲议会的善意保证；他的出使除了增加双方的猜疑之外，没有多大成果。

实际上，拿破仑正在维也纳施展自己的计策。他派纳尔博纳伯爵带着特殊使命前往那里，具体任务从这位特使4月7日的"口头照会"上就可看出。照会要求奥地利在俄国和普鲁士公开挑起战争时派出10万名士兵帮助法国，这样做的回报是富庶的西里西亚省。至于普鲁士的其他地区，200万人口将划归萨克森，腓特烈·威廉将被赶到维斯瓦河下游以东，只剩下100万臣民。② 这就是令梅特涅目眩神迷的奖赏，但即便有收复腓特烈大帝夺走的这块土地的希望，梅特涅

---

① 梅特涅的《回忆录》，第1卷，第159页；卢克瓦尔德，《奥地利与解放战争的开端》，第6章。
② 照会全文参见卢克瓦尔德的著作附录4。

也不为所动。他判断在欧洲确立均势比在普鲁士获得微不足道的胜利更可取。对于普鲁士和俄国,他都曾秘密地提出,希望在拿破仑一意孤行时奥地利能得到它们的援助;现在,他仍然坚持这一行动方案。他不愿援助名义上的盟友拿破仑,的确是道德上的小小污点。不过,如果因为拿破仑执迷不悟而放弃他,只是对一个人的背信行为,这个人本来就没有什么权利对奥地利提出要求,何况他目前提出的要求既不道德,也带有很大的侮辱性。四天以后,梅特涅通知俄国和普鲁士,弗朗茨皇帝现在将推进他的武装斡旋工作。①

奥地利关于全面和平的建议在伦敦没有得到任何支持。该国特使韦森贝格伯爵得到的冷遇,与沃波尔年初在维也纳的遭遇如出一辙。4月9日,卡斯尔雷通知他,和平的一切希望都已破灭,因为"法国统治者"已向立法机关宣布,法国人的王朝统治西班牙,并将继续统治下去,他业已表明了可以为和平做出的全部牺牲。

"当他(拿破仑)继续宣称任何被蛮横地并入法兰西帝国的领土都不应该成为谈判的对象,奥地利皇帝陛下的善良意图就没有希望通过谈判实现。在皇帝陛下为和平奔走的努力也被接纳的情况下,法国统治者发表的挑衅性宣言是对他的莫大侮辱,陛下应该考虑的是,所有欧洲大国齐心协力,为共同利益和尊严而斗争的时刻是否已经来到?为了让他们的国家赢得应有的和平,他们必须再一次确立欧洲的平衡。"

最终,英国政府拒绝参加一场必然削弱和扰乱俄普两国各项努力的谈判。②

---

① 翁肯《奥地利和普鲁士》第2卷,第205页。另见梅特涅4月21日给涅谢尔罗迭的信件(《回忆录》英文版,第1卷,第405页):"我恳求您继续相信我。如果拿破仑愚蠢到挑起战争,我们就要努力避免失败——我觉得失败还是很有可能的。只要拿破仑吃一场败仗,整个德意志都会拿起武器。"
② 英国外交部档案,奥地利部分,第105号。正如翁肯一针见血地指出的那样,卡斯尔雷无疑知道,奥地利将提出建议,修改英国海商法,而这正是他拒绝考虑奥地利全面和平建议的原因之一。但从英国档案的调子来看,我相信他这么做的主要原因是,从他的经验来看,拿破仑非常难对付,而且他希望忠诚于英国的西班牙盟友。英国还曾承诺帮助瑞典和俄国。

拿破仑暂时还沉湎于以西里西亚为饵、引诱奥地利军队与自己和波尼亚托夫斯基的波兰军团并肩作战的希望之中。怀抱着这种希望，他于4月15日黎明之前离开巴黎，他的銮驾一路疾行，不到40个小时就来到了美因茨的城前。他在这座城市逗留了一周，触摸各路进攻部队的"脉搏"。这些"脉搏"都有力而迅速，唯一不好的征兆是萨克森拒绝将骑兵部队交给他指挥。不过，在这一周结束时，奥地利的态度令他担忧。很明显，它并没有吞下西里西亚这枚鱼饵，无法指望它的军队了。

他立即采取了预防措施。驻扎在意大利的部队做好了准备，多瑙河上游的要塞加强了防务，德意志诸侯们也密切监视着维也纳的政策。① 然后，他继续前往魏玛。4月29日，他骑上战马，以锐利的目光凝视着蜿蜒通过图林根山谷、开往莱比锡的队伍。一切预兆看起来都很乐观。士兵们激情四射，行军路线本身也鼓舞人心；老兵们用耶拿和奥尔施泰特战役的伟大传奇激励着年轻的新兵。

4月底的军事形势如下：欧仁·博阿尔内率领的大军团残部在默肯遭遇失败之后，已退到易北河一线；但泽、莫德林、扎莫希奇、格洛高、屈斯特林和斯德丁的法国守军孤立无援。② 拿破仑直接向斯德丁和但泽推进的第一个计划已经流产，现在，他试图尽可能秘密地在美因河附近集结大军，迅速增援欧仁，击败敌军先头部队，使其溃散之后将战火烧到奥得河两岸，并经由莱比锡和托尔高援救被困的各地守军。这一计划的另一个好处是可将强大的部队开到奥地利边境附近，牢牢控制住哈布斯堡王朝和萨克森这两个盟友。

与此同时，反法同盟军向西推进的决心也不逊色。沙皇和普鲁

---

① 4月24日的信件。
② 拿破仑在托伦的部队于4月17日投降，在施潘道的部队于4月24日投降（费恩，《1813年手稿》，第2卷，第1章）。

士国王威胁萨克森国王加入同盟,未得到答复后入侵了他的国家。弗里德里希·奥古斯特逃往波希米亚,只能信赖维也纳的提议:如果他加入哈布斯堡王朝的武装调停,后者就保证他在德意志的领土。[①]然而,萨克森眼下将成为德意志民族主义与拿破仑帝国主义一较高下的战场。

两军在吕岑这个历史上闻名的战场交锋。令人浮想联翩的地点加上双方统帅的名望,都激发了士兵们的战斗热情。一方是伟大的征服者,尽管遭受了文明国家有史以来最大的惨败,他的才能与威望仍不减当年。不过,他的对手同样坚决果断。为人倔强的老将库图佐夫身染重病最终去世,终止了一直以来俄国军营中强有力的斯拉夫主和派的各种密谋,指挥权交到了维特根施泰因手中,此人精力更为充沛,工作也全心全意。

但是,最激动人心的是布吕歇尔带来的影响。这位顽强的爱国者似乎同时体现了旧制度和新时代下最好的品质。他从腓特烈大帝军事教育中养成了严谨作风,在民族主义时代的曙光中又注入了年轻的热情与活力。并不是说这位老兵已经领会哲学家费希特和传教士施莱尔马赫谆谆教诲的高尚理想,尽管他没有很高的学识——每次撰写公文都要搜肠刮肚,才能弄出一篇看上去有些奇怪的东西——但其他的优点足以弥补:他对祖国满怀热爱;他有健全的判断力,当心思更为细密的人纠缠于细枝末节时能够直击要害;他对同袍深情以待,深受所有士兵的爱戴;他还有着永不退缩的勇气。这一切看似平凡,却是一场民族战争中的宝贵财富,他对拿破仑的憎恨化为无孔不入的激情,将所有的长处发挥到了极致。耶拿战役后的黑暗日子里,他率领勇敢的部下们退到波罗的海边,终因众寡悬殊而被迫投降,从那时起,他对这位蛮横征服者的愤怒就开始一天天积累起来。他经常高喊拿破仑

---

① 翁肯,《奥地利和普鲁士》,第 2 卷,第 272 页。

的名字，扑向一个假想的敌人，以此来消磨令人厌烦的时光。这种几乎只会出现在撒旦身上的刻骨仇恨，支撑着这位老人度过了七年的屈辱岁月，也使年已72岁的他焕发出青春的活力；萨克森和香槟的胜利远不能让他满足，而在利尼遭受的心灵与身体上的冲击，又为他注入了新的力量，帮助他和他的军团蹚过了瓦夫尔的泥泞道路，看到滑铁卢那落日的余晖。

布吕歇尔在技能和科学上的不足，自有两位能干的副手加以弥补，沙恩霍斯特长于组织，而格奈泽瑙则专精于战略。组织了普鲁士国民军之后，沙恩霍斯特不幸在第一次战役中重伤身亡；但格奈泽瑙很快接替他担任参谋长，此人的天性中既有军人的严格，又很好地融入了科学思想家的冷静。他和布吕歇尔亲密无间、配合默契。布吕歇尔在接受牛津大学法律博士学位时诙谐地表达了对这位战略家的感激。他说道："好吧，如果我能当上医生（博士），那肯定要让格奈泽瑙做药剂师，因为他得做出药丸，我才有办法开处方。"

在吕岑附近的战斗中，这些果敢的统帅和他们的33000名普鲁士官兵首当其冲。维特根施泰因率领的35000名俄军没有表现出充分的活力，但如果当时在埃尔斯特由米罗拉多维奇率领的俄国第四军及时赶到，这一天也许将以同盟军的胜利告终。他们的计划是渡过吕岑以南大约5英里的一条名为弗罗斯格拉本的小溪，猛攻法军先头部队把守的大格尔申、拉纳和斯塔希尔德村，切断拿破仑向吕岑和莱比锡进军的路线，使法军陷入混乱和溃败。但他们的强敌刚刚与欧仁合兵一处，兵力雄厚，正计划向北面移动，与威胁他南翼的行动相似。领受布吕歇尔第一轮冲击的奈伊观察到了敌军的准备，已派出苏昂率领的一个师加强大格尔申村的防御。当时在同盟军大本营的卡思卡特勋爵对法军的阵地做了如下叙述：

"那里毫无遮掩，一片旷野，但丘壑纵横，又有洼地小道和水车溪流交错而过，若不近前观看，就难以辨认出这些路径。敌军部署在一道长长的山脊和一连串村庄里,正面是低洼小道,左侧有一条足以漂浮木材的小溪。他们等待着同盟军靠近。敌军有许多大炮,步兵排成了实心方阵,掩护旷野中的炮兵阵地。我们的作战计划是以炮兵和步兵攻击大格尔申,同时以强大的骑兵纵队突破村子右侧的敌阵,切断村中敌军与援兵的联系……担任攻击任务的普鲁士后备军十分英勇,可是靠近低洼小道时,他们暴露在如同雨点般的葡萄弹和步枪子弹打击之下,无法形成突破;而且,敌军似乎决心不惜一切代价守住村庄,每个据点都反复易手,双方均付出了巨大的代价。骑兵多次试图突破敌军防线,其中几次攻击取得成功,他们杀进方阵之中,砍倒了许多步兵。深夜,波拿巴从莱比锡方向召来部队,集中全部预备队向同盟军右翼发动进攻,并以不断推进的几个炮兵阵地提供支援。这一灵活的战法迫使我们改变了右翼最靠近中央的几个旅的阵地;由于所有骑兵部队都从我们的左侧调到右侧抵御这次进攻,我还抱着目睹波拿巴全军覆没的希望;然而,在骑兵赶到之前,天色已经很黑,除了大炮发出的火光之外,什么也看不见。"[1]

由于欧仁与麦克唐纳兵团及时向疲惫的同盟军右翼发动进攻,而对手已来不及采取相应行动,这场殊死战斗以法军略占上风而告终。同盟军的这些部队损失惨重,沙恩霍斯特就在其中,他因伤势过重而身亡。但布吕歇尔绝不会因为一次失败或者受伤而退缩,在夜色降临之后率领七个骑兵中队扑向得胜的法军,在短时间内使其陷入惊慌,险些冲到保护拿破仑的方阵之前。在法军大本营的萨克森军上尉冯·奥德勒本叙述道,皇帝在几分钟里被这一大胆突击搞得晕头转向,他手上的骑兵不多,不敢冒险发动任何反击。实际上,双方都已筋疲力尽。同盟军伤亡了1万人,但没有人被俘,也没有损失火炮。法军的损失也几乎一样

---

[1] 卡思卡特的报告,英国外交部档案,俄国部分,第85号。米夫林(《我的一生》)认为,米罗拉多维奇迟到、法军有时间在大格尔申准备防御,是同盟军失败的原因。法国方面主要的牺牲品是帝国卫队指挥官贝西埃。

大，还有5门火炮和800名俘虏落入布吕歇尔之手。两军都在战场上扎营，不过，由于同盟军的弹药补给不足，而且有消息称洛里斯东已将克莱斯特逐出莱比锡，因此决定向德累斯顿撤退。

拿破仑小心谨慎地尾随着他们，将在大格尔申遭受惨重损失的奈伊军留在后方；许多新兵的斗志已经动摇，为了激励他们，拿破仑向全军宣称，吕岑之战的胜利比奥斯特里茨、耶拿、弗里德兰和博罗季诺更胜一筹。

亚历山大并没有表现出沮丧，他向卡思卡特重申了坚持战斗的保证。在德累斯顿，英国特使又一次（5月7日）得到保证，同盟国绝不会放弃，但"奥地利的大部队将在本月24日做好准备，此前它将一直打着调停的幌子。施塔迪翁伯爵随时可能到这里来，带来和平建议，同样的建议也将送到法军大本营。接受和拒绝这些建议，都将占掉大部分时间。"实际上，梅特涅正要从维也纳派出两位特使，递交奥地利的武装调停建议，施塔迪翁将前往同盟国方面，布勃纳伯爵则去面见拿破仑。

拿破仑根本没有心情考虑奥地利的建议。他已经以征服者的身份进入德累斯顿，对市民们支持普鲁士志愿者的行为大加申斥，并命令他们请求自己的国王从波希米亚返回。他向那位运气不好的国王下达严令，要他回来并命令坚守托尔高的萨克森军队立即将那里交给法军。各方都服从了拿破仑的命令，萨克森军队极不情愿地站到了法国军旗之下。就在他将萨克森拖离民族事业之时，奥地利却呼吁他停手。这位胜利者以轻蔑的态度面对奥方的请求，5月17日，他在与布勃纳的会谈中斥责了对方，随后写了两封信给弗朗茨皇帝。在较为正式的照会中，他向奥地利皇帝保证，自己渴望和平，同意以此为目标召开欧洲会议，英国、俄国、普鲁士甚至西班牙叛乱分子都可以参加。因此，他提议停战，以进行必要的准备。但在另一封信中，他却向岳父表明他已做好准备，宁可身先士卒、慷慨赴死，也不愿意成为英国的笑柄。在同一天的公函中，可以看出他对奥地利的憎恨，他要求科兰古立刻寻求与沙皇会谈："必须与他谈一谈……我的意图是为他搭建一座金桥，助他远离梅特涅的阴谋。如果我必须做出牺牲，我宁愿是为了一个直接的敌人，而不是为了奥地利的利益，这个国家已经背弃了与我订立的盟约，并在调停者的伪装下，试图主张安排一切的权利。"按照他的指示，科兰古应该提醒亚历山大，奥地利在1812年对俄国的行为多么恶劣，并建议他在吞下又一个败果之前与法国和谈，这样就可以体面地退出战争，普鲁士也可以在不受奥地利干预的情况下得到良好的条件。

拿破仑在这一时期的其他信件表明，他的怒气主要发泄在哈布斯堡王朝身上。欧仁刚刚离开前线去组织意大利的部队，拿破仑就敦促他以不少于8万人的部队威胁奥地利，并向外界透露很快就会有15万人拿起武器。而且，拿破仑一面在德意志、法国和意大利全心备战，一方面声称将达成全面和平的停火协议。[①]然而，同盟国不会受骗上当，去签订一个带不来任何和平的和约。它们有充分理由期待奥地利最终成为帮手，当科兰古请求会面时，沙皇拒绝了，从而再一次将欧洲事务交由刀剑解决。科兰古外交使命以及拿破仑对布勃纳的严厉言辞，唯一的效果就是使奥地利警惕起来。

反法同盟方面不想再进一步冒险；因此，他们在包岑附近占据了一个坚固的阵地，可以得到增援并有效地掩护西里西亚。阵地左端与卢萨蒂亚山嘴相接，4英里长的战线沿施普雷河和一条支流间的山脊向北延伸，如同一道剑眉，威风凛凛地俯视着施普雷河和包岑镇。巴克莱的军队与他们在那里会合，使总兵力达到82000人。拿破仑又一次在兵力上占据优势。奈伊和洛里斯东率领的6万名士兵曾被派往北面威胁柏林，此刻却突然应召前来，因此，与同盟军对峙的法军至少

---

① 《书信集》，第 20017—20031 号。与布勃纳的会谈参阅卢克瓦尔德的著作，第 257 页。

有13万人。①

在第一天（5月20日）的战斗中，法军夺取了包岑镇，但没能将同盟军赶出南面林木茂盛的山地。次日的战局更加凶险。绚烂的春日初升，田野一片郁郁葱葱，整洁的村庄遍布其间，在这动人的景色之前，却传来了大炮的轰鸣声，散兵线上也子弹横飞，预示着一场激烈的冲突。同盟国君主们置身于中路的山脊之上，可以居高临下地观察对面山上敌军的行动；英国代表洛上校（后来的赫德森爵士）描述了他看到处于法军中路部队附近的拿破仑时的情景：

"他在其他人前面大约50步的地方，由一位元帅陪伴，两人来来回回踱着步，谈了将近一个小时。他穿着一件普通的军外套，上面有一颗星（原文如此），帽子也很简朴，与元帅和将军们不同的是，上面有羽毛装饰。在他站立的山脊后面和左面，是他的预备队。他们按照骑兵中队和步兵营排列，看起来像一个很大的步兵纵队，人数肯定在15000到20000人之间。

"他离开高处之后，可以看到几个步兵营调到了他的左边，并被后面的其他部队代替，他的预备队人数似乎没有任何减少……攻击我军右翼的部队继续前进，面对我军中路的其他部队则驻足于斜坡的中间，这条斜坡从那条山脊向下延伸到我军阵地；在山脊顶部的大炮掩护下，他们看起来要向我们的骑兵发起挑战……不过，那一部分的部队没有任何进攻举动。现在，法军的主要目标似乎是包抄并击破我军两翼，特别是右翼。"

情况就是如此，拿破仑采用了他惯常的战术，从各个方向以炮兵和步枪火力打击同盟军，迫使他们停留在已经拉得过长的阵地上，直到他能够发动决定性的一击。决定性的攻击来临了，尽管有些迟缓，但奈伊以压倒优势的兵力攻击同盟军右翼，巴克莱率领的5000名俄

---

① 伯恩哈迪《托尔伯爵回忆录》第3卷，第490—492页。马尔蒙给出的法军兵力为15万人，梯也尔说有16万人。

军寡不敌众，被迫后撤。普雷蒂茨村失守，同盟军的交通线暴露在法军面前。收复这个村庄至关重要，在中路右侧的布吕歇尔尽管承受重压，仍然派出克莱斯特旅，帮助俄军从法国元帅手中夺走了他的战利品。不过，奈伊顽强奋战，即便炮弹如雨点般落到他的密集纵队中，仍无法挡住他的脚步。在洛里斯东兵团的协助下，他又一次慢慢地向前推进，开始包围同盟军右翼，威胁切断其撤退路线。布吕歇尔也遭到马尔蒙和贝特朗的猛攻。左侧的俄军确实击退了乌迪诺的进攻，令法军损失惨重，但由于拿破仑尚未真正调动其预备队，同盟军统帅们决定从这场不公平的较量中撤出饱受压力的部队，因为取胜已无希望，拖延只能让全军陷入危险。

撤退在当天傍晚开始。在连绵群山上的强大炮兵火力，以及无畏的骑兵冲锋掩护下，同盟军挫败了法军使其溃败的一次次努力。拿破仑催促部下追击也无功而返。与吕岑之战一样，他有理由为俄罗斯平原上损失的有生力量而痛惜，正是那一支大军，曾如同大海巨浪般将许多敌人横扫出战场。可是现在，敌军的队伍没有溃散，在乌兰和哥萨克骑兵的掩护下，他们以整齐的队列昂然离去。[1]

次日的情景也是一样，同盟军稳步后退，从任何有利位置向法军猛烈开火，没有给征服者留下一名俘虏、一箱弹药。拿破仑说道："什么！这样一场残杀之后，没有战果？没有俘虏？"话刚出口，一枚炮弹落入他的幕僚群中，当场炸死一名将军，炸伤另一名将军，弗留利公爵迪罗克也被炸得血肉模糊。这件事令拿破仑深受影响。他下马走进安置迪罗克的村舍，握着他的手沉默了一阵子。随后，他说出了这样的话："迪罗克，我们将在另一个世界重逢。"这位宫廷大总管答道："是，陛下；但那要等30年了，等到您战胜您的敌人，实现国家的所有希望。"在漫长而痛苦的沉默之后，皇帝满怀哀伤，离开了

---

[1] 在公报中，拿破仑承认在包岑的两天战斗中有11000到12000人伤亡；他的实际损失可能超过2万人。他称同盟军的兵力有15—16万人，几乎两倍于实际数字。

这个也许是最与他意气相投、最受他喜爱的男人。法国皇帝知道，在迪罗克冷静、缄默的外表下，跳动着一颗真诚的心，从他们在土伦首次相会，他就一直忠贞不贰。整个晚上，拿破仑没有接见任何一个人，将士们都感受到了这位伟大统帅不寻常的悲痛之情，营地也笼罩在一片肃穆的气氛之中。

也许是这一损失使皇帝更渴望停战，他的一个师遭遇不幸，在海瑙被普鲁士军队伏击，损失了1500人和18门大炮，也没有减轻他的这种情绪。

同盟国方面同样渴望暂时罢兵。他们的部队处于极度混乱之中。亚历山大以巴克莱取代了维特根施泰因，新帅坚持要将俄军撤入波兰。对此，普鲁士军队的参谋极力抵制。米夫林力陈如此示弱将使部队失去士气，使已承诺迅速出兵救援的奥地利政治家不敢轻动。同盟军可以坚守利森山区的堡垒，抵御拿破仑的进攻并等待奥地利援军。施韦德尼茨要塞可以掩护他们撤退，西里西亚地方防卫军将补足队伍中的人员。于是，沙皇命令巴克莱向施韦德尼茨撤退。

那里有两件令人失望的事情在等待着他们。1807年被法国人拆毁的防御工事仍然没有修好，从奥地利为西里西亚新兵购买的2万支步枪竟然没有点火孔！巴克莱再次宣称必须撤入波兰，只是因为拿破仑提出停战，他才没有走出这一步，否则必然有损整个军事和政治局势。如果拿破仑能知道同盟军大本营的实际事态，该有多好？[①]但没有一位间谍告诉他实情；由于本能促使他转变方向，准备给予奥地利应有的惩罚，他继续致力于停火谈判。

拿破仑于6月2日写信给欧仁："没有比那个政府更不讲信用的了。如果我答应它目前的要求，它以后就会要求得到意大利和德意志。它肯定不会从我这里得到任何东西。"事态的发展更加强了他的

[①] 米夫林，《我的一生》。

决心。法军胜利地开进布雷斯劳，并解了格洛高之围。反法同盟看起来已摇摇欲坠。他只需要几周的时间重新组织那曾令人丧胆的骑兵，就可以对同盟国和奥地利施加严厉的惩罚，并毕其功于一役。随后，他可以对奥地利发泄自己的愤怒，消灭匈牙利骑兵，粉碎训练不足的奥地利步兵。他坚信短暂的停火是没有用的，那样只会更有利于同盟国而非法国。于是，他提出了一个似是而非的借口，称讨论一个令人满意的和约至少要花40天的时间，并命令他的特使科兰古坚持一段时间，让法军部队可以在萨克森、巴伐利亚和伊利里亚得到全部装备。6月4日，他写信给科兰古："如果我们不希望达成和约，就不应该如此愚蠢，在目前的情况下进行停火谈判。"他敦促科兰古坚持到7月20日的限期："始终坚持同样的理由，也就是我们必须有整整四十天的时间，以确定是否能够达成谅解。"但他给战争大臣克拉克的秘密指令却大不相同，6月2日，他写道：

"如果可以的话，我将等到9月才发动大规模攻击。我希望那时候可以粉碎我的敌人，但也有这种可能：奥地利发现我将要这么做的时候，会摆出一副摇尾乞怜的姿态，承认它的那些虚伪的作为荒谬可笑。我给你写这封信，是希望你能彻底理解我的想法。"

同一天，他给外交大臣马雷也写了信：

"我们必须争取时间，而且在争取时间的时候还不能引起奥地利的不快，我们一定要用过去六个月一直在用的语言——如果奥地利是我们的盟友，我们可以做任何事……在这一点上做足功夫，拐弯抹角，争取时间……接下来的两个月里，你可以按照这个方法添油加醋，并找出一些话题来，派出20名信使报告情况。"①

拿破仑的秘密军事指示证明，他的外交保证都是虚假的，在这种情况下，任何一个仔细研究过他的生平的人都不会怀疑，他打算走的是

---

① 《未发表的信件》。另见他6月11日和7月1日写给欧仁的信件；以及6月11日、17日、7月6日和29日写给奥热罗的信件，后者将从巴伐利亚威胁奥地利。

哪一条路。停火只是缓兵之计，除非同盟国和奥地利屈服于他的意志，否则接下来将是更为猛烈的突袭。即使在包岑战役中遭受沉重打击，仍没有任何迹象表明他们会做出让步。关于停火的谈判中，同盟国和奥地利都没有任何胆怯的表现，当6月4日双方在波伊斯维茨[1]签署协议，停火至7月20日，拿破仑都有些怀疑自己是否表现得太过迁就了。

确实如此，拿破仑签署了这份停火协议，就等于签下了自己的死刑执行令。

6月在德累斯顿收到的消息又一次坚定了他的决心。达武和旺达姆成功地驱散了北德意志的新兵，恢复了拿破仑在易北河和威悉河口的权威，在这个方面，他们现在得到了丹麦人的帮助。

有段时间，同盟国一直试图争取丹麦，但有一个不可逾越的障碍，那就是贝纳多特的野心。我们已经看到，他渴望着给第二祖国带来一片足以弥补丢掉芬兰这一损失的土地，为将来接掌瑞典王位锦上添花。[2]这块土地只能在当时与丹麦统一的挪威中寻找，这就是瑞典在1812年战争中出兵援助俄国的价码，沙皇也已经同意。由于本书无须赘述的种种原因，瑞典援军当时并没有出动。可是，1813年初，同盟国认为三万人的瑞典部队在北德意志登陆牵制法军，将有着极大的价值，这也是英国政府特别希望的。然而，英国也不愿意以挪威为代价换取与贝纳多特的盟约，因为此举将把丹麦赶向法国一边。因此，卡斯尔雷试图以英国刚刚征服的瓜德罗普岛作为诱饵。或者，如果贝纳多特一定要占有挪威，丹麦能不能在接收瑞属波美拉尼亚和吕贝克的情况下表示同意呢？贝纳多特本人也曾表示，如果他不能为丹麦在德意志取得任何补偿，那么取得挪威北部的特隆赫姆主教辖区就很满意了。[3]

---

[1] 今波兰帕索维采。——译注
[2] 参见他与英国公使桑顿的谈话，后者的报告见于《卡斯尔雷书信集》，第2集，第4卷，第314页。
[3] 《卡斯尔雷书信集》，第2集，第4卷，第344页。

第33章 第一次萨克森战役

英国的建议是试探性的，但结果都一样，丹麦根本不愿意割让挪威或其任何一部分，与英国谈判期间，它甚至要求得到汉萨城镇，这一要求立即遭到拒绝。由于丹麦顽固不化，贝纳多特坚持瑞典应该得到整个挪威，作为帮助同盟国的代价。在《斯德哥尔摩条约》（1813年3月3日签署）中，英国承认前一年的俄瑞协定，该协定将挪威划归瑞典；英国还承诺将瓜德罗普岛让给贝纳多特，为与拿破仑交战的瑞典军队支付100万英镑的援助金。[①]5月中旬，哥本哈根已经知道没有希望从俄国和英国那里得到任何利益了。因此，丹麦人倒向法国一边，事实证明，此举对这个王国造成了致命的打击。

这样，贝纳多特与同盟国的讨价还价驱使丹麦加入了反对它们的同盟，阻碍了北德意志的解放。但是，命运总是那么带有讽刺意味，挪威从丹麦手中转归瑞典，而且这种归属关系长久没有改变，而拿破仑的领土安排显然缺乏这种长期性。

贝纳多特于5月18日率领24000名官兵在施特拉尔松德登陆。但他的部队为这次战役所做的组织工作进展缓慢，以至于无法对汉堡的哥萨克骑兵和德意志爱国者提供任何有效的帮助。他了无生气的表现立刻引起了沙皇的疑心。瑞典王储也很快发现了这一点，听到停战的消息，他担心《蒂尔西特条约》重演。6月10日，他给亚历山大写了一封言辞激烈的信件，请求沙皇不要接受和平："接受拿破仑制定的和平条件，等于为欧洲建造坟墓；如果发生了这样的不幸，只有英国和瑞典能够独善其身。"

这就是贝纳多特的真面目。那些称他是伪装的拿破仑朋友的人们并不知道，他对法国皇帝的仇恨有多深，就因为这种仇恨，他甚至在全世界到处寻找推翻拿破仑的手段，并发现大西洋彼岸有一位孤独的

---

① 加登，《条约集》，第14卷，第356页。英国还规定瑞典不能在瓜德鲁普岛输入奴隶，且应该制止奴隶交易。在维也纳会议上，该岛交还给法国时，英国向贝纳多特支付了补偿金。

法国流亡者，可以作为复仇的工具。他已经召来了老战友莫罗，让他指挥一场人民战争，反抗曾将其放逐海外的暴君；这位霍恩林登的胜利者很快在施特拉尔松德上岸，并将余生献给了对法战争。

此时，同盟军的前景看起来也确实黯淡。他们在东南方失掉了直到布雷斯劳和格洛高的全部土地；在北德意志，达武开始将汉堡建造成一个大规模要塞。这是按照拿破仑的命令进行的。皇帝写信给他的元帅说："在汉堡还没有成为一个坚固的据点，存放数月的给养，并且在各个方面做好长期坚守的准备之前，我绝不会放心。"商业利益的损失对他来说不值一提，当萨瓦里冒险暗示这些措施在法国商业圈中引发的不满时，遭到了严厉的斥责："……我才不管巴黎银行家的牢骚，我要让汉堡变得固若金汤，在那里建立一座海军兵工厂。几个月里，它将成为我最为坚固的要塞之一。我打算在那里常驻15000名士兵。"[1]他的计划无情地实施了。汉堡的财富被有计划有步骤地侵占，服务于对这座城市更全面的征服。无穷无尽的苛捐杂税、对银行的掠夺以及令所有阶层痛恨的压迫，仅仅是第一步。2万名市民被赶走，首先是危险的年轻精壮，然后是无用的老人和体弱者；曾经繁华无限的贸易中心变成了拿破仑的主要北方据点、法国人和丹麦人希望的中心，也刺激着每个条顿爱国者的复仇之心。[2]

然而，爱国者并没有因这些事态而消沉。他们的唯一愿望就是重启战争，唯一的担忧就是外交家将再一次将德意志的独立当成筹码。卡尔·米勒高呼道："我们的民族仍然过于懒散，原因是它太富有了。让我们像俄国人一样，学会四处放火，然后像西班牙人一样找到匕首和毒药。面对那两个民族，拿破仑的军队也无能为力。"当德意志笼罩着阴郁和怀疑的时候，从西南方再次射来了一束振奋人心的光芒。6月底，消息传来，威灵顿在维多利亚彻底击溃了法军。

---

[1] 《未发表的拿破仑书信》，1813年6月18日。另见该书中7月16日的信。
[2] F. 佩尔特斯的信。

第34章 维多利亚与停战

如果对在维多利亚达到高潮的这场战役详加描述，就超出了本书的范围。我们的任务只能限于说明1812年底的事态，法国皇帝为了至少守住西班牙的一部分而制订了什么样的计划，以及这些计划彻底失败的原因。

始终削弱法军在西班牙作战的那些因素在1812年的战役中充分发挥了作用。几位元帅相互猜忌，加上他们不愿意臣服于约瑟夫国王，使其不能像法国皇帝赢下最辉煌胜利时那样及时集中部队。他们的行动目标不一致，也不愿意相互合作。军事作家们常常对马尔蒙的轻率举动大惑不解，这一行动使他在萨拉曼卡遭到毁灭性打击。如果他等待几天再向威灵顿发动猛攻，就可以得到约瑟夫国王所率的14000名法军的增援。[1]然而，他宁愿冒险发动最后一击，也不愿意等待国王到来，以副司令的身份为确保大胜而做出贡献。

约瑟夫在萨拉曼卡战役前后的书信很耐人寻味。我们可以看到，他无法迅速行动，支援马尔蒙，是因为法国北路军团没有派出供他防御马德里的部队；听到萨拉曼卡的消息之后，他命令苏尔特撤出安达卢西亚，以便集中兵力收复首都，但他的命令在一段时间里无人理会。当约瑟夫、苏尔特和絮歇最终合兵一处开往马德里时，威灵顿不得不撤退。约瑟夫以优势兵力穷追不舍，试图迫使对手决战；但苏尔

---

[1] 约瑟夫1812年7月21日写给马尔蒙的信。

特又一次行动迟缓,威灵顿得以抽身,成功地退到罗德里戈城。①

表面看来,约瑟夫是1812年战役的胜利者,但法军向马德里和杜罗河谷撤退的行动造成了致命的后果。法军立刻占领了西班牙南部,然而,强悍的比斯开、纳瓦拉和阿拉贡山民组成了规模庞大的队伍,勇敢地坚持作战,说明北部远未被征服。受到小股英军部队驻扎于此的鼓舞,他们占领了北方的大部分地区,首领米纳在与北路法军交手时几乎可以势均力敌。东线的絮歇顶住了西班牙人和英国–西西里远征军的攻势,但在西班牙其余地区,苏尔特令人沮丧的预言成了现实:"整个欧洲都将感受到失去安达卢西亚和加的斯解围带来的后果。"

此时,长期困居加的斯的西班牙国会力图实行最近制定的民主制度。城市中的先进思想家为此欢呼雀跃,而教士、贵族、富人和农民则深恶痛绝。但是,尽管国会播下了政治不和的种子,他们迈出了非常值得赞许的一步。他们任命威灵顿为所有西班牙军队的总司令,后者在圣诞节期间到访国会时,就准备在下一场战役中实现西班牙各军的真正合作。

同时,拿破仑正不安地关注着西班牙局势。看到马德里寄来的公函之后,他立刻制订了一套行动方案,至少有望推迟权力倾覆的时间。由于拿破仑实际上已不再与哥哥通信,战争大臣克拉克将军在1月4日和2月12日的信件中转达了这一建议。克拉克详细解释了立刻采取行动的急迫性,唯有如此,才能在英国人尚未采取行动的时候,扑灭北部诸省已成燎原之势的反抗烈火。法军的两个军团——北路军和所谓的"葡萄牙军团"——奉命实施这项任务;约瑟夫接到通知,他的南路军和中路军目前足以抵挡英军。至于约瑟夫的总体行动方案,则做了如下指示:

---

① 《约瑟夫国王回忆录》(*Méms. du Roi Joseph*),第8卷和第9卷;内皮尔,《半岛战争》,第19卷,第5章。

"皇帝命令我向陛下重申，驻扎于巴利亚多利德并以此为司令部，是必不可少的准备工作。必须从那里派出军队前往布尔戈斯公路或其他合适地点，以加强或支援北路军。马德里，甚至巴伦西亚，都是这一体系的组成部分，它们只是你的右侧部队必须守住的阵地，而不是集中力量坚守之处……必须占领巴利亚多利德和萨拉曼卡，尽最大努力平定纳瓦拉和阿拉贡，以保证与法国的交通迅速且安全，始终做好发动攻势的准备——这些是皇帝对战役的指示，也是所有行动应该坚持的原则……"①

两周以后，克拉克指示西班牙国王威胁罗德里戈城，诱使威灵顿相信法军将入侵葡萄牙。他还将对马德里和托雷多课以重税。实际上，守住首都就是为了尽可能地榨取财富。

拿破仑的计划就是如此，这清楚地说明，皇帝深知镇压西班牙北部起义的必要性；因此，为了打击米纳和他那令人头疼的队伍而派出的部队，与监视葡萄牙边境所需的部队一样多。克洛泽尔奉命扑灭北方起义，拿破仑似乎认为，这位坚强的战士能够在威灵顿发动任何猛烈打击之前完成这项艰巨的任务。此番误算将给他带来致命的后果。米纳不是那么容易击败的，而那位英国将军也不是皇帝所认为的行动迟缓、毫无进取心的统帅。而且，尽管过去有许多经验，拿破仑却没有考虑到信使被俘或者绕远路而造成的延迟，这些情况从没有如此严重过。克拉克1月4日发出的第一封紧急公文直到2月16日才交到国王手中。②当约瑟夫将信将疑地依令行事时，上面引用的那封公函于3月12日送抵，导致了部队部署的变化。于是，为了打垮北方起义军，与威灵顿对抗的部队削弱了，而这些特遣部队直到3月底才前往北方，没等完成那项艰巨的任务，英军统帅已利剑出鞘，战争的天平

---

① 《约瑟夫国王回忆录》，第9卷，第195页。
② 内皮尔和阿利松说是3月18日，但《约瑟夫国王回忆录》驳斥了这一说法。（第9卷，第131页）

出现了决定性的倾斜。

约瑟夫一直因为行动迟缓而饱受责难；但事实上，他处于无望的僵局之中：他的王国如同监牢，如今四面的墙壁都在不断地挤压过来。北方的起义军切断了法国人传递公文的路线，因此可以预先知道他的行动，而对拿破仑计划的执行则被延后了数周。最糟糕的是，皇帝从他的部队中抽走了骨干：1200名军官、6000名军士和24000名最有经验的士兵调往法国，以加强和稳定新兵队伍，或者用于重组帝国卫队的步兵和骑兵。[1]

奇怪的是，拿破仑并没有从西班牙撤走所有部队。法军仍有超过15万的兵力，可是，在他抽走一个又一个军团时，除了巴伦西亚之外，各地的西班牙人都拿起了武器。北部的起义军在数周内挫败了克洛泽尔的所有进攻，最后他宣称要打垮这些山民，需要投入5万士兵和三个月的时间。[2]最重要的是，法国人知道，威灵顿已在葡萄牙边境集结了一支强大的部队。事实上，拿破仑在西班牙事务上长期患有政治"色盲"。直到此时，他才隐约发现哥哥所处的地位多么荒唐——约瑟夫是一个暴发户，却置身于世界上最骄傲的贵族之中；他是一个破产的国王，却要在一个讲究仪式感的民族面前维持王室的浮华；他是一位仁慈的统治者，真心诚意地希望表现自己的善意，却被迫向敏感的民众征收苛捐杂税；他是一位随和的享乐主义者，却在巴黎的命令驱使下鲁莽行动，对这些命令，他不敢忽视，也无法执行；他热爱和平、体弱多病，却要承担各种各样的任务：既要控制暴躁的法国元帅们，又要治理一个国家，还要遏制威灵顿咄咄逼人的攻势。

如果杜罗河上的法国军队拥有一位能干的统帅，那么拿破仑如此重视的集中兵力无疑是最为有效的手段。可是，由于在西班牙最具

---

[1] 《约瑟夫国王回忆录》，第9卷，第464页。
[2] 事实上，他在那里有5万人，但征战三个月未能成功。参见克拉克给克洛泽尔的信，《约瑟夫国王回忆录》，第9卷，第251页。

第34章 维多利亚与停战

才能的法国指挥官被召回，那里的局势又受到了致命的影响。威灵顿后来说，在与之交锋的法国元帅中，苏尔特仅次于马塞纳。他确实有一些缺点。"他不太擅长战场指挥；他是一个杰出的战术家，非常清楚如何率军上阵，但此后却不太清楚如何用兵。"[1]不过事实上，除了波尔图之败外，苏尔特在与威灵顿交手的历次战役中，战绩虽不辉煌，但也取得了一些战功。然而，他现在却被召回了。

的确，这位自视甚高、野心勃勃的元帅严重冒犯了约瑟夫国王。萨拉曼卡战役之后，他对国王公然不敬。他先是拒绝从安达卢西亚出兵，不仅如此，还暗地里向六位法国将军透露，约瑟夫正在与加的斯的西班牙国民政府谈判，这是背叛法国的举动。他甚至在一封信中将自己对国王意图的这种看法告诉了克拉克，结果这封信却偶然地到了约瑟夫手中。[2]约瑟夫同样有着波拿巴家族特有的暴躁天性，他对这种背后捅刀的举动十分愤怒，立刻派德普雷上校面见拿破仑，要求立即召回苏尔特。皇帝当时身在莫斯科，或许是因为他觉得在西班牙留下一个警惕的告密者也不是坏事，所以对此敷衍了事。他谨慎地答复道，苏尔特的疑心并不令他意外，其他许多法国将军也有同样的怀疑，这些人认为约瑟夫国王喜欢西班牙胜过法国，因此，他不能召回苏尔特，毕竟后者是"西班牙唯一的军事负责人"。中欧战云密布，使拿破仑改变了决定。苏尔特被召回后并没有失宠，贝西埃去世后，他接任帝国卫队指挥官的职务。

现在，茹尔当是西班牙战场上独当大任的司令官，他是约瑟夫国王的参谋长，过去也曾担任过这一职务，但因为1809年夏季犯下的大错而被免职。这位弗勒吕的胜利者此时51岁，精力日渐衰退，驾驭桀骜不驯的将军、支撑摇摇欲坠的王朝这些艰巨的使命，对他来说都已经难以胜任了。拿破仑很少对他的才能表现出尊敬，而在许多场

---

[1] 斯坦诺普的《威灵顿公爵访谈录》，第20页。
[2] 《约瑟夫国王回忆录》，第9卷，第60页。

合下赞扬过絮歇的能力，絮歇此时正驻守在巴伦西亚和加泰罗尼亚。诚然，絮歇的韧性和行政能力很适合管理那些富庶的省份。可是，最需要才能的地方是威灵顿的进攻路线，也就是巴利亚多利德。法国在西班牙的势力崩溃，主要的原因便是约瑟夫和茹尔当在这方面处置不当且缺乏运气。

实际上，拿破仑此时只对西班牙的北部和东北部感兴趣。只要能守住埃布罗河以北各省，他似乎并不在意约瑟夫是否在马德里施政。他关心的就是阻挡英军突破杜罗河一线，在北部和东北部确立法国的权威。他决心保住这两个地区；而且，他或许已经想好了后来在瓦朗赛向费迪南德七世提出的谋划，即恢复他的西班牙王位，并以葡萄牙作为他失去东北省份的补偿。这一谋划甚至可能是全盘媾和计划的一部分；因为他于5月17日在德累斯顿向奥地利提出，允许西班牙叛乱者的代表参加欧洲大会。但这只是模糊的猜测，现在，我们应该转过头来，看一看威灵顿所发动战役的清晰轮廓了。[①]

当法国人在西班牙的事业摇摇欲坠之际，西班牙爱国者的事业正因威灵顿的组织天才而益加巩固。经过持续的努力，他很快提升了西班牙和葡萄牙部队的战斗能力，在大批增援部队从英国抵达时，他在5月初集结了7万人的英葡联军和3万人的西班牙军队，准备向东挺进。默里的部队将絮歇牢牢地钉死在巴伦西亚省；克洛泽尔则全力以赴地在纳瓦拉作战；这样，约瑟夫在杜罗河上兵力过于薄弱，无法抵挡威灵顿的如潮攻势。萨拉曼卡与巴利亚多利德之间的几个地区，只有45000名法军做好了战斗准备，其他部队则留在塔霍河流域，以防同盟军从那里突入。

威灵顿在多处发动佯攻，以保持这种假象，同时做好准备，以一

[①] 梯也尔的著作，第49卷；《拿破仑书信集》，第20019号；鲍姆加滕，《西班牙史》，第1卷，第577页。

支强大的部队涉过托尔梅斯河和埃斯拉河。此举取得了全面成功。正当约瑟夫和茹尔当犹豫不决地在莱昂集结部队,同盟军开始于北路进行一系列迅速的侧翼迂回,决定了战局。威灵顿以强大的右翼部队一路向前推进,迫使法军撤出了一个又一个坚固的阵地。托尔梅斯河、埃斯拉河、杜罗河、卡里翁河、皮苏埃加河都不能阻止他的进攻。约瑟夫毫无斗志,甚至放弃了布尔戈斯城堡,由于担心与法国失去联系,他撤退到了埃布罗河上游。

官方为这次迅速退却给出的借口是给养不足;但两位英国军官(汤姆金森和西蒙斯)的日记表明,他们发现埃斯拉河和埃布罗河之间的乡村粮食储备丰富,土地也十分肥沃。西蒙斯当时在著名的轻步兵师服役,他注意到来复枪兵进入冬季营地后一枪未发,直到埃布罗河源头附近的山区才与法军发生小规模战斗。法军确实有必要撤退,这样就可以使国王的部队与分别在纳瓦拉和比斯开的克洛泽尔将军及富瓦将军取得联系。约瑟夫已下达紧急命令,要求两军前来会合,因为正如他对克拉克解释的那样,此时最为紧要的是打败威灵顿,只要实现了这个目标,西班牙的游击战就会瓦解。

可是,克洛泽尔和富瓦并不听从国王的命令,而是听命于巴黎;直到6月5日,约瑟夫也没有得到克洛泽尔的任何回复。最终,那位将军在6月15日才从潘普洛纳写信,称他已于5月30日和6月7日接到了约瑟夫的命令,将起兵与之会合。如果他立刻调动手下的机动纵队,全速开往50英里之外与国王会合,法军的兵力至少可以增加14000人。但他集中部队的工作遇到了一些困难,6月22日,他终于靠近维多利亚,此时法军的败局已无法挽回。[①]

与此同时,威灵顿已预见到迅速行动是至关重要的。年初,他敦促英国海军当局加强在西班牙北部的舰队实力,以便他能适时地以桑

---

① 《约瑟夫国王回忆录》,第9卷,第284、294页。约瑟夫下达给克洛泽尔的第一道命令是由一支1500人的卫队送去的。

《拿破仑传》

The Life of Napoleon

I

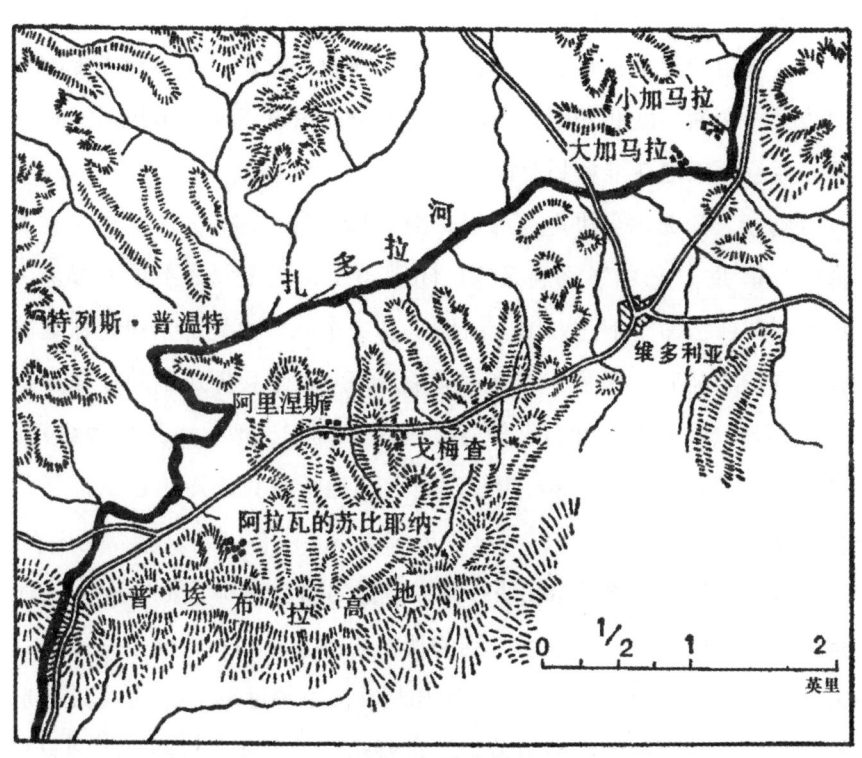

维多利亚战役

坦德作为补给基地。海军的支援没有达到他的预期；①但在他离开布尔戈斯之后，就可以在一定程度上利用北方港口，从而缩短交通线。实际上，维多利亚战役充分说明，与始终担心交通线的敌人相比，后方及侧翼稳固的统帅拥有多么巨大的优势。英军舰队在北面掩护威灵顿，为比斯开的游击战提供补给，并给约瑟夫带来了真实而无形的危险。这可以在很大程度上解释，为何英军司令可以如此迅速行动，如此坚定、大胆地推进左翼部队。在这一侧，险峻的群山和咆哮的激流都没能阻挡英军轻装前进。在埃布罗河源头附近，法军与本土的交通线又一次遭遇威胁，不得不离开主河道，沿着支流扎多拉河河谷上溯，疲惫不堪地在维多利亚盆地落脚。

约瑟夫和茹尔当决定在那里作战。和往常一样，大本营里又是一番相互指责。"茹尔当又病又气，闭门不出；国王同样不见人影。"②几乎没有什么命令下达。镇上挤满了各类车队，直到那个决定命运的施洗约翰节拂晓，最后一支车队才在3000名士兵押送下前往法国。尽管如此，约瑟夫仍然有希望守住阵地。确实，他手上只有大约7万名官兵，或许更少些；但在19日晚上，他听说克洛泽尔已从潘普洛纳出发。

他立刻下令克洛泽尔加快行军，但他的谕旨落到了敌人手中。③于是，约瑟夫依仗着一支不会来到的援军与同盟军对抗。同盟军的总兵力为83000人，但内皮尔断言，参加战斗的不超过6万人。法军左翼驻扎在普埃布拉附近陡峭的山坡上，这些山坡俯瞰扎多拉河，中间只有一道狭窄的隘谷。中路部队守在一道不那么险峻的山脊上，与河流中段平行向北延伸。更靠近上游处，扎多拉河河道上有一处急弯，拱卫

---

① 梅尔维尔（Melville）勋爵对威灵顿在此事上的无端指责表示不满，参见《马丁爵士书信集》（英国海军档案，1898年）。
② 米奥·德·梅利托,《回忆录》，第2卷，第18章。
③ 克洛泽尔后来抱怨道，如果他收到了这样的命令，就可能赶到维多利亚（《约瑟夫国王回忆录》，第9卷，第454页）。法军的花名册在维多利亚遗失了。内皮尔估计他们的兵力为7万人；梯也尔的说法是54000人；茹尔当则说是5万人。

着山脊的北翼；即使敌军大胆进攻，将法军逐出这些高地，他们也可以后撤到更靠近维多利亚的两道较矮的山脊上。可是，这些天然优势并没有得到充分利用。法军前线对面的桥梁没有拆毁，守军也过于分散。由雷耶将军的"葡萄牙军团"组成的右翼部队守卫着维多利亚以北的桥梁，因此与驻守在西面5英里处高地的主力部队没有联系。

黎明到来，天色仍很阴沉；大雨之中，雾气腾腾，希尔的部队在此掩护下登上了普埃布拉的陡峭山坡。西班牙军队的一个旅在莫里略将军的率领下，敏捷地从西南方爬上山坡，在顶峰附近得到了一个立足点，并在援兵到来后牢牢地守住了阵地。与此同时，希尔的其他部队从他们的下方穿过普埃布拉隘口，经过一番激战，从敌人手中夺取了苏维哈纳村。约瑟夫和茹尔当从中路调兵增援也无济于事；英西联军在村庄和各个高地上都岿然不动。威灵顿的主力也向前推进，攻击扎多拉河对岸山脊上的法军中路部队；格雷厄姆通过崎岖不平的乡间，长途绕道向北，试图奇袭雷耶并将其驱离维多利亚以北的桥梁。在这次进攻中，隆加上校率领的西班牙非正规军作为向导，起到了难以估量的重要作用。他们很好地掩护了格雷厄姆的行动，直到攻击发起的一刻，雷耶都不知道英军的一个师就在眼前。中路的情况也是如此，一位西班牙农民告诉威灵顿，特雷斯蓬特斯的主桥无人把守，并带着肯普旅走过一段遍布岩石的道路，进入距离不远、易于发动突袭的位置。

英军夺取了大桥，完全绕过了约瑟夫的前哨阵地，皮克顿也有时间集中兵力。他们果断地冲上山坡，法军中路因北翼遭到猛攻而削弱，此刻更是阵脚大乱。与此同时，约瑟夫的左翼在希尔的反复冲击下开始动摇；远处传来的隆隆炮声表明，格雷厄姆与雷耶正在激战，这令西班牙国王心烦意乱，开始将部队撤往维多利亚。法军一度坚守阿里涅斯村，但皮克顿所部锐不可当，他们突破了法军断后部队的方向，这场战役变成了5英里崎岖道路上的追击战。在靠近维多利亚的最后几道山坡上，法国守军英勇抵抗，他们的炮兵给攻击部队造成了重大伤亡；但英军的第四个师在硝烟之中急进，夺取了法军左侧居高临下的小丘，扭转了局势。此时，法军除了迅速撤退别无他途，而骁勇善战的雷耶仍然没让格雷厄姆的优势兵力占到便宜。

不过，那里的战斗最终也朝着有利于同盟军的方向发展，尽管几经拉锯，法军还是撤进了维多利亚。这个城镇绝非避祸之地，而是一个死亡陷阱；因为格雷厄姆已派出一支特遣部队前往通向法国的大道上的杜拉纳，阻断了主要的撤退路线。约瑟夫的军队现在已陷入绝境，他们困在维多利亚拥挤的街道上，被英军的炮弹炸得七零八落，三个军团的残部无助地来回奔走，随后向东突围逃往潘普洛纳。只有那个方向看起来比较安全，因为英国骠骑兵在东北方的平原上打扫战场，法军借机全速逃窜。穿过沼泽地的狭窄堤道很快就挤满了人，恐慌情绪笼罩在每个人的心头，炮兵割断了炮车上的挽绳，落荒而逃；一辆辆马车上挤满了妇女，她们曾经风流快活，如今却吓得发疯；满载弹药、物资、财宝以及将军和宠臣们在五年的战争与掠夺中积攒起来的战利品的车辆，也都被胡乱丢在路上。茹尔当的元帅权杖被英军缴获，威灵顿将其送给摄政王，作为答谢，后者授予这位胜利者陆军元帅的军衔。

威灵顿当之无愧。这位英军统帅在四年中以寡敌众，终于在局势好转之后，全面展现了惊世骇俗的军事能力。六周之内，他长途奔袭500英里，越过了六条河流，利用纳瓦拉人民起而反抗的机会，给维多利亚以沉重一击。此役拿破仑损失了151门大炮，为半岛战役而准备的物资损失殆尽，还赔上了整个西班牙。①

---

① 威灵顿对此战的官方报告称，法军只带走了两门大炮；西蒙斯的《一名英国来复枪兵》（*A British Rifleman*）断言，法军的最后一门大炮是24日在潘普洛纳附近缴获的。威灵顿慷慨地将很大一部分功劳归于西班牙军队——远比内皮尔大度。

至于约瑟夫，他扔掉车驾，乘马逃往法国，抵达圣让德吕兹时"只剩一个拿破仑了"。他在那里向王后保证，他一直更愿意过清静、平凡的生活，而不喜欢公众视线下的浮华与喧嚣。①这确实是他弟弟的西班牙政策中诸多弱点之一。约瑟夫为人和蔼可亲，更适合平静的那不勒斯，而不是在马德里肩负那只有大力神才能胜任的艰巨事业。此时，拿破仑也发现了自己的严重错误。7月1日，他命令苏尔特立刻离开德累斯顿前往巴黎，在那里会同克拉克，一起去见康巴塞雷斯；并以副总司令的身份，采取措施复兴皇帝在西班牙的事业。将由一位摄政代替约瑟夫治理西班牙，此人奉命根据局势留在布尔戈斯、圣塞巴斯蒂安或巴约讷。

　　当天，拿破仑写信给康巴塞雷斯："在西班牙所做的一切蠢事，都是因为我错误地迁就了国王，他不仅不懂得指挥作战，而且没有自知之明，居然要干涉军事指挥。"

　　两天之后，他又写信给萨瓦里：

　　"现在西班牙发生的事情简直令人难以置信。国王本可集结10万精兵，这些人足以打败整个英国。"

　　然而，只要反思一下就能明白，错误是拿破仑自己犯下的；如果像他离开巴黎时想过的那样，将西班牙的最高指挥权交给苏尔特，这场惨败绝不会发生。②半岛战争最后发生的几件事证明，他对苏尔特能力的信心并没有错。但是，不管是他出色地将被打散的法军部队聚拢起来，还是克洛泽尔和絮歇的巧妙机动，甚或法军在潘普洛纳和圣塞巴斯蒂安的顽强防御，都无法拯救法国人的事业。最后这些行动的唯一成果是恢复了法国军队的荣耀，而当萨克森平原上的战局胜负未定之时，将15万名官兵留在了西班牙。

　　从拿破仑的信件中可以看出，当他第一次听到维多利亚惨败的模

---

① 杜卡斯，《列王纪——拿破仑的兄弟们》。
② 《未发表的拿破仑书信》，7月1日、3日、15日和20日。

糊传言之时，就深深感到不安。7月的前三天，他在德累斯顿写了7封与此有关的紧急公函，措辞十分激烈，以至于《拿破仑书信集》的编辑们认为最好省略它们。他还竭力掩盖事实，命令官方报纸只做如下陈述：在维多利亚激战之后，法军正在阿拉贡集结，英军在该镇缴获了因缺乏马匹而丢弃的大约100门火炮及牵引车。

掩盖事实的理由很充分。拿破仑深知，这一惨败必然大大降低他恫吓东部诸国、惩罚奥地利武装调停行为的可能性。迄今为止，他看起来很有可能取得成功。法国军旗在易北河和奥得河的所有要塞上空飘扬，汉堡正在迅速成为法军大营，丹麦也站在了法国一边。

确实，德意志时事评论家根茨根据6月4日的形势得出结论，弗朗茨皇帝的犹豫不决，可能以可耻的妥协告终。这位皇帝渴望和平，但也希望摆脱女婿令人厌烦的控制，并夺回伊利里亚。目前，他还摇摆不定。吕岑之战的消息传来之前，他毫无疑问会为反法同盟鼓劲，可失利的结果导致他向左转了九十度，倾向拿破仑了。G.杰克逊爵士在日记中写道："波拿巴在吕岑的胜利使弗朗茨重新考虑他本就决心未定的想法。"这对于同盟国来说是主要的困难。它们的命运和欧洲的未来，很大程度上依赖于一个本性优柔寡断的人，而身处逆境令他更加难以决断。幸运的是，西班牙传来的消息最终使他倾向于开战；不过在几周之内，他的决策仍是欧洲政坛中的未知数。另一件幸运的事是，他愿意听从梅特涅擅长的那种柔中带刚的意见，这位政治家和往常一样，工于心计而又不偏不倚，深知奥地利可以在等待中获取很大的利益。他的军队在人数和作战效能上都在增长，以武装调停的提议为掩护，在波希米亚占据了强有力的地位。实际上，奥地利正在恢复声望，有希望在即将于布拉格召开的欧洲大会上将自己的意志强加于交战诸国。因此，梅特涅继续向双方释放善意，倡议合理、持久的妥协。

他的这种做法，不仅表现在所选择的措施上，也表现在人选上。

他派布勒纳伯爵前往拿破仑的德累斯顿大本营，伯爵为人诚恳、一心追求和平，有助于平息那里的敌意和疑心。而派往赖兴巴赫同盟军大本营的，则是施塔迪翁伯爵，此人的认真程度不亚于布勒纳，但目的却是战争。因此，圣彼得堡、柏林和伦敦宫廷因施塔迪翁的言辞而希望奥地利有意拔剑出鞘，而拿破仑却倾向于相信，该国不过是在刀鞘里弄出点动静来，最终一定会屈从自己的要求。

施塔迪翁写给梅特涅的书信表达了他对这一结果的担忧。他催促梅特涅结束过去六个月摇摆不定的政策："这些人吃败仗是因为我们的错误，我们三心二意、谨守中庸之道，现在，他们就要摆脱困境，而让我们付出代价。"至于奥地利将来收复伊利里亚的要求，如果法国皇帝仍然是德意志和意大利的主人，谁能保证他会让这片土地留在奥地利手上六个月呢？只有与反法同盟诸国组成紧密的联盟，才能保护奥地利免遭拿破仑的报复，否则将使该国彻底毁灭。那么，就将那些胆小怯懦的谋臣从弗朗茨身旁赶走吧。"我坚持自己反复说明过的信念：我们已不再能主宰本国事务，时代的洪流将带着我们前进。"[①]从梅特涅多年以后所写的回忆录中可以判断，他私下一直支持这些意见。可是，在停战前六周，他的行为和所写的公文却是另一回事，几乎不带任何色彩，或者说有些反复无常。在德累斯顿，奥地利方面看起来似乎支持法国；而在赖兴巴赫，施塔迪翁的表现让人觉得有可能建立又一个欧洲同盟。

6月7日，梅特涅拟定了几个条件，坚持以此作为奥地利武装调停的基础，这是奥地利政策新的重要发展。这些条件是：（1）废除华沙公国；（2）随后重建普鲁士，确保该国收复但泽；（3）伊利里亚诸省（包括达尔马提亚）重归奥地利；（4）重建汉萨城镇，并最终安排割让第32军事区（拿破仑于1810年兼并的北德意志土地）

---

① 施塔迪翁在5月30日、6月2日和8日致梅特涅的信；收录于卢克瓦尔德著作，第382页。

的其他部分。此外，奥地利还重点加上了其他两个条件：（5）废除莱茵邦联；（6）按照1805年前的疆域重建普鲁士。

乍一看，这些条件似乎有利于同盟国的事业，但在范围上不如亚历山大5月中旬提议的那么广泛。因此，当这些条件递交到赖兴巴赫的同盟国面前时，并没有受到欢迎，几天之内，对奥地利的亲善态度也蒙上了猜疑的阴影。施塔迪翁费尽心机，加上梅特涅在奥波奇诺与沙皇会晤（6月17日）时的机智表现，总算打消了同盟国的疑心。

亚历山大前往奥波奇诺时成见颇深，认为梅特涅擅长两面派手法，但此次会谈却让他相信，后者对同盟国怀有善意。沙皇问道："如果拿破仑接受你们的调停，我们会得到什么样的结果？"这位政治家回答道："如果他拒绝，停火也就结束了，您会看到我们加入同盟国的行列。如果他接受，那么谈判的过程会证明，拿破仑既不明智，也不公正，结果还是一样的。"亚历山大深知大敌的性格，也看出梅特涅的预言充满智慧；腓特烈·威廉和他都同意了奥地利的条件。[①]因此，6月27日，在赖兴巴赫秘密签署了一项条约，奥地利承诺，如果拿破仑在停战结束时不答应它的"四项必要条件"，它就将主动与俄国和普鲁士结盟。除了这四项条件，同盟国方面还要求法国军队撤出所有波兰和普鲁士要塞，几乎可以肯定的是，拿破仑将拒绝这一要求。[②]

与此同时，同盟国从英国得到了军费。沙皇曾在卡利什告诉卡思卡特，尽管他没有催促英国政府提供补助，但如果没有这些援助，他就无法发动一场漫长的战役。6月14日和15日，英国大使与俄国和普

[①] 卡思卡特6月16日4时从赖兴巴赫发出的"绝密"公文。就在一个月之前，他报告称，沙皇向奥地利提出的建议包括了所有这些条件，口气十分绝对，并要求荷兰脱离法国，恢复波旁王朝在西班牙的统治，"意大利诸邦都能摆脱法国的统治和影响，实现自由"。这也是梅特涅私下希望的，且以奥廖河作为奥地利西南边界。参见翁肯的著作，第2卷，第644页。正式条件在一定程度上受到了弗朗茨皇帝的直接影响。

[②] 在条约的一个秘密条款中，英国承诺在奥地利加入同盟国之后立刻预付给奥地利40万英镑的补助金。

鲁士签订条约，同意每年补助前者1133334英镑，后者的补助金减半，并支付驻扎于英国海港的俄国舰队的一切开支。沙皇和普鲁士国王则分别保证派出16万和8万名士兵参战（守备部队除外）。①

做这些准备的理由很充分。一切迹象表明，拿破仑决心恫吓同盟国。6月17日，拿破仑的军队在莱比锡附近的基岑消灭（俘虏）了吕措的志愿军，这一行为的借口是吕措违反了停火协议，可是，吕措已使当地的法军指挥官尼萨斯相信，他忠实地遵守停火协议。尽管如此，他的部队还是被消灭了。同盟国的抗议没有得到任何回复，法方只是表示，吕措的士兵可以交换——仿佛他们是在公平的战斗中被俘虏的。最终，拿破仑拒绝听取尼萨斯的辩词，斥责他有损法国军队的名声，撤销了他的职务。②

然而，拿破仑6月26日在德累斯顿的马尔科利尼宫与梅特涅会晤时的态度，最清楚地表现出了他施政中缺乏灵活性的问题。表面上，这次会晤是为了安排即将召开的确保世界和平的欧洲大会。但事实上，拿破仑希望威胁这位奥地利政治家，并从他那里打听到最近与沙皇的会谈成果。他腰悬佩剑、手持礼帽，正式接见了梅特涅。说了几句事先准备、有关弗朗茨皇帝健康的客套话之后，他板起面孔，直奔主题："这么说你们也想打仗，好吧，你们会如愿的。我已经在包岑

---

① 马滕斯，《条约集》，第9卷，第568—575页。英国对普鲁士的疑虑重现（在它夺取汉诺威之后，这几乎是不可避免的），这不仅表现在给它的补助金最少——对瑞典、汉萨城镇和汉诺威派遣的军队，英国提供了200万英镑的资金——还表现在规定它应该同意，将原属普鲁士的东弗里西亚和希尔德斯海姆地区最终并入汉诺威。在它极不情愿地同意将来割让这些地区之前，英国还拒绝签署《赖兴巴赫条约》，这在德意志一直被看成是桩卑劣的交易。但是，正如卡斯尔雷指出的，那些地区大大阻碍了汉诺威的发展。普鲁士将因为这些牺牲而得到补偿，而在"联合纸币"发行中，英国承担了主要的负担，正是这种货币使同盟各国能够备战（《卡斯尔雷文件集》，第2集，第4卷，第355页；第3集，第1卷，第7—17页；以及《巴思档案》第2卷，第86页）。另外，英国当时正向施特拉尔松德和科尔贝格运送3万支步枪，供普鲁士军队使用（外交部档案，瑞典部分，第79中7月28日给桑顿的公文）。7月6日，英国同意支付沙俄军队序列中1万名德意志军团士兵的费用。这支部队的军需官是洛上校。
② 官方报告参见加登，《条约集》，第14卷，第486—499页；另见博塞《拿破仑的宫廷》中的叙述。

打败了俄国人,现在轮到你们了。就这样吧,我们会在维也纳相见的。人总是本性难移,经验对你们也不起作用。我已经三次让弗朗茨皇帝重登大宝,也曾答应一直与他和平相处,还娶了他的女儿。当时我对自己说——你做的是件蠢事,可是做都做了,现在我后悔了。"

梅特涅发现自己处于有利的地位:他的对手已经失去耐性,忘记了自己的尊严。他平静地提醒拿破仑,和平取决于后者;法国皇帝必须将权力缩减到合理的限度,否则就会在随后的斗争中垮台。没有一位斗牛士在舞动披风挑逗公牛时,能有他这般敏捷。拿破仑猛扑了过来,他扬言,不会在任何联盟面前退缩,无论对手有多少人,他都能将其击败,俄国的寒冬是个例外,但那场战役的损失已经得到弥补。接着,他偏离正题,大讲那场战争中的故事,顺便提起自己准确地知道奥地利的战备情况,每天都收到详细的报告云云。为了阻止这次漫无边际的谈话,梅特涅提醒拿破仑,他的部队现在都是由孩子而不是男人组成的。皇帝激昂地回击道:"你不知道战士的想法;像我这样的人不会在乎100万人的生命。"——说着将帽子丢在了一边。梅特涅并没有捡起它。

拿破仑注意到了这无声的蔑视,最后说道:"我迎娶一位公主,为的是将新旧世界、中世纪的偏见和这个世纪的制度融为一体;这是自欺欺人,今天,我彻底认识到了自己的错误。这可能使我失去帝位,但我将把世界埋葬在它的废墟之下。"送走梅特涅之前,皇帝还要了个花招,那正是他在1803年与英国决裂前不久建议塔列朗对惠特沃思所做的——极尽威胁之后,再诉诸甜言蜜语。他拍了拍奥地利大臣的肩膀,平静地说道:"好了,现在你知道将会发生什么了吧?你不会对我宣战吧?"梅特涅不假思索地答道:"您已经输了,陛下;来的时候我就有预感,而现在我要走了,对此已经确定无疑。"这位贵客在前厅里被将军们簇拥着,贝尔蒂埃之前曾请求他牢记,欧洲和法国都急需和平;将他送上马车时,又问他对拿破仑是否满意。梅特涅的回答是："是的，他已经对我解释了一切，这个人已经完了。"①

事实的确如此。在当时的情况下，拿破仑对奥地利的憎恨是自然产生的，这导致他怒不可遏，将内心的激情之火显露了出来。在6月30日的第二次会晤中，他的表现就得体多了，让奥地利感到有希望收复伊利里亚。他还接受了奥地利的调停，约定在布拉格召开大会，讨论全面和平的问题。梅特涅似乎对皇帝这种屈尊的态度颇为满意，但根据经验，他知道拿破仑的爱抚和暴怒一样危险，因此仍然保持着戒心。皇帝很快透露了真实的目的。他以温和的口气说道："但这并不是全部，我必须延长期限。我们怎么能在7月5日到20日之间就结束一场关乎全世界的谈判呢？"他提议以8月20日作为停火的最后期限。梅特涅表示反对，因为同盟国已经认为，停火期限太长，不符合它们的利益。最终，双方同意以8月10日为限，但是同盟国的部分将军仍然持反对态度，坚称这样拖延将给他们带来很大的困难。

表面上看，这一新安排好像预示着和平。但值得注意的是，6月28日，拿破仑写信给欧仁说，看起来战端肯定要重开；6月30日，他给岳父写了一封口气冷淡、几乎是威胁性的信。

就在这一天的深夜，拿破仑收到了维多利亚惨败的第一份报告。尽管他采取了一切预防措施，消息还是在德累斯顿泄露了。布勃纳于7月5日、6日和7日发出的公文使当时身在波希米亚布兰代斯的弗朗茨得知此事。7月12日，消息又从那里传到了特拉申贝格②，同盟国君主与贝纳多特正在那里谈判，下文将做详述。这些消息影响巨大。

---

① 两位狡猾的阴谋家私下会面的任何叙述，都应该以谨慎的态度接受；我们有理由怀疑，梅特涅是否真的像后来的《回忆录》中所说的那么坚定，更不用说采取这样的挑衅态度了。但总的来说，他的叙述比拿破仑的秘书费恩在《1813年手稿》（第2卷，第2章）中写的更可信。费恩称会见日期是6月28日；《拿破仑书信集》中也收录了这篇手稿，但标注的日期是6月23日。翁肯表明，正确的日期是6月26日。比尼翁的叙述（第12卷，第4章）像往常一样带有偏见。

② 今波兰日米格鲁德。——译注

第34章 维多利亚与停战　673

沙皇立刻命令唱响赞美诗。卡思卡特写道:"这个宫廷为了帝俄军队未参战的胜利而唱赞美诗,还是第一次。"[1]不过,这些消息造成的后果不仅仅表现在仪式上,还体现在实际中。随贝纳多特前往特兰申贝格的英国公使桑顿称,布勃纳已经获悉,威灵顿全面击溃了法国的三个兵团,后者就像从莫斯科撤退时那般狼狈。桑顿还说:"王储(贝纳多特)认为,法军很快将撤出西里西亚,波拿巴肯定很快就会撤到更靠近莱茵河的阵地上。我毫不怀疑这个消息对奥地利的影响。今天,王储收到了(弗朗茨)皇帝从奥军大本营写来的信件,其中就可以看出这一点。"这封信是7月9日写的,语气确实非常热情友好。弗朗茨表示,很高兴听到"阻碍殿下统率各部相互协作的障碍现在已经消除。我认为这种合作,是各国再一次以战争捍卫的事业最可靠的支柱之一。只有最伟大、最齐心协力的措施,才有机会在这样的战争中取得胜利。"[2]言尽于此,弗朗茨几乎已经承诺无条件加入联盟了;毫无疑问,正是维多利亚的消息促成了这个令人安心的保证。

更可以肯定的是,《特拉申贝格协定》也有助于结束奥地利的犹豫不决。这个协定的签订,是因为急需采取一个全面的作战计划,最重要的是结束同盟国君主与贝纳多特之间的争执。由于没能从法国人和丹麦人手中拯救汉堡,瑞典王储已经失去了同盟国君主们的信任,但是,从他这一方面出发,也有理由抱怨。前一年夏季,亚历山大曾给他带来希望,认为在挪威的一场战役中能得到35000名俄军的援助;然而,主要是英国的原因,他现在于波美拉尼亚登陆,使瑞典靠挪威一侧暴露在丹麦的攻击之下。因此,他建议与同盟国君主们会晤,这一请求得到了卡斯尔雷的热情支持。[3]于是,这次会晤在布雷斯劳以北的特拉申贝格城堡举行,取得了最令人高兴

---

[1] 卡思卡特7月8日报告,施瓦岑贝格曾敦促延长停火协议,以便奥地利能应对法国"规模庞大、出人意料的"准备。(外交部档案,俄国部分,第86号)
[2] 外交部档案,俄国部分,第86号。
[3] 桑顿7月12日的公文(《卡斯尔雷文件集》,第2集,第4卷卷末)。

的成果。这位伟大的加斯科涅人以他的热情扫除了一切阴云，赢得了腓特烈·威廉的认可。

7月12日，他们在特兰申贝格签署了这份著名的协定（或者叫作计划）。同盟国将把主要的力量放在对抗拿破仑的主力军上，不管后者在什么地方。威胁法军侧翼或交通线的同盟国军队，将在能最直接切入敌方阵线的地方采取行动；计划中明确提出，波希米亚突出部是攻击拿破仑主力的最有利阵地。在上述原则中，第一条和第三条直接用于鼓励奥地利；第二条的目标是集中贝纳多特的部队于主战场，防止他仅与丹麦开战。

这项计划更进一步：一旦停战结束，同盟国将向波希米亚出兵10万人，组成一支总数为20万人的大军。北面的贝纳多特向汉堡派出一个军之后，将率领7万人的俄普瑞三国联军挺进易北河中游，目标是莱比锡；留在西里西亚的其他同盟国部队则向托尔高进军，从东面威胁拿破仑在萨克森的阵地。与过去的历次反法同盟相比，这一作战计划是巨大的进步。它不依赖于阵线和营寨；马克和普尔的时代过去了；同盟国最终从拿破仑那里学到，必须找出敌人的主力部队，集中一切可用的部队对其发动猛攻。从政治角度，《特拉申贝格协定》也值得注意。协调从波希米亚发动的攻势的同时，同盟国也进一步决定了奥地利的行为。

同一天，和平大会在布拉格召开。从一开始，会议的进程就十分滑稽。只有俄国特使安斯泰特和普鲁士特使洪堡到场；由于前者是阿尔萨斯人，拿破仑对此大为不满。有关停战的种种困难，无疑给了他一个求之不得的机会，可以进一步拖延谈判。梅特涅在布拉格向法国特使纳尔博纳指出，如果到8月10日午夜，这些问题得不到友好的解决，此类无谓的拖延只会引起战争。[①]可是，他的意见

[①] 桑顿7月12日的公文（《卡斯尔雷文件集》，第2集，第4卷卷末），第383和405页。

没有起到任何作用。纳尔博纳和科兰古请求他们的主人抓住机会，达成安全、体面的和约，同样无济于事。直到7月中旬，拿破仑才任命二人为大会上的全权代表；即便到了那个时候，他仍然将科兰古留在德累斯顿，而纳尔博纳因在布拉格无所作为而十分焦急。马雷以玩世不恭的口吻给纳尔博纳写了封信："我没给你多少权力，但给了你很多能力，你的手给绑住了，不过腿和嘴是自由的，这样你就可以四处逛逛，吃吃喝喝。"①26日，科兰古最终收到了拿破仑的指令，然而，看到拿破仑一心想要和整个欧洲开战，这位法兰西的忠诚儿子想必痛苦万分。他的主人说，奥地利正在扮演调停者的角色，而调停者不应该着眼于利益；它没有做出任何牺牲，就不配得到任何好处；它的要求永无止境，法国做出的每一次让步，只会鼓励它提出更多要求。拿破仑倾向于以令人满意的条件同俄国媾和，以惩罚奥地利背信弃义、破坏1812年的盟约。②

这种将世界和平视同儿戏的场景，似乎不属于历史的范畴，而应该出现在阴郁的希腊悲剧中：那些戏剧中的凡夫俗子自命不凡，盲目地奔向命中注定的战场。奥地利对拿破仑的要求是什么呢？它想让他统治从埃姆斯河的沼泽地到罗马-坎帕尼亚大区的所有土地；他可以占有意大利，以及伊比利亚半岛的很大一部分。但是，他必须放弃对伊利里亚、北德意志和莱茵邦联的控制。对于一个损失了50万军队、现在甚至要失掉西班牙的男人而言，法国、比利时、荷兰和意大利已经称得上是宏伟的版图了。然而，拿破仑的书信证明，即便在这种情况下，他仍然蔑视对手，尤其是布拉格的和平大会。

---

① 详见翁肯、卢克瓦尔德、梯也尔、费恩的著作，以及布罗伊公爵的《回忆录》；另见根茨1813年7月16日—22日的《致皮拉特的信》。普鲁士大使洪堡于7月13日向柏林报告，梅特涅认为战争已难以避免，大会只是说服弗朗茨皇帝不可能得到持久和平的一种手段。
② 梯也尔的著作；埃尔努夫的《巴萨诺公爵马雷》，第571页。

他让全权代表去纠缠于那些徒有其表的讨论，于7月24日从德累斯顿出发，访问美因茨，在那里与皇后相会并检阅了后备军。收到的每条消息都在加强他发动战争的决心。苏尔特率领仅10万官兵，准备解潘普洛纳之围（他在写给科兰古的信中是这么说的），英军正在溃退，从西班牙军团中抽调的12000名久经沙场的骑兵很快就会抵达莱茵河上，不过9月前还到不了易北河。如果同盟国想要更长时间的停战，拿破仑将表示同意；如果它们希望开战，他也同样做好了准备，甚至对抗奥地利。①他写信给在汉堡的达武，所表达的意思就像战争肯定会发生一样；他还命令巴黎的克拉克，在年底之前制造11万支步枪，这样，一共将备有40万支枪。引人注意的是，关于和平大会的信件却一封都没有；一切都证明，正如他在停战开始时给克拉克的信中所说的那样，他打算在9月份大举进攻。我们一点一点地看到他的最终计划显现——打倒俄国和普鲁士，与此同时，在布拉格向奥地利单独提出建议，让它高兴上一两周。

但是，经过八年的敌对，欧洲政治家已经吸取教训：分裂预示着灾难；很明显，拿破仑的拖延是因为几个新骑兵旅装备与训练的需要。至于欧洲大会，没有人认真对待。与梅特涅来往甚密的根茨看出，这出悲喜剧就要完结："我们相信，拿破仑返回德累斯顿后，将会给奥地利宫廷发来一份庄严的照会，将他自己造成的拖延归咎于所有人，再附上最后通牒。我们的回应就是宣战。"②

事态的发展果然如此。7月就要过去，不仅没有提出任何和平建议，拿破仑反而抓紧催逼萨克森、巴伐利亚和伊利里亚，弗朗茨皇帝也倾向于战争了。直到7月18日，他写信给梅特涅时仍说，只要能得到伊利里亚，他仍然希望和平。③但就在几天以后，法国的军

---

① 比尼翁，《法国史》，第12卷，第199页；勒菲弗，《欧洲各国的内阁》，第5卷，第555页。
② 根茨8月4日致G.杰克逊的信（《巴思档案》，第2卷，第199页）。埃尔努夫的《巴萨诺公爵马雷》（第579—587页）中有一个奉承拿破仑的版本，排除了这位大臣的罪责。
③ 梅特涅，《回忆录》，第2卷，第546页（英文版）。

第34章　维多利亚与停战

事准备就促使他决定,除非在8月10日前,奥地利的每个要求都得到满足,否则就将开战。英国方面的记录证明,奥地利的谋臣们已经得到了这个结论。7月20日,施塔迪翁写信给卡思卡特,敦促他向纽金特将军提供资金援助,后者正焦急地等待着,和他一起协调在提洛尔和意大利北部发动反对拿破仑的叛乱;英国特使同意每月支付5000英镑,以"支持与在亚得里亚海的英国舰队联络的5000名奥军士兵"。这一措施得到了梅特涅的赞同;他从布拉特写信给施塔迪翁(7月25日)时,建议卡思卡特向威灵顿发去公文,要求他向法国南部发动有力进攻。梅特涅将派人经瑞士和法国南部,安全地将信件直接送到英国将军手中。①

我们无须关注欧洲大会上那些无聊的表面文章。法国全权代表显然知道,他们的主人"除非在他脚踏敌人脖颈、任意发号施令之时,否则不允许达成任何和约"。但是,他们坚持完成这项吃力不讨好的任务,因为"谁知道,当皇帝发现和平条件对己十分有利,又担心对方增加了20万士兵时,会不会有所犹豫呢?谁又知道,他会不会突然多了一分理智,一分智慧呢?"可惜,此时的拿破仑已听不进任何建议;年轻的德布罗伊(上文引用的就是他的话)以一句尖锐的话总结了法国全权代表们的意见:"他魔鬼附体了。"②

拿破仑虽然疯狂,却仍有条不紊。在德累斯顿的会晤中,他曾提醒梅特涅,不到最后一刻,他绝不会透露真正的要求。现在正是发出最后威胁的时机。8月4日,他又一次回到德累斯顿,次日,他口述了接受奥地利调停的秘密条件;8月6日,科兰古私下拜访了梅特涅,了解奥地利的真实条件。到布兰代斯与弗朗茨短暂会面后,梅特

---

① 外交部档案,俄国部分,第86号。档案中附有纽金特将军从布拉格写的一封信(7月27日)。当他(纽金特)向梅特涅表达了对科兰古到来的担忧,认为这预示着媾和时,梅特涅回答道,这不会带来任何改变,"因为现在的建议就肯定不会被接受,何况条件还在增加"。

② 《布罗伊公爵回忆录》(*Souvenirs du Duc de Broglie*),第1卷,第5章。

涅带回了6月7日拟定的六项条件，这也是一份最后通牒；此时，他又增加了一条：每个国家不管是大是小，都将保证现有的疆域。

拿破仑对如此大胆的要求颇为吃惊，并将之归咎于西班牙事件的影响和英国人的阴谋。①8月9日，他召见布勃纳，提出放弃华沙公国——只要萨克森国王能得到补偿——伊利里亚诸省（但不包括伊斯特里亚）和但泽（不过要拆毁工事）。至于汉萨城镇和北德意志，他绝不放弃。布勃纳以为奥地利会默许这些条件，可是它已做出了最后的决定。奥地利方面知道，拿破仑只是在玩弄该国，直到解决俄国和普鲁士。8月10日午夜，利森诸峰上烽火四起，向西里西亚的同盟国军队发出了令人喜悦的信号：他们可以开始向波希米亚进军了。欧洲解放更加宏伟的第二幕大戏开场了。

在这场命运的危机中，不知拿破仑是否记得：就在21年前，法兰西旧王朝倾覆，当时的他就在杜伊勒里宫看着保王派军队的防线崩溃，看着英勇的瑞士卫队徒劳地抵抗？

---

① 1813年8月6日英国外交部给即将上任的驻维也纳大使阿伯丁勋爵的指示和附件，清楚地表明了英国当时的目标："……阁下从这些指令中可以领会到，根据国王陛下的政府判断，为了使欧洲能够得到充分的安宁和独立，全面的和约中应至少将法国限制在比利牛斯山脉、阿尔卑斯山和莱茵河边界内。如果欧洲其他大国认为自己能为了这样的和约而斗争，大不列颠已做好了充分准备，与他们采取相同的政策路线。然而，如果最直接相关的大国决定不冒险进行持久的斗争，而是将自己的安全寄托在不太完善的安排上，英国政府的政策绝不是强求各国，在没有体会到战争对本国以及共同安全的重要性时延续战争。"至于细节，英国希望看到威尼西亚归还给奥地利，教皇辖境归还给教皇，意大利西北部归还给撒丁国王，但相信可以在意大利中部为缪拉找到"一块不小的地盘"。拿破仑知道英国渴望将法国限制在"自然疆界"内，且决心坚持海洋权利要求。由于英国政府采取的这一路线不受欢迎，在限制法国势力的计划上也比奥地利走得更远，因此他有很好的机会，可以使大陆各国与英国分离。但他还是声称，那些国家被英国收买了，英国竭尽全力，想要羞辱法国。

第35章　德累斯顿与莱比锡

激进的法国大革命已经到了它的成年时期，不得不直面严阵以待的欧洲。在此之前，东欧各国相互猜疑、相互提防，无法形成有效的联盟。1792年的奥地利–普鲁士同盟因为女沙皇叶卡捷琳娜狡猾地保持中立而显得非常松散。1798年和1805年，普鲁士似乎也模仿了她的政策，直到奥地利战败，腓特烈大帝的军队才打算与拿破仑决战。耶拿和弗里德兰战役中，哈布斯堡王朝扮演愠怒的古希腊英雄阿喀琉斯，终于在1809年遭到了应得的惩罚。1812年战争，奥地利和普鲁士都成了拿破仑远征俄国的胁从。但是，这也使它们得到了拯救，拿破仑在布拉格谈判中顽固不化，决定了他的命运，事实上，正是这种态度迫使他的岳父拔剑相向。表面上，争论的焦点最终归结于对莱茵邦联的控制、北德意志的归属以及几个较小的问题。但实际上，拿破仑的性格才是更深层的原因。

拿破仑总是带着报复的心理去践踏对手，有着超乎常人的统治欲，不愿意听取任何妥协的建议——这一切都驱使哈布斯堡王朝与其宿敌结盟。对他的这种行为可能有很多种解释：源于科西嘉民族"族间仇杀"的本能，或者他仍然从大陆封锁体系的角度歪曲地看待形势的发展，或者源于他根深蒂固的信念——归根到底，只有恫吓才能让欧洲统治者们就范。

无论如何，他现在已经做到了查尔斯·詹姆斯·福克斯宣称不可能的那件事。1806年4月与法国开启和谈时，英国外交大臣曾向塔列朗表明,"联合整个欧洲对抗法国的计划是不切实际的"。然而,英国和西班牙爱国者从1808年到1812年独自对抗征服者之后,却看到俄国、瑞典、普鲁士和奥地利一个接一个地站到了他们这一边。诚然,莱茵邦联中的德意志人、意大利人、瑞士人和丹麦人仍站在新查理大帝的旗帜下;但除了丹麦人,他们不是消极厌战,就是满腹狐疑,因为从这场战争中,除了空洞的胜利和无休止的争吵之外,他们什么也得不到。

确实,见证拿破仑垮台的那几年中,发生了很多看起来很荒谬的事情。这个时代中最伟大的政治天才,仅仅因为不懂得适可而止,导致欧洲联合起来与之对抗;而最为深谋远虑的指挥官,却让敌人争得时间,组建了一支有效的联军。普鲁士将军冯·博延在回忆录中告诉我们,热情的德意志爱国者们在6月份达成停火时有多么失望,就连更有智慧的人,也在很久之后才发现,停火给他们的事业带来了多大的好处。如果说,拿破仑需要这段时间来训练新兵,组织新的骑兵旅,那么同盟国方面的需要就更加迫切了。他们对资源的挖掘远远比不上拿破仑。在包岑,同盟国的军队规模比法军小得多,博延表明,如果法国皇帝全力猛攻,将俄军赶回波兰,再一次号召波兰人拿起武器,同盟国肯定将陷入最严重的困境之中。①

拿破仑的确也从停火中得益不少。他的新兵在这9周的训练中取得了巨大的进步;现在,他的部队从巴伐利亚和伊利里亚以及在德累斯顿以南建立的新营垒,对奥地利形成威胁;法国骑兵恢复了往日的战斗效能;缪拉响应拿破仑的紧急召唤,摆脱了长期的犹豫不决,于8月14日到德累斯顿与大军会合。

最重要的是,法军现在牢牢地守卫着易北河这一重要的军事屏障。拿破仑在停战期间的顽固态度,无疑来源于他对军事形势与实力

---

① 博延,《回忆录》,第3部分,第66页。

的无穷信心。法国元帅们徒劳地提醒他，大军远离法国，十分危险，如果奥地利拔剑出鞘，可能切断法军与莱茵河的联系，萨勒河甚至莱茵河，是更为安全的防线。可是，他反驳道，只有连败十阵，他才会采取这一最后手段。的确，他与法国的交通线暴露在敌人眼前，但如果用兵之道就是从不冒险，那么荣耀将属于那些平庸之辈。他必须取得全胜。问题不在于放弃这个或者那个省，而在于岌岌可危的政治优势。在马伦戈、奥斯特里茨和瓦格拉姆，他的处境比现在更危险。他的部队现在并非无险可守，而是以易北河及其要塞和埃尔富特为依托。德累斯顿是所有军事行动的枢纽。他的敌人分散在从布拉格延伸到柏林的圆周上，他则处于圆心；由于在这个圆的内部作战，行军路线较短，他可以在速度和机动性上胜过对手。他最后说道："不过，我如果没有临场指挥，助手们一定要等我，不要轻举妄动。同盟军不可能长期在如此漫长的战线上协调行动，难道我没有理由相信，早晚能够抓住他们的错误？如果他们冒险进入易北河和莱茵河的坚固防线之间，我将进兵波希米亚，从后方袭击他们。"[1]

这个计划前景光明。德累斯顿和皮尔纳的中央大营深沟高垒，上有柯尼希施泰因要塞，下有萨克森首都托尔高，在战略上有着很大的优势。驻扎在柯尼希施泰因的圣西尔兵团和东面的旺达姆、波尼亚托夫斯基和维克托各部监视着进出波希米亚的各处隘口。麦克唐纳、洛里斯东、奈伊和马尔蒙的四个军挡住了布吕歇尔的西里西亚军团。在拿破仑的左侧，乌迪诺、贝特朗和雷尼耶率领的三个军依托维滕贝格和马格德堡要塞，威胁柏林和附近的贝纳多特北方军团；与此同时，驻守汉堡的达武面对贝纳多特的北方分遣队，威胁其与施特拉尔松德的交通线。达武确实与中军相距遥远，拿破仑失去这位最为能干的副手，使后来的复杂行动受到了严重影响；不过，除此之外，拿破仑的

---

[1] 费恩，《1813年的手稿》，第2卷，第27页。加粗的文字是他标注的；但它们看起来像是后来为拿破仑失败所找的借口。

军队进退有据，处于有利的中心位置，而同盟军仍然分散在很长的弧形战线上。

但是，拿破仑又一次犯下了低估对手兵力和能力的错误。同盟军经过巨大的努力，手中现已有50万将士，这些部队有的在奥得河和易北河岸附近，有的正从波兰和匈牙利开来。诚然，这些部队中有很多是后备军人或新兵，卡思卡特上校甚至怀疑，奥地利当时有没有后备军。[①]但最权威的估计是，同盟军共有496000名官兵、1443门大炮。而且，根据特拉申贝格达成的共识，77000名俄军和49000名普军此时已从格拉茨和施韦德尼茨开进波希米亚，迅速与徘徊于埃格河之后的11万名奥军取得联系。这支同盟国"大军团"的组建是精妙的一招。拿破仑在8月16日之前没有听到这个消息，一周后，他才意识到威胁其后方的部队有多么庞大。目前，他的计划是守住包岑和皮尔纳以南的波希米亚关口，阻止对萨克森的入侵，同时以强大的部队攻击西里西亚军团，他认为这个对手只有5万人，可此时该军团已有95000人。[②]在他粉碎布吕歇尔所部的时候，乌迪诺、雷尼耶和贝特朗等副将将负责把贝纳多特分散的部队赶出柏林；随后，达武将切断贝纳多特与海上的联系，解救斯德丁和屈斯特林的法国守军。因此，拿破仑打算在通往柏林的旷野和西里西亚采取攻势，而在德累斯顿和劳济茨山区先采取守势。这与马尔蒙的建议相左，他力促拿破仑先攻击布拉格，不要让副将在远离德累斯顿的地方采取重大行动。事实证明，这一建议是合理的；但拿破仑肯定想要以对布吕歇尔的重击拉开大战帷幕，然后率领大军穿越劳济茨隘谷进入波希米亚，将面前的同盟军赶往维也纳。

但是，当他在西里西亚打败布吕歇尔的时候，对波希米亚同盟

---

① 《关于俄国与普鲁士战争的评论》（*Commentaries on the War in Russia and Germany*），第195页。
② 在8月16日写给麦克唐纳和奈伊的信中，他认定同盟军可能进攻德累斯顿，甚至打到远在西面的茨维考；但与此同时，他却进兵"消灭布吕歇尔"。

军的动向是如何猜度的？德累斯顿和他与法国之间的交通线是否暴露在他们的打击之下？他决定冒这一风险。在包岑和齐陶之间的劳济茨山区中，他有10万将士。圣西尔兵团牢牢地把守着皮尔纳和小小的柯尼希施泰因要塞，而他的轻装部队则监视着特普利采和卡尔斯巴德以北的关口。拿破仑认为，如果同盟军试图入侵萨克森，就会试图突破齐陶公路，那里的天然屏障较少。如果他们从西面的通道威胁德累斯顿，旺达姆将从齐陶附近进兵增援圣西尔，必要时，皇帝本人也可以率其帝国卫队从西里西亚赶回。如果敌军入侵巴伐利亚，拿破仑希望他们一路顺风：他们很快就会逃跑，比来的时候更快；因为如果出现那种情况，他将从齐陶直取布拉格和维也纳。他和法国的联系可能暂时被切断，但他并不担心："依托要塞体系，在易北河这样的天险上，40万人是不可能被包抄的。"事实上，他基本没有考虑波希米亚军团。他于开战当天（17日）写信给圣西尔说：即便已有4万名俄军进入波希米亚，他们在25日之前也不可能到达布拉格；他显然认为，德累斯顿在9月之前都是安全的。圣西尔是防御战的大师，加上有厄尔士山脉为屏障，奥地利军队又一贯行动迟缓，因此那里的防御是有保障的。

对于奥地利人的这一特点，拿破仑抱着很大的希望。该国的财政极度混乱，刚从哈布斯堡王朝各邦旅行归来的富歇报告，打击该国的最好办法，就是"影响其纸币流通，它的军备全赖于此"[①]。确实，如果仅靠维也纳那几乎已空虚的国库来将一支大军运送到大山的那一边，那么德累斯顿在米迦勒节之前都是安全的；可是，除了进入波希米亚的俄军和普军带来的物资援助之外，英国也给予了财政支援。根据在赖兴巴赫达成的秘密条款，卡思卡特立刻拨付25万英镑；维也纳宫廷知道英国向同盟国发行的联合纸币提供财

---

① 《未发表的拿破仑书信》。皇帝将这一建议转给萨瓦里（8月11日），这无疑意味着发行假钞，就像前一年在俄国时那样。

政支持后，就可以私下筹措贷款，以完全出乎拿破仑意料的气势发动战争。①

同盟国的大军中自然不乏出谋划策的人物。沙皇、弗朗茨皇帝和普鲁士国王御驾亲征；为了表示对奥地利的尊重，指挥权交给了陆军元帅施瓦岑贝格，此人是个外交人才，但并非军事天才。在他的身边有俄国的维特根施泰因、巴克莱和托尔，以及普鲁士的克内泽贝克、瑞士的若米尼，而最为重要的人物便是莫罗。

我们已经知道，上一段中最后提到的莫罗是在贝纳多特的劝诱下到来的，同盟国君主们对他尊崇有加。若米尼也因熟读兵书而深受欢迎。这位伟大的作家曾长期在法军中担任将军，但由于最近在贝尔蒂埃手下境遇不佳，他于8月14日退出法国军队，投向同盟国一边。然而，从他对自己开小差经历的叙述可以看出，他并没有看透拿破仑的计谋，最重要的原因便是，皇帝一直到最后一刻才宣布了他的计划。②

战役的第二阶段开始时，出现了奇怪的景象：在经验丰富的统帅带领下的各路大军，对仅仅50英里外的敌军动向一无所知。8月17日，拿破仑离开包岑，向东前往格尔利茨，从那里折往齐陶，却因听到波希米亚的俄普联军只有4万人的不实传言而返回格尔利茨，目标是粉碎布吕歇尔所部。关于停战协议的争论，使这位魄力十足的将军得到借口，于停战期满之前便进入中立地区；他在布布尔河畔的勒文贝格与麦克唐纳和奈伊所部发生了激战。拿破仑率帝国卫队匆匆赶来，急于抓住布吕歇尔；③此时，法军有14万人之众，而同盟军只有

---

① 卡思卡特，《评论》，第206页。
② 《1813年战役回忆录节选》（*Extrait d'un Mémoire sur la Campagne de* 1813）。马尔博的特点是说话不够严谨，他评论道，若米尼的背叛对拿破仑的计划是"惨重打击"。德代姆·德格尔德（Dedem de Gelder）的著作（第328页）中也有同样的说法。
③ 8月21日，身在劳班的皇帝凌晨3点便开始口述公文，急切的心情可见一斑。前一天，他已口述了17份公文，其中12份在齐陶，4份在他骑马抵达格尔利茨之后，另一份则在他午夜抵达劳班时。

1813年战役

95000人。可是，这位平素像狮子一样勇敢的普鲁士老将，此时却变得像狐狸一样狡猾。在顽强的前哨战掩护下，他巧妙地向东南方撤退，希望诱使法军深入西里西亚，为施瓦岑贝格争取时间，拿下德累斯顿。

但是，拿破仑并没有中计。发现无法迫使敌军决战，他便将指挥权交给麦克唐纳，与奈伊一起率领帝国卫队迅速前往格尔利茨；现在，他已经发现，如果施瓦岑贝格直取德累斯顿，那里就可能出现危险。不过，如果对手保持守势，法国皇帝就决心退而采用第二计划，快速通过劳济茨隘口，进逼布拉格。①可是，23日夜里，他在格尔利茨收到了圣西尔发来的急件，说明同盟军正在集结重兵，德累斯顿已万分危急。这个消息使他实施第二计划的希望落空。然而，后文就会看到，他以守为攻的决心，很快就促成了第三个消灭同盟军的计划。

这一计划是在长途强行军返回德累斯顿的路上制订的，当时他顶着瓢泼大雨，已经疲劳不堪，加之突袭西里西亚使其最精锐的部队饱受消耗却一无所获，不免有些沮丧，但此番谋划证明，他的好斗之心未曾有所消减。25日黎明之前，他率领帝国卫队的老兵和新兵、一个步兵师和拉图尔-莫布尔盖的骑兵抵达德累斯顿东南方的施托尔彭。多数部队都在48小时多一点的时间里走过了40英里的路程，并且在勒文贝格发生了局部战斗，连正常的口粮都接济不上。对拿破仑的情况我们暂且按下不表，先看看勃兰登堡和西里西亚的战局。

拿破仑已命乌迪诺率所属部队和雷尼耶及贝特朗部共7万人向柏林挺进，击溃那里的普鲁士后备军和"疯狂的暴民"，如果该城发生抵抗，则以50门榴弹炮将其变成一片火海。这位元帅发现，等待自己的是一场坚决的抵抗，虽然同盟军司令贝纳多特极其谨慎，仿佛一心一意地要证明拿破仑最近嘲笑他的话（"只是来做戏的"）。瑞典

---

① 8月23日写给贝尔蒂埃的信。

王储的处境确实并不安全,达武威胁着他的后方,但他却又摆出一副贵族的派头,令普鲁士人厌恶。[①]与此同时,大部分的防御都由普鲁士人承担,他们放水淹没了平坦的沼泽地,以此迟滞乌迪诺的进攻,迫使他分兵。不过,贝纳多特看起来还是打算撤出柏林。

此举引发了普遍的愤慨,普鲁士将军冯·比洛发泄了这种情绪:"若要为国捐躯,我们的尸骨应该堆在柏林前面,而不是后面。"此时乌迪诺的其他部队还相距甚远,比洛抓住机会,于大贝伦猛攻雷尼耶的萨克森兵团,取得了辉煌胜利,俘虏1700名法军,缴获26门大炮,迫使乌迪诺已经分散的各路部队溃退到维滕贝格(8月23日)。[②]贝纳多特小心翼翼地跟着他。四天以后,普鲁士后备军的一个纵队在哈格尔贝格与吉拉尔的新兵爆发殊死战斗,最后,普军像狼一样猛扑向法军,刀刺棒打,直到镇上的壕沟和大街小巷都堆满尸体和伤兵。吉拉尔手下9000人中,只有1700人逃回马格德堡。大贝伦和哈格尔贝格的失败对达武也十分不利。这位统帅正在进兵梅克伦堡,与沃尔莫登由汉诺威人、英国人和汉萨城镇人组成的部队发生了小规模战斗;但是,听到进攻柏林的其他几路部队失利,他率军后撤,只限于防御作战,而在皇帝的谋划中,不管是达武这一路,还是其他各路部队,都绝不会转入防御。

即使在拿破仑将麦克唐纳留在西里西亚面对布吕歇尔的时候,他的命令也不仅仅是挡住同盟军的去路;如果有可能,麦克唐纳将发动进攻,把对手赶出亚沃镇。[③]这位法国元帅在8月26日就这么做了。各方面情况似乎都有利于发动奇袭。布吕歇尔的军团驻扎在深

---

① 博延,《回忆录》,第3卷,第85页。另见维尔(Wiehr)的《拿破仑与贝纳多特在1813年》(*Nap. und Bernadotte in 1813*),他证明贝纳多特的处境有多么危险:法军把守着一侧的奥得河要塞,另一侧则是达武的部队和丹麦军队。维尔还澄清了德意志人对贝纳多特的许多诽谤之词。

② 豪塞尔的著作,第260—267页。乌迪诺的《回忆录》指责贝特朗行动迟缓,没能及时在大贝伦集中兵力,还指责雷尼耶行事鲁莽。维尔的书(第74—116页)根据公文证明,贝纳多特意在攻击柏林以南的法军,他不相信"尸骨"的轶事。

③ 8月23日的信件。

山之中,卡茨巴赫河谷和"咆哮的尼斯河"从中穿过。[①]95000名同盟军士兵中,有半数是普鲁士人:俄国士兵当然不太愿意服从布吕歇尔的命令,就算是他的同胞约克,也只是勉强听命于这位"骠骑兵将军"。

麦克唐纳还希望趁同盟军被尼斯河深谷隔断时发动进攻。普鲁士兵团与萨肯率领的俄国兵团在尼斯河以东的艾希霍尔茨村附近,那里是亚沃以北的高地中心点,法军右翼攻击的目标便是那片高地;朗热隆的俄国兵团在汹涌澎湃的尼斯河以西、距艾希霍尔茨3英里的亨讷斯多夫。布吕歇尔正计划对麦克唐纳发动进攻,却听说法军已在尼斯河与卡茨巴赫河交汇点附近渡河,正沿着通往艾希霍尔茨的山壑全力向上游前进。

狂风暴雨掩盖了双方的行动,由于率领法军右翼部队的苏昂疏忽大意,没有在侧翼派出巡逻队,普军参谋米夫林得以骑马靠近敌军纵队观察,并向其长官报告,可以趁其大队人马尚未完全部署到高地上的时机发动突袭。就在苏昂的部队艰难地向上攀登之时,萨肯的炮兵开始向其开火,如果约克率领他的普鲁士兵团迅速发起冲锋,那胜利就唾手可得了。可是这位自以为是的将军坚持要闲庭信步般地部署他的手下。因此,苏昂得以在高地上占据了一个立足点。塞巴斯蒂亚尼的士兵将24门轻型火炮拖上了高地,法军全力以赴、奋勇作战,多次危及敌军防御。但是,他们的阵地漏洞百出,缓慢而又难以阻挡地使其陷入不利境地,进攻的势头也逐渐消耗殆尽。泥泞的地面使法国骑兵疲劳不堪,不间断的豪雨令他们的步枪几乎无法发挥作用。当布吕歇尔在傍晚率领普鲁士和俄国骑兵猛冲过来,疲惫至极的法国新兵乱了阵脚,纷纷逃下山坡,奔向尼斯河和卡茨巴赫河上的浅滩,许多人被汹涌的河水吞没。与此同时,同盟军左翼的俄国部队勉强挡住了

---

① 这种叫法是为了将其与西里西亚的另外两条尼斯河区分开。

洛里斯东的攻势，那里的战事难分轩轾。可是，麦克唐纳看到洛里斯东的后方受到越过卡茨巴赫河的普鲁士军威胁，在夜里撤出了所有部队。接下来的几天里，同盟军不断地向他疲惫不堪、士气低落的部队施压，迫使其狼狈逃窜，就这样，布吕歇尔于9月1日总结战果：同盟军缴获两面军旗、103门大炮、消灭敌军18000人，夺得大量弹药和物资，西里西亚全部得到解放。①

现在，我们可以回头讲述以德累斯顿为中心发生的事件。8月21日和22日，同盟军蜿蜒经过厄尔士山各个隘口时，全然不知道拿破仑的行踪。熟悉作战计划的若米尼和托尔两位将军都表示，同盟军的目标是占领莱比锡。托尔断言，他们认为拿破仑就在那里，而瑞士战略家若米尼则认为，这次行动只是为了与贝纳多特军团会合，以便切断拿破仑与莱茵河的联系。②同盟军并不知道，由于拿破仑率军东进，德累斯顿这块肥肉几乎掉到他们口中，因此他们仍然拖着沉重的步伐开向弗赖堡和开姆尼茨，23日，他们截获了一份圣西尔的公函，才了解了实情。

他们随即转头向东，开往德累斯顿；但由于大雨破坏了本已崎岖难行的小路，他们的行进十分缓慢，直到25日清早，先头部队才抵达萨克森首都西南方的山上。即便如此，形势仍然对同盟军有利。右侧的维特根施泰因已突破法军在皮尔纳的防线，正将圣西尔的前哨赶往德累斯顿。因此，施瓦岑贝格的司令部中，胆大的人请求他利用已经取得的优势，趁拿破仑鞭长莫及之时继续进攻。他们断定，一切都证明法军对此毫无准备；德累斯顿不可能长时间抵挡这样优势兵力的进攻；法军阵地在河谷之中，而同盟军已牢牢守住了南面和西面的

---

① 布拉森多夫（Blasendorf）的《布吕歇尔》；米夫林的《我的一生》和《西里西亚军团在1813年和1814年的战役》（*Campaigns of the Silesian Army in 1813 and 1814*）；贝尔坦（Bertin）的《1813年战役》（*La Campagne de 1813*）。豪塞尔估计，法军在这次战役中集结了6万人，同盟军大约7万人。

② 若米尼，《拿破仑传》（*Vie de Napoléon*），第4卷，第380页；《托尔》，第3卷，第124页。

山坡，凭高视下，对于法军长期防御来说是致命的。法军匆忙建起的13个碉堡不可能长久抵挡一支大军，而且其中只有5个位于同盟军安营扎寨的易北河左岸。

谨慎的人则反对这种魄力十足的建议，力主暂缓进兵。德累斯顿和城南深沟高垒的军营中，圣西尔的兵力强弱尚不得而知。因此，等待事态发展、伺机而动不是更好吗？这就是托尔和莫罗的建议，后者语气诚恳地提醒沙皇："陛下，如果我们发动进攻，将损失2万名将士，大伤元气。"[①]我们相信，他说出这话是命中注定的。许多谋臣不倾向于保守的战法。七嘴八舌之中，施瓦岑贝格难以决断，最终只能像软弱的人那样，诉诸乏味无聊的折中之道。他决定等待更多部队抵达前线，同时在次日下午4时派出5个纵队进行全面的战斗侦察。正如若米尼指出的那样，这个计划的思路极其混乱。如果司令官的意图只是探明守军实力，只需派出轻装部队，在散兵掩护下攻击几个军事要地便可确定。如果希望大规模进攻，那他的行动时间就太晚了，在一座敌军决心死守的大城市中，根本无法取得一个立足点。而且，推迟30个小时再进攻，法国皇帝就有时间率领帝国卫队出现在战场上。

我们已经看到，拿破仑于25日清早抵达距离德累斯顿约16英里的城镇施托尔彭。他的计划与同盟军迟缓笨拙的部署形成了鲜明的对照。他打算以帝国卫队猛攻敌人后方，切断其与波希米亚的联系。在柯尼希施泰因渡过易北河后，他将收复皮尔纳大营，守住西面的高地，阻断施瓦岑贝格的退路。[②]这一计划想要取得成功，就需要让疲惫不堪的帝国卫队休息一天，并且要知道德累斯顿在短时间内可以坚

---

① 《托尔》，第3卷，第144页。卡思卡特报告（第216页），莫罗对他说："我们已经在拿破仑的交通线上了；占领这座城市（德累斯顿）绝非目标；将来它一定会陷落的。"如果莫罗的话是认真的，那只能称之为蠢话。同盟军只要没有从拿破仑手中夺取易北河上的任何一个坚固阵地，就远称不上安全，仅夺取皮尔纳当然也是不够的。
② 《书信集》，第20461号。

德累斯顿战役

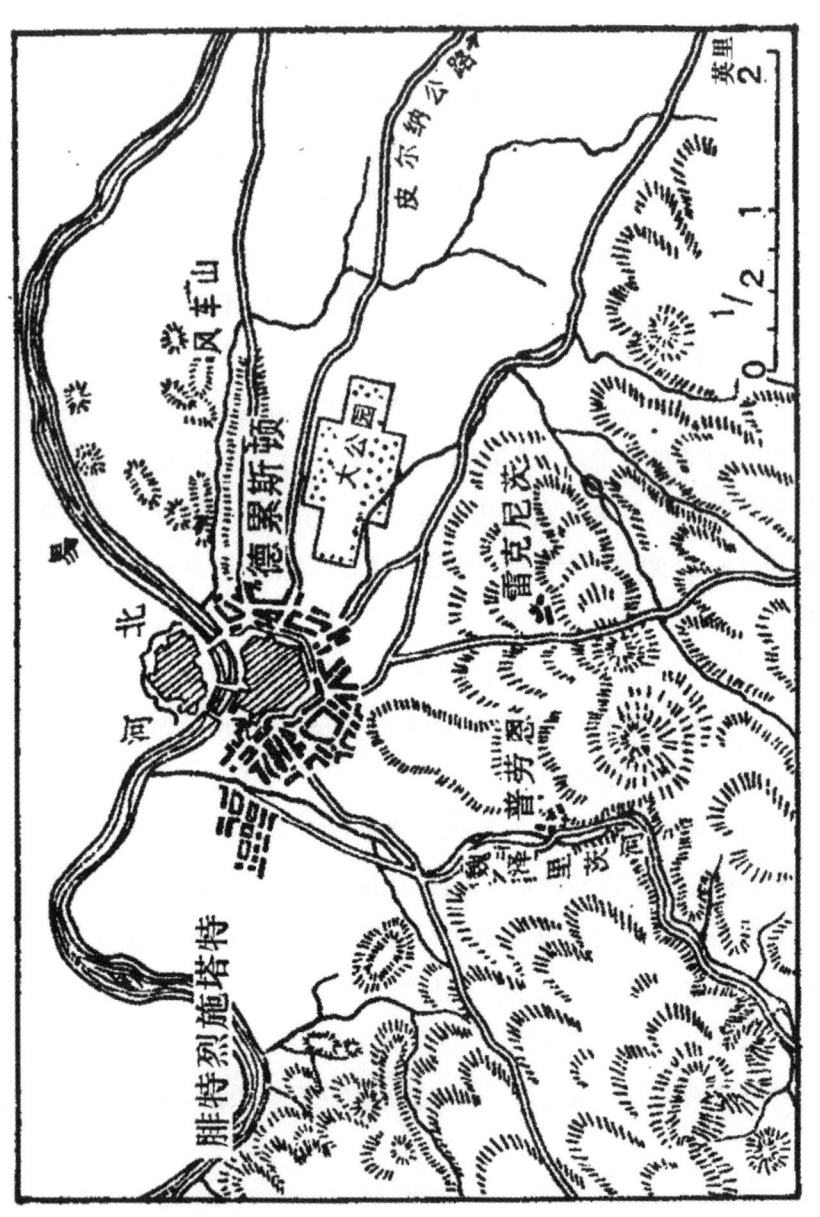

守。他的老兵们或许无须休息；皇帝去哪里，他们都将追随；但德累斯顿却是未定之数。25日午夜刚过，他接到圣西尔传来的消息，德累斯顿很快就会受到大批敌军的进攻，难以预料能否成功守住。

拿破仑立即改变了计划，凌晨1时，他寄出四封公函，命令帝国卫队和手头上可以动用的所有部队援助圣西尔。现在，只有旺达姆的军团负责潜行到敌军后方，而帝国卫队则趁着夜色，顶着雨在泥泞的道路上继续前进。皇帝也一起出发，他骑马越过队列，于早上9时和拉图尔-莫布尔盖的胸甲骑兵一起抵达萨克森首都。中午过后不久，在德累斯顿以东的山上已经能看到帝国卫队的熊皮帽，而大批同盟军正在城南和城西集结，准备实施战斗侦察。

阴云密布、冷雨无情，令眼前的景色变得黯淡无光，但却有几分庄严肃穆之感。战场的一边是美丽的德累斯顿，它本是德意志艺术和文化的中心，而今却包围在匆忙修建的碉堡和壕沟之中，驻守那里的有大约12万人。皇帝一现身，恐惧和抱怨立即消失得无影无踪；尽管许多人在家里仍盼望着同盟军取胜，但对国王的忠诚和对拿破仑的敬畏使大多数公民谨守盟约。至于法国士兵，更是有着无限的热情。当一个团又一个团的部队迈着疲惫的步伐从东面走过易北河桥，士兵们看到了身披灰色大衣的那个熟悉身影，顿时忘却了疲乏和不安；"皇帝万岁"的喊声如同雷鸣，响震天际，沿着河流回荡，令守军大受鼓舞，也给敌人的战线上投下了疑虑和沮丧。但是，同盟军的兵力也在加强，最终集结了将近20万人，德累斯顿以南的山坡上战云密布，如果拿破仑不在那里，他们似乎很有希望横扫法军匆忙组成的防线。

拿破仑抵达的消息令沙皇神经紧张，反而是一贯胆怯的普鲁士国王对一切撤退的想法都表示异议。因此，施瓦岑贝格的战斗侦察在4时如期进行，法军在短暂休息之后，已经做好了迎击对手的准备。普鲁士军已经占领了皮尔纳公路沿途的"大公园"；他们力图借助这一有利位置，将圣西尔所部从其侧面和后方的工事中赶走。但他们的大队人马被致命的枪炮火力打散，最终仓皇后撤。右翼的俄军也没有什么进展。在同盟军的中路和左路，攻击一度有望成功。在山坡上的猛烈炮火掩护下，奥军占领了两座碉堡；但是，老近卫军发动了孤注一掷的冲锋，突破工事的出入口，用刺刀杀死了前一个小时的胜利者。夜色降临，同盟军攻击部队损失惨重，在一片混乱中撤退了。

尽管历经艰苦的夜战、黎明的豪雨，知道对面的敌军阵地十分稳固，旺达姆又在后方活动，但同盟军的士气并未受挫。如果说他们坚定不移，那拿破仑更是满怀希望。他的兵力不如对手，但据守内线，分布在大约3英里长的阵地上；而同盟军的凹面阵线长度多出一倍，左翼与中路被普劳恩的溪流和隘谷隔开。因此，拿破仑可以轻松地从内线阵地向薄弱的对方防线任一部分投入优势兵力。他准备这样打击敌军两翼。在那里，一切都对这种攻击方法有利。

倾盆大雨将卡茨巴赫河畔和德累斯顿城下的士兵淋得浑身湿透，在所有现代战争中，或许从未有过这般步枪全无用处的情景。当时的滑膛枪击发装置有许多缺陷，暴雨过后，整个营的步兵只能发出几声微弱的噼啪声。在那发生诸多变故的两天里，荣誉归于炮兵和白刃。至于步兵，他们除了在近战中以刺刀肉搏之外，起不到什么作用。26日在卡茨巴赫河畔，以及次日在德累斯顿发生的事件，都是出于这个原因。同盟军中路依托德累斯顿南面的山坡，十分稳固，突袭此地难以取得成功。但是，拿破仑派出莫尔捷的兵团和南苏蒂的骑兵猛攻同盟军右路的俄军前锋，取得了全胜，直到维特根施泰因集重兵于高地之上，才挡住了法军的攻势。双方中路以大约一千门大炮对轰，却没能取得很引人注目的战果，只有莫罗的双腿被突然向沙皇随从开火的一个野战炮连打来的炮弹炸断值得一提。这第一发炮弹就给他造成了致命伤，还有几发炮弹落入人群之中，亚历山大和他的幕僚们赶忙离开。

与此同时，拿破仑又给了盟军左路有力一击。那里的奥军与主力部队之间的联系被普劳恩的险隘隔断，被法国皇帝以最为高超的联合作战粉碎了。他命令维克托率各兵种共2万人与奥军正面交锋，缪拉则率1万名骑兵偷偷绕过易北河岸附近，向敌人的侧翼和后方猛冲。梅茨科伯爵的一个师首当其冲，英勇面对强敌。虽然五十支滑膛枪都无法打响，步兵仍然在同一地点两次打退拉图尔-莫布尔盖所率胸甲骑兵的冲锋，直到后者以枪骑兵当先出战，才冲乱了奥军的队列，为手持马刀的骑兵打开了一条道路。① 接下来完全是一场大屠杀，当缪拉的骑兵肆虐奥军残破不堪的防线，1万名与主力失去联系的步兵放下了武器。左翼部队惨败的消息，以及皮尔纳以西山区中旺达姆的大炮轰鸣声，促使同盟国君主和施瓦岑贝格准备及时撤往波希米亚。不过，他们在中路和右翼仍然摆出勇敢作战的阵势，夕阳之中，双方看上去仍处均势。

夜里，辘辘的车轮声惊动了马尔蒙的侦察队，他们知道敌军正在撤退；② 天刚破晓，皇帝来到军前，命令马尔蒙元帅和圣西尔直逼敌军后队，缪拉则沿弗赖堡公路向西，追亡逐北。这两天的战斗令同盟军损失惨重，有35000人阵亡、负伤和被俘——这是他们没有抓住25日的天赐良机的必然结果；也是拿破仑利用敌人的战术错误，迅速行动、算无遗策的结果。

这是拿破仑最后一次伟大胜利。即便如此，他希望取得的丰硕成果却在自己手中摔得粉碎，平添苦涩。正如前文所述，他派遣法国军队中最坚定的战士旺达姆将军率领38000名士兵去完成一项任务，而在此之前，他本希望有两倍的兵力承担这项任务——夺取皮尔纳和

① 卡思卡特，《评论》，第230页；贝尔坦，《1813年的战役》，第109页；马尔蒙，《回忆录》，第17卷；伊夫林·伍德（Evelyn Wood）爵士，《骑兵的功绩》（*Achievements of Cavalry*）。

② 从拿破仑27日晚上的信件可以清楚地看出，他对当天的战果很不满意，认为敌军将坚守阵地，甚至在次日恢复进攻。这些信件反驳了梯也尔的疯狂论调，即当天晚上法军发动了全面追击，抓住了成千上万的俘虏云云。

西面的高原,那里可以控制通往波希米亚的特普利采的三条道路。其中最好的一条途经诺伦多夫和通往库尔姆的峡谷穿越厄尔士山脉,另一条则取道津瓦尔德,上述两条道路之间的第三条路是更为险峻的小径。旺达姆将在皮尔纳西面或西南面占据一个阵地,准备切断敌军撤退的路线。

根据拿破仑的命令,旺达姆于26日黎明从施托尔彭启程,此后两天一路攻击前进,绕到同盟国大军团背后很远的地方。年轻的符腾堡王子欧仁和奥斯特曼伯爵率领一支14000人的俄军部队全力阻挡法军,未能取得成功,不过,28日遭法军重创后,这支部队还是逃出生天,向诺伦多夫隘口且战且退,并在库尔姆村后占据了一个坚固的阵地。他们在那里及时得到了沙皇和腓特烈·威廉的增援,后者越过津瓦尔德山口之后,听到了东面的枪炮声,猜到情况危急。除非他们能挡住旺达姆,否则大军团将难以进入波希米亚。但是,奥斯特曼得到匆忙派来的援军,最终打退了旺达姆的全力进攻。这些守军并不知道命运之神会有什么恩赐。

克莱斯特率领的一个普鲁士军正艰难地爬上中间的那一道隘谷,29日中午,普鲁士国王传来了一道命令,要求他们迅速翻过这座山,转向东面支援奥斯特曼。这是不可能的:狭窄的隘谷中挤满了车辆和大炮。但是,克莱斯特的一位参谋提出了大胆的计划:立刻从岔道小径前进,直插旺达姆的后方。这一富于想象力的新奇计划投入实施了。就在法国将军猛烈攻击库尔姆之后的同盟军时,普鲁士军队从诺伦多夫的高地蜂拥而来,打击他的后方。尽管如此,法军仍然顽强战斗,力求脱身。他们的统帅蔑视死亡,也拒绝投降,率部英勇地向对面的俄军发起冲锋,战斗到底,直至兵败被俘。几个骑兵中队冲上陡坡与普军交锋,其中一些人突破了重围。4000名法国步兵坚守一个险要的据点,打光子弹后,幸存者才投降。还有很多人冲进丛林,命运各不相同,有些人侥幸逃脱、回到自己的队伍中,另一些人则倒在克莱斯特后卫部队的枪下。这就是库尔姆惨败的情况,除了战败一方表现出了不屈不挠的英雄主义精神之外,它可以称得上是现代战争中的卡夫丁峡谷。① 人数将近4万人的一支法军几乎被全歼,损失了所有大炮,幸存下来的只有三五成群、筋疲力尽的散兵。②

这次惨败的罪责谁属?很显然,如果旺达姆与最近的法军各师保持联系,就可能不会发生此种情况,这些部队本可以从背后包围克莱斯特,将其捉住。拿破仑显然打算让圣西尔兵团支援旺达姆,28日早上,后者得到命令与旺达姆协同作战,而莫尔捷则掩护皮尔纳。可是,就在当天早晨,皇帝骑马来到普尔纳,发现圣西尔、马尔蒙和缪拉正在打扫战场,抓获成群的俘虏,于是指示贝尔蒂埃向旺达姆发去命令,"突入波希米亚,打垮符腾堡王子"③。随后,他不等追击组织完毕,便返回德累斯顿。有人说,这可能是因为在前几天的大雨中受了寒。马尔蒙则断言,这是因为他对麦克唐纳在卡茨巴赫大败的消息感到忧虑,这种说法看起来更有道理。可以肯定的是,拿破仑将老近卫军召回德累斯顿,忙于制定进军柏林的计划,次日早上5时30分,他又指示贝尔蒂埃向圣西尔下令:"追击敌军到马克森,不管敌军往哪个方向逃都紧追不舍。"这一命令导致圣西尔西进,追击巴克莱率领的俄军,后者正是为了避开旺达姆才突然改变方向的。

因此,向东通往特普利采的道路相对畅通,而中间的一条路则挤满了追兵和逃亡的部队。④ 拿破仑根本没有发出指令,提醒旺达姆留意后方留下的缺口。此时,圣西尔已在西面8英里之外,驻守在皮尔纳的莫尔捷也没有得到向前推进、与旺达姆保持联系的命令。毫无疑

---

① 古罗马时代萨莫奈战争中的关键战役。——译注
② 旺达姆于28日得到了18个营的增援部队,总兵力达到64个营;但马尔博认为他只有2万人。
③ 梯也尔全文发表了贝尔蒂埃的公文。另见本书第686页的地图。
④ 马尔蒙,《回忆录》,第17卷,第158页。他和圣西尔(《回忆录》,第4卷,第120—123页)都说,他们的部队挤在这条路上,混乱不堪。拿破仑的目标是确保缴获敌军所有大炮和物资;但他匆忙下达的命令导致中路追击部队堵塞。圣西尔派人前往大本营请求指示,但大本营已前往德累斯顿,因此造成了致命的延误。

问，圣西尔和莫尔捷应该协调行动，保持与旺达姆的联系，他们的缺乏远见理应受到指责；但当皇帝就在附近的时候，就算身为元帅，他们通常也不会采取主动措施。总而言之，旺达姆惨败的原因，首先是他为了追逐元帅的权杖，求胜心切，仓促进兵波希米亚；其次，圣西尔根据拿破仑29日下达的命令，向西面的马克森追击敌军；第三，圣西尔和莫尔捷疏忽大意，没有协调沿诺伦多夫公路支援旺达姆的行动；但最重要的是，拿破仑返回德累斯顿时，并没有确保他的部队沿东路追击时能够及时协作。①

库尔姆惨败毁掉了拿破仑的战役。就在旺达姆战斗到最后一刻之时，他的主上正在德累斯顿写下一份冗长的笔记，分别说明进军柏林和布拉格的好处。他决定采用前一种策略，这将粉碎普鲁士民族运动，并使他与达武和屈斯特林、斯德丁的法国守军取得联系。"那样，如果奥地利又一次做出荒唐的举动，我将在德累斯顿有一支统一的大军。"

在拿破仑看来，奥地利会被德累斯顿以南的失利吓住，可能因此求和，他也希望再有一场大战就能结束战争。麦克唐纳和旺达姆的悲剧打破了这些梦想。不过，他仍然有着不服输的劲头，命令奈伊接管乌迪诺的军团（这位运气不佳的统帅请求解除自己的职务），攻打柏林。他还命令弗里昂率领老近卫军的一支纵队开往包岑，用枪托把麦克唐纳的残兵败将聚拢到一起。②听到这位元帅面临危局的消息，他亲自率领帝国卫队的骑兵秘密出发，希望打垮布吕歇尔。可是，布吕歇尔再次撤退（9月4日和5日），同盟国大军又一次穿越厄尔士山

---

① 梯也尔已经证明，莫尔捷直到8月30日才接到贝尔蒂埃让他支援旺达姆的命令。圣西尔也是如此，他在当天早上11时30分才接到命令。圣西尔最好的辩解理由是拿破仑9月1日写给他的信（《未发表的拿破仑书信》）："倒霉的旺达姆似乎是自取灭亡，他没有在山上设置岗哨，也没有任何预备队……我已向他下达了明确的命令，在高地上安营扎寨，掘壕据守，只派出一些独立的小分队到波希米亚骚扰敌军，收集情报。"与此对照的，是拿破仑9月29日给缪拉写信时的赞许之词（《书信集》，第20486号）："旺达姆正率全军挺进特普利采。"
② 《未发表的拿破仑书信》，9月3日。

脉，威胁德累斯顿。拿破仑带着恶劣的心情回师守卫这个城市，却听到了北方传来的噩耗。9月6日，奈伊在登讷维茨遭到重创。实际上，这位勇将绝算不上战术家，他的部署不如乌迪诺、比洛和陶恩齐恩率领的普鲁士军队勇猛顽强，以少胜多。幸亏夜色降临，奈伊的大军才不至于全线瓦解；结果，他的部队死伤9000人，15000人被俘，还有80门大炮落入普军之手。他如实地向主人报告了情况："我完全被击溃了，不知道是否能重新集结军队。"[1]最终，他的部队还是集合了，后撤到易北河之后的托尔高。

这样，在14天之内（8月23日—9月6日），拿破仑在德累斯顿取得了一场大胜，而他的副将们在周边作战中输掉了五场战役——大贝伦、哈格尔贝格、卡茨巴赫、库尔姆和登讷维茨。因而，同盟军能够缩短外围战线的长度，更紧密地联系各支部队，威胁皮尔纳和德累斯顿坚固的中央大营。但他们仍然按照预先协调好的计划行事，拿破仑亲率部队进攻的地方，同盟军都撤退了。所以，当他试图将施瓦岑贝格的部队赶回波希米亚时，这位统帅小心翼翼地退到此时已坚不可摧的关隘上；法国皇帝退回德累斯顿，既疲惫又困惑不解。正如他对马尔蒙所说的那样："棋盘上非常混乱；只有我知道自己在哪里。"他再一次冲进厄尔士山脉，在库尔姆之上的隘谷里参加了一场小规模战斗，没有取得任何成果，不得不率军返回皮尔纳和德累斯顿。对布吕歇尔发动的第三次进攻也同样是乏味的结果。

同盟军消耗了对手之后，计划了一次大胆的行动。布吕歇尔说服同盟国君主们，从波希米亚进攻莱比锡，这样就可以从侧翼绕过法军在德累斯顿以南构筑的防御工事，切断他们与法国的交通线。他本人

---

[1] 贝纳多特当天可疑的延误，参见豪塞尔（第4卷，第343页）和博延的《回忆录》（第2卷，第345—357页）；另见马尔蒙《回忆录》（第18卷）中对奈伊的评论。拿破仑派人去找当时在奈伊军团中任师长的勒热纳，让他说明惨败的原因；但当勒热纳抵达德累斯顿以南多纳的大本营时，皇帝却吩咐他立刻返回——这证明拿破仑对这些挫折难以容忍，愤怒至极。

第35章 德累斯顿与莱比锡 699

则进军西北,与北方的部队会师,随后在莱比锡与攻城部队会合。他信守诺言,完成了这次会合,正如他后来忠于约定,与威灵顿在滑铁卢相会一样;由此也可以看出,与1815年一样,格奈泽瑙的战略天才是主要的推动力。

留下一支小部队据守此前在包岑的阵地之后,老将布吕歇尔率领65000人悄然出发,从侧翼向维滕贝格方向迂回,在上游距此要塞10英里的瓦滕堡搭起两座跨越易北河的浮桥,将阻碍渡河的贝特朗部几个营驱离,并修建工事保护这两座桥(10月3日)。完成这项工作后,他开始四处寻找贝纳多特,终于在德绍以南与后者取得了联系。经此大胆进军,他将总人数16万人的两个军团放到了拿破仑战线的北面;他的个人影响力尽管没能完全阻止瑞典王储外交上的徘徊,但也起到了遏制的作用。①布吕歇尔向南进军莱比锡的消息,最终使贝纳多特不再踌躇不前。他终于下达命令,跟随布吕歇尔前进;但是,我们可以判断,如果拿破仑能够实施他9月30日制定的计划,击败贝纳多特那支步调不一致的军队该有多么容易。

结果却是,库尔姆的惨败使法国皇帝在德累斯顿几里格范围内停留了数日,而比洛和布吕歇尔借此机会为北路的同盟军挽回了战局,从而激起了德意志人的爱国热忱,将热罗姆·波拿巴从卡塞尔逐出,达武也只得在汉堡周围采取守势。沃尔莫顿率领一支俄、英、瑞和北德意志联军,以巧妙的行动使这位最能干的法国元帅动弹不得,阻止他与皇帝会合,尽管拿破仑一直没有停止过努力。

与此同时,同盟国大军因从波兰开来的5万名俄国后备军而得到加强,正悄悄地越过厄尔士山脉西部的关口,进入莱比锡以南的平原地带。这一行动对拿破仑来说并不意外,这座城市显然十分重要。它位于

---

① 英国驻贝纳多特司令部的特使桑顿写信给卡斯尔雷说,这位统帅希望保全瑞典军团;桑顿认为,贝纳多特的目标是法国王位(《卡斯尔雷文件集》,第3集,第1卷,第48—59页)。另见博延《回忆录》,第2卷,第378页。

肥沃的萨克森平原之中，是庞大公路系统的中心，无论是它的位置还是拥有的财富，都使之十分显眼，如果大胆的对手试图切断拿破仑与法国的联系，占领此处就是当务之急。

随着命运的逆转，拿破仑对莱比锡也变得更加担心。可是，眼下布吕歇尔的北进吸引了他的注意力，使其大惑不解。直到10月2日，他也没能了解布吕歇尔的真实目标。[①]四天之后，他却听说这位普鲁士统帅已经渡过易北河。他立即率帝国卫队向西北赶去，准备将其消灭，恢复威胁柏林、与达武会师的有利计划。他命令圣西尔留守德累斯顿，缪拉守卫莱比锡，自己则驻扎在穆尔德河畔小镇迪本，此地大约在莱比锡去往维滕贝格的半道上。他在那里加强了奈伊军团，并命令这位元帅向北进击贝纳多特和布吕歇尔的后方，自己在迪本一座四面有护城壕的城堡里等待事态发展。

这位伟大人物在那四天里坐立不安，对此，萨克森上校冯·奥德勒本给我们留下了生动的描述。拿破仑的周围摆满了地图和公文，在身边服侍的是小心谨慎的地理学家和忧心忡忡的秘书，大部分时间里，他只是在一张纸上胡乱地涂着大字，同时心神不宁地倾听着脚步声，期待信使的到来。的确，在他的一生中，没有几天能比在迪本的豪雨、沼泽和迷雾中度过的那段日子更加关系重大。如果他能抓住贝纳多特和布吕歇尔相隔遥远的机会，就可以将他们各个击破，然后将战争带进普鲁士的心脏地带。但他知道，德累斯顿和莱比锡远谈不上安全。来自那里的消息开始让他担忧。虽然北线的奈伊、贝特朗和雷尼耶击溃了同盟军的后卫部队，可是他知道布吕歇尔向西撤到萨勒河之后，心中有些不安，因为此举说明对手希望与莱比锡附近的施瓦岑

---

① 梯也尔断言拿破仑已经察觉。但如果此言不虚，皇帝怎么会写信给麦克唐纳（10月2日）说，西里西亚军团已向格罗森海恩移动，"这次行动似乎是为了从平原一侧，取道柏林和迈森公路，攻击深沟高垒的（德累斯顿）大营"？同一天，他嘲笑勒费布尔－德努埃特写来报告说贝纳多特已渡过易北河，并驳斥道，如果他真的渡河了，那只会对他更加不利，战争很快就要结束了。

第35章　德累斯顿与莱比锡　　701

贝格取得联系。

然而，这一令人不安的想法却促使拿破仑提出了最为大胆的谋划。"我将进军易北河，以图打乱敌人的全部计划。我在那里占有优势，因为我有汉堡、马格德堡、维滕贝格、托尔高和德累斯顿在手。"①他对于散布着多个要塞的大河防线有着多么大的信心啊！但他的副手们并不这么看。根据科兰古的说法，拿破仑直取柏林的计划在大本营里引发了普遍的惊慌，幕僚们全体恳求他放弃这一计划，回师保卫莱比锡。他不情愿地放弃了，却转而采用了一个同样冒险的计划。他将进兵打垮贝纳多特和布吕歇尔，或者将其赶到易北河之后，随后，他将亲自率军渡过易北河，沿右岸向上游推进，于托尔高再度渡河，在莱比锡附近打击施瓦岑贝格的后方。

倘若他的士兵是行走的机器，施瓦岑贝格在此期间又无所事事，这一计划还是很有希望的。但是，他逐渐看清了真相，当他坐在那里制订计划、口述公函时——10月12日深夜，他发出了六封公函——布吕歇尔和施瓦岑贝格正向莱比锡逼近。当天，他准备退回莱比锡，次日，法军抓住了一名敌军的使者，此人供称同盟国很有希望使巴伐利亚脱离与法国的联盟，这更坚定了拿破仑的决心。

俘虏提供的消息是正确的。五天之前，巴伐利亚国王与奥地利达成协议，将该国的36000名官兵交由奥地利差遣，作为回报，奥地利保证他享有完全的主权，如果以后要求巴伐利亚将任何国家归还给哈布斯堡王朝，它将得到完整的领土补偿。②拿破仑还没有充分理解这些消息的重要性，有些对细节未加小心的崇拜者声称，这是拿破仑没

---

① 10月10日写给雷尼耶的信。在我看来，这封信和他写给马雷的信可以驳斥伯恩哈迪的如下论点（《托尔伯爵回忆录》，第3卷，第385—388页）：拿破仑只打算将北路同盟军赶过易北河，然后向施瓦岑贝格发动进攻。皇帝的计划每过几个小时都在变化，但大军渡过易北河显然早有准备。
② 马滕斯，《条约集》，第9卷，第610页。这次秘密交易抢先一步打乱了施泰因等德意志统一派人士的计划，施泰因希望推翻第二等级的王公，或者严格限制其权力。

有北进的唯一原因，此种说法很不准确。①拿破仑向莱比锡退却，是在首度听到巴伐利亚背叛盟约的流言之前就安排好的。但是，在向南行军的艰苦路程中，这个消息令将士们黯然神伤；奇怪的是，皇帝于15日在莱比锡向全军公布了这个消息，并将其作为很快向莱茵河畔撤退的原因。

皇帝于14日接近莱比锡时，让他感到沮丧的事情很多。与他同行的有萨克森国王和王后，最近一段时间，他们无奈地跟随着拿破仑这颗"扫帚星"——一度晴朗美好的国土，正是毁在此人手中。抵达城外后，国王和王后与法国皇帝道别，进城寻找避难所，拿破仑则赶往缪拉设在瓦豪附近的司令部。在那里听到的消息也令人心生疑虑。那不勒斯国王在当天并没有展现出往日的军事才能。尽管他拥有的骑兵比同盟军派来侦察的更多，但却选错了攻击的地点，导致几个骑兵旅阵形涣散，双方反复争夺了很长时间，战斗的结果对同盟军有利。②因此，拿破仑在罗伊德尼茨简朴的住所接见他的元帅们时态度冷淡，并不是没有理由的。他靠着火炉，点出了几个玩忽职守者的名字；提到奥热罗时，他评论道，那已不再是斯蒂维耶雷的奥热罗了。这位火爆脾气的老将反驳道："好，把意大利战役的那些老战士还给我，我就会让您看到，我还和从前一样。"

实际上，拿破仑也不是昔日的拿破仑，甚至不是德累斯顿战役时的拿破仑了。在那场战役中，他迅速集结兵力，打垮了敌人。可是现在，他在15日没有做出任何决定性的事情，从而让同盟军有机会完善其计划。当天早上，布吕歇尔听说施瓦岑贝格将在次日从东南方向进攻莱比锡，但会派一个军向西，从林德瑙一侧威胁莱比锡。因此，普鲁士统帅急忙从萨勒河畔出发，夜里，他的军营灯火通明，马尔蒙知道，莱比锡的西北方向也有敌军来袭。然而，尽管拿破仑从元帅那

---

① 梯也尔和伯恩哈迪（《托尔伯爵回忆录》，第3卷，第388页）已证明这是虚构的。
② E. 伍德爵士，《骑兵的功绩》。

第35章　德累斯顿与莱比锡　703

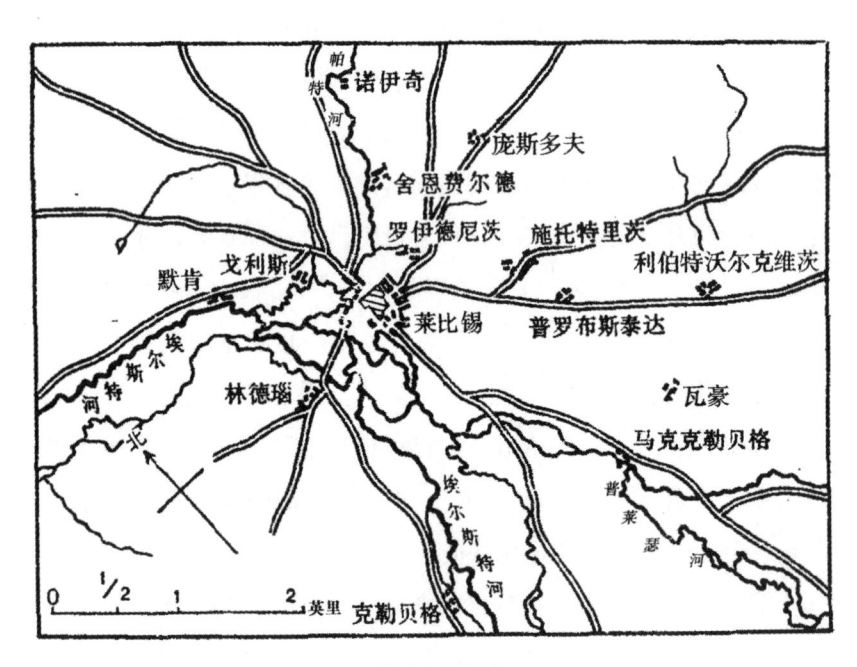

莱比锡战役

里得到了消息，却不愿意相信北面会受到严重威胁；而且，直到16日黎明，他仍然命令那里的军队做好准备，穿越莱比锡，袭击施瓦岑贝格的大队人马。①假如拿破仑在15日发出这些命令，一切可能都会很顺利；因为除了奈伊和雷尼耶的两个兵团之外，所有可用的部队都近在眼前，总数将近15万人，而施瓦岑贝格的兵力比他多不了多少。但16日发出命令不仅太迟，还导致北面的失利。

法国皇帝的思路集中在南面。在莱比锡以南和东南约1里格的地方，法军战线沿瓦豪和利伯特沃尔克维茨附近起伏不定的地势延伸，形成一个凸面。阵地右侧得到了普莱瑟小河沼泽地的保护，中路则跨越通往德累斯顿的几条公路，左路依托一条名为帕特的小溪，这条小溪向西北方弯曲，形成了莱比锡城北面的天然屏障。但在谨慎的人看来，他的阵地并不完全；在他后方，莱比锡城墙已十分破旧，没有任何军事价值，这座城市虽是北、东、南三面道路的汇聚点，可一旦战败，他却只有向西跨越此时洪水泛滥的普莱瑟河和埃尔斯特河这一条退路。但是，这位伟大统帅想到的只有胜利。他已命令麦克唐纳和奈伊从陶哈前来支援，马尔蒙也是如此；以这些集结起来的部队对抗施瓦岑贝格那远比法军更宽的战线，拿破仑寄希望于在第二天即可击溃敌人，然后粉碎各自为战的布吕歇尔和贝纳多特。②

早上9时，皇帝和缪拉正沿着靠近利伯特沃尔克维茨的山脊并辔而行，对面高地上的同盟军在很短的时间内连放三炮，被恰当地称为"诸民族之战"的一系列战役打响了。连续六个小时，猛烈的炮火令大地撼动，双方你来我往，难分胜负；但当麦克唐纳兵团从东北方发动攻势时，同盟军开始步步后退。此时，拿破仑投入拉图尔-莫布尔盖和帕若尔的两个骑兵军，攻打同盟军中路。

---

① 《书信集》，第20814号。马尔蒙《回忆录》（第5卷，第281页）尖刻地评论道，拿破仑此时只认可符合自己计划和想法的东西。
② 贝纳多特没有渡过易北河撤退，是因为手下军官的进谏、布吕歇尔的推进以及易北河此时有法军守卫。10月14日的科滕军事会议参见博延的《回忆录》第2卷，第377页。

接下来看到的是最为壮观的战争景象。12000名骑兵分成两群，从山脊后面飞驰而上，扑向敌军战线的薄弱环节。那不勒斯国王像往常一样身先士卒，率军冲上泥泞的对面山坡，喘息未定便挥舞马刀砍倒炮手，包围了俄军的方阵，连三位同盟国君主都不得不急忙后退以免被擒。但是，在缪拉的驱策之下，马匹很快就疲劳不堪了，同盟军从普莱瑟河对岸调来了帕伦的哥萨克骑兵和西里西亚胸甲骑兵，适时发起冲锋，法军骑兵阵脚大乱，慌忙后退，两位勇武善战的骑兵将领也折于阵中。同盟军经过最后的努力，重新夺回了所有失去的阵地，这天的战斗以平局收兵，双方各损失了大约2万人。

此时，在莱比锡的西侧，贝特朗已击退了久洛伊率领的奥地利军对林德瑙村的进攻。但在更北的地方，马尔蒙遭受重创。按照拿破仑的命令，他正在向莱比锡后撤，突然于默肯遭到约克率领的一个军的猛烈攻击。在这个村庄和东边的尤里茨奇之间，法国元帅展开了极为顽强的抵抗。布吕歇尔希望将其全军消灭，恳求查尔斯·斯图尔特爵士骑马返回贝纳多特那里求援。这位英国特使在哈雷找到了瑞典王储，请他尽一切努力，不要成为唯一错过这场战役的统帅。[1]此举无济于事，瑞军距离过于遥远，默肯村几度易手之后，约克的普鲁士军才最终将马尔蒙逐出那里。[2]

事实上，马尔蒙得不到奈伊所部的支援，由于贝尔蒂埃之前的说法，他一直以为遭到敌军大规模攻击时，可以得到这一支援。奈伊已奉命跟随麦克唐纳之后，以不可阻挡之势消灭施瓦岑贝格的右翼部队。因此，他只派出一个实力薄弱的师掩护马尔蒙的右翼，其他几个师则往南挺进，此时，来自默肯的紧急信件将他召回莱比锡方向，结果是他的15000名士兵整天都在毫无意义地来回调动。[3]这场灾难后

---

[1] 米夫林，《1813年战役》。
[2] 当时在场的洛上校说，这个村子五度易手（未出版的《回忆录》）。
[3] 拿破仑在1813年10月16日的公报中指责奈伊浪费了一支伟大的部队；但从马尔蒙公布的正式命令看（《回忆录》，第5卷，第373—378页），拿破仑显然没有料到16日会在北面与敌人发生激战。他认为贝特朗军足以守住北面和西面，使那一侧的防御成了奇特的不明确状态。

果极其严重。如果他增援麦克唐纳的包抄行动，同盟国大军团的右翼就已经被击溃了。相反，如果他有效地增援马尔蒙，莱比锡以北的阵地也能守住。结果是，法军从默肯溃退，损失了53门大炮；不过，他们也使约克的21000名将士损失了8000人。相对于参战兵力，阿尔布埃拉和默肯战役是拿破仑战争中最为血腥的战斗。

总的来说，拿破仑给同盟军造成的损失大于自身的损失，但是后者能够得到补充。次日，本尼希森率领41000名俄国后备军从东面靠近战场；科洛雷多率领的奥地利军业已抵达；而在北面，贝纳多特6万人的北方军团已从哈雷开来增援布吕歇尔。反观拿破仑，他只能指望雷尼耶率领的一个军（15000人）从迪本开来，其中大部分都是萨克森人。圣西尔军的27000人远在德累斯顿，鞭长莫及；拿破仑这时肯定对自己的轻率决定痛悔不已：圣西尔孤立无援地留在东南方，汉堡的达武也被切断。经过16日的血战，他只剩下不过15万兵员，其中，德意志各师对无休止的行军和粮草匮乏多有微词。一切发展都令士气消沉。在那个安息日的早上，莱比锡周围一片寂静凄凉，城内只闻伤病的痛苦呻吟和市民们的悲叹。然而，拿破仑仍然斗志昂扬。连绵阴雨之中，他与缪拉沿着普莱瑟河堤来回踱步。缪拉很有把握地对他说，敌人已遭受了沉重的损失。这场沉闷的散步结束之后，皇帝将自己关在了帐篷里，他已下定决心，要再一次碰碰运气。[①]

奥地利将军默费尔特在被俘者之列，拿破仑曾在莱奥本从他身上得到了平生第一次外交胜利。奥斯特里茨战役之后，也是此人最先提出停火建议。这些回忆触动了这位伟大的科西嘉人的心弦，使他产生了某种迷信，因为在巨大的压力之下，即便是最坚强的个性，也会回到最初的本能。皇帝召见了这位幸运星，与之进行了诚

[①] 德代姆·德格尔德（《回忆录》，第345页）对拿破仑17日没有采取行动大加指责，认为他应该在本尼希森和贝纳多特抵达前向同盟军发动进攻，或者在时间充裕的时候撤退。

挚的长谈。①他首先称赞了默费尔特前一天于德里茨包抄法军左翼的努力;接着,他提出有条件地释放奥地利人,让其带着停战的建议返回同盟军大本营。拿破仑表明他在莱比锡附近有超过20万名士兵,然后话锋一转,谈起了欧洲局势。奥地利为什么背叛他?在布拉格,它本可向欧洲强加自己的条件。可是,英国人不想要和平。对此,默费尔特回答道,他们急需和平,但不能只是一纸休战协定,而应该是建立在欧洲力量平衡基础上的和平。"好吧,"拿破仑说道,"让他们把我的岛屿还给我,我就交还汉诺威;我还将重建汉萨城镇和兼并的(北德意志)各地区……但是,英国人希望将我在自己的港口建造的主力舰限制在三十艘以内,该怎么跟他们谈判呢?"②

至于莱茵邦联,各邦可以选择退出;但对于那些希望得到他保护的邦国,他绝不会罢手。关于荷兰独立的问题,他认为很困难;如果法国放手,那块土地就会落入英国的控制。意大利应该由一位君主统治,这适合于欧洲体系。由于他已经放弃了西班牙,这个问题也就解决了。那么,停战的结果为什么就不是和平呢?——同盟国的君主们有不同的想法,他们立即摒弃了这一提议,不作任何答复。

实际上,拿破仑已在同盟国的掌握之中,他自己也猜到了。星期天晚间,他将饱受大雨与饥饿之苦的部队后撤,更加靠近莱比锡;这是因为布吕歇尔已在北面步步逼近,威胁到法军的撤退路线。法国皇帝为何不在深夜撤退仍是不解之谜。欧洲各民族此时都在包围他,北有普鲁士、俄国、瑞典和少数英国军队,西南方是从阿尔卑斯山到乌拉尔山各

---

① 伯格什朋爵、乔治·杰克逊爵士、奥德勒本和费恩都称这次谈话发生在16日晚上;但默费尔特的正式叙述(附在卡思卡特勋爵的公文中)说是10月17日下午2时(外交部档案,俄国部分,第86号)。我遵循档案中的这一记载,而没有采信费恩的说法。
② 从卡斯尔雷1813年11月13日写给派往奥地利宫廷的特使阿伯丁勋爵的公函中可以看出,英国政府即便在胜利的时候也不打算做这样的事情:"我们不希望对法国强加任何屈辱的条件,限制它的舰艇数量就属于这种条件;但绝不能让它占据这个要地(安特卫普)。"(《卡斯尔雷文件集》,第3集,第1卷,第76页)

地征调的同盟军的密集队伍；莱比锡东面的本尼希森所部中，可以看到西伯利亚的巴什基尔人，他们善使弓箭，因而从法国士兵那里得到了"爱神"的诨名。

面对30万人组成的包围圈，拿破仑却只有不到一半的兵力。但法军仍然坚持作战，这不是为了胜利，而是为了荣誉；在波尼亚托夫斯基亲王的率领下，波兰人也又一次为了希望渺茫的民族独立而殊死战斗，这位亲王在16日奋勇作战，赢得了梦寐以求的法国元帅头衔。拿破仑和幕僚们站在普罗布斯泰德村后的一座山上，附近有一座破败的风车房，恰似他命运的象征；与此同时，三位同盟国君主正从南面更高的山上，注视着如同巨大的马蹄一般慢慢飘向城里的烽烟。这场气势恢宏的战役确实难以用语言形容。东北方向上，瑞典王储正催促他的部队次第渡过帕特河，布吕歇尔则对城郊发动猛攻。

同盟军在庞斯多夫村附近找到了法军防线上的一个薄弱环节，雷尼耶麾下的萨克森人表现出了背叛的迹象。上午就有少数人逃到俄军一边，下午3时许，另一些人也高喊着"乌拉"倒戈。这些人一共不超过3000人，带走了19门大炮，这些火炮也立即被用来打击法军。拿破仑急忙率领一部分帝国卫队赶来，挽回了战局。但这只是暂时的，各处的守军都只能以寡敌众。

尽管皇帝到场激励了士气，缪拉、波尼亚托夫斯基、维克托、麦克唐纳和成千上万的无名英雄殊死奋战，法军仍然难以抵挡蜂拥而来的同盟国大军。在北面和东北面，马尔蒙和奈伊同样支撑不住。[①]最糟糕的是，炮弹快要打光了。难怪皇帝此后给克拉克写信的时候夸张地说："如果那时我有3万发炮弹，今天我就是世界的主

---

① 博延描述了在贝纳多特军团中服役的英国火箭炮队的惊人效果。博格上尉将他们调到前线，以遏制法军纵队对瑞典军队的进攻。他中弹倒下，但斯特兰韦斯中尉命令猛烈开火，将这个纵队"像一个蚂蚁堆那样撕裂"，法军士兵们在同盟军响亮的笑声中仓皇退后躲避。

人了。"

夜色降临，这位统帅带着疲惫和沮丧回到风车房，指示贝尔蒂埃下令撤退。随后，他在营火旁的长凳上倒头便睡，部将们看着他，痛苦难言。四周黑夜沉沉，最后的战斗呐喊声、伤员的呻吟声、大批军队撤退时的隆隆车声，如同潮水般涌动。一刻钟后，他猛然惊醒，惊讶地望着他的幕僚们；略一回神，他吩咐一名军官去见萨克森国王，告之以事态。

第二天一早，拿破仑撤入莱比锡，与国王短暂会面后，骑马前往西门。他的时机把握得恰到好处。他的军队规模依然庞大，正从三条大路涌入城内，挤满了城里的每条街道，这种势头每个小时都在加剧。普鲁士和瑞典军队正在突入北郊，而奥地利白衫军则将南面的守军赶入城中。大群逃亡者缓慢而痛苦地穿过城区，向西门夺路而走。那边的情况更为混乱，同盟军的枪炮子弹已开始呼啸着越过普莱瑟河和埃尔斯特河上的拱桥和堤道，北面俄军的喊杀声也越来越近。弹药车、宪兵、妇女、掷弹兵和炮兵，骑兵和牲畜，伤兵、垂死者，元帅和随军的伙夫，全都挤成一堆，努力地在狭窄的逃生之路上争夺立足之地；就在这一片喧嚣之中，得到解放的城郊却发出了快乐的钟声，响彻城市上空。三天之前，那些钟还被迫按照拿破仑的命令，为他庆祝胜利，而今却象征着永远告别法国的统治。埃尔斯特河上一座临时架起的桥梁因为拥挤的人潮而垮塌，令这场溃败更添狼狈，人们也更狂乱地奔向车道。成百上千的人情知无法挤进那条道路，就跳进泛滥的溪流之中，但没有几个人能游到对岸。溺死的人当中，有波兰精英骑士波尼亚托夫斯基亲王。

但是，更大的灾祸接踵而来。一位工兵下士在长官离岗的情况下接到命令，追兵靠近时立刻炸毁西门外的桥梁；可是，布吕歇尔派出萨肯部下的俄军，绕过城西北的河道发动进攻，枪声阵阵，令这位下士惊恐不安，后卫部队和大群散兵游勇还在河东，他就引爆了埋好的地雷。①这也成了当天惨败的高潮,同盟军抓住的将官有30人之多,包括洛里斯东和雷尼耶,此外还有33000名士兵、260门大炮和870辆弹药车落入敌手。拿破仑从林德瑙村不时回望这可怕的景象,但更多的时候,他都忙于组织千辛万苦渡过河的人马。老近卫军幸存了下来,和往常一样强悍,还保留了他们的120门大炮,但青年近卫军只剩下一些残兵败卒。在那恐怖的一天中,皇帝仍然保持冷静和沉着,但旁观者看到,他浑身大汗淋漓。夜晚将至,他转头策马西行。当他经过疲惫不堪、饥肠辘辘的队列时,许多人怒目以对、低声咒骂。士兵们都记得,距离大军团从莫斯科溃退恰好一整年了。

不过,虽然斑疹伤寒肆虐,德意志诸邦背弃盟约,同盟军骑兵多次发动袭击,撤退的法军仍然顽强地冲向莱茵河。他们在哈瑙横扫了一支企图阻挡通往法国道路的巴伐利亚和奥地利联军;11月初,4万名武装士兵和更多失去武器的散兵列队从美因茨的桥上渡河。拿破仑不仅失去了德意志,还在那里的要塞中留下了19万军队,几乎都是法国人。战役第二阶段时所拥有的1300门大炮,现在只有200门能用来保卫他的帝国了。

这场大败的原因并不难找到,既有政治上的,也有军事上的。拿破仑把全部希望寄托在易北河防线上,使自己陷入了四面受敌的境地。他倒台的迹象甫一出现,德意志的民族精神必然鼓舞在其后方的法兰克尼亚人和威斯特伐利亚人,危及他的交通线。至于战略,他重

---

① 过早引爆地雷当然不是拿破仑的问题,只不过是因为一位军士的慌张,以及萨肯轻装部队巧妙的包抄行动,这可以参见卡思卡特和马尔蒙的著作。拿破仑大发慈悲,拒绝在市郊放火以阻挡同盟军,使莱比锡的损失更加惨重。他曾正确地指出,如果纵火,可以挽救千万名法军士兵的生命。这并非虚言。但奇怪的是,他没有下达架设其他桥梁的命令。珀莱和费恩都确认他下达过口头命令,但正如马尔博所说明的那样,参谋长贝尔蒂埃一直都有种迂腐的习惯,在接到书面命令之前不采取任何行动,而这时恰恰没有这种命令。在别列津纳河上最后发生的惨剧很大程度上就是因为军官们犯了同样的错误,因此这次又在确保退路上如此疏忽,是非常奇怪的事情。威灵顿对拿破仑在莱比锡的战术严加批评(1814年1月10日的公文):"如果不是波拿巴将自己置身于每个军官都会避免的局面里,而是从容撤退,同盟军绝不敢冒险靠近莱茵河。"

蹈了1805年马克的覆辙。他所依靠的是一条很容易被对手绕过的河流防线。一旦奥地利向他宣战，他在易北河的阵地就完全和马克在乌尔姆的伊勒河防线一样危险。

然而，尽管后方明显受到延伸很远的波希米亚山区大堡垒的威胁，法国皇帝仍然将部队分散在柯尼希施泰因到汉堡的战线上，并冒险劳师远征西里西亚和北方的迪本，使同盟国大军可以对他在萨克森的各个阵地为所欲为。[①]同盟军从厄尔士山脉这个坚固的屏障杀出，迫使他三次放弃攻势，仓促地回撤到萨克森的心脏地带。

事实很明显，拿破仑在指挥上不及同盟军。这种主张似乎有些不敬，但是从字面意义上说是正确的。他的目标主要是守住易北河一线，同时也要保障与法国的交通线的安全（尽管这是放在第二位的）。而同盟军的意图是让他留在易北河防线上，但切断他与法国的联系。从一开始，他们的计划便是进攻莱比锡，对德累斯顿的攻击是后来产生的想法，执行也显得胆怯和迟缓。然而，只要同盟军主力坚守厄尔士山脉，就能瘫痪拿破仑向东和向北的行动，后者坚持这些行动只会对同盟军有利。

在同盟军计划的执行上，布吕歇尔和格奈泽瑙无疑居功至伟。他们在拿破仑攻入西里西亚之前机智灵活地撤退，对麦克唐纳发动致命一击，最重要的是，大胆地从侧翼进军瓦滕堡，再从那里进攻哈雷，都堪称殊勋；在欧洲大陆一群庸庸碌碌的将领当中，突然出现如同火山爆发般的力量，无疑令拿破仑惊慌失措，也导致了上述的结果。布吕歇尔决意进击莱比锡，甚至在敌人正夺取其后方的易北河桥梁时也不曾动摇，确是英雄之举。这位老将清楚地看到，在莱比锡附近与施瓦岑贝格会师是重中之重，必然使法军回到那里。

[①] 查尔斯·斯图尔特爵士写道（1814年3月22日）："拿破仑在易北河上简直愚蠢至极，他在那里逗留了很长时间，莱比锡战役和后来的灾祸皆因此而起。"（《卡斯尔雷文件集》，第9卷，第373页）

他的判断和出击都恰到好处，由于拿破仑仍对凭借易北河坚固防线挽回战局保有幻想，法军经过毫无成效的几次往返奔波，回到这块广阔的战场时已粮草不济、疲惫不堪。在拿破仑经历的全部战役中，1813年战役的第二阶段可谓谋划最为不力、犯错最多的了，对法国而言，结果也是最悲惨的。

第三版注释

为了不过度地反映外交细节，我只简略地提到1813年9月9日在特普利采与俄国和普鲁士签订的条约，这些条约加强了第四次反法大同盟；下面对此做一番介绍。

《卡利什条约》和《赖兴巴赫条约》已为更紧密的同盟铺平了道路，现又增加了如下共识：（1）奥地利和普鲁士应尽可能恢复到1805年所处的地位；（2）莱茵邦联应该解散；（3）给予其他德意志邦国王公"完全、无条件的独立"。施泰因和德意志统一党坚决反对最后一个条款，但无济于事。反法同盟各国急需奥地利的帮助，因此它可以强加条件，并开始谋划建立某种德意志王公的联盟，自立为盟主。这一结果可以在1813年10月7日与巴伐利亚签订的条约中看出，巴伐利亚就此脱离与法国的同盟，保证了梅特涅德意志计划的成功。较小的一些邦国很快就跟随巴伐利亚的脚步，《肖蒙条约》进一步确保了德意志按照奥地利人的计划重建。因此，俄国和普鲁士在1813—1814年各次战役中始终急需奥地利的帮助，这对欧洲未来的面貌起到了不小的作用。

第36章　从莱茵河到塞纳河

"拿破仑皇帝一定要降格为法兰西国王。迄今为止，他的所作所为都是为了帝国。当他失去了军队，也就失去了帝国。当他不再为军队而发动战争，他就会为法国人民争取和平，然后成为法兰西国王。"——这是最睿智的法国政治家对施瓦岑贝格所说的话。那是在1813年4月15日，拿破仑看起来很有可能部分满足奥地利的要求。至少，塔列朗热切地希望出现这样的情况。他知道，拿破仑在俄国失去了大军团之后，还企图恫吓奥地利，扼杀德意志民族这个新生的大力神，本来就是荒谬绝伦的事情。

如果说，这番话在1813年春季是合理的，到了年底，就成了迫切的需要了。拿破仑此时已损失了40万将士，而且，他不能再像和梅特涅谈起俄国之败时那样，说损失的"将近一半都是德意志人"，在萨克森倒下的，以及勇敢地守卫波兰、德意志和西班牙要塞的士兵，几乎全是法国人。这些人就像罗马军团中的"第三列"，是法国的后备军。不断的惨败已使这个不幸的国家越来越不安宁。在西班牙，威灵顿已封锁潘普洛纳，攻取圣塞巴斯蒂安，通过一系列殊死战斗，将苏尔特逼退到比利牛斯山脉，拿破仑在莱比锡战败前11天，英国国旗就插上了法国的土地。随后，这位伟大的英国指挥官应同盟国君主们的紧急号召，率军北上，攻打法国人历经三个月构筑的尼韦勒河以南防线，将敌人逐出该防线，撤往河对岸，法军损失了4200

人和51门火炮（11月10日）。①

北线的情况也是如此。较低一级的德意志王公欢迎同盟军的到来，他们承诺招募至少25万人的军队，作为对保障其主权的协议的回报。贝纳多特进兵攻打丹麦军队，将达武困在汉堡，法国元帅勇敢地坚守到战争结束。拿破仑在北线其他地区的统治也迅速瓦解。比洛在一支英军小部队的帮助下，于11月初入侵荷兰；荷兰人高呼"奥兰治复兴"的旧口号，扯下法国的三色旗，欢迎奥兰治亲王归来。在意大利，欧仁仍然忠诚于继父，驳回了同盟国的一切提议；但缪拉的忠心已因同盟国的秘密条件动摇，开始表现出反戈一击的迹象，新年伊始，他就这么做了。②

11月9日，拿破仑抵达巴黎，发现他的首都沉浸在沮丧之中，对这个痛苦的根源愤慨至极。所有人最为渴望的就是和平。玛丽·路易丝泪眼相看，康巴塞雷斯明智地保持缄默，人民则大声疾呼，都说明了这一点。元帅们或闷闷不乐，或冷言相加，似乎说明他们已失去了耐心。很明显，此时需要一个替罪羊，巴萨诺公爵马雷不幸当选。他对拿破仑忠心耿耿，名为外交大臣，实际上不过是个拿着高薪的书记员。由于在德累斯顿未能让顽固的主人回心转意这一"罪过"，他成为了缓和主和派不满的牺牲品。维琴察公爵科兰古接替了他的职务

---

① 内皮尔，《半岛战争》，第5卷，第368—378页。
② 11月10日，英国驻奥地利大使阿伯丁勋爵写信给卡斯尔雷："……他（缪拉）收到梅特涅亲王和我最近从布拉格发出的信后，立刻写信给拿破仑，说他的王国发生了一些事情，绝对需要他到场处理。不等答复，他马上动身，一刻不停地赶到巴塞尔。途中，他给驻维也纳的那不勒斯大臣卡里亚蒂亲王写了一封密码信件，告诉他自己希望于12月4日抵达那不勒斯。缪拉还说，他心急如焚，渴望报复波拿巴对自己的种种伤害，并与同盟国一起争取公正、稳定的和平。他打算抵达那不勒斯后即刻宣战。"11月19日，阿伯丁又写道："您可以认为，缪拉的事情已经处理好了……奥地利可能最终会同意他改变与教皇辖境的边界，这足以满足他的虚荣心，也可以对他的臣民有所表示。至于将三个北部辖地归还给他的要求，我很怀疑是否可能，因为西西里、撒丁和奥地利都对意大利北部有领土主张，不过，必须要有某种合适的补偿。"（英国外交部档案，奥地利部分，第102号）缪拉和拿破仑之间的争端将在伦布罗家男爵即将出版的《缪拉》一书中澄清。富歇对缪拉的阴险建议，可参见比尼翁《法国史》，第13卷，第181页及其后；德韦尔努瓦《回忆录》，第20章和沙普塔尔的《回忆录》，第305页。

（11月20日）。这一改变颇有助益。新任外交大臣在圣彼得堡担任大使时，由于为人坦率、举止殷勤有礼而深受沙皇敬重。英国的伯格什夫人后来也证实了他的迷人风度："我从未见过如此友善、和蔼、直率的人。"①除了这些特质之外，他还有着过人的学识、深厚的爱国热忱，以及为国家最高利益献身的精神。此时，法国首要的利益显然是和平；看起来，他有希望给法国和全世界带来这一福音。

11月8日和9日，梅特涅在法兰克福两次会见了科兰古的妹夫、前法国驻魏玛公使圣艾尼昂男爵。奥地利大臣向男爵保证，同盟国（特别是英国）做事有礼有节，它们希望的是建立在力量平衡原则上的持久和平。法国必须全面放弃对西班牙、意大利和德意志的控制，回归自然边境——莱茵河、阿尔卑斯山和比利牛斯山脉。英国驻奥地利大使阿伯丁勋爵、俄国外交大臣涅谢尔罗迭伯爵出席了第二次会晤，他们都同意这一说法，后者保证，普鲁士也赞成。阿伯丁补充道，英国准备放宽其海商法的规定，为赢得持久和平而放弃征服的许多殖民地。对于同盟国在法兰克福提出的这些建议，拿破仑命令马雷给予模棱两可的答复，建议在曼海姆召开一次欧洲大会。但这份照会（11月16日）中有一句奇怪的话，使之效果大打折扣——"无论从大陆还是海洋的角度看，所有国家都得以独立，以此为基础的和平一直都是（拿破仑）皇帝渴望的，也是其政策的永恒目标"②。

梅特涅在回信中指出，法国政府没有接受同盟国方面提出的条件，以此作为谈判的基础。新任外交大臣科兰古12月2日寄出的同意书远比马雷的照会更坦率，也更令人满意；但就在他写信的前一天，同盟国实际上已撤销了它们的建议，因为它们已经明言，如果拿破仑

---

① 伯格什夫人的《日记》，第182页。
② 费恩，《1814年手稿》，第48—63页。埃尔努夫（《马雷传》，第606页）称拿破仑修改过马雷的照会；上文引用的这句话毫无疑问是皇帝的手笔。这位作者还证实，马雷的建议总是比人们想象的更温和，此时，他恢复了旧日的国务大臣职务，在沙蒂永谈判中给科兰古提供了宝贵的帮助。

不能迅速接受这些条件，就会将其撤销。它们自始至终都决定不停止军事行动；而且，由于战局对其有利，就不可能期望它们长久地等待对方的意见，毕竟，即便是在提出这些建议的时候，荷兰、瑞士和缪拉的支持还没有得到充分保证，其中的条件对拿破仑也过于有利了。

我们不妨停下片刻，研究一下在这个欧洲政治熔炉沸腾的紧要关头，反法同盟各国政府和拿破仑本人有何看法。梅特涅向法国皇帝提出自然疆界的建议时，是否得到了那些国家的首肯？在此，我们必须将阿伯丁勋爵的看法和外交大臣卡斯尔雷代表的英国内阁的观点分开看待；也必须区别对待沙皇亚历山大和性格软弱的外交大臣涅谢尔罗迭，后者并不太受沙皇的信任。英国内阁当然不愿意将安特卫普留在拿破仑手中。

11月13日，卡斯尔雷写信给阿伯丁："任何和约，如果没有将法国限制在远古时候的疆域之中，都可能遭到不列颠民众的反对。……如果可以在提议的基础上签订和约，执行情况也令人满意，我们仍然准备和盟国一起迎接和平可能带来的风险；我们不倾向于干涉法国内政，尽管我们很希望看到它掌握在更温和的人手中。但我以为，我们一定不能鼓励盟国仓促地做出不完美的安排。如果它们这么做，我们必须服从；不过，在那种情况下，应该让人们看清，这是它们自己的行为，不是我们的主张……我特别恳请你关注安特卫普。摧毁那座兵工厂对我们的安全至关重要。将它留在法国手里，无异于将永久备战的负担强加在大不列颠身上。"[①]

从那时起，尽管小心翼翼、有时踌躇不定，英国的政策已倾向于为了和平必须使法国回到1791年的疆界，也就是说，法国不仅要

---

① 《卡斯尔雷文件集》，第3集，第1卷，第74页。这当然写于他听到法兰克福建议之前，但有着不同寻常的预见性。梯也尔说，卡斯尔雷听到建议后向阿伯丁发了新的指示。我在英国档案中没有找到佐证。这封信警告阿伯丁，不要在安特卫普问题上做任何妥协；但是卡斯尔雷前往同盟军大本营时，与沙皇和普鲁士爱国者相比，他显然算得上是主和派了。施瓦岑贝格在朗格勒写道（1月26日）："我们应该在这里媾和；我们的皇帝、施塔迪翁、梅特涅甚至卡斯尔雷都完全赞同这个意见——除了沙皇亚历山大！"

撤出荷兰、莱茵兰和意大利，还必须放弃比利时、萨伏依和尼斯。普鲁士爱国者的目标比英国坚定得多，他们确信，法国不应该统治莱茵兰，从美因茨、科布伦茨和韦瑟尔的要塞威胁德意志。对于这个问题，阿恩特在一本小册子中以明确的口气说道："莱茵河是德意志的河流，而不是它的边界。"这证明，法国以莱茵河为国界的主张既与史学观点不符，也不能反映两个民族的分布。这本小册子极大地激发了德意志人，使其对法国人珍视的自然疆界原则发起了挑战，这正是一年前他在《祖国》这首歌曲中表达的要求。它呼吁德意志人力争特里尔和科隆，甚至斯特拉斯堡和梅斯。哈登贝格和施泰因大部分观点相左，却都对这部作品大加赞扬。即使在它面世之前，哈登贝格一想起拿破仑占据莱茵河左岸就火冒三丈。听到梅特涅在法兰克福向法国皇帝提出的条件，他在日记上写道："未经我同意的和平主张——莱茵河、阿尔卑斯山、比利牛斯山：愚蠢之至。"[1]

腓特烈·威廉的观点没有那么鲜明。实际上，他有一种前怕狼后怕虎的倾向，这使他在该国宰相的日记中得到了"卡桑德拉"[2]的诨名。但他主要受沙皇的影响。独断专行的沙皇现在决心要在巴黎达成和约，消除他的大敌将来复仇的一切希望。他这么做既出于虚荣心，也出于恐惧。他渴望着率领威武的俄国近卫军前往巴黎，展现自己的仁慈宽容，与法国人在莫斯科的所作所为形成鲜明对照，这种情绪因为对拿破仑的恐惧而更加强烈。当然，后一种动机隐藏很深，但阿伯丁勋爵在弗赖堡与亚历山大的一次私下会谈（12月24日）中感受到了它的强度："他侃侃而谈，比以往都更认识到坚持到底的必要性，根本不相信波拿巴的承诺。——'只要他还活着，就没有任何安全可言。'——这句话他重复了两三次。"[3]因此，我们可

---

[1] 富尼耶，《沙蒂永会议》（*Der Congress von Châtillon*），第242页。
[2] 古希腊传说中的特洛伊公主，因太阳神阿波罗的诅咒，她的预言永远没人相信。——译注
[3] 《卡斯尔雷文件集》，第3集，第1卷，第112页。

以理解他的疑虑，唯恐拿破仑全面接受梅特涅在法兰克福提出的条件。可是，梅特涅安慰他，法国皇帝不会同意；[①]正如有关布拉格大会的断言，他大体上是正确的。

这里，我们又一次接触到这个有争论的问题：梅特涅是公平地对待拿破仑，还是借对手的帝位危在旦夕之际，以欺诈的手法引诱他上当呢？在很长的一段时间里，后一种主张占据了上风；但这种说法站不住脚。这位奥地利政治家在多个场合里警告过拿破仑或其亲信，对他来说最好的做法就是立即签订和约。他在德累斯顿这么做了，现在也是如此。11月10日，他写信给科兰古，其中最重要的内容如下：

"……圣艾尼昂先生会向你转达我（和他）谈话的情况。我不指望这些谈话能起到什么作用，但我必须履行自己的职责。在法国所能签订的和约当中，绝不会有比列强今天提出的更有利的条件了，除非明天它们遭遇逆境。新的胜利只会让他们看得更远……我毫不怀疑，同盟国大军压境，或许能促进法国政府大大加强军备。这些问题对文明世界意味着什么难以预料；但拿破仑皇帝不会媾和。这是我的真心话，倘若错了，那将是我最高兴的事情。"

这封信从各方面看来都是出于真心。梅特涅寄出信件时并没有保密，而是让阿伯丁勋爵看过的。[②]幸运的是，这封信送到科兰古手中时恰逢他就任外交大臣前后，因此拿破仑一定知道信件的内容；法兰克福提议的调子也应该让他相信，当奥地利从莱茵河彼岸伸出橄榄枝的时候，有必要迅速媾和。但梅特涅令人沮丧的预测竟然成真，在他出使巴黎的时候，就已经试炼过拿破仑的钢铁意志。

事实上，任何人只要知道法国皇帝对意大利的热爱，就不会相信他能放弃皮埃蒙特和利古里亚。他发出的公函说明，他从没有考虑过这样的投降之举。11月20日，他下令征召46000名法国成年人入

---

① 梅特涅，《回忆录》，第1卷，第214页。
② 英国外交部档案，奥地利部分，第102页。

伍——"不是意大利或比利时人"——这些人将增援欧仁,帮助他守卫意大利;而且,在那个时候,守卫香槟和朗格多克的任务是由18岁的小伙子承担的。

拿破仑同样决心不放弃荷兰。他一直非常重视这个繁忙的航海国家。有一次,他对勒德雷尔说,法国波旁王朝的覆灭,是三个事件引起的——罗斯巴赫之战,钻石项链事件,以及英普两国势力在荷兰问题上战胜了法国(1787年)。他甚至诉诸自然条件,以证明这块土地必然是法兰西帝国的一部分。1809年,他的一位大臣说:"荷兰是莱茵河、默兹河和斯海尔德河冲积而成——换言之,是法兰西帝国的大动脉之一。"最近的莱比锡战役之前,拿破仑告诉默费尔特,他不可能让荷兰独立,因为那将使其落入英国的羽翼之下。即使那次惨败使他的帝国摇摇欲坠,他仍写信给母亲说:"荷兰是法国的一部分,而且将永远如此。"①

俄国、普鲁士和英国让荷兰独立的决心也同样坚定;如果说梅特涅曾在荷兰独立的问题上摇摆不定,到12月中旬也已不再踌躇,因为俄国外交官波佐·迪·博尔戈的一份备忘录提到,梅特涅当时认为莱茵河边界到杜塞尔多夫为止:"经过该城之后,那条河流以瓦尔为名。"②在地理概念上做这番文章实属多余,因为到那个时候,由于拿破仑迟迟没有接受,梅特涅在法兰克福提出的条件已经失效;后者此时也加入了其他同盟国政府的行列,要求更彻底地解决边界问题。

实际上,同盟国此时可以从最近的节制态度中得到政治资本。③12月1日,它们向法兰西民族发出如下呼吁:"我们不是对法兰西开战,而是要摆脱你们政府套在我们各国身上的枷锁。我们希望在踏入你们的国土之前就求得和平,可是现在只能到那里去寻找了。"

---

① 《未发表的书信》(1813年11月6日)。
② 这份备忘录有如下背书:"波佐·迪·博尔戈将军1813年12月18日交给我的指示摘要。"(英国外交部档案,俄国部分,第92号)
③ 梅特涅致胡德利斯特(Hudelist)的信,见于富尼耶的《沙蒂永会议》,第242页。

如果同盟国君主们发布这一宣言是希望法国民众远离拿破仑，那他们就错了。一旦越过莱茵河，他们攻击的就不是拿破仑，而是法国大革命了。赢得比利时和莱茵河边界的，是迪穆里埃、茹尔当、皮舍格吕和莫罗，而在那时，波拿巴的声名尚未传到科西嘉和普罗旺斯之外。法国上下已经厌倦了拿破仑在德意志、西班牙和俄国挑起的战争，那些战争是拿破仑关心的，与法国无关。但当"神圣的国土"遭到威胁，法国国民就会团结起来；他们不再大声反对苛捐杂税和让年轻人白白送死的征兵制度，而是顺从地承受更沉重的税负，奉献出更年轻的小伙子。实际上，法国皇帝脱掉查理大帝的假面之后，又一次变成了马伦戈战役时的波拿巴了。

他期待着公众舆论发生一些这样的变化，这也使他肆无忌惮地对抗国会中开始出现的反对派。元老院和往常一样谄媚逢迎，而立法院则弄错了自己的职责。皇帝召集后者开会，是为了投票通过征收新税的法案，它却提出了建议。由该院议员组成的一个委员会赞同莱内撰写的现状报告，极大地触怒了皇帝。这份报告的"罪过"在于，它坦率地要求以自然疆界为基础达成和约，放缓严苛的征兵制度，并全面维护保证自由行使政治权利的法律。皇帝勃然大怒，不顾大臣们的劝说，决心立刻解散这个议院（12月31日）。这样的独断专行还不算完，在新年正式接待会上，他像在军营里一样训斥了该院的议员，大意如下：把他们召来，是为了让他们做好事，可他们却犯下罪过。在香槟地区吃了两次败仗，造成的伤害也比不上他们最近的所作所为。与皇帝相比，他们所担负的职责算得了什么？法国几百万民众两次投票选中他，而这些议员不过是由几百人提名的而已。他们一直在给他抹黑，但他是可杀不可辱的大丈夫。他将为民族而战，击退对手，达成体面的和约。到那时，他将把这些人的报告印出来广为传看，让他们蒙羞。说这番话时，拿破仑语气严厉，目露凶光。他毁掉了报告的所有副本，将议员们赶回全国各地的家中。

法国民众多数站在拿破仑一边，毫无疑问，国民的本能理应如此；因为同盟军已渡过莱茵河，法国再一次陷入危险之中。1793年，举国上下都乐于接受胆大妄为的雅各宾派战胜值得尊敬、主张议会政治的吉伦特派这一事实，认为这样就有希望以强有力的统治驱逐各君主国组成的侵略军。同样地，此时即使不考虑中产阶级，士兵和农民也为这位必不可少的实干家将空谈家们弄得狼狈不堪而感到高兴。一位老农民精练地道出了大众的情绪："这不再是波拿巴的问题了，我们的国土遭受侵犯，让我们去战斗吧！"

这正是法国皇帝无情利用的情绪。他颁布法令，招募一支庞大的国民自卫军，为正规军征召更多新兵，并命令东方各省实施集体征召入伍的政策。面对巨大的困难，他以无与伦比的气魄投入工作。兵源奇缺，就征召青少年，连北部、西部和南部边疆的保王派势力范围也不放过。资金不足，就从各地横征暴敛，拿破仑不仅慷慨解囊，从私产中拿出5500万法郎，还拿走了节俭的母亲的积蓄。[①]大炮、步枪和军服不敷使用，就疯狂地推动生产：拿破仑命令战争部"采购全法国的布料，不论好坏"，到2月底准备好20万套军服；他希望春末在战场上有50万兵员。

拿破仑估计的人数中——正如他写给梅尔齐的信中所说，至少有——"将近20万"来自阿拉贡、卡泰罗尼亚和驻守巴约讷的法国士兵。即便考虑到他是为了给意大利的官员鼓劲，这种估计也是很奇怪的。威灵顿此时确实将手下的所有西班牙部队送回比利牛斯山脉另一侧，减少了兵力，因为后者的暴行已危及这位伟大的英国统帅与法国农民的良好关系，而他出于政治动机，决心培养这种关系。[②]不过，虽然人数减少，他还是将法军逐出尼夫河两岸，并在巴约讷附近

---

① 乌赛，《1814》，第14页；梅特涅，《回忆录》，第1卷，第308页。
② 他写信给巴瑟斯特勋爵："我们的成功和一切取决于克制与公正。"（内皮尔，第23卷，第2章）

的殊死战斗（12月9—13日）中令其损失惨重。事实上，该城前面深沟高垒的军营此时是威灵顿北进的唯一障碍，苏尔特守住这个阵地并不容易。法国农民也发现，威灵顿的部队对待他们远比本国士兵好，因此也开始支持同盟军作战，结果很快就会显现。但是，拿破仑并没有因为这些令人不安的征兆而退缩，他现在将抵抗英军进攻的希望寄托在他与西班牙合法君主费迪南德七世达成的条约上。

莱比锡战役后，拿破仑一回到圣克卢宫，就向那位不幸的流亡者提出了秘密建议；① 按照《瓦朗塞条约》（1813年12月11日），他同意承认费迪南德七世为整个西班牙的国王，条件是英国和法国军队撤出该国。他异想天开，对条约的结果抱着不切实际的幻想。费迪南德将进入西班牙，那样，在加泰罗尼亚已不可能取胜的絮歇可以悄悄地将部队撤回比利牛斯山另一边，而威灵顿的作战基地将被连根拔掉，成为无足轻重的人物。② 这些美妙的幻想取决于西班牙摄政和国会接受新条约。可是，拿破仑太不幸了！他们立即拒绝了条约，宣布费迪南德身为囚犯，所有的行为都是无效的，法军仍驻扎在半岛期间，禁止与法国进行一切谈判（1月8日）。

意大利的形势同样令人失望。1月11日，缪拉与奥地利结盟，承诺出动一个军（3万人）的那不勒斯军队相助，奥地利则保证他的王位并得到一块罗马领地。拿破仑确认这一坏消息之后，立刻指示欧仁准备向阿尔卑斯山撤退。但为了阻止缪拉的行动，皇帝决定利用六年

---

① 《未发表的书信》（11月12日）。这个日期很重要，它驳斥了内皮尔如下说法（第23卷，第4章）：法国皇帝曾计划，费迪南德应在11月初威灵顿与马德里议会争执最激烈时进入西班牙。比尼翁（《法国史》，第13卷，第88页及以后）说，因为塔列朗的疏忽，西班牙议会和威灵顿得知了谈判的消息，但这位英国将军的公文表明，他在1月9日或10日才听说此事。他当时写道："我早就猜到波拿巴会采用这一计策。如果他不那么骄傲，更理智一些，这招就成功了。"
② 1月14日，皇帝命令苏尔特，一旦知悉条约得到批准，就开始从巴约讷北进，"全军出动，只留下必要的屏护部队"。絮歇同样率1万名步兵和所部三分之二的骑兵开往里昂。22日，皇帝斥责两位元帅没有派出步兵，但《西班牙条约》尚未得到批准。经过长时间的延迟，费迪南德于3月13日动身前往西班牙，此时战争已将近结束了。

以来一直蔑视的宗教力量。他下令释放被拘押在枫丹白露的老教皇，迅速将其秘密送往罗马。他写信给萨瓦里（1月21日）："让他如惊雷般出现在那里吧。"然而，这种做作的表演并没有取得成功。直到这个时候，拿破仑仍然坚持那些庇护七世难以违背良心答应的条件，于是，直到拿破仑前往厄尔巴岛的时候，教皇还被关押在塔拉斯孔。

缪拉脱离法国之后三天，丹麦也抛弃了拿破仑。在贝纳多特的武力威胁下，这个小王国与英国和瑞典媾和，同意将挪威割让给瑞典，而在德意志的土地中获得补偿。另外，丹麦还将赫里戈兰割让给英国。这样，在莱比锡惨败后三个月内，拿破仑的所有盟友都背弃了他，而且除了丹麦之外，其他原来的盟友都反过来与之为敌——这显然证明他的统治并非自然形成的。

到这个时候，形势已经明朗，倘若拿破仑不能迅速集结部队，就连法国的心脏地带也将很快遭到打击。在北面和东面，同盟军正以令法国皇帝错愕的速度推进。他习惯了看到对手迟缓的行动，从没有预料到春季之前他们会大举入侵法国，而现在刚进入新年几天，敌人就来了。比洛和格雷厄姆已占领荷兰。除了沙皇之外，反法同盟各国就像过去拿破仑一贯表现的那样，无所顾忌地破坏瑞士的中立地位，而他在11年前强加给瑞士的宪法也马上被推翻了。施瓦岑贝格派遣实力强大的一个军南进，守住辛普朗和大圣伯纳德山口，威胁里昂，自己则统帅同盟国大军取道巴塞尔、贝尔福和朗格勒进入法国。迅速占领朗格勒高原是重大的胜利。由此，同盟军就绕过了孚日山脉、摩泽尔河和默兹河组成的坚固防线，布吕歇尔就可以率其"西里西亚军团"快速进入洛林，将维克托赶出南锡。图尔很快失陷，这位强悍的老将随之转向西南，与施瓦岑贝格的纵队取得联系。两位统帅都没有在东线的要塞上迁延时日，同盟军已从拿破仑那里学到包围或监视这些要塞，同时继续推进的战法，由于兵力优势巨大，他们这样做没有危险。25日，施瓦岑贝格在朗格勒、绍蒙和奥布河畔巴尔之间有15

万人，而布吕歇尔兵力大致为前者的一半，从圣迪济耶渡过马恩河，向布列讷逼近。他们面前是马尔蒙、奈伊、维克托和麦克唐纳的几个军，这些部队兵力薄弱（一共集结了大约5万人）、士气低落，常常有人开小差到同盟军一边，布吕歇尔希望表明战争实际上已经结束，于是将逃兵和战俘都遣送回家。①

可是，战争远未结束，甚至都还不算开始。迄今为止，拿破仑一直在巴黎加紧备战，但危险迫在眉睫，他不得不往东去。和以前一样，他留下皇后作为法兰西帝国摄政，但指派约瑟夫国王辅佐她。周六（1月23日），他召开了最后一次招待会，地点在杜伊勒里宫的大厅里，也就是巴黎平民逼迫路易十六戴上红帽子的地方。现在，又一个王朝濒临垮台；然而在谄媚的侍臣和巴黎国民自卫军军官的脸上看不出它行将就木，这些人都在向大革命的继承人致敬。

拿破仑带着皇后和罗马王来到现场，三岁的罗马王有着淡黄色的头发，身着国民自卫军制服。皇帝拉着他的手，来到人群中，说了一番动人的话："先生们，——我就要前往军中。我将这世界上最为珍爱的——我的妻儿——托付给你们。我们要消除政治分歧。"随后，他抱起孩子走到了朝臣和军官之中，这一幕激起了人们的温情，啜泣声和呼喊声不绝于耳。确实，从年轻的玛丽亚·特蕾莎②亲自呼吁匈牙利显贵们保护她，抵抗贪婪的邻国以来，何曾有一个君主对其臣子如此直抒胸臆？拿破仑成功的秘密并不难寻。他不像皇帝那样高高在上，而是以父亲的身份，向千千万万的父亲母亲发出号召。

令人痛心的是，我们还必须说明一个事实，许多宣称誓死保卫他的人，在当时就已经开始策划推翻他了。其中最为痛心、难以忘记的，就是在25日黎明之前，玛丽·路易丝与他告别，没想到这竟是

---

① 乌赛的《1814》，第2章；米夫林的《1814年战役》。
② 玛丽亚·特蕾莎（1717—1780）——奥地利国母，神圣罗马帝国皇帝查理六世之女，她于1740年成为奥地利首位女大公，因此引发奥地利王位继承战争。——译注

第36章 从莱茵河到塞纳河

永别；因为她也在拿破仑遭逢厄运的时候弃他而去，不愿与之一起被放逐，并最终自降身份，下嫁奈佩格伯爵。

伟大的战士拿破仑无视未来的一切可能，所有思绪都集于当前的问题，他迅速向东前往马恩河畔夏隆，展开了他最为辉煌的一次战役。不过，这次战役是以惨败拉开序幕的。就在旧日就学过的布列讷，他向布吕歇尔发动突袭，希望阻止西里西亚军团与南面的施瓦岑贝格军团会合（1月29日）。激战之后，普军被赶出了城堡和市镇。但这场胜利不过是幻梦。布吕歇尔向奥布河畔巴尔撤退，以得到施瓦岑贝格的支援，三天之后，当拿破仑还沉迷于同盟国认真考虑和谈的希望中时，布吕歇尔扭转了局面。[①]不过，虽然遭到对手优势兵力的奇袭，4万名法军仍然坚守拉罗蒂埃村，最终他们薄弱的防线各处均被突破或者包抄，损失了73门大炮，3000多人被俘。双方均有大约5000人伤亡——这对同盟军微不足道，但对守军来说是沉重的打击。

皇帝十分灰心。他倾尽全力，甚至不惜身赴敌人最猛烈的炮火之下，以此鼓励将士杀敌，但仍无法阻止同盟国各军会师，也守不住奥布河一线。次日一早，他离开布列讷城堡，前往特鲁瓦；同时，马尔蒙率领一支只剩下不到3000人的部队，英勇守卫罗斯奈的瓦尔河渡口，并在阻击追兵之后，于奥布河畔阿尔西扎营。看起来，无论从精神上还是物质上，法军用于抵御同盟军的手段都已消耗殆尽。2月3日，拿破仑进入特鲁瓦时，几乎听不到一声"万岁"。就连老部队也为失败和饥饿而沮丧，据说，有多达6000名新兵开了小差。除非强征，当地居民都拒绝供应生活必需品。皇帝在特鲁瓦写道："军队正在毁于饥荒。"在诺让又写道："尽管我们一路用火和剑去获取食物，还是有12名士兵饿死了。"此时，布吕歇尔的得胜之师已进入了马恩

---

① 1月31日写给约瑟夫的信。

河和奥布河之间的不设防区域，他沿途未遇险阻，一直打到巴黎市郊。普鲁士和俄国军官们又一次认为战争已经结束，相约一周后在罗亚尔宫欢宴。①

但是，这位骠骑兵老将的自负正是拿破仑所希望的。他知道布吕歇尔更愿意大胆出击，而施瓦岑贝格则喜欢拖拉。他还猜出，两人此时将会兵分两路，布吕歇尔直取巴黎，其他部队则取道特鲁瓦和桑斯，威胁法国首都。他之所以向特鲁瓦撤退，也是为了直接迎击同盟军的后一行动，"或者回师迎击布吕歇尔，阻止他前进"②。另一个目的是，他预计在诺让能遇到此前命苏尔特派遣北进的15000名老兵。毫无疑问，最终的原因是他决心依托塞纳河湾，这条河流的特鲁瓦－诺让段距离大路只有不到20英里，是布吕歇尔进攻巴黎的必经之路。在许多危急关头，拿破仑都证明了大河防线的效用。从里沃利到弗里德兰，他的军事生涯中有大量依靠河流作战的例子。1813年战争就是对易北河防线的长期争夺。他仍然继续这场战争，是因为不愿意放弃莱茵河要塞；现在他希望从塞纳河湾之后，向分兵几路的敌军发动连续的猛烈打击，重夺那条"自然边界"。

拿破仑凭借令人称奇的预见性，猜中了同盟军的总体计划。但他不太可能想到，就在这一天（2月2日），同盟军正在布列讷召开军事会议，正式决定由布吕歇尔率领约5万人从西北方向挺进巴黎，而将近三倍于此的同盟国大军则转向西南，向塞纳河畔巴尔和桑斯进攻。分兵两路，兵力如此不均衡，看起来是取祸之道。同盟军确实没有补给仓库，无法集中全军穿越敌国，在那里，就连人数不多的守军都快要饿死了。但是，既然决定采取行动，就必须给更为危险的任务配备一支强大的部队。最重要的是，这支部队必须与主力部队保持良好的联系，同时密切接触敌军。可是，他们并没有采取这些显而易见的预

---

① 《朗热隆回忆录》，见乌赛的著作，第62页；另参阅米夫林的著作。
② 2月2日写给克拉克的信。

防措施。事实上，同盟军分兵行动，更多的是出于政治上的猜忌，而非军事目的。现在，我们必须提及这些政治问题，因为它们对拿破仑取得虚幻的胜利和最终不可挽回地被推翻，都有着不小的影响。我们将说明这些因素的影响，首先是对同盟军作战的影响，然后是对拿破仑行为的影响。

对俄国和普鲁士势力的不断壮大，奥地利越来越惊恐不安。它之所以拔刀出鞘，是因为拿破仑的憎恨远比亚历山大的野心可怕。但从那时起，一切都变了。五个月之前，这位战士的利剑还直指德意志的咽喉，如今却在凄凉的香槟平原上苦苦逃命。当时他的东方对手曾哀求奥地利伸出援手，此时却表现出控制整个波兰的渴望，以萨克森作为普鲁士在该国损失的补偿。这两处变化从北面给奥地利以沉重的压力，它决心尽可能地避免其发生。至于德意志重建的恼人问题，我们将在后面讨论。涉及同盟国与贝纳多特、丹麦和瑞士的一些次要问题使局面更趋复杂。不过，最重要的是法国未来疆界与政体的问题。

在这个问题上，主要有两派意见，其中一派只想剪去拿破仑的羽翼，另一派则力图恢复法国的旧疆界。倘若拿破仑放弃对德意志、荷兰和意大利的一切控制，弗朗茨皇帝仍愿意保留"自然疆界"。沙皇和普鲁士爱国者中的激进派则站在他的对立面。腓特烈·威廉较为谨慎，但在边界问题上主要还是听从沙皇的意见。不过，弗朗茨皇帝、梅特涅和施瓦岑贝格的影响力巨大，这两派处于均势，饱受疑心与恐惧之苦，直到英国外交大臣卡斯尔雷到来，才恢复了信任和协调。

英国内阁决定，由于该国在同盟军大本营中的三位特使都没有丰富的外交经验，外交大臣应该亲自前往督办相关事务。他于1月的第三周来到大本营，他的行事作风与疑心重重、好使手段的梅特涅和涅谢尔罗迭形成了鲜明对照，梯也尔称之为"既骄傲又质朴"，他的意见分量十足，正源于公正无私。英国处于强有力的地位，在反法同盟成形之前，它在斗争中就首当其冲；除了在汉诺威得到一些微不足道的利益之外，它也不打算参与即将来临的领土争夺；它甚至提出放弃在海外夺取的许多殖民地，只要欧洲问题的解决方案能够保证持久和平。① 这位英国大臣已经看出，只要拿破仑还统治着"大法兰西"，这种持久和平就不可能实现；和平的唯一可靠保障，就是使法国恢复旧日的疆界，最好是恢复那古老的王朝。

关于疆土问题，沙皇的观点并不明确；他的看法更多关乎个人，而非领土。亚历山大决心摆脱拿破仑，但此时他还没有同意复辟波旁王朝。总体上说，他不喜欢那个旧王朝，特别厌恶路易十八。那位罹患痛风的老先生二十三年来在欧洲四处奔走，发布各种毫无意义的宣言，与其让他来接替拿破仑，还不如贝纳多特更合适。

这确实是拿破仑的绝佳机会，没有人适合接替他，他也深知这一点。除了贝纳多特本人之外，几乎没有人在提名人选是否适合的问题上与沙皇有同感。对各个同盟国来说，这位瑞典王储摇摆不定，令人怀疑；而对于法国人来说，他就是个叛国者。我们发现，施泰因在这一点上也与沙皇意见相左，并宣布波旁王室是拿破仑的唯一替代者。可以肯定的是，这不是因为这位伟大的德意志人喜欢波旁家族，而是因为他认为，正是他们的平庸无能，才能保证法国的势力不会再次像洪水一般冲破其旧疆界，淹没欧洲。

这正是卡斯尔雷的优势所在。在各执己见的争论和阴险狡诈的权谋之中，他的主张明确、无私，逻辑上也无懈可击。此外，这些观点如此有力，令争论双方也平静了下来。他悄悄地对梅特涅保证，英国将抵制俄国和普鲁士兼并整个波兰和萨克森；而奥地利政治家也表明，他"从家族考虑出发"，不会反对波旁王室回归法国，只要这是

---

① 梅特涅说起卡斯尔雷，"我怎么称赞他都不为过；我们觉得他的观点最为平和"。（富尼耶，《沙蒂永会议》，第252页）

出自法兰西民族的愿望。①这也是英国政府和威灵顿十分重视的附带条件。

卡斯尔雷直截了当的举动造成了巨大的影响，促使梅特涅赞成对法国问题采取比他过去倡导的更激进的解决方案。法兰克福建议此时已无声无息地放弃了，梅特涅开始看出，有必要将比利时从法国分离出来，交给奥兰治家族。然而，这位奥地利政治家仍支持尽快与拿破仑签订和约，尽管他在私人信件中承认，和平并不取决于沙蒂永谈判。他写道，一些人希望复辟波旁王朝，更多的人希望有一位摄政（即由玛丽·路易丝担任拿破仑二世的摄政）；还有一些人则说："赶走拿破仑，有他就不可能有和平。"大众呼吁和平，结束一切纷争。梅特涅还补充道："进入巴黎前后，谜底就将揭晓。"②他是一位谨慎的机会主义者，始终对事实的逻辑和卡斯尔雷的说服持开放态度。

英国大臣发现，俄国和普鲁士两国君主更难以驾驭；他们怀疑梅特涅和拿破仑狼狈为奸，虽经卡斯尔雷多方努力，也只取得了部分的成功。沙皇对奥地利政治家和总司令极不信任，以至于他决心将梅特涅的外交谈判搁置不理，迅速向巴黎推进，迫使法国接受和平。③

可是，正因为沙皇和普鲁士人急切地要到达巴黎，奥地利人的恐惧难以消除。这两国的军队如果取得全胜，波兰和萨克森的命运就决定了。施瓦岑贝格本人渴望和平，因此一直有人认为，他不仅试图按兵不动，以保全奥地利士兵的生命，而且在这段时间里，并未尽职尽责地保持与布吕歇尔的联系。在后来的一段时间里，普鲁士人多次

---

① 1814年1月22日和30日卡斯尔雷致利物浦勋爵的信。
② 写给胡德利斯特的信（2月3日），见于富尼耶，《沙蒂永会议》，第255页。
③ 斯图尔特1814年1月27日的备忘录，见《卡斯尔雷文件集》，第9卷，第535页。哈登贝格在当天的日记中写道："关于作战计划的讨论，发生许多误解。施泰因谋让大军直取巴黎，正是沙皇所希望的。奥地利人反对这一方案，其他人拿不定主意。"富尼耶，《沙蒂永会议》，第361页。

抨击奥地利人背信弃义，至少有一次是腓特烈·威廉本人所言。不过看起来更有可能的是，梅特涅和施瓦岑贝格引而不发，只是出于谨慎的动机，希望等待与法国的谈判恢复，能够更好地看清同盟国正在摸索的纷繁复杂的政治局面。值得注意的是，当施瓦岑贝格谨慎地搜索两三天失去踪迹的拿破仑后卫部队时，梅特涅也坚称和平大会必须召开。科兰古已在同盟军大本营附近等待数日；因此，奥地利大臣说，既然卡斯尔雷已经抵达，再拖下去就是失信了。直到奥地利威胁要退出同盟，亚历山大才在这一点上让步，而且显得极不情愿。这是因为恢复谈判实际上让他无法离开定下的会议地点——塞纳河畔沙蒂永，而布吕歇尔正在快步奔向巴黎，很有可能从沙皇头上夺走他垂涎已久的胜利进城的桂冠。

为了防止自己钟爱的计划受到干扰，这位敏感的专制君主在塞纳河畔巴尔（2月7日）下达命令：布吕歇尔不许进入巴黎，必须等待各国君主到达。这条命令根本没有必要，同盟国当天在沙蒂永提出的要求激怒了拿破仑，他亲率大军向布吕歇尔猛扑过来，完全改变了整个军事局势。不过，在叙述这次漂亮的战役之前，我们必须看一看令他大受刺激的外交建议。

沙蒂永大会于2月5日开幕，当天，卡斯尔雷的观点得到了支持——英国海商法的问题应该完全排除在讨论范围之外。两天之后，同盟国宣告，除了为彼此方便而做出的某些改动，以及英国同意归还给法国的一些殖民地之外，法国必须撤到1791年的边界范围内。法国全权代表科兰古听到这些要求时强作镇静，一言不发。他提醒同盟国代表，在法兰克福，这些国家曾提出保留法国的莱茵河和阿尔卑斯边界；他还质问，如果英国打算将法国禁锢于欧洲的旧疆域里，它又准备牺牲哪些殖民地？对此，英国全权代表阿伯丁、卡思卡特和斯图尔特拒绝回答，除非科兰古先答应同盟国目前的要求。科兰古得体地拒绝了这个要求，尽管他渴望着达成和约，结束法国的不幸，但还是向他的主人报告了情况。①

拿破仑对这些问题有何看法呢？科兰古的公文送达之前，很难了解他心中所想，而这份公文让他一下子看清了可怕的事实：最终，他可能使法国比自己重建这个国家时更加弱小。他的愤怒如同电光石火，我们可以从中看到强大灵魂中深藏的激动和痛苦。但在此之前，他的雷霆之怒和固执己见遮蔽了天日，只露出早年睿智的几缕微光。1月4日，他曾写信给科兰古说，英国的政策和沙皇个人的敌意将拖着奥地利前行。如果命运背叛了他（拿破仑），他宁愿放弃皇位，也绝不签订任何屈辱的和约。但他还补充道："你必须了解梅特涅想干什么，将事情做绝并不符合奥地利的利益。"在给这位全权大使的附带指令中，他似乎同意以阿尔卑斯山和莱茵河作为边界，但建议科兰古签订初步条款时尽可能含糊其词："因为拖延对我们只有好处"。对于莱茵河边界，必须声明法国保留荷兰诸要塞；而萨沃纳和斯佩齐亚也必须算在阿尔卑斯边界的法国一侧。请注意，他有这些想法时，还没有听到缪拉背叛的消息，也不知道西班牙议会将拒绝他的讨价还价。

12天后，他向梅特涅提出停战建议，并再一次表示，把事情做得太绝不符合奥地利的利益。但同盟国十分警惕，不会将这样的事情交给梅特涅；它们在特普利采就约定共同行动；拿破仑的提议不过是告诉它们，敌人还没有做好准备，有必要迅速推进。拿破仑过去的乐观思想又一次占据了上风。法军在布列讷第一次取胜使他产生了希望，认为同盟国此时已准备媾和。即便在拉罗蒂埃惨败之后，他还是认为只要科兰古抵达同盟军大本营，就能煽动那里本已存在的不

---

① 斯图尔特的照会见《卡斯尔雷文件集》，第9卷，第541—548页。2月17日，卡斯尔雷承诺归还英国在西印度群岛夺取的全部土地（多巴哥除外），并努力帮助法国从瑞典和葡萄牙手中收回瓜德罗普和卡宴，并归还除法兰西岛（毛里求斯）和波旁岛以外、好望角以东的全部法国殖民地。（富尼耶，《沙蒂永会议》，第381页）

和。①随后，在特鲁瓦难言的惨败中（2月4日），他写信斥责科兰古让自己操心，"在敌人是否愿意谈判都值得怀疑的时候要求权力和指示。敌人的条件似乎是事先决定的。一旦看到这些条件，你就有权接受，或者在24小时内请示我。"

午夜过后，他又一次指示科兰古，如果同盟国的条件可以接受，就接受下来："否则，我们将冒打一仗的危险；甚至可能失去巴黎，进而失去一切。"当天晚间，他让马雷发函给科兰古，授予他达成和约的"全权"。②可是，这位全权代表不敢独自承担责任，接受同盟国两天之后提出的条件。最后一封公函太过含糊，他不能据此签下放弃数千平方英里领土的条约。而且，那封公函的调子与拿破仑的多封来信自相矛盾，其他信件都只授权他同意不比法兰克福建议更苛刻的条件。就这样，法国又一次错过了和平的机会——这种和平将夺走法兰西帝国边疆地区和异族国民，但能将它留在农民支持的统治者拿破仑手中。

事实上，法国皇帝的言辞和信件无不表达了战争的决心。伴随他进军诺让的是饥荒和苦难。7日，他在那里听到了坏消息，除他之外，其他人都为此感到绝望。一支英德联合部队正在安特卫普围攻忠诚的老卡诺；比洛已攻入布鲁塞尔；比利时失陷；实力不济的麦克唐纳军在约克的步步进逼之下，正向埃佩尔奈撤退，而布吕歇尔则进军巴黎。最后，次日又收到科兰古的公函，称同盟国现在坚持要求法国恢复1791年的疆域。

自约伯的时代起，灾祸从未如此密集、像暴雨一般降临到凡人身上；也从未有人在这种情况下，还能如此不屈不挠、毫不退缩。收到这一连串不祥的消息之后，皇帝立刻闭门谢客。元帅们在一段时间里

---

① 1月31日和2月2日给约瑟夫的信。
② 发表于拿破仑《书信集》2月17日。我不能同意埃尔努夫在《马雷传》一书中和富尼耶的论点，即科兰古仅根据马雷授予"全权"的公文即可签下和约。在当甘公爵事件中曾受到拿破仑欺骗的人，此时自然希望得到明确的命令。

第36章 从莱茵河到塞纳河

不敢打扰他，但是，科兰古的信使等待回复，贝尔蒂埃和马雷只得冒险在他痛苦的时候进见。拿破仑将写明同盟国条件的信扔给他们，很长一段时间里，两人都默默地等着他的决定。见他始终一言不发，他们恳求他做出让步，让法国得到和平。此时，他压抑已久的情绪爆发了："什么，你们让我签下这样一个条约，践踏我加冕时的誓言！空前的惨败，也许能迫使我答应放弃自己征服的领土，但让我放弃前人打下的疆土——绝对不行！上帝保佑，不要让我承受这样的屈辱。你们既然这么想，就答复科兰古吧，但请告诉他，我不接受这个条约。我宁愿冒一切战争的风险。"说完，他重重地躺在了行军床上。马雷随侍左右，等到他心情平静一些之后，才征得同意，写信给科兰古，准许他继续谈判。9日拂晓，马雷再次进见，希望拿破仑同意他发出连夜草拟的公函，却吃惊地发现，皇帝手持圆规，正俯身察看大幅地图。"啊，你来了，"他说道，"现在要考虑另一个问题了。我要打败布吕歇尔，如果能够取胜，形势就将完全改变，那时我们再看吧。"

拿破仑的愤怒和绝望，最终让位于孤注一掷打击布吕歇尔侧翼的坚定决心，而此时的紧张情绪从官方书信集中略去的一句话中可见一斑。[①]9日，他给约瑟夫写了五封信，其中一封说道："愿军队的圣母保佑我们：路易是个圣徒，他或许可在圣像前点燃一支蜡烛。"这真是个奇怪的讽刺，或许是因为巴黎高唱的圣诗《求主垂怜》和"长达四十个小时的祈祷"令他厌烦，他已命大臣们缩减其时间。抑或是他晚年表露的那种宗教情绪在心中一闪而过？

拿破仑当然指望着战胜布吕歇尔。一周前，他已预见到这位统帅可能暴露其侧翼，7日，他命令马尔蒙占据塞扎讷，那是他准备强力支援的地方；9日下午，他从诺让出发增援这位元帅；次日，马尔蒙和奈伊在尚波贝尔向布吕歇尔分散的各路纵队发动猛烈袭击。这是一

---

① 杜卡斯，《列王纪——拿破仑的兄弟们》，第64页。

支不到5000人的俄军,没有骑兵,只有24门大炮;他们顽强抵抗,但只有1500人逃脱。①布吕歇尔的进军路线这下被一分为二。他本人率领后队在韦尔蒂;萨肯的前军在蒙米拉伊;约克则在那个村子以北很远的地方,监视着麦克唐纳在蒂耶里堡公路沿线的行动。

因此,皇帝带领的两万人有希望各个击破这几支部队。他留下马尔蒙,和格鲁希的骑兵一起在东面牵制布吕歇尔,他则挥军向西,在蒙米拉伊附近打击萨肯的俄军。双方的厮杀十分惨烈;两军都在泥泞的道路上连夜行军,大炮都需要两组驮兽才能拉动,因此非常疲劳;但是,尽管腿脚酸痛、饥寒交迫,士兵们仍持续奋战,法军力图消灭践踏其家园的野蛮侵略者,俄军则坚守阵地,等待约克的普鲁士军从北面伸出援助之手。法军多次突入萨肯驻守的马尔谢村,却反复被击退,直到夜幕降临,奈伊和莫尔捷率领帝国卫队攻占了他们左侧的一个大农舍,萨肯才最终仓皇越过田野向西北方逃走,约克姗姗来迟,但总算使他们避免了全军覆没的局面。次日,他们还是难逃溃败的命运。拿破仑和莫尔捷追击这两支同盟军部队,在蒂耶里堡的激烈巷战之后,将其赶到了马恩河对岸。皇帝的出现令当地居民欢欣鼓舞,他们本以为他在特鲁瓦战败后会一蹶不振;可是现在,他来到这里,从残暴的东方军队手中救出了自己的子民。对他来说,世界上没有做不到的事。

下一个就轮到布吕歇尔了。拿破仑留下莫尔捷,沿苏瓦松公路追击萨肯和约克的残部,自己于13日夜里离开蒂耶里堡,跟随大队人马前往增援马尔蒙。那位元帅在布吕歇尔不顾一切的攻势下节节败退,到沃尚已濒临绝境,此时,拿破仑出现在这场众寡悬殊的战斗中。"皇帝万岁"的喊声突然间响彻战场上空,提醒进攻者他们的对手现在是拿破仑了。但是,法国皇帝绝不会急于出战从而减弱自己的

---

① 豪塞尔的著作,第503页。据拿破仑说,俘虏了6000人,缴获40门大炮!

打击力度，直到他的骑兵在数量上胜过同盟军时才发动总攻。同盟军以方阵对敌，顽强地打退法军的进攻，但德鲁奥的炮兵在敌群中炸开一道道缺口，蜂拥而来的法军骑兵则不断将这些可怕的缺口撕得更大。同盟军除了撤退别无选择，由于撤退的路线上是一大片开阔地，法军仍然持续着凶猛的冲锋和炮击。不过，无论法军如何猛攻，顽强的同盟军步兵都没有溃散，在统帅的鼓舞下，普鲁士军和俄军缓慢地向东退却，阵形不乱。天色将晚，他们来到埃托热前面，发现格鲁希的骑兵拦住去路。布吕歇尔仍然高呼"前进"，他们在这支骑兵中冲开一条血路，并突破了悄悄进入村子里的敌军步兵的包围，最终在贝尔热雷找到了立足之地。赫德森·洛上校写道："对他们无所畏惧、勇猛顽强的表现，我的钦佩难以用语言形容。"

这次英勇的退却为同盟军士兵增添了光彩。但将帅的过失却使军队损失惨重。四天之内，西里西亚军团损失了整整15000名士兵，各军都被拿破仑打得分崩离析。他精妙绝伦的运筹和锐不可当的攻势震惊了世界。仅仅动用了3万人，他就切断了布吕歇尔的行军路线，将充满胜利信心、一路挺进巴黎的5万大军打得四散奔逃。这些胜利靠的不是运气，而是科学。他利用塞纳河屏障，将小规模的部队集中起来，打击兵力虽更胜一筹、但较为分散的敌军。这是洛纳托和斯蒂维耶雷战略的重现，那时的热情也大有重振之势。

他的士兵本已垂头丧气，在积雪的荒原和泥泞的道路上苦苦跋涉，现在又像旧日那般昂首挺胸，一往无前了。村民们并未被哥萨克骑兵的野蛮行径吓倒，组建了一支又一支的队伍，在敌人的后方坚持斗争，捕杀四处劫掠的同盟军士兵。最重要的是，巴黎又恢复了原来的模样。开始这几次精彩绝伦的行动之前，他不得不斥责康巴塞雷斯的懦弱行为："我看到，你并没有给予皇后支持，而是让她灰心丧志。为何如此惊慌失措？高唱《求主垂怜》，祈祷四十个小时，是何用意？你们在巴黎发疯了吗？"现在，首都又表现出了对敌人的蔑视，并将国民自卫军派到皇帝这里来。他们当中有许多人确实来自布列塔尼，"头戴圆帽，足蹬木屐"。他们没有背包，但有枪，也参加了战斗。

如果他能在次日追击布吕歇尔，甚至有可能击溃那些坚忍不拔的步兵，因为这支部队此时补给奇缺，已陷入绝境。可是，西南方传来了坏消息。在沙皇的催逼之下，施瓦岑贝格派遣两个纵队从特鲁瓦开往巴黎，其中一个夺取了布雷的塞纳河桥梁，从诺让向下游行军至此只需要一天时间；另一个纵队正在逼近枫丹白露。拿破仑对维克托疏于防守布雷渡口十分愤怒，很不情愿地甩掉布吕歇尔，回师打击这两个纵队。他的士兵有的步行、有的乘车，取道莫城和吉涅增援维克托；17日，他们击退了施瓦岑贝格中路的前哨部队，麦克唐纳和乌迪诺同时进兵诺让，威胁他的右翼。法军的迅速调动令这位奥军统帅惊恐不安，他的左路部队已向枫丹白露迂回，有被切断的危险。因此，他请求停战，却遭到了拒绝。这种行为使拿破仑在写给哥哥约瑟夫的一封信中满怀对同盟军的蔑视（2月18日）。他写道："如此怯懦之举，难得一见！他（施瓦岑贝格）一直都用最为无礼的言语拒绝任何形式的停战，……可是这些可怜虫一旦受挫便屈膝投降。不把他们从我的国土上清除出去，就绝不会答应停战。"他还说，现在期待着得到同盟国在法兰克福提出的"自然疆界"——这也是他能够体面接受的最低条件；在信件的最后，他写下了令人难忘的一段话，如同探照灯一般，让人们看到了他13个月后的"和平事业"的真面目："如果我不得不同意旧疆界，就会在两年以后再次拿起武器，告诉这个民族，我签下的不是和约，而是投降书。"①

18日的事态发展增强了他的决心。此时，他在蒙特罗对面的塞纳

---

① 1814年2月18日的信。

河北岸攻击符腾堡王储，帝国卫队的猛烈炮火打垮了对手，随后，帕若尔的骑兵以一次漂亮的冲锋，从南德意志人手中夺取了桥梁，皇帝重新得到了急需的渡河通道。拿破仑当天的活动令人难以置信。他亲笔写下和口述的公文多达11封，其中6封在黎明前很久就完成了；他还指示一位军官前去激励欧仁坚守意大利，指挥了一场战役，为几门大炮指引目标，最后严厉申斥维克托元帅和两位将军最近犯下的大错。这样，在短短的一个冬日，他履行了皇帝、组织者、战术家、炮手和军法官的多重职责；实际上，在这一天的最后，他宽恕了维克托，这位勇敢的战士发誓，他离开军队就无法活下去，宁愿在帝国卫队以普通士兵的身份战斗；拿破仑当场安排他指挥帝国卫队的两个师。皇帝对炮手们表现出来的袍泽之谊，重振了他们的士气。当他们斗胆责备皇帝不该冒着生命危险来到前线，他的回答有些宿命论的味道，令士兵们着迷："啊！不用害怕；能炸死我的炮弹还没铸出来呢。"

是的，拿破仑在这十天里展现了雄才大略，他力挽狂澜的气势令后世目眩神迷，敌人也为之胆战心惊。除了汉尼拔和腓特烈之外，我们或许再难找到可与之比肩者。亚历山大大帝的许多胜绩是在亚洲取得的；恺撒面对横冲直撞的内尔维人，重整涣散的军心取得胜利的壮举，只不过是以纪律和勇气打垮野蛮的莽夫而已。马尔伯勒和威灵顿常常以少胜多，改变历史进程。但他们从未像拿破仑那样，在拉罗蒂埃战役后似乎已穷途末路，还能在短短的时间里重登巅峰，将布吕歇尔和施瓦岑贝格训练有素的大队人马打得不知所措。尽管同盟国将领确实犯下了大错，但拿破仑能将萎靡不振的败军突然转变成一支胜利之师，迫使四倍于己的敌军狼狈逃窜，也有着某种无法分析的根源。正是这种超凡的特质为拿破仑的性格和生涯增添了魅力。分析不能及之处，便是天才的流露。

第37章　首度退位

现在，就要看看拿破仑能否明智地利用他的胜利了。同盟国大军将各路部队撤到了特鲁瓦的塞纳河防线之后，法国皇帝则力图在外交上取得其军事天才结出的果实。简言之，他要争取让奥地利脱离反法同盟。2月21日，他从诺让写信给弗朗茨皇帝，详述奥地利继续战争是失策之举。为什么奥地利的政策要从属于英国，以及沙皇的个人恩怨？为何它眼睁睁地看着过去的比利时行省移交给将要与不伦瑞克家族联姻、信奉新教的荷兰亲王？法国绝不会放弃比利时，作为法国皇帝，他也绝不会签下将法国驱离莱茵河、排除在列强之外的和约。可是，如果奥地利真的希望欧洲达成均势，他（拿破仑）已准备忘记过去，在法兰克福建议的基础上媾和。①

如果拿破仑提出的条件不那么苛刻，在一周之前就送到同盟军大本营，或许能导致反法同盟的分裂。因为同盟国的政治局面比军队的情况更加危险。沙皇的野心已经激起了愤慨和警惕。昔日的导师拉阿尔普此时又一次随侍左右，沙皇在他的意见和自己的专制本能之间摇摆不定，宣称将向巴黎推进，以全民公决的方式征求法国人民的意见，并尊重他们的决定，即使那样会让拿破仑继续执政。但是，与这个民主的提议相随的，是一个更为专横的提案，那就是巴黎的军事长

---

① 在厄尔巴岛，拿破仑告诉坎贝尔上校：如果不是英国坚持要他放弃安特卫普，他愿意在沙蒂永媾和，因此英国是战争持续下去的根源。但是，这封信证明他保留美因茨的决心和保住安特卫普一样大。科兰古当时希望他在还能保住颜面的情况下媾和（《卡斯尔雷文件集》，第4卷。第287页）。

官必须由俄国军官担任。

　　这些奇怪的念头十分可笑，更令人惊恐。梅特涅、卡斯尔雷和哈登贝格从中看出，沙皇的诡计是强迫法国在贝纳多特、东方式的共和国或者俄国版《蒂尔西特条约》中做出选择。而且，2月9日，亚历山大指示沙蒂永的各国全权代表，要求他们暂停会谈，尽管他本人不久前在朗格勒同意，在不停止军事行动的情况下与法国谈判。很明显，他一心想要逼迫盟友出手，而奥地利担心，他可能在战争结束时坚持让该国接受阿尔萨斯，作为俄国兼并东加利西亚的补偿。因此产生的猜疑十分强烈，以至于梅特涅和哈登贝格在特鲁瓦签订了一份秘密协定，防止沙皇在巴黎独断专行（2月14日）；同日，他们向亚历山大发出了一份强硬的照会，要求恢复与拿破仑的谈判。奥地利确实曾正式威胁撤军罢战，除非沙皇将其目标限制在同盟国于沙蒂永提出的条件范围之中。亚历山大最初拒绝了这一要求，但布吕歇尔大败的消息动摇了他的决心，他在当天同意，条件是采取措施减轻布吕歇尔辖下俄军部队的压力。这样，到2月14日，危机过去了。[①]

　　施瓦岑贝格小心翼翼地派遣三个纵队向前，吸引法军的雷霆之力，以避免西里西亚军团全军覆没；此举取得了成功。他的先头部队确实在蒙特罗败下阵来，但成功地将拿破仑吸引到塞纳河南边和东边，为布吕歇尔赢得了时间，可以加强遭到重创的队伍，恢复攻势。与此同时，比洛率领北方军团，开始逼近战场。23日，同盟军采取了明智的措施，将他和温青格罗德、沃龙佐夫、斯特罗格诺夫的部队交给布吕歇尔这位普鲁士老将指挥。后三个军是从贝纳多特的军团中抽调的，沙皇以一封简明扼要的信将此事告诉了瑞典王储。

　　外交局势也在拿破仑的信送抵弗朗茨皇帝之前明朗了。与科兰古

[①] 富尼耶，《沙蒂永会议》，第 132—137、284—294、299 页。

的谈判于2月17日在沙蒂永恢复；有充分理由相信，奥地利、英国、普鲁士甚至还有俄国都乐于在1791年法国疆域的基础上与拿破仑谈判，条件是他放弃干预法国之外欧洲事务的一切主张。[①]

如果法国全权代表能遵从自己的和平意愿，肯定会接受这些条件。可是此时他的处境极其痛苦。蒙米拉伊战役后的那一天，马雷已通知他，拿破仑一心想要维持莱茵河和阿尔卑斯山边界。[②]因此，他除了拖延时间别无他法。他知道主人刚刚夺取的军事优势有多么不牢靠，也相信几天之后，皇帝能及时做出明智的决定。但他的极力拖延没有起到作用。

就在科兰古原地踏步的时候，拿破仑寄来了一封自信满满的公文。他于17日写道："我抓获了3万—4万名俘虏，缴获了200门大炮，还活捉了好些将军，消灭了好几个军团，而且几乎没费多大力气。昨天，我挡住了施瓦岑贝格军团的进攻，希望在他逃出边界之前将其消灭。"两天之后，听说了同盟国的条件，他写道，这些条件将使每个法国人义愤填膺、热血沸腾，他将在特鲁瓦或者沙蒂永宣布其最后通牒。科兰古当然对这些谩骂只字不提，但人们从他痛苦拘谨的举止中已经看出了一个秘密：他渴望和平，却被束缚了手脚。

从各方面的证据可以看出，拿破仑绝不会放弃比利时和莱茵河边界。当同盟国（在施瓦岑贝格的建议下，并得到了沙皇的赞同）请求停火，他吩咐他的特使，只有同盟国接受"自然疆界"这一谈判基础，同时将军队撤退到阿尔萨斯、洛林和荷兰，才能参加任何会谈。[③]三天后，他同意放宽最后几个条件，但第一点不可改变，他也知道，协商停火的军事特派员根本无权同意他视为必要条件的政治条款。

---

① 参见梅特涅2月15日写给施塔迪翁的信，收录于富尼耶的《沙蒂永会议》，第319、327页。
② 乌赛，《1814》，第102页。
③ 2月2日给弗拉奥的指示，《书信集》第21359号；哈登贝格的《日记》，见富尼耶的《沙蒂永会议》，第363—364页。

因此，双方没有达成任何停火协议，拿破仑毫不妥协的态度给弗朗茨皇帝留下了很坏的印象。27日，奥地利皇帝给他的女婿回信，从言辞中可以看出，拿破仑的打击使反法同盟更坚固了。[①]

实际上，就在各国全权大使于沙蒂永无聊地讨价还价之时，一项至关重要的协定正在肖蒙成形；这项协定的日期是3月1日，但最终签订是在3月9日。根据协定，英国、俄国、奥地利和普鲁士承诺不与法国单独媾和，而是持续作战，直至将法国赶回旧疆界，德意志、荷兰、瑞士和西班牙完全独立。四国必须在战场上保持15万兵力（守备部队除外）；英国同意每年给予各盟国相同数额的补助金，1814年总数大约500万英镑。[②]如果拿破仑接受盟国在沙蒂永表述的条件，该协定将仅仅是防御性的；否则，其性质就改为进攻，如有必要，其有效期将达20年。

毫无疑问，这一协定主要是卡斯尔雷的手笔，他以机智圆滑的手腕和镇定自若的气度，奇迹般地弥合了各国之间的裂痕；然而，如果不是对拿破仑的恐惧压倒了一切，这些原本争吵不休的同盟国就不可能形成如此紧密的联盟。这样的协定在欧洲历史上是无与伦比的；从各个条款之中，可以估量法国皇帝的超凡武功和乖戾之性。如莫利安等人所说，英国在这次最后的努力中以金钱收买盟国，此类说法十分幼稚。前几个月的经验已经证明，只要拿破仑仍可以威胁德意志，和平就不可能持久。即使现在，它们也准备在法国旧疆界基础上与拿破仑媾和，只要他在3月11日之前同意；但是，各国领导人中态度最为温和的也知道，他们越表现出对和平的渴望，拿破仑就越会坚持以自

---

① 富尼耶，《沙蒂永会议》，第170、385页。
② 同上，第178—181、304页；马滕斯，《条约集》，第9卷，第683页。卡斯尔雷（《文件集》第9卷，第336页）称其为"我的条约"，并补充说，英国几乎等于为反法同盟提供了30万官兵。一个秘密条款邀请西班牙和瑞典加入条约；另一个条款则称应该建立由享有主权的王公组成的德意志联邦，荷兰必须接受"合适"的军事边界，意大利、西班牙和瑞士必须独立，也就是摆脱法国的控制。第三个秘密条款则要求同盟各国军队在和约签署后一段合适的时期内保持临战状态。

己提出的条件媾和，就同盟国而言，这些条件对未来充满威胁。①

沙蒂永的会谈一次又一次地无果而终，与此同时，布吕歇尔率领48000名生力军再一次转入攻势。拿破仑在特鲁瓦听到了这些消息（2月25日），对这位老将的愚勇感到惊讶，在他的想象中，布吕歇尔遭到惨败之后，只能在沙隆那边徒呼奈何，因此，他还满怀希望，准备着消灭施瓦岑贝格。次日，他写信给克拉克："如果我有一道浮桥，就能结束战争，施瓦岑贝格的军团将不复存在……由于缺乏船只，我无法在必要的地点渡过塞纳河。我不需要50条船，20条就够了。"法国皇帝以特有的方式向他的战争大臣发泄了一番不满，因为后者的疏忽，没有从巴黎送来20条船，世界历史就此改变。随后，法国皇帝转而迎击布吕歇尔。那位普鲁士统帅逼近塞纳河和奥布河的汇合点，看起来他的侧翼仍和三周前一样不设防。

拿破仑派奈伊、维克托和阿里吉北进，猛扑布吕歇尔后方，他则在27日前往奥布河畔阿尔西指挥作战。但是，布吕歇尔按照同盟军23日制订的计划，巧妙地向北撤退，躲到马恩河对岸并拆毁桥梁，这令拿破仑大为光火。接着，布吕歇尔试图将马尔蒙和莫尔捷赶出莫城和乌尔克河一线，但没能成功，于是他率军开往苏瓦松，希望在该城附近与同盟军北路军团会合。有几个小时，他处于极端的危险之中：马尔蒙在后紧追，拿破仑则率领35000名精兵准备包抄他的右翼。实际上，如果他没有拆毁拉费泰苏茹阿尔的马恩河桥梁，将皇帝迟滞了36个小时，可能在渡过埃纳河之前就被消灭了。他的士兵夜以继日地在先是白雪覆盖、后又化为烂泥潭的道路上行军，各个疲惫不堪；一周以来，他们得不到正常的口粮，因此2日将晚，当他们靠近比洛和温青

---

① 参见他3月2日给科兰古的指示："无论什么都不能让法国做出有损国格、使其失去几个世纪来在世界所处地位的事情。"但这正是同盟各国给予法国的地位，一分不多、一分不少。同盟国2月29日给沙蒂永谈判代表的联合照会要求他们"通知法国谈判代表，你们已做好准备，本着和解精神讨论他授权提出的一切修改"。但是，对各国已经提出的条款有任何本质上的背离，都必然导致谈判破裂。

第37章　首度退位　743

格罗德集结于埃纳河和韦勒河两岸的42000人时，简直喜不自胜。

当天，拿破仑在受阻于拉费泰苏茹阿尔时想出了一个大胆的主意：于次日追击"困在泥泞中"的布吕歇尔，然后将战火烧进洛林，援救凡尔登、图尔和梅斯的守军，并鼓动法国东部的农民反抗侵略者。虽然拿破仑一离开，施瓦岑贝格便在奥布河畔巴尔重挫乌迪诺和热拉尔，但这也无足轻重。皇帝认为，那位谨小慎微的统帅肯定会在后方遭到威胁时立刻向莱茵河撤退；他想象着，法国会像1793年一样奋起，赶走侵略者并签订光耀国威的和约。

实际情况大不相同。布吕歇尔并没有被抓住；3日的霜冻改善了道路状况；当天下午，苏瓦松法军投降，他与北方军团的会合也就更方便了。苏瓦松是个四级要塞，它的战备状况根本阻挡不住同盟军的进攻；温青格罗德发动短暂的炮击之后，派两名军官去见要塞的长官，他们夸奖了后者的勇敢，指出继续抵抗毫无益处，并提出可以让守军尽享战争的荣耀，列队走出要塞，回到法国皇帝帐下更好地作战。要塞的长官（他不幸也叫作莫罗）最终放弃了抵抗。他的士兵几乎都是波兰人，满怀对其"叛国"罪行的愤怒，于下午4时走出要塞；此时，远处的乌希已传来了马尔蒙的大炮轰鸣声。有流言称那是法国皇帝的大炮，但此言不实。黎明时分，拿破仑的部队已开始通过马恩河上临时搭建的桥梁，距离此地还有35英里；不过，几经努力，他的前哨部队于当天晚上抵达苏瓦松以南只有20英里左右的罗库尔。①

这一事实值得注意，因为它驳斥了梯也尔的奇怪论调：苏瓦松的投降是法国历史上仅次于滑铁卢战役的最严重事件。这位才华横溢的历史学家认定，如果苏瓦松能坚守下去，布吕歇尔和比洛就无法会合，乌赛先生一定程度上也同意这种观点。可是，比洛与布吕歇尔会

---

① 3月2、3、4日写给克拉克的信。

师并不只靠苏瓦松的桥梁；2日，他已经在上游距苏瓦松有一定距离的瓦伊建起了一座桥梁，3日又在靠近该城东郊的地方架起了另一座桥。① 显然，在拿破仑、马尔蒙和莫尔捷进入攻击阵地之前，这两支总计10万人的部队早就可以会师了。皇帝在得知苏瓦松投降之前，便已进兵菲姆，并派遣科比诺去占领兰斯，其意图明显是切断布吕歇尔与施瓦岑贝格的联系，并打通前往凡尔登和梅斯的道路。

拿破仑的主要目标就是上述计划，因此，击退布吕歇尔十分重要，这样他就可以将手伸向东面，援助被围困的法国守军。② 但是，布吕歇尔并不是这么容易解决的。从苏瓦松向天然的要塞拉昂撤退时，他听说拿破仑已经在贝里欧巴克渡过埃纳河，正在开往克拉奥讷，便命令手下的俄军部队前往占领俯瞰该镇的一道狭长的山脊或高地，在那里展开了这次战争中最为血腥的战役之一（3月7日）。同盟军的目标是等待法军攻击这个高地，同时以1万名骑兵和60门大炮绕到其背后，发动突袭。

由于向侧翼包抄的部队在行军路线上出了错，这个计划失败了，此役也转变成了两军士兵的肉搏战。奈伊五次率领手下那些勇敢的士兵冲上山坡，都被顽强的俄军击退。但此时皇帝驾临，帝国卫队骑兵和炮兵发起的第六次进攻冲垮了同盟军的防线，布吕歇尔听说包抄行动失败，下令向拉昂撤退。这场殊死的混战使双方都损失了大约7000名士兵，将近参战人数的四分之一。维克托、格鲁希和六名法国将军负伤。③

尽管如此，拿破仑仍然继续战斗。他叫来马尔蒙和莫尔捷，声称其他大队援军即将赶到，命令比利时和洛林的法国守军猛攻敌人后方。他认为，再次取胜就可以结束战争，或者至少使同盟国降低要

---

① 乌赛，《1814》，第156页注释。另见米夫林的《我的一生》，书中说明布吕歇尔可能从那里、蓬塔韦尔或者贝里欧巴克渡过埃纳河。
② 参见拿破仑3月4—6日写给克拉克的几封信。
③ 乌赛，《1814》，第176—188页。

第37章 首度退位

求。但情况并不是这样的。布吕歇尔和比洛扼守坚固的天然要塞拉昂，拿破仑3月9日和10日竭尽全力，仍无法夺取从南面进城的几条通路。马尔蒙在东面也没有取得多少进展；夜色降临，疲惫不堪的法军后撤，普鲁士军决定对远离主力的马尔蒙部发动一次夜袭。这是一次极为成功的奇袭，马尔蒙未做提防，骑兵和步兵乱作一团，狼狈逃窜，约克俘虏2500人，缴获45门大炮。同盟军此时如若乘胜追击，必定可以一举决定战局，但布吕歇尔病倒了，下令停止进攻。①

参加这次战役的统帅中，只有法国皇帝依然斗志昂扬。所有同盟军将领都曾领教过他的重拳；而法国的元帅们一如1813年，每当皇帝不临场指挥，就注定要败下阵来。人们再一次看到，奈伊、维克托和莫尔捷并非将才，只有匹夫之勇。奥热罗在里昂面对兵力不如自己的奥军部队，却表现得软弱无力、优柔寡断。絮歇和达武被困在加泰罗尼亚和汉堡。圣西尔和旺达姆已成阶下囚。苏尔特在巴约讷附近曾做出英勇抗敌的姿态，但此时消息传来，威灵顿发动奇袭，在奥尔泰兹将其击溃。而在塞纳河上，麦克唐纳和乌迪诺在施瓦岑贝格大兵压境之时，没能守住特鲁瓦。在所有法国元帅中，马尔蒙曾在此次战役中有过与众不同的表现，却在拉昂疏忽大意，为敌所乘。不过，尽管其他将帅都吞下败果，拿破仑似乎还是不可战胜的。即便在马尔蒙惨败之后，同盟军也不敢攻击这位主帅；法国皇帝就像被一群水牛打退的雄狮，虽然遍体鳞伤，但仍满怀斗志、不可阻挡，对手只能看着他这样安然向苏瓦松撤退。他从苏瓦松进兵兰斯，在那里打败了俄军的一个师，希望援救洛林的守军，17日，施瓦岑贝格向巴黎挺进的消息才使他不得不再次南撤。

迫于沙皇的屡次抗议，奥地利主帅计划在一切顺利时向法国首

---

① 米夫林说，布吕歇尔和格奈泽瑙担心贝纳多特从背后发动攻击。拿破仑2月25日建议约瑟夫尝试争取这位王储，贝纳多特与驻扎在比利时的法国将军迈松关系非常可疑。格奈泽瑙可能出于政治原因想要保存实力。

都进军；但当他听说拿破仑进逼自己的右翼，便又一次退却。准备向布列讷撤退时，他才听说自己的大敌在普朗西渡河时兵力还不到2万人。因此，若循原路回师，以十万之众扑向这支疲惫不堪、兵力薄弱的部队，也算不上大胆的设想；可是，同盟军一直习惯于拖沓的步调，以至于他集结撤退的部队准备战斗时，全军上下都惊讶不已。①

拿破仑同样感到惊讶，他以为同盟国大军正全面退却，因此准备向维特里和凡尔登急进。②但同盟军给他留下了很充裕的时间，可以将麦克唐纳和乌迪诺两军调来；而同盟军各部队却相互分散，一开始几乎无法抵挡拿破仑的突袭。阿尔西城后发生了一场死战，拿破仑为了从前线上越来越密集的敌军手中夺取胜利，甘冒矢石，身先士卒。有一次，一发炮弹在他面前爆炸，幕僚们见他的身影消失在烟尘之中，吓得魂飞魄散，但他站起身来，毫发无伤，飞身骑上另一匹战马，继续驰骋疆场。然而，他的努力皆是徒劳，不得不将队伍撤回城中（3月20日）。次日，只要施瓦岑贝格大胆进攻，肯定能击溃拿破仑那区区三万人马；可是，拿破仑摆开一决雌雄的架势，镇住了奥军主帅，同时将法军撤到河对岸，同盟军姗姗来迟的攻势只给殿后的法军造成较大损失。拿破仑在此役中损失了4000人，向北撤到已近荒废的塞扎讷平原。此时，除了他之外，每个人心中的希望都已破灭。如果这如火般炽热的灵魂中也给人类的软弱留下一点空间，那他必然已经难挡诱惑，屈身求和。为了保住去年11月敌人双手奉送的法国自然疆界，他南征北战都未能成功。现在，他本可体面地接受胜利者的条件，却又一次让机会溜走了。

---

① 伯恩哈迪的《托尔伯爵回忆录》，第4卷，第697页。伯格什勋爵从特鲁瓦写信说（3月12日）："我相信不会冒险让这支军队去参加全面作战。……施瓦岑贝格几乎打算回到莱茵河边。"19日，他又从普吉写信给赫德森·洛上校："对我们的行动，我不能多说；我无法解释我们为何如此麻木不仁。事实很明显，无须争辩。我们在特鲁瓦待了十天，在塞纳河畔蓬特待了一天，在阿尔西待了两天，现在来到这里。明天，我们要去布列讷。"（洛爵士未出版的回忆录）斯图尔特诙谐地说，拿破仑到阿尔西来给施瓦岑贝格把脉了。
② 3月20日写给克拉克的信。

第37章 首度退位 747

沙蒂永谈判于3月19日结束，比同盟国预定的日期晚了9天。谈判时间延长主要是因为他们对科兰古的尊重与同情；确实，他的处境非常可怜。他是一位没有"全权"的全权代表，得不到君主全部实话的大臣，也是眼睁睁看着深爱的法国在拿破仑的执迷不悟下迅速坠入深渊而又无可奈何的爱国者。他对同盟国决心的了解，远远胜过对主人意图的领会。他从阿伯丁勋爵那里听到了停战谈判失败的消息，又是从这位英国人那里，他知道拿破仑写了一封"热情澎湃"的信件给弗朗茨皇帝，对于后者坚定决绝的复信，他表示满意。① 在沙蒂永，科兰古与英国全权代表们的私下交往坦率而友好，与施塔迪翁也是如此。他经常接到梅特涅的信，建议他尽快与同盟国达成协议；② 这位奥地利大臣还派埃斯特哈齐亲王去提醒他，同盟国绝不会在要求法国恢复旧疆界这一点上让步，即便是战争局势变化，暂时将他们赶到莱茵河对岸。"那么，真的没有办法让拿破仑明白他现在的真实处境吗？如果他执迷不悟、自取灭亡，就没有办法挽救了吗？他真的已经不可挽回地将自己和儿子的命运都押在最后一门大炮上了吗？"——如果是这样，就让拿破仑发来一份与同盟国的要求相去不远的对应计划，表示接受对方的提议，也能达成和平。③ 科兰古不需要任何的激励。斯图尔特写道："只要他能办到，一定会竭尽全力争取和平。他甚至比我们更担心波拿巴取胜，唯恐他因为胜利而更不愿屈服。"④

遗憾的是，科兰古最后一次向皇帝发出的紧急呼吁，是在克拉奥讷那一场惨胜之后送达的，这次胜利使拿破仑比之前任何时候都更顽固。他不仅不向同盟国妥协，还当着信使的面，表达了自尊心受损的痛苦："即便必须领受鞭刑，我也不会把后背给他们。"次

---

① 《卡斯尔雷文件集》，第9卷，第325、332页。
② 这些信件是一次写两封的——一封是正式公函，另一封是私信。科兰古的复信说明，他很欣赏这些信。（参见费恩著作的附录）
③ 摘自科兰古3月3日写给拿破仑的信；比尼翁，《法国史》，第13卷，第379页。
④ 《卡斯尔雷文件集》，第9卷，第555页。

日，他命令马雷给痛苦不堪的全权代表复信，表示他（拿破仑）最知道形势的要求；同盟国关于法国应退回旧疆界的要求，只是最初的要求，科兰古必须知道它们的底线，如果这就是它们的底线，他必然拒绝。他（拿破仑）可能放弃荷兰的布拉班特和韦瑟尔、卡斯特尔（美因茨对岸）、凯尔等要塞，但绝不会对法兰克福条件做实质性的更改。科兰古仍需继续努力。3月10日的会谈结束时，他发表宣言，表示愿意放弃拿破仑对控制自然疆界外土地的所有要求。

其他国家的代表猜出，这份宣言是科兰古自己的手笔，目的是拖延谈判时间，为他的主人多留下几天的宽限期。[①]他的此番用意得到了代表们的尊重，赢得了9天的时间，但拿破仑对科兰古请求的唯一答复是3月17日从兰斯发出的公函："我已经收到了你13日寄来的函件，令巴萨诺公爵详细回复。我直接授权你做出必要的让步，使谈判得以继续进行，并了解同盟国的最终条件，你必须充分理解，所签条约应规定各国军队撤出我国领土，释放双方的所有战俘。"他命令巴萨诺公爵发给科兰古的指示，完全是胜利者的口吻：和约初步条款签订之后，同盟国军队必须立即撤出他的领土，放弃所有要塞。如果谈判一定要破裂，那就在这个问题上破裂吧。他本人将停止控制自然疆界外的土地，并承认荷兰独立；至于比利时，他拒绝将其让给奥兰治王室中的一位王公，而是暗示它会作为一位法国王公的补偿——显然指的是约瑟夫·波拿巴。他预计，如果做出这些让步，法国将会收复所有殖民地（包括法兰西岛）。对莱茵河边界，他没有明确的意见。

从兰斯出发前往沙蒂永传递这些建议的信使两度被俄军扣押，直到会议结束（3月19日）仍未能到达那里。因此，这些建议的唯一重

[①] 《卡斯尔雷文件集》，第9卷，第335、559页。科兰古3月15日的计划与拿破仑三天后口授的很相似；奥地利将取得威尼西亚，直至阿迪杰河一线，意大利王国归属欧仁，华沙大公国归属萨克森国王，等等。同盟国拒绝了这个方案。（费恩的著作，第388页）

要之处在于说明，尽管布拉格谈判中的教训如此深刻，拿破仑仍然坚持采用恫吓和拖延的策略，而正是这种策略将奥地利赶到敌人的怀抱中去的。他仍然无视同盟国提出的时限，将它们的最后通牒看成初步条件，以为在自己的武力威胁之下，它们很快便会退让——在这一点上，科兰古也每天都向他发出警告，机会屈指可数，什么也无法改变敌人的决心，失败只会增加他们对他的恨意。

如果说还有什么能增加这种恨意，那就是同盟国发现，拿破仑总是在耍弄它们。20日，同盟军侦察队将一份马雷前日写给科兰古的公函送到大本营，其中有这么一句话成了无法抵赖的罪证："如果你不得不同意让出安特卫普、美因茨和亚历山德里亚，请注意皇帝对这些要塞的相关问题仍无任何明确意见，因为即便和约得到批准，他的意图仍需根据军事形势而定。等到最后一刻再说吧。"[①]总之，和约不过是拿破仑随意拼凑的权宜之计，一有合适的机会就会撕毁。那么，各国大臣当天就决定不再与拿破仑进行任何谈判，而梅特涅也乐于听取此前敬而远之的波旁王室使臣维特罗勒男爵[②]的意见，又有什么值得奇怪的呢？

事实上，拿破仑此时准备将所有赌注押在一个计划上，这个计划足以吓退其他统帅，但在他眼里却很有希望带来一场大胜：集结洛林各处的法国守军突袭施瓦岑贝格的后方。这也确实是他唯一的机会。他帐下只有4万官兵，而且还有相当一部分新兵，因此实力并不强固，要想凭此打退奥布河、塞纳河和马恩河对岸的大批敌军，几乎没有任何希望。

---

① 我认为，富尼耶著作（第232页）成功地反驳了乌赛对此信真实性的质疑。此外，这封信在精神上与1月4日拿破仑给科兰古的指示相符，许多方面上都是相似的。任何伪造者都不可能知道那些指示的内容。拿破仑在厄尔巴岛上承认，他当时没有媾和是错误的。"我以为自己够强大，无须媾和，我错了。"（霍兰勋爵《外交回忆录》，第319页）霍兰勋爵还说（第296页），他看到了关于沙蒂永会谈的正式函件，从而对科兰古评价极高，而拿破仑的行为却"充满了托辞和诡计"。

② 原文为维特罗勒伯爵，与后文不符，故做改正。——译注

看一眼地图就会发现，同盟军可以在这些河流之后悄悄地进入攻击巴黎的阵地，而从拿破仑在奥布河北面的阵地，他只能渡过其中一条河流发动攻击，而河上的桥梁皆在同盟军手中。他仍然处于中心位置，但倘若无法进攻，这个位置也就没有价值了。对他来说，战争只不过是敏捷果断出击的艺术，或者按照他精练的话说："所谓兵法，就是行军12里格，打上一仗，再追击12里格。"由于现在不可能用这一招打击正面和侧翼的敌人，就只有从后方威胁最担心这种战法的敌军——这显然是施瓦岑贝格军团。如果以此去对付布吕歇尔和比洛，可以预想的是他们必然死战到底，而且两人的后方还有荷兰据点的支援。

相反，奥地利人在战略上的表现和外交上一样软弱。同盟军大本营中的每个人都知道，施瓦岑贝格难堪大任，就连一群阿尔萨斯农民袭击运输队也能让他神经紧张，只要"交通线暴露在沙隆和维特里的敌军攻击之下"，他就不会向巴黎进军。[①]可想而知，在阿尔萨斯、洛林和弗朗什-孔泰出现一个"帝国的旺代"，对这位胆怯的统帅会产生怎样的影响！

如若出现此种情况，那里的起义也许将愈演愈烈，成为燎原之势。东部和中部曾是封建和君主制暴政的温床，也因此成为了法国民主的大本营；就在这个时候，波旁家族的王公们又在南锡和波尔多发布宣言。莽撞的阿图瓦伯爵在南锡竭力鼓动洛林的保王情绪，而他的长子昂古莱姆公爵则与英国军队一起进入波尔多（3月12日）。

为了说明上述事件是如何发生的，我们必须做个回顾。苏尔特被威灵顿赶出奥尔泰兹城后的山区之后，率残部渡过阿杜尔河，然后急转向东，以便和絮歇的部队会师。这一行动从军事意义上讲十分出色，但为英军打开了通往波尔多的大门；威灵顿派贝雷斯福德率12000人北上占领这座大城市。他得到了法国保王派人士以及不

---

① 卡斯尔雷3月18日写给克兰卡蒂（Clancarty）的信。

久后抵达的昂古莱姆公爵的热烈欢迎。这位年轻的亲王立刻宣告路易十八是法国国王，授意身为保王派的市长发布公告称，同盟军进军巴黎只是为了消灭拿破仑，以正统的君主取而代之。威灵顿对这一宣言的目标深表同情，但仍断然否认了其中的说法。按照礼法，他只能这么做；因为同盟国仍在与拿破仑谈判；以他的机智敏锐，当然知道决不能允许波旁王族披着同盟国的外衣进入法国。

迄今为止，同盟国君主们尚未对波旁王室的复辟有任何支持的言行；法国保王派中较为明智的人物也知道，这一倡议由法国人发起才是可取的。波尔多宣言的恶劣影响很快显现，国民自卫军和农民团结在三色旗下，反对可恨的鸢尾花旗；贝雷斯福德的士兵除了自保，也没有更多的举动。① 如果在旧王朝势力占上风的南方，波旁王室都可能被视为"客迈拉"②，拿破仑希望在东部达到的效果，又有什么不可能的？

关于巴黎的情况，就没有那么令人满意了。反复无常的民众在戏院里对保王派的隐喻大加喝彩，对于表现哥萨克骑兵劫掠行为的"官方"戏剧却以嘘声相对，③ 萨瓦里对此十分惊恐，他写信提醒主人，如果战火继续燃向巴黎，警察无法控制公众。到底萨瓦里的说法是否真的愚蠢，是否如拉瓦莱特暗示的那样，塔列朗的阴谋破坏了他对拿破仑的忠诚，都难以确定。但可以肯定的是，他的建议使拿破仑更有理由攻击施瓦岑贝格的后方，将他拉回洛林。拿破仑有理由希望，奥热罗在絮歇的部队增援下可以向第戎挺进，从那侧威胁奥地利军队，而他则可以从东北方施加压力。这样，奥地利难道不会媾和，使亚历山大和布吕歇尔任由他摆布吗？他不就有希望切断阿图瓦伯爵的归路吗？说不定，他还能抓住在东北部谋求民众支持失败的贝纳多特。

---

① 内皮尔，《半岛战争》，第24卷，第3章。威灵顿似乎想过同盟国可能与拿破仑媾和。
② 客迈拉是希腊神话中危害一方的喷火怪兽。——译注
③ 布罗伊，《回忆录》，第3卷，第1章。

不过，法国皇帝的一切希望都寄托在法国农民的忠诚和奥地利对和平的偏好上，却没有考虑沙皇和普鲁士人的强烈敌意。拿破仑在20日写给贝尔蒂埃的信中说，"如果布吕歇尔采取任何重要行动，他一定是疯了"。很明显，这是基于他之前的建议，即约瑟夫应该能够说服贝纳多特抛弃同盟国，攻击布吕歇尔的后方。[①]至少，很难找出其他理由说明，拿破仑为何有一个奇怪的信念，认为布吕歇尔将在他的盟友遭到打击时坐视不理；除非我们真的接受马尔蒙的解释：拿破仑的脑子现在接受不了一切不愉快的消息，将自己的愿望等同于事实。

命运女神似乎青睐于拿破仑的事业。虽然他没能从同盟国守军手中夺取维特里，但在圣迪济耶附近，他袭击了一支普军运输队，俘虏800名士兵和400辆装满物资的车辆。他所到之处都下令警钟长鸣，宣布将当地的所有适龄男子征召入伍，并派出信使提醒洛林各处守军，向他所在处突围。他的轻装部队沿马恩河谷展开，向肖蒙一带挺进，缴获物资并拿获敌军信使。因为他想象奥军已完全失去斗志，所以抓住机会，派科兰古从杜勒旺带去重启和谈的建议（3月25日）。[②]但当拿破仑等待这些提议的结果时，他的后方遭

---

① 2月25日写给约瑟夫的信。蒂埃博告诉我们一个奇怪的故事：贝纳多特派间谍兰维尔去说服达武与他联手攻击同盟军后方；但兰维尔缺乏勇气，一见武便转身逃跑！
② 科兰古3月25日写给梅特涅的信中说："今（昨）晚才到达皇帝身边，陛下已……授予我与同盟各国大臣签署和约的必要权力。"（费恩，《1814年手稿》，第345页；埃尔努夫，《马雷传》，第634页）
梯也尔没有提及拿破仑的这些建议，而那肯定是最为典型的。拿破仑的整个东进计划都是出于这一动机。许多人［例如巴古（Bacourt）先生，见塔列朗《回忆录》第2部分附录4］努力证明拿破仑25日已准备同意同盟国的所有条件，从而比路易十八做出更多让步。但没有证据证明他打算做这样的事情。科兰古在照会中提出的条件极其含糊。而且，即便到了28日，拿破仑已越来越惊慌，他仍会见了被俘的奥地利外交家韦森贝格，给予后者自由，以便与弗朗茨皇帝协商。他告诉这位特使，法国仍然会支持他；他希望保留自然疆界，但可以较为不利的条件媾和，因为他希望结束战争："如果我能为法国保住斯海尔德河口，我愿意放弃所有法国殖民地。倘若奥地利不支持英国，它也就不会坚持要我牺牲安特卫普。"（阿尔内特，《韦森贝格》，第1卷，第188页）摘录的这段话说明，他并不是很想接受同盟国的条件，只不过是想离间奥地利及其盟国。根据伯格什夫人的说法（《日记》，第216页），拿破仑向韦森贝格承认，他的处境岌岌可危。我认为这是那位特使讨人喜欢的虚构。直到29日，拿破仑听到费尔尚庞瓦斯惨败的消息时，也没有证据表明他彻底放弃希望。（麦克唐纳，《回忆录》）

到了攻击，他从原路折回，向敌人发动反攻，发现那是布吕歇尔的部队。普军为何会在那里大批出现？布吕歇尔不是据守埃纳河两岸吗？施瓦岑贝格又在哪里？法国皇帝派遣一支部队到维特里解开这个谜题，可怕的事实在那里一点一点地展现出来，他已经站在了毁灭的边缘。

这一切充满了讽刺，正如索福克勒斯戏剧中执迷不悟的俄狄浦斯王的故事。拿破仑这位战士为取胜而迈出的每一步，都使他的惨败变得更加彻底。弗朗茨皇帝被逼近的法国骑兵吓破了胆，他不希望落到女婿的手里，与梅特涅一起撤到了第戎。

拿破仑给奥皇的信遗失了。①梅特涅在卡斯尔雷的严密防备下，无力对科兰古的建议提出意见，他和皇帝的逃走使施瓦岑贝格处于沙皇的影响之下。②而且，布吕歇尔并没有闲着。当拿破仑匆忙东进维特里时，这位普鲁士统帅逼退了兵力薄弱的马尔蒙所部，他的前锋部队于23日在埃佩尔奈附近渡过马恩河，所辖的哥萨克骑兵俘虏了一名信使，搜出了拿破仑当天写给玛丽·路易丝的信。信的最后写道："我已决定进军马恩河，将敌军赶到离巴黎更远的地方，并向我的要塞靠近。今晚我将抵达圣迪济耶。再见，我的朋友！拥抱我的儿子。"布吕歇尔从这封信中知悉拿破仑的计划，继续前进；次日，他的前哨部队与施瓦岑贝格军团会合，使那支更大的部队振奋了精神。

施瓦岑贝格被麦克唐纳的后卫部队挡住了，他正在摸索拿破仑的踪迹时，缴获了一封法国公函，加上布吕歇尔传来的消息，得知皇帝正向东进军。23日下午，同盟军在普吉召开军事会议，沙皇和其他人更大胆的意见促使施瓦岑贝格放弃了与瑞士的交通线，不顾一切地与布吕歇尔会师，以18万大军紧追拿破仑的4万人。不过，几个小

---

① 比尼翁，《法国史》，第13卷，第436、437页。
② 听说他们撤退，施泰因兴高采烈，"他说，沙皇现在将直取巴黎，一切很快就会结束。"（引用屠格涅夫的话，豪塞尔的著作第4卷，第553页）

时以后截获的另一份法国公文,再次改变了事态的发展。这一次是从巴黎送呈拿破仑的官方消息,表明财政已经枯竭、民众不满,以及威灵顿节节胜利并夺取波尔多引起的轰动。这些喜讯激励了亚历山大,他提出了更为敏锐的计划——向巴黎进军。17日,保王党代表维特罗勒男爵在一次长时间会谈结束时已向他提出这个建议;现在,该计划的优点显而易见。因此,24日,沙皇在索姆普维召集巴克莱、沃尔孔斯基、托尔和迪比奇等将军开会,寻求他们的建议。巴克莱支持追击拿破仑,托尔和迪比奇则赞成进击巴黎,托尔坚称,只需要留下1万名骑兵掩护他们的行动。沙皇对这一计划表示热烈赞同,不久之后,普鲁士国王也认可该计划,于是施瓦岑贝格满腹狐疑地遵从了他们的意愿。就这样,拿破仑侵扰同盟军后方的计划显然适得其反,不仅没有迫使敌人向莱茵河撤退,反而使他的首都门户大开。[①]

25日黎明,同盟国大军掉转方向,布吕歇尔所部欢欣鼓舞地从沙隆出发,沿着与大部队平行的道路前进。同一天,在费尔尚庞瓦斯附近,一群俄国和奥地利骑兵骚扰了马尔蒙和莫尔捷两军,俘虏2500人,夺得50门大炮。在其北面,布吕歇尔帐下的哥萨克骑兵突袭了法军的一个师,这支4500人的队伍中多数是国民自卫军,正护送一支庞大的运输队。法军组成方队,顽强地一次又一次打退同盟军的进攻。于是,赫德森·洛上校策马往南,向弗雷德的巴伐利亚军求援。

巴伐利亚援兵也无法打败那群不屈不挠的步兵。虽然不得不丢弃了180辆货车,但这些新兵还是缓慢地向前突进,眼看着要突破重围,与马尔蒙会合,此时沙皇出现在战场上。他立刻命令调集炮兵,

---

① 伯恩哈迪,《托尔伯爵回忆录》,第4卷,第737页及以下;乌赛,《1814》,第354—362页;另见塔列朗《回忆录》中公布的与涅谢尔罗迭的来往信件。蒂伦和拉德茨基曾声称,这件事情的主动权在施瓦岑贝格手中;伯格什勋爵在3月25日的公文中(外交部档案,奥地利部分,第10号)同意这些观点。施泰因支持托尔的说法。我不能同意乌赛(第407页)"拿破仑无可奈何地放弃巴黎"的看法。他被截获的信件,以及第21508、21513、21516、21526、21538号正式公函表明,他坚信同盟军将会撤退,他与巴黎之间的联络是安全的。

第37章 首度退位 755

以葡萄弹猛轰法军队伍。法军指挥官帕克托仍然拒绝投降，沙皇便威胁以俄国近卫军的骑兵摧垮已消耗巨大的法军方队。帕克托这才下令他的方阵投降，另一个方阵的士兵也放下了武器，但还有一个方阵无畏生死、继续奋战，最终在俄国骑兵旋风般的砍杀中纷纷倒下，宽宏大量的沙皇竭力约束手下，也没能制止这场屠杀。洛上校写道："目睹这一杀戮景象，作为一个男人，我深感羞耻。"这一天的荣耀属于法国，但它因此付出的代价是死伤超过5000人，4000人被俘，损失80门大炮，另外还有供应拿破仑军团的军粮和物资。[①]现在，通往巴黎的道路上，能够阻挡同盟军的只有马尔蒙和莫尔捷两军的残部共约12000人。同盟军在莫城渡过马恩河，没有遇到任何像样的抵抗，29日，大军抵达邦迪，法国首都已在兵锋之下。

巴黎民众面对大军压境，先是不肯相信，随后便陷入巨大的恐慌之中。对他们来说，历史不过是一幕闹剧，战争也只是个传说。自圣女贞德的时代以来，从未有外敌能望见城中的尖顶。他们只能以税收关卡的围墙作为御敌的壁垒，1792年那种誓死抗敌的勇气已消失不见，如今表现出来的，只是一个矫揉造作的族群偶尔迸发的愤懑或讥诮，更多的则是听天由命。正如夏尔·德·雷米萨先生对他们反复无常的情绪所做的精妙评论："不停炫耀繁华的专制政治，不会给人们带来多少面对逆境的勇气。"以塔列朗为走卒的保王派无疑竭尽全力，试图使巴黎防务瘫痪，但他们只是一小部分人，假如拿破仑能身临巴黎总领事务，大众将会为他而战。可是他远在异地，正日夜兼程，穿越香槟地区以挽回自己犯下的大错，代替他的是约瑟夫。这位前西班牙国王并不是能在这种紧要关头发挥作用的人。他不是那种振奋士气，让原本不知所措的民众奋起对敌的英雄，也没有得力的助

[①] 这一叙述主要引自赫德森·洛爵士未出版的回忆录。拿破仑责怪马尔蒙没有按照命令向兰斯进军。在厄尔巴岛，拿破仑告诉坎贝尔上校，马尔蒙不遵守命令破坏了东路部队的调动，也毁了这场战役。但如果马尔蒙和莫尔捷在维特里与拿破仑会合，巴黎绝对会完全暴露在同盟军的面前。

手。克拉克和率领12000名国民自卫军的蒙塞，还没能将这支战斗力成疑的民兵部队中的一半武装起来。马尔蒙和莫尔捷两军在首都附近，加上巴黎驻军和国民自卫军，能集结的也只有42000人左右。

然而，以这些部队，如何对抗正向北面和东面薄弱防线开来的训练有素的十万大军呢？而且，约瑟夫和摄政会议让摄政皇后和年幼的罗马王携带财宝逃离首都，令守军士气消沉。这里应该为约瑟夫说句公道话，拿破仑曾两次告诫他，如果同盟军逼近巴黎，就将政府转移到卢瓦尔河以南，任何情况下都不能让皇后和罗马王落入敌手。"不要离开我儿子的身边，我宁可听到他死在塞纳河里，也不愿让他落入法国的敌人之手。"法国皇帝对巴黎沦陷的看法也已尽人皆知。1月，他对财政大臣莫利安说道："我亲爱的伙计，如果敌人打到巴黎城下，帝国也就完了。"①

在这些不祥预兆的折磨之中，法国守军在蒙特勒伊、罗曼维尔、庞坦和北部平原等待同盟军来袭（3月30日）。在一些阵地上，法国人英勇地打退了大队敌军；但就在这一天下午，马尔蒙眼看着敌军绕过自己薄弱的防线，即将在贝尔维尔切断其归路，随即发出了停战的请求，因为约瑟夫已授权他在事态无法挽回时这么做。各处的抵抗都已没有希望成功：莫尔捷在东北面承受重压；蒙塞率领的国民自卫军在克里希城门只是为荣誉而战。就这样，经过一整天的血战，这座伟大的城市以体面的条件投降了。

1789年以来出自巴黎的伟大动力就这样终结了，这股力量曾经如洪流般涌入德意志平原、西班牙高原、意大利城市和俄罗斯草原，铲平了等级与宗教的障碍，将人们结合成一个崭新、稳固的统一体。对这场以巴黎为中心向外延伸的伟大国际运动的反应现已成

---

① 乌赛，《1814》，第485页及以后；拿破仑2月8日和3月16日的信；莫利安，《回忆录》，第4卷，第128页。在拿破仑4月2日写给约瑟夫的信（《新书信集》）中，对约瑟夫离开巴黎并无任何指责。

为向心、深刻的民族运动。拿破仑经纶天下，却使从伏尔加河到塔霍河的欧洲各民族组成一个强大的方阵，将要胜利地进入巴黎，而正是这座城市在25年前宣告自由世界的黎明已经来临。

那么，在一定程度上与这种奇怪反应互为因果的拿破仑又当如何？在同盟军向其中央集权的核心发起致命一击的紧要关头，他的军事天才和对施瓦岑贝格的极度蔑视却将他引开，这真是奇怪的天谴。29日，他听到了巴黎民心离散、法军在费尔尚庞瓦斯惨败以及奥热罗丢失里昂的消息，立刻意识到自己犯下了弥天大错。他率领疲惫不堪的帝国卫队试图全速回师，沿特鲁瓦和枫丹白露那条不设防的大路疾行，使弗朗茨皇帝和梅特涅无法从第戎向巴黎传递消息。士兵们付出了巨大的努力，当天行军17里格，抵达特鲁瓦。

拿破仑在科兰古、德鲁奥、弗拉奥和勒菲弗陪伴下一路狂奔，每到一站，马匹都筋疲力尽。30日，他在枫丹白露听说妻子已离开巴黎；在埃松又听说战事正紧。深夜，他在阿蒂斯附近遇到了贝利亚尔将军率领的一支骑兵部队，他急切地询问这位勇敢的军官，才得知约瑟夫已离开巴黎，战斗结束了。"那就向巴黎前进吧，我不在场的时候，他们总干蠢事。"将军说："可是，陛下，太晚了，巴黎已经投降。"

拿破仑的坚强意志并没有被打垮。他必须坚持下去，他要鸣响警钟，鼓舞民众，把投降书撕得粉碎，打败野蛮的敌人。向前走了没多远，他就遇到了莫尔捷的部队，最终迫使他面对现实。他派科兰古全权处理和谈事宜，然后一直坐到天亮，全神贯注地研究地图，忖度忠心耿耿的帝国卫队是否能够克服时空的障碍。他距离巴黎只有不到10英里了，可以看到北方的天空被敌军的营火映红。

次日，他听说同盟国君主们将要进入巴黎，马尔蒙来信提醒他，皇后、约瑟夫、路易和热罗姆的先后撤退大大改变了公众舆论的风向。这是实情。民众对王室的逃跑行为十分厌恶，此时，布吕歇尔在蒙马特的各个高地上部署了80门大炮，人们都知道，如果巴黎继续抵抗，他绝不会放过这座城市。因此，同日早上，沙皇策马进入巴黎，他的右边是普鲁士国王，左边则是施瓦岑贝格，紧随其后的是俄国和普鲁士近卫军，市民们怒目相视，但并没有进一步的举动，而狂热的保王派分子则为波旁王室大声欢呼，妇女们还扑上前去，亲吻"解放者"沙皇的皮靴。波旁王室的支持者当然是少数，但他们在进城路线上的示威足以影响敏感的民众，并取悦征服者。斯图尔特以怀疑的口吻强调："到处都可以看到白色的帽徽，我看到许多国民自卫军官兵也戴上了。"①

　　沙皇担心爱丽舍宫埋设了地雷，移驾入住协和广场对面的塔列朗官邸，并立刻召开了一次极为重要的秘密会议。两位君主出席，与会的还有涅谢尔罗迭和拿破仑的科西嘉敌人波佐·迪·博尔戈。施瓦岑贝格和利希滕施泰因两位亲王代表奥地利；而塔列朗和达尔贝格则前来为波旁王室进言。后来，德普拉特和路易男爵也被召来参会。沙皇首先宣布，此次会议将讨论三个方案：与拿破仑和谈、接受玛丽·路易丝为其子摄政或者召回波旁王室。②他宣称，第一个方案是不可能采纳的；第二个方案也有极大的困难；虽然表达了对波旁王朝复辟的反对意见，但让人们觉得，只要符合法国的意愿，他现在是支持这个方案的。随后，他让塔列朗发言；这位能言善辩之士以一贯的如簧巧舌为波旁王室陈情。他说，法国军队对自己的荣誉视如珍宝，胜过了对拿破仑的忠心。法国渴望和平，只有在旧王朝的统治下，和平才有可靠的保障。当同盟国坚持与拿破仑谈判时，民众迄今还没有宣称支持波旁王室，又有什么值得奇怪的呢？只要各国宣布不再同拿破仑谈判，法国将立刻表示其真正的意愿。而他本人可以代表元老院做出答

---

① 《卡斯尔雷文件集》，第 4 卷，第 420 页；帕基耶，《回忆录》，第 3 卷，第 13 章。
② 我们不能确定亚历山大为何如此突然地放弃贝纳多特。3 月 17 日，他肯定地向保王派的代表维特罗勒男爵说，他不会考虑让波旁王室复辟，他最先想到的是立贝纳多特为法国国王，而后又想到欧仁。不过，我们知道贝纳多特曾与驻比利时的法国将军迈松有可疑的来往。（《卡斯尔雷文件集》，第 9 卷，第 383、445、512 页）

第 37 章　首度退位　759

复。沙皇对塔列朗的发言很满意，腓特烈·威廉也表示认可，两位奥地利亲王并没有替玛丽·路易丝争取权利；波旁王室就这样轻松地获得了胜利。①

次日，《辩论日报》上刊登了由亚历山大代表所有同盟国签署的明确公告；但我们有理由怀疑，如果弗朗茨皇帝在场，特别是他的女儿还在巴黎摄政的情况下，是否会允许发布这样的公告。公告称，同盟国决不再与"拿破仑·波拿巴"或他的任何家族成员谈判；各国将像过去法国在合法君主统治下时一样，尊重它的领土完整；并将承认和保证法兰西民族正式通过的宪法。

因此，同盟国要求元老院立刻组建临时政府。塔列朗作为法兰西帝国的大选长，有权召集这个国家监督机关，由其投票显然远比此前亚历山大属意的全民公投更迅速。140名元老院议员中只有64人参会，而且塔列朗对这些人有着极大的影响。在他发言的时候，议员们只能默默地记下他的意见。这个曾威严不可侵犯的机构经过十年专制统治，对见风使舵熟稔于心，就此在拿破仑统治下最后一次发挥作用——推翻了它一直负责维护的宪法。那一天是4月1日，塔列朗、达尔贝格、伯农维尔、若古和孟德斯鸠神父即刻组成临时政府，这个政府的灵魂便是塔列朗。沙皇说句话，塔列朗就像置景师一样行动。这场宪法闹剧的最后一幕发生在次日——元老院和立法院宣布拿破仑的统治结束了。

塔列朗这位前主教多年来以圆熟的官场技巧应对拿破仑的侮辱，但心中并非没有怨恨，他的上述行径便是报复。拿破仑和他早已本能地相互敌视，只是身为外交家的塔列朗以反讽掩盖憎恨，而拿破仑是个军人，总是直接说出自己的猜疑。离开巴黎之前，拿破仑在最后一

---

① 德普拉特，《1814年3月31日王室复辟》(*Restauration de la Royauté, le 31 Mars, 1814*)；帕基耶，《回忆录》，第3卷，第13章。维特罗勒（《回忆录》，第1卷，第95—101页）说，梅特涅3月15日向他保证，奥地利不会坚持由玛丽·路易丝摄政，而会听从法国的愿望。

次御前会议将要结束时痛斥了留在堡垒内部的敌人。当他看到塔列朗在角落里与约瑟夫交头接耳，对他的雷霆之怒毫不在意时，他的言语也就更为激烈了。他曾从香槟向萨瓦里下令，逮捕这位前大臣，可是萨瓦里却自作主张，对命令置之不理。或许萨瓦里已和塔列朗达成了某种谅解，就这样，塔列朗这位善于忍耐的阴谋家躲过了无数暗礁，终于在那位伟大的冒险家距离母港只有一二里格的时候，帮助欧洲各国凿沉了他的航船。

但一切并未就此结束。拿破仑已向枫丹白露撤退，在这个城镇前集结了一支将近6万人的部队。玛丽·路易丝带着诸位大臣在布洛瓦，盼望着回到丈夫的身边。假如她真这么做了，她的父亲也身在巴黎，那么就会出现非常有趣和微妙的情况了；我们可以想象一下，只有用尽梅特涅的精妙手腕和卡斯尔雷的理智判断，才可能使三位君主达成共识。不过，弗朗茨还远在第戎，梅特涅和卡斯尔雷4月10日才来到巴黎；因此，这些重要的日子里，一切皆由沙皇和塔列朗决定，而这两个人都是拿破仑的死敌。科兰古恳求沙皇根据旧疆界与拿破仑和谈（4月1日），但没能如愿。沙皇的答复是"与他签署的和约不过是一纸停战协定"。

身为胜利者的沙皇对推举一名摄政的想法并不绝对排斥，因此忠诚的科兰古立刻赶往枫丹白露，劝说他的主人让位于儿子。拿破仑轻蔑地拒绝了这一建议：与其如此，他甘愿再冒战争的风险。他知道，仍有将近9000兵力的老近卫军和青年近卫军渴望着报复敌人对法国尊严的侮辱；3日在宫廷大院举行的阅兵结束时，士兵们高喊："打到巴黎去！"发誓埋骨于首都的废墟之下。即便没有这些老兵的大声疾呼，他也有着同样的决心。4月1日，他收到了亚历山大的口头照会，称除了他的私人和家庭事务之外，同盟国将不再与之进行谈判。他在埃松前线对马尔蒙喊道：情势所迫，他唯有战斗。他还提议这位元帅渡过塞纳河袭击同盟军，却忘记了途中还要经过马恩河，而那里的桥梁都有同盟军把守。马尔蒙生性机敏,睿智而尖刻,他早已看出主人越来越陷入幻想之中,无法自拔,若非亲眼所见,绝不相信有任何困难。3日(也许更早),保王派已向他伸出橄榄枝,这位元帅承诺愿意相助,我们很快就会看到具体的方式。

次日晚间,拿破仑给沙皇的最后提议才送到。当天早上,他与贝尔蒂埃、奈伊、乌迪诺和勒菲弗进行了长时间的激烈争论。科兰古和马雷在会上充当和事佬。元帅们指责拿破仑向巴黎进军是件蠢事。拿破仑被他们的话激怒了,最后说了一句:"军队会服从我的。"奈伊反驳道:"不,他们只会服从指挥官。"

麦克唐纳刚刚率领他疲惫不堪的部队抵达,他以一贯的坦率支持元帅们的意见。他说:"我们的战马再也没法向前走了,手上的弹药还不够一场小规模战斗,也没办法补充。如果我们战败(这是很有可能的),整个法国都会毁灭。我们还能对敌人施加影响,就让我们保留自己的看法吧……我们已经厌倦了战争,就不要再引发内战了。"皇帝最终让步了,草拟了如下公告:"同盟国宣布拿破仑皇帝是重建欧洲和平的唯一障碍,拿破仑皇帝忠于自己的誓言,宣布他已准备为了祖国的利益而放弃皇位、离开法国甚至献出生命,而祖国的利益,与他的儿子、摄政皇后和帝国法律的延续密不可分。"[①]

仔细阅读这份文件就会发现,这并不是一份退位诏书,而是一份有条件退位的声明,是为了满足那些对外交一窍不通的武官们,以争取时间。麦克唐纳也提到,写下公告之后,皇帝重重地坐在沙发上,拍着大腿说道:"荒唐啊,先生们!我们不要管这些了,明天继续前进,我们会打败他们的。"可是,他们要求他恪守诺言;科兰古、奈伊和麦克唐纳立即前往巴黎,略带威胁地多次恳求沙皇,让他承认摄政。

在4日深夜的会谈中,他们似乎给沙皇留下了深刻的印象,尤其

---

① 这一宣言的第一稿参见《书信集》,第 21555 号(注释)。

是在他们提醒沙皇，他曾承诺过不将任何政府强加于法国时。接着，沙皇召见了临时政府成员，聆听他们的反对意见——摄政必然很快就屈从于那个强大的意志。亚历山大再一次领教了科兰古的雄辩，最后又听取了焦急不安的临时政府成员的陈述。这个夜晚就在塔列朗的府邸熬过去了，沙皇最终表示，他将在听取普鲁士国王的意见后做出决定。不久之后，黎明时分，传来了马尔蒙部向同盟军投降的消息。亚历山大对波佐·迪·博尔戈说："你看，这是上帝的旨意，现在不用怀疑或者犹豫了。"①

事实上，同一天晚上，马尔蒙所部12000人是被这位元帅的部将从埃松带到同盟军战线上的。马尔蒙本人当时在巴黎，是奈伊和麦克唐纳将他诱骗去的，目的是阻止他实施叛乱阴谋；但他的部将们参与了阴谋，因拿破仑频频派来信使而惊恐，执行了原始计划。这样，在5日黎明，士兵们发现自己身在同盟军的步兵和骑兵队伍中，想要逃跑为时已晚。士兵们绝望地诅咒他们的指挥官；拿破仑阵中就这样被偷走了12000人。②

如果从帕基耶《回忆录》（第3卷，第15章）以及麦克唐纳《回忆录》的角度评判，这一行径肯定是对老朋友和恩人的无耻背叛；人们也往往只从这个角度看问题。但是，马尔蒙或许会为自己辩护，说这是必要的行动，为的是防止拿破仑为了病态的自尊和复仇的渴望而牺牲他的军队甚至首都。这位元帅对法国负有某种责任，议院已宣布他的主人退位，巴黎似乎默许了这个决定；波尔多和里昂现已举起白旗；威灵顿在南方节节胜利；施瓦岑贝格在首都附近集结了14万人的部队；马尔蒙也许比任何一位元帅都更了解拿破仑有多么顽固，他那可怕的意志已令莫斯科、巴黎和里斯本之间的道路上遗尸百万。难道这不正是结束噩梦的时机吗？只要拿

---

① 帕基耶，《回忆录》，第3卷，第15章；麦克唐纳，《回忆录》。
② 乌赛，《1814》，第593—623页；马尔蒙，《回忆录》，第4卷，第254—272页；麦克唐纳《回忆录》，第27章和第28章。在厄尔巴，拿破仑告诉埃布灵顿勋爵，马尔蒙率领的是最精锐的部队，他的背叛毁了一切。（《麦克米兰杂志》，1894年12月）

破仑看到一时取胜的任何机会，这种情况还会结束吗？

不管我们如何评判马尔蒙的行为，它无疑有助于拿破仑的垮台。沙皇在外交上十分狡猾，并没有太在意上述的拿破仑宣言。他肯定已经看出，这是争取时间的策略。不过，他本人也希望在愤然拔剑出鞘前多一点喘息的时间；我们可以这么认为：他在科兰古和塔列朗的辩论之间长时间权衡，在一定程度上是为了尝遍对法军占领莫斯科复仇的甜蜜滋味，但主要还是因为他已下定决心，等待马尔蒙所部投诚。

既然拿破仑的矛尖已被打掉，沙皇当然也就排除了一切有关摄政的思路，但是他宣称，如果拿破仑立即退位，他就准备给予宽大的条件。他说："如今，当他身处困境，我将再一次成为他的朋友，忘记过去。"与拿破仑的代表会谈时，亚历山大决定：拿破仑一定会保留皇帝的称号，接受适当的年俸，考虑以科孚岛、科西嘉岛和厄尔巴岛作为他将来的住所；其中厄尔巴岛引起的反对最少；虽然梅特涅后来反对选择厄尔巴岛，但沙皇觉得这一安排事关自己的荣誉。[①]

大势已去，拿破仑本人此时也开始屈服了。听到马尔蒙背叛的消息，他呆坐了一阵子，然后伤心地说道："忘恩负义的家伙。好吧！他一定会比我更不幸的。"但是到了6日，他那战斗的本能又占领了高地。他计划率领忠诚的部队撤到卢瓦尔河对岸，聚集奥热罗、絮歇和苏尔特各军。他对他的将军们高喊："来吧，让我们向阿尔卑斯山进军。"可是没有一个人回应。皇帝说出了他们无言的心声："呀，你们想要休养生息，那就这么做吧。唉！当你们躲进安乐乡，不知道有多少失望和危险等着你们呢！"随后，他写下了正式的退位诏书：

"同盟国已宣布皇帝是重建欧洲和平的唯一障碍，皇帝忠于他的誓言，宣布本人及后代放弃法国和意大利王位，为了法国的利益，他准备做出任何牺牲，甚至牺牲自己的生命。"

[①] 帕基耶，《回忆录》，第3卷，第14章；《卡斯尔雷文件集》，第9卷，第442页。阿利松说是拿破仑选择了厄尔巴，这种说法是错误的。

同盟国连忙了结此事；因为即便到了现在，它们仍然担心困在牢笼里的这只雄狮会破门而出。确实，忠实的秘书费恩声称，复活节周一（11日），科兰古带回同盟国的批准文件时，拿破仑的第一个要求是撤回退位诏书。不过，过于强调这一奇怪的举止是不公平的；因为在那个时候，皇帝心绪不宁，已有些神经失常了。

听到同盟国的最终条件，拿破仑更加痛苦了。它们将厄尔巴岛划给他；把帕尔马、皮亚琴察和瓜斯塔拉三个公国划归他妻子和后代所有，每年给付200万法郎的俸禄，由他们夫妻平分。两人将保留皇帝和皇后的称号，但他们的儿子只能保留帕尔马公爵的封号，等等。波拿巴家族的其他成员将得到250万法郎的年俸，这笔钱和上述的年俸均由法国拨给。同盟国允许400名士兵陪他前往厄尔巴岛。欧仁将在法国之外得到"合适的领地"。[①] 拿破仑几个小时都拒绝签署这份协定。抵抗已经毫无希望，因为乌迪诺、维克托、勒菲弗都倒向保王派，最后连奈伊和贝尔蒂埃也步其后尘，士兵们也开始动摇了。但身为贵胄的自尊心使这位强大的征服者难以接受厄尔巴岛、签下一份代表金钱交易的协定。从恺撒那样伟大的帝王沦为桑丘·潘萨[②]那样的走卒，难免要有一番挣扎。

于是，他和科兰古交谈，表现出了一贯支撑他准确判断的非凡洞察力。他说，玛丽·路易丝理应得到托斯卡纳，帕尔马配不上她的尊贵身份。此外，如果她必须经过其他国家才能见到他，她还会来吗？接下来，他谈到了手下的元帅们。马塞纳的功绩最著，但絮歇在作战和行政上都表现得最为贤明。苏尔特很能干，但野心太大。贝尔蒂埃坦诚、理智，是参谋长的典范，"但他现在给我带来了很大的痛苦"。对于仍在汉堡苦战的达武，他什么也没说。他抱怨道，没有一位大臣从布洛瓦前来向他道别。随后，他谈起了他最大的敌人——英国。

---

① 马滕斯，《条约集》，第9卷，第696页。
② 桑丘是小说《堂吉诃德》中主人公的仆人。——译注

"毫无疑问，它极大地伤害了我，但我也在他腹部留下了一支毒箭。是我欠下了这笔债，即使不至于压垮子孙后代，也将永远成为他们的负担。"最后，他的话题回到了科兰古一直催促却没能让他签字的那份可恨的协定。他怎么能从同盟国手中得到钱财？他得到的是一个如此伟大的法兰西，如今又怎能看着它变成蕞尔小国？

当天晚上，他试图结束自己的生命。2月8日，他曾告诉哥哥约瑟夫，如果巴黎失守，他就会这么做。从莫斯科撤退期间，他带着一个小药瓶，据说装着鸦片，现在，他想用这个了却自己的苦难。但科兰古、贴身侍从康斯坦特和伊凡医生很快赶来，全力救治。剧烈呕吐之后，皇帝虚弱不堪。不过，在茶水和凉爽晨风的作用下，他逐渐复原。"命运已定，"他喊道，"我必须活下去，等着上天为我安排的一切。"[①]随后，他签署了与同盟国的条约，将穆拉德总督的佩剑送给了麦克唐纳，平静地准备离去。

玛丽·路易丝没有来见他，她曾决定前来，但被父亲否决了，按照奥皇的旨意，她从布洛瓦前往朗布依埃。

在那里，她在哥萨克骑兵护卫下，依次见到了弗朗茨、亚历山大和腓特烈·威廉。交谈的内容无人知晓，但结果是，她于4月23日出发去维也纳，最终从那里去了帕尔马。她没有表现出到厄尔巴看望丈夫的强烈意愿，而是很快从奈佩格伯爵那里得到了安慰。

此时，拿破仑对她未来的行为没有任何怀疑，对法国的命运也没有什么良心上的不安。他的心境就如惊雷暴雨洗刷过的天空，再次放射出清澈的光芒。当时见到他的人，无不为他的平静而震惊，只是，他会在某些时候慷慨陈词，斥责奥地利人设计让他妻离子散。说到这些，他就大发雷霆，痛哭流涕，声称会到英国去避难——那是奥地利派去护送他到厄尔巴岛的克勒尔将军极力建议的。不过，在大部分时

[①] 梯也尔和康斯坦特认定这一事件发生在11日夜间。我根据费恩和麦克唐纳的说法，他们认为发生在次日夜间。

候,他都表现得十分沉着。当博塞试图安慰他,说法国仍将会成为最美丽的国家之一时,他"极度平静"地回答道:"我退位了,但什么都没有放弃。"①这些话蕴含深意,藏着"百日王朝"的秘密。

20日,他向帝国卫队道别,以感人至深的言语告诉他们,他的使命就是向子孙后代讲述他们所创造的奇迹。接着,他拥抱了珀蒂将军,亲吻历经战火的军旗,在这些不屈的英雄们的啜泣声中启程,前往地中海。在中部各省,直到里昂,他常常听到熟悉的欢呼声,但再往南,人们的情绪就不一样了。

在奥朗日,人们当面咒骂他,并向车驾的窗户投掷石块;拿破仑在贝特朗的保护下,蜷缩在角落里,"看上去非常害怕"。冲出这些暴民的包围,到了安全距离之后,皇帝穿上一件朴素的大衣,披上俄式斗篷,戴上白色帽徽的普通圆帽。在每个村庄或者城镇,他都以类似的伪装试图避开人们的注意,英国特派员坎贝尔上校说,这说明他"非常急于保命"。

他绕开了阿维尼翁,因为那里的暴民想要他的命。接着,他又以另一个花招让奥尔贡的人们大失所望,这些人准备了一个身穿军装的拿破仑雕像,涂上鲜血,并写上"这个可恶的暴君!他的罪行迟早会受到惩罚"的字样。②他以这种耻辱的方式赶往海边,英国巡防舰无畏号正在那里等着他。随后,那里出现了一些可疑的耽搁,引起了同盟国特派员们的担忧,特别是在欧仁的军团解散之后,成群的法国士兵开始靠近那里。③

28日,拿破仑最终在贝特朗伯爵和德鲁奥伯爵陪同下,从弗雷瑞斯扬帆起航。自他从东方冒险归来,头顶光环在此登陆,还不到15年。

---

① 博塞,《拿破仑的宫廷》。
② 尼尔·坎贝尔爵士,《日记》,第192页。
③ 厄谢尔(Ussher),《拿破仑的最后旅程》(*Napoleon's Last Voyages*),第29页。

第38章　厄尔巴岛和巴黎

如果说在马不停蹄的人生中得以暂歇、重新确定自己的方向大有裨益，那么拿破仑漂泊到风平浪静的厄尔巴岛，可算是一件幸事。在那里，他有充足的时间回顾自己的一生，注意到自己在哪些地方为同时代的人做出了贡献、取得了成就，在哪些地方违背人类本性、冲动妄为而未得寸功。毫无疑问，他确实这样全面审视了自己。他对办事勤恳的德鲁奥说，在布拉格大会上没有媾和是个错误；他的失策在于自恃天才过人、深谙兵法；"但那些指责我的人从未迷醉于命运之神的美酒"。当命运又一次将他推上巅峰时，他却坦承，在厄尔巴岛犹如置身坟墓，他在那里已经听到了后代对自己的定论。有迹象表明，其后他的思想变得更为成熟，能够约束毁了自己一生的专横本性。

不过，自省与他的性格相悖；他是为军营而生的，并不适合于书房；他评判事物的能力或许也曾还施彼身，但很快就转向其他的人和事了；而这种能力，在他组建自己的袖珍帝国、审视欧洲政治进程时也得到了必要的锻炼。抵达厄尔巴岛的前几周，他天不亮便起床，或步行、或乘马，在费拉约港周围巡视，规划更好的防御手段，或者新的道路和种着桑树的林荫大道。坎贝尔写道："我从未见过一个人，能有如此强大的行动力和不屈不挠的毅力；他似乎以永不停歇的奔忙和目睹随从疲劳不堪为乐。"他的帝国卫队中，有大约700人乘坐英国运输舰来到该岛；这些人与科西嘉人和托斯卡纳人一起，保护他免遭保王派阴谋所害——其中有真有假。他很快就购买了几艘小船，还强占了皮亚诺萨岛。这些事情，以及为取悦此时与其会合的母亲和妹妹波利娜而组建的皇家宫廷，都能帮助他打发无聊的时光。但令他气愤的是，弗朗茨皇帝拒绝让他的妻儿来看望他。玛丽·路易丝是否愿意前来很值得怀疑，因为她和奈佩格伯爵的关系已臭名昭著；但扣押他儿子的无情举动激起了人们对孤独的拿破仑的同情。瓦莱夫斯卡伯爵夫人却带着和拿破仑生的儿子来到岛上住了几天。[①]

与此同时，欧洲在新的政治基础上安定了下来，但并不稳固。鉴于法国只能任由同盟国摆布，它没有多少理由抱怨。《巴黎条约》（1814年5月30日）规定的该国疆域比1791年时更大；它还保留了拿破仑劫掠的艺术珍宝。"背信弃义的英国人"放弃了夺取的所有法国殖民地，毛里求斯、多巴哥和圣卢西亚除外。英国在这场战争中付出了超过6亿英镑的代价，所得却微不足道，因此牢骚满腹；但卡斯尔雷却表明和解政策是合理的。他说："让法国成为和平的商业国家，而不是好战、四处征伐，岂不更好？"英国坚持要法国将比利时割让给奥兰治王室，同时，英国付出600万英镑，以保留它夺取的好望角、德梅拉拉和库拉索等荷兰殖民地。

荷兰、莱茵兰和意大利的丢失伤害了法国人的自尊心。大批来自德意志要塞以及西班牙、俄国和英国战俘营的法国士兵——仅从英国渡海回归的就有7万人——对同盟国的暴虐和波旁王朝的软弱极度不满，怨声载道。从战争回归和平总是艰难的历程；现在，这些憔悴的战士归乡，已经变得弱小的法国只能遣散他们，或者支付一半的军饷。如果有一个老练的朝廷，或许能把他们争取过来，但波旁王室——尤其是那个典型的流亡贵族阿图瓦伯爵——在策略上简直称得上笨拙，他们将老近卫军弃之不用，组建了一支享有特权和高薪的

[①] 昔日的雅各宾派人士蓬斯（德莱罗）时任厄尔巴矿业局局长，他留下的《厄尔巴岛回忆录》显得非常轻信。在第9章中，他讲述了谋杀拿破仑的一些故事——其中一些非常荒唐。第2部分第1章中，他称拿破仑"本性笃信宗教"，是最有慈悲心肠的男人，只不过是出于谨慎而隐藏真心！但根据坎贝尔的正式报告，蓬斯当时对拿破仑远谈不上崇拜。

"国王卫队",由6000名贵族和保王派绅士组成。农民在波旁王朝的统治下也感到不安,尤其是那些拥有革命时从贵族手中没收的土地的人们。昔日的地主提出的苛刻要求如同潮水一般,根本无法满足。1814年以激动人心的史诗拉开帷幕,却以堪比三流闹剧的肮脏争吵而告终。

而且,就在这个时候,原来的盟国似乎也处于战争的边缘。篇幅所限,我们只能简略地看看列强在维也纳大会上的争论。欧洲风暴的中心人物是沙皇。他对英国驻维也纳大使查尔斯·斯图尔特宣称决心占据波兰西部,决不放弃他的700万"波兰臣民"。[1]说来奇怪,这个计划本应遭到强烈反对,却最终得到了普鲁士的支持,条件是后者得到整个萨克森,弗雷德里克·奥古斯特则被迁到莱茵兰,以波恩为首都。对于这些提案,奥地利、英国和法国断然反对,并签订密约(1815年1月3日)予以抵制,如有必要,将出动共计45万人的军队。宝剑在鞘中铿锵作响,却没有拔出来。当波拿巴分子在法国、缪拉在意大利蠢蠢欲动的消息传到维也纳,列强同意(2月8日)了萨克森-波兰的妥协方案,这一方案也就在东欧地图上显现了。西欧领土的安排显然是出于构筑堡垒抵御法国的愿望。比利时并入荷兰;德意志诸邦拼凑了一个邦联,各邦王公都有完全的主权;撒丁国王收复了萨伏依、尼斯并取得热那亚,版图比原来更大了。

为了对抗某个未来的拿破仑式人物,各国设置了许多人为的障碍,反而有利于那位著名流放者的计谋。面对拿破仑的侵略,欧洲各地的民族意识得到充分激发,如今借此取得胜利的君主们却对之肆意践踏。比利时人强烈反对荷兰的统治,而梅特涅口中所称的德意志

---

[1] 英国外交部档案,奥地利部分,第117号。塔列朗在写给路易十八的信中声称已破坏了列强的盟约。但很明显,对俄国的恐惧比塔列朗的手腕更起作用。在大会开始之前,卡斯尔雷和威灵顿就建议与法国保持友好,以遏制其他国家的"过分奢望"。

"统一派"唾弃使其祖国从属于奥地利及其走狗的联盟。意大利的命运最为艰难。在拿破仑的统治下，人们洞悉了一个秘密，那就是意大利本质上是个统一体，可现在，它又被过去的统治者瓜分了；当哈布斯堡王朝重新统治威尼斯和米兰，而他们的王族后裔接掌摩德纳、帕尔马和佛罗伦萨，整个半岛都为之激愤。

现在，缪拉的希望就寄托在人民的这种义愤之上。背弃拿破仑之后，他曾试图向同盟国示好；但他在1814年的行为十分可疑，导致他的王国命运悬而未决。巴黎和马德里的波旁王室都竭力想要推翻他；但奥地利和英国已在1814年初与缪拉签订了条约，手脚受到束缚，只能观察等待，希望这位鲁莽的军人失足。1815年2月，他果然走错了一步，征调部队，质问路易十八是否想与自己开战，并准备进军意大利北部。

亚平宁半岛的动荡使列强对拿破仑坐镇厄尔巴岛十分不安。路易十八在公函中、塔列朗在私人谈话中，都两三次敦促将他迁往亚速尔群岛；可是，除了卡斯尔雷给予了模糊的支持之外，各国全权代表都觉得这种想法荒唐可笑。梅特涅断然反对，倘若塔列朗提出正式提案，沙皇也会反对改变自己的厄尔巴岛计划。不过，塔列朗并没有这么做。大会官方记录中对此只字未提。当时的报纸上出现过流言，称此次大会正考虑是否适合将拿破仑迁往圣赫勒拿岛，但此事也查无实据。官方记录中没有关于这个问题的任何叙述；而且，威灵顿明确否认了这件事（他于2月1日抵达维也纳，接替卡斯尔雷），称"此次会议从来没有将波拿巴从厄尔巴岛迁往圣赫勒拿岛的打算"①。

拿破仑的处境确实岌岌可危，他如果不采取某种大胆的行动，

---

① 斯坦诺普的《访谈录》，第26页。在英国外交部档案（俄国部分，第95号）中有一封波佐·迪·博尔戈1814年7月10/22日从巴黎写给卡斯尔雷（没有收录在他的书信集中）的可疑信件，其中有如下的句子："很容易预见，拿破仑的存在对各方面都不利。"富歇恳求拿破仑自愿归隐新世界的信参见塔列朗《回忆录》第7部分，附录4。拉斐特（《回忆录》第5卷，第345页）断言，法国保王派图谋暗杀拿破仑。科西嘉总督布吕拉尔（Brulart）曾引起拿破仑的怀疑，但这种怀疑似乎是错误的。（乌赛，《1815》，第172页）

或许就会陷于破产，身败名裂。他每年至少需要100万法郎才能维持军队，而他的收入还不到这个数目的一半。他本应每年从路易十八那里得到200万法郎；可是后者一方面没收了波拿巴家族在法国的财产，另一方面却不肯支付盟国保证他要付给下台王族的款项。沙皇和英国特使卡斯尔雷都曾向塔列朗强烈谴责其主人的卑鄙行径；对此，法国全权代表的答复是，只要意大利还处于如此动荡的局势，给拿破仑钱就是危险的举动。卡斯尔雷取道巴黎返回英国时，再一次为此事向路易十八施压，后者承诺立刻处理，但不久就撒手不管了；因为正如他在3月7日写给塔列朗的信中所说，波拿巴在法国登陆省去了这个麻烦。①

不过，断言拿破仑逃出厄尔巴岛是为了避免破产，是把他当成那种注重体面、顾虑良多的资产阶级人士，实际上他从未考虑过这些。虽然"太后"和波利娜向坎贝尔抱怨厄尔巴缺少资金，但皇帝自己远没有那么沮丧。坎贝尔于12月28日写道："近来，他的情绪似乎一点都没有受到财政困难的打击，反而颇为高涨。"坎贝尔和当时曾短暂探访皇帝的约翰·罗素勋爵②都认为，他正计划某种大动作，并向英国政府发出警告。③但是大臣们和其他自作聪明的人一样，认为拿破仑的目标是意大利，当坎贝尔在公函中引述了许多拿破仑关于法国肯定会爆发动乱的话时，他们也无动于衷。下面是坎贝尔引用的两段话：

他说，由于法国人目前受到的羞辱，那里肯定会爆发与大革命

---

① 帕兰（Pallain），《路易十八与塔列朗通信集》（*Correspondance de Louis XVIII avec Talleyrand*），第307、316页。
② 约翰·罗素勋爵（John Russell, 1792—1878），英国辉格派政治家，著名哲学家伯特兰·罗素的祖父。——译注
③ 《回忆录》，第16页；英国外交部档案，法国部分，第114号。在我看来，上述事实可以反驳常见的论点，即同盟国违反了对厄尔巴的安排，因此拿破仑逃走是情有可原的。事实证明，同盟国试图迫使路易十八按照规定向拿破仑支付款项，而皇帝对他不愿付款倒是欢迎的。他12月6日对埃布灵顿勋爵说的话透露出一种信念：法国很快就会发生变局。

类似的激烈运动。每个法国人都认为莱茵河是法国的自然边界,任何事情都改变不了这一舆论。如果民族精神转变为行动,那将是无法阻挡的,就像一股洪流……目前的法国政府太软弱了,波旁王室应该尽快开战,以确立自己的王位。收复比利时并不困难,只是因为那里有英军驻守,法国军队才略有顾忌。

他最后下定决心孤注一掷,是在2月13日左右,接到意大利动荡、列强失和以及同盟国君主决定20日离开维也纳的消息之后不久,他又从法国得到了最为重要的消息。当天,他过去的一位官员弗勒里·德·夏布隆登上厄尔巴岛,告诉他军队中的不满者在富歇领导下,正在策划推翻路易十八的图谋。[①]拿破仑立即派遣这位信使前往那不勒斯,并下令将他的双桅帆船无常号漆成英国船只的模样。对他来说最幸运的是,坎贝尔于16日乘坐小型军舰鹞鸪号前往托斯卡纳"疗养和处理私事",而这艘军舰正是英国政府派来监视拿破仑的。舰长埃迪许诺把坎贝尔带到里窝那之后,将返回厄尔巴岛沿海巡航。24日,他在费拉约港停船,当贝特朗询问何时接回坎贝尔,不谙外交的他直接回答定在26日。似乎正是这条消息,促使拿破仑决定在鹞鸪号离开该岛前往里窝那的当天逃走。与此同时,厄尔巴岛上进行各种准备的消息令坎贝尔警醒,他向热那亚发出请求,派另一艘英国战舰去挫败那个"不安分的恶棍"的阴谋。

但此举为时太晚。那个星期天晚上9时,法国皇帝率领1050名官兵在费拉约港登上无常号和6艘较小的船只。他的小船队在微风中悄然北行,英国军舰却被这阵风阻挡了脚步,直到28日,埃迪和坎贝尔才发现,帝国的雄鹰已然飞走。此时,拿破仑避开了法国警戒舰鸢尾花号,命令他的船只分散行驶。绕过科西嘉北部时,他遇到了另一艘法国巡洋舰西风号,该舰向他的双桅帆船致意,并询问那个伟人

[①] 弗勒里·德·夏布隆,《回忆录》,第1卷,第105—140页;拉斐特,《回忆录》,第5卷,第355页。

的情况。拿破仑示意船长回答道:"好极了。"保王派军队的这艘巡洋舰满意地驶过。就这样,由于各国旧政府及其官员的无能,拿破仑和他的小部队于3月1日下午在茹昂湾安全登岸。①外国人对英国官场的怪象如无深入认识,认为是英国纵容拿破仑逃走,也就不足为奇了。这一误解需要用滑铁卢的血战才能洗雪。

"我一枪不发就能到达巴黎。"这是拿破仑在靠近普罗旺斯海岸时对疑虑重重的追随者所做的预言。看起来这像是个最疯狂的梦想。一个几乎遭到阿维尼翁和奥尔贡暴徒谋杀的人,怎能指望平安地穿过那个保王派势力占据上风的省份?而且,即便他能抵达民众更支持他的中部地区,士兵们是否敢于不听新任战争大臣苏尔特的命令?他们是否敢于违抗奈伊、贝尔蒂埃、麦克唐纳、圣西尔、絮歇、奥热罗和其他许多现已忠心为波旁王室服务的将军的命令?路易十八国王和他的兄弟们对此一点都不担心。他们对这个鲁莽的入侵者干出如此蠢事大加嘲笑。

起初,他们的信心似乎得到了证明。拿破仑引诱驻守昂蒂布的官兵,遭到了拒绝,他派到那里的小分队也被抓了起来。但他并没有因此畏缩,决心取道格拉斯前往格勒诺布尔,从而抢在初期失败的消息散布之前赶到,并避开罗讷河下游那些保王派控制的地区。

接近格勒诺布尔时,拿破仑显得十分焦虑。那里的指挥官马尔尚将军曾威胁要消灭这个"匪帮";他的士兵们也没有任何变节的迹象。不过,由于部署不当,该城南面的拉弗雷隘口只有一个营把守。一看见帝国卫队的熊皮帽,这支保王派部队就转头逃跑。皇帝走上前来,命令他的士兵放下枪。一名保王派军官喊道:"他在那里,开枪!"可是并没有听到枪声。拿破仑用人们熟知的嗓音说道:"士兵们,如果你们当中有谁想杀死自己的皇帝,尽管来吧。我就在这

---

① 坎贝尔,《日记》;佩鲁兹(Peyfusse),《回忆录》,第275页。

里。"队列中立刻爆发出"皇帝万岁"的欢呼声，全营将士都狂热地冲向这个军队的偶像。

那一幕决定了整个事态的发展。不久之后，年轻贵族拉贝杜瓦耶带领手下的一个团前来投奔；当波拿巴派的军队冲击城门时，格勒诺布尔守军袖手旁观、欢呼雀跃。在里昂，阿图瓦伯爵和麦克唐纳望风而逃；士兵和工人以狂热的欢呼迎接皇帝进城；在耳熟能详的欢呼声中，还可以听到"把波旁王室送上断头台！""打倒教士！"等威胁性口号。

这些口号是不祥之兆，说明雅各宾派只想利用拿破仑作为推翻波旁王朝的工具。拿破仑的到来令"无产者"欢呼，"有产者"颤抖，因为每个有头脑的人都知道，这意味着向欧洲开战。[①]拿破仑知道仅依靠不满者是危险的，试图唤起真正的民族情绪。因此，他在3月13日发布了一系列广受欢迎的法令，宣布结束波旁王室的统治，解散元老院和众议院，召集帝国"选举人团"到巴黎开"战神广场大会"。他还宣布白旗非法，命令佩戴三色帽徽，解散可恨的"国王卫队"，废除封建头衔，查封波旁王公的领地。简而言之，他的作为就像1799年一样。随后，他率领14000名官兵开向巴黎。

这时，奈伊率6000人从贝桑松开来。他刚刚向路易十八保证，要将拿破仑装在铁笼里送到巴黎。可是，现在他的士兵们面有愠色，沉默不语。到了布尔格，先锋团就开了小差；困难重重之际，这位元帅收到了拿破仑的来信，保证会像在莫斯科（博罗季诺）之后那样欢迎他。这就够了。他集合队伍，宣布支持皇帝，士兵们欢呼雀跃（3月14日）。拿破仑履行了诺言，他从不是小肚鸡肠、睚眦必报之辈，现在，对于军官们，无论是立刻投降的，还是坚定效忠路易十八国王、直到最后一刻才归顺的，他都以同样的仁慈之心待之。在这种有如温暖阳光般的雅量面前，波旁王室的最后希望破灭了。拿破仑率军

---

① 乌赛，《1815》，第277页。

浩浩荡荡开往巴黎,一路上士兵和农民如中魔法,无不欢呼致敬,路易十八及其朝臣慌忙离开首都,退往里尔。

农民成群结队,几乎挡住了枫丹白露的大道,争先恐后地想看一眼那披着灰色大衣的身影;为了加快进程,拿破仑与忠诚的科兰古一同乘坐单马便车前进。在一队军官护卫下,他在夜色降临后进入巴黎;但是,那里的公众情绪起初显得冷淡而疑虑重重,直到他们抵达临河的杜伊勒里宫前。[①]此前靠一半薪水度日的军官云集于此,喜悦之情溢于言表,当那熟悉的身影出现,人群中发出了响亮的欢呼声;拿破仑走进宫里,几乎是被人们抬上大楼梯的。拉瓦莱特说:"他半闭双眼,将手伸到身前,像盲人一样,只用微笑表达他的喜悦。"欢迎的人群中也有女性,她们等待良久,为了消磨这无聊的时光,她们拆除宫中的鸢尾花装饰,兴奋地拆掉波旁王室布置的廉价窗帷,露出代表拿破仑的"N"字和金蜜蜂标志。欢迎皇帝之后,她们又飞奔回来继续做这项工作;这座宫殿也恢复了昔日的模样,波旁王朝的短暂复辟似乎一去不复返了。

对同时代的人来说,拿破仑的胜利似乎是个奇迹,在它面前,任何评论都是无力的。但如果我们记得,波旁王朝的复辟本就没有任何根基,王公贵族毫无策略,他们的党羽贪得无厌,那么沙皇和塔列朗搭起的纸牌屋竟能存续11个月,就算得上是怪事了。拿破仑在无常号上向战友们正确地描述了法国的情况:"历史上并没有什么先例,能引诱我冒险实施这一大胆的计划,但我考虑到此举出人意表,考虑到公众情绪、对同盟国的怨恨、士兵们的爱戴,总之,在我们美丽的法国,有利于拿破仑的一切因素仍在生根发芽。"[②]

对拿破仑有利的这股动力似乎势不可挡,但他并没有因此冲昏了

[①] 基佐,《回忆录》,第3章;德布罗伊,《回忆录》,第2卷,第2章;弗勒里,《回忆录》,第1卷,第259页。
[②] 佩鲁兹,《回忆录》,第277页。

头脑。他透过欢迎时的狂热，看到了随之而来的冷酷与批评，也看到了前路上的危险。当莫利安祝贺他归来时，他的回答暗指波旁王室离去时人们普遍的冷漠："我亲爱的朋友！人们让我来，就像他们让别人走一样。"这一评论显示了他对法国公众舆论动向的敏锐洞察。大革命的进程已经说明，摧毁一个政府有多么容易，而重建又有多么艰难。事实上，1815年3月发生的事件可以称作这部革命戏剧的尾声。波旁王室冒犯了法国最强大的两个利益集团——军队和农业生产者，因此，士兵和农民急切地抓住拿破仑这个强有力的杠杆将其推翻。

拿破仑明智地在最初的热情消逝之前组成了内阁。马雷再次成为国务大臣；德克雷接管海军；戈丹负责财政；莫利安听从劝说，重掌国库；达武不情愿地接受了战争大臣的职务。萨瓦里拒绝负责警察事务，拿破仑也不强迫，因为有人指出，富歇那个精明的阴谋家是唯一能将雅各宾分子团结在皇帝周围的人。因此，尽管拿破仑深知这个职务在此人手中就是一柄双刃剑，但仍然让他担此重任。卡诺最终被说服，担任内务大臣。

然而，拿破仑的命运并不是在巴黎决定的，而是由聚集于维也纳的政治家们决定。那里的日子过得缓慢而沉重，拿破仑逃跑的消息正合时宜，转移了人们的注意力，因此最初颇受欢迎。塔列朗断言，拿破仑将以意大利作为目标，但梅特涅马上评论道："他将直取巴黎。"当这个令人担忧的预言成真之后，同盟国为挽救波旁王室而采用了激烈的手段。各国全权代表起草了一个宣言，声称波拿巴已破坏了将他安置在厄尔巴岛的协定——这份协定是证明其合法存在的唯一文件——因此，他也就将自己置于文明和社会关系的边界之外，作为世界和平的敌人和破坏者，他理应接受"公诉"（3月13日）。[①]这一严

[①] 正如威灵顿指出的（《公文集》，1815年5月5日），"他将自己交给公众制裁"这句话指的是公众正义，而非公众报复。在圣赫勒拿岛，拿破仑告诉古尔戈，他从厄尔巴回去时太早了，以为维也纳会议已经结束了！（古尔戈，《日记》，第2卷，第323页）

苛的公告受到了普遍谴责，但毕竟没有超过拿破仑剥夺施泰因人权的残酷程度；这也是阻止帝国雄鹰飞往巴黎，拯救法国免遭与欧洲开战命运的最后努力。

全局的考虑无疑和个人恩怨有着千丝万缕的联系。我们可以确定，这篇宣言的作者是塔列朗，并得到了沙皇的全面赞同。但拿破仑有一个比亚历山大更强大、比塔列朗更阴险的敌人，那就是他自己的过去。战争的幽灵无时无刻不出现在人们的想象中。商人想象自己的船只遭到私掠船的扫荡；农民看到了田园荒芜的景象；家庭主妇梦见苛捐杂税令她难为无米之炊，儿子们也被送去打仗。杰克逊写道，柏林人心惶惶，每个人都说，去年的事又得重做一遍了。

此时的英国正陷于党争的漩涡之中，公众情绪没有那么强烈。许多辉格党人将拿破仑当成深得人心的英雄，有些人是因为渴望着推翻废黜他的利物浦内阁，另一些人则相信，或者努力相信，拿破仑的回归只和法国有关，如果欧洲听之任之，他也不会为害欧洲。还有一些人（如黑兹利特）虽不能忽视拿破仑身为国际人物却违反欧洲协定这一明显事实，却希望他能战胜邪恶的旧政府，对于以后的事情并不太担心。但总的来说，有见识的人所做的判断，可以借用敏锐的律师克拉布·罗宾逊的话来总结："问题是，到底是现在和波拿巴媾和，还是两年后和他在德意志交战？"[①]4月28日，有关这个问题的大考产生了结果：惠特布雷德反对战争的动议以273票反对、72票赞成遭到否决。[②]

在只有大臣和外交家才知道政治奥秘的年代，如果这就是普遍的舆论，那么可以肯定的是，圈内人一定记得，即便在1814年那令人沮丧的日子里，拿破仑也顽固地拒绝媾和，因此，他们必将全力以赴，在他集中全部力量之前将其打垮。尽管他坚决表示，已经接受了

---

① 《日记》，1815年4月15日和18日。
② 《英国国会辩论记录》；罗米利，《日记》，第2卷，第360页。

沉痛的教训，改头换面，但也没有人会相信。他们凭借过去对他所作所为的了解，来诠释这番和平演讲的用意；这样，他过去那些飞扬跋扈的行为，彻底毁掉了祥和地结束传奇一生的希望。宣布拿破仑非法之后，3月25日，列强签订了一系列条约，这些条约实际上是在肖蒙所拟定条款的延续。较小的国家很快就纷纷加入它们的行列；于是，因外交上的尔虞我诈而解散的反法同盟，又因为那位伟大战士重新崛起引发的恐惧而复活了。拿破仑几番努力，试图在列强中播下不信任的种子，恰在此时，一个引发不和的"金苹果"落到了他的手中。

波旁王室从巴黎仓皇逃窜的时候，留下了多份政府文件，其中有最近签订的反对俄国和普鲁士的密约。拿破仑立刻将这份文件送到维也纳，交给沙皇；但他离间同盟国的希望很快就破灭了。虽然亚历山大和梅特涅几个月以来都拒绝相互交往，但拿破仑的冒险举动使他们很快和解。沙皇收到巴黎送来的这份足以破坏关系的文件时，他并没有借机报复，而是表现出高贵的气度：请来梅特涅，当着他的面将文件付之一炬，并恳请奥地利大臣忘记最近的争吵，共同对敌。拿破仑极力想让奥地利脱离反法同盟，富歇出于私利也这么做了；但除了让拿破仑发现富歇的阴谋，威胁要将其枪毙之外，这些举动没有什么值得一提的效果，富歇知道自己对拿破仑不可或缺，因此对他的威胁也一笑置之。

立刻就发生了一些战争行为；但奥地利和俄国力主推迟战争，后者的目的是先打垮缪拉。那位国王此时以拿破仑的名义拔剑出鞘，号召意大利人为独立而战。但他很快就在托伦蒂诺被打败（5月3日），只得假扮水手离开他的王国，逃到土伦。他在那里向拿破仑提出愿为之征战，但皇帝拒绝了他的建议并对其严加斥责，称他使和平无望，危及法兰西的命运。这一指责显然是没有事实根据的。同盟国在3月13日就决心消灭拿破仑，缪拉的冒险举动只不过将最后的斗争推迟了一个月左右。

第38章　厄尔巴岛和巴黎　779

拿破仑利用这段喘息的机会组建军队，消灭法国的反对势力。法国保王派的部队没有给他带来多大的麻烦。西南部的"鸢尾花"军队很快就被打垮了，不过旺代的保王派根深蒂固，在拉罗什雅克兰兄弟二人的带领下，那里的农民英勇作战，拿破仑的2万正规军直到6月将尽才将其击溃。如果这2万人不是在旺代无法抽身，而是在滑铁卢战役的高潮时驰援，谁能知道可能起多大作用呢？

不过，拿破仑所关注的是法国雅各宾派的行为，保王派荒谬至极的反动行为使他们激发了巨大的能量，认为可以将新的统治者玩弄于股掌之间。随之而来便是一场政治手腕的比拼，贯穿了拿破仑第二次统治的"百日"。他的行为证明，他对成功并无十足把握。他自觉与这个热爱自由的新法国脱节了，国民也不再像1814年他离去时那样顺从、忠诚；他强压自己喜欢冲动的天性，与人们论理，欢迎批评意见，对自己的建议也提出怀疑，这都和旧日那种"大棒"政策形成了有趣的对照。

莫利安写道："他看起来总是很沉着、若有所思，毫不做作地保持着庄重的尊严，很少表现出过去那种无坚不摧的胆魄和自负……他的思想囿于危机环伺的狭窄空间，而不是在权力的广阔天空中自由翱翔，因此变得艰辛而痛苦……只要工作上几个小时，他就会感到一种前所未有的疲乏。"

昔日横行天下的飞马套上了笼头，自然怒火中烧，不时地显露出原有的本能。有一次，话题转到最近重新产生的对自由的狂热，他以疑问的口吻对拉瓦莱特说："这一切要持续两三年吗？"这位大臣回答道："陛下，别这么想，这将一直持续下去。"

首先遇到的巨大困难是宪法的制定问题，尤其是因为他的里昂敕令使人们以为，这部宪法将出自人民之手，并在战神广场大会上由他们批准。这或许是不可能的。法国的大部分地区陷于内乱，将宪法起草工作交给邦雅曼·康斯坦是很巧妙的策略。

这位杰出的作家能说会道，此时对整个政界都已有所涉猎。执政府时代，他明显是一位雅各宾主义者和自由思想家，后来隐居德意志，将他的政治论调、宗教信仰和哲学思想都抛之脑后。看到拿破仑造成如此大的破坏，他转而支持王权和教权，不得不彻底重写自己的论述，并与一群同克吕德纳夫人一起祈祷礼拜、行为古怪的虔信派教徒厮混。波旁王朝复辟后，他回到法国，成了这个王朝的笔杆子，并向已徐娘半老的雷卡米耶夫人大献殷勤，他曾对朋友德布罗伊吐露，说在这种有悖法理的追求中，他不知道应该仰赖神明，还是请魔鬼相助。1815年3月，他在报纸上猛烈抨击厄尔巴岛的"匪首"，直到后者接见他，没花多少时间就将他争取过来，说服他与几位同僚一起草拟这个时代的最后一部宪法。

康斯坦并不能信马由缰，他的工作需要皇帝的"启发"。这部法律称为"补充法"——也就是对《帝国宪法》的补充（1815年4月22日）。补充法规定设立贵族院，成员由拿破仑提名，具有世袭的权力；还将按照1802年8月制订的计划，选举产生众议院。所有法官，包括治安法官，皆由皇帝提名；保持陪审员制度，准许新闻自由。议院对政府的控制范围也稍有扩大。[1]

这部法律引发了激烈的批评。当参政院指出该法没有保证反对没收财产时，拿破仑目露凶光，怒气冲冲地说道：

"你们正在将我推上一条不属于自己的路，你们要削弱我，束缚我。法国盼望着我，可是找不到。公共舆论本来很好，现在却糟糕透顶。法国在问，皇帝的臂膀怎么了？它需要这支臂膀去主宰欧洲。为何要跟我空谈善良、抽象的正义和自然法？最重要的法律就是国家的

---

[1] 拿破仑在最后一次航行期间告诉科伯恩，他颁布这部宪法，并不是将其当成一个明智的措施，而是对民众情绪的必要让步。欧洲大陆各民族并不适合英国的代议制政府（《拿破仑的最后旅程》，第115、137页）。他也对古尔戈说过，自己犯了错误，根本不应该召集议院开会，"特别是在我准备一成为征服者就解散它们的情况下"。（古尔戈，《日记》，第1卷，第93页）

第38章　厄尔巴岛和巴黎　　781

需要，最重要的正义就是公共安全。"

议员们被这番痛骂吓住了，只能在这一点上让步——不过，我们可以这么说，拿破仑明智地对敌人表现了仁慈的一面，只没收了其中13个人的财产。

公众舆论变得越来越"糟糕"了。一些历史学家断言，拿破仑失去民心不是因为这部补充法，而是因为联合起来的欧洲发出的战争威胁。这种说法值得怀疑。在西部为皇帝工作的米奥·德·梅利托说，"从未有一个政治错误，其后果比那部法律更为直接"；一直忠心追随拿破仑的拉瓦莱特也宣称，法国人从此"只看到皇帝是个专制君主，忘记了敌人"。

6月1日举行的"战神广场大会"，是为了展现军队的高昂士气，追忆逝去的全盛时期。当拿破仑说出几句激动人心的话语，将军旗交到士兵们手中时，无论老兵还是新兵都兴高采烈地向他们的统帅欢呼。但身处外围的百姓只是跟着军队欢呼。他们，或者说法国的"选举人"，为什么要欢呼呢？他们一直希望为法国制定一部宪法，现在却只能见证拿破仑宣誓忠于他自己制定的宪法。作为一个民众的节日，这次大会对于记得"长矛节"的人来说就是个笑柄，即便旌旗飘扬，拿破仑和他的兄弟们盛装华服，他们也不会觉得目眩神迷。六天以后，议会两院开幕，人们借此机会发泄着普遍的不满情绪。关于拿破仑设计让他的弟弟吕西安就任众议院议长的报道是不准确的。诚实的民主主义者当选了。正当一切都预示着将要发生宪政危机，拿破仑发出了拿起武器的号召。这位领袖人物告诫议员们，不要效仿东罗马帝国的希腊人，在敌人的攻城锤猛击他们的城门时，还在讨论抽象的命题。对他而言，将希望寄托在利剑之上，几乎从不落空，就用这把剑去结束无聊的争论吧。

第39章　利尼和四臂村

即便不像拿破仑那样乐观的人，也可能对战胜新反法同盟的势力抱有希望。的确，它们的力量看起来似乎具有压倒优势。但许多同盟都曾在拿破仑魔法般的纵横捭阖之下垮台；维也纳大会上，各国之间的猜忌一发不可收拾，使人感觉到奥地利，或许还有英国，都可能很快脱离目前的同盟。令我们感到奇怪的是，法国人民认为，拿破仑逃出厄尔巴岛是由于英国政府的纵容；默瑟上尉说，即便在滑铁卢，许多法国人仍坚持认为，英国的抵抗只不过是装装样子。拿破仑并不抱这样的幻想，但他确实希望奇袭驻比利时的英国和普鲁士军队，给这个他认为很不牢固的同盟致命一击。然后，他将促使奥地利与俄国分道扬镳，如果法军旗开得胜，这肯定是有可能成功的。[①]

当时他在军事上的处境远优于莫斯科战役以来的任何时候。失去德意志和西班牙，实际上增强了他的力量。他的老兵再也不会被关在从但泽到安特卫普，从汉堡到拉古萨的要塞里了；半岛战争也不再会拖住他的大批精锐部队。在法国人眼中，他在1814年并没有被打败，只是在打垮对手的紧要关头遭到叛徒的出卖而已。现在，和平使驻扎在外国要塞的守军和战俘归来，帝国的鹰旗下集结着多达18万名训练有素的军人。他希望到6月底可以有50万忠诚的将士做好奔赴战场的准备。

---

① 默瑟的《滑铁卢战役》，第1卷，第352页。弗勒里·德·夏布隆前往试探奥地利的情况，参见他的《回忆录》，第2卷，以及马德兰的《富歇传》，第25章。

面临重重困难，除了拿破仑，任何人都可能畏缩不前。经验老到的元帅中，有些已不在他这一边。圣西尔、麦克唐纳、乌迪诺、维克托、马尔蒙和奥热罗仍然忠于路易十八。贝尔蒂埃听说拿破仑从厄尔巴岛归来，立刻归隐德意志，当一支俄军部队通过班贝格镇时，他突然发狂，从寓所的窗户跳楼自杀。朱诺的神志已经失常，马塞纳和蒙塞年纪老迈，无法出征；莫尔捷在打响第一枪前病倒了。最糟糕的是，没完没了的军队组织工作，使达武只能驻足巴黎。他确实也在那里创造了奇迹，但正如1813年和1814年那样，拿破仑有理由因为缺少这名副手而感到遗憾，达武有着敏锐的洞察力，目标坚定，不仅总有好运相随，而且对拿破仑的忠诚也从未动摇。毫无疑问，正是因为最后这个可贵的品质，加上他的组织天赋，使他成为了战争大臣和巴黎市长的理想人选。除了达武之外，拿破仑还留下一个委员会，包括约瑟夫和吕西安两位亲王及各位大臣，负责在他离开首都期间行政。

尽管1815年的法国军队缺少一些远近闻名的传奇人物，但也有许多满怀热情、才能卓越的军官取而代之。第一军和第二军分别由埃尔隆伯爵德鲁埃和雷耶指挥，前者是阻止路易十六逃走的瓦雷讷邮局局长之子。旺达姆任第三军军长；热拉尔任第四军军长；拉普为第五军军长；第六军则交给穆顿（更为人所知的是他的封号洛博伯爵）。拉普的第五军负责阿尔萨斯防务；其他一些部队由布吕内、德康和克洛泽尔率领，保卫南部边境，絮歇则守卫阿尔卑斯山；这几个军余下的部队逐渐向法国北部集结，加上帝国卫队的20800人，总人数达到125000人。

法国皇帝发现，最难确定的是参谋长这个职位的人选。贝尔蒂埃的离去是个无法挽回的损失。此人虽然缺乏主动性，却能清晰、迅速地为拿破仑起草命令，确保军事机器的顺畅运行。谁能够代替这位办事老到、有条不紊的军官呢？踌躇良久，拿破仑选择了苏尔特。从军事意义上说，这是个极好的选择。达尔马提亚公爵有着辉煌的战绩，天性活跃而不失谨慎，热情四射又进退有据。可是，他对这个特殊的职位没有多少经验；他草拟的命令不像贝尔蒂埃那样清晰，下达也没有那么迅速。

这支大军以令人吃惊的速度迅速集结起来，为了诱骗对手，皇帝推迟到最后一刻才离开巴黎。12日，东方晨曦初现，他仅睡了四个小时便起身，登上四轮马车，匆忙离开了尚在沉睡中的首都。不到12个小时，他就来到了拉昂。在那里，他发现由于苏尔特的疏忽，没有发出必要的命令，格鲁希的四个骑兵旅没有与大部队一同推进。他立即催促这些骑兵部队，有几个团一口气赶路20里格，马匹都筋疲力尽。14日，法军已逼近博蒙周围，与普鲁士军队的前锋只隔着一片密林，随时可以发动攻击。拿破仑骑上战马，巡视队伍，引发了暴风雨般的欢呼声，尽管他大声喊道"我的孩子们，别那么大声，敌人会听到的"，也无法阻止。那一天也是马伦戈和弗里德兰大捷的周年纪念日，拿破仑发出了激动人心的号召，鼓励士兵们为波兰人、意大利人和德意志小邦的独立而战，最为重要的是，他们还肩负着法国独立的使命。"对于每个有志气的法国人来说，或战或亡，就在此时。"

与此同时，同盟军的情况如何呢？一支奥地利-撒丁联军威胁着法国的东南部。17万人的俄国大军和25万人的奥地利大军正分别缓慢地向洛林和阿尔萨斯推进。布吕歇尔率12万普鲁士军驻扎在列日和沙勒罗瓦之间。威灵顿的英国、德意志、荷兰-比利时混编部队约10万人部署在布鲁塞尔和蒙斯之间。[①]这两位名将原定的计划是迅速突入法国；但在维也纳召开的军事会议上，谨慎的主张占据了上风，最终决定在奥军和俄军逼近法国边境之前不开战。我们发现，直到6

[①] 在1901年7月的《英国历史研究》，我发表了赫德森·洛爵士（担任英国驻比利时部队军需总监至1815年5月）与格奈泽瑙、米夫林和克莱斯特之间的往来信件。后两人极不愿意派普鲁士军队进入比利时防御薄弱的边境要塞，抵挡法军的突袭；但洛的论点占据了上风，因而决定了这场战争的主要特征。

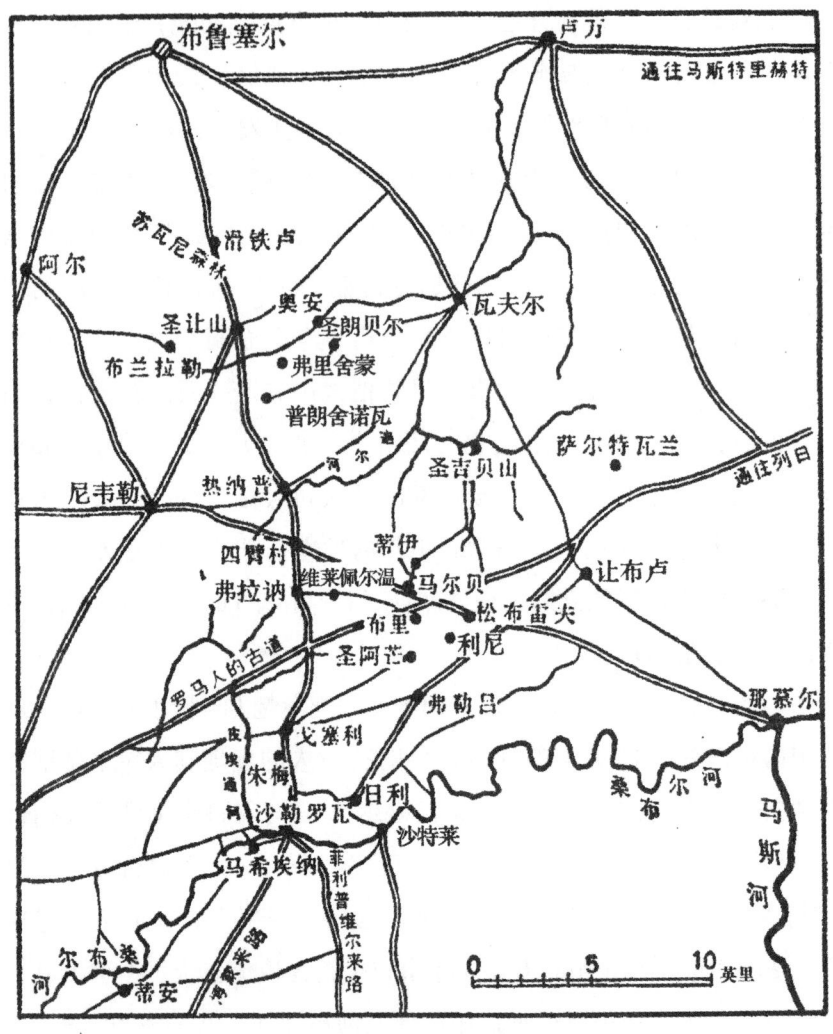

滑铁卢战役示意图

月15日，威灵顿给沙皇的信件中仍然假定所有盟军将协同作战，携手进军巴黎——施瓦岑贝格曾使他以为这些行动将在6月20日左右开始。①

拿破仑果断发起攻势，才使欧洲免于陷入这种旷日持久、有条不紊的战争。他的政治本能促使他攻打布鲁塞尔，他希望那里的民众能够宣布与法国结盟，与他们憎恨的荷兰人断绝关系。在这场战争中，他不仅必须打败敌军，还要赢得公众舆论的支持；为此，除了以大众救星的面目出现，还有什么更好的办法呢？

此外，在比利时还可以得到其他的好处。猛攻威灵顿和普鲁士军队，就可以迫使路易十八再次逃窜、颜面扫地；他将击溃对手准备最为充分的部队，并夺取低地国家的物资。看起来，他甚至可以希望，对威灵顿取得的胜利能使英国政府气馁，解散内阁，由爱好和平的辉格党人掌权。

这场胜利几乎已在拿破仑的掌握之中。当他的大队人马逼近沙勒罗瓦和蒂安以南的普军前哨阵地时，同盟军仍然分散在延伸一百多英里的驻地里，即从布吕歇尔左翼的列日到威灵顿右翼的奥德纳尔德。明知一个胆略过人的对手已进入攻击区域，兵力仍如此分散，这种做法一直备受指责。因此，肯尼迪将军在令人钦佩的滑铁卢战记中承认，部队驻地"如此分散，实属荒唐"。但是，威灵顿不得不伺机而动，监视三条大路，即从图尔奈、蒙斯和沙勒罗瓦来的路，因为拿破仑可能从其中任何一条进兵。这位公爵将战线向西延伸得很远还有另一个原因：他希望掩护来自奥斯滕德的公路，因为他预计增援部队将从那里开来。而且，他还想保护在根特的法国国王。

然而，很多证据证明，拿破仑的行动出乎威灵顿的意料。赫

---

① 英国外交部档案，法国部分，第116号。6月9日，威灵顿公爵命令英国驻根特公使斯图尔特为这个方案辩解，理由是布吕歇尔和他部下有很多缺乏经验的部队，在俄军和奥军协同作战之前，不可能安全进入法国，攻打各处要塞。

西·维维安爵士和默瑟上尉的叙述表明，英军最后的进攻命令是仓促而慌张地执行的，如果军队准备充分，或者威灵顿已全面了解拿破仑的最新动向，是不会发生这种情况的。①有人编造过一个荒唐无稽的故事，称公爵依靠富歇从巴黎传递消息，因此上了当。不过，看来更有可能的是，法国的保王派狂热分子给路易十八送信，大意是拿破仑将打一场防御战，这条消息误导了威灵顿。②6月13日，公爵写道："我收到10日从巴黎发来的消息，他（拿破仑）那天还在首都；从他对立法院的讲话判断，他不太可能立刻出发。我认为，对他来说，我们这里的兵力太强大了。"多年以后，他告诉斯坦诺普伯爵，拿破仑"发动攻势当然是完全错误的"，因为如果同盟军进入法国，必然很快就陷入食物匮乏的困境，这个国家已在1814年战役中消耗殆尽。他补充道："不过，事实是波拿巴一生中从没有打防御战的耐心。"

如果普军前哨部队指挥官皮尔奇第二和英王德意志军团的德恩贝格于15日清早就向公爵报告，敌军正在桑布尔河附近集结，他的部队在战役开始时就不会那么危险。由于某种不幸的原因，他们并没有报告，英军统帅只从驻普鲁士军大本营的哈丁那里听说，敌军似乎打算发动攻势。因此，他只能等待更确切的消息，然后才将部队集中到某一战线。

15日晚上6时左右，威灵顿命令各师各旅集中于维尔福德、布鲁塞尔、尼诺弗、格拉蒙、阿特、布赖讷勒孔特、阿尔和尼韦勒——前四个地点稍远一些，其他地点的选择是考虑到守卫从蒙斯通往北方的道路。滑铁卢-沙勒罗瓦公路上没有驻扎英军的任何一个旅，当时守卫这条道路的只有一个荷兰-比利时师，这一事实证

---

① H. 维维安爵士说（《滑铁卢书信集》，第70号），公爵打算在6月21日（维多利亚战役周年纪念日）举行一场舞会。另见 E. 伍德爵士的《滑铁卢战役中的骑兵》，第2章。
② 英国外交部档案，法国部分，第115号。一位法国保王派分子发出报告（日期为6月1日），建议"不要与波拿巴决战……我们必须消耗波拿巴的军队，它已不可能再征召到新兵了"。

明了罗普斯先生的论点：同盟军统帅们还没有形成明确的联合作战计划。即便有这样的计划，威灵顿公爵在确定主攻方向不是蒙斯或阿特之前也肯定拒不执行。将近15日午夜，更为确切的消息才传到布鲁塞尔，于是，他下令推进的部队全部向左转，也就是说，转向尼韦勒。

克劳塞维茨坚持认为，威灵顿应该在此之前就将司令部迁到尼韦勒；如果他这么做了，并迅速将所有可用部队调往苏瓦尼-四臂村一线，他在滑铁卢战役中赢得的盛誉肯定会更加稳固。可是，15日晚上到16日凌晨，他却在布鲁塞尔参加里士满公爵夫人的舞会，为整件事增添了一些浪漫色彩；喜欢生动场景的人们总会细细玩味随后出现的"来去匆匆、仓惶心伤"的情景；然而，不解风情的人可能会质问，威灵顿不是应该到离前线更近的地方去，感受女战神柏洛娜的每一次脉搏吗？[①]

布吕歇尔军团的9万人也分布在很大的一片区域里。齐滕的第一军把守沙勒罗瓦附近的桑布尔河桥梁；皮尔奇第一和蒂尔曼两军则分别在那慕尔和锡奈；由于参谋长格奈泽瑙发出的命令不够急迫，比洛下辖的一个军32000人仍在列日。15日早上，皮尔奇第一和蒂尔曼仓促开往松布雷夫；齐滕率32000人准备尽可能久地守卫桑布尔河一线。他的参谋长赖歇说，普鲁士军中三分之一是从后备军抽调的新兵；但这些部队都以他们久经沙场的陆军元帅而自豪，渴望着参加战斗。

当时的总体情况就是如此。威灵顿并不知道自己处于危险之中；布吕歇尔竭尽全力聚拢他的军团；同时，32000名普鲁士官兵暴露在几乎四倍于己的敌人攻击之下。很显然，倘若法军的进攻一切顺利，

[①] 罗普斯，《滑铁卢战役》，第5章；切斯尼（Chesney），《滑铁卢文献集》（*Waterloo Lectures*），第100章；H. 马克斯韦尔爵士，《威灵顿》（第2卷，第14页）；以及奥康纳·莫里斯（O'Connor Morris），《1815年战役》，第97页。

第39章 利尼和四臂村　　789

威灵顿和布吕歇尔想必在劫难逃。但是，尽管法军以巧妙的手法在博蒙和莫伯日附近集结了125000人（除了热拉尔和埃尔隆两军迟到之外），最后的行动仍不太顺利。派去向旺达姆军传达于15日凌晨2时进军的军官遇到了意外，使这位一心求战的将军耽误了很长时间。[①]热拉尔的第四军也受到了不幸事件的干扰和延迟。在拿破仑太阳般的荣光照耀下，布尔蒙将军似乎已抛弃了昔日的旺代论调，可在那天一大早，他却带领几名军官逃到普军一边。这件事实际上并不像圣赫勒拿回忆录中说的那么重要，回忆录中还错误地将日期写成了14日。布尔蒙叛逃之前，普军已经处于戒备状态，但他的行为妨碍了热拉尔部的推进，并在士兵中引起了猜疑。次日，热拉尔在弗勒吕磨坊面见皇帝，拿破仑提醒他说，他曾以自己的脑袋担保布尔蒙是忠诚的。当将军抗辩道，他见过布尔蒙舍生忘死地作战时，拿破仑回答道："呸！曾当过保王派的人，就永远不会变成共和派，反之亦然。"这番意味深长的话说明，皇帝相信本能和早期教育的影响是难以消除的。[②]

尽管发生了这两个不幸事件，15日早上，法军还是成功地将齐滕的部队从蒂安一带的桑布尔河岸驱离，拿破仑则亲自率军突破了敌军在沙勒罗瓦的防线。守军付出重大伤亡后，撤退到日利，拿破仑率主力部队紧紧追赶；同时，现由奈伊指挥的法军左翼则推进到了至关重要的四臂村阵地前。

这里，我们遇到了一个此次战役中难解的问题。奈伊为何不在15日晚上以重兵占领那个十字路口呢？首先，我们可以指出，直到11日，拿破仑才决定将奈伊招入军中，因此这位元帅是15日下午才前来的。他立刻面见皇帝，据古尔戈将军说，拿破仑口头命令奈伊指挥雷耶和埃尔隆两军北进，在四臂村占领一个阵地，并在布鲁塞尔和那慕尔公路建立前哨阵地；但是，拿破仑似乎不太可能给手下最爱冒

---

① 雅南，《滑铁卢战役》（*Campagne de Waterloo*），第7页。
② 珀蒂耶，《军队回忆录》（*Souvenirs militaires*），第195页。

险的一位元帅下达绝对命令,让他推进到那么远的地方,除非法军右翼已将普军赶出松布雷夫的阵地。否则,奈伊将远在主力之前,有遭到普军或英军打击的危险。

无论如何,奈伊肯定也感觉到不安全,没有像平素那样勇往直前;而同盟军也很幸运,他们拥有萨克森-魏玛王子贝尔纳德这样的人物,正是他看出了不惜一切代价守住四臂村的必要性。[1]这位年轻指挥官充分发挥士兵的作用,骗过了敌人,他的总兵力只有4500人,每人只有10发子弹,但还是取得了成功。仅此一次,奈伊显得过分谨慎,没有将攻击进行到底。如果要为他找个借口,那就是由于埃尔隆军仍然远在后方,他只能仰赖雷耶军,而这个军的士兵从黎明开始行军作战,十分疲劳,已难堪再战。而且,东南方传来大炮的轰鸣声,提醒他法军右翼进攻部队正在日利和弗勒吕之间激战;在他们打退普军之前,他自己的阵地"孤悬一线",十分危险,再说,距离日落也只有两个小时了,因此他撤回了弗拉讷。据说,他还送信给皇帝说"他的前锋部队正在占领四臂村,主力部队紧随其后"。如果他以这样的报告欺骗统帅,就应该受到最严厉的谴责;但上面引用的这些话是古尔戈将军后来在圣赫勒拿岛上写的,当时奈伊已成为此役失败的替罪羊。[2]那天晚上,奈伊确曾发出过一份报告,但已无从寻找。[3]从拿破仑和苏尔特16日早间发出的命令判断,他们对奈伊的处境并不很确定。皇帝在信中命令他将第一师部署在"四臂村前两里格处";而苏尔特在写给格鲁希的信中说,奈伊奉命推进到十字路口。在这种情况下,发生混乱也在意料之中。奈伊是在作战当中匆忙上任指挥左翼进攻的,因此并不熟悉手下的参谋们,正如雅南所指出的,

---

[1] 威灵顿下令在尼韦勒集合,后来改到四臂村,这主要归功于奥兰治亲王的参谋长、比利时人康斯坦特·德·勒贝克(Constant de Rebecque),也应该归功于佩尔蓬谢(Perponcher)将军对这一行动的支持。此次战役中比利时方面的情况在布尔杰(Boulger)《滑铁卢的比利时人》(*The Belgians at Waterloo*,1901年版)中有精彩的叙述。
[2] 古尔戈,《1815年战役》,第4章。
[3] 乌赛,《1815》,第133—138、186页,注释。

他能否取胜很大程度上取决于右翼的进展。所以，他采取了谨慎的做法，可是我们现在已经知道，那时的谨慎就意味着失败，只有大胆作战才能求得平安。

此时，法军右翼正在对日利附近的普军施加巨大压力，格鲁希指挥这一路人马，但它的动力是亲临前线的拿破仑。可是，由于旺达姆和热拉尔两军缺阵，这里的攻击部队也削弱了。齐滕巧妙的撤退激怒了法国皇帝，他最终派出骑兵部队追击普军殿后的几个营，其中四个营遭受重创，逃到一片树林里藏身。普军共损失了将近2000人，向利尼撤退，格鲁希的先头部队在弗勒吕村附近临时扎营。

拿破仑对6月15日的战果是可以满意的，他骑马回到沙勒罗瓦，整整18个小时未曾离鞍令他身心俱疲，但他坚信已切断了同盟军。和1796年的战役一样，这肯定是他此时的目标。对英普两军结合部施以两次决定性打击之后，他计划将其赶到不同的撤退路线上，就像当年把奥军和撒丁军赶到蒙特诺特附近的岔路上一样。诚然，比利时没有阻挡他们会合的崇山峻岭；但两军作战经过的道路远比当年更分散。① 他对威灵顿和布吕歇尔也掉以轻心了，认为前者显得"无能且愚蠢"；至于布吕歇尔，他曾在厄尔巴岛告诉坎贝尔，此人"绝非将才"，但他欣赏这个"老妖怪"屡败屡战的勇气。

拿破仑16日早上在沙勒罗瓦写的信中，每句话都透露着无比的自信。他通知奈伊，他打算很快就向松布雷夫的普军发动进攻——如果他们在那里的话，以便清扫远至让布卢的道路，然后再根据情况需要决定下一步的行动。与此同时，奈伊应该荡平四臂村前的道路，如果合适，将他的第一师放在距此阵地两里格处，考虑在当天夜里率领全军约5万人进军布鲁塞尔。帝国卫队将尽可能留作预备队，在通往让布卢的公路上支援拿破仑，或者在通往布鲁塞尔的路上支援奈伊；

---

① 汉姆利（Hamley），《作战例释》（*Operations of War*），第187页。

利尼战役

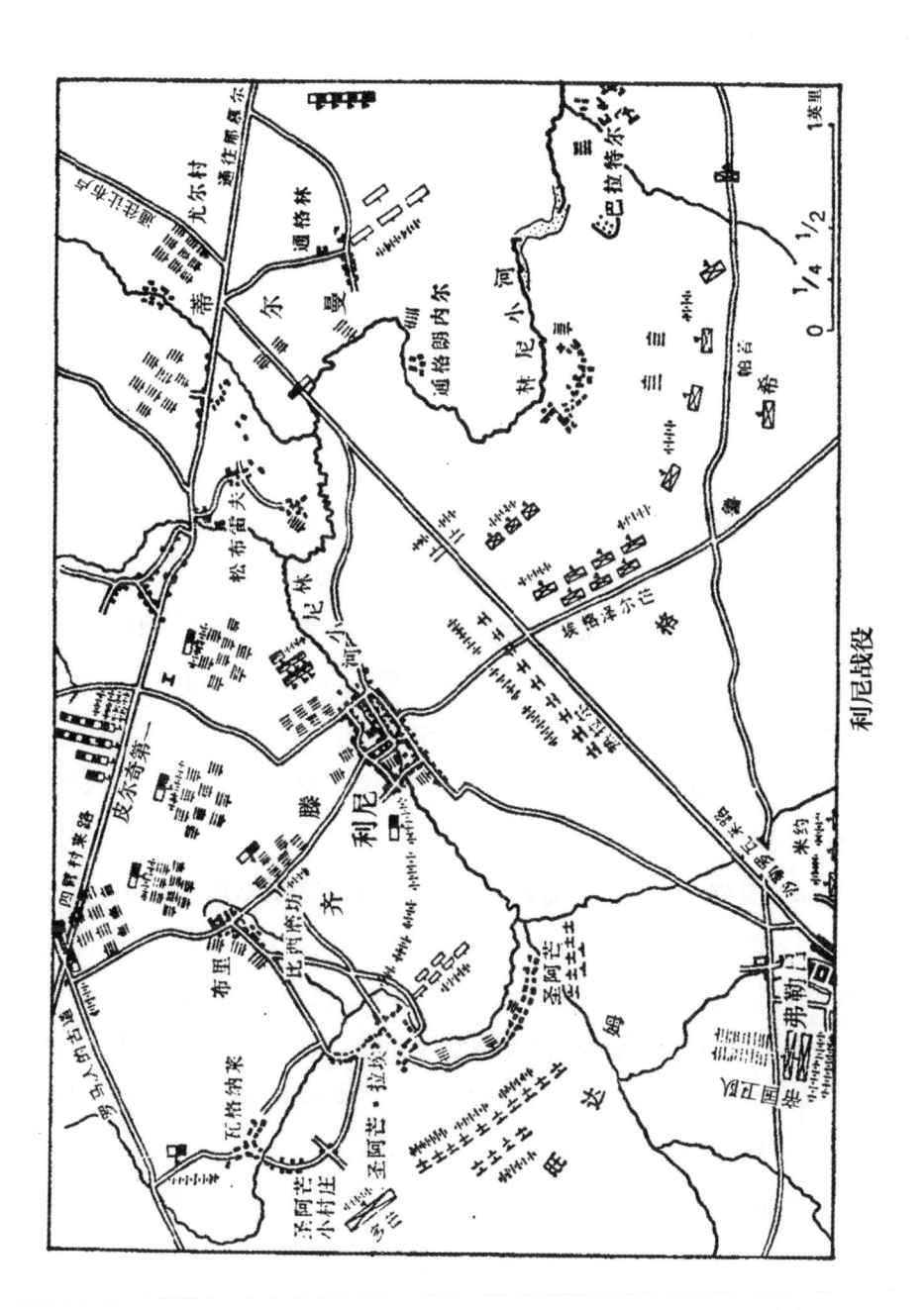

"如果与英军发生小规模战斗，最好是交给常规部队，而不是帝国卫队"。至于普鲁士军的抵抗，拿破仑判断基本上和英军一样，无须多虑；因为他认为，当天晚上就可以率领帝国卫队开往布鲁塞尔了。

拿破仑想象，敌人要么兵力分散，难以聚拢，要么就是正在无可奈何地后撤；可是，对手却在他以为尽在掌握中的那些地方集结起来。上午11时，到达松布雷夫阵地上的只有齐滕所部28000人，但正午过后不久，皮尔奇第一和蒂尔曼两军抵达。倘若拿破仑在16日清晨就进兵，肯定能够轻松夺取利尼-松布雷夫阵地。那么，是什么导致法军推迟攻击呢？根源也许是热拉尔行动迟缓，也许是皇帝误判了形势，也可能是他发给格鲁希的公文。他估计普鲁士军队有4万人，下令格鲁希率法军右翼部队开往松布雷夫。

"……我将在上午10时到11时之间抵达弗勒吕，然后将继续前往松布雷夫，将帝国卫队的步兵和骑兵都留在弗勒吕；除非必要，我不会带这支队伍去松布雷夫。如果敌军在松布雷夫，我的意见是对其发动进攻，即便他们在让布卢，我也准备进攻，夺取那个阵地。我的目标是，了解这两个阵地的情况之后，今晚就开拔，与奈伊元帅率领的左翼一同打击英军。"

皇帝直到上午11点才抵达弗勒吕，却发现格鲁希仍在那里，受阻于利尼周围的敌军重兵，这显然让他大吃一惊。格鲁希因没有在此之前发动进攻而备受责难，但根据命令，他必须等待皇帝前来才能出战；此外，已划归他指挥的热拉尔军仍然远在后方，还在向沙特莱开进。[①]热拉尔尚未赶到，敌军的意图又不明，都令皇帝烦恼。他爬上弗勒吕外围的风车磨坊，观察敌军阵地。

他的眼前，是一片大好景色。正前方的大路向东北延伸，与大约6

---

① 关于热拉尔的延误，参见乌赛，《1815》，第158页和霍斯伯勒（Horsburgh）《滑铁卢》，第36页。乌赛或古尔戈都几乎没有注意到拿破仑的延误，但若米尼、沙拉（Charras）、克劳塞维茨和沃尔斯利（Wolseley）勋爵都曾予以批评。

英里外的那慕尔-尼韦勒公路相连。道路两旁是一望无际的麦田，这种富饶的景象，既见证了人们辛勤的劳作，也见证了他们对战争的狂热。再往前可以看到，黑压压的敌军沿着山坡列阵，这些山坡形成一个不规则的圆形，布里村和松布雷夫村点缀其间。敌阵与观察点之间被遮挡住的低洼地带上，可以看到利尼的尖塔和几个较高的屋顶。左边较高的地面上，是圣阿芒及其外围村落。这一切都在仲夏时节的烈日下闪烁着微光，闷热的天气预示着暴风雨的来临，事实也证明了这一点。实际上，普军的阵地比看上去的更加坚固。拿破仑无法完全看清利尼小溪两边的柳林，也看不到村里许多坚固的建筑物。他看到村后山坡上的普军阵地暴露，起初颇为疑惑。有人听到他喃喃自语："这个老狐狸躲在洞里。"因此，他准备弄清所有情况，热拉尔的部队到达，兵力足以彻底打垮布吕歇尔时再采取行动，同时试探威灵顿的意图。从皇帝抵达战场到打响第一枪，经过了四个多小时。

耽误的这些时间无疑对同盟军很宝贵。布吕歇尔借机在靠近松布雷夫的高地掩护下，调来了皮尔奇第一和蒂尔曼的两个军，从而将总兵力增加到87000人；而且，两位同盟军指挥官得以见面，商讨目前的形势。威灵顿于上午8时离开布鲁塞尔，由于奈伊没有采取任何行动，他才能在10时刚过就抵达四臂村以南的山顶，而敌人许久都没有任何动静。他在那里给布吕歇尔写了一张便条，向他询问情况，然后再决定当天的行动。[①]随后，他快马加鞭，到比西磨坊去与布吕歇尔见面。

这是一次令人心焦的会面。步步进逼的法军队列就在眼前，威灵

---

① 奥莱赫（Ollech，第125页）认为这是向布吕歇尔表示在一定条件下可提供援助。但根据是什么呢？那封信说，奥兰治亲王在四臂村有一个师，其他部队在尼韦勒；英军预备队将在中午抵达热纳普，骑兵也将同时抵达尼韦勒。布吕歇尔怎么能期待如此弱小而分散的部队提供帮助？另见罗普斯的著作（《滑铁卢战役》第10章注释）。霍斯伯勒（《滑铁卢》，第5章）表示，威灵顿以为自己的部队比普军更靠近前线，他将这一错误归因于公爵的参谋长德兰西。但公平起见，应该补充一点：威灵顿对德兰西的评价很高，后者在滑铁卢阵亡后，他曾严厉斥责了部下。

顿公爵看到山坡上的普军阵地肯定会暴露在拿破仑的大炮火力之下，这令他惊慌失措。他低声对哈丁说："如果在这里开战，他们准会被痛殴。"①随后，他以较为礼貌的措辞向格奈泽瑙提出了大致相同的警告，但并没有鼓励后者坚守阵地，也没有让对方觉得自己可能从四臂村伸出援手。格奈泽瑙从他那里得到的，最多是一句承诺："好吧！如果我自己没有遭遇攻击，就会来的。"是这些话促使普军在利尼迎战拿破仑吗？不能这么认为。一切迹象表明，布吕歇尔已决心在那里作战。此举风险很大，因为正如赖歇将军所言，从这个阵地显然不可能向法军发动有力的攻势。但幸运之神向这位久经沙场的陆军元帅露出了微笑，使他避开了一场本应无法挽回的惨败。②

看来，起伏不平的地形掩盖了皮尔奇第一和蒂尔曼的兵力；因为拿破仑仍然认为，他在利尼所要对抗的只有一个军。下午2时，苏尔特通知奈伊，敌军已在松布雷夫和布里之间集结了一个军，格鲁希将在半个小时内对其发动进攻。因此，奈伊将打退四臂村的敌军，然后转回头来包围普军。但如果这里的敌军先被逼退，皇帝将率军向奈伊所部移动，加快他的行动。③似乎直到战役即将开始，皇帝才意识到面对的是优势兵力的敌人。④可是，2时之后，普军大队人马从布里和松布雷夫的山坡向下展开，最前面的部队据守利尼和圣阿芒两个村庄，左路部队则登上了通格林山脊。在此之前，拿破仑的战线与穿过弗勒吕的干道垂直，现在他重新做了部署。旺达姆军向圣阿芒移动；热拉尔军与大路平行展开，凭高视下，冲向利尼，格鲁希同时集结骑

---

① 斯坦诺普，《访谈录》，第109页。
② 赖歇，《回忆录》，第2卷，第183页。
③ "军"（Corps）一词很重要。直到3时15分，苏尔特才用"军团"（Armée）一词指代布吕歇尔的部队。下午2时的急件中最后这句重要的话语没有出现在乌赛的著作（第159页）中，但罗普斯（《滑铁卢战役》，第383页）、西博尔内（第1卷，第453页）、沙拉（第1卷，第136页）和奥莱赫（第131页）的著作都引用了。这证明，直至下午2时，拿破仑仍预期能够轻松战胜普军。
④ 最权威的人士估计普军兵力为87000人，法军为78000人；但对后者的估计包括了洛博军的10000人，这个军晚上才抵达弗勒吕。

兵掩护其侧翼和后方。在所有这些部队的后面，是弗勒吕附近高地上气势夺人的帝国卫队。

旺达姆和热拉尔两军发动了最为猛烈的进攻，守卫利尼的普鲁士军以密集的火力，三次击退了热拉尔军。但法军的大炮随之开火，取得了惊人的效果。村中的屋顶纷纷倒塌，一所又一所房子陷入火海之中。法军又一次冲上前来，接着就是一场惨烈的肉搏战。酷暑之中，烟尘四起，几乎令人窒息，双方却死战不休，直到守军支撑不住，向小溪之后的村落撤退。但是，当增援部队赶到，他们重振士气，像之前一样勇猛作战，将法军赶过对岸。小巷、菜园和阁楼又一次成为战场，每个人都寸土不让。

在小溪上游的圣阿芒，由于布吕歇尔不断补充兵力，旺达姆军也没有太大的进展。但是，这样做削弱了他在利尼之后的预备队，无意中成全了拿破仑的计谋：突破普军中路，使其残部和整个右翼腹背受敌。皇帝希望奈伊在6时之前打退英荷联军，然后包抄普军右翼。这也是苏尔特下午3时15分发给奈伊的命令："只要你全力进击，就可以吃掉这支军队（普鲁士军）。法兰西的命运系于你手。"

然而，5时30分，正当帝国卫队一部准备增援热拉尔，对普军中路发动决定性一击时，旺达姆传来消息，有一支2—3万人的敌军部队正在向弗勒吕开进。这支意外出现的部队不仅动摇了法军左路，也使皇帝茫然不知所措。由于他先后命令奈伊和埃尔隆向普军右翼的后方进军，而不是向弗勒吕前进，因此他似乎得出结论，这支新来的部队是威灵顿的，他们要像法军一样，对法军后方发动致命打击。[①]因此，他命令帝国卫队暂缓出击，先解开这个谜团。损失了将近两个小时的宝贵时间之后，一位侍从副官才得出了结论，他发现那是埃尔隆

---

① 我沿用了乌赛对这一谜题的解析，在众多不如人意的说法中，这还是相对好一些的。不过，他的解析也不能说明拿破仑当时如此迷惑的原因。埃尔隆从维莱佩尔温树林中出来，正是他应该预料到的。拿破仑的困惑是因为这支部队向东南而不是向东开进吗？

第39章 利尼和四臂村　　797

的部队，此时已经离开了。

这段时间，激战仍在持续，几乎没有任何停歇，法军的大炮猛烈轰击对面山坡上密集的敌阵，造成了巨大的伤亡。布吕歇尔将部队调到右翼，暂时压倒了旺达姆军和部分青年近卫军，但他没有意识到，集重兵于一侧危及整个普鲁士军团。他的大敌早已注意到，普军内凹的战线延伸过长，集中兵力攻击圣阿芒后，无法顾及距离遥远的左翼，格鲁希的骑兵正牵制着那里的普军；现在，拿破仑计划借布吕歇尔猛攻圣阿芒及外围村落之机，以帝国卫队击破利尼的普军中路部队，将其残部赶向圣阿芒，从而在埃尔隆军由西杀来之后，消灭普军大部。此时，他觉得胜利在握，因为洛博军已靠近弗勒吕接替帝国卫队，而普军已没有任何后援。他从望远镜中扫视敌军阵地，说道："他们没有预备队了。"这是实情：普军中路各军在四个小时中，不是被炮火重创，便是在利尼的苦战中疲劳不堪。

此时，天空中电闪雷鸣，仿佛大自然压抑已久的力量将要爆发，令桀骜不驯的人类敬畏悔过。阵阵巨响震撼大地，道道电光划破硝烟；乌云笼罩战场，如同沉沉黑夜；大雨瓢泼，洗刷着地上的血污。这场暴雨似乎专为帮助攻击者发动最后、最猛烈的攻势而来。黑暗之中，帝国卫队迅速走下山坡，悄悄地开往利尼，为热拉尔的士兵增添力量，与他们一起突破敌军防线。在上游不远处，米约的胸甲骑兵全力渡河，在皇帝亲临前线的鼓舞下，拥向已阵形散乱的普军中路。现在，布吕歇尔或者蒂尔曼都不可能及时伸出援手，因为暴雨遮盖了视线，根本无法看到法军开始进攻的情况，而且，蒂尔曼刚刚因为鲁莽地向格鲁希发动攻击而遭到重创。

雷雨过后，云开雾散，落日的余晖照在战场上，布吕歇尔才发现自己铸成大错。[1]他的军团被切成两段，从圣阿芒调回部队

---

[1] 德尔布吕克（Delbrück,《格奈泽瑙》, 第 2 卷, 第 190 页）说明了这场暴风雨对攻击方的有利之处。

也徒劳无功，他飞身上马，奔回布里与松布雷夫之间，集中骑兵向前，也没有任何战果。他们的冲锋受阻于一条低洼小道的边缘；法军的一轮轮齐射撕开了他们的阵线；法国胸甲骑兵的出现更令他们全线崩溃。布吕歇尔的战马被一发子弹击中，这位陆军元帅也摔得满身瘀青。但值得信赖的副官诺斯蒂茨设法趁着暮光将他隐藏起来，躲过了向山上扫荡的胸甲骑兵。其他普军骑兵部队竭力挽回败局，他们发动冲锋，将这些铁甲军击退。一些枪骑兵和后备军骑兵来到布吕歇尔的藏身之地，诺斯蒂茨因此得以挽救这位英雄的宝贵生命。普军骑兵虽遭重挫，但与自己的统帅一样百折不回，奋力掩护中路部队撤退；两翼的普军也有序撤退，右翼部队还坚守布里村到午夜之后；不过，有几个常怀不满的营借机作鸟兽散，没有回到队列中。在这场血腥战斗中，普军伤亡约14000人，法军伤亡11000人。①

拿破仑在日落后策马回到弗勒吕，这时他完全可以声称取得了一场大胜。但是，他并没有取得苏尔特3月15日写给奈伊的公文中所描述的战果。这一方面是因为奈伊没能按计划完成任务，另一方面是因为埃尔隆军的离奇行踪导致拿破仑推迟了对利尼的总攻。

关于埃尔隆和手下2万名将士当时的行动，至今仍是没有完全解开的谜团。乌赛收集的证据无疑表明，当皇帝认识到利尼战役的严重性之后，立刻下令当时前锋已抵近弗拉讷的埃尔隆转向攻击布吕歇尔暴露的侧翼。也就是说，埃尔隆此时奉命发动此前指派奈伊负责的决定性一击，后者也同时得到消息（尽管拖延了很久），不要依赖于埃尔隆军的援助。埃尔隆误解了他的命令，向弗勒吕进军，使拿破仑感到担忧，将最后一击推迟了将近两小时。而且，傍晚6时，埃尔隆本

---

① 这里我采用了德尔布吕克《格奈泽瑙》（第2卷，第194页）和沙拉（第1卷，第163页）的说法。赖歇（《回忆录》，第2卷，第193页）说，他的30800名士兵在15日和16日损失了12480人。他指出，布吕歇尔和诺斯蒂茨能够逃脱，或许是因为他们穿着普通的制服和帽子。

应突袭消灭布吕歇尔右翼，却接到奈伊的紧急命令，让他回师。当然，圣阿芒几乎已在大炮射程之内，天黑之前就可能赶到四臂村，他不应该再犹豫不决；但他归属奈伊指挥，对当时的形势又有着学究气的错误看法，因此听从了直接上司的命令。最后，有一点一直无人做出解释：当皇帝知道偏离路线的是埃尔隆的部队时，为何没有立刻将其召回，命令他直扑普鲁士军暴露的右翼？毫无疑问，拿破仑以为埃尔隆会遵守他的命令，向布里村开进；但他没有再下达这样的命令，这支倒霉的部队消失无踪了。

当时，四臂村的殊死战斗行将结束。奈伊拖延到下午2时才发动进攻，首先是因为他只有雷耶的一个军可用——埃尔隆的殿后部队早上还在蒂安附近——其次，这位元帅在上午10时得知，普军正从松布雷夫向西行军，此举将危及他在弗拉内以南的后方。而且，四臂村的通道侧面是稠密的博叙森林，右侧则是一片灌木丛。因此，雷耶建议谨慎从事，以免像"西班牙战役中那样，英军一有时机便会出现"。可是，当雷耶军的攻势全面展开时，守军的弱点很快显现出来。顽强抵抗了一阵之后，奥兰治亲王率领的7000名荷兰-比利时联军被赶出了热米翁库农场，这个农场是整个阵地的中枢，许多联军士兵都逃离了战场。

就在这紧要关头，别号"铁公爵"的威灵顿拍马赶到；下午3时许，一个荷兰-比利时旅和皮克顿的英国步兵师抵达，他们足以从奈伊元帅手中夺走胜利。[①] 此时，奈伊下令对英军阵地展开毁灭性的炮轰。荷兰-比利时炮兵实力不济，只能做出微弱的回应。然而，皮克顿的士兵毫不畏缩，他们刚刚从布鲁塞尔出发，顶着烈日行军12个小时来到此地，不顾鞍马劳顿，沉着地穿过田野上高大的黑麦，冲向农庄，打退了皮雷所部骑兵的猛烈攻击。在同盟军的左路，第95来

[①] 《滑铁卢书信集》第163和169号证明，时间是下午3时而不是3时30分；另见菲切特（Fichett）《威灵顿的士兵》（*Wellington's Men*，第120页）中金凯德的叙述。

复枪团（现来复枪旅）和不伦瑞克公爵的部队扼守通往那慕尔的公路，丝毫不曾放松。不过，主要的危险来自中路。在农舍的掩护下，法军部队开始逼退英军步兵，后者的弹药也将要打光。威灵顿决心以皮克顿的步兵师列队反击，粉碎这次攻击。这个半岛战役中的"战斗师"高呼口号，发动冲锋，如同一堵移动的铜墙铁壁，迫使敌军溃退至小溪对岸。

不过，法军还是逼退了树林里的荷军，以及树林东边的不伦瑞克公爵所部，击毙了企图将新兵重新集结起来的年轻公爵。法军骑兵就从那里留下的缺口突入，英军步兵虽不为所动，但也不得不保持密集队形，由于法军在冲锋间歇时以大炮轰击，这种队形招致了很大的损失。

下午就这样熬过去了。5时到6时之间，疲惫不堪的英军得到了阿尔滕师的增援。不久之后，克勒曼率领的一个重骑兵旅从后方赶来，恢复了奈伊的攻击能力——但这也为时已晚。埃尔隆军奉命开往利尼的消息令这位元帅大怒，下午3时15分拿破仑又发来紧急命令，要求他包抄布吕歇尔的右翼，更是火上浇油。这种看似不公正的安排令他气昏了头，当即严令埃尔隆回师四臂村，并出动克勒曼的胸甲骑兵旅攻击顽强抵抗的英军方阵。

这次攻击几乎取得成功。奥兰治亲王刚刚下达了愚蠢的命令，让第69团回到前线，引起了该团的混乱，这时法军骑兵杀到，将其打得四散溃逃。另一个团（第33团）逃进树林里，但后来重新集结了。英军的其他方阵打退了法军的进攻。可是，法军的如潮攻势并未停止，只是偏向一边，直到靠近十字路口的地方，才被树林里的侧向火力，以及正面大路上第92（戈登）高地团的火力所遏制。威灵顿公爵喊道："92团，不要开火，等我的命令。"当法军骑兵距离只有30步时，英军火力齐射，效果奇佳。法军的战线被撕得粉碎，幸存者慌忙逃窜，恐慌情绪蔓延到富瓦的几个步兵营，整个队伍都乱成了一团。①

奈伊仍然坚持独立进攻，但同盟军援兵已到，威灵顿的总兵力达到31000人，法军则不到21000人。入夜，法国元帅退往弗拉讷，迷途的埃尔隆军终于出现了。由于命令前后矛盾，这支部队在两个战场之间徘徊，却未尝一战。

这就是四臂村血战的情况。威灵顿付出了4600人伤亡的代价，其中主要是英国步兵中的精华，3个高地团损失了878人。法军损失略少一些，像这样堪称士兵之战的冲突并不多见。双方都没有表现出众的将领，黄昏过后，英军才将充足的骑兵和炮兵送到战场上，而他们的步兵战友们已经面对法军的大炮、马刀和长枪，坚持苦战了五个小时。这场胜利归功于英国士兵的奇特力量，他们在似乎无望的局面下力挽狂澜。

这场战役并没有为奈伊增添多少光彩，只是又一次证明，他配得上"勇士中的勇士"这一称号。在战斗的紧要关头，他竭尽全力，面前的英军红色方阵仍然岿然不动，这令他恼怒异常却又徒呼奈何，只能挥舞佩剑，祈祷上苍，宁愿死在那枪林弹雨之中。实际上，这场激烈的战斗使他在一定程度上丧失了理智。他现在成了一个战士，而不是指挥官；我们可以将他疏忽大意、没有为克勒曼部下骑兵的冲锋提供充分支援归因于此。假如他当时这么做了，四臂村之战的结局也许会和马伦戈战役一样。但是，更为严重的是他发出了与皇帝相反的命令，将埃尔隆召回四臂村。正如我们已经看到的，此举使他的主人与本有望在利尼取得的决定性胜利失之交臂。然而，对这个错误也不应过分夸大。拿破仑确实在3时15分向奈伊下达命令，让他包抄布吕歇尔的侧翼；但这个命令直到5时之后才送达后者手中，此时同盟军正对他施加极大压力，他又刚刚听说埃尔隆的部队转去参加皇帝那边

---

① 《滑铁卢书信集》第169号。

的战斗。①奈伊肯定看出，他的主人对四臂村的形势判断有误；在这种情况下，身为法国元帅，他更正自己认为基于错误判断的命令，也并非没有理由。埃尔隆行动迟缓，当然罪责难逃，但法国皇帝本人显然低估了利尼和四臂村的困难，然后又在奈伊正处激战之中时改变计划，也应该承担一部分责任。

不过，6月16日的总体战果对拿破仑非常有利。他给普军造成的损失堪与耶拿-奥尔施泰特相比，回到弗勒吕休息时，他坚信同盟军必然仓促地撤往最近的补给基地——那慕尔和列日，留下威灵顿任他宰割。按照战争的常规，以及平庸之辈谨慎从事的观点来看，吃了败仗的军队只有这一条路可走，尤其是在他们知道比洛的部队正从列日公路上开来的情况下。

现在，普鲁士军中的所有指挥职责全部移交到格奈泽瑙手中，部队刚刚开始乘着夜色撤退，军官们就聚集到他身边，请示行军路线。他立刻下令往北撤到蒂伊。赖歇将军立即指出，这个村庄在各位团长手中较小的地图里是没有标示的；于是，格奈泽瑙命令撤往瓦夫尔，这个城镇和蒂伊在同一条路上，但是更远一些。他还派出一位军官，在岔路口指示方向，避免各团走到通往那慕尔的路上。不过，有几个团已经朝那个方向走出很远，无法召回——这反倒迷惑了次日追击的法军。蒂尔曼军大部已撤往让布卢，但除此之外，普军大部开往蒂伊，并在村子附近露营。次日清早，殿后部队从松布雷夫撤出；由于敌军行动迟缓，这条撤退路线没有被发现。开往瓦夫尔途中，士兵们见到无畏的老元帅布吕歇尔再次策马扬鞭，无不为之振奋。蒂尔曼军直到下午2时才离开让布卢，但也安全抵达了瓦夫尔。与此同时，实力强劲的比洛军正从阿尼附近的罗马古道，一路畅通无阻，在天色渐暗时抵达瓦夫尔以东两英里的阵地。运输备用弹药的辎重队也同样幸

---

① 这些事件发生的顺序参见乌赛，《1815》，第205页。

运,他们没有引起法国骑兵的注意,从岔道口向北穿过让布卢,于下午5时与大军会合。①

在圣赫勒拿岛上写的《评论》中,拿破仑对格奈泽瑙向北撤往瓦夫尔的行动做了尖锐的批评,因为那里距离威灵顿的撤退路线,比松布雷夫与四臂村的距离更远,而且两者之间只靠崎岖的岔路相连。他甚至断言,普军应该前往四臂村,这一说法是假设格奈泽瑙能在利尼之战后充分地集结部队,在拿破仑的胜利之师面前,沿四臂村通道离开。可是,普军实际上被切成两段,无法重新集合,冒险从拿破仑面前横穿。因此,如果我们说这一批评是出于希望而非认真的思考,可能也不会有太大的错误。普军向四臂村开进,必然全军覆没。②

在笔者看来,格奈泽瑙采取这一行动,首先是因为这是重新集结普军两翼最便捷的手段。但他也不可能看不到,移师向北就能与威灵顿会合的这个好处。他从瓦夫尔写给普鲁士国王的信说明,在那个时候,他认为普军的形势"并非不利"。而在17日中午写的一封私信中,他清楚地表示,如果普军能以两个军团相助,威灵顿公爵就会接受在滑铁卢一战。看起来,格奈泽瑙唯一拿不准的,是威灵顿会不会打这一仗,以及他自己的弹药能不能及时送到。在这两点没有确定之前,谨慎从事是必要的。

威灵顿很快就发现了普军的迅速集结,而拿破仑却直到滑铁卢战役战况激烈时才充分意识到其重要性,这一事实也使得格奈泽瑙行动的成果更大了。现在,我们必须简单说明一下导致这个戏剧性结局的

---

① 奥莱赫的著作(第167—171页)。巴兹尔·杰克逊在其《滑铁卢与圣赫勒拿岛》(未公开发行)第64页中说,他曾受命检查比利时公路并提出报告,也考察了瓦夫尔向南行的公路。这份报告已发给格奈泽瑙,肯定使他在16日夜间更有信心。

② 奥康纳·莫里斯(《1815年战役》,第176页)同意拿破仑的评论,批判格奈泽瑙向瓦夫尔转移的行动。但瓦夫尔确实比起其他任何一个阵地都更有优势。普鲁士全军(包括比洛的部队)都可以开往那里,易于防守(后来的事实已经证明),且有希望与威灵顿会合,以守卫布鲁塞尔。乌赛(《1815》,第233页)说,格奈泽瑙没有立刻预见到他的行动造成的重大后果。这是当然,因为他对威灵顿的情况并无把握;但他采取了一切措施,只要万事顺利,就可能取得重大战果。

最后几个步骤。

奇怪的是,格奈泽瑙在16日晚上并没有采取任何措施,将普军撤退的消息通知友军,而是让他们从自己的最后一封信中去猜测,他在信中说,如果得不到支援,他就一定会撤退。米夫林确实说过,普军派出一名军官,却在英军左翼被法军射杀了。可是,鉴于威灵顿在普军开始撤退之前就击退了奈伊的部队,这一说法不过是为格奈泽瑙的疏忽提出的勉强借口。[①]

由于统帅的机警和敌人按兵不动,英荷联军躲过了被拿破仑粉碎的危险。在热纳普短暂休息后,威灵顿公爵于黎明时分回到前线,派遣两个骑兵巡逻队到松布雷夫,弄清战役的结果。公爵的副官戈登上校跟随巡逻队,与普军后卫部队取得了联系。10点以后,他很快回来了,参谋巴兹尔·杰克逊立刻奉命前往皮克顿军中,让他马上准备向滑铁卢撤退,这位身经百战的将军闷闷不乐地接受了命令。[②]戈登返回后不久,一名普军传令兵疾驰而来,确认了他们后撤的消息,公爵对此的评论是:"布吕歇尔被痛打一顿,退到瓦夫尔去了……他走了,我们也必须走。"步兵在树篱的遮蔽或者骑兵与散兵的掩护之下,开始逐步撤退,这些掩护部队在前线紧紧缠住奈伊的部队,直到全军大部通过热纳普狭窄而拥挤的街道。

拿破仑和奈伊怎么会失去这个千载难逢的好机会呢?首先是因为他们的参谋长没有在当晚发出任何消息,通知对方各自的战果。弗拉奥伯爵上午8时左右回到大本营之前,拿破仑对四臂村的状况一无所知;苏尔特也同样粗心大意,使奈伊有心无力,直到将近中午才对威灵顿采取行动。

但是,拿破仑在11时30分之前一直按兵不动,这又该如何解

---

① 米夫林(《我的生活片断》,第238页)和沙拉(第1卷,第226页)认为不足信。
② 巴兹尔·杰克逊,《滑铁卢与圣赫勒拿岛》,第24页;科顿,《滑铁卢之声》(*A Voice from Waterloo*),第20页。

释？有些人将这归咎于他身患疾病,思维迟钝,我们很快就会谈到这个问题;另一些人则断言,法军急需休整;但实际的原因是,他相信普军正向东撤退,与威灵顿渐行渐远。这是法军大本营的普遍认识。拿破仑曾命令格鲁希黎明时随后追踪。格鲁希的副手帕若尔率兵向东南进发,凌晨4时报告说布吕歇尔正向那慕尔转移。这也是拿破仑上午8时从格鲁希那里听到的消息,在此之前他不接见这位将军。他马上口述了一道手谕给奈伊,大意如下:普军已被击溃,法军将向那慕尔追击;英军不可能在四臂村对他(奈伊)发动进攻,因为如果出现那种情况,皇帝将向其侧翼进兵,一举将其消灭;听说奈伊16日孤军作战,他感到很痛心,现在命令奈伊集结手下各师,夺取四臂村;如果他无法完成任务,必须向皇帝报告,后者将前来支援。拿破仑最后告诫奈伊,"今天务必结束这次行动、补充弹药,重新集合掉队士兵并召回各分遣队。"

拿破仑在耶拿战役取胜之后,以无情的追击将战果扩大到三倍,如今却对这一天做了如此安排,实在令人吃惊。口述这一命令后,他命令洛博率领一个步兵师到那慕尔公路上支援帕若尔,然后乘坐马车前往圣阿芒。抵达那个杀戮战场之后,他弃车乘马,缓缓地巡视战场,询问双方伤员的需要并予以亲切关怀,所到之处都受到法军士兵的热烈欢呼。随后,他下马与格鲁希、热拉尔等人长谈,认真地说明了巴黎各政党的情况。众将们倾听着皇帝的讲话,却掩饰不住躁动的心情。在弗勒吕,格鲁希请求明确的命令,皇帝粗暴地要他再等一等。但快到11时,皇帝听说威灵顿仍在四臂村,帕若尔在那慕尔公路上缴获8门普军的大炮,埃克塞尔曼斯在让布卢看到了大队敌军,话锋立刻从政治转到了战争。

拿破仑的计划形成了。他将亲自率军攻击英军,格鲁希同时以热拉尔和旺达姆两军、泰斯特师(原属洛博指挥)及帕若尔、埃克塞尔曼斯和米约的三个骑兵军追击普军。格鲁希元帅恳求不要让他执行这个任务，认为敌军已重整队伍且距离甚远，如此追击很危险。但拿破仑没有动摇。大约11时30分，拿破仑要求贝特朗将他的口头命令写成书面命令：命格鲁希以上述部队（除了米约军和旺达姆军的一个师跟随拿破仑之外）进兵让布卢，搜索通往那慕尔和马斯特里赫特的道路，追击敌军并将其意图报告皇帝。如果敌军已撤出那慕尔，则由国民自卫军占据之。"重要的是了解布吕歇尔和威灵顿意欲何为，他们是否要合兵一处，在另一场战役中试试运气，以掩护布鲁塞尔和列日……"①

拿破仑的命运很大程度上取决于对这一命令的透彻理解与巧妙执行，因此我们有必要指出，它有两个主要部分——总体目标和实现目标的手段。目标就是确定普军撤退方向，阻止其与威灵顿会师，不管其意图是保卫布鲁塞尔还是列日。手段就是向让布卢进军，并沿那慕尔和马斯特里赫特公路搜索。命令中确实提到了同盟军会师保卫布鲁塞尔的可能性，却没有指定在那个方向上的侦察措施，而是将其留给格鲁希判断。必须承认的是，这道命令并不是完全明确的。提到布鲁塞尔和列日这两个城市（相距60英里）就足以让人难以措手，又说明只需要搜索东面和东南面的公路，这肯定会使格鲁希将注意力仅仅局限在这些公路上。因为他对自己和所指挥部队的能力同样缺乏信心；在这种情况下，作为一名军官，肯定会拘泥于命令中的每一个字。他就是这么做的，也因此造成了灾难性的后果。

在此之前，格鲁希从没有指挥过重要的行动。身为骑兵将军，他战绩彪炳，但现在他所要执行的任务需要战略洞察力。他的部队也与任务不相称。的确，将近6000名轻骑兵进行搜索是绰绰有余了，但旺达姆军和热拉尔军的27000名步兵在村落中的殊死战斗中消耗巨大，盼望着有一天的休息时间。两位军长也不愿意接受格

---

① 格鲁希压下了这道命令，但它还是在1842年公布了。

鲁希指挥。实际上，统帅和士兵都不喜欢这项任务，执行起来自然是满腹狐疑、怨言不断。下午3时，步兵才出发，到让布卢已是深夜——6个小时里只走了90英里！至于骑兵，埃克塞尔曼斯在让布卢周围的指挥也很糟糕，使蒂尔曼军趁机向北溜走了。当时大雨滂沱，视线不好，但直到傍晚才推断出普军的撤退方向，看起来也是奇怪的事情。

与此同时，法军左翼的奈伊同样表现得松松垮垮。早上将近10时，他肯定已经收到拿破仑"如果那里只剩下一支殿后部队"，就占领四臂村的命令。但他除了以小股部队发动无谓的零散攻击之外，没有采取任何行动，显然，他也不知道英军正在溜走。

下午2时许，当英军骑兵正准备掉转马头撤退，威灵顿公爵和H.维维安爵士看到松布雷夫公路上闪烁着胸甲的光芒。那是法国皇帝的先锋部队，看到敌军将要逃脱自己的掌握，拿破仑不禁大怒，跳下马车，与最前方的骑兵一同策马追击。他严令奈伊立刻进攻，当这位元帅来到面前，他怒骂道："你毁了法兰西。"但这不是说话的时候，要的是行动；奈伊现在全力以赴了。他当即以强大的骑兵从后猛攻英军；如果不是乌云盖顶，突然下起大雨，这一击也足以令威灵顿颜面扫地。很快，公路宛如犁过的水田，麦田也泥泞一片，法国骑兵无法通过。

追兵在泥潭中苦苦挣扎，并透过雨雾胡乱射击，英军后卫部队借机迅速逃到安全地带。炮兵上尉默瑟说道："为了逃命，我们快马穿过暴风雨，努力地跑到村子里，阿克斯布里奇勋爵催促着我们，他喊道：'快点，看在上帝的分上，要不然就要被抓住了。'"[①]他们抢在了追兵之前，抵达热纳普，列队过桥进入狭窄的街道，准备阻击法军。这时，拿破仑飞马赶到，浑身湿透，雨水从灰色大衣上不停流下，帽

[①] 默瑟，《滑铁卢战役》，第1卷，第270页。

子也在暴风雨中变了形。①他又变身当年土伦的那位炮兵军官。"向他们开火,"他向炮手们大喊,"那是英国人。"随后是一场激战,英军第7骠骑兵团冲入村庄,却不敌法国枪骑兵。科顿说道:"我们对这个兵种很不熟悉。"撤退的时候,该团得到了内近卫骑兵团的救援,后者实力强悍,所向披靡。

最终,威灵顿的部队在滑铁卢山脊上掉转方向,准备绝地反击。拿破仑于6时30分来到了对面的山顶上,命令一支强大的部队推进到雨后泥泞的山谷,但他们随即就被英军的猛烈炮火打散了;他也明白了一个事实:英军在那一天里逃出了他的手心。

拿破仑在滑铁卢战役时的健康状况

许多著书立说者都断言,拿破仑在这个时候已形容憔悴,不是昔日的模样了,因此我们必须简短地研究一下当时这方面的证据;倘若事实如此,滑铁卢战役也就不值一提了。

在此前的一段时间里,拿破仑的心智和体力似乎略有衰退;但这始于何时、发展到什么程度,都是个疑问。有些观察家,包括沙普塔尔,都认为这始于从莫斯科撤退的艰难时期。这种说法很值得怀疑。那场战役结束时,他的健康状况比进军途中更好。此外,在1814年的殊死斗争中,他所表现出来的勃勃生机和奇谋巧思胜过了其他任何一场战争,威灵顿宣称那是拿破仑的杰作。此后,他在厄尔巴岛有一段时间似乎情况有所恶化。1814年9月,尼尔·坎贝尔爵士报告道:"拿破仑似乎丧失了研究和静思的习惯。他有时显得无所事事,这是此前从来没有出现过的,有时,他连白天也要在卧室里休息几个小时;出门也是乘车,而不是在马背上锻炼身体。他的健康状况很好,情绪也完全不消沉。"(《英国外交部档案》,法国部分,第114号)在

---

① 珀蒂耶,《军队回忆录》,第204页。

厄尔巴岛的十个月中，他发福得很厉害，两颊像吹气一样胀了起来。

回到法国以后，他又表现出了旧日的活跃；最为可信的目击者断言，他的能力没有明显的衰退。多次见到他的基佐写道："'百日王朝'期间，我感觉拿破仑的智力和行为举止没有任何虚弱的迹象。从他的判断和行动看，我认为他仍然保持着往常的特质。"前文引用过莫利安的一段话，说他的主人工作几个小时之后就觉得疲劳，但并没有说到生病的事情；拿破仑已经46岁，一直过着压力沉重、节奏很快的生活，我们不应该期望他还有执政府时期那种持续耗费心智的能力。梅纳瓦尔注意到，除了容易陷入"遐想"之外，他的主人没有什么不好的情况，也没有发现疾病。帕基耶声称拿破仑的智力和体力严重衰退，显然是夸大其词，此人在滑铁卢战前一次也没见过皇帝，又被他赶出了巴黎，因此竭尽全力要让他的支持者气馁。蒂埃博曾以戏剧化的口吻描述了拿破仑6月11日（星期日）的样子："他的眼神曾那么锐利、令人心惊，如今却失去了力量，甚至闪烁不定；他的脸上没有任何表情，也失去了往日的威风。他双唇紧闭，没有了以前的魔力，步履蹒跚，行为举止也显得茫然无措。他的皮肤过去只是一般的苍白，现在却变成了显眼的淡绿色，令我震惊。"

就让我们跟着这样一位身心俱疲的人走上战场，看看他能成就些什么吧。6月12日黎明，他登上四轮马车，奔波70英里抵达拉昂。次日，他处理完大量事务后，前往博蒙。6月15日，他天亮起身，马不停蹄走了将近18个小时，指挥与普鲁士军的战事，中间只休息了一次。苏尔特的参谋博迪说，在沙勒罗瓦附近，拿破仑忍不住睡着了，路过的部队向他欢呼，他也没有留意。博迪对此十分愤慨，但这是不公平的。拿破仑需要不时小歇，才能缓解长时间的神经紧张。夜里，他返回沙勒罗瓦，"疲乏不堪"。赛居尔说，他次日还是很疲劳；直到2时30分利尼之战打响，他才振奋了精神。但他从那个时候开始，又骑着马在酷热下奔忙到夜色降临。第二天早上，疲劳的迹象再次显现，他拒绝在8时之前会见格鲁希。不过，他检阅部队并滔滔不绝地大谈巴黎政局，显然不是因为头脑麻木，而是因为坚信已经切断了同盟军，随时可以占领布鲁塞尔；当他发现自己的错误时，又表现出了昔日的充沛精力，与先锋部队一起冒着豪雨从四臂村飞驰到拉贝尔阿莱昂斯。

所以，不管拿破仑身染何种疾病，都没有影响他进行大量持续的活动。他到底有哪些病呢？据说，他的大肠、膀胱和皮肤都有间歇性的毛病，后两种问题造成了尿潴留[①]。列出这么多的病症，看起来很可怕，但实际上这种说法难以自圆其说。这些病的患者除非处于最早期、病状轻微之时，否则根本不可能完成拿破仑所做的那些事情。尿潴留明显发作时，是不能骑马的。毫无疑问，他长时间骑马会恶化这些传说中的病情，参谋部的珀蒂耶注意到，他常常下马坐在一张小桌子前，方便研究地图；但珀蒂耶认为这并不是因为健康状况不佳（对此他什么也没说），而是因为他发福了[②]。热罗姆亲王和一位皇家御医肯定地对梯也尔说道，拿破仑苦于膀胱的疾患，但他的侍从马尔尚却有相反的说法；如果他真的患有上面提到的各种疾病，或者其中的任何一种，那么御医还允许他在17日晚上冒着暴雨指挥战斗，就很奇怪了，因为这件事只需要派几名值得信任的军官去，同样能做得很好（参见下一章）。而且，军医总监拉雷男爵在战役前和战役中都曾见过拿破仑，却一句都没有提到过皇帝的健康[③]。

此外，6月15日到18日拿破仑多次觉得昏昏欲睡，关于他身体已经垮掉的论调大多以此为据，但是对这一点可以做出更为简单的解释。拿破仑长期形成的习惯是在夜里做大量的工作，然后在忙碌的白天里抓住一切机会小憩，厄尔巴岛的生活更强化了这个习惯，加上天刚破晓就开始活动，使他在抵近沙勒罗瓦时沉沉睡去。他在滑铁卢战

---

① 多尔西·加德纳，《四臂村、利尼和滑铁卢》，第31—37页；奥康纳·莫里斯，第164—166页，注解。
② 《军队回忆录》，第196和212页。
③ 《1815—1840年历次战役医务报告》，第5—11页。

役中时常打瞌睡,原因大概也是如此。他很少在凌晨3时30分之前合眼,那个星期天战局紧张的时间又出乎意料地漫长,所以体力上很难应付。我们从一位名叫巴拉尔的法国士兵(《滑铁卢史诗》作者的祖父)那里得知,当天拿破仑一开始的精神很好。巴拉尔在早上9时30分曾仔细观察皇帝,并写道:"以我看来,他非常健康,极其活跃且全神贯注。"整天都和拿破仑在一起的农民向导德科斯泰事后告诉W.斯科特爵士,拿破仑即便到了危急关头仍镇静而自信。古尔戈跟随拿破仑逃到巴黎,又从那里前往罗什福尔,他除了提到拿破仑极度疲劳之外,也没有说到更为严重的情况。马他伦舰长在柏勒洛丰号上迎接皇帝时,认为他是"一个非常强壮、体格健美的男子"。开往圣赫勒拿岛的旅途中,他除了晕船之外没什么问题,吃了特别多的肉食,甚至在热带地区也是如此。

拉瓦莱特的叙述也很值得注意。他在拿破仑从巴黎启程去比利时边境前见过皇帝,发现后者情绪低落,胸部疼痛。但他断言,从滑铁卢回来之后,拿破仑除了发出一次"可怕的狂笑声"之外,很快就平静下来,举止如常;此外,他对拿破仑的健康不再有片言只语。[①]

那么,结论是什么?证据似乎表明,无论拿破仑战役前的情况如何,在这场他甘之如饴的残酷战争中,他像往常那样健康。与他过去的经历一样:那些能将普通人折磨得骨瘦如柴的事情,是他茁壮成长的依靠,令他无法承受的是对议会反对派的忧虑,这方面引起的烦躁情绪,非经极大的努力,就无法控制和隐藏。战役期间,我们很难找到他衰退的真实证据,却有许多迹象表明,他依然有着坚定的力量和劳累之后迅速恢复的强大能力。如果他正身患三种疾病,那肯定是间歇性的。

---

① W. 斯科特爵士,《拿破仑传》,第 8 卷,第 496 页;古尔戈,《1815 年战役》和《圣赫勒拿日记》第 2 卷,附录 32;《马他伦舰长的叙述》,第 208 页;拉瓦莱特,《回忆录》,第 33 章;乌赛对拿破仑健康状况不佳的说法嗤之以鼻。

第40章　兵败滑铁卢

威灵顿会不会坚守他的阵地？从四臂村紧追不舍后的那天晚上，法国皇帝一直被这个问题所困扰。回到卡尤农场休息之前，他携贝特朗和年轻军官居丹赶往前线，透过漫天大雨，仔细观察远处依稀可见的敌军营火。看到同盟军还在原地，他满意地回到了农场，口述了几封与讨厌的议会问题相关的信件，然后倒头小睡。可是，威灵顿动向的问题仍然萦绕脑海，令他难以合眼。1时，他再次起身，带着忠诚的贝特朗，从一排排浑身湿透、就地休息的战士身边穿过，越过雨中坑坑洼洼的路面来到前线。他们再次侧耳倾听，试图从丝丝雨声中分辨出敌人偷偷撤退的动静。万籁俱寂中，从乌古蒙的密林深处不时传来奇怪的重击声。最终，东北方圣朗贝尔森林下的山顶露出了第一道曙光；旷野之中，万物渐渐显出了朦胧的轮廓，营火也在旭日的光芒下显得黯淡。这就足够了，拿破仑转身返回农庄，他知道，威灵顿这一次躲不过自己了。

皇帝在前沿巡哨之时，大本营接到了格鲁希发回的一份用意不明的公文。这位元帅于17日晚上10时从让布卢报告，普军一部已向瓦夫尔撤退，似乎打算与威灵顿会合；中路部队在布吕歇尔率领下，退往列日方向上的佩尔韦；与此同时，一支包含炮兵的部队前往那慕尔；如果他发现敌军主力部队在列日公路上，他将沿那条道路追击；如果是向瓦夫尔，他将继续跟踪，"使他们无法到达布鲁塞尔，并将其与威灵顿隔开"。拿破仑应该能从最后一句话中看出，格鲁希没有完全理解他的指示。因为如果普军已大批集结，格鲁希的部队开往瓦夫尔是无法阻止他们与威灵顿会合的。[1]

而且，拿破仑现在已经知道，普军已集结重兵于瓦夫尔，格鲁希则全然不知。皇帝没有将这个重要消息传递给他的元帅，看起来有些奇怪，但我们或许可以这样解释：他身在前哨，无暇顾及此事。结果，直到18日上午10时，拿破仑才发出公文向格鲁希说明情况。他通知这位元帅，根据所有报告，已有三支普军部队开往瓦夫尔。格鲁希"因此必须向那里移动——以便靠近我们，进入我们的作战范围之中并保持联系，对朝这一方向移动并可能已在瓦夫尔停下的普军施压，你应尽快赶到那里"。可是，格鲁希也不能忽略了在他右侧的布吕歇尔部队，必须捕获他们的掉队士兵，并保持与拿破仑的联系畅通。

这就是那封公函的内容，我们还是必须说明，它的意思也很不明确：既没有命令格鲁希全力以赴投入瓦夫尔一侧的战斗；也没有告诉他到底是攻打该镇的敌军，还是在他们和威灵顿之间打入一个楔子，抑或支援拿破仑的右翼。此时，如果拿破仑认为布吕歇尔企图从侧面攻击法军主力，肯定会命令格鲁希立即将兵力集中到西北方，在上述两个目标中选择一个。很显然，他没有想到的是，在自己想象中已溃不成军、士气低落的对手，竟敢采取如此大胆的行动。[2]

我们已经看到，普军并没有士气低落，也没有兵分三路；布吕歇尔也没有向列日撤退。他正在瓦夫尔策划一次绝妙的进攻。午夜，他通过米夫林将一份书面约定交给威灵顿，称将于黎明时分派出比洛军打击拿破仑的右翼；皮尔奇第一的那个军将紧随其后，另外两个军也做好了出击的准备。威灵顿大约于18日凌晨3时收到这

---

[1] 罗普斯，《滑铁卢战役》，第212、246、359页。我根据的是这份公文的"标准"版本。与"格鲁希"版的对比参见霍斯伯勒，《滑铁卢》，第155页注释。
[2] 罗普斯，《滑铁卢战役》，第266、288页；乌赛，《1815》第316页有很好的注释。

封信，由此下定决心迎战拿破仑。上午9时30分从瓦夫尔也发出了类似的信件，但在附言中可以看出格奈泽瑙对威灵顿的不信任，他请求米夫林确定公爵是否真的决心在滑铁卢一战。同时，比洛军已开始从瓦夫尔东南方行军，但瓦夫尔发生了火灾，道路狭窄拥挤，加上格奈泽瑙疑虑重重，因此行动极其缓慢。这当然不是出于对格鲁希的惧怕，因为在那个时候，普鲁士指挥官们认为跟踪他们的法军只有15000人。直到正午，西面炮声大作，格奈泽瑙才决定将齐滕军派往威灵顿左翼的奥安；不过，此后在戴尔河布防、抗击格鲁希的任务就全交给蒂尔曼军了。①

这场风暴在东边酝酿之际，法国皇帝面前的一切似乎都预示着当天会有辉煌的胜利。尽管他估计威灵顿兵多将广，但对结局却坚信不疑。早餐过后，他说道："敌军人数比我们多四分之一以上，但是，我们的胜算足有九成。"奈伊恰在此时走了进来，接上了话头："毫无疑问，陛下，如果威灵顿蠢到等着您去消灭的话；可是，我来是向您报告，他正在撤退。"拿破仑反驳道："你看错了，撤退的时机已过。"苏尔特不像他的主人那样满怀必胜信心，再一次恳求召回格鲁希的部分兵力，遭到了拿破仑的痛斥："你被威灵顿打败过，因此认为他是了不起的将才。我告诉你，威灵顿是个糟糕的将领，英军也不是什么精锐之师，一顿饭工夫就能消灭他们。""但愿如此。"苏尔特说。雷耶随后进来，发现皇帝如此自信，便告诉了埃尔隆，后者劝他回去提醒拿破仑小心为上。"这有什么用？"雷耶答道，"他不会听我们的。"

的确，拿破仑无心接受忠告。他在前往圣赫勒拿途中承认"他

---

① 奥莱赫的著作（第187—192页）；德尔布吕克，《格奈泽瑙》，第2卷，第205页。我不相信哈丁1837年告诉斯坦诺普的故事（《访谈录》，第110页）：6月16日夜里，格奈泽瑙试图劝阻布吕歇尔与威灵顿会合。哈丁的故事是从别人那里听来的，并且错误地将地点说成了瓦夫尔。17日下午，格奈泽瑙命令齐滕保持与威灵顿的联络畅通（奥莱赫的书，第170页）。威灵顿18日夜里骑着他的战马"哥本哈根"去瓦夫尔的故事当然是虚构的。

第40章 兵败滑铁卢

对威灵顿的阵地没有做周详的侦察"[1]。不过，看起来也确实没有太多可侦察的。在旁观者看来，圣让山（滑铁卢）阵地并不坚固。两军之间的所谓山谷，只是一片很浅的洼地，与北面山坡顶端的高度差也不过50英尺（约15米）。大约在洼地正中间，地势起伏不平，可以很好地掩护对拉艾圣农庄发动的攻击。这个农庄和乌古蒙之间的山谷中也有一段略微隆起，有利于攻击部队向这部分山脊靠近。实际上，只有最左端的阵地能给守军足够的安全感；因为那里的山坡较为陡峭，正面又有沼泽地、灌木丛以及帕佩洛特、拉艾和斯莫安等村落的保护。

拿破仑对同盟军左翼并不在意。威灵顿的弱点显然是中路和中路靠右的部分，特别是洼地中央隆起部分附近，是他主要的屯兵之所。不过，守方在那里也有一些优势。中央阵地的正面得到了拉艾圣农庄的保护。科顿说："那是一座坚固的砖石建筑，前有狭窄的果园，后有小花园，除了花园东面沿大路修建的坚固围墙之外，两个园子都有树篱环绕。"人们通常认为，威灵顿对这个农庄并不很在意，而拿破仑视之为同盟军阵地的中枢。农庄东面和南面的墙上有射孔，西面墙上却没有。前一天晚上，开在田野上的谷仓门已被士兵拆下来当成柴火烧了。最初，此地由英王德意志军团的376名士兵守卫，他们在谷仓门和果园外面的道路上设置了路障，但由于工兵和木匠都转移到乌古蒙，这里也没有办法再加固了。

乌古蒙庄园远比农庄坚固，在建造时就考虑了防御。外围建筑物此时都开凿了射孔，并搭起脚手架，以便英军从俯瞰果园的花园墙上射击。这里的防务由冷溪近卫团和步兵近卫团（现掷弹兵近卫团）各调动其第2营的轻步兵连负责；庄园前面的树林由拿骚和汉诺威部队守卫。沙塞的荷兰–比利时部队驻扎在布赖讷拉勒，进一步保

---

[1] 《布莱克伍德杂志》，1896年10月号；《康希尔》杂志，1901年1月号。

障威灵顿右翼的安全。①拿破仑的意图是突破拉艾圣庄园后面较为薄弱的同盟军中路防线。但他并不知道，在山后有一条凹陷的横路，极其有利于隐蔽，这条路向威灵顿的后方倾斜，遮盖了他的二线部队和预备队。

这里的地形与利尼后面暴露的山坡不同，正是这种特性，有助于威灵顿这位防御战术大师秘密准备强敌的每次进攻，迅速地予以挫败。

拿破仑低估了威灵顿阵地的稳固程度，却也高估了对手的兵力。我们已经看到，他说同盟军的人数超过法军四分之一以上。此时，他的兵力足有74000人，也就说明他认为同盟军的兵力在92000人以上。实际上，同盟军的人数不超过67000人，因为威灵顿在阿尔留下了17000人；不过，如果将这支强大的分遣队也计算在内，拿破仑的估计相去不远。在圣赫勒拿岛上，他曾声称自己派出骑兵到阿尔，诱使威灵顿削弱其部队到这个程度；但乌赛已表明，这一说法完全是捏造的。皇帝当时肯定认为威灵顿集结了所有部队。②

从威灵顿方面来说，如果他知道普军推进如此缓慢，无疑早就撤退了。他的手中是一支讲五国语言的混编部队，不适合与拿破仑长时间交锋。17000人的荷兰-比利时部队显然三心二意；2800人的拿骚部队曾于1813年在苏尔特手下作战，也令人疑心；11000人的汉

---

① 比米什（Beamish）的《英王德意志军团》（*King's German Legion*）第2卷，第352页。赫西·维维安爵士断言同盟军的阵地绝称不上坚固；但肯尼迪将军在他的《滑铁卢笔记》（*Notes on Waterloo*，第68页）中宣称阵地"情况良好，守军部署得当"。威灵顿在一年之前就注意到，那是一个很好的阵地。赫德森·洛爵士当时建议应该在那里构筑工事："圣让山可居高临下地控制两条要道的交汇点，是否在此构筑工事？"（未发表的回忆录）

② 威灵顿曾因将如此庞大的一支部队留在阿尔而饱受克劳塞维茨、肯尼迪和切斯尼的指责。或许他希望保护在根特的法国国王，但他确实在6月18日的公文中恳求贝里公爵和国王一起退往安特卫普，因此当然可以免除责任。在我看来，更有可能的情况是，他对普鲁士军队很快推进有十足把握（参见他同时发出的其他公文，以及A.弗雷泽爵士的话——《书信集》，第553页——"我们预计普鲁士人在早上就能协同作战"），因此认定拿破仑将全力以赴攻击他的右翼；如果情况是那样，尽管距离很远，阿尔的部队仍能击溃法军的后卫部队。

诺威部队和5900人的不伦瑞克部队肯定会尽其所能作战，但他们大部分都是新兵。实际上，威灵顿能够完全信赖的只有23990名英军将士，以及英王德意志军团的5800人；但在英军当中，有很大一部分是新兵，或者从民兵中抽调的人员。事态的发展证明，这支杂牌军在阵地战中尚能稳住阵脚，但在后续向巴黎进军期间，威灵顿尖刻地评判道，除了随他参加半岛战争的官兵之外，这支部队"将有史以来最差的装备和最糟糕的参谋人员拼凑在一起"[1]。这番评论是在他损失了德兰西、皮克顿、庞森比和其他许多有才能的军官之后做出的；但在18日早晨，英军并不缺乏排兵布阵的人才，肯尼迪将军巧妙部署阿尔滕师，使其迅速排成"棋盘格"阵形，有效地对抗法国骑兵，就是一个证明。

拿破仑的信心似乎很有根据，他有246门火炮，同盟军只有156门，在线列骑兵方面，他的优势同样巨大。最重要的是，帝国卫队有13000名步兵，两翼还有3000名骑兵。按照肯尼迪的估计，两军的有生力量是4∶7。那么，为何拿破仑不立即发动进攻？这有两个充分的理由：首先，前一晚上，他的士兵分散到各处寻找食物和住所，此时在高地上集结得很缓慢；其次，雨势到上午8时才有所减缓，丝丝小雨仍在持续，地面泥泞，不适于骑兵和炮兵行动。拿破仑给部队留下时间整顿，并等待地面情况改善，然后回去研究地图，并借机小睡一番。之后，他骑马来到前线，当那一袭灰大衣经过气势如虹的法军队列，士兵们热情高涨，"皇帝万岁"的欢呼震动了同盟军那显得较为薄弱的队伍。除了认识威灵顿的士兵之外，没有什么人由衷地向这位统帅欢呼致意；但是，他的老部下并没有感到不安。第85团的

---

[1] 威灵顿1815年6月25日致巴瑟斯特伯爵的信。受到公爵的影响，埃尔斯米尔伯爵也曾写道，英军中参加过战斗的士兵不超过7000人。这一说法并不正确。皮克顿师仍有5000人之众，几乎全是久经考验的士兵；兰伯特旅有2200名老兵；近卫军中的许多士兵都打过仗，第52团是作战老练的一个团。汤姆金森（Tomkinson，第296页）认为，5220名英军骑兵和1730名英王德意志军团的骑兵都"很有战斗力"，默瑟确认，威灵顿本人也告诉布吕歇尔，手下有6000名世界上最好的骑兵。

西蒙斯少校写道:"如果你能看到英军士兵在这个历史时刻表现出来的自豪和勇猛,就会发现每个人的眼中都闪耀着喜悦的光芒。"①

第一枪于11时50分打响,这是为了掩护雷耶军中由热罗姆·波拿巴亲王率领的一个师对乌古蒙树林发动的攻击。拿骚部队和汉诺威部队迅速反击,克利夫的德意志炮队猛烈开火,打退了法军的先头部队。法军集结更多兵力,在强大炮兵的掩护下再度进攻,这一次他们占领了一个立足点,逐步将守军赶出这片树林。尽管英国近卫军抵挡了一段时间,但法军在下午1时左右还是控制了庄园南面的树林。他们本应在那里驻扎下来,拿破仑只是命令他们守住树林,并好好部署一条散兵线,他只希望这一边的法军能阻止威灵顿的前哨部队采取任何包抄行动。雷耶也下达了不要进攻庄园的命令,可是亲王和他的士兵却贸然向庄园的高墙冲去,只落得被敌军迎头痛击、伤亡惨重的结果。第二次攻击同样没有取得更大进展,雷耶军最后以12000名士兵从三面攻打这座豪宅,但英国近卫军得到增援,打退了几乎十倍于己的敌军的每次进攻。

皇帝暂时没有注意到这种浪费力量的行动;下午2时,他将热罗姆召回自己身边。现在,他看出有必要节约资源了,因为法军中右路遭到了惨败。他曾决定于1时出动埃尔隆军的将近2万人攻打拉艾圣,却因故推迟了,接下来,我们有必要讲一讲这个原因。

在法军中路部队的80门大炮猛烈开火,硝烟弥漫、视线不清之前,拿破仑用望远镜扫视远处的地平线,看到6英里外的圣朗贝尔森林外围有一个黑色的物体。那是一片小树林,还是一支部队呢?他的参谋们莫衷一是,但他经验丰富、眼力过人,看出那是军队。于是,一些参谋断定,那肯定是布吕歇尔的部队,其他人则认为是格鲁希的部队。在这一点上,他几乎没有什么疑惑。上午10时刚过,他收到

---

① 《一名英国来复枪兵》,第367页。

了格鲁希凌晨3时从让布卢发来的报告，称普军大队人马正向布鲁塞尔撤退，准备集结或与威灵顿会师，他（格鲁希）即将向萨尔特瓦兰和瓦夫尔进发。报告中一句也没有提到阻止敌军从瓦夫尔迂回行军，以便迅速与友军会合。因此，格鲁希不会出现在瓦夫尔的这一侧，那支部队必然是普军。①

马尔博的骑马哨兵在拉斯讷附近抓获了一名普鲁士骠骑兵军官，将其带到拿破仑面前，这时，所有的疑问都消除了。这名军官带着一封比洛写给米夫林的信，信中说比洛正在率军挺进，准备攻击法军右翼。在拿破仑的盘问之下，这位上尉供称比洛全军都已出动，但机智地隐瞒了紧随其后的两个军。皇帝对这样的消息并不感到惊慌。比洛打算进兵打击法军侧翼，格鲁希就必须抓住机会，从侧面向其发动攻击。那也就是拿破仑于下午1时发给格鲁希的批复中所加附言的大意，这一批复发出时已经太晚，直到下午5时才送到格鲁希手中，即便他放弃对瓦夫尔的攻击，对战局也没有影响，而他也没有罢手。②

下面，我们回过头来谈谈法国皇帝下午1时30分采取的行动。他派遣多蒙和叙贝尔维的轻骑兵前往弗里舍蒙观察普军情况；部署在山谷中间隆起部分的80门大炮此时已经开火；在致命炮火的掩护下，埃尔隆的4个师冲下山谷。他们以营为单位排成密集队形，每排约200人，这一阵形并不是拿破仑提出的，但他也没有反对。左边的阿里克斯纵队得到了侧翼骑兵的支援。这个师的一部分夺取了拉艾圣农庄的果园，从四面攻打农庄里的建筑物。威灵顿从农庄以北紧靠一棵

---

① 我不相信梯也尔书中由泽诺维茨（Zenoweicz）讲述的故事：拿破仑上午10时还在焦急地等待格鲁希；也不相信马尔博在《回忆录》卷末引用的信件，信中说皇帝命令他勇敢地向瓦夫尔发动进攻，因为圣朗贝尔附近的部队"只可能是格鲁希的部队"。格鲁希的公文和其他正式复信说明，拿破仑知道格鲁希在让布卢和瓦夫尔之间的某个地方。此外，比洛的报告（奥莱赫的著作，第192页）说，他在圣朗贝尔时向西南方派出两支强大的巡逻队，法军都没有发现，"他们似乎对我们的存在一无所知"。这完全推翻了马尔博的说法。
② 乌赛，《1815》，第7章。在1900年10月的《英国历史评论》（第815页）上，H.乔治先生提供了证据，文中列举了他在格鲁希可能的几条进军路线上测量的时间。

大榆树的阵地上看到法军的进攻，派出汉诺威部队的一个营去援助他们的同胞；但在他们横穿主路时，米约的胸甲骑兵发起冲锋，将其击溃，并追击到山坡之上，直到集合号吹响。再往东去，法军的胜势似乎更加稳固。比兰特大约3000人的比利时–荷兰部队在完全暴露的阵地上遭遇惨重损失，加之东泽洛的纵队逼近，顿时阵脚大乱，最终溃不成军，逃跑中还受到后方英军不公平的嘲笑。这些英军是皮克顿师——四臂村之战的英雄。由于低洼的横路和树篱遮挡，他们还没有遭受什么损失。

法军各纵队此时已登上山脊，欢呼胜利，并开始排成横队，准备发动最后的冲锋。皮克顿深知，这时应该先以步枪齐射，再冲上去短兵相接；正当他鼓励将士们上前时，一颗子弹击中了他的太阳穴，使他辉煌的军旅生涯戛然而止。他的战术在一些地方取得了成功，可在其他地方，英军战线薄弱，在大批敌军面前只有招架之功。如果不是庞森比的联合旅（由第1皇家龙骑兵团、苏格兰灰骑兵团和英尼斯吉宁龙骑兵团组成）及时反攻，肯定无法取得决定性的战果。

当阿克斯布里奇勋爵下令"皇家团和英尼斯吉宁团冲锋，灰骑兵团支援"时，阿里克斯师正通过那条横路。但在皇家团的冲击下，"前队在一片慌乱中开火，击倒我方二十余人后立即转头，竭力想要逃到树篱后面；但我们冲进他们的队伍当中，一路将其赶下山坡"。克拉克·肯尼迪上尉如此写道，他用马刀砍翻了法军旗手，夺走了军旗。该旅中路的英尼斯吉宁龙骑兵团的冲锋同样出色，他们马踏东泽洛师的队列，使其乱作一团，不知所措，抓获了许多俘虏。苏格兰灰骑兵团为了援救苦苦支撑的戈登团，也向马尔科涅师猛扑过去。第92团的温彻斯特少校写道："两个团高喊着'苏格兰万岁'一起冲锋；苏格兰灰骑兵团轻而易举地横扫这个中队，不到三分钟，敌人就都被消灭了。那片草地此前就像凤凰公园一样嫩绿平整，转眼就满是死伤的士兵、背包、武器和各种装备了。"①

与此同时,在这个旅的左侧,范德勒的骑兵和一些荷兰-比利时龙骑兵将狄昌特的部队赶到帕佩洛特村之外。而在右侧,法军胸甲骑兵因为突然下陷的横路而阵势大乱,英国第2内近卫骑兵团趁机杀来,将其冲散。再往西去,第1近卫龙骑兵团和第1内近卫骑兵团在高地边缘迎战法军胸甲骑兵,一番激烈厮杀之后冲开敌阵,与庞森比旅一起冲到了对面的山坡上,砍断法军40门大炮的系索,刀劈那里的炮手。

然而,拿破仑正等着复仇的时刻,他现在派出了一支由枪骑兵和龙骑兵组成的强大部队,以不可阻挡之势扑向阵形已乱的英军,杀得对手人仰马翻。作战英勇的庞森比和数百名部下倒在了这里,若非范德勒的骑兵挡住了追兵,恐怕没有几个人能够生还。不过,联合旅还是挽救了战局。埃尔隆军的两个纵队已在山脊上获得了立足点,正是英军骑兵突然发起冲锋,才使法军眼看到手的胜利变成了一场惨痛的溃败,伤亡超过了5000人。

两军似乎都在这场激战中消耗巨大,暂时放松攻势,重整队伍。威灵顿命令兰伯特旅的2200名半岛战役老兵填补左翼的缺口,这些部队是当天早上刚刚抵达的。法国皇帝同样焦躁不安,这从他猛吸鼻烟就可以看出。他上马来到前线,接受血染战袍的枪骑兵和饱经磨难的步兵的欢呼。他刚收到格鲁希的又一份报告,知道后者没有希望很快抵达,便命令炮兵再次猛轰英军队列和乌古蒙,奈伊同时率埃尔隆军中损失最小的两个旅再次攻击拉艾圣。在农庄的建筑物面前,他们再一次被顽强的德意志人击退,威灵顿也及时地向那里派出援军。②乌古蒙的谷仓和礼拜堂的一部分燃起熊熊大火,但

---

① 《滑铁卢书信集》,第60—63、70—77、81—84、383页。整个旅还不到1000人。E.伍德爵士,《滑铁卢战役中的骑兵》,第126—146页;西博尔内(Siborne),第2卷,第20—45页。
② 乌赛(《1815》,第354、499页)承认法军被击退。

英国近卫军仍坚守不退。虽然手下的精锐部队在各处顶住了敌人的攻势，战线上的几处缺口仍使威灵顿公爵忧心忡忡。荷兰－比利时部队的许多官兵已经逃到后方；杰克逊传令作为预备队的荷兰炮队前进时看到了这些逃兵，而他传达的这条命令也遭到了违抗。他说道："我望着森林的边缘，隐约所见的情景令我震惊。那里好像有整连整连的士兵，枪支摆放得整整齐齐，煮饭的大锅下面火光耀眼，士兵们则东倒西歪地抽着烟！"[1]

前线的景象大不相同。这部大戏的第三幕就要开场。有史以来最猛烈的半个小时炮轰之后，大批法军骑兵蜂拥而来，势同山崩地裂，面临危险，威灵顿的亲信部队迅速布成"棋盘格"阵形，这本是为最可能遭受攻击的阿尔滕师安排的。拿破仑当然希望以一次强劲的骑兵突击粉碎威灵顿，或者剪其羽翼，以便发动最后一击。当天早上在卡尤农场，他曾说："我将动用强大的炮兵，再以骑兵冲锋，然后我将亲自率领老近卫军进攻。"在他的历次战斗中，大规模使用骑兵都算不上新鲜事。他以这种战术取得明显的优势，尤其是在德累斯顿。他认为遭到炮火大量杀伤的步兵不可能挡得住自己的骑兵。法军骑兵在战役开始时有15000人，此时还没有受到损失，对乌古蒙和拉艾圣的最后几次攻击已在一定程度上扫清了道路，那里的守军只能一心自保，没有反击之力了。

不过，奈伊的第一次冲锋发动得太早了。毫无疑问，他是被英军一线部队的退却行动误导了。这些部队只是退到山后不远处的地方，躲避法军的猛烈炮火，可他却将这一谨慎之举看成撤退的迹象，派出了米约的胸甲骑兵；这些威风凛凛的骑兵纵马向前时，帝国卫队的猎骑兵和"红色"枪骑兵也加入了他们的行列。五千多名法国骑兵冲下

---

[1] 巴兹尔·杰克逊，《滑铁卢与圣赫勒拿岛》，第34页。米夫林说开小差者有1万人！虽然对荷兰－比利时作家努力为其同胞开脱表示同情，但我在此必须承认杰克逊的证据确凿。另见奥曼先生在1900年10月的《19世纪》杂志上的文章。

山谷，在山脚整队后在炮兵掩护下开始冲上山坡。在山顶上，同盟军的火炮向其平射，尽管损失惨重，他们还是横扫炮兵阵地，从山后的斜坡冲向同盟军的方阵。同盟军一轮又一轮的齐射效果骇人，幸存的法军骑兵掉转马头，奔入各个方阵之间的空隙中。第二队和第三队骑兵的冲锋也没有取得更大效果，他们本以为守军只能垂死挣扎一下，如此顽强的抵抗令其震惊，因此散落成群，踌躇不前。

巴兹尔·杰克逊说："至于所谓的冲锋，我想真正的碰撞一次也没有。很多时候，我都看到胸甲骑兵勇猛地冲到方阵前20或30码的地方，看到我们的士兵稳如泰山，他们总是躲到一旁，缓缓撤退。有些时候，他们停下来紧紧盯着排成三层的刺刀，两三位勇敢的军官冲到前面、用马刀挑起头盔，试图催促士兵们进攻——但无济于事，怎么努力都无法使士兵们靠近那骇人的刺刀，因为那是自取灭亡。"①

后方步兵方阵的火力发挥作用之后，英军骑兵扑向踌躇不前的大队法军，将其逼退后，英军炮手从方阵中出来，向他们猛烈开火。几分钟之内，本来似乎要吞没英军步兵的大批骑兵不见了，而红蓝棋盘格则傲然挺立，本应被塞住火眼的大炮又给了敌军很大的杀伤。混乱不堪的法军在山下重整队伍，准备新的冲锋，而其支援部队也击溃了英军的骑兵。

第二次攻击中，奈伊得到了强大的增援部队。皇帝命令克勒曼和居约率领帝国卫队的重骑兵向前，将骑兵的人数增加到了将近1万人。奈伊一马当先，率领这支令人敬畏的队伍，再度冲上山坡。但威灵顿也用生力军加强了阵线，并调来了默瑟手下的6门9磅炮，支援不伦瑞克部队的两个团，这两个团已在法军炮火猛轰下阵脚大乱，危在旦夕。在已如潮水般涌上山顶的法国骑兵面前，这些茫然无措的小伙子能顶得住吗？看起来似乎是不可能的。但就在此时，默瑟的炮兵

---

① 巴兹尔·杰克逊，《滑铁卢与圣赫勒拿岛》，第35页。《滑铁卢书信集》，第129—144、296页；科顿，《滑铁卢之声》，第79页。

带着大炮飞速穿过两军之间,在地势较高的横路后面就位,向飞奔过来的敌军骑兵发射霰弹。阵地上顿时人仰马翻,英军炮手和步兵继续以密集火力打击不断涌来的法军,尸横遍野,挡住了前方幸存者的退路。幸存者中有些试图冲过炮兵阵地逃命,更多的人则苦苦挣扎,甚至挥刀乱砍,想从这场屠杀中冲出一条血路。

在其他地方,英军炮兵过于暴露,难以得到保护,只能又一次逃回方阵中。法军骑兵又一次包围了英军步兵,如同"惊涛拍打着乱石嶙峋的海岸;如山巨浪汹涌而来,在岩壁上碎裂飞溅,激起滚滚声浪,却又翻腾远去"。不过,与之前一样,法军的攻势仍然没能突破顽强的方阵,只能不知所措地停下脚步,偶然在局部发起冲击。"那些英国人永远都不会后退吗?"——皇帝大叫道,同时极目远眺,试图发现英军溃退的迹象。苏尔特回答:"我担心他们宁愿被切成碎片,也不愿后退。"可是,眼下撤退的是法国骑兵,他们在永不服输的英军步兵面前挫伤了锐气,而英国和德意志骠骑兵的再次反攻将他们赶进了山谷。

奈伊集结全部预备队,再次率骑兵进攻。但威灵顿公爵此时已将亚当旅和迪普拉的英王德意志军团派到乌古蒙后面;他们从侧面向法国骑兵开火,葡萄弹和霰弹的杀伤力依然强大;所有步兵方阵都稳如泰山,打退了一次又一次进攻;到下午6时,法军骑兵已全然无力再战,败下阵来。[1]

谁应该为这些徒劳的攻击负责?为什么法国步兵没有占据骑兵似乎已经夺取的阵地?毫无疑问,奈伊发动第一次攻击的时间太早,但以克勒曼和居约的两个骑兵旅加强第二次攻击的是拿破仑本人,他从没有亲自见证过英军的顽强,当然以为他们在如此强大的集团进攻下肯定会招架不住。而且,法军的攻击一次又一次地看到胜利的曙光,

---

[1] 乌赛,《1815》,第365、371—376页;肯尼迪,《滑铁卢笔记》,第117—120页;默瑟,《滑铁卢战役》,第1卷,第311—324页。

除了默瑟的炮队之外，同盟军中右路的火炮都已易手九次或十次了，前线上的步兵方阵也被包围了那么多次，拿破仑的幕僚们曾不止一次高呼胜利。

那么，为什么法国步兵没能取得全功呢？要理解这一点，我们就必须回顾一下总体形势。雷耶全军出动，仍未能拿下乌古蒙，埃尔隆军的有生力量在拉艾圣附近激战不休。最重要的是，普军出现在法军右翼，已令其感受到威胁。普军炮兵在布吕歇尔亲自激励下，经过不间断的艰苦跋涉，越过了拉斯讷河谷，下午4时30分，比洛军前锋从弗里舍蒙后的树林中冲了出来。根据雅南的说法，洛博军的7800人正要前往增援奈伊，此时却只能绕到右翼去阻击普军。①将近5时，普军大炮向多蒙和叙贝尔维的骑兵开火，后者很快退到洛博的战线上。

比洛率领他的3万人继续推进，向左翼迂回，在普朗舍诺瓦村得到了一个立足点，此时洛博已向拉贝尔阿莱昂斯撤退。这发生在下午5时30分到6时之间，也是拿破仑没有专注于大规模骑兵冲锋的原因。他渴望着突破英军方阵，但更为迫切的是打退来自后方的普军。因此，他命令迪埃姆率领4000名青年近卫军步兵夺回普朗舍诺瓦。他们发起了一次漂亮的冲锋，将又累又饿的对手赶到了旷野上。

皇帝对此优势心满意足，回过头来对付英军，命令奈伊不惜一切代价夺取拉艾圣。奈伊从未像这次一样渴望出征，错误和失败现在可以用夺取胜利或者战死沙场来弥补，无论何种结局都是他求之不得的。他胯下的坐骑已有三匹被击倒在地，但他依然毫不畏惧，率领东泽洛的部队和工兵去攻打那个农庄。不顾满脸硝烟，他声嘶力竭地鼓动那些几乎丧失信心的士兵们，唤醒他们的求胜欲望，这一次，他取

---

① 古尔戈（《1815年战役》，第6章）说，洛博尽管此前侦察过右翼，但4时30分才采取行动。拿破仑在圣赫勒拿岛谈及这个问题时，说法前后矛盾。有一次说洛博是1时30分开始行动的，另一次又说是4时30分。也许雅南的说法能解释洛博为何到那么晚才有切实行动。

得了成功。勇敢的德意志人已经坚守了五个小时，打退了一次又一次的冲锋，现在每人只剩三四发子弹了。常规的英国弹药无法用在他们的来复枪上，而他们自己在后方的储备弹药又遍寻不见。然而，子弹打光，他们用刺刀和石头又抵挡了一阵，法军甚至进不了那塌了半边的谷仓门。直到法国人爬上马厩房顶、冲进大门，巴林才带着勇敢的战士们从屋里逃到花园。这时到处都是"绝不饶过那些绿鬼子！"的喊叫声，没能逃到山脊上的德意志士兵都被刺刀捅死了。[1]

  这对同盟军来说是严重的挫折。法军此时将狙击手部署在农庄的四面围墙上，其余部队则攻上山脊，对英军前沿施以极大压力，一段时间里，拉艾圣后面实际上没有人守卫。这就是肯尼迪带给威灵顿的消息。威灵顿听后镇定自若，表现出了伟人强大的内心；正如A.弗雷泽爵士所言，每次战役开始时，威灵顿都显得冷漠甚至有些马虎，但面对危机，他总能从容应对，那份镇静超出了人们的想象。现在，他就处于这种状态中。他策马扬鞭，来到作为预备队的不伦瑞克部队驻地，率领他们来到形势危急的地方。肯尼迪集合阿尔滕师的残部，并从左翼抽调一支部队；范德勒和维维安的骑兵从战线左端向这里移动，也有助于稳定中路；沙塞的荷兰－比利时旅刚从布赖讷拉勒被召回，正在靠近战场，加强了同盟军的后援力量。

  倘若拿破仑迅速派出老近卫军和壮年近卫军冲击威灵顿的中路，法军仍可能旗开得胜。但当奈伊请求增兵时，他却暴躁地回答道："部队？你让我到哪里去找？我能造出部队来吗？"这时，普军又一次控制了普朗舍诺瓦，他只能再次转头应付，从老近卫军和壮年近卫军中各抽调一个营增援。这些久经沙场的老兵发动一轮刺刀冲锋，就夺回了这个村子，将比洛的部下赶到四分之一英里之外，洛博也重夺

---

[1] 巴林的叙述（《英王德意志军团》，附录21）说明，这个农场大约在最后一次骑兵大冲锋时被攻取。肯尼迪（《滑铁卢笔记》，第122页）和奥姆普泰达著作（卷末）中的说法同样明确；乌赛引自法国档案的证据（《1815》，第378页）说明此事无可置疑。

了北面的阵地。但皮尔奇军前锋已逼近战场，增援比洛；同时，齐滕军在泥泞小路上耽误了很长时间之后，终于接到布吕歇尔的命令开往普朗舍诺瓦，开始威胁斯莫安的法军右翼。不久，赖歇的16门大炮开火，稍微减轻了威灵顿左翼的压力。①

法国皇帝仍然满怀希望。他并不知道皮尔奇和齐滕两军已逼近战场。东面不时传来格鲁希部的炮声，尽管那位元帅发来的最后一份报告并不乐观，拿破仑仍然坚信他会来到战场，与普军捉对厮杀。他对暂时阻挡比洛的脚步感到满意，决定孤注一掷，出动老近卫军和壮年近卫军。他将两个营留在普朗舍诺瓦，三个营放在罗索姆作为最后的预备队，然后亲率9个营向前，组成空心方阵。前线的法军各团有的正在步步后退，看到近卫军的熊皮帽顿感振奋。为了鼓舞士气，皇帝派拉贝杜瓦耶传达了格鲁希近在咫尺的消息。

滑铁卢战役之所以与众不同，就在于那种满怀希望却又迟迟未见结果的紧张情绪，此时，这种情绪达到了高潮。双方持续激战了八个小时，同盟军坚信普军必将赶到，法军则同样盼望着格鲁希的出现。就在这生死时刻，确定最终胜利的消息传来了。埃尔隆和雷耶的部队或在拉艾圣农庄后的山顶，或在乌古蒙庄园墙边，又一次为胜利而奋勇作战，帝国卫队的方阵则沿着此前骑兵大规模冲锋的路线，蜿蜒穿过山谷。在拉艾圣西南方的高地上，拿破仑下令一个营停下脚步，其余八个营交给奈伊指挥，这些士兵从他身边走过时，无不报以热烈的欢呼。这时，两名副官从右纵马而来，告诉他普军推进的消息，但他听而不闻，眼睛紧盯着帝国卫队。②

在旋风般的炮火掩护下，老兵们发起冲锋。他们在利尼之战中损失很小，还有整整的4000人。最初，他们排成一个纵队，每列大约

---

① 奥莱赫的著作，第243—246页。《滑铁卢书信集》（第22页）驳斥了赖歇夸大的说法（《回忆录》，第2卷，第209—215页）。
② 这件事是拿破仑的佛兰芒向导拉科斯特（德科斯泰）告诉W.斯科特爵士的。《拿破仑传》，第8卷，第496页。

70人。靠前的几个营向今天的比利时纪念碑以西不远处开进，但不知道什么原因，其余部队却向左偏行，比其他人更晚爬上山坡，也更靠近乌古蒙。领头的几个纵队得到了侧翼轻型火炮的掩护，右侧又得到东泽洛师的有力支援，尽管博尔顿和比恩的炮队射出的葡萄弹和霰弹如同雨下，打得他们"如同风中的麦浪"，仍然顽强地向前推进。老近卫军司令弗里昂受了重伤；奈伊的坐骑中弹倒地，但这位英勇的战士站起身来，面无惧色，挥手示意士兵继续前进。法军攻势如潮，越过山脊并突破英军炮兵阵地，似乎已经胜券在握。他们面前好像没有多少敌军，因为梅特兰的部队（第1近卫步兵团2营和3营）卧倒在横路的斜坡之后，以躲避猛烈的炮火。当法军推进到60步之外时，威灵顿公爵大声下令："近卫军起立，准备战斗！"英军从漫长的阵线上发出一轮齐射，使法军纵队有些散乱，似乎逼得他们全队后撤，法军军官挥舞佩剑，企图让士兵们排成横队，但无济于事。法军遭到梅特兰旅的迎头痛击，侧翼又遇到英军第33团和第69团步兵方阵的进攻，沙塞率领的荷兰-比利时部队更是火力凶猛，[①]这支不可一世的部队也终于被打得七零八落。索尔顿勋爵高喊："小伙子们，现在是时候了！"英军就像一道细细的红线逼近敌阵，法军被迫仓皇逃下山坡。

  靠近山脚，得胜的英军遭遇了帝国卫队后队的火力打击，他们并没有因为前队的失败而畏缩，仍以逼人的气势向山上扑来。这时，科尔伯恩指挥山顶的第52（牛津郡）团排成与敌军攻击路线平行的横队，向其侧翼猛烈开火，法军的反击也同样猛烈；梅特兰的部队在山顶重整队伍，从正面向法军齐射。乌古蒙后面的一些汉诺威部队也骚扰法军后方。抓住法军纵队在各路火力打击下苦苦挣扎的有利时机，科尔伯恩激励士兵发起冲锋，并在第95来复枪团2营的帮助下，彻底打消了法国人的最后一线希望。此时，第71团也前来支援，他乘胜前进，一路打扫战

---

① 参见布尔杰的《滑铁卢的比利时人》（1901年版），第33页。

场,直至拉艾圣农庄的果园。①

皇帝注视着这次攻击,起初满怀希望,因为弗里昂带伤归来时报告说,胜利已经在握。可当残酷的现实摆在眼前,他不禁面容失色。"为什么!他们已经一片混乱了,"他叫道,"现在一切都完了。"法军整条战线都感受到了这样的痛苦。东泽洛的进攻一度使霍尔基特旅岌岌可危;帝国卫队发动进攻和格鲁希逼近战场的传闻使法军人人充满希望,但当那些老兵仓皇败退、齐滕率领的普军又从帕佩洛特涌入时,全军上下顿时笼罩在绝望之中。有人大喊"近卫军撤退了!",随后又传来了"背叛!"的骂声。威灵顿公爵注意到敌军阵中的混乱,命令英军发动渴望已久的全线反攻。埃尔隆的几个师前有那条"红线"的威胁,后有科尔伯恩势头强劲的冲击,一下子便四分五裂,溃不成军了。在这如同退潮般的溃败中,只有三个营坚如磐石,那就是被英军击退后于拉艾圣以南高地上集结到皇帝身边

---

① 法兰西帝国卫队在这次进攻中的队形和兵力已有过许多争论。梯也尔完全忽略了第二纵队;乌赛称它的兵力只有一个营,但他的说法缺乏说服力。在《1815》第385页上,他说帝国卫队的9个营进入山谷,但在389页上又说只有6个。其他权威人士一致认为,加入进攻的有8个营。至于队形,乌赛提出许多证据证明采用的是空心方阵。在此再提出一个证据。19日,巴兹尔·杰克逊沿着乌古蒙后方不远的山坡和山脊策马而行,与一些帝国卫队的伤兵交谈。"他们躺在地上时组成了一个庞大的方阵,中间是空的。"(《滑铁卢与圣赫勒拿岛》,第57页)。梅特兰(《滑铁卢书信集》,第244页)说:"先是一个庞大的纵队,后来分成两个部分"。高勒(第292页)补充说:"第二个纵队分成两个部分,紧靠在一起,整个侧翼比我们的第52团还要长得多。"所有这些描述与空心方阵的攻击队形很难保持一致,但也许这些方阵(或者长方阵)相互靠得太近,看上去像密集的纵队。英军士兵没人能看出这个集群是实心还是空心的,但很自然地认为是实心的,从而过高估计了他们的兵力。空心方阵组成的纵队确实是一种古怪的队形,但在抵挡骑兵和压倒步兵时并非不适宜。
我不能接受乌赛的观点(《1815》,第393页),即法军方阵在四个不同的地方攻击英军阵地——从右翼的第52团到中路的不伦瑞克部队,东西相距1英里。唯一有利于此的证据是麦克雷迪(Macready)提供的(《滑铁卢书信集》,第330页)。他说攻击自己所在方阵(第30团和第73团)的士兵属于壮年近卫军,因为法国伤兵是这么说的;但同一个方阵的凯利认为那些是东泽洛的部下,该部确实攻击了此处。西博尔内看起来根据的是麦克雷迪的陈述,称帝国卫队的纵队中有一部分转到那里作战,但这可能性不大。不到4000人的帝国卫队,真的会分散兵力、在超过四分之一英里的战线上发动进攻吗?列成纵队不是通常的攻击方法吗?因此,我认为帝国卫队以空心长方阵组成两个主要纵队发动进攻,与已知的事实是相符的。参见珀蒂耶在1903年4月《英国历史研究》上的叙述。

的帝国卫队。亚当旅的三个团在他们面前停下整队，但威灵顿命令道："继续前进，他们顶不住的。"科尔伯恩于是发动冲锋，法军终于败下阵来。

此时，落日的最后一道余晖照到战场上，只见英军骑兵剑光闪闪，无情地落在敌人身上。整个白天都养精蓄锐的范德勒和维维安骑兵旅悄然冲向敌阵，效果惊人。法军转入溃败，蜂拥地逃到帝国卫队最后几个方阵周围。拿破仑在其中一个方阵里暂时躲避，仍然希望集结部队，而方阵之外的奈伊挥舞着砍缺了口的佩剑，奔走于一群群残兵败卒中，怒气冲冲地对逃跑者喊道："懦夫！你们忘了大丈夫应该怎样赴死了吗？"[1]

但是，法军的恐慌情绪已无法控制。亚当旅抵近支援英军骑兵，9时刚过不久，普朗舍诺瓦敲响了法军最后的丧钟，普军终于攻破了法军的顽强防守，发出了胜利的欢呼。"近卫军宁死不降"——有些人认为这话是米歇尔说的，也有人认为是康布罗纳倒地昏迷之前说的。[2] 不管说没说过，这样的想法激励着法军整连整连地为了捍卫军旗的荣誉而战死。可是他们的统帅，为何没有与之同命运、光荣赴死呢？古尔戈说，是苏尔特强迫拿破仑离开战场的。如果此话属实（乌赛不相信这种说法），那就是苏尔特对主人所做的最恶劣的一件事。对于拿破仑而言，唯一有尊严的做法就是践行自己最近的宣言：对于每个有志气的法国人来说，或战或亡，就在此时。自食其言、可耻地逃跑，只会引来法国政治生活中最糟糕的对待——嘲笑。

这种逃跑行为确实可耻。威灵顿疲惫不堪的部队在黄昏中多次不分敌我地胡乱厮杀，终于在罗索姆以南停下脚步，将追击任务交给了普军，后者中许多人未尝一战，现在可以痛饮复仇的美酒了。玉兔

---

[1] 雅南，《滑铁卢战役》，第45页。
[2] 贝特朗在圣赫勒拿岛上说，他听到米歇尔说出了这些话。（蒙托隆，《回忆录》，第3卷，第4章）

第40章　兵败滑铁卢

初升,格奈泽瑙在一片清辉下率领骑兵追击,其凶猛之状远胜于耶拿时的法军。拿破仑希望在热纳普站住脚,但那里挤满车辆,成群的士兵争先恐后地登上狭窄的桥梁。听到刺耳的普军号角声,恐慌情绪更甚,皇帝离开车驾,在敌人的喊杀声中乘马逃走。法军七次在露天扎营,但都被追兵赶走。在四臂村,拿破仑再一次试图集结少量部队,但没等他动手,普鲁士枪骑兵就追来了。拿破仑面色惨白、泪满双颊,在黎明的微光中又逃过了一个杀戮战场。在沙勒罗瓦再度徒劳无功后,他只能匆匆赶回巴黎,跟随其后的是一群群士兵,总计有大约1万人,参加滑铁卢战役的大队法军,只剩下这么一点残兵败卒了。滑铁卢战役中,法军伤亡25000人,数千人被俘,其余被打散后返回家乡。威灵顿手下伤亡10360人,其中英国人6344人,普军损失大约6000人。

拿破仑失败的原因并不难寻。17日没有及时追击布吕歇尔和威灵顿,使两位同盟军统帅保住了有利的阵地,并制订了一个直到危急关头他都没能摸清的计划。他过于自负,蔑视威灵顿,在战斗开始时鲁莽行事,无谓地消耗力量。当普军出现时,他又低估了其兵力,直到最后仍认为格鲁希将前来夹攻对手。但是,由于缺乏迅速、清晰和详细的指令,那位元帅误将瓦夫尔当成攻击目标,造成了致命的后果。尽管西面炮声隆隆,他仍坚持这一奇怪的路线,而拿破仑却孤注一掷,全力攻击威灵顿。这是惊人的大胆举动,但他在前往圣赫勒拿途中对科伯恩解释道,他仍然坚信格鲁希正在逼近战场,对普军的行动没有感到任何不安,"这些行动实际上已被遏制,他认为自己在那场战役中已经占据上风,而不是处于不利境地"。这种解释看来是诚恳的,但是,哪一位伟大的统帅会仅仅依靠一位几乎未经考验的指挥官保障后方安全,然后赌上最后的预备队呢?更何况,那位指挥官并没有传来任何信息,证明自己配得上这种希望。

这里，我们就触及了拿破仑思想上的弱点。他拥有超人的洞察力和气魄，就常常认为手下爱将们也同样受到上天的眷顾。而且，他一直极其藐视对手。因为年轻时与二流对手交锋百战百胜，使他无法改变积习，练就与威灵顿、格奈泽瑙和布吕歇尔这样的军事天才较量时应有的谨慎。直到他毁了自己和法国之后，他才意识到自己的错误，以及同盟国统帅们的长处。前往英国途中，他向贝特朗坦承："威灵顿公爵的治军才能完全不在我之下，他的长处是比我更为谨慎。"[1]

第四版增注：

在拙著《拿破仑研究》（乔治·贝尔父子公司，1904年）中有一篇题为《普鲁士军在滑铁卢战役中的协同作战》的论文，讨论了多个关于滑铁卢战役的难题。在那篇论文中，我指出一些德意志作家的如下看法不准确或者夸大其词：（1）威灵顿在利尼对布吕歇尔背信弃义，（2）滑铁卢战役当天，他预计普军要很晚才能前来相助，（3）胜利主要归功于布吕歇尔和格奈泽瑙。

---

[1] 马他伦的《叙事》（Narrative），第222页。巴兹尔·杰克逊在圣赫勒拿岛上与古尔戈相熟，从他那里得知，他无法完成对滑铁卢的记述，"因为拿破仑对于如何描述这场大战的结束，始终未做决定；他（古尔戈）曾提出了至少六种不同的方式，但拿破仑都不满意"（《滑铁卢与圣赫勒拿岛》，第102页）。古尔戈的《日记》表明，拿破仑先后将失败归咎于大雨、奈伊、格鲁希、旺达姆、居约和苏尔特；不过最后他说："这是宿命；因为即便有这种种原因，我也本应赢得这场战役。"

第41章　从爱丽舍宫到圣赫勒拿岛

拿破仑并不认为滑铁卢战役是对他的最后一击。战役结束次日，他在菲利普维尔写信给哥哥约瑟夫，说他将迅速征调30万士兵保卫法国，他将把拉车的马匹用来牵引大炮，征召10万名新兵，并用从保王派分子和心怀不满的国民自卫军手中接管的枪支武装他们。他将唤起多菲内、里昂和勃艮第等地区的民众，将敌人淹没在汪洋大海之中。"但人民一定要帮助我，不要让我不知所措……写信给我，告诉我这件倒霉的事情对议院有何影响。我认为议员们将坚信，在此关键时刻，他们的职责是团结在我周围，拯救法兰西。"[1]

当时，拿破仑受到了挫折，但他的坚强意志并未受损。滑铁卢只不过是比拉罗蒂埃更大一点的失败，需要比1814年更大的努力去抵御强敌罢了。这就是他的想法，甚至在不知道格鲁希正从普军手中逃出的情况下也是如此。这封信表达了坚定的决心。驱使一个疲惫的民族去对抗整个欧洲，是件邪恶的事，他也会毫不顾忌地去做。他还不具备那种宽广的胸怀，可以毅然决然地离去，以免这个民族再一次因他的天才而狂热，招致毁灭。他似乎无法想象，离开他，法国才会有幸福与繁荣，而只想着能够与这一牢不可破的联盟继续斗争，对抗全世界。

6月21日早晨抵达爱丽舍宫时，他的心思大抵如此。有一段时间，

---

[1] 《未发表的拿破仑书信》，第2卷，第357页。

他十分激动。"我的上帝!"他对着拉瓦莱特仰天长叹,在房间里来回踱步。但洗了个热水澡以后——他总是这样缓解疲劳,屡试不爽——他平静了下来,和大臣们讨论国防计划。较为果敢者建议两院休会,宣布巴黎戒严;其他人则表示反对,认为这一措施将引发内战。会议开了许久,皇帝只有一次强打精神,宣布一切还没有结束;能够拯救法国的是他,而不是议会。如果事实真是如此,他就应该走到议员中间去,以威严的声音激励他们,或者立即将其解散。蒙托隆说,康巴塞雷斯、卡诺和马雷建议这么做,但多数大臣力劝他不要以疲惫之躯置身于群情汹涌的议会风暴之中。在圣赫勒拿岛上,他曾对古尔戈说,尽管疲劳,如果他认为有可能成功,还是会努力一番的,但他并无成算。①

此时,众议院正在采取强有力的行动。滑铁卢惨败的情景已从伤兵口中不胫而走,为此深感痛苦的议会急切地赞成拉斐特的提案:无限期开会,宣布任何解散议会的企图为叛国行径。如此强硬的对抗态度,让人想起26年前的"网球场宣誓",令皇帝惊得目瞪口呆。吕西安让他准备发动政变,但拿破仑认为采取这种行动的时代已经过去了。他从大革命继承的物质与精神财富已挥霍殆尽。革命的军队已葬身于西班牙、俄国、德意志和比利时的国土上;这十年来,他野心勃勃,不计后果地四处征战,使本来大有可用的卢梭军事专政理论彻底破产了。民心疲惫、财源枯竭的法国正离他远去,回归自由的本源——它的国民代表们。

当他和吕西安在爱丽舍宫花园中来回踱步时,脑海中掠过的无疑就是这些想法。外面的一群联邦党人和工人狂热地为他欢呼。他微笑着向其致意;但帕基耶说,"从他的眼神中,能看到痛彻心扉的悲伤"。确实,他可以带着这些缺乏头脑的乌合之众去反对议会,但那就意味着内战,他退缩了。吕西安仍然恳求他出手,他以丹东式的简

---

① 古尔戈,《未发表的圣赫勒拿岛日记》,第2卷,第321页(小版本)。

第41章 从爱丽舍宫到圣赫勒拿岛　　835

洁轻声道："大胆地干吧！"可是，他的哥哥回答："唉！我已经大胆地干了太多了。"达武也说，为时已晚，议员们已牢牢控制住政府，并得到了巴黎国民自卫军的保护。

拿破仑就这样随波逐流。事实上，法国的分裂令他"不知所措"。这不是他熟悉的法国，这片土地已经是空谈家和叛徒的天下。他的大臣富歇正在致力于削弱他的权力，他却不敢下令枪毙富歇！这位专制君主无可奈何，只能焦躁地来回踱步，或是呆坐当场，恍如梦中！晚上，卡诺前往贵族院，吕西安前往众议院，恳求全国团结一致，对抗反法同盟，但无论是卡诺的简单真诚，还是吕西安出于兄弟情义的如火热情，都同样无济于事。当吕西安最终大声疾呼，反对任何背弃拿破仑的行为时，拉斐特愤然出言反驳，就法国为拿破仑的荣耀做出的巨大牺牲发表一番长篇大论，最后说道："我们为他做得够多的了，我们的责任是拯救祖国。"

次日，消息传来，格鲁希从普军手中逃脱，拿破仑大军的残部正在拉昂集结。这一鼓舞人心的消息会不会使皇帝胆气顿生，弹压不听号令的议会？情况显然十分危急。他必须退位，否则就将其废黜——这就是议会致信爱丽舍宫的主旨；但是，议会在采取行动之前，给他留了一个小时做决定。中午刚过，根据大臣们的建议，他走出了宫廷生涯的最后一步。吕西安和卡诺花了一段时间，请求他宣布退位时表明，由其子取而代之；①他这么做了，但尖刻地评论道："我的儿子！真是痴心妄想！不，我的皇位让给了波旁王室！至少，他们不是维也纳的囚犯。"

议员们同意他的观点。尽管波拿巴派分子狂热地努力，他们还是抛开了拿破仑二世，实际上完全不承认这位王储，并立即任命了一个五人执政委员会，包括卡诺、科兰古、富歇、格勒尼耶和基内特。其中三

---

① 吕西安，《回忆录》，第3卷，第327页。

人是当年的弑君者，富歇被选为委员会主席。拿破仑辛辣地评论道，他是让位于罗马王，而不是由一个卖国贼和两个黄口小儿组成的督政府。从这番评论就可以估量出，他对一切如此之快地回到雾月政变之前有多么愤怒。他有理由愤怒，在空谈家逼迫下退位已十分可恨；富歇接替自己，更是不可饶恕的侮辱。但最大的羞辱还在后面，25日，他接到了那个卑鄙的阴谋家的命令，要求他离开巴黎。

滑铁卢战役后的第一个星期天，他遵守命令，悄悄乘车前往马尔迈松，在那里与奥尔唐斯·博阿尔内及几位挚友会合。约瑟芬在他第一次退位后不久，于那里的寓所去世，拿破仑就在这座不吉利的房子里心神不宁地度过了四天。有些时候，他也充满了斗志。他给《箴言报》寄去了一篇宣言，敦促军队"做出更大的努力，反法同盟就一定会瓦解"。但富歇下令不准发表这篇宣言。

与此同时，入侵者迅速向贡比涅扑来。他们没有遇到任何全国奋起抵抗的企图，这一事实证明，拿破仑在3月受到欢迎，主要是因为军队的忠诚，以及民众对波旁王室的普遍厌恶。如果以为举国上下真心拥护他的那股激情，会因为一次失败而消失得无影无踪，那是对法国人民的污蔑。临时政府徒劳地试图请求停战，以阻挡同盟军的进攻。威灵顿断然拒绝了这一要求，但布吕歇尔宣称，如果将拿破仑交给他，不管是死是活，他会考虑这个问题。听到这个消息，威灵顿立刻给他的盟友写了一封私人抗议书。对此，格奈泽瑙宣布，由于公爵受制于英国议会的各方面考虑，且拿破仑这个恶棍的一生所为都有利于英国势力的扩张，因而希望延长他的生命，那么，普鲁士将力求把拿破仑交由他们处决，这是符合维也纳大会宣言的。[①]

但是，临时政府还是公正地对待拿破仑。26日，富歇派贝克尔将军去监视他，并建议他动身前往罗什福尔，并从那里去美国，临时政府

---

① 斯图尔特6月28日的公文。英国外交部档案，法国部分，第117号；格奈泽瑙6月27日给米夫林的信，《我的生活片断》，附录。

正为此向威灵顿申请通行证。贝克尔发现，这位废帝情绪变化无常。有时候，他看起来"无精打采，非常在意自己的舒适安逸"，用餐时狼吞虎咽。有些时候，他又装出很高兴的样子，甚至有点粗鄙，为了表示对贝克尔的好意，用手去扯他的耳朵。他的计划也随着情绪而变化，曾宣称要投身法国人民中间，奋战到底；转而又说要去罗什福尔，只与贝特朗和萨瓦里相伴，从那里乘船躲过英国舰队；可是当贝特朗夫人大声斥责说此举对她过于残忍时，他很快就放弃了这一计划。[①]

他这段时间的心绪难以捉摸。除了有一次情绪爆发，向拉瓦莱特倾诉了对法国局势的惋惜之外，他似乎没有意识到自己给这片土地带来了难以名状的灾难。他夺取政权时，这个国家正处于胜利扩张的阶段，现在却屈服于同盟国和波旁王室。他在航行途中频频提起上流社会"反复无常"，背叛了他，对此表示痛恨和鄙视，从这一点来看，那正是他心中最强烈的感受。这也就可以解释他为何摇摆不定：到底是孤注一掷，与同盟军做最后一搏，还是到美国重整旗鼓，再干一番现已无法在欧洲继续的事业？

他当然不会因为绝望而变得迟钝和麻木。他仍急切地思考着国家大事，似乎无法理解这些事情居然已不在自己的掌握之中；他的行为表明，他仍是个政治人物，对于这种人来说，权力是至关重要的。当他和忠诚的追随者们告别时，并没有流露出深刻的感情，但这究竟是出于冷酷的内心、对自己倒台的怨恨，还是为了保持庄严的气度，就难以说清了。他的勋章设计师德农辞行时抽泣不已，这时拿破仑说道："亲爱的，我们不要激动。在这种危急关头，我们唯有冷静。"面对一个感性的民族，这无疑是他统治力的一个源泉。他的感情只是理智的奴仆，而非主人。

此时，普军正在逼近巴黎。29日早上，他们抵达阿让特伊，布

---

① 克罗克（Croker，《文件集》，第3卷，第67页）从若古那里听到这一叙述，若古又是从贝克尔那里听来的。

吕歇尔派一支快速突击部队去夺取马尔迈松附近塞纳河上的沙图大桥，并于第二天夜间抓捕拿破仑。但达武和富歇消除了这一危险。达武元帅在塞纳河上最靠近马尔迈松的几座桥设置路障，或者干脆将其烧毁，富歇则在28日夜间向拿破仑发出命令，让他立即前往罗什福尔，由两艘巡防舰将其送出海，尽管英国的通行证还未收到。

拿破仑收到消息后十分平静，随后，他以不同寻常的热情，请求贝克尔向政府提出一项计划：迅速集结巴黎周围的部队，然后由他以"波拿巴将军"的身份，先后对布吕歇尔和威灵顿发动奇袭——两人的部队此时相距两天的行军路程。击溃敌军之后，他将重新启程到海边去。执政委员会不同意这项计划，报告显示，法军部队士气十分低落，根本没有希望取得胜利。[①]如果又和蒙米拉伊战役一样从布吕歇尔手中夺取胜利，那会为拿破仑增添更多荣耀，还是让法国继续无谓地流血呢？那些将世界看成英雄豪杰的竞技场、普通百姓只能是牺牲品的人，当然会为这一计划欢呼喝彩。但是如果是对法国负责任的人，只会将此看成拿破仑一意孤行、盲目乐观的最后证明，或者他难以遏制的野心的一次闪现，也可能是他最后一次为权力而发动的疯狂反扑。听说自己的计划遭到拒绝，他的愤怒溢于言表，不过，下午6时，他还是启程前往罗什福尔了。这样，普军迟到了几个小时，与他们的猎物失之交臂。陪同拿破仑的是贝特朗、古尔戈和贝克尔。

7月3日，拿破仑途经尼奥尔抵达罗什福尔，两处的军民都对他热情欢呼，唤醒了他的战斗本能。由于西风劲吹，两艘巡防舰迅速通过任何一个出口、避开英国巡洋舰的希望成为泡影，于是他再次请求指挥法军，此时法军已开始从巴黎撤往卢瓦尔河之后的防线。他的提议再次遭到拒绝，临时政府频频发来信息，催促贝克尔将他带离欧洲大陆。这是他最好的朋友们的愿望。7月4日，巴黎向同盟军投降，法国

---

① 奥莱赫的著作，第350—360页。法国骑兵在凡尔赛附近的胜利是因为异常情况。

保王派分子和普鲁士人都急切地想抓住拿破仑，因此，当他坐下来制订卢瓦尔河一线的作战计划时，摇摇欲坠的巴黎政府却催着他赶紧动身，并向他暗示，如果继续拖延可能会动用武力。7月8日，他满怀伤感，登上了停泊在夏朗德河口对面艾克斯岛附近的萨勒号。

他现在处境狼狈。巴黎的命令明确禁止他再度踏足欧洲大陆，多数的大城市也已经挂起白旗。他面前的比斯开湾有英国巡洋舰来回搜索，法国海军军官们对从那里逃脱不抱多大希望。拿破仑的随从现在包括蒙托隆、拉斯卡斯和拉勒曼德，他们谈论了从吉伦特河出海、藏在当时停泊于罗什福尔的一艘丹麦小帆船货舱或者两艘停泊于艾克斯岛以北的渔船中逃走。但由于英国巡洋舰在各处严密监视，这些计划都不得不放弃了。次日，巴黎发来一封公函，命令前皇帝在24小时以内起航。

第二天，拿破仑派萨瓦里和拉斯卡斯送一封信到在主航道（奥莱龙岛和雷岛之间）巡航的英国军舰柏勒洛丰号，询问拿破仑前往美洲的批准文件是否已经送到，是否会阻止他起航。萨瓦里还问道，拿破仑如果乘坐商船，是否会遭到阻止。舰长马他伦已接到拦截拿破仑的严令，但为了争取时间，等待海军上将霍瑟姆率其他军舰赶到，他答复道，他将以武力拦截法国巡防舰，在得到舰队司令同意之前，也不允许拿破仑乘坐商船出航。柏勒洛丰号、密耳弥冬号和斯莱尼号此时已相互靠近，在中央航道上戒备，南北两条较难通行的航道则各有一艘护卫舰监视。①

随后是前途未卜、痛苦难熬的三天。12日，路易十八进入巴黎、临时政府垮台的消息传来，整个法国都升起了鸢尾花旗。13

---

① 马他伦（《叙事》，第23—39页）反驳了梯也尔关于当时没有预料到拿破仑出现在那里的说法。马他伦7月10日写给霍瑟姆的信（外交部档案，法国部分，第126号，《叙事》中没有收录）最后说："从送信人急于出发这一点看来，他们似乎受到巴黎政府的很大压力。"霍瑟姆7月8日给马他伦的指示极其严格。参见我在《拿破仑研究》（1904年版）中的论文。

日，约瑟夫·波拿巴与弟弟在艾克斯岛最后一次见面。蒙托隆说，这位前西班牙国王提出留下来假扮皇帝，让后者有机会乘坐中立国船只从吉伦特河逃走。古尔戈没有提到任何这样的提议，贝特朗在7月14日写给约瑟夫的信中也只字未提。无论如何，这件事没有发生，因为保王派横行于大陆之上，又有两艘英军巡洋舰在吉伦特河上游弋。兄弟俩惨然分别，一去竟成永诀。拿破仑一行人再次讨论了其他计划，但只能是又一次的放弃；13日晚上，拿破仑口述了如下信件，由古尔戈送去给英国摄政王：

"面对国内的党派纷争，以及欧洲列强的敌意，我已结束了政治生涯，像地米斯托克利一样流亡国外，请求英国人民的庇护。请求殿下准许我受贵国法律之保护，因敌国之中，以您最为强大、最为守信也最有雅量。"①

14日，古尔戈和拉斯卡斯带着这封信来到柏勒洛丰号，马他伦向他们保证，他将把拿破仑带到英国，古尔戈可以乘坐斯莱尼号先行一步；但前皇帝将完全由英国政府处置。最后一点向拉斯卡斯做了很清楚的交代，他懂英语（尽管最初佯装不懂）；不幸的是，马他伦没有强求他写下承认这一条件的书面文件。古尔戈被送到斯莱尼号，很快启程前往托贝，拉斯卡斯则到艾克斯岛向拿破仑报告情况。贝特朗随即写信给马他伦，说拿破仑将于次日登船：

"……如舰队司令应您转达的要求，发来赴美的批准文件，皇帝陛下将乐于前往那里；否则，他将自愿以私人身份前往英国，接受贵国法律的保护。"

或许拉斯卡斯误解了马他伦的言行，也可能是拿破仑希望以

---

① 这封信的日期反驳了拉斯卡斯的说法：这封信写于他与马他伦第二次会面之后，并且是因为马他伦提出了某些建议！
拿破仑提到地米斯托克利，得到了许多人的赞赏。可这又是为什么呢？那位雅典政治家在和平时期就与波斯人密谋反对雅典，被发现后投奔波斯君主，并因变节而得到了丰厚赏金。这简直是最不恰当的比喻了。

第41章 从爱丽舍宫到圣赫勒拿岛　　841

上述的言语欺骗这位舰长。马他伦并没有写信给霍瑟姆申请批准文书，也没有提到拿破仑希望去美国，只是承诺把他带到英国，交给摄政王处理。拿破仑毫不理睬最后一条约定，表示要以私人而非皇帝的身份前往英国。15日拂晓刚过，海军上将霍瑟姆的旗舰壮丽号出现在人们的视野中，拿破仑逃脱的希望全部破灭，他马上走出了去英国的这一步。离开法国双桅帆船雀鹰号时，他最后一次接受了"皇帝万岁"的欢呼，当他乘坐的小艇靠近柏勒洛丰号时，欢呼声渐渐减弱，几乎转为恸哭。英舰上的官兵以恭敬的态度相待，但没有向他行礼。他穿着帝国卫队猎骑兵上校的金红镶边绿军服、白色马甲和军靴；马他伦认为他是"一个非常强壮、体格健美的男子"。他神情愉快自如，问了一些关于这艘军舰的问题，甚至要求到处参观一番，此时天色尚早，士兵们还在冲洗甲板。他问道，柏勒洛丰号能否打败那两艘法国巡防舰，并默然同意了马他伦的肯定回答。对于所见的一切，包括挂在舱内的马他伦妻子肖像，他都表示了赞赏。舰长充分感受到了他那摄人心魄的魅力，尽管这位伟人有无数的本领，这一点也不能小视。

与拿破仑同行的有贝特朗将军夫妇。贝特朗身材修长、相貌英俊，虽然有些神经质、脾气急躁，但举止优雅，善于操持家务；他的妻子是牺牲于大革命中的爱尔兰人狄龙之女，娇小却不失气度。她举止活泼，正是热情天性的表现。这种天性因过去在宫中执礼的崇高地位而表现得淋漓尽致，如今却因为她和三个孩子即将面临痛苦的考验而受到了束缚。贝特朗夫妇曾随拿破仑前往厄尔巴岛，得到了他的完全信任。蒙托隆将军（伯爵）夫妇比他们年轻，伯爵身材矮小，但长相俊秀，夫人则甜美谦和。他们舍弃荣华富贵，甘愿侍奉流亡中的拿破仑，表现了对这位前皇帝的不贰忠心。拉斯卡斯伯爵是一行人中最为年长的，瘦削的脸上带着急切的表情，眼神闪烁不定，看得出是个善于搞阴谋的人。他曾是一名海军军官，在英国流亡过，《亚眠和约》签订后在拿破仑手下担任文官。现在，他带着年仅15岁、刚从国立中学毕业的儿子。萨瓦里和拉勒曼德很快就将离去，我们无须多加注意。其他人包括医生曼戈、侍从长马尔尚和蒙托隆夫妇机灵的小儿子。

旅途一路平安，拿破仑的健康和胃口总的来说都非常好，他也不像其他随员那样苦于晕船。穿着海军制服的拉斯卡斯身体柔弱，在船上痛苦万状，引得舰员们乐不可支，拿破仑也因此严令他换上便装，免得有损法国海军的声誉。对于这位伟人本身，舰员们很快就真心敬重了，其中一人对马他伦坦承："好吧，他们尽可以随意侮辱那个人，可是，如果英国人像我们这样了解他，就肯定更不会伤害他一根毫毛。"——这真是对天才魔力的赞颂！

经过韦桑岛时，他在甲板上待了很长时间，默默出神，忧郁的目光投向了那难以再见的故国。靠近托贝时，这位流放者大赞眼前的美景，将其与费拉约港相提并论。登上柏勒洛丰号之前的一切疑虑，显然都已烟消云散。人们对他都以礼相待，只有一次回绝了他的要求：他怂恿能讲一口流利英语的贝特朗夫人试探马他伦，看他是否愿意接受一只盒子，里面装着镶钻的拿破仑肖像，舰长很得体地拒绝了这一馈赠。[①]

在托贝，拿破仑一行人的麻烦开始变多。古尔戈于24日与他们会合，但他一直没有获准上岸。26日，柏勒洛丰号接到命令，继续开往普利茅斯，人们普遍相信流言所称：圣赫勒拿岛是他们的目的地。这一说法果然成真。7月31日，英国海军大臣亨利·邦伯里爵士和普利茅斯海军基地司令基思勋爵向拿破仑递交了英国政府的决定：为了避免对欧洲和平的进一步干扰，决定限制他的自由——"具体程度视需要而定，必须符合上述首要目的"——圣赫勒拿岛将是他的居

---

① 《叙事》，第244页（此书已于1904年由布莱克伍德公司再版）。

所,因为那里有益健康,比起其他地方,所需要的限制程度也较低。

对此,拿破仑提出了冗长的抗议,宣称他不是战俘,是在"事先与舰长商谈后",以乘客身份登上柏勒洛丰号的,他要求得到英国公民的权利,希望定居在远离大海的乡间,愿意在那里接受特派员对其行为和通信的监督。到圣赫勒拿岛,不出三个月就会要了他的命,因为他习惯了每天骑马走上20里格,宁死也不愿到那个岛上去。马他伦的所作所为是精心布设的陷阱,剥夺他(拿破仑)的自由,将使英国永远蒙羞;因为他愿意登上英伦三岛,是为摄政王提供了书写一生最光辉篇章的机会。英国官员躬身退出,拿破仑将基思叫了回来,当后者表示,前往圣赫勒拿总好过被交给路易十八或者俄国人,已成阶下囚的拿破仑大叫道:"俄国!天啊,别让我到那里去。"[1]

对他的这番话,我们没有必要仔细探究。上述事实已经说明,他已无计可施,马他伦也没有就他在英国的待遇做过任何约定。实际上,拿破仑从未指责过马他伦,而是留给拉斯卡斯去做,舰长也轻而易举地驳倒了这些含沙射影的攻击之词,且得到了蒙托隆的赞成。如果其中有什么误解,那也肯定是拉斯卡斯的错。[2]

让拿破仑无所事事地定居于英格兰中部,这种想法的确荒谬。这样一个醉心于雄图大业的人,如果没有事实和数字可以细细琢磨,没有千难万险需要克服,便会深受折磨,又如何能沦落为一个浅薄的太平绅士呢?即便他渴望退隐,英国的反对派和法国的异见分子又怎能任他自由潇洒?他必然成为欧洲不满分子的中心,此外,与同盟国之间的约定,也迫使英国必须牢牢地看管住他。拿破仑在签订《亚眠和约》期间,一再要求英国驱逐波旁王室,最后又不顾国际法而强行扣押1万名英国人,他的野心使英国的国债增加了6亿英镑。对于这样的人,英国人自然不会有什么私人情感。

---

[1] 英国外交部档案,法国部分,第126号;阿勒代斯,《基思勋爵回忆录》。
[2] 马他伦,《叙事》,第206、239—342页;蒙托隆,《回忆录》,第1卷,第3章。

7月28日，英国内阁已决定将拿破仑流放到圣赫勒拿岛。这一决定的最后敲定，是由于该岛前任总督比特森将军于7月29日提交的一份备忘录。他推荐圣赫勒拿岛，是因为那里的所有登陆地点都有炮台拱卫，最近又在悬崖峭壁上设置了信号灯，在60英里之外就能发现前来营救的舰队，从而迅速地将消息传到总督府。因此，英方对拿破仑的请求和抗议置之不理，另外，根据卡斯尔雷从巴黎发来的建议，英国内阁决定不将拿破仑仅作为英国的战俘，而是全体同盟国的战俘对待。关于他的拘禁问题，已拟定了一份公约，于8月2日在巴黎签署，规定其他国家将派出专员，作为拘押地可靠安全的见证人。①

由于一些奇怪的变故，拿破仑离开普利茅斯的进程加快了。人们聚集在那个港口，希望能一睹这位伟人的风采，成群的小艇——马他伦说，天气晴朗时超过了1000艘——相互挤撞，在警戒艇允许的范围内尽可能靠近柏勒洛丰号，有两三个人掉入海中溺死，但人们仍然蜂拥而来。许多男人佩戴康乃馨——这在拉斯卡斯看来是个充满希望的征兆——当拿破仑出现在船艉或是舷梯口，妇女们都挥舞手绢致意。马他伦收到警告，有人企图在3日夜间实施营救，在那天晚上，法国人当然也蠢蠢欲动。他们相信，如果拿破仑能踏足英国海岸，就肯定能得到人身保护令规定的权利。②看起来，他也似乎有得到这种保护的可能性。8月4日一大早，有一个男人从伦敦带来了王座法庭的传票，要

---

① 《卡斯尔雷文件集》，第3集，第2卷，第434、438页。比特森的备忘录在外交部档案，法国部分，第123号。这一事实以及其他事实批驳了霍兰勋爵的说法（《外交回忆录》，第196页）：英国政府在1815年初就与东印度公司谈判，要接管圣赫勒拿岛。罗斯伯里勋爵在《拿破仑的晚年》（*Napoleon: last Phase*，第58页）中写道，利物浦勋爵认为拿破仑应该按照如下三种方法之一处理：（1）交给路易十八，按叛国者论；（2）以公害论处；（3）由英国（遗憾地）拘留。为什么要这么写呢？从巴黎写信给卡斯尔雷时，利物浦明确表示，由英国拘押拿破仑，比任何其他国家更好，从未说过要将他当成公害。罗斯伯里勋爵肯定知道，英国政府和威灵顿都尽其所能，排除普鲁士人将拿破仑当成公害论处的可能性。

② 基思8月1日的信件，在英国外交部档案，法国部分，第123号："将军和他的许多随从都以为，只要他们能上岸，任何国家都无法将其驱离，因此决心一有机会就这么做；他们正在变得非常不服管束。"

求基思勋爵和马他伦舰长交出拿破仑·波拿巴，让他到伦敦上庭，为当时悬而未决的一宗诽谤案作证。从表面看，情况如下：某人因为指责一位海军军官在西印度群岛的行为而被以诽谤罪起诉，有人建议，如果他（被告）能够得到拿破仑的证词，证明法军舰艇在那个时候不起作用，就能使他的申诉更加有力。因此，代理律师便带着传票来到普利茅斯，苦苦纠缠基思，从陆地上追到海上，幸好这位司令专用小艇上的艇员体壮如牛，任律师雇佣的船工累得气喘吁吁也无法赶上，才挫败了这一图谋。基思还设法通知马他伦4日早上发生的事情，柏勒洛丰号随即出海，并出动警戒艇，将那个带着传票前来纠缠的男人挡在远处。

这整件事看起来非常可疑。一件普普通通、简单直接的案子里，怎么会有被告想出如此牵强的办法，让这位前皇帝在庭上宣誓，证明他在西印度群岛的战舰不能出海作战？如果将此说成某个有事业心的记者为搜集"新闻题材"而耍弄的花招，虽然很有诱惑力，但压根不合当时的潮流，也必须将其抛在脑后。反过来，可以肯定的是，拿破仑在伦敦和普利茅斯的支持者正不遗余力地想把他弄上岸，或者推迟他出发的日期。①与西哀士、拉瓦莱特和拉斯卡斯一样，拿破仑曾对英国法律的独特规定抱着很大的希望；7月28日，他向拉斯卡斯口述了一份"适合作为法律专家依据"的文件，

---

① 在英国殖民部档案（圣赫勒拿岛部分，第 1 号）中，有一封 1815 年 8 月 2 日的信件，是一位拿破仑的意大利臣民寄来的，收信人是贝特朗夫人，但实际上是写给拿破仑的。信中说，已将 16000 英镑交给得力的人，用于为拿破仑服务，其中四分之一将马上交给纽约、波士顿、费城和查尔斯顿的商号，以为他提供逃跑的手段，帮助他再次夺取"天下最辉煌的宝座"。这封信恳请拿破仑设法推迟离开普利茅斯的时间，因为心存不满的英国军官正在密谋推翻首相和另一位大臣。拿破仑肯定对摄政王不抱任何希望："他就是这岛上酒鬼们的头……因此，我首先将希望寄托在商船上，不管是英国的还是其他国家的，都要以利诱之。"写信者的名字和原来的邮戳都难以辨认。这封信可能来自伦敦，寄到普利茅斯时贝特朗夫人已经离开，随后又转到圣赫勒拿岛，G. 科伯恩爵士拆阅后寄回给英国政府。我已在《拿破仑研究》（1904 年版）中全文发表了这封信，同时附上了伯克郡宾菲尔德的麦金农（McKinnon）小姐写给拿破仑的信，说她母亲仍然在世，拿破仑在瓦朗斯任中尉时，她母亲就认识他且款待过他。

后者说他想方设法把这份文件送上了岸。①如果此言不虚,上述的事情就有可能是拿破仑怂恿朋友们所为。另外还有一种可能,就是他的英国崇拜者希望借此计划令该国政府难堪,假如真是这种情况,那么正如英国那些反国家集团为他们崇拜的外国英雄所做的努力一样,这一企图的下场并不好,反而伤害了拿破仑等人。要不是出现了这样的情况,英国当局本不会如此迅速地行动。柏勒洛丰号出海的时间比法国人预料的还早了几天,结果是他们在海上经历了一段不愉快的旅程,直到诺森伯兰号(该舰根据命令,代替光荣的旧舰柏勒洛丰号将拿破仑等人送到圣赫勒拿岛)做好准备,将他们接上船。②

这艘较新的军舰从朴次茅斯南下,在斯塔特角与柏勒洛丰号和基思勋爵的旗舰雷霆号会合。7日,拿破仑在托贝的贝里角背风处转乘该舰。这位前皇帝口述了对自己遭受强迫的严正抗议,随后对马他伦的正直行为表示感谢,说他希望在英国买下一块小小的地产,以便能在那里安度晚年,并满怀怨恨地痛批英国政府。

诺森伯兰号上的海军少将乔治·科伯恩爵士奉正式命令,前来搜查拿破仑和随行人员的行李,取走日后可能用于逃跑的大量钱款。科伯恩的秘书小心翼翼地执行这项任务,尽量不引起敏感的反应,萨瓦里和马尔尚也在场。英国人扣留了4000个拿破仑金币(8万法郎),作为这位著名流放者的部分生活维持费用。奥尔唐斯在马尔迈松交给他的钻石项链此时藏在拉斯卡斯身上,作为神圣的信物继续留存下去。旅途中,前皇帝的随员必须交出佩剑。蒙托隆说,当基思向拿破仑提出相同的要求时,拿破仑只是报以愤怒的目光,这位身材高大的司令立刻退缩了,低下了满是白发的头。这种制造戏剧化效果的说法

---

① 拉斯卡斯,《回忆录》,第1卷,第55、65页。
② 我希望能有篇幅,用整整一章来说明拿破仑和辉格党人之间的关系,说一说辉格党人对拿破仑的支持,在1803—1821年之间对双方造成的损害。正是这种关系,促使拿破仑进行了许多次冒险,也足足毁掉了英国一代人的改革事业。

真令人遗憾！基思勋爵曾清楚地告诉马他伦，不要向这位落难的皇帝提出此类要求。

除了有一两次叫嚷宁愿自杀也不去圣赫勒拿岛之外，拿破仑表现得平静安详，与随行官员们的愤恨愁苦形成鲜明的对照，也不像贝特朗夫人那样间歇性地大发脾气。这位不幸的女士一听说自己遭此厄运，便将马他伦、古尔戈和拿破仑挨个痛斥了一番，并责骂丈夫不该跟随拿破仑，最后试图跳出窗外、投海自尽。被人们拉回来后，她平静了下来，暗地要求马他伦写信给基思勋爵，让他阻止贝特朗陪伴主人。舰长确实这么做了，但那位司令自然拒绝干预。不过，她高声埋怨拿破仑，已被一墙之隔的其他人听到了，蒙托隆和古尔戈本就厌恶她，对贝特朗也没有多少好感，现在更添嫌隙。而这些人就是拿破仑选定跟随他流放的官员。拉斯卡斯的身份是秘书，他的儿子则充当侍从。

萨瓦里、拉勒曼德和普拉纳已被路易十八宣布为罪犯，遭到英国政府的扣押，后来因于马耳他。向拿破仑辞行时，他们真情流露，而前皇帝与之拥抱时，却显得十分沉着。曼戈医生此时拒绝前往圣赫勒拿，声称他一直想去美国，只是因为住在那里的叔叔给他留下了一笔遗产！与此同时，贝特朗要求柏勒洛丰号上的医官奥米拉陪伴拿破仑前往圣赫勒拿岛。由于曼戈的借口非常蹩脚，奥米拉又与拿破仑用意大利语交谈过一两次，基思和马他伦本应看出两人之间有某种默契；但这位司令还是同意了法国人提出的人员变动。至于奥米拉的口是心非，我们可以引用巴兹尔·杰克逊的《滑铁卢与圣赫勒拿岛》中的一段话："我知道他（奥米拉）在从罗什福尔到英国的旅途中就彻底被招入拿破仑帐下听命了。"后来的事情说明，允许这个人与前皇帝同行造成了多么灾难性的后果。

基思说，乘坐他的小艇前往诺森伯兰号时，前皇帝"似乎心情大好，聊起了埃及、圣赫勒拿岛、我以前的名字埃尔芬斯通和许多其他话题，并拿晕船的事情和女士们开玩笑"。①拿破仑是个坚定的现实主义者，他接受了命运中的非凡转折。他的一生中也许从未表现得如此伟大，忘却了自己轰然倒下的痛苦，尽力地消除贝特朗和蒙托隆两位夫人那微不足道的痛苦。当他登上船舷，走到这艘将送他去流放之地的军舰甲板上时，舰员们都屏息以待。这位伟人脱下帽子接受官兵们的致敬，然后以坚定的口气说道："将军，我来了，听候您的命令。"此情此景，谁能不为之动容？

这一幕不仅引来人们的关注与同情，在历史上也极为重要。它标志着一个沧桑巨变的时代终结，一个沉闷混乱的时代拉开了帷幕。我们可以想象，历史女神心烦意乱地走出塞纳河两岸的宫殿，惊讶地遥望着贝里角背风处发生的事件；她的思绪闪回到奥兰治的威廉率领舰队在此靠岸、挫败另一位法国伟大统治者图谋的岁月。现在，法兰西的荣光再一次蒙上阴影。此后的一段时间里，女神将如同飘忽不定的幽灵，在拿破仑大展宏图的各地上空盘旋，却看不到多少值得载入史册的情景，只看到如同朽木般的那些后来者背弃诺言、阻挡时代的进步。

然而，人类的进步只是受到了阻碍，并不会停止，过不了多久就会摆脱束缚，在繁忙喧闹的工业区，或者跟随殖民国家的脚步，走上前人未经的道路。历史女神困惑地跟随着，她的旅程最初似乎沉闷无趣、缺乏意义，告别了拿破仑，她的故事失去了戏剧般的吸引力，令人茫然不知所措。但是，我们的眼前最终会展现出多彩多姿的新领域。民主主义曾被拿破仑用来与它的姐妹——民族主义——斗争，经历了痛苦的七年，它逐渐觉醒，意识到这个错误既决定了拿破仑失败

---

① 英国外交部档案，法国部分，第 123 号。基思补充道："我陪同他考察了诺森伯兰号上的住舱，他看起来很满意，说道：'住舱很方便，你也看到了，我还带着那小小的行军床。'"这份档案中还包含了曼戈的信和其他材料。贝特朗请求英国政府准许他在一年之内返回；古尔戈则请求在老母需要的时候回国；奥米拉提出，他仍然应该享受英国军医的全薪，保留现役身份。

的命运，也使自己饱受摧残，因此，它开始与因支持君主制而饱受虐待的民族主义结盟。因战争而几乎凋零的工业恢复了生机，不断地向前发展，取得的成就比拿破仑这位伟大战士的更为持久。走到时代前沿的不是那些因拿破仑的战争而停滞不前的拉丁民族，而是那些桀骜不驯的条顿族人，那些海上霸王和中欧盟主。

从此以后，这位前皇帝的待遇，与沙皇对其厄尔巴岛住所的仓促安排大不相同。他是保留着皇帝的称号君临厄尔巴岛的，可以自由地在近海航行。由于这种宽大的安排，欧洲蒙受了超过8万人死伤的损失；尤其是英国政府及其专员还被指责为拿破仑上次潜逃的共谋者，因此他们现在坚持采用远比以前严格的规则，也就不奇怪了。现在，他的舒适与尊严都要服从安全的需要。皇帝的称号使他可以要求与任何监视措施不相符的特权，因此英方一直坚持剥夺；而他坚持提出这方面的要求，显然也是出于同样的理由。他现在只被当成一位非现役将军看待，科伯恩接到命令，既要给他礼遇、让他在饭桌上居于首位，又不能有任何承认皇家尊严的表示。拿破仑很快就对这个问题进行了一次测试，在其他人用餐完毕之前离席而去；但是，除了他的随从之外，其他人并没有陪伴他到甲板上。而且，他在后甲板上出现时，遇见的英国军官并未脱帽示意，也令他十分不满；不过，流放者们发现科伯恩一直不动声色地坚持，他们的怒气也就逐渐减弱了——或者不如说是强压下去了。

人们可能希望，英国政府在这方面的行为能更有风度一些。确实，英国只在两个场合里承认拿破仑的皇帝身份，也就是1806年和1814年的谈判中；如果在他被公开宣布为非法后还承认这个称号，就很不符合逻辑了，这样做只会给予波拿巴主义者希望，而从法国的利益出发，让这些人停手才是最好的。英国政府还可以如此辩解：拿破仑曾提出以私人身份在英国生活，而将他转送到圣赫勒拿岛，既可以使之得到比在英国更大的人身自由，又不会改变拘禁的本质。然而，英国政府的决定仍令人感到遗憾。拿破仑支持者的热情远未熄灭，英国政府的所作所为被他们当成无端的侮辱，反倒火上浇油。这种情绪被人巧妙地以故事、纪念章和现代普罗米修斯被锁链捆在岩石上的画面等手法煽动起来，对法国的动荡局面产生了不小的影响。

除了开始的摩擦之外，拿破仑与科伯恩和军官们的关系还是相当友好的。在饭桌上，以及就餐后惯常的后甲板散步中，他都和科伯恩交谈，言语之间没有任何绝望或颓废的迹象。他们谈到各种各样的话题，既有一般性的，也有私人方面的。拿破仑知识广博，讨论到航海与造船的细节时，连久经风浪的海军官兵也惊讶不已。

从他和科伯恩关于政治的谈话中，我们可以挑选出下面一些意见。他说，1803年到1805年，他确实打算入侵英国，在伦敦提出和平条件。他极力为自己处决当甘公爵的行为辩解，但并没有提到他的崇拜者后来为这一罪行所找的那些微不足道的借口。对最近的事件，他猛烈抨击了法国自由主义者，宣称自己过于迁就议会两院，并详述了在欧洲大陆实行代议制的危险性。他表示，尽管议会制度那么适合英国，但在欧洲大陆各国中却十分危险。至于法国的未来，他表达了一种信念：法国人天性尚武，对波旁王室恨之入骨，现在靠着外国强权复辟，一旦占领军撤出，就会发生全面骚乱。[1]

最后这种观点，或许可以解释为何他总体上并无颓废的迹象。他不认为目前的安排已是定数。毫无疑问，正因为这无穷的希望，使他能够战胜眼下的痛苦，而他的同伴们则为此苦闷难当、焦躁不安。"他的情绪稳定，"科伯恩的秘书格洛弗在行经赤道时写道，"对自己的命运似乎毫不担忧。"[2] 他的消遣方式之一是下国际象棋，虽然棋艺不高，但却兴致勃勃；此外还有一些博彩游戏，尤其是"21点"，他还开始向英国军官学习"惠斯特"纸牌游戏。有时候，他和古尔戈会以求数字的平方根和立方根为乐；他还开始随拉斯卡斯学习英语。某些场合下，他为

---

[1] 《G.科伯恩日记摘录》，第21、51、94页。
[2] 《拿破仑的最后旅程》，第163页。

了给同行的男士解闷，会说一些自己的冒险经历和风流韵事。他对这艘舰艇和旅途中发生的故事一直兴趣不减。当士兵们抓到鲨鱼并将其拖上船时，"波拿巴带着小学生一般的热情，爬上艉楼去看"。

他的健康状况仍然很好。虽然不愿意吃蔬菜，肉也吃得过多，但除了在马德拉群岛沿海遭遇猛烈的非洲热风那几天，他几乎没有消化不良的问题。他大约10时用早餐，吃肉饮酒，然后待在船舱里阅读、口述文字或者学习英语，直到下午3时左右。下午5时之前，他会下棋打牌或者锻炼，为晚餐做准备。丰盛的晚餐中，他总是优先挑选最好的肉食来享用，餐后在甲板上散步一个多小时。一天晚上，科伯恩向他告假，因为赤道暴风雨猛烈，不能陪他一同散步；但前皇帝一如往常，说水兵们不惧风雨，自己也不遑多让，结果确实也没出什么问题。这件事值得注意，因为它证明，无论后来的著书者描述他的活力在1815年有多大的下降，至少他本人并没有意识到这一点，甚至愿意勇敢地面对一名精力充沛的海军军官都宁愿躲避的风雨。而且，穿越热带海域时，他依然一直大量吃肉，仅从这一事实就可以看出，他的体格十分健壮，并未受到后来夺走他生命的内脏疾病的影响。

从官方公布的7位法国宾客和6位英国军官进餐时消费的酒单上可以看出，科伯恩将军的宴席上从不缺乏这一令人快乐的元素：波特酒20打，波尔多红酒45打，马德拉白葡萄酒22打，香槟13打，雪莉酒7打，马姆齐甜酒5打。[①]这支分舰队曾派遣秘鲁号到根西岛，专门为这

---

① 我是在海军部机密信件（1804—1816）中找到这份清单的。
罗斯伯里勋爵处处都想为英国对拿破仑的处置表达歉意，在他的《拿破仑的晚年》（第64页）中写道："他们（流放者）挤在一起，就像桶里的鲱鱼。据说，诺森伯兰号是从印度返航途中被拦住，前来运送拿破仑的。据说，船上的所有淡水也是运到印度又运回来的，已经污染变色，数量也不充足。"与此相反，《拿破仑的最后旅程》第91页上引用的格洛弗日记表明，这艘船7月份在梅德韦，并在朴次茅斯补充了给养（通常会在那里储存淡水）。第99页中还说，罗斯舰长让出自己的住舱给贝特朗夫妇，格洛弗的住舱给了蒙托隆夫妇；古尔戈和拉斯卡斯住在后舱，直到为他们专门修建的住舱完工。前文中已经看到，拿破仑很满意自己的房间。尽管遇上了暴风雨，该舰仍然在丰沙尔补充了水、葡萄酒和水果。

些流放者储备了法国红酒，后来又将15打拿破仑最喜欢的波尔多红酒送到圣赫勒拿岛供他饮用。

拿破仑的健康状况稳定，令科伯恩、沃登和奥米拉都为之惊讶，这毫无疑问主要出自他的钢铁意志。他知道流放生涯必然痛苦难熬，但他有只顾当下、不愁来日的能力，足可令断肠之剑折刃。此外，他对生活品位并不苛求，性情也不那么反复无常，因此不会像意志软弱的人那样，遇到困境便阴郁难平。遗憾的是，他的同伴完全是另一回事。年纪尚轻、生性敏感的古尔戈，思虑过重、愁眉不展的拉斯卡斯，个性活泼、贪图享乐的蒙托隆夫妇，面色阴沉的宫廷总管贝特朗和他那喜怒无常、总是面带"烦乱之色"的妻子——这些人都不是能在困境中坚持的人。从此，长时间的沉闷被突如其来的怒火打破，成了这次航行以及后来圣赫勒拿岛上生活中的一个特色。

风暴中心通常是贝特朗夫人，她变化无常的情绪源于她的爱尔兰-克里奥尔血统，早就引起其他人（包括拿破仑）的敌视。由于她为了阻止丈夫去圣赫勒拿岛而耍的小手段暴露了，他们也就有了方便的把柄，这次旅途对她来说成了一场持久的斗争，她不得不应付各种阴谋诡计和几乎毫不掩饰的嘲讽，还要承受晕船的痛苦和绝望的情绪。最终，她的神经有些失常，只能终日躲在自己的船舱里。拿破仑得知后，说她还不如死了好——这是古尔戈引述的。遗憾的是，她康复了，十天之后重新露面，在大舱里接受军官们的祝贺，而拿破仑正在那里和蒙托隆下国际象棋。他冷漠地看了她一眼，就继续下了起来。过了一会儿，科伯恩将她带到餐桌上，坐在前皇帝的左手边。拿破仑还是对她不理不睬！可是，本应在他面前的红酒瓶不在原来的位置上，于是夫人伸手将瓶子交给了前皇帝。这时，人们才听到期待已久的话："啊！夫人身体怎么样了？"——仅此一句。[①]

[①] 古尔戈，《日记》，第1卷，第47、59页（小版本）；《拿破仑的最后旅程》，第198页。

对于贝特朗，即便在情绪不那么好的时候，波拿巴也会说些友好的话语，这也是他忠诚的源泉。在柏勒洛丰号上，当他们为一件小事而激烈争论时，面对拿破仑的武断意见，贝特朗暴躁地回答道："哦！如果您要这么说话，那一切争论都没意义了。"对于这样的反驳，拿破仑并不认为是冒犯，反倒好言抚慰，使他很快恢复了平静——这是拿破仑对真心欣赏的人宽容相待的一个极好例证。

这些流放者之间的相处当然不会很愉快。即便是和蔼可亲的蒙托隆夫人也曾引起过餐桌上的争吵。离开丰沙尔后，科伯恩说那里的一位罗马天主教神父提出要陪伴前皇帝。拿破仑对此反应十分冷淡，但夫人们却谈起了宗教的话题。讨论越来越热烈，这时鲁莽的古尔戈冷不丁冒出一句，说蒙托隆对他的妻子缺乏尊重。科伯恩赶紧起身离席，才结束了这场争吵。与舰队同行的第53团团长乔治·宾厄姆爵士在日记中写道："不难看出，在拿破仑一行人中，嫉妒、敌意和各种刻薄情绪根深蒂固，他们在圣赫勒拿岛上的日子肯定非常不舒服。"[1]

这几个人尔虞我诈，各种手段如同万花筒般层出不穷，不是反对狂妄自大的贝特朗，就是对抗拉斯卡斯日益增强的影响力。后者刚刚挤进皇帝的核心圈子，古尔戈就曾坦率地提醒他："我跟随（皇帝），是因为我已经在他鞍前马后四年了，只是没去过厄尔巴岛。我救过他的命，有所付出，自然有爱。……可是先生，他以前就算见了您也不认识；那么，您为何有如此耿耿忠心呢？"他接着说道："我看得出，身边有许多阴谋与欺骗。可怜的古尔戈，你要如何蹚这趟浑水？"[2]

这位年轻的副官绝不容许自己的影响力受到削弱，少不了要自吹自擂。因此，当饭桌上提到滑铁卢战役时，他立刻发表了自己的看

---

[1] G.宾厄姆爵士的日记，刊载于1896年10月的《布莱克伍德杂志》以及1901年1月的《康希尔》。
[2] 古尔戈，《日记》，第1卷，第64页。

法，坚称不管拿破仑是否有相反的说法，他（拿破仑）确实误将普鲁士军队当成格鲁希的部队；滔滔不绝一番之后，他对邻座的格洛弗大叫道："有一次，他（古尔戈）本可以活捉威灵顿公爵，但知道这样会血流成河，所以放弃了。"[1]他说出这番话，或许是因为喝下了比"运到印度又运回来的陈水"更浓烈的东西——这是我们所能做出的最仁慈的判断了。

总而言之，从诺亚方舟以来，何曾在一条船上见过如此奇特的旅伴？开朗稳重的科伯恩将军，善于航海却缄口少言、神秘莫测的罗斯舰长，一位饶舌的秘书，勇武的军人宾厄姆，温文尔雅的蒙托隆夫妇，堪称吹牛大王的年轻将军古尔戈，心细如发的拉斯卡斯，忧郁的宫廷总管和他那情绪极不稳定的妻子——这些人一起监视或安慰着那位可怜的中心人物，那位征服世界却又被全世界抛弃的流放者。

此时，法国正在承受他最近一次冒险带来的后果。同盟国大兵压境，牢牢控制着这个国家，直到波旁王朝站稳脚跟，因为只有这个无能的王朝才能确保和平。布吕歇尔枪毙拿破仑的愿望没能实现，想要炸掉巴黎的耶拿桥，又因威灵顿和路易十八的反对，只能不情愿地放弃了这个打算。这位悍勇老将代表着德意志人（包括梅特涅）的普遍观点，认为必须瓜分法国，或者至少将阿尔萨斯和洛林还给他的祖国。就连谨慎小心的英国首相利物浦勋爵也于15日写道，如果波拿巴仍然逍遥法外，同盟国应该保留所有北方要塞，作为安全保障。[2]但是，现在英国政治家们已经知道，这位战士成为笼中之鸟，对法国的压力也就放松了。从一开始，威灵顿就力图让同盟国恢复理智，他于8月11日写下的一份公文堪与他最伟大的功绩相提并论。他指出，尽管法国仍然保留着"对其他欧洲国家来说过于强大的实力"，但

---

[1] 《拿破仑的最后旅程》，第130页。
[2] 《卡斯尔雷文件集》，第3集，第2卷，第423、433、504页；希利，《施泰因》，第3卷，第333—344页。

"与一个虽然边境牢固、却由循规蹈矩的政府领导的法国相比，革命的法国更有可能为祸世界；因此，我们应该致力于使法国处于前一种状态"。

这是一个宽宏大量而又极具政治眼光的判断，与沙皇的意见一致，压倒了德意志人的瓜分政策，并最终在1815年11月20日的《巴黎条约》中做出安排：法国只需要割让马林堡、萨尔布吕肯、兰道和尚贝里周围的边境地带，支付战争赔款，并将拿破仑于欧洲大陆主要城市劫掠来的艺术品全部归还给合法主人。这些条件在一个方面上显得特别仁慈。英国在承受战争的主要财政负担之后，本可以要求得到一些1814年归还的法国殖民地，或者至少要求法国放弃对纽芬兰部分海岸的主张。可是，英国竟连最后一条也没有提出，在付出许多宝贵生命的同盟国中，只有英国没有在1815年战争中得到领土赔偿。[①] 确实，将法国及其古老王朝置于体面的地位，希望欧洲最终得到和平，英国政府也可以心满意足了。此后四十年欧洲几乎一直保持安定，也证明了他们的宽容是有价值的。

但是，《巴黎条约》有一个根本条件对欧洲和平也是不可或缺的，那就是拿破仑应该在圣赫勒拿岛得到严格的看管。

---

① 拿破仑当时对英国人愚蠢行为的看法参见古尔戈《日记》第2卷，第315页："如果我处在他们的位置上，我会规定只有我才能在东方海域航行和贸易。他们把巴达维亚（爪哇）留给荷兰，把波旁岛留给法国，简直荒谬可笑。"

第42章　暮年岁月

经过67天的航行，流放者们看到了圣赫勒拿岛，亨利医生称其为"海洋中长出的黑疣"。凝望着那凶险的悬崖峭壁，多愁善感者顿感茫然不安。拿破仑的感想我们不得而知。占据上风的似乎是警惕和好奇心，军舰靠近詹姆斯敦时，他用望远镜仔细观察了各个堡垒。接待工作已安排就绪，他于10月17日晚上登陆，进入城里为他准备的一所房子，以免惊扰当地居民。

次日，他天明即起，与科伯恩和贝特朗一同骑马前往副总督的住所"朗伍德庄园"。该岛归英国东印度公司管理，该公司下令禁止他占用总督官邸拓殖府；从后面的地图就能看出这一禁令的理由。这所房子不远处有几条小河，它们完全不受东南信风的影响，从那里乘坐小艇逃走很容易；而朗伍德庄园靠近风高浪急的一侧，远比前者牢靠。与总督维尔克斯及其他人商讨后，科伯恩决定让拿破仑住在这里。

科伯恩写道："朗伍德庄园有一片平地，容易设置岗哨，也完全适合于骑马、驾车或者悠闲自得地散步，岛上没有其他更好的地方了。房子确实有点小；但是……我相信诺森伯兰号上的木匠花点时间就能稍作扩大，即便未能尽如人意，至少也足够宽敞了。"[1]

格洛弗写道："拿破仑似乎很满意朗伍德的条件，表达了尽快在

---

[1] 福赛思，《拿破仑囚禁记》（Captivity of Napoleon），第1卷，第218页。拓殖府也是该岛的信号中心。

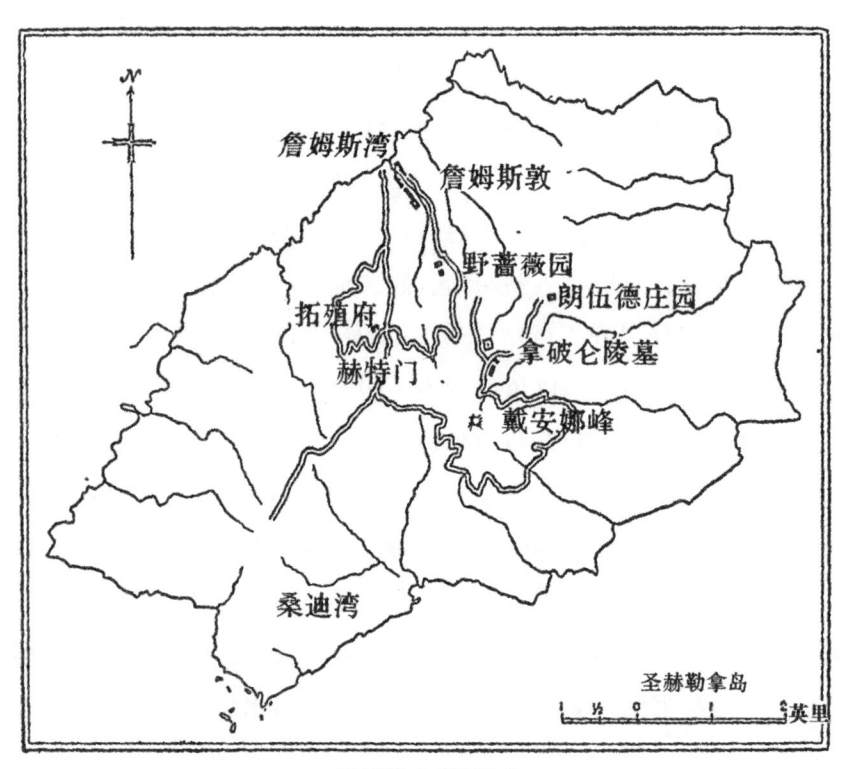

圣赫勒拿岛地图

此住下的愿望。"因为他不喜欢詹姆斯敦住所的引人注目，科伯恩在返航时建议他住在离城不远的一所名叫"野蔷薇园"的小别墅。他欣然同意，在那里住了七周，他住在与主楼相邻的一个小屋中，拉斯卡斯和儿子住在两间阁楼里。他们还搭了一个帐篷，充作餐厅。对于杜伊勒里宫的主人来说，这里确实空间狭小，但他看起来并没有不适之感。在那里，他早上向拉斯卡斯或者古尔戈口述回忆录，常常与邻居巴尔科姆一家共同进餐，或者共度晚上的时光。巴尔科姆先生是位年长的商人，接受官方的委托为拿破仑等人提供膳食；他和妻子都非常好客，两个女儿（大的15岁，小的14岁）经常在晚间与拿破仑玩惠斯特牌，或者提出一些天真的问题，帮助他消磨时光。有一次，为了取悦巴尔科姆的小女儿，拿破仑还玩起了捉迷藏的游戏；在这种时候，小妹妹会斗胆叫他"博尼"①；对这种冒失的称呼，拿破仑不以为意，反而与之同乐。这些插曲揭示了他性格中柔软的一面，或许在多年为政中有所压抑，但终归没有湮灭。②

在其他方面，"野蔷薇园"的日子沉闷无趣，拿破仑还曾向科伯恩大加抱怨，说房子不够宽敞。他最感兴奋的，就是收到来自欧洲的报纸。刚刚看到英国发生暴乱，保王派在法国横行无度的报道，他就满怀希望，觉得天下就要大乱，或者有革命爆发，可能导致他重返政坛。他相信，雅各宾派将主宰欧洲大陆。"只有我能驯服他们。"

同样值得注意的，是他对拉贝杜瓦耶和奈伊因背叛路易十八而受审的评论。他对这两个人毫不怜悯。"人决不能食言，"他对古尔戈说，"我鄙视背信弃义的家伙。"听说拉贝杜瓦耶被判处死刑，他先是有些同情，但很快又回到之前的观点："拉贝杜瓦耶的所作所为毫无尊严"，而"奈伊侮

---

① 英国人给拿破仑取的绰号，字面意思是"瘦骨嶙峋的人"。——译注
② 埃波尔夫人（"贝琪"·巴尔科姆），《回忆录》，第7章。这本书是25年后编写的，通常不足信，但格洛弗提到过"捉迷藏"的事情。巴尔科姆后来与奥米拉一起，违反了英国的规定。

辱了自己的名节"。①

我们可以由此估量拿破仑对忠诚的重视程度。对他而言，这是至为宝贵的美德。他敬重那些坚定反对自己的人，希望以自己的宽容大度将其争取过来；而对那些投诚者，他心中暗自鄙视；至于背弃他的人，那只能得到他的憎恨。毫无疑问，这就是他听到奈伊被处决的消息时无动于衷的原因。这位元帅作战勇猛，可是在1815年背弃了拿破仑，百日王朝中又弃路易十八而去。缪拉失去理智，冒险远征卡拉布里亚，结局十分悲惨，拿破仑听到这些消息时也同样冷漠。古尔戈写道："我报告了这些坏消息，皇帝陛下的表情没有任何变化，只是说缪拉如此冒险，准是疯了。"——他的思绪看来又回到了1814年缪拉变节的时候。后来，他表示非常欣赏缪拉的英勇，因此可以原谅他无数的愚蠢行为。但从此刻的举止来看，他从未原谅过1814年的背叛。②

与此同时，在科伯恩及所辖海军官兵的大力支持下，朗伍德庄园准备就绪，可以供这一行人入住了（1815年12月9日），这位司令希望他们的抱怨能随之停止。新住处有5个房间归拿破仑使用，三间归蒙托隆夫妇，两间归拉斯卡斯，一间给古尔戈。这所宅邸位于海拔1730英尺（约527米）的高地上，空气清新。在这块散落着几株桉树的平地远端，是一条1.5英里长的跑马道，上有极好的草皮。唯一明显的缺点是偶然会起雾，高地四周的峡谷十分险峻，寸草不生。不过，拿破仑不喜欢在詹姆斯敦招人耳目，也就不应该抱怨朗伍德的荒僻了。贝特朗夫妇住在一英里外一座名叫"赫特门"的小别墅。

在没有英国军官陪同的情况下，拿破仑可以自由活动的范围是一个周长大约12英里的三角形区域。他要离开这个范围，就必须有英国人的陪伴；如果发现有陌生船只出没，他就必须回到限制区内。拿破仑一行的信件都必须由代理总督审查。官方的指令大概就是如此。

---

① 古尔戈，《日记》，第1卷，第77、94、136、491页。
② 古尔戈，《日记》，第1卷，第135、298页。另见1901年1月的《康希尔》杂志。

拿破仑不喜欢英国军官相伴左右，因此几乎总是待在限制区内，通常只到朗伍德的活动场所去。

试问，到哪还能找到比这里更不令人讨厌的拘禁地呢？如果拿破仑被安置在欧洲，必然受到更为严密的限制。拿破仑才智超群、魅力过人，东西半球都有千千万万的勇士为之热血沸腾，渴望着帮助他卷土重来，对这样的人，什么样的安保措施能万无一失呢？伦敦塔、雄踞高山的邓巴顿城堡甚至威廉堡，都曾作为拘禁地的候选。可是，它们适合于这位地中海之子吗？他需要阳光，需要锻炼，也需要社交。这一切都能在朗伍德的高地上得到，那里气候宜人，东南信风缓解了热带的酷热，亚热带和温带植物都能在那里茁壮成长。①

但什么也无法取悦这些流放者。连绵阴雨中，他们闷闷不乐；如同血盆大口的深壑，令他们不寒而栗；看到身穿红衫的英军士兵，他们只能独自叹息；最重要的是，他们意识到面对科伯恩的密切监视，逃跑是毫无希望的。抵达该岛时，科伯恩首先将不受欢迎的75名外国人送到了好望角，还派秘鲁人号军舰去无人居住的阿森松岛升起英国国旗，他写信给海军部说，这是为了"阻止美国或任何其他国家在那里殖民……以便或早或晚地帮助波拿巴将军逃跑"。圣赫勒拿岛还驻扎着四艘军舰，除了东印度公司的商船之外，其他船只除非天气所迫或者急需淡水，都不能靠岸。

这些防范措施从一开始就激起了流放者的抗议。贝塔朗在草拟抗议书时并不希望使用尖刻的言辞，但那是皇帝所想；古尔戈的《日记》说明，贝特朗是被迫接受这份苦差事的（11月5日）。这份抗议书只引来了科伯恩傲慢的反驳，他拒绝放宽规章，但表示将使他们的

---

① 在《军队生活二三事》（*Events of a Military Life*）第28章中，第66团军医亨利写道，他在拓殖府看到茶树与英国金苹果树共生、面包果树与桃李树竞艳，鹅莓长在豆蔻遮蔽之下。在第31章中，他提到了高地的潮湿是一个缺陷，"但与漫天云霞给人们带来的舒适、丰饶健康相比，这点不便也就不算什么了"。他发现，驻扎在朗伍德府后的戴德伍德军营中的士兵们也远比在低洼的詹姆斯敦时更健康。

处境"尽可能不那么难受"。12月21日，蒙托隆再次发难，带来了一封拿破仑口述的信件，抱怨朗伍德是岛上最贫瘠的地方，总是淹没在雨水或是迷雾中；当他们走出限制范围之外时，奥米拉没有被算成英国军官，还因为这种行为而遭到科伯恩的申斥；流放者受到这样的对待，将令世世代代的全世界人民感到愤慨。对此，科伯恩予以严厉反驳，拒绝解释为何责备奥米拉或任何其他英国臣民。他声称，朗伍德"是这个有益健康的岛屿上最宜人、最卫生的地方"，希望雨季结束后，这一行人能够改变对朗伍德的看法。他还宣称，拿破仑等人受到的待遇将"得到当代每一个不怀偏见的人以及后代的赞赏"。

现在我们知道，这位舰队司令相信后世自有公论是过于乐观了。后世和他的同时代人一样，宁愿听信耸人听闻的谎言，而无视乏味的事实。不过，从当时的迹象看，他完全可以认为蒙托隆的信是一纸荒唐言；因为这位将军很快就向他承认，"那是将军（波拿巴）暴怒之时写下的……他（蒙托隆）认为，流放者过得很不错，任何必要的物资都不缺，只是希望能豁免限制，让将军可以在没有英国军官陪同的情况下，在岛上随意走动"[①]。但在最后一点上，科伯恩毫不放松。

科伯恩此时也快要卸任了。1816年4月14日，新任总督赫德森·洛爵士登岛，他将接管科伯恩和维尔克斯行使的权力。这位新来者曾在多地供职，表现优异，但在此之后将不断地遭到诽谤中伤。他生于1769年，与拿破仑相差不过一个月，早年便加入英国陆军，在科西嘉和厄尔巴岛服役时表现出色而成为军官，由于语言和军事方面都富有才能，他很快得到晋升，指挥一支由科西嘉流亡者组成、1795年后加入英军的部队。洛率领这些"科西嘉游骑兵"在埃及作战，最后转战到卡普里岛，官兵们凭借着对他的耿耿忠心，于1808年在这个岛上抗击兵力占优的缪拉，虽不免一败，但也堪称英

---

① 1816年1月12日的公文，见于英国殖民部档案，圣赫勒拿岛部分，第1号。

勇。①1810年，洛率领他的科西嘉部队夺取了圣莫拉岛，随后治理该岛，使当地居民非常满意。1813年初，他奉命前往俄国，后以英国武官的身份进入布吕歇尔的参谋部，参加了令人难忘的莱茵河和塞纳河进军。他把拿破仑第一次退位的消息带回了英国，得到了摄政王授予的爵士头衔，并因军功而得到了俄国和普鲁士的勋章。1814年底，他被任命为英国驻荷兰部队的总军需官，布吕歇尔和格奈泽瑙均写来贺信，大加赞扬。后者表达了对他的欣赏："您的军事才能世间罕有，每临大战总有不凡之神断，临阵时镇定自若，不动如山。此等稀世品质和高尚人格，将使我俩友情永在。"1822年，当奥米拉对洛的性格大加诽谤，沙皇亚历山大在维罗纳会见他的继女巴尔曼伯爵夫人，谈到赫德森爵士在圣赫勒拿岛上令人痛苦的工作时说："我非常尊重他。我们是在危急关头认识的。"②

洛性格坚定，外语娴熟且非常熟悉科西嘉人，看起来是代替温和而学究气十足的维尔克斯出任圣赫勒拿岛总督的理想人选。可是，从某些方面看，这一任命是不成功的。洛有着可贵的品格，但为人拘谨，也不熟悉宫廷的行事风格。而且，迷信者可能认为，他一生中最为重要的经历表明，他是在拿破仑背后紧追不舍的恶魔；由于这位伟大的科西嘉人晚年日益受到迷信思想的支配，我们有理由断定，他对这位总督一直十分反感，认为他是个"灾星"，这种念头即便不是由迷信而起，至少也因此加剧了。洛最初也不愿意接受这一任命，因为那只会使他陷入拿破仑及其在英支持者的阴谋之中。只有位高权重的人才能承受得住这样的攻击，而洛无权无势。他是军医的儿子，在海外服役28年，而在国内寂寂无闻。

他首次造访朗伍德庄园就不走运。科伯恩与他相约上午9时前往，

---

① 罗斯伯里勋爵（《拿破仑的晚年》，第67页）根据法国的信息来源，称洛爵士拥有优势兵力；但福赛思《拿破仑囚禁记》（第1卷，第397—416页）中公布的官方文件表明情况正相反。洛的手下有1362人，法军则有大约3000人。
② 引自洛小姐收藏的信件。

可拿破仑常在这个时间驱车出游。到达之后,他们得知皇帝身体不适,要等到次日下午4时才能会客。人们很快就能看出,他们早间前去晋谒,已被视为无礼之举。第二天下午,洛和科伯恩相约同往,但在他向内室走去时,贝特朗迎上前来,另有一名内侍拦住了科伯恩。洛没有注意到这个无礼的行为,独自入内,以法语向拿破仑致敬;但拿破仑说,既然洛指挥过科西嘉团,肯定懂意大利语,两人于是用拿破仑的母语交谈。前皇帝第一个认真的话题,便提到了科西嘉人的性格,同时投来了犀利的目光:"他们都带着匕首,那是不是一个野蛮的民族?"洛识破了对方的圈套,巧妙地避开了:"在我的部队里,他们放弃了这种习惯,不带匕首了。我对他们很满意。"随后,他们就埃及和其他话题聊了一会。事后,拿破仑认为他比科伯恩更好一些:"这位新总督少言寡语,但似乎是个有礼貌的人。不过,只有观察一段时间,才能从他的行为中做出判断。"[①]

科伯恩对拿破仑和贝特朗的轻慢举动十分愤慨,这一花招能够得逞也是因为洛没有当场察觉。不过,科伯恩知道流放者们这么做,是因为他最近坚决拒绝不经过内阁,将拿破仑表示不满的信件直接送交摄政王。看到科伯恩不肯屈服,他们就转而哄骗将要卸任的总督维尔克斯,由于维尔克斯不负责拿破仑一行的拘禁事宜,他们相应地也就比较喜欢他。贝特朗和拿破仑先后请求他瞒着新总督将这封信带走。维尔克斯立刻驳回了这一请求,对贝特朗说,这种瞒天过海的做法只会使未来的监管措施更加严厉。事实正是如此。[②]这一事件自然使洛对前皇帝更加怀疑了。

最初,他们之间各自心怀鬼胎,但没有争执。古尔戈虽然因为"迷人的"维尔克斯小姐离去而黯然神伤,但还是打起精神,将拉斯卡斯到拓殖府拜访洛的结果写入《日记》中(4月26日):总督热情接待了这位秘书,允许拿破仑一行人随意借阅他的藏书。不过,

---

① 福赛思,《拿破仑囚禁记》,第1卷,第139—147页。
② 参见1901年1月的《每月评论》中的采访。

这位日记作者还写道，拿破仑对总督接见他手下的任何人都心存芥蒂。这也是科伯恩以前的无心之过。为了给流放者的生活增添色彩，他曾举办了多次舞会，贝特朗夫人和蒙托隆夫人都盛装而来，令那些英国军官的太太们相形见绌。但她们并没有得意多久。这位宫廷总管夫人竟然撇下皇帝不管，前去参加这些舞会和其他庆祝活动，对英国人越来越友好，导致前皇帝的痛斥，让她不要把朗伍德庄园当成旅馆。① 古尔戈日记中的许多记录表明，随后府内就严格遵照这一规矩办理。拿破仑保持着杜伊勒里宫的重要礼节，要求侍臣们随叫随到，并竭力阻止他们与拓殖府或詹姆斯敦有密切关系。

在某些问题上，洛比英国政府更灵活一些，最明显的是拿破仑追随者签署声明的问题。但在一件事上，他驳回了朗伍德庄园的所有请求，这就是扩大12英里限制区。后来，人们习惯地说得好像洛可以批准这一要求。就连威灵顿公爵都对斯坦诺普说，洛是个愚蠢的家伙，猜疑心过重，他完全可以让拿破仑在岛上自由走动，只需要对六七个登陆点严加防范，要求拿破仑每天早晚在一位英国军官面前出现即可。这样的自由究竟会不会使拿破仑乔装改扮逃走？现在讨论这个问题已没有任何意义。可以肯定的是，英国政府认为他可能以这种方式逃走，因此实施了洛不能随意放宽的规定。

拿破仑深知这一点，但在1816年4月30日的会见中，他催促洛扩大活动范围，说他不愿看到英国士兵，渴望着与当地居民更密切地来往。此外还发生了一些摩擦，例如，洛收回了科伯恩无意中授予贝特朗的一项特权：发放与拿破仑会面的证件；另外，洛曾不得体地发请帖给"波拿巴将军"，到拓殖府会见印度总督夫人并共进晚宴。收到请帖后不久，拿破仑就痛批了这位自以为是的主人——言语中夹杂着嘲讽，将洛称为前来杀死他的"刽子手"——但其中有一句话说明了他如此愤怒

---

① 宾厄姆的日记，刊登于1901年1月的《康希尔》杂志；古尔戈，《日记》，第1卷。第154、168页。

的缘由:"如果不能放宽我的活动范围,你对我就毫无用处。"①

为什么拿破仑如此希望扩大活动范围呢？这并不是为了驾车去更远的地方，因为该岛上适合从事这项活动的最好场地，几乎都在朗伍德庄园的高地上。他的目的也不是为了扩大社交范围。毫无疑问，他将扩大活动范围当成尝试逃脱的必要前奏，以及对外围拓殖府中的奴隶施加影响的手段。古尔戈曾提到几个将金币送给奴隶的例子，并记录了他的主人有一次躲过岗哨和英国军官时表现出来的快乐之情。从拿破仑的角度看，这种情绪和举动是很自然的；然而，总督也同样自然地认为，此举是逃跑或者营救计划的一部分。下文将更仔细地研究这些问题。

拿破仑此后与洛只有两次会面，分别在7月17日和8月18日。前者，他的态度较为缓和；而在后一次会面时，海军上将普尔特尼·马尔科姆爵士在场，他以最尖刻的语气奚落了总督一番。洛以如下的话打断了这难堪的一幕:"您让我觉得好笑,阁下。""怎么好笑了,先生？""您让我不得不发笑，您对我性格的误解，以及您那粗鲁的举止，激起了我对您的怜悯。祝愿您有美好的一天。"马尔科姆将军也随之告退。②

拿破仑对洛的敌意所为何来，人们有种种说法。他经常讽刺洛配不上将军的称号，只不过是一些科西嘉逃兵的头头，这与上文提到的原因暗合。也有人认为，原因在于洛不是正人君子。对此表示赞同的人还将其外貌比作魔鬼，说他的眼睛"就像落入陷阱的鬣狗"。对此，我们要引用巴兹尔·杰克逊中尉（后升为上校）的话，他在1816年前并不认识洛，而且与朗伍德和拓殖府的人过从甚密:

"他（洛）有5英尺7英寸（约1.7米）高，身材瘦长，五官端

---

① 福赛思,《拿破仑囚禁记》,第1卷,第171—177页。
② 洛的说法（福赛思,《拿破仑囚禁记》,第1卷,第247—251页）得到了海军上将马尔科姆的充分证实,见马尔科姆夫人的《圣赫勒拿岛日记》,第55—65页;古尔戈当时不在场。

正,淡黄色头发,双眉遮住了眼睛:目光中透出洞察力和坚定,态度有些生硬,步履轻快,外表和平素的举止都显得精力充沛、颇有决断。他书写或口述都很利落,喜欢写作,熟读军事历史,能讲一口流利的法语和意大利语,对朋友满怀温情、始终如一,在岛上居民和士兵中都很受欢迎。福赛思先生的书扉页上有他的画像,惟妙惟肖。"①

如果遮目的双眉、锐利的目光和生硬的态度就被人们比作恶魔或是鬣狗,那么历史肖像画就必须按照印象派的手法从头学起。洛是个正人君子,得到了史密斯夫人(本姓格兰特)的佐证,她曾因听信奥米拉的诽谤而抱有偏见,晚年在科伦坡与洛相遇时,起初还不知道对方的名字:

"一位身穿将军制服、严肃而特别有绅士风度的男子将我带进宴会厅,他的谈吐和举止都令人愉快。他曾走遍半个地球,熟识所有名流,并能自然而不浮夸地说出许多别人乐意听到的话……多年前,我们因为辉格党的原则与偏见,在苏格兰高地隐居时便对拘禁拿破仑这位伟人的典狱长心生厌恶。党派的呼声,对那囚徒的感情,奥米拉医生的著作,都激起我妇人之心的愤慨,以至于不愿听到这个邪恶的名字(洛)。我们一定要对此人深恶痛绝,与他说话?决不!正眼视之,共处一室?办不到!这话谁也没有我说得那么激烈;可是,现在我坐在这个'恶魔'身边,却甘之如饴。这真是一个很好的教训。"②

拿破仑憎恨洛的真实原因可从乔治·宾厄姆爵士的日记(4月19日)中找到线索。提到拿破仑与科伯恩分别时的无礼举动后,他继续写道:

"你完全不知道他(拿破仑)和手下那伙人搞的小阴谋:如果H.洛爵士坚决不让步,他很快就会以相同的方式待之。至于我本人,

---

① B. 杰克逊的《滑铁卢与圣赫勒拿岛》,第 90—91 页。《英国传记词典》中关于 B. 杰克逊的条目说他与洛有亲戚关系,因而有所偏袒,但这是不正确的。洛小姐肯定地说,杰克逊在 1815 年前没有见过她父亲。
② 《一位高地女士的回忆录》(*Mems. of a Highland Lady*),第 459 页。

有人说我是（拿破仑）最喜欢的人，可我不知道缘由何在。"①

是！洛的过错不在于他不懂礼仪，甚至不在于他的相貌，而在于他的坚定。拿破仑很快看出，他迫使洛屈服的努力都是徒劳。不管是皇帝的称号、活动范围还是向欧洲寄信的问题，总督都不曾有任何让步。尽管有引用过多之嫌，我们还是要就此问题再引用两段话。巴兹尔·杰克逊1828年在巴黎偶遇蒙托隆，受邀到他的弗莱米尼庄园小住，在此期间，两人谈到了他们在圣赫勒拿的生活，大意如下：

"他（蒙托隆）详述了所谓的'朗伍德策略'，对赫德森·洛爵士的评价也不可谓不高，认为他执行的是一项艰难的任务，因为哪怕是天使下凡担任总督，也无法取悦流放者。当我直言实施策略不能偏离事实时，他只是耸了耸肩，重申道：'那就是我们的策略，你还想怎么样？'他和其他人对赫德森·洛爵士是尊重的，这一点我毫不怀疑。不仅如此，在圣赫勒拿岛上与蒙托隆的一次谈话中，说起总督，他认为像赫德森爵士这样的军官，总是会得到重用的，因为所有政府都会为有这种水准的官员而感到高兴。"

"我偶然提起，由于无法找到一名能听懂和说法语的军官，总督曾打算任命我为朗伍德的值班军官，蒙托隆说，幸好我没有就任这个岗位，因为他们不想要一个能够了解他们的人；他说，实际上，我们肯定会找到办法摆脱你，也许还会毁了你。"②

拉斯卡斯发表自己的日记时，也删去了如下这一段他认为不宜公开的文字（1815年11月30日）：

"我们只有道义的武器，为了最大限度地利用它们，有必要将

---

① 见1896年10月的《布莱克伍德》和1901年10月的《康希尔》杂志。我无法将施蒂默尔对洛充满敌意的结论视为公正的见证。圣赫勒拿岛档案表明，施蒂默尔总是避开总督的管制，私下会见几位法国将军。他后来因为违规而被召回。俄国专员巴尔曼和法国专员蒙特谢尼对他是公正的。后者总是要求洛对拿破仑更严格一些！参见菲尔明－迪多（Firmin-Didot）先生在《圣赫勒拿的囚徒》（*La Captivité de Ste. Hélène*）一书中收录的蒙特谢尼报告，特别是附录3和附录8。
② 《滑铁卢与圣赫勒拿岛》，第104页。

我们的举止、言辞、情绪甚至困难纳入一个体系，以便我们能激起大部分欧洲人的兴趣，使英国的反对派不失时机地攻击政府对我们的粗暴行径。"[1]

现在，我们可以理解朗伍德庄园与拓殖府之间斗争的实质了。拿破仑及其追随者利用一切手段激起人们对洛的憎恶，为威斯敏斯特国会的反对派提供合意的细节，可以羞辱总督、推翻内阁，使前皇帝得以胜利获释。另一方面，洛深知岛上的内奸、营救者可能就在周围徘徊，必须不断地"弄清朗伍德一直在进行的复杂图谋"，正如亨利医生所描述的那样，这使他总是显得忧心忡忡。

想到敌对双方在一个狭窄的空间里、顶着热带的烈日共处五年，我们就不会对他们的夸张表演感到惊讶了。洛有些时候显得很迂腐：不愿把题献给"拿破仑皇帝"的书转送到朗伍德庄园；蒙托隆送给法国专员蒙特谢尼绿豆和白豆，他也要对其政治含义猜疑一番。但是，大部分背负重担的官员一生中都有类似的事件，而且，谁的负担还能比他更重呢？[2]

拿破仑在情绪较为平静时，也曾因对总督出言无状而感到懊悔。他对蒙托隆说："在我一生中，这是第二次和英国人打交道时出大问题了。他们那种沉静冷然的气质，总是让我情急之下说出不该说的话。我还不如不回复他的话。"这话指的是1803年对惠特沃思的攻击，但也在一定程度上说明他指责洛的原因。毫无疑问，在这两件事情中，如果这个暴躁的南方人难以遏制的怒气能在冷静的北方人身上产生明显的效果，他或许就能更快地控制住情绪了。可

---

[1] 1816年12月洛得到这本日记时将其抄录了下来。这一段见于福赛思《拿破仑囚禁记》（第1卷，第5页）和西顿，《H.洛爵士与拿破仑》，第52页。
[2] 赫德森·洛爵士的女儿对本书作者叙述的一件事，足以说明他是以多么紧张的心情，监督着岛上一切大事小情和各色人等。守备部队中的一名英国士兵失踪，恰逢拿破仑深居简出，于是他担心有人叛变，帮助拿破仑穿上军服逃走。几天之后，有人在岸边捕得一条大鲨鱼，解剖后发现了这位士兵的残骸，谜团才得以解开。
应该铭记的是，洛说服了岛上的奴隶主，解放了1818年圣诞节后出生的奴隶子女。

第42章 暮年岁月

是，1816年8月18日发生的一幕，给他和总督的关系造成了持久的影响。在剩下几年的无聊岁月中，他们再没有说过一句话。

洛的正式报告证明，他仍然一直尽可能关心流放者的舒适问题。然而，由于拿破仑拒绝提出任何意见，新房子的修建悬而未决；他抱怨工人吵闹，因此朗伍德庄园急需的修缮工作也停下来了。不过，洛还是努力地保持日常的礼节，订购前皇帝最喜欢的波尔多红酒，有时还送些野味到朗伍德庄园。当英国政府试图将朗伍德庄园的年度开支限定在8000英镑时，洛自掏腰包，将这一数额增加了50%。

在最后这件事上，拿破仑的行为值得注意。听说需要更加节约，他很爽快地答应了，辞退了7名仆人，并命令减少红酒消费。过了一两天，他又命令卖掉一些银质餐具，以便提供"他们被剥夺的一些小小的享受"。巴尔科姆被派去处理此事，他对拿破仑要卖掉这些东西表示惋惜，得到的回答是："没有东西可吃，这些盘子有什么用？"洛暗地里指示巴尔科姆将拿破仑给他的餐具封存起来，按其价值支付款项（250镑）；可是，其他一些餐具后来也被打破卖掉了。奥米拉在10月10日的信中说明了这些行为的原因："他（拿破仑）这么做还有一个目的：表示他如果不卖掉餐具就只能饿死，以此来激起人们对总督的憎恨。这是他亲口告诉我的。"[①]

令拿破仑和总督之间更添怨恨的另一件事是英国发来了更严格的拘禁规定。主要的变化（1816年10月9日）是将限制的活动范围从周长12英里缩小到8英里，并从日落时（而非以前的晚上9时）起就在朗伍德庄园不远处设立一圈岗哨。[②]最后这一变化令人遗憾，因为这破坏了拿破仑晚上在他花园闲逛的雅兴；但是，正如总督所指出

---

① 福赛思《拿破仑囚禁记》第1卷，第289页中引用。这封信当然不会出现在奥米拉后来恶毒的作品《圣赫勒拿岛之声》中；挨饿的故事却被当成真实情况一再重复！拿破仑直到去世，生活都是很讲究的，这可以从英国印度部的档案中找到证据，其中一条是(1820年12月11日)："仓库管理员入账105英镑，事由：拿破仑将军退回了48打香槟酒。"（G.伯德伍德爵士《关于印度部旧档案的报告》，第97页）

② 福赛思，《拿破仑囚禁记》第1卷，第330—343、466—475页。

的，日落之后三个小时是最容易逃跑的时间。限制活动范围是必要的，不仅可以使英国士兵们免于劳苦，无须监视很少作为活动场所的大片区域，还可以避免拿破仑与奴隶暗地来往。

奥米拉所说的这些"有辱国格"的规则，究竟是不是真的有必要呢？或者说，强加这些规则是不是为了侮辱这位伟人？参考一下英国的档案，就会发现这么做是有理由的。营救拿破仑的计划已在酝酿中，必须极其警惕。

前文已经提到，有人于1815年8月2日写信寄到普利茅斯给贝特朗夫人（实际上是写给拿破仑的），说来信者已在波士顿、纽约、费城和查尔斯顿的著名商号里以他的名义存了几笔钱，他（拿破仑）只要"通过中国茶叶或者印度细纱布"说明其意愿即可，至于其他方面，来信者对英国商船寄予很大希望。这封信辗转多处，落入了英国人手中，因此政府对出入圣赫勒拿岛的所有信件和商品都严加检查，特别是与美国有关的方面。在大西洋的那一边，对拿破仑的崇拜早已根深蒂固，因为他推翻了欧洲的多个国王，又贱卖了路易斯安那；远方那模糊的赞颂，使这种崇拜与日俱增；现在，拿破仑成为了圣赫勒拿岛上的"殉道者"，更是将这种情绪推上顶峰。不管是激情还是金钱方面，都有利于营救计划。

在英国政府的圣赫勒拿档案（第4号）中有关于两项营救计划的报告。第一份报告是西班牙驻华盛顿大使转来的，1816年5月9日送抵马德里。该报告称一个名为卡彭特的人向约瑟夫·波拿巴（当时在美国）提出营救拿破仑，并已为此扬帆出海。这一消息立刻向战争与殖民大臣巴瑟斯特勋爵传达，他又通知了洛。当年8月，英国外交部也接到消息，4艘纵帆船和其他较小的船只已于6月14日从巴尔的摩出发，运送前法国海军军官富尼耶及手下的300人，表面上是去帮助玻利瓦尔，实则意图营救波拿巴。这些快船将在白天躲藏于圣赫勒拿岛的视线之外，夜间潜入不同的地点，派出小艇登岸，每艘小艇上有一个身穿英军制服的人上岸，前往朗伍德告知拿破仑接他的小艇停泊的位置。报告最后说："他将得到大量黄金和钻石，以贿赂那些可能对他有用的人。看起来，他们自以为肯定能得到某些圣赫勒拿岛定居者或者岛上雇工的帮助。"①

巴瑟斯特将这一情报的抄本寄给了洛。福赛思没有提到这件事，但他提到了巴瑟斯特不同时间收到并转发给总督的警报，表明拿破仑已用黄金收买了岛上的内奸，以协助他逃脱。②我没有找到上述计划付诸实施的证据，虽然偶尔出现一些可疑船只，但都被英国巡洋舰赶走了。但是，当我们考虑巴瑟斯特和洛是否有必要严格看管拿破仑的问题时，争论的要点在于是否存在逃跑或营救计划，如果有，他们是否知道。这一点毫无疑问，这实际上也就是1816年10月9日新规的起因。

我们已经追溯了此前关键的12个月的事态发展，看到双方的摩擦是如何化成愤怒的火焰；看到那个不可一世的人物如何因为对加诸己身的种种限制恼怒不已，却使自己陷入更紧密的罗网；也看到他在美国和欧洲的那些误入歧途的朋友，是如何将本来相当放松的拘押变成真正的监禁。对于历史，"本来可能如何"的文字游戏是毫无意义的；但我们可以想象一个不像拿破仑那么桀骜不驯的人，坦率地承认他已结束了自己的职业生涯，改用一个化名（例如，拿破仑曾想过的米尔隆上校），在一个平静的归隐之地安定下来，惬意地编写他的个人和军事回忆录。如果他曾打算在英国当个乡绅，圣赫勒拿岛上也有同样的便利，而且没有什么引诱他回到政坛的因素。对他而言，岛上的气候比英国更好，进行锻炼的机会也比在英国的更多。那里有大量

---

① 我曾在《欧文斯学院历史论文集》中全文引用了这一报告。"定居"和"雇工"之类的词不会引起洛对巴尔科姆和奥米拉的疑心吗？拿破仑总是说他不想逃跑，只是希望引起英国内阁的变动。但他在厄尔巴岛上反复告诉坎贝尔，自己与世无争、形同死人，在这之后，哪个负责任的人会信任他？
② 福赛思，《拿破仑囚禁记》，第1卷，第310页；第2卷，第142页；第3卷，第151、250页；蒙托隆，《拿破仑囚禁记》，第3卷，第5章；菲尔明－迪多，《圣赫勒拿的囚徒》，附录6。福赛思提到的阴谋遭到了罗斯伯里的嘲笑（《拿破仑的晚年》，第103页）。但如果他处于巴瑟斯特的地位，会无视这一阴谋吗？

藏书——最后达到2700册,写作时可以参考存档的《环球箴言报》,并可定期从拓殖府得到《泰晤士报》,还有花费120镑从英国买来的一台钢琴。最后,还有6位侍臣,对他忠心耿耿而又互相猜忌,情绪变化无常且多有争吵,这些都成为每天上演的滑稽剧,至今仍令后人津津乐道。

那么,还缺什么呢?很不幸,什么都缺。他并不关心音乐、动物,近年来连打猎都没了兴趣。他在位的时候曾对加卢瓦透露:"我不太喜欢女人,也不喜欢游戏——什么都不喜欢,我就是一个政治人物!"——他从未停止对政治和权力的热爱。在圣赫勒拿岛上,他还想象着如果自己在英国定居下来,就能争取该国国民的支持。他说过,"唉!我要是在英国,就能征服所有人的心。"[①]他也确实能做到。摄政王、利物浦、卡斯尔雷和巴瑟斯特这些凡夫俗子,如何能对抗真正伟大、令人倾倒的人物的影响呢?如若他去了美国,谁又能与之争夺总统的宝座呢?

可结果却是,他选择闭门不出,扮演"朗伍德囚徒"的角色,[②]并将时间花在密谋对付洛和口述回忆录上。关于拿破仑著述的问题,我们在此无法深谈,只能说说以下几点:他对恺撒、蒂雷纳和腓特烈大帝的评论饶有兴趣、颇具价值;对自己指挥的战役所作记录,虽然很有启发意义,但由于他手边并没有全部必要的事实与数字,必须用原始文件来仔细核查;至于他对政治事件的记录,总的来说不太可信,只不过是煞费苦心地强调拿破仑的正统地位、确保罗马王皇冠的策略。

接下来,我们要简略地介绍一下拿破仑最后几年的情况。第一个值得注意的事件是拉斯卡斯被捕。这个诡计多端的阴谋家很快就引起了蒙托隆和古尔戈的敌视,他们厌恶这个"阴险小人",因为他就

---

① 古尔戈,《日记》,第1卷,第105页。
② 他对古尔戈说,即便他可以在全岛活动,他也不愿意出门。(古尔戈,《日记》,第2卷,第399页)

像马伏里奥①一样妄自尊大,拿破仑又曾暗示,他在仪式上的位次在两人之前。他的迅速得宠,是因为他能言善辩、文采过人,而且对英国人及其语言都有着透彻的了解。最后一点尤为重要。拿破仑很希望学习英语,因为他希望能收到邮件,告诉他辉格党取胜的消息,并送来让他离开这个小岛、前往英国的命令。他坚持跟随拉斯卡斯学习英语,但并不成功,这可以从如下的奇特信件中看出,信显然是在夜里写的,最近由德布罗托纳先生予以发表。

"拉斯卡斯伯爵:

自六周学习英语以来,没有任何进步。六周有42天。如果每天能学50个单词,我应该认识2200个词了。词典里的单词有四万多个,即使他能最多两万个,时间也太多。要懂得这么多词,就要120个星期,也就是两年多。这以后,你应该同意学习一门语言是很费事的,一定要在年轻时学。"②

拿破仑努力以上述"数学"方法学习英语,究竟取得多大进步,我们不得而知;因为似乎找不到他的其他英语书信。很快,他的老师就被抓走了,有充分理由认为,最终的原因就是比较没有文化的几位将军的嫉妒。因此,我们发现,古尔戈断言拉斯卡斯来到圣赫勒拿,只不过是"为了得到好的口碑,写些逸闻趣事,再赚一笔钱"。蒙托隆也竭尽所能地给他制造麻烦,有一次曾对古尔戈说,他预计拉斯卡斯很快就会离开这个岛。③

这一预言很快成为现实。拉斯卡斯将两封信缝在一件背心上,交给可疑的黑白混血仆人斯科特寄到欧洲,其中一封是写给吕西安·波拿巴的长信。这个仆人向父亲出示了这两封信,后者有些惊慌,报告

---

① 莎士比亚戏剧《第十二夜》中的人物,为人自负。——译注
② 因为初学英语,这封信中拿破仑出现了许多拼写和文法上的错误,我们只能按照大意翻译。——译注
③ 古尔戈,《日记》,第1卷,第262—270、316页。但蒙托隆(《拿破仑囚禁记》,第1卷,第13章)后来就拉斯卡斯的离去写道:"我们都喜欢这个知识渊博的好人,我们都乐于以他为师……他的离开对我们来说是巨大的损失!"

了总督。拉斯卡斯指责斯科特是总督的走狗；洛则从中看出朗伍德"阴谋"的破绽；而朗伍德的住客怀疑拉斯卡斯安排这些事情是为了离开这个岛。这种奇怪的现象正说明了圣赫勒拿岛当时那种疑云遍布、各怀鬼胎的状态。朗伍德的人所做猜测是有充分理由的。拉斯卡斯和他的儿子身体不佳，在庄园里的处境也很不自在；而作为一个工于心计的阴谋家，将重要的信件交给已在总督黑名单上的奴隶，确实也是古怪的做法。此外，被捕之后，总督当场检查他的文件，发现都井然有序，其中有他的《日记》的很多部分。拿破仑本人认为拉斯卡斯做了件极端愚蠢的事情，但很快就以他被逮捕这件事为借口，将英国官兵的做法比作"南海野人在吃掉俘虏之前围着他们跳舞"[1]。在罗斯农庄短期拘押期间，拉斯卡斯拒绝了总督让他回到朗伍德的建议，随后被送往好望角，从那里回到法国，他在国内精心编辑了自己的《回忆录》和《日记》，收获丰厚。

古尔戈是下一个离开的人。这个敏感的年轻人长期受到嫉妒心的折磨。他天性大方而自负，每当不受重视或是自以为遭到冷遇，他的日记就成了连篇累牍的哀叹。这个受到轻慢的狂热追随者往往将拿破仑的自负夸大到了不可思议的程度，虽然这对拿破仑往往不公平，但他的日记却无意中见证了拿破仑令那个小宫廷无比敬畏的神奇魅力。哪怕是对蒙托隆夫妇表现出一点点关注，"戈戈"都会怒气顿生，甚或彻夜不眠，就算第二天拿破仑用抚慰之词、下象棋和黑白棋，或者请他帮助整理"滑铁卢战役"的文稿都无法补偿。拿破仑一次又一次地试图向他证明，蒙托隆夫妇的地位应该在他之上，但也无济于事。最终危机还是来临了：自这位将军从哥萨克骑兵的长矛下救出皇帝已有四年，忆起此事，更觉得眼前的"屈辱"

---

[1] 古尔戈，《日记》，第1卷，第278页；福赛思，《拿破仑囚禁记》，第1卷，第381—384页；第2卷，第74页。波拿巴想取回这本日记，但拉斯卡斯不愿意，因为其中包含着"他的思想"。它被封存到拿破仑去世，才归还给汇编者。

难以忍受。他要求与蒙托隆决斗，拿破仑严令禁止，这位愤愤不平的军官于是要求批准他离开。

拿破仑同意了他的请求，看来对他的喜怒无常已经厌倦；加上他写信回家，将朗伍德流放者们得到的待遇坦白告诉了母亲，更令皇帝不满。洛和巴瑟斯特都看过这些信，法国政界似乎也知道了其中大意，便以此来化解拿破仑及其惯于外交的追随者传播的流言。显然，古尔戈已没有什么用处了，因此他走了（1818年2月13日）。与拿破仑挥泪相别之后，他和巴兹尔·杰克逊在拓殖府附近的一所农舍里度过了六周，其间对总督表现出来的细致与谨慎大为吃惊。此后，他乘船前往英国，身上只有洛给他的100英镑。他拒绝接受拿破仑的钱。①

不过，他并没有从此离开主人的生活。5月1日在英国登岸后，他与英国官员几次会面，提醒他们拿破仑很容易逃跑，并暗示奥米拉是拿破仑的走卒。然而，这位年轻将军很快就与英国反对派有了接触。此后他的情绪有何变化，我们无迹可寻，直到8月25日，他写信给玛丽·路易丝，断言拿破仑正在"长年累月、至为可怕的痛苦折磨"之中垂死挣扎，他是英国暴行的受害者！我们该把这种立场变化归因于什么呢？古尔戈《日记》的编辑者坚称，他的态度从没有改变，他们暗示这部日记是为了迷惑洛而精心策划的诡计，还指出一个事实：古尔戈在离开该岛之前从拿破仑那里接到秘密指令，要他将几封写在小片纸上的信件缝在靴底带到欧洲。他是否遵照这些指示值得怀疑；因为在他离岛时，曾以名誉向洛担保，他不会携带任何出自朗伍德的文件、册子或信件。而且，我们此后也没有听说这些密信，写信给玛丽·路易丝时，他已经在英国流连了将近四个月。在这些事实面前，上述的说法似乎站不住脚。②

---

① 亨利的著作，第2卷，第48页；B.杰克逊，《滑铁卢与圣赫勒拿岛》，第99—101页；西顿的《H.洛爵士与拿破仑》（第159—162页）中也有引用。
② 福赛思，《拿破仑囚禁记》，第3卷，第40页；古尔戈，《日记》，第2卷，第531—537页。

那么，我们该如何解释古尔戈在圣赫勒拿岛以及此后的行为呢？现在，从圣赫勒拿岛那些虚实难辨、迷雾重重的文献中，难以找到令人满意的线索；但巴兹尔·杰克逊的《滑铁卢与圣赫勒拿岛》的如下段落似乎提供了这种线索：

"关于古尔戈，我最后还要补充一点，他抵达英国、与副国务大臣会见一两次之后，就落入了某些有名的极端分子手中，那些人对他说，他背叛拿破仑，是愚蠢之举；当他追随拿破仑时，确实算得上是个人物，而与之为敌，就只能毁了自己。简而言之，他们对这个软弱的可怜人施加了某种影响，诱使他仍然表现得像皇帝的部属：他给玛丽·路易丝写了一封信，其中猛烈抨击了英国政府和H.洛爵士对待拿破仑的方式，这封信适时发表，古尔戈在所有公正的人眼中变得一钱不值。"

这似乎与我们所知的古尔戈性格相符：他直率、反复无常且敏感，不可能长期坚持以文字和外交手段欺骗世人。他不是查特顿①和富歇的结合体。他的《日记》不事雕琢，自然流露出虚荣心受挫时的情绪，让我们可以近距离地观察英雄崇拜者及其英雄的内心。有些时候，他的偶像也会跌落、摔得粉碎，但他以自己的爱戴之心，一次又一次地将之奉为神圣，直到布列讷之战过去四年，才打破了这一魔咒。在他离开圣赫勒拿岛之前，拿破仑再次施展旧日的魅力，试图利用他的忠心去完成一项政治使命。古尔戈拒绝扮演代理人的角色，向总督做出承诺并且没有食言；但是，由于英国人的官僚主义作风，或者反对派的诱惑，英雄崇拜再次占据了上风，使他加入了拉斯卡斯和蒙托隆一边。我们相信，这就是真实的古尔戈，一个真诚可爱但反复无常的人，他的《日记》中的每一页都表现出了这一点。

我们必须顺便提到一点，那就是圣赫勒拿岛的文献极其丰富。几

---

① 托马斯·查特顿（1752—1770），英国诗人。——译注

第42章 暮年岁月

乎所有流放者都写了日记或者回忆录，有的是在返回欧洲后写下的。相反，拿破仑在法国拘禁的一万名英国人，却没有一个留下了今天还有人关注的记录。因此，拿破仑所受的苦难以各种文明的语言流传于世，而这个世界却忘记了一万个英国家庭无端遭受的灾祸。习惯写回忆录的民族，确实比起不那么善于表达的民族更有优势，这便是最好的明证。没有人曾为这些默默无闻的英国人留下过一滴眼泪，而健谈的朗伍德因徒妙笔生花，使半个世界的人至今仍相信他们每周被洛欺凌两次，不得不饱受毒咖啡之害，夜间还几乎被老鼠咬死。关于最后这一说法，我们听到了种种故事，说有个奴隶在朗伍德睡觉时腿被老鼠咬掉了一块——不仅如此，还有人说一匹马也在晚上被老鼠咬掉了一条腿——这让我们不知道到底应该同情他们的遭遇，还是羡慕他们睡得那么香。

  朗伍德当然远不是合适的住处；但只要拿破仑发话，就能在他选择的地点盖一所新房子。建筑材料已经都从英国买来了，可是拿破仑过了很久才出声；人们必然可以推知，他宁愿留在过去的住所里，这样才能宣称自己住在"肮脏的谷仓"里。①朗伍德的居民中，第三个离去的是奥米拉医生。这位英国军官帮助拿破仑秘密通信的行为，已被福赛思和西顿充分揭露，我们建议读者阅读这两位先生的著作，了解他变节行为的证据。古尔戈的《日记》揭示了引诱这位医生变节的秘密因素。拿破仑有一次偶然提到金钱对英国人的诱惑力，说那就是英国不让他从欧洲提款的原因。他继续说道："那个医生对我这么好，都是因为我给了钱。啊！我完全确信这一点。"②这一披露使我们能够理解，为何这位医生在罪行被揭发而遭开除时，会极力抹黑赫德森·洛

---

① 1818年4月27日的"按语"。新房子的情况参见福赛思，《拿破仑囚禁记》，第1卷，第212、270页；第3卷，第51、257页。拿破仑病情恶化时，房子已经盖好（1821年1月）。
如果鼠害真的非常严重，为什么古尔戈几乎不曾提起？
② 1817年10月4日的日记。返回英国途中，贝特朗夫人告诉亨利医生，朗伍德和英国常通过两位军官有密信往来；但上面引述的这段话说明谁才是罪魁祸首。

爵士的人品。奇怪的是，他捏造的事实居然能愚弄整整一代人。

下一位进驻朗伍德的医生是斯托克，他很快就受到诱骗，违反英国的规定，受到了正式的处罚。之后，拿破仑又企图通过蒙托隆贿赂他的继任者弗林医生，后者愤怒地拒绝并辞去这一职务。①

毫无疑问，拿破仑在这些阴谋中得到了快乐。古尔戈最后一次会见奥地利驻圣赫勒拿专员施蒂默尔时，谈起过这个话题："不管他（拿破仑）在这里有多么不愉快，都会对自己受到拘禁这件事的重要性、列强对此的浓厚兴趣以及别人为了收集他的只言片语费尽心思而暗自得意。"拿破仑有一次还对古尔戈说，在圣赫勒拿岛比厄尔巴岛强。②拉斯卡斯在其著作的第一卷最后引用了拿破仑的一些惊人之语，大意也是如此：

"我们在这里的处境也有其吸引力。全世界都在关注我们。我们仍然是不朽事业的殉道者：千百万人为我们流泪，祖国为我们叹息，荣耀之神也在默默哀伤。我们在这里抵抗诸神的压迫，各民族都渴望着帮助我们……我的一生没有遇到过什么逆境。如果我在无所不能的光环笼罩下终老于帝位，我对许多人来说就是一个难解之谜。可是今天，正由于遭逢厄运，他们可以根据我赤裸裸的真面目做出判断。"

这段话措辞简练、想象生动，敏锐地洞察了左右人类的动机，无愧于拿破仑的威名。他知道，在圣赫勒拿岛上的流放生活，会使人忘却他对自由事业犯下的罪行，从那孤寂的山巅之上，将会传来新普罗米修斯的神话：他被国王们用铁链锁在岩石上，每天被饥饿贪婪的兀鹫啄食心肝。这个世界已经摒弃了他奉行武力的信条，但是，现在因他饱受苦难而唱响的慈悲经，难道不会让整个世界激动地响应吗？他的猜测出奇地准确，世界确实为之震动。他受难的故事产生了奇迹，虽然不能直接给他带来益处，但有益于他的声誉和

---

① 福赛思，《拿破仑囚禁记》，第3卷，第153、178—181页。
② 施蒂默尔1818年3月14日的报告；古尔戈1817年9月11日和14日的日记。

王朝。当人们想象中的征服者拿破仑变身为殉道者拿破仑，他的家族也就迎来了转机。从这个角度看，与君主们的神圣同盟所实行的邪恶计划加以对比，拿破仑在圣赫勒拿岛度过的阴郁岁月就变得生动了起来，不能算是他一生中最不成功的时期。没有这几年的困顿，也就不会有第二个拿破仑帝国。

他在那里的生活，也并不是"漫无边际的痛苦"。他的健康状况相当不错。岛上也有一些自得其乐的时节，他全身心地投入到户外娱乐活动中。1819年下半年和1820年上半年便是这样的时光，我们可以称之为他暮年中的"小阳春"，那时他痴迷于园艺。他一身轻装，头戴宽边帽，有时还拿着铲子，在朗伍德的庭院及附近正在为他修建的新屋周围徘徊，监督各种改动。其他一些时候，他趁着挖土的机会，说明如何将步兵部署在匆忙垒起的土坡之上，以猛烈的火力抵挡骑兵的进攻。黎明时分，他用钟声集合随从，让那些伯爵、内侍和仆人都去挖掘战壕，挖出来的土则堆在后方，就好像前排士兵部署在战壕内、后排士兵则站在土堆上一样。然后，个子最矮的他站在前列，而最高的人（他的瑞士内侍诺韦拉）则站在后排，得意洋洋地讲述如何以十排士兵的轮番齐射击倒骑兵。[①]5月或6月，他重又开始骑马锻炼，所有这些活动一度对他的健康颇有助益。他与总督的关系虽不亲密，但也还算平静，大约在这个时候，他的活动范围也扩大了。

除了写回忆录之外，他也有其他的室内娱乐活动。他常常下棋和打台球，打台球时是用手而不是球杆！晚餐通常很迟开始，随后以朗读为乐。他最喜欢的作家是伏尔泰，蒙托隆后来向霍兰勋爵坦承，拿破仑常常读同样的几部剧本，尤以《扎伊尔》为甚。

"拿破仑在听别人朗读时打瞌睡，但如果其他人在他朗读时睡着了，他却非常在意、很为不快。他留心观察听者，常常听见他在朗读

---

① 贝特朗1821年5月12日向洛讲述的（《圣赫勒拿岛档案》，第32号）。

中突然冒出一句'蒙托隆夫人，你睡着了'。对他读过的一切，尤其是诗歌，他都兴致勃勃，为优美的段落而激动，对其中的疏失很不耐烦，并对作品的风格做出许多独到和生动的评论。"①

在这一段宁静的日子里，波拿巴家族挑选的两位神父来到岛上，同来的还有一位科西嘉医生安托马尔基。拿破仑对这三个人都很失望。那位医生是博学的解剖学家，但对化学一窍不通，初次与拿破仑会面时，他对这方面的问题回答得颠三倒四，差点被赶出房间。两位神父的情况也好不了多少。较为年长的名叫博纳维塔，曾在墨西哥生活过，除了那里之外就没有别的谈资了，而且很快就因身体不适，只在圣赫勒拿岛上逗留了短短的时间。另一位神父是科西嘉人维尼亚利，他既无学识与文化，又无舌辩之能，拿破仑对此相当宽容，但只将其当作朗伍德的一个体面的附庸，对主人几乎没有任何影响。人们对此感到遗憾，理由很多，其中之一是他的证言对理解拿破仑的宗教观点毫无益处。

在此，我们碰到了一个或许永远不可能澄清的问题。拿破仑的性情在很多方面上深不可测，面对永恒真理时更是如此。没有几个人敢断定他是一位虔诚的正统天主教徒。在厄尔巴，他曾对埃布灵顿勋爵说"我们不知生从何来，死将何往"，大众应该有某种"固定的信仰，作为思想的支点"。——"我是天主教徒，因为父亲是教徒，也因为天主教是法国国教。"有一两次，他还曾向坎贝尔表示了对流行信条的蔑视。正如上文所述，他前往圣赫勒拿岛途中，丰沙尔的一位教士表示愿意相随，可他丝毫不感兴趣。而在岛上，他们一行人的宗教仪式似乎仅限于偶尔读读《圣经》。当蒙托隆夫人抱着她的婴儿出现在皇帝面前时，他戏谑地说，拉斯卡斯是最适合为孩子施洗的人；这位母亲立即回答道，拉斯卡斯还不是一个够格做这件事的基督徒。

---

① 霍兰勋爵，《外交回忆录》，第 305 页。

从古尔戈《日记》中的一些记录判断，这位年轻的将军对宗教问题的思考比其他人都多；拿破仑也向他吐露了自己的想法——拿破仑说，物质无所不在，遍及宇宙；生命、思想和灵魂只是物质的属性，死亡将结束一切。当古尔戈以宇宙万物的宏大秩序来证明造物主的存在时，拿破仑承认他相信"超凡之灵"。他断言，如果基督教是最经典的普遍信仰，他就会相信。可在当时，伊斯兰教徒"信奉的宗教比我们的更简单、更适合他们的道德准则"。不过十年，他们的创教者就征服了半个世界，而基督教花了三百年才完成了同样的伟业。他还提到了这样的事实：尽管没有公开承认，但拉普拉斯、蒙热、贝托莱和拉格朗日都是无神论者；至于他本人，他觉得上帝（神）的概念是很自然的，在一切时代、一切民族中都存在。但有一两次，在含糊其词的谈论最后，他引人注目地承认，战争中尸横遍野的景象使他变成一位唯物主义者。"物质就是一切"——"虚荣毫无价值！"[①]

古尔戈的情绪起伏不定，他在反映这些对话时难免给主人的神学理论染上过多的阴郁色彩。但是，这些对话毕竟是拿破仑晚年生活最为逼真的记录，为我们展示了他受制于有形事物的天性。至于他是否信仰神圣的耶稣，似乎无迹可寻。纽曼的散文中记载着一个故事，流传至今：拿破仑曾论述过，基督的伟大不可言喻，他长驻人心，与转瞬即逝的亚历山大和恺撒统治形成了鲜明的对照。但愿他真的说了这些话，可是，这与拿破仑确定说过的一些话相互矛盾。有些时候，他在话语中表示完全不信仰基督教，而在其他时候，他又表现得像希望皈依的样子。但是，在专为儿子留下的政治遗嘱中，唯一提到宗教的地方充满着外交辞令，他是《政教协约》的始作俑者，所以这并不出乎我们的意料："宗教思想的影响力，超出了某些狭隘哲学家的想

[①] 古尔戈，《日记》，第1卷，第297、540、546页；第2卷，第78、130、409、425页。拿破仑为一夫多妻制辩护的情况参见拉斯卡斯《回忆录》第4卷，第124页。拿破仑的宗教信仰参见我的《拿破仑研究》（1904年版）中的一篇论文。

象,能够很好地服务于全人类。与教皇和睦相处,他仍然影响着亿万人的思想。"

大限将近之时,拿破仑自己的表现也同样含糊。过去一段时间,体内的剧痛——他称之为如同刀刺般的疼痛——已经预示了他的末日就要到来;1821年4月,呕吐和虚脱表明,可怕的遗传病正在迅速恶化,他吩咐维尼亚利神父将朗伍德的大餐厅布置成灵堂;看到安托马尔基脸上的一丝笑意,病中的拿破仑激烈地斥责他那高人一等的姿态。蒙托隆在回到英国后告诉霍兰勋爵,拿破仑临终之前受过涂油礼,他曾命令,这件事必须做得像是由蒙托隆负全责,神父被问到这个问题时,一定要回答说只是按照蒙托隆的命令行事,对皇帝的愿望一无所知。事情就这么做了,但皇帝当时显然已不省人事。①在遗嘱中,他也宣称自己生于罗马正统教会的怀抱,死后也将归于教会。我们只能将这个问题按下不表,如同他一生中的许多事迹那样,笼罩在神秘的面纱之下。

伟人辞世总是感人至深,但这位文治武功均达巅峰的英雄之死,却似乎跌落到不幸的深渊。他远离已经灭亡的强大帝国,困居于无垠的大洋之中,身受死敌的禁锢,儿子也成了哈布斯堡宫廷的俘虏,皇后公然背弃,他如同急流恶浪中遍体鳞伤的孤舟,在人们的视野之外黯然沉没。大自然比人类更加无情,总督敦促他接受最好的医疗建议,但他却不愿接受。他感受到了癌症的步步紧逼,这种病夺走了他父亲的生命,将来还要加诸他的两个妹妹:快乐的卡罗琳和波利娜。有些时候,他猜到了真相,另一些时候则喊叫"肝疼!""肝疼!"。奥米拉曾声称,他的疼痛是因为被囚于圣赫勒拿岛引起肝病所致;安托马尔基则说他的病是胃热;直到4月1日召来阿诺特医生,才彻底诊断出真正的病情。

---

① 霍兰勋爵,《外交回忆录》,第316页;1901年2月《康希尔》杂志上刊登的格雷克尔上校报告。

拿破仑拒绝吃药或进食，也不让人移动他，病情日益恶化，到这个月底，其状已极其痛苦。5月4日，在阿诺特医生的坚持下，悄悄地给他服下了一些甘汞，取得了很好的疗效，病人得以入睡，甚至吃了点东西。但这只是回光返照，次日，一场风暴席卷该岛，拔起一根又一根大树，他的意识开始变得模糊。蒙托隆仿佛听到他说出了几个词：法国、军队、军队的首领、约瑟芬。在昏迷之中，他又坚持了几个小时，风暴逐渐停息，太阳给这座海岛带来了一片光辉，随后沉入大海，这位伟人就在此时溘然长逝。

根据总督的命令，阿诺特医生留在房间里，直到可以验尸——正如蒙特谢尼所指出的，这是为了防止朗伍德的侍臣们居心叵测地制造拿破仑中毒而死的假象。尸检在7名医务人员和其他人在场的情况下进行，证明除了胃部有溃疡之外，其他脏器都完好；肝脏相当大，但没有任何疾病的迹象；相反，心脏比正常人略小一些。虽然长期无法进食，他的遗体却没有常见的消瘦现象，而是十分肥胖——这一事实说明，他那坚韧的意志来源于异常顽强的生命力。[1]

进行防腐处理后，拿破仑的遗体被庄严地置于灵堂之上，前来瞻仰者无不因他安详迷人的表情而动容：身上的赘肉在死后消失了，留下了执政府时期令人钦羡的匀称五官。

他身穿最喜欢的绿色制服，魂归幽谷中两棵大柳树下的安息之所。灵柩上放着他的佩剑和在马伦戈战役中穿过的斗篷，第20和第66团的掷弹兵依照全副军礼抬棺而行，后面是长长的英军队列，绣

---

[1] 英国殖民部档案，圣赫勒拿岛部分，第32号；亨利，《军队生活二三事》，第2卷，第80—84页。他还说，安托马尔基在准备签下英国医生一致同意的报告时，被贝特朗和蒙托隆叫到一边，随后就拒绝签字；安托马尔基后来自己发布了一个报告，强调癌症和肝肿大，从而支持奥米拉关于圣赫勒拿岛的气候和缺乏锻炼导致疾病的说法。在英国档案中有蒙托隆1821年5月6日写给妻子的一封信，承认事实与此相反："我们在不幸中最感安慰的是，已经找到证据证明，皇帝的死不是也绝不可能是囚禁生活引起的。"但在回到欧洲后，蒙托隆却坚称他的主人死于圣赫勒拿岛流行的肝病。然而，值得注意的是，拿破仑临终前催促贝特朗与洛和解。贝特朗和蒙托隆因此前往拓殖府，表面上捐弃了前嫌。

有"塔拉韦拉""阿尔布埃拉""比利牛斯"和"奥尔泰兹"等字样的军旗低垂，最后一次向他们这位强大的敌人致敬。陵墓之上，枪炮齐鸣，回声响彻层峦，飞越裂岩群峰，远渡重洋，向世界宣告，有史以来最伟大的战士和执政者已长眠地下。

他不应埋骨于那个荒凉的海岛，在遗嘱中，他表达了长眠于塞纳河畔、回到深爱的人民中去的愿望。1840年，在贝特朗、古尔戈和马尔尚到场的情况下，他的灵柩被迁往法国。巴黎张开臂膀，欢迎这位伟大的逝者；他曾预言将带上法国皇冠的路易·菲利普在荣军院的圆顶下举行了庄严的迎接仪式。他就在那里、在忠诚于他的人民中长眠，这个民族曾因他超凡的天才而登上荣耀的巅峰，却又因他的弥天大错而坠入灾难的深渊。

纵观拿破仑的一生，如此断言似乎是公正的：他覆灭的根本原因，并不在于法兰西民族的众多缺点，因为人民始终以忠诚相待，就连拉达曼提斯①也会为之流下同情的泪水；也不在于某个将军或政治人物的背叛，因为与4000万人民的忠诚相比，此类行为不值一提；真正的原因，是拿破仑个人和那个时代的性格。凡间从未有人能觅得此等良机，统治一片混沌的欧洲大陆，也从来没有一位伟大的统帅，遇到的对手与反对其夺取霸权的统治者一样虚弱。19世纪伊始，旧君主国已经腐朽；有四个王朝的当政者精神错乱，其他的国君则听从于软弱无能、趋炎附势的主张。在很长一段时间，他们的文臣武将都乏善可陈。除了中道崩殂的皮特和纳尔逊，以及只拥有半支军队的威灵顿，拿破仑在1812年前从未遇到才能卓越、装备精良且斗志顽强的对手。

运气太好在很大程度上促成了他的毁灭，这种说法听起来似乎自相矛盾，但事实就是如此。他的性格强悍好斗，必须及时约束，方能培养最优秀的品质，遏制其嚣张跋扈的本能。正如最强大的内阁，若

---

① 希腊神话中铁面无私的冥府三判官之一。——译注

无反对派有效的约束，也会如拿破仑那般趾高气扬，以致毁灭。倘若他在青年时代历经逆境，将教训铭刻于心，他还会在与威灵顿交锋于西班牙的同时，又在俄罗斯草原上挑战恶劣的气候吗？还会在1813年的布拉格大会上蔑视对己有利的和平建议吗？他是否还会在莱比锡战役后放走保留法国"自然疆界"的机会，在香槟地区陷入困境后放弃保留旧疆界的机会？他是否还敢于在滑铁卢战役中孤注一掷、全面出击？事实上，四十岁之后，青春热血已在战无不胜的模子中浇铸成型，在一生中遇到的种种危机面前，要命的执念总是成为他的灾星。因为在这个时期，欧洲独立事业已经找到了杰出的领军人物——他们确实不像拿破仑那么伟大，但他们知道，法国皇帝处处争强、寸土不让，必然走向灭亡。最终，在圣赫勒拿岛上，他同样死抱着不切实际的幻想和好斗的性格，以至于用毫无必要的争吵、微不足道的小权谋破坏了本应保留尊严体面的平静生活，与他的伟大完全不相称。

尽管遭受重大失败，拿破仑在治理国家、激发民众活力和战争艺术的方方面面，都是无与伦比的伟大人物。他的伟大之处，不仅在于他的宏图伟业造成的持久影响，还在于他开创及实现所有事业时投入的巨大力量——这种力量使他后半生征途上遍布的里程碑虽经风雨仍屹立不倒，这也是甘受屈辱的民族所无法企及的。毕竟，人类不会将最高的褒奖授予那些谨小慎微、畏首畏尾、不能流芳百世的庸才，而是授予那些无所畏惧、成就卓著、即便与千万人同遭毁灭时仍能抓住人心的英雄。拿破仑就是这样的奇迹创造者。他驯服了如同脱缰野马般的法国革命，重塑了法国人的生活，在意大利、瑞士和德意志打下了广泛而深厚的基础。他引领了十字军东征以来最伟大的行动，使西方势力涌入东方，最终又将无数人的渴望吸引到南大西洋上那块孤独的岩石上。这样的人，将永远挺立在人类历史上不朽英豪的前列。

附录一　两份未发表过的公文

下面两份公文此前从未公布：

1号是发自英国驻华盛顿代办桑顿先生的公文，与西班牙预计向法国转让路易斯安那大片土地有关（参见第15章）

（外交部档案，美洲部分第35卷）

华盛顿，1802年1月26日

阁下：

……大约四年前，第一次听到路易斯安那将转让给法国的流言时，我将富歇先生约于1794年写的一份公文交到了皮克林先生手中，这份文件和许多其他文件一起，被一艘英国海军军舰截获。法国部长在文中敦促该国政府，绝对有必要取得路易斯安那或者美国附近的一些领土，以便在该国保持长期的影响力，他还提到了数年前穆捷伯爵担任驻美公使时写的大意相同的备忘录。因此，该项目似乎长期在法国政府的考虑之列，也许没有任何时期比现在执行更加有利。

当我前往问候来到此地的美国副总统伯尔先生时，他主动谈到了这个话题。他承认曾做过一些努力，拐弯抹角地了解这份报告的真实性，认为有理由相信它。他似乎认为，法国向圣多明各派遣大批部队就是为了这一不可告人的目标，并表达了对如下事实的深切忧虑：法国考虑路易斯安那的转让和殖民化，得到了英国政府的同意或默许。

仅就法国在美国议会获得压倒性影响这一目标而言，获得路易斯安那以及法国选择使用的手段能否成功，是很值得怀疑的。现在，经验似乎已经证明，如果《巴黎和约》将加拿大诸省归还给法国，使其可以从那个方向对美国边境施加压力，骚扰外围定居点并卷入与印第安部落的纷争，这些殖民地可能仍然保持对宗主国的忠诚，并对法国从上个世纪初以来采取的蚕食策略怀有戒心。目前的计划只不过是同一体系的延续；从法国的实力与目前的性格来看，我们没有理由期待，它对这一目标能比以前少些渴望、多些克制。因此，不管它试图控制密西西比河航道，或者限制新奥尔良港的自由通行；不管它是以征服为目的压制西部各州，或者以其博爱原则引诱后者（对此它们确实做好了准备），都必然会疏远大西洋沿岸各州，迫使它们与大不列颠建立更紧密的联系。

在我遇到的所有美国人当中，不管他们属于哪个党派，都几乎没有任何一个不害怕这件事情，几乎所有人都不愿与法国为邻；可就在这时候，该国政府竟然削减军事设施，使边境几乎无人防守，真是彻底昏了头了。

（签名）：爱德华·桑顿

第二份文件是《外交部档案》法国部分第71号中的一份报告，作者是英国在巴黎的一位间谍，内容是关于爱尔兰流亡者，特别是奥康纳的所作所为。拿破仑已任命奥康纳为奥热罗元帅麾下的师长，后者的军团当时正在布雷斯特集结，准备远征爱尔兰。提及奥康纳的任命之后，报告继续写道：

大约80名爱尔兰人被派到莫尔莱组成一个军官连，法国人向他们传授了在爱尔兰登陆后训练和指挥其同胞的方法。指挥这些军官的是麦克希准将。我相信，他和布莱克威尔是这些军官中仅有的参加过实战的人。埃米特的兄弟和麦克唐纳对奥康纳引人注目心怀嫉妒，没有前往莫尔莱。经过劝说，他们在5月底前往布雷斯特，加入亨伯特将军的队伍。多尔顿少校是一位爱尔兰血统的年轻军官，他最近接受任命，在布洛涅军团中翻译奥康纳与巴黎战争部的所有来往公文。根据报道，巴黎没有爱尔兰委员会，在法国的爱尔兰人中，只有奥康纳和长期在法国军队任职的爱尔兰老将哈特利得到了法国政府的任用，奥康纳负责远征事宜，哈特利则负责警察等事项。

很久以来，奥康纳一直试图求见波拿巴，但直到（1805年）5月20日才见到后者，奥热罗将军在招待会上将他引见给皇帝。皇帝和皇后称赞了他的服装和仪表，波拿巴还对他说："明天早上专门来见我。"奥康纳前往皇宫，和皇帝单独会谈了将近两个小时。那天，波拿巴一句话都没有提到有关英国的打算，他们的话题都是爱尔兰。随后的周四和周五，奥康纳都和皇帝在一起，他与波拿巴的私下相处也就仅限于这三次会见。

周六晚上，他告诉我，他次日早上将前往皇宫向皇帝公开辞行，一旦收到马雷给他的1万里弗尔①旅费，就立刻离开巴黎，这笔钱将在一两天内收到。除了一名随从之外，他的马匹和其他随从都已在之前某个时点出发去布雷斯特了。

谈到欧洲大陆的战争前景时，波拿巴告诉奥康纳："俄罗斯今年可能会派遣10万人来对抗法国，但我有足够的兵力可供支配：如果有必要，我甚至会派遣一支军队去攻打俄国。如果德意志皇帝拒绝让这支军队进入他的国家，我会不顾一切地让它通过。"他随后说道："毁灭英国的方法很多，从它手中夺取爱尔兰不失为一条计策，我会给你25000名优秀士兵，即便只有15000人登岸，也足够了。你还将有15万支步枪武装你的同胞，外加一批4磅和6磅轻型火炮，以及所有必要的军需物资。"

奥康纳努力说服波拿巴，征服英国的最好手段是首先占领爱尔兰，然后率20万爱尔兰士兵进攻英国。波拿巴说，他不认为此举可

---

① 里弗尔（Livre），法国古货币单位，相当于一磅重的白银。——译注

行,"再说,这样需要的时间也太长了"。他们达成共识,爱尔兰的所有英国人都应该像圣多明各的白人一样被消灭。波拿巴向奥康纳保证,只要他组建了爱尔兰军团,就将立刻成为法爱联军的总司令。波拿巴指示奥康纳尝试争取俄国沙皇的老师拉阿尔普。拉阿尔普已经申请了前往圣彼得堡的护照,他声称将竭尽全力劝说沙皇与波拿巴开战。拉阿尔普对波拿巴满腔仇恨,因为除了其他伤害之外,波拿巴曾在公开场合背对他,不与他说话。他预先知道奥康纳打算来访,便到乡下去躲避。元老院议员加拉特陪同奥康纳前往布雷斯特,为爱尔兰起草宪法。奥康纳在法国的爱尔兰人中已失去人心,后者开始怀疑他的野心与自私。在海军上将特鲁盖回到布雷斯特之前,两人之间关系冷淡。奥热罗曾宴请爱尔兰军团当时在巴黎的所有主要军官。两三天以后,特鲁盖也邀请这些人与他共进晚餐,独独没有邀请奥康纳。奥康纳告诉我,他永远不会原谅特鲁盖。

附录二　拿破仑任命与封赏的主要官员及爵位

［姓名之前有星号者为元帅］

阿里吉：帕多瓦公爵

*奥热罗：斯蒂维耶雷公爵

*贝纳多特：蓬泰科尔沃亲王

*贝尔蒂埃：参谋长，讷沙泰勒亲王，瓦格拉姆亲王

*贝西埃：伊斯特里亚公爵，老近卫军司令

约瑟夫·波拿巴：（那不勒斯国王）西班牙国王

路易：荷兰国王

热罗姆：威斯特伐利亚国王

*布吕内

康巴塞雷斯：首席大法官，帕尔马公爵

科兰古：维琴察公爵，御马官，外交大臣（1814）

尚帕尼：卡多雷公爵，外交大臣（1807—1811）

沙普塔尔：内政大臣，尚特鲁普伯爵

克拉克：战争大臣，费尔特雷公爵

达吕：伯爵

*达武：奥尔施泰特公爵，埃克米尔亲王

德鲁埃：埃尔隆伯爵

德鲁奥：伯爵，近卫军副官长

迪罗克：宫廷大总管，弗留利公爵

欧仁（博阿尔内）：意大利总督

费施（红衣主教）：大司祭

富歇：警务大臣（1804—1810），奥特朗托公爵

*格鲁希：伯爵

若米尼：男爵

*茹尔当：伯爵

朱诺：阿布朗泰斯公爵

*克勒曼：瓦尔米公爵

*拉纳：蒙泰贝洛公爵

拉雷：男爵

拉图尔–莫布尔盖：男爵

洛里斯东：伯爵

拉瓦莱特：伯爵，邮政大臣

*勒菲弗：但泽公爵

*麦克唐纳：塔兰托公爵

马雷：外交大臣（1811—1814），巴萨诺公爵

*马尔蒙：拉古萨公爵

*马塞纳：（里沃利公爵）埃斯林亲王

米奥：梅利托伯爵

梅纳瓦尔：男爵

莫利安：伯爵，国库大臣

*蒙塞：科内利亚诺公爵

蒙托隆：伯爵

*莫尔捷：特雷维索公爵

穆顿：洛博伯爵

*缪拉：（贝尔格大公）那不勒斯国王

*奈伊：（埃尔兴根公爵）莫斯科亲王

*乌迪诺：雷焦公爵

帕若尔：男爵

帕基耶：公爵，巴黎警察局长

*佩里尼翁

*波尼亚托夫斯基

拉普：伯爵

雷尼耶：马萨公爵

雷米萨：侍从长

萨瓦里：罗维戈公爵，警务大臣（1810—1814）

塞巴斯蒂亚尼：伯爵

*塞吕里耶

*苏尔特：达尔马提亚公爵

*圣西尔：侯爵

*絮歇：阿尔武费拉公爵

塔列朗：外交大臣（1799—1807），御前大臣（1804—1808），贝内文托亲王

旺达姆：伯爵

*维克托：贝卢诺公爵

附录三　滑铁卢战役

有些评论家指责我贬低普鲁士人在滑铁卢的作用；但经过认真研究，我的结论是：近来的一些德国著者高估了这一点。我们现在知道，格奈泽瑙对威灵顿的疑心根深蒂固，导致普军的推进减缓，直到战役接近结束，才对英军左翼有直接的支援。拿破仑始终坚持，他可以轻松地在普朗舍诺瓦挡住普军，战斗中主要的敌人一直都是威灵顿，英军骑兵的最后冲锋决定了胜负。与威灵顿对抗的法军全面溃逃之后，普军才完全夺取普朗舍诺瓦。当然，布吕歇尔的进攻使这一胜仗变成了压倒性的大捷。

1902年5月10日的《星期六评论》上，一位才能卓越的评论家指责我遗漏了事实，没有指出法军大规模冲锋结束时，法军左翼部队（富瓦和巴舍吕两师）对骑兵的支援。我在第40章中说过，法军步兵"没有占据骑兵似乎已经夺取的阵地"。请让我引述富瓦将军在战役后几天的日记中的原话（吉罗·德兰先生所著《富瓦将军的军旅生涯》，第278页）："法国骑兵发动这次持久而猛烈的冲锋时，我们的炮兵火力没有那么强大了，步兵也没有任何动作。当骑兵部队返回，已停止射击半小时的英军炮兵再次开火，富瓦师和巴舍吕师奉命直接攻击敌军在我骑兵冲锋时没有撤退的步兵方阵。攻击部队排成纵队，以团为单位组成多个梯队，巴舍吕师为箭头。我部左侧紧靠（乌古蒙）树篱，前面有一个营的散兵。接近英军时，我们遭到了葡萄弹和步枪火力的猛烈打击。敌军方阵中的第一排步兵跪在地上，端着刺刀，组成了一道屏障。第一师的纵队首先逃跑，他们的行动影响了我的纵队。就在这个时候，我负伤了……"

　　从这段话可以看出，法军步兵的推进为时太晚，对骑兵没有起到任何作用。英军战线已完全重整了。